Umschlaggestaltung und Layout: Jürgen Holtfreter
Druck: Fuldaer Verlagsanstalt
Satz: Großhaus, Schmidt & Partner GbR, Berlin
Printed in the Federal Republic of Germany

EP 351
ISBN 3-88520-351-0

Hart und Zart ist ein Sammelband aus den ebenfalls bei ELEFANTEN PRESS erschienenen Bänden **Neue Frauen – Die zwanziger Jahre**, herausgegeben von Kristine von Soden (1988), **Frauen unterm Hakenkreuz**, herausgegeben von Maruta Schmidt und Gabriele Dietz (1983), **Perlonzeit – Wie die Frauen ihr Wirtschaftswunder erlebten**, herausgegeben von Angela Delille, Andrea Grohn und ELEFANTEN PRESS (1985) und **Unbekannte Wesen – Frauen in den sechziger Jahren**, herausgegeben von Baerbel Becker und Maruta Schmidt (1987). Alle Bände sind hier leicht gekürzt wiedergegeben.

Der Beitrag »Ein Riß ging durch das Jahr« von Erika Runge ist eine gekürzte Fassung ihres gleichnamigen Artikels in: »Über die allmähliche Entfernung aus dem Lande«, hg. von Peter Faecke, © 1983 Claassen Verlag GmbH, Düsseldorf. Wir danken für die Abdruckgenehmigung.

ELEFANTEN PRESS
Oranienstr. 25, 1000 Berlin 36

CIP-Titelaufnahme der Deutschen Bibliothek

Hart und zart : Frauenleben 1920–1970.-Berlin :
Elefanten Press, 1990
(EP : 351)
ISBN 3-88520-351-0
NE: GT

Bildnachweis:
August Sander / Schirmer & Mosel: Umschlag vorne links, 21, 34, 36 links oben, 76 unten, 77
Ullstein: 1 (Tele-Bunk), 7, 8, 9, 10, 11, 12 (2), 13, 117 oben, 120 (2), 121 oben links und unten (2), 122 (3), 123, 285 links, 462 unten, 473 oben (UPI), 473 unten (Popper)
Eugen Heilig: 26, 47
Staatsbibliothek Preußischer Kulturbesitz Berlin (West): 29 oben und Mitte, 33, 59, 73
Arkadi Schaichet: 64, 65
Georgi Selma: 68
Ernst Thormann: 78 oben
Aenne Biermann / Sammlung Folkwang: 93 oben
Henschel Verlag Berlin (DDR): 106 (2), 107, 108 (2), 109, 110 (3), 111, 112 (2), 113, 115
Archiv Deutsche Kinemathek: 116 (2), 117 unten (2), 118 (2), 236 (2), 239 unten links, 247, 340, 341, 342 (2), 343, 344 unten, 345, 349, 350, 352
Akademie der Künste Berlin (West): 124, 125, 126
Landesbildstelle Berlin: 215, 227 oben, 258, 259, 281 oben links und unten, 284 rechts, 285 rechts, 356 unten
Veronika Kämpfer: 221
Renate Trusch: 222 links, 223 rechts oben, 242, 244 links, 256, 280, 297
Susanne Godefroid: 222 rechts, 223 links und Mitte
Heide Koschwitz: 223 unten, 226, 244 rechts
Archiv Ingeborg Weber-Kellermann: 224, 225 (2)
TTT Bilderdienst Toni Tripp: 227 unten, 263, 272 (3), 273 (2), 275 (2), 277, 278 (2), 279 (3), 281 oben rechts, 282, 289 unten, 291
Maruta Schmidt: 230
Ingrid Schmidt-Harzbach: 237, 238 (2), 239 unten rechts
Edward Quinn: 239 oben, 241 unten links, 257, 318 unten, 176 oben rechts
Will McBride: 241 oben und unten rechts, 283
Süddeutscher Verlag: 260
Friedrich Ebert Stiftung: 262
Gerda Zorn: 274
Autopress Neckarsulm: 295 oben links
Richleske: 295 rechts unten
Andrea Grohn: 353, 354 oben rechts
Engelke: 358 (4), 364, 365 (3), 366 (3), 449 (2)
Stern / Meffert: 361, 395 rechts unten
Stern / Krämer: 363
Stern / Lebeck: 368 links
Stern: 368 rechts, 385 links, 386 unten, 387 (3), 396 unten, 404, 407, 451, 471 links oben
Griese: 369 oben
Revue: 371 links oben, 394 oben, 469 unten, 472 unten
Konkret / Weissbuch: 371 links unten
Der Spiegel: 379 (2), 398 rechts, 455, 459, 460 (2), 463, 477 unten, 482 links oben, 483 (2), 485 oben, 487, 492 links
Nerke: 381 (2), 382
Stern / Bokelberg: 383
Zint: 384, 465
Stern / Peterhafen: 385 rechts
Stern / Zint: 386 links
Stern / Wik: 388
Bunte: 389, 390 oben, 472 oben (2)
Twen / Kane: 391
Stern / Parschauer: 392
Twen: 393 links
Schäfer: 393 rechts
Henschel: 394 unten, 403, 441, 443, 452 rechts, 453, 454, 457
Konkret / Peters: 396 oben, 397, 405 links
Konkret / Stern: 398 links, 488/489
Stern / Pabel: 402, 405 rechts
Saltenberger: 409
Besnyö: 414 Mitte oben, 479 (2), 480
Time inc. / Rubartelli: 414 links unten
Moore: 425
Konkret: 426 links, 470 oben, 471 rechts oben
Eró: 426 rechts
Klophaus: 427, 428
Häfner Chotjewitz: 429, 431 (3)
Esser: 432
Stern / Friedel: 435
Revue / Skomppa: 437
Stern / Döring: 442
Stern / Kunz: 444, 446
Strempel: 450 oben
Stern / March: 450 unten
Stern / Scheler: 462 oben
Jäkl: 464
Time inc.: 467
Fricke: 491
Archiv »Der Tagesspiegel«: Umschlag Rückseite
Alle anderen über ELEFANTEN PRESS
Es war nicht möglich, in allen Fällen die genauen Rechteinhaber festzustellen. Gegebenenfalls bitten wir um Nachricht.

HART UND ZART

FRAUENLEBEN 1920–1970

ELEFANTEN PRESS

Inhalt

4 DIE DAME Heft 16

Der Charakterkopf verdrängt die „Girl"-Schönheit. Henriette Wyeth, eine amerikanische Malerin und erfolgreiche Innendekorateurin, der Typus des „Montparnasse-Girls", das dem Revuegirl den Erfolg wegnimmt.

Marie Ostenso, eine ausgezeichnete amerikanische Novellistin, das charakteristische Beispiel einer geistigen Frauenschönheit.

kämpfen muß. So hat auch sie sich schön gemacht. Aber sie ist nicht nur hübsch, sondern auch gescheit, persönlich, sie trägt nicht mehr die Larve der glatten Niedlichkeit, sondern den Charakter ihres Menschentums im Antlitz. Das vergeistigte Frauengesicht fängt an, heute als das schönste zu gelten. Merkwürdigerweise ist es gerade Amerika, die Heimat des Girls, das sich am schnellsten zur intellektuellen Schönheit bekennt, so sehr, daß man drüben im Film schon Spezialistinnen für diesen neuen intellektuellen Erfolgstypus der Frau sucht und ausbildet. *K.*

ertüchtigte „Girl" und die sich selbst erhaltende „Garçonne". Das Girl schien zu siegen, der Triumph dieses langbeinigen, wohlgebauten, kirschmündigen und guckäugigen Mädchens schien nicht mehr aufzuhalten. Aber da sie ganz und gar nur physisches Produkt war, wurde sie ... uniform, langweilig. Eine Gesellschaft moderner Frauengestalten, gleich schlank, gleich biegsam, gleich kurzgeschürzt, gleich gebobt, gleich bemalt und mit bunten Steinen geziert, war aesthetisch vollkommen — aber erschreckend durch die unpersönliche Wiederholung der gleich süßen Gesichter. Und plötzlich wandelt sich aus Ueberdruß der Geschmack. Das Girl stirbt an seiner Langweile, und den Thron der Frauenschönheit besteigt die geistige Frau. Ob sie im Büro, im Geschäft, in der Universität, im Sport oder in der Kunst tätig ist, sie hat sich aesthetisch doch nicht vernachlässigt. Denn sie ist lebenskundig genug, um zu wissen, daß sie in ihrer neuen Selbständigkeit allenfalls auf die Ehe verzichten kann, aber trotzdem um den Mann

Gwendolyn Lee, ein neuer Filmliebling Amerikas, die auf der Leinwand den Typ des modernen intellektuellen Mädchens verkörpert, die erste „geistige" Filmschönheit (Uebergangstypus).
Aufnahmen: E. O. Hoppé.

»Charakterköpfe«, aus: »Die Dame«, Heft 16/1926

Astrid Eichstedt

IRGENDEINEN TRIFFT DIE WAHL

»Wer soll ihr Tänzer sein?« fragte 1927 ein salonversierter Autor in der Februarnummer der »Eleganten Welt«, dem damals führenden Berliner Gesellschaftsblatt. Es folgte eine kennerhafte Schilderung modernen weiblichen Verhaltens im Ballsaal. »Wenn eine Frau einen Tanzsaal betritt«, erklärt er, »beginnt sie nach einer Weile, sich auch um uns arme Männer zu kümmern. Mit einem Blick hat sie festgestellt, wer für sie in Frage kommt und wer nicht. Sie findet ihn auch sofort und sagt sich ganz im stillen: Mit dem großen Blonden dort drüben wirst du bestimmt nachher einmal tanzen, oder der in der Ecke da, mit dem energischen Gesicht ist auch nicht übel. Und que femme veut, dieu le veut. Sie können versichert sein, daß sie mit den beiden Herren tanzen wird, obwohl sie sie bislang noch gar nicht kennt.«[1]

Die Verkehrung von starkem und schwachem Geschlecht wird hier nicht von ungefähr heraufbeschworen. Hatten im Kaiserreich der Dame noch stets mannhafte Führungs- und Aufforderungsrituale den Weg aufs Parkett gewiesen, so geriet diese Vorherrschaft seit Kriegsende ins Wanken. Que femme veut – was die Dame wünscht – mußte nicht mehr im Geheimen bleiben. »Kinder heut abend, da such ich mir was aus, / einen Mann, einen richtigen Mann«, verkündete Marlene Dietrich in einem Schlager und fügte siegesbewußt hinzu: »Wie er aussieht, mir egal, / irgendeinen trifft die Wahl.«[2] In der Tat, Damenwahl stand auf der Tagesordnung. In den Tanzlokalen eroberten Frauen neues Terrain. Nun gab es auch jede Menge Etablissements speziell für Damen und das Wort Freundin änderte allmählich seinen Klang.

Parkettrevolte

Die Parkettrevolte beschränkte sich jedoch nicht nur auf eine Absage an die alte Rollenetikette. Auch die Tänze selber änderten sich radikal. Schon deren Herkunft signalisierte den Bruch mit abendländischer Tradition. Sämtliche Modetänze der zwanziger Jahre kamen aus Amerika und hatten afrikanische Wurzeln.

Nummer eins war der *Foxtrot*, der 1918 mit den US-Regimentern deutschen Tanzboden erreichte. Der zu Ragtime getanzte Fuchstrab – er hatte noch gar nichts gemein mit dem uns heute bekannten Tanzstundenschleicher – brachte Aufruhr in die Tanzbeine. Die Partner hampelten auf jede erdenkliche Weise herum und hopsten dabei von einem Bein aufs andere. Dies war nichts anderes als der unbewußte Abklatsch der turbulenten Fußmusik step-tanzender Neger. Die nächste Sensation hieß *Shimmy*, Tanzneuheit des Jahres 1920. Zum scheppernden Klang der Jazzkapelle wackelten die Leiber wie Götterspeise. Um die Mitte des Jahrzehnts schließlich brach ein neues Fieber aus, der *Charleston*, mit X-Beinen, rudernden Armen und einem beherzten Einsatz von Hüfte und Hintern. Hatte man früher gute Tänzer an ihrer Exaktheit erkannt, eiferte man nun danach, sich möglichst gegenseitig an Originalität zu übertreffen: durch unbekümmertes Sich-Loslösen, plötzliches Innehalten, Beineschmeißen, gewagte Stegreiffiguren, durch Grimassen des Körpers.

Alle diese »Jazz-Tänze« waren egalitär, kannten keine besondere, geschweige denn eine hierarchische Position der Geschlechter mehr. Wer, wenn überhaupt, die Führung übernahm, mußte sich erst auf der Tanzfläche erweisen. Die traditionelle Paarhaltung löste sich spätestens dann auf, wenn beide mit den Füßen ausschlugen. Selbst in die Reihen der Tanzlehrer, jener notorischen Wächter von Sitte und Anstand, drang die neue Tanzunordnung vor. »Dabei haben manche Tänzer die Mode, ihre Dame, indem sie sie fest an sich drücken, zur Ausführung nach ihrem Sinn und Wunsch zu zwingen. Kommt ihnen die jeder Bewegungsfreiheit beraubte Dame nach, ohne ihnen auf die Füße zu treten, sind sie zufrieden und halten sie für eine glänzende Tänzerin. Es kommt ihnen gar nicht in den Sinn, daß bei solchem Tanzen gar keine Rede von Harmonie sein kann, und daß ihre Dame eigentlich gar nicht getanzt hat, sondern willenlos hin und her geschoben und gezogen wurde. »Zusammen tanzen heißt frei und bewußt auf die Bewegungen voneinander eingehen«, postulierte ein Schweizer Tanzlehrer, der in seiner gleichnamigen Abhandlung den »Tanz als Weg zur neuen Kultur« pries.[3]

Dem weiblichen Bewegungsspielraum entsprach ein Gefühl des Ungebundenseins, das eine reale Grundlage in gesellschaftlichen Prozessen besaß. So hatte der Anteil berufstätiger Frauen stark zugenommen. In den größeren Städten lebten viele junge Frauen allein und waren zur Lösung vom Elternhaus nicht mehr auf eine schnelle Heirat angewiesen. Frauen griffen nach den Attributen männlicher Macht, saßen hinterm Steuerrad und hinter Büroschreibtischen, rauchten Zigaretten und erreichten akademische Grade. Trotzdem blieb das eingefahrene patriarchalische Gehabe in Familie und Beruf nahezu unangetastet. Den Sehnsüchten junger Mädchen widmeten sich Illustrierte, Kolportageromane und ein eigenes Spielfilmgenre, das vorführte, wie wohlgeformte Beine und ein kesser Augenaufschlag dazu dienten, einen reichen Mann zu angeln. In seiner Studie »Die Angestellten« hat Siegfried Kracauer den Typ, der auf diesen Betrug hereinfallen mußte, das »Heimchen« genannt. »Bezeichnend für sie ist«, schreibt er, »daß sie im Tanzsaal oder im Vorstadtcafé kein Musikstück anhören kann, ohne sofort den ihm zubestimmten Schlager mitzuzirpen. Aber nicht sie ist es, die jeden Schlager kennt, sondern die Schlager kennen sie, holen sie ein und erschlagen sie sanft.«[4] Mode, Jazz und Charleston ragten als Zipfel einer vorenthaltenen Welt des Luxus in ein oft armseliges Dasein hinein. Diese Mädchen hängten ihre Hoffnungen an die Tanzwettbewerbe, die damals in vielen Städten stattfanden. Mit Stirnband und Reiherfeder stürzten sie sich in die Arena, um vielleicht zur lokalen Charleston-Königin erwählt zu werden. Als Tanzpreis winkten billige Miniaturausgaben ihrer selbst, langbeinige Revuegirls als Sofapuppen, laut Hersteller völlig unzerbrechlich.

Charleston-Wettbewerb in New York, 1926

»Shimmy«

Tanzbesessenheit

Schon zu Beginn der zwanziger Jahre hatte sich in Deutschland die Zahl der Scheidungen im Verhältnis zur Vorkriegszeit glatt verdoppelt. Tanzen war dabei nicht nur Sinnbild, sondern auch Vehikel der Rollenauflösung. Zu Karneval 1925 beschrieb eine Nürnberger Tageszeitung den »Ehescheidungstanz«. »Frau Margit tanzte Hula Hula, bis ihr Mann es müde war«, wurde berichtet.[5] Frauen tanzten den Männern im Jazzrhythmus auf der Nase herum. Im Tanz wurden Bindungslosigkeit und Individualismus, wie sie die moderne Gesellschaft entstehen ließ, hemmungslos vorweggenommen. »Tanzen und in Ekstase leben waren die neuen Losungen für die Deutschen, sie traten an die Stelle der alten, überlebten patriotischen Vorschriften fürs Vaterland sterben«, behauptete Yvan Goll in seinem Roman »Sodom Berlin«.[6]

Der Tanz galt als Inbegriff femininer Verlockung. Man feierte »Salome« im Schlager als »die Göttin der Lust im Tanz«. Die starre Trennung zwischen echt- und halbseidenen Damen war verwischt. Nicht mehr nur Schauspielerinnen und Kokotten, auch schlichte Verkäuferinnen nahmen sich ihr Recht auf Sinneslust mit einem Schuß Verruchtheit. Da wurden Hausfrauen zu Hetären. »Frau Finkelstein begann im allgemeinen Delirium das Gleichgewicht zu verlieren, sie spielte die Hohepriesterin der Verderbtheit, betrank sich jeden Abend zusammen mit ihren Gästen und riß sich beim Charleston die Beine aus dem Leib«,[7] persifliert Goll das Überschwappen der Spießbürgerseele. Da wurden Tippfräuleins zu Tanzbesessenen. »Wir gehen abends immer aus. Sehen Sie meine Schuhe an, ich vertanze alle paar Monate die Schuhe«, verriet eine von ihnen dem Kulturkritiker Kracauer.[8]

Solch kesse Sohlen, mit denen er übrigens seine Studie über die moderne Spezies der »Angestellten« einleitete, verhalfen nicht nur Schusterwerkstätten, sondern auch Fußpflegemittelherstellern zu deutlichen Umsatzsteigerungen. Die Schuhbranche hatte gerade zeitgerecht den Spangenschuh kreiert, der fest am Fuß saß, wenn die Beine mit Charlestonrhythmus in der Luft fuchtelten. Hierbei kamen auch die modernen, hauchdünnen Kunstseidenstrümpfe zur Geltung, die neuerdings mit Strapsen am Mieder befestigt wurden, weil der Stoff oft nur soeben den Oberschenkel bedeckte. Übereinanderhängende Fransen zeichneten die Körperzuckungen besonders deutlich nach.

Schlanke Schenkel, vorzeigbar bei Sport und Tanz, gehörten zum Leitbild der Garconne, der Knäbin mit schmalem Umriß. Während sich der moderne Mann einen femininen Touch zulegte, langhaarig und pomadisiert daherkam, verblüffte die Dame von Welt mit Jungenhaarschnitt, Krawatte und Monokel. Mager und mißtrauisch, frech und freizügig, die flatterhafte Unabhängigkeit junger Frauen erschien als Lola-Klischee auf der Bildfläche. Lilian Harvey verkörperte das Abziehbild des flapsigen Charlestongirls, das man »Flapper« nannte. Auch Marlene Dietrich und Joan Crawford begannen damals ihre Filmkarriere, indem sie als kesse Jazzbabys über die Leinwand tanzten.

Das Flapper-Ideal war international und paßte zur geschlechtsneutralen Note der Jazz-Tänze. In einer »Philosophie des Foxtrott« hieß es:

»Eine böse Gottheit hat den ursprünglichen, androgynen Menschen geteilt. Die beiden Hälften – Mann und Weib – erinnern sich ihrer ursprünglichen Einheit und sind trostlos. Die Liebe, sagt Platon – wir können sagen der Foxtrott – macht aus den beiden Wesen eines, stellt so die menschliche Wesenheit in ihrer alten Vollendung wieder her. Danken wir dem Foxtrott, der uns erlaubt, jeden Abend das Einssein beider Hälften zu erleben.«[9]

Erich Kästner hat das Verwirrspiel jener rast- und ratlosen Probierstimmung ironisch porträtiert. Er läßt seinen Helden »Fabian« einen Roman lang durch zweifelhafte Lokale stolpern, wie den »Klub« (»Damen genießen dieselben Rechte wie die Herren«), die Bar »Cousine« (»vorwiegend tanzten Frauen miteinander«) oder die »Männer-Pension« (»frequentiert von Damen der besten Gesellschaft«).[10]

Eintänzer, 1927

Der Gigolo

Die Tanzwelle beförderte die Libertinage. Das Neue daran war nicht zuletzt die aktive Rolle, die die Frauen dabei spielten, nicht nur die Zwanzigjährigen, sondern auch die, die das nachholen wollten, was sie mit Zwanzig nicht gedurft hatten. Die bekannte Kabarettistin Hilde Hildebrand parodierte diesen Typ der Nachzüglerin in einem Couplet. Sie seufzte: »Ich möcht so gern / ich möcht so gern / es einmal richtig wissen, / ich möcht so gern / einen Gigolo küssen.«[11]

Gigolos ließen sich gegen Trinkgeld tanzweise oder pro Abend mieten. Die berufsmäßigen Frauenhelden, die man hierzulande auch Eintänzer nannte, waren in Paris gleichzeitig mit den neuen Tänzen im mondänen Milieu aufgetaucht, um schrittunkundige aber zahlungskräftige Damen »einzutanzen«. Erst seit der Nachkriegstanzwelle wurde aus jener galanten Betätigung eine kommerzielle Institution, auf die keine Hotelbar und kein Tanzpalast verzichten konnte.

Im nachhinein erscheint der Beruf des Gigolos meist in wehmütig verklärtem Licht. Dabei läßt sich seine Rolle recht prosaisch aus einer Reihe zeittypischer Umstände erklären. Bei der Schlüsselfunktion, die der Tanz damals noch für die Beziehungen der Menschen erfüllte, und bei dem herrschenden Frauenüberschuß gab es ständigen Bedarf. Schließlich machte das erwachte weibliche Selbstbewußtsein verbunden mit einem starken Nachholbedürfnis Eintänzer regelrecht zu einem Erfordernis. Die Figur des Gigolos verkörperte am deutlichsten die neue, besitzergreifende Position der Frau.

Die Versorgung zahlender Interessentinnen ging man dabei recht unverblümt an. Ein Reservoir ansehnlicher Habenichtse stand zur Verfügung. Viele der schönen, armen Gigolos waren nämlich ehemalige Berufsoffiziere, die sich wegen fehlender ziviler Einsatzmöglichkeit nun ins Tanzgefecht stürzten. Kein leichter Job, wie etwa aus einem Beitrag der Zeitschrift »Sozialistische Republik« zu ersehen ist. Über den Eintänzer »Johnny« heißt es da:

»Von 4 bis 8 tanzt er in der Diele, von 9 bis 1, manchmal bis 2 oder 3 Uhr nachts, im Tanzsalon. Keine Frau darf sitzenbleiben. Johnny walzt Dicke und Dünne, Bubiköpfe aller Art, Eton und Herrenschnitt, Lorgnetten, Monokel, eckige Hornbrillen, Ehefrauen, Mädchen, geschiedene Frauen und Fürstinnen mit Abfindungssumme, Emanzipierte, Rechtsanwältin oder Directrice mit Beruf. Geile Knie streifen ihn, geile Augen berühren ihn, geiler Atem umweht ihn.«[12]

Der Autor des Artikels, der hier Johnnys Klientel drastisch vor Augen führt, stellt den Verkauf des Körpers mit Recht in die Nähe entfremdeter Fabrikarbeit. Er übersieht jedoch bei seiner Empörung über solch ungewohnte Erniedrigung des Mannes, daß um die seit jeher bekannte Profession des weiblichen Gigolos zu keiner Zeit Aufhebens gemacht wurde.

Nicht nur professionelle Herren standen vergnügungshungrigen Damen zur Verfügung. Es gab kaum eine Tageszeitung, in der nicht zahlreiche Inserate um weibliche Kundschaft für sogenannte Witwenbälle warben. In einer einzigen Samstagsausgabe der »Berliner Morgenpost« des Jahres 1921 luden 26 verschiedene Veranstalter zu einem solchen Ereignis. Die Stimmung unter den »Witwen« besang die Kabarettistin Resi Langer ganz unsentimental: »Ab Trumeau zum Sündenfall. / Eva auf dem Witwenball. / Mit Jefühl / Durchs Jewühl. / Locken bammeln, Strumpfband rutscht, / Liebe stammeln, / abjelutscht. / Keß und knorke jeden Fall / Is man uff dem Witwenball.«

Schwarze Bewegungsidole

Dabei diente so ein Ball keineswegs bloß dem Männerfang. Weiter unten im Text bekommt ein Herr einen Korb, und zwar mit dem eindeutigen Hinweis: »Nee, bei mir ist nischt zu machen, / denn ick schwärm for lila Sachen.«[13]

Die neuen Tänze forderten den Körpereinsatz. Sie gaben den Rhythmus vom Magen her abwärts an. Als Zentrum der Vitalität und Beweglichkeit nahmen Po, Bauch und Hüften in stark afrikanisch beeinflußten Platztänzen, wie es Shimmy, Charleston und dessen derbere Variante, der *Black Bottom* (sprich: schwarzer Hintern), waren, eine zentrale Stellung ein. Dabei war der ausgiebige Einsatz von Po und Bauch keinesfalls bloß frivole Beigabe. Denn neben erotischer Symbolik bietet die Körpermitte den Dreh- und Angelpunkt des menschlichen Leibes. Es ist somit nur im wörtlichen Sinne natürlich, daß sich

Josephine Baker in Berlin, 1928

die Erben afrikanischer Kultur in dieser Tradition bewegten. Hierzulande war man sich des schwarzen Ursprungs der Jazztänze durchaus bewußt und blickte fasziniert auf die gelenkigläßigen Schwarzen, die die Bühnen der Metropolen eroberten.

»Wenn die Musik einsetzt, die ihnen in die schmalen Glieder fährt, beginnen die Beine zu dem scharfen Rhythmus des Orchesters zu zucken. Das Tänzerblut dieses ›schwarzen Geschlechts‹ wird wach. Ganz nach Lust tanzt die eine mehr federnd, die andere mehr wippend und pendelnd umher, bei einer dritten geraten die Hüften in jenes horizontale Schwingen, das unsere Charleston-Tänzerinnen so eifrig wie vergeblich nachzuahmen versuchen.«[14]

Schwarze als Bewegungsidole. Sie glänzten nicht durch abendländisch-männliche Tanzprinzipien, wie Akuratesse und Disziplin, sondern gerade durch ihre Unbändigkeit. Charleston-Königin war Josephine Baker. Sie hat diesen Tanz als Star einer in Amerika speziell für Europa zusammengestellten »Revue Nègre« in der alten Welt populär gemacht. Und sie regte, Wilde und Vamp zugleich, ihre blassen Zuschauerinnen tatsächlich zur Nachahmung an. Schon bald eröffnete in Berlin die erste »Negerbar«, das »Biguine«. Waren eben noch kalkweiße Gesichter in Mode gewesen, so schmierten sich modebewußte Damen nun dunkle Farbe ins Gesicht. Sie wollten die schwarze Seele am eigenen Leib empfinden, wenn auch nur für eine Nacht. Die echte Josephine mußte Karneval 1926 als Jurorin die schönste falsche Negerin aussuchen.

Die Berlinerinnen wollten nicht nur so aussehen, sondern auch gerne so tanzen wie Miss Baker. Diese war berühmt für ihr hüpfendes Hinterteil. »Ihr Tanz«, verkündete eine Zeitschrift, »das ist Instinkt gegen die Zivilisation, ist Aufruhr der Sinne. Sie enthüllt uns jenes Unterbewußte, das unsere ganze Weltanschauung über den Haufen wirft.«[15] Der frech herausgestreckte Po taugte zum erotischen Fanal, denn unter der Gürtellinie brodelt das Böse, droht die noch ungebändigte

Die Tiller-Girls in der Garderobe, 1927

Natur des Menschen. Die Erotik der Jazz-Tänze, ihre Körperlichkeit, führte ein weibliches Prinzip in den europäischen Tanz ein. Entsprechend regten die Schlenker beim Charleston die Phantasie an.

Während ein fortschrittsbewußter Gynäkologe auf die Idee kam, den Tanz zum »besten Geburtshelfer« zu erklären, der allemal »gesunde Kinder verspricht«,[16] veröffentlichte die Evangelische Lehrerinnen-Warte medizinisch verbrämte Schauermärchen über ihre Charleston tanzenden Geschlechtsgenossinnen:

»Namentlich haben sich neuerdings die Frauenärzte gegen diesen Tanz gewendet, der den Frauenorganismus besonders dann angreift, wenn von Tänzerinnen enge Schuhe mit spitzen Absätzen benutzt werden, auf deren winziger Grundfläche das ganze Gewicht des Körpers ruht. Die harten Stöße werden nach oben hin übertragen und schädigen die empfindlichen Unterleibsorgane, die bald erkranken und in ihren Funktionen gestört werden. In mehreren Fällen entstanden Lähmungen, ab und zu trat der Tod ein.«[17]

Fruchtbarkeit oder Vergewaltigung, der Charleston rief Zwangsvorstellungen bei denen hervor, die mit seiner zwanglosen Erotik nicht umzugehen vermochten.

Antitanzschriften haben im christlichen Abendland eine lange Geschichte. Und fast immer sind es Frauen gewesen, die tanzend – und damit »männermordend« – im Mittelpunkt der Polemik standen. Unter der Überschrift »Tanzwut« setzt auch ein Autor der zwanziger Jahre diese unselige Tradition fort. Über den unheilvollen weiblichen Bewegungsdrang schreibt der Mann:

»Wenn ich sehe, wie junge Damen, die mir persönlich nahe stehen und die ich in ihrem Berufe oder im Haushalt als tüchtig und zuverlässig kennengelernt habe, wie von Furien getrieben, gleichfalls dem Tanzboden zueilen, dann übermannt mich ein tiefes Bedauern.«[18]

Dazu sollte schon bald kein Anlaß mehr bestehen. Mit Beginn der Wirtschaftskrise siechte der Jazz dahin. Viele Musik-Cafés, Gaststätten und Tanzpaläste mußten ihre Pforten schließen. In sentimentalen Tänzen wie Walzer und Tango fand der Gesellschaftstanz seine Beherrschung und die Tänzerin ihren Beherrscher wieder. Lilian Harvey hüpfte immer noch über die Leinwand, war aber inzwischen vom charlestonbeschwingten Flapper zum »blonden Traum« mit treudeutschem Einschlag getrimmt worden. Die Depressionsfilme nahmen schon den NS-Kitsch vorweg, so die Operettenherrlichkeit in »Der Kongreß tanzt«. Auch die Berliner Rundfunktanzstunde erkannte die Zeichen der Zeit und präsentierte den »Deta«, den »Deutschen Tanz«.

Anmerkungen

1 Die Elegante Welt, 16. Jg., Nr. 2, Berlin 1927.
2 Aus dem Film: Der Blaue Engel (1930), Text: Robert Liebmann.
3 A. *Traber-Amiel:* Der Tanz als Weg zur neuen Kultur, Berlin 1921, S. 16.
4 Siegfried *Kracauer:* Die Angestellten (1930), Berlin 1981, S. 65.
5 Der Blitz, Nr. 5, Jg. 2, Nürnberg 2. 2. 1925.
6 Yvan *Goll:* Sodom Berlin (1929). Berlin 1985, S. 81.
7 Ebd., S. 86f.
8 *Kracauer,* a.a.O., S. 10.
9 G. A. *Masson:* Die Philosophie des Foxtrott. In: Das Tagebuch, Jg. 1, Heft 29, Berlin 1920.
10 Erich *Kästner:* Fabian. Geschichte eines Moralisten (1931). Frankfurt/Main 1983, S. 10/72/108.
11 Aus der Revue: »Es hat geklingelt«, 1930. Text: Zerlett.
12 Tisch 97 wünscht einen Tänzer. In: Sozialistische Republik, Berlin 20. 10. 1927.
13 In: Die Ente, 2, 1932, Text Hardy Worm.
14 Vossische Zeitung, 6. 6. 1926.
15 In: Helmut *Günther:* Die Tänze und Riten der Afroamerikaner. Bonn 1982.
16 Nicolas *Arannosi:* Charleston – Ein ärztliches Gutachten. In: Der Blitz, Jg. 3, Nr. 46, Nürnberg 1926.
17 Dr. M. *Ulbrich:* Gefahren des Tanzes. In: Evangelische Lehrerinnen-Warte/Deutsche Lehrerzeitung, Nr. 2, Leipzig 1932.
18 W. *Montanus:* Die Tanzwut. In: Die Lebenskunst, Jg. 16, Leipzig 16. 2. 1921.

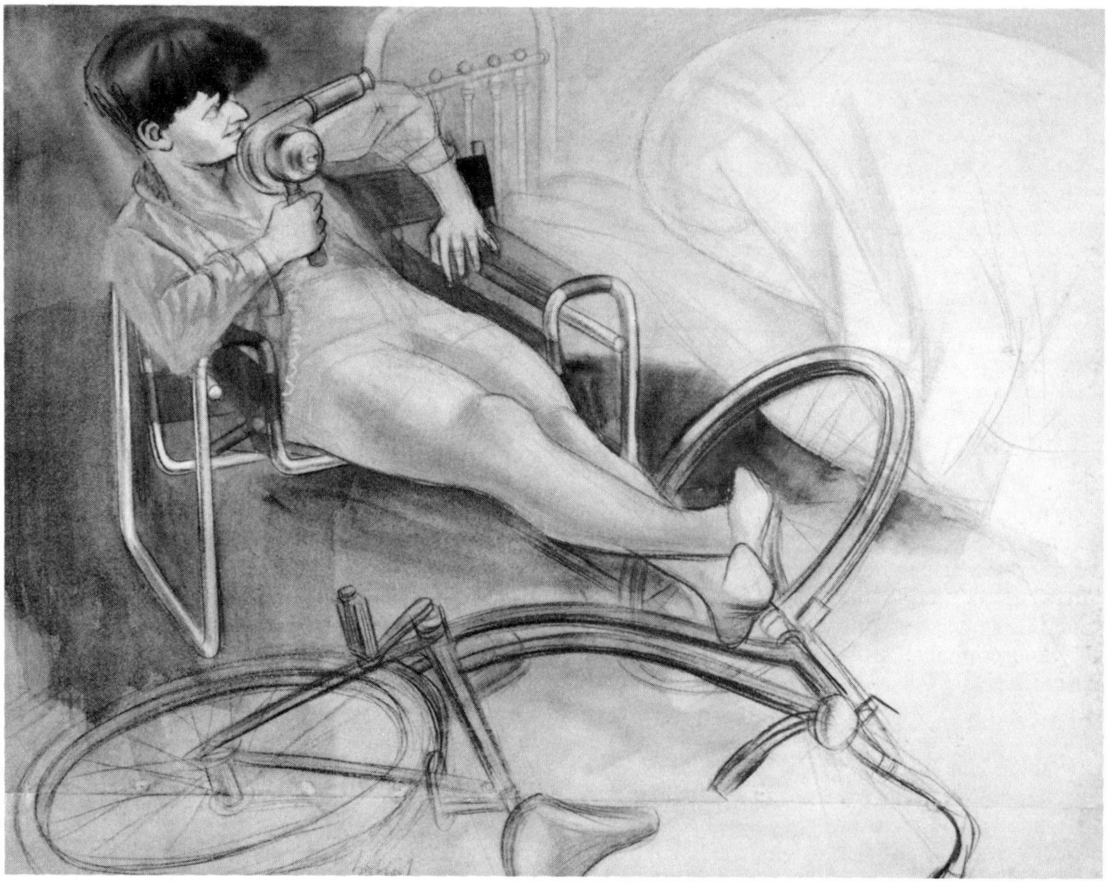
Karl Hubbuch, »Mit Föhn und Fahrrad«, 1924

Ute Frevert

KUNSTSEIDENER GLANZ

Weibliche Angestellte

1926 rief das Berliner Ausstellungs-, Messe-, und Fremdenverkehrsamt zu einem »Volksentscheid« auf. Die »schönste Warenhausverkäuferin« der Hauptstadt sollte gekürt werden, und man bat um Photos. Kurz vor Weihnachten hatte das Volk, sprich die Leser des Berliner Wochenspiegels entschieden, und Elsy Lorenz, Lotte Wolf und Ella Lauganke wurden mit einer Ehrenurkunde ausgezeichnet. Sie hatten den Schönheitswettbewerb gewonnen und blickten mit strahlendem Lächeln, teils schüchtern, teils erwartungsvoll in die Kamera.

Ein selbsternannter Dichter namens Werle gab ihnen salbungsvolle, in Versen gefaßte Worte mit auf den weiteren Lebensweg und prophezeite den gekrönten Königinnen des Warenhauses Kinoruhm, zahlungskräftige Kavaliere und beruflichen Erfolg:

»Schönste Elsy, mir will schwanen,
Dein Geschäft wird höchst belebt,
Und mir sagt ein tiefes Ahnen,
Daß der Umsatz stark sich hebt.«

Die kesse Lotte warnte er davor, allzu rasch den hohlen Versprechungen eines Filmregisseurs zu erliegen, und die »süße Ella« sollte ebenfalls besser »bei den Taschentüchern« bleiben, anstatt sich von aufdringlichen Glücksrittern becircen zu lassen. Im übrigen, dessen war sich der Dichter gewiß, wartete an jeder Ecke schon ein wirklicher »Prinzgemahl« auf die drei »Venusse vom Ladentisch«.[1]

In dieser keineswegs einmaligen und außergewöhnlichen Episode spiegeln sich eine Menge Realitätssplitter, Träume und Projektionen wider, die mit dem Phänomen »Weibliche Angestellte« in den zwanziger Jahren verbunden waren. Schönheit, Jugend, Außenorientierung, Aus- und Aufbruchphantasien, Zukunftshoffnungen – all das paßte in den Rahmen des Bildes, das auch andere Institutionen und Publikationen der Weimarer Zeit von Verkäuferinnen, Stenotypistinnen und Sekretärinnen zeichneten. Kein anderer Frauentypus erfuhr zwischen 1918 und 1933 so großes öffentliches Interesse und Aufmerksamkeit wie die Angestellten, die vielen Zeitgenossen geradezu als Inbegriff Weimarer Modernität erschienen. Sie galten als Prototypen weiblicher Emanzipation, als Repräsentantinnen der »neuen Frau«, die das Weimarer System wenn nicht aus der Taufe gehoben, so doch nach Kräften gefördert hatte. Selbstbewußt, materiell unabhängig, gepflegt, sportlich und sexuell »befreit« schwirrte diese neue Frau durch das Feuilleton, saß mit übereinandergeschlagenen Beinen im Literatencafé und zog an ihrer Zigarettenspitze. Literatur und Kino nahmen sich ihrer an: Die Heldinnen vieler beliebter Unterhaltungsromane waren Angestellte, und Publikumsrenner unter den neuen Tonfilmen trugen Titel wie »Das Fräulein von Kasse 12« (1927) oder »Die Privatsekretärin« (1931).

Filmplakat »Das Fräulein von Kasse 12«, 1927

Verkäuferinnen und Sekretärinnen – eine Massenerscheinung

Diese Frauen symbolisierten die moderne Fortschrittlichkeit der Republik, ihre Urbanität und Technikbegeisterung, ihre Sachlichkeit und ihr demokratisches Profil. Zwei von drei weiblichen Angestellten lebten 1925 in Großstädten. Sie hatten, anders als ihre männlichen Kollegen, keine Scheu vor Schreib- und Rechenmaschinen und setzten der Rationalisierung des Dienstleistungssektors keinen Widerstand entgegen. Sie bekleideten Stellungen, die keine hohen Eingangsqualifika-

Schreibsaal, 1929

tionen erforderten und daher auch Frauen proletarischer Herkunft offenstanden, zugleich aber den Aufstieg in den »neuen Mittelstand« ermöglichten. Anders als bei Fabrik- oder Heimarbeiterinnen spielte sich ihre Berufstätigkeit nicht so sehr in abgeschlossenen und von der Öffentlichkeit abgeschirmten Räumen ab, sondern sie traten mit dem Publikum über Schalter und Tresen hinweg in Kontakt. Und anders als die kleine Schar studierter Frauen, die im späten 19. Jahrhundert erregte Debatten über Sinn und Unsinn weiblicher Emanzipation ausgelöst hatte, waren Verkäuferinnen und Sekretärinnen eine Massenerscheinung, an die sich Hoffnungen und Ängste vieler Menschen knüpften. Mitte der zwanziger Jahre gab es annähernd 1,5 Millionen weibliche Angestellte, dreimal mehr als 1907.

Fritz Croner, damals Funktionär des Allgemeinen Freien Angestelltenbundes, schrieb später, die Verweiblichung des Angestelltenberufes sei der »Beginn der wirklichen Emanzipation der Frau durch die Erwerbsarbeit in *allen* Schichten der Bevölkerung« gewesen: »Die Eroberung der Büros durch die weiblichen Angestellten ist die größte Revolution in der sozialen Stellung der Frau.«[2] Andere Zeitgenossen waren da skeptischer. Die Psychologin Alice Rühle-Gerstel beschrieb die Frauen in Büros und Ladengeschäften 1932 ohne Emanzipationshoffnung: »Ein halbseidener Beruf, halbseiden wie die Strümpfe und Hemdchen der Ladenfräuleins, halbseiden wie ihr Gemüt und ihre Gedankenwelt.« Diese Frauen seien »in einem sozialen Zwischenland angesiedelt«:

»Ihrer wirtschaftlichen Situation gemäß Proletarierin, ihrer Ideologie nach bürgerlich, ihrem Arbeitsfeld zufolge männlich, ihrer Arbeitsgesinnung nach weiblich. Schillernde Gestalten, von schillerndem Reiz oft, ebenso oft von schillernder Fragwürdigkeit, auf alle Fälle von schillernder Sicherheit ihres sozialen und seelischen Daseins.«[3]

Auch die Schriftstellerin Irmgard Keun bezeichnete ihre Romanheldin Doris 1932 als »das kunstseidene Mädchen«. Kunst- oder Halbseide – beides stand für Talmi, kurzfristigen Glamour und Luxus – und für den Katzenjammer, der dem »Glanz« folgte.

Die Wirklichkeit

»Proletarisiert« und »hoffnungslos« – diese Zustandsbeschreibungen setzten die Berufsverbände den öffentlichen Emanzipations-Projektionen auf die weiblichen Angestellten entgegen. Die Wirklichkeit wird irgendwo in der Mitte angesiedelt gewesen sein – weder im dunklen proletarischen Keller noch in den Höhen des unbeschwerten »Glanzes« inmitten besserer Kreise, sondern eben im »neuen Mittelstand«. Für viele Frauen brachte der Angestelltenberuf einen sozialen Aufstieg: Hatte er noch im späten 19. Jahrhundert vorwiegend höhere Töchter beschäftigt, schafften nach dem Ersten Weltkrieg immer mehr Mädchen aus Arbeiterfamilien den Sprung ins Büro oder hinter den Tresen. Eine Statistik des Arbeitsamts München vermerkte, daß zwischen 1923 und 1926 etwa 40 Prozent der Bewerberinnen um Kontorstellen und 48 Prozent der an Verkaufsstellen interessier-

Angestellten-Filme: »Die Privatsekretärin«, 1931

ten Frauen Arbeitertöchter waren.[8] Auch die weiblichen Mitglieder der Angestelltengewerkschaften kamen in zunehmendem Maße aus der Arbeiterschaft. Stammten 1929 fast 30 Prozent der weiblichen Angestellten, die im liberalen Gewerkschaftsbund der Angestellten (GdA) organisiert waren, aus proletarischen Kreisen, waren es unter den kaufmännischen Lehrlingen bereits annähernd 43 Prozent.[9]

In der Weimarer Republik richteten sich die Berufswünsche junger Mädchen immer mehr auf die kaufmännischen Berufe: Mitte der zwanziger Jahre konnte man den Berufsberatungs-Statistiken entnehmen, daß sich rund ein Drittel aller weiblichen Ratsuchenden, gegenüber 15 Prozent der männlichen, für eine kaufmännische Tätigkeit interessierten.[10] War sie für Mittelschülerinnen gerade noch »standesgemäß«, galt Berufsschülerinnen »der kaufmännische Beruf als der vornehmste, die Schneiderei als der sicherste, das Weißnähen als der sauberste und die Hauswirtschaft als der unbequemste Beruf – von der ungelernten Arbeit wird einfach gesagt, ›da kann man leicht Geld verdienen‹!«[11]

Aber auch innerhalb des so hochangesehenen »kaufmännischen Berufs« gab es rangmäßige Unterschiede: Verkäuferinnen fühlten sich Kontoristinnen oft unterlegen. Die theoretische Ausbildung der Büroangestellten, die zumeist die Handelsschule besucht hatten, verschaffte ihnen bei Verkäuferinnen eine fast wissenschaftliche Autorität: »›Die Verkäuferin wird als oberflächlich betrachtet, da sie sich nicht um die Wirtschaft kümmert.‹«[12] Das Schulgeld für die Fachschule hinderte Arbeiterfamilien häufig daran, die Tochter als Kontoristin ausbilden zu lassen. Auch eine Lehre kam für Mädchen weit seltener in Betracht als für Jungen. Hatten immerhin 88 Prozent der männlichen GdA-Mitglieder eine kaufmännische Lehre absolviert, war es bei den weiblichen Mitgliedern nur die Hälfte. Arbeiter ließen im Zweifelsfall eher den Sohn »etwas lernen« als die Tochter, und auch bürgerliche Familien investierten lieber in die Berufsausbildung des Stammhalters. Begründet wurde diese Prioritätensetzung mit dem Argument, die teure Ausbildung rentiere sich bei Frauen nicht, da sie den Beruf ohnehin bald aufgäben und heirateten. Als Hausfrau und Mutter mußten sie dann weder Ablagesysteme noch die doppelte Buchführung beherrschen, sondern nährwert- und kostenbewußt einkaufen und kochen können. Das lernten sie bereits in der Schule: In Hamburg, Sachsen, Hannover, Oldenburg und Westfalen wurde Volksschülerinnen obligatorischer Haushaltungsunterricht erteilt, und in vielen Gemeinden war dieses Lehrfach für Mädchen unverzichtbarer Bestandteil der dreijährigen Berufsschulausbildung.[13]

Bereits in Elternhaus und Schule wurden Mädchen demnach auf ihre spätere Rolle als Ehefrau und Mutter vorbereitet. Wenngleich es in der Weimarer Republik selbst in bürgerlichen Schichten üblich geworden war, daß Frauen nach dem Ende ihrer Schulzeit eine Erwerbsarbeit aufnahmen und Geld verdienten, hielt sich doch die Auffassung beharrlich, wonach der Beruf lediglich »Aufbewahrungsort bis zur Ehe« sei.[14] In der Angestelltenstatistik fand dieses Meinungsbild einen geradezu klassischen Ausdruck: 1925 waren 65 Prozent der Frauen, die als Angestellte in Handel und Industrie arbeiteten, jünger als 25 Jahre, und fast alle (94 Prozent) waren ledig. Sobald sie in den Stand der Ehe traten, kündigten sie oder wurden gekündigt. Gaben sie einem Berufskollegen ihr Jawort, konnten sie damit rechnen, ihr weiteres Leben an seiner Seite ganz als Hausfrau und Mutter zu führen: Nur etwa ein Zehntel der Angestellten-Ehefrauen ging Mitte der zwanziger Jahre einer Erwerbstätigkeit nach (zum Vergleich: 22 Prozent der Arbeiterfrauen).[15]

»Höhere Arbeit« für Männer, »kleinere Verrichtungen« für Frauen

Die Ehe scheint für viele junge Frauen eine Art Fluchtpunkt gewesen zu sein, auf den sich ihre Träume vom besseren Leben richteten. Der Beruf selber gab solchen Träumen und Sehnsüchten wenig Nahrung. Die Arbeit der Büroangestellten war in der Regel monoton, schematisch und anstrengend. Zeitgenossen, die das Tippen etwas herablassend mit dem Klavierspielen verglichen, übersahen dabei, daß die acht- oder mehrstündige Bedienung der damals noch sehr schwergängigen Schreibmaschinentastatur Wirbelsäule und Nervensystem stark belastete. Auch Verkäuferinnen klagten über schlechte Arbeitsbedingungen, vor allem dann, wenn sie in der Lebensmittelbranche beschäftigt waren. Hier herrschte die Gewohnheit, die Ladentüren auch an kältesten Wintertagen geöffnet zu halten, um Kunden zum Eintreten zu animieren. Frosterkrankungen waren daher keine Seltenheit.[16] Auch das stundenlange Stehen hinter dem Ladentisch war der Gesundheit der jungen Frauen nicht eben förderlich. Anders als ihre männlichen Kollegen hatten die weiblichen Angestellten kaum Chancen, ihre berufliche Situation zu verbessern. Aufstiegsmöglichkeiten waren zwar im Einzelfall vorhanden, scheiterten aber in der Praxis sowohl an den nicht ausreichenden Vorqualifikationen der meisten Frauen als auch am Widerstand männlicher Angestellter gegen weibliche Vorgesetzte. Zwar hatten die männlichen Berufsverbände und Gewerkschaften ihre prinzipielle Ablehnung der Frauenarbeit im Angestelltensektor spätestens nach dem Ersten Weltkrieg aufgegeben, doch nur deshalb, weil sie erkannten, daß Frauen hier keine »männlichen« Arbeitsplätze besetzten, sondern im wesentlichen neue, maschinisierte und in der Hierarchie ganz unten angesiedelte Tätigkeiten übernahmen. 1907 gab der Verband Deutscher Handlungsgehilfen seinen männlichen Mitgliedern auf den Weg, sie sollten dafür Sorge tragen, bei der sich einspielenden Arbeitsteilung zwischen Frauen und Männern in Kontor und Geschäft »auf die richtige Seite« zu kommen: »Daß viele kleine Arbeiten ausgeschieden und von weiblichen Kräften erledigt werden, während den Männern die höhere Arbeit bleibt, ist doch auch eine Hebung der Männerarbeit.«[17]

Auch in den zwanziger Jahren, als die Zerlegung, Standardisierung und Technisierung der Arbeitsfunktionen rasch voranschritt, blieb die »höhere Arbeit« ein Monopol von Männern, und Frauen begnügten sich mit den »kleineren Verrichtungen«. Dafür bekamen sie selbstverständlich weniger Geld. Nach den Gehaltserhebungen des GdA waren über 70 Prozent seiner weiblichen Mitglieder in den beiden untersten Tarifgruppen eingruppiert, aber nur ein Drittel der männlichen.[18] Doch selbst in der gleichen Tarifgruppe verdienten Frauen grundsätzlich weniger als Männer: Fast alle zwischen Unternehmern und Gewerkschaften ausgehandelten Tarifverträge legten in der Weimarer Republik Gehaltsabzüge für Frauen von 10 bis 20 Prozent fest. Begründet wurde diese Ungleichheit mit den »tatsächlichen Lebensverhältnissen«, wonach männliche Angestellte mehr Geld für »Kleidung und Haushaltung« ausgeben müßten als ihre weiblichen Kollegen.[19] Im Klartext: Weil Frauen neben ihrer Berufstätigkeit auch Hausarbeit verrichteten, selber Essen kochten und Kleider nähten, war es gerechtfertigt, ihr Gehalt zu kürzen.

Dabei zeigten die Haushaltsrechnungen weiblicher Angestellter, daß auch sie vergleichsweise viel Geld für Kleidung ausgaben. Chic und adrett angezogen zu sein, gehörte zur Berufsqualifikation hinzu. Vor allem Verkäuferinnen warben mit ihrem Aussehen für das Geschäft, und Ladenbesitzer waren sich dieser umsatzsteigernden Wirkung wohl bewußt. So wurde eine Schuhverkäuferin nur deshalb entlassen, »weil sie sich nicht dem Wunsche des Geschäftsinhabers gefügt hatte, duftige Wäsche zu tragen. Der Unternehmer führte vor Gericht aus, daß bei dem ununterbrochenen Hinaufsteigen auf Leitern zum Herabholen der Schuhe den männlichen Besuchern ein möglichst angenehmer Anblick verschafft werden müsse«.[20] Viele Geschäfte ließen Steckbriefe ihrer Verkäuferinnen in Zeitungen abdrucken und versprachen denjenigen eine Belohnung, die den Beschäftigungsort der Abgebildeten herausfanden. Der VWA kritisierte 1931, »daß ein sonst seriöses Berliner Haus seinen weiblichen Angestellten zumutet, sich im Schaufenster vom Dekorateur aus einem Stück Stoff ein Kleid auf den Leib ›aufstecken‹ zu lassen, daß in einer Stadt der Provinz in der Badezeit den Angestellten zugemutet wurde, Badetrikots im Laden und Erfrischungsraum vorzuführen«.[21] Auch der anfangs erwähnte Schönheitswettbewerb des Berliner Wochenspiegels verfolgte den Zweck, den Umsatz im gerade anlaufenden Weihnachtsgeschäft anzukurbeln, denn: »Wir kaufen alle lieber und leichter dort, wo uns Schönheit und Anmut bedient.«

Träume vom »Glanz«

»Ein Glanz werden« – davon träumten viele junge Angestellte. Nur wenige aber verfolgten ihr Ziel so frech und unbekümmert wie Irmgard Keuns Doris, die nicht traurig war, als ihr der Rechtsanwalt, für den sie Briefe tippte, kündigte, sondern beim Film und in der Berliner Bohème ihr Glück suchte. Gilgi, die Hauptfigur in Keuns erstem, 1931 erschienenen Roman, schlug einen anderen Weg zum »Glanz« ein: Nach ihrer Tagesarbeit als Stenotypistin lernte sie fremde Sprachen in der Berlitz School und tippte die Kriegserinnerungen eines Herrn Mahrenholz. »Ich will arbeiten, will weiter, will selbständig und unabhängig sein... Und gesund und hübsch will ich bleiben, solange es eben geht.« Gilgi war tüchtig, ehrgeizig und setzte ihr hübsches Aussehen und ihren Charme gezielt ein. »Auf die Arbeitgeber ist man nun mal angewiesen, und ganz ohne Mätzchen ist ihnen nicht beizukommen. Können allein entscheidet nicht, Mätzchen allein entscheiden nicht – beides zusammen entscheidet meistens.«[4]

Die Redaktion der sozialdemokratischen Parteizeitung »Vorwärts« war von Gilgis Schicksal, das im übrigen auch verfilmt wurde, so angetan, daß sie den Roman in Fortsetzungsfolgen abdruckte. Unter den Leserinnen und Lesern allerdings war die Begeisterung nicht ungeteilt. Viele Angestellte protestierten gegen die Veröffentlichung und betonten, diese Gilgi sei keineswegs »eine von uns«. Manche empfanden den Roman sogar als Beleidigung, andere fühlten sich in ihrer Berufs- und Lebenswirklichkeit gänzlich falsch dargestellt. Im Oktober 1932 verabschiedete eine Versammlung von Funktionärinnen des sozialdemokratischen Zentralverbandes der Angestellten eine Protestadresse an die Vorwärts-Redaktion. Andere Zeitschriften nahmen diesen Vorfall zum Anlaß, angeblich realitätsgetreuere Schilderungen des Angestellten-Alltags zu veröffentlichen.[5]

Was der vorwiegend männlichen Redaktion des »Vorwärts« imponiert haben mochte – die Mischung von Liebe und beruflichem Ehrgeiz, von Sex und Lebenskampf, vielleicht auch Gilgis unbeugsamer Unabhängigkeitswunsch und ihre Ernsthaftigkeit im Umgang mit der »großen Liebe« und ihrem

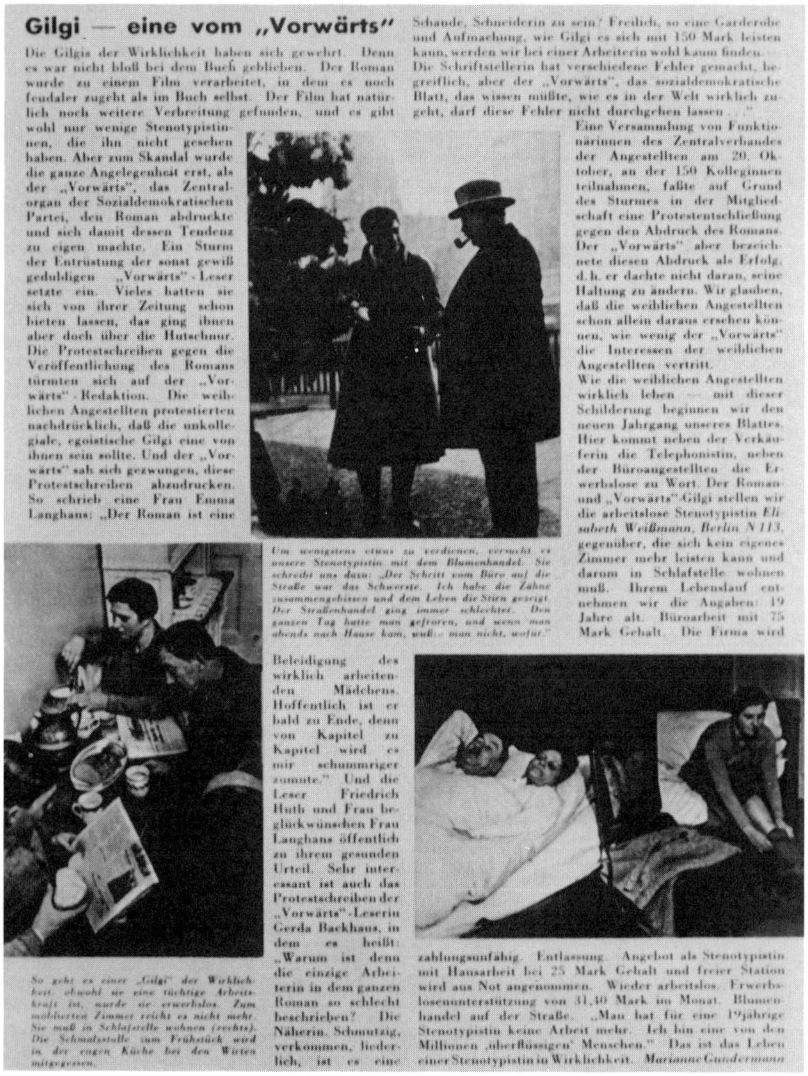

Gilgi — eine vom „Vorwärts"

Die Gilgis der Wirklichkeit haben sich gewehrt. Denn es war nicht bloß bei dem Buch geblieben. Der Roman wurde zu einem Film verarbeitet, in dem es noch feudaler zugeht als im Buch selbst. Der Film hat natürlich noch weitere Verbreitung gefunden, und es gibt wohl nur wenige Stenotypistinnen, die ihn nicht gesehen haben. Aber zum Skandal wurde die ganze Angelegenheit erst, als der „Vorwärts", das Zentralorgan der Sozialdemokratischen Partei, den Roman abdruckte und sich damit dessen Tendenz zu eigen machte. Ein Sturm der Entrüstung der sonst gewiß geduldigen „Vorwärts"-Leser setzte ein. Vieles hatten sie sich von ihrer Zeitung schon bieten lassen, das ging ihnen aber doch über die Hutschnur. Die Protestschreiben gegen die Veröffentlichung des Romans türmten sich auf der „Vorwärts"-Redaktion. Die weiblichen Angestellten protestierten nachdrücklich, daß die unkollegiale, egoistische Gilgi eine von ihnen sein sollte. Und der „Vorwärts" sah sich gezwungen, diese Protestschreiben abzudrucken. So schrieb eine Frau Emma Langhaus: „Der Roman ist eine Beleidigung des wirklich arbeitenden Mädchens. Hoffentlich ist er bald zu Ende, denn von Kapitel zu Kapitel wird es mir schummriger zumute." Und die Leser Friedrich Huth und Frau beglückwünschen Frau Langhans öffentlich zu ihrem gesunden Urteil. Sehr interessant ist auch das Protestschreiben der „Vorwärts"-Leserin Gerda Backhaus, in dem es heißt: „Warum ist denn die einzige Arbeiterin in dem ganzen Roman so schlecht beschrieben? Die Näherin. Schmutzig, verkommen, liederlich, ist es eine Schande, Schneiderin zu sein? Freilich, so eine Garderobe und Aufmachung, wie Gilgi es sich mit 150 Mark leisten kann, werden wir bei einer Arbeiterin wohl kaum finden. – Die Schriftstellerin hat verschiedene Fehler gemacht, begreiflich, aber der „Vorwärts", das sozialdemokratische Blatt, das wissen müßte, wie es in der Welt wirklich zugeht, darf diese Fehler nicht durchgehen lassen ..."

Eine Versammlung von Funktionärinnen des Zentralverbandes der Angestellten am 20. Oktober, an der 150 Kolleginnen teilnahmen, faßte auf Grund des Sturmes in der Mitgliedschaft eine Protestentschließung gegen den Abdruck des Romans. Der „Vorwärts" aber bezeichnete diesen Abdruck als Erfolg, d. h. er dachte nicht daran, seine Haltung zu ändern. Wir glauben, daß die weiblichen Angestellten schon allein daraus ersehen können, wie wenig der „Vorwärts" die Interessen der weiblichen Angestellten vertritt.

Wie die weiblichen Angestellten wirklich leben — mit dieser Schilderung beginnen wir den neuen Jahrgang unseres Blattes. Hier kommt neben der Verkäuferin die Telephonistin, neben der Büroangestellten die Erwerbslose zu Wort. Der Roman- und „Vorwärts"-Gilgi stellen wir die arbeitslose Stenotypistin *Elisabeth Weißmann, Berlin N 113*, gegenüber, die sich kein eigenes Zimmer mehr leisten kann und darum in Schlafstelle wohnen muß. Ihrem Lebenslauf entnehmen wir die Angaben: 19 Jahre alt. Büroarbeit mit 75 Mark Gehalt. Die Firma wird zahlungsunfähig. Entlassung. Angebot als Stenotypistin mit Hausarbeit bei 25 Mark Gehalt und freier Station wird aus Not angenommen. Wieder arbeitslos. Erwerbslosenunterstützung von 31,40 Mark im Monat. Blumenhandel auf der Straße. „Man hat für eine 19jährige Stenotypistin keine Arbeit mehr. Ich bin eine von den Millionen ‚überflüssigen' Menschen." Das ist das Leben einer Stenotypistin in Wirklichkeit. *Marianne Gundermann*

Um wenigstens etwas zu verdienen, versucht es unsere Stenotypistin mit dem Blumenhandel. Sie schreibt uns dazu: „Der Schritt vom Büro auf die Straße war das Schwerste. Ich habe die Zähne zusammengebissen und dem Leben die Stirn gezeigt. Der Straßenhandel ging immer schlechter. Den ganzen Tag hatte man gefroren, und wenn man abends nach Hause kam, wußte man nicht, wofür."

So geht es einer „Gilgi" der Wirklichkeit: obwohl sie eine tüchtige Arbeitskraft ist, wurde sie erwerbslos. Zum möblierten Zimmer reicht es nicht mehr. Sie muß in Schlafstelle wohnen (rechts). Die Schmalzstulle zum Frühstück wird in der engen Küche bei den Wirten mitgegessen.

Aus: »Der Weg der Frau«, 1933

ungeborenen Kind –, war einem großen Teil des Publikums offenbar ein Dorn im Auge. Daß sich auch Berufsverbände dagegen wandten, Gilgis Schicksal als das einer typischen Angestellten zu stilisieren, muß nicht verwundern. Schließlich gehörte die junge Dame – wie drei Viertel ihrer Kolleginnen – weder einer Gewerkschaft an, noch bewies sieh im Umgang mit anderen Angestellten große Solidarität. Selbst vor Arbeitslosigkeit hatte sie keine Angst, denn: »Da ist eine ganze Menge, denen ich überlegen bin, weil ich mehr und stärker will.«

Allerdings fand ohnehin kaum einer der vielen Angestelltenromane der zwanziger und frühen dreißiger Jahre Gnade bei den Gewerkschaftsfunktionärinnen. Besonders der nur Frauen organisierende Verband der weiblichen Handels- und Büroangestellten (VWA) reagierte empört auf Darstellungen, die die Berufswirklichkeit ungeschminkt und in dunklen Farben schilderten. An dem vielgelesenen Roman Christa Anita Brücks »Schicksale hinter Schreibmaschinen« (1930) kritisierte Katharina Müller vom VWA den Mangel individuellen Heldentums; Rudolf Braunes »Das Mädchen an der Orga Privat« (1930) bewegte sich ihrer Ansicht nach »in krassen Schamlosigkeiten« und war »geeignet, der jungen Stenotypistin Abscheu und Schreck vor ihrem Beruf einzuflößen«.[6] Da kamen die Happy-End-Romane,[7] die die oft sehr graue Realität in den Wunschbildern sentimentaler Schreibmaschinen- und Ladenpoesie auflösten, den Bemühungen der Standesvertretung, »die Proletarisierung, die Hoffnungslosigkeit zu überwinden«, schon näher.

Indienstnahme weiblicher Attraktivität

Die Frauen selber scheinen dieser gezielten Indienstnahme ihrer Attraktivität wenig Widerstand entgegengesetzt zu haben. Der Zwang, hübsche Kleider zu tragen und immer gepflegt auszusehen, kam vielmehr ihrem Bedürfnis nach Selbstdarstellung und -bewußtsein entgegen. In der weiblichen Rolle, in Erotik und Mode konnten sie die demütigenden und deprimierenden Erfahrungen ihres beruflichen Alltags kompensieren und ein Stück Macht zurückgewinnen. Als die weiblichen Mitglieder des Kurzschriftvereins der Deutschen Bank 1928 ihren männlichen Kollegen und Direktoren auf einem Ball eine Tanznummer als kurzberockte »Black and White Girls« vorführten,[22] hatten sie wohl kaum das Gefühl, sich auf diese Weise zum Objekt zu erniedrigen. Eher brachte dieser Auftritt ihre Tagträume von einer öffentlichen Karriere als Revuetänzerinnen und von erotischer Dominanz und Anerkennung zum Ausdruck. Auch das »Verhältnis« mit dem Vorgesetzten, ein beliebtes Thema zeitgenössischer Filme und Kolportageromane, verschaffte den Frauen neben materiellen Vorteilen die reizvolle Illusion eines gleichberechtigten Tausches, in dem die soziale Hierarchie durch Erotik aufgehoben schien.

In der Regel war diese Illusion jedoch immer nur von kurzer

Großraumbüro

Dauer, und nur selten erfüllte sich der Traum, durch eine Heirat endgültig in die »besseren Kreise« aufzusteigen. Eben diese Hoffnung motivierte viele junge Frauen, trotz aller offensichtlichen Mängel, Belastungen und Zurücksetzungen – die allerdings auch in anderen Berufen nicht fehlten – Verkäuferin oder Stenotypistin zu werden. Für viele hatte sich die Berufswahl im Kino entschieden. Hier wurde ihnen das Warenhaus als »märchenhafter Palast« geschildert, »in dem sich elegante Käufer um den Ladentisch drängen, liebenswürdige Gespräche mit der Verkäuferin führen und einer von ihnen die Angestellte in eine Ehe voller Glück und Luxus entführt«. Handelsschülerinnen erfuhren im Film, »daß die Privatsekretärin ein sorgenloses schönes Leben ohne viel Arbeit führt, sich überaus elegant kleidet und nach kurzer Tätigkeit die Gattin ihres Chefs wird«.[23]

Angesichts dieser Vorbilder verwundert es nicht, daß zu den beliebtesten Verkaufsbranchen die Herrenkonfektion gehörte, in der sich, wie vierzehn- bis siebzehnjährige Berufsschülerinnen meinten, reiche Männer »einen sehr schönen Velourhut kaufen oder besonders feine wildlederne Handschuhe und dabei die Verkäuferinnen kennen lernen«.[24] Selbst wenn es nicht nur in der Einbildung, sondern auch in der Wirklichkeit zu einem solchen Rendez-vous kam, führte es doch kaum jemals zum Happy End. Der »richtige Mann«, dem ein siebzehnjähriges Lehrmädchen seine »Hand reichen und ein eigenes Heim gründen wollte«, um endlich »raus aus dem Beruf und sein eigener Herr zu sein«[25], stammte zumeist nicht aus dem ersehnten Aufstiegsmilieu, sondern aus den eigenen Kreisen. Fast die Hälfte der weiblichen Angestellten in der bayerischen Industrie, die 1925 eine Ehe schlossen, heiratete einen Angestellten. Von den Angestellten im Handel verehelichten sich 36 Prozent innerhalb der eigenen Berufsschicht, ein Viertel schaffte den Aufstieg zur Ehefrau eines Selbständigen (in der Regel der Ladenbesitzer selber), und 40 Prozent heirateten »unter ihrem Stand«.[26]

Bei nüchterner Betrachtung war der angebliche Emanzipations-Höhenflug der Verkäuferinnen und Stenotypistinnen daher nicht besonders schwindelerregend. Ihre »Modernität: hielt sich in engen Grenzen, die von einer ungebrochenen, in Familie, Schule, Beruf und Medien vermittelten Orientierung auf »typisch weibliche« Verhaltensformen und Lebenspläne gezogen wurden. So keß und frech sie oft auftraten, so sehr wurden sie doch von ihrer Umwelt in jene Schranken gewiesen, die Frauen auch nach ihrer formellen Gleichberechtigung auf eine prinzipiell andere und unter dem Strich mit weit weniger Macht ausgestattete Handlungssphäre als Männer festlegte.

Anmerkungen

1 Berlin. Berliner Wochenspiegel für Leben, Wirtschaft, Verkehr, Ausstellungs- und Messewesen der Reichshauptstadt, Nr. 50, 1926, S. 2.
2 Fritz *Croner:* Soziologie der Angestellten, Köln 1962, S. 180.
3 Alice *Rühle-Berstel:* Das Frauenproblem der Gegenwart. Eine psychologische Bilanz, Leipzig 1932. Neudruck unter dem (unpassenden) Titel: Die Frau und der Kapitalismus, Frankfurt o. J., S. 299f.
4 Die beiden Romane Irmgard *Keuns* »Das kunstseidene Mädchen« und »Gilgi – eine von uns« sind 1979 neu im Claassen-Verlag, Düsseldorf, erschienen.
5 »Gilgi – eine vom ›Vorwärts‹«, in: Der Weg der Frau, Nr. 1, 1933.
6 Katharina *Müller:* Reklame und Literatur gegen die Angestellten, in: Die Handels- und Büroangestellte, Jg. 37, H. 2, Berlin 1931, S. 13f.
7 Z. B. Fedor *v. Zobeltitz:* Dagmar springt in die Freiheit, Berlin 1930; Iwan *Heilbut:* Frühling in Berlin, Berlin 1931; Heinrich *Sohnrey:* Grete Lenz, ein Berliner Mädchen, Berlin 1934.
8 Berechnet nach: Josef *Nothaas:* Sozialer Auf- und Abstieg im Deutschen Volk, München 1930, Tab. II.
9 GdA: Die wirtschaftliche und soziale Lage der Angestellten. Ergebnisse und Erkenntnisse aus der großen sozialen Erhebung des Gewerkschaftsbundes der Angestellten, Berlin 1931, S. 57; GdA: Die kommende Angestelltengeneration, Berlin 1933, S. 22.
10 Elisabeth *Obst-Harnisch:* Die Frau im Handel. in: Der Kaufmann und das Leben, Nr. 2, 1926, S. 9f.
11 Erna *Barschak:* Die Schülerin der Berufsschule und ihre Umwelt, Berlin 1926, S. 6. Nach Maria *Böckling:* Sonderaufgaben in der Berufsberatung der Mittelschülerinnen, in: Jugend und Beruf, H. 1, Berlin 1930, S. 17–19, entschieden sich drei Fünftel aller Düsseldorfer Mittelschülerinnen 1930 für den Kontoristinnen-Beruf, der als »standesgemäß« galt.
12 Ernst *Lau:* Beiträge zur Psychologie der Jugendlichen, Langensalza 1925, S. 74.
13 Margarete *Breuer:* Berufliches Bildungswesen, in: Jahrbuch für Frauenarbeit, Bd. 1, 1924, S. 38–55.
14 Marie *Bernays:* Zusammenhang von Frauenerwerbsarbeit und Mutterschaft, in: Frauenberufsfrage und Bevölkerungspolitik. Jahrbuch des Bundes Deutscher Frauenvereine 1917, Leipzig 1917, S. 99.
15 Annemarie *Niemeyer:* Zur Struktur der Familie, Berlin 1931, S. 115, 111.
16 Emilie *Düntzer:* Die gesundheitliche und soziale Lage der erwerbstätigen weiblichen Jugend, Berlin 1933, S. 45.
17 J. *Reif:* Frauenarbeit im Handel, Leipzig 1907, S. 13.
18 GdA: Die wirtschaftliche und soziale Lage..., a.a.O., S. 134.
19 Urteil eines Schlichtungsausschusses von 1929, zit. nach: Zentralverband der Angestellten: Geschäftsbericht 1929, Berlin o. J., S. 148.
20 Carl *Dreyfuß:* Beruf und Ideologie der Angestellten, München 1933, S. 126.
21 Katharina *Müller,* a.a.O., S. 13.
22 Monatshefte für die Beamten der Deutschen Bank, Mai 1928.
23 Carl *Dreyfuß,* a.a.O., S. 153.
24 Zit. in: Ernst *Lau,* a.a.O., S. 35.
25 Zit. in: Fritz *Urbschat,* Das Seelenleben der kaufmännisch tätigen Jugendlichen, Langensalza 1932, S. 77.
26 Berechnet nach Josef *Nothaas,* a.a.O., Tab. VII.

Carmen Tatschmurat

»Wir haben keinen Beruf, wir haben Arbeit«

Frauenarbeit in der Industrie der zwanziger Jahre

Die Friedenszeit begann für die Frauen mit der *Demobilmachungsverordnung* vom 28. März 1919. Danach sollten erwerbstätige Frauen zugunsten der aus dem Krieg heimkehrenden Männer in folgender Reihenfolge entlassen werden:
1. alle erwerbstätigen Frauen, deren Männer Arbeit haben,
2. alle nicht »versorgten«, alleinstehenden Frauen und Mädchen,
3. alle Frauen und Mädchen, die nur ein bis zwei Personen zu versorgen haben,
4. alle übrigen Mädchen und Frauen.

Wenn auch die Demobilmachungsverordnung nie in ihrer ganzen Schärfe durchgesetzt werden konnte (bis Oktober 1923 gelang es, den Anteil der Arbeiterinnen in etwa auf das Vorkriegsniveau zu reduzieren), so macht sie doch den Charakter weiblicher Erwerbsarbeit deutlich: Frauenerwerbsarbeit war als arbeitsmarkt-, reproduktions- und wehrpolitisches Instrument konzipiert und sollte mittels verschiedener Bestimmungen und Gesetze (beispielsweise zum Mutterschutz, Kindergeld, zur Regelung der Heimarbeit und ab 1938 zur Einbeziehung von Frauen in die Rüstungsproduktion) für die je wechselnden Interessen von Regierung und Wirtschaft einsetzbar bleiben. Frauenerwerbsarbeit war nach dem Krieg – wie auch schon vorher – entweder als »zölibatär« gedacht, als Alternative zu Ehe und Mutterschaft, oder als »notwendiges Übel«, das durch Schutzbestimmungen besonders zu regeln, am besten jedoch »auszuschalten« sei. Der renommierte Gynäkologe und Arbeitsmediziner Max Hirsch, dessen Untersuchungen über die Berufskrankheiten der Frau bis in die Zeit des Zweiten Weltkriegs hinein rezipiert wurden, formulierte dies so:

»Das mindeste, was erreicht werden muß, ist die *Ausschaltung der verheirateten Frau, der Mutter, aus der außerhäuslichen Produktion.* (...) Die weibliche Industriearbeit ist im wesentlichen ungelernte Arbeit, sie entspringt nicht einem inneren Drange der Frau, sondern nur einer vorübergehenden Notlage. Sie wird mit der Verheiratung eingestellt, wenn der Verdienst des Mannes für den Unterhalt der Familie ausreicht. In demselben Falle stellt auch die verheiratete Lohnarbeiterin die Erwerbsarbeit wieder ein.«[1]

Dem öffentlichen Bewußtsein nach war Frauenarbeit »Reserve-Erwerbsarbeit«, auf die in Krisenzeiten zurückgegriffen werden konnte, die aber sonst als lohndrückend – zum Teil auch von seiten der Arbeiterbewegung – oder als bedrohlich für den Fortbestand der Familie – von christlich-konservativer Seite – empfunden wurde.

Für die *Frauen selbst* bedeutete die Öffnung der Fabriktore nur bedingt einen Schritt in die ökonomische Unabhängigkeit, oft wurden sie im Gegenteil auf andere Weise als bisher abhängiger und unselbständiger als sie es je waren. Nicht zuletzt dadurch wurden sie höchst anfällig für die verschiedensten Erscheinungsweisen der sich allmählich durchsetzenden Familienideologie, sei es in Form von Kino-Kitsch à la Lilian Harvey, sei es in Form des nationalsozialistischen Mutterkreuz-Wahns. Denn die meisten jungen Frauen in der Industrie betrachteten ihre Arbeit tatsächlich als fristig und hofften, sie so bald wie möglich wieder aufgeben zu können. Tatsächlich aber war die proletarische Familie in der Regel ihr Leben lang auf die Lohnarbeit der Frau angewiesen.

Umfang der Frauenerwerbsarbeit

1925 weist die amtliche Statistik des Deutschen Reiches 11,5 Millionen erwerbstätige Frauen aus. Das sind rund 35 Prozent aller Frauen im erwerbsfähigen Alter.[2] Diese Zahl hat sich von der Jahrhundertwende bis heute nicht wesentlich verändert. Insofern sind die zwanziger Jahre keine Ausnahme. Bedeutsam ist allerdings, daß sich die innere Zusammensetzung der Frauenerwerbsquote in den letzten hundert Jahren immer wieder stark verändert hat. Für die Weimarer Zeit fällt vor allem auf, daß der Anteil der erwerbstätigen Frauen bei den unter Fünfundzwanzigjährigen sehr hoch ist, zum Teil bis zu 77 Prozent.[3] Dies wurde zum einen erklärt mit der Verschlechterung der Wirtschaftslage für junge Ehepaare. Zum anderen geht man davon aus, daß die Männer in der Regel bei der Heirat

einige Jahre älter sind als die Frauen und daß »als Folge sozialer Zustände ein Restbestand nicht zur Ehe kommender junger Frauen vorhanden war, der selbst für den eigenen Lebensunterhalt sorgen mußte«.[4]

Von je hundert erwerbstätigen Frauen waren 1925 tätig als:

Mithelfende	36,0 %	absolut: 4,1 Millionen
Arbeiterinnen	30,5 %	absolut: 3,5 Millionen
Angestellte und Beamte	12,5 %	absolut: 1,4 Millionen
Hausangestellte	11,4 %	absolut: 1,3 Millionen
Selbständige	9,6 %	absolut: 1,3 Millionen

Rosa Kempt: Die deutsche Frau nach der Volks-, Berufs- und Betriebszählung von 1925, Mannheim u.a. 1931, S. 44–45.

Über vier Millionen der erwerbstätigen Frauen fielen demnach unter die Kategorie »Mithelfende Familienangehörige«. Diese waren zum größten Teil in der Landwirtschaft beschäftigt. Die Anzahl der in der Landwirtschaft Arbeitenden nahm nach 1925 stark ab: aufgrund beginnender Maschinisierung wurden weniger Hilfskräfte benötigt, die Einführung des 8-Stunden-Tags machte die Beschäftigung von Personal für viele, vor allem Kleinbetriebe, unrentabel, so daß der Großteil der Arbeit der Bäuerin selbst verblieb. Die Töchter zogen (wie vorher bereits die Mägde) in die Großstadt – weniger wegen des Funkelns der Lichterwelt als wegen des ökonomischen Drucks.[5]

In den zwanziger Jahren hatte bereits ein Großteil der Mädchen vom Lande den nächsten Schritt vollzogen: in die Fabrik, in die Büros. Aufgrund der verschlechterten ökonomischen Situation war der Bedarf an Dienstboten gesunken. Auch waren immer weniger Mädchen bereit, für einen Hungerlohn rund um die Uhr verfügbar zu sein – verfügbar nicht zuletzt für die Wünsche des Hausherrn! Die Arbeit in der Fabrik versprach mehr Lohn und einen zeitlich begrenzten Arbeitstag.

Diese Wünsche der jungen Mädchen und Frauen trafen zusammen mit einem zunehmenden Bedarf der Industrie nach ungelernten flexibel einsetzbaren Arbeitskräften, vor allem in den expandierenden Konsumgüterindustrien: Textil-, Elektro-, Nahrungsmittelindustrie. Hier waren seit Beginn der Industrialisierung überwiegend Frauen beschäftigt. In der Textilindustrie beispielsweise waren rund zwei Drittel der Beschäftigten Frauen.[6] Der Anteil der Arbeiterinnen stieg allerdings auch in der Chemischen und Elektrotechnischen Industrie und betrug in den zwanziger Jahren rund ein Fünftel der dort Beschäftigten.[7] Insgesamt war jede vierte erwerbstätige Frau in Industrie und Handwerk beschäftigt.[8] Die in den zwanziger Jahren einsetzende Welle der Rationalisierung, insbesondere in der Chemischen-, Metall-, Elektrotechnischen und in der Bekleidungsindustrie, begünstigte die Ersetzung von männlichen qualifizierten durch weibliche unqualifizierte Arbeitskräfte. Die Arbeitsplätze der Frauen erwiesen sich jedoch in dieser Zeit als wesentlich sicherer als diejenigen der Männer: Der Arbeitslosenanteil der Arbeiterinnen lag um zwei Prozent unter dem der Männer. Diese Spanne stieg nach 1929 sogar noch bis auf elf Prozent an.[9] In diesen Zahlen ist allerdings nicht berücksichtigt, daß damals wie heute ein Teil der Frauen bei beginnender Arbeitslosigkeit zurück in die Familie ging, den Arbeitsmarkt also lautlos verließ.

Arbeitsbedingungen

Nach einer von den Wirtschaftswissenschaftlerinnen Frieda Glaß und Dorothea Kische im Auftrag der »Arbeitsgemeinschaft Deutscher Frauenberufsverbände« 1928/29 durchgeführten Erhebung traten die Arbeiterinnen im Durchschnitt mit siebzehn Jahren in die Fabriken ein. Vorher, also zwischen der Beendigung der Schulpflichtzeit mit vierzehn Jahren und dem achtzehnten Lebensjahr waren sie meist gezwungen, im eigenen oder fremden Haushalt zu arbeiten, da die Betriebe sie aufgrund der strengen Bestimmungen für minderjährige Arbeitskräfte offiziell nicht beliebig einsetzen konnten. Die Arbeiterinnen waren zu über 40 Prozent unter 24 Jahren alt.

Mit 25 Jahren »hat die Arbeiterin in jedem Falle ihren Höchstlohn erreicht«, nämlich 18–22 Mark netto pro Woche.[10] Der *Lohn* lag um 30 Prozent unter dem Durchschnittslohn des männlichen Arbeiters. Es war allerdings für Arbeitgeber und konservative Politiker nicht immer einfach, dies zu begründen: Neben der geringeren Muskelkraft der Frau wurde immer wieder betont, daß die Frau »anspruchsloser« sei und viele Arbeiten zur Befriedigung ihrer täglichen Bedürfnisse

selbst durchführen könnte. So könnte sie selbst für ihre Wäsche und für das Zubereiten ihrer Mahlzeiten sorgen – ein Mann müsse dafür bezahlte Dienste in Anspruch nehmen. Auch würde eine Frau – im Gegensatz zum Mann – kein Geld für Alkohol und Tabak benötigen. Zudem sei der Lohn des Mannes als »Familienlohn« konzipiert, derjenige der Frau jedoch als »Zuverdienst«. Der Lohn war in der Regel so bemessen, daß er den jungen Frauen noch nicht einmal ermöglichte, den elterlichen Haushalt zu verlassen. Der Lohn, der in der Fabrik gezahlt wurde, hatte als zusätzlicher Beitrag zum Familienverdienst dennoch durchaus seinen Reiz. Daß er nach dem 25. Lebensjahr nicht mehr stieg, wohl aber die Verpflichtungen durch Kinder, einen möglicherweise arbeitslosen Ehemann, Rückzahlung von Krediten für Anschaffungen zunahmen, daß es ferner mit fortschreitendem Alter von Jahr zu Jahr schwerer wurde, Akkordsätze zu erreichen, daß die Fabrikarbeiterinnen dann aus der Akkordschicht herausfielen und sich mit einem wesentlich niedrigeren Lohn bescheiden mußten – all dies bedachten die jungen Frauen nicht. Fabrikarbeit wurde nicht als Lebensberuf betrachtet, sondern als Möglichkeit zum kurzfristigen Verdienst »bis zur Heirat«, allenfalls »bis zum ersten Kind«.

Die Arbeiterinnen waren in der Regel *un- oder angelernt*. Die Betriebe sahen sich allerdings aus kostenökonomischen Gründen gezwungen, die Anlernung der Frauen nicht länger ihnen selbst zu überlassen, sondern sie systematisch zu unterweisen. Daneben entstanden in den zwanziger Jahren zahlreiche private Institute, in denen Frauen gegen Bezahlung eine Ausbildung erhielten – die ihnen freilich in der Praxis nicht immer nützte. Viele, vor allem aus der Sozialpflege kommende Frauen des Bürgertums waren immer wieder verwundert über die Einstellung der Fabrikarbeiterin zu ihrer Arbeit und wollten nicht wahrhaben, daß diese nur um des Lohnes willen jeden Tag durch das Fabriktor gingen. Gerade diejenigen Frauen, die in der Bildungsarbeit tätig waren und sich innerhalb der Sozialdemokratie für eine Emanzipation der Frau stark machten, sahen in der Bildung der Arbeiterin den einzigen Weg zur Befreiung der jungen Mädchen aus traditionellen Rollen und Familienbindungen. Eine von diesen Frauen, die Psychologin Elisabeth Franzen-Hellersberg, schreibt in ihrer bekannten Studie »Die jugendliche Arbeiterin«:

»Die Frage: ›Was denken Sie sich bei der Arbeit?‹ wird mit vollständigem Unverständnis angehört. Klar kommt heraus: ich will doch bloß Geld verdienen. Es sieht gar nicht so aus, als ließe die Arbeit dem jungen Mädchen viel Zeit zum Nachdenken. Hauptsache ist für sie, daß die Arbeit ungestört von statten geht. Auf jede Störung reagiert sie mit Ärger – und nicht nur deshalb, weil der Aufenthalt eine Verdienstminderung bringt. Offenbar kommt ihr bei ihrer Arbeit ein starkes Bedürfnis nach innerem Schlaf, nach Vergessenkönnen, nach Besinnungslosigkeit, zu Hilfe.

Auf die Frage: ›Was erleichtert die Arbeit?‹ erhält man Antworten, die sich folgendermaßen zusammenfassen lassen: 70 % beantworten diese Frage: ›Weil damit ein guter Verdienst zu erwarten ist‹; 16 % halten das Lob des Chefs oder des Meisters für arbeitsfördernd, manche geben an: ›Wenn alles klappt, macht es Freude‹ oder ›Wir denken immer, bald ist Feierabend‹. Wenig Arbeiten wurden abgelehnt, eigentlich nur die, die Hände oder Kleider verderben. Gesundheitsschädigende Arbeiten werden gerade des höheren Verdienstes wegen solange beibehalten, wie es der Körper überhaupt erlaubt. Hier zeigt sich ein Zug, der für die Arbeiterin charakteristisch ist: sie ist Augenblicksmensch, bedenkenlos gegenüber allen späteren Folgen. ... Diesen Mädchen muß mit Mühe klargemacht werden, daß der Wert der Arbeit nicht allein im Geldverdienst zu liegen braucht. ... Es ist auch immer wieder erstaunlich, was man erlebt, wenn man ... nach dem ›Beruf‹ der Arbeiterin fragt. Sie sieht erstaunt auf und bringt dann schüchtern vor: ›Wir haben keinen Beruf, wir haben Arbeit.‹«

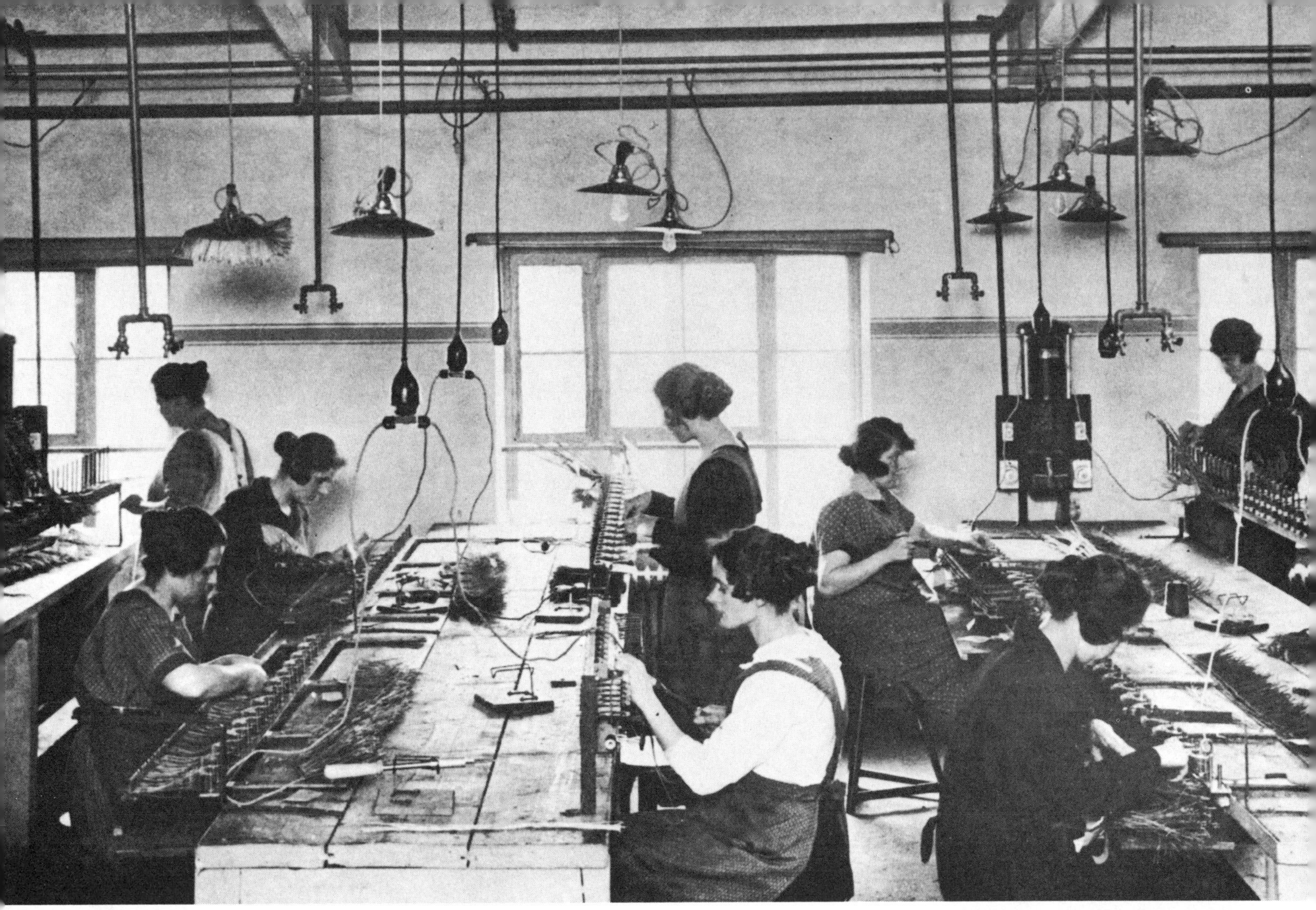

METALLWAREN-FABRIK
LANGFELDER & PUTZKER.
45

»Was Schönes denken«

Die fehlende »innere Bindung« der un- und angelernten Frauen an die Industriearbeit sollte daher durch »sittlich-moralische« Bildung, durch »ethische Qualifizierung« für den »Dienst« in der Fabrik, in der Familie und nicht zuletzt für den Dienst an Volk und Vaterland kompensiert werden. Viel zu wenig Beachtung fand sogar bei den Forscherinnen selbst, daß durchgängig auch immer so etwas wie inneres Interesse an der Arbeit, insbesondere am Umgang mit der Maschine, geäußert wurde:

»Daß der weiblichen Wesensanlage in der Fabrikarbeit Entfaltungsmöglichkeiten geboten werden, wurde bei der Gegenüberstellung beider Faktoren im allgemeinen weitgehend in Frage gestellt. Daß aber wirklich auch geistig-seelische Nahrung aus der Arbeit als *solcher* gezogen werden kann, fanden wir durch Beispiele ... bestätigt.

Eine Fragebogenbeantwortung aus einer Wollspinnerei ... gibt auf die Frage: ›Worauf beruht die Freude?‹ – folgendes an: ›Selbständige Bedienung einer Maschine, herausholen aus derselben, was möglich ist... Die Mädchen sind mit ihrer Maschine ganz verwachsen, und es ist immer eine große Aufregung, wenn sie mal eine andere bedienen sollen. Es wurde hier schon mal der Satz geäußert, sie lieben ihre Maschine mehr als ihren Bräutigam.‹ Ein überzeugenderes Beispiel für Berufsfreude bei der Fabrikarbeit kann nicht gefunden werden. Wenn auch die Äußerung cum grano salis zu verstehen ist, so spricht doch die Tatsache, daß dieser Vergleich überhaupt in Betracht kam und dann noch zugunsten der Maschine ausfiel, deutlich genug.«[12]

Die von den Frauen ausgeübten Tätigkeiten und vor allem die Bedingungen, unter denen dies geschah, waren im allgemeinen nicht dazu angetan, ihre *Gesundheit* zu fördern: Der Umgang mit giftigen Stoffen, die Arbeit in schmutzigen, staubigen, lauten Fabrikhallen, einseitige körperliche Beanspruchung durch Akkordarbeit sowie stundenlanges Stehen auf kaltem Steinfußboden waren die Regel. Dazu kam noch die psychische Belastung durch die Notwendigkeit ständiger äußerster Konzentration bei gleichzeitig extrem stark zerlegten und daher höchste *monotonen* Tätigkeiten. Kein Wunder, daß die jungen Frauen sich die Arbeit durch phantasiereiche Tagträume erträglicher zu machen suchten:

»›Heute ist mir gar nicht gut‹, klagt mir ein Mädchen während der Arbeit. ›Dann hat man gar keine Lust zu arbeiten. – Hilft nichts, dann muß man sich eben Lust machen‹, ermutigt sie sich selbst. ›Wie macht man das?‹ erkundige ich mich. ›Nicht dran denken‹, antwortet sie. ›Oder was Schönes denken‹, schlug ich vor. ›Ja‹, rief sie freudig, ›das tu ich auch immer. Zeit genug haben wir ja dazu... Dann baue ich lauter Luftschlösser.‹ ›Denken Sie dann an die Zukunft?‹ ›Ich denk auch wohl mal an die Vergangenheit. Ich hab' doch schon manchen schönen Sonntag gehabt.‹

Bald bin ich im Bilde über die näheren Umstände der vergangenen schönen Sonntage. Und unsere Nachbarinnen sind auch beim Thema: ›Sonntag‹ und ›der Herr‹ angelangt. Der ganze Raum scheint erfüllt davon.«[13]

Die erhöhte Krankheitshäufigkeit der Industriearbeiterin wurde in den zwanziger Jahren besonders gründlich untersucht. Fast immer schwingt dabei die Sorge um die Reproduktion des Volkes mit, manchmal unterschwellig, manchmal ausdrücklich wie bei Max Hirsch.[14] Der Ton, der in den zwanziger Jahren noch moderat und immer auch von Sorge um die Frau getragen wurde, bekam nach 1930 eine deutliche Wende: der Schutz der Mutter um ihrer Gebärfähigkeit und damit um des Wachsens und des Fortbestands eines »gesunden Volkskörpers« willen müsse absoluten Vorrang vor allem wirtschaftlichen Erwägungen haben.

Bereits 1929 betrachtet der Universitätsdozent der Medizin und einer der maßgeblichen Mitglieder der »Deutschen Gesellschaft für Rassenhygiene« R. Hofstätter die Industriearbeit der Frau nur im Hinblick auf deren Reproduktionsfunktion. Die »Lösung« des Dilemmas von Frauenerwerbsarbeit und Mutterschaft stellt er sich folgendermaßen vor: Solange in Gewerbe und Fabrik auf weibliche Art »noch« nicht verzichtet werden könne, sollen und können die zur Mutterschaft »Mindertauglichen« berufstätig werden. »Die Besten würden für die Fortpflanzung ihrer Qualität gewählt, den Minderwertigen würde sie unmöglich gemacht«.[15] Von da war es dann nur noch ein kleiner Schritt bis zu den bekannten Maßnahmen zur Beeinflußbarkeit der erblichen Veranlagung oder der Zwangssterilisation. In seiner Untersuchung von 1929 über die »Arbeitende Frau« druckt er folgerichtig im Anhang die bereits 1922 formulierten »Leitsätze der Deutschen Gesellschaft für Rassenhygiene« ab. Einige Beispiele daraus:

»1. Die Hauptgefahr, die jeder Volksgemeinschaft droht, ist die Entartung, nämlich die Verarmung an wertvollen, leistungsfähigen Rassenelementen.

...

26. ... Eine Erweiterung der Eheverbote aus rassenhygienischen Gründen ist für eine spätere Zukunft anzustreben, erscheint aber vorläufig noch nicht durchführbar...

27. Für zwangsmäßige Unfruchtbarmachung geistig Minderwertiger und sonst Entarteter scheint bei uns die Zeit noch nicht gekommen zu sein.

...

29. Um die Fortpflanzung unsozialer oder sonst schwer entarteter Personen zu verhüten, sollte deren Absonderung in Arbeitskolonien ... schon heute gesetzlich in Angriff genommen werden.

...

41. Von entscheidender Bedeutung ist die Erneuerung der Weltanschauung. Das Blühen der Familie bis in ferne Geschlechter muß von allen Einsichtigen als ein höheres Gut gegenüber der persönlichen Bequemlichkeit erkannt werden; und die Zukunft der Rasse darf in der staatlichen Politik nicht über die Not der Gegenwart vergessen werden.«[16]

Heimarbeiterinnen

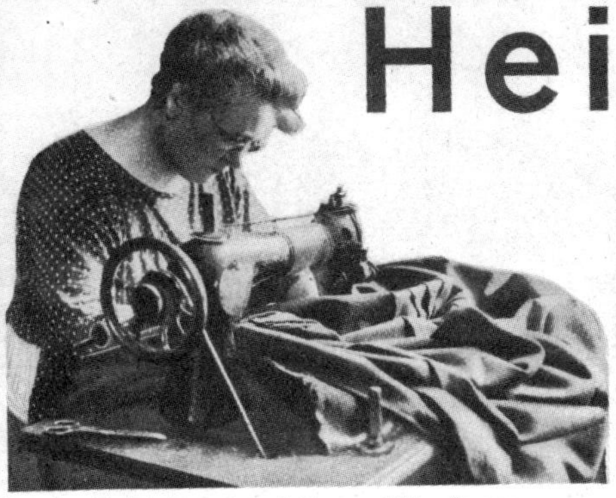

Für die als Zwischenmeister-Auftrag genähten Damenmäntel werden 3 Mk. pro Stück bezahlt. Bei Staubmäntel-Stapelarbeit nur Mk. 1,50. An einem Stück wird 8 Stunden gearbeitet.

Heimarbeit — Hungerarbeit! Wie oft hört man dieses Wort aus dem Mund vergrämter Frauen, denen die Arbeitslosigkeit den Weg in die Fabrik versperrt und die, wie ein Ertrinkender sich an den Strohhalm klammert, ihre letzte Hoffnung auf Heimarbeit richten. In allen Gegenden Deutschlands ist die Heimarbeit verbreitet. Ob es Thüringer Spielsachen sind, Bürsten und Besen aus dem Schönheider Bezirk, Remscheider Feilen, Schwarzwälder Uhren, Solinger Scheren, Mittenwalder Geigen, fränkische Korbstühle, Odenwalder Elfenbeinfiguren, Oberammergauer Herrgottsschnitzereien, Berliner Konfektion — das alles entsteht aus dem unaufhörlichen Mühen von Männer-, Frauen- und Kinderhänden, die keinen Achtstundentag kennen, keinen luftigen Arbeitsraum, keine Ruhe, keine Erholung. Nie ist die Ware Arbeitskraft so wohlfeil wie bei der Heimarbeit, denn die gewerkschaftliche Organisation ist schwach und der Ausbeuterwille der Unternehmer und Zwischenmeister unvergleichlich. Die Heimarbeiter ersparen dem Unternehmer die Einrichtung von Werkstätten, Maschinen, die Unkosten für Licht, Heizung und Antreiber. In Stube und Küche wird gearbeitet, bei Petroleumlampen und zu jeder Tages- und Nachtzeit. Der Antreiber ist der Hunger, der bei elenden Löhnen zu immer längerer Arbeit zwingt, der jedes Familienmitglied in die Fron der Hetzarbeit stellt. Die Heimarbeit ist so billig, daß der Unternehmer auf die Anschaffung von Maschinen verzichten kann, weil er von den Heimarbeiterinnen noch billiger beliefert wird als es bei rationalisierter Fabrikarbeit möglich wäre. Die Zahl der Heimarbeiter ist statistisch ncht zu erfassen. Es gibt viele „Damen" der sogenannten „besseren Stände", die heimlich Heimarbeit verrichten, oft nur um ein Taschengeld zu verdienen, und dadurch die Löhne, besonders die für Stickerinnen, noch tiefer herunterdrücken. Bei den letzten Heimarbeiterzählungen 1924 hat man in Berlin 31 000, in Sachsen über 100 000, in Breslau 16 700, in Württemberg 8330 festgestellt. Mindestens eine Million Menschen sind in Deutschland von der Heimarbeit abhängig. Und überall sind ihre Arbeitsbedingungen so schlecht, daß nur die kraftvolle, organisierte Selbsthilfe dieser am schlimmsten ausgebeuteten Schicht mit diesen Zuständen ein Ende machen kann.

Berliner Heimarbeiterin beim Löten von Hülsen zu Taschenlampenbatterien. Für fünfstündige Arbeit an tausend Stück werden Mk. 2.73 bezahlt. Davon muß noch der Gasverbrauch abgerechnet werden.

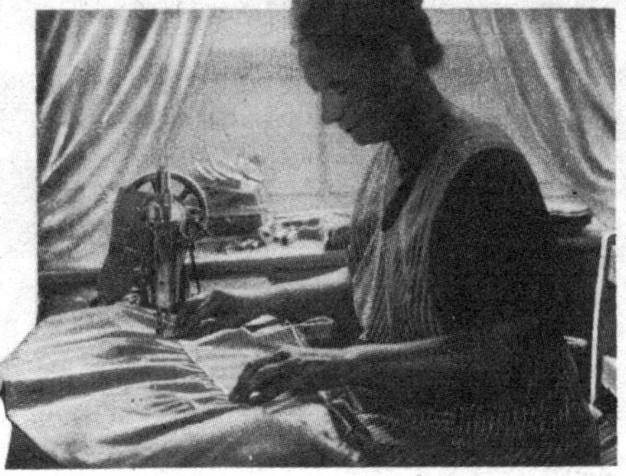

Für ein Dutzend Kinderschürzen, an denen die Heimarbeiterin 5—6 Stunden zu tun hat, gibt es Mk. 2.25 „Lohn"

Hausschuh-Heimarbeit. Ein Paar wird in 18 Arbeitsgängen hergestellt. Für 1 Dutzend Damenschuhe werden Mk. 5.80, für 1 Dutzend Herrenschuhe Mk. 6.30 und 6% Heimarbeitszuschlag gezahlt. Mann und Frau arbeiten für diesen Lohn, von dem Licht, Versicherung, Steuern abzuziehen sind, 12 Stunden.

Heimarbeiterin beim Nähen von Lodenmänteln. Für 5½ Stunden Arbeit an einem Stück beträgt die Entlohnung Mk. 2.75. In 48 Stunden werden Mk 25.— verdient, von denen nach den Abzügen ca. M. 22.— für die Arbeiterin bleiben.

Auch die Zuchthausarbeit des Tütenklebens wird als Heimarbeit verrichtet. In über achtstündiger Arbeit werden tausend Tüten geklebt, für die etwa eine Mark bezahlt wird! Die schnellsten Arbeiterinnen können einen Stunden-Höchstverdienst von 20—25 Pfg. erreichen.

Aus: AIZ 36/1927

Lebensbedingungen und Bewältigungsstrategien

Die jungen, unverheirateten Frauen lebten zum überwiegenden Teil im elterlichen Haushalt und gaben bis zu 90 Prozent ihres Lohnes zuhause ab.[17] Außerdem mußten sie der Mutter bei der Führung des Haushaltes, sprich bei der Bedienung des Vaters, der Brüder und bei der Pflege von Alten und Kranken helfen. Die damit schon relativ eng begrenzte Freizeit gewann eine übermäßige Bedeutung: wenigstens für ein paar Stunden versuchten die Mädchen der Monotonie und Perspektivlosigkeit ihres Alltags zu entfliehen, um in Kinos und Tanzlokalen das »eigentliche Leben« zu suchen und davon die ganze Woche zu zehren. Waren sie dann verheiratet und hatten Kinder, hatte die Wirklichkeit sie sehr schnell und unausweichlich eingeholt. Der illustrativste Beitrag aus dieser Zeit kam auf ungewöhnliche Weise zustande: durch ein Preisausschreiben. Der Deutsche Textilarbeiterverband forderte 1930 in seinem Fachorgan die Leserinnen auf, »anschaulich und wahrhaftig den regelmäßigen Verlauf eines Arbeitstages und eines Wochenendes« zu beschreiben. Veröffentlicht wurden 150 solcher Berichte:

»Ich bin um 18 Uhr zuhause. Nun gibt es daheim noch zu schaffen. Das Essen fertig zu kochen, für den nächsten Tag vorzubereiten, bei den Kindern die Sachen nachsehen, ob sie noch ganz und sauber sind. Wenn man den ganzen Tag nicht da ist, wird noch ein bißchen mehr gebraucht, weil die kleinen Schäden nicht so beachtet werden können. Am Abend ist man von der langen Zeit müde und abgespannt und die Sachen, Wäsche und Strümpfe, müssen sonntags ausgebessert werden.«

»Alle 14 Tage muß ich waschen… – Da wird es dann Samstag 11 Uhr bis ich ins Bett komme. Sonntags in der Frühe heißt es dann wieder heraus, um die Wäsche weiter zu versorgen. Nachmittags habe ich kaum zwei Stunden frei. Ein schönes Wochenende!«

»Meine drei Brüder haben es schöner als ich. Sie setzen sich an den vollen Tisch und wenn sie satt sind, verlassen sie ihn und lassen alles stehen und liegen. Ich dagegen muß Tisch und Bänke abputzen und das Geschirr zusammenstellen.«[18]

Trotz der Klagen über die zusätzliche Belastung durch Hausarbeit und Kinderversorgung, gibt es kaum Bemühungen von seiten der Frauen, dies zu ändern. Ratlos stehen vor allem auch politisch aktive Sozialistinnen immer wieder vor dem Phänomen, daß die Frauen selbst in sozialdemokratischen Haushalten noch mehr arbeiten müssen, da die Männer jede freie Minute in der Partei oder Gewerkschaft verbringen, und daß die Frauen sich zwar eine angemessene Wohnungsausstattung mit elektrischem Licht und fließendem Wasser wünschten, sich aber gegen Gemeinschaftseinrichtungen wie das »Einküchenhaus«, Zentralwaschküchen oder Kinderhorte aussprachen. In den Lebensberichten von Wiener Industriearbeiterinnen, die die Nationalökonomin Käthe Leichter 1933 veröffentlichte, wird dies deutlich. Leichter war verantwortlich für den Aufbau des »Referats Frauenarbeit« bei der Arbeiterkammer Wien. 1934 ging sie in die Illegalität, arbeitete für die »Revolutionären Sozialisten«, wurde verhaftet und starb 1942 im KZ Ravensbrück.[19]

Arbeiterinnen im Bergbau

Resümee

Insgesamt setzte die Frauen-Fabrikarbeit der Weimarer Zeit keinen Meilenstein auf dem Weg zur Emanzipation: Die seit dem Ersten Weltkrieg von mancher Seite forcierten Qualifizierungsmaßnahmen für die Industriearbeiterin konnten nicht in dem Maße durchgesetzt werden, wie es notwendig gewesen wäre, um die Frauen vor Lohndiskriminierung und Ausbeutung zu schützen. Vor allem aber eines gelang nicht: den Frauen Selbstbewußtsein und kritisches Denken zu vermitteln, damit sie sich nicht zu Werkzeugen nationalsozialistischer Größenphantasien machen ließen, die freiwillig die Reproduktionspolitik des Staates mittrugen. Wäre es gelungen, den Arbeiterinnen einen »Beruf« zu geben und nicht nur »Arbeit«, hätte gewiß so manche Frau ihren Platz in der Öffentlichkeit der Fabrik nicht so bereitwillig geräumt – nur um dann, als Not »am Mann« war, wieder jede Arbeit zu übernehmen.

Verhaftung einer streikenden amerikanischen Arbeiterin

Anmerkungen

1 Max *Hirsch:* Leitfaden der Berufskrankheiten der Frau, Stuttgart 1919, S. 171.
2 Rosa *Kempf:* Die deutsche Frau nach der Volks-, Berufs- und Betriebszählung von 1925, Mannheim u. a. 1931, S. 14.
3 Ebenda.
4 Ebenda, S. 15.
5 Renate *Bridenthal:* Beyond Kinder, Küche, Kirche: Weimar Women at Work, in: Central European History 6 (1973) S. 152.
6 Deutscher Textilarbeiterverband (Hg.): Umfang der Frauenarbeit in der deutschen Textilindustrie, Berlin 1923, S. 3.
7 Gabriele *Wellner:* Industriearbeiterinnen in der Weimarer Republik: Arbeitsmarkt, Arbeit und Privatleben 1919–1933, in: Geschichte und Gesellschaft 7 (1981), S. 537.
8 Vgl. Rosa *Kempf,* a.a.O., S. 77 ff.
9 Vgl. Gabriele *Wellner,* a.a.O., S. 540.
10 Frieda *Glaß,* Dorothea *Kische:* Die wirtschaftlichen und sozialen Verhältnisse der berufstätigen Frauen, Berlin 1930, S. 77.
11 Lisbeth *Franzen-Hellersberg:* Die jugendliche Arbeiterin. Tübingen 1932, S. 33–35.
12 Hildegard *Jüngst:* Die jugendliche Fabrikarbeiterin. Paderborn 1929, S. 72.
13 Ebenda, S. 70.
14 Vgl. Max *Hirsch:* Die Gefahren der Frauenerwerbstätigkeit für Schwangerschaft, Geburt, Wochenbett und Kindesaufzucht, mit besonderer Berücksichtigung der Textilindustrie. Archiv für Frauenkunde und Konstitutionsforschung, Stuttgart 1925.
15 Vgl. R. *Hofstätter:* Die arbeitende Frau. Ihre wirtschaftliche Lage, Gesundheit, Ehe und Mutterschaft, Wien 1929, S. 15 und 22.
16 Ebenda, S. 443 ff.
17 Vgl. Frieda *Glaß*/Dorothea *Kische,* a.a.O., S. 99 ff.
18 Deutscher Textilarbeiterverband (Hg.), Mein Arbeitstag – mein Wochenende. 150 Berichte von Textilarbeiterinnen, Berlin 1930.
19 Vgl. Käthe *Leichter:* So leben wir. 1320 Industriearbeiterinnen berichten ihr Leben, Wien 1932.

Weibliche Lokomotivführerinnen
in England

Japanische
Autobus-Schaffnerinnen

Landwirtschaftliche Arbeiterinnen in Italien

Dagmar Birkelbach

FRAUEN IN DER GEWERKSCHAFT

Der »Deutsche Textilarbeiterverband« (DTV) in den zwanziger Jahren

Die Textilarbeitergewerkschaft galt im Rahmen des Allgemeinen Deutschen Gewerkschaftsbundes (ADGB) als relativ schwache Organisation, wohl hauptsächlich wegen des hohen Frauenantails und der traditionell niedrigen Löhne. Gegen diese Auffassung wandte sich der langjährige Vorsitzende Hermann Jäckel in einer Ansprache:

»Es gibt keine große Organisation in Deutschland, welche die Frauen besser organisiert hätte als der Deutsche Textilarbeiter-Verband, und es gibt nur eine Organisation, welche die Männer besser in sich vereinigt hat als der Deutsche Textilarbeiter-Verband, das ist der Deutsche Holzarbeiter-Verband. Also wir brauchen das Licht unserer Organisation nicht unter den Scheffel zu stellen.«[1]

Was Jäckel hier jedoch noch zu sagen vergaß und was man angesichts der ständig beklagten »Organisationsfeindlichkeit der Frauen«, der Schwierigkeit, die »Frauen und Mädchen unter einen Hut« zu bringen (Jäckel), gar nicht vermutet, ist: Die Frauen in der Textilindustrie waren besser organisiert als die Männer!

Frauenpolitik im DTV 1924 bis 1929

1924 befand sich der DTV, ebenso wie die anderen Gewerkschaften in einer schwierigen Situation. Die galoppierende Inflation hatte die Verbandskassen geleert, die Unternehmer hatten die Gunst der Stunde genutzt, um die Arbeitszeit zu erhöhen und die Löhne zu drücken. Tausende von Mitgliedern kehrten der Gewerkschaft, der sie erst nach der Revolution 1918/19 zugeströmt waren, enttäuscht den Rücken. Die alles andere dominierenden Auseinandersetzungen innerhalb der Gewerkschaften, die im DTV mit dem Sieg der sozialdemokratischen Richtung endeten, die in der Folge der Opposition kaum Bewegungsspielraum im Verband ließ, beschleunigten diesen Trend. Die in den Jahren vorher entstandenen Ansätze einer besonderen Agitation unter den Arbeiterinnen und des Aufbaus einer eigenen Organisationsstruktur der Frauen in Form von Arbeiterinnenkommissionen waren dadurch ebenfalls lahmgelegt oder zerstört.

In dieser Situation wurde Wiederaufbau der Arbeit unter den Textilarbeiterinnen beschlossen. Im »Textilarbeiter« erschien eine Reihe von Artikeln, die die weiblichen Mitglieder zur Mitarbeit aufforderten, allerdings in einem Ton, der wenig motivierend gewirkt haben muß. Da hieß es beispielsweise:

»Der Zustrom an Mitgliedern besonders auch an weiblichen, nach 1918 gab der Tätigkeit des Verbandes dann besonderen Schwung. Die Organisation wurde zu einem bestimmenden Machtfaktor. Gerade den Kolleginnen erwuchsen hieraus besondere Vorteile und, ohne daß sie nötig hatten, sich in besonderem Maße, unter Einsetzung ihrer eigenen Person, hierfür bemühen zu brauchen.«[2]

Sowohl das Verlangen nach Mitarbeit der weiblichen Mitglieder als auch die Notwendigkeit besonderer Schulungsmaßnahmen wurde nicht etwa aus Interessen der Arbeiterinnen heraus begründet, sondern mit ihrer Pflicht gegenüber der gesamten Arbeiterschaft. Stillschweigend wurde vorausgesetzt, daß mit der politischen Gleichberechtigung alle Hindernisse für die Frau aus dem Wege geräumt wären und es nur an ihrem mangelnden Willen läge, wenn sie sich nicht organisiere und engagiere.

»Es gibt erwerbende Frauen, die eine größere Kinderschar haben und ihren Haushalt in Ordnung halten, ihre Kinder betreuen und doch noch Zeit finden zu lesen, Versammlungen zu besuchen, sich mit ihren Familienmitgliedern und Bekannten auszusprechen über das, was zur Hebung der Lage der arbeitenden Menschen notwendig ist. Dann wieder gibt es kinderlose Frauen, die am Feierabend nur ihrem Mann, ihrem Haushalt sich widmen und ernsthaft behaupten, sie hätten keine Zeit. (...) Welche Gründe mögen wohl bei ihnen vorliegen? Nur der fehlende Wille!!«[3]

Im Laufe der Jahre sind Wandlungen in dieser Haltung festzustellen. Es entstand ein Bewußtsein über die Mehrfachbelastung der Arbeiterinnen und in der Folge änderte sich auch die Art der Agitation. Man trat den Frauen mit mehr Verständnis gegenüber, begann auch über ihre Entlastung von Hausarbeit nachzudenken.

Der Anteil der allgemeinen politischen Entwicklung an solchen Bewußtseinsprozessen ist schwer abschätzbar, innerhalb des DTV ging dieser Wandel einher mit dem zunehmenden Engagement der Arbeiterinnen selbst. Ihr Zusammenschluß in örtlichen Arbeiterinnengruppen, der ihnen kontinuierliche Diskussionen und gemeinsame Aktivitäten ermöglichte, bewirkte auch eine Zunahme ihres Durchsetzungsvermögens. Gefördert wurde das durch die Arbeit des zentralen Arbeiterinnensekretariats. War es 1924 laut Äußerungen im »Textilarbeiter« ganz klar Schuld der Frauen, daß sie in den Gremien des DTV kaum repräsentiert waren, hatten die Kolleginnen bald genug Selbstbewußtsein, den Spieß umzudrehen, und es häuften sich die Klagen über die männlichen Kollegen.

»Zum anderen müssen wir aber auch das Verhalten der Männer, und namentlich jener aus anderen Berufen so die aus der Metallindustrie, Holzindustrie und Bergbau bedauern, die auf dem Standpunkt stehen, daß, wenn sie nur organisiert sind, sie

Abbildung und Text aus:
»Der Weg der Frau«,
Nr. 6, Juni 1932

Ein „Nickerchen"? — Erschöpft ist die Arbeiterin in der Bandeisen-Wickelei eingeschlafen. Eine unvorsichtige Bewegung, eine Berührung des Schalthebels über ihrem Rücken, und die „Wickel" zur Rechten beginnt zu laufen und die Arbeiterin mit ihren Kleidern in die Maschine zu ziehen. Ist es die Schuld der Arbeiterin, wenn sie in der Pause ermattet zusammensinkt?

gegenüber der Allgemeinheit ihre Pflicht erfüllt hätten und aus Verkennung der tatsächlichen Verhältnisse ihrer Frau, ihrer Tochter, die in der Textilindustrie beschäftigt ist, einfach verbieten, sich zu organisieren. Uns sind tausende von Fällen zu Ohren gekommen, in welchen Männer anderer Berufe ihren Frauen verboten haben, in den Textilarbeiterverband zu steuern. (...) Der gewerkschaftliche Kampf erfordert die Zusammenfassung aller Erwerbstätigen und aus diesen Gründen ist das Verhalten jener, die ihren Angehörigen verbieten, sich zu organisieren, gewerkschaftsfeindlich«,[4]

schrieb 1927 das Arbeiterinnensekretariat. Aber auch Mütter verboten ihren Töchtern den Besuch von Gewerkschaftsveranstaltungen als unschicklich und aus der Haltung heraus, daß diese eh bald heiraten würden.[5]

Mit der Schaffung einer eigenen Organisationsstruktur für Frauen, spezieller Schulungen für weibliche Funktionäre und der ständigen Behandlung von Frauenfragen im »Textilarbeiter« waren im DTV Voraussetzungen geschaffen, daß die Arbeiterinnen sich besser an der Gewerkschaftsarbeit beteiligen konnten, eigene Forderungen entwickeln und einbringen konnten, Voraussetzungen, die in anderen Gewerkschaften völlig fehlten. Auf der anderen Seite muß man klar sehen, daß der DTV sich zu diesen Einrichtungen deshalb genötigt sah, weil er durch den hohen Frauenanteil in der Textilindustrie ohne die Organisierung und Aktivierung der Frauen keine Chance einer erfolgreichen Interessenpolitik auch der männlichen Arbeiter hatte.

Arbeiterinnenkommissionen, Arbeiterinnensekretariat

Bereits 1921 war angeregt worden, örtlich Arbeiterinnenkommissionen oder Arbeiterinnengruppen zu bilden, auf bezirklicher Ebene sollten Gauausschüsse für Arbeiterinnenfragen die Arbeiten koordinieren, vereinheitlichen und fördern. Das Arbeiterinnensekretariat war für die Leitung der gesamten Organisationsarbeit unter den Textilarbeiterinnen verantwortlich, es

Die Frau im Betrieb

Arbeiterinnen auf Vorposten

Sie haben überall ihren Mann gestanden: Bewegungen der Metall- und Bergarbeiter

In Barmen ist die Bewegung der Arbeiterinnen schon so stark, daß die Verbandsbürokratie nach kurzem Zögern ihre Unterstützung zusagen muß, aber nur, um sie

wurde unter dem Titel »Zentralsekretariat für Arbeiterinnenfragen« als Abteilung beim Hauptvorstand geführt.

Sowohl die Arbeiterinnenkommissionen als auch die Gauausschüsse waren zur Zusammenarbeit mit den allgemeinen Verbandskörperschaften verpflichtet und diese andererseits zur Förderung der Arbeiterinnenbewegung angehalten. Die Zusammenarbeit scheint aber nicht immer besonders ersprießlich gewesen zu sein. Im Jahrbuch 1922 beklagte Martha Hoppe, die Leiterin des Arbeiterinnensekretariats, den stillschweigenden Boykott ihrer Arbeit.

1924 nach dem Verbandstag wurde der (Wieder)aufbau von Arbeiterinnengruppen durch einige Funktionärinnen des DTV in Angriff genommen. Sie beriefen Arbeiterinnen- und auch Funktionärinnenkonferenzen ein, um zur Bildung von *Arbeiterinnenkommissionen* aufzurufen. Ihre Initiative war erfolgreich. Am Ende des Jahres existierten 143 Arbeiterinnenkommissionen.

Entscheidende Impulse für die Frauenarbeit im DTV gingen vom *Arbeiterinnensekretariat* aus, später auch von Else Niwiera als Vorstandsmitglied. Ab 1. 1. 1926 wurde das Arbeiterinnensekretariat gemeinsam von Emma Ritsche und Else Krummschmidt geleitet, Martha Hoppe trat in den Ruhestand. Das Sekretariat war zuständig für die Gestaltung der Frauenecke/Frauenseite im »Textilarbeiter«, wertete die Berichte der Arbeiterinnenkommissionen aus und gab Empfehlungen zur Gestaltung der Frauenabende an die Kommissionen zurück.

Trotz aller Probleme und Fehlschläge werteten die Arbeitersekretärinnen die Tätigkeit der Arbeiterinnenkommissionen positiv, so stellten sie die These auf, daß die Arbeit der Arbeiterinnenkommissionen dazu beigetragen hätte, den Mitgliederrückgang bei den Frauen im Vergleich zu anderen Verbänden prozentual niedriger zu halten. Als weiteren positiven Effekt der Arbeit hoben sie den »lebendigen Geist« der Arbeiterinnenversammlungen hervor, der die gesamte Verbandspropaganda beeinflusse.

»Sie ist in Orten mit guter Arbeiterinnenbewegung viel individueller geworden, weicht von gewohnten Schemen und Mitteln zugunsten örtlicher und neuerer Bedürfnisse mit erfreulicher Anpassungsfähigkeit ab und müht sich sehr, in jedem Fall nicht bloß an die Mitglieder, sondern an das einzelne Mitglied heranzukommen. Man legt Wert auf die Einladung, auf das Aussehen des Versammlungsraumes, auf eine einfache, klare Ankündigung der zu besprechenden Themen, auf abwechslungsreiche Veranstaltungen (Einschalten von Rezitationen, Musik, Gesang in Versammlungen), auf Pflege des Gemeinschaftsgeistes und das stete Nahebringen gewerkschaftlicher Solidarität (Ferienausflüge, Kinder-, Altenbescherung usw.). Ohne Zweifel gewinnt das Verbandsleben durch das Hineinlegen dieser persönlichen Momente.«[7]

Es scheint, als ob die Arbeiterinnenkommissionen ihre Aufgabe, weibliche Mitglieder zu aktivieren und zu schulen, erfüllten. Zwar reduzierte sich die Zahl der Kommissionen im Laufe der Jahre wieder, die verbleibenden aber entfalteten eine rege Tätigkeit.

Die Kampagne des DTV für verbesserten Mutterschutz

Im Zentrum der frauenpolitischen Aktivitäten des DTV stand der Kampf für verbesserten Mutterschutz. Kein anderes frauenspezifisches Thema füllte so oft die Zeilen des »Textilarbeiters«, keine andere Initiative des DTV hatte aber auch ein derartiges Echo in der Öffentlichkeit, so daß schließlich gewisse Erfolge erzielt werden konnten.

Die Anfänge der Kampagne lagen im Jahr 1922. Die Initiative ging von dem Vorsitzenden Hermann Jäckel aus (der bis Dezember 1921 sächsischer Arbeitsminister gewesen war). 1922 war auch das Jahr, in dem die ersten Arbeiterinnenkommissionen im DTV ins Leben gerufen wurden, und die Beschäftigung mit der Problematik von Schwangerschaft und Fabrikarbeit wurde ihnen als lohnende Aufgabe angetragen.

»Es wurde scharf betont, nicht immerfort nur in den alten Gleisen und mit den alten Methoden der Frauenagitation sich zu bewegen, sondern das Interesse der Frau an Fragen lebendig zu gestalten, die in der Vergangenheit die öffentliche Aufmerksamkeit überhaupt entbehren mußten. Das Frauenleid und die Frauenschmerzen, welche durch die Erwerbsarbeit im Zustande der Schwangerschaft erzeugt werden, ist eine solche Frage.«[8]

Zunächst wurde versucht, Genaueres über die Probleme der schwangeren Arbeiterinnen zu erfahren und Interesse für das Problem zu wecken.

Für einen ersten Vorstoß wurde Crimmitschau ausgewählt, ein Ort, der sich wegen seiner großen und vollständig organisierten Textilarbeiterschaft anbot. Die weiblichen Betriebsvertrauensleute wurden beauftragt, anhand eines Fragebogens schwangere Frauen über Kinderzahl, Belastung mit Hausarbeit, Schwangerschaftsbeschwerden im allgemeinen und besonders bei der Fabrikarbeit, materielle Unterstützung, ärztliche Betreuung, Wunsch nach Verhütungsmitteln und Grund der Erwerbsarbeit während der Schwangerschaft zu befragen und die Antworten hinterher zu notieren. Nach Auswertung der Fragebögen wurden die Frauen nochmals direkt vom Vorstand angeschrieben und um eine Schilderung ihrer Probleme in Zusammenhang mit der Schwangerschaft gebeten. Schließlich wurden dieselben Frauen zu einer Versammlung schwangerer Textilarbeiterinnen eingeladen.

»Am Donnerstag, den 12. Juli [1923] tagte nun in Crimmitschau – wohl zum ersten Male im Deutschen Reiche – eine Versammlung schwangerer Frauen. Für die Versammlung war keine Propaganda gemacht, kein Inserat, nichts hatte verkündet, daß in Crimmitschau schwangere Frauen sich versammeln sollen. Ganz in der Stille hatte man die in Frage kommenden Personen um ihr Erscheinen ersucht. Mindestens die Hälfte der vorher festgestellten, im schwangeren Zustande sich befindlichen Verbandskolleginnen waren erschienen. – Weiter waren eingeladen die weiblichen Vertrauenspersonen des Verbandes, Vertreter des sächsischen Arbeitsministeriums, Vertreter der

Schwangere Textilarbeiterinnen

Gewerbeinspektion Zwickau, Vertreter des Allgemeinen Deutschen Gewerkschaftsbundes. Im ganzen waren gegen 150 Personen weiblichen Geschlechts anwesend. Männer hatten, außer einigen geladenen, keinen Zutritt.«[9]

Über den Verlauf dieser ungewöhnlichen Versammlung wurde fast nichts berichtet, es scheint aber, daß viele Frauen in der Hoffnung auf praktischen ärztlichen Rat gekommen und enttäuscht waren, da sie mit Agitationsreden konfrontiert wurden.[10] Ergebnis der Veranstaltung war eine Resolution mit 14 Forderungen, die die Befreiung der Frauen von der Erwerbsarbeit während der Schwangerschaft als Ziel angab.

1924 setzte der DTV seine Kampagne fort, indem er Zeichnungen schwangerer Textilarbeiterinnen bei der Fabrikarbeit in seiner Zeitung veröffentlichte. Mehrere Wochen lang wurden Bilder von Frauen bei jeweils unterschiedlichen Tätigkeiten, die alle offensichtlich belastend für den schwangeren Körper waren, abgedruckt, dazu ein kurzer Text, der die Gefahren des jeweiligen Textilberufes für Schwangere darlegte.

Der entscheidende Durchbruch gelang 1925. Der DTV richtete am 1.4.1924 eine öffentliche Denkschrift an den Reichstag. Als Übergangslösung forderte er:

»1. Verbot der Erwerbsarbeit der schwangeren Personen für die letzten drei Monate der Schwangerschaft,
2. Beschränkung der Erwerbsarbeit schwangerer Personen im fünften und sechsten Monat der Schwangerschaft auf höchstens vier Stunden pro Tag,
3. Vergütung des entgehenden Arbeitsverdienstes aus Mitteln des Staates oder einer zu schaffenden Kollektivversicherung.«[11]

In einer der Denkschrift angefügten Begründung wurde auf die körperlichen Beschwerden der Frauen bei der Arbeit hingewiesen und insbesondere die Gefahren für das ungeborene Kind betont.

»Der schwangere Leib wird ständig sozusagen gefoltert. Er wird gestoßen, gepreßt und gedrückt. An eine normale Entwicklung der Leibesfrucht ist dabei nicht zu denken. (...) Damit wird klar, daß die ganze Zukunft Deutschlands mit der

Erwerbsarbeit schwangerer Personen aufs Spiel gesetzt wird, und es ist kaum zu verstehen, wie es möglich war, daß es Leute gibt, welche sich bevölkerungspolitisch betätigen und dabei jahrelang an diesen Gefahren achtlos vorübergehen konnten. (...) Die Durchführung des Verbots der Erwerbsarbeit der schwangeren Frauen und Mädchen für die letzten drei Monate der Schwangerschaft ist nicht nur eine sittlich begründete, sondern auch im Interesse Deutschlands unabweisbare Notwendigkeit. Deutschland wird nicht leben, ohne diesen zwingenden Schutz der Frauen und Mütter geschaffen zu haben.«[12]

Offenkundig hatte sich die Argumentation gewandelt. Schwangerenschutz wurde nun hauptsächlich als bevölkerungspolitische Notwendigkeit dargestellt. Eine Begründung, die schlicht auf das Recht von Mutter und Kind auf Gesundheit und Unversehrtheit verwies, reichte anscheinend nicht aus, es mußte schon das Gespenst eines degenerierten, aussterbenden Volkes an die Wand gemalt werden.

Im Oktober 1925 tagte die Hauptversammlung des Bundes Deutscher Frauenvereine und begrüßte ebenfalls die Initiative des DTV. In zahlreichen Zeitschriften erschienen zustimmende Aufsätze. Im September 1926 veranstaltete die Arbeiterwohlfahrt eine bevölkerungspolitische Tagung, die sich mit der Problematik befaßte. Auch der ADGB unterstützte die Forderungen, machte aber in seinem Jahrbuch 1925 auf die Problematik der Propaganda für Mutterschutz aufmerksam.

»Die starke Propaganda der erwähnten Forderungen kann aber auch in gewisser Beziehung zu einer Gefahr für die auf Erwerbsarbeit angewiesenen Frauen werden. Schon heute wird unter Hinweis auf die Erfahrungen des Textilarbeiterverbandes versucht, Stimmung zu machen für das Verbot der Fabrikarbeit verheirateter Frauen.«[13]

Das traf zum Beispiel auf die Protektion zu, die den Forderungen seitens der Christlichen Gewerkschaften zuteil wurde. Der im August 1926 tagende Kongreß des Christlichen Textilarbeiterverbandes unterstützte die Denkschrift des DTV, sah aber als längerfristige Lösung das Verbot der Erwerbsarbeit verheirateter Frauen an, ebenso der im gleichen Monat zusammengetretene Kongreß des Internationalen Bundes Christlicher Textilarbeiterverbände.[14]

Die starke Resonanz auf den Vorstoß des DTV rief auch die Unternehmer auf den Plan. Die Textilindustriellen gaben 1926 eine Gegendenkschrift heraus, in der sie die Notwendigkeit eines erweiterten Mutterschutzes bestritten. Auch für Schwangere sei die Arbeit keineswegs nachteilig. Falls einmal schwere Lasten zu tragen wären, stünden dafür Kollegen zur Verfügung, aber die Arbeiterinnen selbst würden nicht genügend Rücksicht auf ihren Zustand nehmen und keine Hilfe für schwere Handgriffe holen.[15] Ansonsten sei »die mit der Arbeit in der Textilindustrie verbundene Bewegung (...) von Vorteil für einen glatten Verlauf der Geburt, weshalb eine möglichst lange Fortsetzung der gewohnten Arbeit sich empfiehlt«, wie es in dem beigefügten Gutachten eines Dr. Preu aus Schlesien hieß.[16] Die Schwangeren würden sich an diesen Rat halten und oft bis zum Tag der Entbindung arbeiten. Wider besseres Wissen wurde behauptet: »Durch Finanznot läßt sich das nicht erklären, da es ja Wochengeld gibt. Das beweist schlagend, daß ihnen ihre Arbeit keinerlei besondere Beschwerden verursacht.« Die Zunahme anormal verlaufender Geburten, die Früh- und Fehlgeburten wurden als »Resultat des Sinkens der Moral« bezeichnet. Sie gingen hauptsächlich auf die »Abtreibungsseuche und die Syphilis« zurück.[17] Ein zweiter Gutachter der Arbeitgeber, ein Professor Martin, Direktor einer Hebammenlehranstalt und Frauenklinik, kam zu dem Schluß:

Arbeiterin mit Kind

»Die Arbeitsleistungen der Textilarbeiterinnen sind nicht so hoch einzuschätzen, wie die einer schwangeren Hausfrau. Der in hohem Grade anpassungsfähige Körper einer Schwangeren ist, soweit sich alles in den physiologischen Grenzen abspielt, der schweren Arbeit einer Hausfrau gewachsen und somit auch ohne weiteres der erheblichen einer Textilarbeiterin. Die vorhandenen Bestimmungen für die schwangeren Textilarbeiterinnen genügen vollauf.«[18]

Tatsache war nur, daß die meisten Textilarbeiterinnen sowohl Lohnarbeiterin als auch Hausfrau waren. Der angestellte Vergleich erweist sich also als völlig realitätsfremd. Die Anstrengungen des DTV trugen auf Reichsebene 1926 erste Früchte. Als ersten Schritt beschloß der Reichstag Ende Juni ein Gesetz zur Änderung der Reichsversicherungsordnung, durch das ab 1. Oktober 1926 die Leistungen der Krankenkassen für Wöchnerinnen verbessert wurden. Es dauerte jedoch noch bis zum 16. Juli 1927, bevor die Ratifizierung des entsprechenden Washingtoner Abkommens und die Verabschiedung des Mutter-

Mehr Freizeit für die werktätige Frau!

Einer der Hauptgründe, warum die werktätigen Frauen sich verhältnismäßig wenig in der Arbeiterbewegung betätigen, ist ihre Ueberlastung im Haushalt. Wie oft hört man von solchen Frauen sagen, daß sie in Partei oder Gewerkschaft, in der Sportorganisation oder im Samariterdienst die Uebernahme eines Funktionärpostens ablehnen müssen, weil sie schon unter der Doppellast der Berufs- und Hausarbeit fast zusammenbrechen. Selbst dann, wenn die Arbeiterfrau „nur" Hausfrau ist, hat sie mit ihrer kleinen Wirtschaft viel mehr Arbeit als die Bürgersfrau, die entweder dem geschulten Hauspersonal die Sorge für Küche und Kinder überläßt, oder durch moderne Haushaltsmaschinen, Staubsauger, elektrische Plätteisen, Zentralheizung, außerhäusliche Wäsche usw. die Hausarbeit auf ein Minimum beschränken kann.

Der schlechte Lohn des Mannes, das immer drohende Gespenst der Arbeitslosigkeit oder eine größere Kinderzahl, zwingt aber die Arbeiterfrau in den meisten Fällen mitzuverdienen, wie und wo sie nur kann, sei es, in dem auch sie in die Fabrik oder ins Büro geht, sei es, daß sie sich als Aufwärterin verdingt oder Heimarbeit übernimmt. Wo soll sie dann noch die Kraft hernehmen der Bewegung zu dienen, die um die Befreiung der Arbeiterklasse aus der Tretmühle des kapitalistischen Alltags kämpft? Und doch darf sie in ihrem eigensten Interesse, im Interesse ihrer selbst und ihrer Kinder, der Arbeiterbewegung nicht gleichgültig und passiv gegenüberstehen, sie muß Zeit dafür gewinnen, Zeitungen oder gute Bücher zu lesen und an Versammlungen teilzunehmen.

Obwohl die Arbeiterfrau durch Berufs- und Hausarbeit sehr oft überlastet ist, wartet der Mann meist nur ungeduldig aufs Essen, ohne selbst mit Hand anzulegen.

Gar vieles könnte in dieser Richtung geschehen, wenn der Ehemann nicht sehr häufig der Unmenge von Kleinarbeit, die die Führung des Haushalts erfordert, ohne Verständnis gegenüber stände, wenn er auch seinen Teil dazu beiträgt, seiner Frau einen Teil ihrer Lasten abzunehmen und ihr so genügend Zeit gibt, mit ihm zusammen für die Errringung eines menschenwürdigen Daseins zu kämpfen. Es nützt nichts, wenn man immer wieder über die Passivität und oft sogar über die feindliche Haltung vieler Frauen gegenüber den politischen und gewerkschaftlichen Bestrebungen klagt.

Der Gewerkschafter oder Parteiarbeiter, der in der Praxis beweist, daß er über die kleinbürgerlichen Vorurteile hinausgewachsen ist, die die Beteiligung des Mannes an der Hausarbeit überflüssig und „entehrend" nennen, zeigt, daß er auch innerhalb seiner vier Wände die Gebote proletarischer Solidarität hoch hält. Jeder Arbeiter, der durch Unterstützung seiner Frau dazu beiträgt, daß sie eine aktive Mitkämpferin für die Sache des Proletariats wird, hat der Arbeiterbewegung einen Dienst geleistet — und nicht den geringsten!

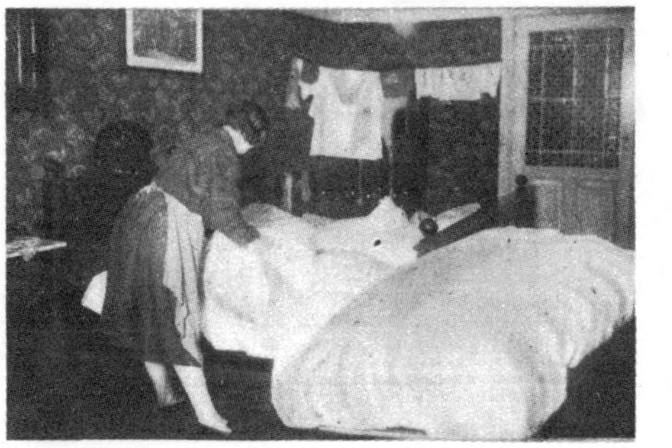

Mit Geschirrabwaschen, Zimmeraufräumen, Näharbeit, Kochen usw. ist die werktätige Frau von früh bis abends beschäftigt. Wenn sie daneben noch Erwerbsarbeit verrichtet, gewinnt sie nur dann die notwendige Zeit, um in der Arbeiterbewegung tätig zu sein, wenn der Mann durch seine Mithilfe die Gebote proletarischer Solidarität auch in seinen vier Wänden erfüllt.

Aus: AIZ, Nr. 41/1927

schutzgesetzes durch den Reichstag erfolgte.[19] Neu gegenüber der bisherigen Regelung waren
- der Kündigungsschutz für Schwangere und Wöchnerinnen während der Schutzfrist;
- die Verlängerung der Schutzfrist vor der Entbindung auf sechs Wochen, wobei für die Wochen nach der Geburt weiterhin ein Arbeitsverbot bestand, für die Wochen vorher aber nur das Recht auf Niederlegung der Arbeit;
- der Anspruch auf Stillpausen von zwei mal einer halben Stunde oder einmal einer ganzen Stunde täglich, während sechs Monaten nach der Geburt;
- die Einbeziehung der weiblichen Angestellten mit einem Jahreseinkommen unter 3600 RM.

Auf Initiative des DTV setzte sich die SPD-Fraktion im Reichstag dafür ein, das Gesetz um eine Bestimmung zu erweitern, die seine Überwachung der Gewerbeaufsicht unterstellte. Am 22. 10. 1927 wurde ein entsprechender Zusatz verabschiedet.

Ein besonderes Problem war die Einbeziehung der ledigen Mütter in die Mutterschutzgesetzgebung. Obwohl das Gesetz sie keinesfalls ausschloß, zeigten doch mehrere Redebeiträge weiblicher Delegierter auf dem Textilarbeiterinnenkongreß, daß dies in der Praxis häufiger der Fall war.[20] Eine besondere Stilblüte bei dem Versuch, dies zu rechtfertigen, lieferte das sächsische Landesarbeitsgericht 1929. In der Urteilsbegründung, die Klage einer ledigen Verkäuferin betreffend, hieß es:

»Sie hat also, ohne Rücksicht darauf, ob ihr der Geschlechtsverkehr als solcher zur Schuld anzurechnen ist, ihre Dienstunfähigkeit mindestens unter dem Gesichtspunkt der Fahrlässigkeit zu vertreten, und kann sich auf die Schutzbestimmungen ebensowenig berufen wie beispielsweise derjenige, der sich im Zweikampf oder durch besonders waghalsige Sportausübung leichtsinnig Gefahren aussetzt und Dienstunfähigkeit zuzieht.«[21]

Glücklicherweise konnte sich der betreffende Richter auch in den zwanziger Jahren mit derartigen »Verrenkungen« nur noch den Spott der meisten Zeitgenossen zuziehen.

Doppelbelastung

In ihrem Rechenschaftsbericht über die Tätigkeit des Arbeiterinnensekretariats auf dem Verbandstag des DTV 1927 sprach Emma Ritsche das Problem an, daß die Belastung durhc Hausarbeit die Arbeiterinnen daran hindere, Versammlungen zu besuchen. Sie forderte deshalb nicht nur Verkürzung der Arbeitszeit in der Fabrik, sondern auch die Errichtung von Speisestätten und Volkswaschhäusern und kritisierte den Wohnungsbau, der keine Rücksicht auf mögliche Erleichterungen der Hausarbeit nehme. Der Verband nahm daraufhin folgende vom Arbeiterinnensekretariat vorgelegte, allerdings sehr allgemein gehaltene Entschließung an:

»Der Verbandstag wollte den Hauptvorstand sowie das Arbeiterinnensekretariat beauftragen, im Interesse der übergroßen Zahl der in der Textilindustrie beschäftigten Frauen und Mädchen zu prüfen, welche Maßnahmen zur Befreiung der erwerbstätigen Arbeiterinnen von der Hausarbeit ergriffen werden können. Es ist nicht nur im Interesse der Arbeiterinnen, sondern auch im Interesse der gesamten Organisation unbedingt notwendig.«[22]

Es gab in etwa vier verschiedene Lösungsvorschläge, die im DTV diskutiert wurden:

1. Achtstundentag und freier Sonnabendnachmittag

Es ging dabei nicht um die Entlastung der Frau von der Hausarbeit, sondern um die Verkürzung der Arbeitszeit in der Fabrik, damit die Frau ihren familiären Pflichten einigermaßen genügen konnte.

2. Rationalisierung im Haushalt

Bereits 1924 war ein Artikel zur Rationalisierung des Haushalts im »Textilarbeiter« nachgedruckt worden. Darin wurde der Hausfrau empfohlen, ihre Hausarbeit nach den Prinzipien des Taylorsystems umzugestalten, um sich Freizeit zu organisieren. Die Hausfrau

»hat mit keinem Arbeitgeber einen Kampf um ihre Arbeitszeit durchzuführen. Nur ihre alte Gewohnheit, ihre mangelnde Fähigkeit, sich vom althergebrachten zu lösen, steht der Verkürzung ihrer Arbeitszeit im Wege.«[23]

Liest man die Berichte der Arbeiterinnen, in denen sie ihren bis ins letzte durchorganisierten Arbeitstag beschreiben, so muß ein solcher Artikel ihnen als blanker Hohn erschienen sein, ganz abgesehen davon, daß sich lebendige Menschen mit ihren Bedürfnissen nicht nach Belieben verplanen lassen, insbesondere nicht Kinder.

3. Gesellschaftliche Einrichtungen zur Entlastung der Frauen

Auf dem Textilarbeiterinnenkongreß 1926 hatte eine Delegierte die allmähliche Befreiung der Frau von Hausarbeit durch öffentliche Einrichtungen gefordert. Sie propagierte Speiseanstalten und Waschanstalten sowie Kindergärten der Kommunen.[24] Diese drei Forderungen tauchten in Abwandlungen immer wieder auf und trafen durchaus auf Zustimmung unter den Arbeiterinnen. Vereinzelt wurden sie sogar durchgesetzt. So meldete der »Textilarbeiter« 1927 die Einrichtung einer Betriebskantine[25], 1928 die Einweihung der ersten kommunalen Waschanstalt in Sachsen.[26]

4. Arbeitsteilung im Haushalt

Die Forderung der Aufteilung der Hausarbeit zwischen Mann und Frau wurde von keinem Funktionär und keiner Funktionärin des DTV erhoben, dafür aber von einigen Arbeiterinnen. In einem Leserbrief 1929, der zunächst ebenfalls technische Neuerungen und öffentliche Einrichtungen befürwortete, hieß es zum Schluß, daß es besonders ankäme auf die

»Vermenschlichung des Familienlebens der Arbeiter, das endlich aufhören muß, sich auf die Ausbeutung der Kraft der Hausfrau und Mutter zu gründen. Dies letztere durchzuführen wäre nur möglich, wenn entscheidende Stellen des Familienrechts geändert würden, wenn vor allem Männer und Frauen, vor allem die Männer, in Hinsicht auf ihre Ehe- und Familienpflichten zu neuen, menschlicheren Grundauffassungen gelangen könnten.«[27]

Gewerkschaftliche Frauenzeitung

16. Jahrgang | Berlin, Dienstag, den 15. November 1932 | Nummer 11

Kollegin, wir rufen Dich!

Wir wenden uns an Dich als eine der vielen, die im Erwerbsleben stehen und dort arbeiten für ihr tägliches Brot! Dafür arbeiten rund 6 Millionen Mädchen und Frauen. Sie sitzen vom Morgen bis zum Abend an der Nähmaschine; sie stehen am Schraubstock, an der Spinnmaschine und am Webstuhl; sie sitzen in langen Reihen vor dem vorbeilaufenden Arbeitsstück am Fließband; sie fertigen Kleider und Wäsche, sie fertigen und verpacken Zigaretten, Schokolade, sie fertigen Schuhe, Holzwaren, Spielsachen, sie bedienen in Friseurgeschäften und in Gastwirtschaften; sie pflegen Kranke; kurz — wir finden Arbeiterinnen in allen Zweigen des Erwerbslebens. Endlos ist die Reihe der für Arbeiterinnen in Frage kommenden Berufszweige, verschiedenartig ist die Verwendung von Frauenarbeit. In einem ist sie aber völlig gleich:

Frauenarbeit ist billige Arbeit!

Sie wird erheblich niedriger entlohnt als Männerarbeit, oftmals sogar noch niedriger als Arbeit jugendlicher Arbeitnehmer. Ist Frauenarbeit so wenig wertvoll? Wäre dies der Fall, man würde wohl in zahllosen Fällen auf sie verzichten. Wir sehen aber, daß Frauenarbeit in immer neue Arbeitsgebiete eindringt, ohne daß die Qualität der Arbeitsprodukte unserer Wirtschaft nur im geringsten darunter leidet.

Ist aber Eure Minderbezahlung berechtigt?

Es wird behauptet, die Frauen brauchen weniger als Männer! Ist das richtig? Fast könnte es so scheinen, wenn wir uns vor Augen führen, wie Arbeiterinnen leben. Viele Arbeiterinnen leisten sich nur an wenigen Tagen der Woche warmes Essen. Sie beschränken sich in bezug auf Wohnung; sie nähen, waschen und bügeln ihre Kleidung selber, und sie kochen sich selber ihre warmen Mahlzeiten. Warum tun sie das? Weil ihr Arbeitseinkommen nicht ausreicht, anders leben zu können. Nur aus diesem Grunde legen sie sich Beschränkungen auf. Deshalb opfern sie Freizeit und Gelegenheit zur Weiterbildung. Deshalb opfern sie Gesundheit und Lebensfreude. **Was als Ursache für die Minderbezahlung bezeichnet wird, ist tatsächlich ihre Folge.**

Soll das immer so bleiben?
Können wir diese Zustände denn nicht ändern?

Wir sagen ja und nochmals ja! Wir wollen und können erreichen, daß die Arbeit, die Frauen im Erwerbsleben leisten, materiell und ideell besser gewertet wird. Wir wollen und können es dahin bringen, daß wir von unseren männlichen Kollegen nicht mehr als Konkurrentinnen und Lohndrückerinnen angesehen werden. Wir wollen und können dies erreichen durch unsere gewerkschaftliche Organisation.

Resümee

Je mehr es dem DTV – egal aus welchen Motiven – gelang, die Arbeiterinnen zu aktivieren, um so mehr förderte er ungewollt auch die Erkenntnis dieser widersprüchlichen Interessen innerhalb der Arbeiterschaft. Die Bereitschaft der Frauen, sich zu engagieren, stieß auf Hindernisse, die nur durch Aufhebung der geschlechtsspezifischen Arbeitsteilung hätten beseitigt werden können. Selbst wenn die Frau zunächst nur die Wahrnehmung ihrer Interessen als Arbeiterin im Sinn hatte, kam sie zwangsläufig dazu, Forderungen aufzustellen, die Veränderungen in beiden Bereichen – Fabrik und Familie – umfaßten. Das Interesse der männlichen Arbeiter an der Aufrechterhaltung ihrer Privilegien gegenüber der Frau traf sich mit dem Interesse der Unternehmer an der mit »typisch weiblichen« Qualitäten (Geduld, Fingerfertigkeit, ...) ausgestatteten weiblichen Arbeitskraft, an ihrer Minderbezahlung und nicht zuletzt an jeder Spaltung der Arbeiterklasse, also auch der in Männer und Frauen. Es traf sich ebenfalls mit dem familien- und bevölkerungspolitischen Interesse des Staates: Sicherung des Nachwuchses und Erhaltung der traditionellen Familie, in der Frauen unbezahlte, aber gesellschaftlich notwendige Reproduktionsarbeit leisteten.

Frauen stellten die Mehrheit der Mitglieder im DTV. Die Untersuchung ihres zahlenmäßigen Einflusses und der Inhalte der Frauenpolitik des DTV ergaben, daß trotz dieser Mehtheit der DTV vorwiegend als Interessenorganisation der männlichen Arbeiter verstanden werden muß. Dieses Fazit kann durch den Hinweis auf die positiven Ansätze, die sich durch die sechsjährige Arbeit in den Arbeiterinnenkommissionen und die Tätigkeit des Arbeiterinnensekretariats entwickelten, nur geringfügig modifiziert werden.

Anmerkungen

1 Protokoll vom Kongreß der Wirker, Stricker, Trikotagenarbeiter und -arbeiterinnen. Abgehalten am 3. und 4. März 1928 in Thalheim, Berlin 1928, S. 18f.
2 Der Textilarbeiter (TA) 1924, S. 114.
3 TA 1925, S. 25.
4 TA 1927, S. 61.
5 TA 1927, S. 63.
6 TA 1929, S. 285.
7 Jahrbuch des DTV 1928, S. 240.
8 Erwerbsarbeit, Schwangerschaft, Frauenleid. Neue Folge, Heft 2, hrsg. v. DTV, Berlin 1925, S. 5 (im folgenden: Frauenleid).
9 Frauenleid, S. 6.
10 Frauenleid, S. 32.
11 Ebenda.
12 Frauenleid, S. 33f.
13 Jahrbuch des ADGB 1925, S. 212. Obwohl der ADGB die Initiative des DTV prinzipiell unterstützte, war er schnell bereit, auf bescheidenere Forderungen umzuschwenken. Insbesondere war das Verständnis für die Klagen der Krankenkassen groß. »Vollen Ersatz des Lohnes während einer so langen Schonfrist zu leisten, kann auch nicht den Krankenkassen zugemutet werden.« (Jb. ADGB 1927, S. 209) Solange aber der volle Lohnausgleich nicht gewährleistet wäre, könnte auch kein Verbot der Frauenarbeit vor der Geburt verlangt werden (ebenda).
14 Vgl. Theodor *Brauer*, Die Fabrikarbeit der verheirateten Frau. Vortrag vor dem Jubiläumskongreß des Christlichen Textilarbeiter-Verbandes vom 28. und 29. August 1926 zu Aachen, hrsg. v. Zentralverband der Christlichen Textilarbeiter Deutschlands, Düsseldorf o. J.
15 Die Frauenerwerbsarbeit in der Textilindustrie, mit besonderer Berücksichtigung der Beschäftigung schwangerer Frauen, hrsg. v. Arbeitgeberverband der Deutschen Textilindustrie, Berlin 1926, S. 7ff. (im folgenden: Arbeitgeberverband).
16 Arbeitgeberverband, S. 34.
17 Arbeitgeberverband, S. 27.
18 Arbeitgeberverband, S. 46.
19 Stefan *Bajohr*, Die Hälfte der Fabrik. Geschichte der Frauenarbeit in Deutschland 1914–1945, Marburg 1979, S. 306ff.; vgl. dort auch die genaue Entwicklung vom Entwurf Sept. 1926 bis zum Gesetz Juli 1927.
20 Protokoll vom 1. Kongreß der Textilarbeiterinnen Deutschlands. Abgehalten am 11. und 12. Oktober 1926 in Gera, Berlin o.J. (1927), S. 89 und 93 (im folgenden: Textilarbeiterinnenkongreß).
21 TA 1929, S. 69.
22 Protokoll vom 16. Verbandstage des DTV. Abgehalten vom 20. bis 25. Juni 1927 in Hamburg, Berlin o. J. (1927), S. 49.
23 TA 1924, S. 105.
24 Textilarbeiterinnenkongreß, S. 56.
25 TA 1927, S. 113.
26 TA 1928, S. 97.
27 TA 1929, S. 101.

Renate Wurms

Gleichberechtigt, aber »zur linken Hand«

Zur Frauenbewegung in der Weimarer Republik

»...lange hatte man ihre Stimme in der Öffentlichkeit nicht mehr gehört; nun waren sie wieder frei, konnten sie reden. Aufjauchzend begrüßten die Rednerinnen der verschiedenen Parteien und Weltanschauungen die Beendigung des Krieges, die unblutige Revolution, die junge Republik, gelobten ihre aufbauende, tatkräftige Mitarbeit.«[1]

Ein wenig zu hochgestimmt ist diese Äußerung der Radikalen Lida Gustava Heymann und dennoch charakteristisch für die Aufbruchstimmung nach dem Ersten Weltkrieg. Ob sie das aktive und passive Wahlrecht – je nach Richtung in der Frauenbewegung und allgemeiner politischer Orientierung und Parteienbindung – abgelehnt, erhofft, erdient oder erkämpft hatten, alle Frauenvereine versuchten für die Wahl zur Nationalversammlung am 19.1.1919 zu mobilisieren. Ergebnisse waren:

- eine hohe Wahlbeteiligung von Frauen (78 Prozent gegenüber 62 Prozent bei den Männern, bei den Jungwählerinnen sogar 73 zu 43,5 Prozent)
- ein Höchststand von 41 (= 9,6 Prozent) weiblichen Abgeordneten, der in keiner der folgenden Reichstagswahlen und auch im Bundestag erst 1983 wieder erreicht werden sollte.[2]

Wie schon in den Vor- und Kriegsjahren arbeiteten die Frauen aus der proletarischen Bewegung in der nun bis 1922 in drei, dann in zwei Parteien gespaltenen politischen Arbeiterbewegung sowie in den Gewerkschaften mit. Frauen der Unabhängigen Sozialistischen Partei (USPD) und der Kommunistischen Partei (KPD) beteiligten sich an den harten Auseinandersetzungen um die Räteregierungen in Berlin, Bremen und München. Die Feministin und Pazifistin Anita Augspurg war unter Kurt Eisner Vertreterin der Frauen im Münchner Rat, ihre Mitstreiterin und Lebensgefährtin Lida G. Heymann kandidierte für die USPD.

Die Gemäßigten, darunter die führenden Frauen im *Bund deutscher Frauenvereine* (BdF) wie Bertrud Bäumer und Marie Elisabeth Lüders vertraten liberale bis nationalliberale Positionen. Das politische Spektrum der nicht dem BdF angeschlossenen konfessionellen Frauenverbände reichte vom linken, arbeitnehmerorientierten Flügel der Zentrumspartei über die katholische Mitte bis zu den evangelischen Deutsch-Nationalen. Sie bildeten in ihrer Mehrzahl zusammen mit den Hausfrauenverbänden den rechten, konservativen Flügel der bürgerlichen Frauenbewegung.[3]

Trotz errungener politischer Gleichberechtigung und parteipolitischen Engagements schienen viele Frauen als der Frauenbewegung gewillt, eigenständige Organisationsformen zu wahren, auszubauen und auf neue Grundlagen zu stellen. Im Frühjahr organisierten USPD- und KPD-Frauen Frauentagsveranstaltungen, gaben einige Frauenzeitungen heraus oder sorgten dafür, daß entsprechende Parteibeschlüsse gefaßt wurden. Vor allem in Großstädten wie Berlin und Frankfurt wurden Pläne zur Bildung von Hausfrauenräten entwickelt und propagiert. Die *Internationale Frauenliga für Frieden und Freiheit* (IFFF), 1919 in Zürich gegründet und hervorgegangen aus den mitten im Krieg (1915) konstituierten *Nationalen Frauenausschüssen für dauernden Frieden,* wurde *die* Gruppierung der Feministinnen und Pazifistinnen. Die Frauenheimat der Gemäßigten blieb der BdF, der auf seiner Generalversammlung im September des ersten Nachkriegsjahres ein neues Programm beschloß. Wesentliche Punkte waren die »Gestaltung des politischen Lebens«, die »staatsbürgerliche Schulung« von Frauen »auf dem Boden der Weimarer Verfassung«.

Aufbruch 1918/19. Das Ende 1932/33 liest sich im Urteil der Soziologin und Psychologin Alice Rühle-Gerstel so:

»Die Frauen, die das spezifisch Weibliche programmatisch zur Geltung bringen wollten, sind dahin gelangt, daß sie die angezüchteten Minderwertigkeiten und Einseitigkeiten der Frau heiligsprechen. Sie sind nur noch ein riesiger Fach- und Hausfrauenverein... Die Frauen, die tapfer, tollkühn und oft blindlings den Mann in seinem Feld einholen wollten, stehen in der Gegenwart kaum noch im Lager der Frauenbewegung. Entweder sie begnügen sich mit den erreichten Positionen und leben individuell als moderner Mensch (...) oder sie sind ins Lager des Sozialismus übergegangen...« Die Sozialistinnen »haben zwar ihre Frauenprobleme in die Parteiprogramme eingehäkelt, aber mehr als einen schäbigen Platz zur linken Hand haben sie nicht erreichen können.«[4]

Ein hartes Urteil? Ja. Ein ungerechtes Urteil? Möglich. Aber in jedem Fall ein Urteil, das anregt und auffordert, genauer hinzusehen.

Noch gibt es mehr Fragen als Antworten zur Frauenbewegungsgeschichte in dieser Zeit: Mit den Problemen parteilicher Einbindung und Männerdominanz, Autonomie und Einflußnahme hatten Frauen *aller* Richtungen, nicht allein die Sozialistinnen, zu kämpfen. Wie stand es um Klassen- und Geschlechterfrage im bürgerlichen Lager, und welche Trennungen waren hier durch parteipolitische, schicht- bzw. klassenspezifische Orientierung gesetzt? Was hieß in der heterogenen bürgerlichen Frauenbewegung »das spezifisch Weibliche«? Konnte frau nur entweder dem sozialistischen Lager oder dem der Frauenbewegung angehören? Ist die Arbeiter*innen*bewegung aus der Frauenbewegung auszuklammern oder dieser umstandslos zuzuordnen?

Gertrud Bäumer, Marianne Weber und Helene Lange

Neutral und überparteilich? Der Bund deutscher Frauenvereine

Mit etwa 834000 Mitgliedern, über 4000 Vereinen und 87 Verbänden war der BdF 1919 die größte (Dach-)Organisation der bürgerlichen Frauenbewegung. Seit Anfang der zwanziger Jahre bis 1928/29 wurden die Mitgliederzahlen sogar mit etwa einer Million angegeben, wobei auch für 1919 Doppelmitgliedschaften zu berücksichtigen sind.

Rechtsaußen fehlte seit 1918 der *Deutsch-Evangelische Frauenbund*, der aus Protest gegen die Forderung nach dem demokratischen Frauenwahlrecht ausgetreten war. Der Bruch mit dem linken Flügel war schon 1915 vollzogen worden, als die BdF-Spitze die Beteiligung am internationalen Frauenfriedenskongreß in Den Haag für »unvereinbar« erklärte »mit der vaterländischen Gesinnung und der nationalen Verpflichtung der deutschen Frauenbewegung…, mit jeder verantwortlichen Stellung und Arbeit innerhalb des Bundes deutscher Frauenvereine«.

Von 36 dem BdF 1928 angeschlossenen Reichsverbänden ordnete Agnes von Zahn-Harnack ein Drittel der Rubrik »Frauenbewegungsfragen und allgemeine Kulturaufgaben« zu.[5] Die restlichen 22 waren berufliche, ständische Interessenvertretungen von Beamtinnen, Angestellten, Lehrerinnen, Studentinnen und Hausfrauen.

Bestimmend für die Programmatik der Gemäßigten, der führenden Frauen im BdF, war eine idealistische Geschichtsauffassung. Politische Rechte, Berufsfreiheit für Frauen, geistige und wirtschaftliche Unabhängigkeit vom Mann – »Äußerliches«, wie es auch genannt wurde – waren der »Idee von der Kulturaufgabe der Frau« eingeordnet: »Wir erfassen die Kulturaufgabe der Frau aus dem Grundsatz der freien Persönlichkeit, die sich in selbständig gewählter Verantwortung an die Gemeinschaft gebunden fühlt, aus diesem Bewußtsein heraus ihre Kraft entwickelt und in selbstloser Hingabe für das Ganze einsetzt.« Soweit diese Kulturaufgabe näher bestimmt wurde, ging es um die »Vermenschlichung« der Gesellschaft, der Wirtschaft, Politik und Kultur, um die Ergänzung des »männlichen« »sachgesetzlichen« Prinzips durch das »weibliche« »personale«.

Galten den einen diese Werte als kulturell gewordene, zu bewahrende und zu entwickelnde, so vertraten die Konservativen die Auffassung von der naturgegebenen Geschlechterpolarität, die Mann und Frau zur wechselnden Ergänzung verpflichte. Entsprechend gab es nebeneinander die Leitbilder der (qualifizierten), asketischen Berufsfrau, der berufstätigen Mutter und der privatrechtlich (noch nicht) gleichgestellten Hausfrau. Die Hausfrauenverbände setzten sich für die Professionalisierung des »Hausfrauenberufs« ein und forderten seine gesellschaftliche Anerkennung. Da auch die Liberalen überzeugt waren von der »Unabwendbarkeit bestimmter Frauenaufgaben…, Kindererziehung und Hausarbeit«, blieb ihnen nur das Bekenntnis zur ökonomisch profitablen und existentiell für viele notwendigen »doppelten Last« der Frau. Durch Ausbildung, rationelle Haushaltsführung, Technik, Mutter- und Arbeitsschutz war die Last zu erleichtern. Anders als die angelsächsische und skandinavische Frauenbewegung, setzte sich die Mehrheit der deutschen Bewegung immer für einen besonderen Arbeitsschutz für Frauen ein, der auch beispielgebend sein sollte für den allgemeinen. Die vereinzelt von Radikalen und Sozialistinnen schon sehr früh geforderte Veränderung der geschlechtsspezifischen Arbeitsteilung stand auch in den zwanziger Jahren nicht auf der frauenbewegten Tagesordnung.[6]

Alice Salomon als Wahlrednerin 1919 in Berlin

Organisierte Mütterlichkeit

Insgesamt wurde vom BdF eine Politik des Bewahrens und der Reformen verfolgt. Auch für die Reformerinnen waren mit dieser nationalen bürgerlichen Gesellschaft die Grenzen gesetzt. Die kapitalistische Wirtschaft, Institutionen wie Ehe, Familie und Schule galten als reformbedürftig und reformierbar. Im Zweifel wurde zugunsten des Bewahrens entschieden, wurden die Interessen der Frauen hinter den »nationalen«, »allgemeinen« zurückgestellt. Auch der BdF und das Arbeiterinnensekretariat der Gewerkschaften schlossen sich 1919/20 »selbstverständlich« der allgemeinen Forderung an, daß »die ehemaligen Arbeitsplätze der Kriegsteilnehmer wieder freizumachen sind«, aber »unnötige Härten« und »einseitige« Anwendung für Frauen sollten vermieden werden. Und obwohl die Frauen verdrängt wurden, gab es nur lasche Proteste.

Praktiziert wurde die Politik der »organisierten Mütterlichkeit« mit den Schwerpunkten Erziehung, Bildung und professionelle, organisierte Sozialarbeit. Nachdem die Möglichkeiten erdient und erstritten waren, war die Mitarbeit in Gremien, Verwaltungen, Ministerien und im Parlament selbstverständlich und verpflichtend. Stellungnahmen, Petitionen und Gesetzesinitiativen – die Formen der Gemäßigten – betrafen vor allem den Jugend- und Mutterschutz, die Gleichstellung der Frau im Ehe- und Familienrecht, die elterliche Gewalt, das Scheidungs- und Unehelichenrecht. Erfolgreich waren Frauenbewegung und überparteiliche Zusammenarbeit von Parlamentarierinnen unter anderem mit dem Jugendwohlfahrtsgesetz (1922) und mit dem Gesetz zum Mutterschutz (1927). Der *Juristinnenbund* (gegründet 1920), der zu den Fortschrittlichen im BdF gehörte, konnte die Zulassung zur Anwältin (1922) und zur Richterin (1924) durchsetzen. Seine Vorstöße in Sachen privatrechtlicher Gleichstellung der Frau scheiterten an den konservativen Mehrheitsverhältnissen im Parlament.[7] Für die (volle) Gleichstellung nicht-ehelicher Mütter und Kinder fanden sich im BdF keine Mehrheiten. Ebenso wurde zum Teil scharf, frauenverachtend und die soziale und psychische Not der Frauen ignorierend, von führenden Frauen wie Gertrud Bäumer und Hilde Adler sowie der Mehrheit im Dachverband jede Reform des § 218 mit Ausnahme der Strafmilderung abgelehnt.[8]

Friedenskampf oder Rückzug?

Die Friedensfrage spielte im BdF keine große Rolle – und wenn, dann im Zusammenhang mit Resignation und Rückzug. So stellte Gertrud Bäumer in ihrem Kommentar zu der Genfer Abrüstungskonferenz 1932 zwar fest, daß »Frauenstimmrecht und der moderne Krieg radikal unvereinbar« seien; gelänge es jedoch den Frauen nicht, »das ›wilde Feld‹ zu entzaubern«, könne der Augenblick kommen, »an dem sie sich fragen müssen, ob sie nicht den Platz, an dem sie eine solche Mitschuld auf sich nehmen müssen, zu verlassen und ihren geschichtlichen Auftrag zurückzugeben haben«.[9] Sie hat, was die Alternative gewesen wäre, nicht gegen Faschismus und Krieg gekämpft. Und schlimmer als das: Sie hat auch den von Hitlerdeutschland angezettelten Weltkrieg mit Durchhalteparolen unterstützt und – schuld- und trauerunfähig – nach 1945 die Auseinandersetzung mit dem Faschismus mit den Worten abgetan: »Guarda e passa!« – Ein Blick auf sie und weiter –.

Die Friedensfrage war für die Mehrheit im BdF nur dann Thema, wenn es politisch opportun war. Dennoch bot auch gemäßigtes Engagement Anlaß zu Austritten. Als der BdF sich mit einer eigenen, vorsichtigen Resolution an der von der IFFF initiierten Unterschriftenaktion zur Abrüstung (Völkerbund, Genf 1932) beteiligte, traten die Reichsverbände der deutschen und landwirtschaftlichen Hausfrauenvereine mit der Begründung aus: »Unvereinbar mit nationalen Interessen«. Trotz langjähriger Zugehörigkeit zu internationalen Frauenvereinigungen blieb generell auch Internationales immer dem Nationalen untergeordnet. Antisemitische Tendenzen breiteten sich auch in dieser Vereinigung aus, auch wenn der *Jüdische Frauenbund* bis 1933 Mitglied im BdF war. Schäbig und zugleich exemplarisch für vieles ist der Fall Alice Salomon. Die Nationalökonomin und Leiterin der Schule für Sozialarbeit in Berlin, seit 1900 stellvertretende Vorsitzende des BdF, seit 1909 Schriftführerin im internationalen Frauenbund, wurde 1919 wegen ihres jüdischen Namens und jüdischer Vorfahren nicht Vorsitzende des BdF. Als ihr 1920 »befohlen« wurde, aus nationalen Prestigegründen dem ersten internationalen Nachkriegstreffen fernzubleiben und auch eine private Reise in das gastgebende Norwegen abzusagen, erklärte Alice Salomon ihren Rücktritt aus dem Vorstand des BdF. Auf dieser Konferenz 1920 wurde sie zur Vizepräsidentin des Weltbundes gewählt und 1928 von einigen BdF-Frauen zur Präsidentin vorgeschlagen, aber die damalige BdF-Vorsitzende Frau Eder setzte sich mit der Meinung durch, daß der deutsche Frauenbund keine Angehörige der jüdischen »Rasse« unterstützen könne.[10]

Der BdF war in den zwanziger Jahren eine etablierte Vereinigung. Dennoch blieb er (frauen-)politisch relativ wirkungslos. Letztlich erwiesen sich die unterschiedliche parteipolitische Einbindung und damit die schicht- und klassenspezifische Identifikation als stärker gegenüber der frauenspezifischen. Zudem machte er eine vom Anspruch her »überparteiliche und neutrale«, faktisch aber eine beharrende bis rückwärtsgewandte Politik mit der Betonung »weiblicher Eigenart« und der Forderung nach »Gleichwertung der Andersartigkeit«. Ob damit ein für allemal das Ende gekommen war für jede Frauenbewegung, die (bürgerliche) Grenzen nicht überschreiten, die privatwirtschaftliche Eigentumsordnung und die geschlechtsspezifische Arbeitsteilung nicht aufbrechen will, also nicht antipatriarchalisch und antikapitalistisch zugleich ist – darum wird auch heute noch und wieder gestritten.

Vor die Wahl gestellt, »gleichgeschaltet« oder verboten zu werden, beschloß der Vorstand des Bundes deutscher Frauenvereine am 9. Mai 1933 die Selbstauflösung.

Frauendemonstration für Brot und Frieden, 1919

Anita Augspurg (links) und Lida Gustava Heymann (rechts), um 1919/20

Radikale Pazifistinnen und Feministinnen – eine Minderheit

Anders als die gemäßigte Mehrheit hatten die Pazifistinnen und Feministinnen nie ausreichend Zeit und Muße, die Geschichte ihrer Kämpfe für Gleichberechtigung und Gleichheit der Frauen, gegen die doppelte Sexualmoral, für Völkerverständigung, Frieden und eine eigenständige Frauenpolitik zu schreiben.[11] In Programmatik und Arbeit waren sie dem radikalen Liberalismus, aufklärerischen und humanistischen Traditionen verpflichtet. Hinzu kamen historisch-materialistische Theoreme. Politisch linksliberal bzw. radikaldemokratisch, sahen sie die politische Emanzipation der Frauen »als Wurzel«, nicht »als Krone« der Bewegung, als einen wichtigen Schritt auf dem Weg zur »allgemeinen menschlichen Emanzipation«, der Befreiung aus aller Abhängigkeit, Ausbeutung und Unterdrückung.

Polemiken und Aktionen, Analysen und Kämpfe richteten sich gegen den Männerstaat und die Männergesellschaft, gegen Kapitalismus und Militarismus, die sie als Ausdruck der Männerherrschaft bzw. des männlichen Gewaltprinzips ansahen. Auch wenn es hier Ähnlichkeit, ja sogar Übereinstimmung mit Ansichten der Gemäßigten gab – auch hier wirkte die idealistische Geschichtsauffassung –, so setzten die Pazifistinnen auf politische Rechte, Schulung und Einflußnahme der Frauen mit dem Ziel, die herrschenden Gewaltverhältnisse zu überwinden. Ihre Grundpositionen, die Rückständigkeit und der Egoismus vieler Männer, Abneigung gegenüber Parteistrukturen und das Minderheitenproblem in den Männerparteien, ließen sie auf die Organisationen der Frauen bauen. So schlugen Lida G. Heymann und Anita Augspurg zu den Wahlen immer wieder Frauenlisten vor, diskutierten das von Beginn an umstrittene Projekt einer Frauenpartei – beides hatte keine Chance. Zudem war ihnen Eigenständigkeit immer eine politische Frage. Helene Stöckers Arbeitsschwerpunkt lag beispielsweise im *Bund für Mutterschutz und Sexualreform,* in dem auch Männer mitarbeiteten; andere Feministinnen arbeiteten zeitweise in der USPD mit, seit 1923/24 in der *Internationalen Frauenliga für Frieden und Freiheit* (IFFF).

Minna Cauer (1842–1922), die große alte Radikale

Titelblatt des Berichts der Internationalen Frauenliga für Frieden und Freiheit, Deutscher Zweig, 1920

Dokumentation der Internationalen Frauenliga, 1929, mit einer Titelzeichnung von Käthe Kollwitz

Totale Abrüstung

Das pazifistische Engagement der Radikalen, die Aufklärungsarbeit in ihren Zeitschriften, das Eintreten für totale Abrüstung ebenso wie für Minderheiten und die deutsch-polnische Verständigung oder der Kampf gegen den Antisemitismus im Rahmen der IFFF war »kein Zufall, sondern nach ihrem Rechtsverständnis nur konsequent. Ihre Vorstellung von einem anderen Recht, von geregelten, gerechten Verhältnissen war die einzig denkbare Alternative zur Gewalt; Krieg aber war für sie die brutalste Form der Gewalt und Rechtlosigkeit.«[12] Zur Zeit der Gründung der deutschen Sektion der IFFF 1919 gab es 40 örtliche Gruppen; bis zum Ende der zwanziger Jahre waren es 80. Als eine der ersten Organisationen protestierte die IFFF gegen Friedensdiktate, die den Keim zukünftiger Kriege in sich trugen. Seit der Mitte der zwanziger Jahre wurden vor allem Aufklärungskampagnen über die Entwicklung chemischer Kampfstoffe (Giftgaskrieg), deren verheerende Wirkungen und den nicht zu gewährleistenden Schutz der Zivilbevölkerung durchgeführt. Eine internationale Konferenz 1929 in Frankfurt zu diesem Thema brachte vor allem auch international Resonanz und war Anstoß für die Genfer Abrüstungskonferenz, die allerdings erst 1932 stattfand und ohne Resultat blieb. 8,3 Millionen Unterschriften wurden von internationalen und nationalen Frauenorganisationen unter die Forderungen nach »Gleichstellung der Nationen und (totale) Abrüstung« gesammelt, in mehreren Autos zum Völkerbund gefahren und von 200 Frauen übergeben. Auch an dem Amsterdamer *Kongreß gegen Faschismus und Kriegsgefahr* im August 1932 beteiligten sich die Pazifistinnen aus der IFFF.

Internationale Zusammenarbeit war für die Radikalen seit Beginn der Stimmrechtskämpfe um die Jahrhundertwende selbstverständlich, wobei die angelsächsische Tradition der Stimmrechtsbewegung Anstoß und auch Vorbild war.

Schwierigkeiten und Rückschläge gab es freilich auch in der IFFF. Die Pazifistinnen waren eine Minderheit, zeitweise Einzelkämpferinnen. Zudem kam es vor allem über die Frage der Notwendigkeit der Überwindung des Kapitalismus als Voraussetzung für einen dauernden Frieden, über die Zusammenarbeit mit Sozialistinnen und Kommunistinnen und über die Frage der Legitimität von Gewaltanwendung zu scharfen Auseinandersetzungen in der Frauenliga.

Zwischen der Liga und dem *Bund für Mutterschutz und Sexualreform* gab es über die persönlichen Kontakte zwischen Frauen hinaus auch Zusammenarbeit in der Friedensfrage, im Kampf gegen den § 218, in Fragen der Sexualaufklärung und -moral. Obwohl der Bund nie mehr als 4000 Mitglieder und elf örtliche Gruppen hatte, hatte er einige Popularität, wozu ihm sowohl die Anfeindungen der Gegner/innen als auch die praktische und aufklärende Arbeit verhalfen. Ein übriges tat das große Engagement von Frauen wie Helene Stöcker, viele Jahre auch Vorsitzende des Bundes. 1919 wurde in Berlin die erste Sexualberatungsstelle eröffnet, die schon in der Kaiserzeit begonnene Zusammenarbeit zwischen Homosexuellenbewegung und den Radikalen wurde fortgesetzt und vor allem auch das soziale und politische Engagement verstärkt. 1922 wurde eine »Verpflichtung zum radikalen politischen Pazifismus« in die

Dem Militarismus
keine Arbeit,
keinen Mann.
Einig
in der Hauptsache
das ist die
Einheitsfront!

Nie
Krieg
Es darf nie wieder
Krieg sein
USPD
USPD
1. Distrikt

INTERNATIONALE FRAUENLIGA FÜR FRIEDEN UND FREIHEIT DEUTSCHER ZWEIG

Frauen und Mütter!

Auf dem Internationalen Frauenkongreß in Zürich im Frühling 1919 legten die anwesenden Frauen aller Länder das eidesstattliche Gelöbnis ab, nie wieder durch Hilfeleistung irgend welcher Art künftige Kriege zu unterstützen. Der allgemeine internationale Frauenstreik für den Kriegsfall wurde einstimmig beschlossen. Dieser Streik aber muß in allen Ländern langer Hand vorbereitet werden, damit in der Stunde der Gefahr eine geschlossene Macht dasteht, an der der Wille kriegslüsterner Gewalthaber zu schanden wird. An uns Frauen und Müttern, die wir durch das unsagbare Leid und Grausen des Weltkrieges gegangen sind, ist es, künftige Kriege im Keim zu ersticken. Krieg und Frieden liegt in unserer Hand, wenn wir einig sind. Ohne unseren Willen, ohne unsere Bereitwilligkeit, daheim in alle Lücken zu springen, Handel, Verkehr und Industrie aufrecht zu erhalten, können die Kanonen auf den Schlachtfeldern nicht eine Stunde lang ihr Todeswerk vollführen. / Darum Ihr Frauen und Mütter aller Länder verbindet Euch durch Eure Unterschrift zu dem weltumspannenden Gelöbnis und haltet es treu, wenn die Gefahr der Zeit es nötig machen sollte.

In Erkenntnis der ungeheuren Verantwortung für das Schicksal von Millionen und Abermillionen, die jede Einzelne von uns trägt, erklären wir Frauen und Mütter durch unsere Unterschrift, daß uns Heiligkeit und Unantastbarkeit des Lebens oberstes Gesetz ist, daß wir damit alle organisierte Tötung als menschenunwürdig verwerfen und in Zukunft nie wieder – sei es durch Geld, Propaganda oder Arbeit – dem Kriege, noch dem Bürgerkriege Vorschub leisten werden.

UNTERSCHRIFTEN:
(Bitte um deutliche Schrift)

Name	Beruf	Wohnort	Straße

Verweigerungsaktion 1919/20. Mit ihrer Unterschrift erklären die Frauen, daß sie jegliche kriegsunterstützende Tätigkeit ablehnen, »sei es durch Geld, Propaganda oder Arbeit«.

Satzung des Bundes aufgenommen und Ende der zwanziger Jahre schloß sich der Bund der (linken) *Arbeitsgemeinschaft Sozialpolitischer Organisationen* (ARSO) an; enge Verbindung bestand auch zu dem *Reichskomitee werktätiger Frauen* (KPD-nah).

Der Beginn der faschistischen Herrschaft war das Ende für die Arbeit des Bundes und der IFFF in Deutschland. Anita Augspurg und Lida G. Heymann, zur Zeit der Machtergreifung Hitlers auf einer Auslandsreise, kehrten nicht zurück; sie wurden ausgebürgert und ihr Vermögen eingezogen. Helene Stöcker und Frida Perlen gehörten zu denen, die rechtzeitig emigrieren konnten.

Helene Stöcker

Sozialarbeit... war nicht alles – Frauen in der SPD

Die Sozialdemokratinnen setzten in den ersten Nachkriegsjahren große Hoffnungen in das Frauenwahlrecht und die parlamentarische Arbeit. Von der in den Kriegsjahren erreichten hohen Frauenerwerbstätigenrate erwarteten sie positive, politisierende Effekte. Viele Frauen erhofften ihrerseits offenbar viel von der versprochenen gesellschaftlichen Umgestaltung. Nach dem zum Teil durch die Parteienspaltung bedingten Rückgang der Zahl weiblicher Parteimitglieder 1917/18 um etwa 50 Prozent, stieg die Zahl der Frauen in der SPD nach dem Krieg wieder rasch an und erreichte 1920 mit 207000 einen neuen Höchststand (17,5 Prozent).

Doch die Erwartungen wurden nicht erfüllt. Die Frauen honorierten nur in der Wahl zur Nationalversammlung (1919) annähernd den Einsatz der Sozialistinnen und Sozialdemokratinnen für die politischen Frauenrechte. In der Zeit der Demobilisierung und der Inflation traten immer mehr Frauen aus der Partei aus, so daß die SPD 1923 nur noch 130000 weibliche Mitglieder hatte. Die parlamentarische Tätigkeit war ernüchternd. Gegen Konservative und Reaktionäre waren Reformforderungen nicht durchzusetzen. Die von Luise Zietz für die USPD und von Marie Juchacz für die SPD gestellten Anträge, neben der staatsbürgerlichen auch die privatrechtliche Gleichstellung von Mann und Frau in der Verfassung zu verankern, scheiterten im Parlament.

Die Funktionen von Luise Zietz als Vertreterin der Frauen im Parteivorstand und von Clara Zetkin als Herausgeberin der Zeitschrift »Die Gleichheit« hatte 1917 die Kölner Sozialarbeite-

Unsere Erwählten
Die weiblichen Reichstagsabgeordneten der Sozialdemokratischen Partei.

Lore Agnes, Düsseldorf-Ost. – Elise Bartels, Sud-Hannover. – Clara Bohm-Schuch, Berlin. – Marie Juchacz, Potsdam I. – Anna Nemitz, Liegnitz. – Johanna Reitze, Hamburg. – Mathilde Wurm, Thüringen. – Louise Schröder, Schleswig-Holstein. – Dr. Marg. Stegmann, Dresden. – Toni Sender, Dresden.

DIE NACHDENKLICHE FRAU

Und umgekehrt?

Eine Skizze von Fritz Müller.

Irgendwo in einer großen Zeitung war von Frauen und ihren Bestrebungen die Rede. Darüber stand ein Motto, ein Geleitspruch: „Ich liebe überall die Arbeitsamkeit, sie ist mir besonders an Frauen so schätzenswert. – Wilhelm von Humboldt." Ich las es, und ich dachte mir als Mann: Ist doch schön vom großen Humboldt, daß er so von Frauen spricht. Dann zeigte ich den Spruch meiner Frau. Die las ihn auch und sagte: „Und umgekehrt?" Aber ich verstand sie nicht ... Am Abend waren Gäste bei uns, liebe Freunde. Als eine Pause eintrat, sagte meine Frau: „Heute habe ich einen schönen Spruch gelesen von der Droste-Hülshoff –" – „Ah, von der Dichterin," sagte der Regierungsrat. – „Darf ich ihn sagen?" fuhr meine Frau fort und blinzelte mir leise zu. „Ja, bitte, bitte," sagten meine Freunde. „Also hört: „Ich liebe überall die Arbeitsamkeit, sie ist mir besonders an Männern so schätzenswert." ... Meine Freunde waren starr. „Was?" sagte der Regierungsrat, „das soll ein schöner Spruch sein? Das ist eine Taktlosigkeit." – „Eine Überheblichkeit ist es, eine ganz unbegreifliche –", fiel der Bahnhofsvorstand ein. – „Für eine Dichterin vom Rang der Droste jedenfalls eine – eine – wie soll ich sagen – ungezogene Entgleisung," sagte der Honorarprofessor.

Eine Verbilligungsaktion.

Einem Lebensmittelhändler B. in Br. wurden im August 1922 bei einem Lebensmittelkrawall die Fenster eingeworfen. Er fühlte sich dadurch veranlaßt, in der Presse zu erklären, man habe ihm bitter unrecht getan, gerade seine Ware sei infolge vorteilhaften Einkaufs stets enorm billig gewesen. „Da es sehr oft vorkam", so schrieb er wörtlich, „daß ich billiger verkaufte, als der Großhändler einkaufen konnte, so erschienen oft derartig viele Kleinhändler zum Einkauf in der Markthalle, daß ich gezwungen war, meine Preise zu erhöhen, um mir von den Kleinhändlern nicht meine ganze Ware fortholen zu lassen. Im anderen Falle wäre die Verbraucherkundschaft nicht in den Besitz billiger Lebensmittel gekommen."

Also er erhöhte seine Preise, um den Kaufern „billige" Ware zu verschaffen! Ist eine Wirtschaftsordnung, in der so etwas möglich ist, Sinn oder Unsinn? G. v. F.

129

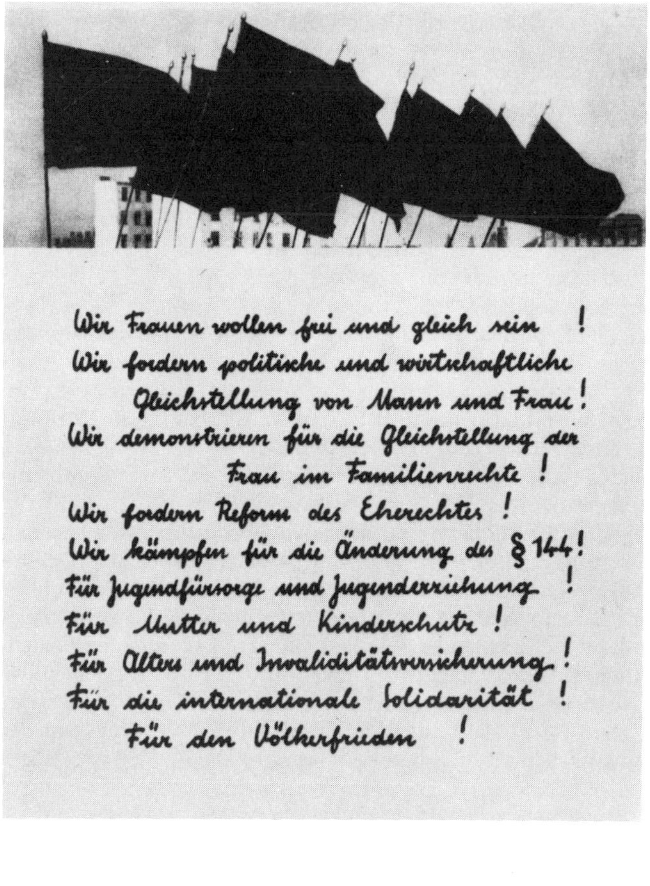

Frauentagsschriften der Sozialdemokratischen Partei Österreichs

Kriegsfürsorge – Kriegsküche in Wien

rin und spätere Reichstagsabgeordnete Marie Juchacz übernommen und behielt sie bis zum Ende der Weimarer Republik.

Auf Initiative von Marie Juchacz wurde im Dezember 1919 die *Arbeiterwohlfahrt* (AWO) gegründet. Im Laufe der Jahre wurden eigene Einrichtungen (Kindergärten, Erholungs- und Altenheime) und Schulungsstätten für die ehrenamtlichen und professionellen Mitarbeiterinnen, sprich: die SPD-Frauen, geschaffen. 1928 hatte die AWO rund 150 000 überwiegend weibliche Mitglieder.

Die AWO und damit Sozialarbeit, Sozial- und Kommunalpolitik waren die Arbeitsschwerpunkte der Sozialdemokratinnen. Für alle anderen Politikbereiche und parteilichen Fragen waren Frauen tendenziell nicht zuständig. Der Kampf gegen das kapitalistische Wirtschaftssystem, gegen den ökonomischen Kern der Frauenunterdrückung wurde aufgegeben. Und soweit die Sozialdemokratinnen die Probleme ihres Geschlechts nicht mit der politischen Gleichberechtigung als gelöst oder auf parlamentarischem Wege als lösbar betrachteten, hofften sie auf eine sozialistische Zukunft, die Gleichberechtigung und Befreiung bringen sollte.

Die fraulichen Spezialgebiete waren seit Beginn des Jahrhunderts im Rahmen einer notwendigen Reformpolitik entwickelt worden, unter anderem durch die Arbeit in Kinderschutzkommissionen und kommunalen sozialen Einrichtungen. Verfestigt wurden sie durch die Arbeit in der Kriegsfürsorge. Neu war, daß Sozialarbeit jetzt das wichtigste politische Arbeitsgebiet für Frauen wurde. Und damit wurde eine geschlechtsspezifische (häusliche) Aufteilung »drinnen – draußen« mit entsprechenden Wertungen »hohe – niedrige Politik« und entsprechendem Prestige »wichtig = Männer« und »unwichtig = Frauen« in der Partei etabliert. Die Vertreterin der Frauen im Parteivorstand, Marie Juchacz, fand die Arbeitsteilung in Ordnung, da sie dem Interesse der Frauen entspreche, »für die Allgemeinheit in der Partei zu wirken«, wie dem der Männer »für die große Politik«.[13] Nicht alle Frauen in der SPD waren allerdings mit der inhaltlichen Ausrichtung und der Arbeitsteilung in der Politik einverstanden.

Eine Minderheit um Mathilde Wurm (bis 1922 in der USPD) forderte eine Umorientierung.

Politisierung

Seit 1924 wurde die Frauenarbeit intensiviert, um Industriearbeiterinnen und andere berufstätige Frauen als Wählerinnen und Mitglieder zu gewinnen. Für Genossinnen und Parteilose wurden mehr Bildungs- und Schulungsangebote gemacht; Frauenkonferenzen auf Bezirks-, Landes- und Reichsebene wurden regelmäßig veranstaltet. »Die Bekämpfung des Krieges« war thematischer Schwerpunkt der Frauentagsveranstaltungen, die die SPD 1926 erstmals nach dem Krieg wieder organisierte (7.–14. März). Da in diesem Jahr auch das »Volksbegehren gegen die Fürstenabfindung« lief – eine der wenigen gemeinsamen Aktionen von SPD, KPD, Gewerkschaften und vielen Gruppen und kleineren Organisationen –, waren die Veranstaltungen ausgesprochen politisch und kämpferisch.

Impulse für Politisierung und Aktionen, so bei der Friedensfrage und dem Frauentag, kamen aus der internationalen Bewegung. Nachdem die sozialistische Internationale an der Kriegsfrage auseinandergebrochen war, wurde sie erst 1923 wieder gegründet. Vor allem auf Betreiben der Österreicherinnen wurde auf der ersten internationalen Frauenkonferenz in Hamburg 1923 beschlossen, alljährlich und international wieder den Frauentag zu begehen. Die deutschen Sozialdemokratinnen brauchten dann bis zu ihrer Konferenz 1925, um einen entsprechenden nationalen Beschluß zu fassen.

Aber auch der Druck der Verhältnisse – Weltwirtschaftskrise, Arbeitslosigkeit und der zunehmende Einfluß der Nazis vor allem bei Mittelschicht-, aber auch Arbeiterfrauen – forderten eine offensivere Politik und brachten auch die Frauenfrage wieder auf die politische Tagesordnung. Auch Sozialdemokratinnen demonstrierten wieder – lange war diese Form vermieden worden – erstmals 1929 gegen »Doppelverdienerkampagne«, Rüstung, Krieg und Notverordnungen. Die Zahl der Frauen in der SPD stieg von 148000 (sechzehn Prozent) im Jahr 1924 auf 230000 (23 Prozent) im Jahr 1931. Und der Parteitag bezog 1931 Stellung:

»Die SPD bekämpft aufs schärfste die Hetze gegen die arbeitende Frau – gleichviel ob sie ledig oder verheiratet... Wir wenden uns auf schärfste gegen die Versuche, auf diesem Wege einen Kampf der Arbeiter untereinander zu inszenieren. Unsere Forderung heißt nicht ›Kampf gegen die Erwerbsarbeit der Frau‹, sondern ›Kampf gegen das kapitalistische System‹, das allein die Schuld an der wachsenden Arbeitslosigkeit trägt.«[14]

Dennoch stimmte die Reichstagsfraktion der SPD 1932 zu, als die Unkündbarkeit der Beamtin wieder einmal aufgehoben wurde. Zum Frauentag 1931, in der Zeit der großen Bewegung gegen den § 218, wurden unter den zentralen Forderungen »Gegen Krieg und Naziterror, für Sozialismus und Frieden« von den Sozialdemokratinnen Demonstrationen und etwa 1500 Versammlungen organisiert und Resolutionen gegen den Faschismus gefaßt. Bis 1933 versuchten sie, Frauen in einer sozialdemokratischen Arbeitsgemeinschaft gegen Hitler zu organisieren. Die Mehrheit der Frauen in der SPD hat es lange nicht für notwendig erachtet, sich in die allgemeine Politik der Partei und außerhalb der parlamentarischen und fürsorgerischen Arbeit einzumischen. Ihrer Arbeit fehlte sowohl die antikapitalistische als auch die antipatriarchalische Dimension der Frauenbewegungen der Vorkriegszeit. Gegen die systemkonforme Mehrheit in der Gesamtpartei und bei der Männerdominanz konnte es schon gar nicht einer Minderheit von Frauen gelingen, frühzeitig und entscheidend etwas zu ändern. Getäuscht haben mögen sich alle über die »scheinbar schon erreichte Ebenbürtigkeit der Geschlechter in den eigenen Reihen«[15], und zu viele machten zuviel Sozialarbeit, aber Sozialarbeit war nicht alles.

»Nicht für besondere Frauenfragen« – Frauen in der kommunistischen Bewegung

»Ich habe die Bildung von Dutzenden Kommissionen, verantwortlichen Gremien jeder Art auf unterster Ebene erlebt, in die nur Männer gewählt wurden, ganz spontan, und dann eigentlich immer ein Genosse oder mehrere darauf aufmerksam machten, daß keine Frau gewählt worden war, und der Vorsitzende dann ebenfalls ganz spontan und freudig den Fehler, der gemacht worden war, eingestehend, sagte: ›Richtig, wir brauchen noch eine Frau!‹«[16]

Mit diesem Bericht aus dem Parteialltag illustriert Jürgen Kuczynski, wie selbstverständlich Männer in der KPD dominierten, wie tief die Vorstellung saß, Politik sei Männersache. Keine andere Partei hat so viele Anstrengungen unternommen, Frauen zu gewinnen, wie die kommunistische; keine hat so viele »Agitationskommissionen« gebildet, so viele Beschlüsse zur Mobilisierung von Frauen gefaßt, Aufrufe erlassen, Frauenzeitungen und -beilagen herausgegeben und so oft oben und unten gemahnt, »die Arbeit unter den Frauen nicht zu vernachlässigen«. In dem ersten, noch von Rosa Luxemburg entworfenen Parteiprogramm wurden unter anderem die »völlige rechtliche und soziale Gleichstellung der Geschlechter«, »gleiche

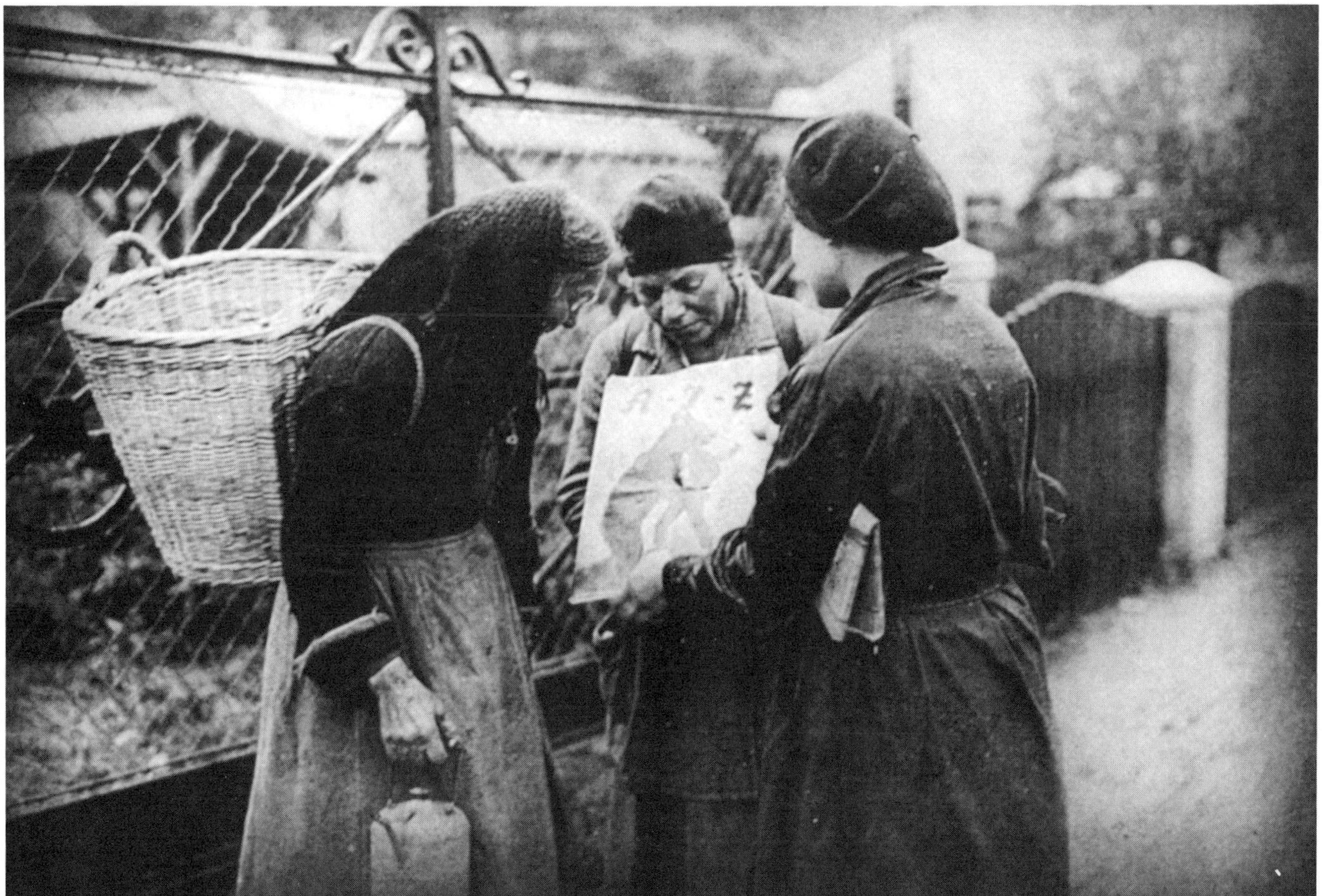

Werbung für linke Politik und für die AIZ auf dem Lande, 1931

Entlohnung« und ein Schwangeren- und Mutterschutz mit Lohnfortzahlung gefordert und vertreten. In den für die internationale kommunistische Frauenbewegung verfaßten »Richtlinien« (1920/21) hatte Clara Zetkin in sechzehn Punkten all das zusammengestellt, wofür kommunistische Parteien und Organisationen in bürgerlich-kapitalistischen Staaten im Interesse der Frauen einzutreten haben. Mit seiner antikapitalistischen *und* antipatriarchalischen Orientierung enthielt das Frauenprogramm alle fortschrittlichen Forderungen der Radikalen, der Gemäßigten, der Sozialistinnen aus der Vorkriegsbewegung und war zugleich ein Frauenprogramm für eine sozialistische Gesellschaft.[17] Entsprechend der »alten« Emanzipationskonzeption wurzelte die »doppelte« Unterdrückung der Frau in den kapitalistischen Produktionsverhältnissen; diese konstituierten »in letzter Instanz« die »Geschlechts-« wie die »Klassenherrschaft« der Männer bzw. des Kapitals. Voraussetzung für die Befreiung der Frau wie des Mannes waren danach die Übernahme der politischen Macht durch die Arbeiterklasse und die grundlegende Veränderung der wirtschaftlichen Basis.

Massenversammlung Berliner Arbeiterinnen im Sportpalast, 1927

Obwohl mit diesem Programm mehr als in jeder anderen Partei auf die Probleme von Frauen Bezug genommen wurde und trotz aller Anstrengungen, Frauen zu organisieren, blieb ihr Anteil in der KPD gering: 1919 waren es etwa 6000 (sechs Prozent) und seit dem Zusammenschluß mit der USPD-Mehrheit von Ende 1920 bis Ende 1923 etwa 30000 (zehn Prozent). Nach dem Tiefstand mit 15000 (dreizehn Prozent) weiblichen Mitgliedern ging es aufwärts; 1931 waren wieder 30000 und Anfang des Jahres 1933 rund 45000 Frauen in der KPD organisiert (jeweils fünfzehn Prozent).

Die Männerdominanz ist nur ein Anhaltspunkt für die wesentliche Ursache: In der kommunistischen Bewegung ging die Frauenfrage zeitweilig in der Klassenfrage auf bzw. unter, wie Alice Rühle-Gerstel 1932 meinte:

»... Falls nicht, wie in Rußland, eine rasche und gründliche Umwälzung den Boden für den Neuaufbau frei macht, kann die Befreiung der Frau erst in unabsehbarer Zeit erwartet werden..., wenn sie nicht schon vorher, nicht schon während des Kampfes und der Anwartschaft in Angriff genommen wird. Daß die Geschlechterfrage hinter der Klassenfrage gar zu sehr in den Hintergrund gedrängt worden ist, das rächt sich jetzt an der europäischen Arbeiterbewegung.«[18]

Alle Versuche von Teilen der Arbeiterschaft, auch in Deutschland eine »rasche und gründliche Umwälzung« zu erreichen – von den Räten in Berlin 1918/19, in München und Bremen im Frühjahr 1919 bis zum Hamburger Aufstand 1923 –, endeten meist nach heftigen Kämpfen gegen Reichswehr und Freikorps mit Niederlagen und großen Verlusten. In den jungen Parteien USPD und KPD gab es um Grundorientierung und Tagespolitik Auseinandersetzungen, nach dem Zusammenschluß mußte in vielen Fragen erst noch Einigung erzielt werden.

Rechts: Clara Zetkin mit Rosa Luxemburg

Die Kommunistin

Frauenorgan der Kommunistischen Partei Deutschlands

Clara Zetkin im Oktober 1921 als Schauspielerin verkleidet während der illegalen Reise zum Parteitag der Italienischen Sozialisten

Frauenseparatismus?

Eine der Kontroversen betraf seit 1919 die Notwendigkeit einer »kommunistischen Frauenbewegung«, für die mit der Einrichtung eines Sekretariats für Frauenfragen bei der Zentrale und der Herausgabe einer Zeitschrift »Die Kommunistin« – die erste Nummer, redigiert von Clara Zetkin, erschien zum 1. Mai 1919 – schon Voraussetzungen geschaffen waren. Vor allem auf Initiative von Luise Zietz wurde ähnlich in der USPD verfahren. Mit der Begründung, Sonderorganisierung sei »opportunistisch«, bedeute »Frauenrechtelei und Rückfall in sozialdemokratische Traditionen«, wurde der Ausschluß Clara Zetkins aus der Zentrale und der Entzug der Herausgeberschaft der Frauenzeitschrift gefordert. Ende 1919 und Ende 1920 auf dem Vereinigungsparteitag wurde (vorerst) die oben skizzierte Position und damit auch das Zetkinsche Konzept für eine kommunistische Frauenbewegung durchgesetzt: »Innerhalb des organisatorischen Rahmens der Partei« sollte die Frauenbewegung »einen Teil des Ganzen bilden«; eine »eigene Frauenzeitung«, »Frauenagitationsgruppen«, »Frauenversammlungen« sollten den »Gedankenaustausch zwischen den Kommunistinnen schaffen und pflegen« und zugleich der »Erfassung und Schulung der proletarischen Frauen« dienen.

Aber Clara Zetkin mußte auch eine bittere Niederlage einstekken. Ihre Pläne, für 1921 eine internationale, überparteiliche Frauenkonferenz mit den Themenschwerpunkten »Das Recht der Frau auf Berufsarbeit« und »Die Stellung der Frau im Familien- und Eherecht und im öffentlich-politischen Recht« zu organisieren, wurden von den deutschen und bulgarischen Kommunistinnen abgelehnt. Die Ablehnung war ein Votum gegen die Frauenbewegung, ob kommunistisch oder nicht, und sie war ein Votum gegen die Zusammenarbeit mit bürgerlichen (Frauen-)Organisationen. Denn geplant war, diese Konferenz gemeinsam mit Gewerkschafterinnen, Sozialdemokratinnen und Vertreterinnen »der bürgerlichen Frauenorganisationen jeder Art und Richtung« zu veranstalten.[19]

Trotz der Beschlüsse bestimmten das Konzept der »Frauenbewegung innerhalb der Partei« und die »Richtlinien« immer weniger die Praxis. Die schwierigen äußeren Bedingungen wie Verbote, Illegalität und Verfolgungen spielten eine Rolle, erklären aber nicht hinreichend, wie und warum die Frauen- bzw. Geschlechterfrage verlorenging. Aus der in den Kampfjahren verständlichen Grundorientierung »erst die Lösung der sozialen Frage, dann die der Frauen« wurde die allgemeine historische Vertagung mit der Begründung, daß die volle Befreiung der Frau ohnehin erst im Sozialismus möglich sei. Die Angst vor »Reformismus«, vor »Frauenseparatismus« und die Männerdominanz führten zur Betonung des Gemeinsamen, der Klasse, die dann zum einzigen wurde; Begründung: Im Proletariat sei die Ungleichheit der Geschlechter in der alle betreffenden kapitalistischen Ausbeutung »aufgehoben«. Zeitweilig herrschte sogar die Auffassung vor, es gebe überhaupt keine Frauenfrage, sondern »nur Probleme des Proletariats ohne Unterschied des Geschlechts«.

Mit dieser Orientierung wurde ein wesentlicher Teil der Lebenssituation von Frauen ausgeklammert und die der Männer als Teil fürs Ganze genommen. Wo die Doppelexistenz der Frauen, ihre Arbeit im Haus und außer Haus, geschlechtsspezifische Arbeitsteilung und Patriarchalismus systematisch ausgeklammert sind, muß das Auswirkungen auf die Inhalte der Politik, ihre Wirkung auf die innerparteilichen Strukturen haben. Männerdominanz ging über die zahlenmäßige Überlegenheit oder die Wahl zu Delegiertenversammlungen hinaus. Denn »Er«, seine Lebenssituation setzte die Norm, war das Allgemeine, und »Sie«, ihre Lebenssituation war die Abweichung, das Besondere.[20]

Frauenbewegung

Vor allem im betrieblichen Bereich, durch Unterstützung der vielen Streiks 1924 um den Acht-Stunden-Tag und seit 1929 gegen Notverordnungen, Lohnkürzungen und Betriebsschließungen gelang es, Arbeiterinnen und Arbeiterfrauen für die KPD und ihre Politik zu gewinnen. Aus den Betrieben heraus und in den Kämpfen entwickelten sich neue Formen der Zusammenschlüsse von Frauen, Ansätze zu einer proletarischen Frauenbewegung, die von der KPD zunächst zögernd, dann aktiv unterstützt und gefördert wurden. Die *Delegiertenbewegung* war kommunale, regionale und überregionale Zusammenarbeit von betrieblichen Arbeiterinnen- und Arbeiterfraueninitiativen, die vielfach im Rahmen von Streiks entstanden. Erfahrungsaustausch, Zusammenarbeit, Koordinierung von Aktionen wurden über das Delegiertensystem – gewählte Vertreterinnen der Initiativen bildeten Arbeitsausschüsse, entwickelten Aktionsprogramme – organisiert. Auf diesem System bauten auch die *Reichskongresse werktätiger Frauen* auf. Der erste fand 1929 in Berlin statt und alljährlich bis 1932. Arbeitsausschüsse bzw. Komitees, die auf den Frauenversammlungen gewählt wurden, koordinierten die Arbeit übers Jahr, bereiteten die nächste Konferenz vor, regten Arbeit vor Ort an. Seit 1930 wurden auch Bezirks- und Landeskonferenzen durchgeführt. Thematische Schwerpunkte waren die soziale Lage der Werktätigen (mit diesem Begriff waren auch Angestellte und Frauen in qualifizierten Berufen angesprochen) und seit der Bildung des *Reichskomitees werktätiger Frauen gegen Faschismus und imperialistische Kriege* (1930) der antifaschistische Kampf. Der *Rote Frauen- und Mädchenbund* (RFMB) wurde Ende 1925 nach mancher Auseinandersetzung in der KPD um eine eigenständige Frauenorganisation von etwa 4000 Frauen gegründet, die zuvor der Schutzorganisation, dem 1924 gegründeten *Rotfrontkämpferbund,* angehört hatten. Ende 1927 waren im RFMB rund 25000 Frauen organisiert, davon etwa 70 Prozent parteilos. Sozialer Schutz vor den Folgen der Rationalisierung im Betrieb, der antimilitaristische Kampf und die Organisierung von proletarischen Frauen in Gegenposition zur bürgerlichen Bewegung waren die wichtigsten Ziele des RFMB, der 1931 im *Kampfbund gegen den Faschismus* aufging. Auch in der 1921 als Rußlandhilfe gegründeten *Internationalen Arbeiterhilfe* (IAH) bildeten sich seit 1927/28 Frauengruppen, die zum Teil örtlich eigene Zeitungen herausgaben, Schulungs- und Informationsabende veranstalteten, um die politische Seite ihrer Arbeit in dieser internationalen Solidaritätsorganisation und in der Streikunterstützung im Land auszubauen. In der IAH waren zeitweilig 60 Prozent der Mitglieder Frauen, 1931 waren es unter rund 72 000 Einzelmitgliedern etwa 52 Prozent. Die praktische, soziale Seite der Arbeit waren die Streikküchen, die Versorgung und Unterbringung von Kindern Streikender, das Sammeln von Geld- und Sachspenden.

In allen diesen Zusammenschlüssen arbeiteten Frauen anderer Parteien, aus pazifistischen Gruppen, Gewerkschafterinnen und Unorganisierte mit, die mit der KPD sympathisierten und/oder interessiert waren an einer parteiübergreifenden linken Frauenbewegung. Die unterschiedlichen Formen der Zusammenschlüsse boten den Frauen vor allem die Möglichkeit, ihre eigenen Arbeits- und Aktionsformen zu entwickeln, was in der auf straffer Schulung und Organisation aufgebauten Partei viel weniger möglich war.

Internationalismus war in der kommunistischen Bewegung von Beginn an konstitutiv. Seit 1920 und bis 1926 gab es regelmäßig internationale kommunistische Frauenkonferenzen, wurde die Arbeit gemeinsam beraten, auch wenn die jeweiligen nationalen Organisationen entsprechend den Bedingungen in ihrem Land arbeiteten. Gemeinsamer internationaler Aktionstag war der 8. März, der Frauentag. Erstmals in vielen Ländern in den zwanziger Jahren begangen, wurde er für die sozialistische und kommunistische Bewegung, für die sozialdemokratische und vielfach darüber hinaus auch für die Linken in der bürgerlichen Frauenbewegung zu einer festen Einrichtung, so in Bulgarien und China, England und Estland, Finnland und Japan, Polen und Rumänien, Litauen und dem Iran. Der Frauentag stand für die Internationale der Frauen- und der Arbeiterbewegung und insbesondere auch für deren internationalen Friedenskampf.

Gerade auch bei diesen Aktionen zeigte sich die Bedeutung der Arbeiter-Illustrierten-Zeitung (AIZ), der zweitgrößten Illustrierten der Weimarer Republik (500000 Auflage). Seit 1926 gab es in der AIZ eine Frauenseite, aber was wohl noch weit wichtiger war, Lily Becher, Chefredakteurin seit 1927, sorgte

3. Reichskongreß werktätiger Frauen mit 2000 Teilnehmerinnen 1931 in Berlin

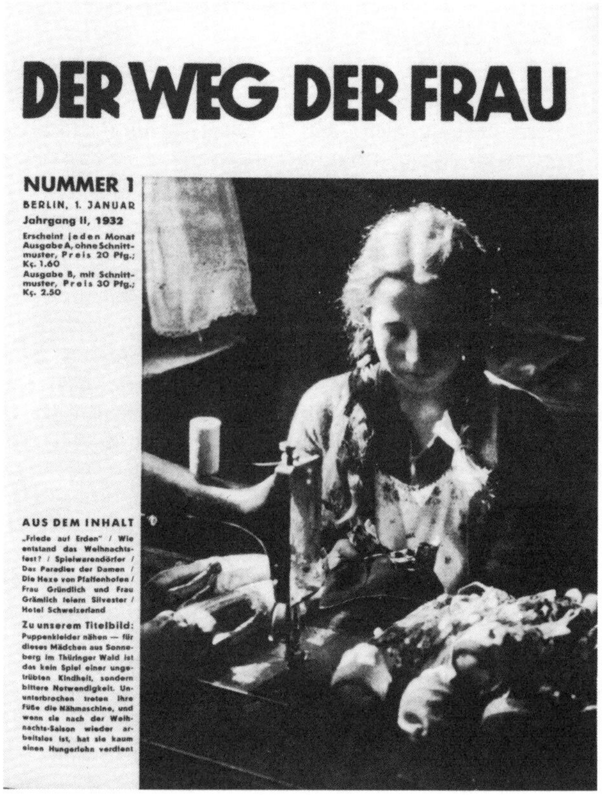

dafür, daß Frauen ihre Probleme ins Allgemeine, in allen Sparten der Zeitung einschreiben konnten. Wie wichtig eine Frauenzeitschrift war, in der allgemeine wirtschaftliche und politische Fragen behandelt, aber ebenso die Probleme der Frauen im Beruf, in der politischen Bewegung, mit Männern und Kindern aufgegriffen wurden, zeigte der Erfolg der Zeitschrift »Der Weg der Frau« (1931–1933). Die erste Nummer in einer Auflagenhöhe von 150000 war binnen drei Tagen vergriffen.

Frauenfrage und kommunistische Bewegung – in den letzten Jahren der Republik wurde der Bogen wieder zu den Anfängen gespannt. Im Oktober legten die Kommunist/inn/en – in Form eines Gesetzesantrags im Reichstag – ein Zehn-Punkte-Programm vor. Angeknüpft wurde mit diesem Programm an die »Richtlinien für die kommunistische Frauenbewegung« von 1920/21 und an die Anträge der sozialdemokratischen und der kommunistischen Fraktionen im Reichstag in den zurückliegenden Jahren, die Gleichberechtigung der Frau gesetzlich zu verankern und gesellschaftlich durchzusetzen.

Neben den »klassischen« Forderungen: volle Gleichberechtigung der Frau, gleiche Entlohnung von Frauen und Männern, umfassender Schwangeren- und Mutterschutz, Abschaffung des § 218, enthielt das Programm die Forderung nach Streichung aller die nichtverheirateten Mütter und nichtehelichen Kinder diskriminierenden Gesetze, sowie Aufhebung der Notverordnungen; und es sollte den Frauen das Recht auf die Wahl des Namens und der Staatsbürgerschaft bei Eheschließungen garantiert werden.

Nach Inhalt, Form und Sprache war der Gesetzesantrag geeignet, breite Resonanz zu finden. An die Durchsetzung der Forderungen war damals nicht zu denken, aber das Programm »zum Schutze und zur vollen Gleichberechtigung der arbeitenden Frau« brachte die lange vernachlässigte Diskussion über Frauenfrage, Frauenprobleme und Frauenforderungen weiter voran. Aber: In der 1933 alles entscheidenden Frage des Antifaschismus fanden auch die Frauen nicht zu rechtzeitigem, gemeinsamem Handeln.

Anmerkungen

1 Lida G. *Heymann* in Zusammenarbeit mit Dr. Anita *Augspurg*, Erlebtes – Erschautes (Erinnerungen); hrsg. von Margrit *Tuellmann*, Meisenheim am Glan 1976, S. 160ff.

2 Vgl. u.a. Agnes v. *Zahn-Harnack*, Die Frauenbewegung, Berlin 1928, S. 319f; Florence *Hervé*, Elly *Steinmann*, Renate *Wurms* (Hrsg.), Kleines Weiberlexikon, Dortmund 1985, Chronik, S. 488ff; s. ebenda auch zu Linken und Radikalen.

3 Florence *Hervé*, Brot und Frieden – Kinder, Küche, Kirche, Frauenbewegung in der Weimarer Republik, in: *dies.* (Hrsg.), Geschichte der deutschen Frauenbewegung, Köln 1987[3], S. 129ff.

4 Alice *Rühle-Gerstel*, Das Frauenproblem der Gegenwart, Leipzig 1932, zit. nach Gisela *Brinker-Gabler* (Hrsg.), Zur Psychologie der Frau – Frühe Texte, Frankfurt/M. 1978, S. 10.

5 Agnes v. *Zahn-Harnack*, Die Frauenbewegung, a.a.O. Übersicht im Anhang und die Einleitungssätze zum Programm des BdF (1919) zit. nach ebenda, S. 21.

6 Vgl. ebenda, Frauenbewegung, Ehe und Mutterschaft, S. 29ff; vgl. hierzu a. Gisela *Brinker-Gabler* (Hrsg.), Frauenarbeit und Beruf – Frühe Texte, Frankfurt/M. 1979.

7 Vgl. Agnes v. *Zahn-Harnack*, Die Frauenbewegung, a.a.O., S. 86ff; Adelheid *Koritz-Dohrmann*, Deutscher Journalistinnenbund, in: Margarete *Fabricius-Brand*, Sabine *Berghahn*, Kristine *Sudhölter* (Hrsg.), Juristinnen, Berlin-West 1982, S. 191–197.

8 Zum Generationenkonflikt im BdF, der hier aus Platzgründen nicht behandelt werden konnte, vgl. Irene *Stoehr*, Neue Frau und Alte Bewegung? in: Jutta *Dalhoff*, Uschi *Frey*, Ingrid *Schöll* (Hrsg.) Frauenmacht in der Geschichte, Düsseldorf 1986, S. 390 402.

9 Gertrud *Bäumer*, Die große Stunde der Frauen, in: Die Frau, 39. Jg. (1931/32), S. 4.

10 Vgl. insbes. Alice *Salomon*, Charakter ist Schicksal. Lebenserinnerungen, Weinheim und Basel 1983, S. 168ff; vgl. a. Agnes v. *Zahn-Harnack*, Die Frauenbewegung, a.a.O., S. 319ff, S. 360ff.

11 Vgl. zu diesem Abschnitt insbes. Lida G. *Heymann*, Anita *Augspurg*, Erlebtes – Erschautes, a.a.O.; Ute *Gerhard*, »Bis an die Wurzeln des Übels«, Rechtskämpfe und Rechtskritik der Radikalen, in: Feministische Studien Nr. 1/1984; Ulla *Wischermann*, Die Presse der radikalen Frauenbewegung, in: Feministische Studien, Nr. 1/1984.

12 Ute *Gerhard*, »Bis an die Wurzeln...« a.a.O., S. 92; vgl. hierzu a. Elly *Steinmann*, Friedensbewegung der Frauen, in: Florence *Hervé*, Elly *Steinmann*, Renate *Wurms* (Hrsg.), Kleines Weiberlexikon, Dortmund 1985, S. 170 ff; und ebenda: Chronik: Frauen für den Frieden, S. 496ff.

13 Vgl. Antje *Dertinger*, Die bessere Hälfte kämpft um ihr Recht, Köln 1980, S. 136.

14 Zit. nach Werner *Thönnessen*, Frauenemanzipation, Politik und Literatur der deutschen Sozialdemokratie zur Frauenbewegung 1863–1933, Frankfurt/Main 1969, S. 143ff.

15 Alice *Rühle-Gerstel*, a.a.O.

16 Jürgen *Kuczynski*, Zur Geschichte des Alltags des deutschen Volkes, Bd. 5, Köln 1982, S. 324.

17 Vgl. hierzu u. im folg.: IMSF (Hrsg.), Arbeiterbewegung und Frauenemanzipation. 1889–1933, Neudrucke zur sozialistischen Theorie und Gewerkschaftspraxis, Bd. 3, Frankfurt/M. 1973, S. 49ff (Richtlinien für die kommunistische Frauenbewegung); Frauenbewegung und revolutionäre Arbeiterbewegung, hrsg. und eingel. v. Florence *Hervé*, Frankfurt/M. 1981, S. 59ff; *Autorenkollektiv*, Zur Rolle der Frau in der Geschichte des deutschen Volkes (1830–1945). Eine Chronik, Leipzig 1984, S. 119ff.

18 Alice *Rühle-Gerstel*, Das Frauenproblem der Gegenwart, Leipzig 1932, S. 398.

19 Clara *Zetkin*, Erinnerungen an Lenin, Berlin/DDR 1961, S. 92; der schmale Band ist z.T. zwischen den Zeilen interessant zur Kontroverse um die Frauenbewegung.

20 IMSF (Hrsg.), Arbeiterbewegung und Frauenemanzipation, a.a.O., S. 128; vgl. zum folg. die u. Anm. 17) angeg. Literatur; vgl. Renate *Wurms*, Wir wollen Freiheit, Frieden, Recht. Zur Geschichte des 8. März. Frankfurt/M. 1982[2], S. 40, S. 66ff.

Kerstin Wilhelms

FRAUENZEITSCHRIFTEN

in der Weimarer Republik

Schon in der Zeit des deutschen Kaiserreiches verfügte die heterogene deutsche Frauenbewegung über eine Vielzahl von Publikationsorganen.[1] Mit der Gründung der Weimarer Republik setzt ein Prozeß der Umgestaltung der Frauenpresselandschaft[2] in Deutschland ein, in dessen Verlauf manche Zeitschriften eingestellt werden, ein Teil in unveränderter Form weiter erscheinen (Hausfrauenblätter, Blätter von Berufsverbänden der weiblichen Angestelltenschaft) und andere versuchen, sich mit inhaltlichen Änderungen der Zeit anzupassen: *Die Frauenbewegung* von Minna Cauer zum Beispiel stellt nach Erreichen ihres Hauptanliegens – des Stimmrechts für Frauen – ihr Erscheinen ein; *Die Frau*, das Zentralblatt des Bundes Deutscher Frauenvereine (BDF) kommt bis 1933 weiterhin heraus; die sozialdemokratische *Gleichheit*, die nach der Ablösung Clara Zetkins Marie Juchacz (MSPD) umstritten bleibt, fällt 1923 einem neuen Pressekonzept des Parteivorstandes zum Opfer.

Neu für die Zeit der Weimarer Republik mit ihren Veränderungen in der Parteienlandschaft und der politischen Öffentlichkeit, ist die starke Ausdifferenzierung im linken Spektrum der Frauenöffentlichkeit, die hier im folgenden anhand der Porträts von fünf ausgewählten Frauenzeitschriften veranschaulicht werden soll. Ausschlaggebend für meine Auswahl war erstens der Gesichtspunkt der Neuerscheinung nach Gründung der Weimarer Republik und zweitens der Versuch, exemplarisch einen Überblick über die verschiedenen Strömungen der Frauenbewegung und ihrer Publikationsorgane zu geben.

Das Erscheinungsbild der Frauenzeitschriften in der Weimarer Republik verändert sich äußerlich stark, was besonders in der Titelblattgestaltung und durch die Hineinnahme von Werbung, Illustrationen, Stellenanzeigen etc. augenfällig ist. Aber auch die inhaltliche Gestaltung erfährt mit der Tendenz zu sachlicher Information und ausgefeilten Leitartikeln, dem Ausbau des Feuilletons und der Einbeziehung der weiblichen Leserschaft entscheidende Neuerungen.

Mit dieser Anpassung der Publikationsorgane der linken Frauenöffentlichkeit an die Inhalte der traditionellen Frauen-

Nr. 12 — 29. Jahrgang

Die Gleichheit

Zeitschrift für Arbeiterfrauen und Arbeiterinnen

Mit der Beilage: Für unsere Kinder

Die Gleichheit erscheint alle vierzehn Tage einmal. Preis der Nummer 15 Pfennig. Durch die Post bezogen vierteljährlich ohne Bestellgeld 95 Pfennig; unter Kreuzband Mk. 1.45.

Stuttgart 14. März 1919

Zuschriften sind zu richten an die Redaktion der Gleichheit, Berlin SW 68, Lindenstraße 3. Fernsprecher: Amt Moritzplatz 14838. Expedition: Stuttgart, Furtbachstraße 12.

Die erste Parlamentsrede einer Frau in Deutschland.

Der 19. Februar 1919, ein Mittwoch, wird in Zukunft zu den denkwürdigen Tagen der Geschichte gezählt werden. Zum ersten Male wurde in einem deutschen Parlamente, noch dazu in der obersten Vertretung des gesamten deutschen Volkes, in der nach dem freiesten Wahlrecht der Welt gewählten verfassunggebenden deutschen Nationalversammlung, eine Frau als Abgeordnete zum Wort aufgerufen.

Es war, wie es sich nach der ganzen vorhergegangenen revolutionären politischen Entwicklung gebührte, eine Sozialdemokratin: unsere Genossin Marie Juchacz. Bei den engen Beziehungen, die zwischen der Genossin Juchacz und der „Gleichheit" bestehen, sind wir zur Zurückhaltung in unserem Urteil verpflichtet. Aber wir dürfen dennoch sagen, daß die Rede unserer Genossin der Sozialdemokratischen Partei, im besonderen aber der proletarischen Frauenbewegung zur Ehre gereichte. Die natürliche Schlichtheit, die auch sonst eine liebenswerte Eigenschaft der Genossin Juchacz ist, zeichnete auch ihre Rede aus. Nirgends der Versuch, durch künstliche rednerische Mittel, durch erborgte Wissenschaftlichkeit oder durch dröhnendes Pathos mehr zu scheinen, als sie ist, überall die einfache ehemalige Arbeiterin, die sich durch rührenden Fleiß und geleitet von der erhebenden und läuternden Idee des Sozialismus von unten auf emporgearbeitet hat, dabei mehr gedrängt von ihren Klassengenossinnen und Parteifreunden als selber drängend.

Gerade durch die Einfachheit, mit der sie ernste und wichtige Dinge zu sagen wußte, fesselte sie von vornherein das ganze Haus. Bis zum Schluß hörte man ihr aufmerksam zu. Gelegentlich unterbrach eine Zwischenbemerkung von links oder von rechts den ruhigen Gang ihrer Darlegungen. Dann wußte sie die Störung geschickt aufzufangen und durch glückliche Polemik ihre Rede zu beleben. Oft erhielt die Rednerin ermunternde Zustimmung aus den Reihen unserer eigenen Partei. Aber nicht selten beteiligten sich auch die verbündeten Parteien an dem Beifall, der besonders zum Schluß einhellig und lebhaft gespendet wurde.

Bei der historischen Bedeutung dieser ersten Rede einer weiblichen Abgeordneten veröffentlichen wir sie an dieser Stelle in ihrem Wortlaut nach dem amtlichen Stenogramm.

Juchacz, Abgeordnete. Meine Herren und Damen! (Heiterkeit.) Es ist das erstemal, daß in Deutschland die Frau als Freie und Gleiche im Parlament zum Volke sprechen darf, und ich möchte hier feststellen, und zwar ganz objektiv, daß es die Revolution gewesen ist, die auch in Deutschland die alten Vorurteile überwunden hat. (Sehr richtig! bei den Soz.) Die Frauen besitzen heute das ihnen zustehende Recht der Staatsbürgerinnen. Gemäß ihrer Weltanschauung konnte und durfte eine vom Volke beauftragte sozialistische Regierung nicht anders handeln, wie sie gehandelt hat. Sie hat getan, was sie tun mußte, als sie bei der Vorbereitung dieser Versammlung die Frauen als gleichberechtigte Staatsbürgerinnen anerkannte. (Sehr richtig! bei den Soz.)

Ich möchte hier feststellen und glaube damit im Einverständnis vieler zu sprechen, daß wir deutschen Frauen dieser Regierung nicht etwa in dem althergebrachten Sinne Dank schuldig sind. Was diese Regierung getan hat, das war eine Selbstverständlichkeit: sie hat den Frauen gegeben, was ihnen bis dahin zu Unrecht vorenthalten worden ist. (Sehr richtig! bei den Soz.) Wollte die Regierung eine demokratische Verfassung vorbereiten, dann gehörte zu dieser Vorbereitung das Volk, das ganze Volk in seiner Vertretung. Die Männer, die dem weiblichen Teile der deutschen Bevölkerung das bisher zu Unrecht vorenthaltene Staatsbürgerrecht gegeben haben, haben damit eine für jeden gerecht denkenden Menschen und für jeden Demokraten selbstverständliche Pflicht erfüllt. Unsere Pflicht aber ist es, hier auszusprechen, was für immer in den Annalen der Geschichte festgehalten werden wird, daß es die erste sozialdemokratische Regierung gewesen ist, die ein Ende gemacht hat mit der politischen Unmündigkeit der deutschen Frau. (Bravo! bei den Soz.)

Durch die politische Gleichstellung ist nun meinem Geschlecht die Möglichkeit gegeben zur vollen Entfaltung seiner Kräfte. Mit Recht wird man erst jetzt von einem neuen Deutschland sprechen können und von der Souveränität des ganzen Volkes. Durch diese volle Demokratie ist aber auch zum Ausdruck gebracht worden, daß die Politik in Zukunft kein Handwerk sein soll. Scharfes, kluges Denken, ruhiges Abwägen und warmes menschliches Fühlen gehören zusammen in einer vom ganzen Volke gewählten Körperschaft, in der über das zukünftige Wohl und Wehe des ganzen Volkes entschieden werden soll.

Der Herr Ministerpräsident hat in seinem Regierungsprogramm einen Ausblick gegeben für unser Arbeiten in der Zukunft. Er hat aber auch zu gleicher Zeit einen besonderen Ausblick gegeben für das Wirken der Frauen im neuen Deutschland. Er hat uns weite hoffnungsvolle Perspektiven gegeben für unser Arbeiten. Ich möchte hier sagen, daß die Frauenfrage, so wie sie jetzt in Deutschland, in ihrem alten Sinne nicht mehr besteht (Sehr richtig! bei den Soz.), daß sie gelöst ist. Wir werden es nicht mehr nötig haben, mit Versammlungen, mit Resolutionen, mit Eingaben um unser Recht zu kämpfen. Der politische Kampf, der immer bestehen bleiben wird, wird sich von nun an in anderen Formen abspielen. Innerhalb des durch Weltanschauung und selbstgewählte Parteigruppierung gezogenen Rahmens haben wir Frauen nunmehr Gelegenheit, unsere Kräfte auswirken zu lassen.

Aber damit begeben wir uns nun keineswegs des Rechtes, andersgeartete Menschen, weibliche Menschen zu sein. Es wird uns nicht einfallen, unser Frauentum zu verleugnen, weil wir in die politische Arena getreten sind und für die Rechte des Volkes mitkämpfen. (Bravo! bei den Soz.) Kein Punkt des neuen Regierungsprogramms ist da, an dem wir sozialdemokratischen Frauen ohne Interesse wären.

Ich begrüße es ganz besonders, daß im Regierungsprogramm bekundet wird, daß auch das Verwaltungswesen demokratisiert werden soll, so daß in Zukunft den Frauen auch Gelegenheit ge-

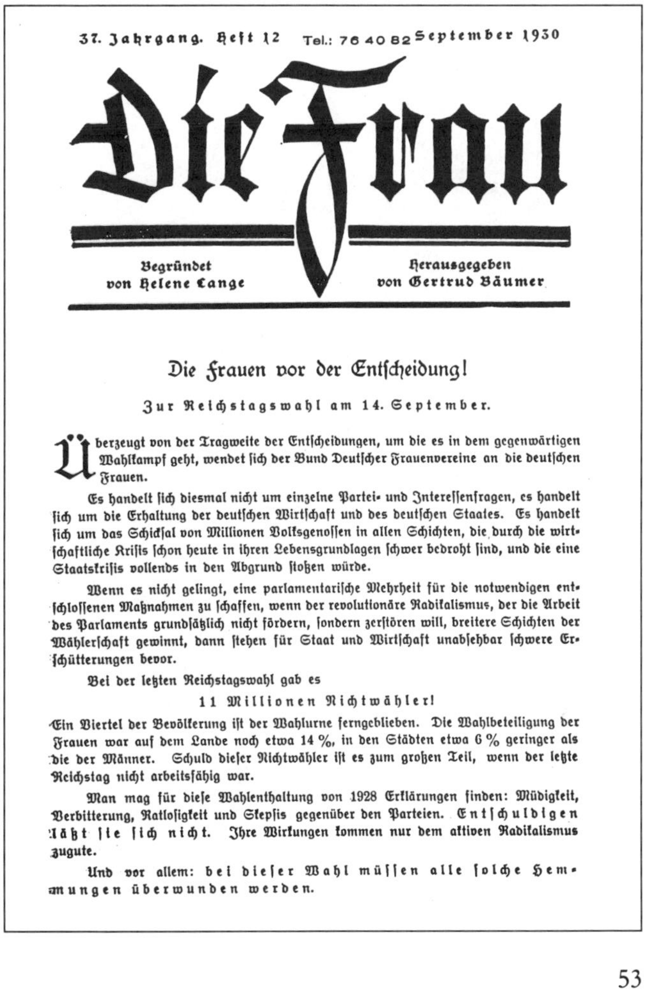

37. Jahrgang. Heft 12 Tel.: 76 40 82 September 1930

Die Frau

Begründet von Helene Lange — Herausgegeben von Gertrud Bäumer

Die Frauen vor der Entscheidung!

Zur Reichstagswahl am 14. September.

Überzeugt von der Tragweite der Entscheidungen, um die es in dem gegenwärtigen Wahlkampf geht, wendet sich der Bund Deutscher Frauenvereine an die deutschen Frauen.

Es handelt sich diesmal nicht um einzelne Partei- und Interessenfragen, es handelt sich um die Erhaltung der deutschen Wirtschaft und des deutschen Staates. Es handelt sich um das Schicksal von Millionen Volksgenossen in allen Schichten, die durch die wirtschaftliche Krisis schon heute in ihren Lebensgrundlagen schwer bedroht sind, und die eine Staatskrisis vollends in den Abgrund stoßen würde.

Wenn es nicht gelingt, eine parlamentarische Mehrheit für die notwendigen entschlossenen Maßnahmen zu schaffen, wenn der revolutionäre Radikalismus, der die Arbeit des Parlaments grundsätzlich nicht fördern, sondern zerstören will, breitere Schichten der Wählerschaft gewinnt, dann stehen für Staat und Wirtschaft unabsehbar schwere Erschütterungen bevor.

Bei der letzten Reichstagswahl gab es

11 Millionen Nichtwähler!

Ein Viertel der Bevölkerung ist der Wahlurne ferngeblieben. Die Wahlbeteiligung der Frauen war auf dem Lande noch etwa 14 %, in den Städten etwa 6 % geringer als die der Männer. Schuld dieser Nichtwähler ist es zum großen Teil, wenn der letzte Reichstag nicht arbeitsfähig war.

Man mag für diese Wahlenthaltung von 1928 Erklärungen finden: Müdigkeit, Verbitterung, Ratlosigkeit und Skepsis gegenüber den Parteien. Entschuldigen läßt sie sich nicht. Ihre Wirkungen kommen nur dem aktiven Radikalismus zugute.

Und vor allem: bei dieser Wahl müssen alle solche Hemmungen überwunden werden.

presse werden diese gleichzeitig »moderner« und können mit ihrer Mischung aus informativen, kultur- und gesellschaftspolitischen Artikeln und Unterhaltungs- und Haushaltsteil als Vorläuferinnen für unsere heutigen Frauenzeitschriften wie beispielsweise *Brigitte* gelten.

Gemeinsam ist allen vorgestellten Frauenjournalen die Zeichnung eines durchaus widersprüchlichen Frauenbildes, das sowohl traditionelle konservative als auch emanzipatorisch-radikale Elemente enthält.

Nr. 20 – 15. Jahrg. 1923/24 – (Nr. 732) Frankfurt, 17. Februar 1924.

Frankfurter Hausfrau

Praktische Wochenschrift für Hauswirtschaft, Mode, Handarbeit u. Unterhaltung
Mit der Beilage „Fürs kleine Volk"

Immer bei Anderer Tun □ Doch bei der eigenen Tat
Erforsche die Quelle, den Anfang, □ Denk' an das Ende zur Zeit!

Die Frau vor dem Schaufenster

Nirgends spiegelt sich die so rätselhafte Seele einer Frau so deutlich wie in den blitzenden Scheiben der großstädtischen Verkaufsläden mit ihren tausenderlei Kostbarkeiten. Man sollte ein junges Mädchen, das man heiraten möchte, durch die Großstadtstraßen führen, und verstohlen die Wirkung beobachten, die die mit all ihren Schätzen lockenden Schaufenster auf sie ausüben, und man würde staunen, wie die Hüllen von der so sorgsam verborgenen Seele fallen. Da wird ein reizendes Backfischgesichtchen mit einem Male umschattet von einem häßlichen, habsüchtigen, neidischen Zuge, da umlodert ein ruhiges, beherrschtes Frauenantlitz jäh ein kindisch verlangender Trotz, da umleuchtet plötzlich einen herben, still verschlossenen Frauenmund eine kindlich reine Freude und verrät mit einem Schlage all den Goldschatz der Seele, von dem die Lippen in schweigender Scheu nie gesprochen ... Verräter, diese großen ... Verräter, die mit ...

Frauen, die in hervorragendem Maße die Fenster der Schokoladengeschäfte anziehen, soll man nicht heiraten. Sie sind naschhaft und wenig haushälterisch. Der Mann wird selten um den Monatsletzten herum noch Geld in ihrer Kasse, immer aber in ihrer Besuchstasche Süßigkeiten und Näschereien finden. Frauen, die plaudernd mit einem ein halbes Stündchen vor einem Buchhändlerladen stehen, die wird sie einmal über dem neuesten Buche von Natorp auch die Spinnweben nicht sehen, die sich beschaulich im Zimmereck tummeln, und die Dienstboten haben goldene Zeiten auf Kosten der hausherrlichen Kasse .... Frauen, die an keinem Putzgeschäft vorüber können, sind eitel, putzsüchtig, sie können um eines neuen Sommerhutes willen acht Tage lang trotzen und würden eher einen Ehebruch des Mannes als seine Zumutung, den ganzen Sommer mit einem Hut auszukommen, hinnehmen. Sie wenden sich von ihm, wenn die Not über ihn hereinbricht und haben kein Verständnis für eine Lebenskameradschaft, die nur der Tod zu trennen vermag. — Frauen, die vor Kunstladen verharren, stimmen nachdenklich. Vielleicht ist es Effekthascherei, Pose, Berechnung, vielleicht aber auch — Schönheitsdurst. Man muß sie in ein Gespräch verstricken und ihre Empfindungen ans Tageslicht locken. Verlagt die Frau, dann ziehe den Hut und gehe; sie ist gefährlich ...

Nachfahren

Ich gehe durch die Gassen
Des Heimatstädtchens hin,
Wie ...

Eine der vielen Zeitschriften für Hausfrauen

Heft 24 (44. Jahrgang) Berlin — Ausgabe A ohne Schnittmusterbogen — Preis 55 Pfennig

Das Blatt der Hausfrau

Das Blumen-Orakel

Dies Blatt sorgt gemäß den Bedingungen für Sie und Ihre Familie durch Unfallversicherung bis zu 12000 M und durch Sterbegeld für beide Ehegatten

»Das Blatt der Hausfrau« aus dem Ullstein-Verlag

Die Kämpferin

Die erste Nummer der *Kämpferin* erscheint am 1. April 1919 im Verlag von Luise Zietz (von 1909 bis zur Spaltung 1917 als erste Frau im Parteivorstand der SPD, seitdem geschäftsführende Sekretärin der USPD), für die Herausgabe zeichnet Mathilde Wurm verantwortlich (Reichstagsabgeordnete seit 1920, zunächst für die USPD, dann bis 1933 für die SPD). Mit dem Untertitel »Zeitschrift für die Frauen und Mädchen des werktätigen Volkes« ist das Zielpublikum umrissen, daneben ist in der Kopfzeile auch die Parteigebundenheit der *Kämpferin* als »Organ der Unabhängigen Sozialdemokratischen Partei Deutschlands« kenntlich gemacht. *Die Kämpferin* erscheint vierzehntägig zum Preis von 20 Pfennig (1921: 50 Pfennig) mit einem Umfang von acht Seiten; einmal im Monat um die vierseitige Beilage »Für unsere Kinder« ergänzt. Die äußerliche Aufmachung – ohne festen Umschlag und ohne Werbung – entspricht eher einer heutigen Wochen*zeitung* als einer Zeitschrift und erscheint wenig ansprechend.

Das Frauenblatt der USPD stellt sich als Funktionärinnen- und Schulungszeitschrift dar, die bei den Leserinnen Einverständnis mit ihrer politischen Richtung voraussetzt und diese als Arbeiterin, proletarische Hausfrau und Genossin anspricht. Es gibt einige feste Rubriken, wie zum Beispiel »Von der Agitation« und »Aus der Bewegung«, in denen Nachrichten aus der regionalen Parteiarbeit der Frauen bzw. aus der sozialistischen Frauenbewegung im Ausland verbreitet werden, daneben auch eine »Bücherschau«, in der sozialistisch-politische Bücher vorgestellt werden – später kommt außerdem ein Feuilleton hinzu.

Die Berichterstattung der *Kämpferin* umfaßt die ganze Bandbreite aktueller gesellschaftspolitischer Themen: allgemeine politische und soziale Lage, Politik und Debatten auf Partei- und Parlamentsebene, Frau und Berufsarbeit/Haushalt/Kindererziehung, politische Gleichberechtigung der Frau, Prostitution und Abtreibung. Sprache und Tonfall der *Kämpferin* sind agitatorisch und klassenkämpferisch, neben informativ-sachlichen Meldungen stehen aufklärerisch-analytische Artikel. Die These von Haupt- und Nebenwiderspruch durchzieht deutlich die Argumentation der Artikel, das heißt der Klassenkampf steht vor dem der Frauen – die Befreiung der Frau ist demnach erst in einer freien sozialistischen Gesellschaft möglich.

Exemplarisch an dem auch heute noch aktuellen und heiß umstrittenen Thema »Mutterschaft« kann dieses immer wiederkehrende Argumentationsschema verdeutlicht werden, das neben dem Primat des Klassenkampfes ein widersprüchliches Frauenbild transportiert. In zwei Artikeln vom Januar und Juni 1920 wird in der *Kämpferin* »Das Recht auf Mutterschaft« eingefordert.[3] Eine Berta Braunthal verbindet diese Forderung mit einer Analyse und vehementen Kritik an der Institution Ehe im Kapitalismus, die für die Frau eine »unnatürliche« und »unwürdige« Abhängigkeit vom Mann bedeute, da diese die bürgerliche Frau zum »bloßen Spielzeug« und die Proletarierinnen zu »Lasttieren« und »Gebärmaschinen« mache. Daneben wird unhinterfragt die traditionelle Auffassung vertreten, daß »das schönste und heiligste Glück der Frau« die Mutterschaft sei. Ähnlich argumentiert auch Martha Arendsee, die spätere Reichstagsabgeordnete für die KPD (1924–1928). Da für die Frauen der USPD die Identität der Frau unlösbar mit der Mutterrolle verbunden ist, wird einerseits die Erwerbstätigkeit von Frauen als zwingende Notwendigkeit beklagt, andererseits sehen die Sozialistinnen das Hausfrauenleben auch nicht als Erfüllung an. Sie treten für eine »völlige Umgestaltung des Wirtschaftslebens und Umwälzung des proletarischen Haushalts«[4] (in Form von genossenschaftlichen Speiseanstalten,

Einzelnummer 50 Pfg.

Die Kämpferin

Mit der Beilage: Für unsere Kinder

Abdruck der Artikel nur mit Quellenangabe

Zeitschrift für Frauen und Mädchen des werktätigen Volkes

Expedition: Leipzig Tauchaer Straße 19/21 | Organ der Unabhängigen Sozialdemokratischen Partei Deutschlands | Verlag: Luise Zietz, Berlin

Die Kämpferin erscheint alle 14 Tage einmal. Einzelnummer 50 Pfennig. Durch die Post bezogen vierteljährlich 1.30 Mk. ohne Bestellgeld. Kreuzbandsendung 3.– Mk. Zuschriften an die Redaktion der Kämpferin: Mathilde Wurm, Berlin W 35, Steglitzer Str. 45/46

Nummer 23 | Leipzig, den 9. Dezember 1920 | Zweiter Jahrgang

Die Milchversorgung in Berlin und anderen Städten.

M. W. Entsprechend den Anordnungen der Reichsstelle für Speisefette vom 8. November 1917 und der Verordnung über die Bewirtschaftung von Milch und den Verkehr mit Milch vom 3. November 1917 haben Kinder im 1. und 2. Lebensjahre, soweit sie nicht gestillt werden, Anspruch auf je 1 Liter Milch täglich.

Im September, Oktober und November wurden die bis zu einem Jahre alten Kinder noch voll beliefert; ihr Elend begann erst in der zweiten Hälfte des November; da erhielten sie mindestens dreimal in der Woche statt eines ganzen nur ¾ Liter. Die Kinder im 2. Lebensjahre erhielten nur bis 24. September den ihnen zustehenden 1 Liter Milch. Von da an bis jetzt nur ¾ Liter. Die Kinder im 3. und 4. Lebensjahre haben laut eingangs genannter Verordnung Anspruch auf je ¾ Liter. Die Dreijährigen erhielten vom 4. September bis jetzt nur täglich ½ Liter und die Vierjährigen vom 23. September an gar nur ¼ Liter.

Die Kinder im 5. und 6. Lebensjahre sollen je einen ½ Liter bekommen. Sie bekamen aber beide vom 15. September an nur ¼ Liter.

Berechnet man den Milchnotbedarf und seine Deckung für die Berliner Kinder insgesamt, so ergibt sich auf Grund einiger Stichproben folgendes Bild:

	Milchnotbedarf		Deckung	
1.–4. September	113 287 ¼	Liter	122 159 ½	Liter
10.–15. "	117 837 ¾	"	99 455	"
16.–22. "	119 068	"	93 979	"
27.–28. "	119 956 ¼	"	85 292 ¼	"
29.–30. "	119 969 ½	"	85 290 ½	"
1. Oktober	109 131 ¾	"	76 635	"
13. "	114 780 ¼	"	80 788 ½	"
23. "	116 139 ¾	"	81 984 ½	"
31. "	117 044 ¼	"	82 789 ½	"
1. November	112 270 ¼	"	79 588	"
6. "	116 907 ¾	"	82 936 ¼	"
10. "	117 537 ¾	"	83 462 ¼	"
15. "	119 064 ½	"	84 935	"

In den ersten Septembertagen wurde, wohl noch infolge der guten Futterernte und gewissenhafter Ablieferung, eine über den Notbedarf hinausgehende Milchmenge an Berlin geliefert. Vom 4. September an ändert sich das Bild und an den meisten Tagen der Monate September, Oktober bis Mitte November fehlen 26 000 bis 34 000 Liter Milch, um den Notbedarf der 1–6jährigen Kinder zu decken. In der zweiten Hälfte November und bis jetzt im Dezember dürfte sich die Belieferung keineswegs verbessert haben. Ganz schlimm aber ergeht es den Kranken.

Ist es schon an und für sich schwer, die amtlich vorgeschriebene Bescheinigung für die Notwendigkeit von Milchbewilligung zu erhalten, so ist es noch viel schwerer, die Bewilligung von der Zentralstelle für Krankenernährung zu bekommen und noch schwerer, auch wirklich mit Milch beliefert zu werden. Die Reichsstelle für Speisefette setzt 2 v. H. für Krankenmilch an.

Faßt man die Kranken zusammen, die mit ½ Liter und die mit ¼ Liter beliefert werden sollen, so gestaltet sich der Milchnotbedarf und seine Deckung für Kranke in Berlin folgendermaßen:

	Milchnotbedarf		Deckung	
1.–4. September	98 472 ¼	Liter	98 472 ¼	Liter
16.–22. "	119 044	"	92 504 ¼	"
29.–30. "	122 477	"	95 001 ¾	"
9. Oktober	115 487 ¾	"	89 900 ¼	"
13. "	119 687	"	53 305	"
23. "	125 497 ¾	"	69 175 ¼	"
2. November	111 847	"	24 615	"
3. "	114 717	"	—	
9. "	121 114 ¼	"	68 178 ¼	"
14. "	124 290	"	55 030	"

Schon in der ersten Novemberhälfte wird den Kranken statt Frischmilch öfters Kondensmilch geliefert, die keineswegs mit dem Wert der Frischmilch zu vergleichen ist, sich im Verbrauch auch noch sehr viel teurer stellt.

Die Kranken, die längst den Ansatz von 2 auf Hundert überschritten haben, erhalten zur Zeit noch weniger Milch als in den vorhergehenden Monaten. Es sind Fehlbeträge bei der Krankenmilchbelieferung bis zum völligen Versagen der Milchlieferung überhaupt, an manchen Tagen bis rund 53 000 Liter, die nicht einmal voll durch Kondensmilch ersetzt werden können. So kündigt die Milchstelle jetzt schon an, daß in der nächsten Woche (4.–6. Dezember) die Krankenkarten mit Frischmilch nicht beliefert werden, dafür wird eine Dose gezuckerte holländische Magermilch zum Preise von 8.75 Mark verausgabt.

Schon vor längerer Zeit hatte das Berliner Milchamt mit Rücksicht auf den erheblichen Rückgang in der Milchzufuhr bei den Reichsbehörden den Antrag gestellt, die Einfuhr dänischer Frischmilch zu genehmigen und deren Abgabe zu Inlandspreisen zu ermöglichen; Antwort ist bis jetzt nicht erteilt. Das Reichsernährungsministerium und alle andern zuständigen Reichsbehörden sehen zwar ruhig zu, wie alle möglichen überflüssigen Genußmittel aus dem Ausland eingeführt werden, geeignet den Gaumen derer zu kitzeln, die sich's leisten können, aber zur Einführung von Frischmilch, dieses allernotwendigsten Nahrungsmittels für Kinder und Kranke, ist bis jetzt Erlaubnis noch nicht erteilt. Bananen, Feigen und Datteln, Rosinen und Weintrauben werden eingeführt! Ihr Einkauf verschlechtert die deutsche Valuta noch mehr, aber Frischmilch wird nicht eingeführt, ist und bleibt knapp. Die Städte haben keine Machtmittel, die Milchproduzenten zu erhöhter Ablieferung zu zwingen, und der Herr Ernährungsminister Hermes äußerte sich in der Sitzung des Haushaltausschusses des Reichstags durchaus befriedigt darüber, daß ungefähr 87 Proz. des Milchnotbedarfs ungedeckt seien.

Man bedenke: des Milchnotbedarfs!

Im Frieden kamen auf den Kopf der Bevölkerung ½ Liter Milch täglich und heute erhalten, oder richtiger gesagt, sollen erhalten: Kleinkinder bis zu 2 Jahren ein

»Die Kämpferin«, Nr. 23/1920

Waschküchen und Ganztagskinderkrippen und -schulen nach sowjetischem Vorbild) ein. Dabei wird neben dem Gewinn an Produktivität für die Gesellschaft der für die erwerbstätige Frau hervorgehoben: Sie verlasse die Isolation ihres Haushaltes und bekomme die Möglichkeit zur selbstbewußten Teilhabe am öffentlichen Leben.

Nach der Spaltung der USPD 1920 und der Rückkehr der Rest-USPD in die SPD im September 1922 stellt *Die Kämpferin* ihr Erscheinen am 31.10.1922 ein. Zu diesem Zeitpunkt hat sie eine Auflage von 38500 Exemplaren bei rund 400000 USPD-Mitgliedern.[5]

Im November 1926 gründet die KPD ein neues Frauenblatt mit demselben Titel, verantwortlich für Verlag und Inhalt ist Martha Arendsee, die 1920 mit zur KPD ging. Die neue *Kämpferin,* »Organ der Gesamtinteressen der arbeitenden Frauen« erscheint monatlich mit einem Umfang von acht Seiten zum Preis von 10 Pfennig in modernem Gewande mit farbigem, wechselndem Titelblatt, einem neuen Layout und vorwiegend kürzeren Artikeln und Meldungen, sowie auch Werbeanzeigen. Ab 1. April 1927 kommt *Die Kämpferin* bis 1932 wieder in vierzehntägigem Rhythmus heraus. Von politisch-ideologischer und inhaltlicher Ausrichtung her weisen die »alte« und die »neue« *Kämpferin* starke Ähnlichkeiten auf. Das KPD-Frauenblatt will »Wegweiser für die Masse der proletarischen Frauen, Organ der oppositionellen Arbeiterinnen, Mittel der Schulung und Klärung für die Funktionärinnen der Partei und der Gewerkschaften sein«[6] und stellt sich in eine Traditions-

»Die Kämpferin«, Nr. 9/1932

linie mit der *Gleichheit* von Clara Zetkin. Das Blatt kämpft gegen die durch Schule und Kirche anerzogene »Rückständigkeit der Frauen«[7] und versucht diese durch Aufklärung und Agitation für den Klassenkampf in den Reihen der KPD zu gewinnen.

1931 bis 1933 gibt die KPD zudem die antifaschistische Illustrierte *Der Weg der Frau* (verantwortlich: Marianne Gundermann) heraus, die sich in der Aufmachung stark an der *Arbeiter Illustrierten Zeitung* (AIZ) orientiert.

WERBT EURE FREUNDE UND BEKANNTEN FÜR „DER WEG DER FRAU"!

Das Echo unserer ersten Nummer

Überraschend schnell haben die arbeitenden Frauen aller Schichten ihren Weg zum „Weg der Frau" gefunden. Täglich erhält die Redaktion begeisterte Zustimmungserklärungen über das Erscheinen der neuen Zeitschrift, die ihre Interessen voll und ganz vertritt.

*

Erna van Witsen, Amsterdam, schreibt: „Unterzeichnete begrüßt freudig das Erscheinen der ersten proletarischen Frauenzeitschrift dieser Art, wünscht ihr ein schnelles Wachsen, langes Leben und sich selbst schnelle Zusendung und Aufnahme in den Abonnentenkreis."

Auch auf dem Lande findet „Der Weg der Frau" großen Anklang, wie folgender Brief aus einem Dorf der Niederlausitz beweist: „Neulich brachte ich die neue Frauenzeitung „Der Weg der Frau" mit auf unser Dorf und habe sie die Runde machen lassen. Die Aufnahme der Zeitung war eine sehr gute, und ich hätte sofort eine große Zahl Abonnenten gewinnen können, wenn das Geld nicht so furchtbar knapp wäre, besonders jetzt vor der Ernte. Der heroische Kampf für die Abschaffung des § 218 begeistert die Landfrauen und Mädchen sehr; denn ich brauche wohl nicht besonders zu erwähnen, daß gerade die Bauersfrau mit ihrer schweren Arbeit und den vielen Kindern ein geplagtes Wesen ist. Da die Frau auf dem Lande und besonders ...

freue und nach Kräften zu der Verbreitung und Förderung beitragen werde."

Karl August Wittfogel sandte uns folgendes Schreiben: „Es wäre zu wenig gesagt, wenn man die übliche Formel gebrauchen wollte, die Zeitschrift schließe eine Lücke. Viel mehr! Sie hilft einem ausgesprochenen Notstand ab ... Die erste Nummer Ihrer neuen Zeitschrift zeigt, wieviele Fragen des Alltagslebens der werktätigen Frau einer prinzipiellen Behandlung bedürfen. Sie zeigt zugleich, daß die Redaktion bereit und fähig ist, an Hand dieser Alltagsfragen den werktätigen Frauen klarzumachen, daß sie aus *Opfern* der kapitalistischen „Ord-

Die Frau im Staat

Die Frau im Staat, herausgegeben von Anita Augspurg und Lida Gustava Heymann, ist eine der wenigen Frauenzeitschriften der Weimarer Republik, die während des ganzen Zeitraums von Februar 1919 bis März 1933 in fünfzehn Jahrgängen erscheint. Dabei kann *Die Frau im Staat* als Zeitschrift des radikalen Flügels der bürgerlichen Frauenbewegung nicht nur auf eine frauenrechtlerische Tradition, sondern auch schon auf ein Stück eigene Pressegeschichte zurückblicken. Vorgängerinnen sind: *Die Frauenbewegung* (1895–1919) von Minna Cauer und *Die Staatsbürgerin* (1914–1919) unter der Redaktion von Adele Schreiber.[8]

Die Frau im Staat erscheint monatlich mit einem Umfang von 20 Seiten, 1919 zum Preis von 1 Mark (1920: 1,50 Mark) in festem Umschlag. Neben den Herausgeberinnen werden so prominente Frauen wie Helene Stöcker und Gertrud Baer (Mitglied in der Regierung der 1919 in München ausgerufenen Räterepublik) als Mitarbeiterinnen gewonnen, aber auch Männern wird in der *Frau im Staat* das Wort erteilt. Die Zeitschrift hat laut eigener Aussage schnell »einen kleinen, aber begeisterten Leserkreis«[9] gefunden. Die teilweise recht anspruchsvolle, immer radikalbürgerliche, pazifistische Ausrichtung trägt sicher dazu bei, daß »eine nach Tausenden zählende Auflage von vorneherein unmöglich« war.[10] Mit den ständigen Rubriken »Kurze politische Nachrichten« und »Völkerverständigung«

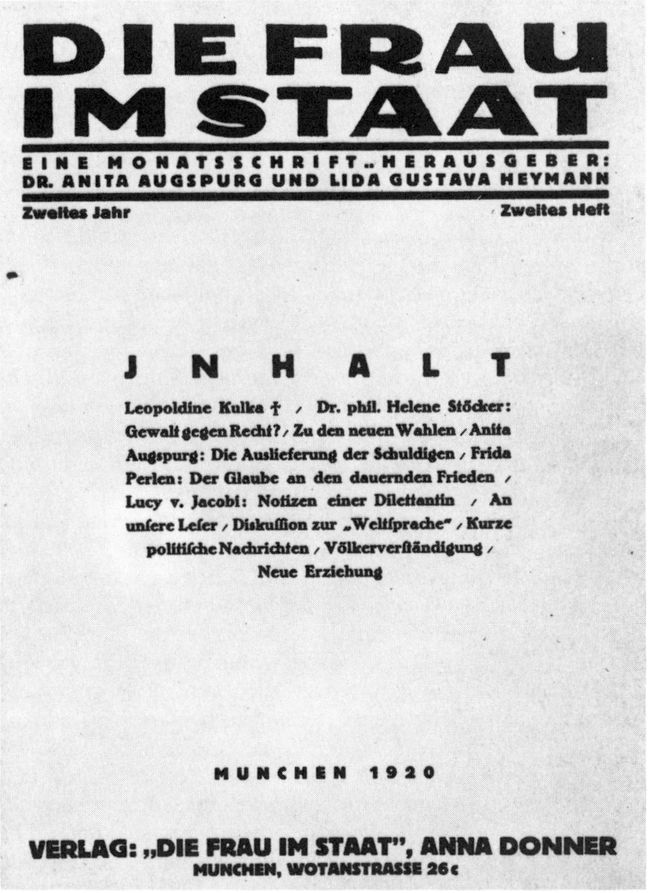

DIE FRAU
IM STAAT

EINE MONATSSCHRIFT . HERAUSGEBER:
DR. ANITA AUGSPURG UND LIDA GUSTAVA HEYMANN

Zweites Jahr — Zweites Heft

JNHALT

Leopoldine Kulka † / Dr. phil. Helene Stöcker: Gewalt gegen Recht? / Zu den neuen Wahlen / Anita Augspurg: Die Auslieferung der Schuldigen / Frida Perlen: Der Glaube an den dauernden Frieden / Lucy v. Jacobi: Notizen einer Dilettantin / An unsere Leser / Diskussion zur „Weltsprache" / Kurze politische Nachrichten / Völkerverständigung / Neue Erziehung

MUNCHEN 1920

VERLAG: „DIE FRAU IM STAAT", ANNA DONNER
MUNCHEN, WOTANSTRASSE 26c

trägt *Die Frau im Staat* ihrem programmatischen Anspruch nach internationaler, politischer Berichterstattung Rechnung. Alle Themen und Probleme des politischen, kulturellen und sozialen Lebens sollen explizit vom »Standpunkte der Forderungen und der Mitwirkung von Frauen dargelegt und kommentiert werden«.[11]

Bei der Vorstellung ihres Zeitschriftenprojektes betonen die Herausgeberinnen neben der vollständigen Unabhängigkeit der *Frau im Staat* – sowohl von politischen Parteien als auch von »bestehenden Männer- oder Frauenvereinen« – ihren Willen, »eigene Wege zu gehen«, indem sie der »ganz selbständigen politischen Betätigung der Frau« in Abgrenzung zu der von »Männern seit Jahrhunderten vertretene(n) Politik« das Wort erteilen.[12]

Anspruch und Kritik werden von den Herausgeberinnen aus der »ursprünglichen Wesenseigentümlichkeit« des eigenen Geschlechts abgeleitet, das von Natur aus mit sogenannten weiblichen Eigenschaften wie rein, lebensschützend, aufbauend etc. ausgestattet sei. Eine solche biologistische Argumentation, nach der die Frauen die moralisch besseren Wesen seien, (ver)führt *Die Frau im Staat* zu der Hoffnung, daß »weibliche Wesensart dem Männerstaat wertvolle Kräfte zu geben hat«.[13] *Die Frau im Staat* wendet sich gegen eine Vereinnahmung der Frauen durch die herkömmliche Parteipolitik und plädiert für eine überparteiliche Zusammenarbeit zum Beispiel in Frauenlisten, um alle weiblichen Kräfte gemeinsam für die Abschaffung des männlichen Gewaltstaates und den Aufbau einer pazifistischen, freiheitlichen, den Klassen- und Geschlechterwiderspruch überbrückende neue Welt einzusetzen. Die fortschrittsgläubige und idealistische Haltung zeigt sich unter anderem an der Ahnung der *Frau im Staat,* »daß das kommende Jahrtausend nicht das Jahrtausend des Arbeiters, sondern das Jahrtausend der Frauen sein wird«.[14]

Die Schaffende Frau

Im Oktober 1919 tritt eine weitere unabhängige Monatszeitschrift für Frauen auf den Plan: *Die Schaffende Frau,* herausgegeben und im gleichnamigen Verlag verlegt von Aimée Köster in Dresden. Dieses Frauenblatt weist zwar mit seiner pazifistischsozialistischen Ausrichtung und seiner Themenauswahl eine starke Nähe zu der gut ein halbes Jahr vorher angetretenen *Frau im Staat* auf, stellt aber gleichzeitig eine Neuerung dar, indem sie einen fortschrittlichen, aufklärerischen Anspruch mit der Beantwortung der »*praktischen* Fragen des Frauenlebens«[15] zu verbinden versucht. Dies zeigt sich in der ausführlichen Aufzählung der Hauptanliegen der *Schaffenden Frau* auf dem Deckblatt: »Erörterung der sozialen Probleme – Erziehungs-, Schul-, Frauen- und freireligiöse Fragen – Weltbürgertum und Pazifismus – sozialistische Romane und Novelle – Berufsfragen« sowie »Mode- und Handarbeitsfragen, technische Aufsätze für die Handfertigkeit der schneidernden Hausfrau«.

Als Begründung für die Herausgabe ihrer Monatsschrift mit dem »programmatischen« Untertitel »Sozialistische Zeitung mit Modebeilage« gibt die Herausgeberin an: »Wir wollen die vielen Erfordernisse, die an unsere Hausfrauen und Mütter gestellt werden, berücksichtigen – hier ist der Boden, der uns auch mit den Blättern aus dem gegenrevolutionären Lager verbindet. Denn es geht nicht an, daß unsere Frauen sich bei unseren revolutionären Worten berauschen und dann, wenn sie sich ein Kleid nähen wollen, sich an jene Zeitungen wenden müssen, deren Tendenz wir so bitter bekämpfen.«[16] Aimée Köster war selber langjährige Schriftleiterin einer bürgerlichen Modezeitung. In den Frauen- und Modeblättern wie *Die Dame* und *die neue linie* vermißt sie aber »einen der Gegenwart angepaßten freiheitlichen Zug und die Erörterung der modernen Fragen in neuzeitlicher, radikaler Beleuchtung«,[17] und so entwirft sie im Sommer 1919 den Plan, »das Programm einer Frauenzeitung aufzubauen, die Front machen sollte gegen die oben beschriebene Frauenliteratur.«[18]

Die Herausgeberin wendet sich mit der *Schaffenden Frau* an die »vorurteilslose Frau aus den Reihen der Intellektuellen und die denkende Frau aus den sozialistischen Arbeiterkreisen«,[19] wobei sie betont, daß ihre Zeitschrift nicht allen gefallen soll, sondern sich »in erster Linie die Freundschaft der *sozialistischen* Frau erwerben« will.[20]

Die Beschäftigung mit der kapitalistischen Erscheinung der wechselnden Moden in einer sich sozialistisch nennenden Zeitung hat für die Redaktion einen starken Legitimationszwang zur Folge, der sich in wortreichen Rechtfertigungen ausdrückt. Wiederholt wird der »revolutionäre Standpunkt« der Monatsschrift hervorgehoben, die gleichzeitig für die Emanzipation der Frauenmode, das heißt für eine »gesunde Mode«, die »ebenso hübsch als vernünftig« ist, eintreten wolle.[21]

Die Schaffende Frau erscheint monatlich mit sechzehn Seiten zum Preis von 60 Pfennig (ab 1924: 25 Pfennig). Auf der Titelseite ist eine Säerin mit einem Strahlenkranz ums Haupt abgebildet, in späteren Ausgaben werden auch Modelle aus dem Modeteil werbewirksam auf dem Titelblatt angepriesen. In der Rubrik »Politische Nachrichten« stehen allgemeine Artikel zur Kritik an der bürgerlichen Demokratie aus sozialistischer Sicht im Vordergrund, seltener werden tagespolitische Themen abgehandelt. »Auf eigenen Füßen« übernimmt die Funktion einer Berufsberatung für Frauen, indem ausführlich Anforderungen, Ausbildung und Praxis einzelner Berufe vorgestellt werden. Zwei Seiten der *Schaffenden Frau* sind Publikationsankündigungen in Form von Rezensionen »Revolutionäre(r) Literatur« und Bücherverzeichnissen vorbehalten. Später richtet Aimée Köster auf Bitten ihrer Leserinnen auch ein Feuilleton mit einem Fortsetzungsroman ein. Der Modeteil umfaßt etwa fünf Seiten pro Heft und präsentiert sorgfältige Zeichnungen von Kleidungsstücken und Handarbeiten nebst Erläuterungen aus der Feder der Herausgeberin. Geworben wird in der *Schaffenden Frau* für Lebensmittel, Reisen, Zeitschriften (zum Beispiel für *Die Frau im Staat*) und anderes mehr, wobei sich die Redaktion für die Qualität der inserierten Produkte verbürgt.

Die inhaltliche Schwerpunktsetzung liegt bei gesellschaftspolitischen Themen, die in längeren Artikeln, oft als Fortsetzung konzipiert, beleuchtet werden, so zum Beispiel eine Serie »Zur Geschichte des Sozialismus«. Häufig übernimmt die Readktion von der Herausgeberin übersetzte Artikel aus anderen Zeitungen, unter anderem von Alexander Kollontai über »Die Frau in der kommunistischen Weltordnung«.[22]

Aimée Köster propagiert in ihrem Blatt eine explizit atheistische Haltung und fordert ihre Leserinnen wiederholt zum Austritt aus der Kirche auf, die sich als »Mithelfer an der Unterdrückung des Proletariats« erwiesen habe.[23]

Hervorzuheben ist der redaktionelle Versuch, die Leserschaft durch die Vorstellung provokanter Thesen zu aktuellen Erziehungs- und Sexualfragen (zum Beispiel Schwangerschaftsverhütung durch Pessar) zur Einsendung eigener Meinungsäußerungen zu motivieren. Mit dem Abdruck der eingesandten Stellungnahmen gewinnt *Die Schaffende Frau* an Lebendigkeit und Popularität und wird zum Diskussionsforum für unterschiedliche Positionen aus dem sozialistischen Lager.[24]

Der schwierige Stand einer politisch unabhängigen Frauenzeitschrift zeigt sich in ablehnenden Äußerungen sowohl der Mehrheitssozialisten, die *Die Schaffende Frau* »syndikalistischer Tendenzen« beschuldigen, als auch der Kommunisten, die ihr Antibolschewismus und Antisozialismus vorwerfen.[25]

Trotz oder wegen ihres Versuchs, sich von den parteipolitischen Frauenblättern abzugrenzen, wurde *Die Schaffende Frau* nach fast sechs Jahrgängen zwischen den Fronten zerrieben. Aufgrund knapper finanzieller Ressourcen und zunehmender wirtschaftlicher Probleme muß *Die Schaffende Frau* im September 1925 aufgeben. Aimée Köster wechselt zur *Frauenwelt*, geht also der weiblichen Leserschaft nicht verloren.

»Frauenwelt«, 1. Jahrgang, Nr. 6/1924

Frauenwelt

Nachdem *Die Gleichheit*, viele Jahre das Frauenorgan der SPD, nach zahlreichen parteipolitischen Auseinandersetzungen mit dem 33. Jahrgang im September 1923 ihr Erscheinen einstellt, gibt die Sozialdemokratie ab 1924 zwei Frauenblätter heraus, die sozusagen arbeitsteilig verschiedene Zielgruppen ansprechen. Die *Genossin* ist mit ihrem Untertitel »Informationsblätter für die weiblichen Funktionäre der sozialdemokratischen Partei Deutschlands« explizit als Parteiorgan konzipiert. Mit der Herausgabe der *Frauenwelt* zielt die SPD auf politische Breitenwirkung bei den unorganisierten Frauen.[26]

Ab 1. März 1924 erscheint die *Frauenwelt* im Verlag J.H.W. Dietz Nachf. in Berlin zum konstanten Preis von 30 Pfennig und einem Umfang von anfangs zwölf Seiten als »Halbmonatsschrift« (einmal im Monat um die vierseitige reich illustrierte Beilage »Kinderland« ergänzt), der sich über die Jahre bis auf 20 Seiten steigert – und ist damit ähnlich ausgelegt wie *Die Schaffende Frau*. Aber auch bezüglich äußerer Aufmachung und inhaltlicher Schwerpunktsetzung scheint es, als ob die Zeitschrift der Aimée Köster Pate gestanden habe, mit dem entscheidenden Unterschied, daß die SPD-*Frauenwelt* aufgrund besserer finanzieller Möglichkeiten ihr Konzept nach der Maßgabe »bunter, größer, schöner« ausgestalten kann. Die *Frauenwelt* bietet als Titel auf festem Umschlag »ein *jedesmal wechselndes* farbiges Bild aus Künstlerhand«,[27] eine etwa fünfseitige Modenbeilage »Selbst ist die Frau«, Artikel im Reportagestil, Tips und Informationen für die (Haus)Frau in zahlreichen Rubriken und ist durch viele Photos und Zeichnungen aufgelockert. Professionell und populär verfaßt, nähert sie sich mit ihrer Aufmachung einer heutigen Zeitschrift.

Die rasch steigenden Auflagenzahlen (1. Halbjahr 1924:

HEFT 4 **Frauenwelt** FEBRUAR 1926

Der Zug der Millionen

Artikel I:
Das Deut⸗che Reich ist eine Republik.
Die Staatsgewalt geht vom Volke aus.

Zwei stolze Sätze. Zwei Sätze voll schwerer Verantwortung. Und nie zuvor wog die Verantwortung schwerer als in diesen Tagen, in denen das deutsche Volk zum ersten Male von dem souveränsten aller demokratischen Rechte, vom eigenen „Begehren", vom eigenen „Entscheid" Gebrauch macht.

Fühlen wir alle, fühlen besonders wir Frauen die Macht dieser Verantwortung? — Oft genug haben wir geseufzt über die eigene Not, haben andere, haben die Nachbarin, die Bekannte, die Fremde, auf der Straße, im Laden seufzen hören. Wir haben die Fäuste geballt. Keine einzige unter uns, die nicht den Wahnsinn erkannt hätte, der darin liegt, den reichen Machthabern von einst noch ungezählte Millionen hinterher zu werfen, während jede einzelne Frau unter der erdrückenden Schwere der Zeit schier zusammenbricht, während bitterer Hunger in Tausenden und aber Tausenden von Familien täglicher Gast ist, während Tausende und aber Tausende von Erwerbslosen auf der Straße liegen.

Jetzt ist die Stunde, unserer Überzeugung Wucht zu verleihen durch unsere Unterschrift unter das Volksbegehren. — Bangt uns davor? Haben wir Angst, mit unserem Namen für die Sache des Volkes einzutreten? O, wir Frauen rühmten uns doch immer unseres Mutes und unserer Tapferkeit überall da, wo es ums Helfen geht. Leben vernichten, nein, dazu geben wir nie unsere Hand. Aber Leben erhalten, Leben beschirmen, welche Frau, welche Mutter könnte da zurückstehen? Viele tausend Kinder, viele tausend Sieche, viele tausend Hungernde können dem Leben erhalten werden, wenn das deutsche Volk den Raubzug seiner ehemaligen Fürsten erfolgreich abschlägt.

Frauen, Mütter!

Bangt euch da um das offene Bekenntnis zu eurer Sache? Oder wollt ihr gleichgültig in dieser Entscheidungsstunde beiseite stehen? Wollt ihr den kurzen Weg, die knappen Minuten für die Unterzeichnung des Volksbegehrens scheuen? Wollt ihr nicht vielmehr nimmermüde Werberinnen werden für

den Zug der Millionen,

der in diesen Tagen zur Einzeichnung in die Listen wandert? Auf jede einzelne Frau kommt es an. Wir Frauen entscheiden auch diesmal über das Schicksal des gesamten Volkes. Je unaufhörlicher der Zug der Millionen, der Zug der Millionen von Frauen zur Einzeichnung in die Liste des Volksbegehrens hinströmt, um so sicherer ist der Erfolg, um so eher ist es möglich, die Riesensumme, die für die Fürstenabfindung verschleudert werden soll, für soziale Aufgaben, für Unterstützung Erwerbsloser, Kinder, Enterbter, Verwaister zu erhalten.

Volk, hab acht! Schwestern, wacht! Reiht euch ein, reiht alle ein in den Zug der Millionen!

49

Aus: »Frauenwelt«, Nr. 4/1926

67000, 1926/27: ca. 120000 Exemplare) sprechen für das »moderne« Konzept dieser Frauenzeitschrift, deren starker Konkurrenz *Die Schaffende Frau* der Aimée Köster nicht standhalten kann. In Heft 9 des zweiten Jahrgangs 1925 findet sich eine halbseitige Ankündigung, daß das SPD-Frauenblatt die Herausgeberin Aimée Köster als Mitarbeiterin für den neuen Modeteil »Die Schaffende Frau« gewonnen habe (was den Modeteil auf sieben bis zehn Seiten erhöht). Lapidar wird mitgeteilt, daß die Zeitschrift *Die Schaffende Frau* damit ihr Erscheinen einstelle. Nicht zuletzt auf diese »Fusion« ist sicher der Anstieg der Auflage der *Frauenwelt* zwischen 1924 und 1926 zurückzuren.

In der SPD war die Pressepolitik des Parteivorstandes in den ersten Jahren des Erscheinens der *Frauenwelt* und der *Genossin* Gegenstand starker Auseinandersetzungen. Viele Parteifrauen kritisierten die Konzeption der *Frauenwelt* als Konkurrenzprojekt zu bürgerlichen Frauenzeitschriften, sie konnten sich aber nicht durchsetzen – der Erfolg der Zahlen gab ihnen Unrecht. Ihre Proteste jedoch dagegen, daß ein Mann (Richard Lohmann, auf dem Umschlag der Zeitung mit der sein Geschlecht verbergenden Abkürzung R. Lohmann aufgeführt) für die Redaktion der *Frauenwelt* verantwortlich zeichnet, hat Erfolg: Ab Heft 5 von 1928 übernimmt die Schriftstellerin Tony Sender die Redaktion, die ab 1920 zunächst für die USPD und später für die SPD im Reichstag sitzt.

Die Leserinnen der *Frauenwelt,* angesprochen als Freundinnen, Mitkämpferinnen, Schwestern, sind überwiegend berufstätige Frauen aus der Arbeiterschaft und dem Kleinbürgertum. Der Schwerpunkt der Artikel liegt bei Themen, die besonders diese Frauen betreffen. Neben informativen Beiträgen – oft von Fachleuten (Ärztinnen, Juristinnen) beleuchtet – zu Problemen wie der Vereinbarung von Beruf und Mutterschaft, Erziehungs- und Gesundheitsfragen, Geburtenregelung, werden in zahlreichen Rubriken wie »Schmalhans mit Geschmack«, »Zwischen Laube und Siedlung«, »Die nachdenkliche Frau« praktische Tips für Haushalt, Wohnung und Garten geliefert. Auch in der *Frauenwelt* wird Wert auf die Mitwirkung der Leserinnen an ihrer Zeitung gelegt; sie soll kein Blatt *für* die Frau, sondern ein Organ *der* Frau sein. Auch Artikelserien sind üblich wie beispielsweise die der Verfasserin zahlreicher sozialkritischer Schriften Henriette Fürth (SPD): »Die Not der Zeit und die Frauen«, die sich »mit den großen Fragen der Vereinfachung der Hausarbeit beschäftigen« soll.[28]

Tagespolitik findet vorwiegend zu Anlässen wie Wahlen oder Parteitagen der SPD Eingang in die *Frauenwelt,* bei allgemeinpolitischen Themen und der Schilderung sozialer Mißstände wird sozialdemokratische Ideologie in vorsichtigen Formulierungen vorgetragen.

Wiederholt wird in Artikeln auf die Vorteile der Berufstätigkeit für die soziale Lage und das Selbstbewußtsein der Frau, die ihr Unabhängigkeit vom (Ehe)Mann ermögliche, hingewiesen. Henny Schumacher wendet sich in »Beruf und Mutterschaft«[29] gegen konservative Stimmen, die Beruf und Mutterschaft noch immer gleichsetzen wollen und hält ihnen vor, daß sie »in der Frau nur das Sexualobjekt sehen«. Die Verfasserin prangert neben der fehlenden tatsächlichen Gleichberechtigung von Frau und Mann besonders auf wirtschaftlichem Gebiet mit kleinen Seitenhieben auch andere »Symptome« der patriarchalischen Gesellschaft an. Diese werden im selbstbewußt ironischen Ton vorgetragen, der auf eine differenzierte Sichtweise des Geschlechterproblems verweist. Schon 1925 begegnet H. Schumacher der Tatsache, daß die unverheiratete Frau »sich mit der Verkleinerung ›Fräulein‹ begnügen muß« mit den Worten: »Was würde wohl der unverheiratete Mann sagen, wenn man ihn mit ›Männlein‹ anreden würde!«

Blätter des Jüdischen Frauenbundes

Wie der Name *Blätter des Jüdischen Frauenbundes* schon sagt, versteht sich diese erste jüdische Frauenzeitschrift des Jüdischen Frauenbundes (J.F.B., gegründet 1904) als offizielles, monatlich erscheinendes Publikationsorgan für seine 430 Frauenvereine mit über 50000 Mitgliedern. Die erste Nummer wird im Oktober 1924 (nach jüdischem Kalender zum Jahreswechsel) unter der Schriftleitung von Hannah Karminski und Martha Ollendorff (im Vorstand des J.F.B.) mit einem Umfang von acht Seiten zum Preis von 50 Pfennig herausgegeben. Die äußere Aufmachung ist schlicht in schwarz-weiß gehalten, mit der Zeit vergrößert sich der Umfang der *Blätter* bis auf sechzehn Seiten, wozu der stetig anwachsende Anteil an Werbung (bis zu vier Seiten) beiträgt. Die *Blätter des Jüdischen Frauenbundes* drücken in ihrem Untertitel »Für Frauenarbeit und Frauenbewegung« eine Programmatik aus, die sie mit anderen Frauenzeitungen vereint, und verbindet diese »mit einem ausgeprägten Gefühl für die jüdische Identität«.[30] Das Organ des J.F.B. will nicht nur »dem Ausdruck verleihen, was die jüdischen Frauen aller Richtungen und Kreise zu den Gegenwartsfragen zu sagen haben«, sondern diese auch darin bestärken, eine »*eigene* Meinung zu finden und zu vertreten, als *Frauen* in der Zusammenarbeit mit jüdischen Männern, als *Jüdinnen* in der allgemeinen Frauenarbeit.«[31] Mit dieser Erklärung zum Selbstverständnis der *Blätter* beschreibt der J.F.B. zwei Arbeitsfelder und damit zwei Seiten einer spannungsreichen Aufgabe: die Emanzipation als Frau in den jüdischen Gemeinden und die Emanzipation als Jüdin in der deutschen Frauenbewegung. Der Kampf der *Blätter des Jüdischen Frauenbundes,* den die Jüdinnen eher moderat denn radikal führen, ist so von dem Wunsch geprägt, weder die jüdische Herkunft zu verleugnen noch Frauenziele für jüdische Solidarität zu opfern.

Als Leserinnen der *Blätter des Jüdischen Frauenbundes* werden vor allem die jüdischen Mütter und Erzieherinnen angesprochen, die – überwiegend der Mittelschicht angehörend – in der Mehrzahl keiner Erwerbsarbeit nachgingen.

Die reformerische Haltung des J.F.B., der die verschiedenen Strömungen des Judentums (orthodox, liberal, zionistisch) in sich vereint, zeigt sich in Kampagnen für eine Berufsausbildung auch der Mädchen, in der ablehnenden Haltung zu der Ansicht, daß die Frau »nur« ins Haus gehöre und der Forderung nach Anerkennung der Hausarbeit als gleichwertig mit Erwerbsarbeit.

Der J.F.B., der sich durchaus als Alternative zur »Männermacht« und Organisation von Frauen für Frauen versteht, nutzt das Forum der *Blätter*, um Defizite der jüdischen (inter)-nationalen Arbeit zu benennen. Ein Beispiel für die Perspektive der jüdischen Feministinnen auf das männliche Denken in ihren eigenen Organisationen sind die »Bemerkungen zur 2. jüdischen Welt-Hilfskonferenz« von Berta Pappenheim, der Gründerin und langjährigen ersten Vorsitzenden des J.F.B.[32] An der Emigrationshilfe für russisch-jüdische Volksteile kritisiert die Verfasserin, daß die »Matadore der Hilfe« vollkommen unberücksichtigt lassen, »daß die jüdische Masse auch nicht homogen männlich, sondern mindestens zur Hälfte aus weiblichen Individuen besteht« und fordert den Einfluß von Frauen in derartigen Hilfsaktionen und damit die Einbeziehung einer weiblichen Perspektive. Aus dem ganzen Bericht klingt eine leise Ironie über die Art solcher »männlicher« Veranstaltungen. Berta Pappenheim schließt mit dem Hinweis, daß statt der üblichen Glocke dem Versammlungsleiter ein Hammer in die Hand gegeben war: »Und das war richtig so; denn Vieles, das geredet wurde, gehörte unter den Hammer und nicht an die große Glocke.«

Zum Antisemitismus nimmt das Journal nur vorsichtig Stellung und reagiert in erster Linie mit der Betonung des jüdischen Gemeinschaftsgefühls. Vor der Machtergreifung der Nationalsozialisten versucht der J.F.B. durch Aufklärungsarbeit über jüdische Geschichte und Religion und mit Forderungen nach Solidarität zwischen jüdischen und deutschen Frauen dem Anwachsen des Antisemitismus zu begegnen. Nach 1933 verstärkt sich die defensive, reaktive Haltung des Jüdischen Frauenbundes: In »Selbstzucht«-Kampagnen werden die jüdischen Frauen zu Bescheidenheit und Schlichtheit aufgerufen und ermahnt, daß die »Gesamtbeurteilung des Judentums abhängig von jeder Einzelnen« sei. In einem Artikel nennt Hannah Karminski es als Aufgabe der jüdischen Frauen, »Ruhe und Besonnenheit« zu bewahren und die »Unsicherheit der Existenz« auf sich zu nehmen.[33] Der J.F.B. teilt auch nach 1933 mit vielen deutschen Juden die Hoffnung, daß – trotz wachsender antisemitischer Hetze – ein deutsch-jüdisches Zusammenleben weiterhin möglich sei. So wird auch von Hannah Karminski im oben genannten Artikel betont, daß der Glaube an »Deutschen Geist und deutsche Kultur« nicht erschüttert sei. Mit derartigen Bekundungen versuchen die *Blätter des Jüdischen Frauenbundes* ihrer Isolierung entgegenzuwirken – ohne Erfolg, wie die Geschichte der Judenverfolgung und -vernichtung im Nazi-Deutschland zeigt.

Anmerkungen

1 Vgl. Verzeichnis der in Deutschland erscheinenden Frauenzeitschriften und der außerhalb des Bundes deutscher Frauenvereine organisierten Frauenvereine. Hg. vom Propagandaausschuß des Deutschen Frauenstimmrechtbundes, München 1917.
2 Vgl. den anschaulichen Band von R. E. *Geiger*/S. *Weigel:* Sind das noch Damen? Vom gelehrten Frauenzimmer-Journal bis zum feministischen Journalismus, München 1981, der sich in einem Kapitel mit der Frauenpresse in der Weimarer Republik beschäftigt (ebd., S. 163–220). Da keine größere Arbeit speziell über Frauenpublikationen in der Weimarer Republik vorliegt, ist es nicht leicht, über die Masse der Frauenzeitschriften einen Überblick zu bekommen. Neben den erheblichen Problemen der Sichtung und Beschaffung des Materials wird dies auch durch die Tatsache erschwert, daß es oft mehrere Zeitschriften mit demselben Titel gibt.
3 Vgl. für das folgende Zitat die beiden Artikel mit identischem Titel in: *Die Kämpferin* (künftig zit. als K), 2. Jg., H. 1 (Bertha Braunthal) und K, 2. Jg., H. 10 (Martha Arendsee).
4 K, 2. Jg., 1920, H. 9.
5 Vgl. W. *Thönnessen,* Frauenemanzipation. Politik und Literatur der Deutschen Sozialdemokratie zur Frauenbewegung 1863–1933. Frankfurt/M. 1969, hier: S. 134 sowie E. *Kolb,* Die Weimarer Republik. München, Wien 1984, hier: S. 41.
6 *Die Kämpferin* (künftig zit. als K/KPD), 2. Jg., 1927, H. 1. Auch die USPD-*Kämpferin* verstand sich als »Nachfolgerin ... für die uns von der Sozialdemokratischen Partei entrissenen ›Gleichheit‹«, vgl. K, 3. Jg., 1921, H. 1. Damit wird von der USPD auf die Kündigung Clara Zetkins als Herausgeberin durch die SPD 1917 angespielt.
7 K/KPD, 2. Jg., 1927, H. 2.
8 *Die Staatsbürgerin* wiederum ist die Fortsetzung des Organs des Deutschen Verbandes für Frauenstimmrecht, die von 1912–1914 mit dem Titel *Frauenstimmrecht* von Anita Augspurg redigiert wurde.
9 *Die Frau im Staat* (künftig zit. als FiSt), 2. Jg., 1920, H. 2.
10 L. G. *Heymann*/A. *Augspurg,* Erlebtes – Erschautes. Deutsche Frauen kämpfen für Freiheit, Recht und Frieden 1850–1949, hg. von M. *Twellmann.* Meisenheim 2. Aufl. 1977, hier S. 221.
11 FiSt, 1. Jg., 1919, H. 1.
12 Ebd.
13 FiSt, 2. Jg., 1929, H. 7/8.
14 Ebd.
15 *Die Schaffende Frau* (künftig zit. als SchF), 1. Jg., 1919, H. 1.
16 Ebd.
17 SchF, 2. Jg., 1925, H. 50.
18 Ebd. Als Ausnahmen nennt A. Köster die *Neue Generation* von Helene Stöcker, *Die Frau im Staat* und Zetkins *Gleichheit,* die allerdings auch die Behandlung von Mode- und Haushaltsfragen vermissen lassen.
19 SchF, 1. Jg., 1919, H. 1.
20 SchF, 1. Jg., 1919, H. 2.
21 SchF, 1. Jg., 1919, H. 1.
22 SchF, 1. Jg., 1919, H. 11.
23 SchF, 1. Jg., 1919, H. 2.
24 Vgl. SchF, 5. Jg., 1924, H. 48–50.
25 Vgl. E. *Vormschlag:* Inhalte, Leitbilder und Funktionen politischer Frauenzeitschriften der SPD, der USPD, der KPD in den Jahren 1890–1933 und der NSDAP in den Jahren 1932–1945. Diss. Göttingen 1970, hier: S. 129.
26 Vgl. Protokoll über die Verhandlungen des Parteitages der SPD in Heidelberg 1925, S. 334, und in: W. *Thönnessen,* a.a.O., S. 138.
27 *Die Frauenwelt* (künftig zit. als FW), 1. Jg., 1924, H. 1.
28 FW, 5. Jg., 1927, H. 8.
29 Vgl. die folgenden Zitate aus dem Artikel »Beruf und Mutterschafdt«. In: FW, 2. Jg., 1925, H. 1.
30 Vgl. den informativen Artikel von M. *Kaplan:* Schwesterlichkeit auf dem Prüfstand. Feminismus und Antisemitismus in Deutschland, 1904–1938. In: Feministische Studien 3. Jg., 1984, H. 1, S. 128–139, hier S. 129.
31 *Blätter des Jüdischen Frauenbundes* (künftig zit. als BJFB), 1. Jg., 1924, H. 3.
32 BJFB, 1. Jg., 1924, H. 1.
33 BJFB, 9. Jg., 1933, H. 5.

Zitatmontage

MODELL SOWJETUNION

Gegen die Haussklaverei

Im Kapitalismus hat die Arbeiterin eine doppelte Last getragen – die Arbeit in der Fabrik und die Arbeit in der Hauswirtschaft. Sie mußte nicht nur für den Fabrikanten spinnen oder weben, sie mußte auch noch für ihre Familie kochen, waschen und nähen.

Doch die Arbeiterin hat schon seit langem versucht, sich von der unerträglichen doppelten Ausbeutung zu befreien.

Aber die einzelne, die individuelle Wirtschaft entsprach der bürgerlichen Gesellschaftsordnung, und es war außerordentlich schwierig, ja fast unmöglich, sie zu beseitigen.

Jetzt liegen die Dinge anders. Die bürgerliche Gesellschaftsordnung ist abgeschafft. Wir sind in die Periode des sozialistischen Aufbaus eingetreten. Statt der Tausende und Millionen Einzelwirtschaften, statt der früheren primitiven, ungesunden, schlecht ausgerüsteten Küchen, statt des häuslichen Waschzubers sollen öffentliche Küchen, öffentliche Speisesäle, öffentliche Wäschereien eingerichtet werden – sauber und hell, und darin werden keine Hausfrauen arbeiten, sondern Leute, die sich speziell damit befassen.

Und davon haben natürlich alle Gewinn, denn nur unter solchen Bedingungen wird es möglich sein, neue Formen der Verteilung und eine richtige Ernährung durchzusetzen, ganz abgesehen von der Einsparung an Kräften, Brennstoff usw., die dadurch zu erreichen ist…

Die Sowjetmacht hat der arbeitenden Frau die vollständige politische und rechtliche Befreiung gebracht.

Aber das genügt nicht. Unter der früheren Gesellschaftsordnung bestand die Versklavung der Frau nicht nur in diesen oder jenen politischen und rechtlichen Formen, sondern auch in der gesamten familiären und sozialen Lebensweise, die die Frau zur Sklavin machte. Und solange wir diese Lebensweise nicht von Grund auf umgestalten, wird die Frau nicht frei sein.

Nach dem achtstündigen (in der bürgerlichen Gesellschaft zehn- bis zwölfstündigen) Arbeitstag in der Fabrik muß die arbeitende Frau, nach Hause zurückgekehrt, nicht selten bis in die späte Nacht am Kochtopf oder am Waschzuber schaffen. Sie arbeitet also nicht acht, sondern zwölf oder sechzehn Stunden.

Der Kochtopf läßt sie nicht Atem schöpfen, sich vergnügen oder etwas lesen. Seinetwegen kann sie zu keiner Versammlung gehen, sich nicht revolutionär betätigen usw.

Kochtopf und Waschzuber bringen die arbeitende Frau faktisch um den Achtstundentag.

In der Vergangenheit haben sie es ihr unmöglich gemacht, den Kampf gegen den Herrn zu führen, sie bildeten somit eine Art Stütze seiner Macht. Gegenwärtig hindern sie die arbeitenden Frauen, Staatsbürgerinnen und Kommunistinnen zu werden.

Was ist die Hauswirtschaft? Vielen scheint sie eine Lappalie zu sein, über die es sich nicht zu reden lohnt. Indessen ist sie ein Glied der Kette, die die arbeitenden Frauen fesselt.

Zu ändern ist die Lage nicht durch Klagen und Jammern, sondern durch die Schaffung neuer, kommunistischer Wirtschaftsformen, dadurch, daß man die Hauswirtschaft durch neue Formen einer gesellschaftlichen Wirtschaft ersetzt, unter anderem durch öffentliche Speisung.

Jetzt, beim Übergang vom Kapitalismus zum Sozialismus, ist diese Form nicht nur möglich geworden, sondern sie ergibt sich notwendig und unausweichlich aus den Bedingungen der sozialistischen Umgestaltung, die auch der arbeitenden Frau die vollständige Befreiung bringt.

(Jelena Blonina alias Inès Armand, erste Leiterin der 1919 eingerichteten Frauenabteilung beim ZK der Kommunistischen Partei, auf dem Gesamtrussischen Arbeiterinnenkongreß 1919. Zitiert nach: Pawel *Podljaschuk*, Inessa, Berlin/DDR 1987.)

Die neue Ehe und Familie

Man heiratet sehr früh in Sowjetrußland. Da Voraussetzung der Ehe nicht der Besitz, sondern die Arbeitskraft der beiden Gatten ist, erleichtert das Gesetz die Frühehe. Das Ganze ist durchaus kein besonderes Ereignis: »Du bist mir recht, ein Zimmer wird frei, ziehen wir hin«, heißt es in solchen Fällen bei den Jungen. Oder: »Ziehen wir zusammen, fahren wir gemeinsam nach Moskau.« Und die Sache ist erledigt. Die Begriffe Braut und Bräutigam gibt es nicht, auch keinen »Brautstand«, und »Fräulein« war als Anrede unter Bekannten auch früher nicht üblich (nur Name und Vatersname).

Will sich ein Paar registrieren lassen, so begibt es sich in die SAGS. Auch dort ist meistens Hochbetrieb und man muß sich anstellen. Die Wartezeit kann man nebenbei zum Lesen der Plakate an den Wänden benutzen:

»Künftige Frau und Mutter! Bevor du dich registrieren läßt, vergiß nicht, eine Frauenärztin (Gynäkologin) zu konsultieren:
Über Geschlechtshygiene,
Über Präventivmittel,
Über das künftige Kind.
Ärztlicher Rat wird hierselbst erteilt.

Heiratende und Scheidende!
Wendet euch an die Sexualberatungsstelle.«

In der SAGS trifft man die verschiedensten Paare von achtzehn Jahren aufwärts und vom jungen Werkbankarbeiter, dem heutigen »Aristokraten«, angefangen bis zum halbverkommenen »Ehemaligen«. Soweit dies in einem überfüllten Amtsraum möglich ist, herrscht eine gewisse feierliche Stimmung. Die Registrierlustigen haben ihre besseren Kleider an, sind frisch rasiert, frisiert und sehen sauber und frohgestimmt aus.

Wieviel Eheleute in der Sowjetunion jährlich von der leichten Scheidungsmöglichkeit Gebrauch machen, läßt sich allerdings statistisch nicht genau ermitteln, weil die Scheidung ebenso wie die Eheschließung in vielen Fällen nur faktisch stattfindet und standesamtlich nicht eingetragen wird. Immerhin stehen zwei Tatsachen fest: die große Scheidungsepidemie, die der Kriegs- und Revolutionszeit in Rußland wie in allen anderen Staaten folgte, hat hier niemals einen solchen Umfang angenommen, wie ihn noch bis zur letzten Zeit etwa die Vereinigten Staaten aufwiesen. Ferner hat die Rekonstruktionsperiode, das Leben, das allmählich in eine geregeltere Bahn geraten ist, der Scheidungslust entschieden Einhalt geboten. Schließlich scheint durch die täglich wachsende Unabhängigkeit und Selbständigkeit der Frau ein Großteil der Konfliktstoffe ausgeschieden zu sein.

(Aus: Fannina W. *Halle*, Die Frau in Sowjetrußland, Berlin/Wien/Leipzig 1932.)

Rechts: Aus AIZ, Nr. 38/1931

Die Frauen der Familie Filipow

Frau Filipow hat viele Jahre im Betrieb gearbeitet bis die Anforderungen, die Mann und fünf Kinder im Haushalt an sie stellten, sie zur Aufgabe ihrer Tätigkeit veranlaßten. Jetzt sitzt sie gern mit einer Näharbeit am offenen Fenster und lauscht der fröhlichen Stimme ihres Jüngsten, der mit den anderen Kindern des Hauses spielt

Vera, die ältere Tochter, ist Zeichnerin in der Fabrik „Krasni Proletari". Sie ist die vierte der Familie, die vom Betrieb „Krasni Proletari" beschäftigt und ernährt wird

Nadjedscha, die jüngere Tochter, ist Verkäuferin in einer Kooperative. Auch ihre Arbeitszeit beträgt wie die vom Vater und Geschwistern 7 Stunden täglich und jeder fünfte Tag ist ein Ruhetag

Wenn Mutter Filipows große Jungens und Mädels zur Arbeit gegangen sind, bringt sie den kleinen Wolodja in den Kindergarten. Der Häuserblock, in dem die Familie Filipow wohnt, hat einen eigenen großen Kindergarten und die Mütter des Blocks bringen ihre Kinder allmorgendlich hin

Abtreibung

Ich spreche jetzt von der Stellung der Sowjetregierung zur Abtreibung. Wir haben in unserer Arbeiterrepublik eine Verordnung vom 18. November 1920, die die Unterbrechung der Schwangerschaft legalisiert. Natürlich leiden wir in Rußland heute eher unter Arbeitskräftemangel als an Arbeitskräfteüberschuß. Unser Land ist nicht dicht, sondern schwach besiedelt; und wir sind unter diesen Umständen bemüht, alle Arbeitskräfte zu erfassen. Warum konnten wir in einer solchen Situation die Abtreibung legalisieren? Weil das Proletariat keine Politik der Heuchelei und der Scheinheiligkeit duldet. Solange die Existenzbedingungen der Frau nicht gesichert sind, werden auch Abtreibungen durchgeführt.

Es wird heute in allen Ländern abgetrieben, und daran ändern irgendwelche Strafgesetze überhaupt nichts. Für die Frauen gibt es immer einen Ausweg, aber diese »heimliche Hilfe« zerstört die Gesundheit unserer Frauen und verwandelt sie zumindest zeitweilig zu einer Belastung des gesamten Arbeiterstaates und verringert das Arbeitskräftereservoir. Eine Abtreibung durch einen Chirurgen unter normalen Bedingungen ist für die Gesundheit der Frau weitaus ungefährlicher, und außerdem können die Frauen dann auch wieder viel schneller in die Produktion zurückkehren. Die Sowjetregierung ist sich völlig darüber im klaren, daß die Abtreibungen erst dann aufhören werden, wenn wir in Rußland ein weitverzweigtes Netz von Mutterschutzeinrichtungen und anderen sozialen Einrichtungen errichtet haben. Die Sowjetregierung ist sich aber auch darüber im klaren, daß *die Mutterschaft eine soziale Pflicht ist*. Vor diesem Hintergrund haben wir die Abtreibung in hygienisch einwandfreien Kliniken legalisiert. Andererseits ist es aber gleichzeitig unsere Aufgabe, den natürlichen Mutterinstinkt der Frauen zu stärken und zwar einerseits durch den Ausbau der Mutterschutzeinrichtungen und andererseits, indem wir die Funktion der Mutterschaft und der Frauenarbeit fürs Kollektiv in Übereinstimmung bringen. Nur so können wir dafür sorgen, daß die Abtreibungen überflüssig werden. Wir haben auf diese Frage, die für die Frauen in allen bürgerlichen Staaten nach wie vor unbeantwortet ist, eine Antwort gefunden.

In den bürgerlichen Staaten kämpfen die Frauen erbittert gegen ihre doppelte Ausbeutung in dieser furchtbaren Nachkriegsgsperiode: Lohnarbeit im Dienste des Kapitals und Mutterschaft. Im Gegensatz dazu haben in unserem Arbeiterstaat die Arbeiterinnen und Bäuerinnen die traditionellen Lebensbedingungen abgeschafft, die die Frau in eine Sklavin verwandelt hatten. Erst die Mitarbeit der Frauen in der »Kommunistischen Partei Rußlands« hat das Fundament für die Errichtung eines völlig neuen Lebens ermöglicht. Die im Leben aller Frauen so entscheidende Frage kann aber erst dann endgültig gelöst werden, wenn die Frauenarbeit vollständig in unsere Volkswirtschaft integriert ist. In der bürgerlichen Gesellschaft gibt es dagegen für die Frauen keinen Ausweg aus diesem Dilemma, denn die Arbeit im abgeschlossenen Einfamilienhaushalt ergänzt das kapitalistische Wirtschaftssystem.

(Aus: Alexandra *Kollontai*, Die Situation der Frau in der gesellschaftlichen Entwicklung. Vierzehn Vorlesungen vor Arbeiterinnen und Bäuerinnen an der Sverdlov-Universität 1921, 12. Vorlesung.)

Ledige Mütter

Die Zahl der Frauen, die entweder nicht willens oder nicht in der Lage sind, ihr Leben an der Seite eines Mannes zu leben, dabei aber den Mutterfreuden ebensowenig entsagen wollen, nimmt ständig zu. Die immer mehr zur Institution werdende ledige Mutterschaft läßt sich natürlich auf mannigfache Gründe zurückführen.

Sehr oft entschließen sich Frauen, der Not, nicht dem eigenen Trieb gehorchend, dazu, ein schon im Mutterleib zur Vaterlosigkeit verurteiltes Kind auszutragen...

Zur zweiten Kategorie der ledigen Mütter gehören Frauen, die den Männern nicht selten auf Grund reichlicher Erfahrungen Verantwortungslosigkeit in der Erfüllung ihrer Vaterpflichten vorwerfen. So aussichtslos es für den sowjetrussischen Mann auch ist, sich um seine Unterhaltspflicht drücken zu wollen, gehören Vaterschafts- und Alimentationsprozesse neben Wohungsstreitigkeiten doch noch immer zu den häufigsten Gerichtsfällen...

Unter diesen Umständen ist es einigermaßen verständlich, daß die Zahl der Frauen wächst, die auf den Vater ihres Kindes von vornherein verzichten und die ganze Sorge um das Kind, das ungeteilte Leid, aber auch die ungeteilten Freuden, freiwillig auf sich nehmen. So bekommt man gar nicht selten auf die Frage, wer der Vater eines Kindes ist, die nicht mehr überraschende Antwort zu hören: »Das ist doch wohl unwichtig, das Kind gehört mir und wird von mir erhalten.«

(Aus: *Halle*, a.a.O.)

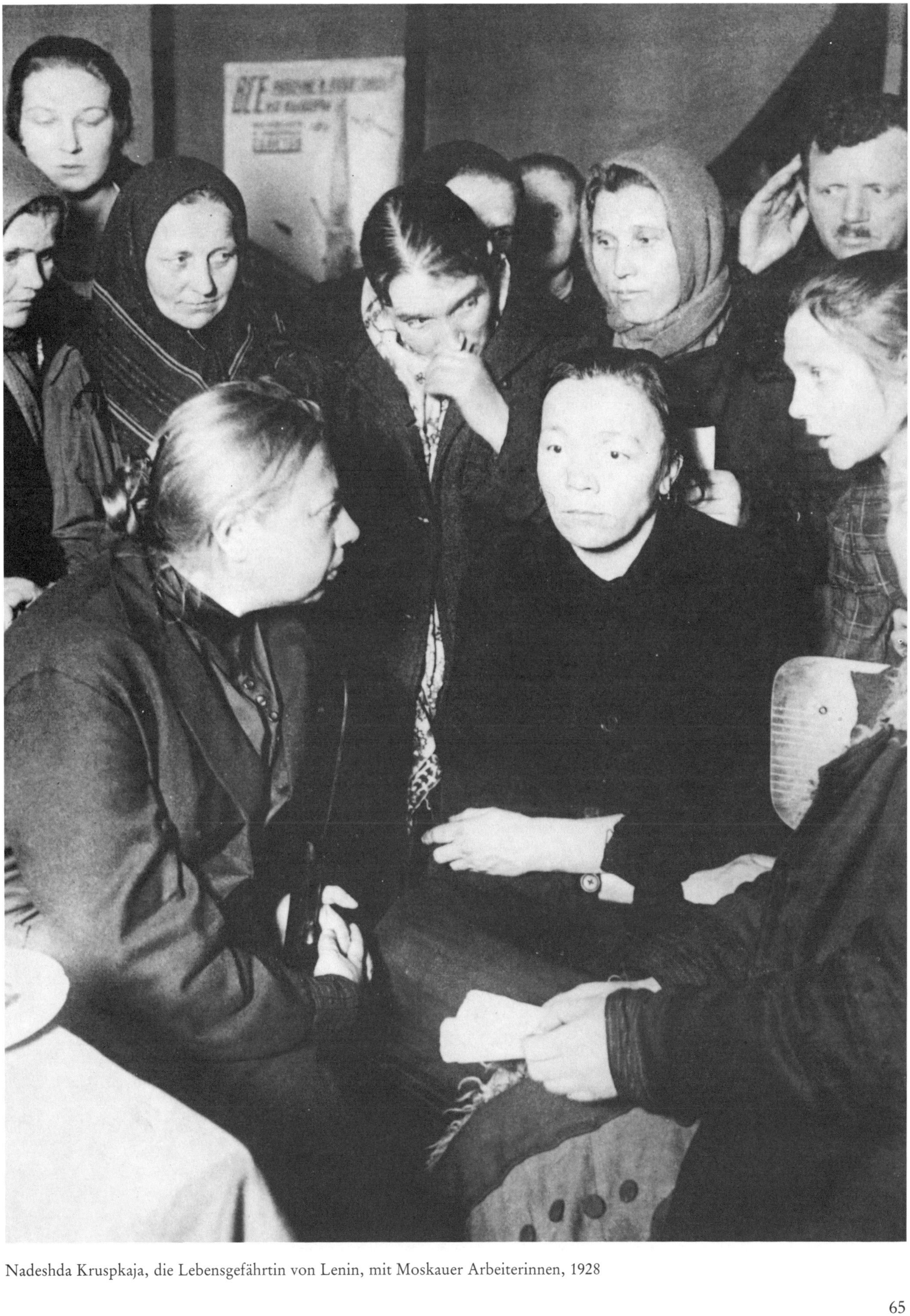

Nadeshda Kruspkaja, die Lebensgefährtin von Lenin, mit Moskauer Arbeiterinnen, 1928

Kommunen

An Stelle der kleinen Gemeinschaftsküchen, die noch vor kurzem in der Überzahl vorhanden waren, baut man jetzt auf große Leistungsfähigkeit berechnete Speisehäuser mit maschinellem Betrieb, »Küchenfabriken« und sogenannte Nahrungsmittelkombinate. Im Jahre 1931 stieg die Zahl der Betriebe für öffentliche Ernährung in der Sowjetunion auf mehr als das Fünffache, und ihre Leistungsfähigkeit auf das Sechzehnfache. Bis Ende 1932 soll die Ernährung von siebzig Prozent der Arbeiter und fünfzig Prozent ihrer Angehörigen in vergesellschafteten Speisebetrieben erfolgen, die schon heute ungefähr eine halbe Million Arbeiter beschäftigen. Ähnlich wie die Klubs, tragen auch diese Einrichtungen für Gemeinschaftsernährung wesentlich zum Abbau des Privatlebens und zur Herausbildung des neuen »Byt« (Sein, Leben) bei. Noch mehr geschieht dies durch das Anwachsen der Kommunen, die die eigentlichen Träger des neuen »Byt« sind, was auch darin zum Ausdruck kommt, daß sie »Bytkommunen« genannt werden... Im übrigen haben Untersuchungen der »Bytkommunen« ergeben, daß deren Entstehung auf die verschiedenartigsten Gründe zurückzuführen ist. Neben Wohnungslosigkeit und der Sorge um bessere Ernährung trägt in vielen Fällen auch ein vorangegangener Aufenthalt in Erziehungs- und Erholungsheimen und die damit verknüpfte Gewöhnung zur Gründung solcher Kommunen bei. In der Regel aber handelt es sich um »Enthusiasten, denen es in erster Linie um die Schaffung ihnen selbst oft noch nicht ganz klarer, neuer menschlicher Beziehungen zu tun ist«.

Wie dem auch sei, gibt es in Sowjetrußland bereits Hunderte von Betriebskommunen, die sich oft schon nach kurzem Bestand zu wahren Wohn- und »Bytkommunen« entwickeln, indem sie immer mehr Voraussetzungen des Gemeinschaftslebens, wie Küchen, Krippen und Wäschereien, ins Leben rufen. Auch wird lebhaft dafür agitiert, daß jede Komssomolzen- oder Parteizelle ihre Mitglieder zur Gründung von Kommunen aneifere.

Die Kommunen, die offiziell als »die höchste bis jetzt bekannte Organisationsform des neuen »Byt« gelten, sind übrigens in der historischen Vergangenheit Rußlands nicht ohne Vorbilder. So waren in den letzten Jahrzehnten vor dem Weltkrieg auf Grund der Tolstojschen Lehre von der »Vereinfachung« an verschiedenen Orten landwirtschaftliche Kommunen entstanden.

Eine besondere Kommune ist nach der Leiterin ds »Shenotdjel«, der Frauenabteilung des Zentralkomitees der Partei, Artjuchina-Kommune benannt... Ende Winter 1929, in der Zeit, da die Frage der Kollektivisierung in Sowjetrußland besonders brennend war, taten sich, der Tagelöhnerarbeit bei fremden Leuten müde, auf Anregung der Taglöhnerin Ssorokina an hundert alleinstehende Frauen aus den umliegenden Dörfern des Ssalsker Kreises, gleichfalls meist Taglöhnerinnen, ganz arme Bäuerinnen, Mütter und Witwen roter Partisanen, darunter viele Kosakinnen und »Chochluschki«, Mischukrainerinnen, mit ihren Kindern zusammen und beschlossen, unterstützt vom zuständigen Dorfsowjet, der ihnen ein Stück Land einräumte, einen eigenen Kolchos zu gründen. So wurde am 1. Mai 1929 die Artjuchina- Kommune offiziell ins Leben gerufen. Als wichtigstes Einlagekapital brachten die Frauen ihre schwielig-kräftigen Hände mit, und außerdem gelang es ihnen, etwa fünftausend Rubel zusammenzutragen. Die sieben dort von früher her ansässigen Familien, denen sich die Kommunardinnen anfänglich anschlossen, zogen bald weg, da sie mit Weibern allein, die obendrein ihrem Kolchos auch noch einen Weibernamen beilegten, nichts zu tun haben wollten.

(Aus: *Halle*, a. a. O.)

Im Laden der Lebensmittelkooperative

Rechts: Aus AIZ, Nr. 38/1931

Frau Filipow hat ihre Haushaltsarbeit beendet und nun sitzt sie mit anderen Hausfrauen ihres Wohnblocks in einem kleinen Zirkel zusammen und lernt richtig lesen und schreiben. Der Zar hat ihr dazu keine Möglichkeit gegeben. Sie mußte jung in die Fabrik. Aber die Sowjetherrschaft hilft ihr, wie allen Analphabeten, auch dieses Erbübel der kapitalistischen Vergangenheit zu beseitigen

Lernen, „den Staat zu regieren"

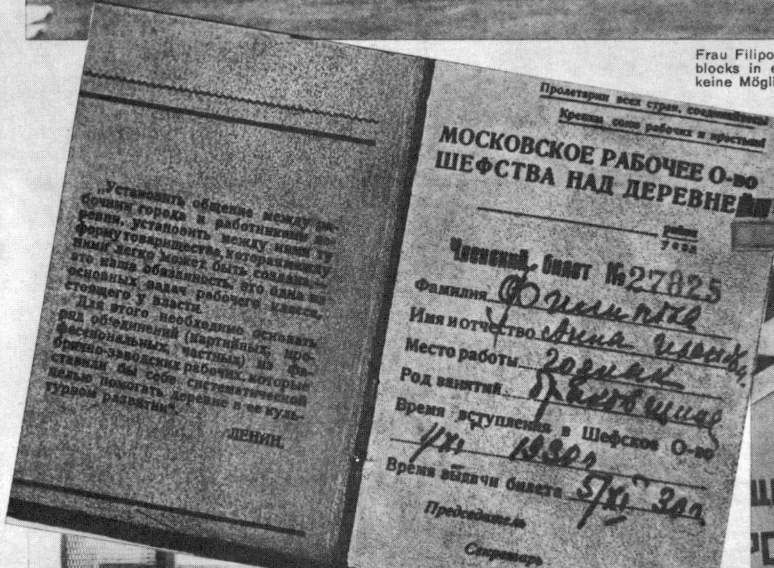
„Установить общение между рабочими города и работниками деревни, установить между ними ту форму товарищества, которая между ними легко может быть создана, — это наша обязанность, это одна из основных задач рабочего класса, стоящего у власти.
Для этого необходимо основать ряд объединений (партийных, профессиональных, частных) из фабрично-заводских рабочих, которые ставили бы себе систематической целью помогать деревне в ее культурном развитии".
ЛЕНИН.

Пролетарии всех стран, соединяйтесь!
Крепи союз рабочих и крестьян!
МОСКОВСКОЕ РАБОЧЕЕ О-во ШЕФСТВА НАД ДЕРЕВНЕЙ
район / уезд
Членский билет №27825
Фамилия
Имя и отчество
Место работы
Род занятий
Время вступления в Шефское О-во
Время выдачи билета
Председатель
Секретарь

Hier ist die Patenschaftskarte der Anna Iwanowna Filipow, die beweist, daß sie trotz ihrer Jahre keineswegs „Nur-Hausfrau" geworden ist. Sie weiß, daß auch sie lernen muß, den Staat zu regieren, wie Lenin sagte und so wurde sie Mitglied einer Arbeitervereinigung, die die Patenschaft für ein Dorf übernommen hat. Diese Patenschaften helfen dem Dorf in allen wirtschaftlichen und politischen Angelegenheiten mit Rat und Tat und Frau Filipow fährt an manchen freien Tagen mit ihrem Mann ins Dorf, um den Bauerngenossen in jeder Weise beizustehen

Die Kleinwäsche besorgt Frau Filipow selbst. Aber mit der „großen Wäsche" braucht sie sich nicht mehr zu plagen. Sie wird 14tägig in der gemeinsamen Waschküche des Hauses gewaschen und jeder Mieter zahlt dafür monatlich 80 Kopeken. Diese Einrichtung, die die Arbeiterfrauen von einer der schwersten Haushaltslasten befreit, besteht in allen neuen Arbeitersiedlungen

Rechts: Die Arbeiterin Filipow arbeitet auch sonst an ihrer Fortbildung. Sie ist Mitglied des Roten Kreuzes und lernt dort in einem kleinen Zirkel erste Hilfe bei Unfällen und alle Maßnahmen, die für den Gesundheitsschutz in Krieg und Frieden notwendig sind

Dorfschule, 1931

Alphabetisierung

Mein ganzes Leben kann ich nur als einen einzigen harten Kampf um das Lesen- und Schreibenlernen und um die Befähigung zu sozialer Tätigkeit bezeichnen. Schon sehr früh, mit achtzehn Jahren, wurde ich verheiratet und trat in eine überaus gottesfürchtige Familie ein. Nichts Gutes habe ich in meinem Leben erfahren. Nur das Brummen der Alten, die Unterwerfung unter den Willen des Mannes, der Schwiegermutter, des Schwiegervaters, die mein Leben unnachgiebig in ihre Gleise überzuleiten trachteten – das ist es, was ich während meiner Ehe erfuhr.

Obwohl mein Mann Vorsitzender des Dorfsowjets war, ist er mir kein einziges Mal zu Hilfe gekommen. So lebte ich als Analphabetin dahin, kannte nur die Hausarbeit, die Sorge um das Vieh, um die Wäsche und die Kinder. Mein Mann schämte sich meines Analphabetentums, nahm mich weder in die Versammlungen mit noch zu den »Aussprachen« und nicht einmal am Internationalen Frauentag, am 8. März, ließ er mich zur Feier gehen. Vielmehr sagte er: »Dort wird man auch ohne dich auskommen. Du bist ja so schmutzig und dumm. Für dich reicht es gerade aus, dich um die Kuh zu kümmern.«

Viel habe ich an jenem Tage geweint. Nun aber wurde bei uns ein Kolchos aus zwölf Wirtschaften gegründet. Wir traten fast als erste ein. Und beim Kolchos wurde eine Lesehütte eingerichtet, in der ich vieles lernte und die mich auf den Weg der sozialen Tätigkeit geführt hat.

So kam ich auch bald in die »Politschule«, wurde als Frauendelegierte gewählt, auch in den Sowjet der Lesestube. Und vieles, vieles ist mir seither klar geworden und hat mich zur Partei hingezogen.

Ich reichte ein Gesuch an die Partei ein und arbeitete unentwegt in der Öffentlichkeit. So begann man auch, sich bei mir Rat und Auskunft zu holen, und im ganzen Dorfe wurde das Benehmen mir gegenüber ein völlig anderes. Man fing an, auf mich etwas zu halten, und hat es nun schon längst verlernt, sich über mich lustig zu machen.

Jetzt sind es zwei Monate her, daß ich Kandidatin der Partei bin.

S. Lobanowa aus dem Kolchos »Stalin«

(Leserbrief in der Zeitschrift »Krestjanka«, Februar 1931. Zitiert nach: *Halle*, a.a.O..)

Christiane Koch

SCHREIBMASCHINE, BÜGELEISEN UND MUTTERTAGSSTRÄUSSE

Der bescheidene Frauenalltag in den zwanziger Jahren

1922, ein stiller Abend zu Hause: Die Frau ist nicht untätig

Zeitgeist

Die zwanziger Jahre waren Nachkriegsjahre!

Dieser Umstand ist, will man den Frauenalltag dieser Zeit beleuchten, von Gewicht, hat doch der Erste Weltkrieg für Ansehen und Selbstbewußtsein der meisten Frauen allerhand Veränderungen mit sich gebracht, mit denen die in den Friedensalltag Zurückgeworfenen umzugehen lernen mußten. Vor allem hatte der Krieg Frauen aus allen Schichten die Pflicht auferlegt, die heimische Kriegsökonomie aufrechtzuerhalten. Das hieß für sie nicht nur, Haushalt und Kinder nun allein zu versorgen; ihres Ernährers verlustig gegangen, mußten sie die Familie durch eigene Erwerbsarbeit unterhalten, was sich in einem Anstieg der Frauenarbeit und vor allem in der Verlagerung der Frauenbeschäftigung in bisherige Männerdomänen bemerkbar machte.[1] Nach Kriegsende ging die Frauenerwerbsquote zwar zurück, blieb allerdings über dem Vorkriegsstand.

Die Einbindung in die Erwerbsarbeit betraf alle Schichten. Selbst bürgerliche Frauen, bislang im sicheren Schoß der Familie, sahen sich genötigt, für den Weiterbestand ihrer Existenz zu sorgen. In der Folgezeit blieb ein Klima erhalten, das getragen war von einem neuen weiblichen Selbstbewußtsein. Bestätigt durch das Frauenwahlrecht, betrachteten viele Frauen sich nun als Staatsbürgerinnen, die geschlechtsspezifisch arbeitsteilig zwar am Leben der Republik Anteil hatten, sei es als Hausfrau und Mutter, sei es als kleine »Tippse« oder Verkäuferin.

Eine solche Atmosphäre der relativen Wertschätzung fraulicher Tätigkeit bildete die ideelle Basis für die disparatesten Umgangsweisen mit den Lebensumständen: Da stand im Extrem der Typus der »neuen Frau«, selbstbewußt, freizügig und aktiv, wie selbstverständlich neben ihrem Gegenpol, dem die herkömmliche Moral pflegenden, Haus, Kinder und Mann hütenden Hausmütterchen. Aber selbst die Letztgenannten standen vor der Eheschließung eine Zeitlang im Erwerbsleben, und immer mehr Frauen durchliefen dafür eine Ausbildung. Vor allem der bürgerliche Mittelstand gab seinen Töchtern eine Qualifikation, aber auch Arbeiter waren um den Aufstieg ihrer Töchter in den »white collar stand« bemüht. Dazu zählte vor allem der expandierende kaufmännische Bereich, der in der Hierarchie der weiblichen Berufe großes Ansehen genoß und weit vor den traditionellen Bereichen der Textilproduktion und der Hauswirtschaft rangierte. Zum Zwecke reinen Geldverdienens gingen Frauen eher in ungelernte Beschäftigungsverhältnisse.[2]

So durchgängig der Trend zur befristeten Berufstätigkeit, so klar war und blieb doch nach wie vor das »eigentliche« Ziel: Die Frauen wollten heiraten und ihren Dienst als Familienfrauen tun.

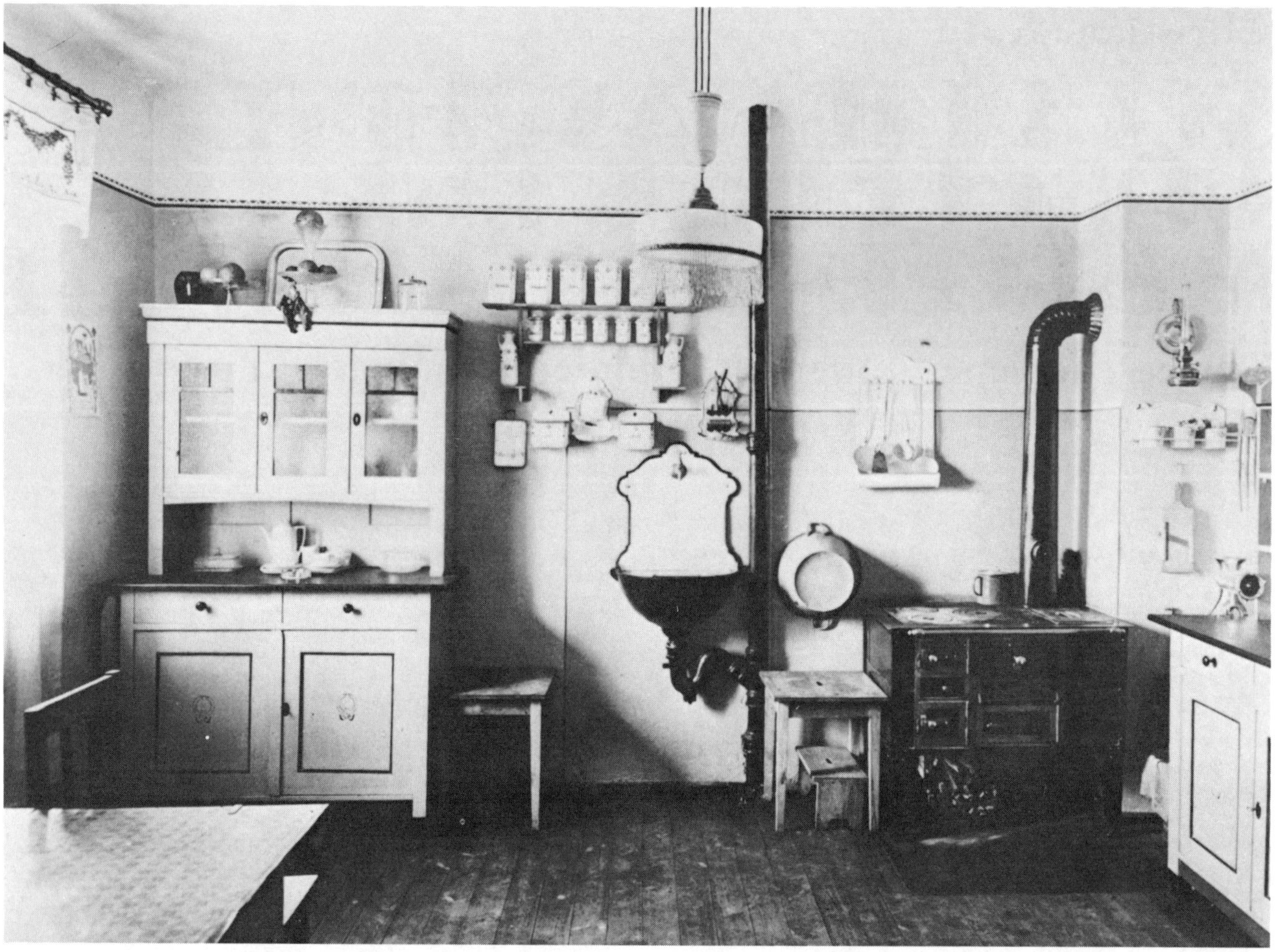

Wohnküche einer Arbeiterwohnung 1925.

Rechts: Die Elektrifizierung der Küche beginnt, 1925

Häuslicher Alltag: Rationalisierung der Hauswirtschaft

Für die heiratswilligen Frauen der Zwanziger ergab sich eine wichtige Veränderung, was Organisation und Ansehen des Hausfrauenalltags anging: Hausfrau, Ehefrau und Mutter, bereits seit einem Jahrhundert das einzige akzeptierende weibliche Lebensziel,[3] wurde zu einer täglichen Beschäftigung, die alle Elemente der Erwerbstätigkeit enthielt, nur daß sie nicht bezahlt wurde: Zum einen wurden die meisten bürgerlichen und kleinbürgerlichen Mädchen, gleichgültig ob ländlicher oder städtischer Herkunft, für die häusliche Arbeit umfassend ausgebildet. Haushaltungsschulen gab es in jedem größeren Ort. Man absolvierte dort eine ein- bis zweijährige Ausbildung zur Hausfrau und Mutter; häufig schloß daran ein Praxisjahr in einem Privathaushalt an. Anschließend war die junge Dame heiratsfähig – und hatte sich meist schon nach einem passenden Bewerber umgesehen.

Wichtiger aber und geradezu revolutionär war die Tatsache, daß die Arbeit der Hausfrau in all ihren Facetten durchleuchtet, arbeitswissenschaftlich analysiert und erneuert wurde.

Rationalisierung der Hauswirtschaft tat tatsächlich not, auch in den gutbürgerlichen Schichten. Erstmals seit der Industrialisierung waren viele der ehemaligen Damen des Bürgertums gezwungen, sich als Arbeitskräfte zu verdingen und anstelle des im Krieg gefallenen oder arbeitslosen Mannes die Familie zu unterhalten. Doppelbelastung durch Familie und Beruf traf viele Frauen. Erleichterungen der Hausarbeit kamen der Nur-Hausfrau allerdings ebenso wie den Berufstätigen zupaß, wurden doch die billigen und willigen Dienstmädchen der Vorkriegszeit nach 1918 immer rarer. Die Fabrik warb sie mit besserer Bezahlung und günstigeren Arbeitsbedingungen (dem geregelten Arbeitstag) ab. Die Konkurrenz mit den Erwerbsalternativen (Fabrik, Büro, Verkauf etc.) trieb die Preise für Dienstmädchen in Höhen, die die meisten Bürger nicht mehr bezahlen konnten.[4] Die Hausfrau sah sich gezwungen, ihre Arbeit alleine zu verrichten. Dazu allerdings waren neue – technische – Hilfsmittel und eine Umstrukturierung der häuslichen Arbeiten vonnöten.

Die veränderten Voraussetzungen und Beurteilungen der Hausfrauenarbeit gingen in die einsetzende staatliche Wohnungsbaupolitik der Zwanziger ein. Man konstruierte Mietswohnungskomplexe nach Funktionalitätsgesichtspunkten. An die Stelle pompöser Vorderhäuser und finsterer Hinterhoflöcher der Gründerzeit traten nun kleine, aber helle Wohnungen, ausgestattet mit bescheidenem Komfort und moderner Hygiene. Die Raumaufteilung sollte nicht repräsentativ, sondern praktisch sein, den Alltagsbedürfnissen einer modernen Familie entsprechen und der Hausfrau Arbeiten und Wege sparen. Die in diesem Sinne veränderten Wohnungsgrundrisse rückten die Küche aus den Außenbezirken ins funktionelle Zentrum der Wohnung. Der Hausfrau war ihre »Fabrik« geschaffen, Indiz dafür, daß diese Tätigkeit der Hausfrau im Renommee zur (unbezahlten!) Arbeit avanciert war.

AEG

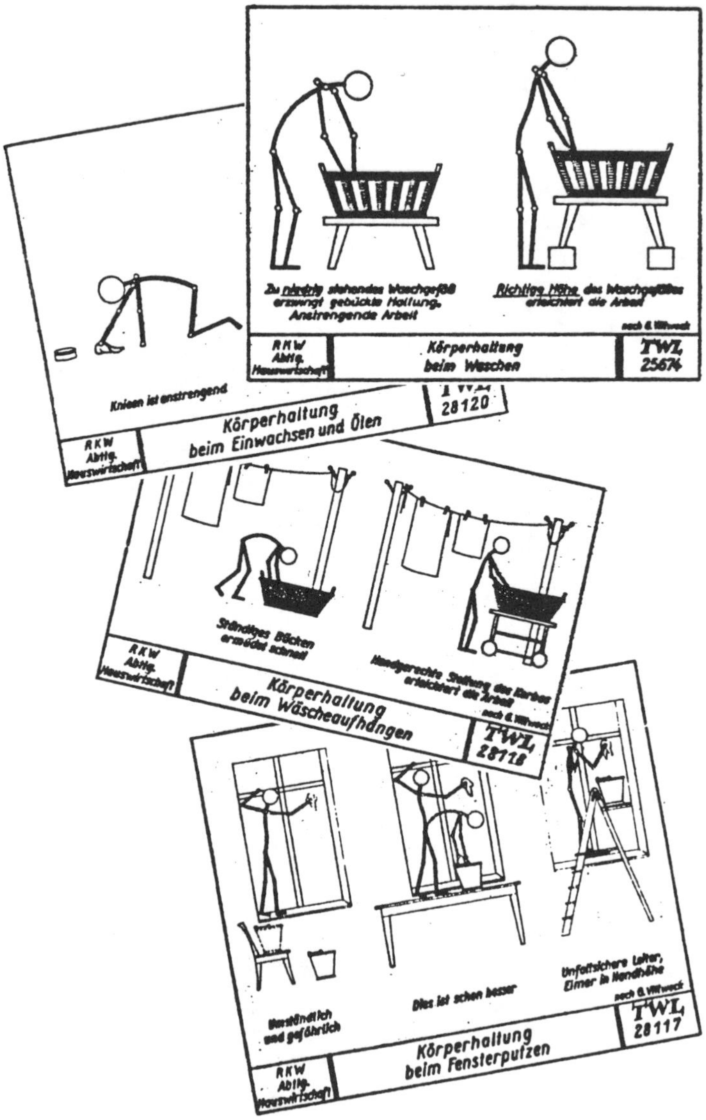

Die vom Rationalisierungskuratorium der Wirtschaft, Abt. Hauswirtschaft herausgegebene Darstellung erschien in den zwanziger Jahren in vielen Frauenzeitschriften, hier: Frauenwelt, Nr. 16/1928

Solche Neubauküchen, darunter erstmals Einbauküchen, für die der Mieter beim Einzug kein Mobiliar brauchte, waren klein und zum Beispiel durch eine Schiebetür an den Wohnraum gekoppelt, so daß Küchenarbeit mit innerfamiliärer Kommunikation verbunden blieb. Jeder Zentimeter war durch Schrankraum und ähnliches genutzt, die Arbeitsgeräte und -flächen den anfallenden Arbeitsgängen entsprechend angeordnet. Tayloristischen Prinzipien der Fließbandarbeit folgend, waren die Konstrukteure emsig bemüht, Arbeitsschritte durch die Art der Einrichtung einzusparen. Beispielsweise verfügte die Arbeitsplatte der »Frankfurter Küche« über »einen Einwurfschlitz, unter dem eine Emailleschublade angebracht war, um Abfälle während der Arbeit aufzunehmen. Die Abfälle wurden von der Küche aus durch eine Klapptür in einen Eimer geschüttet, der vom Flur aus herausgenommen werden konnte.«[5] Neuartige technische Geräte sollten die Hausarbeit erleichtern, etwa der Gas-, später auch der Elektroherd, der umständliche Feuerung überflüssig machte, außerdem das Bügeleisen, das ab Mitte der zwanziger Jahre mit einer Temperaturregulierung versehen war, der Staubsauger und die elektrische Küchenmaschine, später auch der Kühlschrank, der die Vorratswirtschaft erheblich erleichterte.[6] Der Verbreitungsgrad der meisten technischen Haushaltsinstrumente blieb in den Zwanzigern relativ gering, schließlich waren 1933 erst 76 Prozent der Berliner Wohnungen elektrifiziert. Zudem waren die Preise der Geräte für die meisten Familien unerschwinglich hoch; ein Kühlschrank beispielsweise kostete 1922 zwischen 1000 und 2000 Reichsmark. Einzig Bügeleisen, Küchenmotor und Staubsauger waren bezahlbar und konnten sich durchsetzen; immerhin besaßen mehr als die Hälfte aller stromversorgten Berliner Wohnungen ein Plättgerät.[7] Dennoch war mit der Erfindung, Verfeinerung und allmählichen Verbilligung der Haushaltstechnik bereits in der Weimarer Zeit der Grundstein zur Vereinfachung der Hausarbeit gelegt.

Wer nicht das Glück hatte, eine solche nach modernsten Gesichtspunkten erbaute Wohnung zu beziehen, dem gaben einschlägige Ratgeber Hilfestellung, auch traditionelles Mobiliar und Gerät nach funktionalen Maßstäben zu ordnen und zu benutzen. Die Verrichtung der Hausarbeit selbst wurde einer eingehenden Prüfung und Neuorganisation unterzogen. Die Haushaltsratgeber der zwanziger Jahre plädieren explizit dafür, die Prinzipien der Männer- (also der produzierenden) Arbeit in die Organisation des Hauses zu übernehmen und die dort

Frankfurter Küche

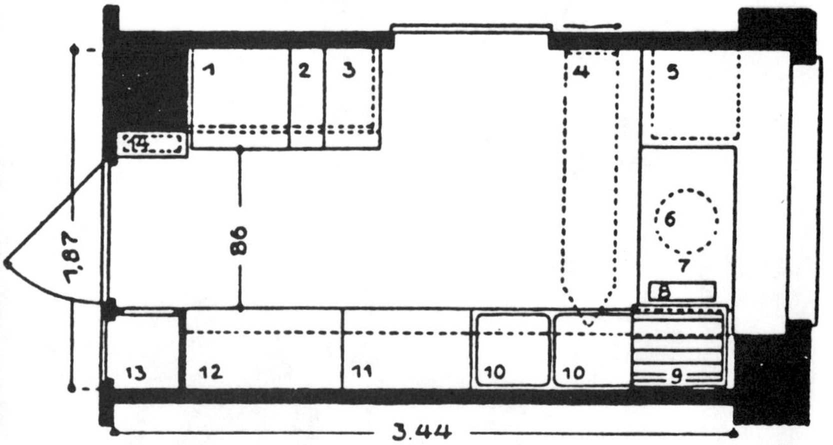

Der Grundriß der Frankfurter Küche:
1. Gaskochherd mit Backrohr, 2. Mehl- und Salzschublade, 3. Kochkiste, 4. Bügelbrett, 5. Speiseschrank, 6. Drehstuhl, 7. Arbeitstisch, 8. Rinne für Abfälle, 9. Abtropfbrett, 10. Nickelinspülbecken, 11. Schrank für Vorräte mit 18 Aluminiumschubladen, darüber Geschirrschrank mit Glastüren, 12. Topfschrank, 13. Besenschrank, 14. Heizkörper, darüber Gläsergestell.

Frauenwelt

HEFT 16 JULI 1927

WOHNUNGSREFORM

Wenn es bei uns in Deutschland trotz anerkennenswerter Bemühungen mit der Uebertragung der Grundsätze wissenschaftlicher Betriebsführung auf die Haushaltsarbeit zum Zwecke der Zeit- und Arbeitsersparnis immer noch recht langsam vorwärts geht, so fällt ein gut Teil Schuld daran — neben dem leider noch immer mangelnden Verständnis weiter Frauenkreise — den Architekten und Baumeistern zu, die bei dem Bau der Wohnungen die praktische Frauenerfahrung noch viel zu wenig berücksichtigen. So sind wir mit Küchen beglückt, in denen man sich tagsüber zwischen Kochherd, Schrank und Speisekammer müde läuft, in denen Fenster und Lampen ungeeignet angebracht sind usw. Das Interesse der Frauen an dieser sehr wichtigen Frage ist allerdings im Wachsen begriffen. Wir hören, daß bereits in 60 deutschen Städten Hausfrauenkommissionen beim Wohnungsneubau mitarbeiten. Die Frauen lassen sich Einsicht geben in die Baupläne für Neubauten und Siedlungen und tauschen ihre Meinung mit Architekt und Bauherrn aus. So wie man beim Fabrikbau Ingenieure, beim Krankenhausbau den Arzt hört, so muß man logischerweise beim Wohnungsneubau die Frau hören, deren Arbeitsfeld Küche und Wohnung ist, um ihre besonderen Wünsche berücksichtigen zu können.

Eine für deutsche Verhältnisse sehr begrüßenswerte Neuerung — in Amerika kennt man dergleichen schon lange — ist jetzt in der neuen Großsiedlung Zehlendorf bei Berlin geschaffen worden. Die „Gehag" (Gemeinnützige Heimstätten-Spar- und Bau-A.-G.), eine Gründung der freien Gewerkschaften und der ältesten Berliner Baugenossenschaften, die mit ihren Kleinwohnungsbauten bewußt die Wohnkultur fördern will, hat hier in 80 neu erstellten Mietswohnungen die Kücheneinrichtung fix und fertig mit eingebaut, und zwar nach dem Grundsatze der zeit-, raum- und kräftesparenden sinngemäßen Anordnung. Kochherd, Wasserleitung, Spültisch und Geschirrschrank sind, wie die Abbildung zeigt, so zueinander gestellt, daß jeder überflüssige Schritt und jede unnütze Kraftvergeudung vermieden wird. Küchentisch und Stühle können durch einen Griff an der Wand heruntergeklappt werden, Kochherd und Arbeitstisch befinden sich in unmittelbarer Nähe des Fensters. Alle Flächen sind gut abgekantet und mit leicht abwaschbarem Linoleum überzogen. Der sehr geräumige Küchenschrank hat praktische Schiebetüren. Herd und sämtliche Möbel befinden sich in richtiger Arbeitshöhe für die Frau. Von der Küche führt eine Durchreicheklappe zum Balkon.

Die gesamte Kücheneinrichtung wird von der „Gehag" den Mietern der Wohnung zu einem Mietspreise von 1 Mk. pro Monat berechnet. Die Küche gehört zu einem auch sonst recht glücklichen Kleinwohnungstyp, der in klarer Aufteilung zwei Zimmer, Kammer, Küche und Bad darstellt. E. R.-W.

Oben:
Wohnzimmer in einer $2^1/_2$-Zimmerwohnung
Möbelentwurf und Herstellung: Haus- und Hausrat-Gesellschaft Gildenhall

Unten:
Der Werkraum der Frau
Die Möbel sind organisch eingegliedert, damit die Hausfrau ohne anstrengende unnötige physische Leistungen arbeiten kann (Entw.: Bruno Taut. Bauherr: Gehag)

Staubsauger und Radio – die neuen Geräte, 1931

anfallenden Tätigkeiten systematisch durchzurationalisieren. Da die Hausfrau den größten Teil ihres Lebens »auf der Walz« zubringe, könne man beispielsweise viel Zeit durch Verkürzung der häuslichen Wegstrecken einsparen.[8]

Der Umfang der häuslichen Tätigkeit verringerte sich durch die Reformierung der Hausarbeit allerdings nicht; es verlagerten sich die Schwerpunkte. Neue Normen des Wohnstandards und der Reinlichkeit entfalteten sich. Man entdeckte die häusliche Hygiene, mit ihr sagte die Hausfrau der Bakterie den Kampf an und trug damit nicht zuletzt zur Bekämpfung ansteckender Krankheiten bei. Gleichzeitig aber nahm auch die bis heute gepflegte innige Zuneigung zu peinlich sauberen Ecken und sorgsam abgezirkelten Knicken im Sofakissen mit der neu gewonnenen Zeit ihren Anfang; die Tendenz zur keimfreien Behausung, Ausweis der guten Hausfrau, kam auf.

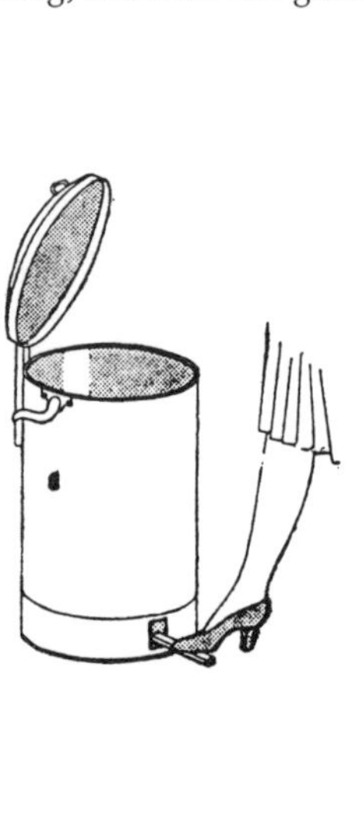

Absorber-Kühlschrank, 1927. Rechts: AIZ, Nr. 14/1928.

Alter und NEUER Haushalt

Die alte Junggesellen - „Küche". Primitiv wie zu Großmutters Zeiten

Großreinemachen. Der Staub wird ausgeklopft, um sich in andere Ecken und in die Lungen der Menschen zu verkriechen

Wäsche: Mit den primitivsten Mitteln wird geschuftet und die Wäsche zerrieben

L. R. Wenn wir die Küchen betrachten, von denen es in unsern Mietskasernen 40 bis 50 in jedem Hause gibt (in jedem dieser Häuser werden 40 bis 50 fast gleiche Mittagessen täglich hergestellt) müssen wir feststellen, daß außer Leuchtgas keine Errungenschaft der modernen Technik oder der modernen Nahrungsmittelwissenschaft bis in die Küche eingedrungen ist. Es wird geschnitten, gehackt, gestoßen, gemahlen, gebraten, gekocht, gewaschen wie in der Zeit der primitivsten Kulturstufe. Frauen, die in den Büros und Fabriken mit den kompliziertesten Maschinen hantieren, kehren in ihrer Küche zum Stadium der Steinzeit zurück. Frauen, die im Autobus und in der elektrischen Bahn fahren, die telephonieren, telegraphieren und Radio hören, sind in der Küche zu einer technischen Primitivität verurteilt, die in krassem Gegensatz zum übrigen Leben steht.

Den primitiven Handwerkzeugen entspricht die unwissenschaftliche, seit hunderten Jahren überlieferte, barbarische Methode der Zubereitung der Speisen. Durch stundenlanges Kochen wird das Fleisch und das Gemüse ausgelaugt,

Die moderne Junggesellenküche. Sauber, einfach und praktisch. Für den Arbeiter aber zu teuer.

wertvolle Nährsalze gehen verloren, die lebenswichtigen Vitamine werden getötet.

Eine ganze Reihe von Maschinen zum Waschen, Schneiden, Rühren, Mahlen, größtenteils mit elektrischem Antrieb, die die Küchenarbeit bedeutend erleichtern und beschleunigen würden, sind bereits erfunden worden. Doch diese praktischen Maschinen sind so teuer, daß sie für den Einzelhaushalt des Proletariers nicht in Betracht kommen.

Seit einigen Wochen wird z. B. in Berlin eine wertvolle Küchenneuerung vorgeführt und verkauft. Es handelt sich um den sog. „Wundertopf Record". Das „Wunder" dieses Topfes beruht darauf, daß unter Druck gekocht wird, d. h. nicht bei 100 Grad, sondern bei 130 bis 150 Grad, nach einem Prinzip, das in der Industrie längst bekannt und ausgeführt worden ist. (Autoklaven.)

Der kleine verzinnte oder emaillierte „Wunder"-Kochkessel ist luftdicht verschließbar, der Deckel ist mit einem Ventil versehen, das auf verschieden lange Kochzeiten einstellbar ist. Auf Ventil 3 werden die schwer zu kochenden Speisen wie Suppenfleisch, Rotkohl, Sauerkohl usw. gekocht, auf Ventil 2 Blumenkohl und Kartoffel, auf Ventil 1 die weichsten Speisen, Tomaten, Früchte usw. Das Kochen reduziert sich auf einen einzigen Vorgang. Man legt das Fleisch samt Gemüse und Kartoffel in den Topf, schließt ihn zu, stellt das Ventil ein und setzt den Topf auf das Feuer (Gas, Spiritus, Kohlenherd). Man kann dann die Küche verlassen, anbrennen, überkochen ist vollkommen ausgeschlossen. Nach 10 bis 15 Minuten pfeift das Ventil, man hebt den Topf vom Feuer: das Fleisch und das Gemüse ist weich, die Supe ist fertig. — Statt 2½ Stunden hat man ¼ Stunde lang gekocht, man hat Zeit und Gas gespart, die Nährstoffe und Vitamine sind nicht zerstört. Da aber der kleinste Record-Topf 20 Mark kostet, ist er für den Proletarierhaushalt unerschwinglich. Ebenso verhält es sich mit den schönen elektrischen Maschinen zum Schälen, Schneiden, Rühren, Waschen, und mit dem praktischen Staubsauger (Preis 180 Mark). Schon die Mechanisierung der altertümlichen Küche würde den Frauen viel Kraft und Zeit ersparen, noch vorteilhafter wäre es aber, eine einzige Küche für ein ganzes Mietshaus einzurichten, eine Küche mit allen neuzeitlichen technischen Apparaten. In unserer kapitalistischen Welt aber ist an diese Zentralisierung des Küchenbetriebs nicht zu denken. — Im Befreiungskampf der Frau muß auch die Reform der Küche, die Reform des Haushalts, als Forderung erhoben werden. Eine moderne, mechanisierte Zentral-Küche wird viele Kräfte der Frau, die heute von der Küchenarbeit aufgebraucht werden, für Bildungs- und Kulturarbeit, für Politik und Sport freimachen.

Der Staubsauger ist nicht nur ein praktisches Reinigungs-Instrument, er schädigt auch nicht, wie das Klopfen und Bürsten die Gesundheit. Aber welche Arbeiterin kann die 120 bis 180 Mark für einen Staubsauger bezahlen?

Die elektrische Waschmaschine ist nicht nur ein bequemer, sondern auch ein die Wäsche schonender Haushaltsgegenstand. Aber welche Hausfrau kann sich eine solche Maschine leisten?

Waschmittelwerbung

Bürgerliche Mutter mit Kind, 1927

Gratulanten zur Silberhochzeit, 1930

Mutterseele, Muttertag

Trotzdem blieb vor allem den bürgerlichen Frauen mehr Zeit für andere Aufgaben, etwa für die Kindererziehung. Seit der Industrialisierung sah man die Frau wesentlich als Mutter; die Einübung in die pädagogische Praxis war längst Pflichtfach für Mädchen geworden. Auch die Frauenbewegung propagierte mit der »Mütterlichkeit« die Kinderbetreuung als nationale Verpflichtung jeder Frau und verlieh der Mutterschaft damit eine neue überindividuelle Bedeutung. Der Trend zur kinderarmen Familie ermöglichte eine intensive Konzentration auf das Kind. Häusliche Pädagogik, praktische Pflicht einer jeden Mutter, wurde salonfähig.

Die bürgerliche Welt reagierte auf diese Auswertung der Mutterschaft prompt: Man erfand den Muttertag, die Zelebrierung des mütterlichen Opfers. Die Idee dazu kam aus Amerika. Initiiert hat sie der deutsche Blumenhändlerverband ab dem Jahre 1923 in großangelegten Werbekampagnen, die die Presse mobilisierte und mit Gratis-Sträußchen und Geschenkaktionen in Krankenhäusern und Altersheimen die öffentliche Ehrung der Mutter attraktiv zu machen suchten. Solche Bemühungen waren von Erfolg gekrönt, denn rasch griffen andere, um die Volksgesundheit besorgte Organisationen die Idee einer institutionalisierten Feier der Mutter auf. Bereits 1930 war der Muttertag als deutscher Brauch weitgehend durchgesetzt. Nicht nur die Weimarer Sozialpolitiker, die die niedrigen Geburtenziffern monierten, begrüßten das Mutterfest, auch bei den Frauen fiel die feierliche Anerkennung mütterlich-hausfraulicher Tätigkeiten auf fruchtbaren Boden. Im öffentlichen Streit um Berufs-, ja Karriereinteressen der selbstbewußten »neuen Frau« wider die »Naturbestimmung des Weibes zur Ehefrau und Mutter« hatte man, so scheint es, auf ein Podest für letztere geradezu gewartet. Als »übermenschliche Opfer«, in schillernden und scheußlichen Farben gerne ausgemalt, konnte sich die zu Hause Gebliebene, nunmehr Heldin des Alltags, zufrieden loben lassen.

Für den ersten Muttertag in Hamburg hatte dessen Geschäftsstelle folgende Leitgedanken in einem Flugblatt zusammengefaßt:

Der Muttertag soll am zweiten Sonntag im Mai in Hamburg wie in ganz Deutschland gefeiert werden als ein Tag der Dankbarkeit für mütterliche Liebe und der Ehrfurcht vor der Mutter. Sinnbildlich sei dieser Tag ein lebendiges Bekenntnis zum tiefsten Wesen wahren Frauentums und mahne jung und alt daran, daß ein Volk stirbt, wenn es nicht die schützenden und sorgenden Kräfte der Mütterlichkeit wahrt und pflegt.

Der Muttertag ruft jung und alt auf, der Mutter einen Feiertag zu bereiten, als ein Zeichen der Liebe, die ihr dankt. Dieser leitende Grundgedanke des Tages ist interkonfessionell und überparteilich und ermöglicht die Mitarbeit aller Volkskreise.

Da der Muttertag zunächst ein stilles Fest der Familie ist, wird er vor der Öffentlichkeit nicht in Erscheinung treten. Damit ist auch eine Betonung wirtschaftlicher Interessen von vornherein auszuschalten.

Aus: »Die Frau«, Jahrgang 35, Nr. 9/1928

»An diesem Tag wollen wir unser Heim festlich schmücken. Der Mutter gehört der Ehrenplatz. Er werde bekränzt. Blumengrüße sollen ihr unseren Dank, unsere Liebe kundtun... Im trauten Kreis der Familie wollen wir der Mutter ... geloben, in Treue und Hingebung zu ihrer Freude und zu ihrer Ehre unser Tagewerk zu tun. Aus den Tiefen der Mutterseele soll unser besseres Selbst neue Kraft und neuen Mut schöpfen.«[9]

Vitamine im Rinnstein

Der Haushalt der unteren Schichten

So wichtig die Haushaltsreform für bürgerliche Kreise und für die Anerkennung der Hausfrauenrolle war, so wenig betraf die Entwicklung die gesamte Gesellschaft der Weimarer Republik. Weitere Bevölkerungskreise, Proletariat und das mit der Rationalisierungswelle wachsende Arbeitslosenheer, lebten unter katastrophalen Bedingungen. Der staatliche Wohnungsbau konnte das Defizit an Wohnraum nicht einholen, zumal auch immer mehr Arbeitssuchende in die Ballungszentren strömten. Die Platzverhältnisse und die Ausstattung in den Behausungen der unteren Schichten waren zum Teil unvorstellbar schlecht.

»Und es gab keine Wasserleitung in den zehn Wohnungen. Im Vorderhaus ja, da ging eine Leitung... Und wenn es Winter war, machte mein Großvater – er hatte eine große Glocke – ›bim, bim, bim‹; dann wurde das Wasser für eine halbe Stunde angestellt. In der Zeit kamen diese zehn Familien und holten sich einen oder zwei Eimer voll Wasser. Und jeder hatte in der Küche eine Bank stehen: Das war die Wasserbank. ... Für diese zehn Familien (gab es) nur zwei Klos. ... Und da wurde im Winter auch das Wasser abgestellt. Mußte jeder seinen Wassereimer mit runternehmen.«[10]

Frauen hatten unter diesen Wohnverhältnissen besonders zu leiden. Am untersten Ende der Berufs- und Lohnhierarchie angesiedelt, reichte für viele das Geld nicht einmal für ein möbliertes Zimmer, geschweige denn für eine eigene Wohnung. Die meisten Ledigen mußten daher unter elterlichem Dache, und das hieß: unter elterlicher Fuchtel bleiben. Ein eigenes Zimmer besaßen nur wenige. Junge Paare mußten vielfach jahrelang bei den Eltern unterschlüpfen.

Beschwerlich war auch die Verpflichtung aller Frauen, und das hieß, auch der unverheirateten Töchter, nach Feierabend noch den Haushalt für die Männer zu versorgen – gleichgültig, ob sie sich in Brot und Arbeit befanden oder nicht. Die

Doppelbelastung durch Erwerbs- und Hausarbeit war durch das 1900 in Kraft getretene Bürgerliche Gesetzbuch auch juristisch kodifiziert; daß die Hausarbeit in jedem Falle Frauensache war, an der sich Männer nicht beteiligen mußten, stand dadurch generell fest.

Die Frau darf ausgehen

So hart der außerhäusliche Arbeitsalltag und seine Bewältigung waren, so vielschichtig gestaltete sich in den Zwanzigern die Freizeitlandschaft. Auch hier waren die Unterschiede zwischen den Geschlechtern ebenso erheblich wie die Schichtdifferenzen. Während viele proletarische und kleinbürgerliche Männer als Ausgleich zur Arbeit gerne Hobbies (Kleintierzucht, Garten und ähnliches) pflegten und mit Vorliebe als Beschließung des Arbeitsalltags ihre Stammkneipe frequentierten, hieß Freizeit für die Frau und Mutter vor allem Hausarbeit.

»In der Freizeit hat (meine Mutter) zu Hause noch genäht... (Sie war) froh, wenn sie sich mal hinsetzen konnte und eine schöne Tasse Kaffee trinken... Das war dann ihre Freizeit.«[11]

Frauen tendierten, wenn sie endlich einmal etwas Zeit fanden, zu kulturellem Engagement. Was während des 19. Jahrhunderts noch den besser gestellten Kreisen vorbehalten war, hielt nun auch Einzug in eher kleinbürgerlichen Schichten. Begünstigt durch die Verbreitung erschwinglicher Abonnements wurde das Theater zum abendlichen Vergnügen auch der Krämersgattin, die zu ihrer Erbauung auch gerne zu Buch und Zeitungsroman griff.

Aus der Tradition der romantischen Salons, der Kulturtreffs des intellektuellen Bürgertums und der nachmittaglichen Repräsentationstees der gründerzeitlichen Großbürgerdame schufen sich die Frauen des kleinbürgerlichen Milieus eine bis heute typisch »weibliche« Freizeit-Institution: den Kaffeeklatsch.

»Meine Mutter hatte regelmäßig – Mittwoch kann es gewesen sein – Kränzchen. Da kamen die Kränzchenschwestern. Dann haben sie Kaffee getrunken... Das ging immer umschichtig. Damals waren es vier, fünf Kränzchenschwestern... Die brachten sich ihren Kuchen natürlich alle selber mit, bloß, daß eine Tasse Kaffee gekocht wurde.«[12]

Für Verheiratete spielten die mit der Familie verbrachten Freistunden wohl die größte Rolle. Man organisierte und gestaltete mühevoll die anfallenden Feste, Weihnachten, Geburtstage, Jubiläen etc. Auch der Sonntagsausflug mit Kind und Kegel und dem großen Picknickkorb war weit verbreitet. Solche preiswerten Freizeitinitiativen waren auch in proletarischen Kreisen beliebt, die mit der Einführung des Acht-Stunden-Tages nun den planbaren Feierabend entdeckten. Abendliches Ausgehen mit dem Ehemann und Freunden dagegen leistete – außer zu speziellen Anlässen, besonders zum Karneval – sich mehr das Bürgertum.

Unverheiratete beiderlei Geschlechts waren in den zwanziger Jahren begeisterte Vereinsmitglieder. Sportliche Betätigung war besonders gefragt. Ausgedehnte Wanderungen und Fahrten, etwa mit den »Naturfreunden«, versprachen Entspannung und Ablenkung vom Streß der Woche, ermöglichten den Austausch mit Gleichgesinnten und Gleichaltrigen, vor allem aber den Kontakt mit dem anderen Geschlecht, unverdächtig und ohne die lauernde Aufsicht der Eltern.

Die Zwanziger waren eine Blütezeit der Vergnügungsindustrie. Das Kino zum Beispiel lockte die Massen an. Hier konnten sich die kleinen »Tippmamselln« und Verkäuferinnen der Illusion hingeben, eines Tages erginge es ihnen wie der »Kollegin« im Film, die schön und unwiderstehlich den betuchten Chef verführt und reiches Glück in reicher Ehe findet. Beliebt waren auch die Tanzcafés. Erstmals mit der Erlaubnis versehen,

Der Badeausflug

sich ohne Observation zu vergnügen, konnten sich hier auch ledige Frauen tummeln. Cafés galten als solide.

Man besuchte diese Etablissements meist, um zu tanzen, das konnte Jeder und Jede. Im Tanzen, gleichgültig, ob in billigen oder in teuren Lokalitäten, konnte sich jeder nach Herzenslust austoben und über die Stränge schlagen.

»Als der Krieg vorbei war, kamen die Soldaten wieder. Da ging sozusagen die verrückte Tanzzeit los... Wir als junge Leute, wenn wir sonntags nicht getanzt haben, dann war das kein richtiger Sonntag.«[13]

Für ledige Frauen aus bescheidenen Verhältnissen war dieses Vergnügen nicht zuletzt darauf abgestellt, »den Richtigen« zu finden, der sie aus der Not schlechtbezahlter stupider Arbeit befreite.

»In der Zeit nach dem ersten Weltkrieg war ich viel tanzen. Mit neunzehn ging ich in die Tanzstunde und danach oft auf Bälle oder zum Tanzen ins ›Bristol‹ oder ins ›Marmorhaus‹. Als die Sozialdemokraten drankamen, konnten wir schon nachmittags um fünf Uhr zum Tanzen gehen, weil die Arbeitszeit geändert wurde... Um fünf Uhr hatten wir frei. Ich ging meistens mit Freundinnen tanzen... Ich hatte viele Freunde, einige hätte ich auch heiraten können. Meinen Mann lernte ich auch bei einem Fünf-Uhr-Tee kennen. Er tanzte sehr gut, das gefiel mir.«[14]

Während die extravaganten Frauen der intellektuellen Avantgarde sich von den Zwängen der Konvention und der bürgerlichen Sexualmoral befreiten und der Zeit das Odium hemmungsloser Verruchtheit verliehen, lebte die Masse der Frauen in gediegenem Anstand und biederer Bescheidenheit. Sie waren die »Heimchen« geblieben, die Siegfried Kracauer treffend zynisch beschreibt:

»Von rührender Winzigkeit sind ihre Erlebnisse im Geschäft. Eine erzählt mir, daß sie nicht addieren könne, wenn draußen eien Drehorgel spiele. Ihre Gefährtin ist darüber beglückt, daß sie neulich im Auftrag der Firma hat Taxi fahren dürfen, und eine dritte erhält mitunter Freikarten für den Lunapark und ein Varieté. Natürlich wissen wir, daß sie bei dem geringen Einkommen einen Freund haben müßten, wenn sie keine Angehörigen besäßen. Aber vorerst haben sie Angehörige, und der Freund ist meist ein Verlobter, mit dem sie sonntags draußen im Zelt lagern. In Lokale gehen sie aus Geldmangel fast nie, und überhaupt sind sie ziemlich solide. Man muß hören, wie Trude, eine Verkäuferin in Moabit, von der geschminkten Kollegin abrückt...; wie sie mit ihrer Freundin zusammen über die leichtfertigen Mädchen urteilt, die abends in Herrengesellschaften feudal bei Kempinski speisen. Später seien diese Mädchen schlecht daran, wenn sie ihresgleichen heiraten, meinen die unreifen Dinger, die sich selber gern das Glück erträumen, einmal Frau heißen zu dürfen. Ihr Ideal ist spießbürgerlich: ein Zukünftiger, der Familiensinn entwickelt und so viel verdient, daß sie nicht mehr zu arbeiten brauchen; nur Kinder wollen sie keine haben.«[15]

Das Gartenhäuschen, selbstgezimmert und mit Dachpappe gedeckt

Anmerkungen

1 Vgl. u. a. Ute *Frevert:* Frauen-Geschichte. Zwischen bürgerlicher Verbesserung und Neuer Weiblichkeit. Frankfurt 1986, S. 146 ff.
2 Vgl. z. B. *Frevert,* a.a.O., S. 176.
3 Vgl. zu dieser Entwicklung Christaine *Koch:* Wenn die Hochzeitsglocken läuten ... Glanz und Elend der Bürgerfrauen im 19. Jahrhundert. Diss., Marburg 1985.
4 Vgl. dazu neben *Frevert* Ingrid *Wittmann:* »Echte Weiblichkeit ist ein Dienen« – Die Hausgehilfin in der Weimarer Republik und im Nationalsozialismus. In: Frauengruppe Faschismusforschung: Mutterkreuz und Arbeitsbuch. Zur Geschichte der Frauen in der Weimarer Republik und im Nationalsozialismus. Frankfurt 1981, S. 15–48.
5 Eva *Scheid:* Die Küche – die Fabrik der Hausfrau. Diss., Marburg 1985, S. 197.
6 *Scheid,* S. 229 ff u. a., Verbreitungsgrad der Geräte ebd. S. 249.
7 Vgl. *Scheid,* S. 249 ff.
8 Erna *Meyer:* Der neue Haushalt. Ein Wegweiser zu wirtschaftlicher Hausführung. Stuttgart 1926. Zitiert nach *Scheid,* S. 256 und 259.
9 Karin *Hausen:* Mütter, Söhne und der Markt der Symbole und Waren: Der deutsche Muttertag 1923–1933. In: Hans *Medick* und Sabean *Davis* (Hg.): Emotionen und materielle Interessen. Sozialanthropologische und historische Beiträge zur Familienforschung. Göttingen 1984, S. 486.
10 Stephan *Bajohr:* Vom bitteren Los der kleinen Leute. Protokolle über den Alltag Braunschweiger Arbeiterinnen und Arbeiter 1900 bis 1933. Köln 1984, S. 146 f.
11 Ebd., S. 187.
12 Ebd., S. 190.
13 Ebd., S. 196.
14 Irmgard *Weyrather:* »Ich bin noch aus dem vorigen Jahrhundert«. Frauenleben zwischen Kaiserreich und Wirtschaftswunder. Frankfurt 1985, S. 180.
15 Siegfried *Kracauer:* Die Angestellten. Frankfurt 1959, S. 61.

Die große Urlaubsreise nach Venedig

Damenband mit männlicher Begleitung

Kristine von Soden

»Hilft uns denn niemand?«

Zum Kampf gegen den § 218

Am 2. Juli 1920 sorgt ein Antrag der USPD im Deutschen Reichstag für Aufsehen: Ersatzlose Streichung des § 218! Wenige Wochen später, am 31. Juli 1920, fordert die SPD in einem Gegenantrag die Legalisierung der Abtreibung in den ersten drei Schwangerschaftsmonaten. Beide Anträge blieben, wie zu erwarten ist, unerledigt und werden noch einmal 1922 und 1924 gestellt. Doch auch diesmal haben sie keine Chance, erörtert und zur Debatte angenommen zu werden. Zu übermächtig ist das Lager der § 218-Verfechter, zu wortstark sind jene, die zur Bekämpfung des anhaltenden Geburtenrückgangs Neuankömmlinge jeder Art, ob geplante, geduldete oder aus Versehen entstandene, propagieren. Und dazu scheint jedes Mittel recht. Denn um den »Untergang der Nation«, so Deutschnationale, die konservative Volkspartei und das katholische Zentrum, zu verhindern, hält man drastische Maßnahmen zur Anhebung des Bevölkerungswachstums, besonders die Beibehaltung des strikten § 218, für unbedingt erforderlich.

Die Politik des Gebärzwangs wird dann immer wieder hauptsächlich von der KPD in Frage gestellt und in ihrem eigentlichen Kern enthüllt:

»Die Bourgeoisie fürchtet, daß sich die Objekte ihrer Ausbeutung vermindern könnten, daß ihr in den Zeiten der Hochkonjunktur die nötigen Arbeitskräfte fehlen könnten, die ihr auch in den Zeiten der Krise und der Depression als ein Heer von Lohndrückern, als eine industrielle Reservearmee, die auf den Lebensstandard der ganzen Arbeiterklasse drückt, willkommen ist. Noch mehr fürchtet sie, bei ihrem nächsten Krieg um die Aufteilung der Welt zu kurz zu kommen, wenn nicht genügend Kanonenfutter vorhanden ist.«[1]

In verschiedenen Gesetzentwürfen fordert die KPD die völlige Aufhebung des Abtreibungsverbots sowie die Amnestie aller aufgrund des § 218 Verurteilten. Doch auch die KPD-Anträge werden vom Deutschen Reichstag abgelehnt. Auch sie finden kein Gehör, obwohl der § 218 mit seinen Auswirkungen längst eines der brennendsten Alltagsprobleme ist, das nach rascher Lösung drängt. »Einer Kurpfuscherin in die Arme getrieben« – »Fünf Jahre Zuchthaus wegen Abtreibung mit Todesfolge« – »Ein Jahr Gefängnis wegen Beihilfe zur Abtreibung« – »Schwere Gesundheitsschädigungen nach unerlaubtem Eingriff« – »Selbstmord eines Arztes wegen § 218«. Täglich machen solche Meldungen Schlagzeilen. Täglich finden bedrückende Fälle von Abtreibungen und Abtreibungsversuchen statt. Erinnerungen einer 82jährigen ehemaligen Siemensarbeiterin:

»Meine Eltern sind um 1900 nach Berlin gekommen und haben sich eine Hauswartsstelle gesucht, sonst waren sie nicht durchgekommen. Man mußte ja um sein Leben kämpfen, denn so viel gab's damals nicht. Da meine Eltern als Hauswart mit den Dienstmädchen im Haus enge Verbindung hatten, kamen die Mädchen auch oft zu uns. Und als mein Vater mal nicht da war, hat eine auch bei uns geschlafen. Ich war damals neun oder zehn und hörte nachts immer die Gespräche zwischen meiner Mutter und dem Dienstmädchen. Das war denn so, daß sie jesagt hat: ›Der Herr stellt mir nach, ich weiß nicht, was ich machen soll!‹ In der Form liefen die Gespräche meist ab. Denn das war klar. Die Dienstmädchen waren ja völlig schutzlos. Und eines Tages war es auch passiert, daß sie geschwängert war, wie sie jesagt hatte. Sie wüßte nicht, wohin und so. Und dann hat meine Mutter irgendwie 'nen Rat gegeben, sie soll doch zu 'ner Frau sowieso geh'n. Ich kenn' den Namen nicht mehr, Sie ist dann auch dort hingegangen. Ob sie Geld hatte, weiß ich nicht. Anschließend hat sie jedenfalls 'n paar Tage bei uns gewohnt und sich dann 'ne neue Stellung gesucht. Es war so im allgemeinen, die jungen Mädchen waren Freiwild.«[2]

Gleich mehrere Seiten des Abtreibungselends kommen hier zum Ausdruck: Daß Unverheiratete, wenn sie ein Kind zur Welt bringen, mit unerträglicher sozialer Ächtung zu rechnen haben. Daß Frauen in die Hände geschäftstüchtiger Kurpfuscher getrieben werden, weil ihnen der § 218 den Weg zu medizinischer Hilfe und psychischer Unterstützung versperrt. Seit 1871, dem Jahr der Gründung des Deutschen Reichs, steht der § 218 im Strafgesetzbuch und bestimmt mit gnadenloser Härte:

»Eine Schwangere, welche ihre Frucht vorsätzlich abtreibt oder im Mutterleib tötet, wird mit Zuchthaus bis zu fünf Jahren bestraft. Sind mildernde Umstände vorhanden, so tritt Gefängnisstrafe nicht unter sechs Monaten ein. Dieselben Strafvorschriften finden auf denjenigen Anwendung, welcher mit Einwilligung der Schwangeren die Mittel zur Abtreibung oder Tötung bei ihr angewendet oder ihr beigebracht hat.«[3]

Trotz dieser hohen Strafen lassen Frauen Abtreibungen machen. Die Dunkelziffer liegt nach Schätzungen des Deutschen Ärztetages jährlich über einer Million. Nur ein Teil davon gelangt ans Tageslicht: 1920 stehen 2450 Frauen wegen »Vergehens gegen § 218« vor Gericht, im Krisenjahr 1923 sind es 4 230, 1925 mehr als 7800. Bis 1933 werden 60000 »Abtreiberinnen« in der Kriminalstatistik registriert. Die meisten von ihnen stammen aus der Arbeiterschaft. Und Arbeiterfrauen sind es auch überwiegend, die Selbstabtreibungen vornehmen, um jeder Gefahr einer Denunziation zu entgehen. Manche versuchen durch heiße Sitzbäder und Umschläge einen künstlichen Abort herbeizuführen, wie eine 73jährige ehemalige Angestellte erzählt:

»Meine Mutter hat mir immer gesagt, ich soll heiße Umschläge machen, damit die Tage durchkommen. Und manchesmal hat das auch geholfen. Dann weitet sich das durch die Hitze. Das wurde damals den Frauen geraten. Aber das konnte natürlich nur in den Anfangsstadien sein, also wenn man merkte, man bekommt seine Tage nicht durch. Mit heißen Sitzbädern und heißen Tüchern auf den Leib konnte man Glück haben, daß dann die Frucht abging.«[4]

Während hier nur selten Komplikationen auftreten, sind Selbstabtreibungen mit spitzen Gegenständen, alkoholischen Mixturen und Gift höchstgefährlich. Auch mit der sogenannten Mutterspritze. Trotzdem benutzen Frauen dieses mörderische Instrument, oft sogar mehrmals in ihrem Leben. Und auch beim Kurpfuscher liegt die Mutterspritze auf dem Tisch – unsauber, rostig, nicht steril. Erschütternd der folgende Brief einer sechzehnjährigen Schülerin:

»Liebe Mutter! 28.6.29

Wenn Du diese Zeilen erhältst, bin ich nicht mehr unter den Lebenden. Ich fühle, daß mein Ende dicht bevorsteht. Der Arzt tröstet mich zwar und meint, ich käme durch, aber mir ist heute so eigenartig zumute, die Schmerzen haben ganz plötzlich nachgelassen. Ich fühle mich beinahe wohl und doch, es ist mir, als ob meine Seele anfinge, sich vom Körper zu lösen…

Es ist das beste so. Nur nicht wieder diese wahnsinnigen Leibschmerzen der letzten Tage! Diese fürchterliche Glut, die mich beinahe verbrannte, dieser unsinnige Durst, dieses Wühlen im Körper, diese Schüttelfröste, diese rasenden Kopfschmerzen. Glaube mir, Mutter, ich habe schwer für meinen Leichtsinn gebüßt. Nicht nur die letzten Tage waren so schwer, sondern schon die ganzen letzten Wochen und Monate. Bevor ich aber, geliebtes Muttchen, weggehe von Dir, muß ich Dir noch einmal mein Herz ausschütten! Stelle Dir vor, ich kniete vor Dir und legte meinen Kopf in Deinen Schoß, als ob ich noch ein kleines Mädchen wäre, das sich schämt und der Mutter nicht ins Auge blicken kann. Wie kam alles? Du, liebe gute Mutter, hast ja gar nichts gemerkt, und sagen möchte ich es Dir nicht. Ich hatte Angst vor Deinen lieben Augen, die manchmal so streng blicken können. Ich war ja auch wie im Taumel. Frag mich nicht, an wen ich meine Unschuld verloren habe. Du kennst ihn, Du hast ihn gern, er ist der Schlimmste noch nicht. Er hätte mich ja auch gern geheiratet, aber wir sind ja noch so jung und sein Vater… doch was soll ich davon reden, nur wissen sollst Du, wie ich gebüßt habe. Als ich mich Mutter fühlte, durchfuhr mich Entsetzen. Du weißt, ich bin kein leichtsinniges Mädchen. Du weißt doch, Mutter! Nicht wahr? Ich kann nachdenken und habe Verantwortungsgefühl. Mein erster Impuls war, zu Dir zu eilen, doch wenn Du dann so freundlich, zufrieden und glücklich vor mir standest, da schien mir jeder Tag Gewinn, der vorüberging, ohne daß Du teilnehmen mußtest an meinem Unglück. Immer hoffte ich ja auch noch auf eine Wendung!

Und dann fingen die widerwärtigen Wege an zu lichtscheuen Helfern. Mein bißchen Geld wurde ausgegeben ohne Erfolg, bis ich am Ende meiner Kraft war und nicht anders konnte als jenen Menschen aufzusuchen, der schon so vielen in unserer Stadt half, der auch mir helfen sollte gegen hohen Lohn. All mein Schmuck ist draufgegangen. Verzeih mir, Mutter, und suche nicht mehr danach. Du weißt, wer mir half, wen ich meine, wir haben ja einmal ausführlich darüber gesprochen. Nun! – er hat mir geholfen… Die Erniedrigung aber, die Qual, die ich durchmachte, als ich mich von diesen unsauberen, unkeuschen Händen berühren lassen mußte, waren allein schon Vergeltung für meinen Leichtsinn. Du weißt, daß dieser Mensch das nur um des Geldes willen tut, ohne Vorbildung, ohne irgendwelche Vorsicht wagt er die tollsten Sachen. Denkst Du noch an den plötzlichen Tod meiner Mitschülerin Therese? Damals wurde ja alles vertuscht. Heute weiß ich: Sie ist denselben Weg durch die Schuld desselben Mannes gegangen, denselben Weg, den auch ich jetzt gehen werde. Eine Dankesschuld gegen diesen Mann habe ich kaum abzutragen. Ich empfinde nur die Pflicht, ihn unschädlich zu machen. Und doch wollte ich eigentlich alles verschweigen, ich war zu elend und krank. Aber gestern war der Herr Stadtpfarrer bei mir. Ich ließ ihn rufen. Dem habe ich alles gebeichtet. Er hat mir dann klar gemacht, daß ich mich versündige, wenn ich schweige. Du mußt nun selber wissen, was Du tust. Verzeih, daß ich Kummer auf Dein Haupt häufe. Ich finde keine Worte mehr. Ich bin so schwach… mir ist so sonderbar… ich sehe Dich vor mir, Du beugst Dich über mich und gibst mir einen Kuß auf die Stirn… o Gott!!… O Gott… warum… Verzeih mir!«[5]

Die Auswirkungen des § 218 sind wirklich schrecklich: Jahr für Jahr werden 125000 Frauen mit hohem Fieber in Kliniken und Krankenhäuser eingeliefert. Jahr für Jahr tragen 40000 Frauen bleibende Gesundheitsschäden davon. Jahr für Jahr gehen 50000 Frauen an laienhaften Eingriffen zugrunde – Opfer eines Gesetzes, dessen Sinn doch die Erhaltung des Lebens sein soll.

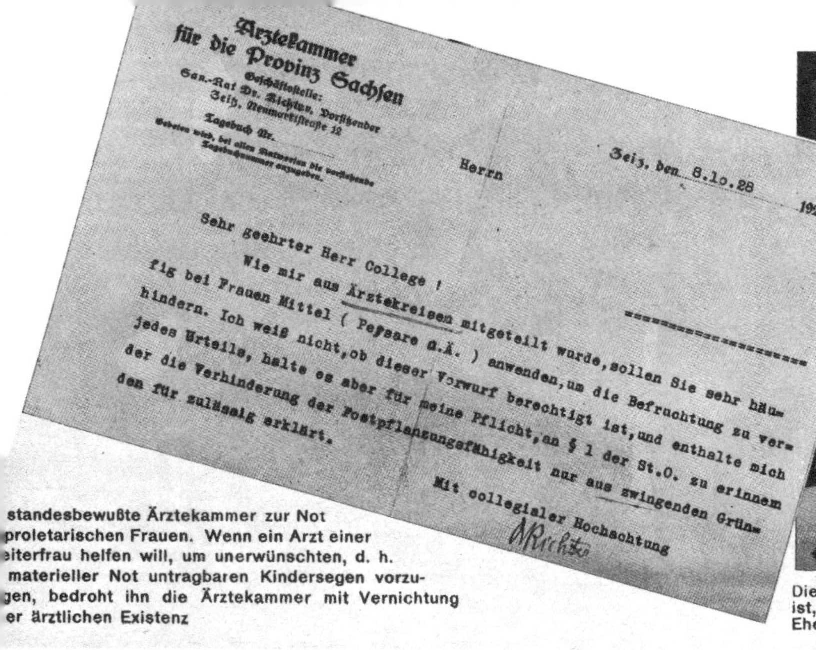

Ärztekammer
für die Provinz Sachsen
Geschäftsstelle:
San.-Rat Dr. Richter, Vorsitzender
Zeitz, Neumarktstraße 12
Tagebuch Nr.

Herrn

Zeitz, den 8.10.28 192

Sehr geehrter Herr College !

Wie mir aus Ärztekreisen mitgeteilt wurde, sollen Sie sehr häufig bei Frauen Mittel (Pessare u.Ä.) anwenden, um die Befruchtung zu verhindern. Ich weiß nicht, ob dieser Vorwurf berechtigt ist, und enthalte mich jedes Urteils, halte es aber für meine Pflicht, an § 1 der St.O. zu erinnern der die Verhinderung der Fortpflanzungsfähigkeit nur aus zwingenden Gründen für zulässig erklärt.

Mit collegialer Hochachtung

Richter

standesbewußte Ärztekammer zur Not
proletarischen Frauen. Wenn ein Arzt einer
eiterfrau helfen will, um unerwünschten, d. h.
materieller Not untragbaren Kindersegen vorzu-
gen, bedroht ihn die Ärztekammer mit Vernichtung
er ärztlichen Existenz

Die aufgeklärte Arbeiterin weiß, daß die Freiheit in der Ehe nur möglich ist, wenn sie selbst über ihre Mutterschaft bestimmen kann. Es gibt keine Ehereform ohne Beseitigung des Abtreibungsparagraphen, dem jährlich tausende Proletarierinnen zum Opfer fallen

Aus: AIZ, Nr. 12/1929

»Nieder mit dem Abtreibungsparagraphen!«

Angesichts dieser alarmierenden Zustände sind es vor allem auch Frauen, die für die Abschaffung des § 218 oder für dessen Liberalisierung kämpfen: proletarische Frauen, Frauen aus dem radikalen Flügel der bürgerlichen Frauenbewegung, zahlreiche Ärztinnen. Viele von ihnen engagieren sich in der aufkommenden Sexualreformbewegung, viele sind in den entstehenden Sexualberatungsstellen, in Wohlfahrts- und Fürsorgeeinrichtungen tätig. So auch Dr. Alice Goldmann-Vollnhals, Leiterin der Schwangerenfürsorge der Ambulatorien der Krankenkassen Berlins:

»Auf Grund unserer Erfahrungen müssen wir sagen: Wenn eine Frau ihre Schwangerschaft als unerwünscht betrachtet und von ihr befreit werden will, so wird sie dieselbe auf alle Fälle zu beseitigen wissen, auch dann, wenn sie den Eingriff mit dem Leben bezahlt. Alle gesetzlichen Strafandrohungen sind gegenüber der furchtbaren Notlage illusorisch und halten niemanden von der Abtreibung ab. Das kann nicht stark genug hervorgehoben werden.«[6]

Die klare Absage vieler Ärztinnen an den § 218 findet freilich nicht überall Zustimmung und Anerkennung. Am wenigsten in den eigenen Reihen, wo diese Haltung eher beargwöhnt und zurückgewiesen wird. Nicht ohne Zynismus stellt etwa Dr. Erna Gläsmer, Mitglied der standesbewußten Deutschen Gesellschaft für Gynäkologie, 1932 rückblickend fest:

»Es ist kein Zufall, daß die Köpfe dieser dem Schutze der Frau dienen wollenden Bewegung in erster Linie *Frauen*, die Leiterinnen und Organisatorinnen der neuorientierten Sexualberatungsstellen vielfach *Ärztinnen* sind. Durchdrungen von dem Gefühl der Menschlichkeit, dem Mitleid mit der Geschlechtsgenossin und von der Heiligkeit ihrer Sendung, hypnotisiert von den Erfolgen der anglo-amerikanischen Vorkämpferinnen, fühlen sich diese führenden Frauen als Apostel einer neuen Zeit und sind überzeugt, daß diese neue Zeit für den rückständigen Patriarchalismus, für die in Kinderschuhen stecken gebliebene einseitige Weltanschauung der Deutschen Ärzteschaft und die überlebten Reste einer frühen ›Herrenmoral‹ bald nur mehr ein Lächeln übrig haben wird.«[7]

Die Ärztinnen in den Sexualberatungsstellen – 400 solcher Einrichtungen, getragen von über 30 Sexualreformorganisationen, gibt es bis zum Ende der Weimarer Republik – gehen indes mit sehr viel handfesteren Ansprüchen und außerordentlich ernsthaft an ihre Arbeit heran. Sie wollen die proletarische »Sexualnot«, wie es allenthalben heißt, und das Abtreibungselend durch umfassende Verhütungsberatung und Sexualaufklärung lindern. Diese gewiß nicht leichte Aufgabe stellen sich Dr. Lilly Ehrenfried, Dr. Hertha Nathorff, Dr. Hertha Riese, Dr. Lotte Fink, Dr. Lotte Neisser-Schroeter, Dr. Elisabeth Prinz, Dr. Charlotte Wolff und Dr. Else Kienle – einige der Pionierinnen auf diesem Gebiet.

Einzigartig in politischer Reichweite und Masseneinfluß ist dann die große Solidarität namhafter Wissenschaftler, Schriftsteller und Künstler, die das reformerische Ansinnen jener Ärztinnen unterstützen und in der Protestbewegung gegen den § 218 Anfang der dreißiger Jahre eine führende Rolle einnehmen: Albert Einstein und Sigmund Freud sprechen sich für die Abschaffung des § 218 aus. Die Grafikerin Alice Lex-Nerlinger, Mitglied der »Assoziation Revolutionärer Bildender Künstler Deutschlands (ARBKD)«, entwirft das bekannte Spritzbild »§ 218«. Käthe Kollwitz fertigt für die KPD Auftragsplakate »Nieder mit dem Abtreibungsparagraphen!« an. Bertolt Brecht, Erich Kästner und Kurt Tucholsky attackieren den § 218 in Gedichten und Artikeln. Lion Feuchtwanger unterzeichnet den Aufruf für ein Selbstbezichtigungskomitee. Im Erfolgsstreifen »Der Kreuzzug des Weibes« (1926) wird das Abtreibungsproblem erstmals auf die Leinwand gebracht. Die Arbeiter-Illustrierte-Zeitung veröffentlicht regelmäßig Reportagen über § 218-Prozesse. Der satirische »Eulenspiegel« bringt 1931 eine Sondernummer zum § 218 heraus. Und im selben Jahr macht die große Berliner Ausstellung »Frauen in Not« Tausende auf den »Mordparagraphen« aufmerksam. Auch zahlreiche Ärzte sind bei den Kundgebungen und Demonstrationen zur Abschaffung des § 218 dabei. Viele von ihnen, darunter Dr. Magnus Hirschfeld, Gründer und Leiter des weltweit berühmten Instituts für Sexualwissenschaft in Berlin (1919), in dem

auch die erste Sexualberatungsstelle des Deutschen Reichs eröffnet wird, sowie der Berliner Stadtarzt und Sexualpädagoge Dr. Max Hodann, stehen der Arbeiterschaft und der Arbeiterbewegung nahe. Viele gehören dem Verein Sozialistischer Ärzte (VSÄ) an, den Dr. Karl Kollwitz, Ehemann von Käthe Kollwitz, zusammen mit anderen sozialistischen Ärzten vor dem Ersten Weltkrieg gegründet hatte. Auch der Lüneburger Arzt Dr. Carl Credé ist Mitglied im VSÄ. Auch er setzt sich für die Abschaffung des § 218 ein. Auch er leistet aktive Hilfe. 1926 wird er deswegen verhaftet. Im Gefängnis zeichnet er seine Erfahrungen mit Patientinnen aus proletarischen Kreisen auf:

»Die Arbeiterfrauen sind heute noch in einem meist sehr elenden Zustande, ihre Entwicklungszeit haben sie während des Krieges und der auf diesen folgenden Teuerungsjahre durchgemacht, dadurch ist ihr Körper zurückgeblieben. Sie kränkeln an Bleichsucht, an leichten tuberkulösen Erscheinungen, an allgemeiner Schwäche und haben es schon im nichtschwangeren Zustand oft schwer genug, auf den Beinen zu bleiben. Kommt dann für sie noch – über Nacht – die Aufgabe hinzu, in ihrem welken Leibe, der seinen eigenen Körperhaushalt kaum decken kann, ein neues Lebewesen aufzubauen, so geht das über ihre Kraft. Der denkende Arzt, geschweige denn der mitfühlende Mensch, kann an so etwas nicht vorübergehen! ... Ich habe zahlreiche Frauen vor Siechtum und Tod retten können. Dennoch wurde ich zugleich mit zwei befreundeten Ärzten verurteilt, obwohl wir alle unsere Unschuld beteuerten und unbescholten waren. Wir hatten aus ärztlichen Gründen Schwangerschaften unterbrochen, immer im festen Glauben, dazu berechtigt, ja verpflichtet zu sein. Nun bin ich im elften Monat in Haft, meine Körperkraft, meine Gesundheit ist dahin, ich bin an den Füßen gelähmt und herzkrank. Solange der Geist aber noch klar bleibt, will ich ihn nützen, damit mein bitteres Leid wenigstens anderen zum Segen werde! Ich will beweisen, wie überlebt und schädlich der § 218 unseres Strafgesetzbuches ist, wie grausam er unser armes Volk plagt, und wie wir Ärzte heute unseren Beruf in innerem Zwiespalt und steter Gefahr ausüben müssen. Für mich selber arbeite ich dabei gewiß nicht mehr. Ich will nur dazu beitragen, daß bessere Verhältnisse geschaffen werden.«[8]

Bessere Verhältnisse sind wahrlich vonnöten – und das zunächst und in erster Linie wirtschaftlich, sozial. Denn die Mehrheit der Arbeiterfamilien fristet ein trostloses Dasein: Ihre Wohnungen sind eng, dunkel, feucht – Brutstätten der Tuberkulose. Beim Essen reicht es meist nur für Brot, Mehlspeisen, Malzkaffee, Kartoffeln. Viele Kinder sind chronisch unterernährt. Groß dann die Belastung im Hungerwinter 1923/24 durch die Inflation. 1,5 Millionen Männer und Frauen erwerbslos. In Massen drängen sie sich vor Wohlfahrtsämtern und überfüllten Fürsorgestellen in der Hoffnung auf einen bescheidenen Mietzuschuß. Doch die meisten gehen mit leeren Händen nach Haus. Schnell aufeinanderfolgende Schwangerschaften verschlimmern die Existenzsorgen in den Arbeiterfamilien dramatisch. 1928 heißt es in einer kommunistischen Frauenzeitschrift:

»Wenn das zweite und dritte Kind kommt, dann beginnt das Elend. Der Lohn reicht nicht mehr aus, all die Münder zu füllen, die Leiber zu bekleiden, die Füße zu beschuhen. In der Wohnung kann man sich kaum noch umdrehen; man schläft zu

zweit und zu dritt in einem Bett. Vor allem leidet die Frau unter den häufigen Geburten. Überarbeit und Unterernährung während der Schwangerschaft, keine Schonung nach der Entbindung, immer steigende Belastung durch Haushalts- und Erwerbssorgen. Und die Kinder? Bereits im Mutterleib hungert der kleine Proletarier. Luft und Licht, Sauberkeit und Pflege fehlen dem Säugling; blutarm und rachitisch wächst er auf – wenn er überhaupt aufwächst. Denn die Säuglingssterblichkeit ist ungeheuer in den Proletariervierteln, drei- bis fünfmal so groß wie in den Bezirken der Wohlhabenden. Bei diesen Verhältnissen ist es begreiflich genug, daß auch das Proletariat daran geht, die Familie klein zu halten.«[9]

Doch das ist leichter gesagt als getan, denn auf dem Weg zur Geburtenregelung gibt es eine Menge Hindernisse zu überwinden: Die mangelhafte Sexualaufklärung besonders unter Frauen, den vielfach rohen sexuellen Umgang mit ihnen durch Männer und schließlich den dürftigen Empfängnisschutz. Dies alles trägt eher zu ungewollten Schwangerschaften und damit immer auch zu den gefährlichen Abtreibungen bei, als daß es die Geburtenregelung fördern würde. Erschwerend kommt für die verheiratete Frau hinzu, daß sie ihrem Mann jederzeit sexuelle Dienste zu leisten hat – ob sie will oder nicht. So zumindest verlangt es seit 1900 das Eherecht nach dem Bürgerlichen Gesetzbuch (BGB). Und dieses wird darum auch vor allem von Frauen aus der bürgerlichen Frauenbewegung in Frage gestellt. Zum Beispiel von Hedwig Dohm, einer der herausragenden Denkerinnen:

»Es ist das Recht des Mannes, von der Frau die eheliche Pflicht zu fordern, auch wenn ihr diese Pflicht widerstrebt. Eine keusche, sensitive Frau empfindet diese Pflicht, ohne den hinreißenden Impuls zur Hingabe, als etwas Widriges, ihre Schamhaftigkeit tödlich Verletzendes. Ja, es gibt Frauen, die diesen Anspruch des Mannes als eine Vergewaltigung empfinden. Bei exzentrischen, leidenschaftlichen Frauen kann dieser Widerwille sich bis zum Haß, bis zur Vorstellung von Mord oder Selbstmord steigern.«[10]

Verhütung – Frauensache

Das Recht des Mannes, von der Frau die »eheliche Pflicht« zu fordern, macht jede sexuelle Verweigerung im Zweifelsfall zum juristischen Streit und die Verhütung zur reinen Frauensache. Welchen Schutz bietet hier die pharmazeutische Industrie? In Hülle und Fülle meist teure und wenig nutzbringende Zäpfchen, Tabletten, Pulvermischungen und klebrige Salben. Außerdem Stifte, Pilze und andere Gegenstände aus Hartgummi oder Silber zur Einführung in den Gebärmutterhals. Umständlich, wiewohl weit verbreitet, sind Ausspülungen mit lauwarmem Wasser und einem desinfizierenden Zusatz aus essigsaurer Tonerde oder flüssiger Seife. In einer Gebrauchsanweisung wird erklärt:

»Der einfachste und billigste Ausspülapparat ist der Irrigator. Er ist ein zwei bis drei Liter fassendes Gefäß aus Blech, Emaille oder Prozellan, Glas oder Gummi. Am unteren Ende befindet sich ein Ausfluß, an dem ein 1,50 bis 2 Meter langer Gummischlauch angebracht wird, der in ein Röhrchen mit erbsengroßen Öffnungen ausläuft. Der Behälter ist mit lauwarmem Wasser mit einem Zusatz von Zitronensäure, Chlorzink, Holzessig, Lysoform, Kalipermanganat oder Formol zu füllen. Am besten wechselt man mit den Zusätzen monatlich. Formollösung aber gilt als das beste samentötende Mittel. Gummischlauch und Röhre bleiben im Irrigator liegen. Dann hängt man diesen 1,50 Meter hoch an die Wand oder stellt ihn in gleicher Höhe auf einen Tisch oder ein Konsolbrett. Nun preßt man den Gummischlauch am unteren Ende um, so daß das Wasser nicht auslaufen kann, setzt sich auf ein Becken, zieht die Knie an, daß die Füße flach aufliegen und lehnt sich mit dem Rücken an eine Wand. Jetzt lockert man den Schlauch, läßt ein wenig Wasser in das Becken einlaufen, um die Luft aus dem Schlauch zu entfernen und führt das Röhrchen so tief in die Scheide, bis es auf Widerstand stößt. Dann geht man ein wenig zurück, damit das Wasser frei eindringen kann. Es empfiehlt sich, die Schamlippen fest zusammenzupressen, mit der Hand noch behilflich zu sein, so daß das Wasser nicht abfließen kann. So dehnt das Wasser die Scheide und dringt in alle Falten. Dann spreizt man die Beine und läßt das Wasser abfließen. Wenn dieser Vorgang mehrere Male wiederholt wird, so wird der Samen völlig weggespült.«[11]

Das Dilemma mit der Verhütung beschäftigt die Medizin: Es finden Tagungen und Kongresse dazu statt. Es erscheint dazu eine Flut an Büchern, Broschüren und Heften. In der einschlägigen Fachpresse werden laufend neue Verhütungsmittel – über 100 Präparate sind bereits auf dem Markt – vorgestellt. Für Vortragszwecke gibt es Dias und Filme. Bemerkenswert in diesem breiten Fachdialog ist die Position namentlich der Ärztinnen aus Sexualberatungsstellen. Auffallend häufig heben sie hervor, daß der § 218 ein »Männergesetz« und jedes Gericht in dieser Angelegenheit ein »Gericht der Männer«, so Dr. Else Kienle, ist. Mehr als andere beschäftigen sie sich mit Problemen der praktischen Handhabung und möglichen Nebenwirkungen von Verhütungsmitteln. Mehr als andere auch distanzieren sie sich vom zunehmenden Forschungseifer, der selbst massive Eingriffe in den weiblichen Körper sowie Schmerzen, verursacht etwa durch die soeben erfundene Spirale, bagatellisiert. Und die Ärztinnen aus Sexualberatungsstellen sind es schließlich, die das mangelnde Verantwortungsbewußtsein von Männern in Sachen Verhütung kritisieren. Dr. Alice Goldmann-Vollnhals, die eng mit ihren Kolleginnen aus den Sexualberatungsstellen der Ambulatorien der Krankenkassen Berlins zusammenarbeitet:

»Die Frau hat die Last der Fortpflanzung. Sie hat die Schemrzen der Geburt, die Gefahren des Wochenbetts, die Anstrengung des Stillens. Dazu wird ihr eine neue und nicht ungefährliche Last von dem Manne aufgebürdet. Die Frau soll es nun auch übernehmen, die Folgen des Sexuallebens abzuwenden.«[12]

Links: Informationsbroschüre aus den zwanziger Jahren
Rechts: Aufklärungsbroschüre aus dem Jahr 1929, verfaßt von dem Berliner Arzt Dr. Max Hodann, die sich vor allem an die Arbeiterjugend richtete. Versuche der Staatsanwaltschaft, die Schrift in mehreren Städten zu beschlagnahmen, trugen zu ihrer Popularisierung bei.

Hamburger Ortsgruppe des Deutschen Bundes für Mutterschutz und Sexualreform e. V.
Hamburg 26, Diagonalstr. 4, I

In unsern

Ehe- und Sexualberatungsstellen

erteilen wir Rat
in Fragen des Geschlechtslebens
mit allen seinen Auswirkungen
und Folgeerscheinungen

Sprechstunden:
Bezirk Zentrum:
Montags 7 - 8 Uhr abends, Kaiser-Wilhelm-Str. 95
Bezirk Eimsbüttel:
Donnerstags 7 - 8 Uhr abends, Bismarckstraße 79

das bekannte Tubenpräparat

in den Größen von 40–75 mm mit je 5 mm Abstand lieferbar.

MESSRINGE
zur Größen-Feststellung

Fromms Act Transparent
Fromms Act Heißvulkanisiert

Jahrzehnte bewährt.

Das warmvulkanisierte Präs. mit seiner jahrelangen Lagerfähigkeit.

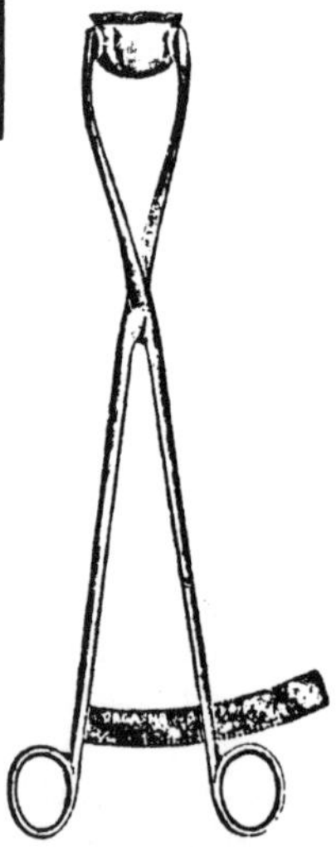

MESSZANGE
für Portio Kappen

Zu beziehen durch die Fachgeschäfte. Wenn am Platze nicht erhältlich, durch

„PEYSOL“ Sanitäts-Manufaktur | **BERLIN S 42** | Fernsprecher:
Inh. Wilhelm Jansen | Ritterstraße 114 | F 1 Moritzplatz 0295

Eine Familie, die die Gebärpropaganda befolgt hat: zehn Kinder

Der »Wille zur Mutterschaft«

So fortschrittlich und streitbar die Ärztinnen einerseits sind, so wenig können sie sich andererseits vom traditionellen Leitbild der Frau lösen. Fast alle sprechen vom weiblichen »Naturinstinkt«, Kinder zu gebären, und vom angeborenen »Willen zur Mutterschaft«. Für fast alle liegt der eigentliche Sinn weiblichen Daseins in der Ehe und Familie. Speziell für die proletarische Frau, deren Wohlergehen den Ärztinnen besonders am Herzen liegt, verspricht das häusliche Leben jedoch kaum Glück. Und das umso weniger, je größer der Kinderreichtum und je geringer das Verhütungswissen sowie die Möglichkeit, Verhütungsmittel zu kaufen, ist. Beratung und Aufklärung für proletarische Ratsuchende dient neben der wichtigen Einzelfallhilfe hinaus daher immer auch dem allgemeinen Ziel, die proletarische Ehe zu stabilisieren, die Gesundheit der Frau durch Geburtenregelung zu schützen und damit den »Willen zur Mutterschaft« auf ein solides Fundament zu stellen. Nur vereinzelt wird die Ehe als Institution der bürgerlichen Gesellschaft von den Ärztinnen in Frage gestellt. Und nur vereinzelt auch treten Ärztinnen für die Abgabe von Verhütungsmitteln ein, um Frauen ein unbeschwerteres und lustvolles Sexualleben zu gewähren. Meist werden Verhütungsmittel nur als Übergangslösung für noch nicht verheiratete Frauen akzeptiert. Und Ehefrauen verschreibt man solche lediglich bei bestimmten Indikationen – dieser Begriff wird schon 1910 von dem Berliner Gynäkologen Dr. Max Hirsch geprägt. Die Praxis der Sexualberatungsstellen, ob von Ärztinnen oder Ärzten geführt, zeigt 1928 ganz typisch eine Auswertung von Dr. Kurt Bendix, Chefarzt der Berliner Ambulatorien:

»Bei den Besucherinnen, die wegen Verhütung der Empfängnis kamen, also bei dem Gros, wurde versucht, festzustellen, ob eine wirtschaftliche, eugenische oder medizinische Indikation vorlag. War dies nicht der Fall, so wurde zunächst versucht, die Frau zu überreden, von Verhütungsmaßnahmen Abstand zu nehmen.«[13]

Das ungebrochene Festhalten am Mutterschaftswillen und an der Mutterschaftspflicht findet seinen indirekten Niederschlag auch in der Auseinandersetzung mit dem § 218. Keineswegs nämlich – und das gilt besonders für Sozialisten und Kommunisten – wird um das Selbstbestimmungsrecht der Frau grundsätzlich und für alle Zeiten gekämpft. Diese Forderung bleibt vielmehr an die Klassengesellschaft mit ihrer Klassenjustiz gebunden. 1922 schreibt die KPD: Nur solange die Gesellschaft die Versorgung der Mutter und die Pflege der Kinder nicht übernehmen will, muß man den Frauen das Recht zugestehen, selbst zu urteilen, ob sie imstande sind, ein Kind großzuziehen. Grundlegend anders gestalten sich die Verhältnisse im Sozialismus. Dieser wird umfassenden gesetzlichen Mutterschutz gewähren und genügend Kinderversorgungseinrichtungen zur Verfügung stellen. Der »Arbeiterstaat« wird darüber hinaus, so auch die kommunistische Ärztin Dr. Martha Ruben-Wolf in ihrer Schrift »Abtreibung oder Verhütung?« (1931), die »proletarische Auffassung« verwirklichen, daß die Mutterschaft die »soziale Funktion« der Frau bildet. Nicht länger müssen Frauen dann unter dem »Unsegen der schrankenlosen Fortpflanzung« leiden und zur Abtreibung greifen, weil jede Schwangerschaft in das »Glück der gewollten Mutterschaft« verwandelt wird.[14]

Die Konfrontation mit der proletarischen »Sexualnot« und dem Abtreibungselend in der täglichen Beratungspraxis ist es hauptsächlich, die sozialistische und kommunistische Ärzte am traditionellen Leitbild der Frau festhalten läßt und sie immer wieder erneut in ihrer Auffassung bestärkt, daß die Klassengesellschaft den »Willen zur Mutterschaft« unterdrückt und schmälert. In Beratungsgesprächen über Abtreibung und Verhütung wird daher auch nicht etwa angestrebt, die Existenz jenes Willens selbst einmal in Zweifel zu ziehen, sondern Frauen die gesellschaftlichen Ursachen ihrer Lage möglichst anschaulich nahezubringen. »Wir mobilisieren damit die Frauen zum Kampfe gegen die ganze Gesellschaftsordnung des Kapitalismus.«[15]

Richtungsweisend in dieser politisch gewiß notwendigen, subjektiv aber oft abstrakt bleibenden Herangehensweise – allein schon das proletarische Sexualleben mit all seinen Brutalitäten bleibt so völlig unberührt – wirkt der Arzt und Schriftsteller Dr. Friedrich Wolf. Er wird 1920 Stadtarzt in Remscheid. 1921 zieht er nach Worpswede in die Barckenhoff-Siedlung von

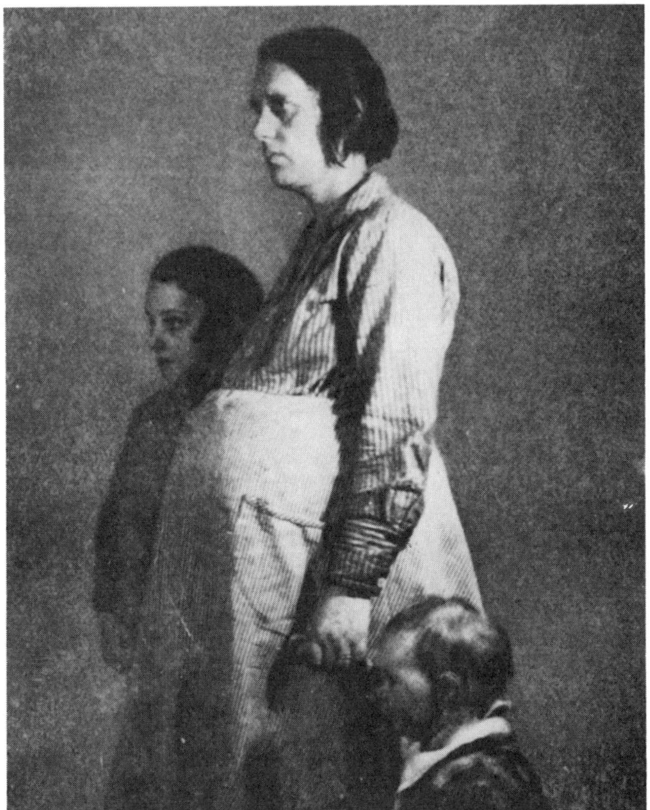

Heinrich Vogeler. 1927 läßt er sich in Stuttgart als Kassenarzt nieder. Inzwischen auch der KPD beigetreten, hilft Wolf vor allem seinen mittellosen Patientinnen, von denen er traurige Fälle des Abtreibungselends erfährt. Zum Beispiel auch jenen des Arbeitermädchens Hete, das an einem Abtreibungsversuch mit Cyankali zugrunde geht, und dem Wolf sein Drama »Cyankali« widmet. Am 29. September 1929 wird es am Berliner Lessingtheater von der »Gruppe Junge Schauspieler« – sie stammen aus dem Umkreis des international anerkannten Regisseurs Erwin Piscator – mit großem Erfolg uraufgeführt. Anschließend geht es an viele, auch ausländische Bühnen. Und überall macht es die Zuschauer betroffen, als das Arbeitermädchen Hete am Ende im Sterben liegt und noch verzweifelt fragt: »Hilft... uns... denn... niemand?«

Zur Zerschlagung der Protestbewegung

Durch »Cyankali« erhält die Protestbewegung gegen den § 218 zunächst einen ungeahnten Aufschwung: Hunderttausende ziehen auf die Straßen, vielerorts finden Kundgebungen statt, eine der eindrucksvollsten 1930 mit Friedrich Wolf und seiner Stuttgarter Kollegin Dr. Else Kienle im Berliner Sportpalast. Unmittelbar nach diesem Auftritt werden die beiden Ärzte vom Vorsitzenden der Württembergischen Ärztekammer denunziert und in der Hoffnung, die Spitze der Bewegung brechen zu können, am 19. Februar 1931 verhaftet. Doch mit dieser Aktion wird das genaue Gegenteil erzielt. Innerhalb weniger Tage schon entstehen 800 »Kampfausschüsse zur Verteidigung von Wolf und Kienle«, die Internationale Arbeiterhilfe (IAH) organisiert Aufgebote, über 1500 Agitationsveranstaltungen, organisiert vielfach von Mitarbeitern aus Sexualberatungsstellen, finden statt. Unter diesem öffentlichen Druck müssen die württembergischen Behörden Wolf und Kienle wieder freilassen. Danach klingt die Bewegung rapide ab. Entscheidenden Anteil daran haben Demonstrations- und Versammlungsverbote, verhängt vom Regierungskabinett Brüning, sowie die Mehrheitsentscheidung der SPD, dem nunmehr letzten KPD-Antrag auf Aufhebung des § 218 keine Stimme zu schenken. Zusammen hätten es die Arbeiterparteien 1931 geschafft, den § 218 zu Fall zu bringen. Und was geschieht dann?

»Von da an wurde den Frauen nicht mehr geholfen, wenn sie ungewollt schwanger wurden. Die Ärzte gingen 1933 aus Deutschland weg oder kamen in Konzentrationslager. Den Frauen wurde dann der Gedanke, Kinder in die Welt zu setzen, wieder schmackhaft gemacht. Denn Hitler brauchte Menschen. Doch die meisten Frauen durchschauten nicht, was das bedeutete, daß sie nämlich Kinder für den Krieg gebären sollten. Mir selbst ist das auch so gegangen. Ich war zwar keine Anhängerin von Hitler, aber ein unpolitischer Mensch und dachte, naja, Kinder, das ist etwas Schönes. Was uns in der Zukunft bevorstand, ahnte ich überhaupt nicht.«[16]

»Die Probleme der Abtreibung durften nach 1933 überhaupt nicht mehr erörtert werden. Man hatte sein Kind zu kriegen und Schluß. So bin ich auch damals von Siemens weggekommen. Also ich wurde freigestellt, weil ich eben ein Kind bekam. Das war damals bei den Nazis so. Kinder sollten ausgetragen werden, alles andere wäre undeutsch gewesen.«[17]

Doch noch mehr ereignet sich nach 1933: Im Interesse einer völkisch-rassistischen Politik wird der § 218 verschärft. »Arische« Frauen, die ungewollte Schwangerschaften abbrechen lassen, drohen hohe Freiheitsstrafen. »Erbkranke« und »minderwertige« Frauen müssen zwangsabtreiben, werden zwangssterilisiert. Bei »rasseschänderischem Verkehr« gestattet ab 1940 ein Geheimerlaß, die »Leibesfrucht auch gegen den Willen der Schwangeren zu vernichten«. Die Entscheidung über all solche Eingriffe besorgen »Erbgesundheitsgerichte« und spezielle »Gutachterstellen«. Zuarbeit leisten ihnen Beratungsstellen für »Erb- und Rassenpflege«, so das neue Etikett der Sexualberatungsstellen, die die Nazis in den Dienst ihrer Ideologie stellen. Die meisten Menschen, die Zeugen dieses besonderen Kapitels der deutschen Geschichte sind, leben nicht mehr. Umso wichtiger ist es, die Erinnerungen derer aufzuzeichnen und zu bewahren, die dazu beitragen können, die weithin verschütteten Bemühungen um Aufklärung und Beratung und Hilfe bei ungewollter Schwangerschaft zu dokumentieren.[18]

Anmerkungen

1 Die Stellung der KPD zu den §§ 218 und 219 des Strafgesetzbuches, in: Die Internationale, Heft 20, S. 462.
2 Pers. Gespräch mit Gerda P. (Jg. 1904) am 20.8.87 in Berlin.
3 Strafgesetzbuch von 1871.
4 Pers. Gespräch mit Gerda A. (Jg. 1914) am 30.9.87 in Hamburg.
5 Drei Briefe, in: Carl *Credé:* Frauen in Not. § 218, Berlin 1929, S. 111–112.
6 Jahrbuch 1926/27 der Ambulatorien des Verbandes der Krankenkassen Berlins, Berlin 1928. S. 83.
7 Erna *Glässmer:* Eheberatungsstellen und Geburtenverhütung, Stuttgart 1932, S. 7–8.
8 Carl *Credé:* Volk in Not! Das Unheil des Abtreibungsparagraphen (§ 218), Dresden 1927, Vorwort.
9 Die Kommunistin, Heft 4/1928.
10 Hedwig *Dohm:* Über Ehescheidung und freie Liebe, in: Sozialistische Monatshefte, Bd. 2, 1909.
11 Werbeprospekte zu einem Irrigator, Berlin 1930.
12 Jahrbuch der Krankenversicherung 1929, Berlin o.J., S. 182.
13 Kurt *Bendix:* Die Praxis der Berliner Beratungsstellen für Geburtenregelung, in: Geburtenregelung. Vorträge und Verhandlungen des Ärztekurses vom 28.–30. Dezember 1928, Berlin 1928, S. 47.
14 Vgl. Martha *Ruben-Wolf:* Abtreibung oder Verhütung?, Berlin 1931, S. 15.
15 Die Stellung der KPD..., a.a.O., S. 464.
16 Pers. Gespräch mit Erika R. (Jg. 1915) am 21.8.87 in Berlin.
17 Pers. Gespräch mit Gerda P.
18 Vgl. Kristine *von Soden:* Die Sexualberatungsstellen der Weimarer Republik, Berlin 1988, S. 146ff.

Rechts: Aus AIZ, Nr. 30/1928

Dr. Max Hodann, Berlin, der Vorkämpfer der Sexualpädagogik

Dr. Magnus Hirschfeld, Berlin, der Führer der deutschen Sexualforschung

Dr. Helene Stöcker, Berlin, die Gründerin des Bundes für Mutterschutz und Sexualreform

Dr. Heinrich Meng, Stuttgart, Herausgeber einer neuen Art gemeinverständlicher Literatur über Heilkunde und Psychoanalyse

Havelock Ellis, der Senior der internationalen Sexualforschung

Sexualforschung / Gebärzwang und Massenelend

Im preußischen Landtag wurden jüngst Mitteilungen über den gegenwärtigen Stand der Volksgesundheit in Preußen gemacht, die ein erschreckendes Zeugnis für die Verelendung breiter werktätiger Massen ablegen. Die niedrigen Löhne zwingen vielfach zum Kauf minderwertiger Nahrungsmittel. Beweis dafür das Ansteigen der Fleischvergiftungsfälle, im letzten Jahre von 1671 auf 3595. Unzureichende Ernährung ist auch die Ursache für die Ausbreitung vieler Krankheiten und Seuchen namentlich unter den Kindern. So hat z. B. die heimtückische Diphterie 24140 Kinder gegen 30336 im Vorjahre heimgesucht. Ein Drittel aller Tuberkulosefälle in Preußen entfällt auf Kinder im ersten Lebensjahr. Auch die gefährliche Kropfkrankheit, die zu geistiger Verkümmerung, oft zu Verblödung, führt, nimmt immer mehr zu. Die Säuglingssterblichkeit beziffert sich trotz starken Geburtenrückganges wieder wie im Vorjahre auf 10,1 v. H. Die allgemeine Sterblichkeit ist um 1,2 auf 12,8 pro Tausend gestiegen. Der Geburtenüberschuß verminderte sich von 8,0 im Jahre 1926 auf 6,1 im ersten Halbjahr 1927.

Diese Zahlen reden eine eindringliche Sprache. Sowohl die Zunahme der Sterblichkeit wie das Sinken der Geburten sind auf die allgemeinen schlechten Arbeits- und Wohnungsverhältnisse zurückzuführen. Trotzdem wehrt sich der preußische Wohlfahrtsminister Dr. h. c. Hirtsiefer gegen den geforderten Ausbau der Eheberatungsstellen zu Volks-Sexualberatungsstellen, die der grassierenden lebens- und gesundheitsmordenden kurpfuscherischen Fruchtabtreibung durch eine verständige Propagierung der gesundheitlich einwandfreien Schwangerschaftsverhütung wirksam zu Leibe rücken könnten. Für ihn ist jede künstliche Geburtenbeschränkung ein „Verbrechen am Staate" und sie fördern, hieße „der Unmoral die Hand bieten". Darum ist er um jeden Preis für die Aufrechterhaltung des Gebärzwanges mittels des Paragraph 218 ohne Rücksicht darauf, daß bereits heute unzählige Kinder schon im Mutterleibe hungern, siech werden und, wenn lebend geboren, infolge mangelnder Pflege, Unterernährung und Raumnot einen frühen Tod sterben.

Wie auf allen Gebieten wird sich auch hier die Arbeiterklasse nur selbst helfen können. Die aus ihrer Welt erwachsene, unabhängige Wissenschaft bietet ihr die Waffen der Erkenntnis gegen das verlogene Moralaposteltum der herrschenden Klasse, die für den Gebärzwang eintritt zur dauernden Sicherung einer großen Reservearmee von Proletariern als Lohndrücker und als Kanonenfutter für den kommenden Krieg. Der im Juli stattgefundene Kongreß der Weltliga für Sexualreform gewährte in 40 Vorträgen einen umfassenden Ueberblick über Stand und Forderungen der Sexualreform. Sexualpädagogik, Geburtenregelung und Sexualgesetzgebung. Es wurden Länderausschüsse für die aktive Arbeit gewählt. Dem deutschen Ausschuß gehören Max Hodann, Helene Stöcker und Heinrich Meng an. Von den Mitgliedern der Ausschüsse anderer Länder seien genannt: Kolontai und Pasche-Osserski-Rußland, Mayreder-Oesterreich, Marguerite-Frankreich, Sanger-Amerika.

Der Kongreß nahm mit Befriedigung davon Kenntnis, daß Sowjetrußland als einziger aller Staaten eine Reihe von Gesetzen durchführt, die dem modernen Stand der Sexualbiologie und Psychologie entsprechen.

Als auf eine praktische Maßnahme sei auf die in Berlin von dem Chefarzt der Berliner Krankenkassen Dr. Benedix, Dr. Hodann und Dr. Schmincke sowie Dr. Stöcker gegründete Sexualberatungsstelle in Neukölln hingewiesen. Eine gründliche Aufklärung über das ganze Problem gibt das in zweiter Auflage erschiedene Buch „Gegen den Gebärzwang! Der Kampf um die bewußte Kleinhaltung der Familie" von Emil Höllein. (Verlag E. Höllein, Berlin-Charlottenburg 5, Horstweg 5, Preis kart. 3,— Mark, gebunden 4,50 Mark zuzüglich Porto.)

Der Typus der gewerbsmäßigen Abtreiberinnen, beide mehrmals bestraft. Ihr schmutziges Handwerk wird erst verschwinden, wenn die Geburtenregelung, wie in der Sowjetunion, den Ärzten freigegeben wird. —

Eine Drahtbürste, die von den „Engelmacherinnen" zur Abtreibung verwendet wird

Die Mitglieder des internationalen Kongresses der Weltliga für Sexualreform, begründet von Ellis, Hirschfeld und Forel, der vom 1.—5. Juli in Kopenhagen stattfand

Zeichnung von Zille.

Ins Wasser

„Mutta, ist's ooch nich kalt?"

„Sei ruhig, mein Kind, die Fische leben immer drin!"

Das Wartezimmer der neueingerichteten Sexualberatungsstelle Berlin-Neukölln, Schönstedtstraße 13

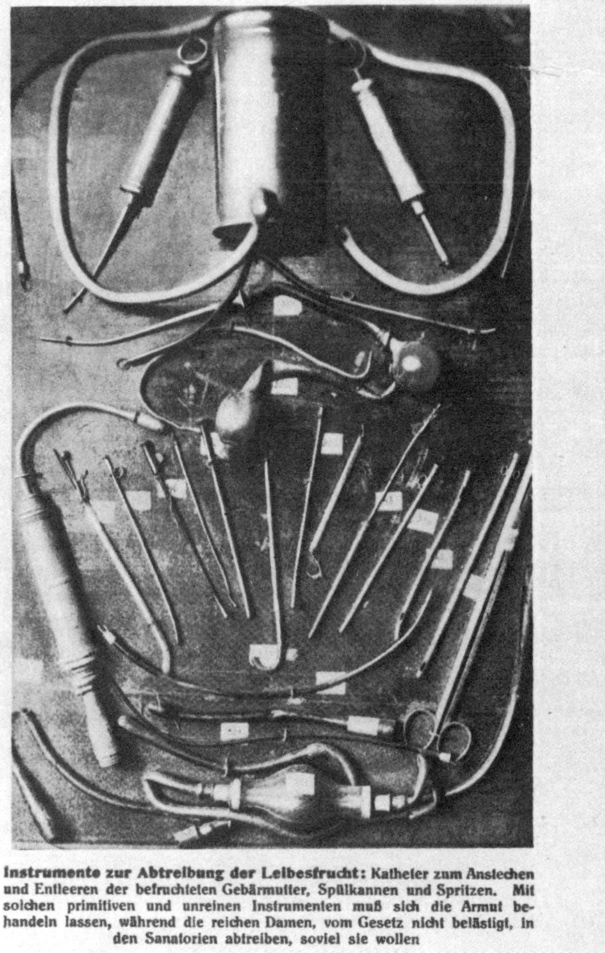

Instrumente zur Abtreibung der Leibesfrucht: Katheter zum Anstechen und Entleeren der befruchteten Gebärmutter, Spülkannen und Spritzen. Mit solchen primitiven und unreinen Instrumenten muß sich die Armut behandeln lassen, während die reichen Damen, vom Gesetz nicht belästigt, in den Sanatorien abtreiben, soviel sie wollen

Was verbittert die Ehe?
Links: Der Wohnstubenmonarchist in der Republik: „Zum Donnerwetter, ist das Essen noch nicht fertig?!" — **Rechts:** Keine gemeinsamen Interessen – er liest seine Zeitung, sie strickt. Zu sagen haben sie sich schon lange nichts mehr . . .

Die Liebe im Film. Diese verlogene und kitschige Darstellung menschlicher Liebesbeziehungen, wie sie in 99% aller Kinos gezeigt werden, sollen über die Misere der bürgerlichen Ehe täuschen und die erbarmungslose Wirklichkeit durch die „schöne Lüge" ersetzen. Leider fallen noch immer Viele auf diesen Schwindel herein!

„KAMERADSCHAFTS-EHE"?

VON

DR. MAX HODANN-BERLIN

Suche für Verw., äußerst tücht., pas-
sioniert., gebild. Landwirt, sehr zu-
rückgez., nur d. Beruf lebend, eine
durch und durch

tüchtige Frau

von reichem Innenleben u. wirkl. deut-
schem Gemüt. Es kommen nur Damen
i. Fr., die rein arischen Blutes sind,
v. tadellos. Ruf u. Lebenswandel, erfüllt
v. d. Wunsch, einem echt deutschen
Menschen wahrhafte Lebenskameradin
zu w., d. vorwärtsstreb. Mann pflicht-
bew. schaffensfrohe Gehilfin. die ihm
Sonnenschein in sein einf tes Leben
bringt u. v. d. heiligen Drang erfüllt
ist, mit solchem ein echt deutsch-christ-
liches Eheleben, aufgeb. auf unver-
brüchlicher Tr. u. voller Hingabe, d. s.
Damen von anspr. Aeußern, vollsch.
Figur, ferngef. u. a. Famil. stam-
mend, i. d. k. erbliche Krankheit vorh.,
im A. v. 28—38 J. (Witwe wie schuld-
los gesch. Fr. n. ausgesch.), mit gr.
Barverm. o. Grundbes. w. um vertrsv.
Zuschr. gebeten. Gew. Verw. Papier-
korb, v. Verw. erw. Betone jedoch
nochmals, daß sich nur wahrhaf
charakterv. u. in jeder Bez. tücht. Per
m. w., die sp. Anspr. darauf erhel
durch einen musterh. gef. Hausstand
glückl. Eheleben a. d. gr. Werk d.
Gesundung wie d. moralischen Neuauf-
bau v. Volk u. Vaterland mitgeh. z.
hab. Streng verbeten s. Zuschr. von
solchen Wesen, d. d. Bubikopf, Tabak-
qualmen, Negertänze u. andere un-
deutsche Tollheiten deutsches Frauentum
schänden, u. die i. Salonlöwen, Sport-
fex u. Modeaffen das Ideal des Man-
nes sehen u. gleich solchen Drohnen
ein Leben des Müßigg. zu leb. Zuschr.
unt. L. Y. 39132ab an d. Verlag d. B.

Der Liebessehnsüchtige von „wirklich deutschem Gemüt" bedient sich mit Vorliebe der Heiratsannonce. Großes Barvermögen, Grundbesitz, rein arisches Blut, sind ihm das sicherste Unterpfand für ein „echt deutsch-christliches Eheleben". Die Kinder kommen schon mit einem Hakenkreuzstempel auf dem xxx zur Welt . . .

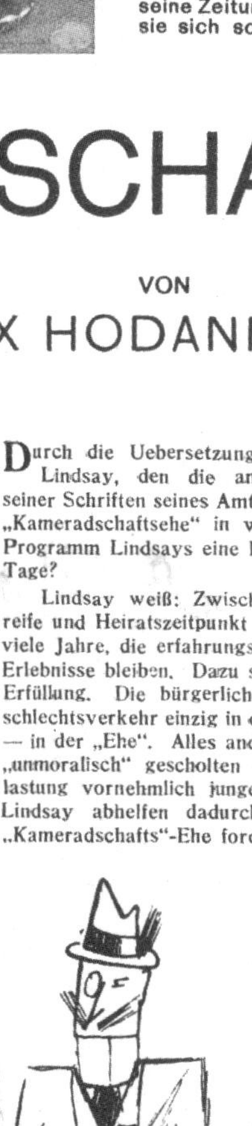

Durch die Uebersetzung des Buches von Jugendrichter Lindsay, den die amerikanische Bourgeoisie wegen seiner Schriften seines Amts enthob, ist das neue Schlagwort „Kameradschaftsehe" in weite Kreise gedrungen. Ist das Programm Lindsays eine Lösung aus der Liebesnot unserer Tage?

Lindsay weiß: Zwischen Erreichung der Geschlechtsreife und Heiratszeitpunkt liegen bei den meisten Menschen viele Jahre, die erfahrungsgemäß nicht ohne geschlechtliche Erlebnisse bleiben. Dazu schreit die Natur zu mächtig nach Erfüllung. Die bürgerliche Gesellschaft erlaubt aber Geschlechtsverkehr einzig in der von ihr konzessionierten Form — in der „Ehe". Alles andere wird geflissentlich entwertet, „unmoralisch" gescholten und sozial verfolgt. Dieser Belastung vornehmlich junger Menschen will der Richter Lindsay abhelfen dadurch, daß er eine „Probe-" oder „Kameradschafts"-Ehe fordert, die von der Gesellschaft genau so anerkannt werden soll, wie die übliche Ehe, aber leichte Scheidungsmöglichkeit bietet und so dem Sich - Erprobenwollen jugendlicher Menschen dienen soll, solange diese Eheform — — — kinderlos bleibt.

Das Statistische Jahrbuch für das Deutsche Reich, 1928, gibt an, daß in den 483 198 Ehen, die 1926 in Deutschland geschlossen wurden, nur 63 854 Männer unter 23 und 57 567 Frauen unter 21 Jahren waren. Das heißt, die übergroße Mehrzahl heiratete wenigstens fünf Jahre nach Erreichung der Geschlechtsreife, vielfach erheblich später. Dazu kommt, daß es nach der Volkszählung von 1925 im Alter zwischen 15 und 45 Jahren 1 445 699 Frauen mehr als Männer in Deutschland gab. Nach der Spruchpraxis des Reichsgerichts ist nun jede geschlechtliche Betätigung außerhalb der Ehe „Unzucht". „Auch der Beischlaf zwischen Verlobten gehört hierher" (Entscheidung von 1927). Wer also vor der Erwerbung der ehelichen Konzession Geschlechtsbeziehungen hat, treibt Unzucht, und jene nahezu 1½ Millionen Frauen haben auf Liebe zu verzichten. So unsere Richter. So unsere „bürgerliche Moral". — Seit indessen der Krieg alle bürgerlichen Werte hat zweifelhaft werden lassen, seit — schon weitaus länger — die Frau durch ihre Einbeziehung in die moderne Produktionstätigkeit begann, sich vom bequemen und verhältnismäßig billigen Haustier und Haushaltstier zur Staatsbürgerin zu entwickeln, fängt diese „Unzuchts"-Bezeichnung an, mehr und mehr ungläubiges Staunen, überlegenes Lächeln und nicht zuletzt Empörung hervorzurufen. Denn: Ist denn Heirat eine Frage der Moral oder der Liebe? Sie ist ein Vertragsabschluß auf Grund gewisser wirtschaftlicher Voraussetzungen, die man einigermaßen erfüllen muß und heute, bei steigender Existenzunsicherheit innerhalb der kapitalistischen Wirtschaftskrisen, unter dem Druck keineswegs gemilderter Wohnungsnot in immer späterem Alter zu erreichen Aussicht hat. Immer größer wird also die Spanne zwischen dem Alter der Erreichung der Geschlechtsreife und dem der Heiratsmöglichkeiten.

Und in den Jahren der Spanne? Was wird? Der Verkehr der „Verlobten" ist „Unzucht". Die nicht verheirateten Liebenden sind heimatlos. In der warmen Jahreszeit drücken sie sich auf den Bänken der Parks herum — — der „Bankverein", wie es der Mund des Volkes in zehrender Selbstverspottung genannt hat. In Hotels, zu deren Besuch meist das Geld fehlt, droht die Fremdenpolizei. Vermieterinnen nehmen Wucherpreise als Risikoprämie für „sturmfreie" Zimmer, als Entgelt für ihr Entgegenkommen, sich Kuppelei- und Aergernisprozessen auszusetzen. Und doch setzt sich die Liebe durch. In Formen neuer und würdigerer Kameradschaft zwischen Mann und Weib, fern der Prostitution, die früher vielfach und in weit höherem Maße als heute Auspuff für gestaute männliche Geschlechtsnot war. Die Tatsache vorehelicher Beziehungen ist gewiß für behäbige Spießer und Mucker mit schlechtem Gewissen nicht immer Anlaß, „Anstoß" zu nehmen. Trotzdem verliert der Trauring immer mehr von seiner ehemals sinnbildlichen Kraft.

Dabei wächst die Schätzung der Frau als Genossin. Nur eine Sorge bleibt in diesen Lebensgemeinschaften neuer Form: Die wirtschaftlich und immerhin vielfach auch noch sozial Katastrophen bedeutende Schwangerschaft. Hier kann der moderne Arzt durch Verhütungsberatung helfen, hier können die Krankenkassen den andernfalls provozierten Abtreibungen durch Lieferung der Schutzmittel vorbeugen. Aber wo sind die helfenden Aerzte? Es gibt welche. Aber es gibt auch die anderen, die jene noch wenigen Helfer geplagter Frauen terrorisieren, indem sie ihnen klarzumachen suchen, daß die „Verringerung" deutschen Volksbestandes mit den Standespflichten des deutschen Arztes in Widerspruch steht. Nur „dringende" Gründe lassen nach der Standesordnung der Aerzte (sowas gibt es 1929!) Ausgabe von Verhütungsmitteln angebracht erscheinen, und dazu rechnen allenfalls Tuberkulose und Herzfehler etc. in vorgeschrittener Form. Wohnungsmangel, Erwerbslosigkeit und so weiter sind für die „Standesordnung" keine „wichtigen" Gründe. Wie lange läßt sich das Proletariat diese Gruppe von Aerzten noch gefallen?

Nehmen wir jedoch an, die Frage der Verhütung untragbarer Schwangerschaft sei in jedem Falle gelöst, so bleibt doch das wesentliche Problem gerade für die junge

Die neue Zigarette!
ROTE SORTE
2 1/2 PFENNIG
KOLLEKTIVE
3 1/3 PFENNIG
AUS DEN EDELSTEN ORIENTALISCHEN UND KRIM-TABAKEN!
SOLIDARITÄT
ZIGARETTENFABRIK G.M.B.H. BERLIN SO 16

Alice Rühle-Gerstel

STIEFKIND DER ERZIEHUNG

»Das Frauenproblem der Gegenwart«, 1932

...In der Tat versagt die Erziehung der Frau, wie sie heute üblicherweise noch gehandhabt wird. Statt den Mädchen Selbstvertrauen und Mut einzuflößen, pflanzt sie ihnen die Blickrichtung auf die traditionelle Frauenrolle ein. Da diese aber eine zweitrangige Rolle ist, bewirkt die Erziehung zur Weiblichkeit Angst vor der Weiblichkeit oder Revolte gegen die Weiblichkeit. Anstatt die Umwelt kritisch zu interpretieren oder die Ungerechtigkeit, welche sie den Frauen erweist, als vorhanden, aber als überwindbar darzustellen, befleißigt sich die Erziehung vielmehr, die vorhandene Umwelt ideologisch umzufälschen und gleichzeitig als unverrückbar zu dekretieren. Anstatt den Mädchen das Leben als eine Stätte der Gemeinschaft der Menschen zu verheißen, legt sie es als Ort der Geschlechterkonkurrenz und Männervormacht aus. Anstatt jene Eindrücke, die das Mädchen von seiner körperlichen, sozialen und familialen Rolle empfängt, zu klären und in ermutigendem Sinne richtigzustellen, vertieft und verstärkt sie dieselben.

Ein traditionelles Weiblichkeitsideal, eine unbestimmte Vorstellung von dem verschiedenen Wesen der Geschlechter schwebt als Leitstern über dem Erziehungswerke. Sein Ziel ist: Einordnung der Frauen in jene Position des zweiten Geschlechts, welche ihnen von der derzeitigen Menschenordnung und scheinbar von der Natur zugewiesen ist. Es ist bewußt und unbewußt orientiert an der gewohnten Ideologie von der Artverschiedenheit und Machtverteilung der beiden Geschlechter und wirkt als Erhaltungsmittel dieser Ideologie.

Solche Erziehung wird dort erfolgreich sein, wo sie Frauen in die herrschende Norm einpassen kann, wo Menschen und Verhältnisse der Tradition gemäß funktionieren. Widerstrebt jedoch der Mensch – die Frau – individuell oder gruppenmäßig gegen ihre persönliche Zweitrangigkeit – oder haben die Lebensverhältnisse da oder dort bereits den herkömmlichen Rahmen gesprengt, so muß die Erziehung mißlingen. Erziehung zur Unterordnung gelingt entweder, dann sind jedoch ihr Resultat untergeordnete Menschen. Oder sie bringt trotz ihrer vollwertige Menschen hervor, dann werden diese gegen die Unterordnung ihrer Person oder ihres Geschlechts Einspruch erheben. Die Aufgabe der Erziehung ist, Menschen lebenstüchtig zu machen. Die Frau lebenstüchtig zu machen, das heißt aber unter den gegenwärtigen Verhältnissen, sie lebensuntüchtig machen, unangepaßt, im Widerstreit zu dem, was Herkommen und Gegenwartsgesinnung von ihr verlangt. Die Frauenerziehung trägt durchaus den Charakter dieses logischen Zwiespalts...

Knabenschulen – Mädchenschulen – Koedukation

Die ersten Lebensjahre bestimmen entscheidend die künftige Apperzeptionsform des Kindes. Wenn es dann mit sechs Jahren zur Schule kommt, geht es schon mit dem vorher erworbenen Erlebnisschema an die neuen Erlebnisse heran, und mit dem Ton der früheren Erfahrungen färbt es sie um. Das »unbeschriebene Blatt« ist in Wirklichkeit mit sympathetischer Tinte beschrieben. Wer freilich darauf mit einer entgegengesetzten Tinktur zu wirken wüßte, der könnte die »geschlechtliche Unschuld« der Kinder wiederherstellen: sie neu fähig machen zu allgemeiner Menschlichkeit, ohne die Scheuklappen der Geschlechtsnormierung. In Ausnahmefällen mag das ja auch wohl geschehen. Im großen ganzen jedoch sind Schulen, Erziehungsstätten und Lehrer selbst eine komplette Ausdrucksform der geltenden Geschlechtsideologie. Knabenschulen – Mädchenschulen, bis vor noch nicht langer Zeit nicht nur räumlich, sondern auch stofflich und didaktisch getrennt. Schüchterne Versuche in Koedukationsschulen haben die weitaus zahlreicheren Anhänger des getrennten Systems nicht zu überzeugen vermocht. Tiefste Weltanschauungsgegensätze wirken sich aus im Kampf um die Koedukation, die Zusammenschulung von Knaben und Mädchen. Die katholische Kirche, die in Deutschland auch auf das nicht konfessionelle Schulwesen entscheidenden Einfluß hat, erklärt (im Programm der Zentrumspartei): »Die allgemeine Durchführung der Gemeinschaftserziehung der Geschlechter wird aus psychologischen, erziehlichen und sittlichen Gründen abgelehnt.« Ob die Tatsache des gemeinsamen Schulunterrichts über ihre prinzipiell ideenkämpferische Bedeutung hinaus praktisch einen Ausgleich zwischen den Geschlechtern schaffen könnte, ist fraglich. Von einer Institution allein ist dies wohl kaum zu erwarten. In der Dorfschule ist die Koedukation schon seit jeher vorhanden, als ein Notprodukt des Lehrer- und Raummangels. Aber in der Dorfschule sitzen die Knaben auf der einen Seite der Klasse, die Mädchen auf der andern; fortwährend werden beide Parteien vom Lehrer gegeneinander ausgespielt. »Die Mädchen können bald besser rechnen als ihr Jungen, schämt euch«, sagt er, als ob es nicht anders denn selbstverständlich wäre, daß Jungens alles besser können sollen.

Klasse einer Berliner Mädchen-Gemeindeschule, 1929

Gemeinschaftsschule kann ein wichtiges institutionelles Hilfsmittel zur Annäherung und Entspannung der Geschlechter sein, mehr nicht. Solange sie nicht obligatorisch ist, werden in der Hauptsache jene Kinder dort zu finden sein, deren Eltern Anhänger einer freieren Lebensauffassung sind und infolgedessen die Geschlechtsermutigung schon zu Hause empfangen haben. Die andern Eltern, die streng auf die Verschiedenheit von Mann und Weib eingeschworen sind, bekreuzigen sich und lassen ihre Kinder lieber weite Schulwege machen und ungeschickte Lehrer in Kauf nehmen, ehe sie sie den »Gefahren« einer gemischten Erziehung aussetzen. Für den Großteil der Jugend gilt auch heute noch: räumliche, oder wo dies nicht möglich ist, wie auf dem Dorfe, wenigstens moralische Trennung der Geschlechter.

In Lehrstoff und Behandlungsmethode wurde noch bis vor kurzem (und vielfach heute noch) ein verschiedener Maßstab an die Geschlechter angelegt, ausgehend von der Meinung, der Geist und der Verstand sei recht eigentlich die Domäne der Männer. In aller Unschuld glauben die Lehrer, ihre guten und begabten Schülerinnen zu fördern, wenn sie sie wegen ihres »fast männlichen Verstandes« beloben.

Die ganze Schule ist ja ursprünglich eine nur oder vorwiegend für Männer getroffene Einrichtung, unter den Frauen wurden ehemals nur die hohen Standesdamen des Vorzugs der Bildung teilhaftig, noch im 19. Jahrhundert gab es reichliche Anhängerschaft für den Gedanken, den Frauen die Kenntnis des Lesens und Schreibens zu verwehren. Und über die Elementarkenntnisse, die im modernen Leben nun einmal unerläßlich sind, hat man die Frauen bis zu dieser Generation ja auch nicht hinausdringen lassen. Ein erbitterter, zäher und oft mit grotesker Kleinlichkeit geführter Kampf um die Frauenbildung hat allmählich zum Erfolg geführt. Eine seiner Etappen verdient Erwähnung. Um dieselbe Zeit, als die Frauenbewegung, Helene Lange an der Spitze, um die höhere Mädchenbildung kämpfte, stellte eine Oberlehrerversammlung den Satz auf:

»Es gilt, dem Weibe eine der Geistesbildung des Mannes in der Allgemeinheit der Art und der Interessen ebenbürtige Bildung zu ermöglichen, damit der deutsche Mann nicht durch die geistige Kurzsichtigkeit und Engherzigkeit seiner Frau an dem häuslichen Herde gelangweilt und in seiner Hingabe an höhere Interessen gelähmt werde, daß ihm vielmehr das Weib mit Verständnis dieser Interessen und der Wärme des Gefühls für dieselben zur Seite stehe.«

Die Frauen um vierzig herum wissen sich noch zu erinnern, wie sie als einzige oder mit noch ein oder zwei Leidensgenossinnen in das Knabengymnasium einzogen, dort allein, abseits von den Jungen in einer eigenen Bank sitzend, mit roten Ohren und verwirrtem Gemüt die schadenfrohe Erwartung der Kameraden und das herablassend-skeptische Wohlwollen des Lehrers in Empfang nahmen. Die erste Generation der Akademikerinnen denkt noch dran, wie sie vor Belegung eines Kollegs den Professor um Hörerlaubnis bitten mußten, und wie oft die Vertreter männlicher Geistigkeit den schüchternen Aspirantinnen auf Frauengeist ihr selbstgerechtes Nein entgegenwarfen. Diese Generation trägt noch im Geist den Stachel der Demütigung, den Ansporn, nur ja ebensogut in Integralrechnung und in der consecutio temporum zu bestehen wie die männlichen Altersgenossen... Noch 1918 war, wie der Kultusminister Boelitz im »Jahrbuch der Erziehungswissenschaft und Jugendkunde« 1927 berichtet, »keineswegs die Mädchenschulbildung als der Knabenbildung gleichwertig zu bezeichnen. Für die Mädchenschulen erschien der Partei (scil. der Deutschen Volkspartei) notwendig, die bisher bestehenden Schulen für die weibliche Jugend so auszugestalten, daß sie wie die Schulen für die männliche Jugend eine volle wissenschaftliche Ausbildung mit der Möglichkeit des Zugangs zur Universität gewährleisteten.«

Klassenausflug, 1929

Die Leistungen der Töchter

Nach dem Krieg hat sich schnell vieles ausgeglichen. Aber doch hauptsächlich in den intellektuellen Schichten und in den höheren Schulen. Die Fortbildungsschule z.B. ist erst neuerdings auch für Mädchen Pflichtschule geworden; sie zeigt aber noch ein teilweise geschlechtsgespaltenes Bild. Neben den Fachabteilungen für gelernte Arbeiter oder Angestellte, Handwerker oder Verkäufer gibt es eine Abteilung für Ungelernte. Die Knaben lernen darin Bürgerkunde, Werkunterricht usw., die Mädchen statt dessen Nähen, Kochen und Säuglingspflege. Es ist gut, daß sie das lernen, sie werden es eher brauchen als die Knaben; aber es geht daraus doch hervor, daß schon in der Kindheit und auch rein institutionell auf die Verschiedenheit der Interessen und Lebensbezirke hingearbeitet wird. Im übrigen sind heute fast alle Lern- und Ausbildungsmöglichkeiten für Frauen erschlossen. Aber in Anspruch genommen werden vor allem doch die, welche leichter erreichbar sind. Der Ausbildungsweg einer Richterin, einer Elektromonteurin, einer Maurermeisterin oder einer Inspektorin der Kanalisation wird auch heute noch selten begangen. Bevorzugt werden noch immer die »weiblichen« Berufe, dort nämlich, wo eine Berufswahl überhaupt in Frage kommt...

Das kleinbürgerliche Elternhaus steht eben auf dem Standpunkt: »Ein Mädchen braucht kein Gelehrter zu werden.« Seelisch ist dies für die Mädchen in gewisser Hinsicht ein Vorteil, weil sie nämlich weniger mit dem Ehrgeiz der Eltern geplagt werden; Schulzeugnisse, Aufsatznoten, Tadel- oder Lobzettel fallen bei den Knaben mehr ins Gewicht; unter anderm hat dies zur Folge, daß unter den Schülerselbstmördern viel mehr Knaben sind. Aber diese seelische Erleichterung wird aufgewogen durch eine Erschwernis anderer Art. Für den Jungen gilt die Schule als die Hauptsache. In die Schule gehen, für die Schule lernen, das scheint den Eltern die Hauptaufgabe des Knaben. Für das Mädchen erscheint die Schule eher nebensächlich, berücksichtigenswert in erster Linie als Übungsplatz für Pflichterfüllung und Sittsamkeit. Den geistigen Leistungen der Töchter wird höchstens soweit Wert beigemessen, als ein auffälliges Versagen etwas Spott und Kritik von Verwandten und Bekannten heraufbeschwören könnte. Dieser Einstellung entsprechend wertet man in den Schulzeugnissen der Jungen vor allem die Leistungen, unter diesen wieder besonders das Rechnen, das als typisch männliche Intelligenzleistung gilt und als solche kultiviert wird; bei den Mädchen aber legt man mehr Wert auf die Note für »Fleiß« und »sittliches Betragen«.

Die Schule steht also für die Tochter nicht wie für den Sohn im Mittelpunkt des von den Eltern abgesteckten Lebensbereichs; und deshalb wird das Mädchen viel weniger als Schulmädchen, denn der Junge als Schuljunge angesehen. Das Mädchen erhält neben der Schule als Lebensbereich das Haus angewiesen. Im Mittelpunkt des Mädchenlebens steht eine sonderbar gemixte Anwartschaft auf die künftige Rolle der Dame, Hausfrau und Mutter. Dies ist auch dórt, ja merkwürdigerweise besonders dort der Fall, wo die Eltern der Tochter keinesfalls das Leben einer Dame, nur ungewiß das der Hausfrau und Mutter in Aussicht stellen können. Traditionsgebundene Instinkte schieben hier die Kulissen des Neuzeitlebens verwirrend durcheinander...

Das zweite Geschlecht

Erziehung im Elternhaus, Erziehung in der Schule. Erziehung durch die allgemeine Atmosphäre, welche jedes einzelne Mädchen in der Welt umgibt, »Tyrannei der Norm«. Davon kann sich keine Frau ausschließen. Auf Schritt und Tritt findet sie Anschauungsmaterial dafür, daß die Frauen als das zweite Geschlecht gelten…

Die Erziehung hat also ihre erste Aufgabe: die Mädchen zur Bejahung ihrer Rolle, zum Selbstvertrauen zu befähigen, schlecht angepackt. Sie wirkt vielmehr als Erzeugerin von Angst, Mißtrauen und Ablehnung gegen die Geschlechtsrolle, als Erziehung zu Minderwertigkeitsgefühlen und kleinmütiger Resignation; oder als Züchterin leerer Eitelkeit, verantwortungsscheuer Schwäche und dem Streben nach umwegigen Erfolgen. Die zweite Aufgabe der Erziehung, die Vorbereitung auf die Lebensaufgaben, erscheint teils geglückt, teils mißlungen, je nachdem, was man als Lebensaufgaben der Frau ansieht: die Ausfüllung des ihr von alters her abgesteckten Platzes, die Erduldung des über sie verhängten Lebens, eine blasse Kopierung des Idealbegriffs der Weiblichkeit? Dann wäre die Erziehung geglückt. Oder aber eine selbstvertrauende, verantwortliche und gemeinschaftssinnige Auseinandersetzung mit dem Leben? Dann muß man sie als mißlungen bezeichnen.

Diese Doppelsinnigkeit der Lebensvorbereitung zeigt sich an jedem einzelnen der großen Lebensprobleme. Vieles z.B., was zur Arbeit günstige Bereitschaft schafft, lernt das Mädchen (ausgenommen das verzärtelte, das ist ganz schlecht vorbereitet) in dem ihm vorgezeichneten Kinderleben. Es lernt Fleiß, es lernt Hausarbeit, es lernt geben, ohne wieder zu verlangen, es lernet hin und her rennen, warten und parat sein. Aber sehr vieles, was zu erfolgreicher Arbeit ebenfalls nötig ist, lernt das Mädchen nicht. Da es stets unter Kommando arbeitet, lernt es nicht disponieren, da sein Arbeitsfeld die Familie war, findet es sich später »draußen« nicht oder schwerer als der Knabe zurecht. Da es mit täglich wiederkehrenden Dingen umgehen mußte, fehlte ihm Blick und Mut zum Ungewohnten und Erstmaligen. Deshalb ergibt die Betrachtung arbeitender Frauen jene oft bekrittelte oder zumindest konstatierte Kleinlichkeit, die sich je nachdem als Genauigkeit vorteilhaft oder als Kurzsichtigkeit nachteilig bemerkbar macht. Jenen Mangel an Horizont, Überblick und Initiative, jener Welteigenschaften, welche das Mädchen weder in der Schule noch im Elternhaus gezeigt oder auch nur gestattet bekam.

Nicht nur in Bezug auf die Arbeit ist die Vorbereitung der Mädchen halbschlächtig und unzugänglich. Horizont, Überblick, Initiative, Großzügigkeit, Selbständigkeit, Mut – sie fehlen ihr auch im Umgang mit Menschen. Der Radius war kleiner gezogen als beim Jungen. Die Auswahl der Menschen, kleiner und großer, mit denen das Mädchen zusammentreffen durfte, war sorgfältiger, oder es war jedenfalls überhaupt irgendeine Auswahl getroffen, dem Knaben dagegen die eigene Wahl gelassen. Der Begriff vom sittsamen Betragen und bescheidenen Gebaren hat die Entwicklung vielseitiger menschlicher Kontaktfähigkeit gehemmt, anstatt sie zu entfalten.

Bastelkarte für Mädchen

Bastelkarte für Jungen

Sexuelle Aufklärung

Und die Beziehungen zum andern Geschlecht? Hier versagt die Erziehung fast völlig. Allerdings sind auf diesem Gebiet die Knaben nicht besser dran, auch ihnen wird keine geschlechtliche Erziehung zuteil. Beim Mädchen erscheint dieser Mangel aber um so merkwürdiger, als doch die ganze Ideologie von der Mädchenerziehung auf dem Kernsatz steht: Das Mädchen soll heiraten, soll eine gute Frau und Mutter werden! Die Mädchenerziehung müßte also eigentlich ganz durchtränkt sein von der Richtungnahme auf das andere Geschlecht und auf die künftige Vereinigung mit ihm! Sie hat sich allerdings erwiesen als eine geschlechtliche, d.h. als eine nach Geschlechtsgesichtspunkten verfahrende, Geschlechtsdifferenzen in den Mittelpunkt stellende Erziehung. Sollte man aber unter geschlechtlicher Erziehung nicht vielmehr eine Erziehung verstehen, die im Hinblick auf die Funktion der Geschlechter – Liebe, Fortpflanzung, Sexualverkehr usw. – erfolgte? Was aber sich als das Geschlechtliche in der heutigen Mädchenerziehung darstellt, das ist lediglich das Geschlechtsunterschiedliche: die Herauswendung und Betonung, notfalls Erzeugung des sogenannten »weiblichen Wesens«, der seelisch-geistigen sekundären Geschlechtsmerkmale. Das »weibliche Wesen« – eine zweitrangige Abart der Gattung homo sapiens.

Eigentlich ist also die Mädchenerziehung unweiblich, denn sie lehrt keine Kenntnis des Mannes. Weder verfügt sie über das theoretische Rüstzeug in bezug auf Wesen und Charakter der Menschen, sondern meist nur über allgemeine Schlagworte und Geschlechtsfabeln, noch bietet sie dem Mädchen Gelegenheit, selbst praktische Erfahrungen mit dem andern Geschlecht zu sammeln. Der Vater und die Brüder, als das nächste Anschauungsmaterial, das ist für die meisten Mädchen der Ausgangspunkt ihrer Beziehung zum andern Geschlecht. Nicht in dem von der Psychoanalyse gemeinten Sinn, als ein blutsgebundenes Sexualattachement hinüber und herüber. Sondern viel allgemeiner. Der werdende Mensch schafft sich aus dem Nächsten seine Modelle: Der Vater wird das Vorbild des Mannes schlechthin. Was später kommt, ist durch das Wesen des Vaters präjudiziert, im guten und bösen Sinn. Die Aufgabe einer wirklichen geschlechtlichen Erziehung wäre hier gerade, falsche Verallgemeinerungen am Zustandekommen zu hindern, das Mädchen wissen und erleben zu lassen, daß keineswegs alle Männer so und so sind, nämlich so wie der Vater, sondern vielmehr sehr »so und anders«, nämlich wie vielfältige und vielspältige Menschenwesen.

Einen besonderen Teil in dem Ensemble der geschlechtlichen Erziehung nimmt die sexuelle Aufklärung ein. Es ist eine Errungenschaft neuester Zeit, daß man auch die Mädchen in die sexuelle Aufklärung einbeziehen will. Bis vor kurzem bezog sich das, was man so nannte, auf ein kurzes Zwiegespräch zwischen Vater und halberwachsenem Sohn über Verhütungsmittel und Geschlechtskrankheiten. Die Tochter wurde am Hochzeitstage von der errötenden Mutter beiseitegenommen und verschämt in die Handhabung eines Spülapparates eingeweiht. Das war alles. Es ist heute nicht viel anders. Von 155 befragten Frauen und Mädchen haben bloß drei (!) ihre geschlechtliche Aufklärung von den Eltern empfangen. Die allermeisten empfingen ihre ersten Kenntnisse von andern Kindern, fremden Leuten, durch Beobachtung oder am eigenen Leibe. Nicht einmal das Physiologische ist schon gesicherter Bestand der Erziehung. Über diese primitive Aufklärung hinaus das Sexualleben organisch und seelisch aufzufassen und es in dieser Weise den Kindern darzustellen, gilt auch heute noch dem Großteil der Eltern für absurd, unanständig, verderblich.

Und absurd, unanständig, verderblich, diese Attribute werden in der Mädchenerziehung allem Sexualleben abschreckungshalber beigelegt. Keuschheit und Unschuld gehören ja zum Inventar der weiblichen Charakterzüge! In sexualibus wirkt also die Erziehung bewußt auf Unkenntnis, gröbliche Ahnungslosigkeit und Distanz von der Wirklichkeit hin. Ahnungslos und wirklichkeitsfremd sind sie selbst, diese Mädchenerzieher, den wirklichen Zusammenhängen gegenüber blind oder sich blind stellend. Sie schmücken ihre kleinen Mädchen zur ersten Kommunion und vergessen die Wirrnis und Bedrängtheit, mit der die weißgekleideten Jungfrauen auf die Frage antworten werden: »Hast du Unkeusches getan? wie oft? mit wem?« Unkeusches... geheimnisvoll umnebelt von Ahnungen, halben Wörtern, tastenden Vorversuchen, von ängstlichen »Pst, Pst!« und empörtem »Pfui« – so ist die sexuelle Mädchenerziehung.

Die Erziehung hätte es in der Hand: Sie könnte die weibliche Minderwertigkeitsposition im Körperlichen, Sozialen und Familialen abmildern oder verstärken. Sie könnte auf Gleichheitlichkeit und Gleichkräftigkeit der Lebenspläne bei beiden Geschlechtern hinarbeiten; aber sie betont die traditionellen Verschiedenheiten. Verschiedenheit der Geschlechter aber, das bedeutet Geringergeltung der Frauen. So erlebt das Mädchen sich als minderwertig, die Umwelt als feindliches Land. Die Erziehung wirkt auf die Mädchen als Entmutigung. Sie ist eine Erziehung zu Minderwertigkeit und Minderwertigkeitsgefühlen.

(Aus: Alice *Rühle-Gerstel*, Das Frauenproblem der Gegenwart, Leipzig 1932. Zwischenüberschriften durch die Herausgeberinnen.)

Birgit Gatermann

»MALWEIBER«

Bildende Künstlerinnen in den zwanziger Jahren

»Nur in den seltensten Fällen drang die Frau, ..., in jene Regionen vor, in der die schöpferischen Urkräfte wirken. Das Allerhöchste aber hat eine Frau als gestaltende Künstlerin noch nie erstrebt, geschweige denn erreicht. Und es fragt sich, ob sie es je erreichen wird.«[1]

Dieses Urteil stammt aus der Feder des Stuttgarter Kunsthistorikers Hans Hildebrandt. Mit seinem 1928 erschienenen Buch »Die Frau als Künstlerin« wollte er den Malerinnen und Bildhauerinnen einen Platz in der Kunst- und Kulturgeschichte einräumen. Doch nach traditionellem Rollenverständnis wies er ihnen nur die »zweite Stimme im Orchester« zu,[2] machte sie zu »Nachahmerinnen«, »Damen« und umschiffte geschickt die damals gängigen Reizwörter von »Dilettantin« und »Malweib«. Typisch Mann?! – Der Tonus in den verschiedenen Medien der zwanziger Jahre von der Tagespresse über Kunstzeitschriften bis hin zum »Simplicissimus« war kein anderer. Die Äußerungen reichten von wohlwollender Kritik bis hin zur scharfen Ablehnung, immer jedoch blieben die Grenzen weiblichen Kunstschaffens klar gesteckt.

Ausstellungskataloge aus den Jahren 1919 bis 1933 geben eine Fülle von Frauennamen sowie Verweise auf deren Werke, doch das Schaffen und Leben der meisten dieser Künstlerinnen gehört schon lange der Vergessenheit an. Lediglich zwei Persönlichkeiten leuchten aus dem Wissensdunkel heraus: Paula Modersohn-Becker, die nach ihrem frühen Tod 1907 in den zwanziger Jahren fast zu einer Kultfigur verklärt wurde, und Käthe Kollwitz, 1919 bereits 52 Jahre zählend. Beide wurden für die jüngere Generation von Malerinnen und Grafikerinnen zu Leitfiguren. Geschickt griff die Kunstkritik diese weibliche Traditionslinie auf, um sie für ihre – zum Teil deutlich antifeministischen – Zwecke zu mißbrauchen. Die Individualität der einzelnen ging unter in einem allzu schnellen Vergleich mit der Modersohn oder Kollwitz. Parallelen zu männlichen Künstlern, die unbedingt relevant gewesen wären, unterließ man.

Höhere Töchter

Politisch, soziologisch und kulturell stellten die zwanziger Jahre in ihrer Vielschichtigkeit ein Novum dar. In der Kunst reichte die Spanne vom Spätimpressionismus über Expressionismus, Dada, Neuer Sachlichkeit bis zum Konstruktivismus. Künstlerinnen unterschiedlichen Alters und Schicksals versuchten, sich in dieser breitgefächerten Formenwelt zurechtzufinden und einen Platz auf der engen Kunstbühne zu erkämpfen. Ihre Herkunft und Erziehung, die sie im Wilhelminischen Reich, im zaristischen Rußland, in Frankreich oder in der Schweiz genossen hatten, zeigte dabei auffällige Übereinstimmungen. Über 80 Prozent stammte aus dem gehobenen Bürgertum und führte zunächst ein typisches »Höhere-Töchter-Dasein«. Man erwartete, daß sie als Muse, spätere Ehefrau und Mutter die tradierten Wertvorstellungen des Elternhauses fortführten. Die drei »Ks« (Kinder-Küche-Kirche) als Lebensziel!? Klavierunterricht, Lektüre der Klassiker, Mal- und Zeichenübungen bestimmten den Tagesrhythmus der Mädchen, konnten aber nicht über Eintönigkeit und Langeweile hinwegtäuschen. Der Historiker und Soziologe Theobald Ziegler schrieb 1891 über diesen Mißstand: »Unsere Töchter verlassen die Schulen in dem Moment, wo bei den Jungen das Interesse und die Freude an geistiger Beschäftigung eben erst erwacht. Und dann schleppt man sie durch das wilde Leben, die flache Unbedeutendheit unserer Gesellschaft, läßt sie pflichtlos als Schmetterlinge in der Welt herumflattern, sich putzen und zieren, kokettieren...«[3]

Erst nach dem Ersten Weltkrieg wandelte sich das Bild der jungen Mädchen deutlich. »Aus einem Zimmer- und Treibhausgewächs ist eine Freiluftpflanze geworden«, schrieb der Kunsthistoriker und -kritiker Max Osborn.[4] Der abgeschnittene Zopf, der Bubikopf wurde zum Symbol einer neuen Generation, die kritische Fragen zu stellen wußte.

Ella Bergmann-Michel (rechts) mit Mutter und Schwester

Schockiert standen die Eltern dem Wunsch ihrer Tochter nach einem Kunststudium gegenüber. Bilder vom großstädtischen Sündenpfuhl und lasterhaften Bohèmeleben an den Kunstschulen, Schreckensvisionen von Mädchen als »Malweiber« tauchten vor dem inneren Auge auf. »Daß du mir nicht etwa eine von den überspannten, unweiblichen Frauenzimmern wirst«,[5] hörte man manch ängstlichen Vater sagen. Man begegnete dem Ehrgeiz der Töchter mit Gleichmut, man schimpfte, verwarf, verstieß. Einige Familien brachen den Kontakt zur Tochter gänzlich ab. Als die Berliner Bildhauerin Renée Sintenis dem Drängen des Vaters nach einer Ausbildung zur Sekretärin nicht nachgab, kam es zur vollständigen Entzweiung. Vater und Tochter sahen einander nie mehr. Ein ähnliches Schicksal erlebte die Kölner Künstlerin Angelika Hoerle, die zum Dadakreis von Heinrich Hoerle, Wilhelm Seiwert und Max Ernst gehörte. Die Entscheidung, sich dieser Gruppe anzuschließen, führte bei dem Vater zu dem folgenschweren Ausspruch: »Ich habe keine Tochter mehr.«[6] Erst kurz vor dem Tod der tuberkulosekranken jungen Frau kam es zur Versöhnung.

Die meisten Malerinnen und Bildhauerinnen lebten in ständiger Spannung zum Elternhaus, immer auf Anerkennung und Integration hoffend. Viele junge Talente blieben aufgrund dieser frühen schmerzlichen Erfahrungen ein Leben lang künstlerisch gehemmt, geplagt von der Scheu des öffentlichen Auftritts und ständig wiederkehrenden Selbstzweifeln und Depressionen. Das Beispiel der Hamburger Malerin Anite Rée mag stellvertretend für andere stehen. Zögernd richteten ihr die Eltern ein kleines Atelier im Hause ein, beschäftigten sich jedoch niemals mit der Arbeit der Tochter. Nur die engsten Freunde erhielten Zugang zu diesen Räumlichkeiten. Kaum einem zeigte sie ihre Bilder. Ihr ganzes Leben über blieb Anita Rée ausgesprochen schwierig und hochsensibel, was die Kontaktaufnahme mit der Außenwelt betraf. Das Werk der alleinstehenden Frau ist geprägt durch große stilistische Sprünge und mangelnde Kontinuität, die eindeutig von psychischen Belastungen herrühren.

Ausbildung

Bis 1919 war den Künstlerinnen der Zugang zu den staatlichen Akademien verwehrt. Sie mußten auf Privatinstitutionen oder Kunstgewerbeschulen ausweichen. Was den Männern lediglich als Sprungbrett für die akademische Karriere diente, war für die Frauen die einzige Ausbildungsmöglichkeit: Paris vivant! Die französische Kunstmetropole wurde Hoffnungsschimmer und Magnet für viele junge Malerinnen und Bildhauerinnen. Die Privatakademien Julian und Colarossi sowie der Unterricht bei Henri Matisse oder Fernand Léger boten eine relativ gute Schulung und vor allem den Kontakt mit der künstlerischen Avantgarde. Regelmäßig traf man sich im Café du Dôme, fühlte sich endlich befreit von elterlicher Aufsicht und moralischen Zwängen der konservativ-bürgerlichen Heimat. Louise Breslau berichtete 1925 rückblickend:

»In Paris galt eine Frau, die malte, weder als größenwahnsinnig noch übergeschnappt. Man betrachtete sie als von der Natur begünstigt, ja als begnadet. Man liebte sie und feierte sie. Hier ist alles leicht und heiter, hier ist das Paradies!«[7]

Die Gleichberechtigung von Mann und Frau (1919 in der Weimarer Verfassung verankert) öffnete endlich auch für weibliche Bewerberinnen die Tore der staatlichen Akademien. Doch die Vorurteile gegenüber Künstlerinnen hatten Krieg, Novemberrevolution und Inflation überlebt. Akademieleitung und Professoren kultivierten weiterhin das Bild der »heiratswütigen« Schülerinnen mit mangelndem Talent. Alles wurde darangesetzt, ihre Zahl möglichst gering zu halten. Am 25.7.1919 schrieb das Dresdner Akademiesekretariat an das Ministerium des Innern: »... auch wird darauf hingewirkt werden, die Zahl der weiblichen Studierenden tunlichst zu beschränken.«[8] Der Anteil der Schülerinnen überstieg während der gesanten zwanziger Jahre kaum die Siebzehn-Prozent-Marke, und die schich-

Hilde Goldschmidt

»Tanzskizzierabend«, 1929

Louise Rösler, »Café in Paris«, 1925

tenspezifische Zusammensetzung der angehenden Künstlerinnen blieb identisch mit den Verhältnissen vor 1914. Weiterhin stammte der überwiegende Anteil der Auszubildenden aus dem gehobenen Bürgertum der Beamten, Offiziere und Akademiker – sprich einer Gesellschaftsgruppe, die vorwiegend konservativ geprägt war. Der klägliche Rest verteilte sich auf junge Mädchen aus dem unteren Mittelstand. Aus der Arbeiterschaft kam keine einzige.[9] Die Schülerinnen blieben »die Mädchen aus gutem Hause«, die sich deutlich von männlichen Klassenkameraden und Studentinnen an den Universitäten unterschieden. Dennoch normalisierte sich das Bild in den Kunstklassen zusehends. Die männlichen Mitschüler gewöhnten sich nicht nur an den Anblick der jungen Mädchen im Unterricht, sondern lernten es auch, sie zu akzeptieren.

Häusliche Bindungen

Die Jahre des Studiums bedeuteten für viele Künstlerinnen die erste wirkliche Chance, sich ganz der eigenen Person und dem bildnerischen Schaffen zu widmen. Es entstanden Arbeiten, die auf eine hoffnungsvolle Karriere deuteten. Hanna Nagel aus Karlsruhe, Erna Dinklage aus München, Louise Rösler aus Berlin, sie alle wurden von ihren Lehrern und Freunden gefördert und erhielten rosige Zukunftsprognosen. Was blieb davon? Gesellschaft und Erziehung zogen vielen ehrgeizigen Wunschvorstellungen einen Strich durch die Rechnung. Obwohl die Zahl erwerbstätiger Frauen seit der Jahrhundertwende beständig anwuchs, verboten die Konventionen des gehobenen Bürgertums den Gelderwerb für ihre eigenen Töchter. Finanziell blieben diese somit ans Elternhaus gebunden und vergaben die Chance, durch den Verkauf von Bildern in Kontakt mit der Öffentlichkeit zu kommen. Erst die Folgen des Ersten Weltkrieges und der Inflation von 1923, die zahlreiche Familien in den Ruin trieben, erzwangen hier einen allmählichen Umdenkungsprozeß. Hinzu kam, daß die Angst vor der Rolle als Außenseiterin, vor der Unabhängigkeit mit ihren finanziellen Risiken, manche Künstlerin, kaum, daß sie sich einen Freiraum erkämpft hatte, wieder in eheliche und familiäre Bindungen zurückdrängte. Sonia Delaunay heiratete ihren ersten Mann, um ihre gesellschaftliche Stellung zu sichern und um die Angehörigen zu beruhigen. In ihrer zweiten Ehe mit Robert Delaunay gab sie sogar über Jahre hinweg die freie Kunst auf. Die Bilder von Hanna Nagel geben beredt Auskunft über das Leben dieser Frau, die Kunst als Berufung verstand und sich dennoch in den Pflichten und Aufgaben der Haus- und Ehefrau verzettelte. Einen ganz anderen Aspekt schildert der Fall Gabriele Münters, die während der langjährigen Beziehung zu Kandinsky immer auf eine Heirat gehofft hatte. Die Trennung 1916 führte zum psychischen und künstlerischen Zusammenbruch. Die darauffolgende Zeit war geprägt durch zahlreiche Reisen durch Skandinavien und Deutschland, durch Aufenthalte in Kopenhagen, Berlin und Frankreich. Ihre äußere Rastlosigkeit ging einher mit dem inneren Verlust an Kreativität und künstlerischer Ausdruckskraft. Ihr zaghafter Neubeginn in der zweiten Hälfte der Weimarer Republik als »Gabriele Münter-Kandinsky« scheiterte. Nur sporadisch beteiligte sie sich an großen Gruppenausstellungen. – Eins von vielen Schicksalen alleinstehender Künstlerinnen?

Verheiratet oder unverheiratet, immer wurde ihnen die Unvollkommenheit des Lebens bewußt und hemmte den Schaffenseifer. Die Arbeit ging nur langsam voran, wurde durch

Hanna Nagel, »Ehe«, 1930

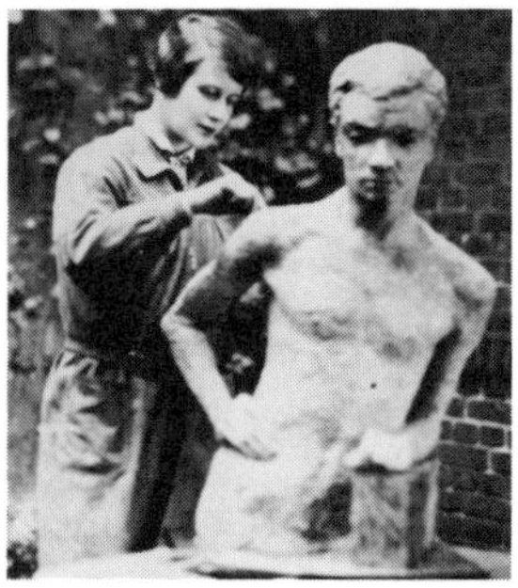

Ilse Fehling, 1929

andere Tätigkeiten unterbrochen und gestört. Die Hand blieb ungelenk, der Pinselstrich wirkt stockend und zeigt von der Angst vor der leeren Leinwand. »Ich bin trotz Fleißes nur sprunghaft vorangekommen«, schrieb Charlotte Berend-Corinth 1926, »denn ich durfte nur einen Teil meiner Seele für mich klingen lassen, nur ein Teil meiner Kraft für mich brauchen.«[10] Nur wenigen herausragenden Talenten mit dementsprechender Durchsetzungskraft – wie Käthe Kollwitz, Paula Modersohn-Becker oder Renée Sintenis – gelang es, sich intensiv dem eigenen Schaffen zu widmen.

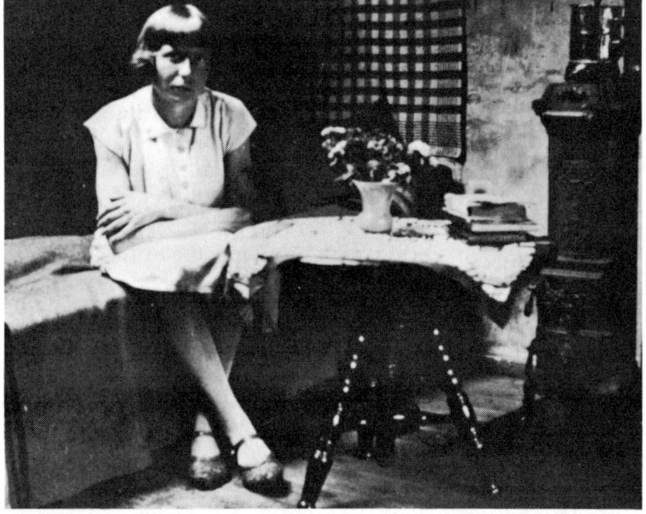

Grethe Jürgens in ihrem Atelier in Hannover, 1928

Alexandra Exter, »Tänzerin«, 1921

Renée Sintenis

Die neue Frau

Die bildnerische Welt der meisten Künstlerinnen bestand hauptsächlich aus Porträts des Familien- und Bekanntenkreises, aus Blumenstilleben und Interieurs. Stilistische Anregungen holte man sich aus den gängigen Kunstzeitschriften. Diese inhaltliche und formale Beschränktheit resultierte aus der Enge des Alltags, in dem diese Frauen lebten. Nur wenige besaßen den Mut wie die Berlinerin Jeanne Mammen, in Kneipen, Bars und auf der Straße sich ihre Motive zu holen.

Das Bild, das die Medien der zwanziger Jahre von der »neuen Frau« entwarfen, war – nimmt man es ganz wörtlich – ein Kunstprodukt, die Illusion einer »Hyperfrau«, die es verstand, Familie und Beruf, traditionelles Rollenverständnis und Emanzipation in Einklang zu bringen. Vieles hatte sich gewandelt, vieles mußte differenzierter betrachtet werden als noch zehn Jahre zuvor, doch das Bild der »goldenen Zwanziger«, der Glamourgirls und des Charleston hatte seine Brüche, konnte die weitverbreiteten konservativen Moralansätze nicht vertuschen. Wenigen gelang der Durchbruch, als moderne Frau und Künstlerin das pulsierende Leben der Zeit künstlerisch umzusetzen bzw. selbst ein Teil dieses neuen Lebens zu werden. Tamara de Lempicka in Paris entwickelte in ihrer Malerei eine Bildsprache, die dem modernen technologischen und gesellschaftlichen Dasein entsprach. In Berlin wurde Renée Sintenis – weniger durch ihre Kunst als kraft ihrer Persönlichkeit – zu einer Schlüsselfigur der zwanziger Jahre. Mit ihren 1,80 m, dem strengen kantig-schönen Gesicht und der auffällig schlicht-männlichen Kleidungsweise konnte man sie auf den zahlreichen Veranstaltungen, denen sie beiwohnte, kaum übersehen. Sie zählte zu den Stamm-Künstlern des Berliner

Jenny Wiegmann, Kopf, 1920

Galeristen Alfred Flechtheim, über dessen Soirées folgendes »Rezept« aufgelistet wurde:

»Man nehme sehr viele schöne Frauen, fünf Mitglieder der Haute-Banque, mehrere andere Bankiers, je fünf prominente Schauspielerinnen, Schauspieler, Tänzerinnen und mehrere berühmte Rechtsanwälte, Dichter, Parlamentarier, Frauenärzte, Boxer, etwas von der Konfektion, Matrazen, die Sintenis und Hatvany, ...«[11]

Renée Sintenis besaß Kontakte zu bedeutenden Intellektuellen der Zeit wie Albert Einstein. Ihr Konterfei zeigte sie sogar in Werbeannoncen für Schweizer Uhren.

Jeanne Mammen, ebenfalls in Berlin lebend, eroberte sich einen festen Platz als Grafikerin und Illustratorin führender Zeitschriften. Hannah Höch fand mit ihren Collagen in nationalen und internationalen Avantgardekreisen breite Anerkennung und wurde eine der wenigen, die stilinnovativ hervortrat. Berlin bot als neue Kulturmetropole, als pulsierende Großstadt die besten Möglichkeiten zur Selbstverwirklichung von Frauen und insbesondere von Künstlerinnen. In den konservativen Zentren Karlsruhe oder München waren es meist nur wenige, die mit Hilfe von Beziehungen in der Öffentlichkeit bekannt wurden.

Prof. Dr. Waetzold, Generaldirektor der Museen, die Malerin Frau Prof. Berend-Corinth, der Kunstkritiker Dr. Max Osborn, Frau Röhricht, die Gattin des Malers Dr. Röhricht. (Bild und Bildunterschrift aus: »Die Dame«, Heft 14, Jahrgang 1929/30)

»Ausnahmepersonen«

Viele Malerinnen und Bildhauerinnen, die den Durchbruch schafften, hatten dem Mutterideal abgesagt, die Außenseiterposition und damit das antibürgerliche Leben akzeptiert. Dafür mußten sie es sich gefallen lassen, von der Presse und breiten Masse als häßliche Intellektuelle und Zwittergestalten dargestellt zu werden.

Wie eng das äußere Bild der Frau auch in anderen Fällen das künstlerische Schaffen überlagerte, zeigt beispielhaft das 1931 geschriebene Vorwort zur Gedenkausstellung von Maria Slavona:

»Sie war eine seltene, in aller Kultiviertheit dämonische Farbenbegabung, tief geordnet und nobel durchgeistigt, aber nicht intellektualisiert und spezialisiert, sondern ebensoviel Interesse zeigte sie für ihr Kind, ihre Wohnung, für die letzten Fragen des Lebens, für die ungemalten und unmalbaren Dinge, die ihr begegneten und sie entzückten. Sie war eine umfassende, geniale Frauenseele, die unter anderem auch wunderbar malte, und deshalb nicht zu machen, nicht zu merkantilisieren, ein großmütiger Luxus, den die Natur sich leistete.«[12]

Künstlerinnen als Luxusgeschöpfe, die besser nicht am harten Kampf auf dem Kunstmarkt teilnahmen, so hatten es die männlichen Kollegen gern und nur allzu leicht fügten sich die Frauen in diese Rolle. Daß ihnen damit die finanzielle Grundlage und die Chance auf öffentliche Anerkennung genommen wurde, erkannten die meisten viel zu spät. Eine Studie aus dem Jahre 1922 fand heraus, daß – sofern keine anderen Erwerbsquellen vorhanden – 87,5 Prozent der Malerinnen gegenüber 34,5 Prozent der Maler unter dem Existenzminimum lebten.[13]

Wirtschaftliche Not und gesellschaftliche Ausgrenzung begünstigten das Einzelkämpfertum unter den Künstlerinnen. Man hoffte, als »Ausnahmeperson«, als »männliches Talent« den Weg nach oben leichter zu schaffen. Die verschiedenen Künstlerinnenvereine, die sich in den zwanziger Jahren wie ein Netz über Deutschland ausbreiteten, versuchten, dieser Tendenz entgegenzuwirken. Der Verein der Künstlerinnen zu Berlin, schon Mitte des 19. Jahrhunderts gegründet, besaß 1924 über 500 Mitglieder, ähnlich der Künstlerinnen-Verein in München. Der Frauenkunstverband von 1913 mit dem Vorsitz von Käthe Kollwitz besaß in zahlreichen großen Städten Ortsgruppen, genauso wie die dreizehn Jahre jüngere Vereinsgründung der Gedok (Gemeinschaft deutscher und österreichischer Künstlerinnen). Diese Zusammenschlüsse gaben bildnerisch tätigen Frauen ein Forum des geistigen und künstlerischen Austausches und sorgten für finanzielle Unterstützung. Der von Männern dominierten Kunstlandschaft standen sie trotzdem relativ machtlos gegenüber. Die Jurien der bedeutenden Ausstellungen zeigten weiterhin das bekannte »Gruppenbild mit Dame«, die regelmäßigen Frauenausstellungen erhielten nur spärliche Notiz in den Medien. Lediglich die großen thematischen Überblickspräsentationen wie »Die Frau von Heute« (1929) oder »Die Gestaltende Frau« (1930) fanden größere Aufmerksamkeit. Doch die Medaille hatte ihre Kehrseite. »Frauenverbände«, »Frauenausstellungen« etc., alle diese Wortpaare mündeten zwangsläufig in die Gleichung »Kunst von Frauen = Frauenkunst« ein. Ein gefährlicher Automatismus, der von damaligen Künstlerinnen scharf abgelehnt wurde. Die Weste saß zu eng. Man spürte, daß hiermit der eigenen schöpferischen Individualität nicht genug Rechnung getragen wurde.

Die Situation bildender Künstlerinnen in den zwanziger Jahren muß sehr differenziert beurteilt werden. Errungenschaften waren sicherlich in dem Bereich der Ausbildung erzielt worden. Die moderne Großstadt – und hier insbesondere Berlin – bot eine bisher nicht gekannte Offenheit und Toleranz jungen Frauen und bildenden Künstlerinnen gegenüber. Selbst die Alleinstehende oder Lesbierin fand hier Wege der Integration. Die lebendige Galerienlandschaft mit führenden Persönlichkeiten wie Alfred Flechtheim, Ferdinand Möller, Paul Westheim etc. gab Malerinnen und Bildhauerinnen die Chance, ein Forum zu finden. Doch daneben hatten viele konservative Strukturen überlebt. Jurien und Vereine waren immer noch von Männern dominiert, die Rezensionen wurden immer noch vorwiegend von Männern geschrieben, die wirtschaftlichen Depressionen der zwanziger Jahre verschärften den Konkurrenzkampf der Geschlechter, und die traditionsorientierten Klein- und Mittel-

Varvara Stepanova und Alexander Rodtchenko in Moskau, 1925

städte sowie Karlsruhe und München wehrten sich vehement gegen das neue Bild der Frau. Die Zeit war insgesamt zu kurz und zu oft von innenpolitischen und wirtschaftlichen Miseren erschüttert, um durchgreifende Veränderungen bezüglich der Situation der Künstlerinnen zu bewirken. Und – das darf nicht vergessen werden – ein Großteil der Frauen selbst war auf ein unabhängiges, eigenständiges Leben noch nicht vorbereitet.

Hannah Höch, 1926

Anmerkungen

1 Hans *Hildebrandt*, Die Frau als Künstlerin. Berlin 1928, S. 8.
2 Ebenda, S. 109.
3 Theobald *Ziegler*, Die soziale Frage eine sittliche Frage. 1891. Zitiert nach: Renate *Berger*. Malerinnen auf dem Weg ins 20. Jahrhundert. Kunstgeschichte als Sozialgeschichte. Köln 1982, S. 39.
4 Max *Osborn*, Frauenporträts. Ausstellungs-Katalog: Georg Schicht-Preis für das schönste deutsche Frauenporträt. Fritz Gurlitt. Berlin 1928.
5 Elfriede *Dieckmann*, Innere Probleme des Studentinnenlebens. In: Die Frau. Bd. 27, 1919/29, S. 37.
6 Heinrich *Hoerle*, Leben und Werk. Köln 1981, S. 291.
7 Louise *Breslau*, Eine Rede von 1925. Zitiert nach: Renate *Berger*, »Und ich sehe nichts, nichts als die Malerei«. Frankfurt/M. 1987, S. 165.
8 Werner *Reimann*, Über den Kampf der Frauen in Deutschland um akademische Ausbildung auf dem Gebiet der bildenden Kunst. In: Studien zur Geschichte der Hochschule für Bildende Künste Dresden, Heft 1. Dresden 1983, S. 13.
9 Ebenda, S. 13.
10 Charlotte *Berend-Corinth*, Mein Leben mit Lovis Corinth. Hamburg 1984, S. 91.
11 1921 für die Marée-Gesellschaft. Zitiert nach: Renée *Sintenis*, Plastiken. Zeichnungen. Druckgrafik. George-Kolbe-Museum Berlin 1984, S. 18.
12 Maria Slavona Gedenkausstellung, Berlin 1931, S. 6.
13 Fritz *Hellwag*, Die derzeitige wirtschaftliche Lage der bildenden Künstler. Sonderdruck aus Band 152 des Vereins für Sozialpolitik »Die geistigen Arbeiten«. Berlin 1922, S. 156.

Renate Seydel

STARS DER ZWANZIGER

Asta Nielsen

Asta Nielsen wurde am 11. September 1881 als Tochter einer Waschfrau und eines einfachen Arbeiters in Kopenhagen geboren. Sie verlebt ihre Kindheit in Malmö, besucht die Königliche Schauspielschule in Kopenhagen und spielt 1902 im Dagmar-Theater. 1910 holt sie Urban Gad zu ihrem ersten Film »Abgründe«, bis auf einige wenige spielte sie alle Filme in Deutschland, 1932 in ihrem einzigen Tonfilm.

Wer Geburtsstunde und Triumphzug des Films beschreibt, nennt ihren Namen an erster Stelle. Sie ist unablässig bemüht, die stumme Sprache des Films zu vervollkommnen, und Gebärde und Mimik sind von ihr ausgeprägt und von einmaliger Präzision, Ausdruckskraft und Überzeugung. Sie gestaltet die Ausgestoßenen und Gestrauchelten, die Mondänen und Lasterhaften, Landstreicherinnen und Waisenmädchen, Emanzipierte, Bankiersgattinnen und Generalstöchter. In Rollen von Shakespeare, Dostojewski, Strindberg, Ibsen und Wedekind tritt sie gegen die Welt des Scheins auf der Leinwand auf. Sie filmt mit den bedeutendsten Schauspielern ihrer Zeit: Greta Garbo, Paul Wegener, Eduard von Winterstein, Albert Bassermann, Conrad Veidt, Käthe Dorsch. Als Asta Nielsen auf dem Höhepunkt ihrer Karriere Nazi-Deutschland verläßt, tut sie das, weil sie unter der Diktatur nicht leben will und kann. Nur noch einmal steht sie in Kopenhagen auf der Bühne, dann widmet sie sich dem Schreiben und der Gestaltung von Collagen.

Mit ihrem ersten Mann, dem Maler, Bühnenbildner und Regisseur Urban Gad lebte Asta Nielsen seit 1910 in der Kaiserallee in Berlin. Statuen und Heiligenfiguren zierten die Räume, Gobelins, Riesenleuchter, schwere Teppiche, Säulen und Spiegel. Sie war befreundet mit Paul Wegener, Joachim Ringelnatz, Gerhart Hauptmann, mit dem russischen Schauspieler Grischa Chmara; sie machte Theatertourneen und spielte die »Kameliendame« auf der Bühne. In den zwanziger Jahren erlebte sie ihre produktivsten Arbeitsjahre, und es entstanden in dieser Zeit nahezu 30 Filme mit tragenden Rollen. Sie starb am 25. Mai 1972.

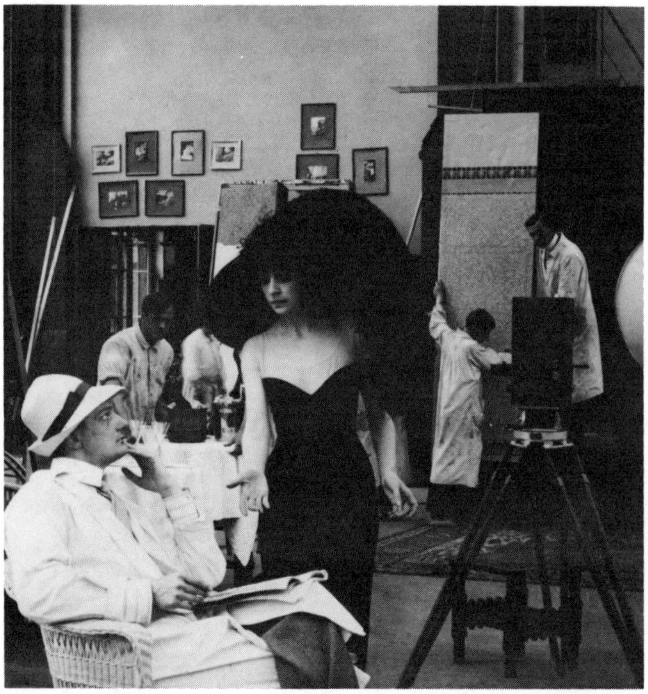

Urban Gad mit Asta Nielsen, 1912

Ringelnatz und Asta Nielsen, 1930

Mein erster Film nach dem Krieg wurde Strindbergs »Rausch«. Regie führte der neu aufgetauchte Ernst Lubitsch, dessen späterer Weltruf damit seinen Anfang nahm. Lubitsch und Kräly, der später auch in Hollywood landete, schrieben das Drehbuch, und dabei entstanden manche Meinungsverschiedenheiten zwischen ihnen und mir. Alles, was meiner Ansicht nach ausgeprägt filmisch und dazu für Strindberg bezeichnend war, wurde verworfen und im Drehbuch durch ganz alltägliche Einfälle ersetzt, die Strindbergs Geist und Stil so fern lagen wie nur möglich.

Die gesamte deutsche Presse setzte nun hinsichtlich der Weiterentwicklung des künstlerischen Films große Hoffnungen auf mich. Bedeutende Regisseure hatten ihn schon ein gutes Stück weitergebracht, in erster Linie Paul Wegener, Deutschlands größter Strindbergdeuter. Wir lernten uns bei den Aufnahmen zu dem Stummfilm »Steuermann Holk« kennen. Er spielte die Titelrolle, ich seine verführerische, oberflächliche und treulose Geliebte, die ihn in den Tod treibt. Wir waren ein höchst ungleiches Paar, aber gerade dieser Unterschied war wie geschaffen für die Zusammenarbeit in Filmen, deren Handlung und Figuren sich von den alltäglichen, billigen unterscheiden. Aus unserem gemeinsamen Wirken entwickelte sich eine enge, unverbrüchliche Freundschaft, und sooft wir Zeit hatten, besuchten wir uns in unseren Wohnungen. Er und Alfred Abel waren meine liebsten Partner.

Die Reihe großer Filmregisseure setzte sich in Deutschland mit Fritz Lang, Ludwig Berger und Murnau fort, wozu als bedeutender Experimentator noch Leopold Jessner kam. Chaplin begeisterte mit seinem »Goldrausch«, Rußland mit Eisenstein und Pudowkin, und Frankreich machte mit dem Meisterwerk »Die Passion der heiligen Johanna von Orleans« von dem dänischen Regisseur Carl Theodor Dreyer aufmerksam, wo das ganze Drama ausschließlich in Nahaufnahmen gedreht wurde, und eine Zeitlang führte Schweden mit den Regisseuren Victor Sjöström und Mauritz Stiller. Aber auch große Schauspieler hatten sich ernsthaft dem Film verschrieben. Dem Pionier Wegener folgten Bassermann, Emil Jannings und Werner Krauß, um nur einige zu nennen, und der weibliche Anteil wurde bald von keinen Geringeren als Käthe Dorsch, Lucie Höflich, Elisabeth Bergner, Tilla Durieux und Maria Orska bestritten.

Hatte man in Europa wohl die besseren Schauspieler, so fehlten die Geldmittel, um den Kampf mit Amerika aufzunehmen, das sich während der Kriegsjahre den ersten Platz auf dem Weltmarkt sichern konnte. Den behielt es dank seiner einmaligen Regisseure und seines technischen Niveaus aus gutem Grund. Wie lange man die künstlerisch hohe Stufe in Berlin noch halten konnte, war darum nur eine Frage der Zeit.

Die Inflation in Deutschland griff in einem Maße um sich, wie es sich selbst die blühendste Phantasie nicht ausmalen kann. Leute verkauften Haus und Hof für Summen, die wenige Tage später nur noch zu einem Mittagessen langten. Sie verließen große Villen und zogen in möblierte Zimmer, die auch bald zu teuer wurden. Die Jugend konnte eben noch mit dem Leben klarkommen, aber die Älteren und die Alten hatten nichts mehr zu investieren. Selbstmorde waren an der Tagesordnung.

Die Trabanten des Krieges – Hunger, Elend und Versehrte – beherrschten Stadt und Land. Blinde ließen sich von Führhunden durch die Straßen zerren, und gelähmte Krüppel lehnten an Mauern und reckten den Vorübergehenden flehend die zitternden Finger entgegen. Das Vaterland ehrte die »Helden« des Krieges mit einem Orden auf der zerlumpten Uniformjacke und mit einer Erlaubnis zum Betteln.

Aber Schritt für Schritt arbeitete man trotz allem am Wiederaufbau Deutschlands. Landwirtschaft und Industrie hatten kaum Schaden genommen und warteten nur darauf, daß man die Hand an den Pflug legte und die Räder wieder in Gang setzte. Und ein Freiheitshauch, der Berlin sonst nicht auszeichnete, wehte plötzlich durch die Stadt.

Maler breiteten auf den Fußsteigen ihre Leinwände zum Verkauf aus, man verweilte bei ihnen und diskutierte ihre Werke. In allen Sprachen stand man mit Berlin auf du und du, man unterhielt sich mit wildfremden Menschen über alles, von der Kunst bis zu den Marktpreisen. Ein Bückling kostete, ebenso wie die Ortsgebühr für einen Brief, Millionen. Die Gemüsefrauen schleppten mit Banknoten gefüllte Kartoffelsäke auf den Markt, der Wind wirbelte die Scheine davon, Millionen flogen einem buchstäblich um die Ohren: Wer machte sich die Mühe, nach Millionen zu greifen? Die Preise stiegen unaufhörlich. Sah man etwas, was man kaufen wollte, mußte man es umgehend tun, denn nur wenig später konnte man es sich vielleicht nicht mehr leisten.

Die Milliarden und Billionen, die als Tagesgagen in den Ateliers ausgezahlt wurden, waren am nächsten Tag oft nichts mehr wert. Darum sauste man unmittelbar aus dem Atelier in die Geschäfte, um das Geld in Kleidung oder Viktualien umzusetzen. Man lebte von einer Stunde zur anderen, ohne daß die Arbeitsfreude vermindert wurde: Solange man arbeitete, liegt man mit im Rennen.

Und in den deutschen Filmateliers wurde unter Hochdruck gearbeitet. Ich selber erhielt Gelegenheit, Shakespeare, Dostojewski, Strindberg, Ibsen und Wedekind zu spielen, aber, wie es immer geht, der goldene Mittelweg lag am fernsten. Die Firmen, die sich jetzt Ambitionen leisteten, versuchten sich gegenseitig in künstlerischen Experimenten zu überbieten. Man wählte die ungeeignetsten Stoffe und überließ sie örtlich berühmten Theaterregisseuren, die nicht die leiseste Ahnung vom Film hatten. Eine dünkelhafte intellektuelle Wichtigtuerei griff um sich.

Der Film, der es auf ein breites Publikum abgesehen hat, kann und darf aber nicht auf übertriebenen Experimenten beruhen. Man will begreifen, was man sieht. Tut man das nicht, wendet man sich davon ab.

Das bedeutete natürlich Wasser auf die Mühlen jenes Teils der Branche, der sich dem Fortschritt des künstlerischen Films schon immer in den Weg gestellt hatte. Das alte und ewig junge Schlagwort der Produzenten, es lohne sich nicht, künstlerische Filme zu drehen, gewann die Oberhand. Der künstlerische und wirtschaftliche Erfolg wirklich guter Filme wurde als reiner Zufall gewertet, sooft sie das Gegenteil bewiesen. Man retirierte in die Hintertreppenunterhaltung der Vergangenheit, was natürlich mehr Geld in die Kasse brachte als die mißglückten Experimentalfilme.

Nach drei glanzvollen Jahren löste ich aus privaten Gründen meine eigene Gesellschaft auf. Sie hatte mir die beste Gewähr gegeben, mein erreichtes Prestige zu bewahren. Nun war ich nur noch freischaffend tätig und erwarb bald den Ruf, die einzige Filmschauspielerin zu sein, die fast alle Angebote ablehnte.

(Quelle: Asta Nielsen: Die schweigende Muse)

Henny Porten

Henny Porten wurde am 7. Januar 1890 als Tochter des Sängers und Regisseurs Franz Porten in Magdeburg geboren. Bereits 1907 posiert sie in »Tonbildern«, einer pantomimischen Illustration zu Opernarien. Später wird sie Star der Meßter-Film, meist unter der Regie ihres Ehemannes und Partners Curt Stark, der 1915 im ersten Weltkrieg fällt. Henny Porten stellt tragische und komische, robuste und warmherzige Frauenrollen gleichermaßen emotionell und überzeugend dar. Sie spielt in bürgerlichen Lustspielen und Heimatfilmen, in Melodramen und verkörpert Rollen aus der Weltliteratur. Anfang der zwanziger Jahre heiratet sie den Arzt Wilhelm von Kaufmann, der 1924 die Produktionsleitung ihrer Filme übernimmt. Sie wohnen in einer Villa in Berlin-Dahlem, Parkstraße 74. Von 1920 bis zum Beginn des Tonfilms entstehen nahezu 40 Filme. Als sie ihre Ehe mit ihrem jüdischen Mann nicht lösen will, wird sie künstlerisch kaltgestellt und ist nur noch in wenigen Filmen zu sehen. Nach dem Krieg erhält sie im westdeutschen Film kein akzeptables Filmangebot. Die DEFA bietet ihr 1954 zwei Charakterrollen an, und sie erfährt damit ihr Comeback. Henny Portens Typus war entfernt von Glamour und Raffinesse der zwanziger Jahre, sie war kein Idol weiblicher Emanzipation, zu nahe einem Bild blonder Mütterlichkeit. Die Ausrichtung auf typisch deutsche Rollen war charakteristisch für ihre Filme. Sie war die erste beim Publikum bekannte deutsche Schauspielerin, und sie beeinflußte den Film dieser Jahre nicht nur als Publikumsliebling, sondern setzte sich ein für alles, was ihm mehr Seriosität verlieh und für ein bürgerliches Publikum akzeptabel machte: die Nähe zum Theater, zur Literatur, bildenden Kunst. Daß sie 1919 Gerhart Hauptmanns Rose Bernd sein durfte, war ihr höchste künstlerische Erfüllung. Viele ihrer stummen Filme der folgenden Jahre richten sich gegen gesellschaftliche Vorurteile und Mißstände. Sie trug mit ihrem Engagement für den ernst zu nehmenden Film wesentlich zur sozialen Anerkennung des Filmschauspielers bei. Sie starb am 15. Oktober 1960.

Im Frühjahr 1930 entschloß ich mich, meinen ersten Tonfilm »Skandal um Eva« zu spielen. An die Vorarbeiten, besonders an die Mitarbeit am Manuskript, ging ich mit wahrem Feuereifer heran, weil es doch wirklich etwas ganz Neues für mich war – und welcher ernst schaffende Künstler suchte nicht immer nach neuen Wegen und Möglichkeiten, um das zu gestalten, was er in seinem Inneren fühlt, um den Menschen immer wieder etwas Neues zu geben!

Es kam dann noch einmal ein Rückschlag, und zwar war das in den allerletzten Tagen vor Beginn der Aufnahmen: da hatte ich plötzlich das Gefühl, nein es geht nicht, du hast deine Kräfte überschätzt, du wirst mit dieser neuen Sache nicht fertig werden. Aber dann habe ich mich zusammengerissen, und in dem Augenblick, da ich im Atelier stand und die ersten Sätze sprach, hatte ich eine ganz merkwürdige Empfindung: es war wie eine Erlösung für mich; ich kam mir fast wie Dornröschen vor, das aus hundertjährigem Schlaf erwacht. Nach diesen ersten Anfängen war ich in ganz kurzer Zeit mit dem Neuen so vertraut, als hätte ich nie etwas anderes gemacht. Als ich dann bei der Uraufführung des Films fühlte, wie meine Stimme und Sprache auf die Menschen wirkten, war ich völlig besiegt. Ja, ich ertappte mich sogar bei dem Gedanken, ob nicht manche Szenen meiner früheren Filme einen viel stärkeren Eindruck gemacht hätten, wenn diese Filme schon Tonfilme gewesen wären. Denn das war vielleicht beim stummen Film für uns Künstler alle ein großer Nachteil: die geschriebenen Titel, die selbst im besten Fall nur Ersatz und Notbehelf sein konnten.

(Quelle: Henny Porten: Vom Kientopp zum Tonfilm)

Henny Porten beim Boxtraining, 1918

Henny Porten während einer Rundfunkaufnahme, 1924

Tilla Durieux

Tilla Durieux wurde am 18. August 1880 in Wien als Tochter eines Universitätsprofessors geboren. Nach einer Ausbildung als Klavierlehrerin besucht sie die Theaterschule in Wien. Das Kgl. Städtische Theater in Olmütz und das Lobe-Theater in Breslau sind ihre ersten Stationen. 1910 kommt sie nach Berlin an Max Reinhardts Deutsches Theater, später ist sie am Lessing-Theater und am Schauspielhaus am Gendarmenmarkt fest engagiert. 1910 schließt sie die Ehe mit dem Kunsthändler und Verleger Paul Cassirer, der sich 1926 das Leben nimmt. 1930 heiratet sie den Generaldirektor von Schultheiß-Parzendorfer, Ludwig Katzenellenbogen, mit dem sie 1933 emigriert. Sie schließt sich in Jugoslawien der Widerstandsbewegung an. 1952 kehrt sie als 72jährige nach Deutschland zurück.

Steil war Tilla Durieux' Aufstieg verlaufen, an den Berliner Bühnen feierte sie große Triumphe. Ihre unpathetische, realistische Darstellung und ihr Äußeres beeindruckten das Publikum stark, und sie verhalf neuen Autoren und Stücken zum Erfolg. Ihr Haus in Berlin, in der Victoriastraße 35, im Tiergartenviertel, wurde zum kulturellen Treffpunkt in der Weimarer Republik. Es waren künstlerisch beglückende Jahre in ihrem Leben, prominente Kunstschaffende, Kritiker, Schauspieler, Dichter, Maler trafen sich in dem Salon. Die geistig-politischen Auseinandersetzungen der zwanziger Jahre wurden deutlich spürbar. Nach mehreren Emigrationsorten und nach der Verschleppung Ludwig Katzenellenbogens durch die Gestapo war sie vollkommen auf sich selbst gestellt. Sie arbeitete aktiv im Widerstand und später als Näherin in einer Staatlichen Puppenbühne in Zagreb. Für sie gab es nur ein Ziel: wieder auf einer deutschen Bühne zu stehen. Nach dem Aufbau einer zweiten Karriere bedeutete 1970 die Ehrenmitgliedschaft im Deutschen Theater Berlin ihre höchste Anerkennung und Auszeichnung. Sie starb am 21. Februar 1971.

In den ersten Jahren meines Zusammenlebens mit Paul Cassirer lernte ich Leo Kestenberg kennen. Er war ein Schüler von Busoni, gab aber seine Konzertlaufbahn auf zugunsten anderer Interessen. Er beschäftigte sich viel mit Arbeiterfragen. Ich wollte damals mein Klavierspiel noch nicht aufgeben und erbat von ihm Stunden. Im Verlauf dieses Unterrichts fragte er mich, ob ich ihn bei Vorträgen für Arbeiter unterstützen wollte, und ich sagte sofort zu. Der einzige probenfreie Vormittag war Sonntag. Ich fuhr mit ihm nun Sonntagvormittag in die Hasenheide, eine Arbeitergegend, und nach anderen Vororten Berlins, wo sich die großen Versammlungssäle befanden. Das Programm stellten wir sehr sorgfältig zusammen, in dem Bestreben, nur das Beste zu bieten. Zuerst war ich sehr befangen, mehr als im Theater, als ich aber sah, mit welcher Dankbarkeit und mit welchem Interesse die Arbeiter unsere Leistungen aufnahmen, machte es mir bald ein großes Vergnügen. Kaum einen Sonntag ließ ich ohne einen Ausflug in die Arbeiterviertel vergehen. Das dauerte an, bis der Krieg diese Veranstaltungen unterbrach. Paul war mit diesen Vorträgen sehr einverstanden, aber seine Familie war außer sich. Wir wählten Melodramen, und Kestenberg begleitete mich, ich rezitierte Goethe, Schiller, Dehmel, Herwegh, Chamisso. Dazwischen spielte Kestenberg klassische Musik. Nach einem solchen Vortrag kam eine unscheinbare Frau auf mich zu und fragte mich: »Warum tun Sie das?« – Ich war erschrocken, denn meine Kollegen ließen es nicht an bissigen

Tilla Durieux auf Starpostkarte

Tilla Durieux in einer Bühnenrolle, 1925

Bemerkungen fehlen, so daß ich wieder Vorwürfe befürchtete. Als ich sagte, daß es mir eben Spaß mache, lächelte sie mich an und sagte: »Ich bin Rosa Luxemburg.« Das war der Anfang einer Reihe von Zusammenkünften mit dieser großen Frau, die ich allerdings geheimhielt, um nicht noch mehr auf mein schuldiges Haupt zu laden. Einmal lernte ich durch sie auf einer Versammlung flüchtig Karl Liebknecht kennen. Während des Krieges konnte ich sie im Gefängnis über Kestenberg unterstützen, und ihr schreckliches Ende war ein großer Schmerz für mich.

Im Jahre 1927 sah ich im Staatstheater eine Aufführung von Schillers »Die Räuber« und lernte dabei einen für mich neuen Mann kennen, Erwin Piscator. Seine Regie gefiel mir so sehr, daß ich seine persönliche Bekanntschaft suchte. Er erzählte mir von seinen Plänen, die mich so fesselten, daß ich mich entschloß, ihm das Geld für ein Theater zu verschaffen. Ich gab ihm vierhunderttausend Goldmark, und er mietete das »Theater am Nollendorfplatz«, eines der größten Theater in Berlin. Es wurde mit »Hoppla, wir leben!« von Ernst Toller am 3. September 1927 eröffnet. Erst in der folgenden Aufführung übernahm ich eine Rolle, und zwar die Zarin in dem Stück »Rasputin«. Piscators Begabung ist unbestreitbar, er war der erste, der nach Max Reinhardt neue Wege in der Inszenierung ging. Er versuchte, den Film mit der Sprechbühne zu verbinden, und kam dabei zu erstaunlichen Resultaten. Auch als er Pallenberg in der epischen Satire »Die Abenteuer des braven Soldaten Schwejk« am laufenden Band marschieren ließ und Landschaften und künstliche Menschen an ihm vorbeizogen, gab es eine Wirkung, die neu und fesselnd war. In »Konjunktur« von Leo Lania verkörperte ich die südamerikanische Erdölagentin, als Partner hatte ich Curt Bois, während in »Rasputin« Wegener und Erwin Kalser an meiner Seite standen, nicht zu vergessen der zu früh verstorbene Alexander Granach als Lenin. Aber alle diese Einrichtungen kosteten so viel Geld, daß sie mit dem Eintrittsgeld des zahlreich hinströmenden Publikums des großen Hauses nicht gedeckt werden konnten. Nach kurzem Bestehen mußte das Theater schließen. Der Tumult in der Presse über die Aufführung war ungeheuer. Die heftigsten Angriffe hagelten auf das Unternehmen herab. Der Kaiser ließ aus Doorn seinen Einspruch geltend machen gegen mein Erscheinen in »Rasputin«. Ich hatte mich nun wieder einmal in die Nesseln gesetzt.

(Quelle: Tilla Durieux, Meine ersten neunzig Jahre)

Marlene Dietrich

Marlene Dietrich wurde am 27. Dezember 1901 als Tochter eines Polizeileutnants in Berlin-Schöneberg geboren. Ihre Kindheit und Jugend verlebt sie in Berlin. Nach einem abgebrochenen Musikstudium in Weimar beginnt sie 1922 an der Schauspielschule des Deutschen Theaters in Berlin Unterricht zu nehmen. Bis 1930 spielt sie in fünfzehn Theaterstücken und sechzehn Filmen kleinere und umfangreichere Rollen, außerdem steht sie in den beliebten Revuen der zwanziger Jahre im Großen Schauspielhaus, sowie in Komödien und Lustspielen auf der Bühne. Ihre Partner sind Elisabeth Bergner, Harry Liedtke, Willi Forst, Fritz Kortner, Hans Albers, Margo Lion, Oskar Karlweis, Heinz Rühmann und andere, bis sie 1930 von Josef von Sternberg für den Film »Der blaue Engel« engagiert wird. Unter der Leitung dieses Regisseurs beginnt im gleichen Jahr ihre Hollywood-Karriere, die sie mit so bedeutenden Regisseuren wie Jacques Feyder, Ernst Lubitsch, René Clair, William Dieterle, Alfred Hitchcock, Billy Wilder, Fritz Lang, Orson Welles, Stanley Kramer fortsetzt und zum Leinwand-Idol wird. In den fünfziger Jahren baut sie sich eine Karriere als Sängerin auf.

In den zwanziger Jahren stand Marlene Dietrich in Berlin am Beginn ihrer Laufbahn und lernte die Wirklichkeit der Bühne kennen, sowohl als Statistin wie als Darstellerin von Halbwelt-Damen im Film. Die musikalische Unterhaltung stand hoch im Kurs, sie war Komparsin, Tanzgirl, Choristin in großen Ausstattungs-Revuen und Nummern-Varietés. Die Rezensenten bemerkten bereits in Kritiken »ihre sanft gefährliche Weiblichkeit«, die »delikate Haltung und müde Eleganz«, die »überzeugende Körperlichkeit«, man sprach von der »Beredsamkeit ihrer Beine«, der »somnambulen Art der Bewegung«, von der »Fähigkeit, Unschuld und Laster andächtig zu vereinen«, vom »Zauber ihrer halb geschlossenen, verschleierten Augen«, von »einem Beinpaar, das über die Mittelklasse hinausging«. Sie fiel durch extravagante Kleidung auf, durch das Tragen eines Monokels und dem Spiel auf der »Singenden Säge«. Im Kollegenkreis hieß sie »Das Girl vom Kurfürstendamm«.

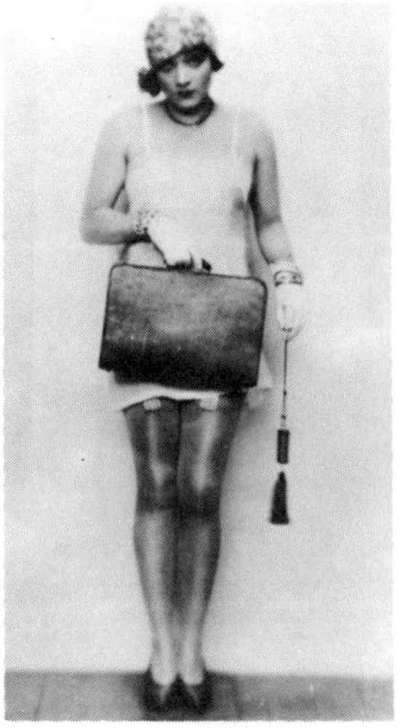

Die Tatsache, daß man uns in die Reinhardt-Schule aufgenommen hatte, war schon ein Schritt vorwärts. Wir hatten uns eine »gefährliche« Karriere ausgesucht, wie man uns sagte, aber uns reizte gerade die Herausforderung.

Gefährlich oder nicht, es war wunderbar. Die Arbeit wurde uns nie zuviel. Wir bemühten uns, auch den schwierigsten Anweisungen der Lehrer gerecht zu werden und uns ihre Kenntnisse anzueignen. Wir studierten.

Jeden Tag berichtete ich meiner Mutter, was wir erreicht oder versucht hatten zu erreichen, und sie hörte mir geduldig zu. Zu jener Zeit war Rudolf Sieber Regieassistent in dem Joe-May-Film »Tragödie der Liebe«. Er hatte den Einfall, mit der Gewohnheit zu brechen, für die Komparserie die »professionellen« Statisten zu engagieren. Er wollte sie lieber durch unbekannte Gesichter ersetzen. So wandte er sich an die Reinhardt-Schule und erbat sich angehende Schauspielerinnen, denen es nichts ausmachte, nur ein »Gesicht in der Masse« zu sein. Er wurde wie ein König empfangen.

So kam es, daß meine Freundin Grete Mosheim und ich, zusammen mit anderen Schülerinnen, eines Tages zum Studio gingen, um uns bei ihm vorzustellen. Er sagte uns, er suche »demi-mondaines« (Damen der Halbwelt), ein damals geläufiger Ausdruck. Er fand, daß Grete Mosheim zu unschuldig aussah. Aber ich sollte am nächsten Tag ins Studio kommen, und daraus läßt sich schließen, wie ich auf ihn gewirkt haben muß. Ich war stolz, daß er mich gewählt hatte, und stolz darauf, daß ich nicht zu jung und unschuldig aussah – obwohl ich es in Wirklichkeit war. Grete Mosheim bekam später die Hauptrolle, von der wir alle träumten: in »Alt-Heidelberg«,

Marlene Dietrich in »Ich küsse Ihre Hand, Madame« mit Harry Liedtke, 1928

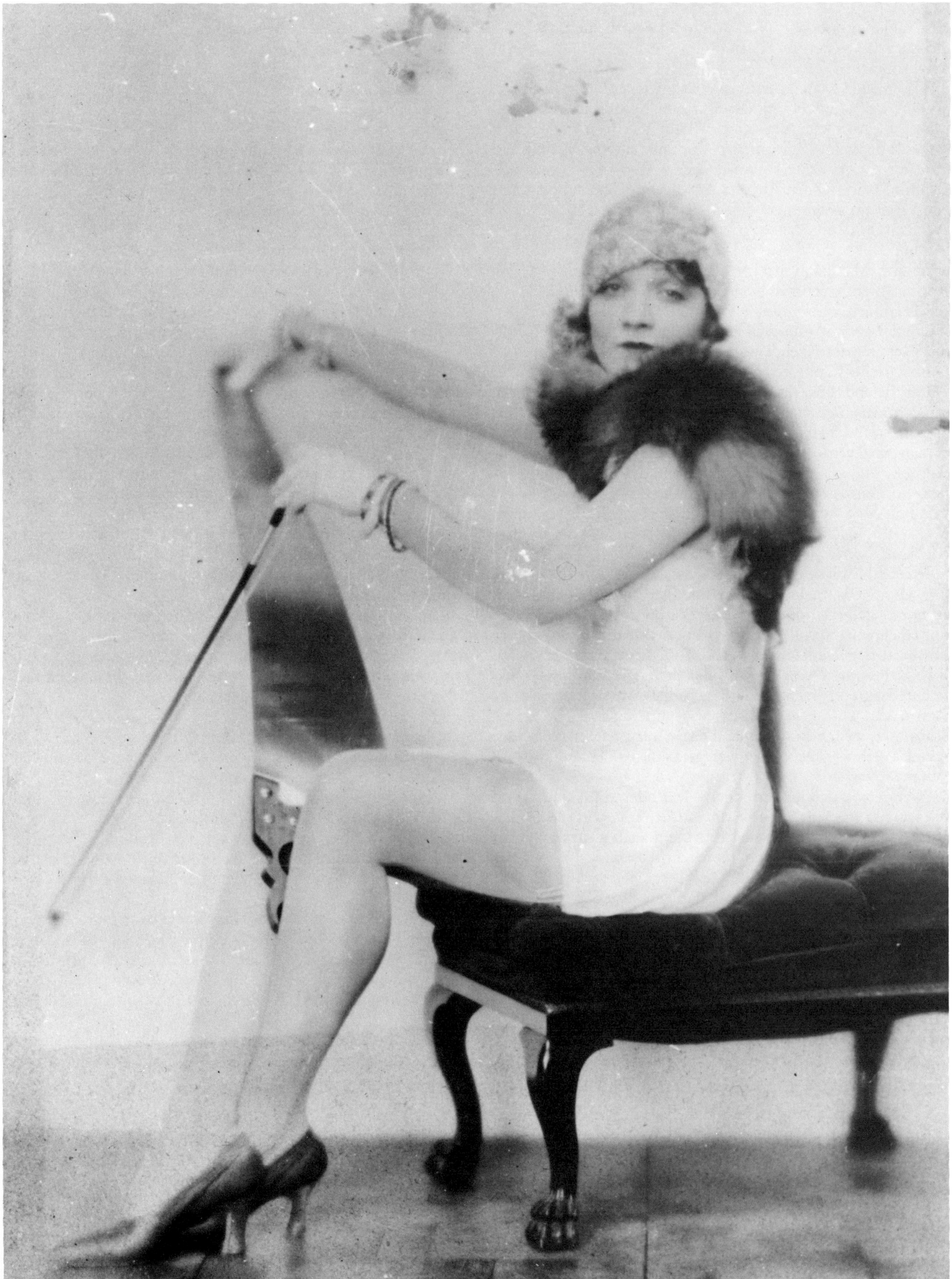

Marlene und die »Singende Säge«

einem kitschigen, erfolgreichen Stück. Sie war nun mal ein unschuldig aussehender Typ – und ich war es nicht. Wir begleiteten sie alle zu ihrer ersten Probe und weinten und wünschten ihr Glück.

Wir spielten weiter, bekamen immer wieder kleine Rollen in allen Arten von Stücken. Da war eine Schauspielerin, Anni Meves, die mich mehrmals in der Woche anrief. Sie fragte mich: »Kannst du meine Rolle spielen? Es ist nur ein Satz, mein Kleid wird dir passen. Aber sage niemandem etwas davon, geh einfach hin, mach deinen Auftritt auf folgendes Stichwort, nimm einen Bleistift und notiere es!«

Ich tat ihr den Gefallen.

Anni Meves amüsierte sich irgendwo, während ich für sie einsprang. Man kann sich leicht vorstellen, wie unwichtig diese Rollen waren – niemand bemerkte, daß sie nicht da war.

Ich erinnere mich an eine Situation bei einem Stück in den »Kammerspielen«, die auch zu den Reinhardt-Theatern gehörten. Der Star des Abends war Elisabeth Bergner.

Eine breite Treppe verschaffte ihr einen imposanten Auftritt. Unten befand sich ein Tisch, an dem vier Personen Bridge spielten, darunter auch ich. Alles, was ich zu sagen hatte, war »Ich passe«. Ich trug ein helles, graues Kleid, das – wie es damals Sitte war – nach Maß angefertigt wurde. Ich ging zur Anprobe und sah zu meinem Erstaunen, daß das Kleid nur auf dem Rücken wunderschön bestickt war. Ich erkundigte mich, wann die Stickerei auf der Vorderseite fertig würde. Man sagte mir, da ich mich nicht umdrehen müsse, sei es unnötig, das Kleid auch vorne zu besticken.

Ich erzähle diese Geschichte nur, weil sie deutlich zeigt, wie unwichtig jede meiner Rollen und wie unwichtig ich war. Aber die Stellung mit dem Rücken zum Publikum verschaffte mir einen wundervollen Ausblick auf den Auftritt der Bergner oben auf der Treppe. Ihr erstes Wort war »Verflucht!«. Ich war so fasziniert von ihr und der Art, wie sie dieses »Verflucht!« sagte, daß ich wiederholt vergaß, meine zwei Wörter »Ich passe« zu sagen. Und das war auch nicht wichtig. Das Stück ging weiter, und niemand hat je mich oder meinen Satz vermißt. Ich war mehr oder weniger, was man eine »Statistin« nennt.

Nicht etwa, daß ich »frustriert« war oder etwas Ähnliches. Ich tat das, was von mir erwartet wurde, egal, was es war. Ich »befolgte die Regeln« – wie ich es dann auch weiterhin getan habe, in meiner Arbeit und in meinem Leben.

Die einzige richtige Rolle, die ich spielte, war in Bernard Shaws »Eltern und Kinder«. Ich hatte ein paar Sätze zu sagen und erzielte den ersten Lacher in meiner sogenannten Bühnenkarriere. Der Satz hieß: »Kauf mir den, Daddy – den Mann!«

Ich nahm weiter Sprechunterricht, ging zur Theaterschule und lernte alle nur denkbaren Rollen, obwohl ich wußte, daß ich sie nie spielen würde. Ich studierte die Rollen aller »Naiven«, sogar aus modernen Stücken. Wenn wir Examen hatten, wurden die Texte, die ich mir vorgenommen hatte, meistens abgelehnt – mit der Begründung, diese Monologe seien nicht dazu geeignet, mein Talent zu beweisen.

Nun begann eine Zeit, in der ich die Rolle der »anderen Frau« lernen mußte. Mir gefielen diese Frauen nicht. Aber ich lernte brav alles, was sie zu sagen hatten, auch wenn es mir noch so sehr mißfiel.

Als die nächsten Examen heranrückten, war ich bereit, sie mit meiner Darstellung der »femme fatale« siegreich zu bestehen. Aber wieder fiel ich durch.

Jetzt hieß es, ich sei zu jung für diese Art von Rollen. Ein neues Hindernis. Mit dem Prinzip erzogen, niemals aufzugeben, mußte ich mein Studium fortsetzen. Das fiel mir nicht sehr schwer. Meine Mutter war eher erleichtert, weil ich zu Hause blieb und las und lernte. Es war ihr gleichgültig, was ich lernte, solange ich nur die Nase in einem Buch hatte. Sie liebte weder das »Theater«, noch die »Filmerei«, aber sie nahm all das gütig in Kauf, wahrscheinlich in der Hoffnung, daß jemand kommen würde, um mich endgültig zu entmutigen, ein für allemal!

Ich lebte so dahin.

Inzwischen bemühte ich mich, älter und erfahrener auszusehen. So versuchte ich zu Hause, in einem Kleid meiner Mutter, mich wie ein Nachtfalter aufzuführen und entsprechend die Hüften zu schwingen. Jeden Tag meldete ich mich zur Arbeit bei jenem Regieassistenten, in den ich mich auf den zweiten Blick Hals über Kopf verliebt hatte, und den ich nicht aufhörte zu lieben, all die Jahre und Jahre hindurch, die folgten.

Rudolf Sieber hatte vorgeschlagen, ich solle, um noch verdorbener auszusehen, ein Monokel tragen. Das war zu der damaligen Zeit der Gipfel des »Makabren«. Trotzdem gab mir Mutter dieses Augenglas: das Monokel meines Vaters, das sie während vieler Jahre aufbewahrt hatte.

Im Kleid meiner Mutter, mit dem Monokel meines Vaters, das Haar von irgendeinem müden Friseur, dem wir Neulinge gleichgültig waren, in Hunderte von kleinen Löckchen gedreht, so erschien ich im Studio und stand meinem zukünftigen Mann gegenüber. Ich war blind wie eine Fledermaus, aber das Monokel blieb an seinem Platz. Er muß heimlich gelacht haben, als er mich in dieser Aufmachung sah, aber er zeigte es nicht.

Er verschaffte mir sogar noch eine kleine Rolle. Ich liebte ihn – nicht deswegen. Ich liebte ihn, weil er schön war, blond, groß, klug. Er besaß alles, was ein junges Mädchen sich wünschen konnte.

Um auf mein lächerliches Aussehen zurückzukommen: Man führte mich zu dem Spieltisch, und Rudolf Sieber und seine Assistenten zeigten uns, was wir tun sollten. Er zeigte mir, wie ich mich bewegen sollte, und manchmal kam er in aller Eile wieder vorbei und sah mich an.

Hoffnungslos verliebt, wartete ich auf diese kurzen Begegnungen. Ich arbeitete drei Tage im »Spielkasino«.

Als ich nach Hause kam, sagte ich: »Ich habe einen Mann getroffen, den ich heiraten möchte.«

Meine Mutter fiel nicht in Ohnmacht, sie war ganz ruhig. »Wenn das dein Wunsch ist, wollen wir sehen, was da zu machen ist.« Aber sie erlaubte mir nie, Rudolf Sieber außerhalb des Studios zu treffen, wie oft er mich auch anrief, wie oft er versuchte, mich zum Essen einzuladen oder zu einer Autofahrt.

Wir verlobten uns, und nach einem Jahr heirateten wir. Während der Verlobungszeit waren wir niemals allein. Immer war eine »Gouvernante« dabei, immer ein Auge, um uns zu überwachen. Rudolf Sieber muß Hiobs Geduld gehabt haben, um all diese Einschränkungen durchzustehen. Er beklagte sich nie.

Reinhardt hatte vier Theater in Berlin. Ich spielte manchmal ein Dienstmädchen im ersten Akt eines Stückes, fuhr dann mit der Straßenbahn oder dem Autobus ins nächste Theater, spielte dort im zweiten Akt eine Amazone, und am Ende des Abends war ich in einem anderen Stück im dritten Akt vielleicht als Hure verkleidet.

Jeden Abend war etwas anderes. Wir alle waren da, wohin man uns schickte, und wir taten das, was man uns sagte. Bezahlung gab es nicht. All das gehörte zu unserer Ausbildung.

Von Sternberg sah mich in »Zwei Krawatten«. Ich wußte nicht viel mehr von dem Stück, als daß ich eine amerikanische Dame spielte, die einen einzigen Satz zu sagen hatte: »Darf ich Sie alle bitten, heute abend mit mir zu speisen?«

Marlene Dietrich in »Gefahren der Brautzeit«, 1929

Was auch immer behauptet wurde – dort sah mich von Sternberg zum ersten Mal.

Am nächsten Tag ließ er mich zur UFA kommen. All diese UFA-Gewaltigen hielten offenbar nichts von mir, aber bald drohte von Sternberg, er werde nach Amerika zurückgehen, ohne den geplanten Film zu drehen, wenn es ihm nicht gelinge, seine Ideen durchzusetzen. Und – wie man weiß – er gewann. Er beschloß, eine Probeaufnahme mit mir zu machen – am gleichen Tag, an dem er auch die aussichtsreichste Bewerberin für diese Rolle, Lucie Mannheim, vor die Kamera stellte.

Lucie Mannheim war eine anerkannte Schauspielerin. Sie wollte die Rolle um jeden Preis, obwohl sie dafür vollkommen ungeeignet war. Allerdings hatte sie – außer ihrem unbestreitbaren schauspielerischen Talent – auch ein ziemlich großes Hinterteil, und Emil Jannings, der große Star, der die Hauptrolle spielte, liebte dicke Hinterteile. Ich hatte trotz meinem Babyspeck niemals ein dickes Hinterteil. Ich war überall gut gepolstert, nur nicht da. Da war ich zwar rund und, meiner Meinung nach, gerade »richtig«, aber vermutlich nicht so, wie es Jannings liebte.

Um seine Bereitwilligkeit zu zeigen, machte von Sternberg also eine Probeaufnahme mit Jannings' Favoritin, wobei er die Kamera besonders langsam über den auffallendsten Teil ihrer Anatomie gleiten ließ.

Dann war ich an der Reihe. Ich fühlte mich völlig hilf- und hoffnungslos, ohne deswegen unglücklich zu sein, denn ich war nicht unbedingt auf diese Rolle versessen. Als man mich dann auch noch in ein viel zu enges Kleid steckte und meine Haare mit einer Brennschere bearbeitete, bis der Dampf an die Decke stieg, bekam ich fast ein bißchen Heimweh. Aber als echte Berlinerin nahm ich alles mit Galgenhumor und ging auf die Bühne, als man mich rief.

Mein »Filmleben« begann mit dem Film »Der blaue Engel«.

(Quelle: Marlene Dietrich: Nehmt nur mein Leben)

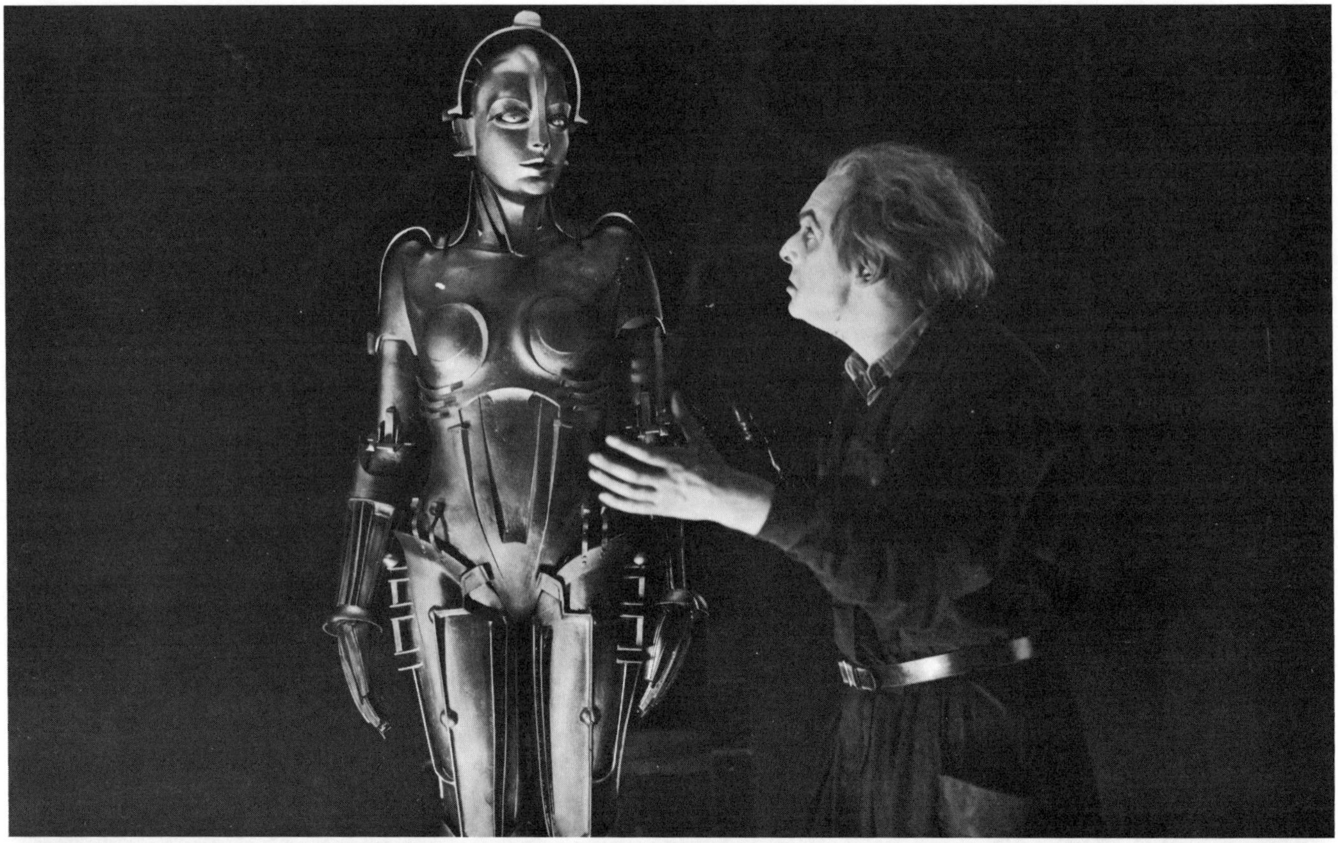

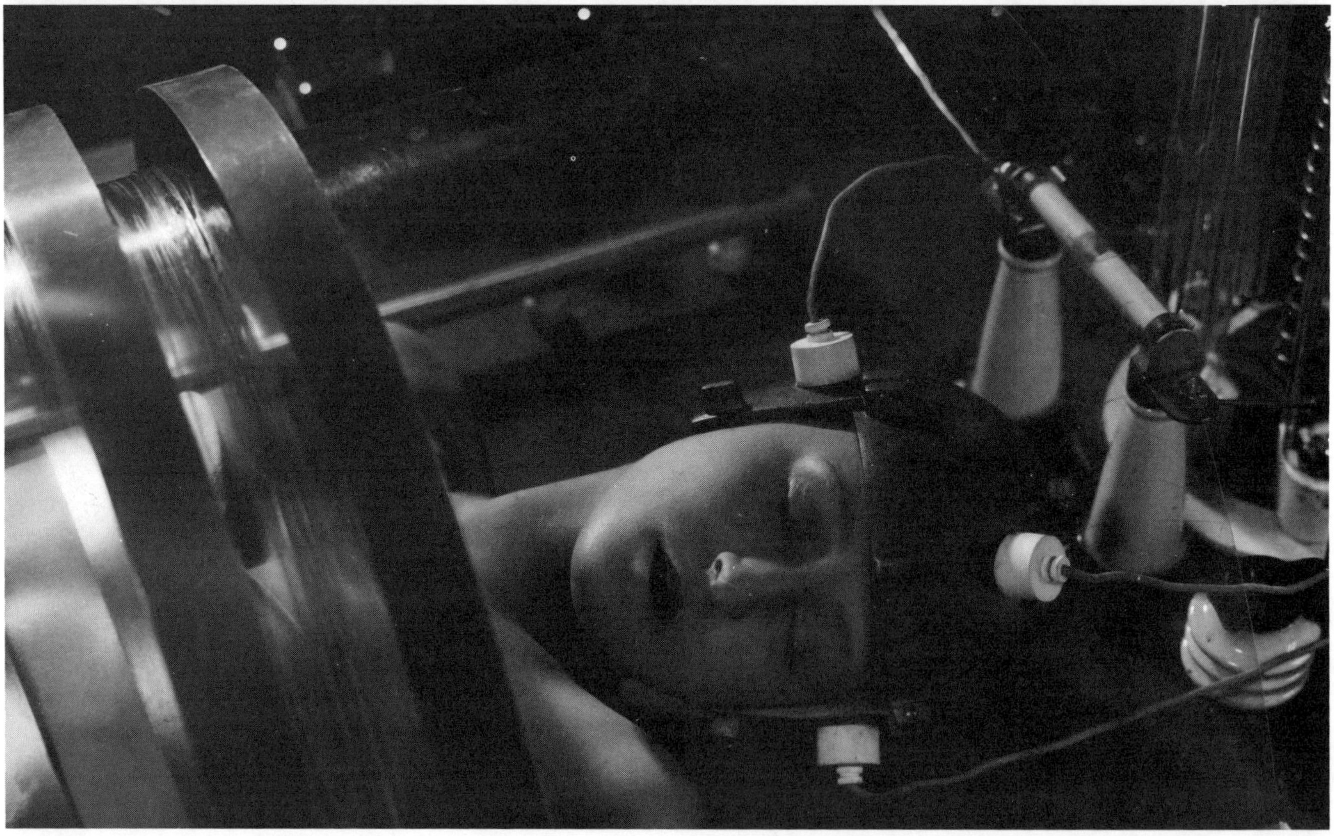

Künstliche Menschen als Verkörperung des »Bösen« waren ein beliebtes Trivialmotiv der zwanziger Jahre. In Fritz Langs faszinierendem und gleichwohl problematischen Monumentalfilm »Metropolis« nach dem gleichnamigen Boulevardroman seiner Ehefrau Thea von Harbou schafft ein schurkischer Wissenschaftler eine mechanische Nachbildung der engelhaften Maria, die sich beim »Herrn von Metropolis« für die Erlösung der versklavten Massen einsetzen will. Die falsche Maria wiegelt die Arbeiter zu blinder Zerstörungswut auf, die ihre eigenen Familien umzubringen droht. Erst in allerletzter Minute gelingt es der echten Maria und dem Sohn des »Herrn von Metropolis« die falsche Maria zu entlarven und die Arbeiter zu besänftigen. In der Schlußszene reicht der »Herr« dem Anführer der Arbeiter die Hand, es erscheint die Texteinblendung »Mittler zwischen Hirn und Hand muß das Herz sein«.

Mit seinem Aufstieg zur Weltherrschaft in den zwanziger Jahren vollzog sich im amerikanischen Film auch eine bedeutsame Veränderung des Frauenbildes: An die Stelle der kindhaften Unschuldsengel der Vorkriegsjahre wie Lilian Gish und Mary Pickford trat mit Schauspielerinnen wie Gloria Swanson und Joan Crawford immer mehr das elegante Luxusgeschöpf, der männermordende Vamp, kurz der Inbegriff des Hollywood-Stars.

Gloria Swanson

Joan Crawford

Greta Garbos Karriere als »Mythos« begann mit der weiblichen Hauptrolle in dem Film »Gösta Berlings Saga« des schwedischen Regisseurs Mauritz Stiller. Kurz danach gingen sie zusammen nach Berlin, wo Greta Garbo in Georg Wilhelm Pabsts »Die freudlose Gasse« spielte, und weiter nach Hollywood, wo sie zum Weltstar wurde.

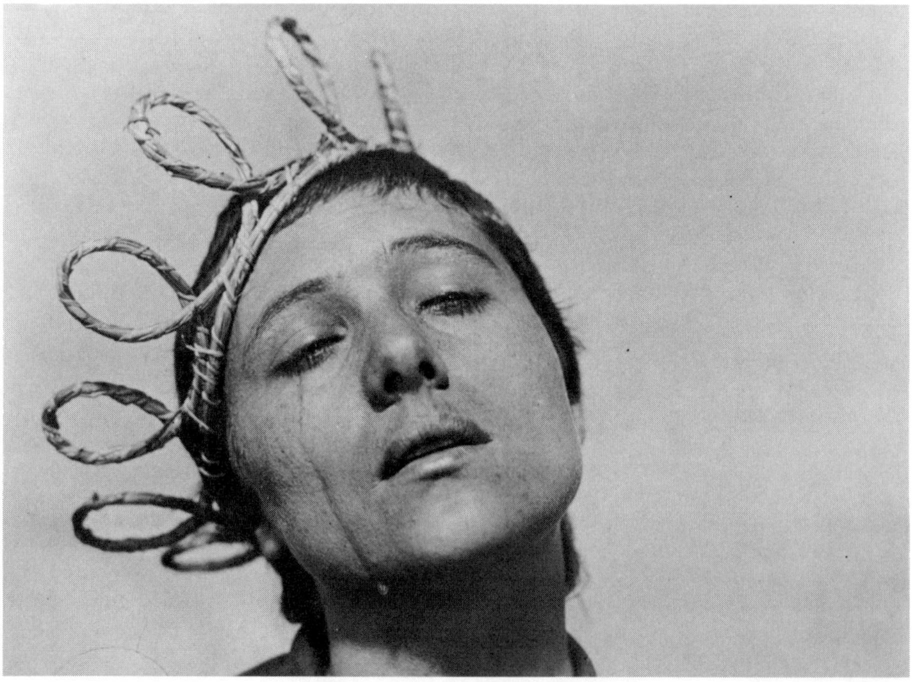

Der Film »Die Passion der Heiligen Johanna« des dänischen Regisseurs Carl Theodor Dreyer setzte 1928 neue Maßstäbe für die Aussagekraft von Gesichtern und Gebärden im Stummfilm. Dreyer wählte für die Hauptrolle nicht eine erfahrene Bühnen- oder Filmschauspielerin, sondern die unbekannte Tingeltangel-Aktrice Maria Falconetti, deren Gesicht ihn faszinierte und den Film zu einem Meisterwerk werden ließ.

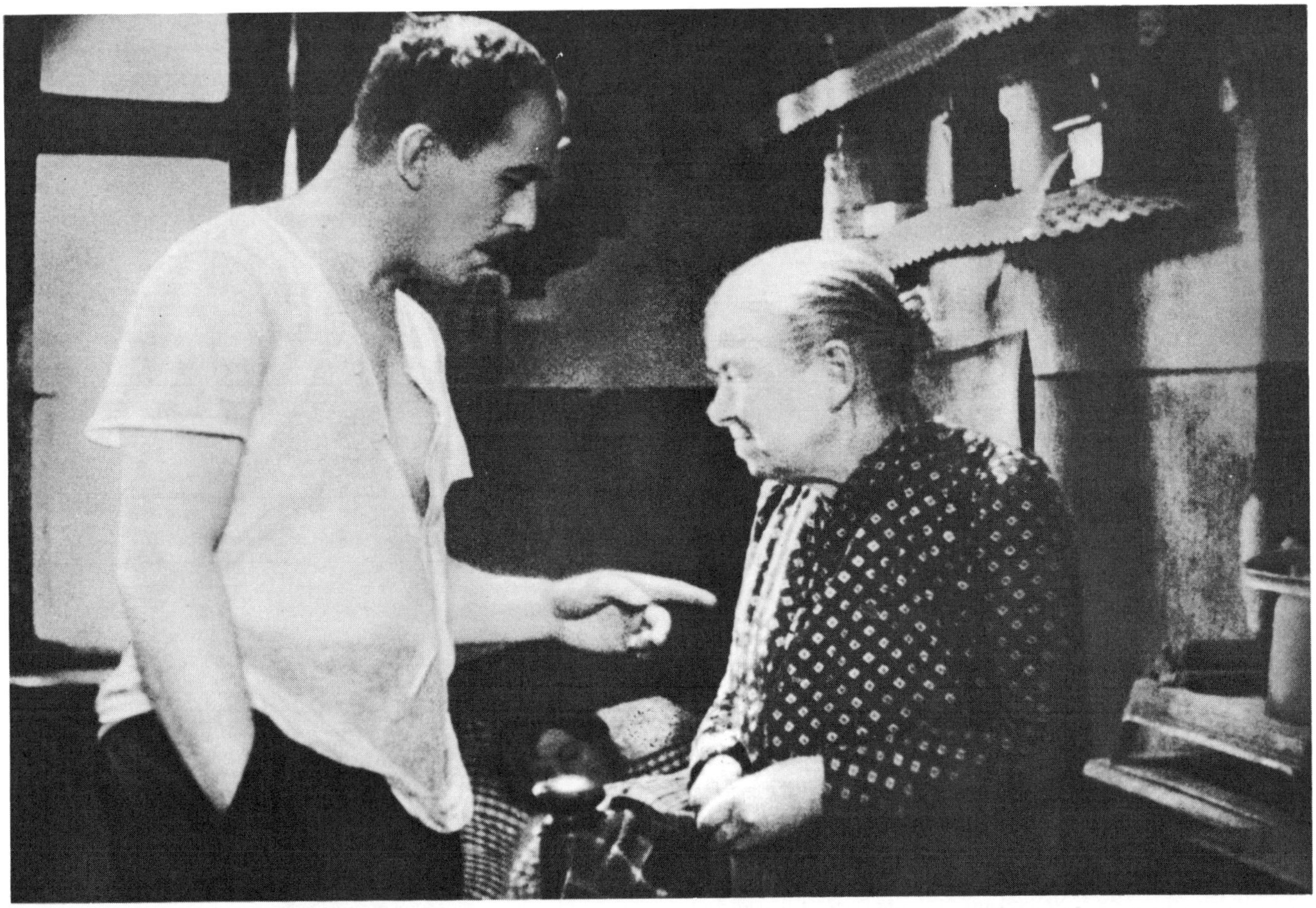

Zu Ende der zwanziger, Anfang der dreißiger Jahre entstanden in Deutschland – wie auch in Frankreich, Italien und USA – eine Reihe von vielbeachteten sozialkritischen Filmen, die sich mit den Folgen der Weltwirtschaftskrise auf die einfachen Menschen auseinandersetzten, darunter Piel Jutzis »Mutter Krausens Fahrt ins Glück«. Bis auf »Kuhle Wampe« von Slatan Dudow hatten diese Filme meistens eine pessimistische Grundhaltung – Mutter Krausens Fahrt ins Glück ist der Selbstmord.

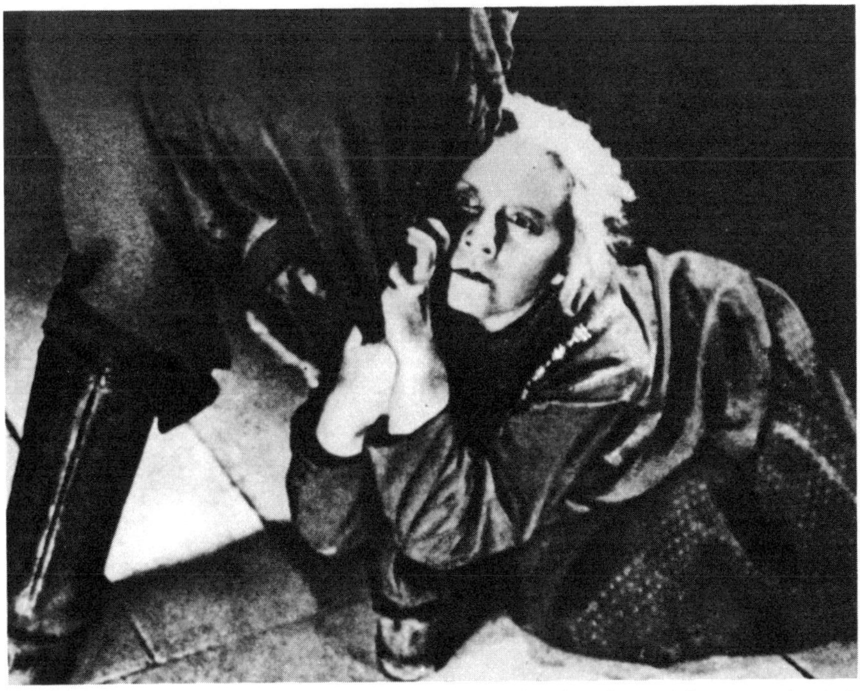

Wsewolod Pudowkins »Die Mutter« von 1926 nach dem berühmten Theaterstück von Maxim Gorki ist eins der herausragenden Beispiele der großen Zeit des sowjetischen Revolutionsfilms. Er handelt von der Zeit um die Revolution von 1905, in der eine Mutter aus Liebe zu ihrem Sohn selbst zur Revolutionärin wird und die Fahne weiterträgt, mit der er gefallen ist. Die Hauptdarstellerin Wera Baranowskaja kam aus der Schule von Stanislawski, die der Darstellung des Gefühls erste Priorität beimaß. Wie viele der frühen sowjetischen Filme wurde auch »Die Mutter« zu einem internationalen Erfolg.

Hedwig Müller

IM TAUMEL DER SELBSTERFAHRUNG

Die Tänzerinnen des Ausdruckstanzes

Es paßt zu den zwanziger Jahren, daß auch von ihrem tänzerischen Geschehen kein einheitliches Bild zu zeichnen ist, nicht einmal eins, das in der Verschiedenheit Anspruch auf annähernde Vollständigkeit erheben könnte. Nie zuvor und nicht wieder danach waren die tänzerischen Aktivitäten so zahlreich, innovativ und auch kontrovers wie in dieser Zeit. Vom Charleston, der zum Gesellschaftstanz einer ganzen Epoche wurde, reicht die Skala bis zu den makellosen Reihen der Revuegirls. Und im Kunsttanz stehen die Tänzerinnen des expressionistisch orientierten Ausdruckstanzes – allen voran Mary Wigman – den Individualistinnen des Berliner Nachtlebens gegenüber.

Die Explosion der Körperlichkeit in den wenigen Jahrn der Weimarer Republik brachte einen Bewegungskult und eine Tanzkultur hervor, die alle politischen und ästhetischen Richtungen einschloß und die faszinierendsten Tänzerinnenpersönlichkeiten formte. Ihre Namen müßten als biographische Geschichten lebendig gemacht werden, wollte man ihrem Platz in der deutschen Tanzgeschichte gerecht werden. Von Frauen müßte berichtet werden, die sich auf den Weg machten, ihr persönliches Empfinden und Befinden nach den Erlebnissen des zerstörerischen Krieges in die Welt hinauszutanzen. Es müßte berichtet werden über:

– *Niddy Impekoven*, die lyrisch Kindhafte, die mit ihren romantisch spielerischen Tänzen den Zusammenbruch des Kaiserreiches begleitete und im Lärm der zwanziger Jahre still wurde.

– *Vera Skoromel*, das »enfant terrible« des Ausdruckstanzes, das vielversprechende Talent, die mit ihren Gruppenchoreographien neue Sachlichkeit tänzerisch konkret machte.

– *Anna Pawlowa*, ein Feenwesen aus der fernen russischen Ballettwelt, die auf ihren Tourneen einen Hauch St. Petersburg in die deutschen Theater brachte.

– *Ruth Abramowitsch*, die im Ensemble der Städtischen Oper die »Rote Zelle« der KPD mitorganisierte und 1933 nach Polen emigrierte.

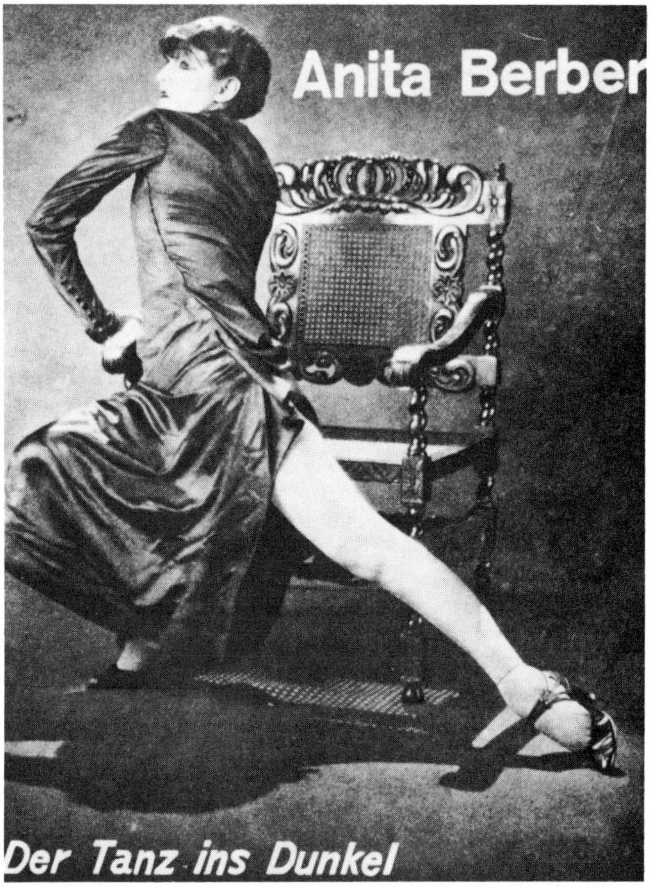

– *Anita Berber*, die Exotin der Nachtbars, die zwischen Körper und Kokain an der eigenen Ekstase zugrunde ging.

– *Gret Palucca*, die bei Mary Wigman in die Lehre ging, sich selbständig machte, mit ihren gewaltigen Sprüngen den Raum für die tanzenden Frauen eroberte, in der Nazizeit zwischen Anpassung und Widerstand lavierte und bis auf den heutigen Tag das Tanzleben in der DDR, das sie mit aufgebaut hat, bestimmt.

– *Tatjana Barbakoff,* die dekorativ bewandete indische Tempeldienerinnen darstellte und deren Spur sich in Auschwitz verliert.

– *Leni Riefenstahl,* die als Tänzerin den körperlichen Ausdruck innerer Bilder kennenlernte und ihn als verklärende Filmerin der nationalsozialistischen Masseninszenierungen feierte.

– *Margarete Wallmann,* Leiterin der Wigman-Schule in Berlin, die den Schritt über den Atlantik wagte, den amerikanischen *modern dance* mit dem Ausdruckstanz vertraut machte, emigrierte und nach dem Krieg als eine der ganz wenigen weiblichen Opernregisseure erfolgreich war.

– *Trudi Schoop,* die fröhliche Kecke, die vor den Nazis in die USA auswanderte und dort die Tanztherapie mitgründete.

Auf sie und auf die Hunderte anderer Tänzerinnen, deren Namen auf den Litfaßsäulen der Reichshauptstadt und im ganzen Land von der Blüte der tänzerischen Kultur inmitten der kulturellen Vielfalt der Weimarer Republik kündeten, auf sie kann hier nur hingewiesen werden. Für sie alle stellvertretend sollen zwei Tänzerinnen vorgestellt werden, deren künstlerische Arbeit das breite Spektrum der tänzerischen Aktivitäten im neuen deutschen Tanz der Weimarer Republik umreißt: Mary Wigman und Valeska Gert. Doch zuvor ist ein Rückblick nötig.

Isadora Duncan

1902 war schon einmal eine Tänzerin nach Deutschland gekommen, die mit fanatischer Besessenheit daran ging, die deutsche Tanzwelt für einen natürlichen, nicht-klassischen Tanz einzunehmen: Isadora Duncan, eine Amerikanerin, die mit unerschütterlicher Selbstüberzeugung die Körperideale der Griechen ausgegraben und zum Vorbild ihrer künstlerischen Theorien erkoren hatte. Und dieses Ideal des schönen, harmonisch gebildeten Körpers, der eine ebenso schöne und harmonische Seele widerspiegelte, war ihr Ziel. In ihrem 1903 veröffentlichten Manifest »Der Tanz der Zukunft« schrieb sie:

»Die Tänzerin der Zukunft wird ein Weib sein müssen, deren Körper und Seele so harmonisch entwickelt sind, daß die Bewegung des Körpers die natürliche Sprache der Seele sein wird. Die Tänzerin wird nicht einer Nation, sondern der ganzen Menschheit angehören. Sie wird keine Feentänze zu tanzen suchen, noch Nixen darstellen oder kokette Frauen, sondern sie wird als das Weib in seiner größten und reinsten Erscheinung tanzen. Sie wird die Mission des weiblichen

Isadora Duncan, Tanzpose, 1927

Körpers und der Heiligkeit aller seiner Teile versinnlichen... Sie wird die Freiheit des Weibes in ihrem Tanz ausdrücken... Sie wird den Frauen eine neue Erkenntnis der möglichen Kraft und Schönheit ihrer Leiber bringen.«

Als Isadora Duncan dieses Manifest verkündete, wandelten die Frauen in Korsetts einher, waren ihre Körper eingebunden in den Kleiderpanzer, der ihrer gesellschaftlichen Verschnürung entsprach. Duncan warf ihre Kleider von sich, proklamierte die Schönheit des nackten Körpers – und ließ sich, weil sie sonst nie eine Auftrittsgenehmigung erhalten hätte, dazu überreden, wenigstens leicht wallende Gewänder um ihren Körper zu werfen. Dem Anstand war Genüge getan, dem tänzerischen Ideal dadurch kein Abbruch entstanden, ihr Körper war noch immer in seinen fülligen weiblichen Formen erkennbar, und wenn sie tanzte, blieb keine Rundung unbewegt. Für die Zuschauer der ausgehenden wilhelminischen Epoche, in der man sich für einen Seitenblick auf eine verheiratete Frau duellierte und in der Zucht und Ordnung den Kommandoton der Moral bestimmten, war Isadora Duncan ein Skandal – und eine Prophetin gleichermaßen. Junge Frauen strömten in die Vorstellungen, die ihre unbestimmte Sehnsucht nach Freiheit teilten.

Isadora Duncan nutzte ihren Tanz und ihre Popularität für die Propagierung weiblicher Emanzipation. In ihren Memoiren sagt sie unmißverständlich:

»Jede intelligente Frau, die einen Heiratskontrakt gelesen hat und sich dareinfügt, verdient alle daraus entstehenden Konsequenzen. Meine persönliche Ansicht sei, daß die Frauenbewegung erst dann völlige Unabhängigkeit bedeutete, wenn jede Frau geschworen hat, die Ehe abzuschaffen.«

Sie forderte das Recht jeder Frau, selbst zu bestimmen, wann, von wem und wie viele Kinder sie haben wollte. Sie gab ein Tanzkonzert, als sie mit ihrem zweiten unehelichen Kind schwanger war, und niemand konnte diese Tatsache übersehen.

Ihr Funke zündete. Überall regte sich das Interesse der jungen Frauengeneration an körperlicher, künstlerischer Betätigung. In den Vereinen der »Wandervögel«, die 1901 entstanden, fanden sie sich wieder, in den ersten Schulen der neuen Gymnastik, in den Tanzschulen des beginnenden Ausdruckstanzes.

Mary Wigman Maskentanz, 1926

Mary Wigman

Als Mary Wigman 1919 nach Deutschland kam, hatten der Militarismus und die Not der Weltkriegsjahre diese Ansätze einer selbstbewußten Körperkultur und Tanzkunst verschüttet. Allerdings nicht zerstört, denn sie wurde, noch während die Kritiker sie verhöhnten und als »Gräßlichkeit mit dicken Beinen« lächerlich zu machen suchten, von den Frauen der jungen Generation begeistert aufgenommen. Fernab des Theaterbetriebs mit seiner Spitzenschuh-und-Tüllröckchen-Idylle entstand der moderne Tanz des 20. Jahrhunderts, der »Ausdruckstanz«.

Mary Wigman hatte während der Kriegsjahre in der Schweiz gelebt, hatte bei dem Tanzpädagogen Rudolf von Laban in der heute legendären Lebensreformerkolonie des Monte Verità am Lago Maggiore die Anregungen für das erhalten, was als deutscher Ausdruckstanz in die Geschichte eingehen sollte. Im Künstlerzirkel der Zürcher Dadaisten, wo Sophie Taeuber ihre Freundin und ebenfalls Tänzerin bei Laban war, hatte sie ab 1916 ihre Tänze der Öffentlichkeit vorgestellt: »Götzendienst«, »Satans Tochter«, »Das Gebet« und andere. Rezitierend tanzte sie das »Tanzlied« aus Nietzsches »Also sprach Zarathustra«.

Mit missionarischem Eifer rüstete sie sich 1919 zur Eroberung ihres heimatlichen Deutschlands. Ihr englisch klingender Name war nicht ganz echt: Eigentlich hieß sie Mary Wiegmann und kam ganz bürgerlich aus Hannover. Dem bürgerlichen Leben hatte sie aber schon vor dem Krieg abgeschworen, zwei Verlobungen gelöst, das behütete Elternhaus verlassen und sich der »liederlichen« Kunst des Tanzes verschrieben. Sie kehrte nach Deutschland zurück, um die deutsche Tanzwelt vom falschen Glitzer des klassischen Balletts zu befreien. Das Ballett hatte für sie mit Tanzen nichts mehr zu tun, war Relikt einer längst überholten feudalen Epoche und Sinnbild der Vergewaltigung des Menschen durch Drill. Mary Wigman wollte die Seele des Tanzenden zum Maßstab des Tanzes machen, seine Lieben, seine Leiden und Lüste.

Mary Wigman selbst wurde als Tänzerin zum Synonym für den künstlerischen Tanz in Deutschland. Sie setzte auf ihre

Weise fort, was Isadora Duncan begonnen hatte, nämlich die Natürlichkeit zum Wesentlichen des Tanzes zu machen. Keine akademisch erklügelten Bewegungen mehr, keine intellektuell erfundenen Körperhaltungen, wie sie für den Bewegungskodex des klassischen Balletts mit seinen exakt kodifizierten Standardformen typisch sind, sondern freie, an keine Regel gebundene Bewegungen, die aus der Alltagswelt übernommen und zur stilisierten Tanzbewegung umgeformt wurden. Sie nahm die Kraft und Dynamik in Anspruch, die im Tanz und in der Gesellschaft bis dahin den Männern vorbehalten war, sie zeigte herrische, gewalttätige, aggressive Bewegungen, wie man sie nie zuvor auf der Tanzbühne gesehen hatte, wagte ihr Seelenleben in symbolischer Formulierung vor das Publikum zu stellen. Sie tanzte die »Hexe«, das animalisch gierige Triebwesen, das sie in sich fühlte ebenso wie die »Trauer«, das »Leid«, den Kult der erhabenen Gefühle. In ihren Tänzen suchte sie den Kern des Menschlichen zu ergründen. Sie erzählte keine Geschichten wie die Choreographen der Opernballette, sondern gab Anhaltspunkte des Miterlebens. Ihre Tänze waren nicht zum Anschauen, sondern zum Durchleben getanzt.

Mit Isadora Duncan hatte der Wandel von der Ballerina, der fremdbestimmten Interpretin, zur Tänzerin, der Choreographin ihrer eigenen künstlerischen Produkte begonnen. Mary Wigman verankerte das Bild der selbstbestimmten Tänzerin in den Köpfen der Zuschauerinnen und Zuschauer und zog darin ihr Publikum in ihren Bann. Helene Jung fragte in der von Gertrud Bäumer herausgegebenen Zeitschrift »Die Frau«:

»Warum nun strebt nicht die heutige, die moderne, gegenwartsnahe Jugend im gleichen Maße wie zur Wigman zu Niddy Impekoven, bei der sie doch auch wahre Kunst, echten Tanz findet? Diese neue Jugend, die nicht an Lebensalter gebunden ist, führt den Kampf weiter, den die vorige Generation unter Opfern begonnen hat: den Kampf um die Rechte der Frau, den Kampf um Gleichberechtigung, um Zugang zu allen Arbeiten sozialer und kultureller Art. ... Doch am überzeugendsten, am eklatantesten zeigt sich die Emanzipierung der Frau im weitesten Sinne des Wortes im neuen Tanz. Aus den Werken einer Wigman spricht ein Geist, den man sonst gewohnt war als männlich zu bezeichnen, sie hat die Grenzen zersprengt und den Blick freigemacht bis zur Unendlichkeit. Die Frau hat im neuen Tanz die Führung übernommen, bei ihr liegt die große, starke, die männliche Geste, sie hat Wege gezeigt, die die Welt durch ihre Kühnheit und Großartigkeit überraschte. In diesem Sinne sind unsere großen modernen Tänzerinnen Kämpferinnen für die Zukunft der Frau.«

Seit 1920 leitete Mary Wigman ihre Tanzschule in Dresden, ein selbständiges Unternehmen mit mehreren Filialschulen in anderen Städten und zeitweise bis zu vierzehn Angestellten. Die Pädagogik, die sich in dieser Schule entwickelte, entstand nicht nach einem festen Plan, sondern wuchs mit und in der Arbeit mit den Schülerinnen (und den wenigen Schülern, die sich zu ihr verirrten). Es war eine Pädagogik, die sich ihre Schülerinnen zueigen machen und bis in die heutige Gegenwart hinein weitertragen konnten. Im Mittelpunkt stand die Persönlichkeitsentwicklung des einzelnen. Keine sollte tanzen lernen wie Wigman, sie sollten vielmehr zu ihrer eigenen, individuellen Ausdrucksweise finden, ihren eigenen Stil entwickeln. Mary Wigman bot Hilfe zur Selbstfindung, Anregungen für den Weg zu sich selbst. In einem Artikel »Weibliche Tanzkunst« schrieb sie:

»Sie wollen alle tanzen, die Mädchen der Gegenwart. Drängen sich dazu, ohne zu überlegen, wissen gar selten, warum. Die Aussicht auf den Beruf, der einem die Existenz sichert, ist fast niemals ausschlaggebend. Viel öfter ein Suchen, ein Tasten, ein

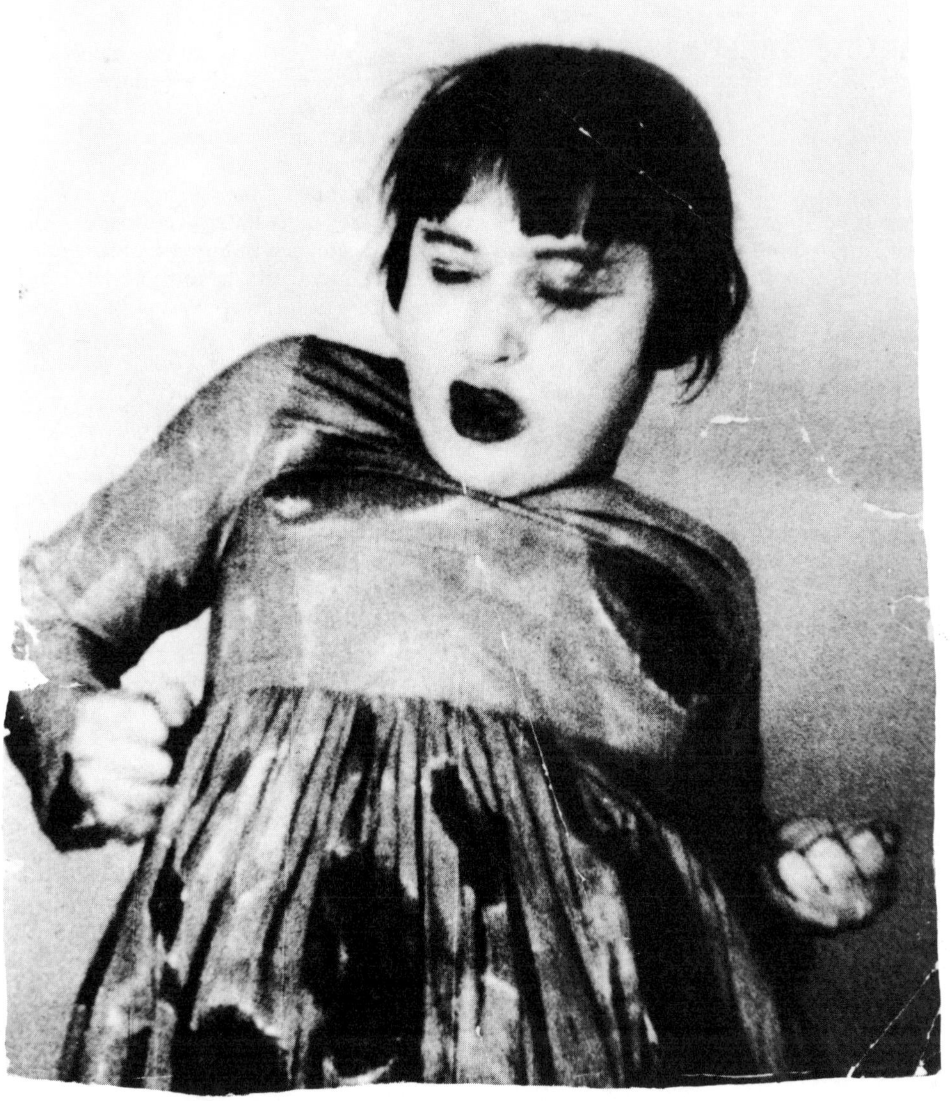

Valeska Gert in der Tanznummer »Gruß aus dem Mumienkeller«

Sich-Sehnen, das den Namen Tanz erhält und irgendein Erträumtes, Unbestimmtes zu erfüllen scheint. ... Ich glaube, daß in all den jungen weiblichen Menschen heute eine starke, gesunde Freude am reinen Sich-Bewegen lebendig ist. Ich glaube auch, daß ein großer berechtigter Egoismus in all den jungen Frauen ist, der erst einmal sich selber sucht, ehe er sich mit Welt und Umwelt auseinandersetzt. Sich selber suchen, sich selber fühlen, sich selbst erleben!«

Der letzte Satz dieses Zitats war das Stichwort der tanzenden zwanziger Jahre. So fremd die Demokratie als Staatsform nach dem strengen Monarchismus war, so fremd waren noch Individualitäts- und Selbstwertdenken nach der Autoritätsherrschaft der Kaiserzeit. Mary Wigmans Pädagogik des Individualismus kam der gesellschaftlichen Entwicklung der einzelnen zur demokratischen Bürgerin entgegen. Zugleich barg sie auch eine Gefahr, der viele Ausdruckstänzerinnen und -tänzer erlagen: Die bedingungslose Ausrichtung auf die Entwicklung der individuellen Persönlichkeit trübte vielen den Blick für die soziale Realität. Sie verloren sich im Selbsterleben ihres Tanzes, fanden sich in den Schulen zusammen wie in verschworenen Gemeinschaften und übersahen, was an politischen Ereignissen um sie her geschahen. Das machte es den Nationalsozialisten leicht, die Ideologeme der gesunden Körperkultur aufzugreifen, für sich zu vereinnahmen und zur »Kraft durch Freude«- und »Glaube und Schönheit«-Ideologie zu pervertieren.

Valeska Gert

Der Ausdruckstanz, wie ihn Mary Wigman für die Tänzerinnen der zwanziger Jahre präsentiert, ist nur *ein* Teil, wenn auch der überwiegende und prägende im tänzerischen Geschehen der zwanziger Jahre. Ihm stand eine Tänzerin wie Valeska Gert mit ihrer scharfen Bissigkeit gegenüber. Das Ergründen der Psyche und die von Nietzsche stark beeinflußte Suche nach einem neuen Lebens- und Weltensinn lagen ihr fern. Valeska Gert war Mary Wigmans heftige Gegnerin und künstlerische Antagonistin in der Weimarer Republik. Warum, hat sie in einem Artikel »Mary Wigman und Valeska Gert« selbst charakterisiert:

»Eine Tanzdarbietung muß nach saurem Schweiß riechen, ethisch sein, wirrgeistig und langweilig. Genialität ist weniger erwünscht als Solidität. Weil der Durchschnittsdeutsche kein Selbstvertrauen hat, hält er nur die Kunst für groß, die er nicht versteht und die ihn langweilt. Mary Wigman erfüllt als einzige Tänzerin alle diese Bedürfnisse des deutschen, gebildeten Mittelbürgers und ist darum zur Nationaltänzerin geworden. ... dagegen, Valeska Gert, werde bei allem Ruf, den ich habe, sehr unterschätzt. Ich habe in meinen Tänzen alle Zeiterscheinungen und Auswüchse, die sich durch den Körper darstellen lassen, ausgedrückt. Ich habe Dirnen, Kupplerinnen, Zirkus, Varieté, alle Sportarten komprimiert und im Einminutentempo auf die Bühne gestellt. ... Meine Ethik aber, die darin besteht, daß ich nicht unter allen Umständen wahr sein will, wird lange nicht so geschätzt wie die bürgerliche Ethik, die vor allen Dingen moralisch sein will.«

Auch Valeska Gert begann ihre Karriere nach Kriegsende, hatte aber schon in den letzten Kriegsjahren ihre ersten Auftritte in Nachtclubs hinter sich gebracht und war bei Max Reinhardt als Schauspielerin vorstellig geworden. Die expressionistische Suche der Ausdruckstänzerinnen nach dem alles bewegenden »Urgrund des Seins« à la Nietzsche konnte sie nicht nachvollziehen, sie *suchte* nicht nach dem Leben, sie sprang mitten hinein. Dort, wo die Betriebsamkeit hektisch, die Lebendigkeit fühlbar, die Lust hautnah war, in den Künstlerbars, Cabarets und Kaschemmen. In die Tanzgeschichte ist sie eingegangen als die unnachsichtige Karikaturistin der sozialen Zustände und Mißstände. Wo Mary Wigman in symbolischen Gebärden die philosophische Existenz des Menschen begründen wollte, forschte Valeska Gert nach den konkreten Bildern sozialer Realität. In einer Mischung aus Pantomime, expressiver Körperdarstellung, clownesker Übertreibung, kabarettistischer Pointierung und schauspielerischer Groteske porträtierte sie ihre Figuren aus dem sozialen Abseits. Sie zeigte die von der Gesellschaft Vergessenen, die im Trubel der »goldenen« zwanziger Jahre auf der Strecke geblieben waren, die Nutte, die Kupplerin, das gefallene Mädchen, die Betrogene, die geschundene Kreatur der Straße. Ihre Exaltiertheit, ihre Scheulosigkeit vor der bürgerlichen Meinung und ihre Bösartigkeit gegenüber allem Verlogenen machten sie zur skurrilen Figur. Sie diskutierte mit Brecht über »epischen« Tanz, hatte ein Verhältnis mit Pudowkin, legte Meyerhold ihre ästhetischen Ansichten auseinander, filmte mit Greta Garbo und führte nebenher ihr eigenes Kabarett, das immer wieder an Geldmangel zusammenbrach, aber ein künstlerisches Zentrum Berlins war.

Zwei Tänzerinnen, Mary Wigman und Valeska Gert, stellvertretend für die ungezählten Tänzerinnen der zwanziger Jahre. Stellvertretend auch in ihrem Umgang mit dem Nationalsozialismus. Während der zwanziger Jahre hatten sie sich beide wenig darum gekümmert, was politisch, in den Straßen vor sich ging.

Mary Wigman ließ sich von der nationalsozialistischen Propagierung eines neuen schönen Deutschland, in dem alle unter Führung einer starken Hand in glücklicher (Volks)gemeinschaft leben könnten, einfangen. Sie glaubte, darin ausdruckstänzerische Elemente wiederzufinden. Hatten doch Laban und mit ihm weite Teile der Ausdruckstanz- und Gymnastikbewegung das Ideal der gemeinschaftlich und harmonisch miteinander lebenden neuen Gesellschaft als Utopie vor Augen gehabt. Sie blieb in den ersten Jahren nach der Machtübernahme ambivalent, schwankte zwischen Unterstützung und Ablehnung, aber wie auch ihr Tanz ein nach innen gekehrter war, blieb es auch ihre politische Haltung. Weil sie sich mit der konkreten Politik der Nazis nicht identifizieren wollte, verhielt sie sich stumm und wandte den Blick ab.

Valeska Gert wollte lange Zeit nicht wahrhaben, was geschah. Ihre Liebe zu Deutschland, zum aufgeregten Leben Berlins ließ sie mit ganzer Verzweiflung alle Wege suchen, in Deutschland leben zu können. Ihr Bild, der Jüdin, erschien im »Stürmer« mit dem von Josephine Baker als das einer typisch »entarteten« Künstlerin. 1938, nach der sogenannten »Reichskristallnacht«, gelang ihr schließlich doch die Flucht. Der Kunsttanz der zwanziger Jahre verlor sich im Gleichschritt der Faschisten.

CABARET/KABARETT

Blandine Ebinger

Dann kommt ein junges Mädchen dran, die kann auch so. Aus dem Stegreif. Ein fast zu schlankes Mädchen, mit einem Gesicht bleich – bleicher – am bleichsten unter dem dunklen Bubenschopf. Sie sieht aus wie der Geist von einem Geist. Mimt eine Barnutte. Setzt sich auf einen Barstuhl, der gar nicht da ist, kreuzt die Beine, zupft sich den Rock bißchen hoch – gebt mir schnell mal'n Cognacglas, und flötet sich einen von der Seele, so aus dem Metier, was da so für Kunden aufkreuzen, hat man das nötig, klar hat man das nötig, und es sprudelt aus ihrem Mund, mit einem Witz, einer Beobachtungsgabe, so müßte man schreiben können. Einer schreibt auch gleich. Mehring. Knackfuß schreibt gleich mit, das muß man ja festhalten. Aber die kann noch viel mehr, das spürt man, Barometer geht den Rücken runter. Wie heißt denn das Wesen? Blandine? So heißt man doch nicht. Doch, so heißt man: Blandine Ebinger.

(Aus: Friedrich Hollaender, Von Kopf bis Fuß)

Claire Waldoff

Zu einem Kabinettstück kabarettistischer Persiflage geriet ihr in jenen Jahren das Porträt der »Hannelore vom Halleschen Tore«, in der die Volkssängerin Waldoff in kritischer Sicht auf den von der Neuen Sachlichkeit kreierten Frauentyp, das Mann-Weib mit dem Bubikopf, das »boxt und foxt und golft und steppt/und unter uns gesagt auch neppt«, die scheinmondäne Welt ins Visier nahm. Solche und andere parodistische Typen-Chansons, von Schriftstellern fürs literarische Kabarett und die kabarettistische Revue geschrieben, verblieben zumeist in diesem Rahmen, wurden selten »Schlager« im landläufigen Sinne, während Claire Waldoff in der Urwüchsigkeit ihrer Sprache, der Drastik ihres Humors und der mit Komik geimpften Berliner Diktion »kein Feigenblatt vor den Mund nahm« (Alfred Polgar) und als Pflanze oder Type, wie man sagte, ein Massenpublikum erreichte, an das die Diseusen des literarischen Kabaretts mit ihren anspruchsvoll pointierten Texten nicht heranreichten.

(Aus: Helga *Remman*, Wer schmeißt denn da mit Lehm? Eine Claire-Waldoff-Biographie, Berlin 1982)

Ilse Kokula

FREUNDINNEN

Lesbische Frauen in der Weimarer Zeit

Berlin war neben Paris in den zwanziger Jahren ein Zentrum der lesbischen Welt. Trotz aller Massenarmut pulsierte lesbisches Leben. Die Zeitschriften für lesbische Frauen berichteten in jeder Ausgabe von Veranstaltungen und Festlichkeiten in den Bars und Clubs, von denen es in Berlin zur Weimarer Zeit etwa 50 gab. Diese Lokale und Clubs, die oft auch männliche Besucher zuließen, bildeten neben den Vereinigungen und Zeitschriften die Kommunikationsnetze lesbischer Frauen. Die lesbische Schriftstellerin Ruth Margarete Roellig stellte in ihrem Buch »Berlins lesbische Frauen« (1928) vierzehn Berliner Bars und Clubs vor. Ruth Margarethe Roellig, die von 1887 bis 1969 in Berlin lebte, war in der Weimarer Zeit eine populäre Schriftstellerin. Neben zahlreichen Romanen, die auch als Fortsetzungsromane in Berliner Tageszeitungen abgedruckt wurden, verfaßte sie den Artikel »Lesbierinnen und Transvestiten«, der in dem Buch »Das lasterhafte Weib« (1930) erschien und arbeitete an den beiden Zeitschriften »Die Freundin« und »Garçonne« mit. Ruth Margarete Roellig stammte aus einem Hoteliershaushalt und arbeitete auch in jungen Jahren im Hotel ihrer Eltern. Später arbeitete sie freiberuflich und lebte von den Einkünften ihrer schriftstellerischen Tätigkeit. Sie besuchte mit ihrer Freundin Eri und ihren Freundinnen die Bars und Clubs. Als »Prominente« führte sie auch Freundinnen in das feudale »Mali und Igel« ein, zu dem man nur durch Protektion Zutritt hatte. Ruth, wie sie von ihren Freundinnen genannt wurde, hatte ein gastfreundliches Haus, in dem auch Liederabende und spiritistische Sitzungen stattfanden. Bei ihr verkehrten Schauspielerinnen, Lesben, homosexuelle Männer, Transsexuelle und Transvestiten.

Lokale

Das kleine Buch »Berlins lesbische Frauen« verfolgte den Zweck, »der breiten Öffentlichkeit Aufklärung zu bringen über die Wesensart, den Charakter und die Gewohnheiten dieser Menschengruppe, teils um eingewurzelte Vorurteile auszurotten, teils um gedankenlose Ungerechtigkeiten und Härten gegen Andersfühlende zu zerstören«. – Im »Café Domino« waren »viele schicke Frauen mit eleganten Allüren ... Stammgäste«, während in der »Taverne« eine »fast fühlbare Atmosphäre von Derbheit und Urwüchsigkeit« herrschte. Hier trafen sich Frauen, die über wenig Geld verfügten. In den einzelnen Lokalen trafen sich auch Vereine, zum Beispiel im »Café Prinzess«, wie ein Sparverein, ein Lotterieclub oder ein Skatclub, die nur lesbische Frauen als Mitglieder hatten. Eine besondere Stellung nahm der »Damenclub Violetta« ein, der im Nationalhof in der Bülowstraße seine Abende veranstaltete. Zur Weimarer Zeit gab es in Berlin zwei Zentren der lesbischen Welt. Die eher mondäne war im Westen der Stadt, im Norden des Bezirkes Schöneberg und um die Friedrichstraße. Im Osten, um den Alexanderplatz, war die eher proletarisch orientierte Subkultur.

Von der Faszination der mondänen lesbischen Welt finden wir heute viel eher Zeugnisse als von den Kneipen und Hinterzimmern im Osten der Stadt.

»Der ›Topkeller‹ war in der Schwerinstraße, im Hinterhaus, man kam zu ebener Erde rein, und der Tanzraum war noch zwei Stufen tiefer. Der Inhaber, ein älterer Mann, hatte eine

Jeanne Mammen, Im Damen-Spielclub, 1930

Jeanne Mammen, Maskenball

Drehorgel und hat alle Lieder gespielt. Wenn die Frauen genügend besoffen waren, kamen sie rauf und sagten: Nun laß mich mal spielen... Da waren die Kleider in erster Linie Damenkleidung, denn der wichtigste Tanz war der Wäschetanz. Der Rock war ziemlich tief, und darunter kamen die Unterröcke, die waren meistens entweder selbstbestickt oder gekaufte Spitzen. Jeder dritte, vierte Tanz war der sogenannte Wäschetanz. Es wurde also getanzt und sie durften den Rock so ein bißchen anheben und das war furchtbar sexy. Dann kam die Polonaise, dabei mußte man auf die Stühle klettern, die in dem Kellergang standen, und wieder runter. Das war so aufregend, daß Frauen aus allen Klassen dahinkamen, Schauspielerinnen. Die Frau Sandmann, die noch zur Gruppe L 74 gehört hat, war ganz empört, als ich ihr vom Wäschetanz erzählt habe, da sie immer dagewesen sei, aber sie hatte den Wäschetanz ganz vergessen. Mit 88 vergißt man eben manches. So ging das jeden Abend, immer war es voll, und freitags kam man kaum noch rein.«

Die Hamburger Hilfsarbeiterin Gerda M. (1904–1984), Tochter eines gräflichen Dieners, lebte 1930 und 1931 in Berlin. Sie war mit ihrer Freundin und Lebensgefährtin nach Berlin gezogen, da diese ihre Eltern hier hatte. Beide waren arbeitslos – wie so viele Menschen in dieser Zeit – und hatten sich in Berlin bessere Verdienstmöglichkeiten erhofft. Gerda M. erzählte mir einmal, daß sie sich beim Arbeitsamt in die bekannte lange Schlange einreihen mußte, weil sie einen Gutschein zum Besohlen ihrer Schuhe brauchte. Vor Hunger wurde sie ohnmächtig. Damit die beiden Freundinnen keine Miete zahlen mußten – die sie auch gar nicht zahlen konnten – lebten sie anfangs in einer Laubenkolonie, in der der Vater ihrer Freundin eine Art Sommerwohnung hatte. Später konnten sie in der Küche eines schwulen Bekannten unterkriechen. Wenn sie die öffentlichen Verkehrsmittel benutzen mußten, mogelten sie sich immer durch und fuhren schwarz. Sie kochten nicht, sondern gingen für 20 Pfennige in eine Wohlfahrtsküche essen. Um Geld zu sparen, aßen sie nur zweimal am Tag. Ende 1930 fanden sie eine Aushilfsarbeit. Zuerst beseitigten sie Malerdreck in einem Filmbüro in der Friedrichstraße, arbeiteten in vier Nächten als Statistinnen im Film, und dann konnten sie sich auch die Vergnügungen leisten, nach denen sie sich gesehnt hatten. Gerda M. schilderte in einem Brief ihr Eintauchen in die lesbische Subkultur:

Rudolf Schlichter, Damenkneipe

»Nun hatten wir ein paar Groschen; etwas Kleidung wurde gekauft und dann mein sehnlichster Wunsch – wir konnten einmal ›ausgehen‹. Ganz, ganz bescheiden! Ich kaufte, sooft (selten) ich konnte, ›Die Freundin‹. Darin waren Inserate, wo und was los war. So haben wir einen Weihnachtsball eines Vereins lesbischer Frauen für ein paar Stunden besucht. Ein ganz großer Saal mit Bühne. Musikkapelle (ich weiß nicht mehr, ob Männer- oder Frauenkapelle). Kinder waren auch dabei, die beschert wurden. Man sprach uns auch an. Doch ich war sehr, sehr zurückhaltend, wußte, es ging nur dieses eine Mal. Sonst fehlte uns das Geld.

Wir sind dann noch einmal in der Bülowstraße in einem schwulen Lokal gewesen. Für ein bis zwei Stunden. Das war alles.«

1931 kehrte Gerda M. nach Hamburg zurück und traf sich wieder mit ihrer Clique, die aus neun Frauen bestand. Es waren Pärchen, und sie war die einzige »Junggesellin«. 1933, als die Nazis an die Macht kamen, verkroch sie sich, wie sie sagte. Sie war in der »Roten Hilfe« aktiv gewesen und hatte Hausdurchsuchungen erlebt und überlebt. 1934 fand sie endlich in der Provinz eine Arbeit. Sie verlor den Kontakt zu anderen lesbischen Frauen; einige kamen während des Krieges bei Bombenangriffen auf Hamburg um.

Vereine

Berlins lesbische Frauen trafen sich nicht nur in den Clubs und Tanzlokalen, sondern auch in Vereinen und Gruppierungen, die politische Zielsetzungen hatten. Hier wurde dafür gekämpft, daß lesbische Frauen gesellschaftlich anerkannt werden und daß sie selbstbewußt auftreten. In den Verbänden, die sowohl Frauen als auch Männer als Mitglieder hatten, waren die Frauen in der »Damenabteilung« häufig in verschiedenen Unter- und Aktivitätsgruppen organisiert und lasen »ihre« jeweilige Zeitschrift. So war der Damenclub »Monbijou« (des Ostens – es gab auch einen im Westen Berlins) Mitglied des »Deutschen Freundschaftsbundes«, hier wurde die Zeitschrift »Garçonne« gelesen. Der »Damenclub Violetta« mit seinen mehr als 400 Mitgliedern war dem »Bund für Menschenrecht« angeschlossen, hier war die Zeitschrift »Die Freundin« das Verbandsblatt. Beide Verbände hatten eine gemeinsame Wurzel, sie erwuchsen aus dem 1897 gegründeten »Wissenschaftlich-humanitären Komitee« (WhK), dessen Ziele die Abschaffung des berüchtigten § 175 Reichsstrafgesetzbuch sowie eine allgemeine Aufklärung der Bevölkerung waren. Seit 1871 kriminalisierte der § 175 homosexuelle Handlungen zwischen Männern. Lesbische Frauen wurden strafrechtlich nicht verfolgt, doch gab es bei Strafrechts»reformen« um 1910 und 1929 Versuche, auch eine Art § 175 für Frauen zu schaffen. Der Arzt und Sexualwissenschaftler Magnus Hirschfeld, der das WhK initiiert und mitbegründet hatte, wollte für die »Rehabilitation der Homosexuellen mit den Waffen des Geistes und der Wissenschaft kämpfen«. 1920 kam es mit Unterstützung des WhK zur Gründung des »Deutschen Freundschaftsverbandes«, von dem sich 1923 wiederum der »Bund für Menschenrecht« (BfM) abspaltete.

Der BfM war die größte Massenorganisation von Homosexuellen, die es jemals gegeben hat. Nach eigenen Angaben hatte er zeitweilig 48 000 Mitglieder in Deutschland, darunter rund 1 500 Frauen. Darüber hinaus gab es zahlreiche Gruppen und Clubs von lesbischen Frauen, die mit dem BfM assoziiert waren. In fast jeder Stadt gab es Gruppen dieser Verbände, allerdings war die Anschrift der Gruppe oft nur per Postfach bekannt. In den Städten Berlin, Breslau, Düsseldorf, Frankfurt am Main, Hamburg, Leipzig, Dresden, Stettin und Weimar sollten sogar nach einem Beschluß auf dem Bundestag des BfM 1927 Geschäftsstellen mit besoldeten Geschäftsführern eingerichtet werden. In den Publikationen des BfM wird auch berichtet, daß der Verband im Jahr 1926 einen Rechtsschutz einrichtete, den man nach einjähriger Mitgliedschaft kostenlos in Anspruch nehmen konnte. Zeitschriften wie »Das Freundschaftsblatt« vom 14. 1. 1927 informierten, daß in diesem Jahr von organisierten homosexuellen Frauen und Männern erwogen wurde, eine »homoerotische Freiheitspartei« zu gründen. Vermutlich zerschlugen sich während der Inflation diese Pläne, aber sie zeigen, wie selbstbewußt die lesbischen Frauen (und homosexuellen Männer) damals dachten. Die Verbände mit ihren »Damenabteilungen« schufen ein politisch-kulturelles Angebot. Vorträge, Literaturvorlesungen, Diskussionen zu politischen Themen, Sportveranstaltungen, Ausflüge, Beratungen und Hilfe woben ein dichtes Netz zwischen den Frauen.

Kollektiv-Klage junger Mädchen

Inhalt von heute / Von Tillrot

Soll ich nur Kinder zeugen, kochen und ein ganzes Leben
Einen Mann lieben?
Hat man mir dazu Lindsay, Anquétil gegeben,
Und mich zum Abitur getrieben?
Soll ich andrerseits nur streben, denken und ein ganzes Leben
Experimente, Studien machen?
Hat man mir dazu ein von Freud beglaubigtes Gefühl gegeben?

Alle verdrängten Gefühle unserer Ahnen
Sind in uns und möchten schrein.
Wir möchten kalt sein, brennen, zerstören, bahnen,
Predigen Kollektivismus und sehnen uns sehr,
Und nachdem wir's verneinen, immer mehr,
Nach Courts-Mahlerschem Glück zu zwein.
Wir passieren Stationen vom Sportgirl bis Gretchen,
Studentin Helene bis Lesbosmädchen.
Und — bei welchem Typ wir bleiben

Ist schwer zu entscheiden — wir lassen uns treiben.
Wir lieben, sporteln, schaffen — weinen dann von Zeit zu Zeit
Über die eigene Unfertigkeit.
Wir wagten einen Sprung und wußten nicht wohin.
Wir kennen ein „ich war" — „ich werde sein" — noch kein „ich bin".

So kommt's, daß wir am Arbeitsorte
An Küsse manchmal denken und an Liebesworte
Und wünschen in des Mannes Arm uns weit
Fort in Arbeit oder Einsamkeit.

Aus: Der Uhu, Mai 1931

Zeitschriften und Romane

Ein sichtbarer Ausdruck des lesbischen Kommunikationsnetzes waren die Zeitschriften. Durch größere Pressefreiheit und die allgemeine Politisierung, die von der Revolution 1918 ausgingen, konnten während der Weimarer Republik viele Zeitschriften für ein homosexuelles Publikum erscheinen. Sie waren sensationell aufgemacht wie »Das dritte Geschlecht« oder seriös wie die »Mitteilungen des Wissenschaftlich-humanitären Komitees«. Es gab Zeitschriften, die sich nur an homosexuelle Männer wandten, wie »Der Eigene«, von Adolf Brand herausgegeben, aber auch viele, die sich an homosexuelle Männer *und* Frauen richteten; das waren vor allem die Publikationen aus dem Umfeld des »Bundes für Menschenrecht«, dessen Vorsitzender über viele Jahre Friedrich Radszuweit war. Diese Zeitschriften (darunter »Blätter für Menschenrecht«, »Die Insel«, »Die Freundschaft«, »Das Dritte Geschlecht«) erschienen im Friedrich-Radszuweit-Verlag mit einer Gesamtauflage in Millionenhöhe. Einige Zeitschriften wandten sich nur an lesbische Frauen: »Ledige Frauen«, »Frauenliebe«, »Garçonne«, »Die Freundin«, »BIF« (Blätter für ideale Frauenfreundschaft). Die meisten dieser Zeitschriften wurden von männlichen Verlegern herausgegeben, nur BIF war von Frauen für Frauen; die Herausgeberin war Selli Engler, die später in der Zeitschrift »Die Freundin« mitarbeitete. Die Zeitschriften waren teils Kampfblatt, teils Erbauungslektüre. Sie konnten in Berlin an den Zeitungskiosken gekauft werden, und die Sittlichkeitsvereine wetterten dagegen.

»Die Freundin, Wochenblatt für ideale Frauenfreundschaft« (1924–1932) behandelte häufig die Themen Homosexualität und Emanzipationskampf der homosexuellen Frauen und Männer, jedoch überwogen die Informationen über Veranstaltungen, Clubs sowie der erbauliche Teil mit Kurzgeschichten und Romanfortsetzungen, in denen es hauptsächlich um die Liebe ging, Gedichten und belehrenden Artikeln über berühmte lesbische Frauen in der Geschichte. »Garçonne« war die Nachfolgerin von »Frauenliebe«. Sie erschien von Oktober 1930 bis Oktober 1932 und war eher das Sprachrohr der mittelschichtorientierten Frauen, die mit der Frauenemanzipation sympathisierten. »Garçonne« hatte eine Auflage von 10 000. Wie hoch die Auflage der »Freundin« war, ist unbekannt; aber sie war die meistgekaufte Zeitschrift für lesbische Frauen in der Weimarer Zeit. Diese Zeitschriften waren vielen ein Dorn im Auge. 1926 wurde ein Jugendschutzgesetz erlassen, demzufolge Publikationen auf eine »Liste für Schand- und Schmutzschriften« gesetzt werden konnten. 1928/29 wurde »Die Freundin« für die Dauer von zwölf Monaten verboten, und 1931 erhielt die »Garçonne« ein Aushangsverbot.

Die Schriftstellerin Sophie Hoechstetter. Ihr Gedicht auf Magnus Hirschfeld wurde zu dessen 60. Geburtstag geschrieben.

Dr. Magnus Hirschfeld

Viel Maaße kennt die Welt. Der Ruhm der Schlachten
Trägt stolze Namen in die Ewigkeit.
Was Menschengeist in Forschen und Betrachten
Aus dunklem Schoße rief zum Heil der Zeit,
Und was nur ward, daß wir ein Stündchen lachten,
Und Endlich, was nur in des Reichtums Kleid
Das Leben flüchtig als Genuß betrachtet,
Wird hochgemessen, von der Welt geachtet.

Das Herz mißt anders. Unbeirrt vom Scheine
Des Feuers, das stets dem Erfolg entbrennt,
Vom Wahne unbeirrt, der im Vereine
Erlauchte wie Geringe Größen nennt,
Bedenkt das Herz hellsehend nur das Eine,
Woran es ewiges Verdienst erkennt:
Was tut er für die Menschheit? Ist sein Streben
Für eignen Ruhm nur — oder Andrer Leben?

Wir, die wir ihn, den lieben und verehrten
Freund unserer Jugend heut beglückwünscht sehn,
Wir wissen von den Tagen, die den Kampf erklärten,
Der Torheit, Grausamkeit, dem Mißverstehn,
Wir wissen, daß von Tausenden die starken Hände wehrten
Leid, Bitternis und Schimpf und Untergehn,
Wir wissen, ohne Menschenfurcht und Hassen
Hat er gekämpft — und keinen je verlassen.

Keinen verlassen, der zu seinen Toren
Rastlosen Herzens kam — beruhigt ging,
Keinen verlassen, der den Mut verloren,
Weil seine Seele voller Zwiespalt hing.
Keinen verlassen, der zum Leid geboren,
Und keinen, den Gefahr und Angst umpfing.
So lebt er für die Menschheit, und sein Streben
Gilt eignem Ruhm nicht, nur der Andern Leben.

Nicht, was an Angriff er und Haß erfahren,
Nicht der „Normalen" Stolz, der Spötter Hohn
Hat ihn beirrt in langen, langen Jahren:
Mutvoll erhob sich seiner Stimme Ton
Für Menschenrecht. Bedrängte aus Gefahren
Zu retten, ist ihm seines Lebens Lohn.
Und es gelang ihm, durch sein Forschen, Denken,
Der Wissenschaft ein neu Gebiet zu schenken.

Verehrter Freund, vielleicht wär' es Dein Wille,
Den Tag, der heute aufgeht, ganz allein
Mit Deinen Nächsten in der Frühlingsstille
Zu leben, einmal für Dich selbst zu sein,
Doch es gelingt Dir nicht: sich eine Fülle,
Von Dank und Liebe bricht zu Dir herein.
Sechs Jahrzehnte siehst Du im Entgleiten
Und unvergeßlich wirst Du durch die Zeiten schreiten.

Sophie Hoechstetter

Neben den Zeitschriften waren die Romane lesbischen Inhalts für die Frauen wichtig. Für sie wurde in fast jeder Ausgabe der Zeitschrift inseriert. »Der Skorpion« (1919, 1920, 1921) von Anna Elisabeth Weirauch, »Mädchen in Uniform« (1932) von Christa Winsloe, »Der wilde Garten« (1927) von Grete von Urbanitzky und »Freundinnen« (1923) von Maximiliane Akkers waren die populärsten. Die Romane waren Erbauungslektüre, sie übten aber auch Kritik – trotz ihres sentimentalen und larmoyanten Tones – an der herrschenden Geschlechtsmoral. Sie bestätigten die Frauen in ihrem »So-sein« und verhalfen ihnen zu Identität und Selbstbewußtsein. In diesen Romanen erkannten sich die Leserinnen wieder, sie wurden in ihrer Lebensweise bestärkt und fanden ihren Platz in der Gesellschaft. Das Selbstbild lesbischer Frauen in der Weimarer Zeit orientierte sich am Ideal der berufstätigen und finanziell unabhängigen Frau. Die Frauen empfanden sich – bei allen Brüchen und Widersprüchen – als eine Mischung von Angehörigen des »Dritten Geschlechts« und »Garçonne«. Im Leben wie in den Romanen wurden Teile der Theorie vom »Dritten Geschlecht« variiert. Sie war von Karl Heinrich Ulrichs und Magnus Hirschfeld entwickelt worden und besagte, daß Homosexualität weder Krankheit noch Sünde, sondern eine Varietät in der Natur sei. Diese Theorie besagte auch, daß ein männlicher Geist in einem weiblichen Körper und (für homosexuelle Männer) ein weiblicher Geist in einem männlichen Körper sei. Die »Garçonne« verkörperte die emanzipierte Frau der Nachkriegszeit, die ohne den moralischen Mief der Wilhelminischen Ära durchs Leben geht, rank und schlank ist und mit dem Leben und der Liebe experimentiert.

Für lesbische Frauen bedeutete die Weimarer Zeit, einen Freiraum zu haben, ungehindert andere lesbische Frauen treffen zu können. Diese Subkultur war nicht nur in Berlin anzutreffen. Jede größere Stadt hatte ihre Homosexuellenlokale und politischen Vereinigungen, selbst in kleineren Orten gab es Gruppen und Cliquen von lesbischen Frauen.

Das Ende dieser blühenden Subkultur begann schon in der Weimarer Zeit. 1931 wurde in der »Freundin« geklagt, daß der Druck auf die homosexuellen Frauen (und Männer) zunehme. Polizeikontrollen und Razzien verleideten die Besuche in den Bars. Die Nationalsozialisten zerschlugen das Kommunikationsnetz lesbischer Frauen. Die Lokale wurden geschlossen, die Clubs und Organisationen verboten, den Publikationen jede Veröffentlichung untersagt. Der Verlag Friedrich Radszuweit wurde geplündert, die Bücher und Zeitschriften brannten auf den Scheiterhaufen der Bücherverbrennungen im Mai 1933. Nur die Cliquen lesbischer Frauen und die Partnerschaften überstanden die Zeit des Faschismus.

Anmerkungen

1 Ruth Margarete *Roellig:* Berlins lesbische Frauen, Berlin 1928. Neu wiederaufgelegt unter dem Titel: Lila Nächte, herausgegeben von Adele Meyer, Köln 1981.
2 Agnes Gräfin *Esterhazy:* Das lasterhafte Weib, Wien 1930.

NUMMER 10
ERLIN, 1. OKTOBER
ahrgang II, 1932
rscheint jeden Monat
Ausgabe A, ohne Schnitt-
nuster, Preis 20 Pfg.;
Kç. 1,60
Ausgabe B, mit Schnitt-
nuster, Preis 30 Pfg.;
Kç. 2,50
DER WEG DER FRAU
SONDER-
NUMMER
„Im 3. Reich jeder Frau einen Mann"
Die Kriegermutter ist das Ideal des 3. Reiches. Übungen in der Gasmaske sollen Mutter und Kind auf eine neue eiserne Zeit vorbereiten. Was aber hilft die Gasmaske, wenn im Ernstfall Gifte und Säuren die zarte Haut des Säuglings zerreißen und verbrennen? Frauen, ist das Euer Ideal?

»Die Frauen haben (Hitler) – vereinfacht ausgedrückt – entdeckt, gewählt, vergöttert.«[2]

Joachim Fest

»Niemals sind in der deutschen Geschichte gerade so viele Frauen einer politischen Partei zugeströmt wie der NSDAP – und nie hat eine Parteiideologie die Frauen so erniedrigt wie die NSDAP.«[3]

Jürgen Kuczynski

»Die nationalsozialistische Bewegung hat von der ersten Zeit ihres Bestehens an in der Frau die treueste Mithelferin nicht nur gesehen, sondern auch gefunden. Unsere Frauenbewegung ist für uns nicht etwas, das als Programm den Kampf gegen den Mann auf seine Fahne schreibt, sondern etwas, das auf sein Programm den gemeinsamen Kampf mit dem Mann setzt. Denn gerade dadurch haben wir die neue nationalsozialistische Volksgemeinschaft gefestigt, daß wir in Millionen von Frauen treueste fanatische Mitkämpferinnen erhielten für das gemeinsame Leben im Dienste der gemeinsamen Lebenserhaltung. ... Ich erinnere mich an die Zeit, in der sich so mancher von uns gewandt hat in der Meinung, aus uns könne doch nichts werden, an die Zeit, da der Geist in Deutschland überheblich glaubte, den Problemen nur von der vernunftmäßigen Seite gegenübertreten zu können, und da uns dadurch viele untreu geworden sind: ich weiß, damals sind es unzählige Frauen gewesen, die unerschütterlich treu zur Bewegung und zu mir gehalten haben.«[1]

Adolf Hitler

Haben die Frauen Hitler an die Macht gebracht?

Frauen haben Hitler an die Macht gebracht, das nationalsozialistische Regime gewollt und somit auch den zweiten Weltkrieg verschuldet. Diese These ist zwar keineswegs erwiesen, durch keinerlei Fakten zu erhärten, vom Wahlverhalten her analysiert schlicht falsch, aber dennoch hält sich hartnäckig die Legende von den Massen besonders fanatisierter Frauen, die den Faschismus durch ihre Verblendetheit ermöglicht haben.

Sicher, es hat sie gegeben, die Frauen, die ohnmächtig wurden beim Anblick des »Führers«, die in Scharen hysterisch ihr »Siegheil« brüllten, die dem »Führer« ein Kind gebären wollten und ihre Männer und Söhne an die Front geschickt haben. Und es hat sogar Frauen gegeben, die aktiv die Rolle der Unterdrückerin und Mörderin übernommen haben wie die KZ-Aufseherinnen von Auschwitz, Maidanek, Ravensbrück, Bergen-Belsen... Aber selbst angesichts dieser Tatsache ist das Bild des Faschismus, sind seine Ideologie und seine öffentliche Erscheinung durch und durch geprägt von einem brutalisierten Männlichkeitswahn. Frauen hatten bei den Nazis nichts zu sagen: weder ist es ihnen je gelungen, in Führungsgremien der Partei vorzudringen, noch gab es eine Ministerin oder Gauleiterin, und selbst das Deutsche Frauenwerk und die Führerin der NS-Frauenschaft unterstanden einem Mann. Männer haben die Befehle gegeben, und in der Hauptsache waren es auch Männer, die sie ausführten. Aber niemals wurde bislang, weder von rechts noch von links, der klassenunspezifische Vorwurf erhoben, Männer trügen die Schuld am Faschismus in Deutschland, die deutschen *Soldaten* hätten den Krieg vom Zaun gebrochen. Im Gegenteil, das Verhalten der Masse der männlichen Mitläufer ist entschuldbar:

»Viel Verständnis ist für die relativ große Zahl von jungen proletarischen Männern aufgebracht worden, die sich in den Schlägertrupps der SA organisierten, um die Organisationen ihrer Klasse und ihre eigenen Wohnviertel zu überfallen, die Aktivsten der Arbeiterbewegung zu terrorisieren und viele ihrer ehemaligen Genossen zu ermorden. All das wird erklärt – wenn auch nicht gebilligt – mit ihrer verzweifelten Lebenssituation als Arbeitslose, mit dem berechtigten Wunsch nach sozialem Zusammenhalt, den sie angeblich in der Männerhorde fanden, nach Status und Anerkennung, die sie angeblich durch die Uniform bekamen, nach existentieller Sicherung, die angeblich die Kasernierung bot. All die aufgeführten sozialen Gründe treffen jedoch mindestens genauso auf alle Frauen im Proletariat zu, und die Lage von jüngeren Frauen war sicher noch viel verzweifelter, noch aussichtsloser als die ihrer männlichen Altersgenossen. Hat man aber schon einmal von Banden von Frauen gehört, die auf Befehl des Klassenfeindes und unter Anleitung von Kleinbürgern brutal auf Frauen und Männer der eigenen Klasse eingeschlagen und Hunderte von ihnen getötet hätten? Wäre das auch nur ein einziges Mal geschehen, ein ungeheurer Aufschrei der Entrüstung, eine Serie von Fememorden an unbeteiligten Frauen und eine Hetzkampagne ohnegleichen gegen ›Lesbierinnen‹ wäre die Folge gewesen.«[4]

Und doch bleibt die Frage, warum die Frauen sich haben so unvergleichlich erniedrigen lassen, warum sie auf antifeministische Parolen hereingefallen sind. Die Frauen haben Hitler nicht enthusiastischer zugejubelt, als Männer andächtig und bereit, ihr Leben zu geben, vor »ihrem Führer« strammstanden. Aber die Masse der »weiblichen Mitläufer« hat durch ein passives Wegducken[5] zur Installierung eines unmenschlichen Systems *beigetragen*, dessen Programmatik in jeder Beziehung gegen sie gerichtet war.

Um zu begreifen, warum ein großer Teil der Wählerinnen schon in der Weimarer Republik und während des Erstarkens des Faschismus konservativ gestimmt hat, muß die gesellschaftliche Lage der kleinbürgerlichen und proletarischen Frauen – aus denen das weibliche Wahlvolk überwiegend bestand – berücksichtigt werden. Frauen sind nicht »von Natur aus« mit einer konservativen Grundeinstellung versehen, weil – so wird häufig von rechts argumentiert – sie die Bewahrenden und Behütenden wären, oder etwa, weil sie politisch zu desinteressiert und zurückgewandt seien, um die Zeichen des Fortschritts zu verstehen. Tatsächlich hatte sich die Lage der Frauen in der Weimarer Repbulik kaum verbessert im Gegensatz zu vergangenen Zeiten, in denen noch der Kaiser regierte, auch wenn die Gleichheit von Mann und Frau verfassungsmäßig festgeschrieben worden war.

Die Berufstätigkeit der Frauen in der Weimarer Republik, ihre Arbeits- und Verdienstmöglichkeiten blieben stets unsicher und von den Betroffenen nicht beeinflußbaren Schwankungen unterworfen. Nach Beendigung des ersten Weltkrieges waren Millionen von Frauen aus den Fabriken entlassen worden, um den Platz für die zurückkehrenden Männer freizumachen. »Gleicher Lohn für gleiche Arbeit« blieb eine schöne Forderung, die sogar von der männlichen Gewerkschaftsbasis sabotiert wurde. Für viele Frauen war es unmöglich, die eigene Existenz durch Lohnarbeit abzusichern. Neue Wege standen nicht oder doch nur wenigen offen; so blieb die verzweifelte Besinnung auf die Familie, das Sich-Klammern »an die Planke eines untergehenden Schiffes im verzweifelten Versuch zu überleben«.[6]

»Selbst wenn die Frauen in traditionell männliche Berufe eindrangen, wurden sie weder gleich bezahlt noch gleich behandelt. Und eine politische Lösung dieses Problems war nicht in Sicht. Ohne eine entsprechende Alternative blieben Frauen dem althergebrachten Kinder-, Küche-, Kirche-Ethos verhaftet und sahen in der Emanzipation eher eine Bedrohung als einen Segen...

Konservative Politiker begriffen die Anziehungskraft der Tradition in Zeiten der Unsicherheit. Im Gegensatz zu den liberalen und linken Parteien konnten sie diese Angst in politische Propaganda ummünzen.«[7]

Das wirkte sich in den Wahlergebnissen positiv aus für die Parteien, die die Frauen direkt über Familienpolitik anzusprechen wußten, die versprachen, die Familie zu schützen und zu erhalten, und den linken Parteien das Gegenteil vorwarfen wie die Deutsch-Nationale Volkspartei, die Bayerische Volkspartei und vor allem das katholische Zentrum.

Frauen haben bis 1930 wesentlich weniger als Männer NSDAP gewählt – nicht nur absolut, sondern auch relativ gesehen. Das Wahlergebnis von 1928 brachte zwar – durch Frauenstimmen – Erfolge für Zentrum und DNVP, die, wären nur Männer zur Wahlurne gegangen, zwölf bzw. neun Sitze weniger erhalten hätten, und aus demselben Grund Verluste für SPD und KPD, die – ohne Frauenstimmen – nicht vier bzw. acht Sitze eingebüßt hätten; dennoch: wären nur die Männer an dieser Wahl beteiligt gewesen, hätte die NSDAP sechzehn statt zwölf Sitze bekommen. Und wenn sich auch die Differenz zwischen Männern und Frauen bezüglich der Stimmabgabe für die Nazis ab 1930 verringerte, so muß festgestellt werden, daß auch noch 1932 rund zwei Prozent weniger Frauen als Männer für Hitler votierten.

Die These von der besonderen Schuld der Frauen am Faschismus ist also falsch, und daß Adolf Hitler selbst von den Frauen als seinen »treuesten fanatischen Mitkämpferinnen« gesprochen hat, ist sicher nicht mehr als ein geschicktes Propagandamanöver gewesen, um den Frauen, die in seinem Staat nichts zu sagen hatten, zu suggerieren, sie hätten in irgendeiner Weise Einfluß auf die Geschicke Deutschlands nehmen können.

Ein Licht darauf, wie es den Nazis gelang, viele Frauen willig und erniedrigt zu halten, werfen hoffentlich die in diesem Buch zusammengetragenen Texte und Dokumente.

Anmerkungen

1 »Rede des Führers auf dem Frauenkongreß in Nürnberg am 8. September 1934«, in: *N.S.-Frauenwarte*, Einzige parteiamtliche Frauenzeitschrift, Jg. 3, Oktober 1934, S. 210.
2 Joachim Fest, Das Gesicht des Dritten Reiches, München 1963, S. 359.
3 Jürgen Kuczynski, Studien zur Geschichte der Lage der Arbeiterin in Deutschland von 1700 bis zur Gegenwart, Berlin 1963, S. 255.
4 Annemarie Tröger, Die Dolchstoßlegende der Linken: »Frauen haben Hitler an die Macht gebracht«, in: Frauen und Wissenschaft, Beiträge zur Berliner Sommeruniversität für Frauen, Berlin 1976, S. 350/352. Zur Vertiefung der Frage sei dieser Aufsatz besonders empfohlen!
5 Vgl. Annemarie Tröger, Die Dolchstoßlegende... a.a.O.
6 Ebenda, S. 345.
7 Renate Bridenthal, Beyond Kinder, Kirche, Küche: Weimar Women at Work, zit. nach: Annemarie Tröger, a.a.O. S. 333.

Wahlpropaganda konservativer Parteien zu den Reichstagswahlen 1930 und 1932:
die Frau als Bewahrerin von Familie und Tradition.

N.S. Frauen-Warte

Die einzige parteiamtliche Frauenzeitschrift

Herausgeberin: Reichsführung der N.S. Frauenschaft

2. Jahrgang | München, 2. Aprilheft 1934 | 21. Heft

Der Dank und das Gelöbnis der deutschen Frau am Geburtstag des Führers

Wenn unsre Kinder deinen Namen nennen,
Dann klingt es wie ein frohes Lerchenlied.
Ein Jubel ist's. Ein dankbares Bekennen,
Das durch die jungen, reinen Seelen zieht.

Du hast ihr Herz in deine Hand genommen
Und formst es nun mit echter Meisterschaft.
Du bist in jedes deutsche Haus gekommen,
Ein Freund, ein Helfer, eine stille Kraft.

Die halb erloschnen Flammen unsrer Herde,
Sie brennen neu durch deines Glaubens Glut.
Und neues Korn wächst aus der deutschen Erde,
Die unterm Schatten deiner Treue ruht.

Was wir geträumt, du hast es uns gestaltet.
Was wir gehofft, in dir wurd' es zur Tat.
Du hast das deutsche Erbe uns verwaltet
Dieweil wir schliefen. Dein ist Pflug und Saat.

Wir taumelten in blindem Unverständnis.
Du rangst für uns mit einer Höllenmacht.
Du trugst für uns die Qualen der Erkenntnis,
Und gingst für uns alleine durch die Nacht.

Doch wie du treu bisher für uns gestritten,
Sind wir jetzt dein mit jedem Atemzug.
Du hast so lang für uns allein gelitten,
Du stärkstes Herz, das je die Erde trug.

N.S.-Frauen-

Durch Kampf zum Sieg!

Was tut's – daß

Gewiß, wir werden auch vergehn
Und werden einmal sterben.
Doch unsre Arbeit bleibt bestehn,
Gestützt von unsren Erben.
Die Fahne, die wir heiß umkämpft,
Das Lied, das wir gesungen,
Den Glauben, den kein Terror dämpft,
Den erben unsre Jungen!
Was tut's – daß wir nur heute sind,
Und morgen andre streiten;

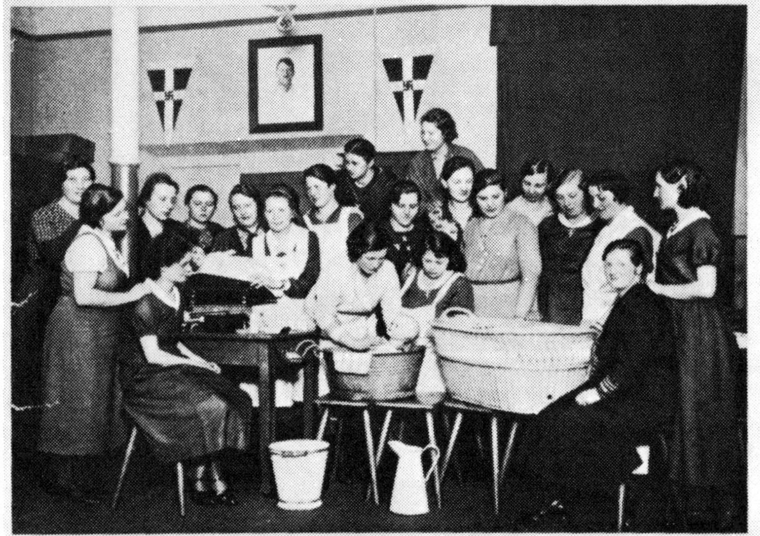

Unterricht in Säuglingspflege im Rahmen eines Mütterschulungskursus

Die Führerin Frau Gertrud Scholtz-Klink spricht anläßlich der Eröffnung der ersten Reichsschule der N.S.-Frauenschaft auf „Schloß Hohenfels" bei Coburg

Mütter als Gäste am Muttertag

Morgenwäsche im Kindergarten der N.S.-Frauenschaft

NSCHAFT

schaft am Werk

wir nur heute sind

Es werden Kind und Kindeskind
In künft'gen beff'ren Zeiten
Durch unsren Geist und unser Blut
In gleichem Sinne streben.
Was wir erkämpft an wahrem Gut,
Wird immer weiter leben.
Was tut's – daß heut nur unsre Zeit,
Und morgen andre kommen!
Die Schanzen in dem großen Streit,
Die haben wir genommen!

Erika-Maria Krug

Jedes Jahr wurden mit eigenen Mitteln der N.S.-Frauenschaft mehrere tausend erholungsbedürftige Kinder für einige Zeit auf das Land geschickt

Deutsche Volkstumspflege in den Lehrgängen der Gau-Führerinnenschulen

Schlesische Bauernstube auf einer der zahlreichen Ausstellungen, welche von der N.S.-Frauenschaft in allen Teilen des Reiches aufgezogen wurden

Verpflegung erwerbsloser S.A.-Männer

Fahnennähen für den Gau

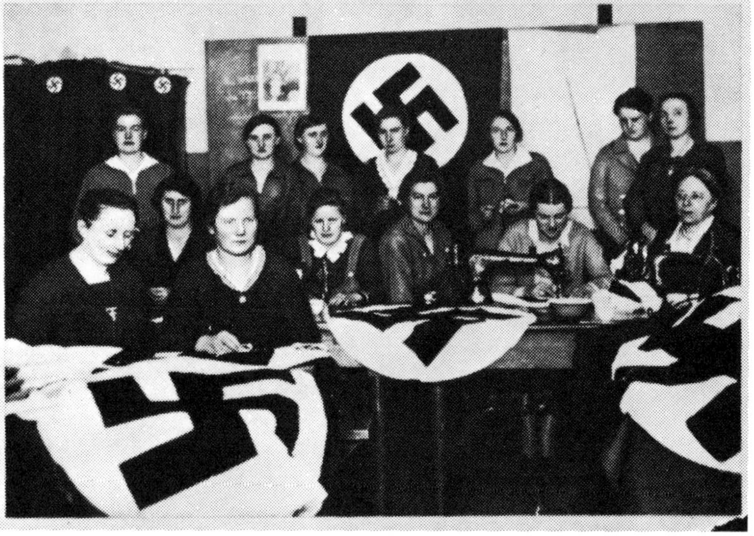

Links: Grazie, Anmut und Natürlichkeit der deutschen Frau kamen bei Aufmärschen und Festumzügen (oben: »Tag der deutschen Rose« 1934, unten: Erntedankfest 1933) besonders zum Ausdruck. Goebbels: »Wenn nicht der BDM unsere Mädchen zu Trampeln erzogen hat, dann schafft das spätestens der Arbeitsdienst.«

Montage von John Heartfield in der *AIZ* Nr. 48 von 1934. Der Text links oben lautet: »Wiederholt erhielten im Dritten Reich die Frauen unschuldig Erschossener von der Geheimen Staatspolizei ohne vorherige Mitteilung die Asche der Ermordeten im Postpaket oder Brief zugestellt...«

60 von 100 deutschen Mädels
sind im Alter bis zu sechs Jahren blond – später haben aber nur noch 19 ihr gold-blondes Haar!
Blonde Mädels sollten deshalb beizeiten etwas Besonderes für ihr Haar tun und es mit Schwarzkopf-Extra-Blond pflegen, dem Schaumpon der Blondine.
Schwarzkopf-Extra-Blond erhält das natürliche Blond und gibt bereits nachgedunkeltem Haar seinen hellen Goldton wieder.
Wichtig ist die dem Extra-Blond eigene „Haarglanz"-Wirkung, die dem zarten Blondhaar das schädliche Alkali der Seife fernhält.
SCHWARZKOPF EXTRA-BLOND
„Schaumpon der Blondine"

Nationalbraun
Selbst gefärbt
mit Heitmann's
Nationalbraun
und imprägniert mit Heitmann's Imprägnierung IMPRÄGNOL

Schönheit
und Jugend
in der nordischen
Mythologie
Es ist da von einem Zaubergarten die Rede, in welchem goldene Äpfel wachsen, deren Genuß ewige Schönheit und Jugend verleiht. Doch der Garten erfordert besondere Pflege, die nur von der Göttin der Jugend und Schönheit ausgeübt werden kann. Andernfalls welken die Äpfel und damit auch die davon Genießenden. Welch wunderbare Symbolik für die Körperpflege der Frau! Nur sie selbst kann den Garten - ihren eigenen Körper - pflegen und sein vorzeitiges Welken vermeiden. Und nie darf dabei die Reform-Damenbinde „Camelia" fehlen!

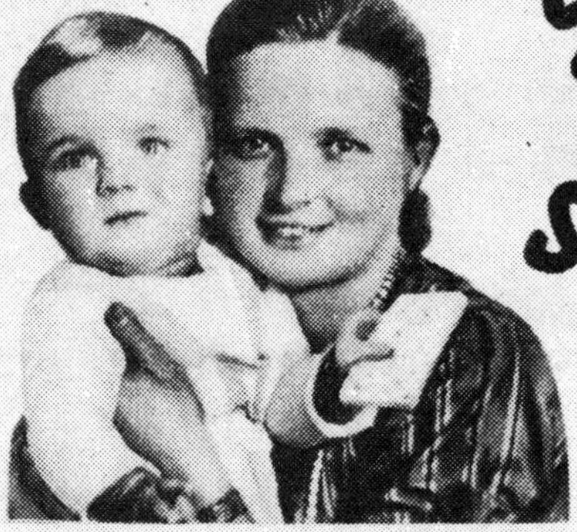

Gesunde Mütter, starkes Geschlecht!

Die Erziehung des Kindes beginnt schon im Mutterleib! Die verantwortungsbewußte Mutter sollte bedenken, daß sie in den neun Monaten der Schwangerschaft die Grundlage zu Wohl und Wehe ihres Kindes legt. Sie ist verpflichtet, während dieser Zeit besonders auf ihren Gesundheitszustand zu achten und zu sorgen, daß sie in fröhlicher und freudiger Stimmung das Kind erwartet. Meist werden die Funktionen des Magens und Verdauungsapparates während der Schwangerschaft unangenehm beeinflußt; Blähungen und Verstopfung sind häufige Folgeerscheinungen. Hier ist

BATSCHEIDER-KNUSPERBROT

das Vollweizen-Flachbrot, das Gegebene; denn es ist **blähungsfrei, leicht verdaulich und darmanregend!** Es enthält alle wichtigen Aufbaustoffe für Zahn-, Haar- und Knochen-Bildung und ist gleich wertvoll während der Schwangerzeit und Stillzeit. Den Kindern soll es zur kräftigeren Entwicklung des Gebisses gereicht werden. Bezug und Proben durch die Neuform-Reformhäuser.

GEBR. BATSCHEIDER GMBH., DEISENHOFEN 80, BEI MÜNCHEN

N. S. Frauen!

Abzeichen aller Art
Stoffe, nazibraun
Baskenmützen, nazibraun
Polohemden, nazibraun
Trainingsanzüge, nazibraun

Zeugmeisterei Ost, Berlin SW 48
Hermannstraße 10
Preislisten kostenlos!

Für dein Kind

eine SA. oder SS. Künstlerpuppe

in Originaluniform mit Hoheitsabzeichen, bruchfest, erstklassig angezogen, 30 cm hoch, Preis pro Stück RM 2.30. Umt. u. Zckn. i. 5 Tg. Vers. gegen Nachnahme. Versandspesen 50 Pfg.

Hümöller & Co.
Mainzerlandstr. 84 — Frankfurt a. M.

Einkauf von Bettfedern ist Vertrauenssache!

Kauft aus erster Hand zu konkurrenzlos billigem Preis. SPEZIALITÄT: Das Beste vom Besten: Herrschaftsschleiß mit Daunen, schneeweiß (handgerissen) . . . Pfund Mk 5
KL Gänserupf (Halbdaune, s. füllkr.) . . . Pfund Mk 1.50
Geringere Sorten billiger. Verlangen Sie kostenlos Muster Preisliste und Versandbedingungen!

N.S.-Eltern!

Das schönste Geschenk für die Kinder sind die naturgetreu bemalten

SA.-Zinnsoldaten

10 verschiedene Soldaten, Führer, Trommler, Standarten, Fahnen usw.

Musterkarton Mk. 1.80, größerer Karton Mk. 3.50 portofrei gegen Nachnahme.

Versandbuchhandlung
Pg. Wilh. Rose, Wiesbaden
Wielandstraße 6

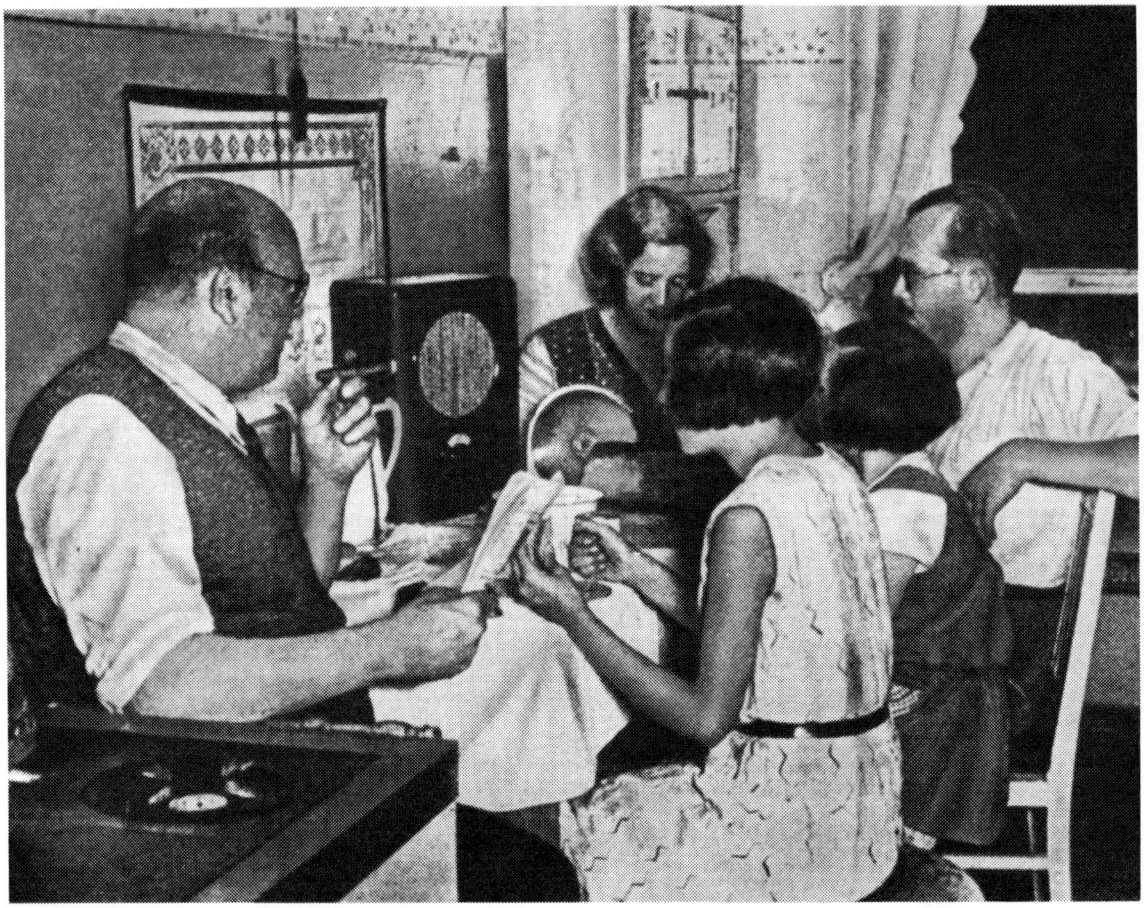

Feierabend im »deutschen Heim«: Familie am Volksempfänger

Rechts: Montage von John Heartfield, 1935

Die Idee der deutschen Wohnung:

»Formenschön, wertvoll und wohlfeil!«

Die Verwendung nur einheimischer Hölzer verleiht
diesen Möbeln einen besonderen Platz
im deutschen Heim.

*

Deutsche Möbel

Wenn die einfach gestalteten „Wohnstatt-Möbel" als „Deutsche Möbel" bezeichnet werden, so aus dreierlei Gründen:

Sie sind von deutschen Architekten entworfen und deutschen Arbeitern angefertigt!

Sie sind aus deutschen Hölzern hergestellt!

Sie sind deutsch in der Form, d. h. einfach und klar!

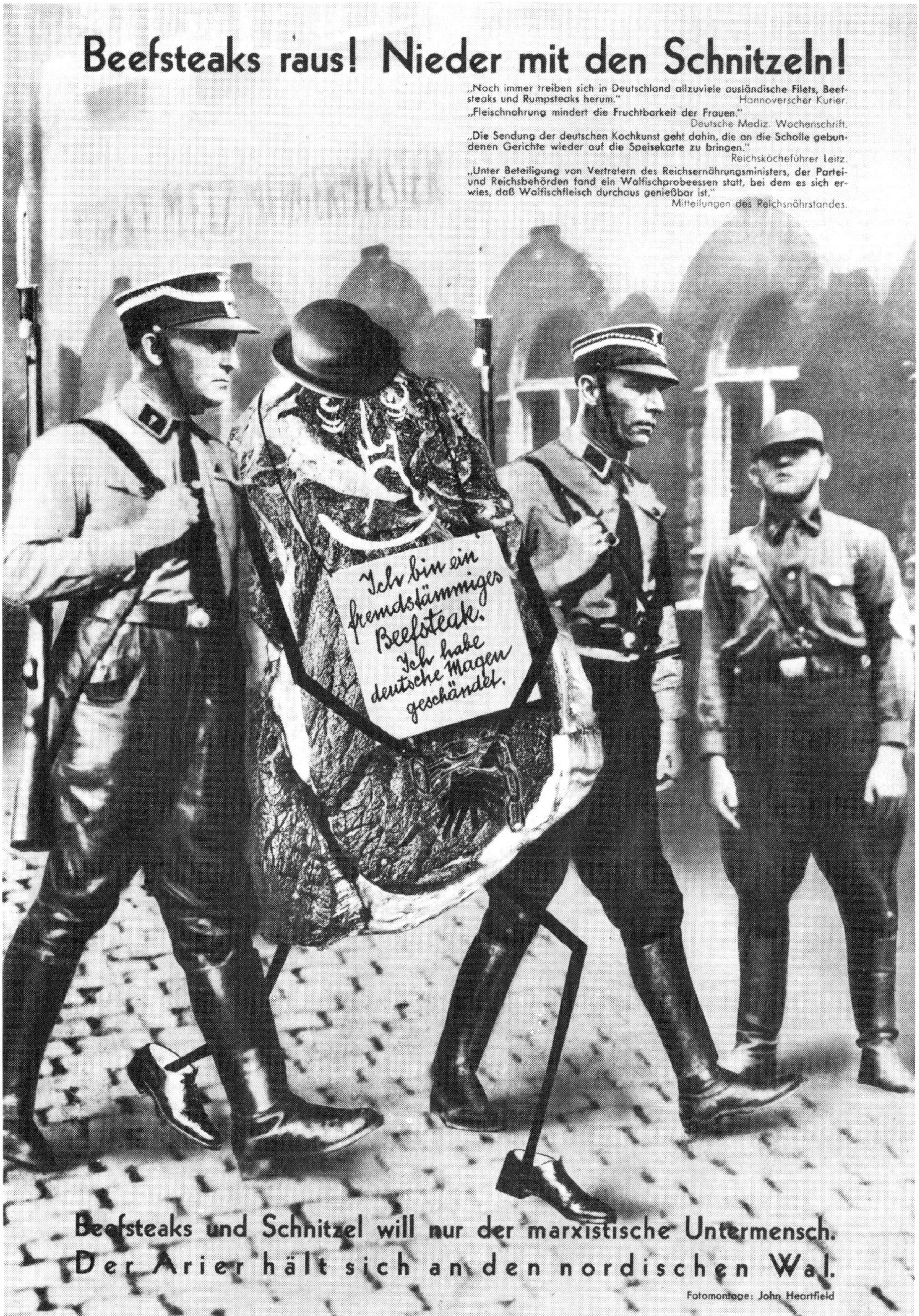
Beefsteaks raus! Nieder mit den Schnitzeln!
„Nach immer treiben sich in Deutschland allzuviele ausländische Filets, Beefsteaks und Rumpsteaks herum." Hannoverscher Kurier.
„Fleischnahrung mindert die Fruchtbarkeit der Frauen." Deutsche Mediz. Wochenschrift.
„Die Sendung der deutschen Kochkunst geht dahin, die an die Scholle gebundenen Gerichte wieder auf die Speisekarte zu bringen." Reichsköcheführer Leitz.
„Unter Beteiligung von Vertretern des Reichsernährungsministers, der Partei- und Reichsbehörden fand ein Walfischprobeessen statt, bei dem es sich erwies, daß Walfischfleisch durchaus genießbar ist." Mitteilungen des Reichsnährstandes.
Ich bin ein fremdstämmiges Beefsteak. Ich habe deutsche Magen geschändet.
Beefsteaks und Schnitzel will nur der marxistische Untermensch.
Der Arier hält sich an den nordischen Wal.
Fotomontage: John Heartfield

Berlin ißt heut

»...Dann werden wir unseren Teil an der Erringung der Nahrungsfreiheit lösen können. Wenn auch unsere Waffen auf diesem Gebiet nur der Kochlöffel ist, soll seine Durchschlagkraft nicht geringer sein als die anderer Waffen.« Gertrud Scholtz-Klink, Führerin der NS-Frauenschaft, 1937.

Koch Hirse, deutsche Frau!

Bei der Mengenabmessung ist zu beachten, daß Hirse während des Kochens etwa fünfmal so hoch aufgeht. 250 g geschälte Hirse genügen für vier Personen. Vor der Verwendung muß die Hirse in kaltem Wasser mehrmals gewaschen und einmal heiß überbrüht werden.

Gebackene Hirse

250 g Hirse werden in eine feuerfeste Form oder Kasserolle gegeben, leicht gesalzen und mit 1 l Milch übergossen. Obenauf setzt man reichlich Butterflöckchen und bäckt die Hirse im Bratofen weich. Kurz vor dem Herausnehmen gibt man nochmals etwas Butter darüber. Nach Belieben überstreut man das Hirsegericht vor dem Auftragen mit Zucker und reicht Kompott dazu.

Hirseschnitten (rechts unten)

250 g Hirse kocht man mit ¾ l Milch, 50 g Zucker und 1 Prise Salz sowie einem nußgroßen Stück Butter zu einem festen Brei. Darunter mischt man rasch zwei Eier und streicht dann den Brei zweifingerhoch auf ein Brett. Nach dem Erkalten schneidet man aus der Masse längliche Schnitten, die in Eigelb und Semmelbrösel gewendet und in heißem Fett in der Pfanne gebraten werden. Die gezuckerten Hirseschnitten reicht man zu Obstsaft, Kompott oder Vanillesoße. Ungezuckerte Hirseschnitten werden zu grünem Salat oder Gemüse gegeben. Bei ihrer Herstellung läßt man den Zucker weg, würzt mit Muskatnuß und gibt unter den fertigen Brei nach Belieben gehackten Schnittlauch oder Petersilie. Ein gutes kräftiges und sättigendes Gericht.

Hirseauflauf mit Äpfeln (links unten)

200 g Hirse werden mit ½ l Milch und etwas abgeriebener Zitronenschale zu einem dicken Brei gekocht. 40 g Butter werden mit 50 g Zucker und 3 Eigelb schaumig gerührt, dann gibt man löffelweise die abgekühlte Hirse dazu. Zuletzt zieht man den festgeschlagenen Eischnee darunter. Eine Auflaufform bestreicht man mit Butter und schichtet Hirse und vorgedämpfte Äpfel hinein, bis die Masse aufgebraucht ist. Hirse bildet den Schluß. Obenauf setzt man einige Butterflöckchen und bäckt den Auflauf 30 Minuten. Man braucht etwa ¾ kg Äpfel.

Hirsebrei

250 g Hirse werden mit 1 l Milch, einer Prise Salz und einem Eßlöffel Butter auf mäßigem Feuer weichgekocht. Vor dem Anrichten bestreut man das Gericht mit Zucker und Zimt oder übergießt es mit in Butter und Zucker gebräunten Semmelkrumen. — Man kann den Hirsebrei natürlich auch mit weniger Flüssigkeit garkochen und mit gedünstetem Obst anrichten, auch das schmeckt gut.

Hirseberg

200 g Hirse werden mit Fleischbrühe weichgedünstet und mit geriebenem Käse vermischt. Auf eine mit Butter bestrichene Platte oder in eine Auflaufform gibt man eine Lage Hirse, die man mit einer Lage gedünsteter Pilze, beliebigem Gemüse oder feingeschnittener Fleischreste abwechseln kann. Man endet mit einer Lage Hirse, streicht das Ganze bergförmig, streut Käse darüber und übergießt zum Schluß mit einer dicklichen Tomatensoße. Das Gericht 25 Min. im Bratofen überbacken, es sieht dann goldgelb aus und schmeckt vorzüglich.

Hirseknödelchen

200 g Hirse werden mit Wasser weichgekocht und zum Erkalten beiseitegestellt. In 50 g Fett röstet man eine große, feingeschnittene Zwiebel goldgelb und mengt dies mit feingehackter Petersilie oder Majoran unter den Hirsebrei. Dann rührt man das nötige Salz, zwei Eier und 75 g Mehl dazu und sticht mit einem Eßlöffel von der Masse kleine Knödel oder Nocken ab. Man kocht sie in Salzwasser 10–12 Minuten. Mit Tomatensoße oder Spinat reichen.

Die Photos wurden in der Versuchsküche des Beyer-Verlages von Dr. Peter Weller gemach

Hirseknödel schmecken mit Tomatensoße au

Unten: Hirseberg mit gemischtem Gemüse

Vom Sinn des deutschen Eintopfes

Ja, an diesem ersten Eintopfsonntag des Jahres 1939, da werden manche deutschen Menschen gemeinsam am Tisch sitzen und gemeinsam ihr Mittagsmahl essen. Sie werden aber mit der Gabe für den Leib die Gabe auch für die Seele empfangen, die Kunde von der ewigen Güte, die Brücken schlägt zwischen Gebenden und Nehmenden.

Und neben dieser Gemeinschaftlichkeit von gleichem Tisch und gleicher Schüssel wird der 8. Januar den Geist der Gemeinschaft über Raum und Zeit hinaus beweisen. Noch nie hat es dem wahren Sinn der Güte und Mütterlichkeit genügt, dem ärmeren Volksgenossen nur mit Geld und Münze sein Mahl zu schaffen. Nein: an seinem Mahl Anteil nehmen — auch wenn wir uns nicht alle an einen Tisch setzen können — das ist der Sinn der deutschen Eintopfsonntage. Jede Familie in ihrem Raum schart sich um den Eintopf. Aber der Gemeinschaftssinn — für den die Geldspende nur das äußere Anzeichen ist — umschließt das ganze deutsche Volk.

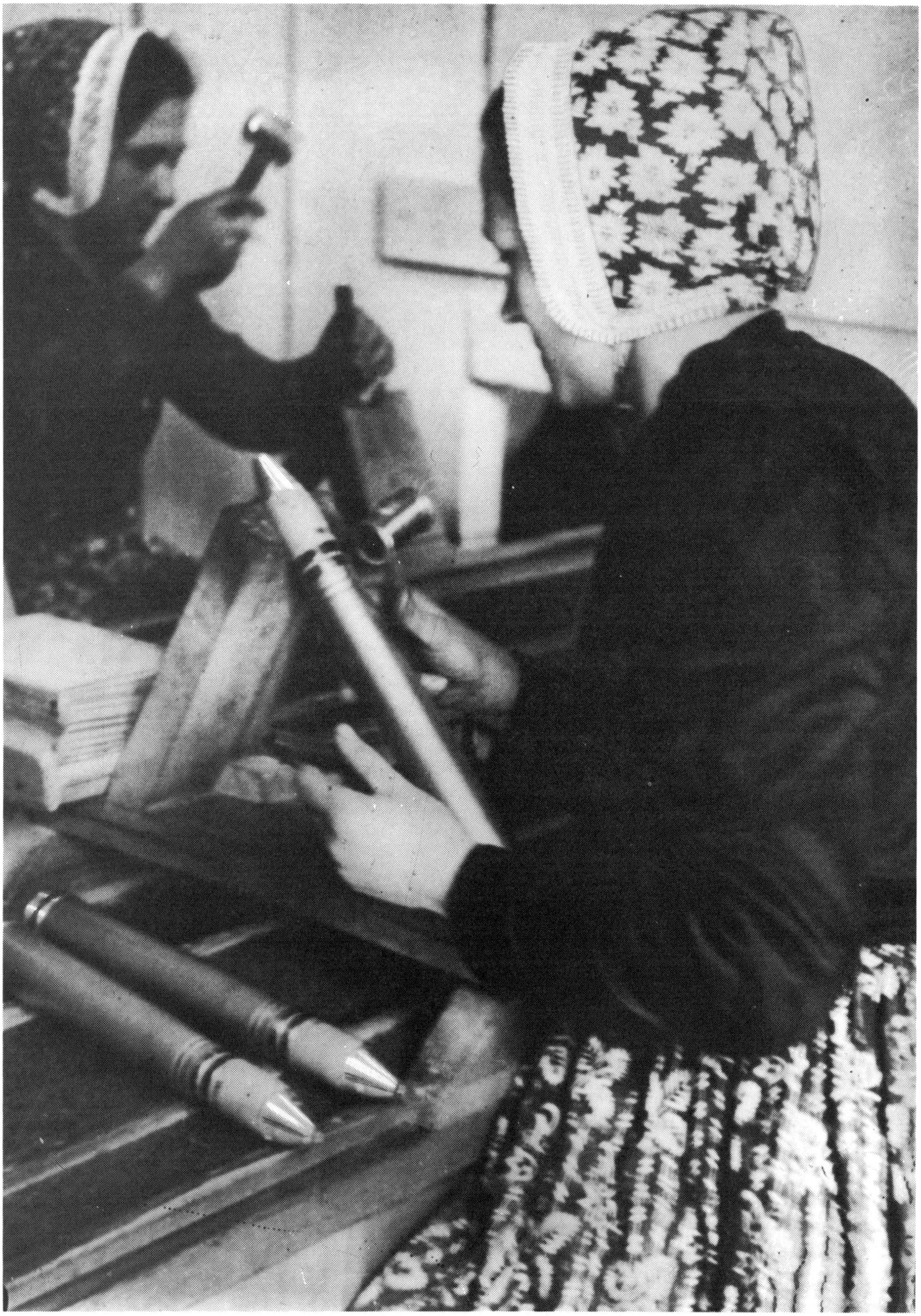

Sylvia Rogge

»Mädel, komm zum BDM!«

Die Nationalsozialisten versuchten, ihre pädagogischen Vorstellungen sowohl über die Schulerziehung als auch über eine staatlich kontrollierte Jugendarbeit zu realisieren. Der außerfamiliäre und außerschulische Bereich des jungen Menschen sollte von der Hitler-Jugend (HJ) als der staatlichen Jugendorganisation betreut werden. Die Mädchenorganisation war als »Bund Deutscher Mädel« in der Hitlerjugend integriert. Das Ziel: »Im BDM sollen die Mädel zu Trägerinnen der nationalsozialistischen Weltanschauung erzogen werden.« (B.v. Schirach)

Anfang der zwanziger Jahre entstanden die ersten Jugendgruppen mit NS-Prägung. 1926 wurde auf dem zweiten Reichsparteitag der NSDAP in Weimar die Hitler-Jugend als reiner Jungenverband gegründet. Die Juli-Nummer der »Hitler-Jugend-Zeitschrift« nannte 1927 als erste Mädchengruppe der Hitler-Jugend die »Schwesternschaft« in Plauen. 1929 wurden erste Richtlinien über Aufbau und Arbeit der »Schwesternschaften« erlassen. Zu dieser Zeit führten die Mädchen reine Hilfsarbeiten für ihre Brüder und die SA aus. Sie verteilten Wahlzettel, versorgten die Männer mit Proviant und flickten Uniformen.

Im Frühjahr 1930 konstituierte sich aus verschiedenen Gruppen der »Schwesternschaften« der »BDM in der HJ«. Dies war anscheinend so unbedeutend, daß der Reichsjugendführer Baldur von Schirach es nicht einmal im »Kalender der Jugendarbeit« erwähnte. Die Gruppen waren klein; der Gau Berlin hatte im Februar 1932 erst 134 Mädchen als Mitglieder.[1]

Nach dem 30. Januar 1933 vollzog die Hitler-Jugend erste Schritte zum Totalitätsanspruch durch die Gleichschaltung oder Auflösung konkurrierender Jugendorganisationen. (Die HJ stellte bis 1933 nur ein Prozent der organisierten Jugendlichen im Reichsausschuß der Deutschen Jugendverbände.) Das Programm: »Die Hitler-Jugend will sowohl die Gesamtheit der Jugend wie auch den gesamten Lebensbereich des jungen Deutschen erfassen.«

1936 erklärte das »Gesetz über die Hitler-Jugend« die NS-Jugendorganisation zur »Staatsjugend«. Die Durchführungsverordnung von 1939 schuf dann die Grundlage für die Jugenddienstpflicht, nach der alle Jugendlichen zwischen zehn und achtzehn Jahren zum Dienst in der Hitler-Jugend verpflichtet werden konnten. Der Dienst in der Hitler-Jugend wurde als »Ehrendienst am deutschen Volke« deklariert.

Am 1. Juli 1933 nahm der Reichsjugendführer eine grundlegende Neuordnung der HJ und des BDM vor.

Die Hitler-Jugend gliederte sich nun als Gesamtverband in:

1. Deutsches Jungvolk in der HJ = DJ (Jungen von zehn bis vierzehn Jahren)
2. Hitlerjugend = HJ (Jungen von vierzehn bis achtzehn Jahren)
3. Jungmädel in der HJ = JM (Mädchen von zehn bis vierzehn Jahren)
4. Bund Deutscher Mädel in der HJ = BDM (Mädchen von vierzehn bis einundzwanzig Jahren)

Seit 1938 wurden die siebzehn- bis einundzwanzigjährigen Mädchen überdies im BDM-Werk »Glaube und Schönheit« zusammengefaßt.

Die unterste Einheit im BDM bildete die »Mädelschaft« mit zehn bis fünfzehn Mädeln, der die Mädelschaftsführerin vorstand. Danach kamen die »Mädelschar« (50 M), die »Mädelgruppe« (150 M) und der »Mädelring« (600 M), die von den entsprechenden Führerinnen geleitet wurden. Diese Einheiten setzten sich fort bis zum »Gauverband« (Zusammenschluß aller 35 »Obergaue«), der rund 7500000 Mädel umfaßte.

Die Reichsreferentin des BDM, die lediglich eine beratende Funktion hatte, war dem Reichsjugendführer direkt unterstellt. B.v. Schirach äußert sich folgendermaßen über die »Selbständigkeit« des BDM: »Seine Führerinnen stehen nicht als Untergebene den HJ-Führern gegenüber, obwohl diese die Richtung der politischen Arbeit auch des BDM bestimmen und die gesamte Nationalsozialistische Jugend bei den Stellen des Staates und der Bewegung vertreten... Aber sie gestalten ihren eigenen Heimabend und ihren eigenen Dienst, der eben ein Mädeldienst ist und kein Jungendienst.«[2]

Von einer Autonomie des BDM kann also nicht gesprochen werden, die Organisation war politisch völlig abhängig und beherrscht von den männlichen »Führern« der NSDAP.

Der NS-Gedanke des Führerprinzips für alle Gliederungen des Staates und der Partei fand seine Anwendung auch im BDM. Der hierarchische Führungsaufbau des BDM entsprach ganz der hierarchischen Organisationsform des faschistischen Staates.

Führerinnen von 150 Mädchen, als Mädel- bzw. Jungmädelgruppenführerinnen, hatten Disziplinargewalt über ihre Mädchen. Der Gedanke hierzu lautete: »Jugend soll durch Jugend geführt werden.« Eher träfe zu: »Jugend soll durch Jugend diszipliniert werden.« Den Mädchen wurde Machtmöglichkeit über andere suggeriert.

Sie sollten ein Gefühl für »Verantwortung« bekommen. Dadurch blieb ihnen verborgen, daß sie selbst in der Hierarchie eine unbedeutende Funktion hatten und bloß Befehlsempfänger und Objekt waren.[3]

Die Aufnahme in den BDM erfolgte nach drei wesentlichen Kriterien: Gesundheit und Leistungsfähigkeit, Deutschstämmigkeit, arische Abstammung.

Die Mädchen wurden jahrgangsweise am 20. April (»Führers Geburtstag«) mit einer feierlichen Zeremonie auf die Hitler-Jugend vereidigt: »Ich verspreche, in der Hitler-Jugend allzeit meine Pflicht zu tun in Liebe und Treue zum Führer und zu unserer Fahne.«

Nach einem halben Jahr bekamen die Kinder nach bestandener »Jungmädelprobe«, die aus einfachen Sportübungen

Anzeige für Schnittmusterbogen zu Uniformen der Hitler-Jugend und des BDM in Beyers Moden-zeitung.

bestand, das Halstuch und den Knoten überreicht. Nach dieser rituellen Übergabe waren sie endgültig in der Hitler-Jugend aufgenommen.

Über den Eid, die Uniform und die Jungmädelprobe erfuhren die Mädchen eine Stärkung ihres Selbstbewußtseins. Sie waren nicht mehr »Kinder«, sondern Jugendliche, die bestimmte eigene Aufgaben zu erfüllen hatten. »Mit Kindern bezeichnen wir die nicht uniformierten Wesen niedriger Altersstufen, die noch nie an einem Heimabend oder einem Aufmarsch mitgemacht haben.« (B. v. Schirach)

Adolf Hitler forderte auf einer Jugendkundgebung 1936: »Und ihr im BDM erzieht mir die Mädel zu starken und tapferen Frauen.« Den Weg zur Erreichung dieses Ziels definierte die BDM-Reichsreferentin Dr. Jutta Rüdigers so: »Die Fundamente unserer Erziehung sind die weltanschauliche Schulung, sportliche Ertüchtigung und die soziale Einsatzbereitschaft.« Mit »weltanschaulicher Schulung« war keineswegs etwa die wissenschaftliche Auseinandersetzung mit dem Nationalsozialismus gemeint.

Die Intellektfeindlichkeit der Mädchenerziehung zeigte sich hier besonders prägnant, denn unter diesem Begriff wurde die Formung des »Glaubens« und des »Instinktes« und nicht etwa die des Geistes verstanden. Die Mädchen sollten durch die Schulung befähigt werden, ihr eigenes Leben im Sinne der NS-Weltanschauung zu gestalten und diese später als Mutter in die Familie zu tragen.

Der Sport stand unter dem Motto: »Straff, aber nicht stramm. – Herb aber nicht derb.« Neben der Körperbeherrschung war sein Ziel eine »innere Disziplinierung«, die einer Verweichlichung vorbeugen und den Mädchen die Kraft zu opferbereiter Einsatzbereitschaft geben sollte. »Unser Sport ist für uns nicht Selbstzweck, sondern ein Mittel zur Erziehung des ganzen Menschen... Jedes Mädel soll spüren, daß es auch mitträgt an der Verantwortung für die Gesunderhaltung unseres Volkes.«[4] Damit war nicht nur der Beitrag der Mädchen zu ihrer eigenen Gesundheit gemeint, sondern mehr noch, daß körperlich geschulte Mädchen später gesunde Kinder zur Welt bringen sollten.

Der soldatische Kampfsport der Jungen war für Mädchen tabu. Goebbels sah das sportliche Mädchen so: »Sie soll gesund und kräftig, graziös und hübsch anzusehen sein. Dazu können ihr vernünftige Leibesübungen verhelfen. Aber sie soll keine Muskelpakete an den Armen und Beinen und einen Tritt wie ein Grenadier haben.«[5] Der BDM-Sport hielt seine Mitglieder in diesem Sinn zu Gymnastik und »Mädeltanz« an, bei denen sie die »Schönheit der Bewegung« trainierten.

Als Anreiz zur Körperertüchtigung dienten große BDM-

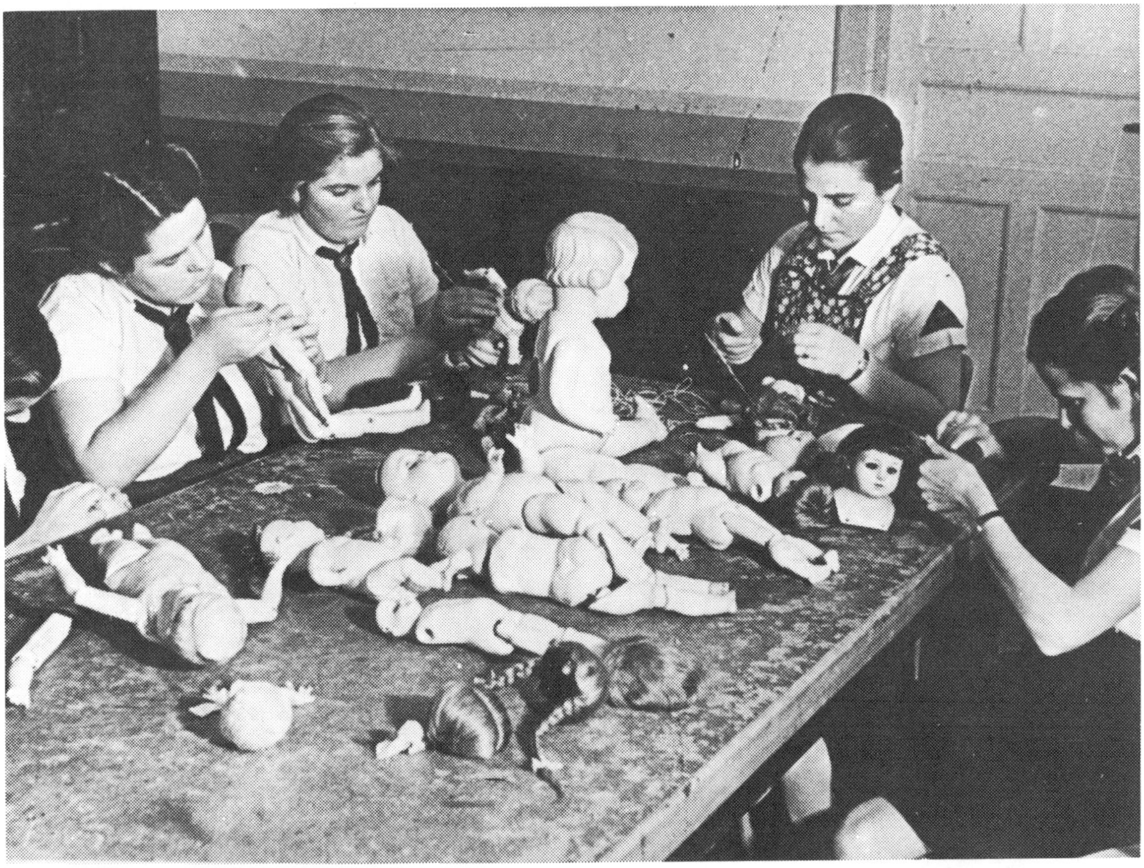

»Puppenklinik« einer Jungmädelgruppe Ende 1939.

Im KZ wurden die Puppen der ermordeten Kinder ebenso sorgfältig gesammelt wie alles andere, das wiederverwertbar schien. Wahrscheinlich reparierten die Jungmädel auch solche Puppen an ihren Heimabenden...

Wie Liesel ihr Hitlerkleid schaffte!

Um Weihnachten kam Liesel mit der Bitte, Hitlermädel werden zu dürfen, in ihrem Herzen sei sie es ja längst schon. Die Mutter sagte nicht ja, nicht nein, aber ihr Antlitz erstrahlte vor Freude und Stolz. Schon wirbelte Liesel zur Stube hinaus und eilte über den gefrorenen Schnee ins Dorf. So sehr war sie im Glück, daß sie nun auch dabei sein durfte. Groß war auch die Freude bei den Freundinnen, denn Liesel war ja immer eine brave Kameradin, eine, auf die Verlaß war.

Liesel hatte es geschafft, nun auch das braune Kleid tragen zu dürfen. Sie blieb arbeitsam und bescheiden, nun erst recht, und freute sich auf die Beerenernte im kommenden Sommer. Das fleißige Mädel war bei den Bergbewohnern beliebt und geachtet. Wenn man von ihr sprach, hieß es nur: die Beerenliesel. Ja, wenn einer emsig schafft und in seinem Tun nicht müde wird, kann er sich auch aus Kleinigkeiten ein Haus zimmern und erhalten.

»Mütter, schützt eure Kinder!«
Hermann Göring im Dezember 1938 im Berliner »Clou« bei der Bescherung für »Jungen und Mädel«.

Sportfeste und Leistungsabzeichen. Sogenannte »Ordnungsübungen« mit militärischen Kommandos wie »In Linie antreten, im Gleichschritt marsch, rechts um« gehörten ebenfalls zum Sport. Ziel dieser Übung war, die Mädchen in geschlossenem und einheitlichem Auftreten zu üben. Sie lernten so, sich den Befehlen der Führerin ganz selbstverständlich unterzuordnen – bedingungsloser Gehorsam und Unterwerfung wurden exerziert.

Besondere Betonung erhielt in der BDM-Arbeit die Charakterformung der Mädchen und ihre »Erziehung zur Gemeinschaft«. Gemäß der Parole »Du bist nichts, Dein Volk ist alles« hatten sie ihr eigenes »Ich« zurückzustellen, um sich der Volksgemeinschaft, dem »Wir«, unterzuordnen. »Die Mädel, die in den BDM eintreten, wissen, daß sie damit sich selbst und ihren ganzen Menschen hergeben. Das ›Ich‹ muß ausgemerzt werden, damit man um so dienstbereiter in der Gemeinschaft stehen kann.« Diese Forderung entsprach den Vorstellungen der »wesensgemäßen Erziehung«, die besagte, daß die Frau ihre wahre Bestimmung durch Opferbereitschaft und hingebungsvolles Dienen findet. Melita Maschmann, eine führende BDM-Pressereferentin, erläuterte später, welche Funktion das Aufgeben ihrer »Ich«-Identität für sie hatte.

»Die Abgelöstheit vom Ich und die gleichzeitige Identifikation mit dem Übergeordneten (dem Volk und der Volksgemeinschaft) bewirkten eine innere Gestimmtheit, die mich während des ganzen Krieges beschützt hat wie ein Palladium. Nicht vor den äußeren Gefahren, vor den Bomben, den polnischen Partisanen und später vor den russischen Scharfschützen, sondern vor der größten der seelischen Gefahren: der Angst.«[7] Da ihr die Eigenverantwortung und somit auch die Angst abgenommen war, konnte sie skrupellos Befehle ausführen, ohne deren Sinn zu hinterfragen. Frei von Schuldgefühlen tat sie ihren Dienst am »Ganzen«.

Der BDM berücksichtigte den psychologischen und biologischen Reifeprozeß der Mädchen, um sie auf ihre Funktion als Frau und Mutter in der Familie und in der Volksgemeinschaft vorzubereiten. Die Mädchen befanden sich in der Ab-

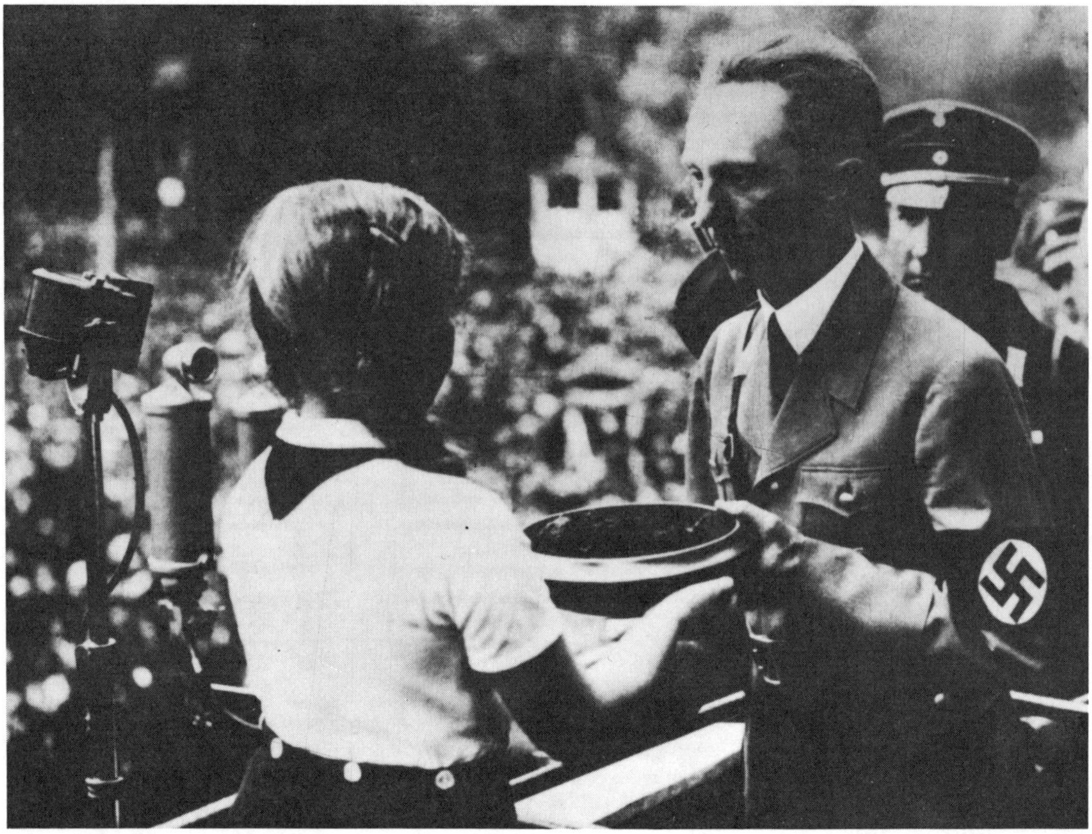

Jungmädel überreicht Propagandaminister Joseph Goebbels einen Teller Erde.

lösungsphase von den Eltern; pubertären Träumen von einer eigenen Familie bot das NS-Gedankengut einen fruchtbaren Nährboden. Sie sollten über die Glorifizierung der Frau als Helferin des Mannes und Mutter von Helden über die mangelnde Möglichkeit zur Persönlichkeitsentwicklung und Reduzierung ihres Daseins auf die Mutterfunktion getäuscht werden.

Zum allgemeinen Dienst im BDM gehörte der »Heimabend«, der jeden Mittwoch stattfand. Für die Jungmädel durfte der Dienst nicht länger als zwei Stunden dauern; im Sommer mußte er spätestens um 20 Uhr beendet sein, im Winter um 19 Uhr. Die Jungmädel wurden in vier Themenkreise eingeführt: 1. Der Führer und seine Bewegung, 2. Die Hitlerjugend, 3. Deutschtum in aller Welt, 4. Heimat. Diese Nachmittage für die Kinder wurden häufig in stimmungsvoller Atmosphäre verbracht, d.h. in schön eingerichteten Zimmern und mit Kerzenbeleuchtung. Die älteren Mädchen sollten nach dem üblichen kurzen politischen Wochenbericht mit Themen wie dem Versailler Vertrag, Grenz- und Auslandsdeutschtum, Kolonialfragen, »Rassenhygiene« und deutschem Bauerntum bekanntgemacht werden.

Da die Frau nach der NS-Ideologie als »Kulturträgerin« enger als der Mann mit den Traditionen, die in den Liedern, Sagen und Märchen fortleben, mit dem gesamten »Deutschtum« und der Heimat verbunden sei, wurde auf die kulturelle Ausgestaltung des Heimabends größter Wert gelegt. Die BDM-Mädchen lernten bäuerliche Volkstänze und Volksbräuche. Das Singen der alten Volkslieder stärkte gleichzeitig das Gemeinschaftsgefühl. Auch das Basteln von Spielzeug in der Weihnachtszeit, das Lesen von Märchen und das Spielen fanden bei den Mädchen offenbar großen Anklang.

Außer auf den Heimabenden kamen die nationalsozialistischen Erziehungseinflüsse besonders stark auf den BDM-Lagerfahrten zur Geltung. Die Mädchen nahmen jährlich an einer acht- bis zehntägigen Lagerfahrt teil. Zur Ableistung der Jungmädelprobe gehörte die Teilnahme an einer eineinhalbtägigen Fahrt. Die Kosten waren äußerst gering; Kinder aus finanziell schwächeren Familien bekamen sie erstattet.

Die Indoktrination mit NS-Gedankengut konnte hier frei von möglichen elterlichen Einflüssen geschehen, d.h. die Kinder waren im Gegensatz zum kurzen zweistündigen Heimabend der totalen Kontrolle ausgesetzt. Sport oder weltanschauliche Schulung füllten die Vormittage aus; die Nachmittage standen für Aktivitäten wie beispielsweise Theaterspielen zur Verfügung. Das Einholen der Fahne, eine Nachtwanderung oder ein Lagerfeuer schlossen den Tag.

Während des Krieges fanden keine regelmäßigen Heimabende mehr statt, denn die HJ wurde zum Kriegseinsatz verpflichtet. Die rechtliche Handhabe für diese Erfassung der Jugend war durch die »Jugenddienstpflicht« gegeben. 1939 wurde die Verfügung erlassen, daß Schülerinnen der höheren und mittleren Schulen, die sechzehn Jahre alt waren, in den Ferien in der hauswirtschaftlichen Hilfe, in der Wohlfahrtspflege und im Gesundheitswesen tätig zu sein hatten. Vier Jahre später übertrug der Reichsjugendführer der dienstpflichtigen Jugend weitere Kriegsaufgaben neben Schule und Beruf. Das Jahr 1943 proklamierte er zum Jahr des »Kriegseinsatzes der deutschen Jugend«.

Der BDM erweiterte seine praktischen Aufgabengebiete während des Krieges von Jahr zu Jahr. Die Mädchen mußten Hilfe in der Nachbarschaft leisten, betreuten Kinder, deren Mütter zwangsweise in der Rüstungsindustrie arbeiteten, halfen in Kindergärten und beim Ernteeinsatz, führten Sammlungen aller Art durch.

Die wichtigste Aufgabe des BDM während des Krieges war die Betreuung der Soldaten, die von den Mädchen Feldpostsendungen mit Gebasteltem, Schriften und Zigaretten an die Front geschickt bekamen. Viele Mädchengruppen machten Lazarettbesuche, bei denen sie vor den Verwundeten Märchen spielten oder sangen.

Zunehmend wurden die Mädchen auch zur allgemeinen Gesundheitsversorgung in Krankenhäusern und Flüchtlingslagern abkommandiert.

Überall, wo »Not am Mann« war, leisteten die »Arbeitsmaiden« ihren Dienst ab: Sie arbeiteten bei der Feuerwehr, bei der Straßenbahn, in der Rüstungsindustrie (ab siebzehn Jahren), ab 1944 auch als Luftwaffenhelferinnen, als »Blitzmädels« im Nachrichtendienst und als Flakhelferinnen.

Vergessen schien ihre Beschränkung auf »Glaube und Schönheit« und Mutterschaft.

Anmerkungen

1 Martin Klaus, Mädchen in der Hitlerjugend. Die Erziehung zur »deutschen Frau«, Köln 1980, S. 48.
2 Baldur von Schirach, Die Hitler-Jugend, Idee und Gestalt, Leipzig 1934.
3 Klaus, a.a.O., S. 63.
4 E. Zill, Die körperliche Schulung im BDM, in: E. Munske, Mädel im Dritten Reich, Berlin 1935, S. 24ff.
5 Joseph Goebbels, Junge Mütter sollen graziös und hübsch sein, in: W. v. Oven, Mit Goebbels bis zum Ende, Bd. 1, Buenos Aires 1949, S. 49, hier zit. n. H. J. Gamm, Der braune Kult, Hamburg 1962.
6 Trude Bürkner, Der Bund Deutscher Mädel in der HJ, Berlin 1937, S. 13.
7 Melita Maschmann, Fazit. Mein Weg in der Hitlerjugend, München 1981, S. 63.

NSDAP/Hitler-Jugend
Bann: 21

Jahrgang: 1931/32
Erfassungsliste Nr. 1/20

Aufforderung zum Erfassungsappell für die Jugenddienstpflicht

Auf Grund des Erlasses des Jugendführers des Deutschen Reichs vom 12. 9. 41 — I J 2173 — ist der Geburtsjahrgang ~~1927/28~~ 1931/32 zum Dienst in der Hitler-Jugend aufgerufen.

Der Herr **Stadtpräsident der Reichshauptstadt Berlin** hat durch öffentlichen Aufruf zum Erscheinen auf den Erfassungsappellen aufgefordert.

Du hast demnach auf dem Erfassungsappell, der am 24.3 von 18-20 Uhr im Heim, Brommybrücke 1 stattfindet, zu erscheinen. Es sind die notwendigen Personalpapiere mitzubringen, wie

1. Geburtsurkunde,
2. Lichtbildausweis,
3. bereits vorhandene Mitgliedsausweise der Hitler-Jugend bezw. Unterlagen über eine frühere Zugehörigkeit zur Hitler-Jugend (Mitgliedsausweis, Ausschlußbescheid usw.).

Zuwiderhandlungen gegen die Jugenddienstpflicht werden nach den bestehenden Bestimmungen geahndet.

Du hast Deine Eltern oder Deinen Vormund sowie Deinen Arbeitgeber über diese Aufforderung zu unterrichten.

Der Führer des Bannes ....

Die Mädelführerin des Bannes 21

N S D A P
Jungmädel i. d. HJ
Jungmädelgruppe 1/21
C 0010

i. A. Charlotte [illegible]
(Unterschrift und Dienstsiegel)

Mädchen im »Kinderlager« in der Nähe von Lódź ca. 1943

Bei der »Kinderlandverschickung« der »Nationalsozialistischen Volkswohlfahrt« (NSV) halfen in erster Linie BDM und NS-Frauenschaft bei der Betreuung der Kinder. Neben der Erholung erhielten die Kinder hier einen ersten Begriff von der Rassenmythologie und vom Herrschaftsanspruch der Deutschen. Lektüre in einem KLV-Lager war die *Junge Heimat* (hier ein Heft von 1941) mit Beiträgen über »Rußlands Entstehung«, den »Siegesmärschen durch Westruthenien«, »Das Warägerreich«, das Spiel »Bomben raus!«).

5

JUNGE HEIMAT

Braune Backen und strahlende Augen

3 Hansl, das Großstadtkind, zum erstenmal im bäuerlichen Stall des NSV.-Kinderheims „Fischeralm".

4 Haferflockensuppe zum Frühstück auf der Heimterrasse mit Ausblick in die Berge: „Wer will noch ein Butterbrot?"

Wir besuchten eines der zahlreichen NSV.-Kinderheime

atürlich geht während des Krieges die Kinderlandverschickung in unvermindertem Maße weiter, nn es ist nicht der geringsten Pflichten eine, die wir Daheimgebliebenen unseren Soldaten genüber stillschweigend übernommen haben; alle Kräfte für die Gesunderhaltung unserer Jugend zusetzen, die einst bewahren soll, was die Väter ihr heute erkämpfen.

Eines der vielen idyllischen Heime, die ausschließlich für die Kinderlandverschickung zur Verfügung stehen, ist die Fischeralm im Schliersee-Tal, in der wir bei unserem Besuch 70 Jungen zwischen 9—15 Jahren antreffen, gerade als sie nach dem Freiluftsport zum Arztzimmer gerufen werden, wo sich jeder mit seinen großen und kleinen Schmerzen, falls er solche hat, von Frl. Christl, der blonden Rheinländerin, betreuen lassen kann.

„Bei der Einlieferung ins Heim werden alle Kinder ärztlich untersucht, und jede Woche wird gemessen und gewogen, wobei wir gerade in dieser Woche erfreuliche Gewichtszunahmen von 2—3 Pfund feststellen konnten", erzählt die Heimleiterin.

Der Rest des Vormittags gehört, wenn wie heute die Sonne scheint, kleinen Wanderungen in die Umgebung, die sofort nach der Flaggenhissung angetreten werden, wobei jede der drei dem Heim zugeteilten Kindergärtnerinnen mit ihrer Gruppe singend loszieht. Aber auch bei schlechtem

„Kraft durch Freude“

Im November 1933 entstand als Teil der Deutschen Arbeitsfront, die an die Stelle der im Mai aufgelösten Gewerkschaften gesetzt worden war, die NS-Gemeinschaft „Kraft durch Freude“. Diese Organisation war für alle Freizeitbereiche zuständig: Urlaub, Breitensport, Unterhaltung, Körperkultur etc.
Der KdF-Schlager sollte der von Porsche entwickelte „Volkswagen“ werden, auf den man mittels kleiner und kleinster Raten hinsparen konnte. Kaum war jedoch der VW produktionsreif, wurde er zum Kübelwagen für die Wehrmacht umgerüstet. So kam das Volk erst nach dem Krieg in den Genuß seines Wagens.

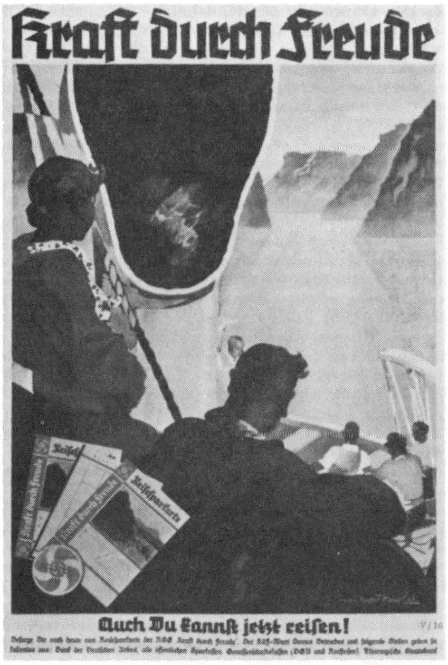

Deutscher Frauen-Arbeit

Arbeit für

Das Hissen der Fahne im Lager jeden Morgen vor dem Beginn der Arbeit

Der tiefe Sinn des Arbeitsdienstes war von jeher und wird immer sein: Die Jugend eines ausgeplünderten Landes zu erziehen zu dem Gedanken freien Willens und voll Verantwortungsbewußtsein ihrem Volke zu dienen, um es möglichst rasch die Zeiten der Verwahrlosung vergessen zu machen.

Der Mann wird diese Aufgabe erfüllen in erster Linie durch die Arbeit der Faust, Schulung des Geistes und straffste Disziplin; das Mädel durch Erziehung und Besinnung zur großen Aufgabe als Hausfrau und Mutter, gemeinsam mit einer Stählung des Körpers und der Seele.

Erste Forderung für beide wird sein müssen die Erziehung zu Menschen, die aufrecht im Leben stehen, denen Wahrheit, Ehre und Ehrerbietung vor Gott als dem Schöpfer alles Großen unerläßliche Voraussetzungen zu einem lebenswerten Dasein sind. Aus dieser letzten Voraussetzung ergibt sich in der Folge auch das gemeinsame Gesicht beider Arbeiten von Arbeitsdienst. Jungmädel und Jungmann werden stolz und froh sich als Bauleute einer neuen Zeit betrachten dürfen und aus diesem Stolz heraus immer tiefer die Verpflichtung fühlen, in jeder Weise einwandfrei, pünktlich und zuverlässig zu werden. Niemals ist die äußere Arbeit, die geleistet wird, und mag sie noch so schön und bedeutend sein, das Wesentliche am Arbeitsdienst, sondern im Vordergrund steht immer der Geist, von dem die Arbeit getragen wird.

Von der Art der Arbeit aus gesehen haben sich im Deutschen Frauenarbeitsdienst zwei Richtungen herausgebildet, die eine, die sich in den Dienst der Siedler gestellt hat und die andere, die durch ihre Werkarbeit eine planmäßige hauswirtschaftliche Schulung mit Kochen, Waschen, Bügeln, Nähen, Gartenarbeit, Kleintierzucht umfaßt. Manchen Arbeitsdiensten ist auch die Betreuung erholungs- und pflegebedürftiger Kinder anvertraut, sei es in Form des eigens angeschlossenen Erholungsheimes, sei es in der Mithilfe im Kindergarten, in der Kleinkinderschule und dergleichen mehr.

Die Dienstzeit der dienstwilligen Mädchen beträgt 26 Wochen. Die Mädchen sind in Lager mit einer Belegschaft von 20—40 Köpfen zusammenge[stellt], sie werden von einer Führerin verantwortlich geleitet. In ihrer Hand liegt die Anleitung der Arbeit, ihre praktische Durchführung und die geistige Schulung der Dienstwilligen.

Einheitlich gestaltet wird im Deutschen Frauenarbeitsdienst die sogenannte Betreuung, die alles an geistig-seelischer Schulung, körperlicher Ertüchtigung und Freizeitgestaltung umfaßt. Die geistig-seelische Schulung will eine staatspolitische Erziehung im weitesten Sinn, wie sie der Nationalsozialismus für die deutsche Frau fordert.

Die körperliche Schulung erstrebt in derselben straffen Planmäßigkeit durch individuelle, ganz auf die Frau eingestellte Gymnastik eine Vorbereitung und Ertüchtigung zum großen Beruf als Mutter.

Das Spinnrad der Großmutter kommt wieder zu Ehren

Die Pflegin

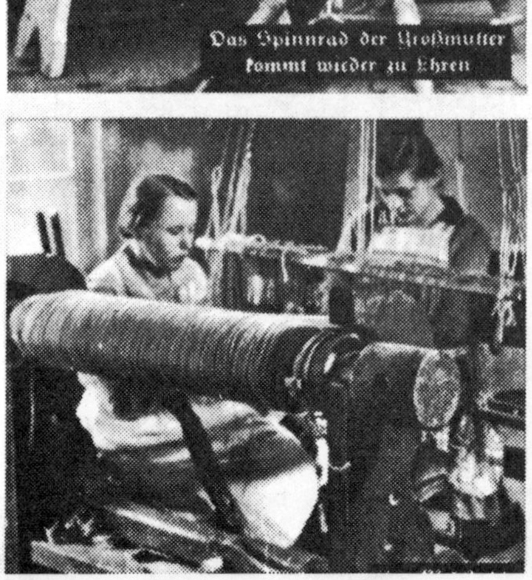

dienst

Volk adelt dich selbst!

Die Führerin des Frauen-Arbeitsdienstes Frau Gertrud Scho… und ihre Stellvertreterin Pgn. Maria Burgstaller Phot…

Kameradinnen der Arbeit

Vielseitig ist die Tätigkeit der Hausfrau — auch das Näh… Flicken will gelernt sein Photo: Weber, …

Nach getaner Arbeit kommen Sport und Spiel zu ihrem Recht
Photo: A. Weber, Stuttgart

Auszug aus dem Betreuungsplan für den Deutschen Frauenarbeitsdienst

1. **Staatspolitische Schulung:**
   a) Nationalsozialismus als Weltanschauung, das Programm der NSDAP.,
   b) Bevölkerungspolitik,
   c) Rassenfragen, Vererbungslehre,
   d) Grenzlandfragen und Auslanddeutschtum,
   e) Deutsche Geschichte,
   f) Fragen des deutschen Bauerntums, Siedlungspolitik.
2. **Kulturfragen des deutschen Volkes**
3. **Die Schulung zur deutschen Frau:**
   a) Rechtsfragen, die Stellung der Frau usw.,
   b) Soziale Fragen, die Frau in der öffentlichen Fürsorge,
   c) Frauengymnastik, die Frau als Hüterin der öffentlichen Gesundheit.
4. **Die Erziehung des jungen Mädchens zur Mutter:**
   a) Die Erziehung des Kindes von der Geburt bis zur Selbständigkeit,
   b) Allgemeine Richtlinien für die Säuglings- und Kleinkinderpflege,
   c) Krankenpflege, Behandlung von Kranken im Haushalt.
5. **Haushaltskunde:**
   a) Organisation des Haushaltes,
   b) Nahrungsmittellehre

In der Küche wird eine kräftige Mittagsmahlzeit … Photo: AP…

Die zukünftige Siedlerfrau lernt Brot …

Gabriele Huster

Das Bild der Frau in der Malerei des deutschen Faschismus

Der Kampf der Nazis gegen den »Liberalismus« der Weimarer Republik begann im Bereich der Kunstpolitik mit einer Kampfansage an die Moderne. Das Reichsministerium für Volksaufklärung und Propaganda gab die Losung aus für »eine Bewegung zur Organisierung des Optimismus« (Goebbels), zu der eine »neue deutsche Kunst« gehören sollte. Im Gegensatz zu formal und inhaltlich problemgeladenen Aspekten der Moderne sollte diese neue Kunst nicht von Problemen künden, sondern von deutscher Größe und der Harmonie der Verhältnisse.

Hitler gab den Künstlern vier Jahre Zeit, die entsprechenden Lösungen zu finden. 1937 wurde im »Haus der deutschen Kunst« in München die »Große deutsche Kunstausstellung« (GDK) eröffnet, die von nun an jährlich vor Augen führte, welches Bild die deutschen Künstler sich von der Realität des tausendjährigen Reiches machten.

Was mit großem Brimborium als absolutes Novum angekündigt worden war, entpuppte sich schnell als Neuauflage der Gattungsmalerei des 19. Jahrhunderts. Die Künstler hatten, um eine Alternative zur Moderne, der »entarteten Kunst«, zu schaffen, eine Restauration des traditionellen Kunstkanons der Akademien vorgenommen. Im wesentlichen knüpften sie an die kleinbürgerliche Genremalerei und die großbürgerliche Salonkunst an – Richtungen, die nach dem Durchbruch der Moderne bereits um die Jahrhundertwende zur Belanglosigkeit heruntergekommen und überholt waren. Charakteristisch für diese Kunst, und der Grund, warum sie sich bestens als künstlerisches Erbe für die Nazis eignete, war ihr illusionistischer Charakter bei gleichzeitiger Eingängigkeit der Bildinhalte. Die naturalistische Machart ermöglichte überdies eine Anheftung des Etiketts »Realismus«!

Tatsächlich spiegelt diese Art der Malerei bereits im 19. Jahrhundert die Flucht vor der rapiden Veränderung der Gesellschaft durch Industrialisierung und Kapitalismus wider. So entspricht die Darstellung des Bauern – die zum bevorzugten Thema der Nazi-Malerei wurde, da sich die Sehnsucht nach vor-industriellen Zuständen mit ihm kanalisieren ließ – schon vor der Jahrhundertwende nicht mehr der Realität, sondern ihrer Verdrängung, ist sentimental und unwahrhaftig.

Die Aufgabe der NS-Künstler war es nun, aus diesen traditionellen Themen den letzten Rest von Wirklichkeitsbezug zu tilgen und sie statt dessen mit neuen Aussagen, die direkt aus der faschistischen Ideologie abgeleitet waren, zu befrachten. Die Aufgaben der »neuen deutschen Kunst« beschreibt F. A. Kaufmann (1941) so: »Sie (die deutschen Künstler) wollen Anwälte des positiv behaupteten Lebens sein.« Im Mittelpunkt des künstlerischen Interesses sollen stehen: »... der deutsche Mensch... die Männer der naturnahen Urberufe... die Mutter als Hüterin des Lebens... der Akt...«[1]

Das Bild der Frau in der Malerei des Nationalsozialismus – die sich im übrigen vorrangig des deutschen Mannes annahm – ist vor allem das Bild der nackten Frau. Die meisten Frauenbilder, etwa ein Zehntel aller jährlich auf der GDK gezeigten Gemälde, waren Aktdarstellungen. »Vor allem die Darstellung des nackten weiblichen Körpers wird immer Ehrgeiz der Künstler bleiben. Der deutschen Malerei unserer Tage ist nun der Akt vor allem eine Sache blutvollen Lebens. Sie will in ihm die gesunde körperliche Basis, den biologischen Wert der Person als Voraussetzung jeder völkischen und geistigen Neugeburt vor Augen stellen. Ihr geht es um Leiber, so wie sie von Natur sein sollen, um Bestformen, um rein durchgebildeten Gliederbau, um rassige Straffheit, um gut durchblutete Haut, um den angeborenen Wohllaut der Bewegung und um sichtbare vitale Reserven, kurz um eine moderne und deshalb fühlbar sportliche Klassizität... Dem neuen Deutschland ist in der Tat jede gesunde Glücksmöglichkeit ein willkommener Beitrag zu seinem Programm nationaler Lebensfreude und es pflegt sie insbesondere da, wo sie die Leistungen von Mann und Frau in ihren Urpflichten zu steigern verspricht, also den kämpferischen Geist und die Fruchtbarkeit...«[2]

Der ideologische Kern dieser wortreichen Erklärung tritt in der Formel vom »biologischen Wert« am deutlichsten hervor. Es entspricht zwei wesentlichen Zielen faschistischer Politik: »Rassenreinheit« und Geburtensteigerung.

Bei dem Versuch, dieser Aufgabe gerecht zu werden, griffen die Künstler mit Vorliebe auf mythologische und allegorische Themen zurück, weil diese traditionell eine gesellschaftlich sanktionierte Form der Darstellung des Nackten bildeten. Neben einer kalten pseudo-klassizistischen, an Anselm Feuerbach anknüpfenden Richtung und einer Art Plein-air-Naturalismus war es vor allem die erotische Salonmalerei des 19. Jahrhunderts, an der sich die Künstler inspirierten.

Bereits im 19. Jahrhundert ist eine Verschiebung in der Auffassung des weiblichen Aktes im Verhältnis zur Tradition von Renaissance und Barock unübersehbar. Das Aktbild dient nicht mehr zur Darstellung eines normativen Schönheitsideals, sondern wird sexistisch.

A. W. Bouguereaus »Die Jugend und die Liebe« ist ein Beispiel hierfür aus dem Pariser Salon von 1877. Der allegorische Titel, die idealisierte Haltung der Frau sowie der kleine geflügelte Liebesgott vermögen nicht darüber hinwegzutäuschen, daß es sich um ein ausgezogenes, dem zeitgenössischen Geschmack entsprechendes Modell handelt. Der allegorische Bezug dient als Rechtfertigung für die Frivolität der Darstellung, die Idealität wird zur Pose. »Schon Diderot bemerkte: ›Eine nackte Frau ist nicht unanständig; eine ausgezogene ist es.‹«[3]

Eine solche künstlerische Haltung entsprach genau dem Geschmack eines auf sinnlichen Kitzel spekulierenden groß-

Ivo Saliger, Leda

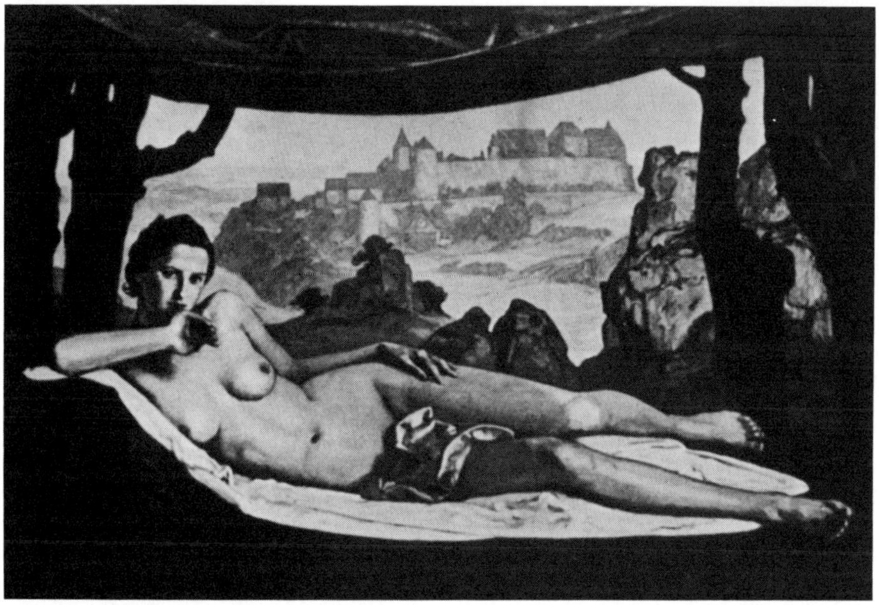

Ernst Liebermann, Auf einsamer Höhe

bürgerlichen Ausstellungspublikums, andererseits trug sie den Verdrängungen, der scheinheiligen Doppelmoral desselben Publikums Rechnung. Die Salonmaler des 19. Jahrhunderts konnten gerade so weit gehen, »... wie es die offizielle Prüderie des Bürgertums zuließ, ohne offen pornographisch zu werden«.[4]

Wird die Scheinheiligkeit und Doppelmoral schon bei den Vorbildern der Nazi-Künstler zum unübersehbaren ästhetischen Problem – die natürlichen Nackten eines Edouard Manet, die im Bürgertum der Jahrhundertwende einen Skandal ausgelöst hatten, waren verständlicherweise auch den Nazis verhaßt und galten als »entartet« –, so verschlägt die Verlogenheit der faschistischen Aktdarstellungen dem heutigen Betrachter fast die Sprache. Es ist ein Faktor hinzugekommen, den Berthold Hinz als das spezifisch Faschistische der Malerei im Dritten Reich zu definieren versucht hat. Den aus der Tradition übernommenen Themen wird nun »... die Last aufgebürdet, zentrale Wahrheiten zu verkünden und verbindliche Heilsaussagen zu machen. Aus jedem Kind und aus jeder Kuh (hier: Akt, d. V.) sollen nun die ›Urweihen der natürlichen Ordnung‹ blicken. Das bedeutet, daß ein Kind und eine Kuh – sind sie einmal gemalt – nicht mehr das bleiben können, was sie sind: sie werden zu... Masken des faschistischen Systems.«[5]

Die Bildformate werden monumentalisiert, hochtrabende Titel an Darstellungen trivalsten Inhalts verteilt. Ein weiblicher Akt heißt jetzt beispielsweise: »Junger Tag« oder »Mädchentum«.

Auffallend häufig stellten die Künstler »Das Parisurteil« und »Leda mit dem Schwan« dar. Der mythologische Gehalt spielt dabei nur vordergründig eine Rolle, er dient als titelgebende Hülse zur Verschleierung der politisch-ideologischen Funktion, die diese Malerei hatte. Ihrem Wesen nach sind die Bilder nichts anderes als Illustrationen der faschistischen Programmatik, soweit diese die Rollen von Mann und Frau und ihr Verhältnis zueinander betraf. Diese Ideologie postu-

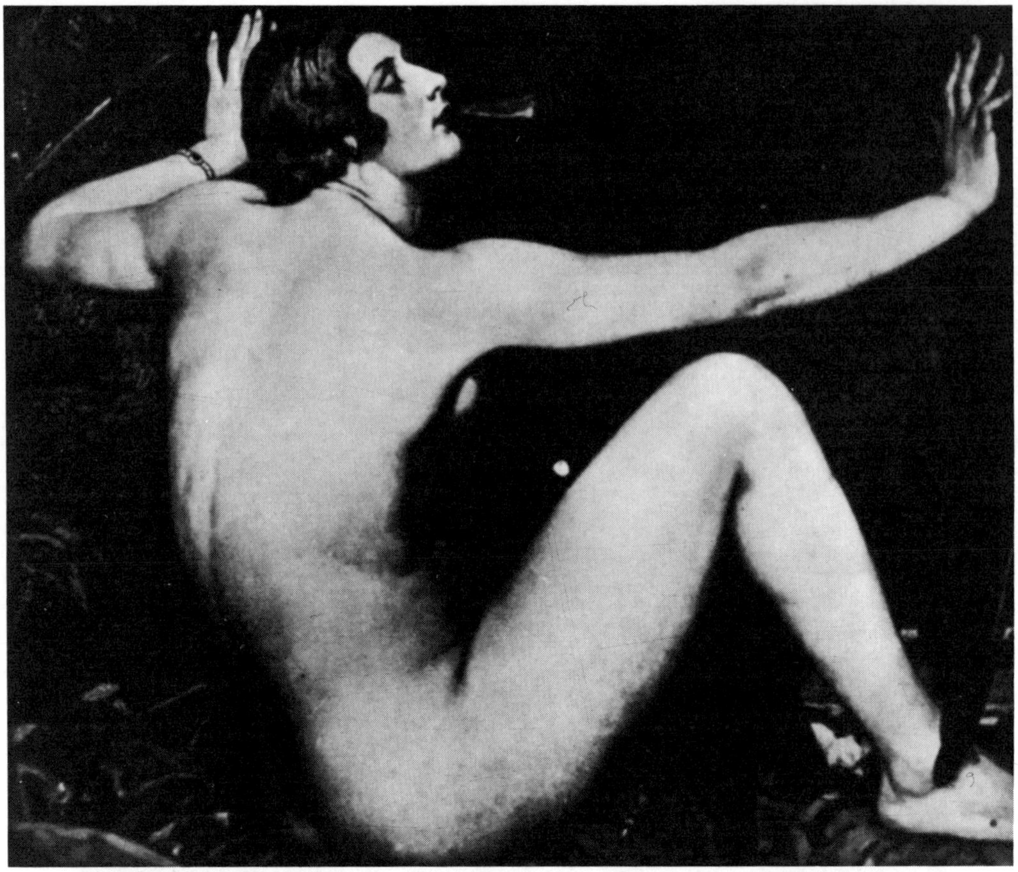

Karl Ziegler, Leda

liert die Entmündigung der Frau. »Die Welt der Frau ist ihr Mann. An anderes denkt sie nur ab und zu.« »Das Weib muß die Dienstmagd ihres Mannes sein.« (Hitler)

Ob die Leda wie bei Saliger kalt und prüde oder wie bei Karl Ziegler in einer direkt auf das Sexuelle abzielenden Bildsprache erscheint (der sich krümmende Rücken signalisiert direkte Bereitschaft zum Akt – so etwas wird man in der Tradition vergeblich suchen!), in beiden Fällen ist es ein sexistisches, kein natürliches Frauenbild. »Auf einsamer Höhe« gibt einen einsamen Ort vor, Blick und Pose der Frau zielen jedoch auf einen potentiellen Betrachter, »Eindringling«. Es entsteht eine Mischung aus lasziver Herausforderung und prüder Verschwiegenheit (des Ortes).

Die weiblichen Akte sind allesamt »In Erwartung«, nicht so sehr der männlichen Umarmung, als vielmehr des sexistischen Blickes, dem sie sich in seltsam verkrampfter »idealer« Pose, mit eingezogenen Bauchmuskeln, die auf angehaltenen Atem schließen lassen, scheinbar freiwillig anbieten. Das Maß der Idealisierung ergibt sich aus den Normen der faschistischen Ideologie nach »Rassenreinheit« und »Gebärfreudigkeit« (pralle Brüste, ausladende Becken, Merkmale des nordischen Typs).

Hier handelt es sich indes nicht allein um die Darstellung eines normativen – sei's des »arischen« – Schönheitsideals, sondern um den Ausverkauf des weiblichen Körpers, der weiblichen Sexualität. Die Figuren sind in einer für den Betrachter peinigenden Weise entpersönlicht.

Die Darstellungen entsprechen explizit der Instrumentalisierung weiblicher Sexualität im Dienst des faschistischen Systems, wie sie am bündigsten von Alfred Rosenberg, dem Chefideologen der Partei, und von Hitler selbst gefordert worden war. Rosenberg spricht von einer »gewissen Fähigkeitslosigkeit des Weibchens«. Ihm ist die Frau »ein pflanzenhaft-naturhaftes Wesen«, im besten Fall dazu geeignet, »den Mann lyrisch zu umranken« und ihm arischen Nachwuchs zu gebären.

Der Anti-Feminismus der Nazis ist seiner Aggressivität nach mit ihrem Rassismus zu vergleichen. Das offizielle Weiblichkeitsideal des Faschismus spaltet die Frau in verschiedene systemstabilisierende Funktionen auf. Von der deutschen Frau wurden zunächst zwei Dinge gefordert: die Reinhaltung der Rasse, »... die Verbindung mit fremden Rassen soll der deutschen Frau zur körperlichen und seelischen Unmöglichkeit werden...«.[6] Sie soll zweitens »der drohenden Entvölkerung Deutschlands« durch hohe Gebärbereitschaft entgegenwirken. »Was der Mann an Opfern bringt im Ringen seines Volkes, bringt die Frau an Opfern im Ringen um die Erhaltung dieses Volkes in den einzelnen Zellen. ... Die Frau hat auch ihr Schlachtfeld, mit jedem Kind, das sie der Nation zur Welt bringt, kämpft sie ihren Kampf für die Nation.«[7]

Die Künstler füllten die ihnen zugewiesene Funktion im Rahmen dieser Kampagne aus – ganz im Sinn von Goebbels' Parole der »Organisierung des Optimismus«. Die Aktdarstellungen bilden somit eine »flankierende Maßnahme der Geburtenpolitik«.[8] Die Frau erscheint in den programmatischen Erklärungen der NS-Größen wie in der Kunst im wesentlichen reduziert auf ihre biologische Funktion – vor dem zentralen Ereignis ihres Lebens, in Erwartung des Mannes, dessen Begierde sie anstacheln soll, damit er seinerseits zur Vermehrung des deutschen Volkes motiviert wird. Und die Frau erscheint im Stadium der Reife, als Mutter. »Weil die

Frau nun überhaupt, sobald sie Mutter wird, stets von Urweihen natürlicher Ordnung umgeben ist und weil dies überdies bei einem Volke voll Zukunftswillen an sich zum Höchsten gehört, so ist die Mutter und ihr Kind allgemein ein vielumworbener Gegenstand der neuen deutschen Kunst.«[9]

Hierbei fällt die sexistische Sichtweise selbstverständlich weg, da sie ihren Zweck erfüllt hat. Vielmehr werden blonde, vollbusige, vor Gesundheit strotzende, Warmherzigkeit und Lebensfreude ausstrahlende oder ernst und innig blickende Frauen dargestellt, die einen Säugling stillen oder liebkosen. Das Motiv ist meist in ländlicher Umgebung dargestellt. Sich neigende Ähren am Bildrand suggerieren die Affinität von Mutterschaft zu »Ernte«, »Reife« und zu »Mutter Erde«.

Ein tragender ideologischer Pfeiler der Mädchenerziehung im BDM war die Konstruktion von der »geistigen Mutterschaft«. Alle – arischen – Frauen sind demnach »Mütter Deutschlands«, unabhängig von leiblicher Mutterschaft. Sie sind in totaler Einsatz- und Opferbereitschaft zum Dienst am Vaterland verpflichtet.[10]

Die Mütter auf den Bildern sind überdies idealisiert durch Bezugnahme auf traditionelle Madonnendarstellungen, was sich vom Thema her wie selbstverständlich ergibt. Hier schafft die Verbindung »Mutter-Madonna-vaterländische Erde« eine Quasi-Heiligkeit, eine Aura der Immunität gegenüber gesellschaftlicher Wirklichkeit, die wiederum zum Zweck hat, den Zynismus der faschistischen Alltagspraxis verschwinden zu lassen. Faktisch blieb »Mutterschaft« im NS-Staat auf die ersten zehn Lebensjahre des Kindes beschränkt. Danach – mit der Überführung in die NS-Jugendorganisationen – »gehört ... dein Kind dem Führer« (B. von Schirach).

Die Darstellung der Mutter im Faschismus appelliert an allgemeingültige Wertvorstellungen wie Mütterlichkeit, Intimität, Harmonie von Mensch und Natur, Gesundheit und Fruchtbarkeit. Sie bot (und bietet!) daher ein verführerisches Identifikationsangebot für Menschen, die diese Qualitäten gefährdet sahen.

Die Familienpolitik der Nazis war auf eine Restaurierung des traditionellen – durch den »Liberalismus« der Weimarer Republik angegriffenen – Herrschaftsmodells der patriarchalisch-autoritären Familie angelegt. Die durch Aufrüstung und Kriegsführung dann doch unumgänglich gewordene Verpflichtung von Frauen in die Produktion machte es notwendig, den Rollenbereich der Frau entgegen den ursprünglichen Absichten zu erweitern. Diese Realität der Frau als schlecht bezahlte Lohnarbeiterin wurde in der Kunst nicht

Johann Schult, Erwartung

Richard Heymann, Sonniges Leben

thematisiert. Für diese Maßnahme versprachen sich die Herrschenden wohl auch durch eine idealisierende Darstellung keinen Popularitätsgewinn.

Der Widerspruch zwischen Ideal und Wirklichkeit bleibt auch bei der auf die populären Aspekte beschränkten Ikonographie der Frau als Sexualobjekt und Mutter eklatant. Das traditionelle Geschlechterverhältnis schreibt die Unterordnung der Frau unter den Mann fest. In der faschistischen Variante hat das eine extreme Verschärfung der Unfreiheit sowohl der Frau wie des Mannes zur Folge.

Über die »veränderte sozialpsychologische Konstellation zwischen den Geschlechtern« (Hinz) gibt ein Gemälde von Ivo Saliger, »Das Parisurteil«, Aufschluß. Im 19. Jahrhundert bleibt bei Darstellungen des gleichen Themas bei aller oberflächlichen Effekthascherei der erotischen Salonmalerei, bei aller erstarrten Idealität des Klassizismus (etwa bei A. Feuerbach) doch eine relative sinnliche Ausstrahlung gewahrt. In Saligers Version ist sie verschwunden und mit ihr jeglicher ideeller Gehalt. Schlagartig enthüllt sich der Charakter des Geschlechterverhältnisses faschistischer Prägung: Hier fällt nicht der sterbliche Grieche Paris ein Urteil über drei Göttinnen; hier nimmt ein kurzbehoster »Arier« mit dem Blick eines »Viehschätzers« (Hinz) eine »Fleischbeschau« unter drei stumpf und willenlos sich anbietenden ›ideal-schönen‹ Nackten vor. Die Frauen warten darauf, genommen zu werden. Sie sind zum Konsumartikel des Mannes abgesunken, seiner Willkür, seinem Zugriff preisgegeben. Ihre Darstellung tut den Forderungen nach Rasse, Gebärfähigkeit und Unterwürfigkeit (schicksalsergebener Gesichtsausdruck) Genüge.

Das Frappierende an dem Bild ist, daß die beabsichtigte Thematisierung von Sexualität zum Gegenteil gerät: Einwilligend in die ihnen vom Faschismus diktierte Rolle sind die Frauen jeglicher sinnlicher Macht beraubt – es sind sterile Geschöpfe. Das Gemälde wirkt in seiner Gewaltsamkeit prüde. Wie muß es um die sexuelle Phantasie bestellt sein, die sich an solchen Darstellungen entzündet! Die dem faschistischen Mann zumutbare Frau ist entsexualisiert, muß es sein.[11]

Die reaktionäre Familienpolitik der Nazis diente zur Kittung der während der Weimarer Republik besonders durch Massenarbeitslosigkeit und Frauen-Emanzipation beschädigten Männer-Identität.

Über die Erniedrigung und Funktionalisierung der Frau sollte der selbst durch das System mißbrauchte Mann sein Selbstwertgefühl wiederaufrichten können. »...der Mann (wird nicht) als Mann schlechthin zum Ausbeuter der Frau ..., sondern die extremste Ausbeutung beider (lief) über die Konstruktion vom ›Führertum‹ des Mannes ... Der ›Paris‹ verlängert das theoretische Prinzip, unter dessen Gewalt er selber steht, auf seine Einstellung der Frau gegenüber.«[12] Die Konsequenz ist das hierarchische, unfreie Geschlechterverhältnis, ist die Pervertierung der Qualitäten Liebe, Sex, Partnerschaft und Solidarität dergestalt, wie sie uns aus dem »Parisurteil« entgegenblickt.

Genau diese Pervertierung und Entwertung von an sich positiven und im allgemeinen affektiv hoch besetzten Qualitäten – zu nennen wären auch »Vaterland«, »Mutterliebe«, die mit der entfremdeten Arbeit versöhnende Macht der »Familie«, Volkskultur, Naturverbundenheit – erklärt meines Erachtens den lähmenden Widerwillen bzw. das hilflose Ausgeliefertsein vieler Betrachter dieser Kunst. Die Nazis haben diese gefühlsgeladenen Bereiche für ihre Politik in Anspruch genommen und anscheinend ein für allemal mit dem Stempel der Ungenießbarkeit versehen. Man kann das zumindest nicht mehr »unschuldig« genießen.

Es gibt eine Kontinuität der menschlichen Sehnsüchte, für die seit eh und je ein Illusions- und Verdrängungsangebot vor allem im Bereich der Kunst bereitgestellt wird. Unter diesem Gesichtspunkt führt eine gerade Linie von der offiziellen Kunstproduktion im 19. Jahrhundert über die faschistische Malerei bis zur heutigen Kaufhauskunst. Der gemeinsame Nenner ist Realitätsverdrängung und Flucht in Illusionen.

Anmerkungen

1 F. A. Kaufmann, Die neue deutsche Malerei, Berlin 1941, hier zit. n. Berthold Hinz, Die Malerei im deutschen Faschismus, München 1974, S. 96f.
2 Ders., ebd., S. 97.
3 Zit. n. Fritz Baumgart, Idealismus und Realismus 1830–1880. Die Malerei der bürgerlichen Gesellschaft, Köln 1975, S. 153.
4 Ebd.
5 Hinz, a.a.O., S. 98
6 Lydia Gottschewsky, Männerbünde und Frauenfrage: Die Frau im neuen Staat, München 1934, S. 71.
7 Hitler, zit. n. Uwe Großmann und Christian Groß, Die Darstellung der Frau, in: Dokumente der Unterwerfung. Kunst im dritten Reich, Frankfurt/Main 1974, S. 406.
8 Ebd.
9 Kaufmann, a.a.O., S. 269.
10 Elfriede Eggener, Die organische Eingliederung der Frauen in den NS-Staat, Diss. Bonn – Leipzig 1938, S. 18f.
11 Zur »Psychoanalyse des weißen Terrors« vgl. Klaus Theweleit, Männerphantasien.
12 Hinz, a.a.O., S. 91f.

Dem Führer ein Kind schenken

Mutterkult im Nationalsozialismus

Die Ansprache des »Führers des Deutschen Frauenwerks und Reichsleiters der NS-Frauenschaft«, Krummacher, am »Tag der Frau« 1933 endete mit dem Gelöbnis: »Deutsche Frauen, deutsche Treue, dem deutschen Führer Siegheil!« Zuvor hatte der Frauenführer begründet, warum ausgerechnet er als Mann höchster Beauftragter für Frauenfragen zu sein hatte: »Unser Führer und Reichskanzler Adolf Hitler hat mir das große Vertrauen geschenkt, mich zum verantwortlichen Leiter der gesamten Frauenarbeit des deutschen Volkes und zum Führer der Nationalsozialistischen Frauenschaft zu berufen. Wenn der Führer befiehlt, gibt es kein Zögern, so habe ich dies Amt angetreten und erwarte, daß unsere deutschen Frauen ihre Treue zum Führer in aufrichtiger Gefolgschaft mir gegenüber bewähren, der ich im Auftrag des Führers an ihre Spitze gestellt bin, weil Adolf Hitler dies notwendig erachtete.«[1] Seine Programmatik: »An die Stelle der politischen Frau tritt heute die deutsche Frau.«[2]

Diese einfache Formel war nicht vom Reichsfrauenführer erdacht worden. Andere vor ihm hatten sich im gleichen Sinne geäußert. Zitiert sei hier Joseph Goebbels, der im März 1933 anläßlich der Ausstellung »Die Frau« in Berlin ausführte:

»Es wird Ihnen nicht unbekannt sein, daß die nationalsozialistische Bewegung als einzige Partei die Frau aus der unmittelbaren Tagespolitik fernhält. Sie ist deshalb in vielfacher Beziehung bitter befehdet worden, aber zu Unrecht. Nicht weil wir die Frauen nicht achten, sondern weil wir sie zu hoch achten, haben wir sie aus dem parlamentarisch-demokratischen Ränkespiel, das die deutsche Politik der vergangenen vierzehn Jahre bestimmt hat, ferngehalten. Auch heute bedeutet die Frau im öffentlichen Leben nichts anderes als zu früheren Zeiten. Niemand, der die moderne Zeit versteht, wird den aberwitzigen Gedanken fassen können, die Frau aus dem öffentlichen Leben, aus Arbeit, Beruf und Broterwerb herausdrängen zu wollen. Aber es darf dabei nicht ungesagt bleiben, daß Dinge, die dem Mann gehören, dem Mann auch verbleiben müssen. Und dazu gehört die Politik und die Wehrhaftigkeit eines Volkes. Das ist kein absprechendes Urteil über die Frau, sondern nur ein Verweisen ihrer Fähigkeiten und Anlagen an die Gebiete, die ihrem Wesen am ehesten entsprechen. ... Auf die Gefahr hin, als reaktionär zu gelten, spreche ich klar aus: Den ersten, besten und ihr gemäßesten Platz hat die Frau in der Familie, und die wunderbarste Aufgabe, die sie erfüllen kann, ist die, ihrem Land und Volk Kinder zu schenken.«[3]

Adolf Hitler selbst hatte bereits in »Mein Kampf«, in dem auffälligerweise die Stichwörter »Frau« und »Familie« im Sachregister fehlen, beschrieben, was die Rolle der Frau in »seinem Staate« sein sollte: »Das deutsche Mädchen ist Staatsangehörige und wird mit ihrer Verheiratung erst Bürgerin.« Und: »In meinem Staat ist die Mutter die wichtigste Staatsbürgerin.«

Das galt jedoch selbstverständlich nur für die »deutsche Frau«, die »rassenhygienisch« verantwortungsvoll genug dachte, die erwünschten nordischen Nachkommen nur mit einem »arischen« Mann zu zeugen. Denn gemäß der Nazi-Ideologie trachtete »der Jude« nicht nur danach, die arische Rasse zu schwächen, er war auch Urheber aller unweiblichen

Sie ging mit gutem Beispiel voran: die blonde deutsche Vorzeigemutter Magda Goebbels mit ihren Kindern Helga, Hellmuth, Hedda, Hilde und Holde.

Mädchen von heute – Mütter

Deutsches Mädchen, bedenke, daß Du eine deutsche Mutter werden so
In meinem Staate wird die Mutter die wichtigste Staatsbürgerin sein
2

Gesunde Mädchen — gesunde Mütter — gesundes Volk Photo: Bock, Berlin

Ordnung muß sein Photo: Jutta Selle, Berlin

Eine unvergeßliche Minute

Auf dem Wege zur Mütterschule

Die zukünftigen deutschen Männer Photo: Scherdel, Münc

…n morgen

…er

…oto: Hoffmann, München

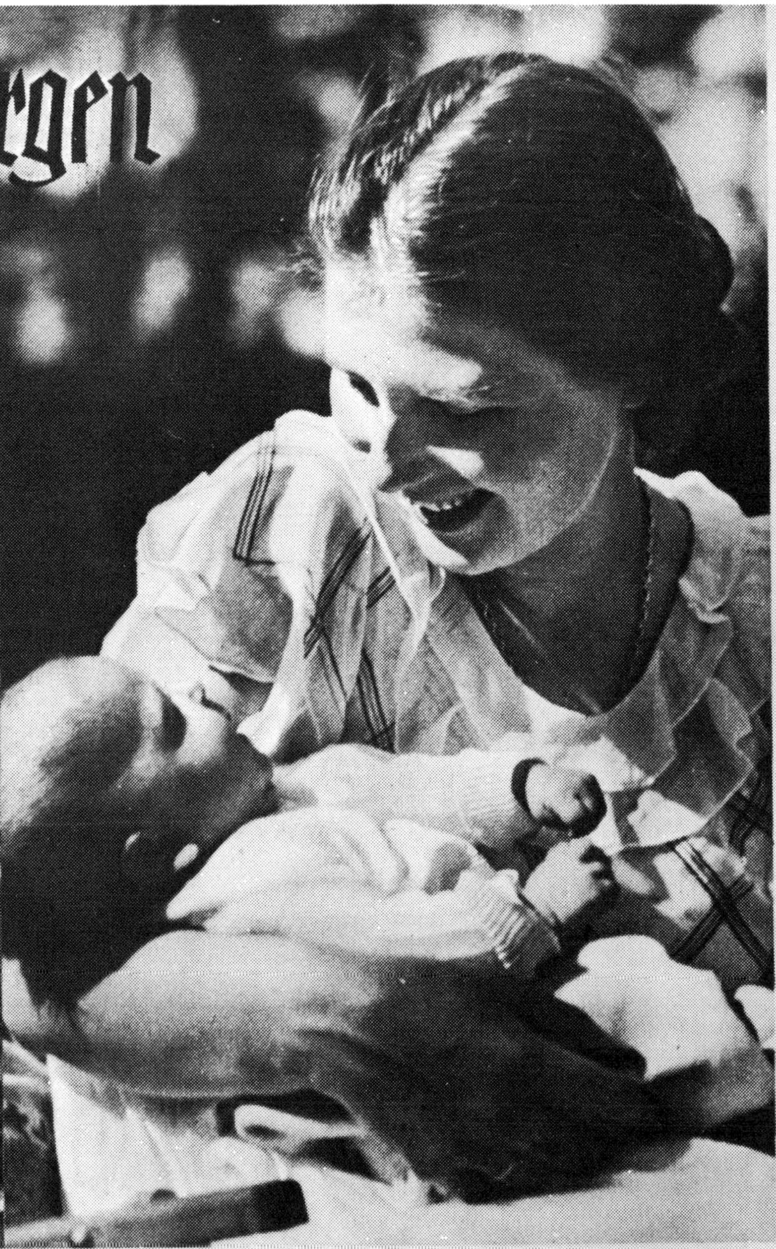

Erfülltes Frauentum

Photo: Jutta Selle, Berlin

Im gemeinsamen Glauben — durch gemeinsamen Kampf zu sieghaftem Leben

Photo: Boeck, Berlin

Früh übt sich, was ein Meister werden will

Photo: Zacharias, Kiel

Mädels, die Kameradinnen ihrer Männer sein können in allen Lebenslagen

Photo: Weller

…ie zukünftigen deutschen Mütter

Photo: Scherdel, München

Die Zahl der Bräute, die so schnell wie möglich die Kurse des Mütterdienstes besuchen wollten, nahm in unserem Gau ständig zu. Ein Teil von ihnen wollte der ihnen von der Führung der SS. auferlegten Pflicht genügen, sich hausmütterlich zu schulen; aber ein mindestens ebenso großer Teil hatte von sich aus den Wunsch, sich in richtiger Weise auf die Ehe vorzubereiten. Schon viermal hatten wir für Bräute einen Sonderkurs, in dem alle Kurse des Mütterdienstes zusammengefaßt waren, abgehalten, und die von auswärts kommenden Mädchen in einer Jugendherberge untergebracht. Nun bot sich uns die Möglichkeit in der Universitätsstadt Tübingen ein Studentenhaus mietweise zu erhalten, um dort eine Bräuteschule einzurichten. Allerdings: Ein Studentenhaus und eine Bräuteschule dienen recht verschiedenen Zwecken. Eine Bräuteschule braucht z. B. keinen Kneipsaal, aber Unterrichts- und Festräume, keinen Hauboden, aber eine Lehrküche.

Wir wollten ein Haus schaffen, das selbst ein Heim sein sollte den jungen Bräuten, das ihnen aber auch durch jedes einzelne Stück seiner Einrichtung und durch die Gesamtwirkung zeigen sollte, wie ein solches Heim gestaltet wird. Wohl muß die Bräuteschule Unterrichtsräume enthalten, aber nirgends darf sie den Charakter eines Schulgebäudes tragen, es sei denn in dem Sinne, daß sie lehre durch sich selbst.

1

Eine Bräuteschule entsteht

10 Leitsätze für die Gattenwahl

1.
Gedenke, daß du ein Deutscher bist!

2.
Du sollst Geist und Seele rein erhalten!

3.
Halte deinen Körper rein!

4.
Du sollst, wenn du erbgesund bist, nicht ehelos bleiben!

5.
Heirate nur aus Liebe!

6.
Wähle als Deutscher nur einen Gatten gleichen oder artverwandten Blutes!

7.
Bei der Wahl deines Gatten frage nach seinen Vorfahren!

8.
Gesundheit ist Voraussetzung auch für äußere Schönheit!

9.
Suche dir für die Ehe nicht einen Gespielen, sondern einen Gefährten!

10.
Du sollst dir möglichst viele Kinder wünschen!

Emanzipationsgedanken. Dazu Adolf Hitler: »Das Wort von der Frauen-Emanzipation ist nur ein vom jüdischen Intellekt erfundenes Wort, und der Inhalt ist von demselben Geist geprägt.«[4]

Die Frau im faschistischen Staat hatte bescheiden und genügsam zu sein, bodenständig und treu an der Seite des Mannes, Hüterin und Bewahrerin ihrer »kleinen Welt«, dumm, rein, keusch und fruchtbar. So dachten nicht nur die führenden männlichen Ideologen, das predigte auch die seit 1934 weibliche Führung der NS-Frauenschaft, das wurde den Frauen auf Schritt und Tritt suggeriert, das jubelten ihnen die strahlenden, blonden Mütter und Kinder von den Titelseiten der Illustrierten entgegen, für dieses Ziel arbeiteten Tausende von Frauen in der NS-Frauenschaft. Deren Führerin, Gertrud Scholtz-Klink, drückt die antifeministische Position der Faschisten nicht ganz so dramatisch aus, meint aber dasselbe:

»Das Wort Frauenfragen ist tief in Mißkredit gekommen in Deutschland durch eine falsche Frauenbewegung. Der gesamten maßgebenden und richtungsbestimmenden Frauenbewegung der Nachkriegszeit fehlt die Voraussetzung zu einer gedeihlichen Entwicklung, der gesunde Boden, auf dem sie hätte stehen müssen, um erfolgreich für die Frauen sein zu können; der artgemäße, blutmäßig richtige Aufbau. ... Was sollte denn der Mann in den letzten Jahren oft anfangen mit einer Frau, die nicht einmal auf den ihr zustehenden, ureigensten Gebieten, z. B. der Haushaltsführung, auch nur einigermaßen seinen berechtigten Ansprüchen genügte?...«[5]

Der »jüdische Intellekt« hatte versucht, die »deutschen Frauen« abzubringen von ihrer ureigensten biologischen Bestimmung, hatte Frauen rebellieren lassen gegen »Vorsehung«, gegen »tiefinnere ewige Instinkte«, gegen die ihr von der Natur vorgezeichnete Aufgabe. Frauen hatten ihre »kleine Welt« – »Die Welt der Frau ist der Mann, an anderes denkt sie nur ab und zu« (Adolf Hitlerl) – zu verlassen versucht, hatten sich um Politik gekümmert, waren sogar ins Parlament vorgedrungen, hatten Berufe ergriffen, studiert, sich gegen ihre Rolle als Gebärmaschine gewehrt und trotz Verbot, trotz drohender Strafen, trotz des oft tödlichen Ausgangs zum Mittel der Abtreibung gegriffen. Das war jüdisch, intellektuell, der deutschen Frau unwürdig! Die Nazis sorgten dafür, daß ab 1933 keine Frau mehr im Parlament saß, bemühten sich, durch ein Studierverbot für Frauen zumindest vor dem Krieg die Universitäten den Männern, den

Bewahrern der »großen Welt«, zurückzugeben. Und vor allem mußten Kinder geboren werden. Dem Führer ein Kind schenken! Das deutsche Volk nicht den geburtenratenmäßig mächtigeren ostischen Staaten ausliefern!

»Wenn früher die liberalen intellektualistischen Frauenbewegungen in ihren Programmen viele, viele Punkte enthielten, die ihren Ausgang vom Geiste nahmen, dann enthält das Programm unserer nationalsozialistischen Frauenbewegung eigentlich nur einen einzigen Punkt, und dieser Punkt heißt das Kind... Jedes Kind, das sie (die Frau) zur Welt bringt, ist eine Schlacht, die sie besteht für Sein oder Nichtsein ihres Volkes.«[6]

Die Bestimmung zur Mutterschaft

Die deutsche Frau ab einem gewissen Alter sollte verheiratet sein, Gefährtin, Magd und Dienerin ihres Mannes, und die Gemeinschaft eines deutschen Mannes mit einer deutschen Frau hatte deutsche Kinder zu produzieren. Eine Ehe war nicht Selbstzweck, nicht »mehr nur Sache der Liebe, sondern steht unter politischer Verantwortung, unterliegt den Forderungen der Rassenpflege und Rassenpolitik. Kinder zeugen und gebären ist eine nationale Pflicht...«[7]

Eheschließungen wurden deshalb gefördert, ideologisch und materiell. Zunächst einmal galt es sicherzustellen, daß auch jedes Mädel einen Mann »abbekam«, denn es wurde

als sicher angenommen, »daß die echte Frau unter der Ehelosigkeit schwer leiden wird, ... aber sie leidet nicht an dem ihr fehlenden Geschlechtsverkehr, sondern an dem ihr fehlenden Kind, an der Nichterfüllung ihrer Bestimmung zur Mutterschaft«.[8]

Aber auch Heiraten und Brautsein wollte gelernt sein. Kurse in eigens eingerichteten »Reichsbräuteschulen« bereiteten junge Frauen auf die richtige Ausübung ihrer Bestimmung vor: Putzen, Kochen, Säuglingspflege und andere Ertüchtigungen im Geiste Adolf Hitlers standen auf der Tagesordnung. Das Geschenk des Staates an das junge Brautpaar: die Überreichung von »Mein Kampf« bei der standesamtlichen Trauung. Mitglieder der SS jedoch heirateten standesgemäß bei feierlichen mystischen »Eheweihen«:

»In einer Waldlichtung stand ein Altar, auf dem ein Feuer brannte. Zwei Frauen in langen weißen Gewändern trugen Schalen, die mit Brot und Früchten gefüllt waren. ... Der Mann trug die Uniform eines SS-Führers, das Mädchen war weißbekleidet und blumenbekränzt. Beide standen vor dem Altar und redeten sich erhobenen Hauptes mit Zitaten aus der ›Edda‹ an: ›Dich, du herrlichste aller Weiber...‹...«[9]

In materieller Hinsicht schufen die Nationalsozialisten verschiedene Vergünstigungen für Verheiratete und Anreize, aus der Ehe rasch eine Familie werden zu lassen. Das »Gesetz zur Verhinderung von Arbeitslosigkeit« (!), erlassen im Juni 1933, gewährte Jungverheirateten ein zinsloses Darlehen in Höhe von 600 bis 1000 Reichsmark. Der Durchschnittslohn eines Industriearbeiters betrug damals etwa 120 Reichsmark monatlich. Einzige Bedingung: Die künftige Ehefrau mußte ihre Tätigkeit als Arbeitnehmerin aufgeben. Die Darlehensschuld verkürzte sich pro neugeborenem Kind jeweils um ein Viertel, beim vierten war das Darlehen somit »abgekindert«. Allerdings mußten sich die Ehepartner vor Gewährung der Finanzhilfe einer wirtschaftlichen, politischen und eugenischen Eignungsprüfung unterziehen.

Neben dem »Hilfswerk für Schwangere« und der verschärften Gesetzgebung bezüglich der »Seuche Abtreibung« wurde das Kindergeld als weiterer Köder eingesetzt. Ab Juli 1936 gab es monatlich 10 RM für das fünfte und jedes weitere Kind einer Arbeiter- oder Angestelltenfamilie, deren Einkommen unter 185 RM lag. Im Oktober 1937 wurden auch Selbständige in diese Regelung eingeschlossen, die monatliche Einkommensgrenze auf 200 RM erhöht, und von April 1938 an erhielten Familien schon für das dritte und vierte Kind 10 RM, für jedes weitere 20 RM bei gleichzeitiger Anhebung der Einkommensgrenze auf 650 RM (allerdings nicht für Selbständige). Zuckerbrot und Peitsche für die Ehefrau – gebar sie ihrem Mann und dem Führer gesunde Kinder, war sie, spätestens nach der Verleihung eines »Mutterkreuzes«, wichtigste Staatsbürgerin. Bekam sie aber keine Kinder, verunmöglichte sie quasi den »Sinn der Ehe«, nämlich »einem neuen Geschlecht das Leben zu schenken«, konnte ihr die materielle Lebensgrundlage durch Scheidung entzogen werden. So wie Ehen zwischen »Ariern« und »Fremdrassigen« für nichtig erklärt wurden, galten mit dem Scheidungsreformgesetz von 1938 auch als Grund für die Trennung einer Ehe: unehrenhaftes und unmoralisches Verhalten eines Ehepartners, Geisteskrankheiten, ernste ansteckende Krankheiten, Nachwuchsverweigerung und Unfruchtbarkeit. Dr. Ilse Eben-Gerbaes, Leiterin der »Abteilung Recht und Schlichtung der Reichsfrauenführung«, erläutert in der NS-Frauenwarte die neuen Ehegesetze:

Mutterkreuzverleihung am Muttertag.
Bronze für vier Kinder. Silber ab sechs Kinder, für mehr als acht das »Ehrenkreuz der deutschen Mutter« in Gold. Familienväter konnten vom »Reichsbund der Kinderreichen« eine Ehrenplakette »Adler mit fünf Jungen« verliehen bekommen.

»Ebenso wie die Vorschriften der Eheschließung gehen auch die Bestimmungen über die Ehescheidung und ihre rechtlichen Folgen von dem Wert der Ehe als Keimzelle und sittliche Grundlage der Volksgemeinschaft aus. Aus der hohen ethischen Wertung der Ehe ist die Treueverletzung im Ehebruch besonders hervorgehoben, ebenso wie aus ihrer biologischen Bedeutung die Verweigerung der Fortpflanzung als besonderer Scheidungsgrund genannt wird.«[10]

Das Kindbett als »Schlachtfeld der Frauen«, der Kreißsaal als »Arbeitslager der Mütter« – die Nazis wollten Krieg, und dazu benötigten sie »Menschenmaterial«.

Das Kind adelt die Frau

Am Muttertag 1939 wurde erstmalig das »Ehrenkreuz der deutschen Mutter« verliehen. Auch Magda Goebbels erhielt die Auszeichnung an diesem Tage während der Massenehrung in Berlin. Bronze für vier Kinder, Silber ab sechs Kindern, und für mehr als acht Kinder das Ehrenkreuz der deutschen Mutter in Gold. Steigerungen waren also möglich. 1942 erhielten allein in Berlin 45000 Mütter das bronzene Abzeichen, während »mehr als 600 in eine höhere Stufe einrückten«.

»Muttertag! Die nationale Revolution hat alles Kleinliche hinweggefegt. Ideen führen wieder und führen zusammen – Familie, Gesellschaft, Volk. Die Idee des Muttertages ist dazu angetan, das zu ehren, was die deutsche Idee versinnbildlicht: die deutsche Mutter. ... Sie – die deutsche Mutter – ist die alleinige Trägerin des deutschen Volksgedankens. Mit dem Begriff ›Mutter‹ ist ›Deutschsein‹ ewig verbunden. Kann uns etwas enger zusammenführen, als der Gedanke gemeinsamer Mutterehrung?«[11]

Mutterkult und Mutterehrung dienten den Nationalsozialisten auch immer dazu, in der Koppelung der Begriffe Mutter und Heimat oder Mutter und Deutschland die Begeisterung und Bindung an Nation und vermeintliche Größe der Nation anzufachen. »Die Heimat ist die Mutter deines Lebens«, gebot Goebbels im nationalsozialistischen Volkskalender des Jahres 1932, und er wußte sicher um die assoziative Gleichsetzung der Begriffe und spekulierte auf die affektive Kraft dieses in der Nazizeit oft wiederholten Mythos. Auf die Frage, ob »der Jude« ein Mensch sei, antwortete Goebbels:

»Wenn jemand deine Mutter mit der Peitsche mitten durchs Gesicht schlägt, sagst du dann auch: Danke schön! Ist er auch ein Mensch?! Das ist kein Mensch, das ist ein Unmensch! Wieviel Schlimmeres hat der Jude unserer Mutter Deutschland angetan und tut es ihr heute noch an! Er hat unsere Rasse verdorben, unsere Kraft angefault, unsere Sitte unterhöhlt und unsere Kraft gebrochen... Der Jude ist der plastische Dämon des Verfalls... beginnt sein verbrecherisches Schächtwerk an den Völkern.«[12]

Er gab damit dem Symbol der »geschändeten Mutter Deutschland« einen vermeintlich realen Bezug. Die schwierige Situation Deutschlands nach dem ersten Weltkrieg haben zu verantworten das »internationale Judentum«, die Bolschewiken, das kulturlose Ausland. Sie haben die deutsche Heimat geschändet, Blutschande am reinen Volkskörper, am Körper der Mutter.

Allem Mutterkult zum Trotz wird es den meisten Frauen, die ein bronzenes, silbernes oder goldenes Mutterkreuz am blauen Bande um den Hals trugen, nicht so ergangen sein wie der blonden Vorzeigemutter Magda Goebbels, die zwar sechs Kinder geboren hatte (von denen allerdings ihr ältester Sohn aus erster Ehe auf den meisten Propagandafotos fehlt), aber sicher nicht unter beengten Wohnverhältnissen und geringem Einkommen ihres Gatten zu leiden hatte. Die Masse der Frauen, die einen kinderreichen Haushalt versorgen mußten, arbeiteten hart, drehten jeden Pfennig zweimal um, mußten sich das Fleisch im Eintopf zum deutschen Kohlrabi denken, vor allem, als mit Beginn des Krieges bestimmte Güter nur noch auf Lebensmittelkarten erhältlich waren. Aus dem kleinsten, kärglichsten Zimmer sollte die »deutsche Mutter« ein behagliches Heim zaubern. Das wird in den engen kleinen Hinterhofwohnungen der Großstädte schwer gewesen sein. Sozialen Wohnungsbau hat es in den zwölf Jahren des Tausendjährigen Reiches nur vereinzelt gegeben, vorrangig waren Autobahnen und repräsentative Regierungsprunkbauten. In den Frauenzeitschriften häuften sich Tips für die »Praktische Garderobe« unter dem Motto »Aus alt mach neu«, Winterhilfswerk und öffentliche großdeutsche Eintopfessen sollten den nicht begüterten Volksgenossen glaubhaft machen, daß der Führer ihrer bescheidenen Verhältnisse gedachte und um Linderung bemüht war. Und selber manchmal auch nur Eintopf aß.

Daß BDM-Mädchen zum Helfen in kinderreichen Familien verpflichtet waren und später die »Braunen Schwestern« auf dem Lande an der Seite der Bäuerinnen standen, zeigt, daß die Arbeit der Frauen kaum zu bewältigen gewesen sein kann. Schon 1934 war mit dem »Hilfswerk Mutter und Kind« ein Wohlfahrtsprogramm in Angriff genommen worden, das folgende familienpolitische Maßnahmen zum Ziel hatte: neben wirtschaftlicher Unterstützung Wohnungs- und Siedlungshilfe, Mütter- und Kleinkind-Erholungsfürsorge. Die wirtschaftlichen Hilfen des Werkes »Mutter und Kind« wurden meist in Form von Sachmitteln vergeben, wie Lebensmittel, Babywäsche oder Kinderbetten, die zuvor in einer

Das Arbeitslager der Mütter.

Warum ich im städtischen Krankenhaus entbinde.

Das Idealbild der deutschen Familie präsentiert Käthe Kruse 1938 auf der Weltausstellung in Paris. Familiengründungen werden vom NS-Staat durch sogenannte Ehestandsdarlehen unterstützt, die pro Kind zu einem Viertel erlassen werden – der Führer braucht Soldaten.

propagandistisch groß herausgestellten Aktion »Jedem Kind sein eigenes Bett« gesammelt worden waren. Eine der Hauptaktivitäten des Hilfswerkes bestand in der Verschickung von Müttern und Kindern zur Erholung und der Organisierung von Kinderlandverschickungen; weiterhin wurde ein ausgedehntes Netz von Hilfs- und Beratungsstellen unterhalten, in denen regelmäßige Sprechstunden stattfanden. Hier konnten auch Anträge auf wirtschaftliche Unterstützung gestellt werden. Das Deutsche Frauenwerk mit seinen Unterabteilungen Mütterdienst, Volkswirtschaft-Hauswirtschaft und Hilfsdienst war an diesen Aktivitäten im Rahmen der NSV (Nationalsozialistische Volkswohlfahrt) beteiligt; speziell die Abteilung Hilfsdienst hatte die Aufgabe, Frauen für die Mitarbeit bei der NSV zu mobilisieren. Alle Empfängerinnen von Mutterschaftsgaben, aber auch Frauen, die eine »Mutter und Kind«-Hilfsstelle aufgesucht hatten und bei denen die Hilfsstellenleiterin meinte festgestellt zu haben, daß ihre »Hilfsbedürftigkeit offensichtlich auf mangelnden Kenntnissen der Haushaltsführung oder der Gesundheitspflege«[13] beruhte, wurden genötigt, sogenannte »Mütterkurse« zu besuchen. Hilfe bedeutete also gleichzeitig Kontrolle.

Lea Grundig, Mütter, Krieg droht!, 1936, Blatt 5 der Folge »Krieg droht!«

Weinet, Mütter

Mit Ausbruch des Krieges steigerte sich die Belastung der Frauen weiter, so sehr, daß selbst Frau Scholtz-Klink es wagen konnte, dem deutschen Manne bis dahin ungewohnte Arbeiten abzuverlangen:

»Ja, ich könnte schon (in der Kriegswirtschaft arbeiten, d.V.), aber mein Mann will das nicht, er will pünktlich sein Essen auf dem Tisch. Sage ihm, wir verstehen das und er soll es alles eines Tages gerne wieder haben, aber im Augenblick ist etwas anderes vordringlicher; wenn Millionen Menschen Tag und Nacht ihr Letztes hergeben, wenn andere seit Jahr und Tag sich nur in kurzen Zeitabständen sehen, dann soll er dankbar sein, daß ihr euch jeden Tag sehen könnt und bei gutem Willen so zusammen helft, daß auch er einmal das Essen warmmachen kann, ohne daß vom Kranz seiner Herrlichkeit eine Zacke abbricht!«[14]

Die »deutsche Mutter« wurde nun zur »Heldenmutter« und als die doppelt Gebende verehrt: »Und so sind die Mütter hinter den großen Bildern der Macht, aus denen wir die Zuversicht unseres Sieges schöpfen, immer die doppelt Gebenden: sie reichen dem Vaterland den Sohn hin und statten ihn noch aus mit allen Gaben des Mutes, der Tapferkeit, der freudigen Zustimmung zu dem Leben im Kriege.«[15] In Artikeln und Leserbriefen der Zeitschriften beschuldigen sich Frauen, nur einen Sohn geboren zu haben, der nun gefallen ist und durch keinen Bruder ersetzt werden kann. »Was wir als Tragik empfinden, ist der Umstand, daß wir leider nur den einen hatten, trotzdem wir hätten mehrere haben können, wenn wir damals nicht leider dem von jüdischem Literatengeschmeiß aufgestellten Grundsatz, möglichst beim Zwei-Kinder-System zu bleiben, verfallen gewesen wären.«[16]

Ungebrochen die Forderung an die Frauen, weiterhin, gerade jetzt, Kinder zur Welt zu bringen. »Todesbereitschaft – Lebensbereitschaft: Nun ist nur noch eines wichtig: Daß neben der Todesbereitschaft der Soldaten die Lebensbereitschaft unserer Mütter steht!« heißt es 1940 in der NS-Frauenwarte. Und unter der Überschrift »Sieg des Lebens« werden Frauen in derselben Zeitschrift angespornt:

»Die Beschäftigung mit der Statistik ist eine Angelegenheit, die besonders dem männlichen Denken liegt. Der Frau fällt es im allgemeinen schwerer, für Tabellen und Zahlenreihen, die auf den ersten Blick tot erscheinen, Interesse aufzubringen. Und doch ist das Gebiet, um das es hier geht, so wichtig, daß es von Männern und Frauen in gleicher Weise beachtet werden muß. Was dem Mann mit dem Hilfsmittel der Statistik klarer wird, das erfaßt die Frau mit dem ungetrübten Instinkt ihrer weiblichen Natur: Deutschland braucht Jugend, Deutschland braucht Kinder, um die Aufgaben zu meistern, die nach dem Siege dem Großdeutschen Reich als dem Herzen Europas gestellt werden.«[17]

Um diesem vorrangigen Ziel auch noch das Mäntelchen der in all den Jahren gepredigten Moral umzuhängen, werden schließlich Fernehen eingeführt, damit die »Kriegskinder« nicht unehelich zur Welt kommen müssen. An der Front vertritt der Kompanieführer den Standesbeamten, »in der Heimat« ist zwar der Standesbeamte zugegen, der Bräutigam jedoch wird durch einen Stahlhelm symbolisiert. Später werden sogar Eheschließungen mit Gefallenen ermöglicht. Dabei wären derlei tragikomische Schauspiele gar nicht mehr vonnöten gewesen. Den Nazis kam es weniger auf die Moral als auf den Gebärwillen der Frauen an, egal, ob der Nachwuchs durch eine Ehe legitimiert war oder nicht.

Die Doppelehe – Ansporn für die Frauen

Die steigenden Verluste der deutschen Truppen an der Ostfront waren den nationalsozialistischen Führern Anlaß, über weitere Möglichkeiten der Geburtensteigerung nachzudenken. Nicht nur, daß »biologisch wertvolle« Mädchen, die unverheiratet oder verwitwet waren und noch kein Kind geboren hatten, über den Lebensborn zu einem Kind kommen sollten – Motto »Dem Führer ein Kind schenken«. Sogenannte »Zeugungshelfer« sollten von der SS »zur Verfügung gestellt« werden; die Frau hätte Auswahl unter drei SS-Männern gehabt... – die einfache Überlegung, daß ein Mann theoretisch Tausende von Kindern zeugen könnte, eine Frau jedoch nur einige wenige empfangen kann, brachte die Nazis gegen Ende des Krieges auf die Idee der »Doppelehe«, die nach gewonnenem Krieg besonders ehrenhaften SS-Männern gewährt werden sollte:

»Nach diesem Krieg werden wir, wie der Führer betonte, 3–4000000 Frauen haben, die keine Männer mehr haben bzw. bekommen. Der sich hiermit ergebende Geburtenausfall wäre für unser Volk gar nicht zu ertragen: Wie viele Divisionen würden, betonte der Führer, uns in 20 bis 45 Jahren und weiter fehlen... Die öffentliche, d.h. allgemeine

Lettland 1942. Ein deutscher Soldat erschießt eine Mutter und ihr Kind.

Bertolt Brecht
Lied einer deutschen Mutter

Mein Sohn, ich hab dir die Stiefel
Und dies braune Hemd geschenkt:
Hätt ich gewußt, was ich heut weiß
Hätt ich lieber mich aufgehängt.

Mein Sohn, als ich deine Hand sah
Erhoben zum Hitlergruß
Wußt ich nicht, daß dem, der ihn grüßet
Die Hand verdorren muß.

Mein Sohn, ich höre dich reden
Von einem Heldengeschlecht
Wußte nicht, ahnte nicht, sah nicht:
Du warst ihr Folterknecht.

Mein Sohn, und ich sah dich marschieren
Hinter dem Hitler her
Wußte nicht, daß, wer mit ihm auszieht
Zurück kehrt er nimmermehr.

Mein Sohn, du sagtest mir, Deutschland
Wird nicht mehr zu kennen sein.
Wußt nicht, es würde werden
Zu Aschen und blut'gem Stein.

Sah das braune Hemd dich tragen
Hab mich nicht dagegen gestemmt
Denn ich wußte nicht, was ich heut weiß:
Es war dein Totenhemd.

Aufklärung kann aus einleuchtenden Gründen erst nach dem Kriege einsetzen. Nur ein Grund hierfür sei angeführt: Wir können heute noch nicht an die Frauen, deren Männer voraussichtlich noch fallen werden, appellieren, und wir können unsere Aufklärung mit Rücksicht auch auf unsere Soldaten noch nicht beginnen... Diese Feststellungen zeigen, welche Hemmungen wir beseitigen und welche Voraussetzungen wir schaffen müssen, um die lebensnotwendige Vermehrung der Geburten zu erreichen: ... 2. Ferner: Auf besonderen Antrag sollen Männer nicht nur mit einer Frau, sondern mit einer weiteren ein festes Eheverhältnis eingehen können, in dem die Frau dann ohne weiteres den Namen des Mannes erhält, die Kinder ohne weiteres den Namen des Vaters... 4. Wie ich schon früher erwähnte, ist es notwendig, daß wir die jetzigen ›Verhältnis‹-Bezeichnungen, die einen mehr oder weniger anrüchigen Klang haben, abschaffen und verbieten. Wir müssen im Gegenteil sogar gute, freundliche Namen finden. Wir müssen uns also überlegen, wie das Verhältnis, das eine Frau mit einem Manne hat, mit dem sie in bisheriger Weise nicht verheiratet sein kann, bezeichnet wird; wir müssen uns überlegen, wie die Kinder aus einem solchen Freundschaftsbund bezeichnet werden sollen usw....«[18]

Die »heutige Form der Ehe« sei ein »satanisches Werk der katholischen Kirche«, soll sich der Reichsführer der SS, Heinrich Himmler, geäußert haben, und: »im Falle der Doppelehe wird die eine Frau für die andere der Ansporn sein, dem Ideal in jeder Beziehung nachzukommen.«[19]

Anmerkungen

1 »Ansprache des Führers des Deutschen Frauenwerks und Reichsleiters der NS-Frauenschaft am ›Tag der Frauen‹ während der Deutschen Kulturtage am Rhein«, in: NS-Frauenwarte, Einzige parteiamtliche Frauenzeitschrift, 1933.
2 Ebd.
3 »Dr. Goebbels über die Aufgaben der deutschen Frau«, in: *Völkischer Beobachter*, Münchner Ausgabe vom 20. März 1933.
4 »Die Rede des Führers auf dem Frauenkongreß in Nürnberg am 8. September 1934«, in: *NS-Frauenwarte*, Ausgabe vom Oktober 1934, S. 210.
5 Gertrud Scholtz-Klink, Die Stellung der Frau im neuen Deutschland, in *NS-Frauenwarte*, 3. Jg., 2. Augustheft 1934, S. 129.
6 »Die Rede des Führers...«, a.a.O., S. 211.
7 Horst Becker, Die Familie, 1935, S. 146.
8 *Das schwarze Korps*, Zeitschrift der Schutzstaffeln der NSDAP, Organ der Reichsführung SS, 3. Jg. Folge 42 vom 21.10.1937, S. 6.
9 Melita Maschmann, Fazit. Mein Weg in der Hitler-Jugend, Stuttgart 1963, zitiert nach der Ausgabe München 1979, S. 49f.
10 Dr. Ilse Eben-Gerbaes, Die neuen Ehegesetze, in: *NS-Frauenwarte*, 7. Jg. 1938.
11 Joseph Goebbels, zit. nach Reich, Massenpsychologie des Faschismus.
12 Joseph Goebbels, ebd.
13 Hanna Rees, Frauenarbeit in der NS-Volkswohlfahrt, Berlin 1938 (Schriftenreihe der NSV), S. 27.
14 »Rede der Reichsfrauenführerin Frau Gertrud Scholtz-Klink im Sportpalast in Berlin am 13. Juni 1940«, in: *NS-Frauenwarte*, Jg. 9, Juli 1940, S. 24.
15 *Das schwarze Korps*, 8. Jg., Folge 41 vom 22.1.1942, S. 5.
16 *Das schwarze Korps*, 7. Jg., Folge 4 vom 23.1.1941, S. 4.
17 »Sieg des Lebens«, in: *NS-Frauenwarte*, 9. Jg., Juli 1940, S. 98.
18 Aufzeichnungen Bormanns über ein Gespräch Hitlers mit seiner Umgebung in der Nacht vom 27. zum 28. Januar 1944, zit. nach: Deutsche Chronik, Berlin (West) 1982, S. 103.
19 Felix Kersten, Totenkopf und Treue, Hamburg, 1953, S. 223.

Gisela Bock

»Zum Wohle des Volkskörpers...«

Abtreibung und Sterilisation im Nationalsozialismus

Ist von »Frauen unterm Nationalsozialismus«, vom »nationalsozialistischen Frauenbild« oder von »Frauenpolitik im Dritten Reich« die Rede, so heißt es gewöhnlich: Alle Frauen zählten lediglich als Mütter, sie sollten so viele Kinder wie möglich gebären; der Antifeminismus des Regimes habe darin bestanden, Frauen als Gebärerinnen, Mütter und Hausfrauen zu fördern, zu schützen und sogar zu finanzieren; als Beleg dienen meist einige Zitate von Hitler, Rosenberg oder aus dem »Völkischen Beobachter«. Gewichtige Gründe – beispielsweise wie Frauen ihr damaliges Leben beschreiben – machen es jedoch immer schwerer, solchen Darstellungen Glauben zu schenken – vor allem, wenn sie zum Ergebnis kommen, Frauen seien zu »Zuchtsäuen« gemacht worden; oder: »Jede Frau, die unterm Faschismus Kinder hat, ist eine Faschistin.«

Der wichtigste unter den Gründen, die eine vollständig andere Betrachtungsweise nahelegen, betrifft den Kern des Nationalsozialismus: seinen Rassismus. In gedruckten und ungedruckten Dokumenten jener Zeit findet sich ausführlich, was in der neuen Literatur praktisch nicht auftaucht: Frauenbild und Frauenpolitik der Nazis bezweckten keineswegs, um jeden Preis alle Frauen zum Gebären zu bringen; vielmehr gab es neben vielen Frauen, die Kinder haben sollten, viele andere, denen das Recht abgesprochen wurde, Kinder zu haben. Denn die nationalsozialistische Bevölkerungspolitik war nicht so sehr eine quantitative, sondern in erster Linie eine »qualitative«. Begründet wurde die bevölkerungspolitische Strategie des Nationalsozialismus mit pseudowissenschaftlichen Argumenten der Rassehygieniker. Die Forderung nach rein quantitativer Erhöhung der Geburtenrate – sie war ab 1900 bis 1932 im internationalen Vergleich von einem sehr hohen auf den tiefsten Stand gesunken – wurde schon lange vor 1933 erhoben, zum Teil auch auf staatlicher Ebene. Das Charakteristikum des Nazi-Staats in bezug auf Frauen bestand jedoch nicht in einer einfachen Fortsetzung und Verschärfung dieses »Pronatalismus«, sondern in einer Doppeloffensive an der Front der Reproduktion, genauer: der unbezahlten Hausarbeit der Frauen. Dies zeigt sich unmittelbar nach der Machtübergreifung an mehreren neuen Gesetzen: Freiwillige Abtreibung und Sterilisation wurden schärfer als zuvor verfolgt (§ 226a StGB für Sterilisation; §§ 219 und 220, zusätzlich zu 218 für Abtreibung, vom 22.5.1933), während gleichzeitig die Zwangssterilisation für »Minderwertige« aus »rassenhygienischen« (eugenischen) Gründen eingeführt wurde (Gesetz zur Verhütung erbkranken Nachwuchses, GVeN, vom 14.7.1933); ab 1935 gab es dann auch die »eugenische« Schwangerschaftsunterbrechung, formal gebunden an die Zustimmung der Frau, aber verbunden mit anschließender Zwangssterilisation.

Abtreibungsverbot und Zwangssterilisation, erzwungene Mutterschaft und Verbot von Mutterschaft widersprachen einander keineswegs. Sie waren die zwei Seiten einer kohärenten Politik, mit der die seit dem 19. Jahrhundert von Männern betriebene Unterwerfung der weiblichen Gebärfähigkeit ihren Höhepunkt fand, indem der Nationalsozialismus sie staatlich organisierte.

»Wert« und »Unwert«

Seit Ende des 19. Jahrhunderts wurde über die Möglichkeit und Notwendigkeit »eugenischer« Sterilisation debattiert: als eine Maßnahme, den Kindersegen derjenigen zu verhüten, die als Träger/innen »erblicher« Formen von »Minderwertigkeit« betrachtet wurden. Ihrem Nachwuchs, so hieß es, mangelte es – wie ihnen selbst – an sozialem Wert und Nutzen, und er lag nicht im Interesse von »Volk«, »Allgemeinheit«, »Rasse«, »Volkskörper«. Seit dem Ersten Weltkrieg wurde die Sterilisation zunehmend öffentlich und leidenschaftlich empfohlen als Mittel zur Lösung sozialer Probleme: beispielsweise von angeblich steigenden Zahlen Schwachsinniger und unzureichend Angepaßter, von sexueller Abweichung wie Prostitution und Homosexualität, von steigenden Kosten der Fürsorge und der Anstalten und vor allem des vielfach beklagten Problems, daß sich die »begabten«, »strebsamen«, »führenden« Schichten weniger stark fortpflanzten als die »untüchtigen«. Sterilisation, auch zwangsweise, wurde empfohlen von Teilen der Rechten wie der Linken, von Männern und Frauen, von Anhängern der Erbtheorie wie der Milieutheorie. Die Kriterien von »Minderwertigkeit« wurden von offen rassistisch Eingestellten, aber auch zunehmend von subtiler argumentierenden Wissenschaftlern wie Medizinern, Anthropologen, Psychiatern, Juristen ausgearbeitet.

Ernstgemeinte »wissenschaftliche« Schätzungen über den Anteil der unwerten Sterilisationskandidaten variierten zwischen fünf und 33 Prozent der Bevölkerung. Eine Art Zusammenfassung der Diagnosen, die eine Sterilisation zur Folge haben sollten, finden wir dann im Gesetz zur Verhütung erbkranken Nachwuchses (GVeN): angeborener Schwachsinn, Schizophrenie, manisch-depressives Irresein, erbliche Fallsucht, erblicher Veitstanz, erbliche Blindheit, erbliche Taubheit, schwere körperliche Mißbildung, schwerer Alkoholismus. Was diese Diagnosen, deren Präzision und Ehrlichkeit schon damals umstritten war, in der Praxis hießen, soll später angedeutet werden. Vorerst muß festgestellt werden:

1. Ein Blick auf die einschlägige wissenschaftliche und populäre Literatur läßt erkennen, daß ein bestimmter weiblicher und männlicher Sozialcharakter durchgesetzt werden sollte.
2. Obwohl Sterilisationen nicht nur Frauen, sondern auch Männer betreffen sollten, hatte diese Politik eine vorrangige

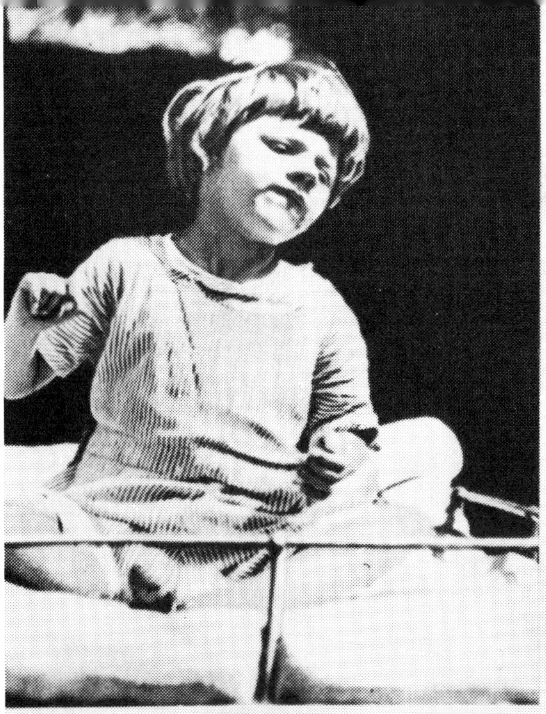

Nicht länger So!

Links: 4 Jahre altes Mädchen, vererbt syphilitisch. Mutter Prostituierte und trotz dieser Krankheit verheiratet. Das Kind ist unehelich.

Rechts: Dreijähriger Junge, taub, verkrüppelt, vollständig verblödet, schielt und kann kaum sehen. Kostet der Stadt Berlin täglich 8 Mark. Eine 5köpfige Familie mit arbeitslosem Ernährer erhält wöchentlich etwa 24 Mark Unterstützung und muß davon noch die Miete bezahlen.

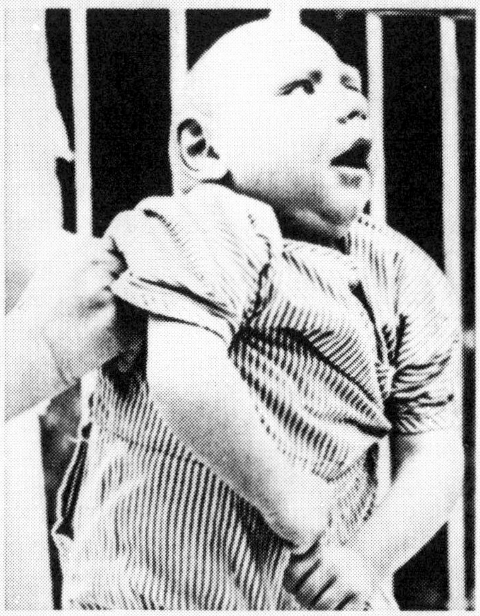

Hält man sich alle diese Tatsachen vor Augen und bedenkt man weiter, wie an dem gesunden Rassegefüge des deutschen Volkes ständig der Einbruch fremder Rassen nagt, man denke doch nur an den Einbruch jüdischen Blutes in den letzten 100 Jahren in das deutsche Volk, dann wird man erst die kulturschöpferische Tat zu würdigen wissen, die in der Gesetzgebung der Sterilisation Erbminderwertiger liegt.

Was verstehen wir überhaupt unter Sterilisation? Unter Sterilisation auf operativem Wege verstehen wir die Unfruchtbarmachung der Ausführungsgänge der Keimdrüsen, d. h. die Durchschneidung des Samenleiters beim Manne und der Eileiter bei der Frau. Die operative Sterilisierung beim Mann ist ein harmloser Eingriff und bei der Frau dank der heutigen Technik ein Eingriff ohne weiteres Risiko.

Man hat früher häufig Kastration und Sterilisation verwechselt. Stellenweise geschieht es anscheinend auch noch heute. Die Erbpflege hat mit der Kastration nichts zu tun. Die Sterilisierung ist eine rasse-hygienische Maßnahme, die Kastration eine medizinische Angelegenheit. Die Kastration, die ebenfalls die Fortpflanzung verhindert, aber gleichzeitig damit auch die sexuelle Persönlichkeit verändert (Eunuche), spielt eine wichtige Rolle bei der Heilung von sexual Abnormen und Sexualverbrechern. Diese verbrecherischen Kranken fallen auch nicht unter das Sterilisationsgesetz, sondern die Regierung hat sich vorbehalten, gerade um dem Sterilisationsgesetz das Odium des Strafvollzuges zu nehmen, diese Menschen in einem besonderen Gesetz zu erfassen.

Das Sterilisationsgesetz, das am 1. Januar 1934 in Kraft tritt, und das bisher nur als Rahmengesetz bekannt ist, die näheren Ausführungen werden noch dazu erlassen, bestimmt:

Nur noch So!

Die Bilder bedürfen keiner Erklärung

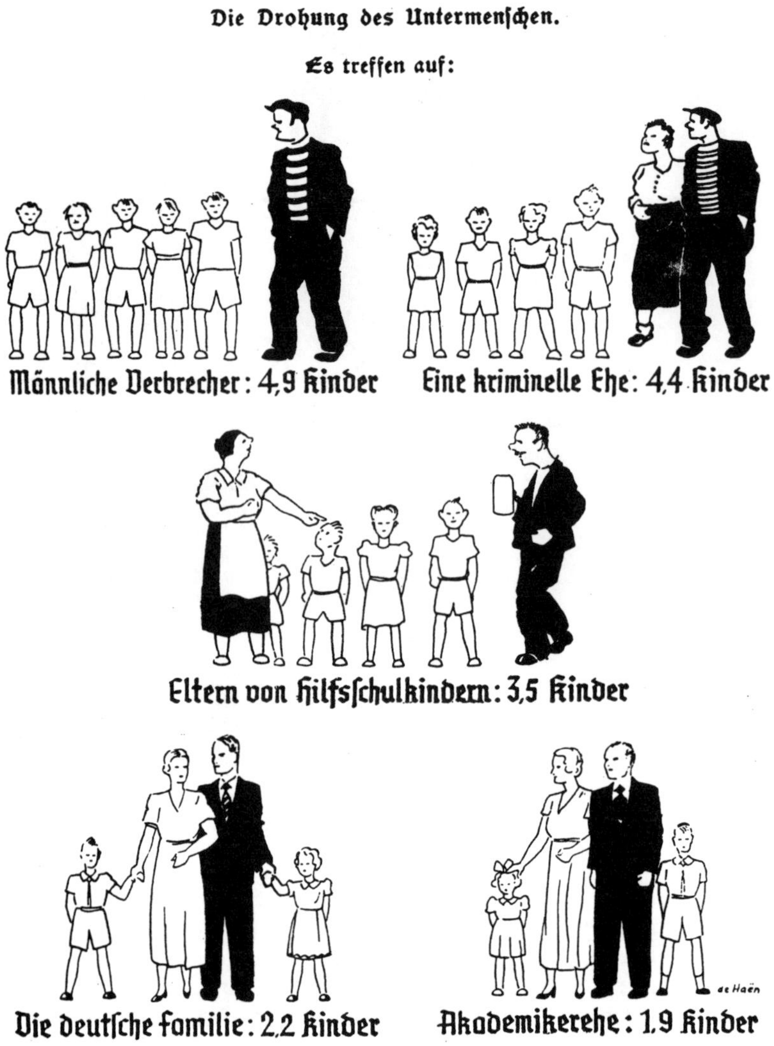

Bedeutung für Frauen. Denn im gleichen Maß, wie sie als »Mutter der Rasse« galten, bezieht sich ein großer Teil dieser Literatur auf sie und ihr angepaßtes oder abweichendes Verhalten, sei es in Fragen der Haushaltsführung oder der Kindererziehung oder der Sexualität: »Die Zahl der entarteten Individuen, die geboren werden, hängt hauptsächlich von der Zahl fortpflanzungsfähiger entarteter Frauen ab. Die Sterilisation der entarteten Frau ist rassenhygienisch daher wichtiger als die des Mannes« (Kankeleit. Die Unfruchtbarmachung aus rassenhygienischen und sozialen Gründen, 1929).

Im übrigen betrifft die Frage, ob Kinder oder keine, Frauen grundsätzlich stärker als Männer, da ihr Leben stärker von jener Frage geprägt wird als das der Männer.

Die »Seuche« der Abtreibung

Über die Zahl der illegalen Abtreibungen lassen sich nur ungenaue Aussagen machen, da die statistische Basis (zum Glück für die betroffenen Frauen) umstritten ist: Dunkelziffern und das nicht oder schwer meßbare Verhältnis von spontanen und induzierten Aborten machen eine präzise und überregionale Aussage unmöglich. Während für 1930 bis 1932 die Zahl auf 800000 bis eine Million pro Jahr geschätzt wird, bringt die Analyse eines Frauenarztes von 1939 die Zahl von 220000 Fehlgeburten, von denen 120000 als Abtreibungen einzustufen wären; Kriminalisten schätzten die Dunkelziffer auf ebenso hoch wie die bekannt werdenden Fälle; verschiedene Dokumente sprechen von regionalen »Abtreibungsseuchen« seit Mitte der dreißiger Jahre, verursacht durch Selbstabtreibungen oder »alte Weiber«; Himmler nennt 1937 einmal die Zahl von 400000, ein anderes Mal von 600000 bis 800000 pro Jahr. Während des Kriegs scheinen sie zugenommen zu haben, und in Himmlers Reichssicherheitshauptamt wurde eine »Reichszentrale zur Bekämpfung der Homosexualität und der Abtreibungen« eingerichtet. Ärzte und Hebammen hatten Meldepflicht für Fehlgeburten, das von ihnen eingereichte Material wurde an die Kriminalpolizei weitergeleitet, die »verdächtigen« Fällen nachging. Die Zahl der Abtreibungsprozesse stieg ab 1933 sprunghaft an. Ab 1943 war in besonderen Fällen die Todesstrafe möglich.

Die zweite Front des »Geburtenkriegs«

Das GVeN (Gesetz zur Verhütung erbkranken Nachwuchses) trat am 1. Januar 1934 in Kraft. »Wir müssen wieder den Mut haben, unser Volk nach seinem Erbwert zu gliedern«, war von Reichsinnenminister Frick bei seiner Verkündigung zu hören gewesen (»Glied« und »gliedern« waren beliebte Nazi-Worte zur Beschreibung ihres »Volkskörpers«). Es scheint, daß im ersten halben Jahr noch relativ viele Sterilisierte ihre Zustimmung zum Eingriff gegeben haben – was allerdings nicht identisch ist mit »Freiwilligkeit« oder gar mit »freiwilliger« Zustimmung zur »Gliederung« als »minderwertig« durch eines der 82 hierfür eigens geschaffenen »Erbgesundheitsgerichte« oder der vierzehn »Erbgesundheitsobergerichte«. Möglich allerdings, daß es Fälle gab, in denen Frauen oder Männer, die keine Kinder wollten, »rassenhygienische« Gründe als bloßen Vorwand nahmen; jedenfalls ist gelegentlich zu hören, daß jeder, der sich sterilisieren lassen wolle, einen »Schwachsinnigen« in der eigenen »Sippe« ausfindig machen könne. »Unzweifelhaft ist aber«, schreibt ein Nazi Ende 1934, »seitdem die Wendung dahingehend eingetreten, daß die Zahl der Selbstanträge erheblich abgenommen hat und sich Einsprüche beim Erbgesundheitsobergericht häufen.« Die nahezu 300000 »legalen« Sterilisationen, die bis 1937 belegbar sind, waren zum allergrößten Teil erzwungen, gegen den Widerstand der oder des Betroffenen. Rund 400 Frauen und 70 Männer starben infolge des Eingriffs; rund 7000 »eugenische« Schwangerschaftsunterbrechungen mit nachfolgender Zwangssterilisation fanden statt.

Ein gespenstisches Millionenheer von Menschen zieht sich durch den ausführlichen Kommentar der Rasse- und Bevölkerungsexperten Gütt, Rüdin und Ruttke zum GVeN: Hilfsschüler – »in manchen ländlichen Gemeinden mit Industriebevölkerung steigt der Anteil (an Schwachsinnigen unter ihnen) auf zehn bis fünfzehn Prozent (Siemens)« –, »asoziale und antisoziale, schwererziehbare, stark psychopathische Debile«, geheilte wie in flagranti ertappte Schizophrene, Hysteriker, Epileptiker, Manisch-Depressive, Frauen mit häufig wechselnder Arbeit, selbstverständlich »Verbrecher« und immer wieder: Prostituierte. Grundsätzlich ist die »Abweichung von der Norm« entscheidend; die Norm selbst: Weibes- und Manneszucht, Arbeit und Opfer und Sparsamkeit, der »begabte«, hochqualifizierte Aufsteiger, deutschblütige, nordrassische Menschen: rechtwinklig an Leib und Seele«.

Von Anfang an gab es Proteste, Widerstand und Sabotage gegen das GVeN. Zum Teil kamen sie aus den Reihen des NSDAP selbst – als nämlich zu viele »ungebildete« Parteigenossen als schwachsinnig denunziert worden waren, im Intelligenztest nicht gewußt hatten, wer Mussolini war, oder dachten, Deutschland stünde im Krieg mit Rußland, oder die Frage nach der geltenden Staatsform mit »Adolf Hitler« beantwortet hatten. In der Folge wurde der Test einer Revision unterzogen: Zum einen bezog man fortan auch Parteistellen in den Prozeß der Beurteilung ein, der nun auch die politischen Verdienste um die »Bewegung« berücksichtigte; zum andern zeigte sich, »daß sich die verschiedenen Auffassungen über Erbkrankheiten heute gewandelt haben. Während beim angeborenen Schwachsinn anfänglich nur die ärztliche Diagnose ausschlaggebend gewesen war, ist heute neben den Defekten wesentlich die Bewährung des Probanden im Leben maßgebend.«

In der ab 1936 forcierten Prüfung der »Lebensbewährung« kristallisierte sich deutlich das Kriterium heraus, das in aller rassistisch-eugenischen Literatur den Kern der Norm ausmacht: Arbeitsunfähigkeit, Leistungs- und Aufstiegswille, Arbeitsfreude, kurz: »der deutsche Arbeitscharakter«. Für Frauen hieß er: willige Hausarbeit; sein Gegenpol: die Schlampe, die Prostituierte.

Geburtenkrieg im Weltkrieg

Im Sommer 1937 wurden im Rheinland unter strenger Geheimhaltung über 400 schwarze Jugendliche sterilisiert: Sie stammten aus Verbindungen deutscher Frauen mit schwarzen Soldaten der französischen Besatzung nach dem Ersten Weltkrieg: ein Beispiel dafür, daß rassische wie eugenische Sterilisation trotz formaler Zustimmung erzwungen war. Diese Aktion ist gleichsam ein Auftakt für die Sterilisationspolitik der folgenden Jahre. Auf der einen Seite wurde mit einer Verordnung vom 31. August 1939 das GVeN »an die Kriegserfordernisse angepaßt«, aus Personalgründen und wegen des Widerstands aus der Bevölkerung also sollte die Bearbeitung von Sterilisationsanträgen auf diejenigen Fälle beschränkt werden, wo »eine besonders große Fortpflanzungsgefahr besteht... Laufende, nicht dringende Verfahren werden eingestellt und die Durchführung rechtskräftiger Beschlüsse kann vom Amtsarzt ausgesetzt werden« (Feldscher, Rassen- und Erbpflege im deutschen Recht. 1943). In manchen, aber nicht in allen Gegenden, ging die Zahl der Verfahren daraufhin zurück.

Wichtiger aber ist, daß andererseits zur gleichen Zeit die Sterilisationspolitik nach mehreren Richtungen ausgedehnt wurde: Erstens wurden Massensterilisationen in Konzentrationslagern praktiziert; zweitens wurden Schwangerschaftsabbrüche ohne oder mit (zum Teil erzwungener) Zustimmung an ausländischen Zwangsarbeiterinnen durchgeführt, besonders an Russinnen (»Ostarbeiterinnen«) und Polinnen; drittens wurde neben dem GVeN eine Möglichkeit geschaffen, mit der eine »Kategorie« von Menschen sterilisiert werden sollte, die man bisher dem GVeN nicht vollständig zu unterwerfen vermocht hatte: die »Asozialen«.

»Erbpflege« und »Rassenpflege«

Die Kategorie der »Asozialen«, die nun ebenfalls den rassenhygienischen Sterilisationsmessern und -strahlen unterworfen werden sollte, zeigt uns die Verbindung zwischen dem Rassismus »nach außen«, der sich mit physiologischen Kriterien gegen Menschen unterschiedlicher Erscheinung (»Blut«) richtete, und dem Rassismus »nach innen«, der sich gegen Menschen abweichenden sozialen und sexuellen Verhaltens unter den »Deutschblütigen« richtete. Beide waren immer engstens verknüpft, sowohl was ihre Entstehungsgeschichte betrifft wie auch bezüglich der rassistischen Maßnahmen:

»Zersetzende Einwirkungen auf den deutschen Volkskörper können nicht nur von außen her durch Fremdrassige erfolgen, sondern auch von innen her durch hemmungslose Vermehrung der minderwertigen Erbmasse. Erbpflege, d.h. bewußte Förderung der Erbgesundheit eines Volkes, ist deshalb die zwingende Ergänzung zur Rassenpflege.« (Feldscher, 1943)

Die »Asozialen« waren seit Mitte der dreißiger Jahre erforscht, erfaßt und – erster Schritt aller rassistisch-eugenischen Programme – von allen bevölkerungspolitischen Förderungsmaßnahmen ausgeschlossen worden: Ehestandsdarlehen, Kinderbeihilfen, Ehren- und Mutterkreuze galten nur für »Wertvolle«. Das Gesetz zur Sterilisation der »Asozialen«, an dem seit 1940 gearbeitet wurde, war die systematische Weiterentwicklung dieser »qualitativen« Bevölkerungspolitik; wegen der Kriegslage kam es nicht zum Abschluß, und man bemühte stattdessen die Diagnosen des GVeN.

Als »asozial« galten unter Frauen vor allem uneheliche Mütter mit mehr als einem Kind, erst recht, wenn diese von verschiedenen Vätern stammten; arme Familien mit »zu vielen« Kindern, Prostituierte und Homosexuelle. Vor dem Hintergrund dieses Rassismus gegenüber »abweichendem« Verhalten versagt jegliche biologistische Terminologie: Angemessener wäre hier, von *Sexual- und Sozialrassismus* zu sprechen.

Die nationalsozialistische Kombination von Sexismus und Rassismus betraf *alle* Frauen, die »hoch-« wie die »minder-

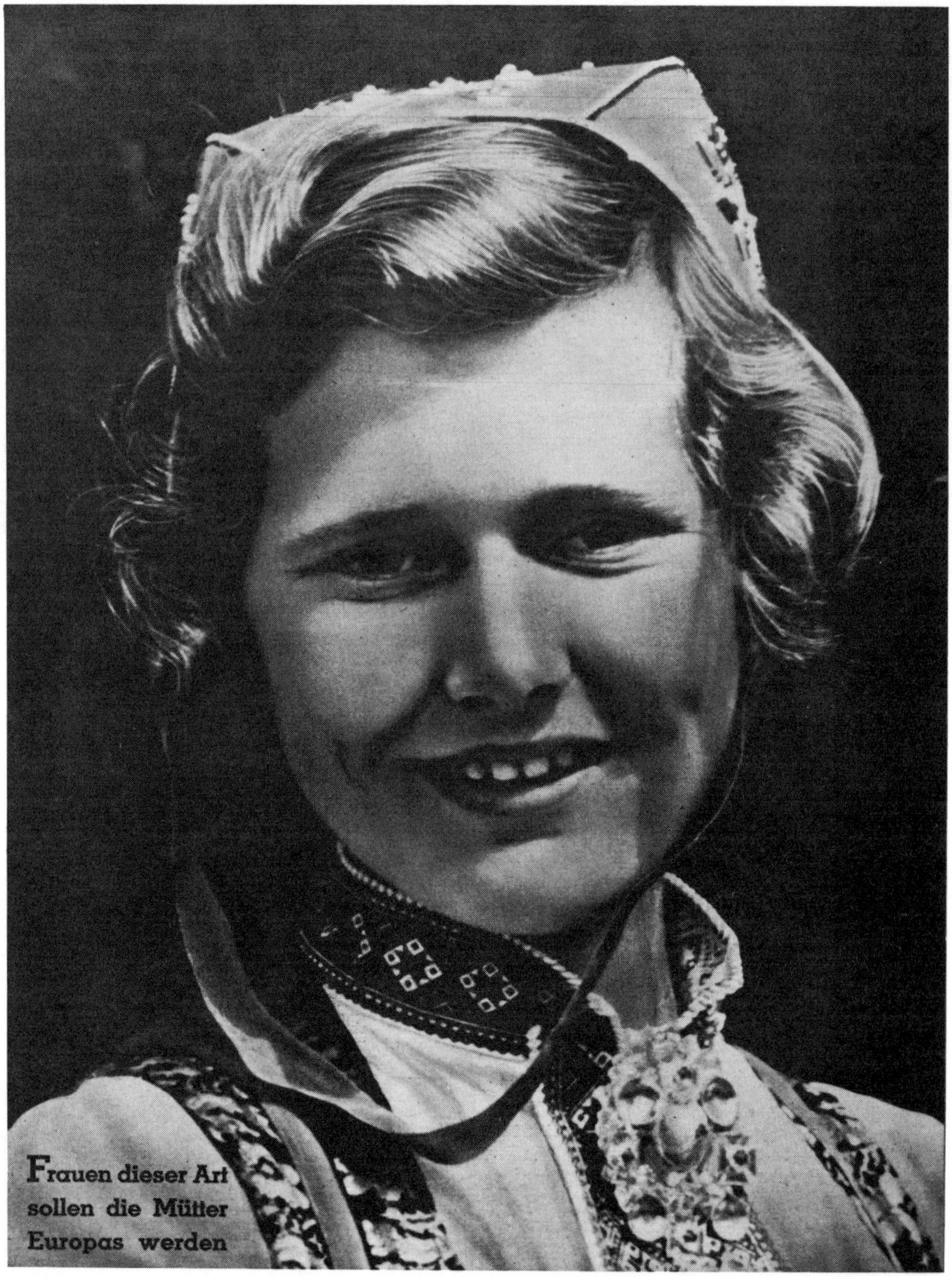

wertigen«, denn deutlich zeigt sich: Der stärkste Druck auf sozial »erwünschte« Frauen, in finanzieller und sexueller Abhängigkeit vom Mann Kinder zu haben und unbezahlt einen ordentlichen Haushalt zu führen, wurde nicht etwa durch finanzielle Anreize und bescheidene Verdienstkreuze – und vielleicht nicht einmal so sehr durch das Abtreibungsverbot – ausgeübt, sondern durch eine Politik, die Minderwertigkeit identifizierte mit dem Verbot, Kinder zu haben.

Die relativ hohe Zahl von Kindern, die »erwünschten« Frauen abverlangt wurde, sollte primär den Ausfall an »verhüteten« Kindern der »Unerwünschten« kompensieren:

»Das Tagesgespräch über das Gesetz aber ist erloschen. Nur wenn man da und dort einmal wieder die Dinge berührt, dann wird man sich dessen bewußt, daß hinter dem Schweigen keineswegs immer Zustimmung oder volles Erfassen der Notwendigkeit und des tieferen Sinnes der Rassenhygiene, sondern in vielen Fällen einzig und allein der Gedanke steht: ›Mich geht es ja nichts an, ich bin ja erbgesund.‹ ... Aber gerade die Erbkranken, die sich in der Gemeinschaft teils gut, oder ... gerade noch zu halten vermögen, sind das eigentliche Ziel des Gesetzes ... Und so kommen wir auch auf diesem Wege zu der anderen Seite des GVeN; seine eigentliche Vorschrift ist die Pflicht zur Fortpflanzung der erbgesunden Bevölkerung. Damit wird ihm seine enge Begrenzung genommen, es wird ein Gesetz, das jeden angeht, in erster Linie aber den Erbgesunden!« (Pfotenhauer, Fortpflanzungspflicht – die andere Seite des GVeN, in: Der öffentliche Gesundheitsdienst, 1937)

(Aus: Journal für Geschichte 2, Heft 6, Braunschweig 1980 (gekürzt)

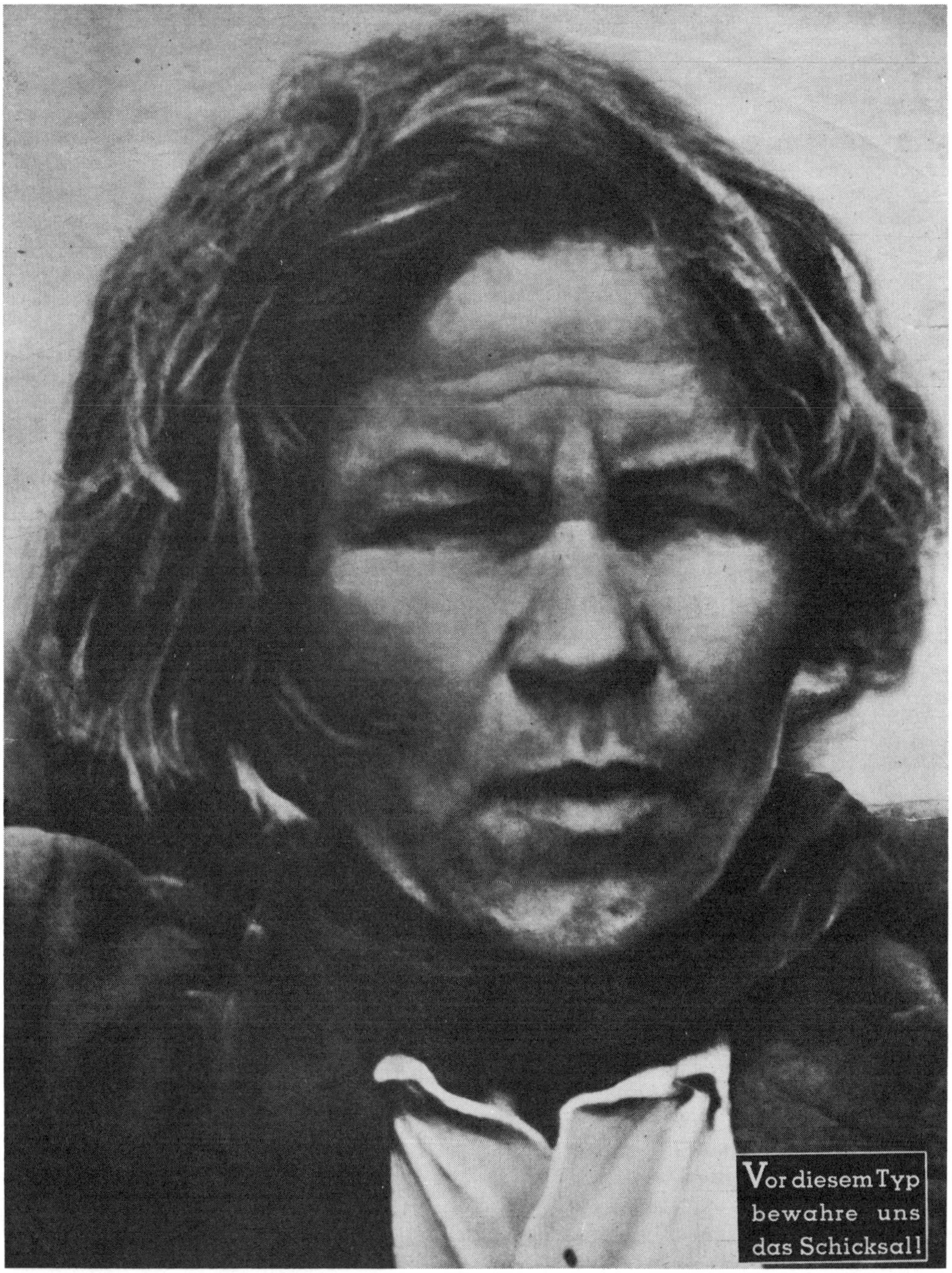

Ich bin am Ort das größte Schwein…

»Der Jude hat uns die Frau gestohlen durch die Form der Geschlechtsdemokratie. Wir Jungen müssen ausziehen und den Lindwurm töten, damit wir wieder zum Heiligsten kommen, das es auf dieser Welt gibt: zur Frau, die Magd und Dienerin ist. Weg, Wille und Ziel dazu heißt aber Nationalsozialismus.«

(Die »Flamme«, 26.6.1930)

Antisemitischer Aufkleber

Peggy Parnass
Meine Tante Flora

Flo ist meine Tante. Wir haben uns hier erst näher kennengelernt. Sie ist klein, kulleräugig, hat dichtes schwarzes Haar. Sie ist lebhaft, fröhlich, warm, spontan und sinnenfreudig. Liebt das Leben. Ihre KZ-Nummer ist 74559. Am linken Arm. Im Sommer hört sie oft: »Guck mal, wie verrückt, die hat ihre Telefonnummer am Arm!«

Onkel Rudi ist knorrig, einsilbig, hilfsbereit, schmunzlig, ruppig. Sagt: »Guck mal, da oben!«, stupst einem die Nase und lacht sich kaputt.

Seine Nummer am Arm ist 178121. Die von Flo ist viel hübscher, leserlicher, geradezu liebevoll geschrieben. Beide nicht auszuradieren.

Onkel Rudi wäscht für die jüdische Gemeinde die jüdischen Toten und kleidet sie an. Ehrenamtlich. Und er betreut die meist völlig verwirrten, unter Schock stehenden jüdischen Zeugen aus dem Ausland, die sonst ganz allein wären mit ihrem Horror. Unentgeltlich.

Flo malt. Erst seit knapp drei Jahren. Obwohl sie sagt: »In meiner Jugend, jedesmal wenn ich die wunderschönen Hände deiner Mutter sah, dachte ich: Malen möcht ich können.« Inzwischen gilt sie als jüdische Volkskünstlerin. Nicht als Naive. Woher auch. Erst malte sie nur Auschwitz, immer wieder. Dann jüdische Themen und Clowns. Meistens nachts. Weil die Erinnerungen sie nicht schlafen lassen, oder weil sie furchtbare Träume hat. »Es lenkt ab. Befreit. Wenn ich male, hört das ständige Surren im Kopf auf. Nur wenn ich male. Aber das kann ich ja nicht pausenlos. Das halten ja Augen und Rücken nicht aus.«

Sie möchte auch Ausstellungen machen, und Werbung tut not, wie jeder freie Künstler weiß. Desto überraschter bin ich, als Flo sagt: »Du darfst alles schreiben, aber nicht meinen Namen. Auf keinen Fall.«

»Ja, warum denn nicht? Dann werden doch die Leute auf deine Bilder aufmerksam.«

Flo fast hysterisch. »Nein, nein! Versprich das! Alle haben mir dazu geraten.«

»Wovor hast du denn Angst?«

»Vor den Rechten, vor den Linken, vor den Leuten!«

Die Angst ist größer als der Wunsch, bekannt zu werden. Ob begründet oder unbegründet – die Angst lähmt. Man kann sie ihr und ihren Freunden nicht ausreden. Mir fällt ein, daß ich schon 1965 eine große Geschichte über Juden in Deutschland schrieb. Ich dachte auch damals, ich täte anderen Juden einen Gefallen damit. Bekam aber vor Veröffentlichung beschwörende Anrufe, Karten und Briefe von Juden mit der flehentlichen Bitte: »Tu das nicht. Rühr nichts auf. Du schadest uns nur.«

Auch mein lieber Uncle in London fällt mir ein. Der mit seinem unüberhörbaren, schweren Wiener Akzent: »Noboddi nohs wie ahr juisch. Senk Godt!« Die Angst, sichtbar zu werden. Obwohl es nichts Schlechtes zu sehen gäbe.

Mit Tante Flora bin ich selten, aber sehr gerne zusammen. Sehr herzlich. Haben so viel wie möglich zusammen gelacht. Aber nie richtig gesprochen. Wenn eine von uns parterre ging, sie in den Arm genommen. Heißen Tee gekocht, die Füße gestreichelt. Nur über unser Elend sprechen konnten wir nicht. Sonst frage ich doch dauernd 'ne Menge, dring in Leute ein. Über meine Verwandten aber weiß ich wenig. Vor unserer Vergangenheit haben wir alle eine Sperre.

Mit Flo hab ich mal was Wichtiges erlebt. Wir suchten über den FKK-Verein Hamburg eine Mitfahrgelegenheit zur Ile du Levant in Südfrankreich. Dadurch kamen wir in eine wirklich makabre Situation. Ein dicker Mann und ein Lehrer-Ehepaar aus Plön, die Mitfahrer für ihren VW-Bus suchten, nahmen uns mit. Auf der Fahrt stellte sich heraus, daß der Fahrer ein ehemaliger Gauleiter war. Und die Lehrerin eine ehemalige Gebietsführerin, eine sehr nette, große, blonde Frau.

Plötzlich entdeckte sie die Auschwitz-Nummer, die sichtbar wurde, als Flo die Ärmel hochkrempelte. Die Frau stellte ein paar Fragen. Tante Flora erzählte, ein bißchen nur und ganz behutsam. Daraufhin brach die andere in Weinen aus, schlug die Hände vors Gesicht. War völlig verzweifelt. Beteuerte, daß sie selbstverständlich nie etwas ahnte. Sonst hätte sie selbstverständlich nie mitgemacht. Und Tante Flo rutschte rüber auf den Sitz neben die Gebietsführerin, legte ihren kleinen Arm um sie und trocknete ihre Tränen: »Nun hören Sie doch auf zu weinen! So schlimm war es nun auch wieder nicht.«

Die Szene hat sich mir eingebrannt. Das Opfer tröstet den Henker.

Dieselbe Tante Flo, die damals noch so großzügig sein konnte, nicht weinte, sondern nur tröstete, bekam später einen Weinkrampf aus viel geringerem Anlaß: Bei Karstadt am Schnellimbiß warteten vor ihr sechs andere Damen. Eine sagte zur Serviererin: »Na, Sie verdienen wohl auch nicht schlecht. Ihre zwölfhundert Mark nehmen Sie wohl jeden Monat mit nach Hause.« – »Nee«, sagte die Serviererin, »das wäre schön, wenn man so viel hätte.« Daraufhin die andere: »Na, hören Sie mal! Der Jude, der Ausbeuter, ist doch jetzt weg, dem gehört doch der Laden nicht mehr!« Flo: »Wie haben Sie denn das gemeint?« Junge Frau mischt sich ein: »Wenn Ihnen hier was nicht paßt, dann gehen Sie doch nach Israel!« Die Serviererin, die sicher nur nett sein will, sagt: »Sicher haben die mehr als genug Wiedergutmachung eingesteckt, aber man braucht sie deswegen nicht gleich so anzuschrein.«

Aber auch über solche Erlebnisse kamen Flo und ich nicht ins Gespräch. Erst die vier Abende »Holocaust« haben die Schleusen geöffnet. Mehr zufällig sah ich die erste Folge, da schon monatelang in der gesamten Presse vor dem »Hollywood-Schinken«, dem trivialen »Ami-Kitsch« gewarnt wurde. Ich bin an dem Abend alleine und an den drei anderen Abenden auch. Telefonierte nur nachts mit ein paar Juden. Alle so aufgewühlt wie ich. Ich merke, wie es sich im Munde zusammenzieht. Und daß die Lippen wie von außen zusam-

Jüdinnen des KZ Auschwitz-Birkenau 1944 auf dem Weg ins Arbeitslager am Tor B 1

mengequetscht sind. Krampf im Untergesicht. Ich sehe mich zufällig im Spiegel, erkenne mich kaum wieder. Verzerrt, um hundert Jahre gealtert.

Als man die Leute in der Synagoge verbrannte, überlappten sich alte und neue Eindrücke. So wie in der Szene sehen schlagende Polizisten auch heute aus.

»Todesursache: Lungenentzündung«. So hieß es auch bei Tante Rosi und Tante Frieda, die erst Anfang zwanzig waren, als man sie umbrachte. Die Deutschen sind doch Weltmeister im Weggucken. Andererseits kommt es mir so vor, als hätten sie mit ihren Morden anderen Antisemiten, die etwas dezenter sind, nur die Arbeit abgenommen.

Während der Diskussion versuchte ich jeden Abend durchzukommen. Wollte die Diskutanten bitten, sich weniger akademisch auszudrücken, und die Historiker und Statistiker bitten, den Leuten, die am eigenen Leib alles miterlebt hatten, wie Renate Harpprecht, nicht dauernd das Wort abzuschneiden. Unfähig, dort mit meinen deutschen Freunden das Gesehene zu diskutieren.

Auch Flo rief mich an: »Ich will da anrufen, aber komm nie durch. Die haben so vieles nicht gezeigt. Konnten die wohl auch nicht, sonst wäre die Abschaltquote zu groß gewesen. Die *ganze* Wirklichkeit hätten die Leute nicht geglaubt.«

Sie fängt an zu erzählen. Ist nicht zu bremsen. Läuft richtig über: »Ich hab es leichter. Rudi kann auch jetzt nicht reden. Nicht mal mit mir. Die ganzen Jahre nach der Befreiung. Nicht *einmal* hat er über das gesprochen, was er erlebt hat. Anfangs hab ich ihn noch viel gefragt. Nie hat er geantwortet. Rudi wurde nach dem Krieg einstimmig von Ex-Häftlingen gewählt, als einer mit sauberer Weste für Spenden- und Kleiderverteilung gesucht wurde. Dadurch weiß ich, daß er *nie* etwas Unsauberes im KZ gemacht hat. Ich find das selbstverständlich, aber es macht mich trotzdem glücklich. So viele andere waren durch die Not nicht mehr sie selbst.«

Und sie sagt: »Für euch Kinder muß es ja noch schlimmer sein als für uns. Wir kennen ja alles schon.«

Mir war auch nichts neu. So wie wir Arbeitergören eher über Sex Bescheid wußten, wußte ich schon früh, weniger geschont und Halbwahrheiten nicht hinnehmend, über Verfolgungen Bescheid. Hatte immer ein schlechtes Gewissen, weil mir so vieles erspart geblieben ist.

Am Tag nach der letzten Sendung, als ich noch immer an nichts anderes denken kann, frage ich Flo, ob ich sie interviewen dürfte. Auch weil mir klar wurde, wie wenig ich überhaupt über sie weiß. »Ich komm nach dem Gericht zu dir« – denn am 1. Februar begann ausnahmsweise mal ein Prozeß gegen einen Neonazi, den ehemaligen Bundeswehroffizier Michael Kühnen. Intelligent, schnell, wortgewandt, wach. Steckernase – im Gegensatz zu den Krummnasen, von denen auf seinen Plakaten viel die Rede ist. Verquollen wie ich, als ich heute um sieben aufstand. Rasierter Nacken. Leider nicht blond – aber das macht die Gesinnung wieder wett. Lächelt glücklich bei den Worten: »Die guterhaltenen KZs kann man jederzeit wieder in Betrieb nehmen.« Reißt die Verhandlung an sich. Herrscht auch im Gerichtssaal. Über seinen Mitangeklagten, einen jugendlichen Schwärmer, und über die Leute im Publikum: Muskelprotze, Retardierte und ältere Hausfrauen. Formuliert beneidenswert gut und leicht verständlich. Wäre er dümmer, wäre er weniger gefährlich. Er sagt im richtigen Moment: »Es ist nicht meine Absicht, das Gericht mit Propagandareden zu langweilen oder gar zu provozieren.«

Die Pause nutze ich zu einem Gespräch mit den Hausfrauen. Eine ist rotzfrech, die anderen haben eine Engelsgeduld mit mir. »Gaskammern hat es nie gegeben. Das können wir bezeugen. Die haben die Amis nach dem Krieg da hingebaut.

Und die Fotos von Leichenbergen: Das sind alles Tote nach den Bomben auf Dresden. Da wurde niemand umgebracht. Die haben endlich gearbeitet und Essen gekriegt.«

Dreimal wende ich auf deren »Sie wissen ja nicht Bescheid« ein: »Ich weiß Bescheid, verstehen Sie doch! Allein mütterlicherseits sind 23 Verwandte umgebracht worden in KZs! Warum begreifen Sie das nicht mal?«

»Dann waren die wohl krank.«

»Einige Täter haben doch in Prozessen zugegeben, was sie getan haben!«

»Das war nur unter Druck. Die leben doch alle, die Juden! Der Jude Kogon, der Blumenfeld, gut leben die. Die größten Verbrechen waren die Nürnberger Prozesse. Von Vietnam und der Bombe auf Japan spricht keiner!«

Zu einer deutschen Freundin, die mir beistehen will, sagen die Wohlinformierten: »Hören Sie doch auf, Sie wollen doch nur stänkern!«

Ich: »Was wurde denn da verbrannt?«

»Na die, die Typhus hatten! Die wurden verbrannt!«

Mit gesenkter Stimme, ganz intim, teilte sie mir mit: »Die sind an ihrem eigenen Dreck gestorben. Die Juden sind doch zu faul, um sich zu waschen, sogar zu faul, um aufs Klo zu gehen. Lieber machen die unter sich. Davon haben die dann Typhus gekriegt und sind gestorben.« Die anderen Frauen nicken bekräftigend.

Ich: »Ich bin sehr pingelig, sehr sauber. Meinen Sie, wenn ich im KZ gewesen wäre, hätte ich dadurch überlebt?«

»Ja, natürlich! Ich hab viele Kinder, die haben mich auch immer gefragt. Immer mußte ich mich rechtfertigen.«

Ich: »Wäre ich in Ihrem Alter, deutsch wie Sie, hätte immer hier gelebt, müßte alles meinen Kindern erklären – wäre ich auch sehr traurig.«

Die Frau, perplex: »Wieso. Ich bin gar nicht traurig! Ich weiß ja, wie es *wirklich* war.«

Eine andere: Ich habe so viele Juden gekannt, weil wir einen Laden hatten. Da sagte 'ne Jüdin selbst: ›Die haben viel zuwenig fiese Ostjuden vergast!‹«

Mit diesen Damen im Ohr gehe ich zu Flo. Lasse sie erzählen:

»Ich bin 1911 geboren. Wir waren viele Kinder und wenig Geld. Mit vierzehn wurde ich Fabrikarbeiterin. Zusammen mit meiner Schwester Paula. Fünf Jahre im Akkord in der Bahrenfelder Sternwoll-Spinnerei. Rudi lernte ich in der jüdischen Arbeiterjugend kennen. Er war Elektriker. Ich entwickelte mich durch die Fabrik. Streiks und Mitarbeiter haben mich geformt.

Die anderen sagten: ›Erst bin ich Deutscher, dann bin ich Jude.‹ Die waren im jüdischen Jugendbund, gitarreklimpernd, im Wald, romantisch. Mehr wie Pfadfinder, heimat- und naturverbunden. Als ich neunzehn war und Rudi 23, heirateten wir 1930 richtig jüdisch in der Bornstraßer Synagoge. Der Oberrabbiner traute uns. Obwohl wir beide Kommunisten waren, taten wir das meinem schwerkranken Vater zuliebe, der noch ein frommer Jude war.

1935 kam Bernie zur Welt. Als ich im siebten Monat schwanger war, wurde Rudi als Antifaschist verhaftet. Er saß hier in Fuhlsbüttel. Danach mußte er Zwangsarbeit machen, Erdarbeiten für die Stadt. Ohne Lohn. Das bißchen Geld, das wir kriegten, nannte sich Wohlfahrt.

1938 ist Rudi abgehauen. Schwarz nach Belgien. Mit seinem Fahrrad und einem Freund.

Wir konnten uns nicht schreiben. Als Beweis, daß er heil angekommen war, schickte er mir Bernies Kinderschuh. Ein halbes Jahr später sind wir ihnen nach Belgien nachgefahren. Mit nur zehn Mark in der Tasche für den Fall, daß wir geschnappt würden. Schmuggler und Zöllner machten gemeinsame Sache und teilten sich das Geld der Flüchtlinge. Ich hatte nur mein Armband. Das nahmen die. Da, wo die uns unterbrachten, hatten wir Hitler überm Bett. Kannst du dir das vorstellen?

Kam bis Ostende. Schreckliches Bombardement. Warf Bernie auf die Erde und mich darüber. Dachte ganz blöde, daß er dann nicht getroffen würde. Tanks kamen. Wir alle jubelnd raus. Bis wir sahen, daß die mit Hitlerbildern geschmückt waren. Wir nahmen Spanienkämpfer auf, als wir noch 'ne Wohnung in Belgien hatten. Dann kam die Zeit des Judensterns. Unser Junge weinte. Erst haben sie ihn in der Klosterschule ›sale boche‹ gerufen, dann ›sale juif‹. Ich versuchte dann, ihm zu beweisen, daß er doch sauber ist. Uns wurden die Lebensmittelkarten gesperrt. Nichts zum Heizen. Waren auf die Barmherzigkeit unserer Nachbarn angewiesen.

Von Rudi wußte ich gar nichts. Als die Deutschen 1940 einmarschierten, hat man schnell Juden und Politische nach Südfrankreich in ein Internierungslager verfrachtet.

Meine Freundin Pepi kriegte 'ne Aufforderung, zu einer Behörde zu kommen. Sie kam nie zurück.«

Flo seufzt: »Die hab ich sehr lieb gehabt. Jetzt saß ich mit ihrem und mit meinem Kind da. Beide sechs. Brachte beide ins Kloster zum Verstecken. Trotz Anschlägen: Wer das tut, wird erschossen, taten sie es. Nur taufen mußte ich ihn lassen.

Übrigens Rudi und ich, wir geben immer denen von der Heilsarmee was. Wenn man nicht wußte, unter welcher Brücke seinen Kopf hinzulegen, halfen die, ohne zu fragen.

Dann begann meine Illegalität. Schloß mich anderen Widerstandskämpfern an, der Brigade Planche, der auch einige deutsche Soldaten angehörten, die dann mit mir verhaftet wurden. Ein Kontaktmann hat uns an die Gestapo verraten. Der war nur eingeschleust. Das war 1942.

Ich saß ein halbes Jahr in Einzelhaft. Das war eine Erlösung. Illegal leben war noch viel schrecklicher. Die Verhöre waren natürlich nicht schön. Ich wurde viel geschlagen. Aber das ist alles so weggerutscht, weil dann Auschwitz kam. Vorher noch einen Monat ins Judenlager. Es war Winter, sehr kalt. Ich noch immer im selben Sommerkleid. Aber die Solidarität war gut.

Im Januar 1943 kamen wir mit dem 23. Transport nach Auschwitz. 1500 Leute waren wir. Mit 'ner großen Nummer um den Hals. Immer 50 bis 60 in einem großen Viehwaggon ohne Fenster. Ein Eimer für alle, der sofort überlief. Alte, Kranke, Junge, Kinder. Keine Luft. Juden machten mir Vorwürfe wegen Bernie. Hielten mich für eine schlechte Mutter. Die waren eben nicht politisch, ahnten nichts. Aber daß wir *vernichtet* werden sollten, wußte ich auch nicht.

Bei der Ankunft: Raus! Raus! Peitschengeknalle. Gekläffe. Schreie durcheinander. Deshalb kann ich wohl keine Hunde ausstehen. Obwohl die ja nichts dafür können. Alle kaputt nach der Reise. Nicht zu verkraftende Eindrücke.

Mein erster Blick fiel auf eine Kolonne Frauen mit Ziegelsteinen unter den Armen: ›Guck mal! Ganz tote Augen! Kein Blick!‹ Später hatten wir dieselben Augen, Glatzen und Steine unter den Armen. Von den 1500 kamen nur 93 ins Lager. Die anderen gleich ins Gas. Wir sahen die nur auf Wagen abfahren. Wir hatten denen, die sich um Plätze auf den Wagen schlugen, den Vortritt gelassen. Wäre noch Platz gewesen, wären wir auch aufgesprungen. Und jetzt tot. Das heißt: Von 93 haben sowieso nur drei überlebt. – Es roch so schrecklich. Die Öfen brannten.«

»Das konntet ihr sehen?«

»Ja. Ja. Deshalb kann ich doch keine Kaminfeuer sehen! Kein Feuer. Früher auch keine Kerze, keine Flamme. Neben

KZ Bergen-Belsen, unmittelbar nach der Befreiung 1945.

mir ging eine SS-Frau mir ihrem Hund. Ich fragte: ›Wird da Brot gebacken?‹ Die sagte traurig: ›Nein. Da brennen eure Väter, Mütter, Schwestern, Brüder und Männer.‹ Ich dachte sofort: Rudi ist dabei. Dann mußten wir uns nackt ausziehen, alle Sachen in die Ecke werfen. Kriegten die Nummer mit Tinte und Feder eingestochen. Schwoll an, tat weh. Dann Haare ab, unterm Arm, unten, oben. Einer konnte den anderen nicht erkennen. Ich war noch lustig: ›Guck mal, was ich gerettet hab! Eine Haarklammer!‹, um die anderen zum Lachen zu bringen.

Männliche Häftlinge huschten rein, suchten vielleicht ihre Frauen. Warfen uns ein paar Brote zu. Wir Politischen teilten, natürlich. Die anderen schlugen sich. Man kann Menschen nicht so schnell umerziehen. Der Hunger ist nicht so schlimm. Aber der schreckliche Durst. Ein Wasserhahn war da. Aber wir trauten uns nicht zu trinken. In allen Sprachen stand dran: Vorsicht! Nicht trinken! Typhusgefahr! Ich weiß nicht, ob die das nur aus Sadismus drangeschrieben hatten.

Die schöne kleine Wanda stand da. Erst vierzehn. Und auch nackt. Aber noch mit ihren blonden Haaren bis zur Hüfte. Sie konnte singen wie 'ne Lerche. SS-Männer sagten: ›Sing!‹ Da sang sie: ›Heut ist der schönste Tag in meinem Leben‹ von Josef Schmidt. Das werd ich nie vergessen. Sie blieb natürlich nicht leben.

Ich bekam zwei linke Holzschuhe. Als ich das sagte, gab mir der Kapo gleich einen übern Kopf mit der Peitsche. Mein erster Schlag in Auschwitz. Die Kapos waren meistens Zuhälter, Kriminelle. Wir hatten aber auch jüdische Kapos im Block. Meist halbe Kinder, dreizehn- bis vierzehnjährige Tschechinnen. Die waren die Schlimmsten. Von der SS erzogen. Sehe sie nicht mehr als so schuldig an. Die waren so jung, wollten leben. Dazu gehörte Essen. Das kriegten sie nur, wenn sie mit der SS ins Bett gingen oder Glaubensgenossen drillten. Die schönsten von den Jungs und Mädchen wurden sowieso für das Lagerbordell ausgesucht.«

Also auch Jungs! Und das, während Homosexuelle aus keinem anderen Grund, als daß sie homosexuell waren, mit dem rosa Erkennungswinkel als Volksschädlinge in den KZs zum Sterben landeten.

»Wir lagen zu zehnt in der Koje. Mit nur einer Decke für alle. Im Arbeitskleid. In dem du anfangs noch deine Periode gehabt hast. Später hatten wir keine mehr. Keine Unterhosen. Keine Möglichkeit, die Kleider zu waschen. Immer nur drei Stunden Schlaf. Es war eiskalt. Wir haben versucht, einander zu wärmen. Beim Rückenreiben hatte die letzte Pech, denn die wurde ja nicht gerieben.

Auschwitz. Die Leute stellen sich ein kleines Lager vor. Aber das ist riesengroß! Wie eine kleine Stadt. Eine Welt für sich.

Weil wir, die aus Belgien kamen, trotz Haft noch recht gut

genährt waren, arbeiteten wir in der Union-Fabrik am Fließband. Daran werden sich die Nazis wohl sehr gut erinnern. Wir stellten Teile der V-1-Bombe her. Fünfzehn, sechzehn Stunden am Tag bei einer Wasserpumpe. Dann Rückmarsch und ein bis zwei Stunden Appell stehen. Dann ein Brot für zehn. Weil die, die das Brot holte, im Nachteil war, die kriegte ja immer 'nen Schlag übern Kopf von der Kapo, durfte sie zum Ausgleich das Brot verteilen.

Wir Arbeiter sahen öfter Filme, als Belohnung. Da wurden uns Wohnungen, Luxus und Essen und Parties gezeigt – alles, wonach wir uns sehnten. Das war auch eine Folter.

Wir Politischen versuchten immer, kleine Freuden zu bereiten. Ich machte ganz kleine Herzen aus Stoffetzen, wenn jemand Geburtstag hatte, zum Beispiel. Ohne Nähnadel. Dabei wurde ich von einer SS-Frau erwischt. Die schlug mir mit dem Handrücken die Vorderzähne ein. Der erste Schlag tat weh, dann sah ich nur Sterne. Die Frauen haben uns oft noch grausamer behandelt als Männer. Ich versuchte, am Fließband mit dem Eisen, das vorbeilief, das Blut zu stillen. Zahnärzte gab's nicht im Lager. Das heißt: eigentlich gab es sie schon, viele, aber nur als Opfer. Es tat schrecklich weh. Danach mußte ich zum Oberkommandoführer. Zur Strafe. Jetzt darf ich als Wiedergutmachung zu jedem Zahnarzt. Erst – ich war ja jung – schämte ich mich schrecklich ohne Zähne. Nach dem Krieg kriegte ich Zähne wie Fernandel. Jetzt hab ich schöne.«

Na also. Was will sie mehr. Wird doch 'ne Menge getan für uns Juden.

»Mir ist es ja noch gut gegangen. Relativ. Wenn die Aufseher schlechte Laune hatten oder besoffen waren, sie haben ja dauernd gesoffen, spielten sie nicht nur mit ihren Revolvern. Dann griffen sie sich wahllos irgendeinen griechisch-jüdischen Häftling, der mit uns am Tisch arbeitete, und schubsten ihn in ein Riesenbassin mit Salzsäure. Vor unseren Augen. Gerade hatte er noch mit uns gearbeitet, jetzt hörten wir seine entsetzlichen Schreie, und dann blieb kaum was von ihm über. Er löste sich auf und wurde zu einem Teil der Brühe.

Kinder gab's bei uns im Lager nicht. Die kamen gleich ins Gas. Ab vierzehn erst. Aber wenn eins zwölf, dreizehn war, hat die Mutter gesagt: vierzehn. Aber da war 'ne Sonderbaracke für Kinder. Zwillinge und Drillinge zum Experimentieren.

Wenn die Transporte kamen, konnten wir immer auf die Rampe gucken. Da drehte ich fast durch. Ist Bernie dabei? Jeder mit 'nem schwarzen Kopf war mein Sohn.

Ein' Tag hieß es, daß wir in ein Kinderlager sollten, um sie fürs Gas auszuziehen. Da nahmen wir uns vor, lieber an den elektrischen Draht zu gehen. Dann mußten andere hin, weil man uns doch als Angelernte weiter in der Fabrik brauchte.

Übrigens: Das man die Leute nackt ins Gas schickte, war nicht aus sexueller Lust. Man wollte nur ihre Kleider. Tote sind schwer auszuziehen. Kostet auch Zeit, wenn's viele sind. Die Lebenden konnten sich ja selber ausziehen.

Selektion war oft und unregelmäßig. Anfangs wußte ich nicht, ob die aufgeschriebene Nummer Tod oder Leben bedeutete. Später schon. Das haben immer die Ärzte entschieden. Da denkt man, Ärzte sind zum Helfen da! Die links von mir wurde aufgeschrieben, die rechts von mir wurde aufgeschrieben, und ich wußte nicht: Kommen die oder ich ins Gas? Wir machten uns mit Ziegelsteinen die Wangen rot, um gesund auszusehen. Aber die Ärzte ließen sich immer wieder was Neues einfallen. ›Zunge raus!‹ hieß es dann. Oder wer geschwollene Beine hatte, ging ins Gas. Trotzdem wir keine Schrecken mehr vorm Tod hatten, war doch der Drang zu leben da. Wer nicht wollte, ging sowieso an den elektrischen Draht. Viele am Tag. Das gab es auch, daß junge deutsche Soldaten sich Kugeln in den Kopf geschossen haben. Aber immer, wenn es plötzlich hieß: Antreten zur Selektion, dann war Panik. Das heißt, die Panik war drinnen, keiner schrie. Ich glaub auch, weil man nicht schreien durfte. Dann war man ja schon erledigt. Arbeitssklaven hatten die genug, die waren nicht auf uns angewiesen. Als Politischer konnte man eher überleben. Man war nicht stärker an Kraft, aber stärker an Moral. Depressionen darf man keine haben, dann ist man gleich weg. Ich hab sogar Typhus überlebt. Durch Genossen, die mich aus dem Krankenrevier retteten. Die im Krankenrevier waren, wurden *alle* vergast. Die SS wollte sich schließlich nicht anstecken. Doch bei Selektion half auch die politische Gesinnung nichts mehr.

Es gibt kleine Episoden, die nie wieder aus dem Kopf rausgehen. Einmal – es war Weihnachten – schlich ich zur Baracke von den Zeugen Jehovas, weil ich Musik hörte. Sie hatten Haare, daran hatte ich gesehen, daß es keine Juden sind. Die wollten sich grade zu dritt einen Apfel teilen und haben mir den ganzen Apfel geschenkt.

In der Fabrik haben wir um Gas als Belohnung gebeten. Das heißt, nachdem wir wußten, daß die immer mehr mit Gas geizten und das Sterben dadurch immer schrecklicher wurde, sagten wir: ›Bitte, gebt uns genügend Gas, wir haben doch immer gut gearbeitet!‹«

Rudi, der die ganze Zeit stumm neben uns sitzt, murmelt: »Ich geh an die Luft. Ich kann nicht mehr.«

Flo: »Er hält das nicht aus. Dadurch, daß er alles in sich reinfrißt. Ich glaub, ich hab es da leichter.«

Sie erzählt weiter. »Auf dem Weg zur Arbeit kamen wir an einem großen Transport aus Theresienstadt vorbei. Die Kinder spielten im Freien, die Erwachsenen hatten Haare, eigene Kleider. Wir waren richtig neidisch. Als wir zurückkamen, brannten alle Öfen. Und wir dachten, die werden bevorzugt behandelt!

Wieso können die Leute hier sagen, die haben nichts gewußt? Wo sie doch ihre Seife aus Spaß Shloime und Moses nannten! In der Diskussion sagten sie, daß sie schon 93 Filme gezeigt haben. Wo sind die geblieben im Kopf der Leute? Und das Gas wurde in Hamburg hergestellt!

Als die Russen ankamen, wurden wir evakuiert! Es sollte wohl keine Beweise geben. Die Akten brannten lichterloh. Die Gefangenen haben endlich Kapos und auch SS-Leute umgebracht. Ich war leider zu schwach. Bedenken hatte ich keine. Hätte ich auch heute nicht. Wie durch ein Wunder haben wir drei uns wiedergefunden. Wir hatten uns fünf Jahre nicht gesehen. Wir wollten damals auseinandergehen. Es war eine andere Welt für uns geworden. Bis wir langsam ins normale Leben hineinwuchsen. Dazu verhalf uns die Arbeit im jüdischen Waisenhaus. Mit Kindern von Exodus und aus den polnischen Wäldern. Die weder polnisch noch französisch sprachen. Völlig verwildert. Pyromanen, Kleptomanen, fast alle Bettnässer. Für Rudi und für mich die schönste Aufgabe bis heute, ihnen etwas Wärme zu geben.«

»Seid ihr gesund?«

»Nein. Bei Rudi sind Lunge, Herz und Nase kaputt. Aber er sagt nie, was ihn quält. Bei mir wurde 'ne Totaloperation gemacht, weil ich in Auschwitz Spritzen in die Geschlechtsteile bekam. Eine Niere ist raus, Lunge und Herz kaputt, und das Sausen im Kopf. Eigentlich alles im Eimer.«

Sie lacht. Kaputtlachen wollte sich auch mein Freund, der jüdische Maler und Schriftsteller Heiner Richheimer, als er erzählte, wie man ihn unter einem Leichenberg hervorzog. Und wie er jahrelang nach dem Krieg nur in einer Art selbstgezimmerter Hundehütte schlafen konnte. Auch ich konnte

Häftlingszeichnung von A. Labanowska, zehn Jahre, Theresienstadt

Selektion im KZ Auschwitz. Aquarell von W. Siwek, nach 1945

nur vor Lachen prustend antworten, wenn jemand nach dem »Aufenthalt der Eltern« fragte: »Suchen Sie doch!«

»Als das Kinderheim aufgelöst wurde, bekamen wir keine neue Arbeitserlaubnis in Belgien. Kamen zurück nach Deutschland. Schreckliches Gefühl. Aber wir brauchten die Wiedergutmachung. Weil wir gar nichts hatten. Wir kriegten fünf Mark pro Hafttag. Bernie wurde nicht mal der Schulausfall ersetzt.«

»Wie fühlst du dich hier jetzt?«

»Immer, wenn man im Bus fährt oder sitzt im Café, ist man den Menschen mißtrauisch gegenüber. Denkt: Kann das nicht 'ne SS-Frau sein? Hab ich die nicht schon gesehen? Schäm mich dann, daß ich hier leb. Israel ist für uns Ältere zu heiß, sonst würden wir da hingehn.

Wir haben aber auch deutsche Freunde. Allerdings nur solche, die wir von früher her kennen.«

Heute kriegte ich meine Fango-Packung und Massage. Unterhielt mich mit dem jungen Masseur.

»Hier kommen auch viele SS-Leute her. Das sah ich ja bei denen unterm Arm. Die haben ihre Treffen. Ja, auch aus St. Georg. Nein, das kann ich doch nicht sagen, das darf ich nicht sagen, welche das sind. Das wäre doch geschäftsschädigend!«

»Bist du so drauf angewiesen, die zu kneten?«

»Nein, das nicht. Aber *die* sind Geschäftsleute, für *die* wäre das schädigend.«

Auf der Straße fragt mich 'ne Nachbarin, ob's mir nicht gutgeht.

Nein, es geht mir nicht gut.

(»Meine Tante Flora« ist entnommen aus: Kein schöner Land, Deutschsprachige Autoren zur Lage der Nation, Reinbek 1979. Von Peggy Parnass ist u. a. noch erschienen: »Prozesse 1970–1978« (nur im Verlag 2001). »Unter die Haut«, Konkret Literatur Verlag, Hamburg.)

Wer sich »freiwillig« zur Aussiedlung – also für den Transport in ein Vernichtungslager – meldete, erhielt im Warschauer Ghetto eine Sonderration Brot. August 1942.

Frauen im KZ

Moringen

Moringen wurde im Oktober 1933 das erste zentrale Frauenkonzentrationslager (18. Oktober 1933 bis 21. März 1938).[1] Es stand unter der Leitung des Direktors des Landeswerkshauses Krack. Als Bewacherinnen wurden Frauen aus der NS-Frauenschaft (NSF) eingestellt. Die Bedingungen, unter denen die Frauen hier leben mußten, waren zwar hart, aber sie standen noch nicht unter dem Terror, dem später so viele Frauen in den Konzentrationslagern zum Opfer fielen. Anfang Januar 1934 befanden sich in Moringen 75 aus politischen Gründen inhaftierte weibliche »Schutzhäftlinge«.[2] Sie wurden eingesperrt, weil sie der Gestapo als Funktionärinnen der Arbeiterbewegung bekannt waren oder als Geiseln für ihre illegal im Widerstand tätigen Männer dienen sollten. Später wurden in das KZ Moringen Frauen eingeliefert, die nach Verbüßung einer politischen Haft zwar aus dem Gefängnis oder dem Zuchthaus entlassen, jedoch sofort von der Gestapo in das Konzentrationslager überstellt worden waren. »Schon seit 1933 wurden verschiedentlich zwischen Justizverwaltung und Polizei förmliche Verabredungen getroffen, daß Personen, die des Landes- oder des Hochverrats angeklagt oder deswegen verurteilt waren, nach Verbüßung ihrer Strafe ins Konzentrationslager zu überweisen seien.«[3]

Mit Verfügung vom September 1935 galt diese Maßnahme in Bayern grundsätzlich für alle vom Volksgerichtshof Verurteilten.[4] In der Zeit von Oktober 1933 bis zum 21. März 1938 waren mehrere hundert Frauen im Konzentrationslager Moringen in Haft. Die vorliegenden Schutzhaftbefehle geben unterschiedliche Haftgründe an:[5] Zugehörigkeit zur KPD, zur SPD, zur Roten Hilfe, zur Internationalen Arbeiterhilfe, zur Bündischen Jugend, zur Sekte der Zeugen Jehovas (Bibelforscher), Unterbringung von flüchtigen Funktionären, Verdacht auf illegale Tätigkeit, Schmücken der Gräber von Rosa Luxemburg und Karl Liebknecht, abfällige Äußerungen über die Regierung, angeordnete Schutzhaft nach Verbüßung einer Haftstrafe, Remigration (aus der Emigration Zurückgekehrte). Zwischen 1935 bis Ende 1937 wurden auch Frauen wegen »rassenschänderischen Verhaltens« eingeliefert, und im März 1937 kamen nach im Reich durchgeführten kriminalpolitischen Verhaftungsaktionen gegen namentlich bekannte »Berufs-, Gewohnheits- und gemeingefährliche Sittlichkeitsverbrecher« auch wegen dieser Delikte bestrafte Frauen nach Moringen.[6] Auf diese Weise sollten die politischen Häftlinge diskriminiert und in der Öffentlichkeit als »Verbrecher« hingestellt werden.

Es war vorauszusehen, daß das Lager Moringen räumlich nicht geeignet war, die wachsende Zahl der Frauen aufzunehmen, die nach Verbüßung ihrer Strafhaft in »Schutzhaft« kamen.

Lichtenburg

Im März 1938 wurden sie in das Konzentrationslager Lichtenburg in Sachsen verlegt. Die männlichen Insassen dieses Lagers, das seit Juni 1933 bestand, kamen nach Buchenwald. Die Leitung des Konzentrationslagers Lichtenburg lag in den Händen der SS. Unter ihrem Kommando wurden einige der

Mattenflechterinnen im KZ Ravensbrück 1940

Weibliche Häftlinge beim Bau der »Buna-Werke« des IG-Farben-Konzerns

in den Konzentrationslagern üblichen Strafen auch gegen die Frauen eingeführt: Kostentzug und Dunkelarrest in den Einzelzellen der ehemaligen Festung, die sich in den kalten Kellergewölben befanden. Erster Kommandant des KZ Lichtenburg war SS-Standartenführer Günther Tamaschke. Er wurde am 1. September 1938 durch SS-Hauptsturmführer Max Koegel abgelöst, der seine »Karriere« im Konzentrationslager Dachau begonnen hatte.

Die genaue Zahl der Frauen, die durch dieses Lager gingen, und die Namen der Toten sind unbekannt. Eine erhalten gebliebene Liste der Häftlingszuteilungsnummern besagt lediglich, daß in den eineinhalb Jahren seines Bestehens 1415 Frauen in das Lager Lichtenburg aufgenommen wurden. Unter ihnen befand sich eine große Anzahl Bibelforscherinnen.[7]

Nach der Annexion Österreichs im März 1938, dem Einmarsch in das Sudetenland im Oktober 1938 und der Errichtung des Protektorats Böhmen-Mähren im März 1939 stieg die Zahl der Häftlinge immer mehr an.

Ravensbrück

Auch die Lichtenburg reichte nicht mehr aus, die aus politischen, weltanschaulichen oder rassischen Gründen verhafteten Frauen aufzunehmen. Es entstand das große Frauenkonzentrationslager Ravensbrück bei Fürstenberg in Mecklenburg. Bei der Ortswahl sahen die Machthaber wie bei allen Konzentrationslagern auf relative Abgeschiedenheit des Geländes. Im Norden und Nordosten grenzten große Waldgebiete an das Lager, und im Süden bildete die durch den Schwedsee fließende Havel eine weitere natürliche Grenze.

Am 18. Mai 1939 trafen in Ravensbrück 860 deutsche und sieben österreichische Häftlinge aus dem KZ Lichtenburg ein. Als Kommandant war wieder der berüchtigte Max Koegel vorgesehen.[8]

Unter den ersten 867 Häftlingen aus dem Konzentrationslager Lichtenburg befanden sich etwa 120 politische Gegnerinnen des NS-Regimes, die aktiv am Widerstand teilgenommen hatten. Der größte Teil der Häftlinge gehörte der Internationalen Bibelforschervereinigung an, die wegen ihrer Ablehnung des Wehrdienstes verboten war. Außerdem war bei diesem Schub eine größere Anzahl »Asoziale« und »Berufsverbrecherinnen«. Die Frauen und Mädchen jüdischer Abstammung hatten als »rassisch Minderwertige« besonders unter dem Terror der Bewacherinnen zu leiden. Sie wurden wie überall in den Konzentrationslagern in gesonderten Blocks untergebracht. Die Inhaftierten verloren ihre Namen. Sie bekamen Nummern, die am Ärmel sichtbar zu tragen waren, zusammen mit dem sogenannten »Winkel«. Die Farben der Winkel dienten zur Kennzeichnung der Häftlingsgruppe: *rot*: Schutzhäftling (in der Regel politische Gefangene), *blau*:Ausweisungshäftlinge (Emigranten, Staatenlose), *violett*: Bibelforscherinnen, *grün*: Berufsverbrecherinnen (BV-Kriminelle), *schwarz*: Asoziale (ASO).

Die Kennzeichnung der jüdischen Häftlinge erfolgte in der Weise, daß der gelbe dreieckige Winkel als Untergrund diente und beispielsweise der rote Winkel der Politischen so darauf gesetzt wurde, daß die Winkel zusammen die Form des Davidsterns bildeten.[9]

In den ersten Jahren der Hitlerdiktatur war die Hauptfunktion der Konzentrationslager, die Häftlinge zu demoralisieren und psychisch wie physisch zu vernichten.

Arbeitssklavinnen

Nach Kriegsbeginn änderte sich die Funktion der Konzentrationslager. Sie dienten nicht mehr vornehmlich der Ausschaltung der politischen Gegner. Die Inhaftierten wurden nun auch als Sklavenarbeiter für die Rüstungsindustrie eingesetzt, ein Schicksal, das sie während der Dauer des Krieges mit dem Millionenheer der aus ihren Heimatländern verschleppten Zwangsarbeiter teilten. Innerhalb des Reiches und in den okkupierten Ländern wurden weitere Konzentrationslager errichtet, um die wachsende Zahl der Widerstandskämpfer und die nach faschistischen Begriffen »rassisch Minderwertigen« aufzunehmen, auszubeuten und zu vernichten.

Es bestanden

im August	1941	10 Hauptlager mit ca.	25 Nebenlagern,
Im April	1942	15 Hauptlager mit ca.	10 Nebenlagern,
im April	1944	20 Hauptlager mit ca.	65 Nebenlagern,
Ende	1944	13 Hauptlager mit ca.	500 Nebenlagern.[10]

Ab Anfang 1942 standen die Konzentrationslager unter der Verwaltung des SS-Wirtschaftsverwaltungs-Hauptamtes, das nun die Häftlinge an die Rüstungsindustrie vermietete. Dabei erzielten die SS und die Industrie ungeheure Gewinne. Die Häftlinge – auch die Frauen – mußten unter unmenschlichen Bedingungen bis zur physischen Vernichtung arbeiten. Die SS kassierte von der Industrie für einen Häftling pro Tag vier bis acht Reichsmark. Die Firmen legten ihre Zweigbetriebe in die Nähe der Konzentrationslager oder holten die Häftlinge in die eigens dafür eingerichteten KZ-ähnlichen Betriebslager. Obwohl die durchschnittliche Lebensdauer der entkräfteten Häftlinge nur mit neun Monaten veranschlagt war, ergab die Rentabilitätsrechnung einen Reingewinn von RM 1431 pro Häftling in dieser Zeitspanne.[11] Zusätzlich waren noch Häftlinge in kleinen Arbeitskommandos eingesetzt.[12] Außerdem wurden Frauen aus Ravensbrück von anderen Konzentrationslagern, wie beispielsweise Buchenwald, Flossenbürg, Mauthausen, Neuengamme, zusätzlich für ihre Außenkommandos zur Arbeit in den Rüstungsbetrieben angefordert.

Die tägliche Arbeitszeit betrug zwölf Stunden bei völlig unzureichender Ernährung. Viele starben an Entkräftung. Auch die Bombenangriffe forderten ihre Opfer unter den Frauen, denn Luftschutzbunker durften von Häftlingen nicht aufgesucht werden.[13]

Die Transporte in das Lager Ravensbrück nahmen besonders in den Jahren 1942, 1943, 1944 ständig zu. Im Oktober 1944 waren 42000 Frauen registriert. Sie kamen aus 23 Nationen.

Nach dem Krieg veröffentlichte Rentabilitätsrechnung der SS über den Einsatz von KZ-Häftlingen in privaten Rüstungsbetrieben:

Täglicher Verleihlohn durchschnittlich	**6,– RM**
abzüglich Ernährung	**0,60 RM**
abzüglich Bekleidungs-Amortisation	**0,10 RM**
bei einer durchschnittlichen Lebensdauer von 9 Monaten beträgt dies 270 mal 5,30 RM	**1431,– RM**
Erlös aus rationeller Verwertung der Leiche: Zahngold, Kleidung, Wertsachen, Geld abzüglich Verbrennungskosten 2,– RM	
Durchschnittlicher Nettogewinn	**200,– RM**
Gesamtgewinn nach 9 Monaten	**1631,– RM**

Terror und Widerstand im KZ Ravensbrück

Die SS zog für bestimmte Verwaltungsarbeiten Häftlinge heran. Meistens waren es Kriminelle, von denen sie mit Recht annahm, daß sie die politischen Häftlinge schikanieren würden. Die Kriminellen zeigten sich jedoch meist so korrupt, daß die SS gezwungen war, politische Häftlinge in diese Funktionen einzusetzen. So saßen beispielsweise bei der Aufnahme, im Häftlingsrevier, beim Arbeitseinsatz Antifaschistinnen. Wie fast überall in den Konzentrationslagern konnte sich auch in Ravensbrück eine illegale Lagerleitung bilden, die alle Möglichkeiten wahrnahm, Widerstand zu leisten und Leben zu retten.

Die wichtigste Aufgabe, aber auch die gefährlichste, war es, die Arbeiten in der Rüstungsindustrie durch Arbeitsverweigerung, langsames Arbeiten oder Beschädigen von Werkzeugen und Maschinen zu stören. Darauf stand die Todesstrafe. Trotzdem wurden gerade hierbei mutige Taten vollbracht, die dazu beitrugen, die Niederlage des Terrorsystems zu beschleunigen.

Frauen – Menschenmaterial

Auszug aus einem Briefwechsel der zur IG Farben gehörenden Firma Bayer mit der Lagerleitung von Auschwitz:
„Bezüglich des Vorhabens von Experimenten mit einem neuen Schlafmittel würden wir es begrüßen, wenn Sie uns eine Anzahl von Frauen zur Verfügung stellen würden . . ." „Wir erhielten Ihre Antwort; jedoch scheint uns der Preis von RM 200,– pro Frau zu hoch. Wir schlagen vor, nicht mehr als RM 170,– pro Kopf zu zahlen. Wenn Ihnen das annehmbar erscheint, werden wir Besitz von den Frauen ergreifen. Wir brauchen ungefähr 150 Frauen . . ." „Wir bestätigen Ihr Einverständnis. Bereiten Sie für uns 150 Frauen in bestmöglichstem Gesundheitszustand vor, und sobald Sie uns mitteilen, daß sie soweit sind, werden wir diese übernehmen . . ." „Erhielten den Auftrag für 150 Frauen. Trotz ihres abgezehrten Zustandes wurden sie als zufriedenstellend befunden. Wir werden Sie bezüglich der Entwicklung der Experimente auf dem laufenden halten . . ." „Die Versuche wurden gemacht. Alle Personen starben. Wir werden uns bezüglich einer neuen Sendung bald mit Ihnen in Verbindung setzen."

(aus: Wolfgang Wimmer, Die Sklaven. Eine Sozialgeschichte der Gegenwart, Reinbek 1979, S. 227—228)

Nach Ravensbrück und in seine Außenkommandos kamen von 1939 bis 1945 etwa 133000 Frauen und Mädchen. Nur 40000 Häftlinge entgingen der Vernichtung. Internationale Solidarität, Mut und Opferbereitschaft von Mithäftlingen retteten ihnen das Leben. 92700 wurden hier ermordet. Als die sowjetische Armee dem KZ Ravensbrück immer näher rückte, jagte die SS 15000 Frauen aus dem Lager. In Kolonnen wurden sie auf verschiedenen Straßen und über Äcker nach Westen getrieben. Mehrere Transporte gerieten zwischen die Fronten und lösten sich auf. Manche Frauen konnten nicht fliehen und sich verstecken. Doch viele brachen unterwegs zusammen oder wurden von der fliehenden SS erschossen. Die im Lager zurückgebliebenen etwa 3000 kranken Häftlinge erlebten am 30. April 1945 die Befreiung durch die sowjetische Armee.[14]

Überall verschleppten in den Tagen des völligen Chaos die SS-Schergen die noch am Leben gebliebenen Häftlinge aus den Konzentrationslagern und Zuchthäusern vor den anrückenden alliierten Armeen in noch nicht verlorengegangene Gebiete. Ohne richtige Kleidung, ohne ausreichende Verpflegung wurden sie in oft wochenlangen Fußmärschen oder zusammengepfercht in offenen Güterwaggons in sogenannte Auffanglager gebracht. Bergen-Belsen in der Lüneburger Heide war eines diese Auffanglager. Der größte Teil der etwa 20000 bis 25000 Frauen, die dort zwischen dem 1. Dezember 1944 und dem 1. März 1945 eintrafen, kam aus Auschwitz und seinen Nebenlagern, weitere Transporte aus Ravensbrück, Neuengamme, Mauthausen und Flossenbürg.[15]

Das Lager Bergen-Belsen war völlig überfüllt. Nicht alle Männer und Frauen fanden einen Platz zum Liegen. Hunger, fehlende Hygiene und Seuchen verursachten ein Massensterben, dem noch in den letzten Kriegswochen 50000 Menschen zum Opfer fielen.

Die Opfer

In den faschistischen Vernichtungs- und Konzentrationslagern, den Zuchthäusern und Gefängnissen wurden Millionen Menschen verschiedener Nationalitäten ermordet. Die genaue Zahl wird niemals ermittelt werden können.

Neueste Forschungen zeigen das Ausmaß der Greueltaten.[16] Von 1933 bis 1945 befanden sich in den faschistischen Konzentrationslagern insgesamt 1600000 Häftlinge, davon wurden 1180000 ermordet. Einschließlich der Vernichtungslager waren es 18 Millionen Häftlinge, davon wurden 11 Millionen ermordet. Von 1939 bis 1945 gab es 51 Zuchthäuser und 175 große Gefängnisse, davon 21 Hinrichtungsstätten, in denen 1937 bis 1945 mehr als 17000 Personen hingerichtet wurden, Männer wie Frauen.

(Gekürzte Darstellung nach: Hanna Elling, Frauen im deutschen Widerstand 1933–1945, Röderberg Verlag, Frankfurt am Main 1978. Mit freundlicher Genehmigung des Verlages.)

Anmerkungen

1 Schreiben des Preußischen Minister des Innern, Berlin, v. 12.10.1933 und Schreiben der Gestapo Berlin v. 1.6.1934, Niedersächsisches Staatsarchiv, Hannover.
2 Schreiben des Direktors des Landeswerkshauses und des KZ Moringen für weibliche Schutzhäftlinge vom 13.1.1934, Niedersächsisches Staatsarchiv Hannover.
3 Martin Broszat: »Die Entwicklung der nationalsozialistischen Konzentrationslager«. Gutachten für die Staatsanwaltschaft beim Landgericht Frankfurt/M.
4 Schreiben der Bayrischen Politischen Polizei vom 5.9.1935, Bundesarchiv R 58/264, S.131.
5 Berlin Document Center, Berlin, Schutzhaftbefehle.
6 Studien zur Geschichte der Konzentrationslager, Schriftenreihe der Vierteljahreshefte zur Zeitgeschichte Nr. 21, 1970, S. 99.
7 Ebd., S. 100.
8 Ebd., S. 101, und Bestätigung der Berufung und Dienstlaufbahn der Lagerkommandanten Günther Tamaschke (KZ Lichtenburg) und Max Koegel (KZ Lichtenburg und KZ Ravensbrück): Der Führer der SS-Totenkopfverbände und Konzentrationslager mit Schreiben v. 13. Januar 12938 und 20. August 1938. Berlin Document Center, Berlin. Im August 1942 wurde Max Koegel in das KZ Lublin versetzt. Nach Ravensbrück kam als Kommandant SS-Obersturmführer Fritz Suhren. Fritz Suhren wurde am 10.3.1950 vom französischen Militärgericht in Rastatt wegen vielfachen Mordes an Frauen im KZ Ravensbrück zum Tode verurteilt und am 12.6.1950 hingerichtet.
9 Autorenkollektiv unter Leitung von G. Zörner: Frauen-KZ Ravensbrück, S. 43/44.
10 Dokumente zur deutschen Geschichte 1939–1942, herausgegeben von Wolfgang Ruge und Wolfgang Schumann, Frankfurt/Main 1974, S. 142.
11 Kogon, Eugen, Der SS-Staat. Das System der deutschen Konzentrationslager, München 1974, S. 357.
12 Frauen-KZ Ravensbrück, herausgegeben vom Komitee der Antifaschistischen Widerstandskämpfer in der DDR, Berlin/DDR 1974, S. 90ff. (und Vorläufiges Verzeichnis der Haftstätten unter dem Reichsführer SS 1933–1945, Bd. 1, herausgegeben vom Suchdienst Arolsen, S. 192).
13 Ebd., S. 95f.
14 Ebd., S. 209ff.
15 Kolb, Eberhard, Bergen-Belsen, Hannover 1962, S. 130.
16 Dokumente zur deutschen Geschichte 1939–1942, a.a.O., S. 142ff.

Buchenwald, 12. Mai 1945: Deutsche Frauen müssen sich auf Anordnung der Alliierten das Konzentrationslager ansehen. Wie viele von ihnen haben »nichts davon gewußt« und wollen heute nichts mehr »darüber« hören?

Peggy Parnass

Majdanek

Heute hat Mutti Geburtstag. Sie hätte jetzt wohl weißes Haar, obwohl sie so jung ist. Mir ist, als würde ich ihr ein Geschenk machen, als ich mich in die Mahnwache vorm Landgericht Düsseldorf einreihe. Wir tragen Fackeln wie bei der Olympiade. Ich kenne niemanden, freue mich über jeden, Junge, Alte, einen Mann in KZ-Kleidung, einen in Bundeswehruniform. Morgen früh soll nach fünfeinhalb Jahren Verhandlungsdauer und 36 Jahren Augenwischerei das Majdanek-Urteil gesprochen werden. Darum sind wir aus ganz Deutschland und etlichen anderen Ländern angereist.

Eine ältere Frau kriegt 'nen Schreikrampf, reißt sich die Zähne aus dem Mund, ist wie von Sinnen: »1942, die Bomben! Alle tot! Was ist der Mensch!? Was ist ›Deutschland‹?«

Endlich! Die ganzen Jahre hatte ich gedacht, wie kommt es, daß hier keiner schreit? Daß nicht jeder schreit wie am Spieß, wenn er sein bißchen Leben bedenkt! Wie können Leute ihre Erinnerungen, ihre Angst und alles, was weh tut, dauernd verdrängen?

Durcheinander, aufgeregte Stimmen an der Ecke. Dem Bundeswehrsoldaten hat ein stattlicher junger Mann in schwarzer Lederjacke die Mütze weggenommen, heißt es. Eine Frau ruft erregt: »Der hat auf mich gezielt!« Der mit der Lederjacke sagt mir: »Das stimmt nicht, mir ist nur die Munition rausgefallen, und ich wollte sie aufheben.«

Ich folge all den Leuten zur Wache. »Anzeige gegen unseren Kollegen können Sie hier nicht stellen. Wir sind befangen. Das wird Ihnen auch jeder Kollege auf einer anderen Wache sagen. Sie können ja an den Polizeipräsidenten schreiben.« Häme ergießt sich über die aufgebrachten Leute und die unter Schock stehenden jungen Mütter. »Verstehen Sie doch, ich dreh mich um und seh in eine Mündung!« Der Revierleiter: »Eine Polizeiwaffe, die auf jemand gerichtet ist, stellt keine Bedrohung dar.« Auch nicht, wenn der Polizist in Zivil ist und von keinem anderen (?) Gangster zu unterscheiden?

Acht Uhr früh, Hochspannung. Wieder Mahnwache. Ich finde vor Aufregung den Raum 111 lange nicht. Werde auch in die Irre geschickt.

Die Verdienstkreuz-Dame, Josefine Jürgens, sitzt auch schon da. Weißer Regenmantel, Schwestern-Frisur. So ernst und hager wie manche Jünger Jesu, Mutter Theresa und andere Hilfreiche. Inge Meysel hat ihr Bundesverdienstkreuz abgelehnt. Den Zeugenbetreuerinnen wurde keins angeboten.

Ich werde ermahnt, sitzen zu bleiben, weil man sonst bei dem Andrang meinen Platz weggeben würde. Ich kann nicht, muß nach vorne, muß die Leute aus der Nähe sehen, stehe plötzlich, halb geschubst, halb gedrängt direkt vor Hermine Ryan, ihren Opfern als »Stute« oder »Schindmähre« bekannt. Blaues Kostüm, weißer Kragen, sehr gepflegt. Sie schreibt und schreibt in einen Block, die sehr gepflegten Silberlöckchen verdecken das Gesicht. Ich will die sehen, von Angesicht zu Angesicht! Ich will die sehen! Diese Frau, von Ehrgeiz zerfressen, dieses Arbeiterkind, das mit seinen eisenbeschlagenen Schaftstiefeln hilflose Frauen tottrampelte. Was trägt sie denn jetzt für Schuhe? Sie hat sich immerhin gut gehalten, sonst hätten sie nicht 47 Zeugen nach so langer Zeit vor Gericht wiedererkennen können. Diese Frau, die obwohl kränklich, mal Fleckfieber, mal Mandelentzündung, mal Bronchitis, es zur Oberaufseherin in Ravensbrück schaffte. Damals jung, schön, stark. Streng katholisch, unpolitisch, pflichteifrig. Die durch Schikanieren, Schlagen und Zertrampeln zur gefürchteten Adjudantin und Meisterin wurde. »Ab in die Gaskammer, aber ein bißchen dalli, wenn ich bitten darf«, sagte sie munter.

Ich gehe in die Hocke vor ihr. Nichts. Die Verteidiger sind wachsam. Was befürchten sie? Ich habe keine Kugeln im Kugelschreiber. Leider? Ich weiß, daß ich neben ihr aussehe wie Abschaum. Die sind alle so ordentlich. Darum wohl die Dauerrüge: »Sowas gabs damals nicht.«

Ich bereue tagelang, ihr nicht in die Locken gegriffen zu haben, Kopf nach hinten, so wie es oft im Fernsehen zu sehen war, wenn Gesichter freigelegt werden sollten, der Blick ins Auge erzwungen.

Die andere, Hildegard Lächert, als blutige Brygida (Brigitta) allen Überlebenden unvergeßlich. Die kräftige Frau birgt ihr Antlitz in den Händen wie in der Kirchenbank. Kurze Ärmel geben den Blick frei auf die von großen Flecken, Pflastern und Hautkrankheit verunzierten Schwerstarbeiterarme. Die Kollegen machen schöne Fotos einer verzweifelten alten Frau, die es nicht leicht hatte im Leben. »Haben Sie Angst?« frage ich, statt sie zu erwürgen. »Nein, da war nichts.«

Wollen wir's mal anders nennen: Da, wo sie ihre Peitsche mit den Metallkugeln dran schwang, war nichts mehr. Es heißt, daß sie mindestens 1196 Leute umgebracht hat. Und das ist wohl reichlich nach unten abgerundet. Zeugen und Zeuginnen erzählten auch von zwei Griechinnen, die sie in der Latrinengrube im Kot ertränkte; von denen, die sie nicht zu Tode peitschte, sondern zertrat. An den spitzen Stiefeln hatte sie sich dazu Eisenkappen anbringen lassen. Einmal peitschte und trat sie einen, der im Garten arbeitete, bis sie ihn zerrissen hatte, bis er nur noch ein Fetzen von einem Menschen war, ein Klumpen Fleisch. Dann befahl sie: »Schafft den Dreck da weg.«

Brygida: »Wir haben viel Spaß gehabt, wir haben viel gelacht. Wir hatten ein wirklich herzliches Verhältnis, aber wenn eine aufsässig wurde, dann hat sie was auf den Hintern gekriegt.«

Zeugen ergänzen: »Sie war eine schöne Frau und eine Bestie... Kleine Kinder wurden wie Mehlsäcke auf Lastwagen geworfen. Die Mütter sahen es, schrien, warfen sich zu Boden. Sie wurden von den Aufseherinnen geschlagen, getreten. Einigen gelang es, sich an ihre Kinder zu klammern, bis sie auseinandergepeitscht wurden. Da waren beide Frauen gemeinsam aktiv... Wladka, eine hochschwangere Polin, war Stubenmädchen in einer SS-Aufseherbaracke. Brygida war die Geliebte des SS-Mannes, der Wladka durch Vergewaltigung geschwängert hatte. Darum hetzte sie ihren Schäferhund auf Wladka. Der, von der Brygida pausenlos ange-

Hildegard Lächert

Hermine Braunsteiner-Ryan

trieben, ihr Fleischstücke aus dem Körper riß und aus der offenen Bauchhöhle Därme und das Kind herauszerrte. Als Wladka und ihr Kind tot waren, hetzte sie den Hund auch auf mich. Ich hielt die Arme vor mein Gesicht.« Die Zeugin streift die Ärmel hoch und zeigt die vernarbten Bißwunden.

Wie wurde aus der unterbezahlten Arbeiterin Hildegard, selbst unehelich geboren, Mutter zweier unehelicher Kinder und eines dritten verstorbenen, eine der gefürchtetsten Sadistinnen unserer Zeit? Auch sie unpolitisch, nach eigener Angabe tiefgläubig. Ihre Tollheit fiel sogar den nicht nervenschwachen Vorgesetzten auf. Das Unglaubliche: Sie suchte nur nach neuer Arbeit, um mehr Zeit für ihre Kinder zu haben, als sie von ihrem Schwager zum Arbeiten ins KZ vermittelt wurde.

Nach dem Krieg arbeitete sie erst als Schwester Hildegard bei dem amerikanischen General Tucker. Sie betreute seine Kinder, bis sie entlarvt wurde. Bis 1956 war sie in Haft in Polen. Danach wurde sie Klo-Frau im Scotch-Casino in Heidelberg, später Putzfrau in Bordell-Betrieben. Sie lebt seit 1975 in einer 1000-Seelen-Gemeinde bei Heidelberg, als angesehene Rentnerin in einem Vier-Zimmer-Häuschen am Alten Marktplatz.

»Das Dorf weiß über mich Bescheid. Ich bin beliebt, ich habe viele Freunde. Manchmal stellen Nachbarn einen Korb mit Eiern, frischem Gemüse oder Obst vor meine Haustür, wenn ich von der Verhandlung komme. Ich esse nämlich schon lange kein Fleisch mehr. Ich habe einmal gesehen, wie Schweine zum Schlachten getrieben wurden. Die armen Tiere.«

Ich habe über die Jahre gehört, daß Angeklagte und Verteidiger, wenn es um die entsetzlichsten, unvorstellbarsten Dinge ging, im Gericht Kreuzworträtsel lösten, strickten, die »Bild«-Zeitung lasen und gemütlich klönten.

So ein Verhalten, normalerweise undenkbar in einem Gericht, wird geduldet. Wieso und weshalb? Was weiß ich. Aber es ist mir klar, daß jahrelange gemeinsame Reisen des Gerichts und der Anwälte um die Welt, Essen, Trinken, exotische Erlebnisse unter fremdem Himmel für Initimität sorgten. Das ist unvermeidlich.

Ich habe gehört, wie frech und strafwürdig einige der Verteidiger auftraten, denen kein Ehrengericht, bis heute, ihre Zulassung aberkannte: Dazu gehört Verteidiger Bock, kaum 40, Liebling der Deutschen Volksunion, von der Nationalzeitung gefeiert. Er versuchte in Polen, Zeugen zu bestechen. In Israel gab er sich als Doktorand aus oder als junger Deutscher, der ein Buch über die Leiden im Dritten Reich schreiben sollte.

Dann Anwalt Stolting. Früher Sondergerichtsankläger mit einem Hang zu Todesurteilen, die in seiner Gegenwart durch das Handbeil vollstreckt wurden. Er sagte in einem ZDF-Interview, er würde seine damals geforderten Todesurteile unter den gleichen Umständen heute noch einmal beantragen. Von 1963 bis 1965 war er Verteidiger im Auschwitz-Prozeß und später im Majdanek-Verfahren. Was macht er noch? Ach ja, er ist Präsident des Deutschen Tierschutzverbundes.

Gericht rein, Fotografen raus, schnell auf die Plätze.

Im Namen des Volkes:
1x Lebenslänglich, 1 x 12, 1x 10, 1 x 8, 1 x 6, 1 x 4, 1 x 3 ½ , 1 x 3, 1 x 2 Jahre, 1 x frei.

Die Wahrheit ist gefunden. Totenstille, dann Protestschreie. »In meinem Namen nicht!« »In meinem auch nicht!« »Eine Verhöhnung der Opfer!« »Eine Beleidigung des Volkes.«

Einem Jungen wird übel. Der Vorsitzende, Günter Bogen, bittet um Ruhe, sonst müsse er ausschließen. Ich zeig' auf die ganzen Hinterbänke und schreie: »Das ist das Volk, in dessen Namen Sie Ihr Urteil gesprochen haben. Das ist das Volk!«

Ich renne raus, um die Hunderte draußen, für die kein Platz im Saal war, wissen zu lassen, was drinnen läuft. Rufe: »Wir werden den Richter wegen Beleidigung verklagen. Er hat sich nicht geniert, im Namen des Volkes dieses Urteil zu verkünden, und wir sind das Volk!«

Die Urteilsbegründung dauert fast zwölf Stunden, obwohl im Eiltempo runtergerasselt. In der normalen Juristensprache, die dafür sorgt, daß alles zu Papier wird, daß für Fleisch und Blut, für Gefühl kein Platz ist.

Die Aufseherinnen waren jung, kaum mehr als zwanzig, dienstverpflichtet oder übers Arbeitsamt. Warum sollten die damals mutiger gewesen sein als die jetzt? Warum mitfühlsamer? Warum weniger opportunistisch? Weniger feige? Weniger anpasserisch? Sie übernahmen das Vorbild der Vorgängerinnen und genossen ihre nie gekannte Macht. Kapos, Hilfsaufseher aus der privilegierten Gruppe deutscher Krimineller und Vorarbeiter mordeten bestialisch wegen vermeint-

KZ Bergen-Belsen 1945 nach der Befreiung. Deutsche Lageraufseherinnen werden abgeführt.

licher Vorteile. Aus dem Juristendeutsch dringt durch: Minimum an Essen. Keine Heizung. Verhöhnt, mißhandelt. Stundenlanges Stehen zwischen El-Draht. Schläge abends auf dem Bock. Regeln befolgen, die vorher nicht bekanntgegeben wurden. Todesangst wurde ständig bewußt geschürt. Öffentliches Aufhängen. Nicht nur Kinder, Greise und unheilbar Kranke wurden ins Gas gejagt. Die Lagerstraßendiagnose wurde nach Gutdünken gestellt. Kräftig und ohne Narben bedeutete eine kleine Chance. Kinder machten sich älter.

Es dringt weiter durch: Nackt, Kleidung auf Haufen, Haare in den Bottich, desinfiziert. SS-Wächter suchen in Körperlöchern nach Werten.

Auf Feldern unregelmäßige plötzliche Selektionen. Frauen mußten die Röcke heben. Geschwollene Beine bedeuteten den Tod. Schikane-Wettläufe, nackt der SS entgegen, gaben den Ausschlag über Leben und Tod. Mutti sagte mal traurig, mal lachend: »Ich hab' Beine wie Ofenrohre.« Galt das auch als geschwollen? Was hat sie vorher erlebt? Wie lange? Wieviel Angst? Wie lange von Pudl getrennt, mit dem sie doch gemeinsam leben und sterben wollte?

Pause.

In der Kantine greift mich ein Mann an, an dessen Tisch ich vorbei muß. »Denken Sie endlich an die Opfer!« »Ja natürlich.« Er läßt nicht los: »Wollen Sie nicht endlich auch mal an die Opfer denken!« Die zwei netten jungen Frauen an seinem Tisch nicken ihm Beifall. »Doch selbstverständlich.« Was will er? »Na, dann denken Sie doch mal an die armen Ehefrauen, Ehemänner und Kinder dieser Angeklagten. Das sind die wahren Opfer.« Die junge Frau eindringlich: »Die haben doch reichlich gebüßt.«

Das sind junge Leute, die im Namen der kirchlichen Gefangenenfürsorge mißbraucht werden, die all ihre Kraft und all ihren Idealismus in diese Massenmörder stecken.

Es wird weiter begründet. Die Richter lösen sich ab. Die Stimmen sind angenehm. Was nützt es? Bei fast jedem Angeklagten wird klar, daß er unpolitisch war und kleinbürgerlich, wie das Leben davor und danach beweist. Nur zwei Jahre Majdanek, von 1942 bis 1944, was heißt das?

Majdanek heißt: 7711 Kilo Zyklon B zum letzten Einatmen, 730 Kilo Menschenhaar, 820000 Schuhe. Pässe von Opfern aus 26 Ländern. Sechs Gaskammern, die Tag und Nacht in Betrieb waren. Mindestens 200000 Tote hält das Schwurgericht für sicher. Unschuldige jeden Alters, jeden Geschlechts. 250000 werden angenommen. So weit kann sowieso keiner zählen. Sowjetische und polnische Schätzungen sprechen von einer Million Toten in Majdanek.

Grausam töten? Wie tötet man nicht grausam? Anwalt Strathmann meint: »Wenn die Häftlinge nicht lange auf den Tod warten mußten«; ein anderer als Entschuldigung: »Über den Tod hinaus sind den Opfern keine weiteren Leiden zugefügt worden.«

So abartig es ist, es hat was für sich. Ich hab ja auch immer gehofft, daß Mutti und Pudl ganz schnell und ohne Angst gestorben sind.

Es wird so schnell und tonlos verlesen, daß sogar mein Vorstellungsvermögen abgetötet wird. Wenn Juristen sprechen, wird alles zu Papier. Hackmann 200 bis 400 Schwerkranke umgebracht... weg, wie Dreck. Hörig? Befehlsgläubig? Überzeugt?

Gerade kriegt einer eineinhalb Jahre für Flugblattverteilung. Die Nazis und ihre Betreuer haben recht. Es kann gar nichts passiert sein, sonst sähen die Urteile anders aus. Der Judenreferent in Brüssel, SS-Mann Kurt Asche, kriegte für etwa 10000 Tote auch grade sein Urteil: sieben Jahre. »Getötet allein wegen des jüdischen Glaubens.« Als ob man jüdische Atheisten verschont hätte!

Was hätte man sich Arbeit sparen können! Wenn ein kurzer Blick in die Achselhöhle, sicher wie ein Fingerabdruck, der den SS-Mann entlarvt. Wenn man ihn einfach als Angehörigen einer kriminellen Vereinigung verurteilt hätte.

§ 129 StGB. Das ganze SS-Wachpersonal und deren brainstormer und Auftraggeber sowieso.

Was hätte man mühevolle Reisen um die Welt und Gelder sparen können, wenn man ein wenig in Plakate und Fernseh-Fahndung investiert hätte! Doch in keiner Gerichtshalle, in keiner Behörde, auf keinem Polizeirevier, an keiner Litfaßsäule, bei keinem Friseur und auch sonst nirgends backten Plakate, die der Bevölkerung eine Mit-Suche erleichtert hätten. Wir wurden nie mit den Fressen gesuchter Altnazis und Massenmörder vertraut gemacht.

Auch mit jungen Nazis macht man uns nicht bekannt. Nicht mal der Massenmord und über 200 Verstümmelte auf der Oktoberwiese vor fast einem Jahr boten dafür in der Zwischenzeit einen ausreichenden Anlaß. Wat'n Pech, daß sich einige selbst gestellt haben oder Kumpane verpfiffen. So ist man, ob man will oder nicht, gezwungen, wenigstens in diesen Fällen zu ermitteln. Doch auch da bringt man nur Fotos der schon Gefaßten, nicht derjenigen, die es zu suchen gilt.

Was staun ich da immer noch dumm vor mich hin? Als wüßte ich nicht, wie eins zum anderen paßt, wie eins das andere bedingt.

Ich bin im Zugzwang. Aber ich kann den Vorsitzenden Günter Bogen nicht anzeigen. Ich sehe ein, daß sein Urteil im Grunde *doch* im Namen des Volkes gesprochen war. Wir 200, 1000, 10000, 20000, ja, vielleicht sogar 100000, wir sind nun mal nicht *das* Volk.

Ehemalige Lageraufseherinnen des KZ Bergen-Belsen werden von britischen Soldaten nach der Befreiung gezwungen, vor Häftlingsleichen niederzuknien.

Terror und Widerstand

»Schutzhaft«

Mit den Fackelzügen der NSDAP und ihrer Organisationen am Abend des 30. Januar 1933 begannen die Jahre der Verfolgung, der Unterdrückung und des organisierten Terrors gegen die politischen Gegner der deutschen Faschisten und gegen die jüdische Bevölkerung.

Zunächst richteten sich die Terrormaßnahmen in erster Linie gegen die entschiedensten Feinde des Faschismus – gegen die Kommunisten. Der von den Nationalsozialisten am 27. Februar 1933 inszenierte und »als Signal eines kommunistischen Aufstandes« deklarierte Reichstagsbrand lieferte dazu den Vorwand. Noch in der gleichen Nacht ordnete Hermann Göring in seiner Eigenschaft als Preußischer Ministerpräsident die Festnahme zahlreicher kommunistischer Funktionäre und aller Abgeordneten der KPD an. Dem folgte später die Verhaftung vieler bekannter Funktionäre von SPD und ADGB (Allgemeiner Deutscher Gewerkschaftsbund). Am Morgen des 28. Februar 1933 unterschrieb Hindenburg die »Notverordnung zum Schutze von Volk und Staat«.[1] Damit wurde neben anderen Grundrechten die Unverletzlichkeit der persönlichen Freiheit (Artikel 114 der Weimarer Verfassung) aufgehoben und die Voraussetzung geschaffen, die politischen Gegner zu verhaften und in sogenannte Schutzhaft zu nehmen. Am 2. Mai 1933 wurden die Gewerkschaftshäuser besetzt, am 22. Juni 1933 wurde die Sozialdemokratische Partei verboten. Unter dem Druck des faschistischen Terrors lösten sich die bürgerlichen Parteien Ende Juni, Anfang Juli 1933 selbst auf.

Durch Verbots- und Verfolgungsmaßnahmen gelang es den Nazis, unter Ausnutzung der Uneinigkeit der antifaschistischen Kräfte, ihre Macht weiter zu festigen. Eine Verhaftungswelle nach der anderen ging über Deutschland hinweg. Unter den nach vorbereiteten Listen Festgenommenen befanden sich viele Gegnerinnen der Faschisten, vor allem jene, die als Funktionärinnen der KPD, der SPD und der Gewerkschaften bekannt waren. Die weiblichen Abgeordneten der KPD, deren man habhaft werden konnte, wurden zunächst in das Frauengefängnis Berlin Barnimstraße[2] gebracht. SA und SS, seit dem 22. Februar 1933 als »Hilfspolizei« eingesetzt, verschleppten und terrorisierten ihre politischen Gegner in Kasematten, alten Burgen, verlassenen Fabrikgebäuden und als Folterstätten eingerichteten Kellern. Sie führten den Kampf gegen »Marxismus, Judentum und Reaktion« auf ihre Weise und verübten schlimmste, kaum vorstellbare Greueltaten gegen die ihnen völlig schutzlos ausgelieferten Opfer. Berichte darüber gelangten über die illegalen Schriften des Widerstandes nicht nur zur Kenntnis der Bevölkerung, sondern wurden auch im Ausland verbreitet. In dieser Zeit entstanden auch die ersten großen Konzentrationslager: Esterwegen (4. März 1933) – es wurde 1934 Strafgefangenenlager –, Dachau (22. März 1933), Oranienburg (14. Juni 1933). Ihnen folgten viele weitere; sie wurden zum festen Bestandteil der faschistischen Diktatur.[3]

Bereits im Frühjahr 1933 entstanden spezielle Schutzhaftlager, in denen verhaftete Frauen in besonderen Abteilungen festgehalten wurden. Die »Schutzhaft« konnte Tage, Wochen, Monate, Jahre dauern. Die Ungewißheit über die Entlassung sollte die Häftlinge zermürben. In Württemberg wurden Frauen im Gefängnis Gotteszell festgehalten, in Bayern im Gefängnis München-Stadelheim, in Sachsen in der Burg Hohenstein bei Schandau, in Berlin im Gefängnis in der Barnimstraße, in Nordrhein-Westfalen in der Provinzial-Landes-Anstalt Brauweiler, in Hamburg im Gefängnis Fuhlsbüttel, in Niedersachsen im Landeswerkshaus Moringen/Solling.

Widerstand

Nach dem Verbot der Arbeiterparteien und der Gewerkschaften im Jahr 1933 und den Verhaftungen führender Funktionäre wurde die Bildung neuer, illegaler Leitungen im Inland und zur Sicherung der weiteren Arbeit auch im Ausland notwendig. Die Verbindungswege gingen über Grenzstützpunkte (KPD) bzw. Grenzsekretariate (SPD) in der ČSR, der Schweiz, Holland, Belgien, Frankreich und Dänemark.

In dieser Situation übernahmen auch Frauen und Mädchen aus der Arbeiterbewegung, die der ersten großen Verhaftungswelle Ende Februar/März 1933 entgangen oder nach kurzer Haft entlassen worden waren, wichtige Aufgaben bei der Organisierung des antifaschistischen Kampfes.

Frauen und Männer aus den inzwischen auch verbotenen Massenorganisationen, aus den Arbeitersport- und Gesangsvereinen oder aus der Organisation der Naturfreunde, erweiterten den Kreis der Widerstandskämpfer. Viele waren zwar Mitglied einer Arbeiterpartei, hatten sich jedoch vor 1933 nicht aktiv parteipolitisch betätigt. Die Verhaftungen der Arbeiterfunktionäre, die Gewalttaten der SA-Horden empörten viele so, daß sie sich jetzt zur Mitarbeit im Widerstand bereitfanden. Sie stellten ihre Wohnungen für Besprechungen zur Verfügung oder als Anlaufstellen, in denen Anweisungen für die illegale Arbeit hinterlegt und abgeholt werden konnten. Sie gewährten Verfolgten und illegal Arbeitenden – oftmals über lange Zeit hinweg – Unterkunft und Verpflegung.

Frauen und Mädchen beteiligten sich an der Herstellung illegaler Schriften, die über die Greueltaten der SA berichteten und zum gemeinsamen Handeln aufriefen. Sie brachten Material – oft versteckt in Doppelböden ihrer Einkaufstaschen, in Kinderwagen oder Handwagen, die mit Obst und Gemüse beladen waren – zu bestimmten Anlaufstellen. Das Material wurde überall dort ausgelegt, wo es leicht aufgefunden und gelesen werden konnte. Besonderen Wert legten die Widerstandskämpfer darauf, daß diese Schriften in die Betriebe gelangten.

Auch bei Geldsammlungen für die durch Verhaftungen in

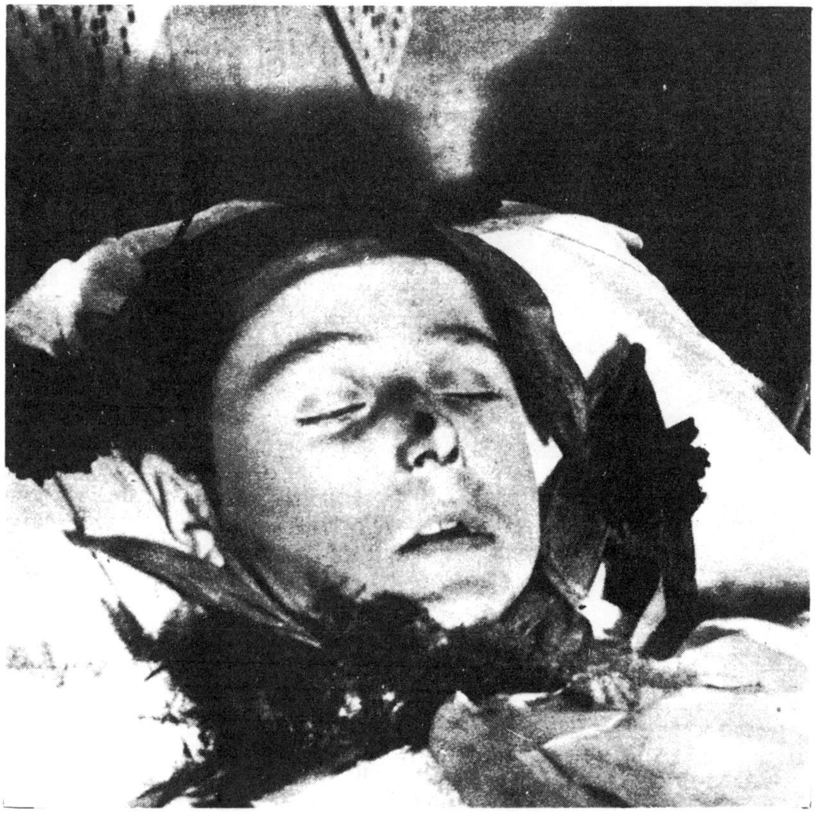

Hunderte von Antifaschisten fielen in den ersten Wochen des Nazi-Terrors Überfällen der SA zum Opfer. Die *AIZ* nennt in ihren Ausgaben vom 19. und 26. Februar 1933 allein 25 Opfer beim Namen, darunter Wilhelmine Struth, eine Arbeiterfrau aus Duisburg. Die *AIZ* erschien bis März 1933 noch in Berlin, danach wurde sie in Prag hergestellt und regelmäßig illegal auch nach Deutschland gebracht.

Not geratenen Familien waren Frauen tätig. Sie gehörten zum Teil schon vor 1933 der Roten Hilfe (RH), der Internationalen Arbeiterhilfe (IAH) oder der Arbeiterwohlfahrt (AWO) an, die ebenfalls 1933 verboten worden waren. Die Frauen wußten, wen sie in der Nachbarschaft, im Bekanntenkreis, in Geschäften, in Betrieben um Unterstützung für die Familien der Widerstandskämpfer bitten konnten.

Frauen übernahmen in den entstehenden Widerstandsgruppen der Arbeiterbewegung wichtige Funktionen. Sie führten Schulungen über die politische Lage und die daraus folgenden Aufgaben durch; sie fuhren zu Leitungsbesprechungen auch in andere Gebiete; sie holten illegales Material, das im Ausland gedruckt wurde, über die Grenzen. Ohne diese politisch bewußten und organisierten Frauen und diejenigen, die aus Bedürfnis zu helfen hinzukamen, hätte der Widerstand nicht geführt werden können.

Parallel zur steigenden Zahl der Widerstandsaktionen wuchs auch die Zahl der Verhaftungen und Verurteilungen an. Deshalb wurden bei allen Oberlandesgerichten spezielle politische Strafsenate eingerichtet. Als oberstes politisches Gericht galt der am 24. April 1934 geschaffene »Volksgerichtshof«, über dessen Zweck Reichsanwalt Parisius sagte: »Seine Aufgabe ist nicht die, Recht zu sprechen, sondern die, die Gegner des Nationalsozialismus zu vernichten.«[4]

Bereits in den ersten Jahren der faschistischen Diktatur fanden zahlreiche politische Prozesse statt. Hohe Zuchthausstrafen bis zu fünfzehn Jahren wurden schon 1935 ausgesprochen, von ihnen wurden auch Frauen betroffen. In einer Dokumentation »Deutsche Frauenschicksale«, die im Jahr 1937 vom Malik-Verlag in Prag herausgebracht wurde, wird dies eindrucksvoll nachgewiesen.[5] Die dort veröffentlichte Statistik über zweihundertneunzig in den Jahren 1935 und 1936 verurteilte Frauen zeigt beispielhaft den frühen Beginn und die Vielschichtigkeit des Widerstandes. Diese Statistik registriert allerdings nur bekanntgewordene Fälle. Tatsächlich war die Zahl der Verhaftungen weit höher, da viele Prozesse und Urteile auf Anweisung des Propagandaministeriums verschwiegen wurden.

Verschwiegenheit bewahrte das Propagandaministerium auch über die agitatorische Tätigkeit seiner Gegner. Heute geben uns die Gestapoakten Aufschluß: Für das Jahr 1934 wird die Zahl der antifaschistischen Schriften mit 1238202, für das Jahr 1935 mit 1670300, für das Jahr 1936 mit 1643200 angegeben.[6] Dabei muß bedacht werden, daß nicht alle illegalen Schriften von der Gestapo erfaßt wurden, die Anzahl also noch höher gewesen sein muß.

Nach der Urteilsverkündung verschleppte man die Frauen vorwiegend in die Zuchthäuser Ziegenhain, Cottbus, Waldheim, Lübeck, Aichach, Jauer, Stadelheim. Auch in den Strafanstalten gab es unter erschwerten Bedingungen Widerstand in vielfacher Art. Das Ende der Strafhaft bedeutete jedoch für die meisten Frauen nicht die Heimkehr. Jede Gefangene mußte damit rechnen, aus dem Zuchthaus oder dem Gefängnis in ein Konzentrationslager verschleppt zu werden.

Der Umfang der Widerstandsaktivitäten einerseits und die Verschärfung des faschistischen Terrors andererseits werden aus einem Bericht der Gestapo vom 10. April 1939 ersichtlich. Danach befanden sich an diesem Tage wegen »politischer Vergehen« in Haft:

Der Weltkongreß der Frauen gegen Krieg und Faschismus 1934 in Paris. Die *AIZ* berichtet darüber am 23. August: »Über tausend Frauen waren am 4., 5. und 6. August in Paris versammelt; aus allen Ländern waren sie zum Kongreß gegen Krieg und Faschismus delegiert. Unter den Delegierten... wurden die Kämpferinnen aus Österreich und Deutschland besonders stürmisch begrüßt.«

162734 Schutzhäftlinge,
27369 politisch Angeklagte,
112434 politisch Verurteilte.[7]

Etwa eine Million Deutsche wurden bis zum Kriegsbeginn aus politischen Gründen für kurze oder längere Zeit festgenommen.[8] Schätzungsweise befanden sich darunter fünfzehn bis zwanzig Prozent Frauen. Die meisten von ihnen kamen aus der Arbeiterbewegung.

Emigration

Der immer stärker werdende Terror zwang vor allem führende Funktionäre der Arbeiterparteien, die der Gestapo bekannt waren, ins Ausland zu emigrieren. Sie nahmen zu den dort tätigen Abschnittsleitungen ihrer Parteien Verbindung auf und unterstützten die in Deutschland arbeitenden Widerstandsgruppen. Sie fuhren beispielsweise als Kuriere ins Reich, überbrachten Beschlüsse ihrer Parteileitungen, nahmen im Ausland gedruckte Zeitungen und Flugblätter sowie gesammelte Gelder mit, versuchten, unterbrochene Verbindungen wieder herzustellen und holten Informationen über die Lage in Deutschland ein.

Auch Geistesschaffende und Künstler, die in Deutschland keine Wirkungsmöglichkeiten mehr hatten, verließen ihre Heimat. Viele von ihnen prangerten in Wort, Schrift und Bild die Lügen und Untaten der deutschen Faschisten an und warnten vor einem kommenden Krieg. Es bildeten sich besondere Gruppen, die es sich zur Aufgabe machten, das humanistische Gedankengut zu wahren. In Paris war es der Schutzverband Deutscher Schriftsteller, später in London der Freie Deutsche Kulturbund, in New York die Tribüne für freie Kultur, in Mexiko der Heinrich-Heine-Bund.[9] Gleichzeitig verbreiteten fortschrittliche Verlage deutsche antifaschistische Bücher, darunter der Malik-Verlag in London, der Querido-Verlag in Amsterdam, die Edition du Carrefour, Paris, der Verlag Oprecht & Helbing, Zürich.[10]

In einer Enquete im Juni 1936 wurde die Zahl der aus politischen Gründen emigrierten deutschen Frauen in Europa mit etwa 22000, das sind 20 Prozent der deutschen Emigranten, angegeben.[11] Ein wichtiges Ereignis im Kampf gegen die Nationalsozialisten war der im August 1934 in Paris tagende Internationale Frauenkongreß gegen Faschismus und Krieg, an dem 1000 Delegierte und 300 Gäste aus 24 Ländern teilnahmen. Unter den 341 Frauenorganisationen, die von den Delegierten repräsentiert wurden, befanden sich kommunistische, sozialdemokratische und gewerkschaftliche sowie pazifistische, genossenschaftliche, philantropisch und frauenrechtlerisch orientierte Verbände.

Aus Deutschland waren zu diesem bedeutenden Kongreß fünfzehn Frauen illegal nach Frankreich eingereist. Sie überbrachten dem Kongreß die Grüße der in Deutschland illegal tätigen Antifaschistinnen.

Die Tagungsteilnehmer waren sich darüber einig, den Kampf gegen den gefährlichsten Kriegstreiber, den deutschen Faschimus, in Zukunft gemeinsam weiterzuführen. Die Ergebnisse dieses Kongresses trugen besonders in Frankreich zur Entwicklung einer starken antifaschistischen Frauenbewegung bei, die, nachdem Hitler Fankreich überfallen hatte, zu einer wirksamen Kraft in der Résistance wurde.

Die ins Ausland emigrierten deutschen Frauen hatten hohen Anteil an der Arbeit, die von dort aus zur Unterstützung der im harten Kampf stehenden Widerstandsgruppen im Reich geleistet wurde.

»Spaniens Himmel...«

Bei den Wahlen zum spanischen Parlament am 16. Dezember 1935 errangen die in der spanischen Volksfront zusammengeschlossenen Parteien der Linken den Sieg. Die von der neuen Regierung eingeleiteten Reformen wiesen den Weg zur Entwicklung eines demokratischen Spanien. Teile der spanischen Armee unter General Franco, im Bunde mit konservativ-reaktionären Kräften, putschten im Juli 1936 von Marokko aus gegen die spanische Republik. Die deutsche und die italienische Regierung unterstützten den konterrevolutionären Putsch. Sie hofften, damit einen zuverlässigen Verbündeten für ihre geplante Welteroberungspolitik zu gewinnen und gleichzeitig ihre Waffen im Einsatz der Bodentruppen und der Luftwaffe (Legion Condor) zu erproben.

Der faschistische Putsch löste weltweit eine Welle der Solidarität der fortschrittlichen Kräfte mit dem republikanischen Spanien aus. In den Internationalen Brigaden, die ihm zu Hilfe kamen, vereinten sich Kommunisten, Sozialdemokraten und Parteilose aus 50 Ländern. Sie sahen in der Unterstützung der spanischen Republik einen Beitrag zum Kampf um den Weltfrieden. Ein Sieg über den Faschismus in Spanien hätte möglicherweise den Ausbruch des Zweiten Weltkrieges verhindert und die Position des deutschen und italienischen Faschismus erheblich geschwächt.

An den schweren Kämpfen der Internationalen Brigaden nahmen auch deutsche Frauen als Ärztinnen, Krankenschwestern, Köchinnen oder Berichterstatterinnen teil. Darunter auch die Fotoreporterin Gerda Taro.

Der spanische Bürgerkrieg gab der illegalen Widerstandsbewegung in Deutschland Auftrieb. In vielen Orten und Betrieben wurden Solidaritätsaktionen für das Volksfront-Spanien organisiert. Beispielhaft war das Verhalten von sechzehn Arbeiterinnen im Glühlampenwerk Osram in Berlin. Sie sammelten Geld für Spanien. Jedoch wurden sie verraten und von der Gestapo verhaftet.[12]

Alltag gegen der Krieg

Mit der Entfesselung des Zweiten Weltkrieges durch die deutschen Faschisten standen die Widerstandskämpfer vor neuen außerordentlich großen Schwierigkeiten. Die Tätigkeit der Grenzgänger und die Verbindungen zu den Parteileitungen im Ausland wurden erschwert oder ganz unterbunden. Wieder mußten neue Wege und Methoden des Kampfes gefunden werden. Die Hauptaufgabe lag in der Schaffung eines breiten Bündnisses aller Antifaschisten. Eine weitere Aufgabe bestand darin, die Bevölkerung über den verbrecherischen Charakter des Raubkrieges und den Terror gegenüber den Gegnern des Regimes, der jüdischen Bevölkerung, den Zwangsarbeitern und den Kriegsgefangenen aufzuklären.

Die Verschlechterung der Lebensbedingungen der Bevölkerung im Verlauf des Krieges gab für diese Aufklärung Ansatzpunkte. Die Männer waren zur Wehrmacht einberufen oder dienstverpflichtet, ebenso auch viele Frauen. Die drohende Niederlage an den Fronten, der gesteigerte faschistische Terror und die Todesgefahr, in der sich besonders die Einwohner der Industriestädte durch Bombenangriffe befanden, ließen nun auch häufiger Männer und Frauen aus dem Bürgertum zu Gegnern des Regimes werden.

Während des Krieges stieg auch die Zahl von Frauen und Mädchen, die den Verfolgten Hilfe leisteten oder sich aktiv am Widerstand beteiligten, beträchtlich an. Politische Einsicht, christliche Verantwortung, sozialistische Überzeugung, Ablehnung jeglicher Unterdrückung, Sehnsucht nach Frieden, Hilfesbereitschaft für die Opfer des Widerstandes und der Rassenhetze waren ihre Motive.

Im Verlaufe des Krieges, als immer mehr Zwangsarbeiter und -arbeiterinnen aus den okkupierten Ländern und den Konzentrationslagern in der Rüstungsindustrie eingesetzt wurden, nahmen auch die Kontakte deutscher Antifaschisten mit ausländischen Arbeiterinnen und Arbeitern in und außerhalb der Betriebe zu. Sie unterstützten die sogenannten Fremdarbeiter und die Kriegsgefangenen mit Lebensmitteln und Kleidung und gaben ihnen Nachrichten ausländischer Sender über den Verlauf des Krieges weiter. Viele in den Jahren 1943 bis 1945 durchgeführte Prozesse gegen kleinere Gruppen und Einzelpersonen brachten hohe Zuchthausstrafen und Todesurteile. Die Verurteilten hatten sich gegen den Krieg geäußert, Hitler als den Verantwortlichen für die Opfer an der Front und in der Heimat bezeichnet, ihre Söhne und Männer versteckt, Soldaten veranlaßt zu desertieren, flüchtenden Soldaten oder Kriegsgefangenen Unterkunft gegeben, oder sie hatten über Rundfunknachrichten aus dem Ausland berichtet, Verse gegen die Regierung oder den Krieg geschrieben und vervielfältigt oder Witze über die führenden Leute der NSDAP erzählt.

Bilanz des Terrors

Allein in der Hinrichtungsstätte Berlin-Plötzensee starben von 1933 bis 1945 2915 Frauen und Männer, 1574 von ihnen hatten aus politischer, religiöser oder weltanschaulicher Gesinnung Widerstand geleistet.[13]

Noch in den letzten Tagen ihrer Herrschaft ermordeten die Faschisten Tausende Antifaschisten.

Am 26. März 1945 erschossen sie in Hirzenhain/Büdingen – einem Konzentrationslager – 81 Frauen aus Deutschland, Polen, der UdSSR, Luxemburg und Frankreich. Sie alle waren Gegnerinnen des faschistischen Systems.[14] Ebenfalls im März 1945 fielen im Romberg-Park und in der Bittermark bei Dortmund über 100 Frauen und Männer der »Sonderbehandlung« zum Opfer. Sie wurden hinterrücks erschossen.[15]

Schon bis zum Kriegsbeginn – also in den Jahren 1933 bis 1939 – wurden in politischen Verfahren durch die ordentlichen Gerichte 225000 Männer und Frauen zu rund 600000 Jahren Freiheitsstrafen verurteilt. Es gab mindestens 86 Massenprozesse gegen Mitglieder sozialistischer Parteien während dieser Zeitspanne.[16] Insgesamt leisteten etwa 800000 deutsche Männer und Frauen Widerstand gegen das faschistische System. Vorhandene Statistiken geben leider nur ein unvollständiges Bild über den Anteil der Frauen an diesem Kampf. Dabei zeigen sich große strukturelle Unterschiede. So schlossen sich in den Großstädten, in denen die Frauen stärker in das wirtschaftliche und politische Leben einbezogen sind, mehr Frauen der Widerstandsbewegung an als in den ländlichen Gebieten.

Zusammenfassend kann man mit ziemlicher Sicherheit annehmen, daß der Anteil der deutschen Frauen am Widerstandskampf in den Jahren 1933 bis 1945 bei etwa 20 Prozent lag.

(Gekürzte Darstellung nach: Hanna Elling, Frauen im deutschen Widerstand 1933 – 45, Röderberg Verlag, Frankfurt am Main 1978. Mit freundlicher Genehmigung des Verlages.)

Anmerkungen

1 RGBl 1 vom 28.2.1933.
2 Braunbuch über Reichstagsbrand und Hitlerterror, Faksimile-Nachdruck, Frankfurt/Main 1978, S.276.
3 Internationaler Suchdienst Arolsen, Vorläufiges Verzeichnis der Haftstätten unter dem Reichsführer SS 1933–1945, Bd. 1, S.3ff.
4 Hermann Glaser, Das Dritte Reich, Anspruch und Wirklichkeit, Freiburg 1963, S.133.
5 Deutsche Frauenschicksale, herausgegeben von der Union für Recht und Freiheit (Prag), London 1937, S.196–209.
6 Günther Weisenborn, Der lautlose Aufstand, Bericht über die Widerstandsbewegung des deutschen Volkes 1933–1945, 4. Aufl., Frankfurt/Main 1974, S.45.
7 Ebd., S.175.
8 Ebd., S.43.
9 Carl-Heinz Brück, Im Namen der Menschlichkeit, Bürger gegen Hitler, Berlin/DDR 1963, S.21.
10 Ebd.
11 Ursula Langkau-Alex, Volksfront für Deutschland?, Bd. 1, Frankfurt/Main 1977, S.45.
12 Die Frau und die Gesellschaft, herausgegeben von der Forschungsgemeinschaft »Geschichte des Kampfes der Arbeiterklasse um die Befreiung der Frau«, Leipzig 1974, S.131.
13 Willi Desch und Willy Perk, Ehrenbuch der Opfer von Plötzensee, Berlin (West) 1974, S.8f.
14 »Statt der Entlassung – Mord«. *Frankfurter Rundschau*, 21.11.1964, S.47.
15 Dortmund – Karfreitag 1945. Herausg. Stadtverwaltung Dortmund, 1970.
16 Weisenborn, a.a.O., S.43.

Lotte Lenya, verheiratet mit dem Komponisten Kurt Weill, war die berühmteste Brecht-Interpretin in Deutschland. Nach der Machtübernahme der Nazis ging sie in die Vereinigten Staaten und arbeitete dort weiter als Schauspielerin und Sängerin.

Anna Seghers, Schriftstellerin, Kleist-Preisträgerin, Mitglied im Bund proletarisch-revolutionärer Schriftsteller und im PEN-Club. Sie wurde 1928 Mitglied der KPD. 1933 von den Nazis verhaftet und im selben Jahr wieder freigelassen, flüchtete sie über die Schweiz nach Mexiko.

Elisabeth Bergner, Schauspielerin, verließ schon bald nach der Machtübernahme der Nationalsozialisten Deutschland und feierte Triumphe am Broadway. Sie lebt heute in London. Das Foto von 1929 zeigt sie in der Titelrolle des Schauspiels »Fräulein Julie«, als sie noch in Deutschland ein gefeierter Star war.

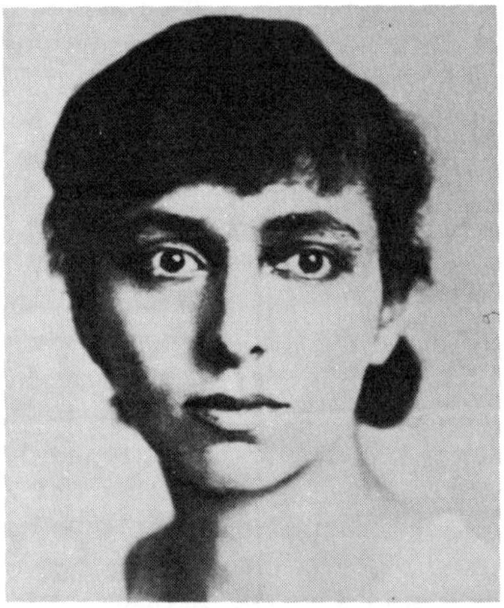

Gertrud Kolmar, 1894 in Berlin geboren, Lyrikerin. Die Jüdin wollte ihren Vater 1933 nicht allein in Deutschland lassen. Sie wurde deportiert und umgebracht. Ort und Datum ihrer Ermordung sind unbekannt.

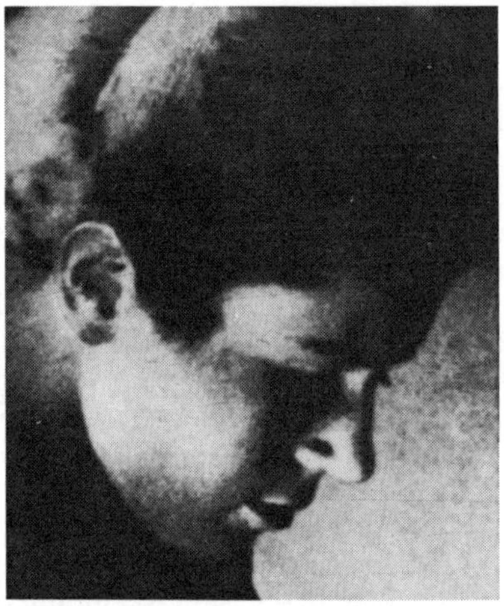

Maria Terwiel war gläubige Katholikin. Wegen ihrer Verbindung zur Widerstandsorganisation Schultze-Boysen/Harnack, weil sie Predigten des Kardinals von Galen verbreitet und Pässe für Juden besorgt hatte, wurde sie 1943 im Alter von 43 Jahren hingerichtet.

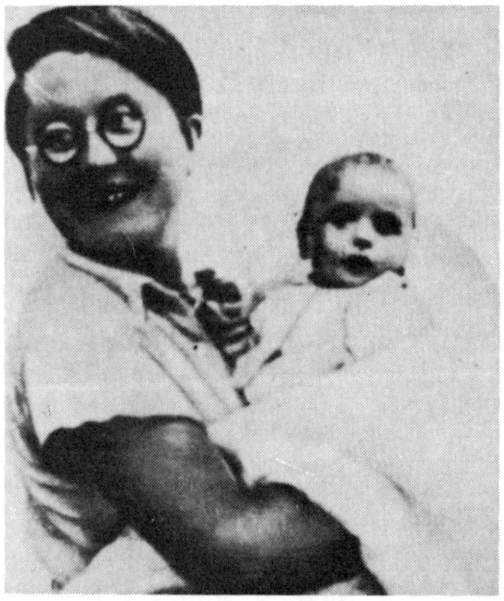

Lieselotte Hermann wurde am 20.6.1938 in Berlin hingerichtet. Sie hatte illegale Flugschriften verbreitet und war im Dezember 1935 verhaftet worden. Trotz aller Mißhandlungen in der Haft gab sie keinen Namen von Mitkämpfern preis. Sie war die erste Frau, die in Plötzensee unter dem Fallbeil starb.

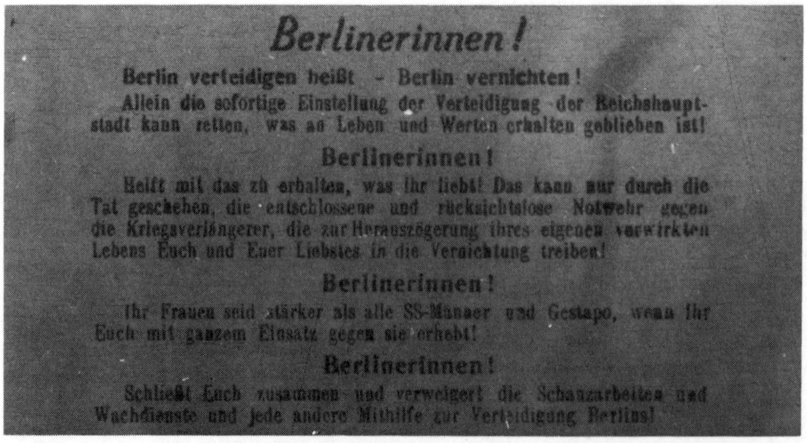

Berlinerinnen!

Berlin verteidigen heißt – Berlin vernichten!

Allein die sofortige Einstellung der Verteidigung der Reichshauptstadt kann retten, was an Leben und Werten erhalten geblieben ist!

Berlinerinnen!

Helft mit das zu erhalten, was ihr liebt! Das kann nur durch die Tat geschehen, die entschlossene und rücksichtslose Notwehr gegen die Kriegsverlängerer, die zur Herauszögerung ihres eigenen verwirkten Lebens Euch und Euer Liebstes in die Vernichtung treiben!

Berlinerinnen!

Ihr Frauen seid stärker als alle SS-Männer und Gestapo, wenn Ihr Euch mit ganzem Einsatz gegen sie erhebt!

Berlinerinnen!

Schließt Euch zusammen und verweigert die Schanzarbeiten und Wachdienste und jede andere Mithilfe zur Verteidigung Berlins!

Flugblatt aus den letzten Wochen des Krieges. Frauen waren nicht nur die Adressatinnen, sondern oft auch die Herstellerinnen und Verbreiterinnen dieser Flugzettel.

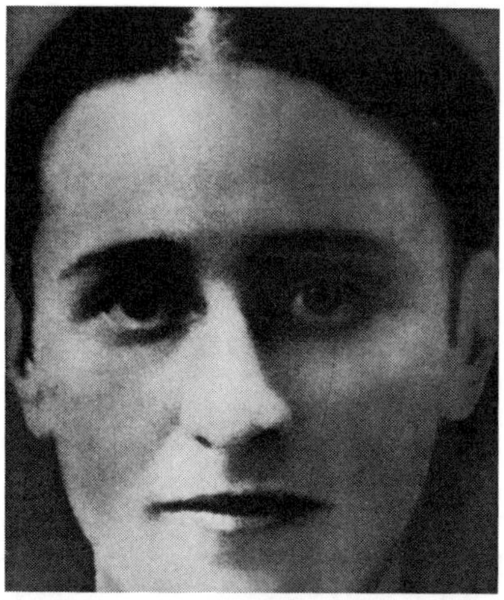

Olga Benario, Mitglied des Kommunistischen Jugendverbandes, verließ nach der Machtübernahme der Nazis Deutschland. 1935 wurde sie mit ihrem Mann in Brasilien verhaftet und der Gestapo ausgeliefert. Im Frauengefängnis in Berlin kam ihr Kind zur Welt. Olga Benario wurde nach Ravensbrück deportiert und 1942 in der Vernichtungsanstalt Bernburg vergast.

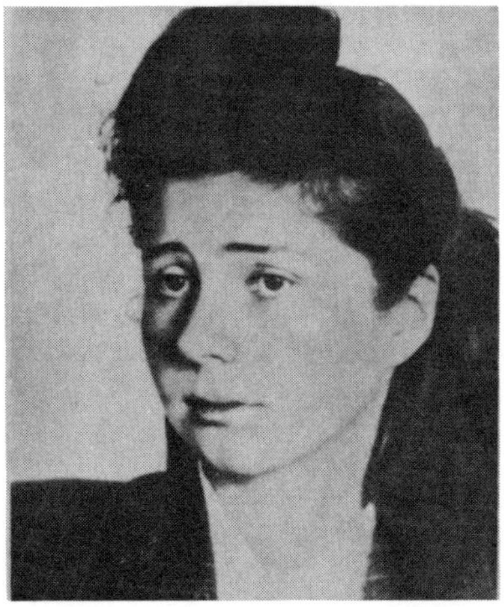

Liane Berkowitz war Funkerin der internationalen Widerstandsorganisation »Rote Kapelle«. Zwei Tage vor ihrem zwanzigsten Geburtstag wurde die Studentin in Berlin-Plötzensee hingerichtet.

Der Oberreichsanwalt
beim Volksgerichtshof

Berlin-Plötzensee, den -9. JUN. 1944
(Richtstätte des Strafgefängnisses)

1 J 56 /43

Vollstreckung des Todesurteils
gegen:
Emmi Z h e d e n
....

Gegenwärtig:
als Vollstreckungsleiter:
LGR. Dr. K l ü v e r ....
als Beamter der Geschäftsstelle:
Justizangestellter K a r p e ...

Um 13^{00} Uhr wurde die Verurteilte, die Hände auf dem Rücken gefesselt, durch zwei Gefängnisbeamte vorgeführt. Der Scharfrichter R ö t t g e r aus B e r l i n stand mit seinen drei Gehilfen bereit.

Anwesend war ferner:
der Gefängnisbeamte

Nach Feststellung der Personengleichheit des Vorgeführten mit der Verurteilten beauftragte der Vollstreckungsleiter den Scharfrichter mit der Vollstreckung. Der Verurteilte, der ruhig und gefaßt war, ließ sich ohne Widerstreben auf das Fallbeilgerät legen, worauf der Scharfrichter die Enthauptung mit dem Fallbeil ausführte und sodann meldete, daß das Urteil vollstreckt sei.

Die Vollstreckung dauerte von der Vorführung bis zur Vollzugsmeldung 7 Sekunden.

»Die Angeklagte Zehden hat es in den Jahren 1940 bis 1942 in Berlin als Anhängerin der Vereinigung internationaler Bibelforscher unternommen, drei Wehrpflichtige, die ebenfalls dieser Vereinigung angehörten, durch Gewährung von Unterschlupf und Verpflegung der Erfüllung der Wehrpflicht zu entziehen. Sie wird deshalb wegen Wehrkraftzersetzung in Verbindung mit landesverräterischer Begünstigung des Feindes zum Tode und zu lebenslangem Ehrverlust verurteilt.« Urteilsbegründung der Richter Cabanis, Lorenz, Offermann, Hartmann und Gödel am 19. November 43 vor dem Volksgerichtshof.

Minna Fritsch

Putzfrau, Berlin-Kreuzberg alias Paula, Kurier der KPD

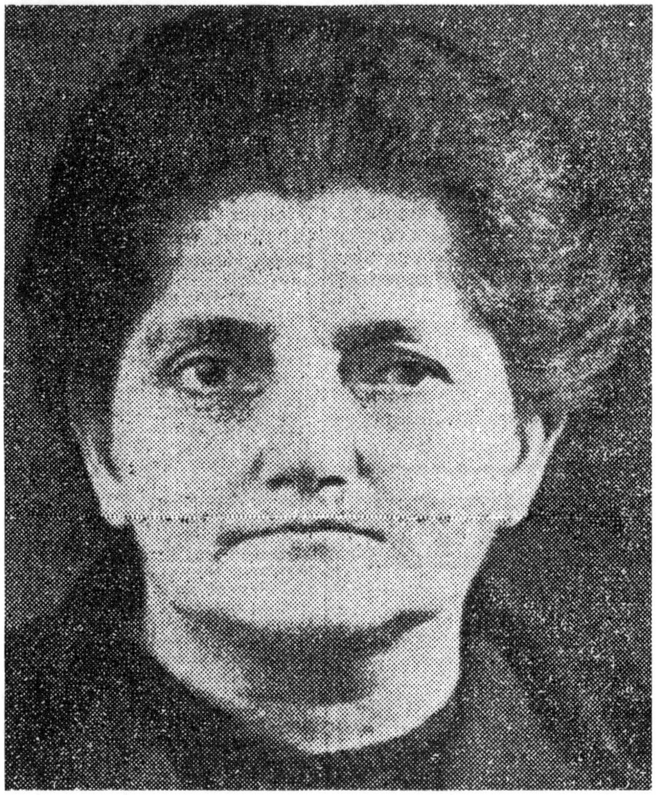

Minna Fritsch, geboren 1889, hatte sich nach einer unglücklichen Ehe von ihrem Mann getrennt. Mit Putzen und Waschen versuchte sie, sich und ihre zwei Töchter durchzubringen. In ihrer knappen Freizeit war sie für die Rote Hilfe tätig und half Menschen, denen es noch schlechter ging als ihr. Anfang der zwanziger Jahre trat sie der KPD bei und war jahrelang – bis zum Machtantritt der Faschisten – Kassiererin ihrer Wohnparteigruppe rund um den Wassertorplatz in Berlin-Kreuzberg.

Zweimal wurde sie von der Gestapo verhaftet und gefoltert: Man hoffte von ihr, der Kassiererin, Namen weiterer Gruppenmitglieder zu erfahren. Sie aber schwieg, und so ließ man sie laufen, um sie und ihre möglichen Kontaktpersonen zu überwachen. 1936 floh Minna Fritsch auf Beschluß der Parteileitung nach Prag, wo zu der Zeit das ZK der KPD arbeitete.

Minna Fritsch war eine einfache, unauffällige Arbeiterfrau wie Millionen andere. Schon in Berlin hatte sie im Auftrag der illegal weiterarbeitenden Roten Hilfe Botengänge und Geldsammlungen durchgeführt, die für bekanntere Genossen zu gefährlich waren. Jetzt bestand sie darauf, daß man sie – obwohl bereits fast 50 Jahre alt und asthmaleidend – als Kurier einsetzte: die schwierigste und gefährlichste illegale Arbeit, die es gab. Denn es bedeutete, daß sie auch in Prag nur halb legal leben konnte und daß sie lernen mußte, in schwierigsten unvorhergesehenen Situationen völlig auf sich selbst gestellt zu handeln und bei ihren Reisen nach Deutschland bei jedem Schritt ihr Leben zu riskieren.

Paula – das war ihr Deckname – brachte meistens Druckschriften und Informationen für die illegale Arbeit nach Berlin. Die Papiere versteckte sie am Körper und überquerte so illegal die Grenze – der Weg führte nachts, bei Wind und Wetter, mehr als fünf Kilometer über Sturzacker und durch Unterholz. Vierzigmal überquerte Paula so die deutsch-tschechoslowakische Grenze, vierzigmal bewies sie ein Höchstmaß an Mut, Klugheit und Geistesgegenwart, hatte jeden Menschen, dem sie im faschistischen Deutschland begegnete, genauestens einzuschätzen, denn jede Unachtsamkeit konnte ihr Leben, ihren Auftrag und das Leben anderer Antifaschisten gefährden. In Berlin durfte sie nur mit den jeweils eingeweihten Kontaktpersonen – meistens Kommunisten, manchmal jedoch auch Sozialdemokraten und Parteilose – zusammenkommen. Nicht einmal ihre Töchter und ihre Enkelkinder durften von ihren heimlichen Reisen wissen; darunter litt Minna Fritsch am meisten. Sie hatte ihnen 1936 nach ihrer Flucht zur Tarnung geschrieben, sie habe einen polnischen Lebensgefährten gefunden und wolle nun mit ihm zusammenbleiben – der Brief wurde aus Polen abgeschickt. Erst 1939 hörte danach ihre Familie wieder von ihr aus London, wohin sie nach der Besetzung der Tschechoslowakei durch die Deutschen geflohen war.

In England erlebte Minna Fritsch eins der schlimmsten Kapitel ihres Lebens: Ende 1939 wurde sie wie die meisten deutschen Antifaschisten zusammen mit den in England lebenden Nazis in einem Lager auf der Isle of Man interniert. Hier lebte sie mit 3000 Frauen und 200 Kindern aus Deutschland, Österreich und der Tschechoslowakei zwei Jahre. Erst im Herbst 1941 wurde sie aus dieser entwürdigenden Internierungshaft entlassen und konnte nach London zurückkehren, wo sie sofort wieder für antifaschistische Organisationen wie den Freien Deutschen Kulturbund zu arbeiten begann.

Gleich nach Kriegsende stellte Minna Fritsch zusammen mit Tausenden anderer den Antrag auf Heimfahrt. Aber bevor die Genehmigung eintraf, starb sie am 14. September 1946 an einem Herzschlag. Eine Freundin brachte die Urne mit ihrer Asche nach Berlin zurück. Sie wurde auf der Gedenkstätte der Sozialisten in Berlin-Friedrichsfelde neben Franz Mehring, Klara Zetkin und vielen anderen beigesetzt.

Minna Fritsch über ihre letzte Kurierreise nach Berlin in einem Interview, das sie 1942 in London gab

Eng um meinen Körper auf die Haut gebunden beförderte ich 250 Kopien einer illegalen Zeitung sowie anderes Material. Es war halbvier Uhr morgens, sehr dunkel und so kalt, daß der Schnee unter den Schuhen knirschte. Meine Begleiterin lief mir als Führer in etwa 30 Meter Abstand voraus. Die Zeit vor der Dämmerung ist kostbar. So schnell wir konnten, überquerten wir ein ungepflügtes Feld und arbeiteten uns zum Kamm des Berges, der die Grenze war, vor. Es fiel Schnee in dieser Nacht, und das Gehen war schwer.

Oben angelangt wurden wir vom Wind in seiner vollen Stärke überfallen. Aber wir hielten unsere Röcke über den Knien fest, so daß wir wie sittsam reisende Damen aussahen und nicht wie ein »Dreckpaket« im Sonntagsanzug. Wenn alles gut ging, sollte ich nachher meine schweren Schuhe gegen leichte, saubere tauschen, die meine Gefährtin für mich mit hatte.

Der Mond schien jetzt. Hinter einem Vorhang von Nebel lugte er bleich und weich wie eine Zitrone hervor. »Schau mal«, sagte ich. »Ja, es sieht schön aus, Minna, aber paß lieber auf und komm mir nicht zu nahe. Wir sind noch nicht drüben.« Ich blieb zurück. Es ging jetzt abwärts. Der Wind hatte nachgelassen. Eine halbe Stunde später lag die Grenze hinter uns; knapp zwei Meilen entfernt davon die kleine Station im Tal.

Wir waren gerade an der Hauptstraße, die zur Station führte, angelangt, als ich durch einen unbedachten Schritt im Dunkeln stolperte und in den eisigen Straßengraben fiel – ich fiel böse und verlor die Kontrolle über mich. Meine Gefährtin hatte wohl bemerkt, daß ich nicht mehr folgte und war umgekehrt. Ich hörte ihr Rufen erst, als sie wenige Meter von mir entfernt war. Ich fühlte mich miserabel, ich wollte ihr nicht sagen, daß mein Fuß völlig geschwollen war und daß ich außerstande war aufzustehen. Ich hörte sie kommen und gehen und schwieg eigensinnig. Ich wußte, daß ich nicht weitergehen konnte.

Plötzlich kam Gertie auf mich zu. Weich spürte ich ihren Atem in der Dunkelheit. Es war gut, ihre Nähe zu spüren, und ich fing an zu weinen. »Minna, warum antwortest Du nicht?« Sie schüttelte mich wie wahnsinnig. »Minna, Minna, bist Du verletzt?« Mit einem Taschentuch wischte sie mir die Tränen ab. Sie untersuchte meinen Fuß gründlich und mußte feststellen, daß sie nicht helfen konnte. So rollte sie den Strumpf wieder hoch, setzte sich neben mich und barg meinen Kopf in ihrem Arm. Um sechs Uhr begann es hell zu werden. »Es ist besser, Du gehst jetzt«, sagte ich, »die Anhänger Henleins sehen Dich sonst, wenn Du die Berge herabkommst.« Sie klopfte mir auf den Rücken und stand auf. »Das macht nichts. Möchtest Du die Schuhe haben?« »Nein«, sagte ich, »ich bekomme sie ja doch nicht an, nicht?« So gut sie konnte, setzte sie mich auf, gegen einen Baum gelehnt. Einen Augenblick später war sie fort. Sie sagte nicht auf Wiedersehen. Sie konnte es auch gar nicht, denn sie weinte ebenfalls.

Als der Tag anbrach, fühlte ich mich sehr einsam. Gertie mußte schon eine gute halbe Stunde fort sein. Der Nebel sank langsam, und die Sonne zeichnete die Schatten der eiligen Wolken auf die mit Schnee bedeckten Felder. Ich fühlte mich so elend.

Nicht eine Menschenseele war zu sehen, als ich versuchte, vom Baum loszukommen. Ich stützte mich hinten auf und erreichte nach vielen unfruchtbaren Versuchen einen hinausragenden Ast der Eiche, an dem ich mich hochziehen konnte. Ich fühlte mich gut, als ich stand, und spie den bitteren Geschmack des Schneewassers aus, rückte die Zeitungsblätter zurecht und ließ vorsichtig meine Röcke wieder darüber. Ich wollte zur Station hüpfen, wenn es nicht anders ging. Bis zur Station war es noch eine Meile. Ich schaffte je Viertelstunde 100 Meter. Ich hätte das Hüpfenwollen als Spaß aufgefaßt, wenn nur nicht die fürchterlichen Schmerzen bei jedem Auftreten gewesen wären.

Auf der Bahnstation hielt ich mich von den üblichen Reisenden – Bauern und ein bis zwei Geschäftsreisende – abseits. Als der Zug einlief, konnte ich nicht allein einsteigen. Der Stationsbeamte half mir. Ich setzte mich auf einen Eckplatz und stand nicht wieder auf, bis der Zug durch die Vororte von Berlin rollte. Mühsam bewegte ich mich zur Toilette, um meine Zeitungen zu sichern. Als der Zug einfuhr, stiegen alle aus. Ich hörte den Beamten die Türen schlagen, schlüpfte schnell hinaus und wollte aussteigen, aber mein Mantel verfing sich in der Tür, und ich fiel mit dem Gesicht auf den Bahnsteig. Es entstand ein Auflauf, alle bemühten sich um mich. Man rief ein Auto und packte mich hinein. Es war sehr schön, aber schwierig, denn ich wollte nicht, daß man mich nach Hause begleitete. Aber niemand schöpfte Verdacht. Keiner bemerkte meine schmutzigen Kleider und Schuhe.

Ich hatte meine Zuflucht weit weg vom Hauptbahnhof in einem Arbeiterviertel. Wenn es dort an die Tür klopft, denkt man nicht immer, daß es der Briefträger oder der Nachbar ist. So klopfte ich also leise, mit Unterbrechungen. Erna öffnete, ich lächelte sie an, aber sie schien nicht froh zu sein. Sie nahm mich am Arm und zog mich schnell hinein.

Ich wollte mich gleich setzen und ihr alles erzählen. Aber sie legte einen Finger auf die Lippen und ging mir voran. Emil lag auf der Couch, sie setzte sich neben ihn und betupfte mit einem Schwamm seine Stirn. »Seit drei Tagen schon hat er hohes Fieber«, sagte Erna und wandte sich einen Augenblick um. »Minna, Du kannst hier nicht bleiben. Es ist nicht sicher. Vor zwei Tagen ist die ganze Bezirksorganisation verhaftet worden.« Sie sagte es leidenschaftslos und ohne Furcht, nur ihre Augenbrauen zogen sich zusammen, während sie das Gaslicht regulierte. Ich wollte etwas sagen, aber sie winkte ab. »Denk nicht, daß ich Dich heute Nacht schon gehen lasse. Aber es ist Glückssache, wenn nichts passiert. Zeig mal Deinen Fuß. Es sieht bös' aus, nicht wahr?« »Ja«, sagte ich. »Ist Dir jemand gefolgt?« »Nein.« »Arme alte Minna«, seufzte sie, »Du kommst zu einer schlechten Zeit.« »Was weißt Du von Max?« fragte ich. »Sie haben ihn umgebracht.« »Und Ernst?« Darauf schwieg sie. »Und Emil?« »Er war im Krankenhaus. Der Doktor sagt, daß es sehr schlimm ist. Bitte, sprich nicht!« »Was ist mit dem schönen Bild, das ich so gern hatte?« fragte ich. »Oh, das haben sie zerschnitten, als sie das letzte Mal hier waren.« »Hattest Du Flugblätter hier, als sie kamen?« »Ja«, antwortete sie, »die Schweine haben alles kaputt gemacht, sie haben sogar den Gasofen auseinander genommen, aber sie haben nicht unter die alten Zeitungen geschaut, einen ganzen Berg ›Völkischer Beobachter‹, sie haben nur danach gestoßen. Vielleicht war es falsch von mir, aber sie kamen so plötzlich, daß ich sie nicht mehr anderswo verstecken konnte.« Emil drehte sich schwer. Erna ging zu ihm und legte ihm die Hand auf die Stirn. Dann brachte sie mir einen Lehnstuhl und richtete ihn zum Schlafen her.

Am nächsten Morgen wechselte ich mein Quartier. Es war nichts Besonderes, aber bequem genug. Mein Fuß ging einigermaßen, und ich konnte wieder laufen. Ich traf die meisten, die ich treffen sollte, und konnte den größten Teil des Materials übergeben. Ich schrieb Hunderte von Briefumschlägen und fuhr kreuz und quer durch Berlin, um die Briefe einzustecken. Hätte die Gestapo den einen oder anderen erwischt, hätten die anderen trotzdem ihre Empfänger erreicht.

Auf einer dieser Fahrten durch Berlin hatte ich ein Erlebnis, das ich nicht vergessen kann. Ich kam durch die Straße, in der meine Freunde und meine Familie lebten. Es war gefährlich, aber ich fühlte mich sicher, trotz des Risikos, erkannt zu werden. Da fiel mir ein Junge auf, der mir vom Aussehen und von den Bewegungen her sehr vertraut erschien. Mein Herz setzte aus: Drüben im Toreingang spielte mein eigenes Enkelkind! Es tut weh, ein Flüchtling in der eigenen Heimatstadt zu sein, aber noch schwerer ist es, sich abwenden zu müssen von einem lieben Gesicht aus Furcht, das arglose Kind könnte zum Verräter an der eigenen Großmutter werden und sie dem Henker ausliefern. Ich bekenne, daß es meiner größten Selbstbeherrschung bedurfte, das Kind blickte nach mir, erkannte mich aber nicht. So dachte ich wenigstens und eilte vorbei.

Ich hatte mir vorgenommen, mich durch nichts von meiner Aufgabe abhalten zu lassen, und hielt auch mein Versprechen. Aber diesmal fühlte ich, wie meine Knie zitterten, und ich hatte plötzlich den großen Wunsch, wieder in Prag bei meinen Freunden zu sein. Ich beschleunigte meine Arbeit und verließ Berlin am nächsten Tag.

(Aus: Freimut Schwarz, From the Stories of Minna (gekürzt), in: Women under the Swastika, London 1942)

»Frauen unterm Hakenkreuz«, Broschüre des »Freien Deutschen Kulturbundes« im Dezember 1942 in London. Darin auch der Bericht über die letzte Kurierreise von Minna Fritsch nach Berlin. Jahre später diente ihr Leben als Vorlage für den Fernsehfilm »Die Mutter und das Schweigen« von Ursula und Michael Tschesno-Hell, DDR.

Annemarie Tröger

Die Frau im wesensmäßigen Einsatz

Es hat sich in der wissenschaftlichen und politischen Diskussion herumgesprochen, daß die Nationalsozialisten doch nicht alle Frauen aus der Erwerbstätigkeit vertrieben und nicht alle »arischen« Frauen zu »Nur-Hausfrauen« und zu Müttern gemacht haben. Konnten sie nicht? Wollten sie gar nicht? Wußten sie überhaupt, was sie wollten? Eines ist sicher: Sie wollten den Krieg, die Erweiterung des Lebensraums oder, besser gesagt: die Erweiterung des Wirtschafts- und Ausbeutungsraums, da Deutschland angeblich vom »Volkstod« bedroht war und das Volk für den Großraum erst in der »Gebärschlacht« erzeugt werden mußte. Diesem Ziel wurde alles untergeordnet, selbst wenn es ihrer Ideologie widersprach. Zweitens konnten und wollten die Nationalsozialisten nicht gegen die Interessen der »deutschen Wirtschaft« – wie das kapitalistische System mit seinem politischen Zentrum, der Großindustrie, so beruhigend genannt wurde – handeln, und das nicht nur, weil sie die deutsche Wirtschaft zu ihrer Kriegsführung brauchten, sondern auch, weil sie mit deren Zustimmung die Macht ergriffen hatten, um Bedingungen herzustellen, die dem deutschen Kapital halfen, aus seiner tiefen ökonomischen, sozialen und politischen Krise herauszukommen.[1]

1935 äußerte bereits der Reichsleiter der Deutschen Arbeitsfront Robert Ley, daß die Bedeutung der Beschäftigung weiblicher Arbeitskräfte zunächst überschätzt worden sei und es tatsächlich manche Arbeiten gäbe, die der Mann nicht so schnell und so gut wie eine Frau machen könne, ein Ersetzen also gar nicht nötig sei.[2]

1936 forderte ein hoher Beamter des Reichskriegsministeriums: »Die Frau wird im Ernstfalle im großen Umfange die Arbeit in den Fabriken leisten müssen... Auch hier müssen sich die sozialen Bestrebungen (damit sind die der NSDAP gemeint; A.T.), die Frau aus dem Betriebe zu lösen, den militärischen Notwendigkeiten unterordnen.«[3]

1937 meldete das Institut für Konjunkturforschung in Berlin bereits ein Defizit von einer halben Million Arbeitskräften; deshalb sei es notwendig, stärker als bisher kleine Selbständige, mithelfende Familienangehörige und Frauen wieder in den Arbeitsprozeß zu integrieren.[4]

1941 – lange vor Stalingrad – gab das Reichspropagandaministerium die folgende »geheime« Information an die Schriftleiter von Zeitschriften: »Das Statistische Reichsamt hat jetzt die Entwicklung der Zahl der erwerbsfähigen und der erwerbstätigen Frauen bis zum Jahre 1952 vorausberechnet... Als Gesamtergebnis dieser Untersuchung ist festzustellen: In den Jahren 1942 bis 1952 wird... der Anteil der verheirateten Frauen im Erwerbsleben... zunehmen, der der unverheirateten Frauen wird auf Grund des Geburtenausfalls nach dem Weltkrieg ständig sinken, besonders die Jahrgänge unter 40 Jahren werden von dieser Minderung betroffen; sie werden sich in der Zeit von 1942 bis 1952 um rund dreiviertel Millionen verringern. Gleichzeitig wird der Anteil der älteren Frauenjahrgänge erheblich zunehmen. Die Folge wird erstens *ein verstärkter Einsatz der verheirateten Frau* und zweitens verstärkte Berufstätigkeit in älteren Jahrgängen sein (Hervorhebung: A.T.). Selbstverständlich eignen sich die vorgenannten Zahlen nicht zur Veröffentlichung, vor allem dann nicht, wenn Vermutungen über die zukünftige Gestaltung des Familienlebens und über die bevölkerungspolitischen Auswirkungen daran geknüpft werden.«[4a]

Dieser Rückkehr zur kapitalistischen Rationalität entsprach auch die konkrete Entwicklung: Die Anzahl der weiblichen Erwerbspersonen wuchs von 11,5 Millionen in den Jahren 1925 und 1933 auf 12,7 Millionen im Jahre 1939, das bedeutete eine Steigerung um zehn Prozent. Frauen machten damit 37 Prozent aller Erwerbstätigen des Jahres 1939 aus.[5] Ein Teil dieses Wachstums geht auf die besseren Erfassungsmethoden, aber auch auf eine echte Vergrößerung der Gruppe der »mithelfenden Familienangehörigen« zurück. Bei den abhängig Beschäftigten, also im wesentlichen den Arbeiterinnen und Angestellten, verlief die Entwicklung etwas langsamer: Der Höhepunkt von 1928 mit 7,2 Millionen abhängiger weiblicher Beschäftigter wurde erst 1941 wieder erreicht und wurde 1943 mit 8 Millionen überschritten. Wenn man sich die Prozentsätze der beschäftigten Arbeiterinnen und Angestellten ansieht, wird die Politik des Nationalsozialismus deutlich, zuerst einmal alle Männer in Lohn und Brot zu bringen und dann die weibliche Reservearmee einzusetzen. Der weibliche Anteil an den abhängig Beschäftigten hatte 1928 37 Prozent betragen, dieser Anteil wurde in der Vorkriegszeit nicht mehr erreicht. Selbst 1933 waren noch 35 Prozent aller Arbeiter und Angestellten weiblich. Nach der Machtergreifung sank dieser Anteil auf 31 Prozent in den Jahren von 1936 bis 1938. Er stieg aber dann nach Kriegsbeginn sehr schnell auf 38 Prozent an (1941), hauptsächlich aufgrund der Mobilisierung der wehrpflichtigen Männer.[6]

Die leider unveröffentlichte Magister-Arbeit von Renate Zimmermann-Eisel, die im wesentlichen auf der Auswertung des statistischen Materials und der relevanten Gesetze und Verordnungen beruht, interpretiert die Bedeutung der nationalsozialistischen Arbeitsmarktpolitik für die gesellschaftliche Situation der Frauen folgendermaßen:

»Es muß... betont werden, daß es dem Nationalsozialismus nicht darum ging, Frauenerwerbstätigkeit als solche vollkommen auszumerzen... Die Frauen sollten im Dritten Reich grundsätzlich die Ehe als Beruf anstreben und ausüben. Wenn so die verheirateten Frauen dem allgemeinen Arbeitsmarkt fernblieben, mußte es für die ledigen genügend Möglichkeiten geben, in ›artgemäßer‹ Tätigkeit den Lebensunterhalt zu finden; auf diese Weise konnte eine Trennung des weiblichen vom männlichen Lebensbereich realisiert werden. An dem Prinzip der frauenspezifischen Berufstätigkeit hielten die Nationalsozialisten sehr viel entschiedener fest als an dem Dogma der Ablehnung weiblicher Berufstätigkeit,... sie wollten sicherstellen, daß der nationalistische Glaubenssatz von der Überlegenheit des männlichen Geschlechtes durch die Frau nicht bedroht wurde. Hier liegt der Grund dafür, daß der Nationalsozialismus Frauenarbeit in Haus und Hof bejahte, in der Fabrik uneinheitlich behandelte, aber in gehobenen Berufen bekämpfte.«[7]

Meine eigenen Überlegungen, die ich in den folgenden Thesen zusammengefaßt habe, gehen in eine ähnliche Richtung.

Thesen zur Bedeutung des Nationalsozialismus für die Entwicklung der Erwerbstätigkeit von Frauen

1. Die Zeit des Nationalsozialismus stellt eine wichtige Phase in der Entwicklung der »modernen« geschlechtsspezifischen Arbeitsteilung dar. Das betrifft sowohl die gesamtgesellschaftliche Arbeitsteilung zwischen dem Produktionsbereich und dem sogenannten Reproduktionsbereich als auch die Arbeitsteilung im Produktionsbereich selbst. In dieser Zeit sollte (erneut) ein weiblicher Arbeitsmarkt mit relativ festen Grenzen etabliert werden.

2. Die Zeit zwischen den beiden Weltkriegen ist gekennzeichnet durch immer wiederkehrende staatliche Eingriffe zur Regulierung und Eindämmung der weiblichen Arbeitskräfte. Sie erwiesen sich als notwendig, da die normalen Mechanismen des kapitalistischen Arbeitsmarktes nicht mehr – und noch nicht wieder – ausreichten, um eine »geordnete« geschlechtsspezifische Arbeitsteilung aus sich selbst heraus zu reproduzieren. Es sei hier kurz, ohne sie genauer auszuführen, an bekannte historische Tatsachen erinnert: Im Ersten Weltkrieg wurden Frauen in einem vorher nie gekannten Ausmaß in »männlichen« Arbeitsgebieten und In-

Streik in der Kammgarnspinnerei Düsseldorf-Bilk! Sofort eröffnete die Internationale Arbeiterhilfe Streikküchen. Den Sammlern der Belegschaft flossen die Arbeitergroschen so reichlich zu, daß eine streikende Kollegin allein in zwei Stunden 9 Mark zusammenbringen konnte.

Auch die Belegschaft der Kleiderfabrik Bender und Gattmann in Frankfurt am Main trat gegen Lohnabbau in den Streik, der bei Redaktionsschluß schon über zwei Wochen dauerte. Bewaffnete Nazihorden (linkes Bild) überfielen die Streikposten und verletzten vier Arbeiter schwer und zehn leicht.

Frauen stellten Anfang 1933 nicht nur 35 Prozent der Arbeitskräfte, sondern waren meistens auch aktiv an Streiks gegen Lohnabbau etc. beteiligt. Wie hier am 29. Januar 1933 berichtet dabei die *AIZ* wiederholt von Überfällen der Nazis auch auf Streikposten. Oft werden Nazis auch als Streikbrecher genannt. Gleich nach der Machtübernahme begann die Nazi-Propaganda gegen die weibliche Berufstätigkeit als Teil des faschistischen Arbeitsbeschaffungsprogramms.

dustrien eingesetzt. Außerdem wurde in Deutschland zum ersten Mal in größerem Ausmaß die zerlegte, »rationalisierte« Massenproduktion eingeführt, und zwar in den Rüstungsindustrien. Beide Vorgänge hatten die seit dem zweiten Drittel des 19. Jahrhunderts geltende geschlechtsspezifische Arbeitsteilung in der Industrie und im Handwerk aus den Fugen gehoben: Die traditionellen Qualifikationshierarchien in der männlichen Arbeiterschaft und zwischen Männern und Frauen wurden unterhöhlt. Die Demobilisierungskampagne 1918/19 stellte den ersten massiven staatlichen Eingriff zur Reorganisation der geschlechtsspezifischen Arbeitsteilung dar. Allerdings sollte diese Ordnung nicht lange Bestand haben, denn durch die Rationalisierungswelle in der zweiten Hälfte der zwanziger Jahre wurde die Grenzmarkierung zwischen den Arbeitsbereichen von Männern und Frauen noch gründlicher und vor allem langfristiger durcheinandergebracht, als es der Erste Weltkrieg schon vermocht hatte. Die Anziehungskraft der faschistischen Gedankenkonstruktion von einer separaten Männer- und Frauenwelt, die uns heute eher komisch anmutet, wird aus den tiefgreifenden Veränderungen im Produktionsapparat und der daraus resultierenden Verunsicherung besonders der Männer, aber auch der Frauen, verständlicher. Die große Anzahl der unverheirateten, geschiedenen, verwitweten Frauen, besonders der Kriegerwitwen, die nun auf eine permanente Berufstätigkeit angewiesen war; die eher stagnierende Zahl von Arbeitsplätzen und die Masse der Arbeitslosen, die in der Zwischenkriegszeit permanent mindestens eine Million betrug, all das produzierte einen Druck, der die Geschlechterlinien auch in anderen als den industriellen Bereichen durcheinanderbrachte.

3. Dem NS-Regime kommt in dieser Hinsicht eine besondere historische Bedeutung zu: Zum ersten Mal in der neueren Geschichte übernimmt eine Regierung die Macht, in deren Herrschaftsideologie die Neuordnung der geschlechtsspezifischen Arbeitsteilung ein integraler Bestandteil ist und die diese Arbeitsteilung zu einem zentralen Punkt ihres Regierungsprogramms macht. Sie greift nicht, wie viele Regierungen vor ihr, sporadisch zur Wiederherstellung des alten »Gleichgewichts« auf rechtliche Maßnahmen zurück, sondern benutzt ein ganzes Arsenal von Instrumenten:

– direkte Eingriffe in die Größe und Struktur des Arbeitsmarktes: die Doppelverdienerkampagne,[8] die Ehestandsdarlehen,[9] der erzwungene Arbeitseinsatz zu Anfang des Zweiten Weltkrieges;

– die Jugendarbeitsmarktlenkung: neben der stark ausgebauten und ab 1936 obligatorischen »Berufsberatung« ist vor allem die Vielzahl der verschiedenen »Dienste« zu nennen: Arbeitsdienst, Landjahr, Pflichtjahr, hauswirtschaftliches Jahr. ...[10]

– den Einsatz von unbezahlten Arbeitskräften in gewöhnlich bereits entlohnten Bereichen, das betrifft vor allem sozialfürsorgerische Aufgaben;[11]

Frauen in Volkstracht als »Schnitterinnen«, »Vorm Hackpflug«, beim »Hecheln der Faser« und beim »Brechen des Flachses« oder als »Wäschermadel« – so erschien Frauenarbeit nach 1933 auf Zigarettenbildchen und in den Illustrierten.

– Propaganda der »Andersartigkeit der Frau« und der »wesensmäßigen Arbeit«.

4. Fast alle Maßnahmen hatten eine mehrfache Funktion, ihre arbeitsmarktpolitische Wirkung war dementsprechend diffus. Abgesehen von der Doppelverdienerkampagne hatte aber keine das Ziel, Frauen endgültig aus der Erwerbsarbeit zu eliminieren. Die generelle Marschrichtung hieß vielmehr: dequalifizieren! In ihr trafen sich die teilweise konkurrierenden, teilweise widersprechenden Interessen der verschiedensten Gesellschaftsgruppen:
– das der Industrie an einem billigen und disziplinierten Arbeitskräftereservoir, das nicht mehr wollte (zu wollen hatte) als Fließbandarbeit und Maschineschreiben;
– das der Männer des Mittelstands, die weibliche Konkurrenz um die mittleren und höheren Stellen loszuwerden;
– das von mittelständischenHausfrauen an Dienstboten;
– das der Landwirtschaft an Arbeitskräften, denen »nichts anderes übrigblieb«;
– und last not least das des Regimes an einer weiblichen Bevölkerung, deren einziges Ziel, Kinder zu produzieren, sich problemlos mit all den verschiedenen Aufgaben verbinden lassen sollte, bei denen »Not am Mann« war.

5. Aus dem Wirrwarr von Maßnahmen und Gruppeninteressen lassen sich zwei Richtungen oder »Modelle« für die Frauenarbeit erkennen: Mit dem *»Blut-und-Boden-Modell«* waren die Nazis angetreten, um die »liberalistisch-bolschewistischen und frauenrechtlerischen Auswüchse der Systemzeit«""[12] auszumerzen und die deutschen Frauen ihren wesensgemäßen Aufgaben zuzuführen. Dieses Modell, ein Konglomerat von Ressentiments und Frauenhaß, trägt den Stempel der »Kampfzeit der Bewegung«. Der harte Kern dieser Arbeitsmarktbereinigung, mit der auch die Massenarbeitslosigkeit der Weltwirtschaftskrise beseitigt werden sollte, war die Eliminierung von Frauen aus allen qualifizierten Arbeitsplätzen und Berufen, worunter bis ca. 1935 auch die Fabrikarbeit gerechnet wurde. Dagegen sollten Frauen permanent und in genügend großer Zahl in die minderbezahlte Arbeit in der Landwirtschaft und im Haushalt »zurückgeführt« werden.

6. Das *»sozialtechnische Modell«* ist im Gegensatz zum »Blut-und-Boden-Modell« kein originäres Gewächs der NS-Ideologie, sondern eine Weiterentwicklung betriebssoziologischer Ansätze aus der Weimarer Republik durch nationalsozialistische Arbeitswissenschaftler. Es wurde erst sehr viel später, im Rüstungsboom, und weitgehend unter Ausschluß der Öffentlichkeit als Lenkungskonzept für die Frauenarbeit in Industrie und Handel ausgearbeitet. Diesen Wirtschaftszweigen sollten die weiblichen Arbeitskräfte in einer »flüssigen« Form zur Verfügung stehen: Als jugendliche Angestellte und Arbeiterinnen sollten sie, nachdem sie ihren »eigentlichen« Beruf als Hausfrau und Mutter erlernt hatten, für einige Jahre in Industrie und Handel arbeiten, um nach ihrer Heirat im Haushalt zu verschwinden. Aber das wiederum nicht für immer, sondern sie sollten je nach Konjunktur wieder einsetzbar sein. Neu ist das Einplanen von verheirateten Frauen, deren Erwerbstätigkeit bis dahin immer als ein Übel betrachtet worden war, das zu beseitigen sich die Nazis als vordringliche Aufgabe gestellt hatten. Diese uns heute nur allzu vertraute Form des weiblichen Arbeitsmarktes bildete sich im wesentlichen erst in der Zwischenkriegszeit heraus und – so meine These – wurde erst im und durch den Nationalsozialismus ideologisch endgültig fixiert.

7. Der wirtschaftliche und soziale Hintergrund für das zweite Modell ist die Zunahme von Fließ- und Bandarbeit in fast allen Industrien und die Zunahme der unteren Arbeitsplätze im Angestelltenbereich. Schon in der Weimarer Republik waren sich die zuständigen Stellen der Wirtschaft und des Staates darüber einig, daß die wenigen einigermaßen qualifizierten Arbeitsplätze den männlichen deutschen Arbeitskräften überlassen werden sollten, da ihnen eine lebenslange sinnentleerte Arbeit nicht zuzumuten sei. Dies implizierte zweierlei für die Berufslenkung von Mädchen: erstens, Mädchen und Frauen an die Fließbänder zu ziehen, und zweitens zu verhindern, daß diese Frauen mehr wollten als Fließbandarbeit und Maschineschreiben. Der erste Punkt war so lange kein Problem, solange es, wie in der Zeit der Weimarer Republik, besonders während der Weltwirtschaftskrise und in den Jahren bis 1937, genügend erwerbslose Frauen gab, die schon aus ökonomischen Gründen gezwungen waren, jeden Arbeitsplatz anzunehmen. Der zweite Punkt aber war bereits in der Weimarer Republik zum Problem geworden: Größere Gruppen von Frauen, die sich in dauerhaften und einigermaßen qualifizierten Berufen etabliert hatten, wie die Akademikerinnen und die höheren und mittleren Beamtinnen der Weimarer Republik, störten das ohnehin labile System der Arbeitsverteilung in zweierlei Hinsicht: Sie nahmen den Männern diese privilegierten Plätze weg. (Gegen diese Frauen war auch die Doppelverdienerkampagne gerichtet). Mit zunehmender Vollbeschäftigung stellten diese privilegierten weiblichen Berufsgruppen wieder ein Modell für den Berufswunsch vieler junger Frauen dar. Während eine Hanna Reitsch (Testpilotin) oder eine Leni Riefenstahl (Filmregisseurin) ein nützlicher Traumstoff waren, an dem sich unbefriedigte Wünsche abarbeiten durften, stellten ein paar Tausend mittlerer Beamtinnen jedoch eine Gefahr für die Berufslenkung dar.

8. Die diversen verordneten Haushaltsjahre, -dienste und -schulungen hatten in dieser Hinsicht die Funktion, ein Ersatz-Berufsethos zu schaffen, um zu verhindern, daß Mädchen auf die Idee kommen könnten, einen qualifizierten Berufswunsch zu entwickeln. Allerdings muß hier zwischen Arbeiterinnen und Angestellten deutlich unterschieden werden: Das Ersatz-Berufsethos zielte primär auf die jungen Frauen, die aus mittelständischen und Facharbeiter-Familien kamen und einem Angestelltenberuf zustrebten. Die Ausbildung zur Hausfrau und Mutter sollte hier die Qualifizierung im Beruf verhindern und Aufstiegswünsche im Keim erstikken; sie war dazu da, die Ablösung vom Beruf von vornherein einzuplanen.[13] Die von der alten Frauenbewegung geschaffene und gelebte Rolle der selbständigen, in ihrem Beruf aufgehenden, unverheirateten Frau durfte keinesfalls von größeren Teilen der weiblichen Angestellten übernommen werden.

Für die jungen und älteren Arbeiterinnen dagegen war die Haushaltsschulung primär ein »Training zur Doppelbelastung«, sie sollten Hausarbeit und Erwerbstätigkeit *gleichzeitig* bewältigen können.[14] Bei ihnen war die Motivation, eine Arbeit aufzunehmen, klar: ökonomischer Zwang.

Die klassenspezifische Arbeitsmarktstrategie deckte sich durchaus mit der »differenzierten« Bevölkerungspolitik des Regimes, deren Hauptziel es war, die mittelständischen Frauen vom »Zwei-Kinder-System« abzubringen und der »Vier-Kinder-Familie« zuzuführen. Denn von ihnen war gemäß der sozialdarwinistischen Ideologie »erbgesünderer« und »rassisch wertvollerer« Nachwuchs zu erwarten als von Arbeiterinnen.[15]

Reichsarbeitsfrontführer Robert Ley auf Stimmungsmache bei Arbeiterinnen Ende 1934. Die Nazis hatten bei den Vertrauensleutewahlen eine Niederlage hinnehmen müssen (*AIZ* 2/1935).

Anmerkungen

1 Zur Koalition von verschiedenen Machtgruppen in der deutschen Gesellschaft zur Zeit des Nationalsozialismus gibt es eine breite Literatur. Ich möchte hier nur auf eines der ersten Bücher hinweisen: Franz Neumann: Behemoth, Struktur und Praxis des Nationalsozialismus 1933 bis 1944, Frankfurt/M. 1977.

2 Robert Ley: Durchbruch der sozialen Ehre, Berlin 1935, S. 244.

3 Oberst Thomas, Leiter des Wehrwirtschaftsstabes im Wehrmachtsamt des Reichskriegsministeriums anläßlich einer Tagung der Reichsarbeitskammer am 24. 11. 1936 in Berlin. Zit. nach Timothy Mason: Arbeiterklasse und Volksgemeinschaft, Opladen 1975, S. 185.

4 *Vierteljahreshefte zur Konjunkturforschung*, 11. Jg., 1936/37, H. 2.

4a Zeitschriften-Dienst des Reichspropagandaministeriums, 129. Ausgabe, 17. 10. 1941, Nr. 5517. Diese Berechnung ist der Hintergrund für die von mehreren Autoren verzeichnete »ideologische Neuorientierung« der Nationalsozialisten in der Frage der weiblichen Erwerbstätigkeit.

5 Erwerbspersonen heißt alle Beschäftigten und Arbeitslosen; darin eingeschlossen sind auch die mithelfenden Familienangehörigen. Nach den Berufszählungen 1925, 1933 und 1935, Statistisches Handbuch von Deutschland 1928–1944, München 1949, S. 32f. (im folgenden: Stat. H.).

6 Die wichtigsten Arbeiten zur Frauenerwerbstätigkeit im Nationalsozialismus: Jill Stephenson: Women in Nazi Society, London 1975; besonders ausführlich behandelt Stephenson die Frauen in gehobenen Berufen, v. a. Akademikerinnen. Die Position der alten Frauenbewegung wird zu einzelnen Fragen genauer referiert.
Timothy Mason: Zur Lage der Frauen in Deutschland 1930–1940: Wohlfahrt, Arbeit und Familie, in: Gesellschaft, Beiträge zur Marxschen Theorie 6, Frankfurt/M. 1976; Mason geht auf die Frage nach dem Einfluß der NS-Familienpolitik auf die Erwerbstätigkeit von Frauen ein.
Dörte Winkler: Frauenarbeit im »Dritten Reich«, Hamburg 1977; bisher ausführlichste Arbeit über dieses Thema, in deren Zentrum die Gruppe der Industriearbeiterinnen steht.
Stefan Bajohr: Die Hälfte der Fabrik, Geschichte der Frauenarbeit in Deutschland 1914–1945, Marburg 1979; Schwerpunkt der Arbeit: Industrie- und Landarbeiterinnen. Bajohr bringt einige Quellen, die bei Winkler nicht zu finden sind, teilweise andere Einschätzungen, z. B. in der Frage der Dienstverpflichtung im Zweiten Weltkrieg.
Renate Zimmermann-Eisel: Die soziale Stellung der Frau und ihre Einschaltung in den Arbeitsprozeß als Problem der Ideologie und Praxis des Dritten Reiches, Magister-Arbeit, Ruhr-Universität Bochum, 1976; gute statistische Auswertung. Die Arbeit ist wegen ihrer klaren Gliederung und ihrer Konzentration auf die wichtigsten Entwicklungen sehr gut als Einführungslektüre geeignet.
Leila Rupp: Mobilizing Women for War, German and American Propaganda, 1939–1945, Princeton 1978; Vergleich der deutschen und amerikanischen Propaganda, mit der die Frauen in die Rüstungsproduktion gezogen werden sollten.

7 Zimmermann-Eisel, a.a.O., S. 142.

8 Entlassung von verheirateten Frauen, deren Männer erwerbstätig waren, und von unverheirateten Frauen, die von ihren Eltern ernährt werden konnten. Diese Doppelverdienerkampagne wurde besonders im Öffentlichen Dienst durchgeführt.

9 Das Gesetz über Förderung der Eheschließungen ist Teil des Gesetzes zur Verminderung der Arbeitslosigkeit vom Juli 1933. Danach konnten Darlehen bis zur Höhe von 1000 RM an junge Ehepaare mit einwandfreier nationaler Gesinnung vergeben werden. Für jedes in der Ehe geborene Kind wurde ein Viertel des Darlehensbetrages erlassen. Bedingung für die Bewilligung war, daß die (zukünftige) Ehefrau in einem Arbeitsverhältnis gestanden und es bis zum Zeitpunkt ihrer Eheschließung gelöst hatte. Vom August 1933 bis Juli 1936 wurden 617390 Ehestandsdarlehen vergeben. Stat. Jahrbuch, 57. Jg., 1938, S. 48.

10 Die verschiedenen »Dienste« und »Jahre« waren der eigentlichen Berufsausbildung vorgeschaltet und hatten für Mädchen sehr viel mehr als für Jungen einen – dequalifizierenden – »Berufslenkungs«-Effekt: Konnten sich Eltern schon immer schwer dazu durchringen, ihren Töchtern, die »ja sowieso heiraten«, eine Berufsausbildung zu bezahlen, so mag ein zusätzliches Jahr ohne Verdienst in vielen Fällen den Ausschlag gegen eine Ausbildung gegeben haben.

11 Unbezahlte oder unterbezahlte sozialfürsorgerische Programme, die besonders darauf zielten, die Arbeitskraft von »Nur-Hausfrauen« zu mobilisieren, wurden v. a. von der NS-Frauenschaft organisiert.

12 Als »Systemzeit« wurde im Nazi-Jargon die Weimarer Republik bezeichnet.

13 Was hier geschieht, ist nichts anderes als ein »Eindeutschen« des jugendlichen Sexstereotyps, das die Privatwirtschaft in der Weimarer Republik aus dem gleichen Grund für die weiblichen Angestellten geschaffen hatte: nur blut- und bodenständiger sollten sie sein und mehr Kinder sollten sie bringen. Zur Weimarer Republik siehe Ute Frevert, in: Annette Kuhn/Gerhard Schneider: (Hg.), Frauen in der Geschichte, Düsseldorf 1979.

14 Carola Sachse: Hausarbeit im Betrieb. Betriebliche Sozialarbeit unter dem Nationalsozialismus, Opladen 1982.

15 Zur Bevölkerungspolitik des Nationalsozialismus siehe: Gabriele Czarnowski: Nationalsozialistische Frauen- und Familienpolitik, Staatsexamensarbeit, Marburg 1975; Iris Nebig: Die Bedeutung der Frau in der Bevölkerungspolitik der Nationalsozialisten, Staatsexamensarbeit, TU Hannover, o. J. (1976); Gisela Bock: Frauen und ihre Arbeit im Nationalsozialismus, in: Kuhn/Schneider, a.a.O.

Links: Die neue Diensttracht der BVG (Berliner Verkehrs-Gesellschaft) ist entschieden kleidsam. „Der Hut muß noch ein klein wenig aufs rechte Ohr gedrückt werden." Mitte: Um Ersatz für die zur Wehrmacht eingezogenen Schlepperführer zu schaffen, hat der Reichsnährstand die Durchführung von Sonderlehrgängen bei der Schlepperschule „Deulakraft" in Berlin-Wartenberg angeordnet, zu denen Frauen zugelassen werden. — Rechts: Wenn es sein muß, füllt die Frau jeden Posten aus und tut freudig ihre Pflicht wie jeder Mann. Hier wünscht der Briefträger seiner neuen Arbeitskameradin Glück auf den Weg. *Aufnahmen: Elisabet Häusel (2), Scherl Bilderdienst (2), Weltbild (2)*

Die Frau „steht ihren Mann"

Auch bei der Berliner S-Bahn weibliche Hilfskräfte. Hier wird der Fahrtrichtungsanzeiger von zarter Hand bedient.

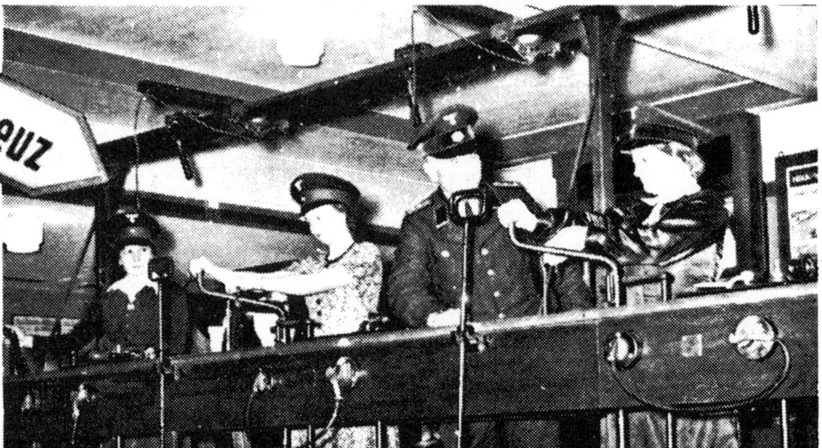

Ende September werden in Berlin etwa 265 Straßenbahnschaffnerinnen in Dienst gestellt sein. Wir sehen im Bilde die Schaffnerinnen bei einem Ausbildungskurs. Selbstverständlich müssen sie neben den notwendigen technischen Einrichtungen auch die Bedienung der Bremsen beherrschen, um im Notfall eingreifen zu können.

Die hübsche Tankwartin versteht von Zündkerzen und Vergaser mindestens ebensoviel wie ihr männlicher Kollege. Wahrscheinlich läßt sich der Fahrer mit dem roten Winkel von ihr besonders gern bedienen.

Ab September 1939 quellen die Zeitungen und Illustrierten über von Bildberichten über den »Arbeitseinsatz der Frauen an der Heimatfront«. Zuerst geht es vorrangig um Aufgaben in der Verwaltung und im Dienstleistungsbereich. Ab 1940 tritt jedoch mehr und mehr die Rüstungsproduktion in den Vordergrund. Oben: Das illustrierte Familienblatt ›*Der Rundblick*‹, 1. Oktober 1939

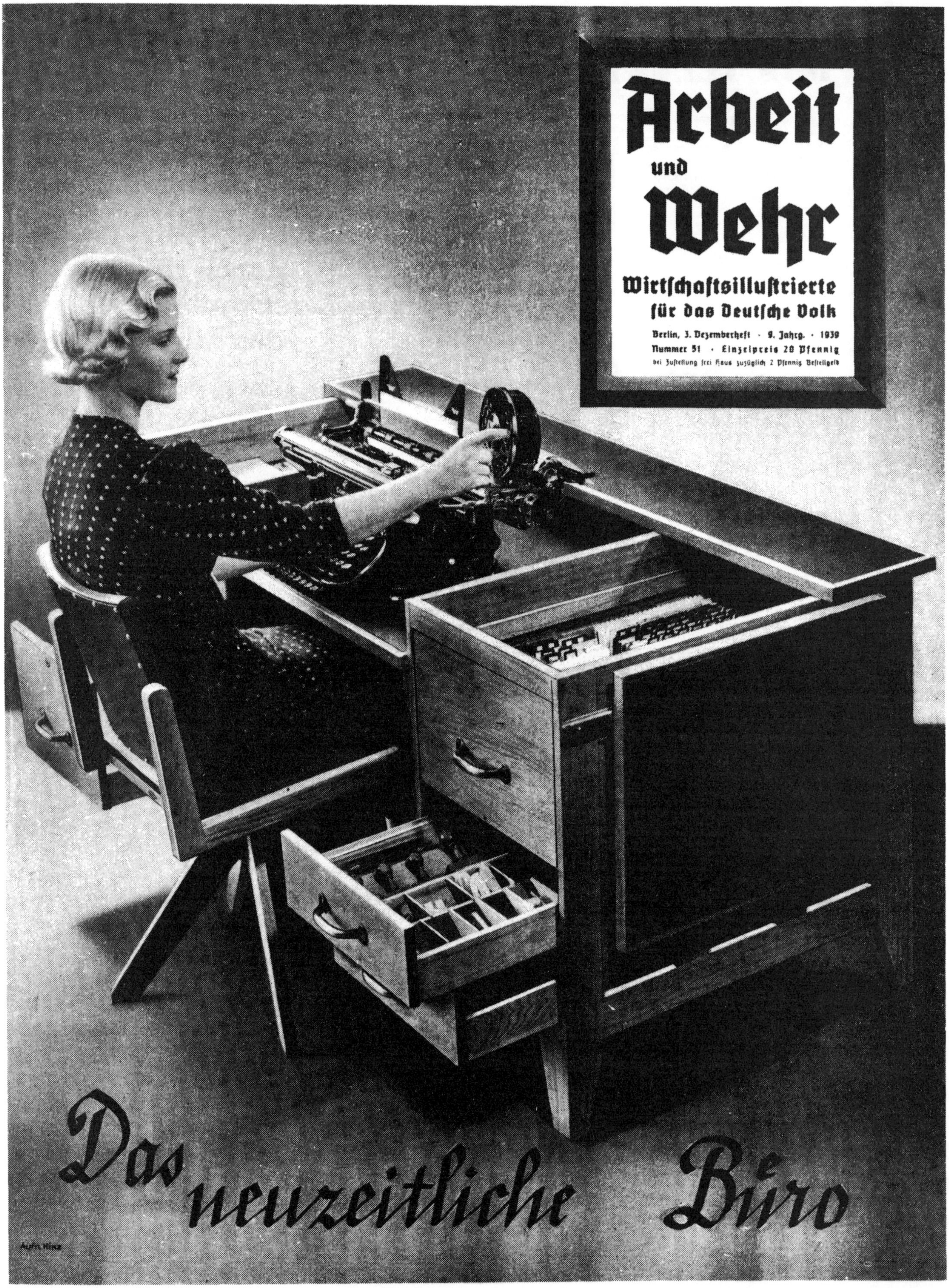
Arbeit
und
Wehr
Wirtschaftsillustrierte
für das Deutsche Volk
Berlin, 3. Dezemberheft · 9. Jahrg. · 1939
Nummer 51 · Einzelpreis 20 Pfennig
bei Zustellung frei Haus zuzüglich 2 Pfennig Bestellgeld
Das neuzeitliche Büro

Christa Wolf

Nachdenken über Christa T.

(Auszüge)

Mit den letzten Fahrzeugen, im engen Fahrerhäuschen eines Munitionsautos, fuhr sie im Januar fünfundvierzig nach Westen. Schlimmer als die wirklichen Ereignisse war, daß nichts, nicht einmal das Grauen selbst, einen noch überraschen konnte. Unter dieser Sonne nichts Neues mehr, nur das Ende, solange es dauert. Dazu die Gewißheit: so mußte es kommen. So muß ein Dorfgasthof aussehen, wenn die Menschheit sich verschworen hat, aus unwissender Angst in ihm zusammenzuströmen. Blasse Frauen, übermüdete Kinder und Soldaten bei ihrem Alltagsgeschäft der Flucht. Die Müdigkeit, die nicht nur von sechs durchwachten Nächten kommt; was das Wichtigste war, fällt einem aus der Hand, man bemerkt es nicht. Hockt sich auf den Boden; glücklich, wer ein Stück Wand hat, an das er sich lehnen kann. Christa T., um die Verzweiflung abzuwehren, zieht ein Kind auf ihren Schoß. Da beginnt das Radio über ihr zu dröhnen: Noch einmal, auch in der Hölle noch, diese fanatische, sich überschlagende Stimme, Treue dem Führer bis in den Tod. Sie aber, Christa T., noch ehe sie den Mann verstanden hat, fühlt sich kalt werden. Ihr Körper hat, wie auch sonst, eher begriffen als ihr Kopf, dem nun allerdings die schwere Aufgabe des Nacharbeitens bleibt, den Schreck aufzuarbeiten, der ihr in den Gliedern sitzt: *Das* ist es also gewesen, und so hat es enden müssen. Die hier sitzen, sind Verfluchte, und ich mit ihnen. Nur daß ich nicht mehr aufstehen kann, wenn das Lied nun kommt: Da ist es. Ich bleibe sitzen. Ich drücke das Kind fest an mich. Wie heißt du? Anneliese, ein schöner Name. Über alles in der Welt... Ich hebe den Arm nicht mehr. Ich habe das Kind, kleiner, warmer Atem. Ich singe nicht mehr mit. Wie die Mädchen singen, die auf der Theke gesessen, wie sogar die Soldaten, die rauchend und fluchend an den Wänden gelehnt haben, noch einmal gestrafft stehen, geradegerückt durch das Lied, o eure geraden Rücken, wie sollen wir wieder hochkommen?

Fertigmachen, rief der Beifahrer, sie hatten ihren Wagen wieder flott, Christa T. sprang auf und quetschte sich neben ihn, da fing die Nacht erst an, der Schneesturm auch. Schon vor dem übernächsten Dorf blieben sie stecken, da half kein Schaufeln, Hilfe mußte herbei; Sie, Fräulein, bleiben am besten hier sitzen. Sie sagte nichts, alles, was ihr zustieß, war zu genau eingepaßt in den Alptraum. Nun war sie wohl für immer in die andere Welt geraten, die dunkle, die ihr ja seit je nicht unbekannt war – woher sonst ihr Hang, zu dichten, dichtzumachen die schöne, helle, feste Welt, die ihr Teil sein sollte? Die Hände, beide Hände auf die Risse pressen, durch die es doch immer wieder einströmt, kalt und dunkel...

Wie bin ich zu bedauern, ich armes, armes Kind, sitz hinter festen Mauern, und draußen geht der Wind...

Glück gehabt, Fräulein. So banal sprach das Leben selbst, der verläßliche Beifahrer, den Schnee noch in der Hand, mit dem er ihr Gesicht abgerieben hatte. Er habe schon so ein Gefühl gehabt, daß sie einschlafen werde, aber wie sollte man in dieser Nacht in weniger als drei Stunden eine Zugmaschine auftreiben? Sie will lachen, Christa T., sie will das nicht ernstnehmen. Wo war sie doch eben, warm und geborgen? Es wäre das Schlimmste nicht, da wieder hinzukommen. Doch der Beifahrer rüttelt sie hart an der Schulter, er springt ab und heißt sie hinaussehen. Er beleuchtet mit seiner Taschenlampe ein kleines verschneites Bündel dicht neben ihrem Wagen. Er bückt sich und wischt an einer Stelle den Schnee mit seinen großen Handschuhen weg, da kommt ein Gesicht hervor, ein Junge. Der Beifahrer schippt das kleine Gesicht wieder zu und sagt zu Christa T.: Das wär's gewesen. Sie lebt, und der ist vielleicht gestorben, als sie schlief. Den muß sie nun auch noch mitnehmen. Wer würde fragen, ob das Gepäck zu schwer wird mit der Zeit? Merkwürdig, wie er nach Jahren wieder da ist, beim Anblick einer vermoderten Gasmaske in einem friedlichen Wald, auf einem Weg allerdings, der sie mit der dunkleren Hälfte der Welt, der sie immer entrinnen wollte, wieder in Berührung bringen soll...

Christa T. ging leicht nach vorn geneigt, wie gegen einen schwachen, aber dauerhaften Widerstand, an den man sich gewöhnt. Ich schob es auf ihre Größe. War sie nicht immer schon so gegangen? Sie sah mich an, lächelte. Jetzt wußte ich auch, warum ich es mir verwehrt hatte, sie gleich anzusprechen. Jetzt fiel mir die Frage ein, die diesem Augenblick angemessen war. Aber ich machte keinen Gebrauch von ihr – damals nicht, später nicht, und erst in meinem letzten Brief, den sie nicht mehr hat lesen können, habe ich sie angedeutet.

Einstweilen mußten wir die Lücke für unser eigentliches Gespräch mit Mitteilungen ausfüllen. Wohin es sie verschlagen hatte, wohin mich. Als wunderten wir uns, schüttelten wir die Köpfe über die seltsamen Bahnen der letzten sechs Jahre, die sich doch mehrmals fast berührt hatten. Aber »fast« ist nicht »wirklich«, das wußten wir inzwischen, und fünfzig Kilometer oder fünfhundert können gleich viel bedeuten. Ums Leben verpaßt ist soviel wie um Haaresbreite, wir hatten es erfahren, aber wir taten doch, als könnte der eine Kilometer, der gefehlt hatte zu einem früheren Treffen, uns immer noch staunen machen. Taten, als wollten wir wirklich wissen, was aus allem geworden war, sagten aber nicht viel dazu, dadurch verrieten wir uns. Wenn sie vom Tod unserer Lehrerin nichts gewußt hatte, so erfuhr sie es jetzt. Ach, sagte Christa T. Schnell sahen wir uns an. Ein ferner Tod. So fragten wir uns unsere Erlebnisse ab, als ließen sich Schlüsse daraus ziehen. Dabei merkten wir: Wir gebrauchten und mieden die gleichen Wörter. In der gleichen Versammlung hatten wir auch eben noch gesessen, die gleichen Schriften mußten wir beide gelesen haben. Viele Wege gab es damals nicht für uns, keine große Auswahl an Gedanken, Hoffnungen und Zweifeln.

Eines nur wollte ich wirklich wissen: War sie es noch, die in jedem beliebigen Augenblick, jetzt gleich, mitten auf der belebten Straße, unter den eiligen, schlecht gekleideten Leuten ihren Schrei ausstoßen konnte: Hooohaahooo...? Oder sollte ich sie vergebens wiedergefunden haben? Manches andere konnten auch andere Leute, denen ich inzwischen begegnet war. Das konnte nur sie.

Hatte ich Freude vermißt? Überraschung? Auf einmal kam Freude. Und sogar Überraschung traf ein, verspätet wie immer. Ein Wunder! Wenn es Wunder gab, war dies eins. Und wer sagt denn, daß wir nicht darauf gefaßt waren und ihm mit halben Sätzen ungebührlich begegneten? Wir standen an der Straßenbahnhaltestelle und begannen zu lachen. Alle die Tage, die auf einmal vor uns lagen! Wir sahen uns an und lachten, wie über einen gelungenen Streich, wie über ein ausgekochtes Schnippchen, das man jemandem gespielt hat, sich selbst vielleicht. Lachend trennten wir uns. Lachend stand sie und winkte mir nach, als ich abfuhr.

Das Lachen könnte ja bleiben. Aber den Weg vom Kaufhaus zum Bahnhof müssen wir noch einmal gehen, um andere Worte sagen, den Mut endlich finden, aus unseren halben Sätzen ganze zu machen, die Unschärfe aus unserer Rede tilgen, schade um die Zeit. Anderes ansehen sollen wir uns auch und anderes sehen. Nur das Lachen am Schluß soll bleiben: weil alle die Tage vor uns liegen. Die ganze Zeit, die die Unschärfe wegnehmen wird, ob wir wollen oder nicht. Dann lieber schon wollen.

Unschärfe? Das Wort mag befremden. Hat es doch den Jahren, von denen zu reden gewesen wäre, an Schärfe nicht gefehlt. Den Schnitt machen zwischen »uns« und »den anderen«, in voller Schärfe, endgültig: das war die Rettung. Und insgeheim wissen: Viel hat nicht gefehlt, und kein Schnitt hätte »das andere« von uns getrennt, weil wir selbst anders gewesen wären. Wie aber trennt man sich von sich selbst? Darüber sprachen wir nicht. Aber sie wußte es, Christa T., wie sie neben mir ging über die windigen Plätze, oder wir hatten uns nichts zu sagen. Der schnelle Blick, als wir über den Tod der Lehrerin sprachen – ein schwerer, ferner Tod –, bewies mir: Sie kannte diese Schuldlosigkeit aus Mangel an Erwachsensein.

Hier soll auf unserem wiederholten Weg, bei unserem Wiedersehen Horst Binder zwischen uns auferstehen, der Sohn unseres Nachbarn, eines Eisenbahners. Sie, Christa T., kannte ihn auch, ich hatte ihn ihr gezeigt, wie er mich verbissen verfolgte, wohin ich auch ging. Ich war wütend, von einer solchen Eroberung hat man nichts, er war unheimlich, man konnte sich nicht mit ihm brüsten. Ich riß ihm die Tasche wieder aus der Hand, die er mir tragen wollte, ich haßte sein strähniges Haar, das ihm in die Stirn fiel, und am meisten haßte ich seinen bedeutsamen, glühenden Blick. Ich wollte mit Christa T. über ihn lachen können, aber sie lachte auch nicht, mir schien, er tat ihr leid.

Bis wir eines Tages nebeneinander in Reih und Glied angetreten standen, ein riesiges Karree, weiße Blusen und braune Hemden. Der einarmige Bannführer rief mit lauter Stimme einen Namen über den großen Platz: Horst Binder. Was jetzt kommen sollte, sah ich voraus. Er war ja mein Nachbar, und unsere Straße war seit Tagen voll von seinem Namen, aber ich konnte diesen Namen nicht mehr aussprechen, darum schwieg ich über ihn, auch zu Christa T. Ich wich ihrem fragenden Blick aus und wünschte, was ich nicht wünschen durfte: Ich stünde nicht hier, nicht hier in dieser Reihe; er, Horst Binder, würde nicht vom Bannführer belobigt dafür, daß er seinen Vater, einen Eisenbahner, wegen Abhörens feindlicher Sender angezeigt hatte.

Ob sie begriff, warum wir uns nicht in die Augen sehen konnten, als wir wegtreten durften, habe ich nicht erfahren. Jetzt, während wir noch einmal vom Kaufhaus zum Bahnhof gingen, könnte ich ihr sagen, daß Horst Binder zuletzt, ehe die Rote Armee einzog, seine Mutter und sich erschossen hat. Wir könnten uns fragen, warum wir verschont geblieben waren, warum uns die Gelegenheiten nicht zugetrieben waren. Welche denn hätten wir ergriffen: Alle, keine? Und was wußten wir von uns, wenn wir das nicht wußten?

Diese entsetzliche Dankbarkeit über den Mangel an Gelegenheit wird man nicht vergessen. Und diesen Argwohn gegen den Erwachsenen in sich... Gegen ihn vorgehen, endlich, in voller Schärfe. Ihn verdächtigen, ihn anklagen, ihn überführen. Keine Widerrede dulden. Verteidigung höhnisch zurückweisen; das Urteil sprechen: lebenslänglich. Es annehmen. Es selbst vollstrecken.

Lebenslänglich. Kein leeres Wort.

Ein halber Satz genügt, auf einem Weg, sieben Jahre später, sich auch darüber zu verständigen.

Damals brach sie zusammen. Die Arbeit war es nicht, obwohl sie schwer gewesen sein mag, Uniformteile zuschneiden in diesem mecklenburgischen Bauernhaus, an einem zerkratzten Holztisch, während es trotz allem wieder Sommer wurde. Der junge sowjetische Leutnant kam manchmal herein und stellte sich an den Türrahmen, sah ihr zu, sah sie an, keiner wußte, was der andere denken mochte. Er gab ihr einmal die Hand, ehe er ging: Warum traurig? Da lief sie nach Hause, warf sich aufs Bett, biß in die Kissen, dann half nichts mehr, sie schrie. Ach du lieber Himmel, Herr Lehrer, diese Empfindlichkeit aber auch! Und immer ohne Grund!

Der Reiter, hinter dem nichts lag als ein zufällig fest gefrorener See, fiel tot vom Pferd, als er erfuhr, was er hinter sich hatte. Sie schrie nur, das ist nicht zuviel. Sie verbrannte ihre alten Tagebücher, da gingen die Schwüre in Rauch auf und die Begeisterungen, deren man sich nun schämte, die Sprüche und Lieder. Die Lebenszeit wird nicht ausreichen, wieder davon sprechen zu können, *ihre* Lebenszeit nicht. Für diese Sache bis zum Schluß die halben Sätze...

(Aus: Christa Wolf, Nachdenken über Christa T., Sammlung Luchterhand 31, Darmstadt und Neuwied 1969. Mit freundlicher Genehmigung des Verlages.)

Wittenberg

Helma Sanders-Brahms

Frieden, Freiheit, gute Butter

Kohlenklau verschwand von den Wänden, der riesige gemalte Männerschatten mit schrägen Schultern, der in den Winternächten als großer dunkler Alptraum in meine Kinderangst griff. Den Sommer darauf sah er schon lächerlich aus, denn seine Farbe blätterte von Regen zu Regen und fiel ab mit der Sonne. Und im Winter, der dann kam, klaute niemand mehr Kohlen. Sie waren wieder zu kaufen und glühten rot in den Öfen. Ich setzte mich ganz nah und fühlte die Wärme am Knie und sah in das leichte Spiel der Flammen, wie es durch das kleine Fenster ganz unten schien. Die Leute hatten neues Geld, grünes und blaues, es sah frisch aus, und die Leute mit dem neuen Geld sahen auch frisch aus, sie kauften und verkauften ohne Marken, und die Frauen weinten, als sie zum ersten Mal wieder eine neue Bluse und einen neuen Lippenstift sahen. Da war was zu haben, Korsetts und hochhackige Schuhe und dann auch bald die langen schwingenden Röcke, die fast bis auf die Knöchel gingen, die Kleider mit Schößchen unter der Taille und betontem Busen und Schleierhütchen und Knöpfhandschuhe, und mein Großonkel, der ein Geschäft für Maßanfertigung hatte, ließ die Kammgarne in großen Ballen über den Tisch rollen und maß vielmal an der Elle entlang, denn diese neuen Kleider kosteten Stoff. Ach, zu verschwenden, sich satt zu essen, in einem Bett ruhig zu liegen die ganze Nacht und auch die nächste Nacht und die übernächste, Geld zu haben, für das man kaufen konnte, Würste und Kuchen und Wein und Sekt und Puder und Nylons und dann auch Perlons, Hüte aufzusetzen, Teppiche auszubreiten, die Sofas zu leeren von denen, die darauf übernachteten, und sie nur noch zum Sitzen zu verwenden, Tee zu trinken und Teilchen mit Schlagsahne dazu zu essen – das Glück war zu kaufen, Häuser waren zu kaufen, das war was zum Greifen, und was nicht zum Greifen und nicht zum Kaufen war, das vergaß man besser. Die Betonmischmaschinen drehten sich, die Ladenkassen klingelten, da, wo eben noch eine Ruine gestanden hatte, stand nun ein viereckiger Neubau mit Klos und Balkonen, da, wo eben noch weggeworfene Kippen mit zittrigen Händen aufgehoben worden waren, gab es jetzt ein Geschäft für feine Zigarren, Spargelkraut legte sich zu roten Nelken im geblümten Papier, denn es gab wieder Damen, und es wurden ihnen wieder Blumen gebracht. Es gab auch Parteien, die klebten Plakate an die Wände und sprachen mit Lautsprechern aus fahrenden Autos in die stillen Sonntagsstraßen. Es gab eine Demokratie, davon redeten sie zu uns Kindern in der Schule und sagten, sie sei uns geschenkt, und wir müßten dankbar dafür sein.

Auf den grünen und braunen und blauen Landkarten in der Schulstube ging der helle Rohrstock hin und her und schlug große Kreise, das ist Deutschland, das dahinten ist auch Deutschland, jetzt unter – ja, du bitte, Karin – ja, unter polnischer Verwaltung, und das – ja, bitte, Elke – unter russischer Verwaltung – nein, es heißt sowjetischer Verwaltung, aber das sind die Russen, die sind dort auch, und wie nennt man das, Horst? Dort: Sowjetisch besetzte Zone, richtig, und wir sind in der – na, Herbert? – wir sind in der britisch besetzten Zone. Und wo kommen die Flüchtlinge her? Die kommen aus den – ja, Sieglinde – aus den deutschen Ostgebieten, die heute unter polnischer und sowjetischer Verwaltung stehen. – Und wonach streben wir, jetzt mal alle im Chor? NACH WIEDERVEREINIGUNG IN FRIEDEN UND FREIHEIT. – Und warum geht das jetzt nicht? Weil die Russen da sind. Nein, so kann man das nicht sagen. Weil im Osten den Menschen Frieden und Freiheit verweigert werden. Jetzt mal alle im Chor: WEIL IM OSTEN DEN MENSCHEN FRIEDEN UND FREIHEIT VERWEIGERT WERDEN.

Grün leuchtete das magische Auto am Radio, das uns mit der Welt verband, wenn es eingeschaltet war, und gelb auf der schwarzen Glasscheibe die kleingedruckten Namen der Städte, die ich langsam lesen lernte: Paris. Wien. London. Brüssel. Ljubljana. Skopje. Breslau. Es war ein Vorkriegsradio, und jetzt gab es darauf die Nachkriegsstationen; um sie zu finden, mußte man mit einem roten Zeiger an den gelbleuchtenden Städten vorbeifahren, und dann ging das magische Auge auf und zu, als wäre es das Auge einer Katze, und es zischte und knackte, bis man irgendwo zwischen Graz und Hilversum den Nordwestdeutschen Rundfunk gefunden hatte. »Tatatammtatata«, ging das Pausenzeichen. »Ist der Rundfunk bezahlt?« fragten die Witzbolde. Tatatammtatata... ist der Rundfunk bezahlt? »Wer soll das bezahlen?« sang es dann aus dem Rundfunk. »Der Insu-laaaner verliert die Ruhe nicht!« sangen die Berliner, und »Junge, komm bald wieder, bald wieder nach

Adenauer mit seiner Tochter Lotte

Haus!« sangen die Hamburger, und allen voran sangen die Kölner, bei denen war jahrelang Karneval, und es dröhnte aus allen Radios: Tätä---tätä-bumm!

Alle waren fröhlich, aber am allerfröhlichsten waren die Kölner, die schunkelten und sangen unaufhörlich und machten immer noch einen Witz, für den man auf die Pauke hauen konnte: Tätä---tätä---bumm! In die langen schwierigen Abende der wiedervereinigten Ehepaare, die nach Jahren der Trennung das gemeinsame Leben wieder bewältigen sollten, plapperte ein glückseliger Kölner namens Jacques Königstein mit dem »Idealen Brautpaar«, das er jeden Sonnabendabend unter vier mal zwei Kandidaten heraussuchte. Da war gemeinsames Empfinden gefragt. Zum Beispiel, ob man lieber in die Berge oder ans Meer führe. Gewonnen hatte das Paar, bei dem beide in die Berge wollten. Oder beide ans Meer. Verloren hatte das Paar mit verschiedenen Wünschen. Nur beim Brötchen war es kompliziert. Da durften nicht beide gern die obere Hälfte essen wollen, nein, einer mußte die untere vorziehen und der andere die obere, das war ideal.

Dann gab es Nachrichten im Radio, die waren ernst, deshalb wurden sie mit getragener Stimme im norddeutschen Tonfall vorgetragen. Und es gab die Politiker, die sprachen auch meist den getragenen norddeutschen Tonfall, und klangen besorgt, aber es gab auch einen, der sprach ganz ähnlich wie die lustigen Kölner, denen jeder Witz mit einem Tusch belohnt wurde, und der hatte natürlich den meisten Erfolg, weil man schon gleich an das ideale Brautpaar und anderes Gelungene denken mußte, wenn er die Stimme erhob, ein unhörbares Tätä---tätä---bumm folgte jedem seiner Sätze. In denen war von WIEDERVEREINIGUNG IN FRIEDEN UND FREIHEIT die Rede wie in der Schule, und die einleuchtende Sache mit den Brötchen und den Reisen ans Meer, die der Finder der idealen Brautpaare in rheinischem Singsang erläutert hatte, nahm sich in seinem Singsang ähnlich einleuchtend aus, wenn er sie auf unsere BRÜDER UND SCHWESTERN JENSEITS DER ZONENGRENZE im Verhältnis zu uns anwendete. MEINE DAMEN UND HERREN, fügte der eine wie der andere Kölner dazwischen immer noch gern ein, und man sah, daß beide in gut polierten Lackschuhen auf Parkettfußboden stehen mußten und blickte erwartungsvoll auf den eigenen abgewetzten Vorkriegsteppich, der so bald wie möglich ausgetauscht werden sollte. Gegen einen richtigen Perser, ja, aus dem Land der schönen Soraya, und um die Schultern den echten Persianer... aber das tragen doch jetzt die Metzgersfrauen – ja, was die kann, kann ich schließlich auch – Sie sollten mal meine Putzfrau sehen, die leistet sich mehr als ich – aber die Metzger verdienen doch am dicksten... ja, die Metzger verdienen am dicksten – alle wollen Fleisch, Schnitzel und Kotelett und gemischten Aufschnitt und Rouladen mit Speck und die Wurst dahinten, ja, es darf etwas mehr sein, gute fette Wurst, und ein Eisbein und noch vom gekochten Schinken, Leberwurst, Blutwurst, Knochenschinken, ein gutes Viertel, schön dick schneiden die Koteletts, ja noch eins mehr, mein Mann braucht zwei, und Sauerbraten und Rauchfleisch und Schinkenspeck und Salami, die echte. Am Thresen drängen sie sich und stoßen mich weg, weil ich noch ein Kind bin. Ein Viertel Gehacktes, gemischt, soll ich kaufen, und als ich endlich dran bin, zähle ich die Groschen auf die Gummischeibe und schäme mich und kriege noch einen Halbmond Jagdwurst in die Hand, da schäme ich mich noch mehr, und ich ekle mich auch, die Wurst aus denselben Fingern zu essen, die vorher die Groschen gehalten haben, und dann schäme ich mich, sie nicht zu essen, wo sie mir doch geschenkt ist, und würge sie herunter mit einem Dankeschön, während die Persianerfrauen nachdrängen und mich durch einen Spalt hinauslassen, Roastbeef, schön abgehangen, und eine Kalbsbrust, sechs Paar Wiener und von dem guten Leberkäse und das Kassler, ja, schöne dicke Scheiben, auch sechs Stück...

Mein Vater ist Beamter, der gehört nicht zu denen, die »dick« verdienen, und außerdem ist er versetzt und kommt nur manchmal am Wochenende. Inzwischen lebe ich allein mit meiner Tante und meiner Mutter, und dafür gibt es Trennungsentschädigung.

Abends bügelt meine Mutter, und von den eingesprengten Tüchern, die wir zuvor zwischen uns gereckt haben, steigt weißer Dampf, und das Bügeleisen zischt, und die Kohlen im Herd fauchen, und im Radio knistert und knackt es zwischen dem Pausenzeichen des Nordwestdeutschen Rundfunks, und dann, lange nach dem Abendbrot, wenn ich mich genügend unsichtbar und unhörbar gemacht habe, beginnt das Hörspiel. Ich hocke in der Ecke beim Ofen und wickle mir das defekte Kabel des Radios ums Knie. Einmal habe ich mir dabei einen so heftigen Schlag geholt, daß ich wochenlang nicht zur Schule brauchte. Hörspiele sind das Schönste, was man zu Hause haben kann, die Geschichten von den Termiten, die die Gebäude von innen annagen, bis sie zusammenfallen, von den Biedermännern und den Brandstiftern, vom Tiger Jussuf, von der Brandung von Setubal, die bis an das Bügelbrett rauscht, das ist die Wahrheit, so ist die Welt. Wenn ich im Bett liege, spreche ich die Texte, soweit ich sie behalten habe, und ahme die Stimmen der Schauspieler nach. Sie sind so schön, diese Stimmen und die Menschen, die dazugehören und die man im Radio nicht sehen kann, müssen so schön sein wie diese unendlich entfernten Städte mit den leuchtenden Namen auf der schwarzen Glasscheibe. Rom Amsterdam Paris Warschau Prag.

Meine Mutter war schön mit den nassen schwarzen Haaren und den dunklen Brustwarzen auf der hellen Haut ihrer Brüste, wenn wir zusammen in der Badewanne saßen. Warmes Wasser war noch schwer zu machen und kostete viel Kohle, und man mußte es ausnützen, obwohl ich anfing, mich zu schämen.

Meine Tante war auch schön, mit blonden Haaren und blauen Augen; wenn sie einen umarmte, roch man den Duft von Puder und Lavendelwasser. Sie hatte die ersten schimmernden Perlonstrümpfe an den Beinen und die erste samtene Blume am Flanellkleid, sie trug den ersten

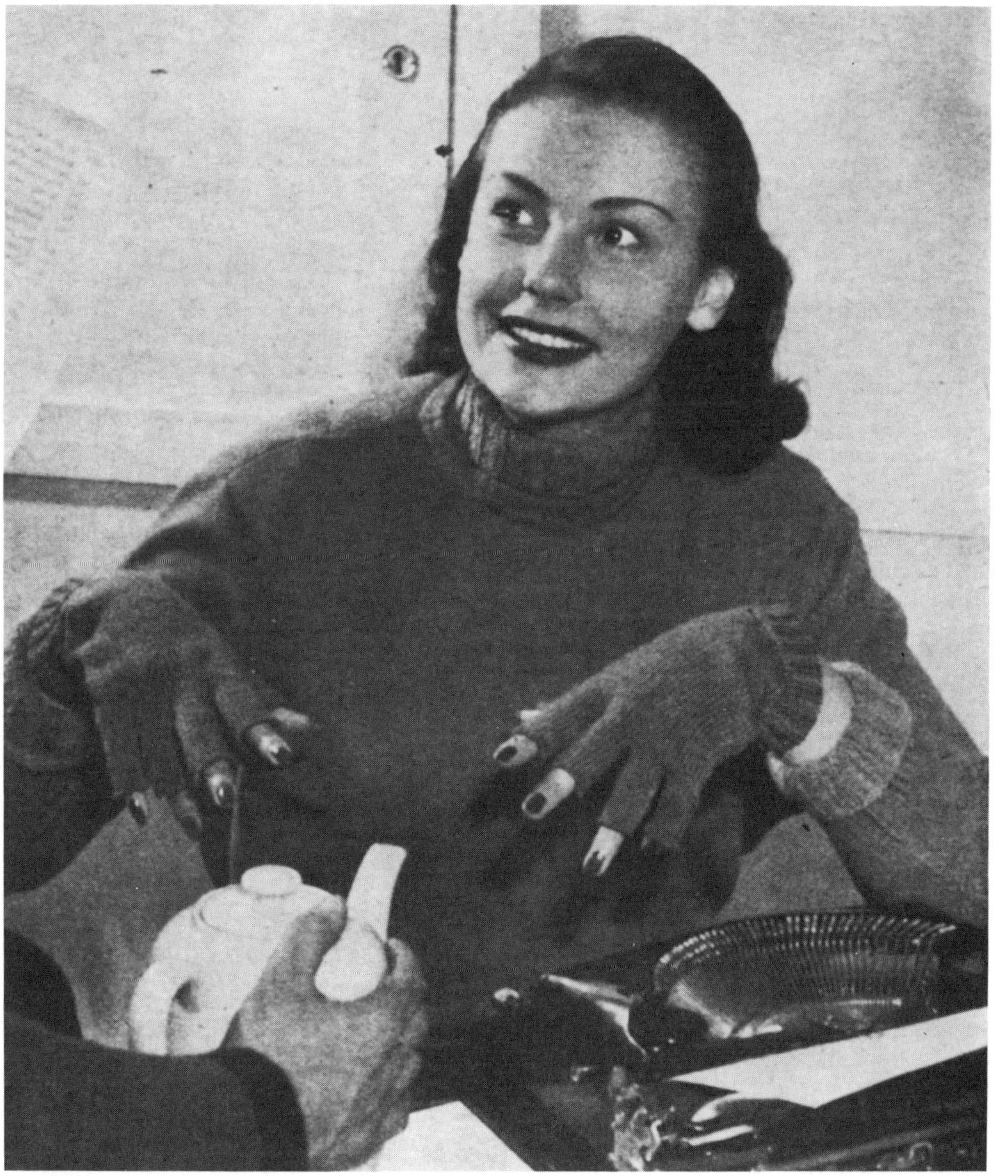

Knappe Kohle, klamme Finger

Newlook-Rock und war die erste Frau in der Gegend, die Auto fuhr, aber dem Auto platzten die Vorkriegsreifen, und es überschlug sich und stieß ihr die Lenkstange mitten in das schöne Gesicht. Da war es unterhalb der großen blauen Augen, die unverändert geblieben waren, nur noch ein rotes blutendes Loch. Jahre fuhr sie von Chirurg zu Chirurg, die gaben ihr langsam das Gesicht zurück, es blieb eine Narbe, und sonst sah man nichts mehr. In der Zwischenzeit sah ich nicht so genau hin, für mich war sie immer noch schön mit ihren schlanken Händen, an denen die Nägel sorgfältig gefeilt und poliert waren, mit ihrem großen weichen Busen, verhüllt von spitzenumsäumter Unterwäsche, mit ihrer Sprache voll Klugheit, Witz und Zynismus.

Sie waren beide schön, die Schwestern. Sie hatten eine Größe und tauschten die Kleider, die Helle und die Dunkle, meine Tante und meine Mutter, nur ich war häßlich und wurde von Tag zu Tag häßlicher, je mehr meine Sehnsucht nach Schönheit wuchs.

Das dunkelblaue Bleylekleid hing an mir herab wie eine regennasse Fahne an der Stange, die Beine wurden immer dünner, nur die Knie traten riesig und knochig heraus. Eigentlich wollte ich dunkelrote Haare kriegen und klein und temperamentvoll werden und ein hinreißendes Lachen haben, und mager wollte ich keineswegs sein, sondern mit vollem Busen und rundem Po und schönen Beinen. Aber ich war groß und dünn und traurig und wurde es mit jedem Tag mehr, während die Welt um mich sich mit wunderschönen Frauen anfüllte. Im Kino, in das ich zum ersten Male gehen durfte, leuchteten riesige Augen und lockende Münder auf, von einer Vollkommenheit, die mir den Atem raubte, Dekolletés öffneten sich mit gewaltigen pfirsichfarbenen Brüsten darin, über schwindelnden Absätzen drehten sich in durchsichtigen Strümpfen weich geschwungene Schenkel und Waden über zarten Knöcheln und hohem Spann. Verführerisch schmale Taillen bogen sich in kräftigen Männerhänden, seidenhäutige Rücken dehnten sich vor den Augen besinnungsloser Liebhaber – das Weib triumphierte. Illustrierte füllten die Tische des Wartezimmers beim Ohrenarzt, wo ich hocken mußte, bis er mir mit seinem Spiegel in das schmerzende Ohr leuchtete, heiße Flüssigkeiten hineingoß und mit langen Metallstäben darin bohrte, um deren Spitze immer zu wenig Watte gewickelt war. Und auch diese Illustrierten, in denen ich bis zur Ohrenfolter allwöchentlich blätterte, waren voll schöner Frauen, auf bräunlich oder grünlich getöntem Kupfertiefdruck senkten sie dunkle Wimpern über schwalbenschwanzartig ummalte Augen und bogen die Schwanenhälse über den Lilienschultern.

Wenn sie wenigstens ein besserer Esser wäre, sagte man von mir. Aber ich war eine schlechte Esserin. Die Lebensmittel, die die Schaufenster und die Glasvitrinen unter den Ladentischen füllten, verursachten mir Übelkeit. Sahne und Käse und Eier und Ananastörtchen und Kieler Sprotten und geräucherter Bückling und Schillerlocken und Schwarzwälder Kirschtorte und Frankfurter Würstchen mit Kartoffelsalat und süßer Kakao und Büchsenananas – all diese Herrlichkeiten, in denen die anderen schlemmten, verursachten mir Übelkeit. Haferflocken wurden morgens in mich hineingestopft, zäh und schleimig, mit Klümpchen, damit ich die Schule überstand, aber oft erbrach ich sie schon unterwegs unter einen Busch auf dem Schulweg, denn vom schnellen Wachsen war mir schwindelig. Ich schlief auch zu wenig in den Nächten. Weil ich zuviel las, sagte man mir. Ich sollte härter arbeiten, dann würde ich auch müde, sagte der Arzt und verordnete Teppichklopfen.

Am schlimmsten war es in der Turnstunde. Alle lachten, wenn ich dünn und unbeholfen in den Barrenholmen hing, meine Handgelenke waren so schwach, daß ich hinunter fiel, und dann lachten sie noch mehr. Der Geruch des alten

schmutzigen Sägemehls, in das ich fiel, ließ mich wieder würgen. In den Umkleideräumen stank es nach Schweiß und Urin, schon das war schlimm, schlimm war, die anderen Mädchen zu sehen, denen bereits der Busen wuchs, und dann sich selbst im alten blinden Spiegel, schlimm war, in der Reihe zu stehen und den Kopf zu drehen beim Abzählen wie die Soldaten, schlimm war die Trillerpfeife der Lehrerin und der große abgewetzte Medizinball, der mir vor den Bauch schlug oder an den Kopf, weil ich wieder nicht aufgepaßt hatte, schlimm war das Lachen der anderen, ich war die Lächerlichste von allen. Ich – mit dieser Sehnsucht nach Schönheit, die sich an allem stieß, was mich umgab, und am meisten an mir selber, und die sich immer wieder abends im Bett mit Flügeln erhob, wenn ich die Bücher aufblätterte und anfing zu lesen.

Wir zogen in eine andere Stadt. Ich wurde noch einsamer.

Wir waren jetzt eine Familie, keine Trennungsentschädigung mehr, die schönen Schwestern sahen sich nur noch selten, meine Mutter war wieder eine Ehefrau, und ich war das Kind eines Vaters. Dies, so hieß es, sei Glück. Vatermutterkind.

Aber meine Mutter war nicht glücklich, mein Vater war es auch nicht, grübelnd hockte er über dem Schachbrett, denn sie lag jetzt oft im Bett. Und dann bekam sie eine Gesichtslähmung, die Zähne wurden ihr gezogen, weil der Arzt sagte, sie seien ganz faul, und daran läge es eigentlich, daß das Gesicht gelähmt sei. Aber meine Mutter und ich wußten es besser, der Zahnarzt wollte sich rächen an ihr, weil sie ihn abgewiesen hatte, meine schöne, hochmütige Mutter. Mein Vater war eifersüchtig, dabei ging sie nie aus dem Haus, sie lachte nie mehr, sie hatte in der Speisekammer eine Flasche zum Vergessen, und manchmal kotzte sie ins Klo, und ich weinte, weil ich sie liebte, und er schrie, denn er liebte sie auch.

Weil sie nicht mehr schön war, meine Mutter, war meine eigene Häßlichkeit nicht mehr so schlimm. Wir saßen umarmt, als ich zum ersten Mal Menstruationsblut im Höschen hatte. »Meine Große!« sagte sie und streichelte mir über die dünnen fettigen Haare und über das Gesicht, in dem die Pickel sprossen.

SO GUT WIE JETZT IST ES DEM DEUTSCHEN VOLK NOCH NIE GEGANGEN, sagten die Redner im Radio, und der Kölner war Bundeskanzler und hatte uns wieder Achtung in der Welt verschafft, und die deutsche Fußball-Nationalmannschaft tat das auch, als sie die Weltmeisterschaft gewann, an einem Sonntag, der in Bier ersoff, an dem ich dann abends mit meiner einsamen Mutter durch die Straßen wanderte, um dem Grölen zu entgehen. Aber es kam uns aus allen Fenstern nach bis in die Schrebergärten.

Der Kanzler wurde in den USA Ehrendoktor und Ehrenhäuptling, mehr als er konnte man kaum noch geehrt werden, und er hatte uns ja auch den Anschluß an den Westen verschafft und die Freiheit und den Marshall-Plan und das gute Leben. All das lag daran, daß er die deutschen Interessen so gut vertrat. Da aber, wo die Russen waren, ging es den Leuten schlecht, man mußte ihnen Kaffee und Butter schicken und alles, was wir im Überfluß hatten. Es gab dann auch einen Aufstand; ich zitterte, als ich die Namen der Städte hörte, Berlin und Leipzig und Wismar, da sollte es brennen, in die Leute wäre hineingeschossen worden, sagte man, und es war doch klar, was die wollten, die wollten Butter und Kaffee und Sahne, so viel konnten wir ihnen nicht schicken. Wir mußten viel an sie denken und Kerzen für sie aufstellen abends, damit sie sich nicht so allein fühlten.

Aufrüsten müßten wir, sagte der Kölner dann im Radio, wir müßten die Freiheit verteidigen, die uns nun geschenkt wäre, sonst würden die in der »Soffjet-Zone« vor uns aufrüsten, und das müßten wir verhindern, indem wir schneller wären. Und allen war klar, es ging um die Butter und die Sahne und die Apfelsinen und um das neue Auto, das alles mußte verteidigt werden. Ich verstand das nicht. Ich kannte die »Soffjet-Zone« nicht, nicht ihre Menschen, nicht ihre Städte, aber daß knapp zehn Jahre nach Kriegsende schon wieder Soldaten da sein sollten, wo grad noch die ausgemergelten Heimkehrer angekommen waren, wollte mir nicht einleuchten, und auch nicht, daß es gut für das deutsche Volk wäre, wenn es auf unserer Seite schon wieder eine Wehrmacht gäbe. Denn das wären dann doch deutsche Soldaten, schon wieder, und sie würden doch notfalls auch auf Deutsche schießen müssen? Nein, so sei das nicht gemeint, die seien doch zur Verteidigung da, sagte der Lehrer in der Schule, und die ohne Butter, die von der anderen Seite, die würden uns sonst eines Tages überfallen und uns alle zu Kommunisten machen, und dann müßten wir alle russisch sprechen und viel Kastenbrot essen. Ja, die Russen verstehen keinen Spaß, sagten die Flüchtlinge, wir haben es am eigenen Leibe erlebt, wir müssen den Westen verteidigen, wir müssen die Freiheit verteidigen, die Familie, die Werte, die Autos, wir müssen stolz sein, nun sind wir wirklich anerkannt, wir haben wieder Soldaten.

Die in der Zone kriegten dann auch schnell Soldaten, weil wir welche hatten. Ich saß vorm Radio und hörte die Reden und konnte nicht glauben, daß der fixe Kölner mit seinen Soldaten und seiner WESTLICHEN VERTEIDIGUNGSGEMEINSCHAFT UND SEINEN FREIEN VÖLKERN, MEINE DAMEN UND HERREN die Wahlen gewonnen hatte. Das konnte doch nicht sein, daß den Leuten die Butter und die Sahne so über alle Maßen lieb geworden waren. In was für einem Land lebte ich denn da, wo wurde ich denn da groß, wo die Leute freiwillig kurz nach dem riesigen Weltbrand es schon wieder ganz in der Ordnung fanden, daß sie Waffen in die Hand nehmen sollten? Freue dich doch, du lebst ja im freien Teil Deutschlands, wurde mir gesagt. Aber ich freute mich nicht. Ich dachte an die Leute, die da in Leipzig und Berlin und Wismar den Aufstand probiert hatten. Wir hatten an dem Jahrestag ihres Aufstands schulfrei, und es wurde dann immer viel von der deutschen Nation gesprochen. Vielleicht hatten sie eher als wir so etwas wie eine deutsche Nation gesucht, und wir hatten sie verraten und verkauft, im wahrsten Sinne des Wortes, für Koteletts und Schnitzel und Persianermäntel. Wir hatten uns ja nicht mal die Freiheit genommen, die die sich genommen hatten, wir hatten uns satt gefressen in der Zwischenzeit, und jetzt ging es ans Zahlen. Zwei Staaten auf deutschem Boden, von dem nie wieder Krieg ausgehen soll, wieviel Monate dauert der Wehrdienst, Wiedervereinigung in Frieden und Freiheit, wir wollen uns doch vom Russen nicht aufzwingen lassen, wie unsere Freiheit aussehen soll, der meint ja eine ganz andere, unsere Freiheit sieht aus wie die Statue im Hafen von New York, ihre Freiheit sieht aus wie das Denkmal Lenins an der Moskwa, so ist das, eines Tages wird ein Deutschland das andere befreien, fragt sich nur, welches...

Dann verboten sie die KPD. Ich wußte nicht viel von der KPD, aber »drüben« schien sie ja wohl Einfluß zu haben, und bei uns wurde sie verboten. Wie konnten sie aber eine Partei verbieten, die »drüben« offensichtliche Anhänger hatte, und dann von WIEDERVEREINIGUNG IN FRIEDEN UND FREIHEIT reden? Sollte denn bei den GESAMTDEUTSCHEN FREIEN WAHLEN, die die Redner lautstark forderten, nur die Spielregel unserer Seite gelten? Wie konnte man annehmen, daß die andere Seite das einfach hinnehmen würde? IN FRIEDEN UND FREIHEIT! DAS WIEDERVEREINIGUNGSGEBOT! DEMOKRATIE.

Was ist Demokratie? – Jeder kann in freien und geheimen Wahlen die Partei wählen, die er will. – Wenn er aber nun die KPD will? – Das verstößt gegen die Demokratie. – Wieso? – Weil die KPD keine Demokratie will. – Aber wenn man doch die KPD wählen will und das nicht darf, dann ist das doch auch keine vollständige Demokratie. – Willst du denn die KPD wählen? Dann geh doch nach drüben, da kannste KPD wählen, soviel du willst. – Ich will ja gar nicht KPD wählen, ich will ja nur, daß ich sie wählen könnte, wenn ich wollte. – Wenn du KPD wählst, gibt es keine freie Meinungsäußerung mehr. Dann kannst du nicht mehr so reden, wie du jetzt redest. Und Butter gibt's auch nicht mehr, und keinen Bohnenkaffee. Die wollen doch alle hierherkommen, was meinst du warum? Wenn wir lange genug warten, ist sowieso keiner mehr drüben. – Aber wenn sie doch sowieso keiner wählt, kann man doch die KPD zulassen, dann sieht man doch, daß keiner sie will. Und wozu braucht man Soldaten, wenn sie keiner will, auch drüben nicht? – Um den Frieden zu verteidigen! – Aber drüben verteidigen sie doch auch den Frieden, das sagen sie wenigstens im Radio! – Was, du hörst Ostsender? Paß bloß auf, daß das niemand merkt! – Wieso darf man das denn nicht? Wir haben doch Meinungsfreiheit und Informationsfreiheit! – Na ja, aber deren Meinung ist doch gegen die Meinungsfreiheit, und deren Information ist doch gegen die Informationsfreiheit. Unsere Soldaten müssen unsere Freiheit verteidigen. – Und schlimmstenfalls müßten die Soldaten aufeinander schießen und sind doch alle Deutsche, und es gibt doch auch das WIEDERVEREINIGUNGSGEBOT. Darauf können wir ja lange warten, wenn wir gegen die und die gegen uns rüsten. Das muß man doch verhindern! – Daran kann man nichts ändern, das ist leider alles eine Folge des Krieges, den Deutschland verloren hat. – Aber der Krieg war doch eine Folge davon, daß wir Soldaten hatten? Hätte Hitler keine Soldaten gehabt, hätte er doch keinen Krieg machen können! – Das ist doch jetzt alles ganz anders. – Wieso? – Weil wir diesmal nicht verlieren können, denn wir haben starke Verbündete – die Stärksten sind auf unserer Seite, verstehst du? – Ja, aber warum sagen wir nicht einfach Nein dazu, Nein, wir wollen nur unsere eigenen Interessen vertreten, und die sind: überhaupt keine Soldaten, nie wieder Krieg in diesem Land, von keiner Seite, auf keiner Seite? – So wie du denkt aber leider kein Mensch! – Doch, Bertolt Brecht zum Beispiel, kennen Sie nicht das Telegramm, das er an die Bundesregierung geschickt hat: Das große Karthago führte drei Kriege... – Eine Schülerin unserer Schule liest Bertolt Brecht nicht. Das ist ein Schmierfink, und was er schreibt, gehört genauso verboten wie die KPD. Und Du tätest besser daran, Deine Hausaufgaben sorgsamer zu machen. Ich kann hier auch nicht die ganze Stunde einen Dialog mit dir führen, es gibt schließlich noch andere, die etwas sagen wollen. Wenn du immer allein reden willst, ist das auch gegen die freie Meinungsäußerung. Übrigens vertrat ja die SPD so in etwa deine Meinung, es gab ja die Möglichkeit, sie zu wählen vor drei Jahren, in freien und geheimen Wahlen, und das deutsche Volk hat sich gegen sie entschieden. Jetzt ändert sogar die SPD ihre Meinung, meinst du nicht, daß die klüger sind als du???

Das lag jetzt drei Jahre zurück. Ich saß mit meinem Vater vor dem Radio, und wir zählten die Stimmen. Immer stummer wurden wir. Riesensieg für Adenauer. Riesensieg für die Wiederbewaffnung. Bis heute habe ich es nicht begriffen.

Ingeborg Weber-Kellermann

Mit Pferdeschwanz und Petticoat

Kindheit in den fünfziger Jahren

Wie sahen die fünfziger Jahre für die Kinder aus? Welche charakteristischen Äußerungen wurden damals produziert als Zeichen der Kinderkultur? Was spielten die Kinder? Wie sprachen und was lasen sie? Wie waren sie gekleidet? Welche Rolle spielten sie in der Familie – im Alltag und bei Festlichkeiten? Was wußten sie sozusagen vom Leben, vom Geborenwerden und Sterben? Diese Fragen können oberflächlich durch Beobachtungen und Erinnerungen beantwortet werden. Aber dann beim näheren Betrachten der Oberflächenphänomene werden sie sich als farbige Stränge eines miteinander verflochtenen sozialen Beziehungssystems erweisen. Die Kinder als Teile der Gesellschaft partizipierten auf ihre Weise an den Bewegungen und Erstarrungen der Gesellschaft, reagierten auf ihre Weise auf die Angebote und Verhinderungen durch Familie, Kirche und staatliche Institutionen, nutzten auf ihre Weise die Freiräume und neuen Kraftfelder, die ihnen die Gesellschaft bewußt oder unbewußt einräumte. Damit soll nicht mehr und nicht weniger gesagt werden, als daß Kindheit als ein Status zu verstehen ist, zugeordnet den wechselnden dynamischen Prozessen in der Gesellschaft und erkennbar an den Marken der Kinderkultur.

Für die Mädchen schien sich ein neues Feld zu öffnen, nachdem die strenge frauenfeindliche Rollenzuweisung auf das »Weibliche«, die die Nazis propagiert hatten, überwunden war. Aber in sozialer Hinsicht zeigten sich die Bildungschancen nach wie vor in drastischer Ungleichheit, von der wiederum die Mädchen zusätzlich betroffen wurden. Sie bekamen die Folgen einer lediglich familienorientierten Erziehung zu spüren, und es war oft besonders schwer für sie, die Möglichkeiten einer neuen Leistungsgesellschaft voll zu nutzen.

Die Menschen meiner Generation teilen ihr Leben ganz unwillkürlich in die Vorkriegs- und Nachkriegszeit ein – in eine Epoche, die zwar ihre Jugend umfaßte, jedoch mit Hitlerregime und Weltkrieg eine absurde und gefahrvolle Lebensperiode war, die es in der anderen, der Nachkriegszeit, materiell und ideell zu überwinden und zu bewältigen galt. Die nach dem Krieg geborene Generation kennt diese Einteilung nur theoretisch. Ihre Zeit beginnt 1946 oder 48 oder 50, ihre Kindheit sind die fünfziger Jahre, und was den Älteren ein Dezennium ist, eine Lebensphase unter vielen, das war den Jungen das erste bestimmende Jahrzehnt bewußten Erlebens überhaupt.

»Ein neues Zeitalter habe begonnen, sagte Papa. Mit ihren Händen, sagten sie, bauten sie alles wieder auf. Zuerst kamen die Trümmerfrauen, an die ich mich nicht erinnere, dann die Baufirmen im Wohnungsbauprogramm... Sie hatten die Sandbank in der Mitte des Stroms besiedelt und glaubten, sie wären am Ufer.« [1]

Der wichtigste soziale Ort der Kinder ist die Familie, und die Anpassung an Familiennormen war in jenem Jahrzehnt ein hervorstechendes Sozialisationsziel. Was heißt das? Man ging davon aus, daß die emotionale Anpassung an die traditionellen Werte und Normen der Familie einen unüberwindlichen Schutz – oder sogar den einzigen – in den Unruhen und Bindungslosigkeiten der Zeit bedeutete.

Wie die traditionellen Artigkeits- und Gehorsamkeitsforderungen den Kindern ganz konkret nahegebracht wurden, zeigt eine Kindheitserinnerung der katholisch erzogenen Maria Wimmer:

»Über dem Bett meiner Cousine hing ein Bild, auf dem dieser Schutzengel zwei Kinder, einen Jungen und ein Mäd-

chen, über einen schmalen Holzsteg geleitete, unter dem ein tiefes Wasser toste. Die Hände und die Arme hielt er fürsorglich ausgebreitet. Mein Schutzengel war immer bei mir, er sah alles und hörte alles und beschützte mich Tag und Nacht. In der Nacht saß er an meinem Bett. Bevor ich einschlief, hatten wir ihn noch ins Nachtgebet mit eingeschlossen.

Wenn ich lieb war, freute sich der Schutzengel über mich. Hatte ich etwas Böses getan und war nicht folgsam gewesen, war nicht nur meine Mutter erzürnt und traurig, auch der Schutzengel wandte sich von mir ab und weinte. Ich hatte ihn traurig gemacht. So hatte es meine Mutter mir gesagt. Wenn sie mich nicht mehr lieb haben konnte und über mich traurig war, und mich auch der Schutzengel nicht mehr lieb haben konnte, weil ich auch ihn traurig gemacht hatte, so daß nicht einmal mehr er bei mir bleiben wollte, mochte ich mich selbst nicht mehr, weil mich niemand mehr mochte. Diesen Zustand hielt ich nicht aus, ich war allein, mutterseelenallein, und noch nicht einmal mit mir selbst einig. Ich lief meiner Mutter hinterher wie ein Hündchen und bettelte: ›Sei doch wieder gut mit mir, ich will's auch nie mehr machen‹. In dem Moment glaubte ich, daß ich von nun an immer lieb sein könnte, so daß es nie mehr geschehen müßte, daß man mich nicht mehr lieb haben könnte. Aber meine Mutter sagte dann oft: ›Bis zum nächsten Mal, das hast du beim letzten Mal auch schon versprochen‹.« [2]

Bei den protestantischen Kindern übernahm nach wie vor im Dezember der Weihnachtsmann den pädagogisch-manipulativen Druck aufs Kindergemüt zur Hervorbringung von Angst und Hoffnung. In Berlin und anderen Großstädten wurde »Weihnachtsmann« zum einträglichen Geschäft für die Studenten. Sie kamen auf Bestellung ins Haus und machten alles, was die Eltern ihnen sagten: lasen die Sündenregister der Kinder aus in Goldpapier eingeschlagenen Telefonbüchern vor und beschämten sie familienöffentlich im althergebrachten Nikolausstil. So übten sie recht anfechtbare Erziehungsfunktionen aus, ohne viel darüber nachzudenken. Die Angst des hilflosen Kindes gab den Erwachsenen ein Gefühl von Stärke, versteckt unter dem Mantel des guten alten Brauches.

»Die alte muffige Welt, die Vorkriegsbürgerwelt, die wurde still und unaufhaltsam wieder aufgebaut, als sei nichts gewesen [...] man konnte weitermachen«, schreibt Luise Rinser in ihren Lebenserinnerungen.[3] Das bedeutete auch eine Fortsetzung der alten Rollenverteilung in der Familie.

Wie leicht wäre es gewesen, nach der Deklassierung der Frauen zu hirnlosen Gebärerinnen in der Nazizeit neue Wertsysteme der Gleichberechtigung und Partnerschaft zu setzen, bereits im Vorfeld der Kindererziehung. Statt dessen beherrschten bald wieder die alten Rollenklischees die Szene. Die angeblich angeborenen, typisch männlichen und typisch weiblichen Wesensmerkmale erschwerten besonders den Mädchen eine freie Persönlichkeitsentwicklung, untergruben ihr Selbstvertrauen. Auch in den Lesebüchern der fünfziger Jahre wurden noch ganz selbstverständlich die alten Tugendkataloge rekapituliert: die puppenspielende Tochter als Mutters beste Haushaltshelferin, der geschickte sportliche Sohn als Vaters handwerklicher Assistent, ein »richtiger Junge«!

Einer großen gesellschaftlichen Wende zur parlamentarischen Demokratie stand kein gleichgeartetes Familienverhalten gegenüber. Im Gegenteil: weiterhin galten meist abgeschirmte Innerlichkeit und der alte patriarchal-autoritäre Oben-Unten-Mechanismus als familiäre Werte. Politik z. B. sollte nichts in der Familie zu suchen haben, und gerade der demokratische Charakter der Familie hätte doch mancher Nachhilfe bedurft. Wie sollte z. B. ein Kind unter solch zwiespältigen und psychologisch unsicheren Voraussetzungen mit der Tatsache der Neubürger, der Flüchtlinge und Umsiedler fertig werden? Dazu kamen die konfessionellen Probleme:

»Ich bin die einzige Evangelische in der Klasse, und so muß ich in der katholischen Religionsstunde sitzenbleiben. Schwester Maria vom Kloster kommt und unterrichtet die Kinder. Wenn jemand gut gelernt hat, bekommt er ein Fleißzettelchen. Wenn einer zehn Stück hat, bekommt er ein Heiligenbild dafür. Ich kenne die biblischen Geschichten alle schon lange und melde mich auch oft. Daher bekomme ich die meisten Fleißzettel, und meine Federschachtel ist schon ganz voll damit. Aber Heiligenbildchen bekomme ich keines, weil die Schwester Maria nur wenige hat, und die bekommen natürlich die katholischen Kinder. Also tausche ich sehr oft Fleißzettel gegen Bildchen von Christa, die ab und zu eines bekommt, weil ich ihr meine Fleißzettel mit dazugebe. Sie hat zu Hause ein Buch mit Heiligenbildern, da macht es ihr nichts aus, wen sie mir ab und zu eines von Schwester Maria gibt.

Ich wäre trotzdem gerne katholisch, denn ich möchte nicht in die Hölle kommen. Schwester Maria sagt, wenn ich groß bin, soll ich katholisch werden, sie wird für mich beten und meine verirrte Mutter. Mama wird immer wütend, wenn ich ihr sowas sage, aber nicht lange.« [4]

So paßten sich Kinder an und lebten in verschiedenen Wertsystemen, was sicher nicht immer problemlos vonstatten ging. Anpassung war damals noch das oberste Gesetz der Kindererziehung, und die Forderung, Kinder zu kritischen Menschen zu machen, entwickelte sich erst langsam und unterschwellig.

»Im teilweise angepaßten Kind schlummern Kräfte, die dieser Anpassung Widerstand leisten. Bei großen Kindern, vor allem in der Pubertät, verbinden sich diese Kräfte mit neuen

Werten, die denjenigen der Eltern oft entgegengesetzt sind, sie bilden also neue Ideale und suchen sie zu verwirklichen. Da aber dieses Suchen nicht im Empfinden der eigenen echten Bedürfnisse und Gefühle verwurzelt ist, wird dieser Jugendliche sich neuen Idealen in einer ähnlichen Weise anpassen wie früher den Eltern. Er wird wieder sein wahres Selbst aufgeben und verleugnen, um [...] anerkannt und geliebt zu werden.«[5]

Diese Feststellung der Psychoanalytikerin Alice Miller paßt sehr gut auf die seelische Situation der Jugendlichen in jenen Jahren. Hin- und hergerissen zwischen den hochgepriesenen Werten des Elternhauses einerseits und einer erwachenden Skepsis – auch im Hinblick auf die Nazizeit – andererseits wurden sie sehr empfänglich für die Einflüsse der modernen Gegenwart. Der Fernsehapparat begann, die Familienzimmer zu beherrschen und die Kinder mit kaum zu bewältigenden Problemen zu belasten. Und es kamen die Güter der amerikanischen Welt: Coca-Cola und Kaugummi, Comicstrips und Mickymaushefte wurden große Kindermode, besonders aber neben den alten Spielen eine neue Form von gefährlichen Außenspielen.

»Wir spielen Verstecken zwischen den Holzstößen, obwohl es verboten ist, denn die Stämme sind nur lose verkeilt und geraten leicht ins Rollen und könnten uns zerquetschen. Aber wir haben keine Angst und laufen wie die Wiesel von Stamm zu Stamm, barfuß und lautlos, pirschen uns an, dukken uns in die ausgesparten Höhlen zwischen den längeren und kürzeren Stämmen und fallen mit Kriegsgeschrei übereinander her, fürchten uns und fürchten uns doch nicht.

Im Wald bauen wir Nester aus Moos und Zweigen, die wir gegen eine gegnerische Gruppe verteidigen, Baumhäuser, die unser Geheimnis sind und die wir jeden Tag mit frischen Ästen verstecken, damit der Feind am braunen Laub nicht das Versteck erkennen kann. Es sind immer Buben, mit denen ich spiele. Es gibt hier keine Mädchen, außer der Romana, aber die ist dick, und man kann ihr höchstens hinter der Scheune beim Sägewerk versteckt auflauern und ihr Kletten nachwerfen. Man trifft sie immer, so dick ist sie. Sie spielt

höchstens mit Puppen im Vorgarten. Sie hat einen Puppenwagen, noch von ihrer Mutter, aber sie läßt niemanden damit spielen, also lassen wir sie auch nicht mitspielen. Außerdem rennt sie dauernd zu ihrer Mutter und erzählt, wir hätten sie dreckig gemacht, wenn es auch gar nicht stimmt.« [6]

Das hört sich recht harmlos an – nach Indianer-Gruppenspielen wie eh und je. Aber es gab auch im ersten Nachkriegsjahrzehnt sehr viele brutalere Kinderspiele. Kinder spielten nicht Frieden, sondern immer wieder Krieg, als wäre tödliche Gewalt das einzige nachahmenswerte Vorbild aus dem Erwachsenenleben. Totschießenspielen vor zerbombten Häusermauern: eine oft fotografierte Szene.[7]

Es wird immer unverständlich bleiben, daß Erwachsene, die den Krieg erlebt haben, Kindern Schießgeräte erlauben oder gar schenken. Der außerordentliche Mangel an Phantasie bei einer derartigen Verniedlichung des Tötungsprozesses ist erschreckend – die Einbeziehung von Aggression und Gewalt in Spielhandlungen als ganz normale Aktivität kann nur zu Verhaltensweisen führen, die mit der Erziehung zum verantwortungsbewußten Menschen nicht vereinbar sind. Wie rigoros die Erwachsenen auch sonst die Außen-Spielwelt der Kinder zu disziplinieren wußten, wie schnell sie mit Verboten bereit waren, kindliche Initiativen zu hemmen – bei den Pistolen und Gewehren beugten sie sich den kindlichen Wünschen, die die Spielzeugindustrie schnell erkannte und nutzte. Wieviel Protest gegen Kinderläden sich auch ständig lautstark äußerte – er richtete sich gegen Ballspiel, Fahrradfahren u. ä. kindliche Aktivitäten, die Besitz und Ruhebedürfnis der Erwachsenen gefährden könnten. »Meine Mutter, mein Vater, Oma, Opa und der Hausmeister schümpfen alle«, berichtet ein zehnjähriges Mädchen.[8]

»Schümpfe« betrifft mehr den Selbstschutz der Erwachsenen als die Sozialisation der Kinder, und von den gemütsverrohenden Schießzeugen ist dabei nur selten die Rede. Doch neben solchen militanten kindlichen Kraftproben gab es auch nach dem zweiten Weltkrieg wieder eine Fülle von Spielen im Freien, die aus Generationentiefe auftauchten und neue Varianten erlebten. Gerade in Großstädten wie Berlin blühte das Straßenspiel. Die vielen Häuserlükken boten den herrlichsten Spielplatz. Die Vaterlosigkeit vieler Kinder und die Überbeanspruchung ihrer Mütter stellte besonders die Schlüsselkinder viel weniger unter Erwachsenenkontrolle als in normalen Zeiten. So wurde das Straßenspiel zu dem Teil ihres Lebens, den sie selbst bestimmen konnten, bei dem sie sich ihre eigenen sozialen Ordnungen setzen und sich Leistungen nach ganz bestimmten Regeln abverlangten. Das war für das einzelne Kind oft psychisch und physisch nicht leicht, eine hohe Anforderung an seinen Kinderstatus. Die Kinder der Spielgruppen standen, zumindest in den Großstädten, als »Wir« den Erwachsenen gegenüber, die von dieser erfüllten Welt der Straßennachmittage oft wenig ahnten.

Reinhard Peesch hat im Berlin der fünfziger Jahre eine empirische Untersuchung über Spielrepertoires durchgeführt.[9] Mit der einfachen Frage: »Welche Spiele spielt ihr jetzt auf der Straße am liebsten?« hat er die Kinder der 2.–8. Klassen in 22 Ost- und Westberliner Schulen im Sommer 1955 konfrontiert und Antwortenlisten von fast 5000 Kindern erhalten. Das war eine Frage nach dem Herzen der

Murmeln, Hopse, Länderklau...

Kinder, und keines blieb die Antwort schuldig. Die Frageaktion wurde dann an Ort und Stelle auf den Straßen fortgesetzt und mit der Kamera eine Fülle von Illustrationsmaterial hinzugefügt, so daß hier ein synchroner Schnitt durch die Berliner Kinderkultur der fünfziger Jahre entstanden ist.

Wenn die Mehrzahl der Jungen Fußball und die Mehrzahl der Mädchen Hopse als Lieblingsspiele nennen, so drückt sich darin immer noch eine starke Rollentrennung aus, die aber bei vielen gemeinsamen Spielen auch »überspielt« wird durch Vater-Mutter-Kind, Versteck, Länderklau, Schule usw. Bei den Intensitätskarten, die Peesch aufgrund seiner Erhebung zeichnete, konnte er ein amüsantes Ergebnis publizieren: das gleiche Spiel, das in Ostberlin mit der traditionellen Bezeichnung »Räuber und Prinzessin« oder »Räuber und Polizei« gespielt wurde, hieß in den Westberliner Bezirken »Cowboy und Indianer« – parallel zum Boom der in Ostberlin verbotenen Comics, der damals gerade die Westberliner Kinder erreichte.

Gerade bei den Rollenspielen wie Vater-Mutter-Kind ist die Aktivität der Kinder mit der Einbeziehung ihrer eigenen Erfahrungen in den Spielablauf besonders groß. Das galt auch für das Puppenspiel der Mädchen, das unvermindert weiterlebte. Nun kamen große feingemachte Puppendamen aus Italien auf neben den althergebrachten Zelluloid-Babypuppen, bis später der weiche Kunststoff alle anderen Materialien verdrängte.

Vom Puppenspiel über das Familienspiel zum Doktorspiel ist nur ein Schritt, und es blieb Pädagogen wie Rühmkorf[10] und Bornemann[11] vorbehalten, die sogenannten »schmutzigen« Kinderverse zu sammeln und zu publizieren und damit nachzuweisen, wie Kinder die sexuellen Tabus der Erwachsenen durchbrechen. Wenn mir auch die isolierte Versammlung solcher kindlicher Fäkal- und Sexualpoesie nicht als besonders sinnvoll erscheint, so erhält sie im strukturellen Zusammenhang mit den Straßenspielen eine andere Funktion. Der Abzählvers:

»Emil hat ins Bett geschissen,
gerade aufs Paradekissen,
Mutter hat's gesehen
und du kannst gehen!«

war bei den 7–10jährigen in den fünfziger Jahren große Mode – nicht nur als Schweinigelei, sondern als Spielanleitung beim Betreten einer Gegenwelt, in der die Verbote der Erwachsenen nicht galten und andere Dinge Spaß machten als die erlaubten familiären Verhaltensmuster. Die Spielgruppe bestimmte die Regeln und damit die sozialen Interaktionen, und vielleicht begannen damals zum ersten Mal im weiteren Rahmen Erwachsene, diese Spielwelt der Kinder zu begreifen.

Wir sprachen vom saisonhaften Wiedererwachen alter Spieltraditionen wie besonders Murmeln und die unsterbliche Hopse; noch erstaunlicher war das epidemische Auftauchen neuer Spiele wie Hula-Hupp und später, Anfang der sechziger Jahre, der variantenreiche, strenge Gummitwist, der bei den Kindern der ganzen Welt verbreitet ist.

Mit dem Wirtschaftswunder, dem neuen und üppigen gesellschaftlichen Leben in neuen Wohnungen und Siedlungshäusern, mit den Partys nach amerikanischem Muster kamen auch die Kinder von der Mittelschicht aufwärts zu ihrem Recht. Geburtstagseinladungen wurden zum Prestigeobjekt der Gegenseitigkeit in den Schulklassen, und in den Geschäften gab es allerliebste Einladungsbriefchen zu kaufen, in die man nur den Namen einzusetzen brauchte: dann rollte die Kinderparty nach mehr oder weniger genormtem Vorbild mit Kakaotafel, Verlosungsspielen, Negerkuß-Wettessen und abendlichem Limonadendrink.[12]

Auch in meiner Kindheit gab es Kindergeburtstagseinladungen, aber ihr Zuschnitt war doch sehr viel bescheidener. Überhaupt wucherte in den Fünfzigern der quantitative Bereich der Kinderkultur gewaltig aus. Es war, als wollten die Eltern mit Geschenken das einholen, was Kriegs- und Nachkriegsjahre an farbiger Kinderfreude den Kindern schuldig geblieben waren. Eisenbahnanlagen und Fallahäuschen füllten die Kinderzimmer ebenso wie aller nur mögliche Zubehör zur Puppenwelt. Zudem erreichte die Technik die Kinder mit immer neuen raffinierten Roller- und Rollschuhmodellen und mit Fahrrädern für jede Altersklasse, die bald zu ständigen Requisiten des Straßenspiels wurden.

Ein anderer wichtiger Indikator der Kinderkultur zeigte sich in der Kinderkleidung, durch die in jenem Jahrzehnt bedeutsame Veränderungen sichtbar wurden: der amerikanische Leitbild-Einfluß, die entschiedene Ablösung von elterlichen Vorschriften, die Herausbildung einer selbständigen Kleidersprache mit sozialem Zeichencharakter.

Zuerst war nach dem Krieg über viele Jahre die Lederhose das beliebteste Kleidungsstück aller deutschen Jungen von München bis Hamburg gewesen.[13] Sie hatte sich zum Zeichen für »Kindheit« schlechthin qualifiziert mit Zustimmung von allen Seiten, denn selten hat ein Kinderkleidungsstück so einhellig gemeinsamen Beifall von Eltern und Kindern gefunden. Ihren Trachtencharakter hatte sie längst eingebüßt und durch die Konfektion und das verhältnismäßig preiswerte Angebot auf allen Kaufhausladentischen einen großen Käuferkreis erreicht. Kein Fleck war auf dem graubraunen Leder zu sehen, kein Waschen und Plätten nötig, kein Zaunpfahl ließ Löcher und Triangels befürchten: also ein ungemein praktisches Kleidungsstück, mit einem sauberen weißen Hemd sogar am Sonntag tragbar und sonst mit jedem Pulli zu kombinieren. Lederhosen wurden zur Jungenskleidung schlechthin und hatten noch dazu den Beigeschmack des typisch deutschen! Ein deutscher Junge trägt Lederhosen!

Vielleicht drückte die Lederhosenkleidung zudem auch etwas aus vom ähnlichen Schicksal vieler Kinder, den

gleichen weiten Straßenspielen, den gleichen hauswirtschaftlichen Schwierigkeiten vieler Mütter. Sie waren ein Kinderkleidungsschlager, später auch für Mädchen.

Abgelöst wurde ihre Epoche wiederum von einem Hosenstil, den Jeans, und dieser Prozeß begann zu Ende der fünfziger Jahre. Viele Eltern konnten sich an solchen amerikanischen Kleidungsstil absolut nicht gewöhnen und verstanden ihn als Ausscheren der Söhne aus dem elternbestimmten Kleidungsverhalten. Dazu kam der Abschied von kindlich nackten Knien und Kniestrümpfen. Alle Kinder wollten lange Hosen, sommers und winters, von 9 Jahren aufwärts.

Und die Mädchen? In Fortsetzung des Diorlooks von 1948 kamen erst die Petticoats auf und machten jedes Mädchen noch mädchenhafter. Aber nicht jede Mutter konnte das ihrer Tochter leisten, waren doch die ersten Jahre des neuen Dezenniums zunächst noch von Notlösungen bestimmt nach dem Motto: Aus 3 mach 1!

»Die Geschwister der Eltern halfen sich gegenseitig aus. Verwachsene Kleidungsstücke und Schuhe älterer Cousinen und Vettern wurden reihum an die Jüngeren weitergegeben. Eine Schwester meiner Mutter konnte nähen und verstand es, aus abgetragenen Mänteln oder Kleidern noch immer etwas für uns Kinder herzurichten. Sie war meine Patentante. Zu besonderen Anlässen, an Weihnachten oder zum Geburtstag, opferte sie ein Stück aus ihrem eigenen Kleiderschrank, und man bekam ein neues Kleidchen, das noch keine Cousine getragen hatte. Das war dann lange Zeit das Sonntagskleid.

Mein Vater nähte für die Buben Hosen aus ehemaligen Eisenbahnermänteln. Das Nähen hatte er von seinem Vater gelernt, der Schneider gewesen war, doch mit seinem Handwerk seine Familie nicht ernähren konnte.

Am ersten Schultag durfte ich meinen Lieblingspullover anziehen. Meine Mutter hatte ihn selbst gestrickt. Er war weinrot, und auf der Brust war eine Reihe weißer Herzchen eingearbeitet.« [14]

Die einst wohlerzogenen und wohlbehüteten Backfische mauserten sich zu Teenagern und gefielen sich – nach dem Idol Brigitte Bardot – in aufgebauschten Röcken über Petticoats aus Glasbattist. Er wurde eine Art von Wirtschaftswundersymbol.

»Das neue Kleid, meinte sie [meine Mutter], sollte ich vorerst nur sonntags anziehen. Ich hatte mir einen Petticoat dazu gewünscht, aber Mama hatte abgelehnt. Er wäre teurer als das Kleid gewesen. Du kannst einen ganz normalen Unterrock drunter ziehen, hatte sie gesagt... Ich wollte einen Petticoat... Ich hatte feuchte Hände, wünschte einen weiten Petticoat zu tragen wie Tante Barbara, über den Brüsten einen straff gespannten Pulli und wischte mir die Handflächen am Karokleid ab, das ich zur Schule anziehen mußte.« [15]

Nicht minder begehrt als der Petticoat waren Nylonstrümpfe, die Neuheit aus Amerika! Anfangs besaßen sie noch eine rückwärtige Mittelnaht, aber Ende der 50er kamen die nahtlosen Strümpfe auf den Markt. Es läßt sich heute kaum noch nachempfinden, wie ungeheuer wichtig der Besitz dieser Dinge damals für das Selbstgefühl eines Mädchens war.

Den Gegentyp zum Petticoatgirl verkörperte die knabenhafte Audrey Hepburn in engen schwarzen Hosen und einem viel zu weiten Pulli – vor allem aber mit einer Pferdeschwanzfrisur und Stirnpony. Das war jung und sportlich und ganz toll! Zum ersten Mal in der Nachkriegszeit konnten die Mädchen sich selbst entdecken, ihren Typ suchen und finden, wurde »Teenager« ein eigenes Lebensalter und nicht nur die Vorstufe zum Frauenleben.

Dann fingen die Mädchen auch an, die Lederhosen ihrer Brüder nachzutragen – aber in den Kleinstädten nicht für die Schule! Auf dem Lande setzte sich die »Hosenmode der Frau« zuerst als Arbeitskleidung durch; in den Städten fingen die Teenager damit an, und was es wohl noch kaum gegeben hat: beide Geschlechter folgten dem gleichen Kleidungsgedanken – aus sportlichen, praktischen, bewegungsfreundlichen, ästhetischen, erotischen – aus welchen Gründer auch immer – wohl auch aus Gründen einer neuen gleichberechtigten Sozialordnung, die die Jugend am leichtesten zu vollziehen in der Lage war. Sie fühlten sich gut und fühlten sich gut an in diesen Hosen.

»Wohin man sieht, schauen alle gleich aus, haben alle dieselben Haare, dieselben Klamotten, dieselben Schuhe, reden alle dasselbe Polit-Kauderwelsch, hören denselben Beatgruppen im selben Keller zu – und hübsch bald scheinen sie alle miteinander zu verschmelzen, und jeder, der sich gut anfühlt, ist o. k.«, schrieb ein Journalist um 1960.

In den fünfziger Jahren war solch Partnerlook noch nicht so ganz einfach durchzuführen. Die Ambivalenz jener Jahre, der große Unterschied zwischen den Generationen mit Mißverständnissen, Schuldgefühlen – aber auch echten Machtkämpfen –, das Gefälle zwischen Stadt und Land, zwischen Großstadt und Kleinstadt, zwischen Trümmerstadt und kriegsverschonter Region –, die Zugehörigkeit zu verschiedenen sozialen Schichten, die Nähe oder Ferne amerikanischer Besatzungsgruppen: all das beeinflußte das Leben in jener Zeit auf die verschiedenste Art und Weise. Mir scheint, daß es Kinder und Jugendliche in diesem Jahrzehnt oft besonders schwer gehabt haben, ihre neu gewonnene Individualität zu artikulieren. Unverstanden von Eltern und Erziehern, die meist genug mit sich selbst zu tun hatten, zogen sie aus zu neuer Freiheit. Was eignete sich besser zum Symbol ihrer unsicheren Gefühle als Kleidung? So möge am Schluß nochmals jenes scharf beobachtende Mädchen Maria Wimmer zu Worte kommen in ihrem rührenden Kampf um Selbständigkeit sowohl gegenüber dem kleinbürgerlichen Elternmilieu wie auch gegenüber den bessergestellten und hochgestochenen Mädchen aus ihrer Klasse:

»Viele in der Klasse waren besser gekleidet, sie hatten mehr Sachen und schönere. Mir kam es vor, als trügen sie sie mit großer Selbstverständlichkeit und bräuchten sich um ihr Aussehen nicht so viel Kummer zu machen wie ich. Darauf führte ich es auch zurück, daß sie viel sicherer auftraten. Ich empfand es als enorme Belastung, nur durch das zu leben, was man im Kopfe hatte, und damit auf andere Eindruck zu machen. Auch hatte ich das Gefühl, daß einige Lehrer ihre persönliche Freundlichkeit und Zuwendung durchaus nach solchen Äußerlichkeiten verteilten.

Da es aussichtslos war, so zu sein wie diejenigen, die ich beneidete, und ich mir so, wie ich war, nicht gefiel, wollte ich wenigstens aussehen wie keiner sonst. Ich ließ mir die Haare auf Streichholzlänge schneiden, wie es gerade in Mode kam und es erst wenige trugen. Wo der Friseur nicht genug weggeschnitten hatte, half ich mit der Rasierklinge nach und schnitt mir Fransen.

Aus meinem karierten Faltenrock, der so schnell knitterte und den meine Mutter zeitlos und ich bieder fand, nähte ich mir ein Hemd. [...] Es hatte keine Paßform und sollte auch keine haben. [...] Ich nähte keinen Saum um, sondern franste die Ränder aus. Nach derselben Art strickte ich mir einen Pullover aus dem alten, den ich aufribbelte.

Er [...] war wie ein Sack. Aus der abgelegten Arbeitsstrickweste meines Vaters entstand ein Schal, der, mehrmals um den Hals geschlungen, vorne und hinten noch immer lang herabbaumelte. Meine Hose nähte ich an allen Stellen, wo sie abstand, so eng, daß sie am Bein saß wie eine zweite Haut. Von ein paar alten Schuhen löste ich die Sohle. Aus einer Schnur flocht ich lange, dünne Zöpfe, die ich auf die Sohle passend aneinandernähte. Neben der großen Zehe führte ich eine Schnur vorbei, herauf zum Fußgelenk, zwei kleinere kamen von den beiden Seiten, über den Knöcheln wurde alles zusammengeknotet. Das war nun lange Zeit meine Kluft. Viele fanden mich ganz toll; das dürften sie nie von ihrer Mutter aus. Ich fand mich auch gut, trotzdem hätte ich insgeheim noch immer tauschen mögen.

Meine Mutter verzweifelte fast. Sie ging mit mir zusammen nicht mehr auf die Straße. Man muß sich ja in Grund und Boden schämen, du siehst aus, als kämst du grad aus einem Zigeunerkarch gelatscht, was sollen bloß die Leute denken, man muß doch noch ein klein bißchen in die Welt passen, das kannst du uns doch nicht antun, man muß doch noch sehn, wo du herkommst, mit dir kann man sich ja nirgendwo mehr blicken lassen, so läuft kein Mensch rum, noch nicht mal der Ärmste aus dem Dorf, sagte sie.

Mir war es egal, was diese Leute dachten.« [16]

Damit hatte dieses Mädchen ein Maß von Freiheit und Selbständigkeit erreicht, wie es damals noch selten war. Das alte Rollenspiel löste sich langsam auf, und die Mädchen fingen an, sich frei zu entscheiden, ob sie ihre biologische Rolle betonen oder neutralisieren oder vergessen wollten. Aber vielleicht ist das eine Überinterpretation? Es muß sich noch zeigen, ob auch unter ungünstigen Bedingungen jene Unabhängigkeit erhalten bleibt, die in den 50er Jahren für die damaligen Kinder und Jugendlichen ihren Anfang nahm.

Anmerkungen

1 Mechtel, Angelika: Wir sind arm, wir sind reich. Reinbek b. Hbg. 1979, S. 52
2 Wimmer, Maria: Die Kindheit auf dem Lande. Reinbek b. Hamburg 1978, S. 22f.
3 Rinser, Luise: Den Wolf umarmen. Frankfurt a. M. 1981, S. 396; zum »Weihnachtsmann« vgl. Weber-Kellermann, Ingeborg: Das Weihnachtsfest. München 1978, Kap. IV.
4 Haidegger, Christine: Zum Fenster hinaus. Reinbek b. Hamburg 1979, S. 52.
5 Miller, Alice: Das Drama des begabten Kindes. Frankfurt a. M. 1979, S. 98
6 Haidegger, Christine: Zum Fenster hinaus. Reinbek b. Hamburg 1979, S. 73
7 Weber-Kellermann, Ingeborg: Die Kindheit. Frankfurt a. M. 1979, S. 253ff.
8 Blaich, Ute: Milchreis, Colt & Veilchenfänger. Kinderprotokolle. Oldenburg 1977, S. 18
9 Peesch, Reinhard: Das Berliner Kinderspiel der Gegenwart. Berlin 1957.
10 Rühmkorf, Peter: Über das Volksvermögen. Hamburg 1967.
11 Borneman, Ernest: Unsere Kinder im Spiegel ihrer Lieder, Reime, Verse und Rätsel. Freiburg 1973; Die Umwelt des Kindes im Spiegel seiner »verbotenen« Lieder, Reime, Verse und Rätsel. Freiburg 1974.
12 Falkenberg, Regine: Kindergeburtstag. Eine Brauchstudie über Kinder und ihr Fest. Diss. Marburg 1982; Kindergeburtstag. Ein Brauch wird ausgestellt. Museum f. dt. Vkde. Berlin 1984.
13 Vgl. Weber-Kellermann, Ingeborg: Die Kindheit. Frankfurt a. M. 1979, S. 253ff.; dies.: Der Kinder neue Kleider. 200 Jahre deutsche Kindermoden. Frankfurt a. M., S. 235ff.
14 Wimmer, Maria: Die Kindheit auf dem Lande. Reinbek b. Hamburg, 1978, S. 31
15 Mechtel, Angelika: Wir sind arm, wir sind reich. Reinbek b. Hamburg, 1979, S. 45, 55, 99, 181.
16 Wimmer, Maria: Die Kindheit auf dem Lande. Reinbek b. Hamburg 1978, S. 114f.

Bibliographie

Bauer, Karl W. und Heinz Hengst (Hrsg.), *Kritische Stichwörter zur Kinderkultur,* München 1978.
Bleuel, Hans Peter, *Kinder in Deutschland,* München 1971.
Bornemann, Ernest, *Unsere Kinder im Spiegel ihrer Lieder, Reime, Verse und Rätsel,* Freiburg/Br. 1973
Ders., *Die Umwelt des Kindes im Spiegel seiner »verbotenen« Lieder, Reime, Verse und Rätsel,* Freiburg/Br. 1974.
Erikson, Erik H., *Kinderspiel und politische Phantasie,* Frankfurt a. M. 1978.
Felix strickt und Katrin kickt. Ausstellung des Kindermuseums der Staatlichen Kunsthalle Karlsruhe. Köln 1979.
Heide, Christine, *Kind in Deutschland.* STERN-Bücher, Hamburg 1981.
Lenzen, Klaus-Dieter, *Kinderkultur – die sanfte Anpassung,* Frankfurt a. M. 1978.
Peesch, Reinhard, *Das Berliner Kinderspiel der Gegenwart,* Berlin 1957.
Retter, Hein, *Spielzeug. Handbuch zur Geschichte und Pädagogik der Spielmittel,* Weinheim und Basel 1979.
Weber-Kellermann, Ingeborg, *Die Familie,* Frankfurt a. M. (1976)³ 1984.
Dies., *Die Kindheit,* Frankfurt a. M. 1979.
Dies., und Regine Falkenberg, *Was wir gespielt haben. Erinnerungen an die Kinderzeit,* Frankfurt a. M. 1981.

Bilder und Texte aus dem Drehbuch zu dem Videofilm »Vier Mädchen: Kindheit in den 50er Jahren – Ein Versuch sich zu erinnern« von Susanne Godefroid und Renate Trusch.

Nach der Konfirmation habe ich von einer Tante 20 DM gekriegt, und dann habe ich mir die Haare endlich abgeschnitten. Da kam ich mir sehr erwachsen vor. Bevor wir dieses Foto machten, gab's noch 'nen Streit, denn ich hatte mir einen Pony schneiden lassen, und meine Mutter war strikt dagegen, also, 'ne Dame hat kein Pony. Den mußte ich rauskämmen, der war zu frivol.

Rechts: Hier war ich mit einer Freundin im Schwimmbad. Wir haben einen ganzen Film von uns abgeknipst. Da hatte ich auch meinen Pony durchgesetzt und die Haare ganz kurz geschnitten. Den Badeanzug hatte ich mir kurz vorher im Kaufhaus gekauft und war sehr unglücklich, weil oben diese Stäbchen drin waren, und ich füllte die doch gar nicht aus. Die waren dann dem entsprechend schlabbrig. Außerdem hatte ich lange Zeit Probleme mit meiner Haut. In meinem Tagebuch fand ich folgende Eintragung: 3. 1. Heute bin ich direkt einmal früh aufgestanden. Trotz des Seesandes sind meine Pickel doch noch nicht weg. Ich glaube, die werde ich nie los!

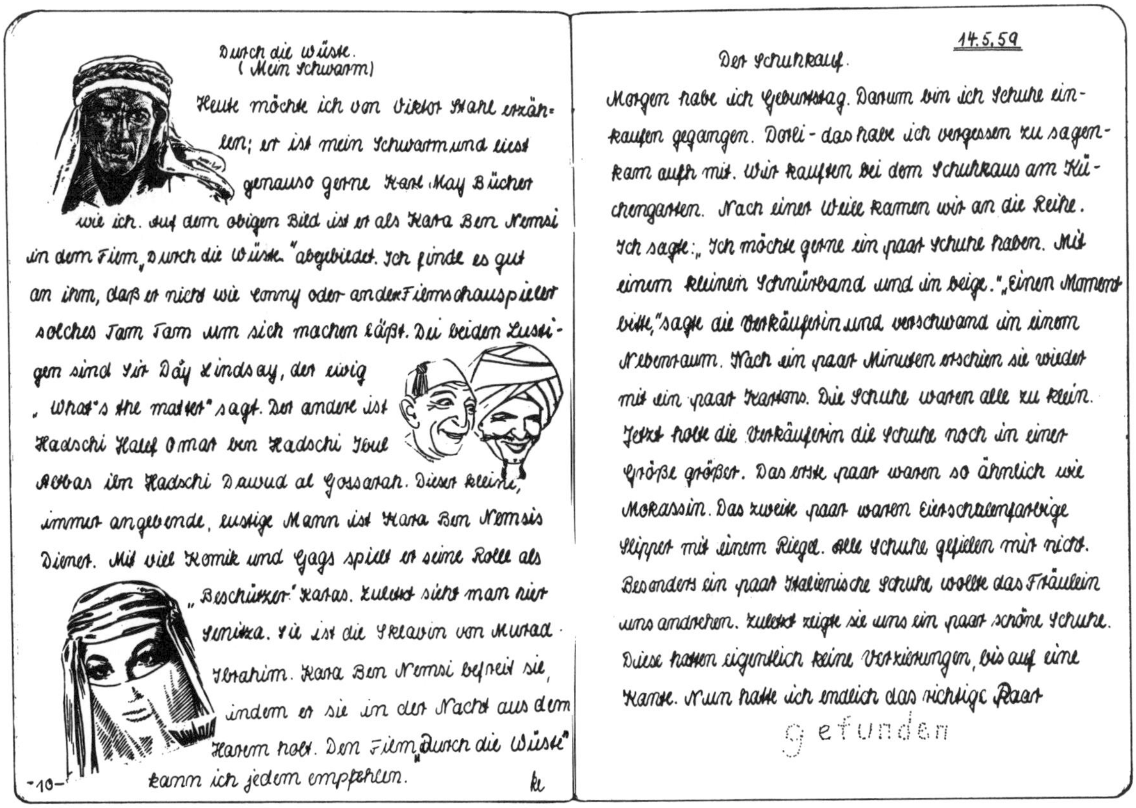

Durch die Wüste.
(Mein Schwarm)

Heute möchte ich von Viktor Stahl erzählen; er ist mein Schwarm und liest genauso gerne Karl May Bücher wie ich. Auf dem obigen Bild ist er als Kara Ben Nemsi in dem Film „Durch die Wüste." abgebildet. Ich finde es gut an ihm, daß er nicht wie Conny oder andere Filmschauspieler solches Tam Tam um sich machen läßt. Die beiden Lustigen sind Sir Davy Lindsay, der ewig „What's the matter" sagt. Der andere ist Hadschi Halef Omar ben Hadschi Abul Abbas ibn Hadschi Dawud al Gossarah. Dieser kleine, immer angebende, lustige Mann ist Kara Ben Nemsis Diener. Mit viel Komik und Gags spielt er seine Rolle als „Beschützer" Karas. Zuletzt sieht man hier Senitza. Sie ist die Sklavin von Murad Ibrahim. Kara Ben Nemsi befreit sie, indem er sie in der Nacht aus dem Harem holt. Den Film „Durch die Wüste" kann ich jedem empfehlen.

-10- ki

14.5.59

Der Schuhkauf.

Morgen habe ich Geburtstag. Darum bin ich Schuhe einkaufen gegangen. Dorli – das habe ich vergessen zu sagen – kam auch mit. Wir kauften bei dem Schuhhaus am Küchengarten. Nach einer Weile kamen wir an die Reihe. Ich sagte: „Ich möchte gerne ein paar Schuhe haben. Mit einem kleinen Schnürband und in beige." „Einen Moment bitte," sagte die Verkäuferin und verschwand in einem Nebenraum. Nach ein paar Minuten erschien sie wieder mit ein paar Kartons. Die Schuhe waren alle zu klein. Jetzt holte die Verkäuferin die Schuhe noch in einer Größe größer. Das erste paar waren so ähnlich wie Mokassin. Das zweite paar waren Eierschalenfarbige Slipper mit einem Riegel. Alle Schuhe gefielen mir nicht. Besonders ein paar Italienische Schuhe wollte das Fräulein uns andrehen. Zuletzt zeigte sie uns ein paar schöne Schuhe. Diese hatten eigentlich keine Verzierungen, bis auf eine Kante. Nun hatte ich endlich das richtige Paar gefunden

Maruta Schmidt

Meine Schulen

Am 1. September 1950 kam ich in die Schule. Die Schule war ein großer Raum in der »Funker-Kaserne« in Stuttgart-Bad Cannstatt, wo wir mit Tausenden anderen DPs inzwischen wohnten. Alle acht Klassen waren in diesem einen Raum untergebracht, insgesamt vielleicht 60 Schüler – Russen, Polen, Armenier, Tschechen usw. und Letten, wie ich. Die Unterrichtssprache war Deutsch, das hatten wir bei den Bandenkriegen in den Ruinen gegen die schwäbischen Bürgerkinder gelernt – auch brauchten wir eine gemeinsame Sprache, um uns untereinander zu verständigen. Unsere Lehrerin, eine Russin, unterrichtete alle Klassen und alle Fächer, Deutsch, Rechnen, Musik, Geschichte, Biologie, Zeichnen... Ich lernte Schreiben und Rechnen und konnte gleichzeitig hören, was für die Größeren gedacht war. Ich fand das alles spannend – meine kleine Schwester übrigens auch. Sie war gerade vier, damals die Jüngste in unserer Familie, und es war ihr allein zuhause langweilig. Also nahm ich sie mit in die Schule, wenn sie Lust hatte. Sie hatte natürlich noch keine Schiefertafel wie ich: eine Seite liniert, die andere zur Hälfte kariert und zur Hälfte plano mit einem roten Holzrahmen und zwei Läppchen an Bindfäden, einem zum feucht Abwischen und einem zum Trockenreiben. Die Jungs rissen sie mir und den anderen Mädchen ständig ab. Aber ich hatte bald einen Beschützer aus der zweiten Klasse. Bolek war Pole, groß, stark und blond, er hatte einen Roller und war der Anführer einer der multinationalen Kinderbanden. Er stellte mich unter seinen Schutz, so brauchte sich meine kleine Schwester nicht mehr mit den größeren Kindern zu prügeln, um mir wegen meiner Kinderlähmung den rettenden Vorsprung zu verschaffen.

Ende 1951 wurden die Flüchtlingsschulen aufgelöst, wir kamen auf verschiedene »deutsche« Schulen, meine Geschwister und ich in die Schiller-Schule. Die deutschen Kinder und die meisten Lehrer schauten uns schief an: den ganzen Sommer über liefen wir barfuß, auch sonst waren wir nicht sehr ordentlich, auch wenn die meisten von uns gut in der Schule waren. Immerhin bekamen wir Schulspeisung: jeden Tag einen halben Liter Milch oder Kakao. Lehrer, die uns nicht verachteten, wie Fräulein Mehl, liebten wir.

Als ich in der dritten Klasse war, zogen wir nach Steinhaldenfeld in eine Flüchtlingssiedlung im Sozialen Wohnungsbau, die direkt neben einer Nazi-Siedlung aus Einfamilienhäuschen lag. Wir hatten statt zwei jetzt dreieinhalb Zimmer für acht Personen und sogar ein winziges Bad; ich wohnte dort bis zu meinem Abitur. In der neuen Schule waren wir ungefähr gleich viele ausländische und deutsche Kinder. Manche von den Deutschen wohnten in der Barakkensiedlung in der Lehmgrube neben der Ziegelei. Einige wohnten auch in den beiden Bunkern, die es in Steinhaldenfeld gab. Drei Meter dicke Mauern, der Schacht bis zum Fenster war länger als das Zimmer breit war. Meine Freundin Isolde, einzige Tochter einer alleinstehenden dunkelhaarigen Frau, lebte dort. Sie war wunderschön und immer gekleidet wie eine Prinzessin. Einige Lehrer haßten und schlugen sie wegen ihrer unmoralischen Mutter. Schlagen war damals noch erlaubt, mit einem Rohrstock über die Fingerknöchel.

Nach der vierten Klasse konnte man in Stuttgart auf die Mittelschule oder die Oberschule überwechseln. Die Eltern der Kinder in diesem Alter in Steinhaldenfeld wurden zusammengerufen und von Beratern des Arbeitsamtes dar-

Pause in einer überbelegten Schule 1958

über belehrt, wie vorteilhaft es für sie wäre, wenn ihre Kinder mit vierzehn Jahren bereits Geld verdienen könnten. Aus meiner Klasse war ich die einzige, die auf die Oberschule überwechselte; ein Junge fiel bei der Aufnahmeprüfung durch; zwei Mädchen gingen auf die Mittelschule, weil sie Sekretärinnen oder Verkäuferinnen werden sollten.

Das »Mädchengymnasium Bad Cannstatt« galt als »modern«, weil wir neben dem üblichen hauswirtschaftlichen Zweig, der nach der siebten Oberschulklasse mit dem »Puddingabitur« endete, einen neusprachlich-naturwissenschaftlichen Zweig hatten. Trotzdem wurden die Mädchenschulen nicht richtig ernst genommen, angeblich wurde von uns nicht so viel verlangt wie von Jungs. Nachdem das Einheitsabitur eingeführt war (ich glaube 1961/62) stellte sich heraus: die Mädchen waren im Durchschnitt besser, sogar in den naturwissenschaftlichen Fächern. Obwohl wir bestimmt nicht bessere Lehrer hatten – eher im Gegenteil. Mich wunderte das gar nicht. Meine Mutter war Mathematiklehrerin, alle vier Mädchen hatten wir ihre Begabung geerbt. Manchmal saßen wir zu fünft bis ein, zwei Uhr nachts im Wohnzimmer und redeten uns die Köpfe heiß über mathematische Probleme, und später, als meine älteste Schwester nach dem Abitur 1959 an der Technischen Hochschule in Stuttgart Architektur zu studieren begann, auch über Kunst und Städtebau. Mein Vater und mein Bruder waren dagegen nie besondere Leuchten in Mathematik und Physik.

Ein einziges Mädchen in meiner Klasse war ein Arbeiterkind, Elke, lange Jahre meine »Nebensitzerin« und Freundin. Ihr Vater arbeitete in einer Textilfabrik, er half ihr, wo er konnte, aber hauptsächlich mußte sie sich allein durchbeißen. Sie war sehr begabt. Ich liebte sie, manchmal hatten wir Streit und waren eifersüchtig, wenn ein neues, interessantes Mädchen in unsere Klasse kam. Später wurde alles anders. Sie hatte früh Freunde, auch mein Bruder war in sie verliebt, und sie fing an, an Gott zu glauben, obwohl sie atheistisch aufgewachsen war. Das ging mir nicht in den Kopf.

Ich meinerseits verehrte inzwischen den Freund meiner zweitältesten Schwester. Er studierte auch Architektur und empfahl mir Bücher von Wolfgang Borchert, Gottfried Benn (den ich haßte), Albert Camus (den ich am meisten liebte, obwohl er auf allen Fotos rauchte), Ingeborg Bachmann, Arno Schmidt, Günter Grass, Ilse Aichinger, Günter Eich. Später schrieb ich über sie in unserer Schülerzeitung – aber das war schon 1960.

Die nächste Klasse wartet schon: »Schicht-Unterricht« 1958

- 1958 beträgt der Anteil der Mädchen an den 4,672 Millionen Volksschülern 49,2 %, an den 314376 Mittelschülern 53,3 %, an den 779910 Oberschülern 39,8 %. Unter den 1,935 Mill. Berufsschülern sind 44,1 % Mädchen, unter den 1,371 Mill. Lehrlingen nur 34,1 % (1950 nur 24,9 % von 971000!).[1]
- 1950 sind nur 18 % der Studienanfänger an den Hochschulen Mädchen; bis 1962 verbessert sich dieser Anteil insbesondere durch die starke Zunahme an den Pädagogischen Hochschulen auf 35 %. Die Abbruchquote bei den Studentinnen liegt in den 50er Jahren zwei- bis dreimal so hoch wie bei den Studenten.[2]

1 Nach: Statistisches Jahrbuch
2 Nach: Helge Pross, Über die Bildungschancen von Mädchen in der Bundesrepublik, Frankfurt/Main 1969

Gabriele Dietz

Sozius-Miezen

Halbstarke Mädchen

Angefangen hat es im Frühjahr 1955 in Berlin. Dort trat eine Gruppe von etwa 20 Jungen auf schweren Motorrädern in Erscheinung, die »aus Übermut allerlei groben Unfug«[1] trieb.

Ihrem Verhalten folgten in den nächsten Monaten und Jahren Jugendliche überall in der Bundesrepublik: die sogenannten »Halbstarken« und ihre »Halbstarken-Krawalle«, über die die Presse ausführlichst und teilweise aufputschend berichtete. Da war vom »besorgniserregenden Zustand unserer Jugend«[2] die Rede, und Polizei, Jugendämter, Pädagogen, Soziologen, Psychologen zerbrachen sich die Köpfe, warum junge Leute zu »randalieren« begannen.

Neu war der Begriff indes nicht. Schon 1905 charakterisierte ein Roman die Halbstarken als »halbwüchsige Knaben und Mädchen..., die elende Brut der lichtlosen Gänge und giftschwangeren Hinterhäuser«, und 1912 erschien sogar ein Roman unter dem Titel »Die Halbstarken«. Zum Massenphänomen aber wurden sie erst in den späten Fünfzigern. Besonders in den Jahren 1956 und 57 folgte »Krawall« auf »Krawall«, wobei es rückblickend sonderbar harmlos anmutet, was den Jugendlichen seinerzeit angelastet wurde.

»Halbstarke sind alle Jugendlichen, die in größeren oder kleineren Gruppen an Straßenecken, auf Spielplätzen oder in Lokalen müßig und laut albernd herumstehen und dabei auch einen Vorübergehenden, insbesondere junge Mädchen, mit Worten oder auch tätlich belästigen.« Aber: Sie »wenden sich nicht nur gegen andere Bürger, sondern zerstören häufig öffentliche Einrichtungen. So trampeln sie in Anlagen und auf Blumenbeeten herum oder reißen auf Zeltplätzen die Zelte ein... Auf der Straße grölen und randalieren sie und werfen auch gelegentlich Knallkörper...«[3]

Der typische »Halbstarke« trug möglichst enge, dunkle Hosen und »stark farbige Hemden oder Pullover mit auffallendem Muster«. Dazu eine Jacke wie James Dean in »... denn sie wissen nicht, was sie tun« und, in Ermangelung echt amerikanischer T-Shirts, die Unterhemden verkehrt herum, mit der hohen Ausschnittseite nach vorn. Die Haare wurden zurückgekämmt und waren »oben auf dem Kopf kürzer geschnitten als an den Seiten«. Die »Halbstarken-Bräute« schmückten sich »mit klirrendem Schmuck und Pferdeschwanzfrisur, tragen ausgeschnittene schwarze Pullover und weite Röcke oder enge Hosen.«[4]

Zeitgenössische Beobachter waren sich einig:

»An Halbstarken-Krawallen nehmen sehr wenige Mädchen teil. Unter den bei Krawallen von April bis Oktober 1956 in Berlin zwangsgestellten 445 Personen waren nur 17 Mädchen. Angeklagt in Zusammenhang mit Krawallen wurden – soweit wir davon Kenntnis haben – in der Bundesrepublik nur zwei Mädchen. Gewöhnlich zeigen sich wesentliche Unterschiede zwischen dem reinen Krawall einerseits und dem Veranstaltungs- und Folge-Krawall andererseits: Die Anzahl der teilnehmenden Mädchen bei reinen Krawallen wird allgemein auf 2 bis 5 Prozent, bei Veranstaltungs- und Folge-Krawallen auf 5 bis 12 Prozent geschätzt.«[5]

Sie sind zwar dabei, wenn es Randale gibt, halten sich aber auffallend im Hintergrund. Lediglich wenn es zu Aufruhr im Kino, bei Musik- oder Tanzveranstaltungen kam, standen die Mädchen den Jungen in nichts nach.

Krawall in BREMEN bei der Erstaufführung des Films »Außer Rand und Band« Teil I am 2. November 1956

»Vor und nach der Nachmittagsvorstellung konnten keine außergewöhnlichen Wahrnehmungen gemacht werden. Um 20⁰⁰ Uhr sammelte sich jedoch vor dem Palast-Theater eine

Foto: Schapowalow

Der Tanz als Ausweg: Wo den jugendlichen Freunden heißer Rhythmen, einschließlich Rock'n'Roll, die Möglichkeit geboten ist, ihr Temperament im Tanz auszutoben, vergreifen sie sich nie oder nur äußerst selten am Inventar. So praktiziert, ist Rock'n'Roll nicht gefährlicher als Anno dazumal der Walzer. Auch dieser heutige Gesellschaftstanz hat einmal echte Tanzwut ausgelöst.

Foto: Lutetia

Warnendes Beispiel Paris: Auch in der französischen Metropole kam es nach einem Bill-Haley-Abend zu Ausschreitungen. Das war vor Berlin und Hamburg. Trotzdem behauptete Haley, ihm sei so etwas niemals vorher passiert.

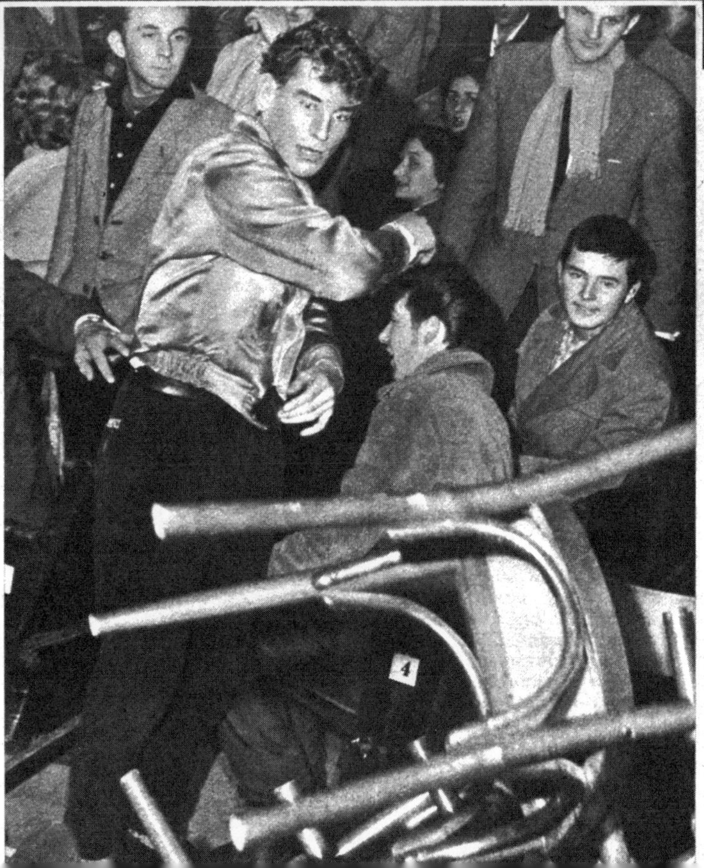

Herrn Haleys Rechnung: Zertrümmerte Stühle, verwüstete Säle. Auf der Anklagebank sitzt nicht der Rock'n'Roll, sondern sein Produzent, Bill Haley. Er hätte wissen müssen, daß seine Art von Musik nicht in Konzertsäle gehört! ▶

Rock 'n' Roll

Berlin, 19. Juni 1957

Sie schwingen die Hüften, machen akrobatische Verrenkungen, lassen Haare und Röcke wehen, die Fans des Rock 'n' Roll. Dieser neue Tanz aus den USA ist auf dem besten Weg, auch Berlin zu erobern. Überall wo junge Leute zusammenkommen, um zu tanzen, wird auch der Rock 'n' Roll aufs Parkett gelegt.

Vorerst sind es wenige, die sich bei diesem anstrengenden Tanz durch

Menschenmenge, die um 20[25] Uhr auf etwa 500 Personen angestiegen war und versuchte, die Polizei zu provozieren. Um 20[30] Uhr war diese Menschenmenge fast ausnahmslos im Palast-Theater verschwunden, so daß um 20[35] Uhr nur noch eine Gruppe von etwa 20 Jugendlichen, die keine Eintrittskarten mehr bekommen hatte, vor dem Eingang des Palast-Theaters verweilte. Das Palast-Theater war ausverkauft. Die Besucher setzten sich größtenteils aus Jugendlichen zusammen. Im Theater herrschte Hochstimmung. Beim Erscheinen einer »Rock'n'Roll-Szene« auf der Leinwand setzte ein tumultartiges Getöse ein. Einzelne junge Leute pfiffen auf den Fingern, andere bedienten Trillerpfeifen, Autohupen und andere Lärminstrumente. Einzelne Personen sprangen während der Vorstellung von ihren Sitzen hoch, entledigten sich der Oberbekleidung, gestikulierten mit den Armen in der Luft herum und schrien vor Begeisterung.

Nach Schluß der Vorstellung verweilte ein großer Teil der Besucher zunächst vor dem Palast-Theater. Sie bildeten Sprechchöre und riefen immer wieder »Rock'n'Roll«. Nach wenigen Minuten setzten sich etwa 150 Jugendliche, größtenteils auf der Fahrbahn gehend, auf der Straße in Richtung Innenstadt in Bewegung. Sie lärmten und schrien, pfiffen und grölten, dabei immer wieder Sprechchöre bildend. Das beliebteste Thema war »Rock'n'Roll«, aber es wurde auch »Hau-ruck« und »Pfui Polizei« gerufen. Während dieser lose Haufen durch die Straße zog, hinderten einzelne Gruppen durchfahrende Autofahrer an der Weiterfahrt. Durch die zum Teil auf der Fahrbahn stehenden Gruppen wurden vorübergehend auch Straßenbahnzüge zum Halten gezwungen. Gegen 23[00] Uhr hatten sich auf dem Marktplatz etwa 300 Personen versammelt. Es wurde gegrölt, randaliert und gepfiffen. Eine Menge von etwa 100 Personen hatte auf dem Marktplatz einen Kreis gebildet, in dem Jugendliche nach improvisierten »Rock'n'Roll«-Melodien artistische Tanzdarbietungen vorführten.

Kleinere Gruppen versuchten, die Straßenbahnen bei den An- und Abfahrten zu behindern und die Fahrgäste zu belästigen. Ein Autofahrer, der offensichtlich auch dem Kreis der Demonstranten angehörte, verharrte einige Minuten auf den Schienen der Straßenbahn. Als eine Polizeikette zur Räumung des Marktplatzes gebildet wurde, nahmen die Jugendlichen Reißaus, ohne daß vom Gummiknüppel Gebrauch gemacht werden mußte.

Zwischenzeitlich gab es noch einige besondere Vorkommnisse. Ein Vater, der seine Tochter in dem tanzenden Haufen

Elvis gibt Autogramme

nisse. Ein Vater, der seine Tochter in dem tanzenden Haufen entdeckt hatte, sprang durch den Kreis und ohrfeigte sie. Er mußte sich anschließend vor dem grölenden Haufen in eine abfahrbereite Straßenbahn retten.

Rock'n'Roll-Begeisterungsstürme wurden auch aus New York gemeldet, wo sich die Mädchen sogar besonders hervorgetan haben: Dort kam es anläßlich der Uraufführung des Films »Don't Knock the Rock« zu ähnlichen »Ausschreitungen« wie schon bei der Premiere des Elvis-Presley-Films »Love me tender«. Es sammelten sich vor dem Kino so viele Jugendliche – meist Mädchen –, daß der Verkehr lahmgelegt wurde und der Einsatz von 175 Polizeibeamten geboten schien. Mädchen und Jungen tanzten während der Vorstellung in den Gängen und im Foyer, sprangen auf die Kinositze und schrien vor Begeisterung, während draußen die Polizei mit Äpfeln beworfen wurde.[7]

Abgesehen von derartigen Anlässen scheinen Mädchen eher Beiwerk gewesen zu sein. Ein »Halbstarker« erinnert sich:

»Da waren auch Mädchen dabei. Manche leisteten sich auch ihre Miezen auf dem Sozius, das waren nicht viele – es kam vielleicht auf 10 Mann eine. Die Mädchen machten bei den ausgesprochenen Motorrad-Halbstarken mit. Und das war auch irgendwie der Kern der Leute, die haben am meisten gemacht, die waren beweglich. Die Halbstarken kamen ja nicht aus ›besseren Kreisen‹, und es waren eben Mädchen dabei, die es halt nicht so genau nahmen, und damals nahmen die Mädchen es eigentlich sehr genau (...) In den Halbstarken-Gruppen gab es dieselben moralischen Vorstellungen wie in der übrigen Bevölkerung. Ein Mädchen, das sich in den Halbstarken-Gruppen rumtrieb, durfte das eigentlich nur mit einem Typen. Es sah nur nach außen schlimm aus.«[8]

Ein anderer berichtet:

»Ein großer Krawall ist 1956 an einem Abend ausgebrochen, als aus einer Gruppe von 150 Leuten einer das Mädchen von einem aus 'ner anderen Gruppe nicht respektiert hat...«[9]

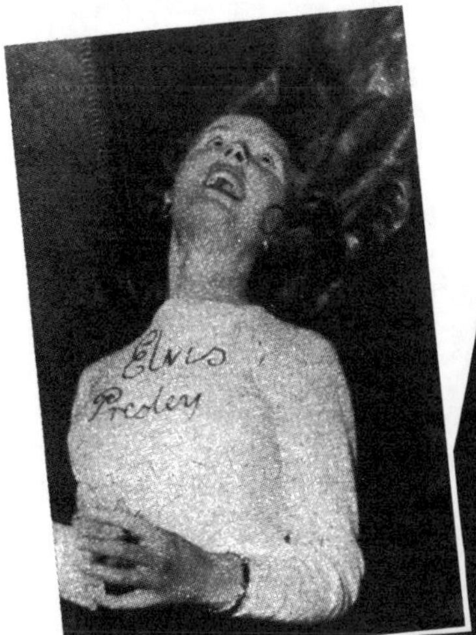

Horst Buchholz und Karin Baal in »Die Halbstarken«.
Unten: Szene aus Marcel Carnés Film »Die Betrogenen«.

Eins der beteiligten Mädchen berichtet rückblickend über ihre Clique:

»Wir waren ja nur Viertel-Halbstarke, dieser Protest war ganz amorph, dumpf, aber er hatte etwas Aufmüpfiges, er richtete sich gegen eine bestimmte Konsumhaltung. Und der Begriff, den wir, den unsere Leutchen immer benutzt haben, war ›spießig‹. Bloß nicht Spießer, spießig sein! Das war das Schlüsselwort. Für uns war es wichtig, Jazzkeller zu haben und nicht in die schönen gutbürgerlichen Dinger zu gehen. Da waren Leute in Hanau, die richteten irgendwo im Keller 'ne Kneipe ein, das war dann das Protestzentrum. Das war aufmüpfig, richtete sich gegen Eltern, gegen das Spießertum, bedeutete Ausbruch... Wir waren eine Bande, und der Film ›Die Halbstarken‹ war unser Kultfilm. Für mich hat sich das so ausgewirkt, daß ich zum Beispiel zwei Jahre in schwarzer Kluft herumgelaufen bin. Eine Lederjacke hatte ich nicht, aber alles in schwarz, auch die Hosen. Das war wichtig, denn es war ja die Zeit der Petticoats, und das Schwarze war ein Protest dagegen.« [10]

Anmerkungen

1 Curt Bondy u.a.: Jugendliche stören die Ordnung. Bericht und Stellungnahme zu den Halbstarkenkrawallen, München 1957, S. 9.
2 Vgl. Bondy: Jugendliche stören... S. 9.
3 ebenda, S. 17f.
4 ebenda, S. 22.
5 ebenda, S. 53.
6 ebenda, S. 41f.
7 Vgl. Bondy: Jugendliche... S. 22f.
8 Zit. n. einem unveröffentlichten Tonbandmitschnitt der Diskussionsveranstaltung mit ehemaligen Halbstarken der Berliner Geschichtswerkstatt von 1983.
9 Zit. n. ebenda.
10 Zit. n. ebenda.

Ingrid Schmidt-Harzbach

Rock'n'Roll in Hanau

Tommy

In den 50er Jahren waren wir eine typische Flüchtlingsfamilie. Meine Mutter ist 1944 mit mir und den Kindern ihrer Schwester aus Ostpreußen geflüchtet. Zunächst lebten wir auf dem Lande in der Nähe von Hannover. 1951 sind wir nach Hanau gezogen. Da hatte nämlich mein Vater Arbeit bekommen als Abteilungsleiter im Kaufhof, in der Abteilung für Teppiche und Gardinen. Die neue Wohnung im Sozialen Wohnungsbau war sehr wichtig für uns, genau wie jedes Möbelstück, das neu angeschafft werden konnte. Das waren Symbole dafür, daß es aufwärts ging aus der Armut, in die wir durch Krieg und Flucht geraten waren.

Ich ging auf das Mädchengymnasium in Hanau, das war eine richtige Höhere-Töchter-Schule. Da waren die sozialen Unterschiede schon spürbar. Andere Mädchen konnten Tennis oder auch Klavier spielen, die Eltern hatten Autos und konnten Reisen machen, nach Italien zum Beispiel, das kam gerade in Mode. Das war für mich unerreichbar. Neidisch war ich nicht direkt. Ich holte mir die Bestätigung anders, zum Beispiel habe ich schon sehr früh Nachhilfeunterricht gegeben und mir davon bestimmte Extrawünsche erfüllen können. Außerdem ließ ich mich von Söhnen aus betuchten Familien ausführen.

Wir trafen uns in Cliquen an bestimmten Plätzen in der Stadt, in den Milchbars, wo wir Milch-Shakes, Cola oder Sinalco tranken bis abends 19 Uhr, dann mußten die meisten von uns sowieso nach Hause. In die Milchbar konnten wir als Mädchen einfach so hingehen, allein oder mit einer Freundin. Eine Musikbox gab es da auch, manchmal wurde sogar nachmittags getanzt. Und dann machte das erste Espresso in Hanau auf, das war natürlich todschick. Da gab es richtigen Espresso, und man konnte sich irgendwie erwachsen fühlen. Für diese Nachmittage richteten sich viele Mädchen regelrecht her. Wir trugen zwar damals auch schon lange, enge Hosen – Jeans waren natürlich absolut in – aber auch ganz enge Kleider und Röcke mit Dior-Falte, die dann beim Rock'n'Roll-Tanzen immer aufriß. In die Schule gingen wir gesitteter. Während ich morgens in der Schule zum Beispiel die Strickjacke brav vorn zugeknöpft hatte, trug ich sie nachmittags in der Eisdiele als Pullover, hinten zwei Knöpfe offen und eingeschlagen als Ausschnitt. Ich war, was Mode anging, durch meinen Vater privilegiert, weil ich vom Kaufhof die Sachen runtergesetzt kriegte. Zweimal im Jahr veranstaltete der Kaufhof Modenschauen, bei denen ich mich – allerdings ziemlich verklemmt – als Teenager-Mannequin über den Laufsteg bewegte. Und die Klamotten gab's dann geschenkt. Damals trugen wir in erster Linie weite, schwingende Röcke und Petticoats, besonders wenn wir in die Milchbar und ins Espresso gingen. Oft hatte ich bis zu sieben Petticoats übereinander angezogen. Oder aber einen Leinenunterrock, der dank Hoffmanns Wäschestärke abstand wie ein Brett und ewig die Perlonstrümpfe zerriß. Oder einen schwingenden Leinenunterrock, in den unten ein Reif gezogen wurde, so daß er sich wie eine Krinoline wölbte. Dazu Stökkelschuhe. Wenn ich ins Schuhgeschäft ging, um von meinem durch Nachhilfestunden verdienten Geld neue Stökkel zu kaufen, nahm ich das Zentimetermaß mit. Unter 10 cm lief nichts. Ich kann mich daran erinnern, daß meine Mutter sich weigerte, mit mir in die Stadt zu gehen. »Du siehst ja aus wie eine wandelnde Käseglocke«, stöhnte sie. Stimmte wohl auch. »Stell doch deinen Fuß nicht immer so affig vor«, meinte sie. Wir waren sowieso ständig in Pose – das rechte Bein etwas vorgestellt, die Hüfte leicht verschoben. Alles im Kino und in Zeitschriften abgeguckt, vorzugsweise von Brigitte Bardot. Deren offensiv zur Schau getragene Sinnlichkeit bewunderte ich sehr.

Mit den Jungs konnten wir uns auch im Kino treffen. Da haben wir in Cliquen zusammengesessen. Und wenn du mit einem Jungen allein ins Kino gegangen bist, natürlich in die letzte Reihe, wurde fürchterlich rumgeknutscht.

Mit Bill

Marilyn läßt grüßen

»Die Halbstarken« zum Beispiel haben wir uns mehrmals angesehen, das war ein richtiger Kultfilm. Wichtig war für mich auch Marion Michael in »Liane, das Mädchen aus dem Urwald«. Diese langen blonden, offenen Haare! Damals saßen wir auch in Cliquen zusammen und verschlangen Heftchen – heute Comics genannt – wie »Akim«, »Sigurd« und »Tarzan« und haben uns als Jane gefühlt... im starken Arm von Tarzan auch mal an einer Liane mitschwingen, das muß wohl eine Traumvorstellung gewesen sein. Und nun gab es einen Film, in dem nicht Tarzan, sondern ein Mädchen sich über die Leinwand schwang, eben Marion Michael. Das fand ich toll.

Überhaupt waren einige Filme prägend. Für mich die mit Marlon Brando und natürlich James Dean in ».... denn sie wissen nicht, was sie tun«. Das war auf einmal eine ganz andere Männerfigur. Der weinte und zeigte Gefühle. In Kleidung, Frisur und Gesten haben sich viele Jungen sehr an ihn angelehnt. Außerdem natürlich an Elvis – die Koteletten. Und was den Kamm betraf, hinten in der Hosentasche, ohne ihn ging man damals nicht aus dem Haus, auch die Mädchen nicht.

»Rock around the Clock« lief natürlich auch in Hanau, noch vor der Elvis-Welle. Da mußte man hingehen. Zu Krawallen ist es meines Wissens nicht gekommen. Ein bißchen haben wir aber auch randaliert, mit Kuhglocken und Pfeifkonzerten im Schutze der Dunkelheit. Schwierigkeiten mit den Kinobesitzern gab's eigentlich nie. Vielleicht waren die froh, daß ihre Stühle heil geblieben sind.

Und dann dies Nebeneinander von unterschiedlichsten Gefühlen und Identifikationsbildern. Ob das anderen Mädchen genauso gegangen ist? James Dean und »Die Halbstarken« neben Rudolf Prack in »Wenn abends die Heide träumt«. In diesen Film, den ich bestimmt zweimal gesehen habae, bin ich allein gegangen, weil ich mich geniert habe. Eigentlich fand man sowas ja blöde, ganz besonders Caterina Valente. Also, wenn die »Island in the Sun« von Harry Belafonte auf deutsch sang, das war unmöglich. Überhaupt waren alle deutschen Schlager spießig. Wir hörten Pat Boone, Elvis und Little Richard, das waren die größten Rock'n'Roller.

Wir hatten auch einen Mädchen-Club. Am Nachmittag, wenn eine Mutter mal nicht zu Haus war, haben wir uns da getroffen und ganz tiefschürfende Gespräche geführt oder auch wild getanzt. Ganz heiße Tanzfeten, nur unter Mädchen. Da wurden im Wohnzimmer die Vorhänge zugezogen, es wurde eine Kerze angemacht und dann Elvis gespielt. Hinterher aufgeräumt, als wär nix gewesen. Solche Mädchenclubs gab's viele. Wir haben auch Blutsbrüderschaft wie bei Winnetou geschlossen und uns ewige Freundschaft geschworen. Außerdem gab es noch richtige Mädchenbanden. Ich war auch so eine Bandenchefin. In Trümmergrundstücken veranstalteten wir zusammen mit Jungenbanden Piraten- und Ritterspiele à la Errol Flynn mit gebastelten Holzschwertern. Wilde Spiele und dann einen Tag später wieder mit Petticoat und Stöckel aufgemotzt.

Richtig tanzen, uns wild austoben konnten wir auf

Brigitte Bardot

Ich als Brigitte Bardot

Idol James Dean

Partys. Die waren überhaupt in. Die fingen meist am Sonnabend schon um 18 Uhr an, denn um zehn mußten wir ja zuhause sein. Daß die Mädchen von einem Jungen abgeholt und wieder nach Hause gebracht wurden, gehörte immer dazu, das war bei mir auch so. Na, und dann standen wir abends noch eine Stunde im Hausflur und knutschten. Auch im Winter. Autos hatte ja keiner. Es war manchmal schrecklich kalt. Und wenn ein Hausbewohner kam, fuhren wir sofort auseinander und taten ganz harmlos, trotz zerwühlter Haare und erhitzter Gesichter.

»Zusammenschlafen« war tabu. »Petting« hieß damals das Zauberwort, und dafür gab's ungeschriebene Regeln – grad noch bis zum Bauchnabel, dann hörte es aber auch auf, dann begann das »Forbidden Territory«, wie wir es nannten. Die Jungen drängelten zwar, aber das mußten sie, weil es zu ihrer Rolle gehörte. Mehr wollte eigentlich keiner. Das Geknutsche und das Petting spielte sich meist auf den Partys ab. Die Eltern zogen sich zurück oder waren nicht da, wir waren allein im Wohnzimmer, im Zimmer von der oder dem, der die Party gab oder im Keller... Treue und solche Dinge spielten dabei eine wichtige Rolle. »Willst du mit mir gehn?« fragte der Junge nach dem ersten Kuß, und das Mädchen sagte »Ja«. Und dann ging sie eben mit ihm. Ich hab' das alles nicht so ernst genommen, aber gerade das wurde argwöhnisch betrachtet. Das Nichtsoernstnehmen hing sicherlich damit zusammen, daß meine Eltern mich dazu erzogen hatten, Schule und Ausbildung als das Wichtigste in meinem Leben zu sehen. Das akzeptierte ich voll. Unbewußt wußte ich wohl um die Chance, aus der kleinbürgerlichen Enge meiner Umgebung herauszukommen. Ich erinnere mich, daß sich viele Jungens gewundert haben, daß ich sie zuerst geküßt habe. Dieses Vorspiel mit dem mädchenhaften Abwarten paßte mir nicht. »Du bist viel zu schade, um von Schoß zu Schoß zu wandern«, schrieb mir dann auch prompt ein Freund.

Meine Art, mich auffällig zu kleiden, worauf ich immer viel Zeit und Sorgfalt verwandte, und eben diese Unbekümmertheit in bezug auf Freundschaften gaben zu mancherlei Gerüchten Anlaß.

»Miß Hanau« wurde ich zeitweilig genannt, und manche Jungen waren überrascht, daß ich trotz dieser Gerüchte noch Jungfrau war.

Unter uns Mädchen wurde natürlich über unsere erotischen Erfahrungen und Wünsche gesprochen. Klar war aber auch, daß so richtig miteinander schlafen nur bei Verlobung oder in der Ehe lief. Oder wie bei mir, warten, bis »der Richtige« kam. Und keiner der Jungen, mit denen ich was hatte, war wohl dieser »Richtige«, und deshalb konnte ich auch unbefangen den Freund wechseln, obwohl du das als Mädchen nicht zu oft durftest. Der Ausdruck »Miß Hanau« sagte ja einiges über meinen damaligen Ruf aus.

Ich hatte dann schnell einen Riecher dafür, wo es den besten Rock'n'Roll gab, live, in der City-Bar, einem Ort, wo amerikanische Soldaten hinkamen und Prostituierte. Oder auch die Jolly Bar. Dahin durfte ich natürlich nicht. »Höhere Töchter« gingen da nicht hin. Meine Eltern wußten nichts davon, es wurde eben gelogen: wir gehen da und da hin, auf die und die Party oder zum Tanztee.

In der Jolly Bar habe ich Bill kennengelernt. Der sah aus wie James Dean und war auch irgendwie so lässig. Die Treffen mit Bill mußte ich geheimhalten. Wenn mich jemand mit ihm gesehen hätte, wär ich ein »Amiliebchen« gewesen. Das ging nicht. Auch mit ihm blieb's beim Petten. Zu der Zeit war Elvis Presley in Friedberg, in der Nähe von Hanau, stationiert. »I wonna be Elvis Presley's Sergeant«, so'n Schlager gab's damals. In einem der großen Offizierskasinos, wohin mich Bill mitnahm, ist Elvis dann tatsächlich mal gewesen. Das war natürlich ein Wahnsinnserlebnis. Er war nur ganz kurz da, hat auch nicht gesungen, aber es war gnaz toll. Hanau war damals das Rock'n'Roll-Zentrum für GI's.

In die Rock'n'Roll-Bars ging ich zwar auch noch manchmal im Petticoat, aber meistens trug ich da schon enge Hosen, denn zum Rock'n'Roll mit Überschlag, links und rechts auf die Hüfte springen, waren die praktischer. Rock'n'Roll war ja wie ein Ventil, durch das all die Energie, die wir in uns spürten, herausgelassen werden konnte. Das war Lebensfreude und Protest. »Negermusik« hieß es dazu nur von den Erwachsenen. Bei uns ging das soweit, daß wir die Musik wie eine Droge konsumierten. Zwei Stunden ununterbrochen tanzen, daran kann ich mich genau eirnnern. Rekordaufstellen, das gab's auch beim Küssen. Günther und ich haben uns 20 Minuten ohne Pause geküßt und dabei auf die Armbanduhr geschaut.

»Halbstark« waren wir für die Erwachsenen schon wegen dieser »Negermusik«. »Lungert hier nicht so rum«, hieß es auch, wenn wir in der Stadt irgendwo standen. Uns hat es Spaß gemacht, die Bürger zu provozieren. Wir wollten, daß die Spießer sich ärgern, und die fühlten sich durch jede kleine Frechheit provoziert. Sei's vom Schellenpochen oder sonst was. Es störte die Bürger eben in ihrer Ruhe, wenn sie oben aus dem Fenster guckten und wir wegliefen, dann riefen sie uns hinterher: »Ihr Halbstarken«.

Ich wollte raus aus der sozialen Enge zuhause. Ich habe wahnsinnig viel gelesen, nicht nur Liebesromane – dafür ging ich in die Stadtbücherei, sah hinten nach, ob's ein happy-end gab, und wenn sie sich küßten, wurde das Buch ausgeliehen –, nein, auch klassische Texte, mit denen ich mich identifizierte wie Goethes »Werther« und Rilkes »Malte Laurids Brigge«. Das motivierte mich, meine Seelenregungen in Worte zu fassen. In dieser Zeit war ich auch Mitglied im »Filmclub«, einer typischen Erscheinung der Kinokultur der 50er Jahre. Ich war eine leidenschaftliche Kinogängerin. Jeden Sonntagmorgen, im Matinée, liefen Filme wie de Sicas »Fahrraddiebe« und andere Klassiker der Filmgeschichte.

Und neben Rock'n'Roll und amerikanischen Schlagern fand ich es gut, durch die Schule klassische Musik kennenzulernen. Mit meiner Freundin Christel habe ich für den Musikunterricht »Die Mondnacht« von Schubert eingeübt und vorgetragen.

Damals gab's schon die ersten Jazzkeller. Dort verkehrten unterschiedliche Schülercliquen, über die ich Tommy kennenlernte. Er sah ein bißchen aus wie James Dean, und vor allem spielte er Gitarre, in einer Band, die ab und zu auftrat. Gitarrenspielen war längst nicht so üblich wie heute, das war was Besonderes. Tommy wohnte in einem anderen Ort. Da wir kein Telefon hatten, haben wir uns sehr viel geschrieben. Überhaupt fällt mir heute auf, wie sehr wir uns damals – auch unter Freundinnen – unsere Seelenregungen bis ins einzelne geschildert haben, das Briefeschreiben kultivierten. Tommy war ein begehrter Junge, zwar fürchterlich schlecht in der Schule, aber er spielte eben Gitarre. Ich hab' ihn aber wohl nicht ernst genug nehmen können, sondern mich nach einer Weile mit meinem »Philosophen« angefreundet. Darunter hat Tommy sehr gelitten und mir den Vorwurf gemacht, daß er für ernsthafte Gespräche über Politik und Philosophie wohl nicht gut genug sei. Und eines abends beim Nachhausebringen hat er mir eine geknallt, und ich bin heulend 'rauf zu meinen Eltern. Da war's dann aus mit Tommy.

Mich interessierte jetzt eine ganz andere Clique, nämlich der Kreis von Studenten der Goldschmiede-Akademie in Hanau. Die brachten ein bißchen Bohème-Flair in die Kleinstadt. Bei denen wurde Rotwein getrunken, das kannte ich bis dahin gar nicht. Und wir lasen François Villon. In dieser Zeit gastierte in der Hanauer Stadthalle Klaus Kinski mit Villon-Balladen. Erwartungsvoll fieberte ich diesem Ereignis entgegen. Kinski ging der Ruf voraus, über die Bühne zu toben mit Schaum vorm Mund. War aber nicht. Aber es war verrucht, total verrucht. So was wie Villon haben wir in der Schule nicht gelesen.

Ein wichtiger Einschnitt in meinem Leben war die Lektüre des Tagebuchs von Anne Frank. Mit der Erschütterung, die dadurch in mir hervorgerufen wurde, bin ich damals sehr allein geblieben, ohne Resonanz bei Lehrern, Eltern und auch bei Freundinnen und Freunden. In dieser Erfahrung sehe ich heute eine der Ursachen für mein späteres Engagement in der Neuen Linken und in der Frauenbewegung.

Die Bekanntschaft mit der Bohème-Clique war der Bruch mit den alten Kreisen. Die schienen mir auf einmal nicht mehr ernsthaft genug. Mein »Philosoph«, Peter hieß er, zum Beispiel hat überhaupt nicht getanzt, und das fand ich toll. Der saß da im schwarzen Rollkragenpullover und mit interessanter Brille und war Existenzialist, hat mir Gedichte geschrieben und gewidmet. Wir lagen stundenlang nebeneinander im Bett und die Grenzen waren schon fließender, aber weiter gingen wir nicht. Die Leute um Peter waren schon älter, hatten eigene Zimmer, die ganz anders eingerichtet waren als üblich. Mit selbstgemalten Bildern. Ich trug jetzt nur noch schwarze Sachen, und der Petticoat war abgemeldet. Ich wollte nie mit der Masse gehen – bloß nicht so sein wie alle! Und vor allem bloß nicht spießig sein. Auf den Existenzialisten-Festen wurde gesungen, Gitarre gespielt, rumphilosophiert und Juliette Greco gehört. Meine Freundin Benita und ich lasen Camus und Sartre. Wir haben uns gegenseitig bei Kerzenlicht einzelne Stellen vorgelesen und dem Sinn nachgespürt.

Mit Benita bin ich dann auch im Sommer 1959 nach Paris getrampt. Unwahrscheinlich noch heute, daß meine Eltern das erlaubt haben, denn damals sind kaum Jungen getrampt. Wir wohnten in einem billigen Hotelzimmer am Place Pigalle oben im 5. Stock und lebten von Baguette, Milch und Käse. Unsere frankophile Zeit hatte begonnen, und Paris war eben das Herz des Existenzialismus. Irgendwie haben wir uns auch als Künstlerinnen, als angehende Malerinnen gefühlt. In der Zeit habe ich auch alles mögliche gesammelt. An den Wänden hing Kunst: Modigliani, Van Gogh, Toulouse-Lautrec, Manet, Monet... Wir haben in Paris in der Rue Huchette von Ionesco »Die kahle Sängerin« gesehen, fühlten uns dort in den Jazzkellern heimisch – überhaupt so richtig im Zentrum des Lebens. Aber Sartre zu besuchen, das haben wir uns dann doch nicht getraut.

gekürzte Tonbandabschrift eines Gespräches von Gabriele Dietz mit Ingrid Schmidt-Harzbach

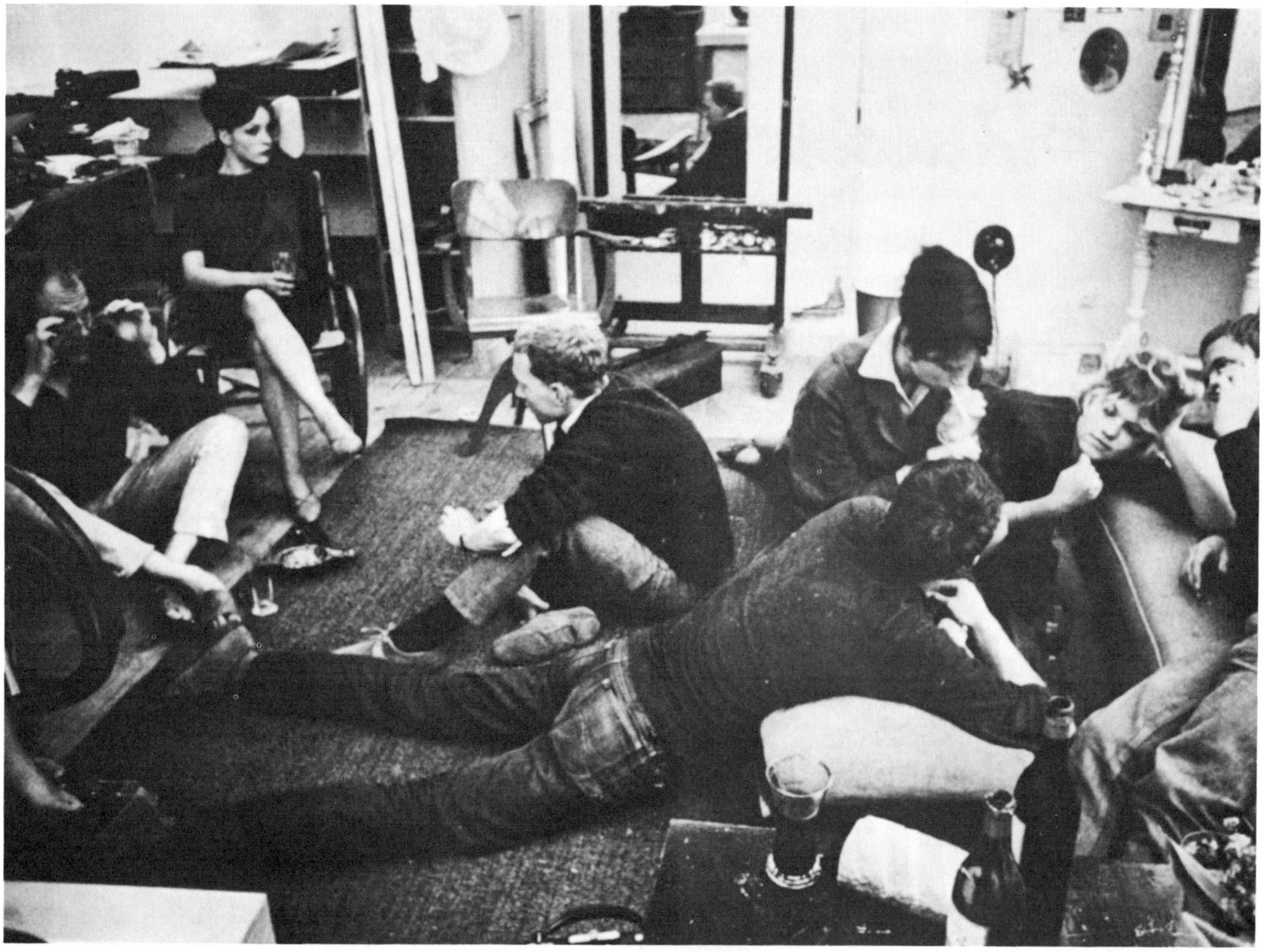

Françoise Sagan, deren Roman »Bonjour Tristesse« Ende der fünfziger Jahre zum Kultbuch wurde. Unzählige Mädchen schnitten sich wie ihr neues Idol Jean Seberg, die in der Verfilmung dieses Buches die Hauptrolle spielte, ihre Haare auf Streichholzlänge.

Angela Delille / Andrea Grohn

Fräulein Grünschnabel

Backfische, Teenager, Frühreife

In der schönen Literatur und den zahlreichen Benimmbüchern der 50er Jahre schienen Mädchenherzen erst kurz vor dem Heiratstermin zu erwachen. Sie wurden sozusagen von ihrem Traumprinzen nach mindestens achtzehnjährigem Dornröschenschlaf wachgeküßt. Diesen Vorgang feierte man als die »Verlobung«. Die sexuelle Reife des noch ahnungslosen Mädchens hatte sich anscheinend im Verborgenen vollzogen.

Die elterlichen Aufsichtspersonen sollten diesen Zustand der Ahnungslosigkeit bei ihren Töchtern so lange wie möglich bewahren. Mädchen, insbesondere der mittleren und höheren Schichten, mußten behütet werden, damit sie nicht zu früh mit dem anderen Geschlecht in Kontakt kamen. Dies war keine leichte Aufgabe mehr, seitdem selbst auf höheren Schulen der Trend zur Koedukation von Jungen und Mädchen eingesetzt hatte.

In ihrer schulfreien und arbeitsfreien Zeit sollten sich Mädchen vor allem für sie später nützlichen hausfraulichen Tätigkeiten widmen. Hierbei sollten sie sogar von ihren männlichen Geschwistern getrennt sein.

»Haltet eure Töchter mit der starken Kraft des mütterlichen Herzens unter Kontrolle, nicht mit der unpersönlichen Strenge der Erziehungsberechtigten. Ihr habt es in einem Punkte leichter als die Väter mit den Söhnen. Töchter gehen euch im Hause zur Hand, wenn ihr es versteht, ihnen klarzumachen, daß sie in diesem frühzeitig begonnenen Hausfrauenstudium Kenntnisse sammeln, die später stets Anklang finden werden. Und wenn ihr sie hinausgehen laßt zu Sport, Spiel und Tanz und vielleicht auch Flirt, dann tut es nicht, ohne ihnen eine Erkenntnis vermittelt zu haben: daß guter Ruf und die aus natürlicher Zurückhaltung geborene mangelnde Erfahrung mit Männern keineswegs ein Manko, sondern, heute wie einst, wertvollstes Kapital eines jungen Mädchens sind.« [1]

Mädchenhobbys waren in dieser Idealvorstellung von der braven Tochter vor allen Dingen »Handarbeiten«. Sie nähte, strickte, stickte und häkelte und erlernte dabei auch das Stopfen und Flicken. Dabei galten Qualität und Quantität der fertiggestellten Produkte den Müttern und anderen weiblichen Verwandten als Maß für »Wohlerzogenheit und Anständigkeit«.

Ein anderes Hobby von Mädchen war das Lesen. Dabei blieben sie zwar auch allein, doch eine lesende Tochter verursachte trotzdem ein ungutes Gefühl bei den Eltern. Abgesehen davon, daß Lesen den Eindruck des Faulenzens erweckte, mußte nun auch noch die Auswahl der Lektüre beaufsichtigt werden. Gerade in vielen klassischen Texten ging es um Liebe und Liebesverhältnisse in allen Variationen und in den millionenfach verschlungenen Werken einer Margaret Mitchell (Vom Winde verweht) oder Annemarie Selinko (Desirée) sowieso. Derartige Literatur mußte ja geradezu die jugendliche Neugier in »Dingen des Geschlechtlichen« wecken!

Andere heute übliche Zerstreuung wie Kino oder Fernsehen wurden oft schlichtweg mit einem Verbot belegt, um die »naive Unschuld« der Töchter nicht zu gefährden. Dabei ging es nicht nur um die verwerflichen Inhalte mancher Filme, sondern vor allem um das Kino als beliebten Treffpunkt Jugendlicher, wo sie, der elterlichen Aufsicht entzogen, auch bei den nachmittäglichen Jugendvorstellungen im Dunkeln gut munkeln konnten.

Sportliche Vergnügungen dagegen riefen den Argwohn der Eltern nicht hervor. In einem Sportverein blieben Jungen und Mädchen getrennt. Die Vereine sorgten dafür, daß die Trainingszeiten sich möglichst nicht überschnitten. Und wenn sich dies nicht realisieren ließ, sorgten die Aufsichtspersonen mit äußerster Strenge dafür, daß die Sportskameraden und -kameradinnen sich bei allem wettkämpferischen Eifer nicht näher kamen.

Akzeptabel waren auch die Freizeitgruppen der Kirche oder die Treffen der Pfadfinder. Hier wurde ebenfalls streng darauf geachtet, daß Jungen und Mädchen getrennt blieben. Nur bei dem konfessionell unabhängigen »Bund deutscher Pfadfinder« kam es vor, daß bei gelegentlichen gemeinsamen Festveranstaltungen oder scheinbar zufälligem Zusammentreffen während der »Fahrt« Pfadfinder und Pfadfinderinnen eifrig Koppel, Abzeichen, Halstücher und Messer als Zeichen der Zuneigung (und Treue!) tauschten oder gar – Gipfel des Wagemuts! – in Gruppen gemeinsam auf Schnitzeljagd gingen oder am Lagerfeuer sangen. Solche Vorfälle brachten denn auch dem BDP lange vor den sechziger Jahren einen zwielichtigen Ruf ein.

Auch die Schule wurde als Treffpunkt akzeptiert. Aber hatten sich männliche und weibliche Mitschüler zu gemeinsamem Lernen privat verabredet, mußte die Aufsicht der Eltern gewährleistet sein. Geschlossene Türen duldeten nur äußerst liberale Eltern, die auf das Anklopfen vor Betreten des »Studierzimmers« dann aber selbstverständlich verzichteten. Die meist engen Wohnungen boten den Lernenden für gewöhnlich sowieso nur einen Platz im Wohnzimmer, in dem die gesamte Familie versammelt saß.

Andere gemeinsame Unternehmungen junger Menschen verschiedenen Geschlechts standen unter dem Ruf der Unmoral und waren verboten. So konnten die von der in Mode gekommenen Reiselust angesteckten Jugendlichen gemeinsame Fahrradtouren oder Wanderausflüge nur selten durchführen, sofern es sich nicht um Schulausflüge handelte und Lehrer oder Lehrerinnen als Hüter der Moral zur Verfügung standen. Rein männliche Reisegruppen waren dabei noch eher denkbar als rein weibliche, denn die Ausübung jungenhafter Abenteuerlust paßte eher in die geschlechtsspezifische Sichtweise der Erwachsenen.

Biggi zeigt

Handarbeiten für faule Mädchen

Geht es euch genau so, wie es mir ging? Handarbeiten — gewiß, man möchte sie machen, aber man ist ja doch immer ein bißchen faul. Nun, ich fand eine Lösung: Handarbeiten für faule Mädchen. Die Decke z. B. schaffte ich an einem Vormittag, aber nur, weil ich das grobe Leinen, das Mama dazu ausgesucht hatte, mit ganz dickem Perlgarn durchzog und damit auch die Punkte der entstandenen Borte stickte. — Andere hätten dem Teewärmer Blümchen oder Punkte aufgestickt — mir schwebte etwas Moderneres vor: Dem gelben Leinen, es war ein Streifen, heftete ich Watteline unter, nähte ihn zur Rundung zusammen und verstärkte den unteren Saum mit einer Rolle. Die obere Weite hielt ich durch Säumchen ein, schlug den oben überstehenden Stoff nach innen ein und schloß den Wärmer mit durchgreifenden Stichen. Statt zu besticken, benähte ich die Flächen mit Korallen, die von einer zu lang gewesenen Kette übriggeblieben waren. — Ganz wenig Zeit brauchte ich zum Beutel für ein Wollknäuel: Von einem viereckigen Tuch faltete ich zwei gegenüberliegende Ecken ein, vernähte sie und knotete die beiden anderen Ecken zusammen. — Die Arbeiten haben mir Spaß gemacht; ich freute mich auch darüber, daß ich trotz aller Faulheit etwas geschaffen hatte.

Das sind meine Handarbeiten für faule Mädchen: Eine Tischdecke, natürlich ließ sich so dickes Garn nur bei diesem groben Leinen anwenden.

Der Wärmer gefällt sogar meiner an sich sehr anspruchsvollen Schwester. Gewiß wegen der roten Korallen auf dem braun gesteppten gelben Leinen.

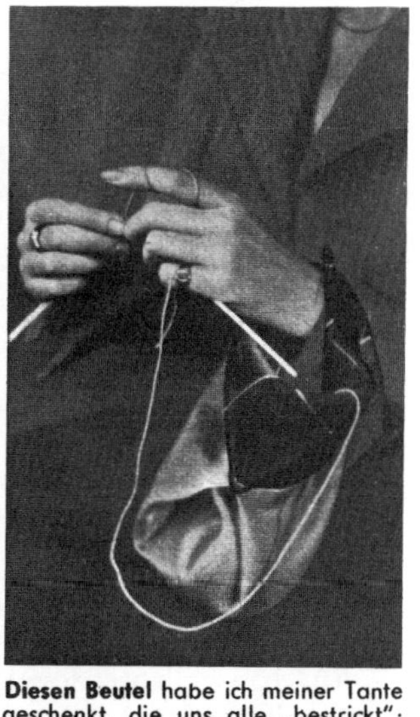

Diesen Beutel habe ich meiner Tante geschenkt, die uns alle „bestrickt": Arbeit von 30 Minuten — und wie viele braucht sie zum Pullover?

Bei diesem **Bastdeckchen** bündelte ich das fadengerade geschnittene Gewebe 2 cm von den Schnittkanten entfernt mit Hohlnahtstichen aus dickem Leinengarn ab und franste dann die Ränder aus.

Fotos: Berger

Aus: Brigitte 21/1954

Doch irgendwann mußten auch die sorgfältigst getrennten Geschlechter wieder zueinander geführt werden. Eine solche institutionalisierte Geschlechterzusammenführung ermöglichte die Tanzstunde. Das damals übliche Tanzstundensystem gewährleistete zudem eine scharfe Trennung je nach Schichtzugehörigkeit. »Die Oberschüler und Oberschülerinnen besuchten die feinste, die Mittelschüler und -schülerinnen eben die mittlere und die Lehrlinge, die Sicherheit auf dem Parkett erwerben wollten, die waren praktisch auf Notkurse verwiesen, welche die Angestelltengewerkschaft in ihren Schulungsräumen veranstaltete.«[2]

Aber selbst die Erlaubnis zu diesen Veranstaltungen erhielten manche Mädchen erst nach hartem Ringen mit den Eltern. Einschüchternde Ermahnungen und Strafandrohungen bei jeder Art von Fehlverhalten – vor allem dem »Zu-spät-nach-Hause-kommen« – begleiteten so den wöchentlichen Besuch des Kurses.

Dabei vervollkommnete die Tanzschule das Auftreten ihrer Töchter in einer den Eltern nur angenehmen Weise. Außer den Schritten der als zivilisiert geltenden »Gesellschaftstänze« lernten die Jugendlichen Körperhaltung, Tischmanieren und gesellschaftliche Umgangsformen.

Eine allzu strenge Erziehung der Mädchen konnte – so wurden die Eltern belehrt – allerdings auch Nachteile haben. Waren diese zu spröde, wußten sie ihre weiblichen Reize nur wenig zur Schau zu stellen und »passend« einzusetzen, galten sie als bemitleidenswerte »Mauerblümchen« – und minderten damit ihre Heiratschancen. Hatten die Eltern aber realisiert, daß die Töchter männlichem Zuspruch nicht abgeneigt und schon im Begriff waren, eine engere Auswahl zu treffen, ließen sie neue Maßnahmen zur Vorsicht walten.

Zu etwaigen Tanztees am Sonntagnachmittag zur Kontaktaufnahme bzw. Kontaktintensivierung zwischen den Jugendlichen konnte eine ältere Aufsichtsperson durchaus mitentsandt werden, die auf die moralische Integrität der jungen Mädchen achtete. Wurde dabei eine engere Bindung der Tochter entdeckt, gehörte es »zum guten Ton« und zur Vorsicht der Eltern, den Auserwählten ins elterliche Haus zur Begutachtung einzuladen. Bei dem familiären Vorstellungsgespräch bei Kaffee und Kuchen vergewisserte man sich der ordentlichen Herkunft des jungen Mannes, seiner soliden Ausbildung und seiner »festen Absichten«. Erst wenn die männliche Person allen Anfechtungen zum Trotz sich als würdiger Begleitschutz der Tochter herausgestellt hatte, waren für diese z. B. abendliche Kinobesuche erlaubt. Dabei ermahnt Frau Pappritz Liebespaare, auf ein zärtliches tête a tête zu verzichten, nicht nur um den hinter ihnen Sitzenden einen ungestörten Blick auf die Leinwand zu ermöglichen (die Kinositze standen nämlich »auf Lücke«).

Verfügte der nunmehr Verlobte über einen fahrbaren Untersatz, bot sich den Paaren die Möglichkeit, gemeinsame Sonntagsausflüge zu unternehmen. Nicht selten schlossen sich diesen Unternehmungen die zukünftigen Schwiegereltern an, oder sie schickten jüngere Geschwister der Braut zur Beaufsichtigung mit. Das pünktliche Abliefern der Töchter zum vereinbarten Zeitpunkt im elterlichen Hause war eine Selbstverständlichkeit für den jungen Mann.

Mit dem offiziellen Akt der Verlobung wurde dem jungen Paar hin und wieder auch erlaubt, unbeaufsichtigt Zeit mit einander zu verbringen. Verlor sich dabei allerdings das Bild vom »idealen Partner«, mußte die Verlobung offiziell gelöst werden. Spätestens die zweite Entlobung war ein Skandal. Bis 1957 konnte die Entlobte – wegen der »Wertminderung« – vom ehemaligen Zukünftigen sogar ein »Kranzgeld« einklagen.

Das junge Mädchen glitt somit aus der Obhut der Eltern »unbeschadet« in die Obhut des zukünftigen Ehemannes, es blieb kontinuierlich einem strengen Reglement und permanenter Kontrolle ausgesetzt. Eigene Erfahrungen und selbständiges Handeln waren nicht erwünscht. Leitbild dieser Sozialisation junger Mädchen war die opferbereite und gefügige Ehefrau und Mutter. Dabei schien es keine Rolle zu spielen, daß eben dieses Leitbild im Krieg und in der Nachkriegszeit ruiniert worden war: es erwuchs ebenso unbeschadet aus den Trümmern wie der Traum von der heilen Wirtschaftswunderwelt. Und doch war alle Mühe meist vergebens: dem Idealbild einer »braven Tochter« wurden nur die wenigsten gerecht. Die meisten Töchter waren brav nur zum Schein, den sie mit Heimlichkeiten, Ausreden und kleinen Lügen aufrecht erhielten.

Die Teenager-Party

Das A und O des kleinen Hausballs für die heran-
wachsende Jugend ist die Tanzmusik, die ent-
weder vom Radio oder einem Plattenspieler ge-
liefert wird. (Tonbandaufnahmen sind am aus-
giebigsten.) Die Möbel verschwinden größten-
teils aus allen Zimmern, in denen getanzt wird;
trotzdem muß am Rand für einige Sitzge-
legenheiten gesorgt werden.

Morgen Hausball. Ebenso lustig wie der
Ball selbst sind die gemeinsamen Vorberei-
tungen zu dem Fest. Alle intimen Freunde des
Hauses werden sich mit Feuereifer an der
Dekoration beteiligen. Die bunten Papier-
girlanden, die von Wand zu Wand gezogen
werden, sind fast unerläßlich, und an Stelle der
Bilder werden Plakate aufgehängt. Sie werden
selbst gemalt, natürlich mit Beziehung auf die
Eingeladenen. Jeder spiele seinen eigenen
Picasso. Da sich im Zauber des Lichtes auch der
nüchternste Raum verklärt und jedes Mauer-
blümchen im Kerzenschein zu blühen beginnt,
sind Lampions immer von Erfolg begleitet.

Das Büffet. Das Büffet wird im Nebenzim-
mer oder in der ruhigen Ecke des Tanzraumes
aufgebaut. Natürlich wird es schon vor dem
Eintreffen der Gäste mit allem Dazugehörigen
versehen und von der Gastgeberin in der ersten
größeren Tanzpause eröffnet. Die Gäste be-
dienen sich selbst. Wenn Mangel an Sitz-
gelegenheiten herrscht, legt man Kissen auf den
Boden, und jeder Herr kann zu Füßen seiner
Angebeteten sitzen.
In der Mitte des Büffets befinden sich die
Platten und Schüsseln, zu beiden Seiten sind die
Teller, Servietten und Bestecke gestapelt.
Welches sind nun die Hauptbestandteile eines
kalten Büffets bei einer Teenager-Party? Kalter
Braten, Schinken, halbierte Eier auf russische
Art zurechtgemacht, verschiedene Salate, be-
legte Brötchen, gefüllte Tomaten, pikante
Fischchen und was der schönen Dinge mehr
sind. Aber auch die Süßigkeiten dürfen nicht
fehlen, Törtchen und kleineres Gebäck sind zu
bevorzugen. Auf Tischschmuck oder besondere
Dekorationen des kalten Büffets verzichten wir,
die appetitlichen Platten bieten genug des
Schmuckes, alles andere würde nur zu Un-
ordnung führen.
Abgegessene Teller dürfen niemals auf das
Büffet neben die noch gefüllten Schüsseln ge-
stellt werden, daher muß eine Abstellmöglich-
keit geschaffen werden, wie überhaupt während
des ganzen Abends vom Gastgeber für eine
gewisse Ordnung gesorgt werden soll. So
lassen sich zwei halbvolle Platten zu einer neu
angerichteten vereinen, und die benützten Teller
werden zwischendurch rasch abgewaschen.

Die ideale Lösung ist immer der Teewagen,
mit dem alles Überflüssige hinausbefördert wird.
Sehr rasch erweist sich bei derartigen Maßnah-
men auch, wer von den Buben zum Kavalier
geboren ist.
Mammi und Pappi glänzen die meiste Zeit durch
Abwesenheit. Die Hausfrau begrüßt kurz ihre
jugendlichen Gäste und hat im Hintergrund ein
wachsames Auge auf den Ablauf des Festes. Vor
allem das »Gesüff« muß ihrer Kontrolle unter-
liegen. Wahlloses Durcheinandertrinken, oft
verursacht durch mitgebrachte Flaschen, führt
zu einer nicht beabsichtigten Entwicklung der
Tanzerei. Vielleicht läßt sich durch einen vor-
her ausgegebenen kleinen Fahrplan das »Mit-
bringsel« steuern. Standardgetränk ist meistens
eine Bowle, mit der aber nicht jede Art von
Durstgefühl gestillt werden muß. Zusätzliche
kühle, alkoholfreie Getränke erfüllen bestens
ihren Zweck. Neuerdings verachtet die Jugend
nichts, was aus Milch hergestellt wird. Milch-
flips werden sogar als außerordentlich schick
empfunden.

Laute Feste. Da Tanzereien mit einer beacht-
lichen Lautstärke verbunden sind und das üb-
liche Maß an Unruhe in einem Mietshaus er-
heblich überschreiten, empfiehlt es sich, vorher
bei den unmittelbaren Nachbarn Erkundigun-
gen einzuziehen, ob irgendwelche Vorbehalte
gegen das Fest bestehen. Gar zu oft festet
man ja nicht; ein- oder zweimal im Jahr wird
es auch der zuwiderste Nachbar hinnehmen
müssen.

Aus: M. M. Gehrke, Selbst ist die Frau, 1958

Knigge-Rat

Das Straßen-Gesetz

Auf der Gefahrenseite hat der Herr zu gehen, wenn seine Dame die Straße überquert. Er soll sie vor herannahenden Autos und ihren Schmutzspritzern schützen. Bis jetzt galt die Vorschrift: Der Herr geht links. Ganz gleich, was seiner Dame passierte — die korrekte Form wurde peinlich genau gewahrt.

Das Stuhl-Gesetz

Bei weitem Sommerrock darf die Dame jetzt die Beine übereinanderschlagen. Im übrigen will sich der „Fachausschuß für Umgangsformen“ auf den guten Geschmack der Damenwelt verlassen. Was in einem kleinen Café erlaubt ist, das verbietet sich beim Essen und im engen Rock von selbst. Das Wippen mit den Fußspitzen ist jedoch streng verpönt.

Wie behandelt man einen Liebhaber?

Für solche Fragen sind bekanntlich die Französinnen zuständig. Und darum erteilt Constanze einer charmanten jungen Französin das Wort. Es ist die reizende Cécile Aubry, die mit dem überaus umstrittenen Film „Manon" Weltberühmtheit erlangt hat. Inzwischen hat sie in Amerika in dem Film „Die schwarze Rose" die Hauptrolle gespielt, und ihr letzter Partner war Hans Albers als Ritter „Blaubart". In New York wurde Cécile Aubry von dem bekannten Fotografen Nick de Morgoli gefragt, wie ein junges, wohlerzogenes Mädchen in der Wohnung ihrer Eltern einen jungen Mann empfängt, der ernste Absichten hat, und den sie wohlwollend in die engere Wahl ihrer Bewerber gezogen hat. Cécile überlegte ein Weilchen, dann sagte sie: „Bitte, Monsieur, ich werde es Ihnen zeigen." Lächelnd fügte sie hinzu: „Natürlich auf französische Art!"

1

„Es hat geklingelt. Als wohlerzogenes Mädchen hat man schreckliches Herzklopfen zu haben, denn es ist ja — er. Bevor man die Tür öffnet, prüft man genau, ob das Kleid ordentlich sitzt. Und die Frisur. Und die Maquillage, also das Lippenrot und die Augenbrauen. Dann faßt man sich ein Herz und die Türklinke. Und in diesem Augenblick ist man ganz Dame, absolut sicher, gewandt und liebenswürdig. Eine ganz leichte, gut gespielte Befangenheit macht sich sehr hübsch. Denn man darf dem Mann das Gefühl seiner sogenannten Überlegenheit nie ganz nehmen."

2

„Im Salon bieten Sie ihm mit beiden Händen eine Tasse Kaffee. Sie sitzen in der Sofaecke ziemlich weit entfernt von ihm, weil sich das schickt und — weil Sie auf diese Weise Ihre Figur besser zur Geltung bringen. Blicken Sie etwas zu ihm auf, erhöhen Sie ihn mit Ihren Blicken. Das schmeichelt seiner Eitelkeit und läßt Sie selbst als sehr hingebungsfähig erscheinen. Lassen Sie es ihn nicht fühlen, wenn er sich ziemlich linkisch und blöde benimmt. Das entmutigt ihn vielleicht. Denn wenn er schon ernsthaft in Frage kommt, dann soll er auch den Mut nicht verlieren."

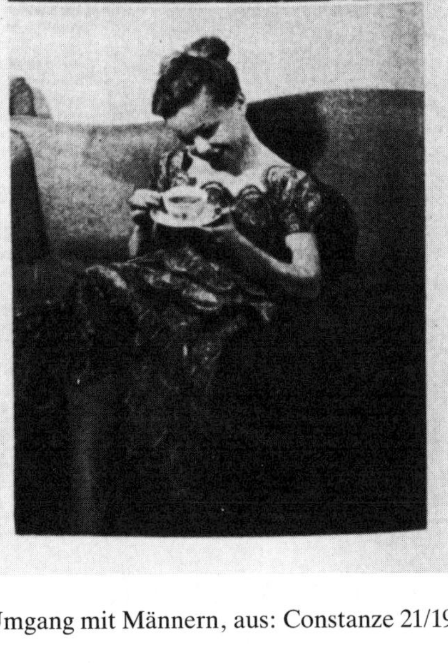

3

„Wenn er Sie in der Ferne der Sofaecke genügend im Ganzen bestaunt hat, dürfen Sie ihm etwas mehr Nähe gönnen. Sie stehen auf, wenn er Ihnen eine Schmeichelei sagt, drehen ihm dabei etwas verschämt den Rücken zu und setzen sich, noch immer schamhaft abgewandt, wieder auf das Sofa. Auf diese Weise können Sie ihm näherrücken, und es sieht so aus, als wollten Sie ihn abweisen. Dann wenden Sie sich ihm mit einer leichten Drehung des Kopfes zu und lächeln über das nächste Kompliment leicht verschämt und doch angenehm berührt in die Kaffeetasse hinein."

4

„Wenn er nicht ein hoffnungsloser Fall von Schüchternheit ist, werden ihn Ihre hübschen Schultern und die zarte Linie Ihres Nackens reizen, Ihnen etwas darüber zu sagen. Stellen Sie die Kaffeetasse jetzt auf das Tischchen zurück und wenden Sie ihm, indem Sie die Hand auf die Sofalehne legen, Ihr Gesicht voll zu. Wetten, daß er Sie sofort küssen will? Er wäre kein Mann, wenigstens kein Mann für Sie, wenn er es nicht versuchte. Er bittet Sie also um einen Kuß. Darauf wenden Sie den Kopf etwas zur Seite und deuten auf die Wange."

5

„Selbstverständlich nimmt er das für eine Erlaubnis, Sie nicht nur auf den bezeichneten Punkt zu küssen. Und Sie haben auch gar nicht erwartet, daß er sich an Ihre Vorschrift hält. In dem Augenblick aber, wo er es wirklich riskiert, erstarren Sie zu Eis. Empört wenden Sie sich von diesem Frechling ab. Sie erheben die Hand, als wollten Sie ihm eine Ohrfeige geben. Aber nur als ob. Und Sie blicken ihn so an, daß er sich sofort entschuldigt. Hat er sich entschuldigt, so tun Sie, als wollten Sie ihm diesmal verzeihen . . ."

6

„. . . und strecken Sie ihm beide Hände — verstehen Sie, beide Hände, nicht nur eine — zum Kuß hin. Mit dem charmantesten Lächeln, das Sie fertig bekommen. Aber damit muß es denn auch für diesen Nachmittag genug sein. Jedes Mehr ist zuviel. Er wird dann auch selbst sagen, er müsse jetzt gehen. Sie stehen auf, begleiten ihn zur Garderobe, er nimmt Hut und Handschuhe, verabschiedet sich ohne Handkuß, aber mit vielsagendem Blick. Sie warten in der Tür, bis er sich auf der Treppe noch einmal umschaut und dann — aus sicherer Entfernung — mit Kußhand:

Fotos: Nick de Morgoli

Verhaltensregeln im Umgang mit Männern, aus: Constanze 21/1951

Sabine Sinjen (mitte) in dem Film »Die Frühreifen«

»Die Frühreifen«

Die Kleinkinder der Vorkriegs- und Kriegsjahre, die mit letzten Kräften bis zum Kriegsende durchgebracht worden waren, die Kinder der Nachkriegsjahre, die ebenso wie ihre Mütter und Väter, falls vorhanden, für das Überleben der Familie sorgen mußten, waren in die Pubertät gekommen. Nicht alle verbargen ihre ersten sexuellen Regungen und Empfindungen hinter der Naivität, die eine neu erwachte Prüderie zur Schau tragende Eltern von ihnen erwarteten.

Schon 1950 erhob der Bischof von Fulda, D. Johannes Dietz, mahnend seinen Finger: »Unter der heutigen Jugend ist ein erschreckender moralischer Tiefstand zu verzeichnen. Das sexuelle Problem taucht schon in den untersten Klassen der Volksschulen auf.«[3]

Aber nicht nur die katholische Kirche, welche die Bedrohungen von Seiten des »Geschlechtlichen« seit jeher als erste wahrnahm, auch »normale« Eltern waren entsetzt, »wie das Fräulein Grünschnabel schnodderig wie ein burschikoser Flegel über sehr verletzliche Dinge daherredet. Was ist geschehen? Die Kleine ist doch noch gar nicht in dem Alter.«[4]

Wie Illustrierte und Wochenschauen der 50er Jahre berichten, trieben die Mädchen, kaum waren sie dreizehn, vierzehn Jahre alt, Sport und tanzten Samba, kletterten auf Barstühle (bei einem Milchgetränk natürlich) und sagten, wenn man ihnen einen Cocktail oder eine Zigarette anbot, nicht immer nein. Je nach Gemütsverfassung hörten sie Jazz oder Vico Torriani.

Sie liebten zu enge Pullover und ausgeschnittene Kleider und wahlweise »Perlons« oder Dreiviertelhosen.[5] Nicht immer wurde diese neue »Gattung Frau« liebevoll und augenzwinkernd angenommen.

Die »moderne Kleidung« der jungen Mädchen, »Hosen, an denen die Nieten zu platzen drohen, Kleider, die wie Fesseln den Körper umspannen, Pullis, in denen das Atmen schwerfällt«, gingen »zu weit«, waren Ursache für moralische Vorhaltungen und hatten Ordnungsmaßnahmen in Schule und Lehrbetrieb zur Folge. Denn es waren natürlich nicht vorrangig die Kleider, die Mißfallen erregten, sondern die damit verbundene Betonung der sexuellen Reize der kokettierenden jungen Mädchen.

Erklärungen für das Phänomen der scheinbar »Frühreifen« gab es viele:

Mediziner prognostizierten eine früher einsetzende Menstruation und schrieben: »Die Pubertät hat sich vorverlagert!« Die Reifung zur Frau setzte ihrer Ansicht nach nun im Alter zwischen zwölf und dreizehn Jahren ein.

Journalistinnen der Zeitschrift Constanze versuchten zu diesem Phänomen eine Umfrage zu starten, in der sie verwirrten Müttern mit der Frage: »Möchten Sie, daß Ihre Tochter ...?« Fotos von »gemischtgeschlechtlich« zeltenden Jugendlichen, allein zu zweit und eng umschlungen spazierenden Pärchen u.ä. vorhielten. Aber: Die Mütter antworteten nicht, sie sprachen nicht »über so was«.[6]

Soziologen machten Umwelteinflüsse verantwortlich, selbstverständlich differenziert nach städtischer und ländlicher Sozialisation: »Die körperliche Arbeit auf dem Land wirkt sich als Bremselement aus und läßt die allgemeine Entwicklung wie auch das Längenwachstum nicht zu schnell vonstatten gehen. Es fehlen hier jene Einflüsse, die in der Stadt die sexuelle Entwicklung beschleunigen, die ja nicht allein biologisch gedeutet werden darf. Enthemmende Elemente sind: die Erotisierung durch Film, Kabarett und Magazine, sowie die auf Reiz abgestellte Ernährung, daneben allzu früher Genuß von Nikotin und Alkohol.«[7]

Und noch eine weitere Erklärung hielt die Wissenschaft bereit: »Die mögliche Ursache für die Erscheinung könnte aber in der Klimaverschiebung in Europa zu suchen sein.« Demnach blieb abzuwarten, »ob sich unter diesen sichtbar werdenden Einflüssen das im deutschen Raum aufwachsende vierzehnjährige Mädchen demnächst ganz allgemein etwa soweit entwickelt wie die gleichaltrige Süditalienerin, deren normale körperliche Reife bisher durchschnittlich einer achtzehnjährigen Deutschen entsprach«.[8]

Pädagoginnen machen ungünstige Familienverhältnisse für die frühen »geschlechtlichen Begegnungen« ihrer Schützlinge verantwortlich. Sie seien meist in unvollständigen Familien aufgewachsen, d.h. unehelich, als »Scheidungsopfer« oder allein mit der Mutter, wenn der Vater gefallen war oder vermißt wurde. Die Wohnungen seien selten »ordnungsgemäß« gewesen, häufig durch Untervermietung viel zu eng. »Jugendliche, die in solchen Verhältnissen aufwachsen müssen und an den Erwachsenen oft kein gutes Vorbild haben, haben weniger Bedenken dagegen, Beziehungen zum anderen Geschlecht aufzunehmen.«[9]

Das Schwergewicht all dieser Fragen lag nach Ansicht der Soziologen, Theologen, Mediziner, Erzieher etc. »nicht in der sexuellen Auswirkung der körperlichen Frühreife, sondern darin, daß sie der Entfaltung geistiger Fähigkeiten Kräfte entzieht. Nicht nur die begleitenden Anzeichen wie Nervosität, Unfähigkeit sich zu konzentrieren, Zerfahrenheit und leichte Ermüdbarkeit wirken hier hemmend, sondern allzu frühe Liebeserfahrungen. Sie kranken meist an der Überbewertung der körperlichen Befriedigung, weil der Geist für die seelische Bearbeitung noch nicht aufnahmebereit genug ist.«[10]

Die meisten aber machten die frühe Erwerbstätigkeit junger Mädchen für die »Vorverlagerung« sexueller Reife verantwortlich. Wenn die Mädchen mit vierzehn Jahren aus der Schule kamen, eine Lehre begannen oder in die Fabrik gingen und eigenes Geld verdienten, verloren die Eltern angeblich viel zu früh die Kontrolle.

Diese Problematik wird in dem Film »Die Frühreifen« von Josef von Baky aus dem Jahre 1958 aufgegriffen. In der filmischen Handlung sucht Sabine Sinjen in ihrer ersten Filmrolle »geschändet« den Freitod; Heidi Brühl spielt ein Mädchen, das durch einen »altmodischen«, strengen Vater und einen »dummen Hang zum Luxus« in »schlechte Gesellschaft« gerät, nach einigen Wirren aber wieder in die Arme ihres sie ehrlich liebenden rechtschaffenden Freundes zurückfindet.[11]

Die in dem Film dargestellten Abstufungen »pubertärer Verkommenheit« verdeutlichen die damals vorherrschende Meinung über diese Problematik.

Ein Faible für modische Kleidung, Jazz und Schlagermusik etc. galten als Vorstufen eines Prozesses, an dessen

Ende womöglich eine uneheliche Schwangerschaft stand, wenn nicht gar der Selbstmord.

Es paßte nicht zu der Lebensauffassung der Erwachsenen, die vom Wiederaufbau und der Sicherung materiellen Wohlstands geprägt war, das Leistungsdenken und die Leitbilder einer neuen Konsumgesellschaft auch nur im entferntesten in Frage zu stellen.

Man bescheinigte den Jugendlichen eine frühere körperliche Reife, und hielt es gleichzeitig für ein Fehlen geistiger Reife, wenn sie sich nicht an die gesellschaftlichen Regeln und Normen hielten.

Die Medien jedenfalls lieferten nach und nach neue Vorbilder auf Hochglanzpapier. Die Filmhelden und -heldinnen wurden zur originalgetreuen Kopie freigegeben. Die Industrie beschaffte benötigte Accessoires der neuen westlichen Freiheit: Jeans, Petticoats und Kofferradios. Die deutsche Jugend, die »aus dem Gröbsten 'raus war«, entdeckte die Annehmlichkeiten der Wirtschaftswundergesellschaft. Problematisch erschienen dabei nur die »Begleiterscheinungen« wie die »Sucht, Geld zu verdienen ohne Lehre oder Studium oder zu schnell aufschießendes Geltungsbewußtsein: bei vielen Mädchen z. B. der Drang zum Entdecktwerden zum Film, der über Schönheitskonkurrenz oder das Titelbild einer Illustrierten führt«.[12] Hinzu kam, daß »... Jugendliche den ganzen Tag und oft noch bis spät abends sich selbst überlassen sind...«, dann wird eine »... Liebe oder das, was sie dafür halten, zum einzigen Lebensinhalt«.[13]

Der Theologe Thielecke erkannte unfehlbar die Zeichen der Zeit. Tausende von Jugendlichen flüchteten sich in die Liebe: »Nicht ausgefüllt sucht man die Erfüllung voreilig beim anderen Geschlecht.« Das »Gegenüber mit dem Nichts« belaste und verführe gleichermaßen auch unzählige Erwachsene zu der »Einung mit dem Du«, wie im katholischen Fachjargon der 50er Jahre der Geschlechtsverkehr genannt wurde.

So waren es letztenendes nicht die »Jungmädchenallüren« der Halb- oder »Viertelstarken« und ihr »modischer Terror«, wie die Constanze berichtete, unter denen die Eltern litten. Es ging vielmehr wie seit eh und je um die drohenden Schwangerschaften und die etwaigen vorehelichen Kinder ihrer »frühreifen Töchter«, die schreienden Merkmale praktizierter Unmoral.

Dies zu verhindern, galten die Verbote, Beschränkungen, Drohungen der Eltern. Der Satz: »Komm mir ja nicht mit einem Kind nach Hause!« bei jeder passenden und unpassenden Gelegenheit gesagt, geflucht, gedroht, geschrien, je nach gesellschaftlicher Schichtzugehörigkeit, hängt einer ganzen Frauengeneration noch in den Ohren.

Aufklärung über Verhütungsmittel sahen nur wenige als ein geeignetes Mittel an, eine Schwangerschaft ihrer Tochter zu verhindern.

»Man könnte alle Mädchen viel früher und viel eingehender über Verhütungsmaßregeln belehren. Einen Augenblick lang tauchte dieser Gedanke auf, aber wurde schnell wieder verworfen. Denn es ist sicher: Mit einer so radikalen Aufklärung würde man zugleich auch viele Hemmungen beseitigen.«[14] Auf jeden Fall hätte man verhindert, daß so viele Minderjährige Mütter wurden:

1959 wurden 45 Kinder von Mädchen unter fünfzehn Jahren geboren, 239 von fünfzehnjährigen, 1094 von sechzehnjährigen und 4388 von siebzehnjährigen, letztere allerdings nur zur Hälfte nichtehelich.[15] Die Legalisierung dieser

Nächste Seiten aus: Quick 15/1959

Woran starb der Backfisch?

Der Hang zum Bunten prägt heute das Aussehen junger Mädchen. Verkäufer meinen, diese Vorliebe für leuchtende, aufeinander abgestimmte Farben gehe auf den sonnigen Süden zurück: Ein Mädchen in einer Handelsschul-Klasse etwa brauche nur von der Sommerreise nach Italien mit einem bunten Rock zurückkehren — schon will die ganze Schul-Klasse etwas Ähnliches.

... an der Italien-Sehnsucht?

Überweite Pullover aus dicker, locker gestrickter Wolle, legere, hängende Strickjacken — das ist mehr als eine äußere Hülle. Es ist ein Bekenntnis zu einer neuen Lebensform. Dazu gehört auch der Sport. Er gilt nicht mehr — wie in der „guten alten Zeit" — als unfein, er wird auch nicht mehr — wie im Dritten Reich — in schlotternden Trainingsanzügen betrieben. Sport ist heute eine „schicke" Sache, und das findet auch in einer sportlichen Teenager-Mode seinen Ausdruck.

... am „schicken" Sport?

Farbige Lederjacken sind gegenwärtig der letzte Schrei unter den jungen Damen von 13 bis 19. Begonnen hat die „Ledermode" unter den Teenagern mit den James-Dean-Filmen, veredelt wurde sie jetzt durch französische Filme, in denen die Stars in modisch geschnittener Lederkleidung auftraten. Mode-Geschäfte für junge Mädchen schwören darauf: ist ein Film bei der Jugend ein Erfolg, dann dauert es nicht lange und jede Jung-Kundin verlangt ein typisches Stück „Star-Kleidung".

... am Einfluß des Films?

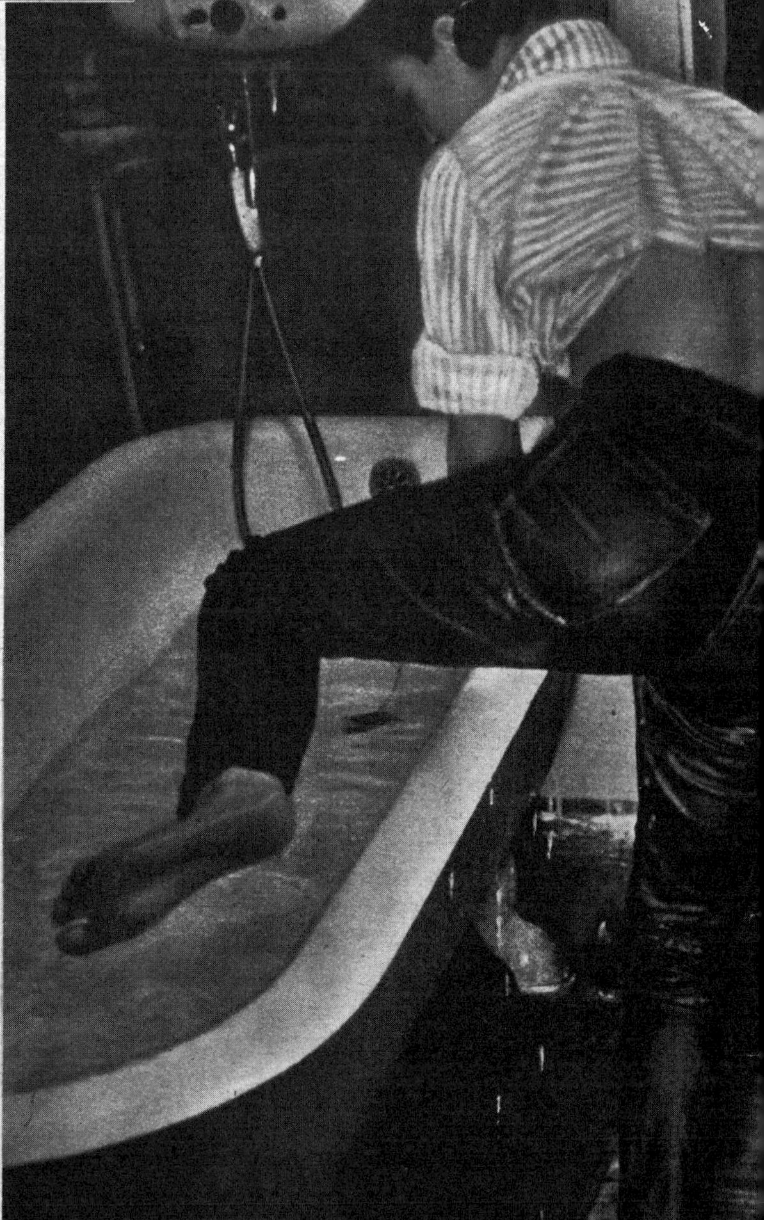

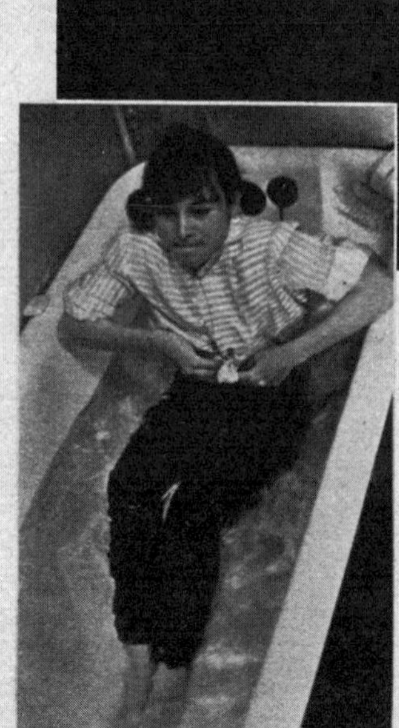

Hosen-Behandlung nach alter Husaren-Art

Drei Dinge machten dem Backfisch den Garaus. Einmal war es unzweifelhaft der Einfluß des Films mit seinen saloppen Wild-West-Typen. Zum anderen war es der langsame Struktur-Wandel der Familie, der die jungen Menschen zwang, früher selbständig zu werden: das Problem des Schichtunterrichtes, das Problem der Schlüsselkinder, der arbeitenden

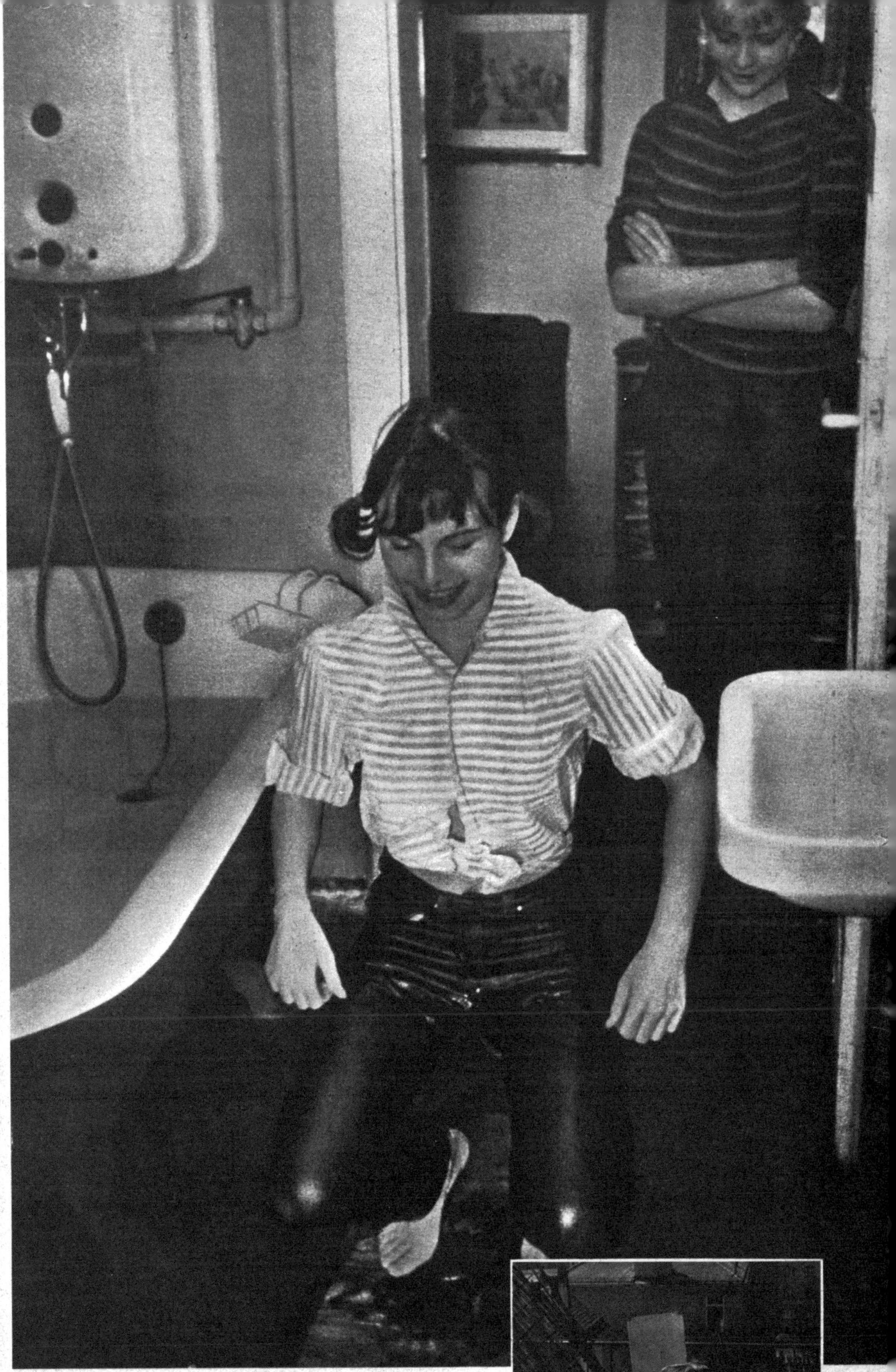

Blue-Jeans, die traditionellen Beinkleider der Cowboys, sind zum Wahrzeichen der Teenager geworden. Sie sind billig, sie sind praktisch, unverwüstlich und „zünftig". Aber kein Laden liefert sie passend (links oben). So werden sie erst einmal aufgetrennt und enger gemacht. Dann kommt die Hauptsache: wie weiland die Husaren vor der großen Parade steigen die jungen Damen mit den Hosen ins heiße Wasser (links unten) und warten, bis das Gewebe durch und durch naß ist. Dann werden die „Jeans" am Körper getrocknet. Ein paar Kniebeugen (oben und rechts) verhindern, daß die Hose zu eng zum Sitzen wird. Doch für den Spaziergang sitzt sie wie ein Strumpf.

Mütter, all das spielt mit. Doch ein Drittes kommt hinzu: das Wirtschaftswunder. Der äußere Wohlstand dokumentiert sich vielleicht nur im Tourenrad für die Tochter. Oder im Plattenschrank voller Elvis-Presley-Schlager. Er brachte aber den jungen Mädchen auch eine besondere Mode, die sich nur wenig nach den jeweils gültigen Linien aus Paris ausrichtete. Mit Hosen, bunten Farben und hängenden Pullovern protestieren die Teenager gegen eine Welt, in die sie sich noch nicht ganz hineingelebt haben. Es ist ihre Art des Sturms und Drangs — und es ist nicht die schlechteste. Daß sie Hosen tragen, macht sie nicht manierenlos. Sieht man sie im Theater, dann sind sie so adrett und hübsch – mit glockigen Röcken voller Petticoats – wie niemals ein Backfisch erschien. Daß sie schlotternde Jacken tragen, macht sie nicht unhöflich oder unschicklich. Sie benehmen sich in der Mehrzahl so, wie man es manchem Schalterbeamten wünschen möchte. Und wem der Typ des Teenagers nicht gefällt, der mag bedenken, daß Schimpfen und Kopfschütteln bei jungen Menschen noch nie Erfolg hatte.

Die ganz jungen Mütter
Aus: Constanze 15/1959, rechts aus: Constanze 9/1953

Schwangerschaften durch die Ehe war in den meisten Fällen die »Lösung«. »Frühehen« wurden zu einem Phänomen der 50er Jahre:

1957 war jede fünfte Braut minderjährig, d. h. unter 21 Jahren. Mit Zustimmung der Eltern durften Mädchen per Gesetz ab sechzehn Jahren heiraten, Jungen ab achtzehn; waren sie jünger, so entschied das Vormundschaftsgericht.

Alles in allem waren die sogenannten frühreifen Mädchen ebenso eine Ausnahme wie die braven Töchter. Die Mehrheit der Mädchen in den 50er Jahren verhielt sich angepaßt. Die meisten wagten nicht, die moralischen Wertmaßstäbe ihrer Mütter anzuzweifeln oder gar in Frage zu stellen. Die Mädchen wurden zur Selbstbeherrschung erzogen, Sorglosigkeit wurde als ein Makel bewertet. Auch diejenigen, die sich nicht explizit an die Regeln der Eltern hielten, mußten lernen, eine passive Rolle zu übernehmen. Wenn sie eine Freundschaft oder einen Flirt anbahnen wollten, mußten sie sorgfältig den Anschein vermeiden, als übernähmen sie die Initiative. Viele Mädchen haben ihre Jugend daher als eine Phase des Wartens empfunden. Auch die Ausbildung bot ihnen kein Ziel, sondern erschien eher als ein »Zeitvertreib« in einer Übergangsphase.

Der Mittelpunkt, um den sich die Gedanken sowohl der braven, als auch der aufmüpfigen Mädchen drehten, war stets das andere Geschlecht.

Aufklärung – was ist das?

Die sogenannte Aufklärungsliteratur der 50er Jahre beschäftigte sich mit der moralischen und sittlichen Entwicklung Jugendlicher, konstatierte die Bedeutung »offener, nüchterner, ehrlicher, sachlicher« Aufklärung und benannte nichts. Doch ein Teil der »fortschrittlichen« Soziologen und Pädagogen hielt eine weitgehende Aufklärung bereits in einer Zeit, in der »es keine Tabus mehr gab«, für außerordentlich wichtig.[16] Sie hatten Untersuchungen durchgeführt, die ergaben, daß insgesamt sehr »viele Fünfzehn- bis Sechzehnjährige schon einen Freund« hatten, wobei die Berufstätigen gegenüber den Oberschülerinnen überwogen. Der Katholik Wolfgang Fischer behauptete in seinem Buch »Der junge Mensch« sogar, daß rund 70 % bis 80 % der sechzehn- bis siebzehnjährigen Mädchen in Stadt und Land bereits defloriert seien.[17]

Ein gewisser Grund für sexuelle Aufklärung wurde in den 50er Jahren übermäßig diskutiert. Von der Boulevardpresse gierig aufgegriffen und verbreitet waren dies die »Sittlichkeitsverbrechen«, die von sogenannten »bösen Onkeln« oder »Kinderfreunden« an Kindern begangen wurden. Die zu Höflichkeit und Gehorsam erzogenen und in sexuellen Angelegenheiten völlig arglosen und unwissenden Kinder mußten ja in ein Dilemma geraten, denn die Warnung vor den Absichten solcher »sexuell entarteter« Männer verlangte eine »gewisse Deutlichkeit«.[18]

Ansonsten wurde die Aufklärung über geschlechtliche Probleme als erzieherische Aufgabe nur ernst genommen, um der »Versexualisierung« durch Film und Illustrierte entgegenzuwirken.

Aufgeklärt werden sollten noch »unverdorbene« Kinder, deren »naive Fragen«, ihrem Entwicklungsstand angemessen, befriedigend beantwortet werden mußten. Dem »Sexuellen« sollte jegliche Sensation genommen werden, d. h. die Erzieher sollten ruhig und nicht empört und schon gar nicht »mit hochrotem Kopf stammelnd« antworten. Der »Peinlichkeit der Situation« wegen wurde empfohlen, Jugendlichen, die im Kindesalter nicht aufgeklärt worden waren, aber doch schon über ein »Halbwissen« verfügten, lieber ein »wertvolles« Buch zu diesem Thema in die Hand zu geben.[19]

Mit »Natürlichkeit« sollte auch auf die Fragen der Kinder nach »auf der Straße aufgeschnappten schlechten Worten« reagiert werden:

»Die achtjährige Erika wächst unbehütet auf. Der Vater ist tot, die Mutter muß verdienen. So bringt Erika manche Stunde auf der Straße zu und nicht immer in der besten Gesellschaft. Eines Tages erwähnt die Mutter eine junge Frau aus der Nachbarschaft. Das lebhafte Schulmädel platzt heraus: ›Du Mutter, die Frau Lessing ist schwanger!‹ Im nächsten Augenblick bekommt sie einen dunkelroten Kopf, sieht die Mutter erschrocken an und erwartet offenbar einen Verweis. Es ist ihr deutlich anzumerken, daß auf der Straße mit ihren Spielkameraden in einer Weise über diese Dinge gesprochen wurde, die sie vor der Mutter zu verheimlichen wünscht. Die Mutter bleibt ganz ruhig: ›Ja, Erika, Frau Lessing ist schwanger, sie erwartet ein Kind. Es wächst in ihr drin, daher ist sie in letzter Zeit recht dick geworden, und es wird nicht mehr lange dauern, bis das Kind zur Welt kommt. Aber, Erika, man sagt für gewöhnlich nicht, daß eine Frau schwanger ist. Das Wort ist schon richtig, und die Ärzte gebrauchen es. Unter gut erzogenen Menschen sagt man aber lieber, daß eine Frau guter Hoffnung ist oder ein Kind er-

Ein Constanze-Film warnt vor „Kinderfreunden"

Der gute Onkel

Kürzlich fuhren zwei Rundfunk-Reporter durch Hamburg, sprachen kleine Mädchen an und forderten sie unter irgendeinem Vorwand auf, in das Auto einzusteigen und mitzukommen. Fast alle waren sofort dazu bereit. Das Experiment zeigt, daß weit mehr geschehen muß, um so eindrucksvoll wie möglich vor gefährlichen „Kinderfreunden" zu warnen. Eine solche Warnung ist ein Film, den Constanze zusammen mit der Hamburger Polizei gedreht hat und über den wir auf dieser Seite berichten. Er ist ein Dokumentarfilm ohne Berufsschauspieler und er läuft nur im Beiprogramm der Filmtheater. Trotzdem bekam er drei der höchsten Prädikate: „wertvoll", „jugendfrei" und „jugendfördernd". Und der Kultur-Film-Dienst Richard Appeldorn, der diesen Streifen verleiht, konnte ihm schon nach seinen ersten Erfahrungen ein viertes, freilich inoffizielles Prädikat geben: ungewöhnlich publikumswirksam. Unsere Bilder erzählen die Handlung des Films.

Mit zwölf Jahren weiß man natürlich längst, daß man niemals mit einem Fremden mitgehen darf. Die kleine Rollschuhläuferin würde bestimmt nicht auf einen „Mitschnacker" hereinfallen, der sie mit einer Tüte Bonbons in den Wald oder in einen Ruinenkeller locken wollte. Aber davon ist hier ja auch keine Rede. Dem feinen Herrn in dem großen Wagen hat ja nur gefallen, wie gut sie Rollschuh laufen kann, und nun will er sie zu den Rollschuhmeisterschaften einladen. Schade, daß sie keine Zeit mehr hat, der Mutter Bescheid zu sagen, aber der Herr wird sie ja mit dem Wagen auch wieder zurückbringen, und dann ist sie bis sechs Uhr ganz bestimmt zu Hause. So steigt sie beruhigt in den Wagen.

Um acht Uhr abends aber wartet die Mutter noch immer vergeblich. Sie glaubt noch nicht, daß etwas Schlimmes vorgefallen ist, und doch läßt es ihr keine Ruhe. Sie muß die Polizei benachrichtigen. Der Beamte im Polizeirevier macht sich seine eigenen Gedanken, aber er registriert nüchtern wie immer: Name ... Alter ... Kleidung ...

An alle Polizeistationen geht noch in der Nacht die Vermißtenmeldung durch Fernsprecher, Funk oder Fernschreiber. Jede Polizeistreife, jeder Funkwagen wird benachrichtigt. Aber die Nacht vergeht, und nirgends findet sich eine Spur von dem vermißten Kind. Es gibt kaum noch Zweifel: hier muß ein furchtbares Verbrechen geschehen sein.

Ein Fernfahrer fand am Morgen des nächsten Tages am Straßenrand nahe bei einem Wald ein Paar Rollschuhe. Er selbst hat keine Kinder. Er schenkt die Rollschuhe der Wirtin, bei der er manchmal einkehrt. Ihr Junge wird die Dinger gebrauchen können. Komisch, was Kinder alles verlieren! Und an den unmöglichsten Plätzen! Eigne Schuld!

Den ganzen Tag spielt das Radio in der kleinen Gartenwirtschaft. Niemand hört mehr zu, wenn die Nachrichten kommen. Aber plötzlich schrickt die Wirtin auf: „Haben Sie das gehört? Ein Kind vermißt ... es hatte Rollschuhe an! Sind das womöglich die Rollschuhe, die der Fernfahrer gefunden und bei ihr abgegeben hat?"

Der kleinste Hinweis kann für die Polizei von großem Nutzen sein. Auch hier war es so. Die Wirtin hatte der Kriminalpolizei ihren Verdacht gemeldet. Sie konnte sogar die Nummer des Lastzuges angeben, der inzwischen irgendwo auf der Autobahn fährt. Die Polizei stoppt ihn ab und nimmt den Fahrer gleich mit zur Vernehmung.

Jetzt kann die Suche beginnen. An der Stelle, an der die Rollschuhe gefunden wurden, nehmen Hunde die Spur des vermißten Kindes auf. Stundenlang wird der Wald durchstreift. Da bietet sich plötzlich ein erschreckendes Bild: unter einem Gebüsch liegt der Körper der Zwölfjährigen. Das Mädchen ist tot. Von dem Mörder fehlt jede Spur.

Ein Beamter untersucht den Leichnam und die Fundstelle. Jedes Blatt, jedes Papierstück wird umgewendet. Jedes Wollfädchen könnte ein Beweismittel sein. Aber alles Suchen bleibt vergebens. Außer einer Sportzeitung wird nichts gefunden. Auch die Polizeihunde verlieren schnell die Spur des Täters. Sie kommen nur bis zu der Autostraße.

Ein Schlosserlehrling liest in der Zeitung den Bericht über den Tod der kleinen Rollschuhläuferin. „Die habe ich gesehen!" ruft er aus, „die stieg zu so einem feinen Max in einen Mercedes 300. Beinahe hätte der mich noch umgefahren, so eilig hatte er es. Den erkenne ich bestimmt wieder, wenn ich ihn sehe!" Er geht sofort zur Polizei.

Bei seiner Vernehmung kann der Lehrling Wagen und Fahrer genau beschreiben. Er hat die Polizei damit auf eine Spur gebracht, die sie allein nie hätte finden können. Alle Inhaber von großen Mercedes-Wagen werden überprüft und scheiden als Täter aus. Schließlich bleibt nur ein Wagen übrig, der zu einer Autovermietung gehört.

Stundenlang leugnete der Mann, der am Mordtage jenen Wagen gemietet hatte, aber schließlich muß er sich als Mörder bekennen. Seine Strafe ist ihm sicher, er wird sich nie wieder an einem Kind vergreifen können. Und doch: an der nächsten Ecke kann einem anderen Kind eine neue Gefahr drohen. Dieser Film sollte alle Eltern warnen.

Fotos: Lauett

wartet. Nicht wahr, du merkst dir das?‹ Das Kind sah die Mutter erleichtert an. Es hatte geglaubt, daß es sich hier um verbotene Dinge handle, über die man nicht sprechen dürfe! Und nun konnte sie mit der Mutter einfach darüber reden! Erika hat sich später immer mit allen Fragen ohne jede Scheu an die Mutter gewendet und es gab hier keinerlei Schwierigkeiten mit ihr.« [20]

Die Antwort auf die Frage, wo denn die Kinder herkommen, scheint zwar einfach:

»Sie wachsen im Bauch der Mutter«, aber das Wort »Bauch« bereitet manchen Frauen schon die ersten Schwierigkeiten in der Aufklärung. Sie empfinden bereits dieses Wort als unpassend, ja unanständig und möchten es lieber durch das Wort Leib oder gar den poetischen Ausdruck »unter dem Herzen« ersetzen. Das wäre aber verkehrt. Ein Kind kann sich darunter nichts rechtes vorstellen. Dagegen ist ihm der Bauch ein wohlbekannter Begriff. Es kennt sein eigenes vorstehendes Bäuchlein und weiß z. B. daß dieses wehtut, wenn man es allzu vollstopft.« [21]

Dabei nimmt das naive Kind »die einfache Beantwortung« seiner Frage hin. So etwa die Antwort auf die Frage, wie denn die Kinder aus der Mutter herauskommen.

»Die Antwort lautet: ›Die Kinder kommen zwischen den Beinen der Mutter aus ihrem Körper heraus. (Der Siebenjährige kann das Wort Körper schon gut verstehen.) Du weißt, daß in dieser Gegend auch andere Dinge den Körper verlassen. Die Kinder kommen durch eine eigene Öffnung aus dem Körper der Mutter heraus. Diese ist für gewöhnlich nur klein, aber das Kind macht sie weiter und kommt schon durch.‹ Der Siebenjährige sah die Mutter nachdenklich an: ›Mutter, das muß doch aber weh tun?‹ ›Ja, das tut auch weh und ist für die Mutter eine große Arbeit. Sie nimmt sie aber gern auf sich, weil sie ja ihre Kinder haben will. Sie hat dabei Schmerzen und muß sich anstrengen. Deshalb liegt sie nach der Geburt eines Kindes ein paar Tage im Bett. Sie muß sich ausruhen.‹« [22]

Und wenn ein Kind wissen will, warum Mann und Frau sich äußerlich stark unterscheiden:

»Der Körper der Frau hat die Aufgabe, Kinder zu gebären. Damit in ihrem Leib Raum für ein Baby ist, müssen ihre Hüften breiter und ihr Unterleib länger sein als beim Mann. Ihre Brüste dehnen sich aus, so daß sie ihrem Baby nach der Geburt Milch geben kann. Der Körper des Mannes ist dazu geschaffen, schwere Arbeit zu verrichten, wie z. B. Graben und Bauen. Männer haben deshalb breitere Schultern und stärkere Muskeln.« [23]

Das »natürliche Schamgefühl« sollten die noch »unverdorbenen Kinder« – vor allem die Mädchen – jedoch auch erlernen:

»Diese Zurückhaltung müssen wir besonders unseren Mädeln anerziehen. Von den Reifejahren an müssen sie begreifen, daß sie auch über alle Abweichungen in der Tätigkeit der Fortpflanzungsorgane nur mit dem nächststehenden Menschen sprechen sollen. Dies ist zunächst die Mutter, später dann der Ehegatte und der Arzt. Im übrigen haben sie ein taktvolles Stillschweigen zu bewahren. Wir müssen in der Erziehung unserer Mädel von früher Jugend an achten auf das richtige Maß von Offenheit und innerer Freiheit einerseits, andererseits aber auf das richtige Schamgefühl und die nötige Zurückhaltung.« [24]

Als sehr prekär galt die Frage nach dem Vorgang der Zeugung. 1951 druckte die Constanze eine Geschichte ab, die dem Kind angeblich gleichmütig vorgelesen werden konnte. Augenfälliges Merkmal dieses Textes ist die alberne Verharmlosung des Zeugungsvorganges. Die damals obligatorischen Rückgriffe auf die Natur und ähnliche Vorgänge im Tier- und Pflanzenreich wurden auch hier auf menschliches Verhalten übertragen:

». . . die Natur (hat) dem Körper der männlichen Tiere und Menschen gleichfalls ein solches Stäbchen mitgegeben, mit denen sie zwar nicht das fertige Samenkorn, wohl aber die Säfte, die zu seinem Aufbau beitragen sollen, in die Erde, d. h. in den mütterlichen Schoß hineinbringen können.« [25]

Dem aufgeweckten Kind fällt jedoch auch Unpassendes auf: »Bekommen auch unverheiratete Frauen Kinder?« Die einzig »richtige Antwort« darauf:

»Wenn ein Mann und eine Frau sich so lieb haben, daß sie Kinder haben wollen, dann wollen sie auch fürs ganze Leben zusammen bleiben. Sie lassen sich trauen. Die Frau bekommt den Namen des Mannes, sie wird seine *Frau. Es kommt manchmal vor, daß ein Mann und eine Frau sich das vorher nicht richtig überlegen. Sie finden sich zusammen und es entsteht ein Kind, ehe sie verheiratet sind. Danach sagt der eine Teil: Nein, ich mag nicht, ich will dich nicht heiraten. Das ist aber niemals in Ordnung.«* [26]

Eine Trennung von Sexualität, Fortpflanzung und Ehe schien undenkbar. Verhütung von Schwangerschaften konnte so auch kein Thema von Aufklärung sein. Die medizinischen Bücher beschrieben ausführlich die Vorgänge der Zellteilung und -vereinigung, soweit der Wissenschaft bis dahin bekannt, und kamen dem Vokabular der katholischen Kirche damit sehr nahe, die von »der Keimzellenvereinigung« bei der »Einung mit dem Du« sprach.

In Großstädten wie Berlin gab es bereits Ende der 50er Jahre Bestrebungen, Aufklärung in die Lehrpläne der Schulen aufzunehmen. Bei der Erörterung »hygienischer Probleme« hielt man es aber für angebracht, den Aufklärungsunterricht für Jungen und Mädchen getrennt zu veranstalten. So war es die Turnlehrerin, die den Mädchen Kenntnisse über das bedeutsame Ereignis ihrer ersten Menstruation vermitteln sollte. Der monatliche »Austausch des Blutes« sei zwar keine Krankheit, hörten sie dann, aber Grund genug für »Unpäßlichkeit«, die z. B. das Fehlen am Sportunterricht entschuldigen konnte. An ihren »schlechten Tagen« sollten sich Mädchen vor körperlicher Anstrengung hüten. Die Verhaltensregeln für Mädchen zielten darauf ab, die Tage der Menstruation als negativ zu empfinden, dem »übel riechenden Blut« durch peinlichste Sauberkeit und allerlei »erfrischende Zusätze« jegliche Natürlichkeit zu nehmen. Übrig blieb das Gefühl der Peinlichkeit und des weiblichen Makels.

»In dieser Zeit entwickeln sich auch die Brüste des Mädchens. Die in den Brüsten befindlichen milcherzeugenden Drüsen werden größer, damit das Mädchen, wenn es heiratet und Mutter wird, sein Baby stillen kann. In der Zeit des Wachsens sind die Brüste zart und empfindlich. In diesem

Alter beginnen die Mädchen, Büstenhalter zu tragen und sich in besonderem Maße für schöne Kleider zu interessieren. Dabei sind manche Mädchen, wenn ihre Brüste sich zu entwickeln beginnen, noch auffallend jung, während andere schon wesentlich älter sind. Auch die Stärke der Brüste ist sehr verschieden. Sie sind mitunter selbst am Ende der Reifezeit noch klein, wohingegen sie bei anderen schon früh voll in Erscheinung treten. Merken wir uns: all diese Unterschiede sind durchaus natürlich und normal.

Andere Teile des Mädchenkörpers verändern sich ebenfalls. Die Geschlechtsorgane wachsen. Durch die sich rundenden Hüften wird die Erscheinung weiblicher, und das Näherrücken der vollen Geschlechtsreife veranlaßt die Mädchen, gelegentlich mal einen Lippenstift oder ein Parfüm auszuprobieren. Auch die Pflege und Tracht des Haares beanspruchen mehr und mehr ihr Interesse. Diese auf das Äußere verwendete Sorgfalt bezeichnet einen neuen Abschnitt auf dem Wege zur Reife.«

Anmerkungen

1 Pappritz, Erika: Etikette, Marbach 1956, S. 123.
2 Rutschky, Michaela: Guter Ton bei schlechter Klassenlage, in: Freibeuter Nr. 23, Berlin 1985, S. 68–74.
3 Constanze, Heft 4, 1951
4 ebd.
5 Constanze, Heft 7, 1954, S. 17.
6 Constanze, Heft 25, 1950, S. 7.
7 Constanze, Heft 4, 1951.
8 ebd.
9 Constanze, Heft 7, 1958, S. 20.
10 Constanze, Heft 4, 1951.
11 BZ Nr. 258, 1958.
12 Constanze, Heft 4, 1951.
13 Constanze, Heft 7, 1958, S. 24.
14 ebd.
15 vgl. Statistische Jahrbücher 1959.
16 Kurth, G.: Bild, Jugend, Sexualität, Rheinfelden 1966, S. 15.
17 Fischer, W.: Der junge Mensch, Freiburg 1956, S. 17.
18 Haarer, Johanna: Unsere Schulkinder, München 1955, S. 125/126.
19 ebd., S. 125.
20 ebd.
21 ebd., S. 116.
22 ebd., S. 117.
23 Beck, Lester F.: Das Werden des Menschen, München/Berlin 1949, S. 29.
24 Haarer, a. a. O., S. 124.
25 Constanze, Heft 6, 1951, S. 3ff.
26 Haarer, a. a. O., S. 122/123

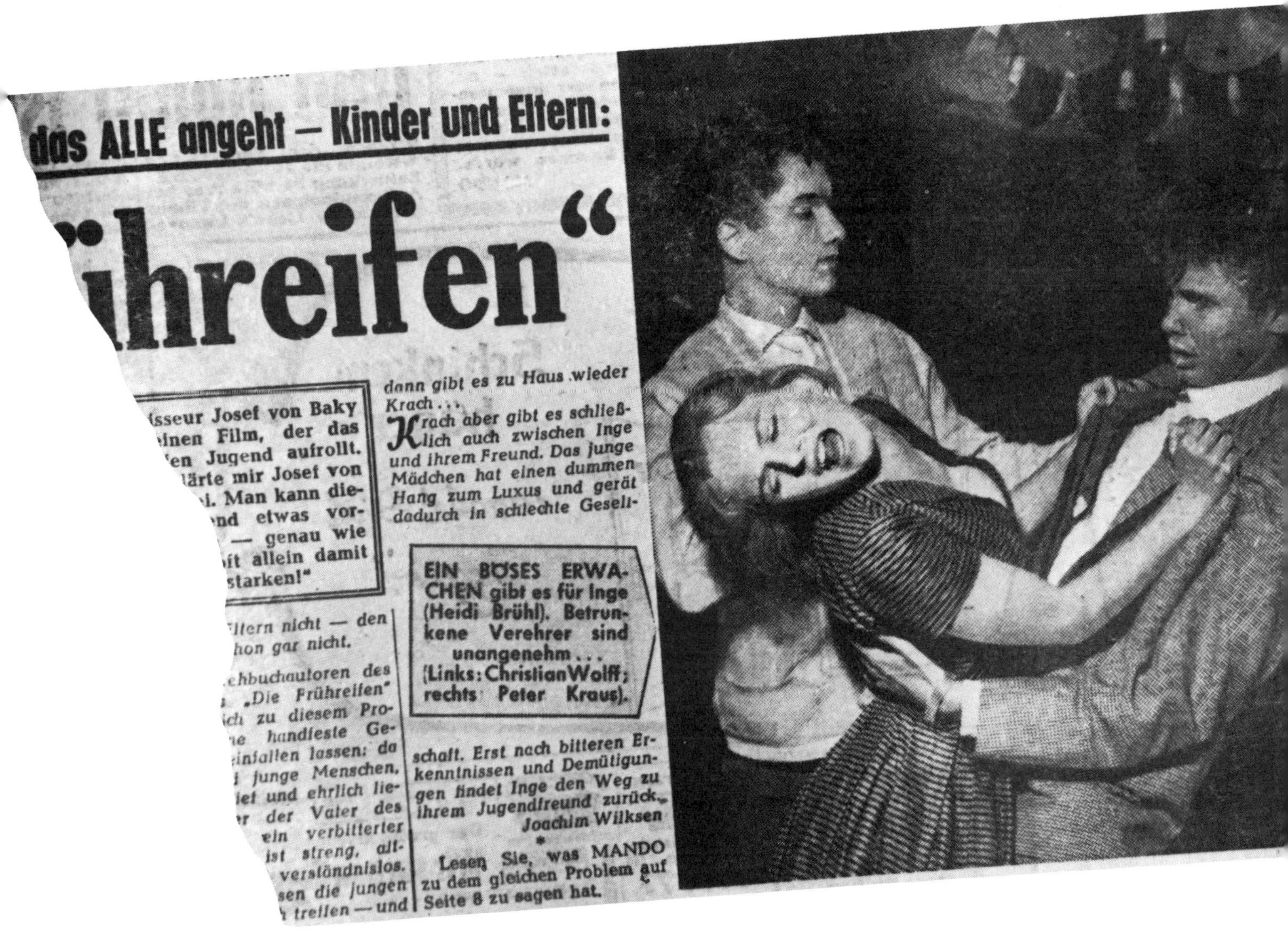

das ALLE angeht – Kinder und Eltern:

ihreifen“

isseur Josef von Baky
inen Film, der das
en Jugend aufrollt.
lärte mir Josef von
l. Man kann die-
nd etwas vor-
— genau wie
it allein damit
starken!“

ltern nicht — den
hon gar nicht.
chbuchautoren des
„Die Frühreifen“
ich zu diesem Pro-
ne handfeste Ge-
einfallen lassen: da
junge Menschen,
ief und ehrlich lie-
r der Vater des
ein verbitterter
ist streng, alt-
verständnislos.
sen die jungen
treffen — und

dann gibt es zu Haus wieder Krach ...
Krach aber gibt es schließlich auch zwischen Inge und ihrem Freund. Das junge Mädchen hat einen dummen Hang zum Luxus und gerät dadurch in schlechte Gesellschaft. Erst nach bitteren Erkenntnissen und Demütigungen findet Inge den Weg zu ihrem Jugendfreund zurück.
Joachim Wilksen

*

Lesen Sie, was MANDO zu dem gleichen Problem auf Seite 8 zu sagen hat.

EIN BÖSES ERWACHEN gibt es für Inge (Heidi Brühl). Betrunkene Verehrer sind unangenehm ... (Links: Christian Wolff; rechts Peter Kraus).

Helma Sanders-Brahms

Tanzstunde mit Sartre

Strümpfe waren aus hellbrauner filziger Wolle und kratzten und waren am Knie gestopft, solange man ein Kind war. Sie hingen an einem weißen Hemd mit zwei Strapsenbändern, die vorn und hinten von den Schultern an aufgenäht waren und die Strümpfe mit kleinen Gummiknöpfen hielten, über die eine Metallschließe gezogen werden mußte. Zeichen der Erniedrigung. Dann, irgendwann um die Konfirmationszeit, gab es die ersten Perlonstrümpfe. In einem knisternden Päckchen, auf dem schöne Frauenbeine abgebildet waren, die sich umeinander ringelten wie zwei geknickte und vielfach ausgebeulte Schlangen.

Man mußte das Päckchen vorsichtig aufmachen, am besten mit Handschuhen, denn immer hatte man an der Hand ein Stückchen harte Haut oder einen gerissenen Nagel, und daran blieben die feinen Fäden, aus denen die Strümpfe gewirkt waren, so leicht hängen, und bevor man den Strumpf auch nur über den Fuß gestreift hatte, rieselten schon die Laufmaschen. Und mit Laufmaschen konnte man doch nicht gehen, da hieß es, die schönen Strümpfe wieder in das schöne Paket stecken und die alten braunen Kinderstrümpfe anziehen, kratzend und beißend wie sie waren und mit dieser erniedrigenden Zugehörigkeit zur Kinderzeit.

Die Perlonstrümpfe sahen an den Beinen nicht aus wie an den gemalten Beinen auf dem Päckchen und nicht wie an den Beinen der Filmstars in den Illustrierten. Sie glänzten zu sehr und waren zu hart, sie warfen Beulen und Falten am Knie, vorn die Beule, in der Kniekehle die Falten.

Man streckte die Beine aus und versuchte sie so zu stellen, daß die Knie eingedrückt waren und die Fesseln schmal wirkten, aber es half nur wenig. »Kälberknie« sagte meine schöne Tante mitleidig und drehte sich auf ihren hohen Absätzen.

Immerhin gehörten zu den Perlonstrümpfen diese kleinen Gürtel aus weißem Perlon mit Perlonspitze, die sich um meine mageren Hüften legten, als wäre ich schon eine Frau. Und das Leibchen, wie man das Strapsenhemd nannte, brauchte man nicht mehr anzuziehen, es sei denn, alle Perlonstrümpfe hatten Laufmaschen. Es gab Frauen, zu denen man die schönen Strümpfe brachte, wenn sie Laufmaschen hatten, und die nahmen dann die Laufmaschen auf. Meist in Heimarbeit. Das war etwas, was man gut machen konnte, wenn man zu Hause kleine Kinder hatte. So sah ich bei meinen Strumpflieferungen jedesmal ein Stück schreiende, jammernde, schimpfende Wirklichkeit durch den Haustürspalt, an dem ich mein Päckchen abgab und abholte, ich sah die müden Frauen, an deren Füßen noch ein Krabbelkind hing, während sie meine Münzen entgegennahmen. Mein bißchen Taschengeld, für das ich eigentlich Bücher kaufen wollte...

Aber nein, lieber die Strümpfe besitzen, dies Stück knisternde Erotik an den Beinen. Ein Mann müßte darüber streichen, ein Mann müßte einen begehren für diese schönen Beine, so hieß es in den Illustrierten und im Kino. Ja, eigentlich müßten alle Männer pfeifen, wenn man in diesen schönen Strümpfen vorüberging, und pro Tag müßte man einen Heiratsantrag bekommen, wenn man keine Versagerin sein wollte. Aber bei mir waren die Männer so nicht.

Die Jungs vom Gymnasium waren picklig und ungelenk, und es ließ sich nicht mit ihnen reden. So wenig wie mit meinen Klassenkameradinnen, die, je mehr sie waren, um so mehr kicherten und alberten und sich für nichts mehr interessierten außer für Liebesgeschichten und Klatsch.

Bücher waren die Zeit wert, die man mit ihnen verbrachte. Aber dafür war man mit Büchern allein. Man lernte niemanden kennen. Man kriegte einen krummen Rücken. Man wurde blaß. Häßlich. Also mußte man sich bewegen. Die Stühle vorm Radio wegräumen, wenn die Eltern nicht zu Haus waren. Tanzen, wie die Frauen im Kino. Leidenschaftlich. Bis man keinen Atem mehr hatte. Bis man hinfiel. Große Bewegungen. Spagat und Sprünge und Drehungen. Und dann wieder lesen. Sartres »Die Fliegen«. Das Theater! So müßte man sein. Nicht eine dumme Ziege mit Lippenstift und hohen Hacken und Korselett, sondern in schwarz gekleidet und ernsthaft und mit den Eltern rechtend. Ihr Nazis! Ihr habt alles nicht gewußt? Erzählt mir doch nichts. Ihr habt das genau gewußt. Aber Eure Sicherheit war Euch lieber. Nein, ich will nie so werden wie Ihr. Ich will wahrhaftig sein, und ich will kämpfen, und ich will nie wieder so ein Deutschland. Meinen Vater schleppte ich in das SPD-Jugendheim, zu den »Sozis«, ich zwang ihn, »Bei Nacht und Nebel« zu sehen. Ich las Bert-Brecht-Gedichte in der Klasse. Ich verfaßte einen Artikel in der Schülerzeitung gegen den herrschenden Deutschunterricht. Nicht Bergengruen und Carossa, sondern Brecht und Kafka und Celan und Nelly Sachs und Anna Seghers. Die Lehrerschaft empörte sich. In der nächsten Nummer der Schülerzeitung schlug ich vor, einen Literaturclub zu gründen, um diese Autoren allein zu lesen, wenn die Schule sie schon nicht in den Unterricht aufnehmen wollte. Ich ging zum »Haus der Jugend«, mietete einen Raum, für donnerstags nachmittags. Ein paar Jungen, ein paar Mädchen kamen. Kamen jeden Donnerstag. Es wurde sehr schön. Wir lasen. Manchmal eigenes. Meistens Lorca, übersetzt, Camus, übersetzt, Sartre, übersetzt, Thomas und Heinrich Mann. Eine Schauspielschülerin aus Ostberlin trug Brecht vor, es gab einen Tag für Hermann Hesse, einen für Kafka.

Ich ließ meine Haare wachsen, schnitt mir einen Pony, zog lange schwarze geschlitzte Hosen an, die mir eine Klassenkameradin vererbt hatte, dazu Rollkragenpullover und Dufflecoat, und umrandete meine Augen mit schwarzer Farbe und meine Gedanken mit Weltuntergangsstimmung. Ich fühlte mich ins Nichts hineingeworfen und spielte Jazzplatten und kaute an den Fingernägeln und dokterte an meinen pubertären Pickeln herum. Zum Theater wollte ich, das Theater war das leuchtende Ziel von Monat zu Monat, von einem Jugend-Abonnement-Abend zum anderen, ich zitterte dem Augenblick entgegen, in dem ich das blinkende Foyer wieder betreten durfte, in dem der rote Samt des Sessels wieder die nackte Stelle am Oberschenkel berührte, die man vor der Erfindung der Strumpfhose da hatte, wo die Strapse die Strümpfe hielten; der Geruch und der Staub und die leichte Kälte von der offenen Bühne, wenn der Vorhang sich teilte und zurückglitt vor der anderen Welt aus Pappe und Schminke, berauschte mich, und noch mehr die Gesichter, die Körper, die Stimmen der Männer und Frauen, die da stehen und spielen durften. Das wollte ich auch, wenn mich auch alle auslachten und »Storchbein« zu mir sagten.

Ich arbeitete an mir. Seitenweise lernte ich Shakespeare auswendig, als ob die Schönheit der Zeilen, die ich im Kopf trug, in meinen Körper, in mein Gesicht hineinwachsen und es schöner machen könnten in einem langsamen Umwandlungsprozeß von innen nach außen. In die Milchbar gegenüber dem Theater setzte ich mich mit meinen Büchern und wartete, daß einer der Schauspieler käme, um schnell zwischen den Proben einen Espresso zu trinken; das geschah bisweilen, und ich begann, ihre Gesten und Redeweisen zu studieren, und langsam bröckelte das Bild ihrer tadelsfreien Vollkommenheit, ihre Gestelztheiten

Juliette Greco

fingen an, mich zu stören, ihre Eitelkeit stieß mich ab, ich sah, auch ihre Schönheit war zum großen Teil geliehen.

Perlonstrümpfe sind nicht mehr wichtig, ich habe ein paar schwarze lange Hosen, und ich hab' einen schwarzen Rollkragenpullover, und wenn ich ganz schön sein will, binde ich einen breiten roten Gürtel um, und meine Haare trage ich offen, sobald ich um die Hausecke bin, denn meine Mutter erlaubt offenes Haar nicht.

Ich hab' sie wachsen lassen, die Haare, die vorher, in der Tanzstunde, noch halblang und scheußlich waren. Die Tanzstunde war eine Folter. Das Warten in der Reihe auf den erlösenden Start der Jungengruppe auf der anderen Seite. Aufforderung zum Tanz. Man muß reden mit ihnen. Aber wie? Sie verstehen einen doch gar nicht. Er hält einen am Rücken, mit schwitzender Hand an einer falschen Stelle, und seine Pickel sind mir ganz nahe, ich kann sie zählen, wie beim Zahnarzt, wenn man die Dachpfannen vom Haus gegenüber zählt, die man durchs Praxisfenster sieht. Wir müßten uns unterhalten, er eröffnet die Konversation und tritt mir auf den Fuß, und jetzt verheddere ich mich mit meinen eigenen Füßen, ich sage: Verzeihung, und er lächelt verzeihend, und ich sage: Ja, wir müßten uns unterhalten, und ich frage: Schon die »Fliegen« von Sartre gelesen, um einen Anfang zu machen, und er fragt: was is'n das, und ich sag': Theaterstück, und er sagt: Theater find' ich blöd, besonders diese modernen Sachen, und ich sag': Ja, das ist so'ne moderne Sache und verstumme. Die Musik geht: Aloa-ohe--aloa-ohe, die Hawaigitarren wimmern, und ich denke, als Frau taug' ich ja gar nichts, ich müßt' mehr Interesse zeigen, und ich frage: Für Autos interessierst du dich doch? Klar, sagt er und tritt mir wieder auf den Fuß. Opel? werfe ich in die Debatte. Nee, mehr Ford, sagt er nach einem Nachdenken. Oder so'n Amischlitten. Chrysler, sage ich mit Kennermiene. Cadillac, gibt er zurück, und ich nicke. Ja, das wär was. Und wir schweigen wieder. Aloa-ohe. Dies mit den Fliegen, sagt er, hast du das gelesen? Ich nicke. Frauen, die so'n Zeug lesen, find' ich beknackt, sagt er. Ich werde rot und ganz still. Ich hab' das so zufällig gelesen, verrate ich mich und meine innersten Ambitionen, weil ich doch möchte, daß er mich fragt, ob er mich nach Hause bringen darf. Na ja, sagt er, so was liest man doch nicht zufällig. Er hat mich ertappt. Frauen, sagt er, also von Frauen habe ich so'ne bestimmte Meinung. So? sage ich. Ja, sagt er. Aloa--aloa-ohe. Frauen sollten erstmal, ja, schön sein und anschmiegsam und gut kochen sollten sie können und kinderlieb sein und tierlieb und auf keinen Fall intellektuell. Ich bin nicht intellektuell, behaupte ich. Ha, sagt er. Der Tanz klingt aus, die Hawaigitarren schluchzen ein letztes Mal. Er bringt mich an meinen Platz. Dreht über die Schulter eine Kurzverbeugung hin. Ich sehe

auf meine Perlonstrümpfe. Der Boden wankt unter mir. Ich bin keine Frau. Ich hab' versagt, ich werde immer versagen. Ich werde mich in das Kochbuch meiner Mutter vertiefen, und morgen werde ich mir eine Modezeitschrift kaufen, Constanze; heute fahre ich allein in der Straßenbahn nach Hause.

Ein andermal geht es anders aus. Da fährt er mit mir, der Herr bringt die Dame heim. Ich habe wohl meine Hauptfehler vermieden, und nun geht so ein Gespräch in der Straßenbahn weiter, über eine halbe Stunde bis zu unserer Haustür reden wir über Cadillac und Chrysler, und ich bin anschmiegsam und lache und plausche wie eine richtige Frau und denke die ganze Zeit, daß ich mich noch nie zuvor so grauslich gelangweilt habe, und als er endlich weg ist, breche ich in ein Freudengeschrei aus und renne in mein Zimmer und umarme alle meine Bücher, eins nach dem andern, den schwarzen Sartre mit der roten Schrift, den olivgrünen Suhrkamp-Brecht, die Spectaculums und die Thomas Manns, Else Lasker-Schüler und Benn und Heine und Kafka, Heinrich Manns »Untertan« in Rororo und Wedekind.

Meine Mitschülerinnen sind schon geküßt worden, eine hat sogar schon mit einem Jungen geschlafen, mit einem Großen, viel älteren. Mich hat noch keiner auch nur entfernt... dabei hab' ich doch eine Taille und... ja, Busen noch nicht, und das Gesicht ist so bücherwürmig, vielleicht liegt es doch daran.

Der schönste Ort gleich nach dem Theater ist die Buchhandlung. Hier kann man bei den Büchern sein und ist doch nicht ganz allein. Manchmal kommt jemand, der Bücher kauft, die man gern selber hätte, oder der sie eben nicht kauft, obwohl er sie auch gern besäße, aber kein Geld hat, wie ich. Jemand spricht mit mir, über Bücher. Wir gehen zusammen nach Hause. Er wohnt ungefähr in meiner Richtung. Wir gehen durch den Botanischen Garten. Es ist Anfang September, die Bäume sind ganz dunkelgrün, kurz vor dem Herbst. Wir setzen uns auf eine Bank und reden über Bücher. Dann sind wir still, weil wir ausgeredet haben und auf das Rascheln in den Büschen hören, das kurz vor dem Herbst anfängt. Dann küßt er mich, mit schmalen Lippen, wir wissen nicht, wie man küßt, wir wissen nur, es gehört dazu, und wir küssen einander wie Geschwister. Es ist schon Abendnebel da, als wir nach Hause gehen. Auf den Straßen gibt es noch kaum Autos. Perlonstrümpfe hatte ich keine an, ich konnte nicht verführerisch damit rascheln, und ich machte auch keine Konversation über Cadillacs.

Wir wollten die »Fliegen« zusammen lesen, er Orest, ich Elektra. Wir wollten beide zum Theater. Deshalb hatte ich nach einiger Zeit so ein Gefühl, als liebte ich ihn.

Ingrid Langer

In letzter Konsequenz ... Uranbergwerk!

Die Gleichberechtigung in Grundgesetz und Bürgerlichem Gesetzbuch

Elisabeth Lüders eröffnet die konstituierende Sitzung des Bundestages am 6. 10. 1953

Es ist einigermaßen schwierig, eine Beschreibung der Situation der Frauen und Familien in den fünfziger Jahren zu versuchen, weil wir über die wichtige Zeit davor – die Zeit von 1945–1949 – nur sehr ungenau informiert sind. Wir wissen kaum etwas darüber, wie viele Frauen in dieser Zeit erwerbstätig waren, welche Rolle sie in der Wiederorganisation des Lebens, des Alltags dieser Zeit gespielt haben; wie sie sich in ihren Rollen als Trümmerfrauen, als Schwarzmarkthändlerinnen, als Flüchtlingsfrauen, als alleinstehende Mütter, die auf ihre verschollenen Männer warten, schließlich als Soldatenwitwen durchs Leben gebracht, wie sie die Familien erhalten und wie sie im Alltag den Weg aus dem Chaos in die relative Normalität der fünfziger Jahre gebahnt und gefunden haben. Ist schon die politische Geschichte dieser Jahre wenig erhellt, wieviel weniger ist es die Alltagsgeschichte, die oft die eigentliche Geschichte der Frauen ist.

Die soziologische Familienforschung ist sich insoweit einig, daß die Familie fast als einzige tragende, intakte Institution in der unmittelbaren Nachkriegszeit übriggeblieben war. Alle anderen Institutionen wie Regierung, Verwaltung und Betriebe waren außer Kraft gesetzt oder zerstört. Evakuierungen, Flucht, Aussiedlung hatten riesige Menschenmengen durcheinandergewirbelt und an neuen Orten zusammengeführt. Nicht zuletzt auch die gewaltigen Verluste in der Zivilbevölkerung durch die Bombardierungen hatten viele Bindungen wie Vereine, Nachbarschaften, Verwandtschaftskreise aufgelöst. Das Alltagsleben konnte sich nur in dieser kleinsten Gruppe, der Familie, wieder organisieren. Es ist klar, daß hier den Frauen und Müttern die Hauptlast zufiel. Viele Männer waren gefallen oder noch in Kriegsgefangenschaft. In dieser Zeit, in der »soziale Typisierungen nach Schicht, Beruf, Bildung, Religion [...] gegenüber Schicksalskategorien wie Heimkehrer, Flüchtling, Kriegsgefangener, Kriegerwitwe, Displaced person, KZ-Häftling«[1] in den Hintergrund traten, verfügten Frauen wohl auch über besondere Fähigkeiten zur Bewältigung dieser Situation. Sie werden immer noch dazu erzogen, direkte Beziehungen aufrechtzuerhalten und zu pflegen.

Eine sehenswerte Abteilung des Historischen Museums in Frankfurt[2] zeigte uns die Frauen dieser Zeit unter den Stichworten: Chaos, Vergewaltigung, Hunger, Flüchtlinge, Wohnungsnot, schwarzer Markt und – damit zusammenhängend – Prostitution, Mischlingskinder, Mißtrauen der Männer, Eheprobleme. Das Deutschland von 1945/46 war ein Land der Frauen.[3] Wie bekannt, war aber die langersehnte Heimkehr der Männer aus der Kriegsgefangenschaft oft gefolgt von einer schweren Ehekrise, sei es, weil die Frauen das Steuer der Familie wieder aus der Hand geben sollten, das sie sehr lange hatten halten müssen, sei es, daß die Männer sich nicht wieder zurechtfanden und die Frauen ausgleichen mußten.

Frauenausschüsse

1945 entstehen in fast allen großen Städten die sogenannten Frauenausschüsse. Sie setzen sich für einen demokratischen Neubeginn, für den Frieden und für die Gleichberechtigung der Geschlechter ein. Ähnlich wie die antifaschistischen Arbeiterausschüsse sind sie überparteilich organisiert. Zum Teil werden sie später in bürgerliche Frauenverbände übergehen, die sich 1949 zum westzonalen Dachverband »Deutscher Frauenring« vereinigen. 1947 wird in Berlin der »Demokratische Frauenbund Deutschlands« (DFD) gegründet, in dem sich sozialistisch orientierte Frauen zusammenschließen. Wenn auch als überparteilicher, interzonaler Dachverband gegründet, so blieb er doch – Symptom der beginnenden Spaltung – im wesentlichen auf die Sowjetzone beschränkt. Eine Neugründung des DFD 1950 in der Bundesrepublik wurde kurz nach der KPD 1957 verboten. Ein Teil der linken Mitglieder der Frauenausschüsse arbeitete auch in der SPD und KPD mit. Die Besatzungsmächte unterstützten die parlamentarische Vertretung von Frauen. So machten es die Amerikaner und Briten bei den ersten Parlamenten auf kommunaler und Landesebene, deren Mitglieder noch nicht gewählt, sondern mit Zustimmung der Alliierten ernannt wurden, zur Bedingung, daß Frauen angemessen vertreten seien.[4]

Gabriele Strecker erinnert sich an den Beginn dieser Frauenausschüsse in Frankfurt:

»Schon Ende 1945 hatten sich in Frankfurt Frauen zusammengefunden, Überlebende, die in der Opposition gestanden hatten, Frauen, die schon in der alten Frauenbewegung tätig gewesen waren, aber auch neue, bisher unbekannte Frauen, die einfach als Menschen fühlten, daß ihnen die Zeit eine Chance bot und sie etwas tun mußten. Am 25. 1. 1946 kam der Öffentlichkeit ein Aufruf zu Gesicht, der in 8 Punkten die Ziele von 14 Frauen enthielt. Sie bezeichneten sich selbst als Frankfurter Frauenausschuß, der zur Bildung einer großen Frauenorganisation aufrief, die allen Frauen aus allen Schichten und jeden Alters helfend und beratend zur Seite stehen wollte. Er forderte die Frauen aller Städte und Gemeinden auf, lokale Frauenausschüsse zu gründen, die dann später in einer einheitlichen Organisation unter Leitung des Frankfurter Frauenausschusses zusammengefaßt werden sollten mit dem Fernziel einer Vereinigung aller Frauenorganisationen in ganz Deutschland. Die 8 Programmpunkte:

1. *Gleichberechtigung der Frau*
2. *Mitwirkung in der Verwaltung*
3. *Gleiches Recht auf Arbeit und gleicher Lohn*
4. *Gerechte Beteiligung der Frau in den Berufsvertretungen*
5. *Hinzuziehung im Rechtswesen*
6. *Neuordnung des Familienrechts*
7. *Mehr Frauen in führenden Stellen und im Erziehungswesen*
8. *Höhere Wertschätzung der Frauenarbeit [. . .]«*[5]

Zeugnisse dieser Art sind selten. Um die Entwicklung in den fünfziger Jahren besser verstehen zu können, wäre es wichtig, mehr über die Geschichte der Frauen in dieser für die Entwicklung der Bundesrepublik entscheidenden Phase zu wissen. Frauen müssen einen entscheidenden Anteil am Aufbau in dieser Zeit gehabt haben. Glücklicherweise leben einige der bestimmenden Frauen dieser Zeit noch und können selbst Auskunft geben.

Friederike Nadig (SPD), Dr. jur. Elisabeth Selbert (SPD), Dr. Dr. h.c. Helene Weber (CDU), Helene Wessel (Zentrum)

Die »Mütter des Grundgesetzes«

Eine von ihnen ist Dr. Elisabeth Selbert, eine der vier »Mütter des Grundgesetzes«, also Mitglied des Parlamentarischen Rates. Inzwischen über achtzig Jahre alt, ist sie in letzter Zeit wieder stärker ins öffentliche Interesse gerückt. Die Anwältin und Notarin hatte Ende der zwanziger Jahre mit einer Arbeit über das Zerrüttungsprinzip im Ehescheidungsrecht promoviert,[6] die sich heute geradezu prophetisch liest: Das Zerrüttungsprinzip ist 1977 im neuen Ehescheidungsrecht verwirklicht worden. Sie war Mitglied des Vorstands der SPD und Abgeordnete im Hessischen Landtag; ihr Name ist verbunden mit der Durchsetzung des Artikels 3, Abs. 2 GG, des Gleichberechtigungsartikels. Die drei anderen »Mütter des Grundgesetzes« waren: Dr. Helene Weber, damals 68 Jahre alt, 1919 eine der jüngsten Teilnehmerinnen an der deutschen Nationalversammlung, in der Weimarer Republik Mitglied des Zentrums, nach 1945 Mitglied der CDU; Helene Wessel, Zentrum, gehörte später der gesamtdeutschen Partei und schließlich der SPD an, aus der sozialen Arbeit gekommen, 1969 gestorben, und Frieda Nadig, SPD, die ebenfalls aus der sozialen Arbeit kam. Im November 1948 rief sie die Frauen zur Anteilnahme am Prozeß der Entstehung des Grundgesetzes auf; sie war von 1949–1961 Mitglied des deutschen Bundestages und starb 1970.

In der Weimarer Reichsverfassung lautete der Artikel 109 Abs. 2: »Männer und Frauen haben die gleichen staatsbürgerlichen Rechte und Pflichten.« Diese Einschränkung auf die »staatsbürgerlichen Rechte und Pflichten« hatte wesentliche Auswirkungen: so blieb das ganze Familienrecht und die dadurch festgelegte unterschiedliche Stellung von Mann und Frau durch diesen Verfassungsgrundsatz unberührt. Deshalb gingen fortschrittliche Frauen und Männer davon aus, daß diese Einschränkung wegfallen und der Gleichberechtigungsartikel nun eindeutig lauten müsse: »Männer und Frauen sind gleichberechtigt.« Elisabeth Selbert hatte zuerst Schwierigkeiten, ihren Antrag auf diese Formulierung in der eigenen Fraktion durchzusetzen. Schon dort begegnete ihr der Einwand, daß ein Rechtschaos folgen müsse, wenn diese Formulierung als Grundrecht, das ja Gesetzgebung, Exekutive und die Rechtspflege binde, in die Verfassung aufgenommen werde. Als sie sich in der Fraktion durchgesetzt hatte, begann der Kampf im Hauptausschuß des Parlamentarischen Rats. Elisabeth Selbert in der Begründung ihres Antrags vor dem Hauptausschuß, nachdem er schon einmal im Ausschuß für Grundsatzfragen abgelehnt worden war:

»[...] in meinen kühnsten Träumen habe ich nicht erwartet, daß dieser Antrag abgelehnt würde. Es ist eine Selbstverständlichkeit, daß man heute weitergehen muß als in Weimar und daß man den Frauen die Gleichberechtigung auf allen Gebieten geben muß. Die Frau soll nicht nur in staatsbürgerlichen Dingen gleichstehen, sondern muß auf allen Gebieten dem Manne gleichgestellt werden.«[7]

Dagegen wurde vor allem ins Feld geführt, daß dann »alle Bestimmungen unseres BGB, die diesem Gleichheitssatz widersprechen, nichtig« seien – so ein CSU-Abgeordneter.[8] Er gab damit die Meinung der Mehrheit der Mitglieder des Hauptausschusses wieder, obwohl schon damals vorgesehen war, daß bis 31. 3. 1953 alle der Gleichberechtigung entgegenstehenden Regelungen des bürgerlichen Rechts zu verändern seien (der spätere Art. 117 GG). Carlo Schmid, SPD, versuchte vermittelnd, obwohl er den Antrag Selbert unterstützte, diese Bestimmungen des Bürgerlichen Gesetzbuches (BGB) zum Schutz der Frauen umzuinterpretieren: »Diese Bestimmungen, die die Frau in ihren Rechtshandlungen an gewisse Genehmigungen bindet, sind getroffen worden, um die Frauen zu schützen«. Zwischenruf Renner, KPD: »Diese Version ist neu! Für einen Sozialisten absolut neu!« Schmids weitere Begründung zeigt, wie wenig der ernste materielle Gehalt dieser Veränderungen damals erkannt wurde: »Es handelt sich also genau gesehen darum, daß die Frau erwartet, daß diese fürsorgliche Vormundschaft über sie aufgehoben wird. Es geht den Frauen letzten Endes [...] um die Ehre und nicht um die ›Besserstellung‹.«[9] Immerhin kam der Parlamentarische Rat am Ende ohne Gegenvoten überein, auch den sehr viel weiter gehenden Antrag der KPD, eingebracht von Renner, in der schließlich beschlossenen Formel enthalten zu sehen: »Das entscheidende Recht, das man der Frau geben muß, ist das der im Beruf stehenden Frau auf gleichen Lohn für gleiche Arbeit.« Das ist ein wichtiges Detail der damaligen Beratungen – auch für den heutigen Kampf der Frauen um gleichen Lohn für gleiche Arbeit.[10]

Die überraschten Väter

Doch vorerst lehnte der Hauptausschuß in erster Lesung den Antrag Selbert am 3. 12. 1948 mit 11 : 9 Stimmen wieder ab. Daraufhin erhob sich ein von Frauen entfachter außerparlamentarischer Sturm. Frau Selbert (in der 2. Lesung am 18. 1. 1949): »Ich betrachte es als meine Ehrenpflicht, bei dieser Gelegenheit einige der Frauenverbände zu nennen, die sich in so dankenswerter Weise gerührt haben. So hat die Industriegewerkschaft Metall, in der 40000 Gewerkschaftlerinnen organisiert sind, eine Eingabe an uns gerichtet. Weiter der Frauenring der britischen Zone, der Süddeutsche Frauenarbeitskreis, die weiblichen Mitglieder des freien Gewerkschaftsbundes Hessen. Sämtliche weibliche Abgeordneten sämtlicher Landtage außer Bayern, ob es in Bayern keine weiblichen Abgeordneten im Parlament gibt?«[11] Bezeichnenderweise waren die »Väter« des Grundgesetzes davon überrascht: »Ich glaube, daß ich für die überwiegende Anzahl aller deutschen Männer und insbesondere aller deutschen Ehemänner spreche, wenn ich sage, daß der Grundsatz der Gleichberechtigung von Mann und Frau uns zumindest seit 1918 bereits so in Fleisch und Blut übergegangen ist, daß uns die Debatte etwas überrascht hat«, so ein CDU-Abgeordneter.[12] Wie weit der Hinweis von Frau Dr. Selbert auf den damaligen Frauenüberschuß von 7 Millionen ein übriges getan hat, mag dahingestellt bleiben, aber er soll hier zitiert werden: »Alle ›Aber‹ sollten [...] ausgeschaltet sein, da mit den Stimmen der Frauen als Wählerinnen gerechnet werden muß [...] und wir auf 100 Wähler 170 Wählerinnen rechnen.«[13] Als die Formulierung »Männer und Frauen sind gleichberechtigt« in 2. Lesung angenommen wurde, war Elisabeth Selbert sich durchaus der historischen Bedeutung ihres Sieges bewußt. Sie schildert das bewegend in einem Vortrag von 1978:

»Ich hatte gesiegt, und ich weiß nicht, ob ich Ihnen das Gefühl beschreiben kann, das ich in diesem Augenblick gehabt habe. Ich hatte einen Zipfel der Macht in meiner Hand gehabt und diesen Zipfel der Macht, den habe ich ausgenützt, aber auch in voller Tiefe, in aller Tiefe, in aller Weite, die mir theoretisch zur Verfügung stand. Und es war die Sternstunde meines Lebens, als die Gleichberechtigung der Frau damit zur Annahme kam.«[14]

Helene Wessel und Luise Albertz (SPD), die 1946 bis zu ihrem Tode 1979 Oberbürgermeisterin in Oberhausen sowie 1949 bis 1969 Mitglied des Bundestages war. Luise Albertz stammte aus einer sozialistischen Arbeiterfamilie des Ruhrgebiets; sie war in den 50er Jahren insbesondere im Kampf gegen die Atombewaffnung aktiv; in den 60er Jahren setzte sie sich gegen das Zechensterben, für die Verständigung mit den sozialistischen Ländern und, gemeinsam mit ihrem Kulturreferenten Hilmar Hoffmann, durch die Schaffung der »Oberhausener Kurzfilmtage« für die Förderung des »jungen deutschen Films« ein. Sie war und blieb die einzige Oberbürgermeisterin der BRD.

Der Gleichberechtigungsgrundsatz wird verwässert

Der Gleichberechtigungsartikel war also in der weitestgehenden Fassung in das Grundgesetz aufgenommen worden. Da Art. 117 Abs. 1 GG bestimmt, daß das entgegenstehende Recht dieser Norm anzupassen sei, jedenfalls aber nicht länger als bis 31. März 1953 in Kraft bleiben durfte, mußten die Teile des Familienrechts im BGB verändert werden, in denen zentrale Vorrechte des Ehemannes und Vaters verankert waren. Doch auch diese Rechtsreform war nur gegen massive Widerstände durchzusetzen. Es gab gewichtige juristische Meinungen, die bestrebt waren, den Willen des Parlamentarischen Rates auszuhöhlen oder zumindest zu verwässern. Sie gingen davon aus, daß Mann und Frau in natürlicher Weise verschieden seien und daß sich dies auch im Recht niederschlagen müsse; ja sie gingen sogar so weit zu erklären, das männliche Entscheidungsrecht in allen Fragen, die das gemeinsame Leben der Eheleute betreffen (§ 1354 BGB), der väterliche »Stichentscheid« sowie die »Alleinvertretungsmacht« des Vaters (§§ 1628, 1629 BGB) stünden mit dem Gleichberechtigungsartikel im Einklang. Man berief sich dazu auf die »natürliche Ordnung« der Ehe und eine »gewisse natürliche Präponderanz des Mannes«! Auch die beiden Kirchen schalteten sich im Frühjahr 1952 mit warnenden, ja fast drohenden Schreiben vom Rat der Evangelischen Kirchen in Deutschland sowie dem Vorsitzenden der Deutschen Bischofskonferenz, Kardinal Frings, in diesen Prozeß ein. Auch sie sahen die »natürliche Eheordnung« durch diese Reform bedroht. Für sie sei die innerfamiliäre Entscheidungsgewalt des Mannes unverzichtbar!

Nun begann eine recht unwürdige gesetzgeberische Prozedur. Erst im Oktober 1952 leitete die Regierung Adenauer dem Bundestag einen ersten Entwurf des Gleichberechtigungsgesetzes zu, obwohl das Grundgesetz für diese Rechtsreform einen Termin gesetzt hatte, der schon sechs Monate später ablief.[15] Dazu enthielt der Gesetzentwurf offenkundig eine Reihe verfassungswidriger Bestimmungen, so vor allem nach wie vor das Alleinentscheidungsrecht des Mannes (§ 1354 BGB). Die parlamentarische Behandlung dieses Gesetzentwurfs lief nur schleppend an, Anträge der SPD-Fraktion auf Beschleunigung des Verfahrens wurden abgelehnt. Es war klar, daß die Frist nicht einzuhalten sein würde. Damit jedoch am 1. 4. 1953, mit dem ja alle dem Gleichberechtigungsartikel entgegenstehenden Bestimmungen ihre Gültigkeit verlieren sollten, kein Rechtsvakuum entstehe, versuchten die Regierungsparteien über einen Verfassungsänderungsantrag, diese Frist um weitere zwei Jahre bis Ende März 1955 hinauszuschieben. SPD und KPD stimmten jedoch dagegen, und damit trat ab April 1953 tatsächlich eine Art »gesetzloser Zustand« ein, die Gleichberechtigung von Mann und Frau betreffend, den die Gerichte auszufüllen hatten. In diesem »Rechtsvakuum« versuchte die juristische »herrschende Lehre« zumindest die Positionen des Regierungsentwurfs von 1952 festzuschreiben: hier hatte es geheißen, mit Rücksicht auf Art. 6 GG könne eine »Entscheidungsbefugnis des Mannes nicht entbehrt werden«. Es wurde so versucht, den »Schutz von Ehe und Familie« zum Grenzwall gegen eine »Überflutung mit Gleichberechtigung« zu machen.

Es war schließlich das Bundesverfassungsgericht, das allen Versuchen, die durch den Art. 117 GG gesetzte Frist weiter zu verlängern, einen Riegel vorschob. Es entschied, daß »seit dem Ablauf der in Art. 117 Abs. 1 GG gesetzten Frist [...] Mann und Frau auch im Bereich von Ehe und Familie gleichberechtigt seien.« Gleichzeitig stellten die Rich-

ter fest, daß der Gleichberechtigungsgrundsatz in Art. 3 Abs. 2 GG eine »echte Rechtsnorm« sei. Nach ihr seien die Richter jetzt aufgerufen, mit ihren Mitteln das entstandene Rechtsvakuum zu füllen. Die weiteren Ausführungen in der Urteilsbegründung zeigten jedoch eine deutliche Verkürzung des Gehalts des Gleichberechtigungsartikels, wie er im Parlamentarischen Rat gesehen worden war. So wurde das Differenzierungsverbot z. T. eingeschränkt: »Differenzierungen [...], die auf Unterschiedlichkeit der Lebensumstände beruhen, bleiben von dem Differenzierungsverbot unberührt.« Inhaltlich führten die Richter dazu aus, daß »beide Ehegatten zum Unterhalt der Familie nach ihren Kräften beizutragen haben, [...] der Mann durch außerhäusliche Erwerbstätigkeit und Bereitstellung von Barmitteln, die Frau durch Haushaltsführung und Sorge für die Kinder.« [16] Damit schrieben sie die unterschiedliche Rollenverteilung in der Familie fest.

Die Regierung brachte daraufhin ihren Entwurf von 1952 ohne Änderungen zugunsten der Frau erneut in den Bundestag ein. In der parlamentarischen Auseinandersetzung waren vor allem die folgenden Regelungen umstritten:
– das männliche Entscheidungsrecht in allen Angelegenheiten des gemeinschaftlichen Lebens der Ehegatten (§ 1354 Reg. Entw.)
– der väterliche Stichentscheid in Fragen der elterlichen Gewalt sowie die Alleinvertretungsmacht des Vaters für die Kinder (§§ 1628, 1629 Reg. Entw.)
– sowie die Zuordnung der vorrangigen Pflicht zur Haushaltsführung zur Ehefrau und zur Berufsausübung zum Ehemann (§§ 1356, 1360 Reg. Entw.).

Der Vater wahrt das Wohl der Familie

Was bedeuten diese Regelungen und warum waren sie so umstritten?

In seinen wesentlichen Teilen lautete der § 1354 des Regierungsentwurfs:

»Die Ehegatten haben alle Angelegenheiten, die das gemeinsame eheliche Leben betreffen, in gegenseitigem Einvernehmen zu regeln. Bei Meinungsverschiedenheiten müssen sie versuchen, sich zu einigen. Können sie sich nicht einigen, so entscheidet der Mann; er hat auf die Auffassung der Frau Rücksicht zu nehmen. Widerspricht seine Entscheidung dem Wohl der Familie, so ist die Entscheidung für die Frau nicht verbindlich.« [17]

Trotz aller Abmilderungen bedeutete dies, daß der Mann das letzte Wort haben würde – und zwar nur deshalb, weil er der Mann war. Der Frau wurde zwar zugestanden, daß sie eine Entscheidung dann nicht annehmen müsse, wenn sie dem Wohl der Familie nicht entsprach. Doch mußte sie, um hier Recht zu bekommen, das Gericht anrufen und diesen Sachverhalt beweisen, das heißt, sie mußte den Richter davon überzeugen, daß der vom Mann durchgesetzte Wohnort, der Hauskauf oder auch nur die Urlaubsentscheidung dem Wohl der Familie, nicht etwa – was ja auch möglich wäre –, ihrem eigenen Wohl widersprach. Das würde sich die Ehefrau in den meisten Fällen sehr überlegen und eher die eheherrliche Entscheidung schlucken. Und genau dies wurde auch bezweckt! Umgekehrt konnte der Mann darauf vertrauen, daß er sich schließlich kraft Manneswort durchsetzen werde. Er mußte sich daher nicht übermäßig auf die Argumentation seiner Frau einlassen.

In der Frage der »elterlichen Gewalt«, wie es damals noch hieß, hatte der Entwurf des Gleichberechtigungsgesetzes einen Fortschritt gegenüber dem vorherigen Recht gebracht. Nach der alten Vorschrift war es nämlich allein der Vater, der Name, Schule, Ausbildung, Aussteuer und so weiter für die Kinder zu bestimmen hatte, die Mutter trat lediglich in diese Rechte ein, wenn der Vater ausfiel. Wie sehr die Frauen hier nur Lückenbüßer-Funktion hatten, wird daran deutlich, daß eine Witwe mit Kindern, die wieder heiratete, nicht die elterliche Gewalt für ihre in die Ehe gebrachten Kinder behielt: Sie ging auf den neuen »Vater«, auf ihren neuen Ehemann über. Die geschiedene Frau konnte die elterliche Gewalt auch dann nicht bekommen, wenn die Kinder bei ihr lebten. Sie blieb beim Vater. – Damit war es nach dem Stichtag, dem 1. 4. 1953, an dem der Art. 3 Abs. 2 Grundgesetz unmittelbar geltendes Recht wurde, vorbei. Die Gerichte entschieden in der nun folgenden »gesetzlosen Zeit« durchweg so, daß die elterliche Gewalt Vater und Mutter gemeinsam übertragen wurde. Sie hielten auch in ihrer weit überwiegenden Mehrheit den sogenannten Stichentscheid des Vaters für nicht vereinbar mit dem Gleichberechtigungsartikel des Grundgesetzes. Konnten sich die Eltern nicht einigen, mußten daher die Gerichte entscheiden.

Entgegen dieser schon eingeübten Praxis sah der Regierungsentwurf zum Gleichberechtigungsgesetz den Stichentscheid des Vaters wieder vor. Zwar wurde festgelegt, daß das minderjährige Kind unter der elterlichen Gewalt von Vater und Mutter stehe (§ 1626), daß beide die Verantwortung tragen und sich einigen sollten (§ 1627), doch für den Fall, daß keine Einigung zustande kam, war vor-

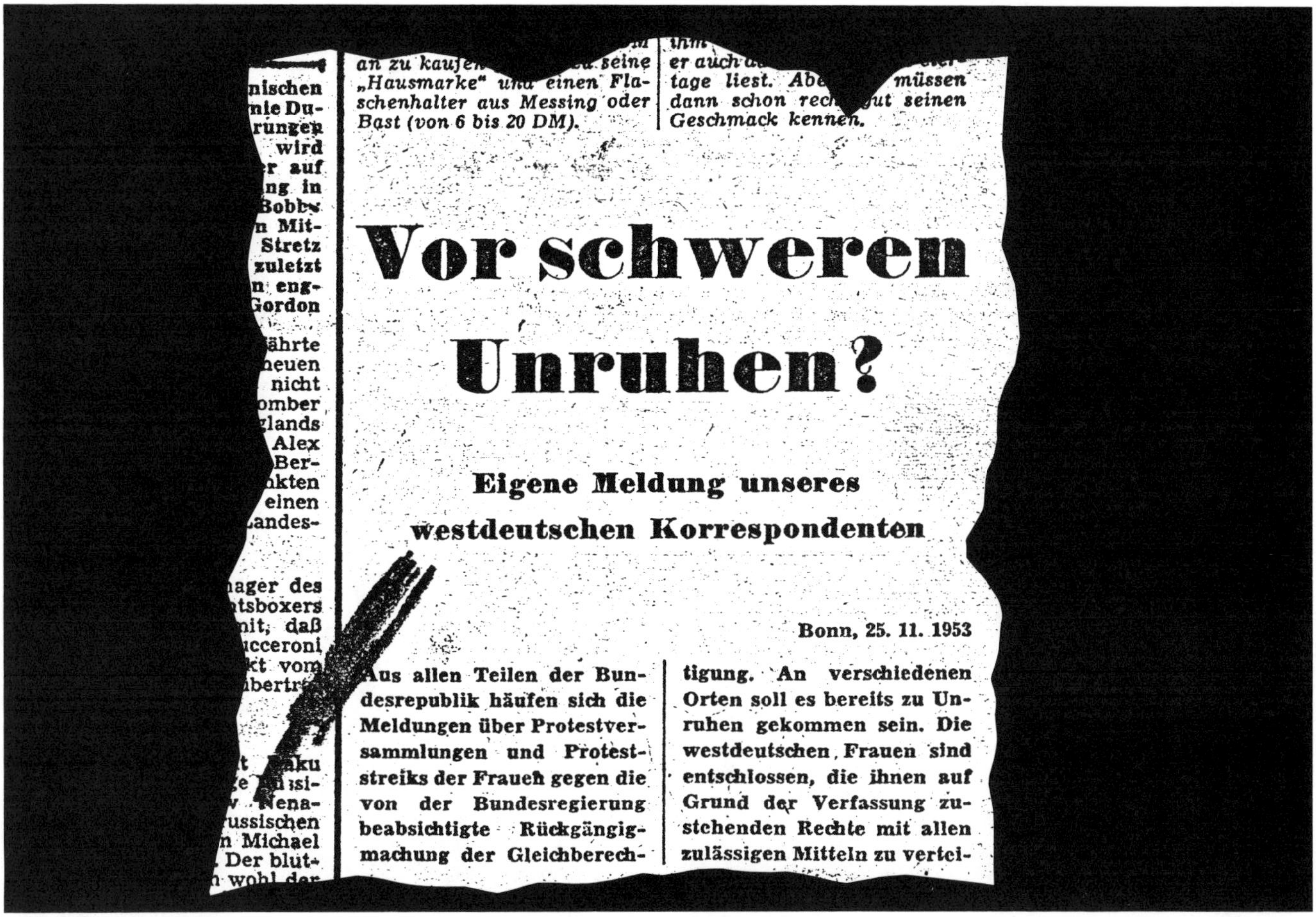

Vor schweren Unruhen?

Eigene Meldung unseres westdeutschen Korrespondenten

Bonn, 25. 11. 1953

Aus allen Teilen der Bundesrepublik häufen sich die Meldungen über Protestversammlungen und Proteststreiks der Frauen gegen die von der Bundesregierung beabsichtigte Rückgängigmachung der Gleichberechtigung. An verschiedenen Orten soll es bereits zu Unruhen gekommen sein. Die westdeutschen Frauen sind entschlossen, die ihnen auf Grund der Verfassung zustehenden Rechte mit allen zulässigen Mitteln zu vertei-

»Constanzes« Wunschvorstellung: diesen Artikel hätte sie gern gebracht. Aber die Mehrheit der Frauen hatte 1953 bereits aufgegeben.

gesehen, daß der Vater entscheiden sollte (§ 1628).

Auch blieb die Vertretung der Kinder nach außen dem Vater vorbehalten (§ 1629). Die Mutter erhielt dieses Recht nur in den Fällen, in denen sie die elterliche Gewalt allein ausübte. Der Vater behielt die Vertretung selbst dann, wenn er sich eines schweren Vergehens schuldig gemacht hatte; sie konnte ihm nur durch ein besonderes Verfahren entzogen werden.

Schutz von Ehe und Familie – gegen die Frauen?

In den Bundestagsdebatten zum Regierungsentwurf zum Gleichberechtigungsgesetz prallten gerade in den Fragen zum Entscheidungsrecht des Ehemannes und Vaters die Meinungen hart aufeinander. SPD und FDP brachten eigene Entwürfe ein, in denen die umstrittenen Entscheidungsvollmachten des Mannes gestrichen waren.

Bundesminister Neumayer, FDP, zu den umstrittenen Regelungen im Regierungsentwurf:

»Können sich die Ehegatten nicht einigen, so muß im Interesse der Familie die Entscheidung der einzelnen Angelegenheiten dem Ehegatten übertragen werden, der nach der natürlichen Ordnung von Ehe und Familie, wie sie das Leben selbst entwickelt hat, diese Entscheidung treffen muß. Das ist der Mann.« [18]

Neben der »natürlichen Ordnung« gibt es noch einen anderen, gewichtigen Grund, der vor allem von der CDU/CSU gegen die Gleichberechtigung ins Feld geführt wird: der Schutz von Ehe und Familie, der vielbeschworene Art. 6 Abs. 1 GG.

Der Abgeordnete Dr. Weber, CDU/CSU, zitiert dazu aus einem Urteil des 5. Zivilsenats des Bundesgerichtshofs vom 14. 7. 1953:

»›Bei ihrer Entscheidung werden sich die Gerichte davon leiten lassen müssen, daß nicht jede Rechtsungleichheit durch Artikel 3 Abs. 2 des Grundgesetzes ausgeschlossen wird. Daß insbesondere nicht aus doktrinären Gedankengängen heraus eine formale Gleichstellung von Mann und Frau auch da herbeigeführt werden darf, wo der in Artikel 6, Abs. 1 GG besonders anerkannte Schutz der Ehe und Familie oder die in Artikel 6 Abs. 2 ebenda hervorgehobenen Interessen der Kinder einer völligen Gleichstellung beider Geschlechter in der Ehe Schranken setzen.‹« Er bekräftigt: »Diese Auffassung haben wir stets vertreten; wir werden sie bei der Beratung dieses Gesetzentwurfs beibehalten: keine Gefährdung von Ehe und Familie; alles tun, um Ehe und Familie zu schützen und zu fördern; alles vermeiden, was Ehe und Familie gefährden und ihre Bande lockern kann.« [19]

In beiden Sitzungen sprachen sich die weiblichen Abgeordneten, die sich an der Debatte beteiligten, quer durch alle Fraktionen gegen die männlichen Entscheidungsrechte aus. Mit einer Ausnahme: die CDU-Abgeordnete Dr. Helene Weber, eine der Mütter des Grundgesetzes. Sie bekennt in dieser Debatte, sie habe schon dem Gleichberechtigungsartikel: »Männer und Frauen sind gleichberechtigt« nur »zögernd« zugestimmt.[20] Alle anderen Frauen vertre-

Wer heiratet, wird entlassen!

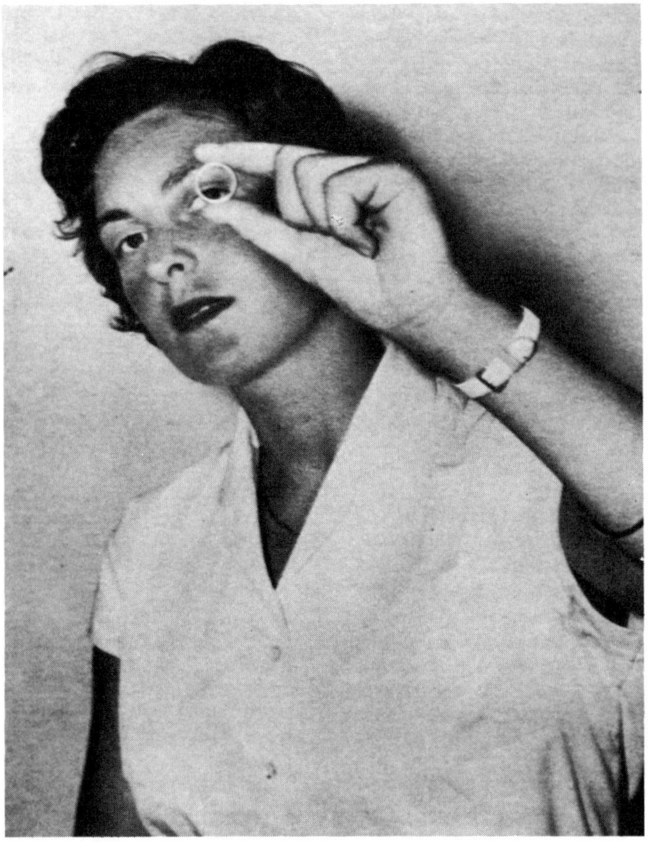

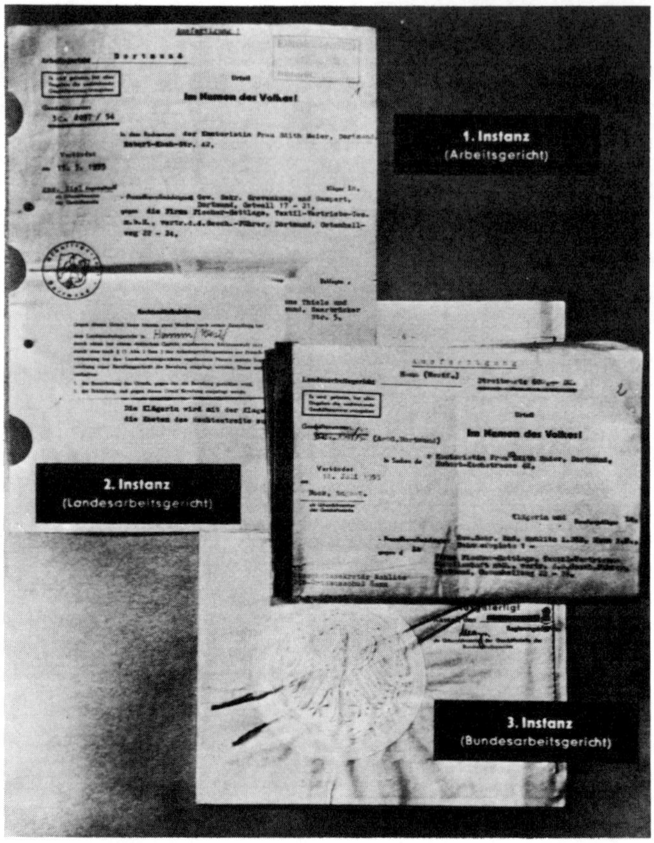

Berufsverbot durch Ehering: Bis 1957 war es in vielen Berufszweigen üblich, wenn auch nicht ausdrücklich rechtmäßig, Frauen im Falle der Verheiratung zu entlassen. Dagegen klagten die Pflegerin Irmgard Krüger und die Kontoristin Edith Maier. In der 3. Instanz bekamen sie recht.

ten – zum Teil auch gegen ihre Fraktionskollegen – klar eine andere Meinung. So fordert Frau Dr. Schwarzhaupt, CDU/CSU: »Ich wäre für eine Streichung von § 1354 und für eine Änderung der §§ 1628 und 1629«.[21] Sie begründet dies mit der Veränderung der Familie und sagt: »Es kann aber nicht Sache des Familienrechts sein, hier durch Aufrechterhaltung einer patriarchalischen Ordnung diese institutionellen Bindungen zu ersetzen«.[22] Auch die Gräfin Finckenstein, GB/BHE (Gesamtdeutscher Bund / Bund der Heimatvertriebenen und Entrechteten), setzt sich in Gegensatz zu ihrem Fraktionskollegen Dr. Czermak, der betont hatte, daß »die Mehrheit – nicht alle – meiner politischen Freunde grundsätzlich für diese Gesetzesbestimmungen im Sinne des Regierungsentwurfs« seien: »Wir stehen dabei primär auf dem Standpunkt, daß der Mann der Erhalter und Ernährer und die Frau das Herz der Familie sein soll«. Er schließt beschwörend: »Wir wollen eine echte Gleichberechtigung von Mann und Frau und keine formale Gleichmacherei«.[23] Dagegen Gräfin Finckenstein:

Man kann »heute nicht mehr von der althergebrachten Ordnung, die dem Mann die Vorhand in wichtigen Entscheidungen ließ, sprechen. Man kann es bedauern oder auch nicht, daß sich diese Ordnung überlebt hat... Ich glaube, daß man kein gutes Werk tut, wenn man eine Regelung trifft, die versucht, die alte Ordnung wieder herzustellen«. Auch sie fordert »die ersatzlose Streichung des § 1354... die Herstellung der völligen Gleichwertigkeit von Mann und Frau bei allen Entscheidungen.«[24]

In einer temperamentvollen und witzigen Rede tritt Frau Dr. Dr. h. c. Lüders, FDLP (sie war wie Dr. Helene Weber schon Mitglied des Weimarer Reichstages) für die Gleichberechtigung der Frauen ein: »Wir wünschen keine Generalvollmacht für den Mann... wie sie in den §§ 1354 und 1628 enthalten ist.« Sie bezieht sich auf das Grundgesetz und stellt fest: »Wir sind äußerst erstaunt über den fortgesetzten Versuch, mit kasuistischen Seitensprüngen und evidenter Unlogik um die zwingenden Vorschriften der Verfassung herumzugehen.« Sie erinnert daran, daß die Frauen »schon vor und immer wieder nach der Schaffung des Bürgerlichen Gesetzbuches die Rechtsgleichheit für ihre Stellung in Ehe und Familie, in Gesellschaft und Staat« gefordert hätten. Doch:

»Die Antwort – wenn wir überhaupt eine bekamen – betonte dann immer wieder voll rührender Besorgnis, wir Frauen wüßten selber nicht, was uns frommt! Deshalb sagt man kurzerhand nein... Unsere angebliche Hilfsbedürftigkeit steht doch in einem auffallenden Gegensatz zu den überaus bewegten Appellen an unsere weibliche Einsicht, an unseren

Ab 1. Juli 1958:

Meine Frau hat mehr zu sagen

Das neue Gleichberechtigungsgesetz für Eheleute tritt in wenigen Tagen in Kraft

Ein zweifelhaftes Geschäft *versucht Herr Lemke. Er braucht Geld für den nächsten Kegelabend und will deshalb seinen Radioapparat versetzen. Aber ohne Einwilligung seiner Frau wird ihm kein Leihhaus einen Groschen für sein Rundfunkgerät geben. Nach dem neuen Gesetz kann kein Verheirateter mehr über Haushaltsgegenstände frei verfügen, auch dann nicht, wenn sie ihm selbst gehören. Das Gesetz geht davon aus, daß die Ehepartner untereinander einig sein sollen*

Horrorvisionen im Patriarchat: Anschreiben lassen, Wertgegenstände versetzen, Autos verkaufen – nur mit Einwilligung der Ehefrau!

weiblichen Instinkt, an den unvergleichlichen Wert unserer Urteilskraft und an unsere Zuverlässigkeit im persönlichen und sogar im öffentlichen Leben. Der volle Chor dieser Lobpreisungen ertönt regelmäßig vor jeder Wahl. ...«[25]

Die Zeiten seien vorbei, in denen die Frau nach dem Rezept von Wilhelm Busch leben solle:

»Bei eines Strumpfes Bereitung
sitzt sie im Morgenhabit
er liest in der ›Kölnischen Zeitung‹
und teilt ihr das Nötigste mit«.[26]

Frau Dr. Lüders befürchtet, daß die Entscheidungsvollmacht des Mannes auch das Recht der Frau, erwerbstätig sein zu können, einschränken könne. Der Mann hat nach dem Gleichberechtigungsgesetz zwar nicht mehr das Recht, das Arbeitsverhältnis seiner Frau zu kündigen, und der Ehefrau wurde das Recht auf Erwerbstätigkeit zugestanden – jedoch nur: »... soweit dies mit ihren Pflichten in Ehe und Familie vereinbar ist«. (§ 1356) Dieses Recht werde aber, so Frau Lüders, »illusorisch durch die §§ 1354 und 1628, weil dann der Mann die Entscheidung darüber hat, was mit den Pflichten der Frau in der Familie vereinbar ist und was nicht.« Am Ende fährt sie denen in die Parade, die

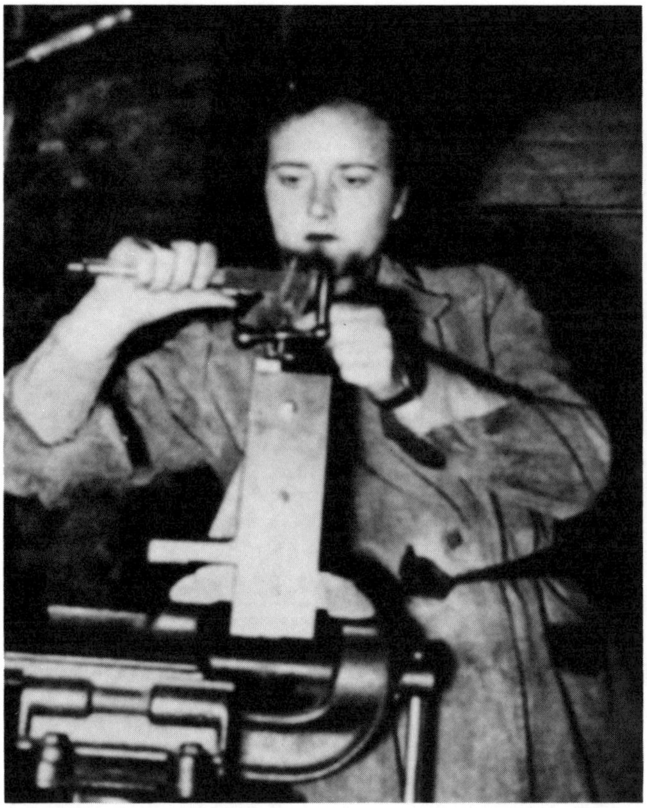

F. Emons, die erste Frau in der Bundesrepublik, die die Mechaniker-Meisterprüfung ablegte.

Die Frau als Unternehmer – in den 50er Jahren erstaunlich oft Thema von Illustriertenberichten. Hier die Berliner Schlagerproduzentin Sigrid Volkmann.

den alten Rechtszustand durch die »vorgegebene göttliche Ordnung« gerechtfertigt hatten. »Wer von uns«, so fragt sie, kann sich anmaßen, etwas über die »vorgegebene göttliche Ordnung aussagen zu können? Ich glaube, niemand!«[27]

Auch Frau Nadig und Frau Wolff, beide SPD, sowie Frau Dr. Ilk, FDP, beziehen eindeutig Stellung. Frau Nadig erinnert daran, »daß in der öffentlichen Meinung schon jetzt gleiches Recht zwischen Mann und Frau stärker akzeptiert wird, als man es bei der CDU/CSU wahrhaben will.«[28] Zum väterlichen Stichentscheid führt sie aus:

»Der § 1627 spricht von der elterlichen Gewalt. Aus den §§ 1628 und 1629 ergibt sich aber eindeutig, daß es sich nur um eine väterliche Gewalt handelt ... Dazu kommt noch, daß das Recht der Vertretung des Kindes ausschließlich dem Vater übertragen ist. Wie lebensfremd ist diese Regelung! In der Praxis wird in unzähligen Fällen die Vertretung durch die Mutter vorgenommen. Das, was sie täglich tut, will der Gesetzgeber ihr vorenthalten; nur weil wir vor Jahrhunderten im Patriarchat lebten. ... War es nicht diese Frauengeneration, die durch ihre körperliche und geistige Leistung mit dazu beitrug, unseren staatlichen Zusammenbruch zu überwinden? Jahrelang haben die Frauen die elterliche Gewalt und die elterlichen Pflichten allein ausüben müssen. Daß der Gesetzgeber jetzt der Mutter die Rechte über ihre Kinder vorenthalten will, ist nicht nur kurzsichtig, sondern auch nicht zu verantworten.«[29]

Wuermelings Vision

Nun – die Herren Abgeordneten der CDU/CSU, DP, GB/BHE sowie die Herren Familienminister, CDU/CSU, und Justizminister, FDP, waren da sehr anderer Meinung!

Doch muß vorausgeschickt werden, daß der vormalige Justizminister Dehler, FDP, in einer großartigen Rede gegen den Regierungsentwurf Stellung bezog und für den sehr viel liberaleren FDP-Entwurf warb. Der SPD-Abgeordnete Metzger, der den SPD-Entwurf einbrachte, kämpfte ebenfalls dafür, die umstrittenen Entscheidungsrechte des Mannes zu streichen – wie dies auch der SPD-Entwurf vorsah. Metzger geht auch hart mit der Rede des Familienministers ins Gericht:

»... ich habe noch selten so viel Folgeunrichtiges gehört wie heute morgen in dem, was uns der Herr Familienminister vorgesetzt hat. Wenn die Frage auftaucht, ob wir einen Familienminister nötig haben – ich glaube, heute morgen ist der Beweis dafür erbracht worden, daß er nicht nötig ist.«[30]

Womit hat der Familienminister die ungleiche rechtliche Stellung von Mann und Frau gerechtfertigt, deren glühendster Verfechter er war?

Einmal aus dem »Wesen der Ehe« und der sich daraus ergebenden Autorität: »Wenn das Familienoberhaupt als Inhaber und Träger der Autorität als Ersatz einer fehlenden Einigung zwischen Mann und Frau entscheidet, so tut er das nicht im eigenen Namen, sondern kraft seines Amtes innerhalb der Familienordnung.« Auf den Zuruf der Abgeordneten Frau Wolff, SPD: »Auch wenn das Familienoberhaupt ein Trottel ist!« antwortete er: »Die Abhängigkeit der Autorität vom Familienamt ergibt sich daraus, daß die Frau selbstverständlich den Platz des Mannes einnimmt, wenn dieser versagt.« Zuruf: »Also Trottel-Paragraph!« Wuermeling geißelt den Individualismus; der Sinn für den Ordnungs- und Institutionencharakter der Familie sei verlorengegangen: »Die recht verstandene Familienautorität verstößt ... nicht gegen den Grundsatz der Gleichberechtigung. ... Solche Mißdeutung sieht in der Gleichberechtigung nichts anderes als schematische Gleichmacherei, Gleichsetzung und Gleichbehandlung.« Zur Bestärkung zieht er den Art. 213 des Code civile in der Fassung von 1942 heran: »Der Mann ist das Haupt der Familie. ...« Als er durch einen Zwischenruf auf den Art. 16 der Straßburger Konvention aufmerksam gemacht wird, in dem es heißt: »Männer und Frauen müssen bei der Erziehung, müssen während der Ehe und bei der Auflösung der Ehe gleiche Rechte haben«, antwortet der Minister: »Ich sehe keinen Widerspruch zwischen der Auffassung dieser Konvention und dem, was ich hier vortrage.« Zwischenruf aus der SPD: »Dann sind Sie blind, Herr Wuermeling! Setzen Sie sich eine bessere Brille auf!« – Unerschütterlich bekennt er: »Auch dem Volk als Träger der Staatsgewalt in der Demokratie kann es nicht erlaubt sein, in seinen Gesetzen die Wesensordnung der Familie zu mißachten oder gar zu zerstören.« Als er von einer »unbegründeten Schlechterstellung der Frau im bürgerlichen Gesetzbuch« spricht und von Frau Dr. Ilk, FDP, gefragt wird, wann denn eine Schlechterstellung der Ehefrau begründet sei und ob sich das mit der Gleichberechtigung vertrage, bleibt er die Antwort schuldig.[31] Doch weiß er, wohin das alles führt: »Wir wollen und müssen für unsere Frauen als Beschützer auftreten, um ihre Würde und höhere Stellung in der Gesellschaft zu decken, damit sie nicht durch solche Verrücktheiten in ein Kollektiv abrutschen, das im Uranbergbau endet«, so hatte er in einer Rede in Stuttgart ausgeführt. In der Debatte bekräftigte er dies:

»Wohin schließlich eine totale Gleichberechtigung und Gleichsetzung von Mann und Frau in letzter Konsequenz führt, zeigt uns ein Blick in die Ostzone. ... In der letzten Konsequenz enden diese Dinge dann im Kohlen- oder Uranbergwerk.« [32]

Während dem männlichen Alleinentscheidungsrecht in zweiter Lesung doch noch knapp die Zustimmung des Parlaments verweigert wurde, gelang diese Ablehnung schon nicht mehr beim Stichentscheid und der Alleinvertretung des Vaters. Das Gleichberechtigungsgesetz wurde mit diesen Regelungen am 21.6.1957 im Bundesgesetzblatt verkündet. Doch war das Bundesverfassungsgericht zumindest im Falle der §§ 1628 und 1629 BGB nicht dieser Meinung. Im Juli 1959 erklärte es den Stichentscheid und den Alleinvertretungsanspruch des Vaters für unvereinbar mit dem Gleichberechtigungsgrundsatz und damit für nichtig.

Anmerkungen

1 Friedrich H. Tenbruck, Alltagsnormen und Lebensgefühle in der Bundesrepublik, in: Richard Löwenthal u. Hans-Peter Schwarz (Hg.), Die zweite Republik, Stuttgart 1974, S. 291.
2 Frauenalltag und Frauenbewegung im 20. Jahrhundert, Teil der Abteilung 20. Jahrhundert im Historischen Museum Frankfurt, vgl. dazu auch: Frauenalltag und Frauenbewegung im 20. Jahrhundert, Materialsammlung in der Abteilung 20. Jahrhundert im Historischen Museum Frankfurt, Bde. I–IV. Frankfurt/Main 1980.
3 Vgl. Gabriele Strecker, Hundert Jahre Frauenbewegung in Deutschland, hg. v. Büro für Frauenfragen in der Gesellschaft zur Gestaltung des öffentlichen Lebens, Wiesbaden o. J., S. 33.
4 Vgl. hierzu auch Gabriele Bremme, Die politische Rolle der Frau in Deutschland, Göttingen 1956.
5 Gabriele Strecker, a.a.O., S. 33ff.
6 Elisabeth Selbert, Ehezerrüttung als Scheidungsgrund, Diss. Kassel, 1930.
7 Verhandlungen des Hauptausschusses des Parlamentarischen Rates, 1948/49, S. 206.
8 ebd.
9 ebd., S. 208.
10 ebd., S. 206, 541 u. 548.
11 ebd., S. 540.
12 ebd., S. 538.
13 ebd., S. 207.
14 Frauenalltag und Frauenbewegung, Bd. IV, zusammengestellt v. Annette Kuhn u. Doris Schubert, Frankfurt am Main 1980, S. 121.
15 BTZ-Drucksache I/3802
16 BVerfGE, Nr. 15 vom 18.12.1953, Bd. 3, 1954, S. 225–248.
17 BT-Drucksache II/224.
18 Stenographische Berichte des Deutschen Bundestages. 2. WP, 15. Sitzung, vom 12. Februar 1954, S. 474.
19 ebd., S. 479.
20 ebd., S. 512.
21 ebd., S. 499.
22 ebd., S. 500.
23 ebd., S. 502ff.
24 ebd., S. 511f.
25 ebd., S. 504ff.
26 ebd., S. 507.
27 ebd., S. 508f.
28 ebd., S. 485.
29 ebd., S. 486.
30 ebd., S. 494.
31 ebd., S. 488ff.
32 ebd., S. 492ff.

»Ich schätze die Frauen in erster Linie als Konsumentinnen – natürlich auch sonst!« Die erste Hälfte dieses Satzes prägte Professor Ludwig Erhard als Wirtschaftsminister, die zweite als Charmeur beim Empfang, den die Bundesregierung den Unternehmerinnen in der Godesberger Redoute gab. (Originalunterschrift im »Stern« 1957)

Ingrid Schöll

Frauenprotest gegen die Wiederbewaffnung

Polizeieinsatz bei einer Korea-Demonstration Ende 1950 in Westdeutschland

Noch im Dezember 1949 sagt der erste westdeutsche Bundeskanzler, Konrad Adenauer:

»Ich möchte ein für allemal klarstellen, daß ich grundsätzlich gegen eine Wiederbewaffnung der Bundesrepublik und folglich auch gegen die Schaffung einer neuen Wehrmacht bin. Wir Deutschen haben in zwei Weltkriegen bereits soviel Blut vergossen und haben auch viel zu wenig Menschen, als daß wir uns erlauben könnten, ein solches Projekt durchzuführen.« [1]

Doch schon ein halbes Jahr später erklärt er in der New York Times das Gegenteil. Er spricht dort von der »Notwendigkeit... einer starken deutschen Verteidigungskraft« und bittet kurz nach diesem Interview die drei Alliierten Hochkommissare in der Bundesrepublik, ihm den Aufbau einer »Abwehrtruppe« zu gewähren. Diese »Verteidigungskraft« wolle er »bis zum Frühjahr 1951... in Form von freiwilligen Formationen bis zu einer Gesamtstärke von 150000 Mann« aufstellen. Er zeigt sich gegenüber den Hohen Kommissaren überzeugt davon, daß es »im Laufe von wenigen Monaten möglich sein würde, eine beträchtliche Anzahl tüchtiger Leute zusammenzustellen«,[2] wenn man ihm die Unterlagen, die die Westalliierten in den vergangenen Jahren über alle ehemaligen Offiziere in Westdeutschland gesammelt hätten, zugänglich machen würde. Adenauer erinnert an die kasernierte Volkspolizei in der DDR. In weiteren Gesprächen mit den Hohen Kommissaren äußert er ein abgrundtiefes Mißtrauen gegenüber der Sowjetunion und mutmaßt, daß die östliche Siegermacht eine Einverleibung der Bundesrepublik in den Ostblock anstrebe. Hinter diesen Äußerungen steht die Furcht vor einer »Koreanisierung« der Bundesrepublik.[3]

In der Tat ist Korea ein einschneidendes Ereignis der bundesdeutschen Nachkriegsgeschichte: Fünf Jahre nach Kriegsende wieder ein gefährlicher bewaffneter Konflikt, denn beide Großmächte sind an einer Nahtstelle gegenseitiger Interessensphären miteinander konfrontiert. In der Bundesrepublik macht sich angesichts der Parallelen (beide Länder sind geteilt und stehen unter dem Einfluß einer Großmacht) Kriegs-, ja Weltkriegsangst breit. Unter dem bedrückenden Eindruck dieses Konflikts der Supermächte kann die Remilitarisierung in der Regierung und bald auch in der Öffentlichkeit wieder zum Thema werden.[4]

Adenauers Ankündigung bleibt indes nicht unumstritten. Opposition aus den eigenen Reihen wird laut. Der Innenminister und spätere Bundespräsident Gustav Heinemann zieht die Konsequenzen und tritt aus Protest gegen die Wiederbewaffnungspläne der Bundesregierung zurück. Auch die SPD, die KPD, Teile der Kirchen und außerparlamentarische Gruppierungen protestieren. Die Kritiker werfen der Bundesregierung Korea-Hysterie vor.[5] Sie warnen vor einer Zementierung der deutschen Teilung und einer Verschärfung des Ost-West-Konflikts am »iron curt«, dem Eisernen Vorhang. Vergebens fordern die Aufrüstungsgegner zu Verhandlungen mit der DDR und der Sowjetunion auf.

Viele Menschen wollen aber die Entscheidung für ein deutsches Militär nicht hinnehmen.[6] Anfang der 50er formiert sich so der Widerstand. Und Frauen spielen hier eine Rolle, die sich aufzuschreiben lohnt.

Der Frauenprotest gegen die Wiederbewaffnung Westdeutschlands wird hauptsächlich von zwei Organisationen getragen: Der Westdeutschen Frauenfriedensbewegung (WFFB) und dem Demokratischen Frauenbund Deutschlands (DFD).

Westdeutsche Frauenfriedensbewegung

Die WFFB ist ein Zusammenschluß meist unorganisierter Frauen aus allen Bevölkerungsschichten. Die Frauen arbeiten ehrenamtlich und nutzen die monatlich erscheinende WFFB-Zeitschrift »Frau und Frieden« zur Verbreitung ihrer Gedanken zur Rolle der Frau im Friedenskampf.[7] Eine tiefe Gläubigkeit und die Sorge um das Wohl ihrer Familie lassen viele Frauen nicht ruhen in ihrem Engagement gegen die Pläne der Adenauer-Regierung.

»Du, Mutter, am Herd, weigere Dich, zu kochen, denn Du bist es, die ihr Kind im Luftschutzkeller gebären soll.
Du, Mutter, im Roten Kreuz, weigere Dich, Deinen Dienst zu tun, sonst wirst Du das Blut Deines Kindes nicht stillen können.«

An anderer Stelle heißt es:

»Einer Frau und Mutter, die im Kampf um die Erhaltung ihrer Söhne und ihres ihr in Liebe und Treue angetrauten Gatten selbst Opfer auf sich nimmt, gebührt größte Ehre und Anerkennung. Wir lassen uns nicht mehr von falschen Vorstellungen einfangen, über Heldentod und Heldenmütter.
Wenn Ihr nicht imstand seid, friedlich zu regieren, dann verschwindet sofort von Euren Posten.
Denn wir beherzigen das alte Sprichwort:
Frieden ernährt – Unfrieden verzehrt.«[7]

Über den ersten Kongreß der WFFB im Oktober 1951 lesen wir:

»Am Sonntag fand in Velbert in aller Stille eine Masseninvasion von Frauen aus dem Bundesgebiet statt. Sie waren zur Teilnahme an dem ›Frauenfriedenskongreß‹ im ›Rheinischen Hof‹ geladen, der sich den ganzen Sonntag über erstreckte.... Es war keine öffentliche Kundgebung, sondern die Teilnehmer waren dazu einzeln geladen worden. Es stand auch keine Organisation dahinter, sondern eine ganze Reihe von Frauen, die im öffentlichen Leben eine Rolle spielen. Bundestagsabgeordnete waren darunter, Pfarrfrauen, eine Betriebsrätin, eine Bereitschaftsleiterin des Roten Kreuzes und Doktorinnen... Wenn da und dort sogar in Zeitungen behauptet wurde, dieser Friedenskongreß sei eine kommunistische Angelegenheit, so wollen wir das nicht wiederholen. Es waren insgesamt 816 Frauen anwesend. Von ihnen gehörten nach eigenen Angaben 46 der KPD und 62 dem mit dieser Partei sympathisierenden Demokratischen Frauenbund an.«[8]

Die Frauen des WFFB lehnen jede parteipolitische Bindung ab, auch wenn in ihren Reihen Mitglieder aller politischer Parteien zu finden sind. Sie befürworten eine Zusammenarbeit mit allen, die für die Sicherung des Friedens eintreten. In der WFFB sind insbesondere auch viele berufstätige Frauen tätig, gezielt wird unter den Fürsorgerinnen und Lehrerinnen geworben.[9]

Demokratischer Frauenbund Deutschlands

Die WFFB kooperiert – in konsequenter Verfolgung ihres friedenspolitischen Zieles – in einigen ihrer Aktionen mit dem DFD.[10]

In der Bundesrepublik wird der Demokratische Frauenbund 1950 gegründet, in Berlin und in der damaligen sowjetischen Besatzungszone schon einige Jahre früher. Der DFD hat den Anspruch, parteiunabhängig zu agieren, ist aber in Programm und Aktionen eng an die Kommunistische Partei gebunden. Seine erste Vorsitzende, Lilly Wächter, ist Mitglied der SPD, wird aber bald aus ihrer Partei

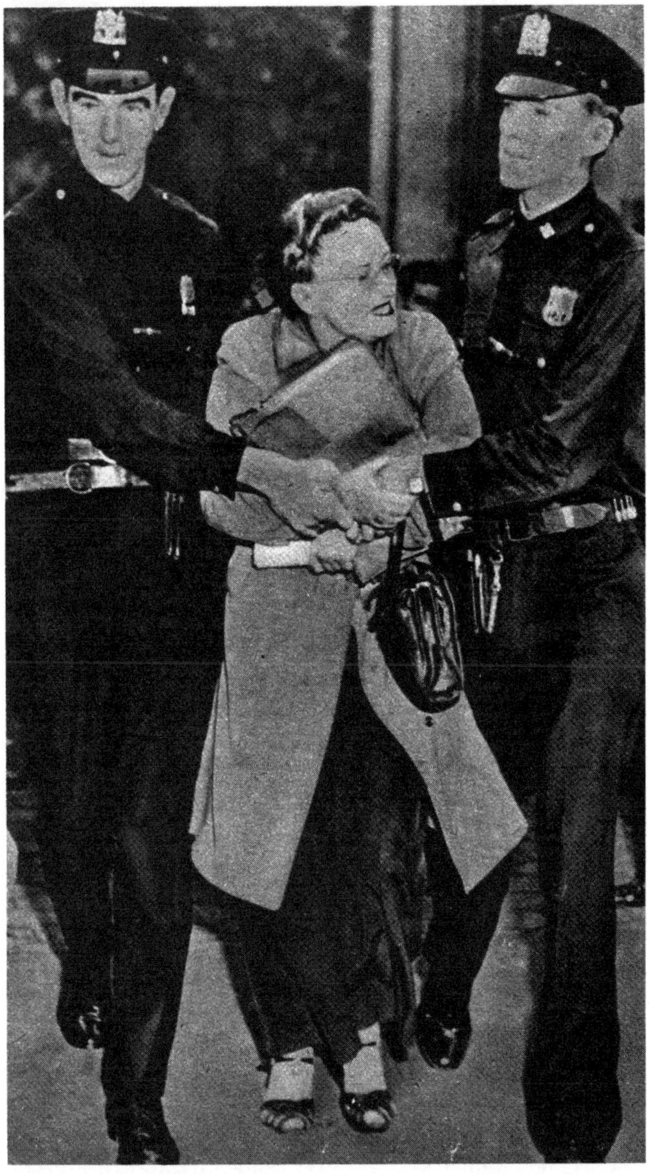

Festnahme von Hilda Brown in USA, Vorsitzende der Internationalen Frauenföderation (IDFF). In Westdeutschland wurde vor allem Lilly Wächter, Vorsitzende des DFD, wegen ihrer Vorträge über ihre Reise nach Korea 1951 inhaftiert. Die in der IDFF zusammengeschlossenen Frauenorganisationen vertraten die Ansicht, daß die USA in Korea unrechtmäßig intervenierten.

Hysterie des Kalten Krieges: 1953 wurden die fortschrittlichen amerikanischen Naturwissenschaftler Julius und Ethel Rosenberg wegen Spionage für die Sowjetunion festgenommen und zum Tode verurteilt. Weltweite Proteste vor allem von Frauenorganisationen konnten ihre Hinrichtung auf dem elektrischen Stuhl nicht verhindern. Die Anklage erwies sich später als Justizirrtum. Im Bild: Demonstration der Düsseldorfer DFD-Gruppe am 11. 6. 1953.

ausgeschlossen. Dezidierter als der WFFB betont der Demokratische Frauenbund immer wieder die Beziehung zwischen den politischen und wirtschaftlichen Folgen der Wiederaufrüstung:

»Die Wiederaufrüstung ist aber nicht nur eine schwere Bedrohung des Friedens, sondern verschlingt Unsummen, die bitter nötig gebraucht werden, um die dringendsten Lebensbedürfnisse unseres Volkes zu erfüllen.« [11]

In der »Stuttgarter Plattform« des DFD aus dem Jahre 1951 lesen wir über seine Ziele:

»Wir Mütter und Frauen des Demokratischen Frauenbundes Deutschlands sind uns der großen Verantwortung bewußt, die wir vor unseren Kindern und unserem Volk und vor der ganzen Menschheit tragen. Wir wollen keine Mühe scheuen und jeden Tag etwas tun, um das Vertrauen und die Mitarbeit aller deutschen Frauen in unserem Ringen um den Frieden zu gewinnen. Wir Mitglieder des Demokratischen Frauenbundes Deutschlands wollen mit allen friedliebenden Kräften für ein besseres Leben in einem einigen Vaterland zusammenarbeiten. Bei dieser Friedensarbeit ist uns die Unterstützung der friedliebenden Frauen der ganzen Welt sicher. Nie wieder sollen Söhne deutscher Mütter andere Völker überfallen und damit unser und das Glück anderer Mütter zerstören.« [12]

Der DFD ist seit seiner Gründung der Verfolgung ausgesetzt, seine Arbeit wird behindert, Aktionen und Veranstaltungen werden untersagt.[13] Viele Frauen leisten ihre Widerstandsarbeit in dieser Frauenorganisation unter großen psychischen, physischen und materiellen Opfern. Der Verfassungsschutz observiert die Aktionen der Organisation, in der auch Kommunistinnen aktiv mitarbeiten. Häufig werden die Frauen verhaftet.

»Aber die Frauen sind die ganze Nacht festgehalten und erst am anderen Morgen entlassen worden. Und ich weiß, daß manche Frau dabei war, manche Mutter, z. B. eine Frau mit vier Kindern, die sagte: ›Lassen Sie mich doch gehen, ich muß zu meinen Kindern‹.« [14]

Frauen leisten Widerstand

»Mit einem Schlage wurde das anders. Buchstäblich mit einem Schlage, als ich Mitte August 1950, ich meine am 18., in der friedlichen Ruhe des kleinen Bades Salzuflen an einem Freitagnachmittag um drei Uhr im ›Mittag‹ von einem Interview las, das Adenauer der New York Times gegeben hatte und worin er von der Möglichkeit, ja ich muß wohl sagen, der Unvermeidlichkeit eines Krieges zwischen den USA und der Sowjetunion sprach, nämlich, sobald die Russen auch Bomben hätten und darum ›zurückschlagen würden‹, wenn die Amis anfingen. Dann käme es auf die alten Waffengattungen an, und da sei es wichtig, daß die Bundesrepublik Soldaten hätte usw. Das war nach dem Zweiten Weltkrieg der eigentliche Anfang meiner Arbeit für den Frieden. Alles andere ergab sich zwangsläufig: Erster leidenschaftlicher Protestbrief an Adenauer. Wie viele sind ihm gefolgt! Die meisten ohne Entgegnung, manche durch seine Kanzlei beantwortet.« [15]

So schildert Klara Marie Faßbinder ihren Einstieg in die Frauenfriedensbewegung. Unverheiratet, überzeugte

Christin, in ihrem Lehrberuf seit Jahren aktiv (zuletzt als Professorin an der Bonner Pädagogischen Akademie und dort wegen ihrer politischen Aktivität frühzeitig ›in Ruhestand‹ versetzt), kennt die engagierte Intellektuelle nach dem Krieg nur ein Ziel: Sicherung des Friedens. Ihr wesentlicher Vorschlag zur Erreichung dieses Zieles ist einfach, nicht neu und dennoch außergewöhnlich: Völkerverständigung durch Begegnungen der Menschen verschiedener Nationen. Klara Marie Faßbinder bereist viele Länder der Welt, besucht mit Frauendelegationen der WFFB sozialistische Länder, ist als eine der ersten Westdeutschen in der DDR und in der UdSSR und scheut sich auch in den sechziger Jahren im hohen Alter nicht vor anstrengenden Visiten nach Übersee.[16]

Aber nicht nur einzelne Persönlichkeiten engagieren sich in dieser Zeit für den Frieden. 1950 erscheint der berühmte Aufsatz »Wenn es wieder Krieg gibt, hülfe uns Frauen dann ein Generalstreik?«[17] in der Frauenzeitschrift »Constanze«. »Constanze« fordert ihre Leserinnen auf, im Falle neuer kriegerischer Auseinandersetzungen sämtliche Arbeits- und Dienstleistungen in Familie und Beruf zu verweigern, um so das militärische Räderwerk zum Stillstand zu bringen.

Im Rahmen der gesamten Oppositionsbewegung gegen die Remilitarisierung werden zu Beginn der 50er Jahre selbstorganisierte Volksbefragungen durchgeführt. Die Bundesregierung hat eine offizielle Befragung abgelehnt, diese Volksbefragungen finden daher ab April 1951 weitgehend illegal, oft polizeilich verfolgt statt. Und doch, im März 1952 gibt der »Hauptausschuß für Volksbefragung« bekannt: von über neun Millionen Befragten haben sich 94 % gegen die Remilitarisierung und für den Abschluß eines Friedenvertrages ausgesprochen. Initiiert worden war diese Bewegung zur Volksbefragung von Pastor Martin Niemöller und Gustav Heinemann nach dem »Essener Friedenskongreß« Anfang 1951. Getragen wird die Volksbefragung von vielen Organisationen aller politischen Richtungen. Insbesondere die Frauen des DFD engagieren sich in diesen Befragungsaktionen, befragen dabei auch Tausende Arbeiter vor den Fabriktoren im Ruhrgebiet. Mit Parolen wie »Butter statt Kanonen«, »DFD – unsere Muttis kämpfen für den Frieden«, an Regenschirmen, Kinderwagen und Luftballons angebracht, ziehen sie protestierend auf die Straßen. Die Frauen suchen Gespräche mit Abgeordneten, schreiben Bitt- und Protestbriefe, ja halten sogar – beklemmende Parallele – Mahnwache vor den Häusern der Abgeordneten ab. Aus der Chronik ihrer Aktionen:

»Frauen und Mütter in den Städten und auf dem Lande!... Zögert keinen Tag mehr, um den Frauen und Männern im Bundestag zu sagen, daß sie bei der im September/Oktober erfolgenden neuen Behandlung des Generalvertrages gegen dieses Vertragswerk stimmen müssen, wenn sie – wie sie es bei der Wahl versprochen haben – Vertreter des Volkes sein wollen. Schreibt an die Abgeordneten Tausende Briefe! Besucht sie in ihren Wohnungen! Sprecht auch mit ihren Frauen! Jeder Abgeordnete soll durch uns wissen, wie das Volk sich entschieden hat, damit keiner von ihnen sagen kann: ›Ich habe nicht gewußt, was das Volk will.‹«[18]

»Seit ihrem Bestehen bemüht sich die Westdeutsche Frauenfriedensbewegung um die Verständigung unter den Völkern und vor allem der Deutschen untereinander. Aus dieser inneren Verpflichtung heraus hat sie zum 19. November die

Die katholische Pazifistin Christa Thomas, die auf Grund ihrer leitenden Tätigkeit im Hauptausschuß für Volksbefragung unter der Anklage stand, eine »verfassungsfeindliche« Organisation mitgegründet zu haben, nach dem Freispruch.

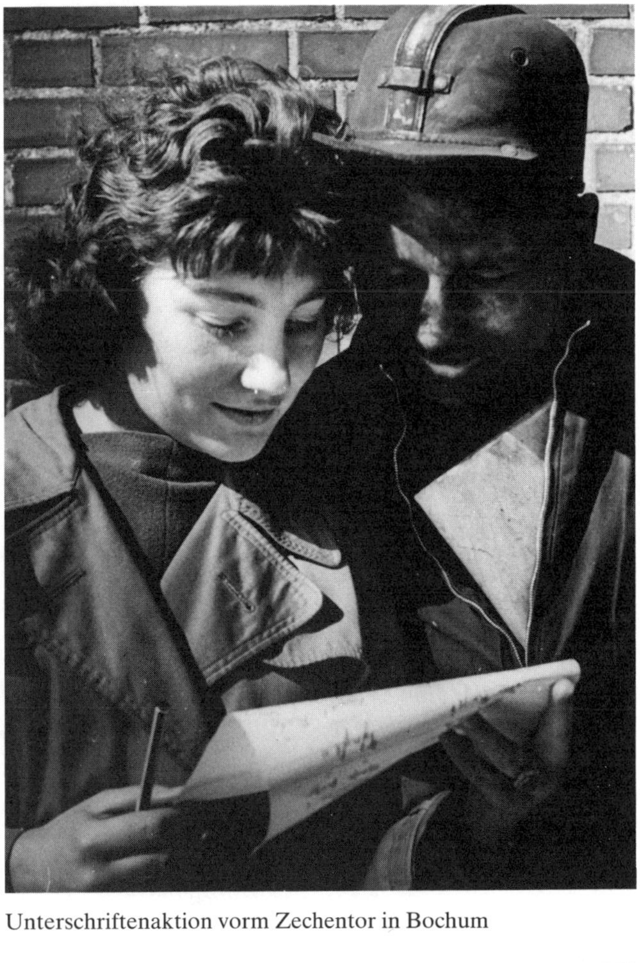

Unterschriftenaktion vorm Zechentor in Bochum

Emmi Meier nach ihrer Verurteilung vor dem Gefängnis Vechta. Wie sie wurden Hunderte von Frauen (und Männern) vor und nach dem Verbot der KPD und ihr nahestehender Organisationen verfolgt. So wurde z. B. auch Herta Dürrbeck 1955, nachdem ihre Immunität als niedersächsische Landtagsabgeordnete der KPD erloschen war, angeklagt, verurteilt und eingekerkert. Wie Emmi Meier hatte sie sich u. a. für die Aktion »Frohe Ferien für unsere Kinder« – in der DDR – eingesetzt. Sie kam ins selbe Gefängnis, in dem sie bereits im Faschismus anderthalb Jahre in der Nachbarzelle verbracht hatte. Als erschwerend wurde ihr vorgeworfen, daß sie weder durch die Verfolgung im Faschismus, noch durch erlittene körperliche und seelische Schäden von ihrer politischen Haltung Abstand genommen hatte. Erst gegen Mitte der 60er Jahre nahmen diese politischen Prozesse langsam ein Ende.

weiblichen Abgeordneten des Bundestages und der Landtage, sowie führende Vertreterinnen des geistigen und öffentlichen Lebens, der Betriebe und der Gewerkschaften zu einer Aussprache und Beratung eingeladen.« [19]

1952 organisieren die Frauen im Bonner Hofgarten eine erste große Demonstration. Hauptrednerin ist Helene Wessel, die in der Gesamtdeutschen Volkspartei zusammen mit Gustav Heinemann gegen die von Adenauer forcierte Wiederaufrüstung der Bundesrepublik kämpft. Die Friedensfrauen senden ein Telegramm an den Bundeskanzler:

»1600 Frauen vom Friedenstag der Westdeutschen Frauenfriedensbewegung in Bonn beschwören Sie, Generalvertrag und Verteidigungsbeitrag nicht zu unterzeichnen, bevor der Bundestag gesprochen hat und glaubhafte Verständigungsmöglichkeiten mit allen vier Besatzungsmächten bis zum Äußersten versucht worden sind.« [20]

Einige hundert Meter weiter, im Bundestag, wird über die Wiederbewaffnung debattiert. Auch hier ergreifen Frauen das Wort, allerdings mit ganz anderer Stoßrichtung:

»Wenn ich in dieser Stunde dem so erregten Gespräch der Männer als Frau etwas hinzufügen möchte, dann darum, weil der Bundestag an dem inneren Kampf zwischen Herz und Verstand, der sich in den letzten Wochen in unzähligen Frauenherzen entsponnen hat, am Widerstreit der Gedanken und Gefühle nicht vorübergehen kann, und weil ich der Meinung bin, daß das Ja zum kleineren Übel nicht nur von Männern gesprochen werden muß... Weil mich das zutiefst erfüllt, weil mich das bis in mein Innerstes bewegt, stehe ich hier und bringe diesen winzigen Beitrag der Frau zum Gespräch der Männer.« [21]

Die CDU-Abgeordnete Aenne Brauksiepe spricht das Ja zur Remilitarisierung aus, viele weitere Frauen nehmen es ohne Gegenwehr hin. Und so kann es geschehen, daß trotz vielfältiger Aktivitäten der Widerstandsgruppen in der Bundesrepublik, trotz vieler Aktionen gerade von Frauen, ihre Männer und Söhne vor der drohenden Rekrutierung zu bewahren, der Widerstand gegen die Remilitarisierung scheitert. Nach der Unterzeichnung der Verträge über die sogenannte Europäische Verteidigungsgemeinschaft (EVG) im Frühjahr 1952 schlägt die Bundesregierung eine weitere sowjetische Verhandlungsnote im Spätsommer desselben Jahres aus. Die Verträge gehen im November 1952 in die zweite und im März 1953 in die dritte Lesung. Sie werden mit überwältigender Mehrheit angenommen.[22] Maria Deku, CSU-Landtagsabgeordnete und aktives Mitglied des WFFB, schrieb damals:

»Wenn Deutschland noch eine Geschichte beschieden sein sollte, so wird dieser 19. März einmal als der schwärzeste Tag des deutschen Parlamentarismus und dieser volksfernen Nachkriegs-Demokratie bezeichnet werden. Erstmalig dürfte es auch sein, daß eine Volksvertretung ihre Zustimmung zu einem so verbindlichen Staatsvertrag gegeben hat, bei dem wesentliche Zusatzprotokolle ihr gar nicht zugänglich und bekannt gewesen sind...« [23]

Im Jahre 1954 flackert der Widerstand nochmals auf, beflügelt durch ein französisches Veto gegen diese deutschen Pläne. Doch die Einigung mit Frankreich kommt schnell zustande und so kann auch die vor allem von SPD-Kreisen getragene »Paulskirchenbewegung« Anfang 1955 die Westintegration der Bundesrepublik nicht aufhalten. Am 5.5.55 werden alle entsprechenden Vertragswerke unterzeichnet.[24]

Zu fragen bleibt, worin das Scheitern der Bewegung gegen die Wiederbewaffnung, speziell der Frauenfriedensbewegung, begründet liegt. Haben nicht alle Frauen den Krieg grausam erlebt? Einen Krieg, den sie »nicht angezettelt hatten«? Haben sie nicht Bomben, Vergewaltigungen ertragen, das Land aus Trümmern wieder aufgebaut? Vielleicht dies dazu:

Die Mehrzahl der Frauen wird von den Aktionen der Frauenfriedensbewegung nicht angesprochen: die politische Abstinenz der Frauen nach der NS-Erfahrung, der Einfluß der Kirchen, die die Politik Adenauers weitgehend bejahen, spielen hier sicher eine große Rolle. Daß viele Frauen trotz der Wiederbewaffnung apathisch bleiben, liegt meines Erachtens aber vor allen Dingen an der Kriegsangst, die durch den 1950 in Korea ausbrechenden Konflikt

Mütter verabschieden die ersten Rekruten der Bundeswehr ...

ganz Westdeutschland ergreift. Rückblickend erzählt eine Frau:

»Anfang 50 hat man gedacht, es gibt wieder Krieg. Es war eine ganz unruhige Zeit nachher, und jedes hat sich geduckt und hat Angst gehabt ... Und ich habe mich dermaßen reingesteigert, weil ich da das zweite Kind erwartet habe ... Aber mein Mann hat mich dann ganz aufgerichtet und hat gesagt, Du darfst überhaupt nicht dran denken. Wir haben damals dann den Adenauer gehabt, und das war ja so ein schlauer Fuchs. Der hat mit viel Diplomatie viel verhindert, also politisch. Und damals hab' ich mir gesagt, jetzt lasse ich mich auf gar nichts mehr ein, sonst ist man mit den Nerven total am Ende, und habe mich auch ganz umstellen müssen. Man hat die Angst und den Schrecken in sich gehabt, noch lange.« [25]

Die Furcht vor einem »kommunistischen Überfall« wächst, und Umfragen aus dieser Zeit belegen, daß die Zahl derer, die eine Wiederbewaffnung zum Schutz vor einer drohenden »Sowjetisierung« fordern, nicht zuletzt unter dem Eindruck der Pressepolitik der Regierung ansteigt.[26]

Neben der Kriegsangst spielt ein zweiter Faktor eine wesentliche Rolle: Die neue, alte Rollenzuweisung, das heißt die völlige Restauration tradierter weiblicher Rollenmuster nach den jetzt überstandenen Jahren des »Zusammenbruchs«. Die Nachkriegsgesellschaft hätte sich ohne die freiwillige Reproduktions- und Überlebensarbeit der Frauen in dieser kurzen Zeit nicht wieder stabilisieren können. Jetzt, ab 1950, sind diese Wiederaufbauarbeiten vielfach abgeschlossen. Einige Frauen werden in ihren Nachkriegsberufen überflüssig, andere werden von Männern verdrängt oder suchen selbst den Rückzug in die Privatsphäre und das häusliche Glück. Die ideologische Verankerung dieser Rückbesinnung auf die familiären Verpflichtungen der Frau in der Politik durch die regierende CDU kommt hinzu. Oft fehlt es den Frauen auch an Informationsmöglichkeiten:

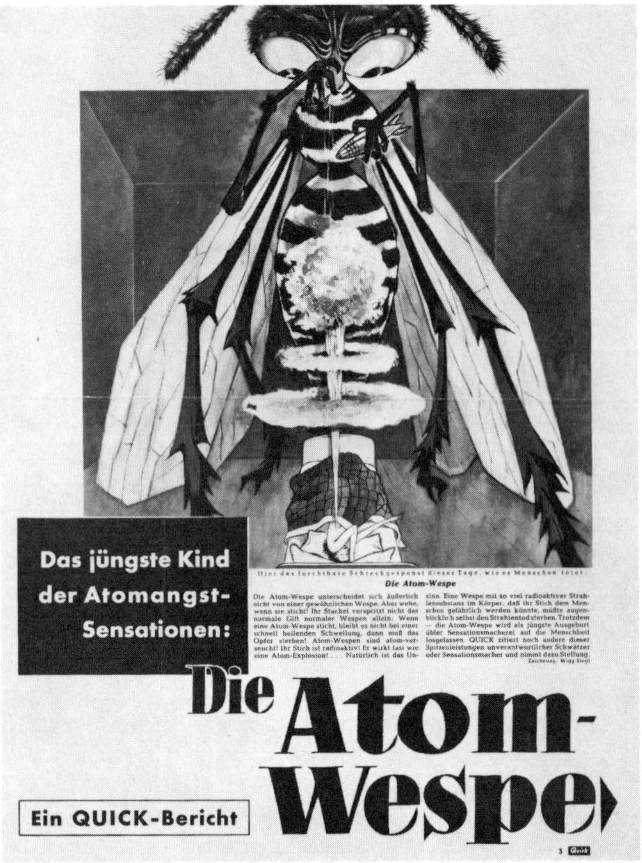

Die Angst vor Strahlenschäden und Atomtod überlagerte gegen Mitte der 50er Jahre nach und nach die ursprüngliche Atom-Euphorie. 80 Dachverbände von Frauenorganisationen (darunter die Hauptabteilung »Frauen« des DGB) veröffentlichten 1955 einen Aufruf gegen zivile Atomschäden. In der Bevölkerung fanden die unwahrscheinlichsten Katastrophenmeldungen offene Ohren (Quick, 1956).

»Von Frauendemonstrationen Anfang der 50er Jahre habe ich nichts mitbekommen, obwohl ich mitten in Düsseldorf gearbeitet hatte. Frauengruppen – Frauenprobleme, so etwas gab es doch gar nicht für mich. Und genau genommen wußte ich auch gar nicht, worum es genau ging, wenn über Wiederaufrüstung gesprochen wurde. Wir hatten damals kein Geld, um eine Tageszeitung zu beziehen. Wir hatten inzwischen drei Kinder.« [27]

»Keine Experimente«, es sind mehrheitlich die Frauen, die diesen Slogan und damit die CDU wählen. Durch eine geschickte Politik versteht es vor allem der damalige Wirtschaftsminister Erhard, das Interesse der Frauen auf den Mikrokosmos Familie und auf die ordnende Verantwortung der Frauen in diesem Sektor abzuleiten:

»Folgen Sie auch im Lärm des Wahlkampfs keiner anderen Stimme als der Ihres Gewissens als Wirtschaftsminister Ihrer Familie. Sie können ja nicht wie andere Minister einfach zurücktreten, wenn es schief geht. Sie müssen es in Ihrem eigenen kleinen Reich austragen und aushalten, wenn unüberlegt gewählt worden ist und die Wirtschaft dann falsch regiert wird.« [28]

Staatliches Handeln ist wesensgleich mit privatem, funktioniert das private nicht, leidet der Staat. Ursache staatlichen Wohlergehens ist somit die Vernunft der Hausfrauen. Im Haushalt lassen sich viele weibliche Interessen kanalisieren. Sieht man von den aus Existenzgründen auf Erwerbstätigkeit angewiesenen Frauen ab, so zeigt sich häufig diese neue »alte« Rollenübernahme bürgerlichen Wirtschaftens durch die Hausfrauen. Akzeptiert wird, was dem Staat nutzt! Kritik an staatlichem Handeln bringt Unordnung, Wirrnis und Entbehrungen, so glauben viele. Und diese haben sie ja gerade erst hinter sich gelassen.

Tua res agitur – es geht um Deine Sache! Mit diesem die Bildungsbürgerin charakterisierenden Appell hat Klara Marie Faßbinder die Frauen in »Frau und Frieden« 1953 an die Wahlurnen gerufen. Doch die CDU gewinnt die Wahlen mit großem Erfolg – getragen von einer großen Mehrheit weiblicher Wählerstimmen. Frau Faßbinder kann ihre Enttäuschung darüber nicht verhehlen: Der »kirchliche Einfluß darf nicht übersehen werden, wenn er auch bei vielen noch mehr von dem anderen überwogen wurde: dem materiellen Interesse... Bisher ist es uns gut gegangen, warum sollten wir jemanden anders wählen?,[29] so analysiert sie nachdenklich das Wahlverhalten vieler Frauen.

Die Mehrzahl der Wählerinnen sucht ein stabiles politisches Grundmuster, delegiert gerade politische Entscheidungen oft an Männer – einfachster Weg: Verheiratete schließen sich dem Wahl-Urteil des Ehemannes an![30] Das Interesse für den privaten Wiederaufbau dominiert den Lebensalltag, hinzu kommt die auch in den Medien sichtbare Restauration des tradierten männlichen Politikerbildes. Nach der »hochpolitischen Überlebens- und Wiederaufbauarbeit« der Frauen geht die Verwaltung des Wiederaufgebauten nahtlos in die Verantwortung von Männern über. Viele Frauen begnügen sich mit der politischen Selbstbeschränkung im Ehrenamt.

Und doch: Trotz ihrer relativen Schwäche stellten die Frauen der Frauenfriedensbewegung für die Befürworter der Wiederaufrüstung eine Gefahr dar. Wie anders läßt sich die permanente Observation und Einschüchterung ihrer Aktionen erklären.[31] Mögliche Gründe dieser Furcht vor den Frauenaktivitäten:

- die gefühlsbetonte »weibliche« (aus der gängigen klischeehaften Sichtweise vieler männlicher Politiker »irrationale«) Grundhaltung der Frauen, die sich den klassischen Kontrollmaßstäben entzog;
- der neudefinierte Bildungsanspruch, beispielsweise das Argument Faßbinders, Vorurteile durch Reisen – vor allem in sozialistische Länder – abzubauen;
- die christliche Basis vieler Friedenskämpferinnen, die sich damit gegen die Haltung der beiden großen Kirchen stellten.

Die damalige Frauenfriedensbewegung hatte schwierige Ausgangsbedingungen: sowohl innen- als auch außenpolitisch waren die Handlungsmöglichkeiten der Opposition in Anbetracht der Mehrheitsverhältnisse im Bundestag, des Besatzungsstatus und der Personalunion von Kanzler und Außenminister Adenauer kompliziert. Viele Frauen mußten zudem materielle Opfer bringen, ihre politische Tätigkeit unter persönlichen und gesellschaftlichen Diskriminierungen (»Fünfte Kolonne Moskaus») ausüben. Ganz abgesehen vom gesamtgesellschaftlichen Habitus einer paralysierten Nachkriegsgesellschaft, die »Ruhe und Sicherheit, kein Risiko, kein Wagnis, das die Politik der unmittelbaren Verständigung mit der DDR und der Sowjetunion in sich zu bergen schien« anstrebte.[32]

Schon in den 50er Jahren: Sitzblockaden vor Raketen-Depots. Rückwärts fahren mußten die Autos einer britischen Raketen-Einheit in Dortmund-Brackel, weil in einer Aktion gewaltfreien Widerstandes sitzende Frauen und Männer die Einfahrt zum Raketen-Gelände besetzt hielten.

Doch nicht nur das: Selbstkritisch müssen wir reflektieren, daß auch die Frauen damals Fehler machten. So konzentrierte sich der DFD in seiner Arbeit sehr stark auf allgemeinpolitische Forderungen, erschien daher vielen Frauen als »verlängerter (Frauen-)Arm« der KPD. Problematisch war beispielsweise auch die pathetisch-beschwörende Sprache, mit der der DFD die Frauen anzusprechen suchte.[33] Sicherlich hatte der DFD auch weniger selbständigen, parteiunabhängigen Handlungsspielraum als die WFFB.

Die WFFB war parteiungebunden. Sie argumentierte zumeist mit dem universalen Friedensbegriff aller Mütter. Oft wurde auch, das zeigen die Illustrationen in »Frau und Frieden«, die gebildete Leserin, die geschulte Intellektuelle angesprochen. Wirkte aber nicht das »Tua res agitur« einer Klara Marie Faßbinder – selbst mit deutscher Übersetzung – ausgrenzend? Und nicht zuletzt: die Fixierung auf die Mutterrolle in der Argumentation der WFFB, die Betonung ihrer Rolle als Gebärende, Hüterin, Erzieherin, fürsorgende Frau und Mutter – hat dieses Frauenbild damals alle Frauen erreicht? Waren nicht auch einige enttäuscht, etwa durch die Erfahrungen einer Kriegsehe? Wie dachten die Alleinstehenden? Hier sind noch viele Fragen offen.

Wir stellen heute rückblickend fest: Unser Verhältnis zur Kirche, zur Ehe und auch zur Rolle der Familie hat sich gewandelt, nicht zuletzt durch die Erfahrungen unserer Mütter. Geblieben ist das Engagement der Frauen für den Frieden, mit neuen, aus unserer heutigen Situation resultierenden Inhalten und Formen.

Protestveranstaltung des »Reichsbundes der Kriegsbeschädigten und Kriegsopfer« im September 1959 in der Dortmunder Westfalenhalle gegen die »Reformvorschläge« von Bundesarbeitsminister Theodor Blank zum Einfrieren der Renten von 3,5 Millionen betroffenen Kriegsopfern. Überraschend war die große Zahl der weiblichen Teilnehmer. Ähnliche Kundgebungen mit teilweise bis zu 100000 Beteiligten fanden 1959 in der ganzen Bundesrepublik statt.

Prof. Dr. Renate Riemeck (vierte von links) war 1958 maßgeblich an der Initiative gegen die Atombewaffnung beteiligt. Seit dieser Zeit wurde sie mehr und mehr in ihrem Lehramt behindert; im Juli 1960 entzog man ihr die Prüfungsberechtigung. Im Dezember 1960 legte sie wegen dieses faktischen Berufsverbots ihr Lehramt an der Pädagogischen Hochschule in Wuppertal nieder.

Anmerkungen

1 Weymar, Paul: Konrad Adenauer, München 1955, S. 494. Zitiert nach: Albrecht, Ulrich: Die Wiederaufrüstung der Bundesrepublik, Köln 1980, S. 90.
2 Adenauer, Konrad: Erinnerungen 1945–1953, Stuttgart 1965, S. 350ff.
3 vgl. ebd., S. 355.
4 Über den Ausbruch des Korea-Krieges und seine politischen Folgewirkungen für die westdeutsche Wiederbewaffnung wird kontrovers diskutiert. Hier nur zwei Literaturangaben: Horowitz, David: Kalter Krieg. Hintergründe der US-Außenpolitik von Jalta bis Vietnam, Berlin 1980; Mai, Gunther: Westliche Sicherheitspolitik im Kalten Krieg. Der Korea-Krieg und die deutsche Wiederbewaffnung 1950, Boppard 1977.
5 Mai a.a.O., S. 110ff.
6 Verschiedenen Meinungsumfragen, die teilweise auch von Zeitungen durchgeführt wurden, ist zu entnehmen, daß vor dem Koreakrieg mehr als die Hälfte der Westdeutschen gegen eine Wiederbewaffnung war. Danach sank dieser Anteil auf rund 40% der Befragten, um in der zweiten Hälfte der fünfziger Jahre, insbesondere während der Kampagne gegen die Atombewaffnung, wieder auf ca. 65% anzusteigen.
7 Über die WFFB berichtet u. a.: Swiderski, Gabi: Die Westdeutsche Frauenfriedensbewegung in den 50er Jahren. In: Ergebnisse Bd. 21, Hamburg 1983. Mitgliederzahlen der WFFB wurden nicht erhoben; beteiligt waren aber mit Sicherheit mehrere tausend Frauen, da allein zu einzelnen regionalen Treffen und Veranstaltungen der WFFB jeweils 500 bis 900 Frauen erschienen, bei einem Kongreß in Bonn 1952 sogar 1600. Die Auflage von »Frau und Frieden« dürfte ebenfalls einige tausend betragen haben.
8 »Frau und Frieden« 2/1952.
9 Nyssen, Elke: Die Westdeutsche Frauenfriedensbewegung. In: Feministische Studien »Krieg und Unfrieden«, 3. Jg., Nov. 1984, Nr. 2, S. 66–77, hier: S. 72, und Swiderski, a.a.O., die einiges zur Biographie der WFFB-Frauen schreibt.
10 Bereits im Oktober 1951 hatte der DFD 11494 Mitglieder, bei seinem Verbot 1957 rund 28000. Zum DFD vgl. insbesondere Nödinger, Ingeborg: Frauen gegen Wiederaufrüstung, Frankfurt/Main 1983, und Nödinger, Ingeborg: Für Frieden und Gleichberechtigung: Der Demokratische Frauenbund Deutschlands. In: Florence Hervé (Hrsg.): Geschichte der deutschen Frauenbewegung, Köln 1982, S. 187–205.
11 Nödinger, Frauen gegen Wiederaufrüstung, S. 64.
12 ebd.
13 Hier nur ein Beispiel aus Hessen: In der Neuen Zeitung vom 31. 8. 1950 gibt der Hessische Innenminister bekannt, daß Organisationen, in denen Kommunisten arbeiten, ab sofort keine Räumlichkeiten mehr zur Verfügung gestellt werden. Diese Maßnahme trifft auch den DFD.
14 Nyssen, a.a.O. S. 72.
15 Faßbinder, Klara Marie: Begegnungen und Entscheidungen, Darmstadt 1961, S. 1970.
16 Vgl. dazu: Faßbinder, a.a.O. sowie die Schilderungen in Baur, Hanneclàre/Fölsing, Günter (Hrsg.): Das politische Engagement des Christen heute, Bonn 170.
17 »Wenn es wieder Krieg gäbe – hülfe uns dann ein Generalstreik der Frauen?« In: Constanze, Heft 1, 1950, S. 7; abgedruckt in: Frauenalltag und Frauenbewegung im 20. Jahrhundert. Materialsammlung zu der Abteilung 20. Jahrhundert im Historischen Museum Frankfurt. Bd. 4. Zusammengestellt von A. Kuhn und D. Schubert, Frankfurt 1980, S. 143ff.
18 Frau und Frieden 8/1952.
19 Frau und Frieden 12/1952.
20 Zitiert nach: Swiderski, a.a.O. S. 42.
21 Funke, Lieselotte: Frauen sprechen im Bundestag, Stuttgart 1979, S. 20 und 22.
22 Über die Debatte im Deutschen Bundestag und die von Maria Deku angesprochenen juristischen Bedenken berichtet sehr anschaulich: Baring, Arnulf: Im Anfang war Adenauer, München 2. Aufl. 1982.
23 Frau und Frieden 4/1953.
24 vgl. Rupp, Hans Karl: Außerparlamentarische Opposition in der Ära Adenauer, Köln 1980. S. 49.
25 König, Gudrun: »Man hat vertrennt, vertrennt und wieder vertrennt.« Erinnerungen an den Nachkriegsalltag. In: Freier, Anna Elisabeth / Kuhn, Annette (Hrsg.): Frauen in der Geschichte, Bd. V, Düsseldorf 1984, S. 386–409, hier: S. 403.
26 Vgl. Anm. 4 sowie die Angaben der Umfragen in den Statistischen Jahrbüchern dieser Jahre.
27 »Bewegte Zeiten«. Düsseldorfer Frauen in den fünfziger Jahren. Hrsg.: Demokratische Fraueninitiative, Düsseldorf 1982.
28 Bundeswirtschaftsminister Erhard im Wahlkampf 1953, abgedruckt in: Wiggershaus, Renate: Geschichte der Frauen und der Frauenbewegung in der Bundesrepublik Deutschland und in der Deutschen Demokratischen Republik nach 1945, Wuppertal 1978, S. 57f.
29 Faßbinder, Klara Marie: Wachen ist unser Auftrag. In: Frau und Frieden 10/1953.
30 Vgl. Elsner, Ilse: Ihre Hoheit, die Wählerin. In: Neue Gesellschaft, Heft 3, 1957, und Donner, Erika: Die Frau in der deutschen Politik. In: Gewerkschaftliche Monatshefte, Heft 6, 1957.
31 Der DFD wird im Zuge der KPD-Verfolgung 1957 verboten. Gegen die WFFB strengt die Landesregierung von Rheinland-Pfalz 1960 einen Verbotsprozeß an. Gustav Heinemann und Diether Posser vertreten die Frauen in diesem Prozeß; die Landesregierung verliert.
32 Frau und Frieden 10/1953.
33 Vgl. dazu die Dokumente in Nödinger, Frauen gegen Wideraufrüstung, a.a.O. Dort heißt es beispielsweise auf S. 45: »Die Freundinnen der Gruppe Ansbach aus der Landesorganisation Bayern schrieben uns zur Jahreswende diese Zeilen, über die wir uns alle sehr gefreut haben: ›In Erfüllung unseres Wettbewerbes, den wir auf der II. Org. Konferenz in Berlin abgeschlossen haben, nahmen 10 Ansbacher Freundinnen des DFD sich vor, in Amberg eine neue Gruppe des DFD zu gründen.‹« Die Anrede »Freundinnen« sowie auch die Wettbewerbsform der Mitgliedergewinnung mögen auf viele Frauen befremdlich gewirkt haben.

Links:
»Kampf dem Atomtod!« Unter diesem Motto fanden 1958 zahllose Großveranstaltungen (meist unter Beteiligung führender SPD-Politiker wie Helmut Schmidt u.a.) und Demonstratioen gegen die von der CDU geplante Atombewaffnung der Bundeswehr statt.

Sibylle Meyer / Eva Schulze

Von Wirtschaftswunder keine Spur

Die ökonomische und soziale Situation alleinstehender Frauen

»Als unverheiratete Frau war man nur ein halber Mensch. Überall gab's nur Paare. In vielen Situationen hab' ich deswegen einfach einen Ehering getragen, um nicht schief angesehen zu werden.« [1]

Die 50er Jahre brachten neben dem wirtschaftlichen Aufschwung eine neue Welle der Familienideologie, die Ehe und Familie als alleingültige Lebensform forderte. Die Realität sah jedoch anders aus.

Liest man die Statistiken der 50er Jahre, wird deutlich, daß ⅓ aller West-Berliner Haushalte keinen männlichen »Haushaltsvorstand« hatte. Diese Quote blieb während der 50er Jahre konstant.[2] 7 Millionen Frauen[3] in Deutschland hatten ihren Mann durch den Krieg verloren oder fanden wegen des »Männermangels« keinen Ehepartner. 4 Millionen deutsche Soldaten waren im 2. Weltkrieg gefallen, 6–7 Millionen waren noch Jahre nach Kriegsende in Gefangenschaft.[4] Auf 1000 Männer wurden 1945 in der Berliner Bevölkerungsfortschreibung 1717 Frauen registriert.

Noch 1950 waren die Frauen weit in der Überzahl: Auf 1000 Männer trafen dann 1353 Frauen. Gerade in der Altersgruppe ab 30 Jahren war die Frauenmehrheit bzw. der »Männermangel« besonders gravierend. Noch 1959 wurden in West-Berlin in der Altersgruppe der 30- bis 40jährigen auf 1000 Männer 1474 Frauen gezählt. Mit zunehmendem Alter vergrößerte sich diese Differenz noch. Bei den 65jährigen und älteren waren es 1872 Frauen gegenüber 1000 Männern (im Vergleich dazu kamen in der BRD auf 1000 Männer 1124 Frauen).[5]

Diese beträchtliche Gruppe von »alleinstehenden« Frauen, um deren Situation es hier gehen soll,[6] stand jenseits des gesellschaftlichen Leitbildes von Ehe und Familie der 50er Jahre. Sie waren in den 50er Jahren Diskriminierungen auf unterschiedlichen Ebenen ausgesetzt.

Der Begriff »alleinstehend« kennzeichnet heute wie damals Frauen, die ohne Mann leben, das heißt, entweder ihren Mann verloren haben, keinen Partner fanden oder nicht heiraten wollten.

Der Begriff bringt sowohl die gesellschaftliche Bewertung der »Alleinstehenden« als auch die gesellschaftliche Norm von Ehe und Familie zum Ausdruck: Wenn Frauen nicht verheiratet sind, suggeriert die Definition »alleinstehend«, sie seien alleine.

Alleinstehende Frauen in den 50er Jahren wurden als »unvollständige Familien« erfaßt, denn die Vollständigkeit der Familie wurde durch die Zusammensetzung von Mann, Frau und Kindern definiert. »Alleinstehende Frauen«, respektive »unvollständige Familien« erschienen als Abweichung von der gesellschaftlichen Norm.

Jedoch: die sogenannten »Alleinstehenden« waren keineswegs »alleine«, sondern lebten mit Kindern, Eltern, Verwandten und/oder Freundinnen zusammen. Die Haushalte bestanden überwiegend aus Frauen, die zusammen wirtschafteten und wohnten. Diese Gemeinschaften waren in den Kriegsjahren aufgrund der äußeren Ereignisse entstanden. Frauen hatten sich mit anderen Frauen zusammengetan, um den Alltag unter den sich kontinuierlich verschlechternden Bedingungen in den letzten Kriegsjahren besser bewältigen zu können. Meist hatte auch die Zerstörung der Wohnungen durch den Bombenkrieg ein Zusammenziehen mit Verwandten oder Freunden notwendig gemacht. Gerade wenn Frauen Kinder hatten, waren sie auf die Unterstützung von anderen angewiesen. Diejenigen,

die ohne verwandtschaftliche oder nachbarschaftliche Hilfe bei der Kinderbetreuung auskommen mußten, hatten es besonders schwer, denn es gab kaum eine staatlich organisierte Kinderbetreuung.

Obwohl als Notgemeinschaften unter dem Zwang der Ereignisse entstanden, entwickelten sich diese Gemeinschaften zu echten Solidargemeinschaften, die durchgängig während der 50er Jahre weiterbestanden. Meist waren die Frauen für Angehörige, die weder Rente noch sonstige finanzielle Einnahmen hatten, über Jahre hinweg allein verantwortlich. Sie mußten versuchen, nicht nur für sich selbst ohne Unterstützung durch einen Mann, sondern ebenso für ihre »Restfamilie« zu sorgen.

Frau Hildebrandt beispielsweise lebte damals mit ihrer Mutter und Großmutter und versorgte beide mit ihrem Einkommen, denn Vater und Großvater waren im Krieg gefallen.

»Ich hatte nun die Verantwortung für zwei alte Leute. Meine Mutter war nicht mehr jung, und meine Großmutter war noch älter. Meine Mutter hat von meinem Vater keine Rente gekriegt, denn er war selbständig und hat nicht geklebt. Und bis sie eine Kriegsrente bekam, das hat bis 1953 gedauert. Es war aber so wenig, daß sie davon nicht leben konnte. Und meine Großmutter war auch so ein Fall. Mein Großvater war ein reicher Mann. Er hat von den Zinsen seiner Aktien gelebt. Na, und durch die Währungsreform hatten sie alles verloren. Nun stand sie mit 80 Jahren vor dem Nichts.« [7]

Der Beginn der 50er Jahre hatte die Stabilisierung des Geldwerts und die Normalisierung des Arbeitsmarkts gebracht. Hamstern, Tauschen und Schwarzhandel, womit viele Frauen sich und ihre Angehörigen in den 40er Jahren über Wasser gehalten hatten, verloren an Bedeutung. Statt dessen wurde es immer wichtiger, einen gutbezahlten Beruf zu haben, um das eigene und das Auskommen der »Restfamilie« zu sichern. Frauen wurden jedoch auf dem Arbeitsmarkt empfindlich benachteiligt. Bei der Stellenbesetzung wurden in den späten 40er und frühen 50er Jahren Kriegsheimkehrer bevorzugt. Die Beschäftigung von Frauen in typischen Männerberufen, die in der unmittelbaren Nachkriegszeit weit verbreitet war, wurde wegen der Rückkehr der Männer und der Wiederinkraftsetzung der Arbeitsschutzbestimmungen schrittweise abgebaut. Während 1946 z. B. im Bau- und Baunebengewerbe 49711 Frauen arbeiteten, waren es Ende 1950 nur noch 11146.[8] Auch in anderen Berufsgruppen verloren Frauen aus diesen Gründen ihre Arbeit oder wurden in schlechter bezahlte Tätigkeitsbereiche abgedrängt.

1950 gab es nur 1481 weibliche gegenüber 32447 männlichen Facharbeitern. Hinzu kam, daß das Ausbildungsniveau für Mädchen in den 50er Jahren sehr niedrig war, so daß viele keine Chance auf einen qualifizierten Arbeitsplatz hatten. Für viele junge Frauen war es gerade Anfang der 50er Jahre fast unmöglich, nach der Schule einen Arbeits- oder Ausbildungsplatz zu bekommen.[9]

Auch was die Löhne betraf, wurden Frauen diskriminiert. Sie verdienten höchstens zwei Drittel dessen, was Männer für die gleiche Arbeit bekamen. Ein männlicher Facharbeiter verdiente im März 1950 in West-Berlin im Durchschnitt wöchentlich 64,28 DM brutto, eine Facharbeiterin 39,42 DM. Dies zeigt, wie schlecht die finanzielle Situation vieler Frauen im Vergleich zu ihren männlichen Kollegen ausgesehen haben muß.[10]

Das Lohneinkommen reichte für Alleinstehende und deren Angehörige kaum zum Leben. Mehr als die Hälfte des Einkommens mußte Anfang der 50er Jahre für Lebensmittel ausgegeben werden; Miete, Heizung, Strom und kleinere Anschaffungen belasteten die knappe Haushaltskasse. Allein ein Paar Damenschuhe kostete 1950 29,60 DM, ein einfaches Damenkleid bereits 58,– DM. Die Frauen mußten eisern sparen. Aus dieser Zeit berichtet Frau Friedrich, Jahrgang 1923, aus Reinickendorf:

»Und ich mußte die ganzen Jahre für meine Mutter und meinen Bruder sorgen. Die hatten ja nichts. Meine Mutter hat erst ab 1952 eine Witwenrente bekommen, und die war so niedrig, daß ich von meinem Lohn abgeben mußte. Also, wenn ich mit meinen 180 Mark Gehalt nach Hause kam, hab' ich immer gesagt: ›Bald spannst du 'ne Strippe an der Tür‹, damit ich gleich Kopf stehe und mir alles aus den Taschen fällt. Ich hatte eigentlich gar kein Geld für mich übrig. Ich konnte mir überhaupt keine Garderobe kaufen. Darunter habe ich ziemlich gelitten. Ich hatte Kolleginnen, die im Elternhaus nichts abgeben mußten und die sich viel leisten konnten, während ich Ernährer war und alles machen mußte. Da war manchmal gar nicht schön. Das ist eigentlich immer so geblieben, solange meine Mutter lebte. 1963 ist sie gestorben. So lange mußte ich für sie dasein und auch für meinen Bruder, denn der ging noch zur Schule.« [11]

Erschwerend kam für Frauen die zunehmende Erwerbslosigkeit hinzu, von der in der ersten Hälfte der 50er Jahre in West-Berlin und in den Westzonen über 2 Millionen Menschen betroffen waren. In Berlin war die Quote der Erwerbslosen besonders hoch, da schon während der Blockade und der drohenden endgültigen Teilung von Ost und West eine Reihe von Betrieben die »Insel« West-Berlin verlassen hatte. Mehr als 50 Großbetriebe, darunter Wintershall, Lorenz und einige Versicherungskonzerne, verlegten ihre Produktonsstätten in die Westzonen. Die damit verbundene Einbuße von Arbeitsplätzen ließ die Erwerbslosenzahlen in Berlin noch schneller ansteigen als in den Westzonen. Die Krise traf Frauen härter als Männer; nach der Statistik des Landesarbeitsamts Berlin waren 1951 in West-Berlin 277449 Personen arbeitslos gemeldet, davon waren 42,4% Männer und 57,6% Frauen.[12]

Das Risiko, arbeitslos zu werden, war für Frauen größer als für Männer. Jede fürchtete sich vor Entlassung. Die »Alleinstehenden« traf eine Kündigung oder die Unsicherheit des Arbeitsplatzes genau so hart wie einen männlichen Haushaltsvorstand einer sogenannten vollständigen Familie. Denn in der Regel waren sie nicht allein, sonderen ihre Angehörigen – Mütter, Großmütter, jüngere Geschwister, Kinder – waren auf ihr Einkommen angewiesen. Der Verlust des Arbeitsplatzes bedeutete für diese Haushalte, daß sie mit ihren Einkünften unter die Armutsgrenze sanken.

Die Einführung des Bundesversorgungsgesetzes, das die Versorgung der Kriegsopfer und Hinterbliebenen von den 50er Jahren an regelte, konnte die materielle Schlechterstellung der alleinstehenden Frauen und ihrer Familien nicht auffangen, da die Mindestsätze der Witwen- und Waisenrenten sehr niedrig waren. Vor allem mußten die Frauen, deren Männer vermißt waren, sich dazu entschließen, ihn für tot erklären zu lassen, um eine Anerkennung als Anspruchsberechtigte zu erhalten. Den meisten fiel dieser Schritt sehr schwer, da sie oft jahrelang noch hofften, ihre Männer wiederzusehen.

Erst ab 1957 verbesserte sich die Lage der Hinterbliebenen allmählich. Durch die Rentenänderung der damaligen Bundesregierung wurden die Witwen- und Waisenrenten um durchschnittlich 80% erhöht.[13]

Ein anderes Problem, unter dem alleinstehende Frauen und ihre Angehörigen besonders zu leiden hatten, war die in den 50er Jahren andauernde Wohnraumnot. Der 1949 einsetzende Bauboom verbesserte die Wohnungslage nur allmählich. Noch 1950 lebte die Hälfte aller Haushalte in Berlin (West) in Untermietverhältnissen, und auch 1955 gab es noch immer Notunterkünfte.[14] Alleinstehende Frauen, die nicht mit anderen Familienangehörigen oder mit einer Freundin zusammenwohnten, hatten es besonders

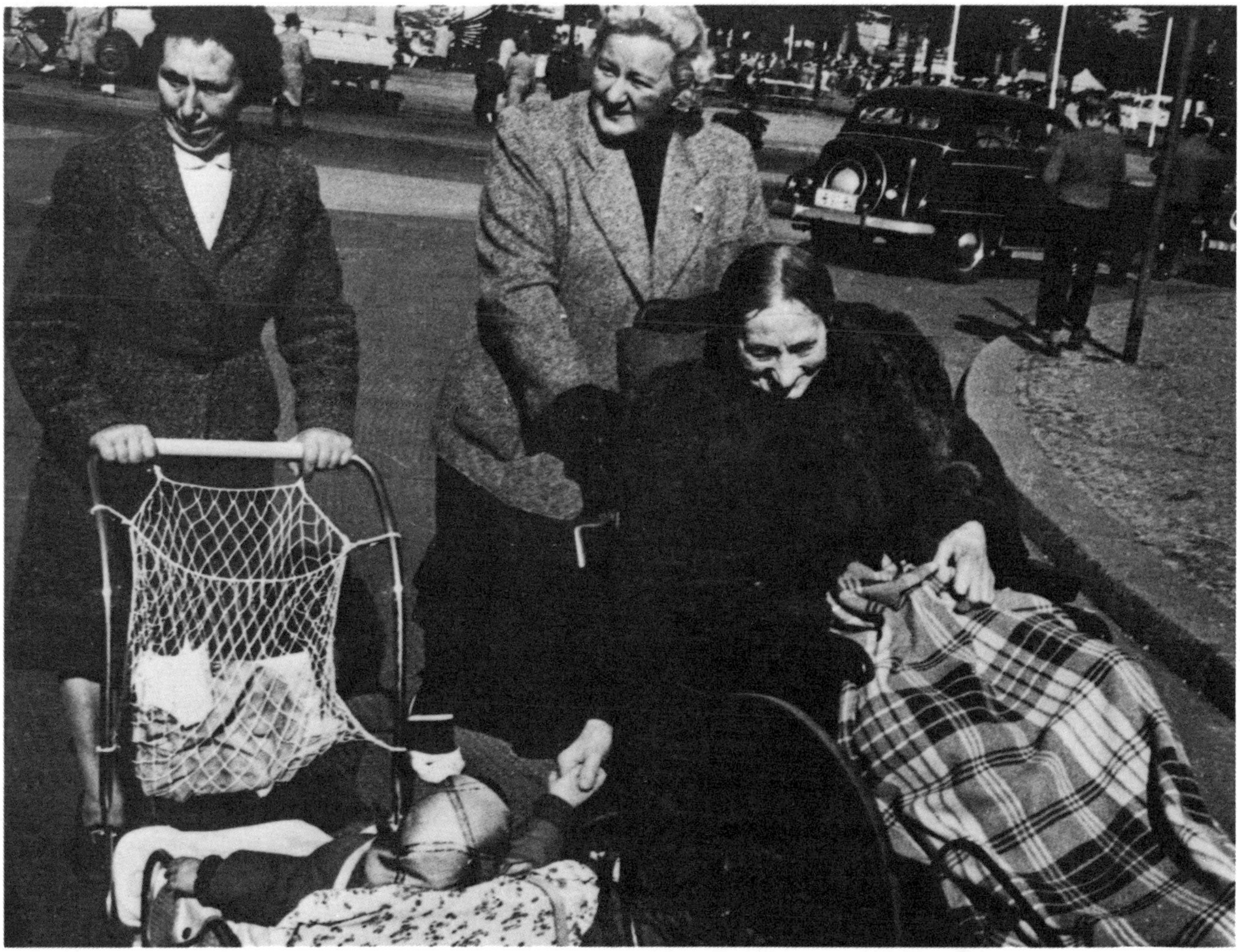

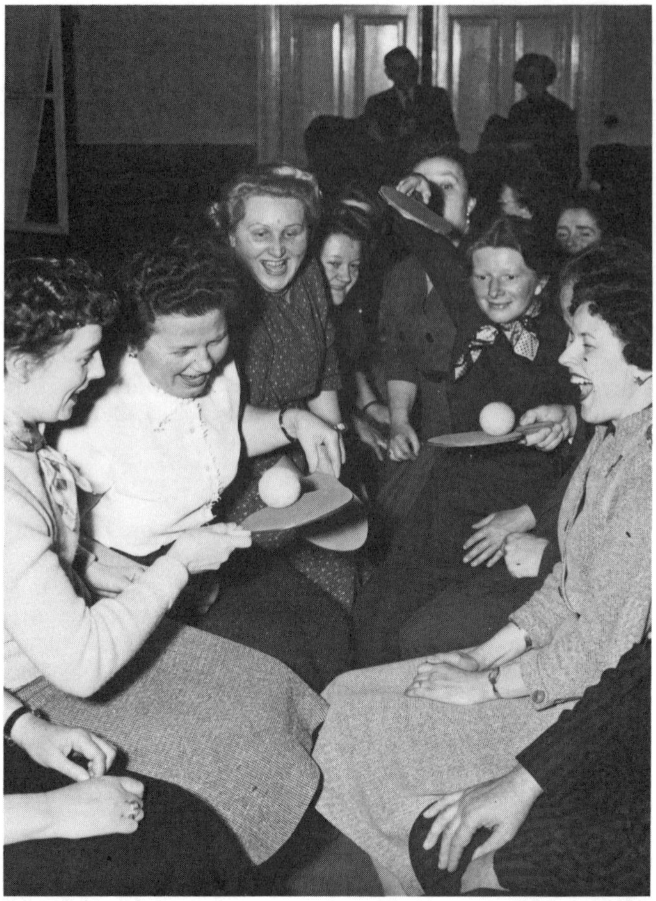

schwer, denn die neu gebauten Wohnungen waren nur für Familien konzipiert. Einer alleinstehenden Frau stand nach Ansicht der Behörden nur ein Zimmer mit Kochnische zu, und diese »Kleinstwohnungen« gab es selten. Deshalb forderten Frauenvereine und -verbände, aber auch die Frauenausschüsse der Parteien den verstärkten Bau von kleinen Wohnungen. Eine eigens wegen der Probleme alleinstehender Frauen einberufene Frauenkonferenz der SPD im Oktober 1955[15] beschloß die Verpflichtung der Baugesellschaften, eine gewisse Anzahl von Kleinstwohnungen je Wohnblock zu errichten, denn nichts sei »schlimmer als das Dasein als ›möbliertes Fräulein‹ über Jahre hinaus«.[16] Trotz dieser politischen Stellungnahmen und Forderungen blieb der Umzug in einen Neubau für viele alleinstehende Frauen ein Traum.

Wie schwierig es sich gestaltete, als alleinstehende Frau zu einer Wohnung zu kommen, beschrieb Frau Ostrowski, Jahrgang 1921. Sie lebte lange Zeit in Untermiete bei einer älteren Witwe, bevor sie endlich eine Wohnung bekam:

»So ungefähr 1953 bin ich aus dem möblierten Zimmer raus und hab'ne Wohnung gekriegt – in der Karl-Marx-Straße. Eine Einzimmerwohnung ohne Strom, ohne Gas, mit Außentoilette. Aber ich konnte zuschließen, und es war meins. Ich hab' mir dann Strom legen lassen und hab' elektrisch gekocht. Die Außentoilette, die konnte ich natürlich nicht ersetzen. Das war so: Vom Hof'ne Doppeltür, und dann waren Sie in der Küche, und von dort mußten Sie drei Stufen hoch, dann waren Sie im Zimmer. Und das Zimmer war unterkellert. Und dann bin ich mal runtergegangen nach dem Keller, und da hab ich gesehen, daß von unten alles abgestützt war. Das hatte ich vorher nicht gewußt. Das war nämlich eine dieser Notwohnungen, die es damals gab. Aber ich war ja heilfroh, daß ich überhaupt eine Wohnung hatte. Und dann hab' ich die Küche, alles neu machen lassen. Aber eines Tages denk' ich, ›Mensch, was ist denn da in der Küche unter dem Bett?‹. Meine Tochter hat in der Küche geschlafen, und ich habe im Zimmer geschlafen, damit wir beide uns nicht störten. Und da war unter ihrem Bett so ein Pilz. Ich habe mir den ganz sachte abgemacht und in Zeitungspapier gewickelt, und damit bin ich zum Wohnungsamt gegangen. Wie ich da reinkomme, lege ich das Paket mit dem Pilz auf den Tisch. Die Herren haben gleich daran geschnuppert. ›Das riecht ja so nach Pilz!‹ ›Ja‹, sag' ich, ›ich hab ne Champignon-Züchtung zu Hause‹. Und dann habe ich das ausgepackt, und die sind mit dem Ding durch das ganze Wohnungsamt gelaufen. Sage ich: ›Das will ich aber wieder zurück haben.‹ Na ja, und dann haben sie mir den Prüfer geschickt. Dann hat der gesagt: ›Also, wissen Sie, Tausende würden Sie beneiden.‹ Weil ich nun alles hab' schön machen lassen. Und dann kam mal so ein Älterer, mit dem hab' ich Kaffee getrunken, und wir haben uns unterhalten. Der hat gesagt, er würde versuchen, irgend was für mich zu tun. Das war 1954. Da kriegte ich dann die Wohnung hier zugewiesen. Und seitdem wohne ich hier in der Wohnung. Normalerweise stand mir bloß 'ne Kochstube zu. Eine Frau mit Kind bekam nur eine Kochstube, mit Kochgelegenheit im Zimmer, und dann meistenteils die Toilette auf der Treppe. Und hier hatte ich nun Stube und Küche. Als ich hier die Wohnung kriegte, 1954, das war eine richtige Erlösung. Da hatten noch viele Frauen keine richtige Bleibe. Ich war ganz glücklich. Im September 1954 bin ich hier eingezogen. Ich war die erste Mieterin im Haus. Jetzt wohne ich über dreißig Jahre hier drin. Und langsam konnte ich mir dann Stück für

Stück kaufen, als ich mir meine Wohhnung eingerichtet habe. Wahrscheinlich hänge ich deswegen so an jedem einzelnen Stück, weil das so zusammengewürfelt ist.«[17]

Wie Frau Ostrowski konnten sich alleinstehende Frauen auch erst spät Möbel- und Einrichtungsstücke leisten. In den meisten Altbauwohnungen standen bis weit in die 60er Jahre die Möbel, die der Krieg verschont hatte und die nicht als Heizmaterial verwendet worden waren. Perlonstrümpfe, Tütenlampen, Music-Box und Eisschränke oder das erste Auto, Attribute, die wir heute mit den 50er Jahren verbinden, konnten sich nur wenige leisten. Das Wirtschaftswunder fand also nicht für alle statt.

Für Frau Friedrich zum Beispiel, Jahrgang 1923, wurde das Leben erst ab Mitte der 60er Jahre leichter:

»Besser geworden ist es für mich eigentlich erst ab 1965. Mein kleiner Bruder war dann schon aus dem Haus, und meine Mutter lebte nicht mehr. Vorher mußte ich alleine für die beiden sorgen, und soviel verdient habe ich auch nicht. Ab da konnte ich mir ab und zu mal etwas von meinem Lohn leisten. Aber ich sehe es heute so, um so mehr habe ich mein Leben später genossen. Also, genießen konnte ich auch nur in einem gewissen Rahmen, aber ich wußte es zu schätzen, absolut. Ab 1970 bin ich dann die ersten Male in Urlaub gefahren. Das war schön! Na, und dadurch, daß ich immer gearbeitet habe, habe ich natürlich auch heute 'ne ganz gute Rente.«[18]

Alleinstehende Frauen waren in den 50er Jahren nicht nur materiell schlechter gestellt, sondern auch in bezug auf den sozialen Status. Die Rückkehr der Männer aus der Kriegsgefangenschaft teilte die Frauen in verheiratete und alleinstehende. Jetzt erst erlangte der Begriff »alleinstehend« seine heutige Bedeutung. In dem Maße, wie sich die Verhältnisse normalisierten, konnte wieder definiert und festgeschrieben werden, was »nicht normal« war. Für Alleinstehende wurde dies zu einer bitteren Erfahrung, denn im Zuge der Wiederherstellung von ehe und Familie als gesellschaftliche Norm wurden alleinstehende Frauen und ihre Lebensform zunehmend diskriminiert. Frauenhaushalte galten von da an nur noch als Notlösungen für »alte Jungfern« und die, die »keinen Mann abbekamen«. Frauengemeinschaften wurden als »minderwertige« und »wenig erstrebenswerte« Lebensform hingestellt und zur »Notgemeinschaft« deklassiert, obwohl sie von den Frauen selbst, auch ohne das Vorhandensein eines männlichen »Haushaltsvorstands«, als intakte Familienverbände erlebt wurden. Was vorher kollektives Schicksal einer überwiegenden Mehrheit von Frauen war, wurde nun zum Anlaß der Ausgrenzung und später zunehmenden Diskriminierung derer, die allein, d. h. Witwe oder unverheiratet waren und blieben.

Die Medien der 50er Jahre sind ein Spiegel dieser Bewertung. Unsere Analyse der Frauenzeitschriften und Illustrierten[19] ergab, daß im Gegensatz zu den ersten Nachkriegsjahren, in denen vor allem Probleme der Frauen *ohne* Männer thematisiert wurden, Anfang der 50er Jahre über 80% der Artikel zu Ehe- und Familienproblemen Stellung nahmen. Die Probleme der Frauen ohne Männer wurden kaum noch behandelt, was beim Leser den Eindruck erwecken konnte, daß es nur noch verheiratete Frauen gab.

Die Veränderung der gesellschaftlichen Bewertung der

»Alleinstehenden« scheint uns der Schlüssel zum Verständnis der besonderen Lebensbedingungen der alleinstehenden Frauen zu sein. Trotz ihrer emotionalen Absicherung in ihren »Familien« haben unsere Interviewpartnerinnen unter den spezifischen Diskriminierungen ihrer Lebensform gelitten, die oft »nur« in kleinen Unachtsamkeiten ihren Ausdruck fanden. Meist waren es »nur« kleine »Nadelstiche«, mangelndes Einfühlungsvermögen und Taktlosigkeiten, die verletzend waren. Teilweise mußten sie allerdings auch massive Einschränkungen ihrer Lebensfreude hinnehmen; oft wurde alleinstehenden Frauen ohne männlichen Begleiter das Betreten von Restaurants erschwert. Diese sexistische Ausgrenzung war noch bis weit in die 60er Jahre hinein üblich.

Frau Hildebrandt, Jahrgang 1912, erzählte ein Erlebnis, das sie zusammen mit ihrer Schwester hatte:

»Sie werden ja nie bei verheirateten Leuten eingeladen, als Alleinstehender, auch nicht zusammen. Wir haben da mal ein sehr nettes Erlebnis gehabt. Wir fahren ja immer nach Kleinkirchheim in Urlaub, und da war auch ein großer Kreis, der wurde immer größer. Und wir waren natürlich, wie das meisten so ist, mit Längen die Ältesten und trotzdem die Vergnügtesten. Und da hat ein Herr für alle Damen Rosen gekauft. Ich weiß nicht, wo der plötzlich die Rosen her hatte. Für alle Damen eine Rose, für uns beide zusammen eine. Da habe ich gesagt: ›Wer kriegt den Stiel, und wer kriegt die Blüte?‹ Der hat das nicht zur Kenntnis genommen. Aber es war auch, weil seine Frau dabei war. Die anderen waren alle verheiratete Frauen, die er mit einer Rose beglückt hat. Aber ich fand das furchtbar, daß wir zusammen eine Rose gekriegt haben. Und immer wieder, wenn die Leute mit Ehefrauen sind, dann haben Sie es als Alleinstehende wahnsinnig schwer. Wenn Sie natürlich in der Runde sind, ist es etwas anderes. Aber wenn Verabredungen getroffen werden, dann tun sich nur die Ehepaare zusammen. Und übriggeblieben waren wir.« [20]

Diese Beispiele aus unserer Untersuchung zeigen deutlich, wie sich die Diskriminierungen auf ökonomischer und sozialer Ebene gerade in den 50er Jahren auswirkten. Die Interviewpartnerinnen haben jedoch nicht aufgehört zu versuchen, das Beste aus ihrer Lebenssituation zu machen. Die Erfahrungen der End- und Nachkriegsjahre, die solidarischen Zusammenhänge mit Verwandten und anderen Frauen gaben ihnen die nötige Stärke, und ihre daraus gewachsene Selbständigkeit gab ihnen das nötige Selbstbewußtsein. Sie haben diese Selbständigkeit überwiegend nicht gewollt oder gar gesucht, sondern die Abwesenheit der Männer ließ ihnen keine Wahl. Dies bedeutete einerseits bittere Erfahrung und erforderte Umlernen und Umdenken, war aber andererseits für viele auch eine Chance zur Stärke und Eigenständigkeit. Dies hatte zur Folge, daß die Frauen lernten, weniger männerorientiert zu handeln. Sie mußten ein neues Selbstverständnis als Frau entwikkeln, und viele wollten deshalb die geschlechtsspezifische Rollen- und Machtverteilung zwischen Männern und Frauen nicht mehr akzeptieren. Frau Friedrich sagte dazu:

»Ich hab' zwar 52 geheiratet, aber das war ein absoluter Reinfall, das ging auch sehr schnell zu Ende. Ich habe aber aus der Ehe eine Tochter und jetzt zwei süße Enkelkinder. Damit ist der Zweck erfüllt. Ich bin vielleicht auch, wollen mal sagen, zu selbstbewußt gewesen, um nun unbedingt darauf versessen zu sein, von einem Mann umhegt und gepflegt zu werden. Und wenn man mal einen Mann braucht, muß man ja nicht gleich heiraten. Man muß sich ja auch nicht gleich 'ne Kuh kaufen, wenn man mal ein bißchen Milch trinken will ...« [21]

Anmerkungen

1 Interview Nr. 23, Berlin 1983, Transkript, S. 39
2 Statistisches Jahrbuch, Berlin 1961, S. 23
3 Probleme der alleinstehenden Frau, SPD-Schriftenreihe für Frauenfragen Nr. 1, Bonn 1955, S. 5
4 Zur Geschichte der deutschen Kriegsgefangenen des II. Weltkrieges, Bd. XII. Die deutschen Kriegsgefangenen des II. Weltkrieges. Eine Zusammenfassung, München 1974, S. 200–201
5 Statistisches Jahrbuch der Bundesreupblik Deutschland, 1952, S. 13
Statistisches Jahrbuch der Bundesrepublik Deutschland, 1954, S. 31
Statistisches Jahrbuch der Bundesrepublik Deutschland, 1962, S. 34
Soziologischer Almanach, 1975, S. 39
Statistisches Jahrbuch Berlin, 1961, S. 23
6 Meyer S./Schulze E. »Wie wir das alles geschafft haben.« Alleinstehende Frauen berichten über ihr Leben nach 1945, 3. Auflage, München 1985
7 Interview Nr. 5, Berlin 1983, Transkript S. 57
8 Statistisches Amt Berlin (Hrsg.), Berlin in Zahlen, 1947–49, Statistisches Jahrbuch Berlin, 1950–1961
9 Statistisches Jahrbuch Berlin, 1955
10 Statistisches Jahrbuch der Bundesrepublik Deutschland, 1954, S. 477
11 Interview Nr. 4, Berlin 1983, S. 42
12 Berlin in Zahlen 1952, S. 70
Berlin in Zahlen 1953, S. 73
Statistisches Jahrbuch der Bundesrepublik Deutschland, 1954, S. 85
Statistisches Jahrbuch der Bundesrepublik Deutschland, 1961, S. 129
13 Grube, Frank; Richter, Gerhard; Das Wirtschaftswunder. Unser Weg in den Wohlstand, Hamburg 1983, S. 99
14 Statistisches Landesamt Berlin (Hrsg.), Statistisches Jahrbuch Berlin 1953, S. 148
15 Probleme der alleinstehendenFrauen, a.a.O.
16 ebenda, S. 22
17 Interview Nr. 19, Berlin 1983, Transkript, S. 44
18 Interview Nr. 4, Berlin 1983, Transkript, S. 76
19 Meyer, S., Schulze, E., »Alleine war's schwieriger und einfacher zugleich«. Veränderung gesellschaftlicher Bewertung und individueller Erfahrung alleinstehender Frauen in Berlin 1943–1955 in: A. Freier, A. Kuhn (Hrsg.), Frauen in der Geschichte V, Düsseldorf 1984, S. 373 ff.
20 Interview Nr. 5, Berlin 1983, Transkript S. 39
21 Interview Nr. 4, Berlin 1983, Transkript S. 36

Ulla Ralfs

„Gleicher Lohn für gleiche Leistungen"

Gewerkschaftsfrauen in den 50er Jahren

Die Aufbruchphase

Als sich der Deutsche Gewerkschaftsbund (DGB) 1949 auf seinem Gründungskongreß in München als organisatorische Einheit rekonstituierte, schien es um die Sache der Frauen in seinen eigenen Reihen gut zu stehen. Hier, auf dem Gründungskongreß, wurde nicht nur ein Grundsatzprogramm verabschiedet, das in seinen Grundsätzen, Richtlinien und Forderungen als antikapitalistisches gilt,[1] hier wurden auch in einem Extrapunkt der Tagesordnung Forderungen für die erwerbstätigen Frauen diskutiert und verabschiedet. Eine Selbstverständlichkeit?

Aus heutiger Sicht mag das so erscheinen:

Wir kennen die Dramaturgie großer Gewerkschaftskonferenzen und -kongresse, empfinden die Diskussion um die Lage erwerbstätiger Frauen oft als bloßes Ritual und die aufgestellten Forderungen als Leerformeln, denen auf der politischen Handlungsebene selten eine folgenreiche Praxis entspricht. Aber damals – 1949 – war die Sache der Frauen innerhalb der gewerkschaftlichen Organisationen noch nicht eingespielt.

Die Frauen und Männer, die zu diesem Zeitpunkt die offizielle gewerkschaftliche Politik repräsentierten und maßgeblich die verschiedenen Funktionärsebenen bestimmten, hatten alle schon von 1920 bis 1933 in ähnlichen Funktionen gestanden.[2]

Trotz vielfacher Bemühungen war es den weiblichen Funktionärinnen aber in der Zeit der Weimarer Republik nicht gelungen, das Thema »Weibliche Erwerbsarbeit und die Organisierung von Frauen« zu einem gesonderten Tagesordnungspunkt auf einem der Gewerkschaftskongresse des Allgemeinen Deutschen Gewerkschaftsbundes (ADGB), des Vorläufers des DGB, zu machen. Statt dessen mußten sie in zwei besonders kritischen Phasen: bei der Demobilmachung nach dem Ersten Weltkrieg und in der Weltwirtschaftskrise zu Beginn der 30er Jahre, erleben, daß sich die männlichen Gewerkschaftsfunktionäre als Wächter der Arbeitsteilung zwischen den Geschlechtern begriffen und sich die Lösung wirtschaftlicher Probleme durch die Zurückdrängung von Frauen aus dem Erwerbsleben versprachen. So nannte das Correspondenzblatt der Gewerkschaften 1919 als Grund für die »Demobilmachung« der Frauen, also die Verdrängung vieler verheirateter und lediger Frauen aus dem Erwerbsleben, »... daß den männlichen Arbeitskräften, vor allem den Kriegsteilnehmern eine ausreichende Zahl auskömmlicher Arbeitsplätze gesichert sein muß.«[3] Und 1931 stellte der Bundesausschuß des ADGB den Aufbau von Wirtschaftssiedlungen am Rande der Städte als ein Modell zur Bewältigung der Arbeitslosigkeit mit den Worten vor: »Frauen und Kinder können ihre Freizeit günstig verwenden für den Gartenbau und geringe Viehzucht. Die Frau wird somit wieder dem Haushalt zugeführt, und sie kann sich der Erziehung der Kinder widmen, wodurch gleichzeitig der Arbeitsmarkt entlastet wird.«[4]

Für diese Politik mußten die Organisationen der Arbeiterbewegung einen Preis bezahlen: Zu Beginn der 20er Jahre traten viele Frauen aus den Gewerkschaften aus, danach blieb die weibliche Beteiligung in den Gewerkschaften konstant niedrig. Die Frauen versagten der SPD, die allgemein als gewerkschaftsfreundlich galt, breite Unterstützung, verweigerten sich der »großen Politik«. An die nicht zuletzt auch durch die Arbeiterbewegung geprägten und verfestigten Vorstellungen vom Wesen und den Aufgaben der Frau konnten die Nationalsozialisten anknüpfen und sie für ihre Zwecke ausschlachten.

Diese historischen Erfahrungen konnten beim Wiederaufbau der Gewerkschaften nach 1945 nicht einfach verdrängt werden, und so traten die Gewerkschafterinnen für eine eigenständige politische Praxis der Frauen innerhalb der Gewerkschaften ein. Sie forderten die Einrichtung von Frauenreferaten, denn »viele Fragen, die sich heute ergeben, würden nicht mehr als ungelöste Aufgaben vor uns stehen, wenn man sie nach 1918, als sie sich ebenfalls bemerkbar machten, zum Teil nicht als vorübergehende, zeitbedingte Erscheinung abgetan hätte.«[5] Ihre Forderung nach der Einrichtung solcher Referate fand Gehör und konnte durchgesetzt werden. Kaum einer wagte zu widersprechen: Mit Selbstbewußtsein verwiesen die Frauen auf ihre Leistungen beim Wiederaufbau der Wirtschaft und der Gewerkschaften nach dem Ende des Zweiten Weltkriegs.

Auf allen Organisationsebenen des DGB, den örtlichen, bezirklichen und auf der Bundesebene, wurden Frauenreferate bzw. -abteilungen und Frauenausschüsse eingerichtet. In den Frauenausschüssen verständigten sich die aktiven Kolleginnen über ihre Forderungen, und die Frauenabteilungen unterstützten sie bei diesem Prozeß, bzw. trugen die Belange und die Forderungen der Frauen in die übrige Organisationsarbeit hinein. Dieses Organisationsmodell übernahmen viele Einzelgewerkschaften des DGB, insbesondere solche mit hohen Frauenanteilen in der Gesamtmitgliedschaft: die Industriegewerkschaft (IG) Metall, die IG Chemie / Papier / Keramik, die IG Textil und Bekleidung, die Gewerkschaft Öffentliche Dienste, Transport und Verkehr (ÖTV) und die Gewerkschaft Handel, Banken und Versicherungen (HBV). Voller Stolz konnten die aktiven Gewerkschafterinnen auf einen steigenden Organisationsgrad verweisen, der zu Beginn der 50er Jahre mit über 17 % in der Gesamtheit der Organisierten bei weitem den Organisationsgrad von Frauen in der Weimarer Republik übertraf. Damals – insbesondere Ende der 20er und zu Beginn der 30er Jahre – hatte der nämlich – trotz vergleichbarer Erwerbsquote – knapp über 10 % betragen. In ihren zentralen Forderungen waren sich die Gewerkschaftsfrauen einig: Das Recht auf Erwerbsarbeit und der gleiche Lohn für gleiche Arbeiten und Leistungen sollten endlich durchgesetzt werden. Mit ihrer Arbeit in den Frauenausschüssen und den Abteilungen wollten sie innerhalb der gesamten Organisationen für diese Forderungen werben und streiten. Wenn diese Ziele erreicht seien – so die Gewerkschaftsfrauen – könnten sie getrost auf die Frauenausschüsse und -abteilungen verzichten.

Nun: Die Frauenreferate sind keine Provisorien geblieben. Sie existieren heute noch. Und nach wie vor streiten Gewerkschafterinnen für ein uneingeschränktes Recht der Frauen auf Erwerbsarbeit und für den gleichen Lohn bei gleicher Leistung. Verfolgen wir also den Weg der Gewerkschafterinnen durch die Institution Gewerkschaft. Was ist aus ihrer Offensive geworden, ihrem Versuch, die Frauen nicht wieder ins politische Abseits drängen und die Frauenarbeit in den Gewerkschaften nicht wieder zu einer einflußlosen Spielwiese degradieren zu lassen? Was unternahmen sie, um ihren Forderungen Gehör zu verschaffen und für deren Durchsetzung zu werben?

Das Qualifikationsproblem

Zuerst einmal: Die Gewerkschafterinnen diskutierten kompetent und lebhaft auf ihren Konferenzen. Das belegen die Protokolle der ersten Frauenkonferenzen des DGB und seiner Einzelgewerkschaften. Die anwesenden Vorstandsmänner stellten immer wieder erstaunt die Qualität der Diskussionen, die rege Beteiligung und nicht zuletzt die Kompetenz der Frauen in der Beherrschung der komplizierten Konferenzmaschinerie fest.[6] Die Frauen aber reagierten selber mit Unsicherheit. Wohl wissend, daß die Männer an ihren Kompetenzen und Fähigkeiten zweifeln, forderten sie von sich viel. Und so brachten sie eine wahre Antragsflut zur Qualifizierung weiblicher Funktionäre ein.

Das Dilemma einer solchen Frauenqualifizierungspolitik deutet sich schon an: Das hohe Durchschnittsalter der aktiven Funktionärinnen und die Tatsache, daß viele alleinstehend oder zumindest nicht mehr für die Versorgung kleiner Kinder zuständig waren, weist die gewerkschaftliche Frauenarbeit in den 50er Jahren als eine politische Arbeit aus, die eine große und zunehmend größer werdende Gruppe erwerbstätiger Frauen ausschloß: die Frauen mit kleinen Kindern.[7] Für diese Frauen wurden die Barrieren für eine aktive Gewerkschaftsarbeit immer unüberwindbarer. Dem politischen Anspruch, die Interessen aller erwerbstätigen Frauen zu vertreten und eine eigenständige Interessenvertretung zu ermöglichen, standen die von den aktiven Gewerkschafterinnen nicht durchbrochenen Ausformungen der politischen Kultur in den Gewerkschaften gegenüber. Diese politische Kultur orientierte sich weiterhin an dem von allen Familienaufgaben befreiten männlichen Gewerkschafter, der seine ganze Kraft und Freizeit in die politische Arbeit einbringen konnte. Sie war ausgerichtet auf eine ehrenamtliche Feierabendtätigkeit und eine diesen Zeitstrukturen folgende hauptamtliche Tätigkeit. Sie war in ihren hierarchischen Strukturen außerdem von der Vorstellung geprägt, daß die Führung einer solchen Organisation nur von besonders bewährten Personen geleistet werden kann, und als bewährt galt, wer die zeitlich aufwendige »Ochsentour« durch die vielen Organisationsgremien gegangen war.

Das bedeutete, sich auf der betrieblichen Ebene im Betriebsrat, dem Vertrauenskörper oder der Gewerkschaftsgruppe zu bewähren und viel Kraft und Freizeit in diese Arbeit zu investieren. Das bedeutete, sich in verschiedene Organisationsgremien delegieren zu lassen, an Schulungen teilzunehmen, informelle Kontakte zu pflegen, den »Stammtisch« nach getaner Arbeit aufzusuchen, Feierabende und Wochenenden zu »opfern«. Das bedeutete, erst einmal hauptamtliche Tätigkeit, keine geregelte

Arbeitszeit und Arbeitszeiten, die weit über dem gesellschaftlichen Durchschnitt lagen. Für die Frauen bedeutete das zusätzlich, sich überall mit dem Zweifel auseinanderzusetzen, den die Männer gegenüber den Kompetenzen und Führungsqualitäten der politisch aktiven Frauen anmeldeten.

Die Statistiken über die Beteiligung von Frauen auf den verschiedenen Funktionärsebenen bilden die Folgen dieser »Ochsentour« deutlich ab: Während die Frauen auf der betrieblichen und örtlichen Ebene entsprechend ihrer Mitgliedsstärke überall präsent waren, schwand ihre Zahl, je höher die Organisationsebenen angesiedelt waren. Unter den hauptamtlichen Funktionären wurde ihr Anteil zur unbedeutenden Größe. Selbst in der IG Textil und Bekleidung (Organisationsanteil der Frauen über 50%), war im Bundesvorstand immer nur eine Frau.

Kein Wunder, daß sich Selbstzweifel und Zweifel an den Qualifikationen von Frauen immer mehr einschleichen. Am Ende fordern die Funktionärinnen spezielle Bildungsangebote für Frauen mit der Begründung, daß diese überhaupt erst auf den Stand der männlichen Funktionäre gebracht werden müßten.

Vom Recht auf Arbeit zum besonderen Arbeitsschutz für Frauen

Bald nach dem Ende des Zweiten Weltkriegs wurden die ersten Beamtinnen und weiblichen Angestellten aus dem Öffentlichen Dienst entlassen, um den heimkehrenden Männern die Arbeitsplätze zu räumen. Die staatlichen Instanzen beriefen sich dabei auf einen Paragraphen des Beamtengesetzes, den die Nazis 1937 in dieses Gesetz aufgenommen hatten und der lautete:

»Ein verheirateter, weiblicher Beamter ist zu entlassen, wenn er es beantragt oder wenn seine wirtschaftliche Versorgung nach der Höhe des Familieneinkommens gesichert erscheint. Die oberste Dienstbehörde entscheidet endgültig darüber, ob die wirtschaftliche Lage als gesichert erscheint.... «

Die Gewerkschaftsfrauen protestierten gegen eine solche Praxis. In ihrer Stellungnahme heißt es:

»Wir fordern, daß solche Versuche sofort unterbunden werden, denn der Grundsatz der Gleichberechtigung der Frauen, der von den Gewerkschaften vertreten wird, muß sich auch im Wirtschaftsleben unseres Volkes Geltung verschaffen. Die Tatsache, daß es in der Hauptsache Frauen waren, die das Wirtschaftsleben während des Krieges aufrechterhielten, muß insofern gewürdigt werden, daß heute nach dem Kriege jeder Frau das Recht auf Arbeit zugestanden wird.« [8]

Hier geht es um ein Recht auf Erwerbsarbeit ohne Wenn und Aber: ein Recht, das unteilbar ist, also jeder Frau ohne Berücksichtigung ihres Familienstandes zugestanden und für sie eingeklagt wird. Erwerbsarbeit von Frauen erscheint in dieser Perspektive als notwendige Voraussetzung für deren Selbständigkeit und als Garant für eine von Männern unabhängige Lebensplanung von Frauen. Dieser positive Bezug zur weiblichen Erwerbsarbeit ist unmittelbar geprägt von eigenen Erfahrungen: Die Gewerkschaftsfrauen hatten in ihrer Lebensgeschichte erfahren, daß es ratsamer ist, sich auf die eigene Arbeits- und Versorgungfähigkeit als auf die der Männer zu verlassen.

Wenige Jahre später ist diese offensiv vertretene Forderung nach einem Recht auf Arbeit für alle Frauen einer defensiven Auffassung der Berufstätigkeit gewichen. In den Argumentationen geht es nunmehr um *Not* und *Notlösungen* und nicht mehr um selbstverständliche Rechte. Die Frauen – so heißt es in den gewerkschaftlichen Publikationen, und so sagen es die Gewerkschafterinnen selber – arbeiten nur, weil sie sich in aktueller wirtschaftlicher Not befinden: die vielen alleinstehenden, verwitweten, geschiedenen, ledigen Frauen, weil sie keinen Mann haben, der sie versorgt, und die verheirateten Frauen, weil sie einen Mann haben, der aufgrund der wirtschaftlichen Lage (noch) nicht genug verdient, um seine Familie, seine Frau zu ernähren. Mit Bedauern registrieren die Gewerkschaftsfrauen die Zunahme erwerbstätiger Mütter mit Kindern unter vierzehn Jahren.[9] Mit Bedauern registrieren sie die Notwendigkeit weiblicher Erwerbstätigkeit schlechthin.

In Übereinstimmung mit dieser gewandelten Einstellung zur Berufstätigkeit fordern sie, körperliche Zusatzbelastungen von den erwerbstätigen Frauen fernzuhalten: Sie konzentrieren sich auf einen besonderen Arbeitsschutz für Frauen. Getreu dieser Grundstimmung nimmt es nicht wunder, wenn die wenigen kritischen Stimmen ungehört bleiben, denen es im Zusammenhang mit der Lohnfrage nicht darum geht, dem Manne als Ernäher und Geldbringer der Familie erstmal einen ausreichenden Verdienst zu sichern, sondern um die Verbesserung der Lohnsituation von Frauen. Die Forderung »Gleicher Lohn für gleiche Leistung« kann bei dieser Grundhaltung nur noch passiv und verbal behauptet werden, aber sie wird nicht mehr mit Nachdruck in die tarifpolitischen Auseinandersetzungen der damaligen Zeit eingebracht.

Es ist in der Tat ein historisches Phänomen, daß gerade mit dem Anstieg der Frauenerwerbsquote und der Zunahme der Frauenbeschäftigung in der Mitte der 50er Jahre sich in den Köpfen aktiver Gewerkschafterinnen immer stärker die Vorstellung von der Bedeutungslosigkeit der Erwerbsarbeit und dem Vorrang der Haus- und Familienarbeit der Frauen durchsetzt. Und es ist ebenso interessant, daß darin nicht mehr ein gesellschaftlicher Zustand gesehen wird, der verändert werden kann und muß, eine Herausforderung, die Beziehung zwischen den Geschlechtern zu entwickeln und die Arbeitsteilung im kleinen und im großen neu anzugehen, sondern ein *quasi naturhaft* gegebener Zustand, der zwar durch geringe Veränderungen und Reformen erträglicher und leichter lebbar, aber nicht in seinen wesentlichen Grundzügen geändert werden kann. Indem die Gewerkschaftsfrauen die Erwerbsarbeit von Frauen als *notwendiges Übel* oder als *Zuverdienst* begreifen und die Haus- und Familienarbeit ja nicht als Arbeit, sondern als *Aufgaben* und *Pflichten* ansehen, die dem weiblichen Geschlecht qua biologischer Konstitution unentrinnbar aufgezwungen sind, tragen sie dazu bei, daß die tatsächlichen Arbeiten und Leistungen der Frauen *unsichtbar* werden können.

Gleicher Lohn für *gleichwertige* Arbeit: Aber was macht den Wert der Frauenarbeit aus?

Der Wandel in den Einstellungen läßt sich aber nicht nur im Hinblick auf die Erwerbstätigkeit sondern auch im Hinblick auf das Problem der angemessenen Entlohnung feststellen. Auch in diesem Bereich spannt sich der Bogen von offensiv vorgetragenen Forderungen und Vorstellungen zu außerordentlich defensiven Argumentationsmustern.

Als sich die Gewerkschaftsfrauen vor dem Gründungskongreß des DGB (1949) zusammen setzen und ihre Forderungen zur Gestaltung des Tarifwesens beraten, weisen sie alle tarifpolitischen Konzeptionen, die das Prinzip des »Soziallohnes« beinhalten, energisch zurück. »Soziallohn«: darunter wurde ein Lohnfindungssystem begriffen, das in der Weimarer Republik in seinem Kernbereich von den Unternehmern und den Gewerkschaften getragen und praktiziert, von den Nationalsozialisten nach der Zerschlagung der Gewerkschaften in den »lohnordnenden Maßnahmen« bruchlos fortgesetzt und von den Alliierten nach dem Ende des Zweiten Weltkrieges durch die Kontrollratsdirektiven nicht aufgehoben wurde. »Soziallohn«: das bedeutete, daß in jeder Lohngruppe Abschläge für weibliche Arbeitnehmer festgeschrieben wurden mit der Begründung: Der Mann ist der Ernährer der Familie, deshalb hat er einen Anspruch auf einen Familienlohn; die Frau ist nur für ihre eigene Versorgung zuständig; deshalb hat sie auch nur einen Anspruch auf einen Individuallohn... Die ersten Tarifverträge, die nach dem Ende des Zweiten Weltkrieges abgeschlossen wurden, knüpfen an diese Tradition an und enthalten Abschläge für alle weiblichen Arbeitnehmer.[10]

In der Textilindustrie fanden ab Mitte der 50er Jahre eine Reihe von großen Streiks statt. Die Mehrheit der Textil-Beschäftigten waren Frauen; ihr gewerkschaftlicher Organisationsgrad und ihre Kampfbereitschaft waren hier am höchsten. Allerdings wehrten sich die Textil-Industriellen auch am hartnäckigsten gegen die Lohngleichheit für Frauen und den Abschluß einheitlicher Tarifverträge. Die größten Streiks fanden im Bielefelder Raum und in Rheine statt.

Die Gewerkschaftsfrauen unterstützen und fördern offensiv alle Initiativen von Frauen, gegen eine solche Praxis gerichtlich vorzugehen, um das Gleichberechtigungsgebot des Grundgesetzes auch im lohnpolitischen Bereich einzuklagen. Den ersten Prozeß in Sachen Lohngleichheit konnte die Industriegewerkschaft Holz durch Revision beim Bundesarbeitsgericht (BAG) gewinnen. In diesem Verfahren ging es um Frauen, die als Hilfsarbeiterinnen bei einer kleinen Firma beschäftigt waren und nachweisbar die gleichen Tätigkeiten wie die als Hilfsarbeiter eingestellten Männer verrichten mußten. In seinem Urteil (1955) hatte der BAG den Frauen das Recht auf 92,– DM vorenthaltenen Lohn zugebilligt und zugleich wesentliche Teile aller damals geltenden Tarifverträge für verfassungswidrig erklärt.[11] Damit war die Frage höchstrichterlich entschieden, daß Frauen bei gleicher Arbeit den gleichen Lohn wie Männer zu beanspruchen hatten. Der Tarifvertrag, um den es in diesem Prozeß ging, sah eine Lohnabschlagsklausel für weibliche Arbeitnehmer vor, die zwischen 20 und 25 % der vergleichbaren Männerlöhne betrug.

In seinem Urteilsspruch äußerte sich das BAG aber nicht nur zur Frage der Lohngleichheit bei gleichen und unmittelbar vergleichbaren Arbeiten: es befaßte sich auch mit der Gleichwertigkeit von nicht vergleichbaren Tätigkeiten. Die Gleichwertigkeit spezifisch weiblicher Tätigkeiten – so das Gericht – dürfe nicht einseitig vom Arbeitgeber

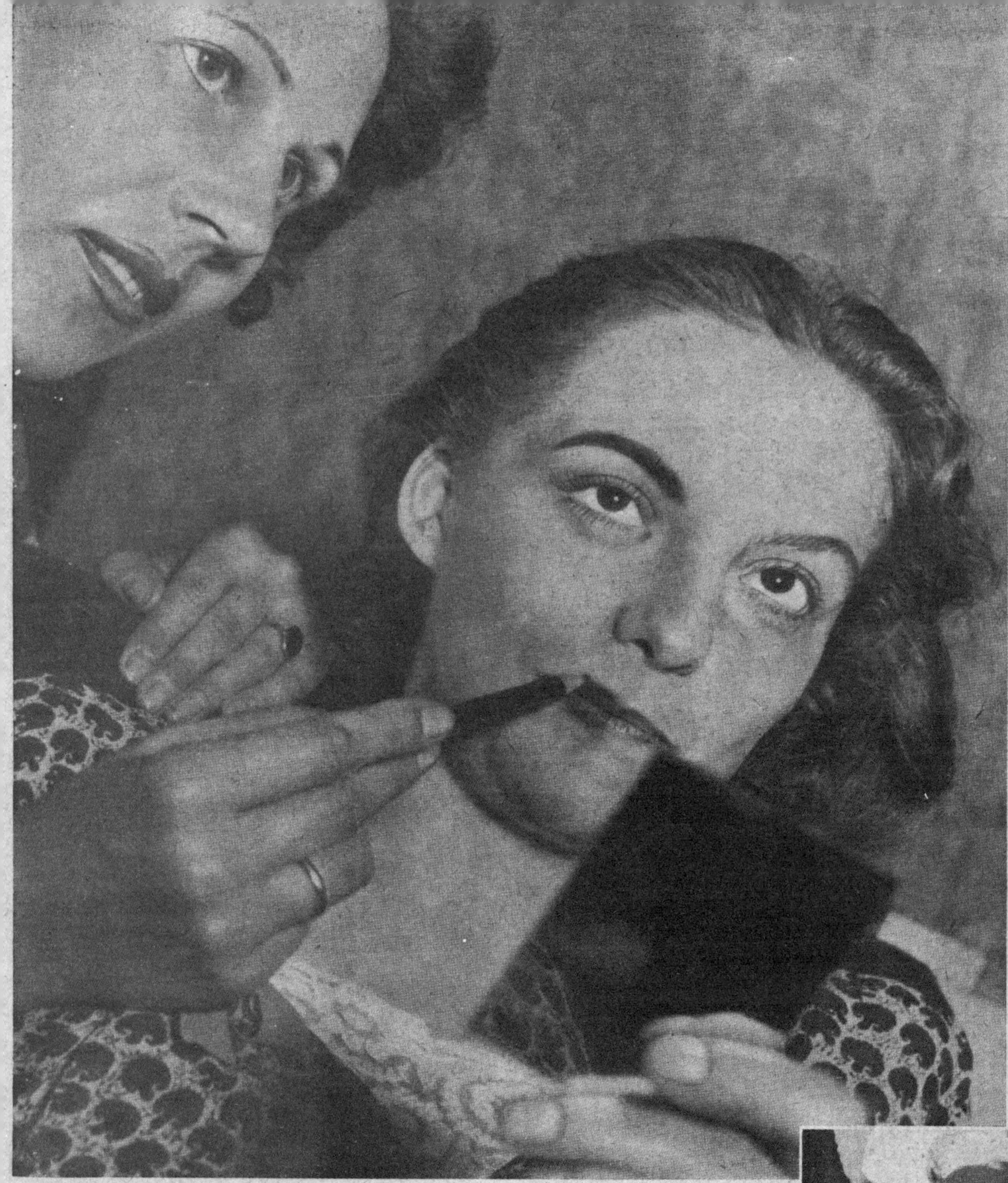

Nur eine Hälfte des Gesichts schminkt die Kosmetikerin. Sommersprossen und struppige Augenbrauen verschwinden dabei. Noch ein paar Tage, dann hat Ingrid Noll ebenfalls „den Bogen raus" und wird die ihr schon angebotene Stellung antreten. Bis dahin hat der Gebrauch des Konturenstifts für die Lippen seine Schrecken verloren und Ingrids Selbstbewußtsein wächst ständig. Fotos: Helmuth Prinz

„Bitte nicht mehr watscheln", ermahn Tanzlehrerin ihre Schülerinnen und sie während der ersten Versuche an Hand. Schreiten kann nur, wer aus Hüfte heraus geht. Ehe es richtig kl werden manchmal die Knie etwas w

Ein schöner Rücken kann auch entzück nicht aber den Chef, wenn seine Sekre das Arbeitszimmer so betritt. Dortm Arbeitsamt lehrt sie: Beim Betreten Chefzimmers stets den Blick auf den h dem Schreibtisch thronenden Allgewalt

Make-up für Arbeitslose

Neue Wege zu Schreibmaschine und Stenoblock

Es ist nicht alltäglich, wenn Beamte die ausgefahrenen Gleise behördlicher Vorschriften und Gewohnheiten verlassen. Frau Kösters, die im Dortmunder Arbeitsamt als Regierungsamtmann die weiblichen Angestellten betreut, geht einen neuen Weg, um Frauen „um die Dreißig" wieder in Stellungen zu bringen. Sie hat nämlich herausgefunden, daß der dezente Gebrauch von Schönheitsmitteln und die Ausbildung der fraulichen Grazie viel zum Erfolg beitragen. Deshalb veranstaltet das Arbeitsamt Kurse für richtiges „Make — up" in Aussehen und Haltung, an denen arbeitslose Sekretärinnen kostenlos teilnehmen können. Der Erfolg hat Frau Kösters schon recht gegeben: als die Industrie von dieser neuen Ausbildung erfuhr, kamen die ersten Angebote für Bewerberinnen, die Können mit Charme vereinen und noch dazu hübsch sind.

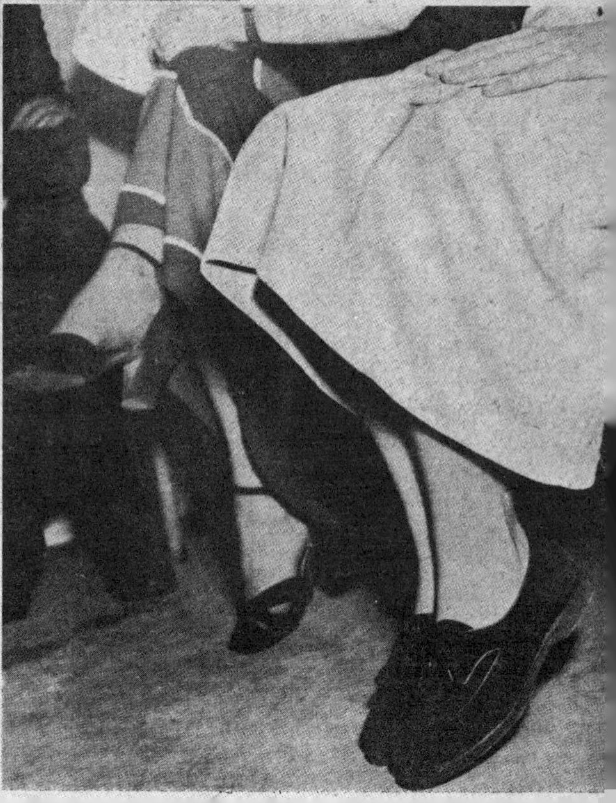

„So sitzt eine Bardame", sagt Frau Kösters und meint damit die übereinandergeschlagenen Beine in Nylons und eleganten Knöchel-Spangenschuhen. Eine gute Sekretärin stellt die Füße nebeneinander, schließt die Knie und legt die Hände darauf. Es ist gar nicht so einfach, sich vollendet gut zu benehmen. Die Schreibmaschine will heutzutage erobert sein.

festgelegt werden, weil damit die tatsächlichen Leistungen der Frauen unterbewertet würden. Vielmehr müsse die Gleichwertigkeit der Leistungen mit Hilfe arbeitswissenschaftlicher Methoden ermittelt werden.[12]

Das Problem der Gleichwertigkeit weiblicher Tätigkeiten und Leistungen war in der Tat zum entscheidenden Konfliktfeld der Entlohnung von Frauen geworden: Mitte der 50er Jahre hatte sich ein Arbeitsmarkt entwickelt, der geschlechtsspezifisch polarisiert war. Die Tätigkeiten und Tätigkeitsfelder, in denen Frauen beschäftigt wurden, waren deutlich von den Berufszweigen der Männer abgegrenzt, der Arbeitsmarkt in seiner traditionellen Ordnung restauriert. Während in der Kriegswirtschaft und kurz nach dem Ende des Zweiten Weltkrieges Frauen in solche Arbeitsbereiche eindrangen, die als *typisch männliche* galten, weil in ihnen *körperlich schwere* Arbeit verrichtet werden mußte, änderte sich dieser Zustand vor allen Dingen nach der Währungsreform (1948) rasch. Bis zu diesem Zeitpunkt konnten sich die Frauen in einigen Positionen halten: Sie arbeiteten als Bauarbeiterin, als Metallarbeiterin in qualifizierten Metallberufen und im Transport- und Verkehrsgewerbe. Aber als nach der Währungsreform die Männer verstärkt auf den Arbeitsmarkt drangen, konnten die Frauen ihre Positionen in den typischen Männerberufen nicht weiter ausbauen. Die in dieser Zeit einsetzenden Berufslenkungsmaßnahmen der Arbeitsämter unterstützen den Prozeß der Restaurierung des geschlechtsspezifischen Arbeitsmarktes: Umschulungsmaßnahmen für Männer zum Baufacharbeiter oder Bergmann sollten »Leichtarbeitsplätze« für Frauen freimachen.[13]

Die Zunahme der Erwerbsarbeit von Frauen besonders seit der Mitte der 50er Jahre konzentriert sich dann auch auf *typisch weibliche* Tätigkeitsfelder: Die Frauen finden Arbeit im sozialen Bereich, im Dienstleistungsbereich: Sie arbeiten als Sekretärin, Bürogehilfin, Schreibkraft, Sozialarbeiterin, Kindergärtnerin, Krankenschwester. Und in der Industrie? Nun, da arbeiten sie als un- und angelernte Arbeiterinnen auf den »Leichtarbeitsplätzen«, also überall da, wo *körperlich leichte* Arbeit verrichtet werden muß.

Ja, und da geht es nun darum, die *Gleichwertigkeit* dieser Arbeiten festzustellen. Die Gewerkschafterinnen, die für die Verbesserung der Lohnsituation der Frauen eintreten, verlassen sich – wie das Bundesarbeitsgericht es empfiehlt – auf die Arbeitswissenschaften. Auf ihren Konferenzen räumen sie – in der Hoffnung auf gute Argumente – den Vertretern dieser Disziplin breiten Raum ein. Nicht selten können diese einen ganzen Konferenztag (bei insgesamt zwei Konferenztagen) für ihre Selbstdarstellung in Anspruch nehmen. In alle ihre Darstellungen gehen stereotype Vorstellungen von weiblicher und männlicher *Wesensart* ein. »Das weibliche Denken ist vergleichbar mit einer photographischen Platte, das männliche ähnelt der Tätigkeit eines Zeichners. Die photographische Platte ist empfangend, der Zeichner aktiv.«[14] Deshalb muß der Frau am Arbeitsplatz alles vorgegeben und angeordnet werden. Sie ist zu selbsttätigen, selbständigen Leistungen nicht fähig.

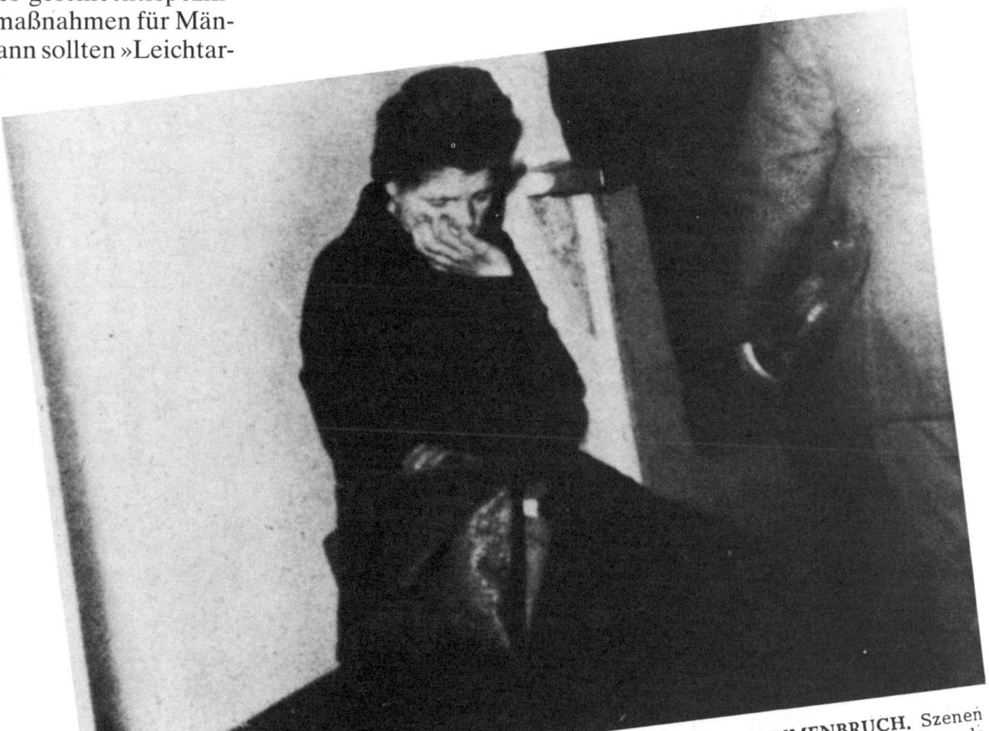

SCHON WIEDER ALLTÄGLICH GEWORDEN: VERZWEIFLUNG, ZUSAMMENBRUCH. Szenen (oben und rechts), wie man sie in den Arbeitsämtern Westdeutschlands sehen kann. Oftmals liegen die Unterstützungsgelder für Frauen unter zehn Mark wöchentlich. Der starke Frauenüberschuß im Nachkriegsdeutschland führt zu einem besonders erbitterten Existenzkampf.

Sprengstoff

Zwei Millionen Menschen ohne Arbeit

Links: aus »Revue« 38/1951

• Der Anteil der weiblichen Erwerbstätigen an der gesamten Wohnbevölkerung der Bundesrepublik steigt von 30,5% (1950) auf 34,2% (1959) (bei den Männern von 63,8% 1950 auf 64,2% 1959).

• Im Oktober 1957 ist fast die Hälfte (47,2%) der weiblichen Wohnbevölkerung im Alter zwischen 15 und 65 Jahren erwerbstätig; davon sind 10,2% selbständig oder berufslos, 42,6% »mithelfende Familienangehörige«, 47,2% abhängig beschäftigt.

• Im Oktober 1958 sind von den 24,55 Millionen Erwerbstätigen in der Bundesrepublik mehr als ein Drittel (8,772 Mill. = 37,1%) weiblich. Von diesen sind 40,3% (= 3,539 Mill.) Arbeiterinnen, 26,1% (= 2,293 Mill.) Angestellte und Beamte, 25,2% (= 2,209 Mill.) »mithelfende Familienangehörige« und 8,3% (= 731000) selbständig.

• Von den Industriearbeiterinnen sind im selben Jahr 91% Angelernte oder Hilfsarbeiterinnen (je zur Hälfte), nur 9% sind Facharbeiterinnen; im Vergleich dazu die Männer: 15% sind Hilfsarbeiter, 35% Angelernte und 50% Facharbeiter![1]

• Das Durchschnittseinkommen der Frauen beträgt 1959 280,–, das der Männer 550,– monatlich.[2]

• Von den weiblichen Beschäftigten im Dienstleistungssektor (= 1,417 Mill.) sind 1959 die knappe Hälfte in »häuslichen Diensten« tätig (618626 = 43,7%), gut ein Viertel im Gaststättenwesen (381454 = 26,9%), rund ein Zehntel im Friseurgewerbe (145869 = 10,5%); die restlichen 18,9% arbeiten vor allem in Reinigungsdiensten und in sog. künstlerischen Bereichen.

• 1957 sind 28% der 16,365 Millionen »zu einer Familie gehörenden Frauen« (darunter versteht man die verheirateten, verwitweten und geschiedenen) erwerbstätig; von den 5,542 Millionen ledigen (ab 15 Jahre) sind es 77,7%. Von den verheirateten Frauen allein sind 29,5% erwerbstätig, von diesen wiederum je ein Drittel als »mithelfende Familienangehörige« oder Arbeiterinnen.

• 1957 hat von allen erwerbstätigen verheirateten Frauen über die Hälfte (1,96 Mill. = 53,9%) Kinder unter 18 Jahren, insgesamt 3,364 Millionen Kinder. Für diese und zusätzlich diejenigen der alleinstehenden Frauen (Anzahl nicht ermittelt) stehen folgende Einrichtungen zur Verfügung:

	1956	1959
Kinderkrippen/Plätze	281/ 13536	322/ 17115
Kindergärten/Plätze	11056/750594	11405/766332
Kinderhorte/Plätze	1090/ 53988	1086/ 52356
insgesamt	12427/818118	12813/835803

• Im DGB sind am 1. 1. 1950 892039 Frauen organisiert (= 14,6% aller Mitglieder); am 1. 1. 1952 sind es bereits 1,027 Millionen (= 17,2% aller Mitglieder); 80% davon sind Arbeiterinnen, vor allem in den Industriezweigen Textil (1950 22,2% bzw. 1952 25,8% aller weiblichen DGB-Mitglieder), Metall (13,8% bzw. 17,8%), ÖTV (9% bzw. 11,7%), Nahrung, Genuß, Gaststätten (8,5% bzw. 10,4%) und Chemie (8,8% bzw. 10%). Bis 1959 steigt die Zahl der im DGB organisierten Frauen auf 1,071 Millionen; der Frauenanteil an allen Mitgliedern bleibt bei gut 17% stehen, der Anteil der Arbeiterinnen sinkt geringfügig auf 75,7%.

Angaben aus: Die Frau im Staat, in Haushalt und Familie, Ein Zahlenbericht aus der amtlichen Statistik, hrsg. vom Bundesministerium für Ernährung, Landwirtschaft und Forsten, Bonn 1960.

1 4. Geschäftsbericht der Hauptabteilung Frauen beim DGB (1956–58).
2 Millionen Frauen im Rhythmus der Arbeit, Protokoll der 3. Bundes-Frauenkonferenz des DGB 1959, S. 293.

»Hinsichtlich der psychologischen Differenzierung zwischen Mann und Frau besteht eine natürliche Unterlegenheit der Frau; beim Mann sind die Entschlußkraft, Logik, Kritik und der Formensinn deutlich ausgeprägt, er steht zu seinem Werkzeug, seiner Maschine, seinem Arbeitsprodukt in einem persönlichen, inneren Verhältnis und hat Freude am Technischen, Gestalten und Formen...

Bei der Frau überwiegen die unterbewußten Funktionen des Seelenlebens...

Es herrschen die Gemütsanteile vor, Geschmack, Farbsinn und Geschicklichkeit und die Feinheiten der Bewegung sind gut ausgebildet...«[15]

Mit anderen Worten: Die Frau hat Gefühl, der Mann ist rational. Die Frau hat die Logik des Herzens, der Mann die Logik des Kopfes. Die Frau hat einen freilich treffsicheren Instinkt, der Mann denkt, um Probleme zu lösen. Sie empfängt, ist personengebunden, anschaulich und konkret, er ist sachlich, begrifflich, abstrakt. Sie liebt oder haßt Personen, er beherrscht die Technik.

Nun, die Arbeitswissenschaften sagen auch in den 50er Jahren wie bereits seit den 20er Jahren nichts anderes, als daß die *Wesensart der Frau* hundertprozentig ihren Tätigkeiten auf den »Leichtarbeitsplätzen« entspricht, wie umgekehrt die Männer ihrer Wesensart gemäß für andere Tätigkeiten disponiert sind. In diese arbeitswissenschaftliche Sichtweise ist aber nicht nur die Festschreibung der geschlechtsspezifischen Arbeitsteilung eingeschlossen: Sie enthält auch mittelbar die Vorstellung von der Minderwertigkeit der beruflichen Tätigkeiten von Frauen. Wo so deutlich von Trieb, Instinkt und Unterordnung als Merkmal der Frauen im Verhältnis zu Triebbeherrschung, Gestaltung, Entschlußkraft und Wollen als Merkmal der Männer gesprochen wird, bleibt kein Raum für die Vorstellung der Gleichwertigkeit von Tätigkeiten.

Die Gewerkschaftsfrauen, sich auf die Arbeitswissenschaften verlassend, haben sich selbst verlassen. Was zählt bei so viel *wissenschaftlichem Sachverstand* die eigene Erfahrung, das Wissen um die Leistungen der Frauen beim Aufbau der Wirtschaft nach dem Krieg und die tatsächlichen, täglichen Leistungen in der Erwerbsarbeit und zu Hause? »Ich habe immer wieder den Eindruck«, sagt eine Gewerkschafterin im Anschluß an ein Referat einer arbeitswissenschaftlichen Koryphäe, »daß die Wissenschaft eigentlich nur um der Wissenschaft selbst willen da ist und daß lediglich diejenigen, die schlau genug sind, daraus Profit zu ziehen, das auch tatsächlich tun.«[16]

Recht hat sie! Denn aus den arbeitswissenschaftlichen Erkenntnissen ziehen in der Tat nur die Schlauen, die Unternehmer, Profit, indem sie mit Hilfe solcher wissenschaftlicher Argumentationen die Rechtmäßigkeit von Leichtlohngruppen legitimieren. Aber solche Kritik bleibt vereinzelt: Die Vorstellung von der Unveränderbarkeit der Rollenteilung zwischen Frauen und Männern, von der *wesensmäßigen* Begründung dieser Arbeitsteilung hat im Denken der Gewerkschaftsfrauen bereits Platz ergriffen und die eigenen Erfahrungen überlagert.

Rechts: Frauenarbeit in den 50er Jahren

Die Gewerkschaftsfrauen waren ihrer Zeit voraus, aber ihre Zeit holte sie ein.

1953 schreibt Irmgard Enderle in den Gewerkschaftlichen Monatsheften:

»Wenn sich die Frauen im öffentlichen Leben betätigen, stoßen sie sehr häufig – zumindest in Deutschland – mit dem persönlichen Ehrgeiz und Geltungsbedürfnis von Männern zusammen, mit dem sie nicht fertig werden. Viele Frauen ziehen sich deshalb wieder auf Tätigkeitsgebiete zurück, bei denen sie unter dieser Art ›Konkurrenz‹ weniger zu leiden haben. Andere verhärten in solchen Auseinandersetzungen. Dann sind es aber gerade diejenigen, die daran mitschuldig sind, die ihre ›verloren gegangene Weiblichkeit‹ beklagen. Die Folge: Sehr zahlreiche Frauen der verschiedenen Lebenskreise leiden an Minderwertigkeitskomplexen, die sich, auch wo es vom sachlichen Können nicht notwendig wäre, in einer Scheu vor öffentlichen Auftritten oder in Arroganz äußern.« [17]

Die so beschriebene Entwicklung von Frauen in der Nachkriegszeit gilt ohne Abstriche auch für die Gewerkschafterinnen: Sie waren angetreten mit der Hoffnung, endlich eine grundlegende Änderung in den Geschlechterbeziehungen durchsetzten zu können. Sie mischten sich mit ihren Forderungen selbstbewußt in die Öffentlichkeit und in die große Politik ein, mußten aber schnell erfahren, daß ihre Hoffnungen und ihr Wollen nicht nur nicht geteilt, sondern diskreditiert und begrenzt wurden. Das Recht auf Arbeit einklagend, wurden sie zuerst damit konfrontiert, daß in der Öffentlichkeit wieder die Rede vom »Doppelverdienertum« die Runde machte und mit dieser Parole Frauen in qualifizierten Positionen (Akademikerinnen, Lehrerinnen, Verwaltungsangestellte) aus dem Erwerbsleben verdrängt wurden.

Nach der Währungsreform, als die Frauen von der hohen Arbeitslosigkeit besonders betroffen waren, wurde die Parole vom *Frauenüberschuß* als Waffe gegen ihre Forderungen und ihr Recht auf Arbeit eingesetzt. Es hieß, daß die hohe Frauenarbeitslosigkeit schlichtweg darin begründet sei, daß die Frauen als Folge des Krieges keine Männer bekämen und allein deshalb auf den Arbeitsmarkt drängen würden. Und dann – als das Wirtschaftswunder begann – und die Frauen für die Konsumproduktion rekrutiert wurden, ihre Tätigkeit auf den »Leichtarbeitsplätzen« überhaupt erst das Wirtschaftswunder als Massenerfahrung möglich machte, da hatten die Wechselbäder der ideologischen Gegenoffensive die Gewerkschaftsfrauen schon so entmutigt, daß sie sich mit dem Bestehenden arrangierten und sich auf die ihnen zugewiesenen Bereiche beschränkten. Nicht zuletzt auch deshalb, weil sie in diesen Auseinandersetzungen nur wenig Unterstützung in ihrer eigenen Organisation, der Gewerkschaft fanden. Allzuoft mußten sie sich auch hier mit ähnlichen Vorurteilsstrukturen auseinandersetzen wie in der übrigen Öffentlichkeit.

Aber die Selbstbeschränkung, die sich zunehmend beobachten läßt, wird nicht nur passiv vollzogen. Sie wird zum Selbstverständnis und letztlich von den Gewerkschafterinnen aktiv in der Gewerkschaftsöffentlichkeit vertreten. Sie machen sich selber zum *Herz der Aktion*, zum *Mittelpunkt des sozialen Geschehens. Mütterlichkeit* und *Internationalität der weiblichen Schöpfer- und Erhaltungskraft* sind am Rande ihrer Konferenzen sentimentale und beschwörende Tendenzen zugleich. »Wenn die Männer sich totschlagen, ist die Frau immer bereit, es auszugleichen.« [18] So zu lesen im Protokoll der 2. Bundesfrauenkonferenz des DGB 1955. In dieser Formulierung wird die Frau zur Verkörperung einer passiv leidenden, immerwährend das Beste aus einer Situation machenden Mutter stilisiert, die im Grunde als Opfer der Verhältnisse einen aussichtslosen Kampf ficht.

Anmerkungen

1 vgl. zur Einschätzung der allgemeinen Programmdiskussion in den Gewerkschaften: Bergmann / Jacobi / Müller-Jentsch: Gewerkschaften in der Bundesrepublik Deutschland, Frankfurt a. M. 1975
2 vgl. hierzu: Lippe, A.: Gewerkschaftliche Frauenarbeit. Parallelität ihrer Probleme in Frankreich und in der Bundesrepublik Deutschland (1949–1979), Frankfurt a. M. / New York, 1983, S. 69
3 zit. bei Losseff-Tillmanns, G.: Frau und Gewerkschaft, Frankfurt a. M. 1982, S. 39
4 ebenda, S. 39
5 So Thea Harmuth, erste Abteilungsleiterin der Abteilung Frauen im DGB und einzige Frau im ersten Bundesvorstand des DGB, zit. nach: Protokoll der 1. Bundesfrauenkonferenz (1952), S. 46
6 vgl. dazu Protokoll der 1. Frauenkonferenz der IG Metall (1956), S. 167
7 Seit Mitte der 50er Jahre steigt mit der Erwerbsquote der Frauen auch die Zahl der erwerbstätigen Mütter mit Kindern unter vierzehn Jahren an. Diese Entwicklung ist ohne historische Vorläufer. Vgl. hierzu: Niemann, U.: Wachsende Bedeutung der Frauenarbeit in der westdeutschen Industrie, in: WWI-Mitteilungen, 11. Jg. 1958, S. 231
8 vgl. hierzu das Protokoll der 1. gewerkschaftlichen Frauenarbeitstagung vom 20.–22. 11. 1946 in Bielefeld, abgedruckt in: Kuhn, A. (Hrsg.): Frauen in der deutschen Nachkriegszeit, Düsseldorf 1984, S. 325
9 So heißt es im Geschäftsbericht der Abteilung Frauen 1962: »Bei dieser Zunahme der erwerbstätigen Frauen ist besonder bemerkenswert und bedauerlich die starke Zunahme der erwerbstätigen Mütter«. Vgl. hierzu: Geschäftsbericht der Abteilung Frauen (1962) S. 15
10 vgl. hierzu die gute Darstellung der Folgen dieser Lohnabschläge bei: Helberger, C.: Diskriminierung von Frauen in Tarifverträgen, in: Gewerkschaften und Klassenkampf, Kritisches Jahrbuch 1973, Frankfurt a. M. 1973, S. 208ff
11 vgl. hierzu die Darstellung dieser Auseinandersetzungen bei Pinl, C.: Das Arbeitnehmerpatriarchat, Köln 1977, S. 32ff
12 zit. nach Lippe, a.a.O., S. 43
13 vgl. hierzu die entsprechenden Anordnungen der Landesarbeitsämter, abgedruckt in: Kuhn, a.a.O., S. 337f
14 Mayer, A.: Geschlechtsspezifische Unterschiede im betrieblichen Verhalten von Mann und Frau, in: Zeitschrift für wirtschaftliche Fertigung, Heft 1, 1954, S. 8
15 So faßt Krell die Standards der Arbeitswissenschaften in den 50er Jahren zusammen, in: Krell, G.: Das Bild der Frau in den Arbeitswissenschaften, Frankfurt a. M. / New York 1984, S. 58
16 vgl. hierzu das Protokoll der 1. Frauenkonferenz der IG Metall, S. 120
17 Enderle, I.: Die Frau im öffentlichen Leben, In: Gewerkschaftliche Monatshefte, 4. Jg. 1953, S. 47
18 Protokoll der 2. Bundesfrauenkonferenz des DGB, 1955, S. 182

Ingrid Langer

Familienpolitik – ein Kind der fünfziger Jahre

Leider wissen wir wenig davon, wie die belebenden Neuansätze der Vor-Restaurationszeit verschüttet wurden, wie sie versickerten und wie die »Normalität« wieder zu regieren begann – damals, als es »aufwärts« ging. Die alten Ideologien hielten dem Druck der neuen Bedingungen stand: in einer Meinungsumfrage des SPIEGEL am 19. Juli 1947 antworteten auf die Frage, ob wegen der Knappheit männlicher Arbeitskräfte in Industrie und Büroarbeit mehr Frauen auf Männerposten eingesetzt werden sollten, von den Männern 70 % mit Nein und von den Frauen 58 %.

Zu dieser Zeit gab es in den neuentstandenen Frauenzeitschriften noch ungewohnte Töne:

»Die Frauen haben alle ein hartes Training im Alleinsein und Alleinhandeln hinter sich. Sie haben mit ihren Kindern die Bombennächte, die Evakuierung, den Verlust von Heimat oder Besitz (oder von beidem) durchleben müssen. Sie haben sich oft unter den schwierigsten Umständen eine neue Existenz aufgebaut. Sie haben die männliche Rolle des Beschützers und Ernährers vereint mit der weiblichen Rolle der Erzieherin und Betreuerin der Kinder. Sie haben also buchstäblich für zwei gearbeitet – nein für vier oder sechs –, denn sie hatten es zweimal, dreimal so schwer, wie es in normalen Zeiten ein Ehepaar mit Kindern hatte. Sie haben es in den meisten Fällen fertig gebracht, ihren Kindern irgendeine Art von Heimat, eine Art von Familienleben zu schaffen. Und nun sehen sie mit einiger Erbitterung, daß zwar an Lobsprüchen für ihre Tapferkeit und ihre Bewährung im Krieg und Nachkrieg nicht gespart wird, daß es aber bei dieser theoretischen Anerkennung bleibt und daß ihnen in der Praxis nicht entsprechend geholfen wird [...] Ein weiterer Wunsch der alleinstehenden Frauen ist der, daß mit der völligen Gleichberechtigung ernst gemacht wird. Dazu ist es vor allem notwendig, daß eine Frau mit ihren Kindern, ganz einerlei, ob sie ihren Mann im Krieg verloren hat, ob sie sich hat scheiden lassen oder ob sie gar nicht verheiratet war, daß eine solche Mutterfamilie als Vollfamilie anerkannt wird. Es ist seltsam: Von den Frauen, die ich befragt habe, wollte kaum eine wieder heiraten. Die Geschiedenen haben zu schlechte Erfahrungen gemacht, die unehelichen Mütter und die, die ihre Männer im Krieg verloren haben, sind zu einem Teil so selbständig, so stolz (und auch so hart) geworden, daß sie nicht mehr glauben, sich einem Mann in irgendeiner Weise fügen zu können. [...] Nicht wenige gibt es unter ihnen, die sogar das Leben der berufstätigen Frau dem Leben der Ehefrau bei weitem vorziehen, nicht wenige, die – eine Frau schrieb das wörtlich – über den Mann zur Tagesordnung übergehen, wenn sie erst das Kind haben, einen Sinn ihres Lebens also, der sie aus der Einsamkeit erlöst hat«.[1]

Hier scheint ein Teil des Frauenalltags auf, den die Familienpolitik der Unionsregierungen in den fünfziger Jahren besonders einschneidend betreffen sollte.

Der strenge Katholik Wuermeling wird Familienminister

Familienpolitik – in der Weimarer Republik kaum vorhanden, diskutiert vor allem unter dem Vorzeichen der Bevölkerungspolitik, im Nationalsozialismus zur staatlichen Eugenik und Rassenpolitik pervertiert – ist offiziell ein Kind der fünfziger Jahre. Von Anfang an war sie der Wirtschaftspolitik nachgeordnet und unterlag starken klerikalen Einflüssen. Besonders die katholische Kirche dominierte die Familienpolitik und die Familienideologie der CDU/CSU und der von ihr geführten Regierungen: als einen Ausdruck dafür kann man auch die Gründung des Familienministeriums selbst im Jahr 1953 ansehen. Sie fand im Zuge einer außerordentlichen Aufblähung des Kabinetts statt (insgesamt werden fünf neue Ministerien eingerichtet, davon vier Sonderministerien ohne eigenen Geschäftsbereich), mit der Adenauer die Loyalität bei großen Gruppen in allen Koalitionsparteien, insbesondere für seine außenpolitischen Ziele, erhöhen wollte. Die Wahl des strengen Katholiken Wuermeling zum Ressortchef spricht dafür, daß diese Vermutung auch im Falle des Familienministeriums zutrifft, mit dem auf die Kirchen gezielt wurde. So versicherte Wuermeling als junger Minister, daß er »die Kirche [...] für meinen besten und wichtigsten Mitstreiter in meinem Aufgabengebiet« halte, und zwar insbesondere für die notwendige »innere, ethische Erneuerung vieler Familien im Lande draußen«.[2] Adenauer selbst begründete die Einführung des Familienministeriums vor allem mit der »wachsenden Überalterung des deutschen Volkes«, also bevölkerungspolitisch.[3] Die SPD befürchtete zu Recht mit der Einrichtung dieses Ministeriums starke familienrestaurative Tendenzen. Ollenhauer erklärte dazu:

»Wir haben noch keine klaren Vorstellungen darüber, wie dieses Ministerium angesichts der Ressortverteilung fruchtbar funktionieren kann, und wir haben Zweifel, ob das sehr wichtige Problem der Förderung eines gesunden Familienlebens überhaupt durch die Schaffung eines speziellen Ministeriums gelöst werden kann. Wir würden es sehr bedauern, wenn das Ministerium seine Aufgabe in erster Linie darin sehen würde, durch eine Art von moralischer Aufrüstung den Familiensinn zu stärken und die Familiengründung zu fördern. [...] Die Struktur der Gesellschaft und die Stellung der Frau, auch der verheirateten Frau in der Gesellschaft und in der Familie haben sich geändert. Das erste Problem ist daher die Anerkennung der veränderten Stellung der Frau in der Gesellschaft durch Recht und Gesetz.«

Im übrigen sei es viel wichtiger, bei allen wirtschafts-, sozial- und rechtspolitischen Maßnahmen die Förderung der Familie anzustreben, als ein besonderes Familienministerium zu schaffen.[4] SPD-Politiker fragten in der Debatte spöttisch, ob auf Wuermeling als Familienminister vor allem die Aufgabe zukomme, der Sonntagsredner der Regierung zu sein.

Familienpolitik gegen die Gefahr aus dem Osten

Wuermeling blieb Familienminister bis 1962. Seine Auffassung von der Familie und der Rolle der Frau in ihr orientierte sich dabei an Auffassungen, die die Familie im Mittelpunkt des Ordnungsgefüges des Staates sehen: Familienpolitik war daher vor allem Staatspolitik, die Mehrkinderfamilie die ideale Familienform. Sie sollte wieder Normalfamilie werden; dazu gehört die Frau wieder ins Haus. Familienbeihilfen sollten dazu beitragen, die Frauen vom Geldverdienenmüssen zu entlasten; nur in der Mehrkinderfamilie konnten für den Minister die Eigenschaften ausgebildet werden, die er für Gesellschaft und Staat als unabdingbar erachtete: Opferbereitschaft, Achtung christlicher Werte, Sittlichkeit und Arbeitsamkeit. Diesen Zielen hatte auch der Familienlastenausgleich zu dienen. Nicht nur wird diese Familienpolitik dadurch gerechtfertigt, daß sie »nicht in den Bereich der sozialen Fürsorge [gehöre], sondern [...] Staatspolitik« sei,[5] sondern die Familie selber soll in dieser staatserhaltenden und sichernden Funktion auch die Verteidigungspolitik unterstützen und ein Bollwerk gegen kommunistische Einflüsse bilden: »Millionen innerlich gesunder Familien mit rechtschaffen erzogenen Kindern sind als Sicherung gegen die drohende Gefahr der kinderreichen Völker des Ostens mindestens so wichtig wie alle militärische Sicherung.«[6] Wohl vertritt Wuermeling vehement die Auffassung, der Staat habe sich in die private Sphäre der Familie nicht einzumischen; dafür sollen aber die Kirchen als »unabhängige« oder »freie« Instanzen die Ethik und Sitte in den Familien gewährleisten. Und als sich Entwicklungen abzeichnen, die die Familien in ihrer staatsordnenden Funktion zu gefährden scheinen, wünscht Wuermeling ausdrücklich, der Staat möge die Familien »schützen«, d.h. diesen Entwicklungen durch massive Eingriffe steuern: er verlangt Erschwernis der Scheidung, Behinderung der Geburtenkontrolle und möchte massive Anreize dafür geben, daß Hausfrauen nicht berufstätig werden, oder sogar die Berufstätigkeit von Ehefrauen erschweren. Selbstverständlich soll die Schwangerschaftsunterbrechung weitgehend unter Strafe stehen. Keine Notwendigkeit sieht Wuermeling darin, die Familien durch öffentliche Erziehungseinrichtungen für Kinder oder gar Kleinkinder zu unterstützen, denn die Erziehung soll in den Familien bleiben. Mit all dem glaubt er die traditionelle Ordnung, die er ins Wanken geraten sieht, stützen und aufrechterhalten zu müssen.

So wurde 1961 auf Betreiben der CDU/CSU und insbesondere Wuermelings die Scheidung erschwert. Nach §48 Ehegesetz durften Ehen gegen den Willen des »schuldlosen« Ehegatten nicht mehr geschieden werden, auch dann nicht, wenn die Ehe hoffnungslos zerrüttet war. Hier hatte sich die katholische Auffassung von der Unauflöslichkeit der Ehe mit den autoritären Mitteln des Staates ein Stück weit durchgesetzt. Nicht so weit freilich, wie der Familienminister es gern gesehen hätte: zu Anfang seiner Amtsperiode bestanden sogar Pläne, die obligatorische zivile Trauung aufzuheben und demnach die Ehescheidung nur dem kirchlichen Gesetz zu unterstellen, was die Ehe praktisch unauflöslich gemacht hätte. 1953 erklärte Wuermeling: »Wenn schon unsere Auffassung von der Unauflöslichkeit der Ehe keine gesetzliche Anerkennung mehr finden kann, so wollen wir doch alles versuchen, um die Auflösung der wichtigsten Ordnungszelle des Staates, der Ehe und Familie, auf das geringstmögliche Maß zu beschränken.«[7] Doch konnte eben diese Wirkung damit nicht erzielt werden: die Scheidungsquote nahm trotz dieser Verschärfung des Scheidungsrechts in der Folgezeit drastisch zu. Sie stieg von 19271 geschiedenen Ehen 1961 kontinuierlich auf 86614 im Jahre 1972 an, nahm also um 75% in elf Jahren zu.[8]

Rechts: Aprilscherz im »Stern«, 1.4.1954

„Die Stadt, von der viele träumen", nannte Familienminister Dr. Franz Josef Würmeling die Mustersiedlung, die auf seinen Namen getauft wurde. Hier werden in 1538 Wohnungen papierne Vorschläge in der Praxis erstmals erprobt, bevor sie Bonn als Gesetz verkündet

WÜRMELINGSBORN

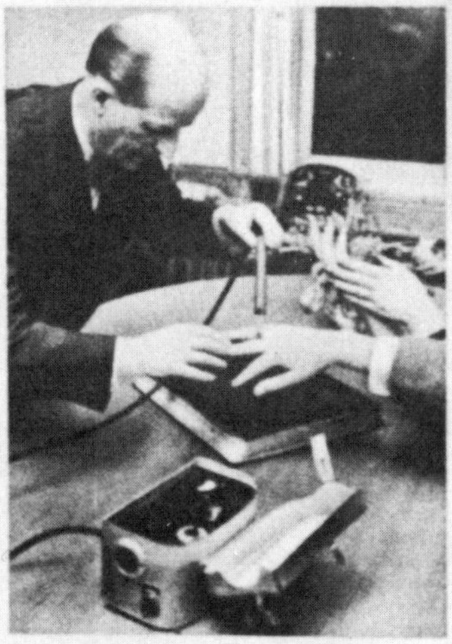

Zwei Frauen und nur ein Mann. *Standesamtliche und kirchliche Trauung müssen unabhängig voneinander möglich sein, verlangte Dr. Würmeling. Dem Stern-Reporter Wallat gelang es, den Angestellten Dahl und seine Frau Edith unbemerkt zu knipsen, als sie das Standesamt von Würmelingsborn vormittags verließen. Am Nachmittag des gleichen Tages überraschte unser Reporter Herrn Dahl mit seiner zweiten Frau. Sie heißt Asta. Für die zweite Ehe entlieh Dahl Frack und Brautkleid im Hamburger Brautsalon. Bei zwei Frauen reicht sein Gehalt nicht für eigene Hochzeitsgarderobe*

Seitensprünge ausgeschlossen. *Dieser Vorgang, zum erstenmal gezeigt, wird bald bei allen Standesämtern üblich sein. Der Ehering wird elektrisch ganz eng auf den Finger geschweißt. Das Verfahren ist schmerzlos. Mit heimlich absetzen und ins Portemonnaie stecken ist es vorbei*

HINV
Unter di
lingsborn
Autobahn
der schm
als Einb
tempo b
Bürgerst
reservier
ist für d
lingsborn
artiges G
Rangiere
Fahrdam
das Ent
in seine
nimmt
mit jede

Wandlungen der Familie

Noch durch eine weitere Entwicklung sah man in dieser Zeit die Familie bedroht: durch die sich wandelnde Rolle der Frau, die sich am deutlichsten an ihrem Hinausdrängen in die Berufstätigkeit zeigte. Während die soziologische Untersuchung der Familie nach dem Kriege vor lalem ihre Stabilität beschrieb, wurde zugleich allenthalben davor gewarnt, daß diese Stabilität bedroht sei. Typisch hierfür sind Passagen aus Helmut Schelskys »Wandlungen der deutschen Familie in der Gegenwart« von 1951:

»Das von uns allenthalben festgestellte Rückstreben der Frau und zugleich des Mannes in das Leben der familiären Gruppe gründet sich zum großen Teil gerade in dem Bemühen, den Lebensbereich der Individualität und Person vor der Seelenlosigkeit und Nivellierung der gesamtgesellschaftlichen Lebens- und Arbeitsbedingungen zu retten, und das heißt doch, daß die Ziele, die die Frauenemanzipation ursprünglich mit dem Zugang der Frau zu dem außerfamiliären Berufsleben verfolgte, in der gewandelten Gesellschaftsverfassung gerade nur noch innerhalb der Familie zu erreichen sind.« [9]

Dies ist doch wohl eine sehr eigenwillige Interpretation der Ziele der Frauenbewegung. Joachim Bodamer schreibt noch in seinem 1962 erschienenen Buch »Der Mann von heute«:

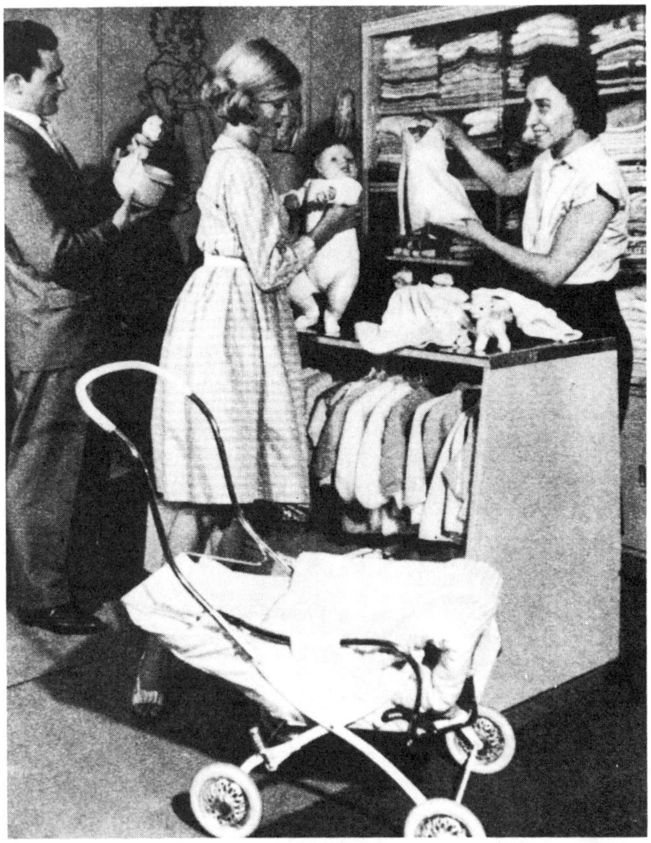

»Heute heißt die Frauenfrage: ›Wie kann die Frau der Familie wieder zurückgegeben werden?‹ Führerinnen und Frauenverbände sprechen dies aus in der klaren Erkenntnis – die freilich von einem großen Teil der Frauen nicht geteilt wird –, daß die bald zur Regel werdende Koexistenz von Ehe und Beruf, familiärer Aufgabe und außerfamiliärer Anspannung das Wesen der Frau nicht weniger der Zersetzung aussetzt wie das technische Bewußtsein die geistige und menschliche Gestalt des Mannes [. . .]« [10]

Fast zur gleichen Zeit, 1957, begann Betty Friedan in Amerika, also in den amerikanischen fünfziger Jahren, das Buch »The Feminine Mystique« zu schreiben, das wie kaum später je ein Buch die Situation der Hausfrauen treffen und den ersten nachhaltigen Anstoß zur Neuen Frauenbewegung geben sollte.[11]

Die Legende von den Schlüsselkindern

Wie sah im Gegensatz zu den offiziellen Lobpreisungen der Hausfrauenrolle die Entwicklung weiblicher Erwerbstätigkeit in der Bundesrepublik in den beginnenden fünfziger Jahren aus?

Zunächst war die Zahl weiblicher Erwerbspersonen bis 1950 mit 31,4% der weiblichen Bevölkerung unter den Stand von 1939 gesunken (36,2%), um danach langsam wieder anzusteigen. So zeichnete sich schon ab 1955 die Entwicklung zu einem ständig wachsenden Anteil erwerbstätiger verheirateter Frauen mit Kindern ab. Dieser Tatsache galt die besondere Aufmerksamkeit der Familienpolitik Wuermelings sowie endloser Diskussionen um die negativen Auswirkungen dieser Erwerbstätigkeit auf die Familie und die Kinder. Die Sorge um die Schlüsselkinder kam

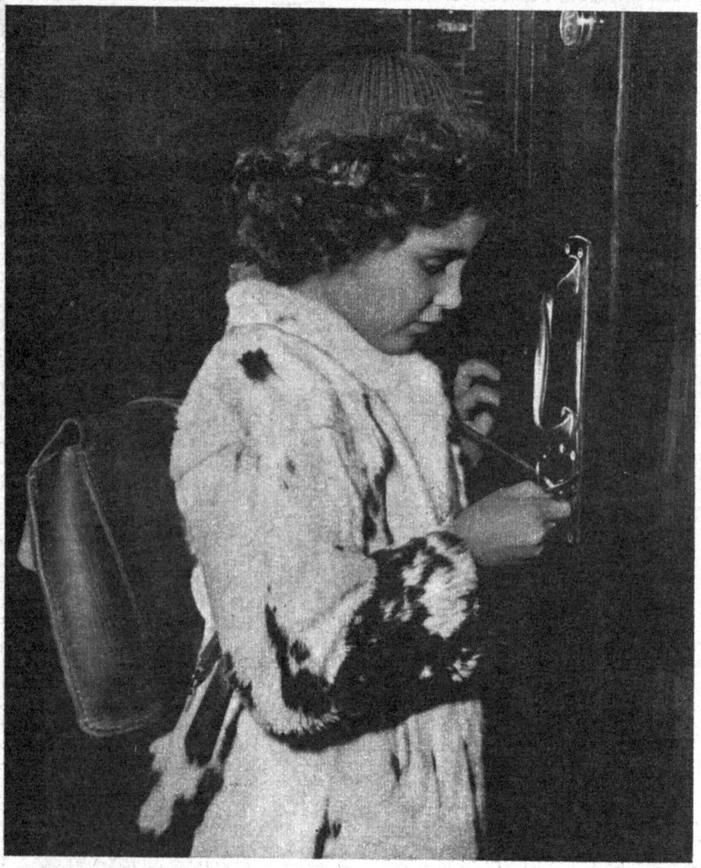

Mein Klaus und ich freuen uns den ganzen Tag auf den Feierabend! Punkt fünf Uhr steht der Kleine mit seinem Roller strahlend vor dem Bürohaus. Wie Klaus den Tag verbringt? Eine Nachbarin wärmt ihm das Essen. Schularbeiten macht er ganz allein. 15 Minuten rollert er dann in die Stadt hinein, um mich vom Büro abzuholen. Ich frage mich manchmal: Kennen die Mütter, die ihre Kinder ständig um sich haben, diese Minuten des Glücks?

Das Problem heißt:

Schlüssel-Kind

Vati und Mutti arbeiten — und die Kinder? Wenn sie die Haustür aufschließen, ist die Wohnung leer. Was tun sie nun? Was erlauben ihnen die Eltern, was verbieten sie ihnen? Wir haben einige Mütter gefragt — hier ihre Antworten:

„Mutti, du kannst wirklich ganz beruhigt sein! Wenn wir gekocht haben, drehen wir den Gashahn immer ab." Na ja, die Sorge ist es nicht allein. Mitunter sehe ich's an angebrannten Töpfen: Gut kann das Essen nicht geschmeckt haben. Aber meine Kleinen sind stolz darauf, im Haushalt helfen zu können. Von dem Film „Das doppelte Lottchen" waren sie begeistert: Was die beiden können, na, das können wir aber auch!

„Wer ist denn da?" ist die Frage, wenn es an der Haustür klingelt. Nicht vergessen, den Riegel vorzuschieben! Auf Uschi kann ich mich verlassen. Selbst wenn ich nach Hause komme, ist der Riegel vor der Tür. Obwohl das Kind meine Stimme kennt, schielt es durch den Türspalt. Vorsicht ist besser als Nachsicht. Ihre kleine Nachbarin darf sie besuchen. Beide sind vielleicht etwas zu vernünftig für ihr Alter. Foto: Niemitz

Da sitzt nun meine Kleine zu Hause — allein über ihren Schularbeiten und zählt die Stunden und Minuten, bis ich nach Hause komme. Ingrid lerne nicht leicht, sagt die Lehrerin. Es wäre gut, wenn sie Schularbeiten unter Aufsicht machte. Aber erst abends komme ich dazu, das große Einmaleins mit ihr zu üben. Das Schriftliche ist bereits getan und so oft — leider falsch! Dann gibt es Tränen und neue Abschriften. Und ehrlich gesagt: So manches habe ich selbst vergessen. Aber nun bin ich wieder Schülerin und pauke Satzbestimmungen. Wenn es mir nur nicht so an Zeit fehlte! Denn das Abendbrot muß besorgt, Schuhe müssen geputzt, Sachen ausgebessert werden — und in der Küche wartet Abwäsche. „Ach, Mutti — wenn du doch zu Hause wärst!" Als Ausgleich für den Kummer hab' ich Ingrid eine Uhr geschenkt. Da sitzt sie und zählt die Stunden und Minuten.

auf: Kinder, die angeblich unbeaufsichtigt mit dem Schlüssel um den Hals sich den ganzen Tag auf den Straßen herumtrieben. Der erste Familienbericht von 1968 räumte dann mit dieser Legende auf und wies nach, daß die meisten Familien das Betreuungsproblem durchaus befriedigend privat gelöst hatten. Zentrale Betreuungsinstitutionen fehlten zumindest zu Beginn der fünfziger Jahre weitgehend und waren von der offiziellen Familienpolitik noch nicht geplant. Obwohl Wuermeling immer wieder Bekenntnisse zur Wahlfreiheit der Frau zwischen Beruf und Familie ablegte, tat er in Wirklichkeit nichts, um diese Wahlfreiheit im Hinblick auf Berufstätigkeit für verheiratete Frauen zu gewährleisten. Diese Lippenbekenntnisse zur Wahlfreiheit empfahlen sich übrigens auf dem Hintergrund eines noch anhaltend hohen Frauenüberschusses; Frauen waren schließlich auch Wählerinnen. 1954 gab es immer noch knapp 3 Millionen mehr Frauen als Männer, wobei die Geburtsjahrgänge von 1900 bis 1925, also die damals 28- bis 53jährigen Frauen besonders betroffen waren. In diesen Jahrgängen betrug der »Frauenüberschuß« knapp 2 Millionen. Da aber für Wuermeling die kinderreiche Familie die Idealfamilie war – er selbst hatte fünf Kinder –, gab es für ihn – außer unmittelbarer materieller Not – kein Motiv, das die Frauenerwerbstätigkeit verheirateter Frauen gerechtfertigt hätte. Daß sich kinderreiche Familien stärker in ihrem Lebensstandard einschränken müßten, hielt er in gewissem Ausmaß für positiv und betrachtete diese »Askese« als Stärkung der Sittlichkeit der Familien. Dagegen waren für ihn die kinderarmen Familien durch Konsum zur Verantwortungslosigkeit verführt: »Die echte, die wirkliche Lösung unserer Versuchung (Konsum) [...] kann also immer nur heißen: Stärkung der sittlich verantwortlichen Persönlichkeit.«[12] Oder, staatspolitisch formuliert: »Mit Bürgern, die sich hemmungslos dem Genuß hingeben und keine ethische Gedankenwelt mehr kennen, kann keine staatliche Ordnung ihre Aufgaben erfüllen.«[13] Auch deshalb sollte die Erwerbstätigkeit der verheirateten Frau und Mutter nach Möglichkeit verhindert werden. Insbesondere in den Mittelschichten, die Wuermeling als die eigentlich kulturtragenden besonders gefördert sehen wollte, hielt er die Erwerbstätigkeit der verheirateten Frau und Mutter für schädlich – Frauenarbeit ist für ihn aber auch eine spezifische Besonderheit kommunistischer Länder.

Der »Sog in die Betriebe«

Die Angst vor dem sich Mitte der fünfziger Jahre abzeichnenden Arbeitskräftemangel, dem »Sog in die Betriebe«, der auch die »Hausmütter« erfassen werde, ist dann einer der Gründe, die er in seiner berühmten Denkschrift zum Familienlastenausgleich für die Notwendigkeit anführt, hier einen Ausgleich zu schaffen:

»Die weitere Zunahme der Produktion, die bevorstehende Aufstellung deutscher Streitkräfte mit dem Ausbau der dazugehörigen Industrien, die in Kürze in das Wirtschaftsleben eintretenden schwachen Geburtenjahrgänge des letzten Krieges, die Bestrebungen auf Einführung der Fünftagewoche usw. – alles das wird zu einer weiteren erheblichen Verschärfung der Lage auf dem Arbeitsmarkt führen. [...] Es kann erwartet werden, daß der Sog in die Betriebe, verstärkt durch erhöhte Lohnangebote und steuerliche Anreize, viele ›Hausmütter‹ erfassen wird, vor allem jene, die mit mehre-

Links: aus Brigitte, 6/1954

Seit eh und je waren insbesondere Frauen und Kinder durch Heimarbeit ausgebeutet worden. Anfang der 50er Jahre verschlimmerte sich die Situation durch den Zustrom an arbeitslosen Flüchtlingen und die Zunahme alleinstehender Frauen extrem. Gleichzeitig mit der Arbeitslosigkeit stieg auch die Heimarbeit und sank die Bezahlung.

• Zum Frauenanteil an den Mitgliedern der Parteien in den 50er Jahren gibt es – bis auf die SPD – nur Schätzungen.[1] Danach hatten weibliche Mitglieder: SPD 18–19%, CDU 1953 ca. 25%, 1961 ca 15%,[2] CSU unter 10%,[3] FDP 10–15%, KPD ca. 35%.[4] In den Vorständen waren die Frauen nur im Parteivorstand der SPD entsprechend repräsentiert, in allen anderen zentralen und allen bezirklichen Vorständen lag ihr Anteil deutlich niedriger als in den Gesamtparteien.

• Von den Mitgliedern des Bundestages waren in den 50er Jahren durchschnittlich rund 9% Frauen. Auf die einzelnen Fraktionen verteilt: CDU/CSU rund 8%, SPD rund 12%, FDP 5–7%, KPD (bis 1953) 13%.[5] Der Frauenanteil war im Großen und Ganzen während des Jahrzehnts konstant. Insgesamt waren 31 Frauen im Januar 1951 Bundestagsabgeordnete, im Oktober 1955 waren es 48, im Juni 1960 49.

• In den Landtagen betrug der Frauenanteil im Durchschnitt des Jahrzehnts ebenfalls rund 9%, mit fallender Tendenz. Berlin (West) lag dabei mit durchschnittlich 15% vorn, gefolgt von Hamburg und Bremen mit 14%; das Schlußlicht bildeten Baden-Württemberg mit knapp 6% und Bayern mit gut 3%. Den höchsten Frauenanteil unter ihren Landtagsabgeordneten hatte die KPD mit 21% (bis zu ihrem Verbot 1956, bezogen auf die Landtage, in denen sie überhaupt vertreten war), gefolgt von der SPD mit durchschnittlich 11%, von der FDP mit gut 8% und der CDU bzw. CSU mit knapp 8%.[6]

• In den Kommunalvertretungen waren Frauen am schwächsten vertreten; in den Kreisstädten stellten sie 1960 10%, in den Kreistagen 4% und in den kreisangehörigen Gemeinden ca. 1% der gewählten Vertreter.[7]

• Während der gesamten 50er Jahre waren knapp die Hälfte der weiblichen Volksvertreter Hausfrauen, gefolgt von Akademikerinnen, Verwaltungsfachkräften und Verbandsfunktionärinnen. 10 von den 23 weiblichen Bundestagsabgeordneten der CDU/CSU waren 1957 Hausfrauen, bei der SPD 7 von 22, bei der FDP 1 von 3.[8]

• 1957 sind unter den 14,135 Millionen Haushaltsvorständen in der Bundesrepublik 1,848 Millionen Frauen (= 13,1%); von diesen sind die meisten alleinstehend, nur 88000 sind verheiratet (= 0,6% aller Haushaltsvorstände).[9]

• Die Wahlbeteiligung an den Bundestagswahlen lag 1953 bei insgesamt 86,3%, nach Geschlechtern getrennt bei den Männern wesentlich höher (88%) als bei den Frauen (84,9%). 1957 lag die Wahlbeteiligung um 1,5 Punkte höher – sowohl gesamt (87,8%), als auch jeweils bei Männern (89,5%) und Frauen (86,4%).

• Zitat eines Parlamentariers aus den 50er Jahren: »Als Einzelne wirkt die Frau wie eine Blume im Parlament, aber in der Masse wie Unkraut!« (Dr. Michael Horlacher, Staatskommissar a. D.)

Anmerkungen

1 Vgl. hierzu insbesondere Fülles, Mechthild: Die Frauen in Partei und Parlament, Köln 1969, und Mabry, Hannelore: Unkraut ins Parlament, München 1971.
2 Fülles, a.a.O., S. 33.
3 Mabry, a.a.O., S. 268f.
4 ebd., S. 269.
5 ebd., S. 261.
6 errechnet nach Mabry, a.a.O., Tabellen S. 244–259.
7 Fülles, a.a.O., S. 70.
8 Vgl. Die Frau im Staat, in Haushalt und Familie, ein Zahlenbericht aus der amtlichen Statistik, hrsg. vom Bundesministerium für Ernährung, Landwirtschaft und Forsten, Bonn 1960, A V 2.
9 ebd., B I 9.

ren Kindern am Rande des Existenzminimums leben. Wenn ein wirkungsvoller Ausgleich der Familienlasten weiterhin hinausgeschoben wird, muß befürchtet werden, daß binnen absehbarer Zeit die Mehrzahl vor allem der jungen Mütter Erwerbsarbeit in den Betrieben leistet. Es würde damit – sicher gegen den Willen aller Beteiligten – auf anderem Wege dieselbe Ordnung verwirklicht werden, wie sie bereits in den Ländern östlicher Prägung herrscht.« [14]

Deshalb liegt es aber Wuermeling auch fern, Kindergärten, Kinderhorte oder gar Krippen bereitzustellen. Wie er noch 1960 sagte, sei es

»sorgfältig zu erwägen, inwieweit die Familie durch Schaffung solcher Sozialeinrichtungen zwar von außen geschützt, aber von innen entkräftet wird. Oft dürfte es besser sein, die Familie und hier in erster Linie die Hausfrau und Mutter durch persönliche Unterstützung (Familienpflegerin) zu entlasten. Für Mütterwirken gibt es keinen vollwertigen Ersatz.« [15]

Unwählerische Wählerinnen

Waren die Frauen mit der Familienpolitik einverstanden? Haben sie sich dazu ein Urteil gebildet und hat das ihre Wahlentscheidung beeinflußt? – Wahrscheinlich nicht.

Elisabeth Noelle-Neumann hat erste Ergebnisse der Umfrageforschung unter dem Titel: »Auskunft über die Parteien« 1955 zusammengefaßt. Auf die Frage, ob ein Land besser mehrere Parteien habe, damit die verschiedenen Meinungen frei vertreten werden können, oder nur eine Partei, damit möglichst große Einigkeit herrscht, antworteten 1955 14%: nur eine Partei; 2%: keine Partei und 10% haben kein Urteil. Zu den Anhängern des Ein-Parteien-Systems sagt Frau Noelle-Neumann: »Die Anhänger des Ein-Parteien-Systems wurden wiederholt näher untersucht. Es handelt sich zum größten Teil um Menschen, die politisch schlecht unterrichtet und interesselos sind, vorwiegend um Frauen.«[16] Doch ist das Interesse an Politik in dieser Zeit insgesamt sehr niedrig: Im Juni 1952 antworten 73% der befragten Männer und Frauen, sie interessierten sich nicht besonders oder überhaupt nicht für Politik. Dabei interessieren sich die CDU/CSU-Anhänger besonders wenig für politische Fragen. Als sie auf einer Thermometerskala ihr Interesse anzeigen sollen, wobei der Wert 100 ein besonders hohes und der Wert 0 kein Interesse bedeutet, zeigen die CDU-Anhänger den Wert 37, SPD-Anhänger den Wert 42,5 und FDP-Anhänger den Wert 52,5.[17]

Die demographische Struktur der Parteianhängerschaft zeigt für die CDU 58% Frauen und 42% Männer; für die SPD 40% Frauen und 60% Männer; für die FDP 43% Frauen und 57% Männer; für den BHE (Bund der Heimatvertriebenen und Entrechteten) 52% Frauen und 48% Männer; für die DP 42% Frauen und 58% Männer und die KPD 30% Frauen und 70% Männer.[18]

1953 antworteten auf die Frage, ob sie sich manchmal über Politik unterhalten, 75% der Frauen und 45% der Männer mit »Nein, kaum«. (Auf dieselbe Frage antworteten 1979 nur noch 39% der Frauen mit »Nein« und 21% der Männer. Der Anteil der Frauen, die sich nicht über Politik unterhalten, ist damit deutlich mehr als der der Männer, nämlich um 36 Punkte, zurückgegangen und hat sich mehr als halbiert.)[19]

Franz-Josef Wuermeling erreicht als Familienminister bei einer Umfrage im Juni 1956 zwar einen recht hohen

Bekanntheitsgrad: 72% der Befragten kennen ihn. Damit steht er an fünfter Stelle hinter seinen Kabinettskollegen Blank, Schäfer, Erhard und von Brentano. Doch haben nur 18% der Befragten eine gute Meinung vom Familienminister (zum Vergleich Bundeswirtschaftsminister Erhard: 50%, Bundesaußenminister von Brentano: 43%), 26% haben keine gute Meinung und 28% sagen: weder noch. Bundesjustizminister Neumayer – er hatte 1954 den Regierungsentwurf zum Gleichberechtigungsgesetz eingebracht –, ist nur 24% der Befragten bekannt und steht damit an vorletzter Stelle vor dem Bundespostminister Balke. Von Neumayer haben nur 5% eine gute, 2% eine schlechte Meinung, und 17% sagen »weder noch«. Dies läßt darauf schließen, daß die familienrechtlichen und familienpolitischen Themen kaum wahlentscheidend waren. Wichtiger waren die Wirtschafts- und Außenpolitik![20]

Die Frauen wählten in ihrer Mehrheit konservativ in dieser Zeit, so wie sie das schon in der Weimarer Republik getan hatten. So waren bei der Bundestagswahl von 1953 bei einem weiblichen Wähleranteil von insgesamt 54% von den CDU-Wählern 58,5% weiblich, dagegen nur 49,6% bei der SPD und nur 40% bei der KPD. Da es bei dieser Wahl rund 3,3 Millionen mehr weibliche Wahlberechtigte gab und 2,4 Millionen mehr Frauen zur Urne gingen als Männer, hatte die CDU bei einem Gesamtstimmenanteil von 43,6% aller Stimmen einen weiblichen Stimmenüberhang von 2,2 Millionen.[21] Es sollte noch lange dauern, bis sich dieses Wahlverhalten änderte. Erst in der Bundestagswahl von 1972 haben mehr Frauen SPD gewählt als Männer.

Anmerkungen

1 Frauenalltag und Frauenbewegung, Bd. IV, S. 49/50.
2 13. Sitzung des 2. Deutschen Bundestages v. 5.4.1954.
3 Regierungserklärung v. 20.12.1953.
4 4. Sitzung des 2. Deutschen Bundestages v. 20.10.1953.
5 Franz-Josef Wuermeling, Staatliche Familienpolitik, in: Bonner Hefte 8 (1953), S. 1–6, zitiert nach D. Haensch, Repressive Familienpolitik, Hamburg 1969, S. 77.
6 Franz-Josef Wuermeling, Das muß geschehen! Die Familie fordert vom Bundestag. In: Kirchen-Zeitung, Köln v. 6.12.1953, zitiert nach Haensch, 1969, S. 74/75.
7 ebd.
8 II. Familienbericht, Drs. 7/3502, S. 152.
9 Dortmund 1960, S. 344.
10 Joachim Bodamer: Der Mann von heute. Seine Gestalt und Psychologie. Basel, Wien, 1962, S. 99.
11 In ihrem ›Klassiker‹ »Der Weiblichkeitswahn« analysiert Betty Friedan das von ihr sogenannte »Problem ohne Namen«, das »Hausfrauensyndrom«.
12 Franz-Josef Wuermeling, Lebensstandard – Lebensziel. Wohlstand als Hilfe zur Freiheit und Selbstverantwortung der Jugend durch Selbstzucht und Opfer. In: Bulletin v. 12.10.1960, zitiert nach Haensch, 1969, S. 103.
13 Franz-Josef Wuermeling, ebd., zitiert nach Haensch, 1969, S. 104.
14 Der Familienlastenausgleich. Eine Denkschrift des Bundesministers für Familienfragen, Bonn, Nov. 1955, S. 23f.
15 Franz-Josef Wuermeling, Jugend in der Großstadt. In: Bulletin v. 12.10.1960, zitiert nach Haensch, 1969, S. 109.
16 Elisabeth Noelle: Auskunft über die Parteien. Ergebnisse der Umfrage-Forschung in Deutschland. (Allensbacher Schriften 2). Allensbach 1955, S. 7.
17 ebd., S. 21
18 ebd., S. 22
19 Institut für Demoskopie Allensbach: Eine Generation später. Bundesrepublik Deutschland 1953–1979. Eine Allensbacher Langzeitstudie. Allensbach 1981. Tabelle 77.
20 Vgl. Jahrbuch der öffentlichen Meinung 1957. Hrsg. von Elisabeth Noelle und Erich Peter Neumann. Allensbach 1957, S. 192ff.
21 Nach Bremme, a.a.O., S. 79.

Unten: Tausende von Besetzerkindern waren in der Nachkriegszeit geboren worden. Vor allem die Neger-Mischlinge, diese »putzigen kleinen Geschöpfe«, erfreuten sich in den Illustrierten und Adoptionslisten Anfang der 50er Jahre einer zweischneidigen Beliebtheit.

Die Schwestern sind richtig verliebt *in die kleinen, oft so drolligen Wesen. Im Frankfurter städtischen Kinderheim nimmt jede Schwester nachmittags drei von ihnen an die Hand und geht mit ihnen spazieren. Nur im Winter muß der Spaziergang manchmal ausfallen: wie ihre Väter leiden die Negerkinder sehr unter der Kälte. Um so wohler fühlen sie sich im Sommer: ihre hellbraune Haut wird dann pechschwarz. Im Heim haben sie nichts zu leiden, aber bei ihren Spaziergängen scheinen sie schon schleche Erfahrungen gemacht zu haben. Sie sehen sehr mißtrauisch auf den Mann mit der Kamera. Von den 250000 Besatzungskindern in Deutschland leben etwa 100000 in Heimen, darunter die meisten von den Kindern farbiger Soldaten. Als einzigen Grund für die Abgabe der Kinder in das Heim gaben die Mütter häufig an, daß sie ihrem Vater zu ähnlich sähen. Eine andere Lösung der „Rassenfrage" fand eine Frau aus Bernreuth (Oberpfalz). Sie verkaufte ihr dreijähriges Kind für zehn Mark an einen durchreisenden Zirkus. Glücklicherweise konnte die Polizei diesen Handel rückgängig machen.*

Schwarz und weiß *— noch spielen die beiden zusammen und sind gute Freunde. Das Heim, in dem sie leben, macht keine Unterschiede zwischen den Hautfarben. Warum sollte das später im Leben anders sein? Daß in der schwarzen Haut auch eine schwarze Seele steckt, wird niemand ernstlich glauben — die Kinder am wenigsten, wenn es ihnen nicht von „vernünftigen" Erwachsenen eingeredet wird. Ob sich die farbigen Besatzungskinder in unsere Gesellschaft einfügen, wird nur davon abhängen, wie wir uns zu ihnen einstellen.*

Aus: Quick, 11/1950

Angela Delille / Andrea Grohn

Es ist verboten…

Empfängnisverhütung und Abtreibung

»Polizeiverordnung über Verfahren, Mittel und Gegenstände zur Unterbrechung und Verhütung von Schwangerschaften. …

§1: Es ist verboten, die nachstehenden Mittel und Gegenstände einzuführen, anzukündigen, anzupreisen, zum Verkauf vorrätig zu halten, zu verkaufen, abzugeben oder sonstwie in den Verkehr zu bringen:
1. Mutterrohre…, sofern sie nicht einen Durchmesser von mindestens 12 Millimeter besitzen…,
2. Intrauterinpessare jeder Art…,
3. Stoffe und Zubereitungen in Form von Fertigwaren, die zur Einführung in die Scheide bestimmt und zur Verhütung der Schwangerschaft geeignet sind. …

§2: Die in §1 bezeichneten Mittel oder Gegenstände dürfen weder durch Ärzte noch durch andere Personen bei Frauen eingesetzt, eingelegt, eingeführt oder in einer anderen ihrer Bestimmung entsprechenden Weise gehandhabt werden. …

Berlin, den 21. Januar 1941.
Der Reichsminister des Inneren, i. V. H. Himmler.«[1]

Dieses Gesetz galt in einigen Bundesländern noch bis Anfang der 60er Jahre. Ein Arzt schreibt: »Über die verschiedenen Wege kann ich als Arzt Auskunft geben. Allerdings darf ich nicht uneingeschränkt Rat und Hilfe erteilen. Nur wenige Menschen wissen, daß im Bundesgebiet die Herstellung, der Verkauf und der Gebrauch empfängnisverhütender Mittel ganz oder noch teilweise verboten ist.« Empfängnisverhütung stand auch nicht auf den Lehrplänen für Medizinstudenten an den Universitäten.

Zwei Frauen, die in den 50er Jahren ungewollt schwanger wurden, erzählen:

»Verhütungsmittel gab es doch nicht. Als mein Mann arbeitslos war, 1948/50 hat er versucht, mit allem möglichen zu handeln, mit Schuhcreme und unter anderem auch mit Pessaren. Da hatte ich eines davon. Mein Arzt hat gesagt, wenn ich mich darauf verlasse, dann bin ich alle paar Wochen dran. Das war genauso viel wie gar nichts. Sonst hatte man ja keine Verhütungsmittel. Wenn es nach uns beiden gegangen wäre, wäre es bei zwei Kindern geblieben. Das zweite Kind sollte eigentlich auch noch nicht so schnell nach dem ersten geboren werden, aber nun war's eben passiert.«
»…ja, die anderen Umstände, ich war dann nämlich schwanger, und eine Abtreibung wäre für mich überhaupt nicht in Frage gekommen. Und was sollte man machen, es

gab die Pille nicht. Das einzige Verhütungsmittel, was es gab, waren Präservative, andere kannte ich jedenfalls nicht, gab es auch nicht. Ich merkte dann im Spätherbst 1953, daß ich schwanger war. Was machte man? Man heiratete. Wir mußten das dann meinen Schwiegereltern sagen. Meine Schwiegermutter war sehr böse, daß das passieren mußte – einer Krankenschwester hätte ich ja nun zugetraut, daß sie weiß, was sie tun muß.«[2]

Die neu gegründeten Eheberatungszentren fühlten sich nicht berufen, Frauen bei der Vermeidung von Schwangerschaften zu helfen. Sie hatten meist kirchliche Träger, die Empfängnisverhütung ganz oder zumindest eingeschränkt ablehnten. Die katholische Kirche behauptete von sich, in der Zurückweisung mechanischer Methoden der Empfängnisregelung »dem Menschengeschlecht einen der größten Dienste« erwiesen zu haben. In seiner Enzyklika Mater et Magistra schreibt Papst Johannes XXIII.: »Selbstverständlich dürfen nicht Wege eingeschlagen werden, die nicht nur der gottgewollten Sittenordnung zuwiderlaufen, sondern die menschliche Fortpflanzung selbst ihrer Würde entkleiden.«

Die evangelische Kirche akzeptierte Empfängnisverhütung nur, um den zeitlichen Abstand zwischen den einzelnen Geburten zu regeln, jedoch sollte sie nicht der Beschränkung der Kinderzahl dienen.[3]

Vor diesem Hintergrund entstand eine Gruppe »Für bewußte Elternschaft«, die sich für die Verbreitung von Verhütungsmitteln einsetzte. «Jede normale Frau will auch Kinder, wenn sie heiratet, aber sie soll entscheiden, wann und in welcher zeitlichen Abfolge sie diese möchte.«[4]

So Annemarie Durand Wever, ein Gründungsmitglied der sich später Pro Familia nennenden Organisation. Dieses Ziel konnte für die 50er Jahre sogar noch als fortschrittlich angesehen werden, denn die Beraterinnen mußten sich vehement gegen Vorwürfe und Anschuldigungen wehren.

»Gerade bei den Ledigen haben wir häufig Gelegenheit, aufklärend erzieherisch zu wirken. Es ist erschütternd, zu erleben, wie unwissend die Mädchen von heute diesen Dingen gegenüberstehen und sich gar nicht bewußt sind, was sie sich vergeben, indem sie unüberlegt voreheliche Beziehungen aufnehmen. Sie müssen wieder lernen, daß ihr erster und eigentlicher Beruf der der Mutter ist, daß der Inhalt eines gesunden Familienlebens immer die Zeugung und Aufzucht von Kindern sein muß.«[5]

Obwohl die Pro Familia von Anbeginn ihrer Arbeit an unter einem ungeheuren Rechtfertigungszwang stand, wird deutlich, daß es nicht vorrangig um eine von Angst vor drohender Schwangerschaft befreite Sexualität ging, sondern um die Eindämmung hoher Abtreibungszahlen bzw. der schweren gesundheitlichen Schäden bei selbst vorgenommenen Eingriffen. Nach Annemarie Wever wußte angeblich jede Frau um die Methoden zur Verhütung von Schwangerschaften, aber diese hielt sie für unzuverlässig, störend und gesundheitsschädlich.

Der *Coitus Interruptus* war wohl der am weitesten verbreitete Versuch, Sexualität und Fortpflanzung zu trennen, bei dem aber mit Sicherheit auch die meisten Kinder gezeugt wurden. Das »Aufpassen« oblag den Männern, die sich aber in den seltensten Fällen des Problems einer ungewollten Schwangerschaft bewußt waren. In einem Lehrbuch zur Sexualerziehung steht: »Die Mehrzahl der jungen Mädchen in Katastrophensituationen begannen ihren Bericht etwa mit den Worten: »Ich dachte, er würde sich schon vorsehen, außerdem hat er mir gesagt, ich brauchte keine Sorge zu haben.«[6]

Zwei Ärzte avancierten in den 50er Jahren zu den Erfindern einer neuen »natürlichen« empfängnisverhütenden Methode. Unabhängig voneinander hatten der Japaner Ogino und der Österreicher Knaus, die beide seit den 30er Jahren in der Frauenheilkunde ihre Forschungen betrieben, ein Rechenexempel aufgestellt, das ebenso kompliziert wie unsicher war. Ausgehend von einem regelmäßigen Zyklus der Frau berechneten sie den Zeitraum der »Empfängnisbereitschaft«. Diese *Knaus-Ogino-Methode* empfehlen Ärzte heute Ehepaaren, die Schwierigkeiten haben, sich ihren Wunsch nach einem Kind zu erfüllen. Dr. Knaus meinte damals, durch seine Methode seien alle »widernatürlichen und hygienisch verwerflichen« Mittel zur Geburtenregelung überflüssig geworden.[7]

So blieb der Gebrauch von mechanischen Mitteln weiterhin notwendig. Es gab *Präservative*, wiederum ein Mittel für den »aufgeklärten Herrn«, dessen Erwerb in Drogerien und Apotheken als eine ausgesprochene Peinlichkeit galt. Aber nicht nur das: Familienminister Würmeling setzte sich selbst dafür ein, daß das »Ärgernis« der Präservativautomaten, die auf manchen Herrentoiletten aufgestellt waren, wieder verschwinden sollte.

Die Präservative garantierten allerdings ebenfalls keine hundertprozentige Sicherheit, da das Material nur im »Frischezustand« einer Zerreißprobe standhielt. »Die Gefahr des Einreißens ist deshalb so hoch, weil durch die herabgesetzte Empfindlichkeit der Geschlechtsverkehr verlängert wird.[8] Spermatötende Gleitmittel mußten wegen des hohen Trockenheitsgrades des Gummis noch zusätzlich erworben werden, welche aber wiederum das Material angriffen und porös machten.

Weitere mechanische Mittel wurden, wenn überhaupt, nur über die ärztliche Praxis abgegeben. Dazu zählten *Muttermundkappen*, *Pessare* und *Diaphragmen*. Besonders fortschrittliche Mediziner paßten ihren Patientinnen wohl eine dieser Kappen an, ohne aber auf dabei nötige Zusatzmittel hinzuweisen. Die *spermatötenden chemischen Mittel* wurden als Fertigpräparate in Form von Tabletten, Kugeln, Zäpfchen, Pulver, Salben und Gelees in Apotheken vertrieben. Dafür waren auch eigens Einführstäbchen, Einspritzrohre und »Pulverbläser« entwickelt worden.[9]

Die erst später so genannte *»Anti-Baby-Pille«* war unter dem Namen »Verhütungstablette« bereits entwickelt, aber noch nicht auf dem Markt erhältlich.

Abtreibung

In der direkten Nachkriegszeit wurde der Paragraph 218 des Strafgesetzbuches nur lasch gehandhabt, und in der darauffolgenden Zeit knüpften diverse Diskussionen in der Öffentlichkeit sogar an die Auseinandersetzungen der Sexualreformer der Weimarer Republik an. Aber zu Beginn der 50er Jahre gab es weder eine öffentlich geführte Diskussion, geschweige denn parlamentarische Initiativen zu einer gründlichen Reform bzw. Streichung des Abtreibungsgesetzes. Im Gegenteil.

In der Parlamentsdebatte über die Meldepflicht von Fehl- und Frühgeburten erklärte Dr. Maria Probst:

»Es geht hier nicht um das sogenannte demokratische Selbstbestimmungsrecht der Frau auf den eigenen Körper. Es geht hier tatsächlich um Sein oder Nichtsein fremden Lebens... Die sittlichen Folgen seien hier nur gestreift. Nackter Materialismus, hemmungslose Sexualität, sterbender Eros, wachsende Verwahrlosung der Jugend, Zunahme der Geschlechtskrankheiten, Absinken der Bewertung der Frau sind ernstzunehmende Folgeerscheinungen. ...es ist eine Tatsache, daß die Kinderlosigkeit häufig den Impuls zur Arbeitsamkeit und zum Fleiß raubt.... Die auch nur teilweise Auflockerung des 218 wäre eine staatliche Freigabe des Mordes. Hier würde ein Weg eingeschlagen werden, dessen letzter Schritt zu einem neuen Auschwitz führen müßte.«

Franziska Gröber übertrifft ihre Parteifreundin noch in der Härte der Formulierung.

»... Frauen, die es fertig bringen, ein Leben zu töten unter ihrem Herzen, die bringen es auch fertig, ein Leben überhaupt zu töten. Dann kommt dazu die Erbfolge; von ihr hat heute noch niemand gesprochen... Wenn... eine Mutter selbst schon zwei Kinder gemordet hat, glauben Sie, die nachfolgenden Kinder bringen keine Erbfolge mit sich? Wundern Sie sich, wenn wir wieder Konzentrationslager bekommen oder wenn aus solchen Familien mehr Mörder hervorgehen? Sie brauchen sich nicht darüber zu wundern!«[10]

Abtreibung war vor allem zu Beginn der 50er Jahre trotz der rigorosen Anwendung des Paragraphen 218 ein Massenphänomen. Allein in der Britischen Zone sollen von 1947 bis 1953 mehr als eine Million Abtreibungen vorgenommen worden sein. Das bedeutet, daß in diesen vier Jahren bei circa 5 Millionen weiblicher Wohnbevölkerung zwischen 15 und 45 Jahren etwa jede 5. Frau eine Schwangerschaft künstlich unterbrochen hat.

Die Krankenkassen verzeichneten 1954 jährlich circa 10000 Fälle, bei denen Frauen an den Folgen einer Abtreibung gestorben waren.

»Das dritte Kind wollte ich nicht mehr, da ich davor gerade eine Fehlgeburt hatte und fast dabei draufgegangen wäre. Da hab' ich gesagt, jetzt treibst du nicht mehr ab. Da war es so schlimm, daß ich im Krankenhaus gelegen hab' und fast verblutet wäre. Da hatte ich da selber was dran gemacht und bin auch nicht gleich zum Arzt gegangen. Nachher hab' ich einen Blutsturz gekriegt. Dann lag ich im Krankenhaus und hab' gleich eine Blutübertragung gekriegt. Weil ich danach nicht mehr abtreiben wollte, wurde das dritte Kind dann geboren.«[11]

Im Vokabular der 50er Jahre wurde zwischen einer Schwangerschaftsunterbrechung und einer Abtreibung strikt unterschieden: Erstere war ein legaler Eingriff der Ärzte, der von mindestens einer Gutachterstelle genehmigt worden sein mußte. Wenn eine Schwangerschaft oder die Geburt eine ernsthafte Gefahr für das Leben oder die Gesundheit der Frau bedeuteten und die »Unterbrechung« der Schwangerschaft das einzige Mittel zur Verhinderung der Gefahr gewesen war, dann sahen die Gerichte den »Eingriff« als zulässig und straffrei an.

Allein bei einer Hamburger Gutachterstelle gingen 1950 2469 Anträge auf Schwangerschaftsunterbrechung ein, und zwar wegen allgemeiner, durch die Notjahre verursachter Schwäche der Schwangeren, wegen Herz- und Kreislaufstörungen, seelischer Depressionen und verschiedener anderer Krankheiten.

Die Frau selbst hatte nicht darüber zu entscheiden, ob ihr Krankheitsgrad eine ausreichende Begründung für einen Abbruch ihrer Schwangerschaft darstellte. Dieses lag im Ermessen des behandelnden Arztes. Hatte eine Frau überhaupt einen Arzt gefunden, der ihr weiterhelfen wollte, mußte sie mit einem von ihm ausgestellten Attest bei der zuständigen Gesundheitsbehörde, d.h. dem Gesundheitsamt des Stadt- oder Landkreises, einen Antrag auf Schwangerschaftsunterbrechung stellen.

Dieser Antrag wurde von der Behörde überprüft und die Frau gegebenenfalls an verschiedene Fachärzte zur Untersuchung und Begutachtung überwiesen. Unter diesen Ärzten waren mindestens ein Spezialist für die angegebene Krankheit, ein weiterer Gynäkologe und ein Psychiater. Lagen die Gutachten vor, entschied die Gesundheitsbehörde über den Antrag. Bei einem ablehnenden Bescheid konnte die Frau noch die Überprüfung ihres Falles durch die Landesgesundheitsbehörde, die zusätzliche Untersuchungen anordnen konnte, erwirken. Gegen einen ableh-

nenden Bescheid dieser Behörde gab es keine weitere Beschwerdemöglichkeit. Sollte einer Frau allerdings der Antrag genehmigt worden sein, mußte sie selber noch eine Frauenklinik bzw. einen Facharzt für Frauenheilkunde finden, die ihr halfen. Das Vorliegen einer Genehmigung verpflichtete noch keinen Arzt, den »Eingriff« auch vorzunehmen.

Auch damals existierte das noch heute bestehende »Nord-Süd-Gefälle«, das Frauen im katholischen Süden der Bundesrepublik diesen formalen Weg einer Schwangerschaft nicht gerade erleichterte.

Die legale Abtreibung, die für jede Frau eine Tortur war, war verständlicherweise ein nur sehr selten beschrittener Weg. Eine legale Abtreibung konnte man in der Schweiz für etwa 1000 DM durchführen lassen, wobei über die Hälfte dieser Summe für die Erlangung der Atteste von drei Ärzten verbraucht wurde. In Deutschland dagegen lag der Preis für eine illegale Abtreibung bei 400 bis 700 DM. »Jede findet einen Arzt als Abtreiber, auch Professoren, nur der Preis ist verschieden ...«[12] Da die Preise im Vergleich zum monatlichen Durchschnittseinkommen ausgesprochen hoch lagen, bleibt zu vermuten, daß der Anteil von »selbstdurchgeführten« Abtreibungen ebenfalls sehr hoch war. Dies verdeutlicht, daß Abtreibung auch in den 50er Jahren nicht primär ein moralisches Problem, sondern eher ein soziales war.

Die Adresse eines Arztes, Kurpfuschers oder Engelmachers, häufig auch einer ehemaligen Krankenschwester oder Hebamme, erfuhr man durch Flüsterpropaganda. Zuerst wurde eine Auswahl an Mitteln und Mixturen verabreicht, von Zuckerwasser über leicht zu beschaffende Sämereien bis zu Chinintabletten, die pro Stück circa 40 DM kosteten und von denen, so hieß es, mindestens drei notwendig waren. Der Erfolg war nicht garantiert. Die schmerzvollen Massagen, heißen Bäder, das schwere Tragen oder Heben, das Springen von Treppen oder Bäumen, das Einspritzen von Seifenlaugen oder Kochsalzlösungen bzw. die Einnahme harntreibender oder abführender Medikamente waren eine Qual für die schwangere Frau. Nützte alles nichts, erfolgte der »Blasenstich«, bei dem circa im sechsten Monat die Fruchtblase angestochen wurde und der meist mit lebensbedrohlichen Blutungen, Entzündungen oder Blutvergiftungen einherging.

1959 gab es circa 5400 Fälle, in denen Ärzte, Hebammen oder Engelmacher/innen zu mehrjährigen Haftstrafen verurteilt wurden. Die meisten Verurteilten waren Frauen.

In einem der wenigen Fälle, in denen ein Arzt angeklagt war, eine illegale Abtreibung vorgenommen zu haben, und zugab, »einer 19jährigen für ein Honorar von 400 DM geholfen zu haben, die Folgen einer Freundschaft mit einem US-Besatzer zu beseitigen«, kam es zu einem ungewöhnlich milden Urteilsspruch. Die drei Wochen Gefängnisstrafe wurden zur Bewährung ausgesetzt. Diese gegen Entgelt vorgenommene Abtreibung schien deswegen nicht allzu verwerflich, weil es »ein uneheliches Kind geworden (wäre), das mit einer gewissen Wahrscheinlichkeit ohne die schützende Liebe des Elternhauses aufgewachsen und eines Tages aufgrund der mangelnden Behütetheit durch Mutter und Vater menschlich oder gar kriminell abgeglitten wäre«.[13]

Dazu sei angemerkt, daß, wie der »Spiegel« schreibt, nur die Freundschaft zwischen Staatsanwaltschaft, Gerichtsvorsitzendem und Angeklagtem in diesem Fall zur damals noch unbekannten »sozialen Indikation« führte.

Anmerkungen

1 »Himmlersche Polizeiverordnung«
2 Interview-Auszug, unveröffentlichtes Manuskript von Angela Delille und Andrea Grohn, Berlin 1983.
3 vgl. Delille / Grohn: Blick zurück aufs Glück, Berlin 1984.
4 Constanze, Heft 3, 1958, S. 8.
5 Constanze, Heft 24, 1959, S. 2/3.
6 Thomas, U.: Sexualerziehung, Stuttgart 1969, S. 15.
7 Constanze, Heft 17, 1952, S. 10.
8 Bruck, Theodor: Geburtenregelung, Flensburg 1964, S. 79.
9 ebd., S. 95.
10 Stenographische Protokolle des Bundestages, Bd. II, Nr. 30, 1. Wahlperiode, S. 43/44 und S. 47.
11 Interview-Auszug a.a.O.
12 Bruck, a.a.O.
13 Der Spiegel, Heft 32, 1958, S. 23/24.

Angela Delille / Andrea Grohn

Komfort im Reich der Frau

».... Sie machen das gewissermaßen aus dem Handgelenk und lächeln. Denn: Selbst ist die Frau!«[1]

Hausfrau zu sein, hieß nicht nur einen Beruf auszuüben, sondern mehrere. Sie war Köchin, Putzfrau, Wäscherin, Kindergärtnerin etc. in einem. Als »Herz der Familie« mußte sie die harmonische Atmosphäre des Heims prägen. Doch Ruhe und Ausgeglichenheit konnte sie nur ausstrahlen, wenn sie selbst nicht »aufgezehrt« wurde von dem Übermaß ihrer täglichen Arbeit. So schickten sich in den 50er Jahren unzählige Ratgeber und Berater in Zeitschriften und Büchern für die moderne Frau an, den Hausfrauen bei dem reibungslosen Ablauf ihres Haushalts zu »helfen«. Trotz kontinuierlich steigender Frauenerwerbstätigkeit stellte niemand die alleinige Zuständigkeit der Frau für den Haushalt in Frage. Da Frauen beides schaffen mußten, bedurfte der Haushalt also der Rationalisierung.

Nach einem Constanze-Artikel verbrachte die Hausfrau mindestens ein Viertel ihrer Arbeitszeit mit der Reinigung ihrer Wohnung, so daß sie mit der Pflege einer Drei-Zimmerwohnung nach 25 Jahren sogar eine Stadt von der Größe Kassels geputzt hätte. Ein fleißiger Statistiker hatte zudem errechnet, daß eine Hausfrau bei einem vierköpfigen Haushalt bis zu ihrer Silberhochzeit einen Tellerberg abgewaschen hat, der zehnmal so hoch ist wie der Kölner Dom.[2]

Zur Hauptaufgabe einer Hausfrau gehörte die Sorge um die Ernährung der Familie. Auch nach den entbehrungsreichen Nachkriegsjahren hatten die Frauen Probleme, mit dem meist sehr geringen Haushaltsgeld so zu kochen, daß die Familie satt wurde. Am ehesten ließ sich am Essen sparen, obwohl die mittlerweile mit Waren vollgestellten Läden und Schaufenster ständig zum Kauf reizten. Üppige und aufwendig zubereitete Gerichte waren aber immer noch seltene Feste in den 50er Jahren.

Geldknappheit blieb zwar weiterhin der vorrangig bestimmende Faktor in der Haushaltsführung, doch sollten die Frauen trotz ihres geringen Haushaltsgeldes sich und ihre Familie immer mehr »gesund und abwechslungsreich« ernähren. Die Familienkost sollte frisch, leichtverdaulich und ernährungsphysiologisch wertvoll sein, Vitamine nach den damals neuesten Erkenntnissen der Ernährungsforschung ebenso berücksichtigt werden wie Kalorien.

Zu einer sparsamen Haushaltsführung gehörte das richtige Einkaufen ebenso wie die Vorratshaltung und eine gute und vorausschauende Planung. Es hatte sich in den deutschen Familien in den 50er Jahren durchgesetzt, den Frauen einen Teil des Familieneinkommens wöchentlich oder monatlich als Haushaltsgeld zu überlassen. Dafür verlangten viele Ehemänner aber die detaillierte Aufstellung sämtlicher Ausgaben in einem Haushaltsbuch.

Die Haushaltsratgeber enthielten vielfältige Ermahnungen und Belehrungen zu mehr Wirtschaftlichkeit, damit kleine Beträge für größere Anschaffungen zusammengespart werden konnten. Sie argumentierten mit den Verlockungen des Konsums, denen Frauen nur schwer widerstehen könnten und viel zu oft erlägen.

Vor dem »gefährlichen Anschreibenlassen« oder größeren Anschaffungen auf Raten wird ebenso gewarnt, wie vor dem Zugreifen bei billigen Sonderangeboten. Es mutet sehr sonderbar an, daß Frauen, die gewohnt waren, mit noch sehr viel weniger Geld und Mitteln auszukommen, als ihnen in den 50er Jahren zur Verfügung standen, solche eher naiv und albern erscheinenden Spartips angeboten wurden.

Gespart werden sollte vor allem deshalb, um die technischen Neuerungen der Elektrogeräteindustrie kaufen zu können. 1953 gab es in den 15,4 Millionen deutschen Haushaltungen bereits etwa 1,2 bis 1,4 Millionen Kühlschränke, davon wurden mehr als ein Drittel in demselben Jahr angeschafft. Auch die »große Wäsche« verlor ihren Schrecken. Unbestritten bleibt die Erleichterung durch eine Waschmaschine. Die heute üblichen Waschvollautomaten waren in den 50er Jahren jedoch noch äußerst selten, die handelsüblichen Waschmaschinen verlangten weiterhin das Einweichen der Wäsche am Vortag, mehrfaches Spülen, das Auswringen, doch ermöglichten sie den Frauen an den früher gefürchteten »Waschtagen« immerhin kleine Freizeiten.

Einfache, nur in Verbindung mit einem Kessel benutzbare Bottichmaschinen, die die Wäsche zwar bewegten, das Wasser aber nicht aufheizten, kosteten circa 400 DM. Halbautomaten mit eingebauter Heizung waren zwischen 500 und 1000 DM, die Vollautomaten für circa 2000 DM zu haben. Während 1953 in den Vereinigten Staaten schon 76,3 % der Haushalte eine Waschmaschine besaßen, waren es in der Bundesrepublik nur 3,5 %.

»Elektrische Geräte sparen Kraft. Die heutigen Frauen sind nicht geschaffen, unentwegt körperlich schwere Arbeit zu leisten... elektrische Geräte ersparen aber auch Zeit, und dieser Faktor ist heute ebenfalls wichtig, denn Zeit für sich selbst und für die Familie ist nun einmal kostbar. An erster Stelle steht jedoch die Kraftersparnis; die tägliche Hausarbeit ist ja schon recht anstrengend, und man kann sich schlecht vor ihr drücken. Ein Mittagessen kann einmal rasch improvisiert werden. Das tägliche Reinemachen dagegen, improvisiert ausgeführt, nützt gar nichts, sondern bereitet nur ein anstrengendes Scheuerfest vor.«[3]

Da es zur täglichen Arbeit von Frauen gehörte, Möbel, Teppiche und Böden zu entstauben, wird die Anschaffung eines Staubsaugers empfohlen. Für die Mehrzahl der Haushaltungen war aber zu Beginn der 50er Jahre ein Staubsauger noch nicht so wichtig, da es, wenn überhaupt, nur einen Teppich im Wohnzimmer gab, und die heute übliche Auslegware sich erst in den 60er Jahren und 70er Jahren durchsetzte.

Die in den 50er Jahren noch üblichen Fußböden aus Linoleum, Kunstharz oder Asbestfasern wurden wegen ihrer angeblich langen Lebensdauer, Formbeständigkeit, Fußwärme, Wasserfestigkeit und dem Schutz gegen Fäulnis und Ungeziefer und natürlich wegen ihrer leichten Reinigung und Pflege empfohlen. Letzteres war »denkbar einfach«: »Alle zwei bis vier Wochen trägt man hauchdünn einen spezial Wachs auf«, ansonsten brauchte man »nur trocken über den Boden gehen, und freundlich und klar spiegeln sich die Farben.«[4] Diese modernen Fußböden brauchten nun auch nicht mehr auf Knien gebohnert werden, sondern »überzogen sich mit Glanz« durch die neuartigen Bohnermaschinen wie von selbst – zumindest seit es das neue »Seiblank Edelhartwachs Spezial« gab! – Diese Maschinen, die es auch als Kombination mit einem Staubsauger gab, waren überaus unhandlich, schwer und schlecht zu warten, teuer waren sie ohnehin (ein Gerät kostete durchschnittlich 300 DM). Dennoch galten sie als unverzichtbares Gerät im Putzarsenal, denn der »Glanz« in der Wohnung war »die strahlende Visitenkarte« hausfraulicher Reinlichkeit.

Hochglänzend hatten nicht nur die Fußböden zu sein,

Anschreiben lassen beim Lebensmittelhändler...

...Raten-Kredit-Vertrag bei größeren Anschaffungen

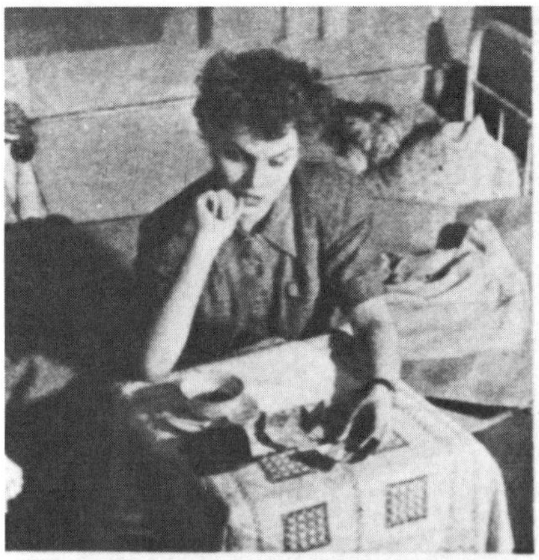

„Wo ist bloß mein Geld geblieben?" Renate Sch. ist Sekretärin und verdient 187.50 Mark im Monat. Sie muß mit jedem Pfennig rechnen. Als sie ihr Gehalt bekam, beschloß sie, es diesmal geschickt einzuteilen. Aber es kam anders. Die verschiedenen Verkaufstechniken kluger Geschäftsleute hatten sie überlistet ...

Der Drang nach rechts — eine psychologisch erprobte Einkaufsmethode. Eine Gruppe amerikanischer Psychologen, Wissenschaftler und Verkaufstechniker führte eine mehrjährige Untersuchung über die Kaufgewohnheiten der Hausfrauen durch. Unser Reporter war beauftragt, festzustellen, ob die Ergebnisse auch für deutsche Hausfrauen zutreffen. Unter anderem stellte er fest, daß auch deutsche Frauen stets bei Einkäufen zuerst zu den Regalen gehen, die rechts stehen, und sich erst dann nach links wenden. Obwohl die Auslage der rechten Regale keineswegs besser war, griff Renate automatisch nach den Waren, die rechts lagen. Erfahrene Geschäftsleute kennen diesen Rechtsdrang und richten ihre Auslagen dementsprechend ein.

Die überlistete Hausfrau

Die „Verschwörung der Kaufleute", von QUICK-Reporter Helmut Laux psychologisch untersucht

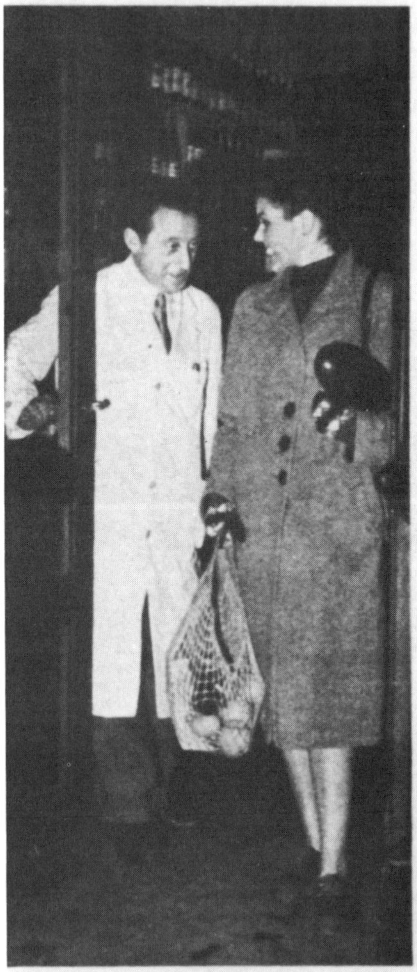

Ein liebenswürdiger Trick: Höflichkeit. Schon vor der Währungsreform war Herr Schulte seinen Kunden gegenüber sehr zuvorkommend, deshalb hielt Renate ihm auch danach die Treue. Er bedient sie, als ob sie seine beste Kundin wäre. Diese Höflichkeit verfehlt nicht ihre Wirkung. Renate hat mehr eingekauft, als sie beabsichtigte.

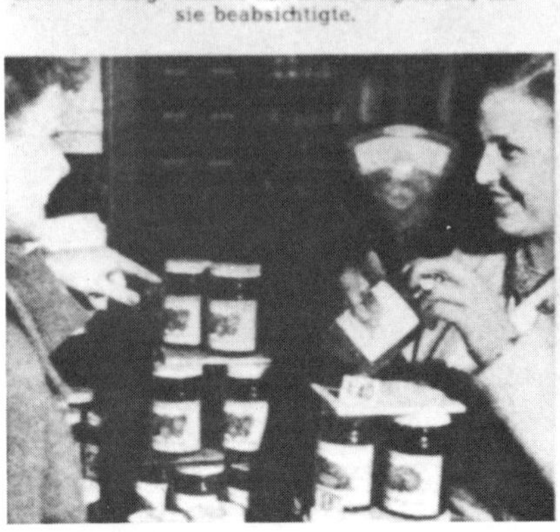

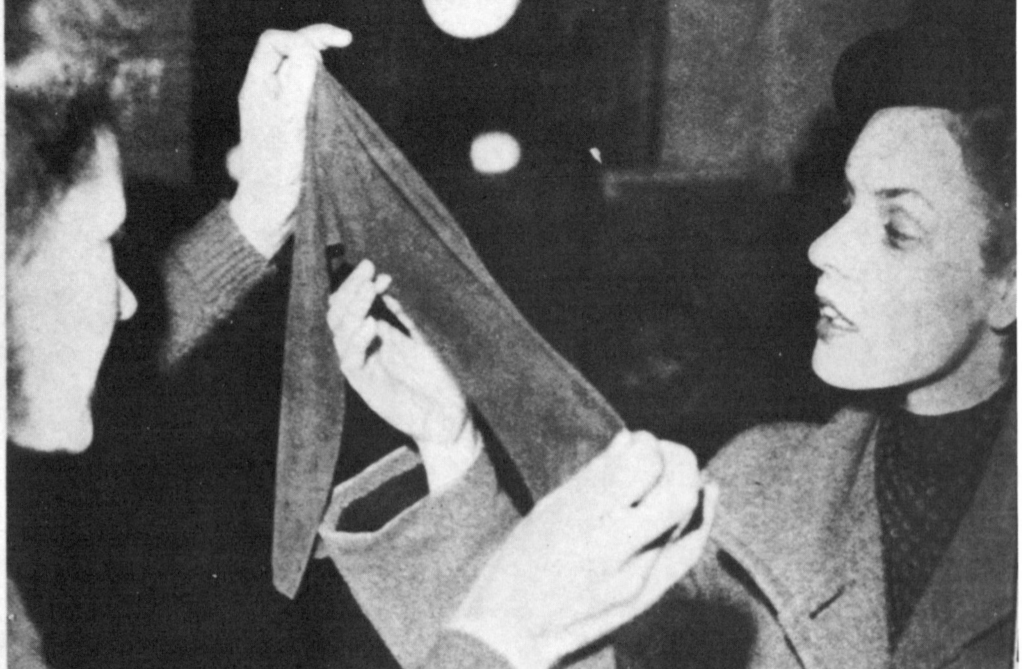

Rot und Blau lassen sich leichter verkaufen. Verkaufstechniker erklären, daß Farben beim Einkauf eine große Rolle spielen. Helles Rot und Blau in der Verpackung steigern den Umsatz, während das gewöhnliche Schwarz-Weiß nur wenig zum Kauf anregt.

Fehler, die anziehend wirken. Keine Hausfrau, ob Amerikanerin oder Europäerin, läßt sich einen „Gelegenheitskauf" entgehen. Die kleinen Fehler der Waren stören nicht, und der herabgesetzte Preis erhöht die Kauflust. Auch Renate ließ sich zu dieser unvorhergesehenen Ausgabe für ein Paar fehlerhafte Nylons verleiten.

sondern auch die wenigen neuen Kachelbäder und die Hochglanzmöbel. Die Frauen sorgten nicht nur für schlichte Sauberkeit, sondern polierten regelmäßig Fenster, Spiegel, Bilderrahmen, Tischplatte, Musiktruhen, das Besteck und die Gläser, die Blumen (Gummibaum!) und die Blumenetagere.

Die rationalisierte Küche

Rationalisierung war nicht nur das Schlagwort fürs Putzen, sondern auch für die Küchenarbeit. In einer Werbeanzeige von 1954 (?) wird sogar behauptet, daß eine Hausfrau in einer »rationalisierten Küche« gegenüber einer Küche alten Stils 700 harte Arbeitsstunden jährlich spart.

Küchenforscher berechneten Arbeitshöhen und -wege, Schrankhöhen und -anordnung: je kürzer die Wege, desto weniger Arbeit, desto mehr Freude. Die moderne Küche von 6 qm war geboren. Diese Geburt war jedoch ohne Mitwirkung der Hausfrauen vonstatten gegangen.

Merkmale dieser modernen Küche waren genormte Möbel, funktional angeordnet, verschieden kombinierbar und mit technischen Neuerungen, pastellfarbenen Flächen aus getöntem Kunststoff und Schiebetüren versehen.

Die neue Devise lautete: »Küchenarbeit in der halben Zeit«. Die Küche wurde aufgewertet, indem ihr der Charakter einer Werkstatt verliehen wurde: die Küchenforschung beschäftigte sich mit der Optimierung der Arbeitswege – im Taylorschen Sinn –, wie mit der Rationalisierung der Arbeitsvorgänge. Wie eine Werkstatt so wurde auch die Küche mit immer mehr Geräten ausgestattet, immer mit einem Blick auf Amerika.

Während fortschrittliche Küchenkonzeptionen aus den 20er Jahren, wie beispielsweise die »Frankfurter Küche«, die Küche als Ort notwendiger Funktionen innerhalb der Wohnung auffaßten – das emanzipierte Menschenbild ging von berufstätigen gleichberechtigten Partnern aus, die gemeinsam außerhäuslich erwerbstätig waren und ebenso gemeinsam die notwendigsten hauswirtschaftlichen Arbeiten teilten –, war die Küche der 50er Jahre als Vollarbeitsplatz der Frau konzipiert. Sie war zwar nicht üppiger von der räumlichen Größe her, jedoch spiegelte die Ausstattung die völlig andere Auffassung von der Hausfrau in der Küche, an ihrem Arbeitsplatz wider.

Den »Küchengerätepark« konnte man auf großzügiger Teilzahlungsbasis erwerben; immerhin kostete eine »Boschküchenmaschine in der Grundausrüstung« zwischen 300 und 400 DM, ein »Bauknecht Kompressor Kühlschrank« von 500 bis 700 DM und ein Schleuderautomat über 300 DM. Bei einem monatlichen Durchschnittseinkommen von etwa 400 bis 500 DM erforderten solche Anschaffungen eine heute unvorstellbare Sparsamkeit der Hausfrau.

Die Teilzahlung, noch vor dem Zweiten Weltkrieg verpönt, konnte sich in fast jeder Familie durch den Mangel selbst am Allernotwendigsten durchsetzen. Die Bevölkerung machte Anschaffungen, die einen Siegeszug des Ratenkaufes bedeuteten: 1939 existierten nur 50 Kundenkredit-Gesellschaften, 1950 gab es erst 70 solcher Institute, 1955 jedoch schon 137. Selbst in namhaften Warenhäusern, in deren Glanzzeiten Kreditkäufe vormals als verwerflich abgelehnt worden waren, verkaufte man Waren auf Raten. Einer der größten deutschen Warenhauskonzerne mit seinen 22 Filialen hatte bei einem Umsatz von etwa einer halben Milliarde DM 1956 nur 27 bis 30% Barkäufer. Der Ratenkauf war salonfähig geworden.

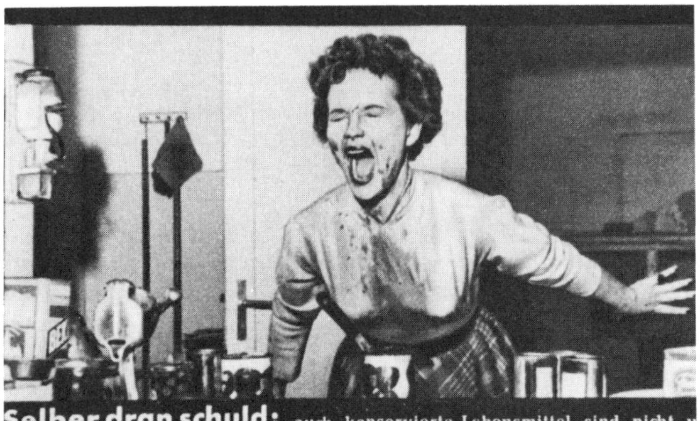

Selber dran schuld: auch konservierte Lebensmittel sind nicht u
begrenzt haltbar. Vor allem dann nicht, wenn man sie auch noch falsch lage

So macht man Lebensmittel haltbar

Ein Kühlschrank müßte her!

Heiß und kalt kann einem bei so einer großen Auswahl an erstklassigen Kühlschränken werden: Alaska, Bauknecht, BBC, Bosch, Frigidaire und Saba. Welcher am besten in Ihren Haushalt paßt, verraten Ihnen die vielen kühlen Tips auf dieser Seite. Foto: Ursula Rink

»Wir haben uns ja Anschaffungen gemacht. Als wir die Wohnung in G. kriegten, war die ja ganz leer. Da haben wir uns das Schlafzimmer gekauft, das hat damals 800 DM gekostet. Die haben wir monatlich abgezahlt. Die Miete war noch nicht so hoch, 20 oder 25 DM. Na ja, da kamen wir mit dem Geld mit allem drum und dran so hin. Zuerst hatten wir vom Hauswirt hier in G. Gartenmöbel für die Küche bekommen, weil wir ja auch keine Einrichtung hatten. Ich hatte einen Küchenschrank und den Küchenherd. Das hatte ich mir schon vorher nebenbei gekauft. Vorher hatten wir keinen Stuhl und keinen Tisch und kein gar nichts, da hat uns dann der Hauswirt die Gartensachen gegeben. Im Frühjahr mußten wir aber die Sachen für den Garten wieder abgeben. Da mußten wir zu dem Möbel-Schulze und uns ein paar Stühle und den Tisch dazu kaufen. Im Wohnzimmer hatten wir ja auch noch nichts. Das blieb erst einmal leer. Eine ganze Zeit; und als wir unser Schlafzimmer abgezahlt hatten, haben wir uns das Wohnzimmer gekauft...

Einen Schrank konnten wir nicht stellen. Da haben wir uns erst einmal zwei Sessel, den runden Tisch und vier Stühle, Sofa gekauft, und da war unsere Bude voll. Ach ja, einen Kachelofen haben wir uns noch gekauft. Ja, und dann hatten wir wieder Last damit, daß wir das abzahlen mußten. Und ein Radio haben wir uns auch noch gekauft. Auf Abzahlung...

Du mußtest verdammt gut rechnen, daß du noch hinkamst und noch leben konntest. In der ersten Zeit arbeitete unser Vater noch bei der Sparkasse. Da gab es ja nur zweimal im Monat Geld, bei T. gab es ja alle acht Tage Geld. Da hab ich mir immer nur 5 DM hingelegt. Also mehr durfte nicht ausgegeben werden.« [5]

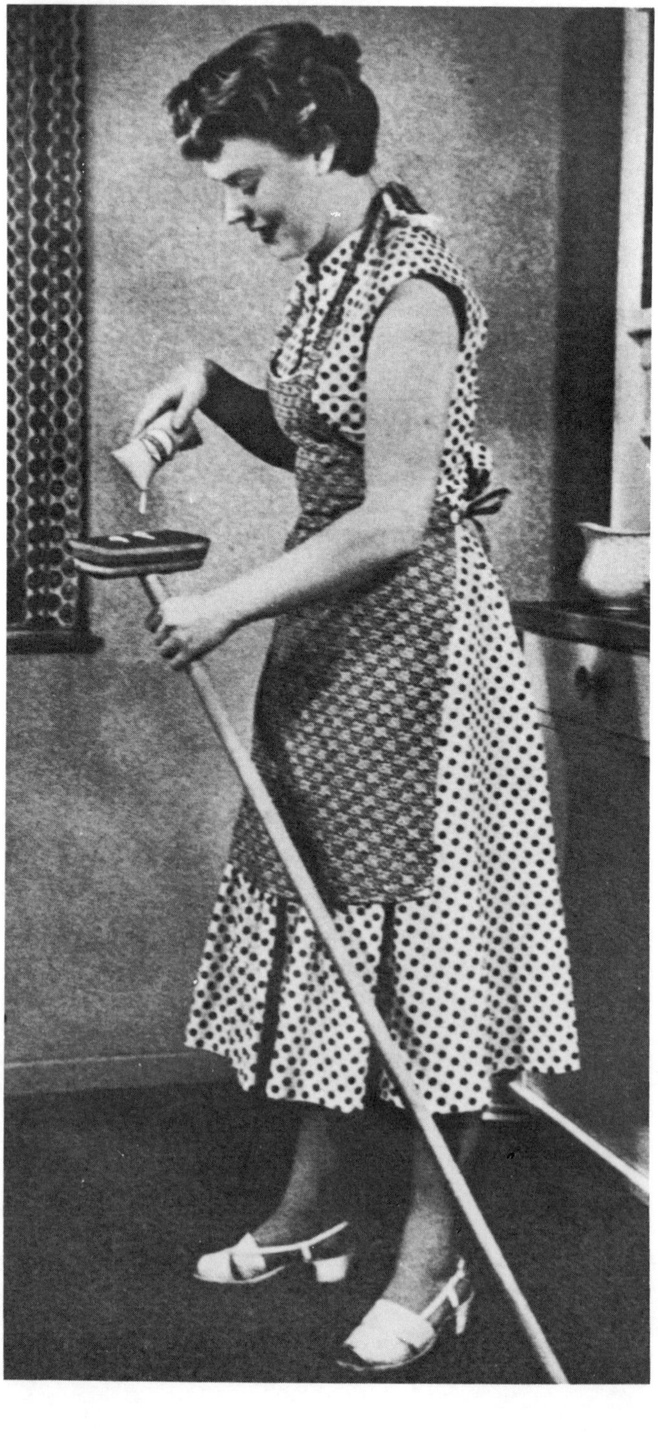

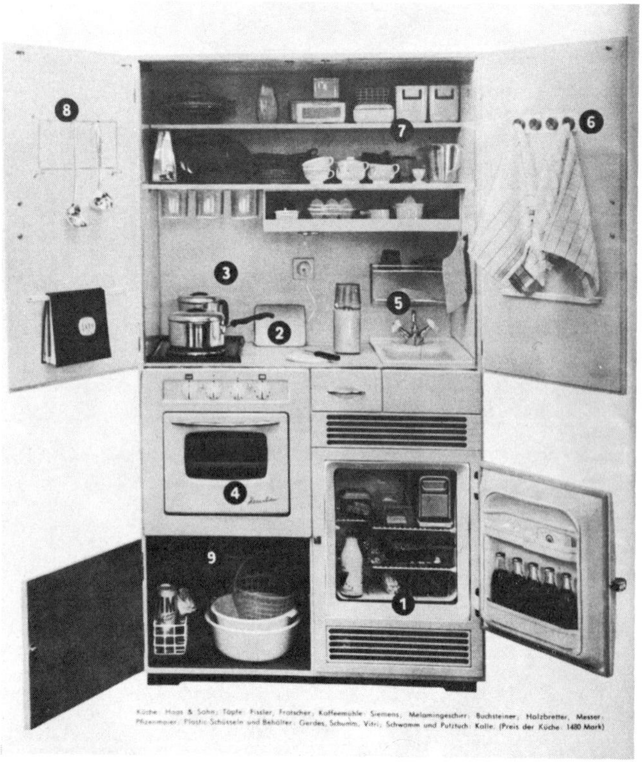

Das behagliche Heim

Die Menschen, die in den 50er Jahren ihre Wohnung einrichteten, dachten meist nicht darüber nach, welchen Stil sie eigentlich bevorzugen würden, wenn sie wählen könnten. Aber sie wußten genau, was sie nicht wollten: daß ihre Zimmer so aussahen, wie Luftschutzkeller oder Flüchtlingslager. Möbel, die nur das nackte Bedürfnis befriedigten, wollte die Mehrheit gewiß nicht. Deshalb kauften die meisten hochglanzpolierte Schränke und dickbauchige Epingle-Sofas, Wulst und Schwulst – Gelsenkirchner Barock also.

Wer Möbel brauchte, war froh, wenn er überhaupt welche bekam, nicht, ob der Geschmack stimmte, war das Problem, sondern ob das Geld reichte. Dabei sollten Frauen der »Möblierung« ihrer Wohnung schon die nötige Wichtigkeit verleihen. Die Hausfrau der 50er Jahre hatte Wohnkultur zu schaffen.

Dieses war vor allem die Meinung der Möbelindustrie und ihrer Designer. Vorbei sollte die Zeit sein, in der man froh und zufrieden sein konnte, wenn überhaupt einige Möbelstücke vorhanden waren bzw. überhaupt eine eigene Wohnung mit mehreren Räumen, die nach unterschiedlichen Funktionen eingerichtet werden konnten.

Zum Zentrum häuslicher Behaglichkeit, zum »Herz« des gemütlichen Heims wurde das Wohnzimmer. Um dieses herum gruppierten sich »Spezialräume«, die ganz bestimmten Sonderzwecken dienten: die Küche als Arbeitsplatz der Frau, das Badezimmer, die Toilette, die Räume für die Kinder, das Schlafzimmer und allenfalls noch ein Arbeitszimmer für den »Herrn des Hauses«. Das Wohnzimmer war nicht mehr die «gute Stube«, die alleine repräsentativen Zwecken diente, sondern das eigentliche Gemeinschaftszimmer der ganzen Familie. Hier hielt man sich in den freien Stunden auf, hier empfing man Besuch, hier saß man mit guten Freunden zusammen – wie ein Ratgeber der offenbar völlig unwissenden Frau die Funktion eines Wohnzimmers erklärt.

Nur, so wie wir uns heute das typische Wohnzimmer der 50er Jahre vorstellen, war es selten. Das Institut für Demoskopie Allensbach befragte 1954 (und in den beiden darauffolgenden Jahren) 1046 Hausfrauen über 18 Jahre, wie sie sich am liebsten einrichten würden. Nur 8 % (später 11 % und 13 %) entschieden sich für ein modern gestaltetes Zimmer mit geschwungener Bodenvase und Nierentisch, während mehr als die Hälfte die »kalte Pracht der Möbelkonstruktion« vorzog.[6]

Die modernen Möbel waren hell und leicht, damit sie durch »optische Schwerelosigkeit die Wohnung weiten«.[7] Dies war gerade für Mieter im sozialen, aber beengten Wohnungsbau wichtig. Die Möbel waren »mobil«, d.h., daß die Frau sie ohne fremde Hilfe umräumen und so der Wohnung mühelos »ein neues Gesicht geben konnte«. Die »modernen Sitzmöbel«, Schalensessel oder Sitzkuhlen genannt, waren nach neuesten Erkenntnissen geformt. Die Rückenlehne war zur Unterstützung der Wirbelsäule nach hinten abgeschrägt. Die neue Sitzhöhe betrug nicht mehr 45 Zentimeter, sondern nur noch 40, denn »niedriges Sitzen« hieß »bequemer leben«. Die nach hinten abgeschrägten Sitzflächen verlagerten das Körpergewicht und ermöglichten so angeblich eine günstigere Sitzhaltung. Stahlrohrgestelle oder streichholzdünne, schräg gestellte Holz- oder Kunststoffbeine waren eine deutliche Absage an die soliden »Dackelbeine« der kurvenreichen konservativen »Dauerwellmöbel«.

Der Nierentisch wurde zum allgemein bekannten Symbol jener Zeit. Was den Nierentisch später zum Symbol des Kitsches machte, war nicht nur seine »organische«, dynamisch geschwungene Form, sondern auch die schrägen, staksigen Beine mit Messingschuhen und die Kunststoff- oder Mosaikplatten mit den geriffelten Blechzierleisten.

Vor allem die vielgepriesene »Variabilität« der moder-

nen Möbel überzeugte neue Käuferschichten: Die Tütenlampen, deren Schirme an Spiralarmen biegbar waren, konnten für die unterschiedlichsten Beleuchtungszwecke benutzt werden. Es gab Nähmaschinen, die sich in zusammengeklapptem Zustand in einen Damenschreibtisch verwandelten und nichts von ihrer eigentlichen Bestimmung verrieten, oder Eßtische fürs Wohnzimmer, die ihr Dasein zusammengeklappt in einer Schranknische verbrachten, bis einmal Gäste eingeladen wurden, die nicht in die »altmodische Wohnküche« gebeten werden konnten. Die Klappcouch, tagsüber wichtiges Sitzmöbel und abends zum Bett wandelbar, fehlte in nahezu keiner Wohnung.

Weitere Zugeständnisse an moderne Produkte der Einrichtungsbranche wurden im Bereich des Designs bei der Auswahl von Gardinen, Tapeten, Teppichen, Auslegeware, Lampenschirmen sowie auch bei der Wahl des Geschirrs und der Haushaltsgegenstände gemacht. Die Muster nannte man abstrakt, entliehen von Künstlern wie Miró, Klee oder Picasso, so daß gleich alles, was irgendwie modern und schräg war, dem »Picassostil« zugeordnet wurde.

Auch bei den Kleinmöbeln wie den Zeitungsständern, Bücherständern, Radiotischchen, Servierwagen, Nähboys, Blumenständern, Verwandlungstischchen oder Teewagen erlaubte man sich ein wenig Extravaganz. Diese der »Augenblicksmode« unterworfenen Nebensächlichkeiten gesellten sich zu den wulstigen Großmöbelstücken. Der Besuch saß nun vor den flachen Couchtischen, auf denen die Kleinobjekte des Hausrats standen: merkwürdig geformte, d.h. nicht mehr stapelbare Schalen und bauchige Vasen, stromlinienförmig gebogene Ständer für Salzgebäck und Schnapsgläser und Bowlenspießchen aus Kunststoff.

Denn neben den traditionellen familiären Zusammenkünften der näheren und weiteren Verwandtschaft wird Geselligkeit zu einer neuen Aufgabe der jungen Hausfrau der 50er Jahre. Wieder sind es die Ratgeber, die ihr eine hübsche Tischgestaltung empfehlen, wie man billig und doch raffiniert ein Abendessen zaubert, eine Cocktailparty oder einen Herrenabend vorbereitet.

Die Männer waren mit dem Wiederaufbau beschäftigt – die Frauen boten ihnen ein behagliches Heim mit Gummibäumen, blumenförmigem Geschirr, großgemusterten Teppichen und einem Hauch von Ferne, Kultur, Bildung und Kunst.

»Was macht eine Frau zu einer umworbenen und geliebten Frau, zum Mittelpunkt eines eigenen kleinen Reiches?
Die Welt hat sich geändert, die Anforderungen an uns Frauen sind gewachsen. Daneben hat uns unsere Zeit Erleichterungen geschenkt, von denen unsere Mütter kaum zu träumen wagten. Für uns alle, ob verheiratet oder nicht, ob berufstätig oder ›nur‹ Hausfrau, gelten die gleichen Gesetze: Wir müssen in erster Linie Frauen bleiben, trotz modernem Tempo und vermehrter Pflichten. Das heißt, wir müssen lernen, unser Leben zu gestalten. Wir müssen lernen, mit unserer Zeit und unserem Geld sinnvoll umzugehen. Das gibt uns Raum für die schönen, so echt weiblichen Dinge des Lebens und die Möglichkeit, andere damit glücklich zu machen. Eine versorgte, abgehetzte oder ungepflegte Frau strahlt keine Anziehungskraft aus und schafft kein Heim. Die Frau von heute hat ein beträchtliches und meist sehr vielfältiges Aufgabengebiet zu meistern. Dieses Buch möchte ihr dabei helfen. Es zeigt neue Wege, Zeit und Geld vernünftig einzuteilen, die Hausarbeit mit einem Mindestmaß an Zeitaufwand zu erledigen, praktische Dinge selbst zu basteln und zu nähen, Wohnung und Möbel zu verschönern, Gäste zu bewirten, Mann und Kinder glücklich zu machen und bei all dem hübsch und gepflegt zu bleiben.

Sie werden sehen, es macht Ihnen Spaß. Ernten Sie fröhlich die Früchte Ihrer Mühen, lassen Sie sich bewundern, verehren, lieben. Aber gewähren Sie keinem Mann Einblick in Ihre Betriebsgeheimnisse, stöhnen Sie nie! Sie sind eine moderne Frau, Sie machen das gewissermaßen aus dem Handgelenk – und lächeln. Denn: Selbst ist die Frau!«[8]

Anmerkungen

1 Selbst ist die Frau, hrsg. von Martha Maria Gehrke, München 1958, S. 11.
2 Constanze, Heft 9, 1952, S. 56/57.
3 Selbst ist die Frau..., S. 125.
4 Handbuch für die junge Frau, 1958, S. 11.
5 Interview-Auszug, unveröff. Manuskript von Angela Delille und Andrea Grohn
6 Der Spiegel, Heft 16, 1954, S. 11.
7 ebd., S. 36/37.
8 Scholl, Inge: Eine neue Gründerzeit und ihre Gebrauchskunst, in: Bestandsaufnahme, hrsg. von Hans Werner Richter, München 1962, S. 421–428.

Veronika Kämpfer / Andrea Grohn

Boulevard der Träume

Schicksale, die Millionen bewegten

Die große Stunde

Das Liebes-Märchen zwischen Hollywood und Monte Carlo ist Wirklichkeit geworden

Grace und Rainier kirchlich getraut

„Nun seid ihr Mann und Frau!" Eben sind die Worte verklungen, mit denen Bischof Gilles Barthe von Monaco die Trauung vollzogen hat. Grace und Rainier haben die Ringe getauscht, ihr „Oui" gesprochen. Der Bischof hat seine Stola von ihren Händen gelöst, die noch für eine kleine Weile ineinander liegen bleiben. Dann braust die Orgel auf. Die Sonne macht Rainiers Orden schimmern und Graces blondes Haar leuchten. Draußen jubelt Monaco: „Es lebe die Fürstin!" Das Märchen, das im vergangenen Sommer so zufällig im Schloßpark von Monte Carlo begonnen hatte, ist Wirklichkeit geworden. Für eine Foto-Reportage stand Grace damals Modell, der junge Fürst sah sie, und im Januar hielt er in Philadelphia um ihre Hand an.

Die Schicksale vor allem zweier Frauen haben in den fünfziger Jahren Millionen von Frauenherzen bewegt. Sowohl das Glück der einen als auch das Unglück der anderen waren über Jahre hinweg Thema Nummer eins der Artikel und Berichte der Regenbogenpresse und ihrer Klatschspalten. Denn nur wenige Monarchien hatten den Faschismus und den Zweiten Weltkrieg unbeschadet überlebt und konnten jahrhundertealte Traditionen neben neuentstehenden Demokratien, neben alten Republiken und überdauernden Diktaturen fortsetzen.

Es war die Zeit der Märchenhochzeiten. Wochenschauen, das Fernsehen und vor allen Dingen die Illustrierten berichteten aus dem glanzvollen Leben der Gekrönten und Ungekrönten und von ihren rauschenden Festen. Die Boulevard-Presse erzählte die Märchen von romantischer Liebe, von Neid und bösen Intrigen, die man lieber las als die Artikel über Arbeitslosigkeit und Wohnungsnot in der Tagespresse. Es waren Märchen aus tausendundeiner Nacht, wahr geworden beflügelten sie die Phantasien nicht nur jüngerer Frauen. Die älteren konnten ihre Vergangenheit idealisieren und selbst an ein Wirtschaftswunder glauben, von dem man soviel sprach und oft so wenig spürte.

Im Schicksal von Grace Kelly und Soraya Esfandiary hatte sich »der Traum jeder Frau« verwirklicht. Diese beiden hatten den Märchenprinzen gefunden, der sie mit in sein Schloß nahm, eine glanzvolle Hochzeit mit ihnen feierte und ihnen ein Leben in Samt und Seide bot.

Da hatte sich ein europäischer Fürst in eine amerikanische Filmschauspielerin verliebt. Und diesmal las man nichts von einer »schmutzigen Affäre«, sondern von einer »großen, reinen Liebe«, die diese beiden sehr schnell in den Hafen der Ehe führte. An diesem Glück partizipierten Millionen Leser der Illustrierten zumindest der gesamten westlichen Welt. So schreibt zum Beispiel eine Leserin der »BZ«:

Sonderbericht
von OSWALT KOLLE

Die drei Gesichter der Fürstin Gracia Patricia

Die blonde schlanke Grace Patricia kann so kühl und verhalten sein. Das aber ist nur eine Seite ihres Wesens: Kristallklar, Eleganz, Abstand, Haltung.

Ich habe die Fürstin Gracia Patricia während der heißen und aufregenden Tage dieser Märchenhochzeit sehr genau beobachtet: Grace hat viele Gesichter. Keine Masken und keine Grimassen — ernste Augen, ein schmaler Mund. Während der Ziviltrauung kein Lächeln, nur ein wenig gekräuselte Lippen. Sie war sich der Bedeutung bewußt, die dieser Entschluß haben mußte für eine junge Frau, die mit eigenen Kräften Karriere gemacht hatte und nun plötzlich einem Manne Gehorsam schuldig war.

Fotos: Winkler, UP-Funkbild

▲ Träumerisch . . .

Ihr entspanntes Gesicht gestern abend in der Oper und ihr strahlendes Lachen, als sie beim Herausgehen den Monegassen zuwinkte. Das entzückte mich. Jeder, der die Fürstin sah, und den dieses Lachen traf, fühlte, daß es ihm persönlich galt. Ich auch.

Ich habe Grace aber auch am Abend vom Platz des Schlosses aus beobachtet, als die Monegassen ihrem Herrscherpaar Tänze vorführten und ihm zujubelten. Ich entdeckte in ihren Zügen eine tiefe Müdigkeit, eine Erschöpfung, die fern allen Willens lag. Da war eine Frau, die der Rummel, den man um sie veranstaltete, zermürbt hatte. Sie fürchtete sich vor den Menschen und versuchte, es nicht zu zeigen.

In meinem Herzen wird als Erinnerung an diese Hochzeit das schönste Gesicht der Gracia Patricia bleiben. Als sie gestern nachmittag um ½6 Uhr auf der ausfahrenden Yacht „Deo Juvante II" stand und Hand in Hand mit Rainier, ihren kleinen Pudel auf dem Arm, der Menschenmenge zuwinkte: „Ich bin glücklich."

◀ Versonnen . . .

Strahlend . . . ▶

Ihre Urlaubsreise kann sich doppelt lohnen. Beteiligen Sie sich am FERIEN-REISE-WETTBEWERB der RADIO REVUE
Die glücklichen Gewinner reisen im nächsten Jahr auf Kosten der RADIO-REVUE in den Urlaub!
Neues Heft überall für 30 Pf.

10

Gracia mit ihrer Tochter Caroline, die am Nationalfeiertag von Monaco eine monegassische Tracht trägt.

»Wenn man nun an die Märchenhochzeit von Monaco denkt, das gewaltige Echo in der Weltpresse, so wird man doch nachdenklich. Es ist doch so, daß wir alle in einem tief versteckten Eckchen unseres Gemüts die Romantik bewahren. Geradezu mit Wonne – insgeheim – stürzt man auf so eine Geschichte, die zu beweisen scheint, daß die Welt nicht nur aus Atombomben, Kolonialkriegen, großer Politik und Gemeinheit besteht. . . « [1]

Doch von »großer Politik« betroffen war das Los der Soraya Esfandiary. Sie war als Tochter eines einflußreichen Baktiarenfürsten und einer deutschstämmigen Mutter 1951 die zweite Ehefrau des Schah von Persien geworden. Die Hochzeitsfeierlichkeiten übertrafen alles, was man sich im noch ärmlichen Nachkriegsdeutschland an Prunk vorstellen konnte. Soraya wurde in diesem Märchen die vom Volk geliebte Herrscherin Persiens. Mit steigenden Industrieimporten Persiens aus der Bundesrepublik wuchs hier die Berichterstattung über die allseitige Beliebtheit des Herrscherpaares auf dem Pfauenthron. Die politischen und sozialen Verhältnisse des Landes blieben dabei den meisten verborgen. Und die sahen ganz anders aus.

Der Schah war kein souveräner Herrscher, sondern eher der Spielball zahlloser Mächte, die um Einfluß, Geld und Öl stritten. Seine Scheinreformen brachten ihm weder Sympathien beim Volk, noch das Wohlwollen der mächtigen aristokratischen Oberschicht Persiens. Bei einem Umsturzversuch des Ministerpräsidenten Muhammed Mossadegh, den die kaisertreuen Offiziere nicht schnell genug verhindern konnten, mußte der Schah 1953 sogar für einige Tage ins Exil flüchten.

Soraya, die westlich erzogen war und in ihrem öffentlichen Auftreten die strengen Regeln des Koran nicht befolgte, symbolisierte in Persien den europäischen und amerikanischen Fortschritt und half damit, den Dollarfluß aus den USA – ob der strategisch günstigen Lage des Irans – aufrechtzuerhalten.

Geld aus Amerika fehlte auch in dem kleinen Fürstentum Monaco an Europas schönster Küste, der Cote D'Azur. 1955 hatte die halbstaatliche Bank, die dem monegassischen Schatzamt als Instrument diente, zu unvorsichtig investiert und ging Bankrott. Die Regierung von Monaco war gezwungen, den größten Teil der Verluste wieder auszugleichen. Fürst Rainier, der damals wegen seiner aufwendigen Lebensweise kritisiert wurde, suspendierte den Nationalrat von seinem Amt und übertrug alle Macht dem Staatsrat.[2]

Die mondäne Spielbank von Monte Carlo, in der in früheren Jahren »russische Großfürsten ihr Vermögen verspielt« hatten und aus deren Einnahmen zum Teil der monegassische Staatshaushalt bestritten wurde, war schon lange nicht mehr in ausreichendem Maße frequentiert worden. Zahlungskräftige Kunden blieben aus. Das Defizit des Fürstentums belief sich zu Beginn des Jahres 1956 auf 36 Millionen Dollar.[3] Allein dies wäre schon ein Grund genug für Fürst Rainier III gewesen, die Millionenerbin und Oscar-Preisträgerin Grace Kelly zu heiraten, und so die Großverdiener aus Hollywood an die Spieltische Monte Carlos zu locken. Auch wegen der 20000 Monegassen, die noch ohne Abgaben und Wehrdienst und mit einer Altersrente von ca. 200 DM pro Kopf recht sorglos lebten, mußte schnell gehandelt werden. Blieb der Fürst nämlich ohne Nachfolger, bestimmte das Gesetz, daß Monaco an Frankreich fallen und somit seine Privilegien verlieren würde.

Die Verlobung mit Grace Kelly erhöhte sowohl den Marktwert der Schauspielerin, als auch die Kreditwürdigkeit des kleinen Fürstentums. Diese Art der Publicity ließ die Besucherzahl des Kasinos ebenso spürbar emporschnellen wie die der Kinosäle. Handfeste politische und wirtschaftliche Interessen wurden in der Traumfabrik Kino als »Liebe und Romantik« an die Frau gebracht.

Als Rainier von Monaco die bereits weltberühmte Schauspielerin 1955 – diese weilte zu Fotoaufnahmen an der Cote D'Azur – gerade erst kennenlernte, begann sich der strahlende Himmel über Soraya bereits langsam zu verdunkeln.

Nach vierjähriger Ehe war Soraya noch immer kinderlos. Der Schah wurde zunehmend unter Druck gesetzt. Nach Paragraph 37 der persischen Verfassung hätte es zwar genügt, wenn der Schah einen Nachfolger bestimmte, doch es schien unmöglich, dem Parlament einen Thronfolger zu präsentieren, der von der Mehrheit akzeptiert würde. Zudem sank die Bereitschaft westlicher Geldgeber, ihre Investitionen in Persiens dunkle Bazare fließen zu lassen. Lieber wollten sie in die gewinnbringenden Ölindustrieanlagen des Landes investieren.[4]

Soraya hielt sich fortan vorwiegend im Ausland auf und konsultierte unzählige Spezialisten. Die Wochenzeitschriften, die seit 1951 auf die Schlafzimmergeheimnisse des persischen Kaisers abonniert waren, griffen die Kinderlosigkeit Sorayas gierig auf. Frauen in aller Welt bangten mit Soraya um das drohende Unglück: den ausbleibenden Kindersegen.

Grace Kelly wurde indes zur Inkarnation einer glücklichen Braut, die den Reportern freudestrahlend erklärte: »Ich liebe Rainier sehr, wir werden eine ideale Ehe führen. Ich möchte drei Kinder haben!«[5]

Grace Kelly hat das Schönheitsideal der 50er Jahre nachhaltig geprägt. Ihre kühl verhaltene Schönheit wurde zur modischen Idealvorstellung von Frauen schlechthin. Ab 1956 wurde das Vorbild gänzlich vermarktet. Von der Zahnpasta- bis zur Zigarettenreklame warb man mit dem Kelly-Typ. Frauen versuchten mit »Kelly-Frisur« und »Grace-Kelly-Aufmachung« ihrem Vorbild zu gleichen. Die kurzsichtige Grace Kelly steigerte sogar das Selbstbewußtsein der oftmals bemitleideten sogenannten »Brillenschlangen«. Unzählige Frauen trauten sich nun gleich ihrem Vorbild, auch in der Öffentlichkeit eine »Sehhilfe« zu tragen. Die »Kelly-Brille« wurde zum Kassenschlager der Optikerbranche. Die Brille für Frauen nahm ihren Weg zum modischen Accessoire.[6]

Die Hochzeit, die das Liebesmärchen zwischen Holly-

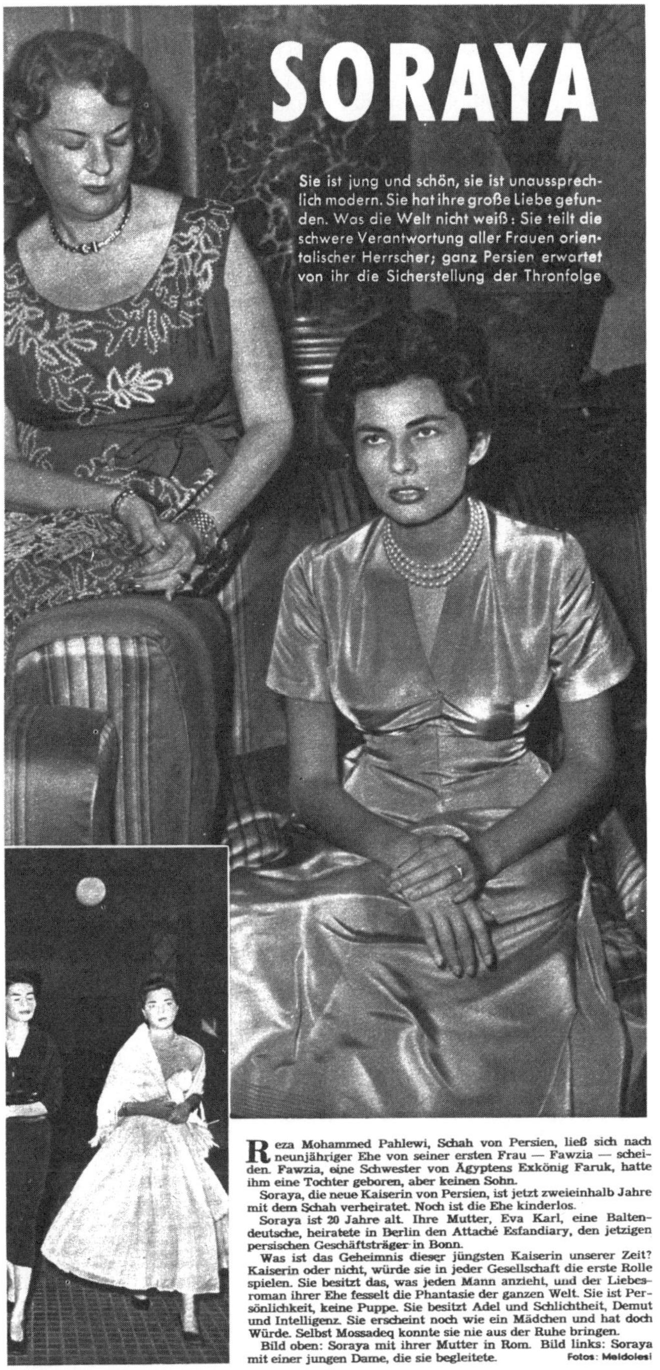

SORAYA

Sie ist jung und schön, sie ist unaussprechlich modern. Sie hat ihre große Liebe gefunden. Was die Welt nicht weiß: Sie teilt die schwere Verantwortung aller Frauen orientalischer Herrscher; ganz Persien erwartet von ihr die Sicherstellung der Thronfolge

Reza Mohammed Pahlewi, Schah von Persien, ließ sich nach neunjähriger Ehe von seiner ersten Frau — Fawzia — scheiden. Fawzia, eine Schwester von Ägyptens Exkönig Faruk, hatte ihm eine Tochter geboren, aber keinen Sohn.

Soraya, die neue Kaiserin von Persien, ist jetzt zweieinhalb Jahre mit dem Schah verheiratet. Noch ist die Ehe kinderlos.

Soraya ist 20 Jahre alt. Ihre Mutter, Eva Karl, eine Baltendeutsche, heiratete in Berlin den Attaché Esfandiary, den jetzigen persischen Geschäftsträger in Bonn.

Was ist das Geheimnis dieser jüngsten Kaiserin unserer Zeit? Kaiserin oder nicht, würde sie in jeder Gesellschaft die erste Rolle spielen. Sie besitzt das, was jeden Mann anzieht, und der Liebesroman ihrer Ehe fesselt die Phantasie der ganzen Welt. Sie ist Persönlichkeit, keine Puppe. Sie besitzt Adel und Schlichtheit, Demut und Intelligenz. Sie erscheint noch wie ein Mädchen und hat doch Würde. Selbst Mossadeq konnte sie nie aus der Ruhe bringen.

Bild oben: Soraya mit ihrer Mutter in Rom. Bild links: Soraya mit einer jungen Dame, die sie begleitete. Fotos: Meldolesi

Der Schah schweigt, Soraya ist verzweifelt

Vergeblich wartete die persische Kaiserin auf eine Botschaft des Schahs / Überstürzte Incognito-Reise nach Köln

Es begann wie ein Märchen aus 1001 Nacht. Jetzt hat es den Anschein, als werde die harte Wirklichkeit unseres Jahrhunderts diesen Traum zerstören. Die schöne Prinzessin Soraya Esfandary wurde vom persischen Kaiser gefreit und war an seiner Seite das glücklichste Mädchen der Welt. So glaubten Millionen Menschen. Sicher war es auch die ersten Jahre richtig. Heute steht fest: Die „Kaiserin aus Liebe" ist verzweifelt. Vorbei sind die Zeiten, da sich Soraya als glückliche Frau an der Seite ihres jungen Gatten zeigte. Die hohe Politik rüttelte das Märchenpaar aus seinen Träumen. Persien verlangt nach einem Thronfolger — aber Soraya kann nicht Mutter werden. In der ersten Zeit wehrte sich der Schah verzweifelt gegen seine politischen Ratgeber, die auf eine Trennung von Soraya drängten. Aber inzwischen scheint er erkannt zu haben, daß es am Ende doch nur eine Entscheidung gibt: Sein Thron oder die Frau, die er liebt. Die Scheidungsabsichten des Schahs bilden seit Sorayas Abreise aus Teheran das Tagesgespräch. Die Kaiserin begab sich zum Wintersport nach St. Moritz — ohne Schah. Tagelang wartete sie vergeblich auf eine Nachricht aus Teheran. Aber der Schah schwieg. Kein Telegramm, kein Gruß, kein persönlicher Blumenstrauß. Den Menschen, die Soraya täglich sahen, fiel es auf, wie gedrückt und melancholisch die junge Monarchin ihre Urlaubstage verbrachte. Meistens wartete der Skilehrer vergeblich auf seine kaiserliche Schülerin. Soraya verließ tagelang nicht ihr Hotel-Appartement. Besucher wurden mit Bedauern abgewiesen. Völlig unerwartet reiste die Kaiserin ab. Offizieller Grund: Ihr Vater, der iranische Botschafter in Bonn, Fürst Shalil Esfandary, hatte sich den Fuß gebrochen. Incognito traf sie in Köln ein. Mit 42 Koffern. Die zu ihrem persönlichen Schutz abgestellten Kriminalbeamten sagten einen längeren Aufenthalt in der Bundesrepublik voraus. Eingeweihte aber sprechen es offen aus: „Soraya ist verzweifelt!"

Plötzlich abgereist ist Kaiserin Soraya aus ihrem Winterurlaub in St. Moritz. Der REVUE-Reporter fotografierte sie, als sie gerade ihren Salonwagen betrat, um nach Köln zu ihrem Vater zu fahren. Vergeblich wartete er auf das berühmte strahlende Lächeln. Er blickte in das Gesicht einer unglücklichen Frau. Soraya war so überstürzt aufgebrochen, daß sie sogar vergaß, ihren Skilehrer zu honorieren. Das Hotel setzte den Betrag nachträglich auf Sorayas-Rechnung. Obwohl die Kaiserin ausdrücklich darum gebeten hatte, ihre Ankunft in der Bundesrepublik geheim zu halten, wurde ihr Sonderwagen von Neugierigen erwartet. Köln hatte auf Wunsch keine uniformierten Polizisten eingesetzt.

wood und Monte Carlo als Happy-end krönte, fand ein unglaubliches Presseecho. Die Ereignisse um Rainier und Gracia Patricia, wie sie sich fortan nannte, füllten über Wochen die Schlagzeilen der Gazetten. Im April 1956 diskutierten Millionen von Frauen die »Kleiderfrage« und fieberten mit Gracia Patricia dem Ereignis entgegen.

Die Amerikanerin kam auf der »Constitution«, in Begleitung ihrer 80 engsten Verwandten und Freunde, einem Heer von Journalisten, mit 86 eigenen und 80 Koffern ihrer Verwandten aus Philadelphia, in Monaco an. Die »Königin Hollywoods« führte eine fürstliche Aussteuer mit.

Die Aussteuer war nicht nur als Bestandteil einer elterlichen Mitgift zu betrachten, sie stellte auch eine beträchtliche Hilfe für Monacos prekäre wirtschaftliche Lage dar. Was als rührender familiärer Beitrag die Leserinnen in achtungsvolles Staunen versetzen sollte, war Teil eines umfangreichen Vertragswerkes, das die Sanierung eines der letzten kleinen Staatswesen bedeutete und damit dessen selbständiges Fortbestehen sicherte.

Mit der standesamtlichen Trauung am 18. April 1956 nahm Gracia Patricia die Geschicke Monacos in die Hand, und schon nach wenigen Jahren sollte sich ein deutlicher Wandel im »Operettenstaat« bemerkbar machen. Aus dem skandalumwitterten Spielerparadies der High Society machte sie »einen seriösen Staat«, in dem »Banken und Industrien... den kleinen rotierenden Elfenbeinkugeln an dem Place de Casino den Rang ablaufen sollten. Monte Carlo bauten die Manager der Prosperität, des Wirtschaftswunders, zu einem Zentrum des gemeinsamen Marktes« aus.[7]

Zwei Monate bevor Grace Kelly zur Fürstin wurde, hatte Soraya gesetzmäßig aufgehört, Kaiserin von Persien zu sein. Der Vater des Schahs hatte kurz vor seinem Tod erlassen, daß dieser sich von seiner Gattin trennen müsse, wenn seine Ehe nach Ablauf von fünf Jahren keinen männlichen Erben hätte. Aus diesem Grund hatte der Schah sich bereits von seiner ersten Frau Fawzia, der Schwester König Faruks von Ägypten, getrennt. Sie hatte ihm »nur« eine Tochter geboren.

Am 12. Februar 1956 war Sorayas Frist abgelaufen. Nach islamischem Recht konnte sich der Schah mit Zustimmung Sorayas wieder verheiraten und sie damit zu seiner Zweitfrau machen. Auf dieses letzte Verhandlungsangebot verzichtete Soraya allerdings ehrenhaft.[8]

Die nächsten zwei Jahre reiste sie kreuz und quer durch Europa, ständig begleitet von einer Schar Journalisten, die alle Anzeichen und Gerüchte um die persische Staats- und Ehekrise aufgriffen und hochspielten. Im März 1958 nahm das allseits befürchtete Drama seinen Lauf: Der Schah hatte dem Drängen der Opposition des Parlaments nachgegeben und sprach die Scheidung aus.

»Am Vorabend der 13. März 1958 läutete das Telefon in der Iranischen Botschaft in Köln. Der Schah! Er spricht mit Soraya, es ist seit Wochen das erste Gespräch. Als Soraya den Hörer auflegt, weiß sie, was am nächsten Tag die ganze Welt erfahren wird: der Schah hat sie verstoßen!« [9]

Getreu dem orientalischen Erzählerprinzip, daß die längsten Geschichten die schönsten sind, wurde der Welt monatelang der Opfergang einer Kaiserin vorgetragen, deren einziger Fehler es war, Persien keinen Thronfolger »schenken« zu können. Ein trauriger Schah spielte eine Rolle, Rosen, die in Palästen verwelken, kommen darin genauso vor wie späte Liebesbotschaften.

Von den politischen Veränderungen im Iran las man wenig. Während rührende Episoden über den verzweifelten Schah, der jeden Morgen das Lieblingslämmchen der Exkaiserin fütterte, verbreitet wurden, hatten sich die Gefängnisse Teherans mit neuen Gefangenen gefüllt. Die Anhänger der kommunistischen Tudeh-Partei wurden zum Teil amnestiert. Statt dessen verhaftete man nun »Westlich Orientierte« als Feinde des Staates. Der plötzliche »Rußlandschwenk« des Iran bedeutete nicht etwa eine Umorientierung persischer Politik hin zum Kommunismus, sondern eine Warnung an die USA, die ihre Zahlungen zu stoppen begannen.

»Persien ist ein Land der ganz anderen Sitten. Es ist im Iran durchaus nicht anrüchig, daß sich ein Beamter, der die Korruption zu bekämpfen hat, bestechen läßt. Und es ist durchaus selbstverständlich und notwendig, daß man seinem Straßenpolizisten, seinem Briefträger etc. regelmäßig Geld gibt. Der persische Briefträger wirft die Post über Bord, wenn man mit dem Bakschisch im Rückstand ist, der persische Staat seine Politik.« [10]

Für die bundesdeutsche Regenbogenpresse war klar: Für diese Politik Soraya zu opfern, fiel nicht schwer. Schließlich gilt eine Frau im Orient nichts – oder weniger als das. Sie gilt als seelenloses Wesen.

Im Westen dagegen bemitleidete man Soraya grenzenlos. Eine ungeheure Welle der Sympathie für die verstoßene Kaiserin brach los. In der Beliebtheitsskala rangierte Soraya an erster Stelle vor Fürstin Gracia Patricia.[11] Diese allerdings hatte genau neun Monate und vier Tage nach ihrer Verehelichung dem Fürstentum den gewünschten Nachwuchs geliefert. Ihre Tochter Caroline hätte nach der etwas liberaleren Gesetzgebung Monacos Thronfolgerin werden können, wäre dem Fürstenpaar nicht auch noch ein Sohn geboren worden.

So wurde Gracia Patricia ihrer ersten Fürstinnenpflicht mehr als gerecht. Zudem beendete sie standesgemäß ihre Hollywood-Karriere und schlüpfte in die Rolle einer glücklichen Mutter und liebenden Gattin. Die »verstoßene« Soraya dagegen wurde zum Inbegriff der vom »Schicksal« gezeichneten, doch opferbereiten und verzichtenden Frau. Als »traurige Prinzessin« füllte die Ex-Kaiserin noch jahrelang die Gazetten. Beide Frauen verkörperten in den Berichten der Regenbogenpresse die zwei Pole der Idealvorstellung von Weiblichkeit. Soraya und Gracia Patricia vermieden jede Art von Skandal in der Öffentlichkeit, sie boten das Image höchster Tugend und Moral.

Frauen und Mütter, die ihr eigenes Leben als Verzicht und Opferbereitschaft ansahen, hatten in Soraya eine berühmte Leidensgenossin gefunden. Die Familienseligkeit ausstrahlende Fürstin von Monaco symbolisierte ihnen den Wert, für den sich der Verzicht lohnte.

Die Hofdichtungen der Medien machten beide zu den unumstrittenen Heldinnen der stillen Alltagssehnsüchte der Leserinnen.

Anmerkungen

1 BZ Nr. 118 vom 23. 5. 1956, Seite 5.
2 Edward Quinn: Riviera Cocktail. Die goldenen Fünfziger an der Cote d'Azur. Herrsching 1980, Seite 30.
3 Quick Nr. 7 vom 18. 2. 1956
4 Stern Nr. 16 vom 19. 4. 1958, Seite 14–20.
5 Quick Nr. 16 vom 12. 4. 1956
6 Quick Nr. 19 vom 12. 5. 1956
7 Quick Nr. 4 vom 23. 1. 1960
8 Stern Nr. 14 vom 5. 4. 1958
9 ebenda
10 Stern Nr. 16 vom 19. 4. 1958
11 Jahrbuch der öffentlichen Meinung 1958–1964. Hrsg. v. Elisabeth Noelle und Erich Peter Neumann. Allensbach und Bonn 1966.

Sabine Weißler

Fahnen des Neubeginns

Perlonstrümpfe

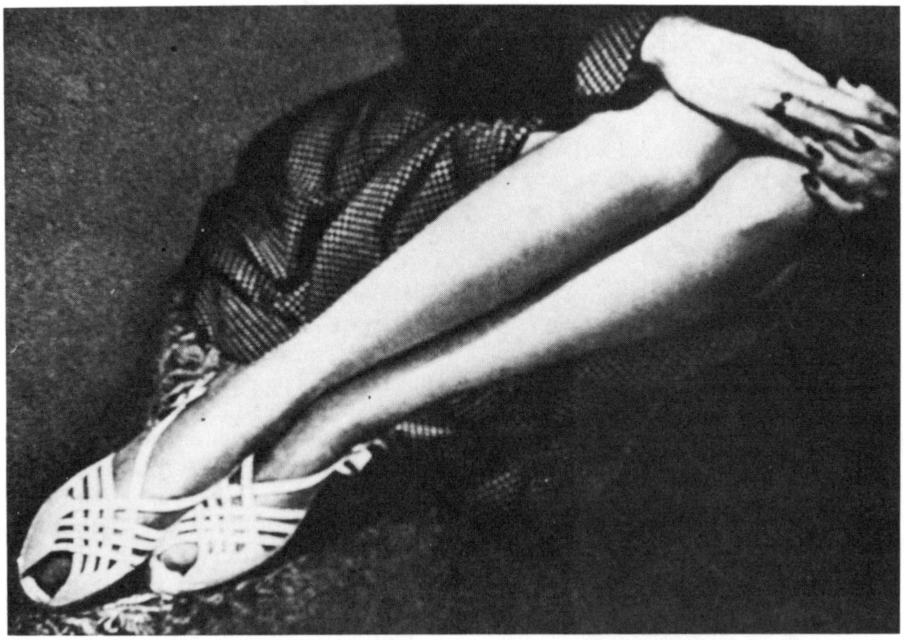

Es geht um das Bein. Es geht um den Strumpf. Es geht darum, wie und ab wann das Bein im Strumpf sichtbar wurde. Und es geht im weiteren um eine Abwandlung des Strumpfes, die Strumpfhose. Diese kennt man seit dem 14. Jahrhundert. Der Strumpf läßt sich sogar bis zu den Römern zurück verfolgen.

Etwas besonderes wird der Strumpf, wenn ein Damenbein in ihm steckt, und dann wiederum ist nicht der Strumpf das Entscheidende, sondern das Ende des Strumpfes. Am Ende befindet sich das Strumpfband. Später waren an seiner Statt kleine metallene Halter angebracht, dic nicht nur das Gewebe zwickten und das Herabrutschen des – im Idealfall – dünnen und feinen Materials verhindern sollten: die sogenannten Strapse. Die Strapse waren Teil eines Gebildes, das man Strumpfhalter nannte. Das nüchterne Wort gibt nur vor, eine eindeutige Funktion zu beschreiben, es sagt nichts darüber aus, wozu der Strumpfhalter tatsächlich gebraucht wurde. Er hielt nicht nur die Strümpfe, er hielt die Fantasien. (Ganz anders der Sockenhalter. Der Socken, ein kurzer Strumpf, wird hauptsächlich von Männern getragen. Er endet in Wadenhöhe und wurde dort in manchen Zeiten und Moden durch Miniaturstrapse befestigt. Durch einen Sockenhalter wurden Fantasien eher erschlagen als gefesselt.)

Der Strumpf dient zum Wärmen. Bis circa 1950 war er aus Baumwolle, Viskose, Seide oder aus Wolle. Wie viele unserer Mütter erinnern sich mit Schrecken an die kratzenden Schläuche, die sie im Winter tragen mußten. Trotz Strumpfbandtechnik und Strapsmechanik war nie auszuschließen, daß sich die Strümpfe durch die Unzulänglichkeiten des Materials, aus dem sie bestanden, dehnten, in Falten rafften und wie Säcke am Bein hingen. Wollte man todchic wirken und hatte man das nötige Kleingeld, dann schlüpfte man in Strümpfe aus Seide. Das Strumpfband hatte gegenüber den neuzeitlichen Strapsen einen Vorteil: Es zeigte deutlich, daß weiter darüber etwas vollkommen anderes beginnt, dem eine feierliche Eröffnung durch Spitzen und Rüschen angemessen ist. Nur alltags konnte auf solcherlei Tand verzichtet werden.

Das altertümliche Strumpfband gab auch Auskunft über seine Trägerin. So diente eine Eigenheit in der Art, wie ein Strumpfband befestigt wurde, in der Geschichte »Das Geheimnis der Marie Rogête« von E. A. Poe dazu, die zentrale Leiche zu identifizieren. Maries Beine waren so dünn, daß sie sich angewöhnt hatte, die Schnallen an ihrem Strumpfbande zu versetzen, um sie enger zu machen. Poe philosophiert: »Die elastische Natur solcher Schnallenstrumpfbänder ist an sich schon ein Beweis für die Ungewöhnlichkeit der Verengung. Was gemacht ist, sich selbst anzupassen, erfordert notwendigerweise nur selten Anpassung durch fremde Hand«.[1]

Doch das Strumpfband ist nur das Ende einer langen Strecke erotischer Punkte, die das Bein im Laufe der Jahrhunderte angeheftet bekam. War es noch im Biedermeier fast Sünde und zugleich höchste Lust, die Fesseln der Geliebten sehen zu dürfen, so umspielte in den zwanziger Jahren die Begierde bereits das Knie. Jeder weiß, was Marlene zeigte, und jeder kennt auch die Reaktionen, die diese Ansichten hervorriefen. Beine wurden fast zu Sinnbildern der Erotik schlechthin, und das obwohl oder gerade weil sie nicht direkt auf das Geschlecht verweisen.

Auch Männer zeigen bisweilen Beine, Louis XIV prä-

sentierte die seinen fast aggressiv in Pose, betont selbstbewußt. Ganz sicher auch, um zu überspielen, daß das eine Bein kürzer als das andere war. Der Maler half bei dieser Täuschung geschickt mit. Ganz anders erging's dem armen Goethe, den Tischbein in italienischer Ruinenlandschaft porträtierte und dabei viel Sorgfalt auf das Arangement verwandte. Soviel, daß ihm entging, wie er dem deutschen Dichterfürsten die unteren Extremitäten verdrehte.

Die optimale Möglichkeit Bein zu zeigen und gleichzeitig dem Tod durch Erfrieren zu entgehen, wurde erst in den späten dreißiger Jahren in den USA und – unabhängig davon – in Deutschland entwickelt. In den Labors beider Staaten fand man die Polyamidfaser, die in USA als Nylon und in Deutschland als *Perlon* verkauft wurde. Der amerikanische Entdecker der »Wunderfaser« war ein äußerst erfolgreicher Chemiker. W. H. Carothers arbeitete für den Chemiekonzern DuPont und versuchte, auf den Spuren des deutschen Kollegen Hermann Staudingers wandelnd, die Kenntnisse über die Chemie der Kunststoffe zu erweitern. Nichts lag ihm ferner, als sich um ein Wäscheproblem der Damenwelt zu kümmern. Doch wie es das Schicksal wollte, er fand nach einer Reihe von Experimenten eine stabile Verbindung von Adipinsäure und Hexamethylen, die als Faser verwendbar war. Diese Erfindung war der Grundstein für die Nylonproduktion.[2] 1939 installierte DuPont die erste Nylonspinnanlage und puschte den ersten Nylonstrumpf auf den Markt. Der war teurer als Gold: 250 Dollar kostete ein Paar. Immerhin hatte DuPont über 20 Millionen Dollar in die Nylonforschung gesteckt. Zunächst wanderte der Stoff allerdings fast ausschließlich in die Rüstungsindustrie. Als 1945 der Krieg zuende war, kam man wieder aufs Damenbein zurück.

Der Nylonstrumpf erfreute sich nicht nur durch die Manipulationen geschickter Werbestrategen vom ersten Tag an größter Beliebtheit. Er war so gefragt, daß die teuren Strümpfe zu den wenigen Waren gehörten, für die es auch nach Kriegsende in den USA noch einen Schwarzmarkt gab.

In Deutschland wurden ab 1950 Strümpfe aus Perlon produziert. Die Zeitspanne zwischen dem Produktionsbeginn in USA und in Deutschland reichte aus, um den fast unzerstörbaren Mythos der »Nylons« zu begründen. Die dünnen Dinger wurden die Fahnen des Neuanfangs, eine vollsynthetische Massenware. Sie paßten zu dem Bild, das man sich von den USA machte: schnell, originell, unkompliziert, erfinderisch. Der Mythos der Nylons wurde auf die deutschen »Perlons« übertragen, auch wenn die Perlonstrümpfe nie Perlons genannt wurden. Der Nylonstrumpf verwirklichte eine Menge Wünsche, die sich schon immer an die Beinumhüllung richteten. Nylonstrümpfe waren relativ elastisch, ziemlich haltbar, wetterbeständig, leicht waschbar und vor allem fast durchsichtig.

Die Strümpfe waren bis Mitte der 50er Jahre noch nicht so dehnbar, daß sie sich jedem beliebigen Bein anpaßten. Erst ab 1955 gab es Perlon-Stretch-Strümpfe. Für die Massenproduktion war die Festlegung bestimmter Größen notwendig. Um diesen schnöden Zweck werbewirksam zu tarnen, kreierte die Firma ARWA sogenannte »Beinwettbewerbe«. Angeblich sollten die schönsten Beine Deutschlands ermittelt werden, es konnten jedoch dabei Hunderte von Damenfesseln und -waden gemessen werden, um das »Normalbeinmaß« zu ermitteln. Als »Beinkönigin« galt eine Dame mit einem Fesselumfang von 21,2 cm und einem Wadenumfang von 33,5 cm.

Das größte Malheur, das einem mit Perlonstrümpfen zustoßen konnte, war, daß sich die kostbaren Beinkleider in Laufmaschen auflösten. Ein ungeduldiges Rutschen auf der hölzernen Wartebank der Bushaltestelle, ein unbewußtes Kratzen mit einem abgebrochenen Fingernagel, das Streifen einer Tischkante oder einfach ein böser Blick waren Ursache für das Gefühl einer am Bein herunterlaufenden Spinne. Es löste Entsetzen aus, wußte doch jede Trägerin, daß es sich nicht um Ungeziefer, sondern um Auflösungsprozesse des Strumpfes handelte. Vielleicht war es

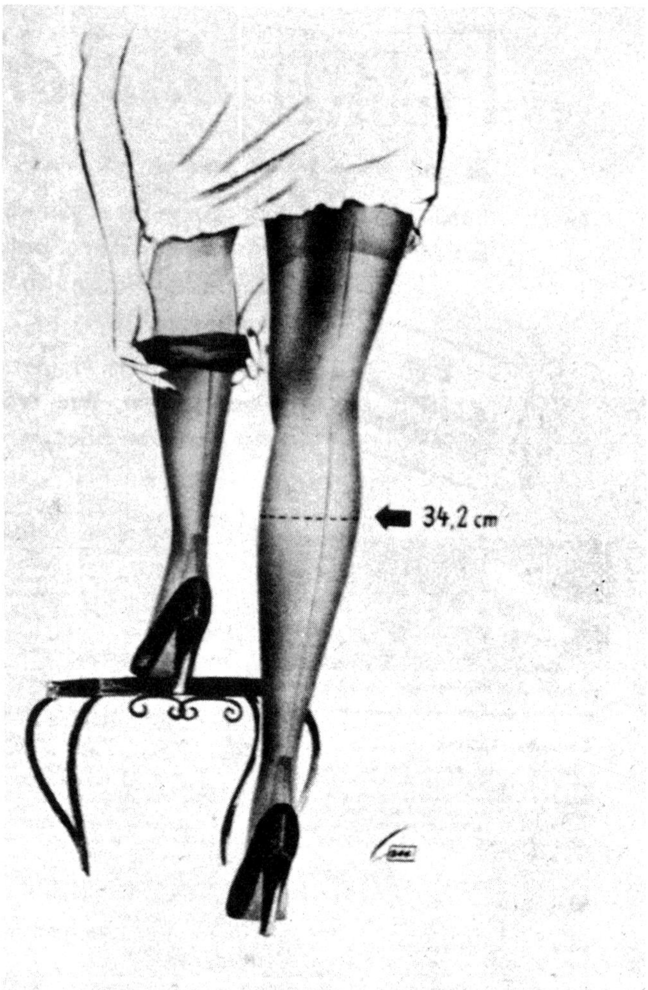

Welchen Wadenumfang haben Sie?

Prüfen Sie nach, wie sich Ihre Beinmaße zu den Maßen der Beinkönigin von Amerika und zu den Maßen der schönsten Beine von Stuttgart verhalten. Die Beinkönigin von Amerika hat einen Fesselumfang von 21,2 cm und einen Wadenumfang von 31,2 cm, Frau Gisela Vorgang, erste Preisträgerin im Stuttgarter ARWA-Beinwettbewerb, hat einen Fesselumfang von 21 cm und einen Wadenumfang von 33,5 cm. — Wissen Sie aber auch, wie schöne Beine erst ihre letzte Vollendung in der Linie erhalten? Erst dann, wenn Sie einen Strumpf tragen, der genau nach dem Normalbeinmaß von 1950 gearbeitet ist! Dieses Normalbeinmaß wird bei Arwa durch viele Arwa-Beinwettbewerbe ermittelt. Es zeigt sich, daß die Beine von heute eine andere Form haben als 1938. Die Beine sind länger, die Waden stärker, die Füße ausgeprägter. Diesem neuen Normalbeinmaß ist der Arwa-Strumpf genau angepaßt. Darum sitzen Arwa-Strümpfe mit so vollendeter Plastik am Bein! Darum sitzt auch die Naht bei ihnen so grade! Bitte überzeugen Sie sich selbst hiervon. Arwa-Strümpfe sind von 4,90 DM an überall in den guten Geschäften zu haben.

Wer wird Beinkönigin von Deutschland?

Zur Zeit werden durch die Beinwettbewerbe die schönsten Beine von Deutschland ermittelt. Voraussichtlich treffen sich Anfang nächsten Jahres die Besitzerinnen der schönsten Beine von Deutschland in Stuttgart, wo unter starker Beteiligung der Presse die Wahl der Beinkönigin von Deutschland erfolgt. Wollen Sie wissen, wie Sie durch tägliche Zwei-Minuten-Massage Ihrem Bein eine neue schlankere Form geben, in welchen Strümpfen das Bein schlanker oder voller erscheint und wie Charakter und Temperament sich in der Beinform ausdrücken, so verlangen Sie auf anhängendem Gutschein kostenlose Zusendung des hochinteressanten Arwa-Strumpfbreviers.

Gutschein

An Arwa GmbH., Backnang/Württ., Abt. I 11

Bitte senden Sie mir kostenlos Ihr Strumpfbrevier.

Name ....

aber doch die Krabbelempfindung, die dem Entomologen Dr. Steffens die Züchtung eines Laufmaschen-ex-Käfers eingab. Dieser Käfer sollte in nur 30 Sekunden 12 cm Laufmasche beseitigen und ebenso pflegeleicht wie Perlon sein. Das Laufmaschenwunder vollbrachte er mittels seines Rüssels.[3]

Aufsehen erregte ein Fall, der typisch scheint für die Kinderjahre des Kunststoffzeitalters. In einem Büro für Luftfahrt-Passagen-Abfertigung wurden geheimnisvolle Vorgänge beobachtet. »Erstklassige Strümpfe von ausländischen Herstellern verfärbten sich, verloren ihre Elastizität und wurden brüchig.«[4] Die im Büro angestellten Sekretärinnen, denen die Metamorphosen ihrer Strümpfe zu teuer wurden, verlangten Sonderzulagen. Ein Wünschelrutengänger wurde bestellt. Er diagnostizierte eine schuldhafte Verwicklung der Erdstrahlen in die zerstörerischen Machenschaften. Wissenschaftler fanden mit herkömmlichen Meßmethoden heraus, daß die Ursachen für die Demontagen der Wunderfaser eher in den modernen Materialgewohnheiten zu suchen seien. Sie untersuchten den Tatort, an dem sich die Sekretärinnen aufhielten, und resümierten: »In diesem Raum herrschen extreme Verhältnisse, hohe Temperaturen, die Luftfeuchtigkeit ist sehr gering. (Seit Oktober ist unter dem Büro eine Zentralheizungsanlage in Betrieb genommen worden, seit Oktober zerreißen die Strümpfe!). Hinzu kommt, daß der Raum stark mit Kunststoffen ausgestattet ist, schlecht leitende Überzüge bei Stühlen, Tischen und Fußbodenbelag. Durch das Zusammenspiel dieser Faktoren hat sich eine einmalige Situation ergeben, die sonst nicht vorkommt.«[5]

Das Schlimmste an der Laufmasche ist nicht die Zerstörung eines Wertes (den die Perlonstrümpfe in den 50er Jahren noch darstellten – ein Paar kostete 195 DM), sondern daß sie etwas fast Unsichtbares sichtbar machten, ein Geheimnis offenbarten. Eine Frau, die sich über eine Laufmasche ärgert, regt sich nicht nur über das verlorene Geld auf, sie fühlt sich ertappt. Außerdem wird durch den Riß, den ein Mißgeschick hervorrief, die fantastische Erotik, die sich um das real existierende Nichts rankt, mit einem Schlag zerstört.

1962 wurden in USA die angeblich laufmaschensicheren Strümpfe entwickelt. Sie sollten ein für allemal mit den peinlichen Situationen Schluß machen, die einen mit etwas steifen Beinen zur Toilette schleichen lassen, um dort mit Nagellack die Katastrophe zumindest aufzuhalten. Warum Nagellack? Erstens hat man den eher bei sich als UHU (zumindest die Dame der 50er Jahre pflegte so wohlausgerüstet der Welt entgegenzutreten), und zweitens läßt er sich einfach entfernen. Doch die wahrhaft sensationelle Entdeckung des laufmaschensicheren Strumpfes landete in den Giftschränken der Strumpf-Industrie, war man doch nicht daran interessiert, seinen heimlichen Verbündeten zu killen. Ohne Laufmaschen, die Frauen zwingen, mindestens ein Paar Strümpfe die Woche zu kaufen, sähe die Absatzsituation einer ganzen Branche erheblich schlechter aus.

Dabei wurde die Strumpfindustrie genug gequält – abhängig vom launischen Geschmack unberechenbarer Weibsbilder, drohte vielen Fabrikanten 1958 der Ruin. Sang- und klanglos nahmen die Frauen von der ewig schiefsitzenden Strumpfnaht Abschied. Die Mode verbündete sich mit der Technik, und beide zusammen eleminierten die Strumpfnaht. Wer nicht schnell genug von den »Cotton-Maschinen« auf Rundstrickmaschinen umstellte, hatte sein Unternehmerdasein verwirkt.

Arbeiten wir uns nun vom »unten drunter« zum »oben drüber« durch. Auch dort flatterten Perlon und alle seine verschiedenen Abwandlungen (Nyltest und bestimmte Typen des Helancas) um die Körper. Die Materialien gaben sich pflegeleicht und unverwüstlich. So sprachen sie zuerst die sparsame Seite der Nachkriegshausfrau an, deren Interesse es war, ihr sauer verdientes Geld möglichst in Ewiges zu investieren.

Trotz alledem war da aber auch die Sehnsucht nach Neuem, Buntem, gar Extravagantem. Perlon war der Stoff, der die Vermarktung der Träume möglich machte. Modemacher bekannten sich auf internationalen Shows zu ihm und adelten die Chemiefaser. Nun stand sie neben Seide, Crêpe de Chine, Leinen und Klöppelspitze. Aus Perlon wurden »empfindsame« Modelle für »junge, gazellengleich gewachsene Mädchen« geschöpft. Der Wirtschaftswunderstoff trug einen Hauch von Luxus in das deutsche Heim, und zugleich erleichterte er mit seinen Pastellfarben das Vergessen der braunen Vergangenheit. Die »Stunde Null« mußte nicht nur erfunden und proklamiert werden, sie mußte ästhetisch nachvollziehbar sein. Was der Nierentisch im Wohnzimmer war, Polyester am Fenster, Resopal in der Küche, das war Perlon auf der Haut.

In Perlon gewandet, fühlte man sich wie neugeboren und verhielt sich auch neu. »Sie heiraten in der PERLON-Zeit. Die junge Frau braucht nicht mehr so viel zu flicken... so viel zu bügeln, das Waschen wird leichter... Der Kleiderwohlstand wächst. Man kann sich besser anziehen und gefällt einander«[6] Wohlstand und Gleichberechtigung dank Perlon. Die Frau der 50er Jahre durfte sich über die Bügel-Freiheit freuen.

Das mit dem Waschen war allerdings so eine Sache. Bald wurde das Perlon-Glück grau getrübt. Der »Grauschleier« wurde zum Hauptfeind der Synthetik-Euphorie. Das strahlend moderne Material bekam plötzlich etwas Verwestes, was so gar nicht seinem Image entsprach. Eine Flut von Tips sollten die Schatten am Perlon-Himmel verbannen. Noch in den sechziger Jahren tollte der Spielverderber »Gilb« durch die Waschmittelreklamen. Ein putziges Kerlchen, das die Hausfrauen ärgerte. Auch andere Nachteile ließen sich mit der Zeit nicht mehr wegwerben. Der Wärmeaustausch des Stoffs läßt zu wünschen übrig, und daß man Perlon-Unterwäsche nicht kochen kann, war den Leuten auf die Dauer auch nicht als Vorteil zu verkaufen. So bedurfte es keiner lauten »Zurück zur Natur«-Bewegung, um die Perlon-Begeisterung zu mindern.

Reine Perlon-Hemden bekommt man heute nur noch antiquarisch. Perlon wird meistens mit anderen (Natur-) Stoffen zu Mischgeweben verarbeitet und so tragbar.

Nur auf dem Strumpfmarkt (mittlerweile gibt's Strumpfhosen, dafür aber wieder mit Naht) ist Perlon immer noch tonangebend.

Eva geht bummeln

Anmerkungen

1 E. A. Poe: Erzählungen. Berlin 1974, S. 233
2 Sabine Weißler: Folien-Faser-Kunststoffglück. In: Plastikwelten. Berlin 1985.
3 Vgl. »Stern« vom 1.4.(!?) 1951
4 »Neue Illustrierte« vom 4.2.1956, S. 9
5 ebenda
6 Vgl. »Stern« vom 8.6.1954

Angela Delille / Andrea Gohn

„Wir wollten wieder schön sein"

Mode, Schönheit, Hygiene

Die Frauen in den 50er Jahren wollten wieder schön sein. Viel zu lange hatten sie unförmige und zerschlissene Kleider aus groben Stoffen getragen. Natürlich ist ein Rock weniger bequem als eine Hose, und die Stöckelschuhe hindern beim Gehen, doch »die unpraktischen Kleider und Schuhe, die empfindlichsten Hüte und Strümpfe sind die elegantesten«, schrieb Simone de Beauvoir über die neue Schönheit der Frauen 1951. Modische Raffinesse und Ausgefallenheit konnten sich die meisten Frauen noch nicht leisten, mußten alle Kleidungsstücke doch vielseitig verwendbar sein. Die Qualität des Stoffes, seine Haltbarkeit und leichte Pflege blieben beim Kauf ausschlaggebender als der »dernier cri«. Die »Haute couture« war damals wie heute nur sehr wenigen wohlhabenden Frauen vorbehalten. Doch gelang es den Pariser Nähern, allen voran Christian Dior, den Frauen eine Mode zu kreieren, der sie sich in kürzester Zeit anpaßten.

Der »New Look«, so hieß es, signalisierte das Ende des Krieges viel deutlicher als jedes diplomatische Vertragswerk. Die Franzosen verkauften nicht mehr nur einzelne Modellkleider, sondern verdienten ihr Geld vorrangig durch den Verkauf der Schnitte an die Markenkonfektion. Über diesen neuen Zweig der Modeindustrie, den »prêt-a-porter«, werden die Kleider nun für eine breite Käuferschicht erschwinglich.[1]

Der Erfolg des »New Look« mit seinen Wespentaillen, den fließenden Stoffen und wadenlangen Röcken war triumphal. In kürzester Zeit akzeptierten die Frauen das neue Modediktat und verlängerten ihren gesamten Kleiderbestand um mindestens 20 cm. Die in den letzten Kriegsjahren üblichen uniformähnlichen Jacken und kniekurzen Röcke waren gnadenlos aus der Mode gekommen. Die neuen Kleider strahlten »weibliche Anmut«, »graziöse Eleganz« oder »unnachahmlichen Charme« aus. Die Kleiderschränke begannen sich langsam wieder zu füllen. Die Bereitschaft, einen Teil des noch geringen Einkommens für Textilien/Bekleidung auszugeben, war immens hoch: 1950 waren es 13,5 %, 1953 sogar 14,7 %.[2]

Obligatorische Kleidungsstücke waren Rock und Bluse, das einfache Wollkleid, das Nachmittagskleid, das klassische Kostüm und je nach Anlaß ein Cocktail-, Abend- oder Tanzkleid.

Man brauchte »einen Rock aus hochwertigem Stoff, schottisch oder kariert, mit dem man das ewig neue Kombinationsspiel: Rock–Bluse, Rock–Pullover bis zur Vollendung treiben konnte. Zwei Blusen aus Popeline, weiß oder in zarten Pastellfarben, eine mit langen, die andere mit kurzen Ärmeln.«[3]

Für Frauen im »Angestelltenverhältnis« galten – und gelten – noch immer Kostüm und Bluse als angebrachteste Berufskleidung.

Das oft graue oder schwarze taillierte Kostüm aus Gabardine, dünnem Wollstoff oder Ripp paßte, kombiniert mit einer Bluse aus Nylon, auch zu einer Nachmittagsverabredung, ebenso, wie mit einer Bluse aus Organza oder Lurex zu einer Abendeinladung. Bestimmend war jedoch für alle Teile die zeitlose Eleganz. Unverzichtbare Details waren ein »Schößchen« an der Jacke, das Coco Chanel für ihr klassisches Kostüm entwarf, und die einseitige Falte in dem engen Rock des Kostüms, die nach ihrem Erfinder »Dior-Falte« genannt wurde.

Bei der Auswahl der Nachmittagskleidung durfte man etwas gewagter vorgehen. Modern waren großblumige Muster, auffällig kontrastreiche Farbkombinationen in

Streifen, Punkten oder diversen Karos. Diese meist einfach geschnittenen, aus leichten Stoffen genähten Kleider waren nicht so teuer, so daß man sich oft mehrere davon leisten konnte, oder man nähte es sich selbst oder ließ es bei einer Hausschneiderin günstig schneidern. Die Schnittmusterhefte wurden gesammelt und unter Freundinnen ausgetauscht. Durch die Variation des Stoffes oder geringe Abwandlungen eines Modells entwarfen die Frauen so Kleider für die unterschiedlichsten Anlässe.

Accessoires waren in den 50er Jahren außerordentlich wichtig. Mit ihnen wurde die einfache, »zeitlose« Kleidung aufgefrischt. Damals kamen verspielte und kokette Kleinigkeiten wieder stärker zur Geltung. Man ging »sowieso nicht ohne Hut«, besonders in Mode waren die kleinen Kappen, wahlweise mit Federn, Blumen oder Schleiern verziert, die auf die neuen Wellenfrisuren mit Lockenkranz paßten. Besaß eine Frau zudem zueinander passende Handschuhe und Handtasche, schien ihre Garderobe perfekt.

Die Schuhmode der 50er Jahre brachte eine stetige »Aufwärtsentwicklung« von den halbhohen Louis-Seize-Absätzen bis zu den Stöckelschuhen. Die Ansicht, ein »hoher Hacken macht ein schönes Bein«, hielt sich beharrlich, auch wenn Gang und Körperhaltung bei einer gewissen Absatzhöhe schon nicht mehr graziös und damenhaft wirkten. Die Höhe der Absätze blieb natürlich von dem Gleichgewichtsgefühl der Trägerin und der Körpergröße des Ehemannes bzw. männlichen Begleiters abhängig. Auf jeden Fall trug das Gros der Frauen die heute noch klassischen Pumps. Festes Schuhwerk, gar mit Kreppsohle, erweckte eher die Assoziation von Wanderausflügen bei herbstlichem Regenwetter. Sie wirkten sportlich und zuweilen bieder. Die flachen »Ballerinas« blieben sehr jungen Mädchen vorbehalten, die sich mit ihren superengen Hosen dazu todschick fanden.

Zu Beginn der 50er Jahre war die Hose ansonsten aus der Alltagsmode der gut angezogenen Frauen verschwunden, um erst einige Zeit später als Freizeitkleidung wieder eine große Rolle zu spielen.

»Die lange Hose ist ohne Zweifel vor allem im Winter für Frauen ein sehr praktisches Kleidungsstück und hat sich deshalb vielfach auch als Berufskleidung eingebürgert. Obgleich also hier der gute Ton offensichtlich von der reinen Zweckmäßigkeit überrundet wurde, behält er doch recht! Wer damenhaft wirken will, trägt im Beruf die lange Hose nicht. Für das Lehr- oder Laufmädchen, das auch an kalten Tagen zu Fuß oder zu Rad hierhin und dorthin flitzen, oder die Verkäuferin, die stundenlang im kalten Laden stehen muß, ist sie sehr angebracht. Wer aber im Büro, im Laboratorium oder sonst irgendwo arbeitet, sollte Kleid oder Rock vorziehen, vor allem dann, wenn er mit Publikum zu tun hat.

Niemand kann sich wohl z. B. eine vorbildliche Sekretärin im Dienst mit langen Hosen anstatt im Rock oder im Kleid vorstellen! Diese Entscheidung ist nicht etwa eine Frage der Prüderie, sondern eine ausgesprochene Frage des guten Geschmackes.« [4]

Nach einer Umfrage des Meinungsforschungsinstituts Allensbach von 1958 zu der Frage, was man denn von Dreiviertelhosen bei jungen Mädchen halte, waren 80% bis 85% der Frauen der Meinung: »nicht auf dem sonntäglichen Spaziergang mit einer Freundin«, »nicht im Geschäft als Verkäuferin« und nicht im Büro. Für den vormittäg-

Modell von Dior

lichen Einkauf lehnten nur noch 57% aller Frauen die Dreiviertelhose ab.[5]

Doch die modischen Vorstellungen der »Teenager« wurden ein immer festerer Bestandteil der Kreationen der Modeschöpfer. Die Textilbranche hatte die jungen erwerbstätigen Mädchen und Frauen als neue Käuferschicht entdeckt.

Die erste Miß Germany von 1950, Susanne Erichsen aus Berlin, die man heute gern als Beispiel für die Verwandlung der deutschen Frau vom »häßlichen Entlein« zur gut und elegant gekleideten schönen Frau heranzieht, eröffnete das erste Modehaus nur für »Teenager-Mode«.

Sie hatte innerhalb kürzester Zeit den Aufstieg zum Top-Modell geschafft und wurde selbst in Amerika als Verkörperung des »Frauleinwunders« zur Großverdienerin mit mehr als 100 DM Gage pro Fotostunde.

Von dort brachte sie auch die Idee mit, spezielle Kleidung für Jugendliche anzubieten und zu verkaufen. Diese Kleider bestachen durch bunte Farbe, auffallende Muster und beschwingte Schnitte. Die für den perfekten Sitz dieser Kleider nötigen Petticoats ließen die Röcke nicht nur weit abstehen, sondern gaben ihnen beim Gehen das berühmte »Wippen«.

Noch war das Leitbild die damenhaft wirkende elegante Frau, doch kündigte sich bereits ein neues Schönheitsideal an: »Jugendlichkeit«. Anfang der 50er Jahre schrieb Simone de Beauvoir: »Heute mehr denn je kennt die Frau die Freude, ihren Körper durch Sport, Gymnastik, Baden, Massagen, verschiedene Ernährungsweisen zu formen. Sie bestimmt über ihr Gesicht, ihre Linie, die Farbe ihrer Haut.«

Das trifft sicherlich noch nicht für die Durchschnittsfrau der 50er zu, beschreibt aber einen Trend, der damals einsetzte und heute nahezu für jede Frau Zwangscharakter besitzt. Kosmetik war nicht mehr länger nur bestimmten Gesellschaftsschichten vorbehalten, sondern wurde zu einem Massenphänomen. Auch die Kleinstädterin hatte nun ihre Dauerwelle und Make-up, sie mochte es ungeschickter anlegen als ihre großstädtische Schwester, aber sie wünschte nicht mehr darauf zu verzichten. Ein aufrechter Gang mit erhobenem Kopf, leicht zurückgenommenen Schultern und nur ganz leicht nach außen gestellten Füßen wirkte graziös und elegant.

Auch beim Sitzen durfte eine Frau es nicht an der nötigen Körperbeherrschung fehlen lassen, obwohl die Bestrebungen der modernen Möbelindustrie, alle Sitzgelegenheiten so bequem und körpergerecht wie nur möglich zu gestalten, dem Hang, sich gehen zu lassen, entschiedenen Auftrieb gaben. Es wollte gelernt sein, nicht zu steif und nicht zu lässig, aber doch anmutig zu sitzen. Es gehörte sich nicht, die Beine übereinander zu schlagen. Angeblich bekam man davon sowieso mit der Zeit dicke Oberschenkel. Frauen sollten dagegen beim Sitzen graziös die Füße kreuzen oder die Beine schön senkrecht nebeneinander stellen.

Die Vernachlässigung ihres Äußeren, so hieß es, beraube eine Frau ihrer besten Möglichkeiten. Und war eine Frau der landläufigen Meinung nach nicht hübsch, so konnte sie auf jeden Fall »apart« sein. Schön sein wurde nicht mehr als eine Steigerung der individuellen Möglichkeit angesehen, sondern als möglichst nahe Angleichung an das jeweilige Ideal.

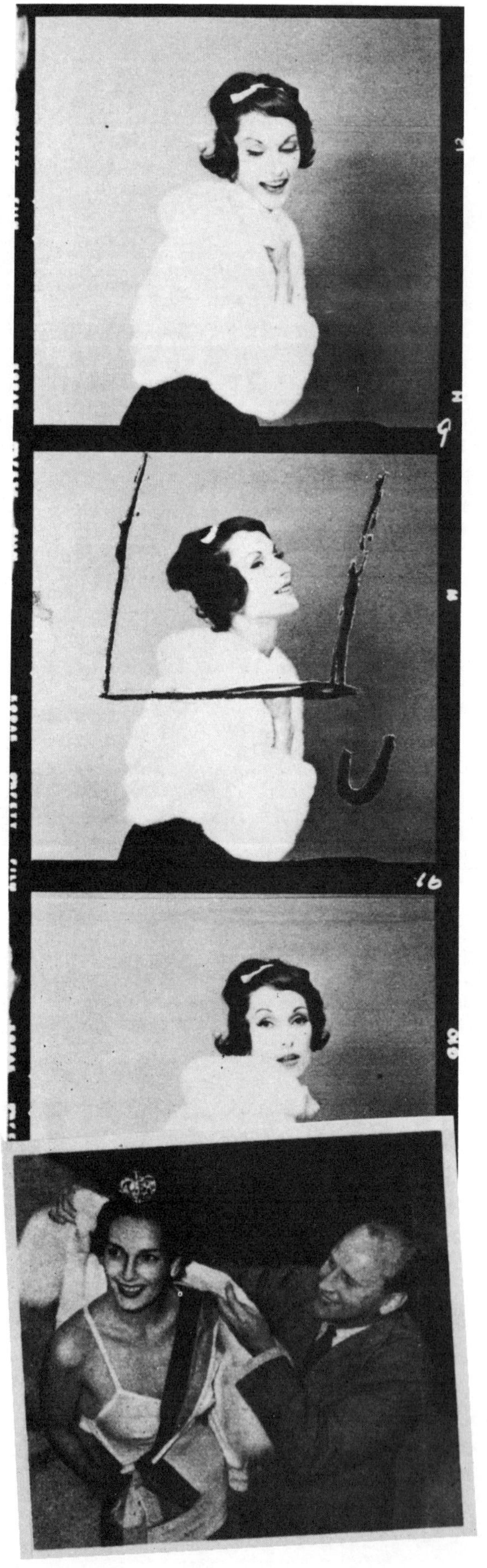

Susanne Erichsen, die »Miss Germany« von 1950, wurde in den USA als Fräuleinwunder herumgereicht

»Unter einer Million Frauen, die unter Herzklopfen Liebesleid und -glück von Molly Muzzy miterleben, um die sich auf der Leinwand ein Dutzend herrlicher Mannsbilder zerraufen, ist wahrscheinlich kaum eine, die sich nicht wünschte, wie Molly Muzzy auszusehen, und nur wenige hundert, hochgerechnet, die sich darüber klar sind, daß es ihnen nie gelingen wird, auszusehen wie Molly Muzzy. Schon erscheinen die Illustrierten mit einer Bildreportage aus Molly Muzzys Privatleben, die trotz zweier Kinder ihre Knabenfigur behalten hat, im häuslichen Gartenkleidchen genauso entzückend aussah wie im Film-Ballkleid und eine schlichte Frau und Familienmutter war, genau wie ihre Bewunderinnen vor der Leinwand. Und eines Tages gehen die Frau Landgerichtsrat, das Fräulein Sekretärin und schließlich auch die Hausmeisterin hin, lassen sich das Haar schneiden und die Brauen zupfen wie Molly Muzzy und schminken sich die schmalen Lippen, bis der üppige Raubtiermund des Vorbildes erreicht ist.« [6]

Aber Molly Muzzy blieb nicht ewig die beliebteste Filmschauspielerin, und wenn sie etwa durch Polly Puzzy ersetzt wurde, mußte man eben diesem neuen Ideal nacheifern. Dabei war es letzten Endes egal, ob man die knabenhafte Figur und die Mandelaugen der Audrey Hepburn zu kopieren versuchte, den spröden Charme, die Grazie und Eleganz der Grace Kelly oder die laszive Schönheit und erotische Ausstrahlung der Liz Taylor. Die moderne Kosmetik versprach den Frauen, jedem Ideal gerecht werden zu können.

Im Vordergrund stand die ganzheitliche Schönheitspflege, die von »innen nach außen« wirke. So vermittelten die Ratgeber der Zeit noch nicht hauptsächlich Schminktips, sondern gaben eher Anregungen für »Entschlackungskuren, Straffungen des Körpers durch Gymnastik und Bäder zur Entspannung«.

Als beste Kosmetik galt die regelmäßige Pflege mit dem Ziel der »Reinigung, Anregung, Durchblutung und Ernährung der Haut«. Das Schminken war noch zu verpönt, als daß ihm in den Schönheitspflegefibeln und Illustrierten ein ähnlich großer Anteil beigemessen wurde, wie z.B. der Herstellung und Verwendungsanleitung natürlicher Gesichtspackungen. Kosmetische Artikel waren für die mei-

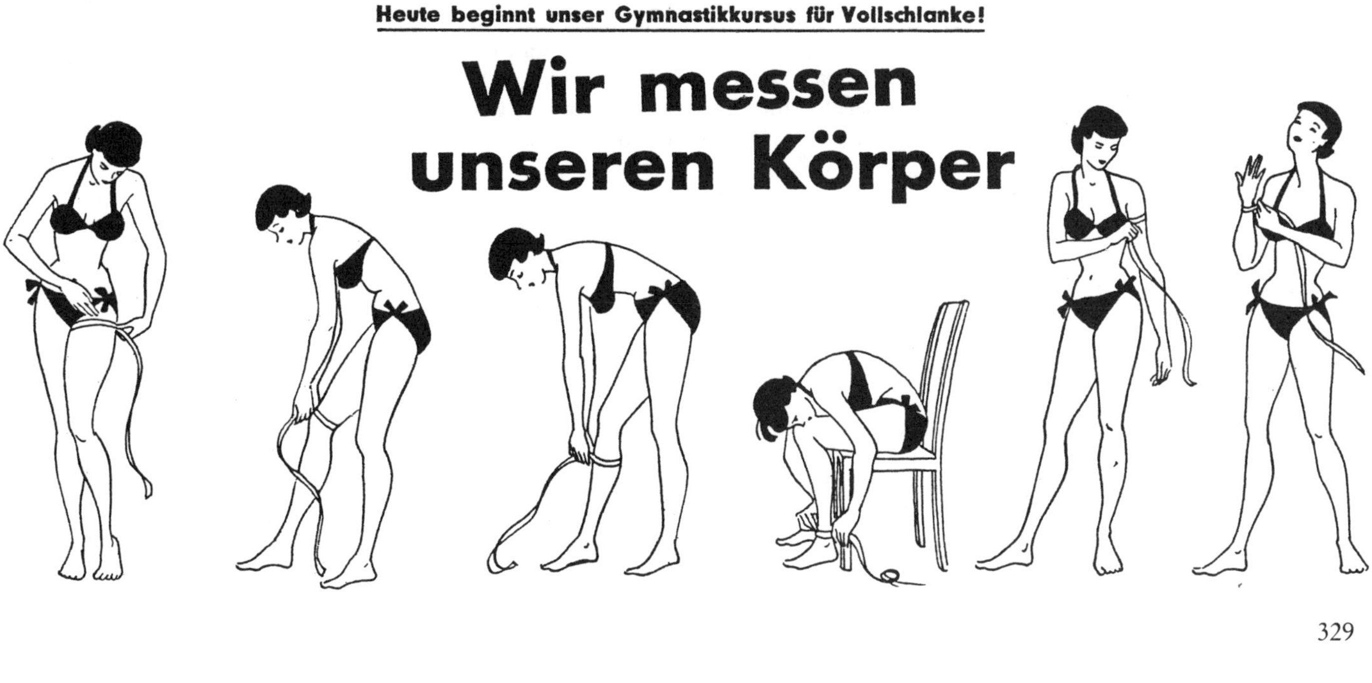

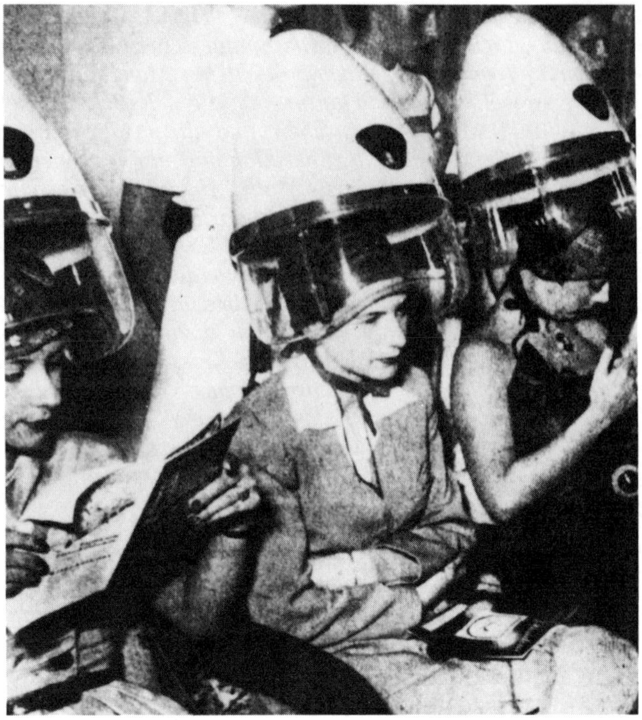

sten Frauen sowieso viel zu teuer. Üblich war es hingegen, täglich eine Fettcreme zu benutzen. Nach einer Allensbach-Umfrage verwandten 1956 fast 90% der befragten Frauen eine Hautcreme.

Als Verschönerung der »Fassade« und nicht des »Unterbaus« galten bemalte Lippen, gepuderte Gesichter, das Rouge auf den Wangen und die lackierten Fingernägel. Die Verwendung all dieser Deckmittel mußte immer dezent bleiben, aufdringliches »Anmalen« wirkte allzuleicht ordinär oder gar obszön. Erst langsam setzte sich auch die tägliche Benutzung von Lippenstiften durch. Fast die Hälfte aller befragten Frauen färbten sich 1956 die Lippen und davon auch fast die Hälfte täglich. Farbiges Augenmakeup war weitgehend unüblich. Nur zu Abendanlässen oder zum Fasching wurden an und ab die Wimpern getuscht, zumindest aber mit Wimpernfett oder -oel gebürstet.

1951 wurde für eine Messeneuheit geworben, mit der man die Wimpern zu einem schönen Aufwärtsschwung zurechtbiegen konnte, so daß sie wie »strahlende Sterne« erschienen. Strahlende Augen waren das A und O der Liebe auf den ersten Blick. Gehörten Frauen also zu den bedauernswerten Geschöpfen, die eine Sehschwäche hatten, führten sie entweder ein tristes und gehemmtes Dasein als Mauerblümchen oder entschieden sich in neuem Selbstbewußtsein für ein besonders ins Auge fallendes Brillenmodell. Bei dieser »Flucht nach vorn« galt z. B. das »Schmetterlingsmodell« als topmodisch.

Die Haare, der natürliche Kopfschmuck einer jeden Frau, wurden in Form gebracht. Langes offenes Haar, sowohl glattes als auch lockiges, galt als ordinär. Den Mädchen wurde das Haar gescheitelt und straff nach hinten gebunden. Die Zöpfe waren bis zur Einsegnung oder Konfirmation noch nahezu obligatorisch. Während die einen sich dann ihrer langen Haare entledigten und eine schicke Kurzhaarfrisur trugen, banden sich die anderen ihr Haar zu einem Pferdeschwanz mit Pony, der schon von der Mitte des Kopfes aus nach vorne gekämmt wurde.

Während diese Frisuren von den meisten Eltern geduldet wurden, war eine Dauerwelle für Mädchen gänzlich verpönt.

Seit der mittellangen Frisur aus der Mitte der 40er Jahre, die man bezeichnenderweise »Entwarnung« nannte, gab es eine regelrechte Welleninvasion: Nach den Wasser-, Kalt- und Dauerwellen kam aus den USA die Esca-Protein-Welle. Die chemische Einwirkung machte die Haare brüchig und stumpf, während die neuartige Proteinwelle das Haar vor dem Abbrechen bewahren sollte. Das Haar wurde dabei artig in Wellen gelegt und endete in einem kleinen Lokkenkranz. Die Frisuren, die noch nicht toupiert wurden, sollten locker, duftig und glänzend wirken. Hundertfaches abendliches Bürsten war ebenso wichtig wie der regelmäßige Besuch beim Friseur.

Die Mehrheit der deutschen Frauen hatte dunkles bzw. braunes Haar, doch bei den Männern stand in den 50er Jahren die Haarfarbe »blond« hoch im Kurs. »Blondinen bevorzugt« war nicht nur der Titel eines amerikanischen Spielfilms von 1955 (?) mit der Superblonden Marilyn Monroe, sondern auch die Schlagzeile eines BZ-Artikels vom 25. Nov. 1957, in dem mangelnde Hilfsbereitschaft von Männern gegenüber brünetten Frauen beanstandet wurde. Den eben nicht blonden oder gar ergrauten Frauen, die sich dem gängigen Schönheitsideal anpassen wollten, halfen neuartige Tönungswäschen aus der Not. Gefärbtes Haar galt dagegen als unpassend, man billigte es höchstens Schauspielerinnen oder Frauen des »halbseidenen Milieus« zu.

»Färben ja – oder nein? Auszupfen kann man die ersten weißen Haare, bald sind es zu viele. Wir müssen einen anderen Weg gehen, wenn wir uns dagegen wehren wollen, von der Natur zur ›reifen Frau‹ gestempelt zu werden. Färben? Welch häßlicher Begriff! Welch falsche Vorstellungen weckt dieses Wort, man denkt an Farbanstrich, an unnatürliche Farbwirkungen. Man fürchtet auch aufzufallen und denkt mit Schrecken an den Eheliebsten. Ich möchte mein Haar färben lassen!... wie wird er diese Eröffnung aufnehmen.«[7]

Hygiene

»Peinliche Sauberkeit« war oberstes Gebot der 50er Jahre. Peinlich sauber hielten die Frauen ihre Wohnungen, ihre eigene äußere Erscheinung, die der Kinder und der Ehemänner. Mitunter brachten sie den Kindern in einem »Drei-Tage-Programm« nach Annie Weber schon im zarten Alter von ein oder zwei Jahren die wichtigsten Regeln der Reinlichkeit bei; die Männer begnügten sich damit, ihren Beitrag zur Sauberkeit zu leisten, indem sie die motorisierten Fortbewegungsmittel der Familien wuschen, abrieben, polierten und konservierten.

Die Reinigung der Körper sollte sich mit steigendem Lebensstandard nicht mehr nur auf die Benutzung von Wasser und Seife beschränken. Obwohl noch nur wenige die Vorteile eines Badezimmers oder Duschraums genießen konnten, gewann gerade für eine sich modern gebende Frau die Körperhygiene immer mehr an Bedeutung. Die von der Kosmetikindustrie angebotenen Seifen waren nicht mehr nur reinigend, sondern desodorierend, wohlduftend und antibakteriell. Der erst später auch von der Waschmittelwerbung übernommene Slogan »Sauber? Aber nicht rein!« warb in den 50er Jahren noch für neue Frauenseifen und Badezusätze.

»Körpergeruch« wurde zu dem Bewertungsmaßstab für mangelnde Körperpflege, der gleichzeitig soziale Kontakte beeinträchtigte. Zu diesem Makel gesellte sich ein weiterer: »Mundgeruch«. Beides fungierte in der Scheinwelt der Werbung als Ursache für das Fehlen männlichen respektive weiblichen Begehrens und des damit einhergehenden Glücks.

Für besondere Anlässe war die Benutzung eines Parfüms zu einem Muß geworden. Erst ein blumiger Duft oder die viel zitierte und karikierte »Parfümwolke«, die allen umstehenden den Atem verschlug, gab den Frauen das Gefühl, wohl zu riechen. Französische Duftwässerchen galten als Ausdruck von ungeheurem Luxus und blieben für die meisten auch unerschwinglich. Die Angst vor unangenehmen Körperausdünstungen befiel die Frauen vor allem während ihrer »schlechten Tage«. Die monatlichen Blutungen überstanden die Frauen mit dem immer wiederkehrenden Gefühl von Peinlichkeit, mit dem sie alle Anzeichen ihrer Menstruation zu verbergen suchten. Mädchen, die meist in völliger Unkenntnis über die eigenen körperlichen Veränderungen das Blut eines Tages in ihrer Unterwäsche entdeckten, reagierten nicht selten mit Ekelgefühl und Scham. Selbst mit Schwestern und Freundinnen sprachen sie nicht darüber. Die Unregelmäßigkeit der Blutung in der ersten Zeit ließ die Mädchen in ständiger Angst um äußerlich sichtbare Anzeichen ihrer »Tage« leben.

Simone de Beauvoir beschrieb das monatliche Unbehagen 1951 so:

»Tag und Nacht muß sie daran denken, sich umzuziehen, auf ihre Wäsche, ihre Laken zu achten, tausend kleine praktische und widerwärtige Probleme zu lösen. In sparsamen Familien wurden die hygienischen Binden allmonatlich gewaschen und nehmen ihren Platz zwischen den Stapeln der Taschentücher wieder ein. Man muß also den Händen derer, welche die Wäsche besorgen... diese Abgänge aus einem selber ausliefern. ... dieses störende, lästige Ding kann sich während einer lebhaften Bewegung ablösen. Das ist dann eine schlimmere Demütigung, als eine Hose mitten auf der Straße zu verlieren. .... je stärker die Abneigung ist, die das junge Mädchen gegen diesen Makel der Frau empfindet, um so achtsamer muß sie darauf bedacht sein, sich nicht der scheußlichen Erniedrigung eines Malheurs oder eines vertraulichen Hinweises auszusetzen.« [8]

Die moderne Hygiene in den 50er Jahren empfahl die Verwendung von »leicht zu erneuernder und leicht zu vernichtender Zellstoffwatte«, um »alle Abbaustoffe aufzufangen und unmerklich zu beseitigen«.[9]

Verschwiegen und voller Peinlichkeit ereignete sich der Kauf dieser Monatsbinden. Sie wurden in neutrales Pack-

papier gewickelt, über den Ladentisch gereicht, um der Käuferin so die Peinlichkeit zu ersparen. Als angenehmer empfanden es viele Frauen, nicht mehr »Binden« verlangen zu müssen, sondern einfach »Camelia«.

Ähnlich verhielt es sich auch bei den seit Mitte der 50er Jahre in Deutschland im Handel erhältlichen Tampons. Für die moderne Frau gab es fortan die »Monatshygiene o. b.«, d. h. »ohne Binden«, oder Tampax. Mit dieser hygienischen Erneuerung kamen Frauen nun mit dem Blut fast gar nicht mehr in Berührung.

Der Tampon war aber keineswegs die einzige Erfindung zur Rationalisierung der monatlichen Unpäßlichkeit. Für »jene Tage« empfahl man Frauen auch die Einnahme von Schmerztabletten z. B. Migränin oder alkoholhaltigen Säften wie Klosterfraumelissengeist oder Frauenglück.

»Wir nehmen besser ein Kopfschmerzmittel und trinken – je nach Gewohnheit – einen heißen Kaffee oder etwas Alkohol.«[10] Frauen, die sich ein wenig Mühe gaben, konnten nun ihre Tage überstehen, ohne in ihrer üblichen Leistungsfähigkeit gemindert zu sein.

Obgleich während der kritischen Tage Frauen besonders auf Reinlichkeit achten sollten, galt es als unschicklich – weil angeblich unhygienisch – zu baden oder zu duschen. Gegen Körpergeruch konnte man die aus Amerika kommenden Chlorophylltabletten kaufen.

Die äußere Erscheinung sollte an »den Tagen« dezent und gepflegt sein. Bei Neigung zu Blässe oder »fahlem Aussehen« wurde empfohlen, die Unpäßlichkeit durch einen bunten Kragen oder einen »lebhaft getönten Schal« zu vertuschen.

Das Make-up sollte noch dezenter aufgetragen werden als an »normalen Tagen«, um die Blässe nicht zusätzlich hervorzuheben. Für das dann oft schlaffe und leicht fettende Haar wurden übermäßiges Bürsten und notfalls »Trokkenkopfwäschen« mit Haarpuder empfohlen.

»Dann sitzt die Frisur und weder ihr noch Ihnen merkt man an, daß Sie heute vielleicht nicht ganz so gut disponiert sind wie sonst. Sie brauchen also wirklich nicht unsicher sein.«[11]

Die Frauen wurden in den 50er Jahren zu bereitwilligen Konsumentinnen erzogen. Mit steigendem Wohlstand nahm für sie der Stellenwert von Mode, Kosmetik und Hygiene einen immer größeren Platz ein. Sie begriffen Schönheitspflege mehr und mehr als eine nahezu gleichwertige Aufgabe neben ihrer Erwerbsarbeit oder ihren Haushaltspflichten und der Arbeit in der Familie. Ihr Körper schien ihnen wieder wichtiges Kapital zu sein, das sie herausstellten und mittels der Angebote der Industrie zu »vervollkommnen« trachteten. Durch ihre Art sich zu kleiden, legten sie ihre Haltung gegenüber der Gesellschaft dar. Wenn sie sich an die gültigen Regeln hielten, galten sie als diskrete und wohlanständige Persönlichkeiten.

Hier nahm eine Körperkultur von Frauen ihren Anfang, die mit sinkender Anerkennung und Bestätigung in der gesellschaftlichen Bewertung einherging.

Anmerkungen

1 vgl. Delille / Grohn: Blick zurück aufs Glück, Berlin 1984
2 Stern, Heft 25, 1958, S. 8.
3 Handbuch der Frau, hrsg. von Hans Scheibenpflug u. a., Berlin / Darmstadt 1956, S. 146.
4 Oheim, Gertrud: Guter Ton für alle Tage, Gütersloh 1962, S. 31 ff.
5 Jahrbuch der öffentlichen Meinung 1947–1955, hrsg. von Elisabeth Noelle und Erich Neumann, Allensbach am Bodensee.
6 Frankfurter Allgemeine Zeitung, 28. 11. 1953
7 Constanze, Heft 2, 1949, S. 37.
8 Simone de Beauvoir: Das andere Geschlecht, S. 303.
9 Tampax Reklame, Constanze, Heft 19, 1958, S. 102.
10 Handbuch der Frau . . ., S. 325.
11 Constanze, Heft 7, 1951, S. 32.

liegt einem ständig erhon-
ıck ein krankhafter Zu-
ıde. Bei einem Blutdruck
zeigt die erste Zahl den
oder Höchstdruck beim
hen, beim Schlagen des
zweite Zahl gibt den
Druck wieder, der ent-
Herz in Ruhe ist. Zur
r, die an ›hohem Blut-
i gesagt, daß die Arte-
n doppelt so hohen
, wie er als höchstes
einem Menschen ge-
Deshalb ist auch be-
akute Blutdruck-
vie sie in der Sauna
erweise unschädlich
ım enthält eine Al-
Abnahme dieser Re-
ntspricht einer Zu-
ger Säuren im Or-
scheinung: inten-
sel. Eine Verschie-
hsellage nach der
st ähnlich wie beim
atürlichen Fiebers.
eber aber ist der in
e Zustand gutartig.
ber, Attacken von
kältungskrankhei-

an jemanden vor
ıtschen. Das hat
Der Blutzucker-
lie Sauna beein-
utflüssigkeit ge-
beträgt normal
Blut und erhöht
en bis auf 4,6 und
aunabad erfolgt
ıkung meist eine
tzuckergehaltes.
Fieber ist der
m allgemeinen
änderungen im
uftbad gering-
gramm Steige-
. Es kann aber
ıtreten, also ein
. In diesem Fall
hung vor dem

aufregenden
ı, erlebt der
f den Planken
ie Sensation
befindens. Er
, daß — wie
eiten — eine
enkungs-Ge-
Blutkörper-
sein ganzes
ändert. Die
s, die Milz
lie Einwir-
Die roten
les Sauer-
fünf Mil-
ı in einem
t, in man-

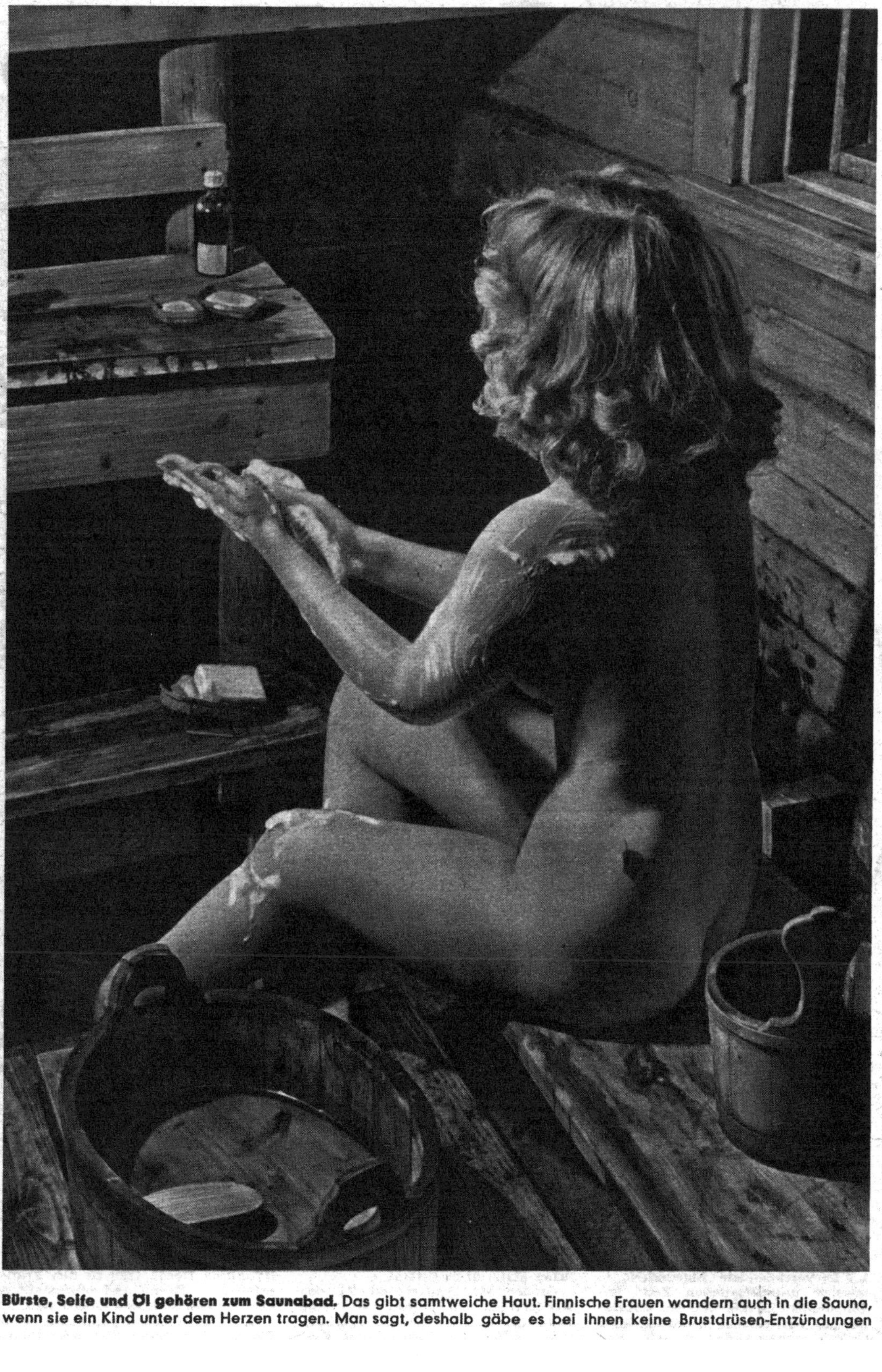

Bürste, Seife und Öl gehören zum Saunabad. Das gibt samtweiche Haut. Finnische Frauen wandern auch in die Sauna, wenn sie ein Kind unter dem Herzen tragen. Man sagt, deshalb gäbe es bei ihnen keine Brustdrüsen-Entzündungen

Nackt oder fast nackt wurden Frauen (Männer sowieso) in den 50er Jahren fast nie abgebildet – es sei denn in Zusammenhang mit Berichten über fremde Länder und Sitten (darunter fielen auch die ausländischen Filmstars) oder wenn es um ehe- und familienbedrohende Sexualität ging. Aber selbst in letzterem Fall war man mehr als prüde . . .

Sie gehen zu weit, Dr. Kinsey!

Gehen Sie manchmal ohne Nachthemd ins Bett? Und wann? Wie oft? Solche Fragen richtete Zoologieprofessor Kinsey an 5940 Amerikanerinnen. Sind Sie exakt genug, Dr. Kinsey? Haben Sie auch bedacht, daß Nachthemd und Nachthemd nicht dasselbe ist? Die Umfrage eines über Kinsey empörten Wäschefabrikanten aus Chikago ergab: Nicht 50, sondern nur 5 % Frauen schlafen ›ohne‹ Fotos: Mauritius, Fiedler, Blitz, ap

»Leidenschaftliche Küsse durften nur in der freien Natur ausgetauscht werden und auch dort nur dann, wenn die Partner sich in »stehender Position« befanden. Die Intensität von Lippenberührungen in einer Wohnung hatte schon wesentlich milder zu sein und mußte in einer Schlafzimmer-Kulisse zu einem harmlosen Küßchen degenerieren. Küsse im Bett waren vollends verboten, auch wenn beide Filmpartner vollständig bekleidet waren und als verheiratet galten.« (Spiegel, 16. 1. 1957). Nur wenn man sich diese Zustände vor Augen hält, wird einem klar, warum Doris Day und Rock Hudson in einem Film wie »Pillow Talk« erfolgreich »Sex-Appeal« angedichtet werden konnte.

»... Die überbetonten Wölbungen und Kurven der Monroe (die hier nur als ein Beispiel genannt wird) und ihrer italienischen und französischen Kolleginnen entsprechen nicht dem Schönheitssinn des modernen mitteleuropäischen Menschen. Unser Ideal ist viel eher die grazile, graziöse, schlanke oder gar jünglingshafte Frau. Vielleicht auch die sportliche, bewegliche, auf keinen Fall aber die lässig lagernde, die die Lüsternheit erwecken und die Neugierde jugendlicher Gemüter erwecken soll.« (Constanze, 21/1954, S. 11).

Angela Delille / Andrea Grohn

Von leichten Mädchen, Callgirls und PKW-Hetären

Rationalisierung im Gunstgewerbe

Mit der Konsolidierung der Gesellschaft der 50er Jahre verschwand auch die Prostitution wieder aus dem Blickfeld des öffentlichen Lebens. Zählte man nur in Köln im Jahr 1948 noch circa 15000 Prostituierte,[1] waren es zum Ende der 50er Jahre in der ganzen Bundesrepublik ungefähr 45000 Frauen, die sich »gewohnheitsmäßig preisgaben« zum »außerehelichen Geschlechtsverkehr oder sonstiger Unzucht im Austausch oder in Erwartung geldeswerter, für die Lebenshaltung ins Gewicht fallender Vorteile auf Grund einer durch mehrfache Übung erworbenen Geneigtheit zu solcher Verhaltensweise«, wie es in einem Fachblatt der Kriminalstatistik heißt.[2]

Längst war das Gros der Prostituierten aus den Besatzerkneipen abgewandert auf die Anhöhen des deutschen Wohlstandes. Die deutsche Kundschaft war zahlungskräftiger geworden, auch die Prostituierten hatten sich auf die Gepflogenheiten einer modernen Konsumgesellschaft eingestellt. Der »Autostrich« am Straßenrand wurde der Kundendienst für die wachsende Zahl der Automobilisten. Zum berühmtesten Anhalterstrich brachte es die Bundesstraße zwischen Wiesbaden und Mainz, an der die Prostituierten »mit Worten und Gebärden« warben. Telefonische Auftragsdienste breiteten sich in allen Großstädten aus. Die Berufsbezeichnung »Callgirl« hielt auch in Deutschland Einzug.

In den Bordellen stellte man sich von der Nacht- auf die Tagschicht für die zahlenmäßig ständig wachsende Büro-Kundschaft um. Hauptgeschäftszeit solcher Etablissements war die Mittagszeit. In vielen Großstädten »erlaubte« die neue kasernenartige Unterbringung von Prostituierten in speziellen neuen Häuserblocks eine ungeheure Rationalisierung. So vollbrachten in Düsseldorf die 228 Bewohnerinnen eines solchen Hauses (»Arabella«) die gleiche Leistung wie die 3000 Mädchen, die noch 1954 durch die Ruinenfelder und Straßen zwischen Bahnhof und Rheinufer gelaufen waren. Jene nahmen circa drei bis vier Freier pro Tag; jede der 228 Prostituierten dagegen empfing für ein Entgelt von 15 DM aufwärts binnen 24 Stunden bis zu 40 Kunden. Das ergab insgesamt mehr als 9000 Kundenbesuche täglich, rund 250000 monatlich – rein rechnerisch fast genauso viele, wie es männliche Düsseldorfer über 21 Jahre gab![3]

Außerdem wurde ein Teil der deutschen Prostituierten mobiler. Sie waren Saisonarbeiterinnen, die den Sommer auf Sylt oder in Travemünde, den Winter in Garmisch-Partenkirchen oder Obersdorf verbrachten. Sie reisten vom Autosalon in Frankfurt zur Messe nach Hannover oder zum Flottenbesuch nach Hamburg.

Weniger gut situierte Prostituierte trampten in Fernlastkabinen über Landstraßen und Autobahnen. In den Küstenstädten arbeiteten die Prostituierten als Schiffsgängerinnen auf Schiffen, die nur kurz anlegten und deren Matrosen keine Zeit für lange Nächte in Vergnügungsvierteln wie St. Pauli hatten. Sie reisten mit den Schiffen bis in den nächsten Hafen und stiegen dann wieder um.

In Berlin bevorzugten einige die Arbeit in hergerichteten VW-Bussen, die auf Stellplätzen vom Grunewald bis Waidmannslust anzutreffen waren.

Diese Mobilität erschwerte natürlich die staatliche Kontrolle. Es ging nicht nur um die zwangsärztliche Gesundheitsfürsorge, sondern auch wieder um die steuerliche Erfassung.

Nach Expertenschätzungen nahm die Branche fast eine Milliarde Mark ein – annähernd soviel, wie in Bonn für die Entwicklungshilfe ausgegeben wurde. Ob eine Prostituierte eine Leistung im Sinne der Steuergesetzgebung vollziehe, stand wieder zur Diskussion. In der Weimarer Republik hatte der Reichsfinanzhof 1923 und 1931 dagegen entschieden, für die Nationalsozialisten waren die Einnahmen einer Prostituierten allerdings als sonstige Einkünfte steuerpflichtig. In der Bundesrepublik wurde die Prostitution zunächst wieder steuerfrei. Doch die Finanzbehörden mochten sich mit diesem Zustand nicht zufrieden geben. Im Hin und Her über die Frage, ob der gewerbsmäßige Geschlechtsverkehr überhaupt als eine »einkommenssteuerlich beachtliche Leistung« anzusehen und somit zu Einkommensteuer, Notopfer-Berlin-Ausgabe und Kirchensteuer zu veranlagen war, entschied der 2. Senat des Bundesfinanzhofs erst zu Beginn der 60er Jahre: Einkünfte aus »gewerbsmäßiger Unzucht« seien als »sonstige Einkünfte« gemäß § 22 Ziffer 3 Einkommenssteuergesetz zu führen.[4]

In der Praxis ergab sich daraus für die Steuerbeamten die schwierige Aufgabe, die Prostituierten zu erfassen. Jede zweite bis dritte Prostituierte wurde bei den Gesundheitsämtern geführt, diese unterliegen aber der ärztlichen Schweigepflicht. Es ließen sich nur jene ohne Mühe schröpfen, die in den traditionellen Straßen arbeiteten, in Hamburg in der Herbertstraße, in Braunschweig in der Bruchstraße, in der Bremer Helenenstraße, der Kleinen Breitgasse in Köln oder der Linienstraße in Dortmund.

Weitaus schwieriger war es, den klassischen Straßenstrich und die sogenannte Lokalprostitution zu erfassen. Die meisten Prostituierten waren von der Straße in die Kneipen und Cafés einschlägiger Bezirke geflüchtet. So profitierten in den Bahnhofsvierteln der Großstädte zu ganzen Straßenzügen aneinandergereihte Bars und Cafés von den Geschäften mit Freiern, die bei Bier und Korn, Sekt oder Whisky abgeschlossen und in den nahegelegenen Privatquartieren oder Stundenhotels vollzogen wurden. Die Preise der Prostituierten standen meist in direktem Verhältnis zu den Preisen der Speisekarten.

In reglementiertem Rahmen wurde Prostitution nach den »Ausuferungen« und »Verwilderungen« der Nachkriegsjahre zum festen Bestandteil der bundesdeutschen Aufbaugesellschaft. Die Prüderie und Doppelmoral der 50er Jahre gewährte ihr eine unbehelligte Existenz am Rand der Gesellschaft. Man entledigte sich des Problems, indem man es weitgehend tabuisierte. Doch immerhin hielten Anfang der 60er Jahre 5 % mehr Frauen Prostitution für eine nützliche Einrichtung als noch 1949, und über die Hälfte hielten Prostitution zumindest für ein notwendiges Übel.[5]

Mit wirtschaftlichem Aufschwung wird Rationalisierung auch für die Prostituierten das Schlagwort der 50er Jahre: je mehr Kunden, desto höher die Ausnutzung der meist überteuerten Zimmer.

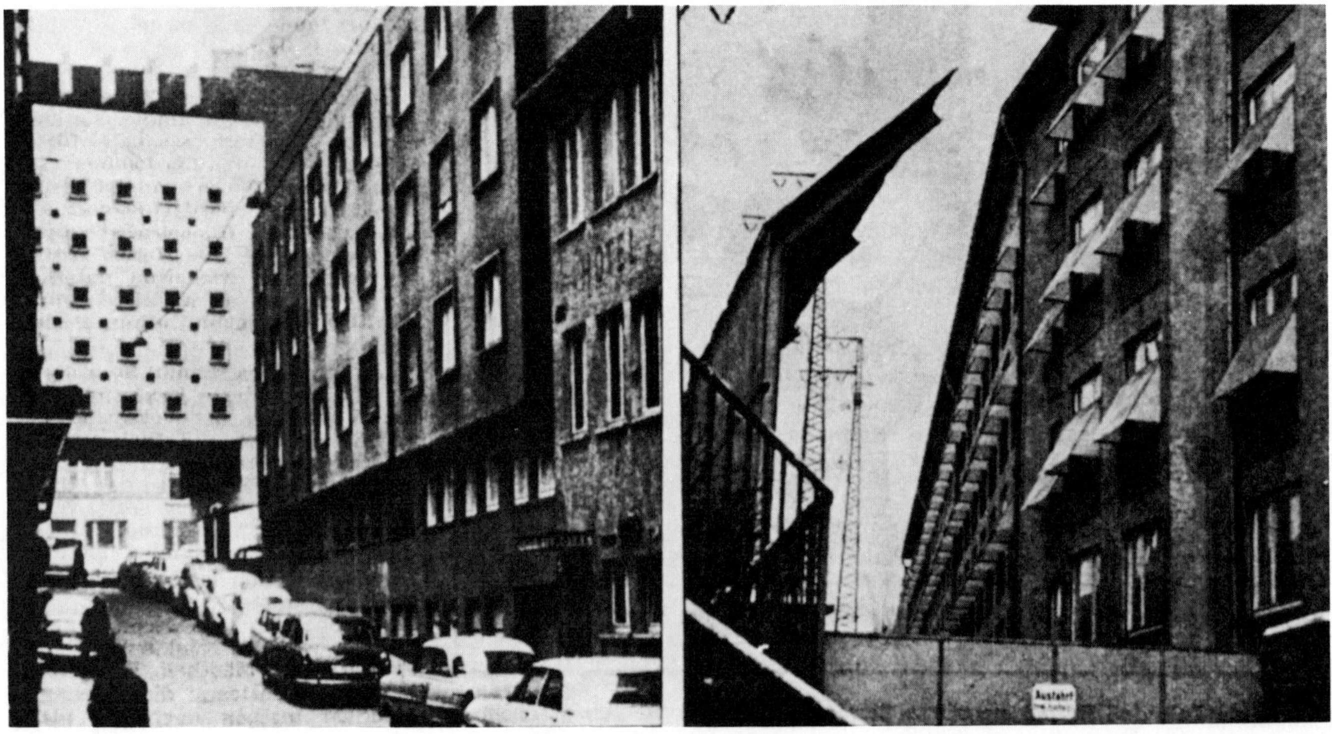

Rationalisierte Prostitution: Stuttgarter Dreifarbenhaus, Düsseldorfer Großbordell Hinter dem Bahndamm

Reeperbahn: Zur Geschichte einer Vergnügungsstraße

Nach 1945 waren zunächst endlose Reihen Wurstbuden St. Paulis Hauptattraktion. Sie trugen der Reeperbahn die Bezeichnung »Knackwurstallee« ein. Als die Freßwelle abebbte, glaubten die St.-Pauli-Unternehmen zuerst, im Vorkriegsstil mit sittsam verhüllten Tänzerinnen das D-Mark-Geschäft ankurbeln zu können, aber die Etablissements blieben leer.

Neue Attraktionen waren dann zunächst »Damenringkämpfe« im Schlamm und Revuen mit 100 Badenixen in den gerade in Mode gekommenen Bikinis.

Doch St. Paulis Vergnügungsmanager mußten bald stärkere Anreize ersinnen. In den Schaukästen der Lokalitäten wurden die Fotos der mit Bikinis bekleideten Damen durch Bilder von »Schönheitstänzerinnen« ersetzt, die meistens nicht mehr am Körper trugen als Plastikketten und -ringe. Auf Plakaten wurden »scharf gemixte Nackt-Revuen« angepriesen. Im April 1956 allerdings, drei Jahre, nachdem das Gesetz über die Verbreitung jugendgefährdender Schriften vom Bundestag beschlossen worden war, wurden in einer Nacht- und Nebelaktion über 400 Nacktfotos beschlagnahmt und über die Nachtclubbesitzer Geldstrafen verhängt.

Als Ersatz für die abgebildeten nackten Frauen werden jetzt grellbunte Plakate ausgestellt, die z. B. »intime Sittendramen in Technicolor« anpriesen. Portiers vor den Eingängen mußten den Passanten nun Einzelheiten flüstern.

Die Kosten der Kneipenwirte erhöhten sich so natürlich erheblich. Nicht nur die Schlepper waren sich der Wichtigkeit ihres Jobs bewußt, sondern auch die Darstellerinnen der Zehn-Minuten-Streifen. Sie kassierten pro Film etwa 100 DM.

Als »Schönheitstänzerinnen« bekamen sie rund 800 DM Festhonorar. Für ein Tanzpaar – er im Leopardenfellhöschen, sie mit hauchdünnen Perlonschleiern bekleidet – zahlten die Gastwirte notgedrungen 3000 DM Monatsgage. Zu den Personalkosten zählten auch die Ausgaben für »Verzehrbons«, welche die Gastwirte an Damen austeilten, so daß diese in ihren Etablissements die meist überteuerten Getränke gratis konsumieren konnten – und so den Status »freischaffender« Animierdamen annahmen.

Damen-Ringkämpfe

Die Affäre Nitribitt

Um die »Affäre Nitribitt« entstand eine der größten und nachhaltigsten Medienschlachten der 50er Jahre. Bei heutigen Recherchen über den gewaltsamen Tod der Frankfurter Prostituierten Rosemarie Nitribitt ist nur schwer zwischen Dichtung und Wahrheit zu unterscheiden. Nicht zuletzt der noch während der ersten Ermittlungen zu diesem Mordfall begonnene Film »Das Mädchen Rosemarie« und die öffentlichen Skandale um eben jenes Werk haben die journalistische Aufarbeitung dieses Prostituiertenmordes wesentlich beeinflußt.

Am 1. November 1957 war Rosemarie Nitribitt in ihrer Frankfurter Wohnung erwürgt aufgefunden worden. Die Tatzeit konnte von der Polizei nicht mit Bestimmtheit festgelegt werden, man vermutete, der Mord sei zwischen Dienstagnachmittag, dem 29. 10. und Mittwochmorgen, dem 30. 10. verübt worden. Die Tatumstände ließen auf einen Kampf der Prostituierten mit ihrem Mörder schließen. Obwohl Hunderte von Spuren verfolgt wurden, verliefen die Ermittlungen im Sande. Es gab zwar einige dringend der Tat Verdächtige, sogar einen Unbekannten, der sich anonym per Postkarte selbst bezichtigte, aber letztendlich blieben die Bemühungen der Polizei erfolglos. Kritik an der etwas schusseligen Spurensicherung ließ so auch nicht lange auf sich warten. Aber es war nicht die Kriminalstory, es waren auch nicht die mysteriösen Umstände dieses gewaltsamen Todes, die vorrangig in der Öffentlichkeit Interesse fanden.

Rosemarie Nitribitt, im Februar 1933 geboren, war trotz ihrer Jugend schon vor ihrem Tod weit über die Grenzen Frankfurts hinaus bekannt. Man zählte sie zu den »elegantesten« Frauen Frankfurts. In ihrer kurzen »Anschaffensperiode« – bis zu ihrer Volljährigkeit lebte sie in Fürsorgeheimen – hatte sie regelrechte Reichtümer erworben. Der Wert des Nachlasses der Maria Rosalie Nitribitt wurde vom Nachlaßgericht auf 120000 DM festgesetzt – für damalige Verhältnisse eine sehr große Summe. Sie hatte sich mit unverhältnismäßigem Luxus umgeben, besaß teure Modellkleider, wertvolle Pelze und Schmuck, eine teure Wohnung und nicht zuletzt ihren berühmten schwarzen Mercedes 190 SL mit roten Ledersitzen, der über ihren Tod hinaus zu ihrem Markenzeichen wurde.

Diesen Reichtum hatte sie einem Kundenkreis zu verdanken, der vorwiegend aus Männern der vermögenden und einflußreichen Oberschicht der noch jungen Wirtschaftswundergesellschaft bestand. Dies war damals das eigentlich Sensationelle und Spektakuläre an dem Mordfall. Aber weder während der direkten Ermittlungen der Polizei zu dem Mordgeschehen noch während des Indizienprozesses gegen einen Bekannten der Nitribitt anderthalb Jahre nach dem Mord wurden tatsächlich Namen ihrer Kunden aus Industrie, Politik und Wirtschaft bekannt.

Drei Monate nach dem Mord zimmerte der Staatsanwalt einen Haftbefehl gegen H. Pohlmann, einen etwas zwielichtigen Handelsvertreter aus Frankfurt, nur aufgrund von Indizien zusammen – und mußte ihn nach elfmonatiger U-Haft wieder entlassen. Es war der Polizei nicht gelungen, aussagekräftige Beweise zu finden.

H. Pohlmann dagegen avancierte dank der bundesdeutschen Regenbogenpresse zum meistbemitleideten Mann der Republik. Die Bekanntschaft mit der Prostituierten verschaffte ihm, der sich bis dahin mit Unterschlagungen und Betrügereien gerade so über Wasser gehalten hatte, in der Folgezeit einige nennenswerte Beträge.

Rosemarie Nitribitt . . .

Kaum aus der U-Haft entlassen, konnte er der Zeitschrift Quick seine »Erfahrungen und Erlebnisse mit Rosemarie« inclusive seiner Hafterfahrungen und Unschuldsbeteuerungen meistbietend verkaufen.

Ein in einschlägigen Kreisen bekannter Hamburger Anwalt kaufte ihm dann im Sommer 1959 in unbekanntem Auftrag für 50000 DM die »Persönlichkeitsrechte« ab. Der Vertrag legte Pohlmann Schweigen auf über die großen Unbekannten, die zum Kundenkreis der Rosemarie Nitribitt gehört hatten. Selbst eine Filmrolle für 10000 DM Gage wurde ihm angeboten.

Dies sollte schon die zweite Produktion werden, die ihren Stoff aus Leben und Tod der Rosemarie Nitribitt bezog. Noch im Winter 1957, also gleich nach Bekanntwerden des Mordfalls und erster Gerüchte um den Kundenkreis der Prostituierten, schrieb der damals schon bekannte Journalist Erich Kuby den Roman »Rosemarie – des deutschen Wunders liebstes Kind« und machte die Frankfurter Prostituierte damit zur Symbolfigur neudeutschen Wunderwohlstands. Die Verbindung der Prostituierten

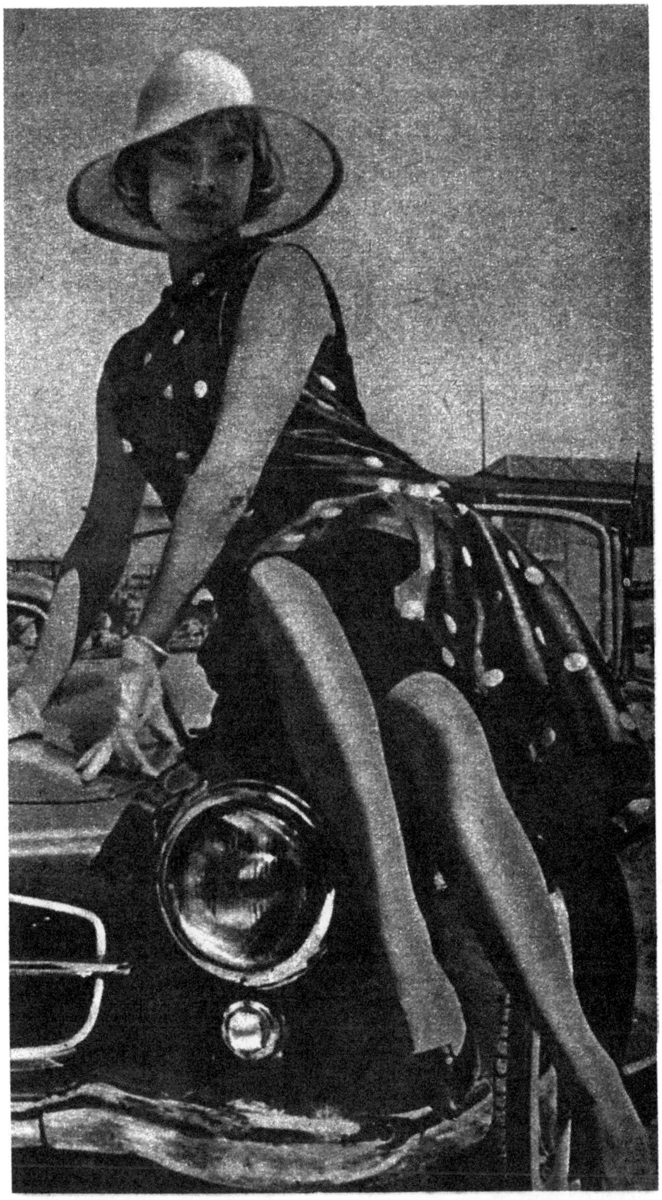

. . . und Film-Nitribitt Nadja Tiller

mit deutscher Industrieprominenz wurde bei ihm zu einer Bestandsaufnahme der moralischen Verkommenheit der sogenannten Leitbilder des wirtschaftlichen Aufstiegs der Bundesrepublik.

Kuby schrieb auch das Drehbuch zu dem wohl bekanntesten Film des Regisseurs Thiele »Das Mädchen Rosemarie«, der mit einer Starbesetzung und der noch relativ unbekannten Nachwuchs-Schauspielerin Nadja Tiller verfilmt wurde.

Schon während der Dreharbeiten gab es eine Vielzahl an Protesten und Verfahren. Kuby erklärte das so: »Gewisse Kreise reagieren auf das Projekt Nitribitt empfindlich, weil sie mit Recht vermuten, daß der Kundenkreis dieses Mädchens in unserem Film eine große Rolle spielt.«[6]

So hatten die Herrn der Daimler-Benz AG die Bitte um einige im Drehbuch vorgeschriebene Sportwagen Mercedes 190 SL völlig unüblicherweise abgelehnt. Normalerweise betrachten Industriefirmen das Zurschaustellen ihrer Erzeugnisse in einem Spielfilm als billige und wirksame Werbeaktion. Dreharbeiten in einer Halle der Opel-Werke wurden nicht gestattet. In Kubys Drehbuch sind die Direktoren dieses Konzerns Stammkunden der Prostituierten. Der ARAL-Konzern klagte gegen die Verbreitung eines Werbefotos, welches Nadja Tiller als Nitribitt in dirnenhafter Pose an einer ARAL-Tankstelle zeigt.

Dr. Ing. Berentzen, der Besitzer des Hauses in der Stiftstraße 36, in dem Rosemarie Nitribitt gewohnt hatte und das auch mehrfach in dem Film genannt wurde, klagte auf Unterlassung, um den guten Ruf seiner Mieter besorgt. Den Prozeß und ein Revisionsverfahren verlor er allerdings. Selbst ein gewisser Freiherr von Oelsen fühlte sich und seinen adligen Namen in den Schmutz gezogen, weil auch eine Filmfigur unter dem Namen Fürst Oelsen auftrat.

Aber gleich nach Abschluß der Dreharbeiten bat eine Kommission der Venezianischen Filmfestspiele um Zusendung des Films samt italienischer Untertitel und ließ den in Deutschland so angegriffenen Film internationale Beachtung finden. Im Ausland reagierte man nicht annähernd so hysterisch und würdigte vor allem die schauspielerische Leistung der Darsteller. Allen voran die noch junge Nadja Tiller, die mit diesem Film ihren großen Durchbruch erlebte, andererseits aber auch auf die Rolle halbseidener Mädchen festgelegt wurde.

Adenauer, der laut »Spiegel« seit Beginn der Affäre überlegte, ob er denn nun noch Fahrzeuge der Firma Daimler Benz benutzen könne, hatte versucht, über das Auswärtige Amt Druck auf die italienische Regierung auszuüben, damit der Film nicht gezeigt würde, hatte aber keinen Erfolg.

Diesen wiederum hatte im Jahre 1959 Ludwig Erhard; wieder laut »Spiegel« war er es, der die »Quick« dazu brachte, die Pohlmann-Serie genau vor der Folge abzubrechen, in der es um die Kontakte der Nitribitt mit Prominenz aus Politik und Wirtschaft gehen sollte.

In der Affäre Nitribitt ging es am wenigsten um Prostitution als eine von Männern in Anspruch genommene Möglichkeit der »Freizeitgestaltung«. Es ging auch nicht um das Schicksal einer Rosemarie Nitribitt oder die etwaigen Beweggründe für ihr Tun.

Von den einen wurde sie vor allem deshalb verurteilt, weil sie es geschafft hatte, in kürzester Zeit aus ihrem »unanständigen« Gewerbe höchstmöglichen Gewinn zu erzielen und mittels allgemeingültiger Prestigeobjekte – Mercedes SL, Pelze und kostbarer Schmuck – Zugang zu einer »feineren« Gesellschaft zu finden. Der sie umgebende Luxus war der direkte Ausdruck für die Unmoral ihrer Person und ihrer Arbeit schlechthin.

Für die anderen war nicht Rosemarie Nitribitt die Verkörperung der Unmoral, sondern ihre Kunden: die Bosse der wiedererstarkten deutschen Industrie, diese Riege von Leitbildern der noch neuen und scheinbar so sauberen Wirtschaftswundergesellschaft, die öffentlich für die prüde, frauenverachtende Familienpolitik der CDU eintraten und heimlich ihrer nicht weniger frauenverachtenden Lust mit Prostituierten frönten.

In beiden Fällen ging es um erste Kratzer am Bild des deutschen Wirtschaftswunders.

Anmerkungen

1 Grosser, Alfred: Geschichte Deutschlands seit 1945, Berlin 1974.
2 Der Spiegel, Heft 15, 1965.
3 ebd.
4 Sicot, Marcel: Weltphänomen Prostitution, München 1965.
5 Jahrbuch der öffentlichen Meinung 1955, hrsg. von Elisabeth Noelle und Erich Neumann, Allensbach am Bodensee.
6 Der Spiegel a.a.O.

Margot Schmidt

„Es gibt noch Märchen, die in Erfüllung gehen"

Filme, Idole, Leinwandstars

Von den Kinobesucherrekordzahlen in Millionenhöhe der jetzt schon wieder nostalgisch umschwärmten »Goldenen Fifties« können die heutigen Kinobesitzer nur träumen. Der absolute Zuschauerrekord lag 1956 bei 818 Millionen. Die expansiven Goldgrubenzeiten des Princess-Kinos und der Royal-Paläste mit mehr als 1000 Sitzplätzen sind endgültig vorbei. Der Farbfernsehapparat im privaten Wohnzimmer hat ihnen längst den Rang abgelaufen und liefert uns die Ware Film samt neuer alter Ideologie wohlfeil ins Haus. Dank der umsichtigen Planung der Programmgestalter der öffentlich-rechtlichen Anstalten ist es uns seit einigen Jahren vergönnt, Einblicke in die Filmproduktion der Adenauer-Ära zu gewinnen. Rechtzeitig zum Auftakt der neuen CDU-Regierung erfreute uns die ARD mit ihrer Reihe »Deutsche Liebespaare«, mit deren Stars wir schon in diesem Jahr unter anderem in der Reihe »Deutsche Film-Idole in Weiß« Wiedersehen feiern durften. Die Sehbeteiligung dieser früheren Kinoerfolge ist auch heute noch beachtlich, sie liegt bei über 30%. Wie wirksam die Trendvorgabe »zurück ins private Glück« ist und auf welch fruchtbaren Boden die von den Wendepolitikern und Adenauerenkeln so rührig betriebene Wiederauflage traditioneller Normen und Leitbilder gefallen sein mag, zeigt die enorme Publikumsresonanz an, die im diesjährigen Sommerfestival des ZDF der Wunschfilm »Heimatfilme« der 50er Jahre fand. Fast eine Million Zuschauer beteiligten sich an der telefonischen Programmauswahl und entschieden sich mit überwältigender Mehrheit für die junge Marianne Koch als »Landärztin« und den damals unbestrittenen männlichen Publikumsliebling Rudolf Prack, der seine durchschlagendsten Erfolge dann erzielte, wenn er sich mit »Schwarzwaldmädel« und »Privatsekretärin« Sonja Ziemann als Liebespaar vereinte.

Damals wie heute gilt die Regierungsparole »Keine Experimente«, und so erstickten die spärlichen Ansätze eines kulturellen »Neubeginns« der westdeutschen Filmproduktion im Ufa-Stil der 30er und 40er Jahre. »Die Kontinuität zwischen dem NS-Film und der westdeutschen Produktion kann schon oberflächlich damit belegt werden, daß man hier wie dort dieselben Namen als Autoren und Regisseure findet.«[1] Die Chance eines neuen Anfangs wird – wie überall in der neugegründeten Republik – vertan. »... auf den Trümmern der Welt finden sich nicht erneuerte, umgebildete Geschöpfe, sondern die alte Garde: die Ucickys, Liebeneiners, Harlans. Es handelt sich um die alten Opportunisten und Spießer, die nun wieder ans Werk gehen. Sie kleben am alten fest und beweisen, wie sehr sie vom alten gefesselt sind.«[2] Bevorzugte stereotype Filmgattungen und Kassenschlager der 50er Jahre werden die reinen Unterhaltungsfilme der heiter-besinnlichen Sorte: Heimat-, Lust- und Abenteuerspiele mit den immergleichen Handlungsmustern, die unausweichlich im Klischee-Happyend enden müssen.

Der vorgeblich »unpolitische« Film wurde verbal und finanziell getragen und beeinflußt durch die Autorität der christlich-demokratischen Regierung. Sie ließ die öffentlich geförderten Filmproduktionen durch eine eigens eingerichtete staatliche Bürgschaftsgesellschaft überwachen, die »fünfzig Prozent der deutschen Filmproduktion bis zur Besetzungsliste (kontrollierte)«.[3] Damit sollte gewährleistet werden, daß die geplanten Filmvorhaben ihre Herstellungskosten mit Gewißheit wieder einspielten, so daß »diese staatliche Hilfe letzten Endes auf die Unterstützung von ›Schnulzen‹ hinauslief«.[4] Schon 1950 empfahl Rudolf Vogel, CDU-MdB und »einer der wichtigsten Männer« der bundesrepublikanischen Filmpolitik: »Der deutsche Film wird nach wie vor... eine große Zukunftschance besitzen, wenn er wieder auf sein ihm ursprünglich zufallendes Gebiet des Musikfilms, des landschaftsgebundenen Films und Kulturfilms zurückfindet.«[5] Nachhaltig gestützt wurde diese Empfehlung durch den »Freiwilligen Kodex der Deutschen Filmindustrie« von 1948, der die Bestimmungen der Besatzer fast wörtlich übernahm und der auch die spätere Freiwillige Selbstkontrolle (FSK) sowie die Praxis der Filmbewertung (FBW) wesentlich mitbestimmte. Spielfilme, so heißt es im Kommentar des Kodex, sind ein »Mittel der Unterhaltung«, das sei eine »allen Zeiten und Völkern gemeinsame Erkenntnis«. Sie sind »nützlich, wenn sie den Menschen bessern und fördern, oder wenigstens dem vom Lebenskampf ermüdeten Menschen Entspannung und Erholung gewähren. Sie sind schädlich, wenn sie der sittlichen Persönlichkeit schaden oder zu minderwertigen Daseinsformen hinlenken.« Und um eben diese »nützliche Entspannung und Erholung« zu gewährleisten, bedient man sich des »Leitgedankens« und »Gebote des natürlichen und menschlichen Rechts«. Er baut auf die »natürlichen Gesetze... die der ganzen Menschheit ins Herz geschrieben sind, die allgemeinen Grundsätze also des Naturrechts und der Gerechtigkeit, wie das Gewissen sie dem gesitteten Menschen vorschreibt.« Selbstverständlich sind dabei die »Heiligkeit der Ehe und der Familie stets zu achten und zu verteidigen.«[6]

Die »alte (männliche) Garde« hatte gewiß keine Probleme, sich diesen Verhaltenskodex mit »Herz und Gewissen« zu eigen zu machen. Frauen hatten in diesem Geschäft der Regisseure, Drehbuchautoren, Produzenten und Verleiher ohnedies wenig zu sagen,[7] und so nimmt es nicht weiter wunder, daß alles das, was seit Jahrhunderten für die Frauen gilt und was die Nationalsozialisten uns ganz besonders in Herz und Verstand zu schreiben suchten, seit 1933 offen-

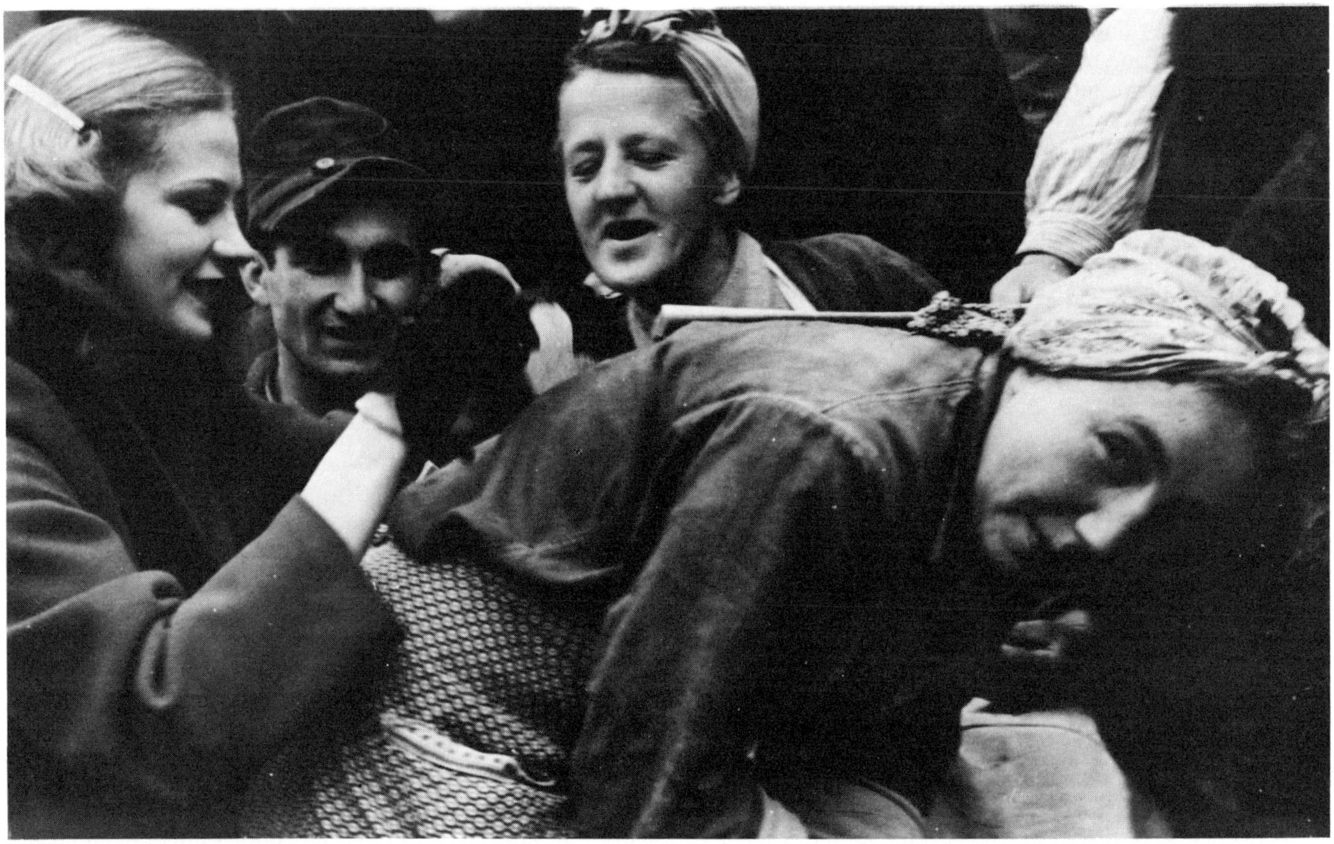

Hildegard Knef gibt Berliner »Trümmerfrauen« Autogramme

Romy Schneider und Karlheinz Böhm

Maria Schell und O. W. Fischer

bar noch weitere tausend Jahre gelten sollte. Das deutsch/österreichische Kino bestätigte die privat und gesellschaftspolitisch gewünschten traditionellen Leitbilder von geordneten Familienverhältnissen, einem behaglichen Zuhause mit einer liebenden und treuen Gattin und Mutter, wohlgeratenen Kindern und jungen, verantwortungsbewußten, entsexualisierten ledigen Frauen, die häufig einen helfenden und dienenden Beruf ausübten, bis sie endlich vom Mann ihres Lebens gefunden wurden, der dann für alle Zukunft unbeirrbar seinen schützenden und versorgenden Arm um sie hielt.

Die repräsentativen Leinwandheldinnen dieser Zeit sind weibliche Prototypen und schablonisierte Pseudohandlungsträgerinnen mit äußerst geringer Variationsbreite. So verkörpert zum Beispiel Luise Ullrich weiterhin die Rolle der tüchtigen, pflichtbewußten Mutter, Geschäftsfrau oder Krankenschwester. Ruth Leuwerik begegnet uns als gute, edle, kultivierte reife Königin Luise oder Trappfamilienmutter. Romy Schneider wird verdonnert zum romantischen süßen Mädel, das vom adligen Trotzkopf zur liebreizenden Kaiserin Sissi wachsen darf. Maria Schell muß der deutschen sentimentalen Seele freien Lauf lassen, mit viel Gefühl hingebungsvolle Liebes- und unermeßliche Leidensbereitschaft präsentieren. »Niemand weint so schön und schnell, wie im Film Maria Schell« heißt es seit 1950 von ihr. Sonja Ziemann schließlich tritt uns als die sympathische, natürliche, praktische und adrette, anpassungsfähige, gute und nette Kameradin gegenüber, die jeder charaktervolle Mann zum Traualtar führen möchte.

Mithin versammelt finden sich hier sämtliche weiblichen Wunschbilder, von denen ein deutscher Mann (und seine liebe Frau) zu träumen vermag, und die er in der Zeit des Wiederaufbauens und des beginnenden Wirtschaftswunders dringend braucht und an seiner Seite zu sehen wünscht.

Gegenteilige Rollenerfahrungen, die zahlreiche Frauen während der Abwesenheit der Männer in der Kriegs- und unmittelbaren Nachkriegszeit machten, sollten nicht wirksam werden und womöglich in neu erwachtes weiblich forderndes Bewußtsein umschlagen. Abweichende Erkenntnisse und Einstellungen zur Rolle des Mannes, wie sie eine junge Berliner Verlagsangestellte in ihrem anonym veröffentlichten Tagebuch über das Kriegsende formulierte, dürfen gar nicht erst zum Tragen kommen:

»Immer wieder bemerke ich in diesen Tagen, daß sich mein Gefühl, das Gefühl aller Frauen den Männern gegenüber ändert. Sie tun uns leid, erscheinen uns so kümmerlich und kraftlos. Das schwächliche Geschlecht. Eine Art von Kollektiv-Enttäuschung bereitet sich unter der Oberfläche bei den Frauen vor. Die männerbeherrschte, den starken Mann verherrlichende Naziwelt wankt – und mit ihr der Mythos ›Mann‹... Das formt uns um, macht uns krötig. Am Ende dieses Krieges steht neben vielen Niederlagen auch die Niederlage des Mannes als Geschlecht.« [8]

Das darf nicht sein! Die allmächtige Autorität und unumschränkte Vormachtstellung des Mannes muß unangetastet und ohne Zweifel bestehen bleiben. Das gekränkte männ-

Ruth Leuwerick

liche Selbstbewußtsein des Verlierers trachtet nach seiner ungebrochenen Wiederherstellung. Die unerlaubten Grenzüberschreitungen müssen vergessen, verdrängt, ja ungeschehen gemacht und wieder auf das rechte, richtige Maß zurückgeschnitten werden.

Die Filmindustrie entspricht mit ihren Frauenbildern diesen Erwartungen und produziert im Verlauf der 50er Jahre jährlich hundertfach die probaten und bewährten Filmgenres, die dem deutschen Film nach offizieller Verlautbarung angeblich »ursprünglich« zufallen (CDU-Vogel) und die alle den Rückzug ins Private, das »rein menschliche« Thema propagieren. Welle folgt und bricht sich auf Welle: Heimatfilme, Arzt- und Schicksalsfilme, Familienfilme, historische Filme, Lustspiel-, Revue- und Schlagerfilme und ab und an eine weniger erfolgreiche Literaturverfilmung.[9]

Und die Menschen strömten in die Kinos, vormittags, nachmittags, nach Feierabend und sogar nachts. Kino war damals »sehr gefragt«, erzählte mir eine heute 60jährige Ehefrau und langjährige Büroangestellte. Kino bedeutete das »A und O« vor allem für jene Zuschauerinnen, deren Alltagsrealität der zwingenden ökonomischen Notwendigkeit des Geldverdienens wenig gemein hatte mit den eindimensionalen Leitbildern, die die Filmheldinnen abbildeten, und für die die Standardfilmgeschichte eine doppelte Rückverweisung auf ihre nicht lebbare traditionelle Rolle als Nur-Hausfrau und Familienmutter verkörperte.

Der Kinofilm und seine Stars weckten und erfüllten eine Sehnsucht, die das »wirkliche Leben« nie zu stillen vermochte. Nach all den Strapazen, dem Chaos und dem vermeintlichen Rollentausch verlangte es das Publikum nach einem ruhigen überschaubaren Ort, an dem es sein Leben – für ein »paar schöne Stunden« – endlich genießen und »Entspannung und Erholung« in der heilen Welt finden wollte, die ihm die Traumfabrik jetzt sogar in Farbe auf die Leinwand zauberte.

»Das Ich des Kinobesuchers«, so der Filmtheoretiker Siegfried Krakauer, »das die Quelle seiner Gedanken und Entscheidungen ist, zieht sich von der Szene zurück«. Es gerät in einen »Auflösungsprozeß«, den Krakauer mit den Worten einer »intelligenten Französin« beschreibt: »Wenn das Kino seine Wirkung ausübt, so darum, weil ich mich mit seinen Bildern identifiziere, weil ich mehr oder weniger mein Ich vergesse über dem, was auf der Leinwand vor sich geht. Ich bin nicht mehr in meinem eigenen Leben, ich bin in dem Film, der sich vor mir abspielt.«[10] Nach einer Untersuchung über »Vorbilderleben und Leitbildwirkung im Film« bei mehr als 3000 Jugendlichen[11] kann diese Wirkung auch nach dem Kinobesuch noch weiter anhalten, so daß einige Mädchen (hier zwei Schneiderinnen) »traumverloren« und »geistesabwesend« durch die Straßen laufen und die »Außenwelt... momentan wie weggeblasen« ist. Und eine Oberschülerin bestätigt:

»Was ich an einem Film schätze, ist, daß man für einige Zeit sich selbst vergißt, sich völlig in den anderen Menschen hineinlebt und noch tagelang von diesem Film sozusagen zehrt.... Es ist gut, daß es den Film gibt. Er öffnet einem manchmal die Augen über etwas, was man allein nie bemerkt hätte. Wenn man es nötig hat, kann man sich in eine Art Traumschaukel setzen und man vergißt für eine Weile. Manchmal hilft es nämlich viel und manchmal eine Weile.«[12]

Bei Filmen mit »wirklichkeitsfernen, traumhaften, ja sogar märchenhaften Filminhalten« geht die Identifikation vor allem bei weiblichen berufstätigen Jugendlichen – wie der Autor hervorhebt – manchmal so weit, daß versucht wird, das Märchen in die Realität zu übersetzen.

»Ich möchte auch einmal das Glück haben, einmal einen Kaiser zu heiraten und Kaiserin zu werden, wie die R. S. in ihrem weltberühmten Film. (Romy Schneider in »Sissi«) Ich kenne schon einen Mann, der alle Eigenschaften und Fähigkeiten hat, bloß ist er kein Kaiser, darum kann mein Wunschtraum nie in Erfüllung gehen.«[13]

Über den Weg einer Eheschließung mit dem Freund und Alltagsmärchenprinzen kann die junge Friseuse zwar nicht wie Sissi/Romy den Thron einer Kaiserin erklimmen, aber sie wird versuchen, entsprechend ihren eigenen realisierbaren Möglichkeiten, der bewunderten Filmschauspielerin nachzueifern. Denn der Star wiederum wird identifiziert mit den Eigenschaften, die seine Filmrolle mit sich bringt. Da wird Lebensnähe in Illustrierten und Filmzeitschriften gesucht, und manchmal auch der persönliche Kontakt über den eigens gegründeten Fan-Club probiert. Geschätzt werden an den weiblichen Filmvorbildern vor allem die »aparte Schönheit« und die publizierte Tatsache, daß sie »glücklich verheiratet« seien und womöglich bereits »zwei Kindern das Leben geschenkt« haben. »Weiblicher Charme, frauliche Züge« und insbesondere »ungezwungene Natürlichkeit«, verbunden mit »Hilfsbereitschaft, Nächstenliebe, Freundlichkeit und Menschlichkeit« stehen hoch im Kurs. Ruth Leuwerik beispielsweise, einmal als Privatperson beobachtet, beeindruckte durch ihre »gütige Art« und gefiel besonders durch ihre »Einfachheit der Kleidung, ihr

Das „Kempi" wird gestürmt: in jedem Jahre, während der Berliner Filmfestspiele, muß das neue Hotel Kempinski eine Invasion aller Filmfans zwischen 17 und 70 über sich ergehen lassen. In diesen Mauern wohnen die vergötterten Stars, und ein Blumenstrauß von ihrer Hand — wie hier von Maria Schell (rechts) — aus dem Fenster geworfen, wird zur heißumkämpften Trophäe.

freundliches Wesen und die Art, in der sie sich nie auffällig benahm.« Solche vorzüglichen Eigenschaften regen zur Nachahmung an, ebenso wie Maria Schell, die als Vorbild gewählt wird, um »einfach, natürlich, lustig und lebensfroh« sein zu wollen.

Die Nichtübereinstimmung von Rolle und Person oder der Versuch, zu einem anderen Frauentyp zu wechseln, verzieh das Publikum einer Schauspielerin nur selten. Hildegard Knef, ehemals Deutschlands liebstes Trümmermädchen, blond, herb, tapfer mit der »Wir werden's schon schaffen«-Ausstrahlung, wurde 1951 mit ihrem Film »Die Sünderin« skandalberühmt. »Noch nie wurde eine Schauspielerin mit einer Rolle so identifiziert wie in diesem Fall«, sagte der prominenteste deutsche Filmproduzent der 20er Jahre, Eric Pommer.[14] Hildegard Knef verletzte hier in der Rolle eines zur berechnenden Prostituierten abgestiegenen bürgerlichen Mädchens, das durch ihre Liebe zu einem todkranken Maler wieder zu sich selbst findet, gleich mehrere Tabus der spießigen, prüden und ordnungsfixierten neudeutschen Gesellschaft der 50er Jahre. Für einen winzigen Augenblick zeigte sie ihren nackten Rücken auf der Leinwand (Nacktszene!) und leistete obendrein dem leidenden Geliebten (Liebe ohne Trauschein) Sterbehilfe (!), um ihm dann freiwillig in den Tod zu folgen (Selbstmord!). Hierbei ist allerdings anzumerken, daß die Ablehnung, die Hildegard Knef in dieser Rolle erfuhr, im wesentlichen von einer offiziellen Öffentlichkeit inszeniert wurde, bei der sich insbesondere die moralische Instanz der Kirche hervortat, die zur Verteidigung des »gesunden Ehrgefühls unseres Volkes« aufrief und die »Verhöhnung unserer Frauen und Mädchen« anprangerte. Dem Publikum gefiel aber, neben dem nackten Rücken der Knef, auch die liebende Opferbereitschaft des gefallenen Mädchens, und so strömten sie in Scharen ins Kino und erzwangen vielerorts sogar die Vorführung des abgesetzten Films.[15]

Hildegard Knef in »Die Sünderin«

Rudolf Prack und Sonja Ziemann

Der beliebteste deutsche Filmstar aber war: eine Frau wie Du und ich, die den Zuschauer im Kino (und heute im Fernsehen) mit den bewegenden und leicht zu lösenden Privatproblemchen von Liebe, Ehe und Familie, angerichtet in einer beschaulichen Umgebung, unterhalten sollte.

– Wie zum Beispiel Sonja Ziemann in

»Dany, bitte schreiben Sie« (1956)

Dany ist ein nettes, liebenswürdiges – und obgleich vom Leben und der Liebe gebeutelt – fröhliches und bescheidenes Büromädchen, das unversehens im Vorzimmer des Modemachers Pratt landet. Herr Pratt ist ein Künstler und braucht, wie seine sich damenhaft und mondän gebende Direktrice belehrend bemerkt, wie alle »genialen Männer« ein »gewisses weibliches Fluidum«. Er ist der Mann, dem alle Frauen zu Füßen liegen, in den sich alle verlieben müssen und dessen weibliche Angestellten ihn alle anhimmeln. Nur Dany nicht, denn sie ist durch eine tiefe Enttäuschung vor unüberlegtem Verliebtsein gefeit. »Weibergeschichten« nennt der Genius seine zahlreichen Affairen, die ihm über dem Kopf zusammenzuschlagen drohten, würde nicht Dany, die tüchtige Sekretärin mit kühlem Kopf immer wieder glättend und disponierenderweise seinen Privatterminkalender führen. Außerdem hängen ihm die Geschichten schon längst zum Halse heraus, wie er Dany gesteht, was der Zuschauer nur allzu verständlich findet, handelt es sich doch in allen Fällen um unausstehliche, anspruchsvolle, überkandidelte und zickige Nebenfrauen, die der wahren Heldin letzten Endes keine wirkliche Konkurrenz machen können. Bevor das beliebte und erprobte Erfolgsliebespaar Sonja Ziemann und Rudolf Prack (1950 »Schwarzwaldmädel«, 1951 »Grün ist die Heide«, 1953 »Die Privatsekretärin«, alles Remakes aus den 30ern) sich jedoch endlich finden kann, müssen noch einige Mißverständnisse und Hürden aus dem Weg geräumt werden. Schließlich besteht Dany in Venedig noch prompt die Probe ihrer weiblichen Tugend, als der »unverbesserliche« Pratt an ihr das gleiche Verführungsprogramm abspulen will, das Dany schon so oft für ihn am Schreibtisch des Modesalonbüros organisiert hat. Sie reist nicht nur unverzüglich und ohne Nachricht ab, nein, sie kündigt obendrein auch noch ihre Stellung. Am Krankenbett des autoverunglückten Geliebten darf sie aber endlich auf ihre innere Stimme hören, die von der »wahren« Liebe kündet, und dem zukünftigen Ehemann scheu ihre zarte Hand überlassen.

»Es gibt noch Märchen, die in Erfüllung gehn,
die aus dem Wunderland der Träume auferstehn,
es gibt noch Märchen, die das Schicksal lenkt,
das uns wie von Zauberhand reich beschenkt«,

singt Caterina Valente 1957 als Partnerin des mittlerweile 55jährigen Rudolf Prack in »Das einfache Mädchen«, das ebenso wie Dany den Traum vom sozialen Aufstieg durch die »wahre« Liebe erfahren darf. Die biedere Dany hat sich diesen Traum in Gestalt eines erfolgreichen Mannes redlich verdienen müssen. Als tüchtige diskrete Privatsekretärin, die ohne Murren und ganz selbstvergessen Überstunden macht und dabei auf ein eigenes Privatleben verzichtet, hat sie ausreichende Anpassungsbereitschaft und Anerkennung der männlichen Dominanz demonstriert, um mit diesem »persönlichen Glück« belohnt zu werden. Leidenschaftliche Gefühle, geschweige denn Ahnungen von Sexualität und Erotik, kommen in diesen Filmen nicht vor. Ein »patenter Kerl« wie Dany muß auch mit sowas vernünftig und sachlich umgehen und darf sich dafür anerkennend vom Märchenprinzen sagen lassen, daß sie ein Mensch ist, der noch »mit ganzem Herzen liebt«. Ein Kuß ist so gut wie ein Eheversprechen, und Dany wird selbstverständlich ihren Beruf aufgeben, denn in Zukunft trägt er ja die Verantwortung für ihr Leben – und sie trägt seine Kleider.

– Wie zum Beispiel Marianne Koch in

»Die Landärztin vom Tegernsee« (1958)

Die Landärztin Petra ist eine junge, moderne, studierte Frau, die etwas von »Gleichberechtigung« versteht und die auf ihrem Motorroller die Ruhe eines beschaulichen Dorfes aufstört durch die simple Tatsache, daß sie statt des erwarteten »Onkel« Doktors eine »Tante« ist. Überall schlagen ihr Vorurteile und Ablehnung entgegen, weil sie 1. eine Frau, 2. auch »noch jung« und 3. dazu »unverschämt hübsch« ist. Unterstützt durch den älteren Kollegen des Nachbarortes, eine List des Dorfpfarrers und der guten Fee und Sprechstundenhilfe des Arzthaushaltes vermag sie sich aber nach Bewältigung einiger kritischer Situationen durchzusetzen und erringt – natürlich – zu guter Letzt die Liebe des Tierarztes, dessen Rolle wiederum mit der reifen Männlichkeit Rudolf Pracks besetzt ist.

Petra kann den zukünftigen Gefährten durch ihren unermüdlichen, unbeirrbaren und selbstlosen Einsatz davon überzeugen, daß es ihr mit dem »Doktorspielen«, das er allen Frauen eingangs verächtlich vorwarf, ernst gemeint ist. Am Ende akzeptiert er ihre Ärztinnenrolle und läßt sich sogar dazu hinreißen, »froh« darüber zu sein, daß sie eine – nämlich bald seine – Frau ist. Die seit 1949 gesetzlich formulierte Gleichberechtigung hindert den Mann keineswegs daran, in jeder Frau sein schmückendes Attribut als Ehefrau und Mutter seiner Kinder zu sehen. Petra gelingt es auch deshalb, die Herzen aller Dorfbewohner zu erobern, weil sie in ihrem »Wesen« alle geschätzten Eigenschaften des gesellschaftlich und privat gewünschten Frauenbildes vereint. Sie ist freundlich und hilfsbereit, fleißig und gewissenhaft, selbstlos und nicht nachtragend, natürlich, tier- und kinderliebend und trotz eines zur Schau getragenen Selbstbewußtseins oft mädchenhaft scheu und verlegen, ja sie legt sogar gelegentlich ein inferiores und fast infantiles Verhalten an den Tag. Hinter der Fassade der tüchtigen Ärztin verbirgt sich außerdem immer noch die verunsicherte Frau, die in entscheidenden Situationen des sicheren männlichen Beistandes bedarf. Dem Mann, dem sie vertraut, gesteht sie die Angst vor dem Fall auf Leben und Tod. Den Mann, den sie liebt, bittet sie zu entscheiden, ob sie dem verlockenden Karriereruf an ein großes Sanatorium folgen soll. Er hilft ihr in beidem. Er rät ihr, das chancenreiche Angebot auszuschlagen (und glaubt damit zugleich einen vermeintlichen Konkurrenten um die begehrte Frau auszuschalten), da sie das gewonnene Vertrauen des Dorfes nicht enttäuschen dürfe, und er steht ihr bei der Bewährungsprobe einer risikoreichen Operation bei, indem er ihr als Narkotiseur assistiert.

Anders als die »reifen« berufstätigen Frauengestalten des 50er-Jahre-Kinos ist Landärztin Petra noch jung und ungeprägt genug, die Entscheidung über ihr zukünftiges Leben ganz unbefangen in die Hände des geliebten und vertrauenerweckenden Mannes zu legen. Den lebenserfahrenen älteren Frauen bleibt die Erfüllung des »privaten Glücks« in der Regel versagt. Das »Schicksal« zwingt sie zur Wahl zwischen Karriere und Liebe. Ihre Geschichten zeigen dem weiblichen Zuschauer unverhohlen, welch bitteren Preis eine formal gleichberechtigte Frau für ihre Vermessenheit zu zahlen hat. Der Beruf kann dann bestenfalls nur noch trauriger Ersatz in einem unweiblichen Leben sein.

Die Kulturindustrie der Adenauer-Ära hat nicht im Traum daran gedacht, eigenständige Leitbilder zu entwickeln. In ihrer Filmgeschichte hat vorrangig jenes Frauenbild die Leinwand beherrscht, das den öffentlichen und privaten Erwartungen am besten entsprach. Frau sein, das war die Bestimmung, dem Mann zu gefallen und sich ihm (wieder) zu unterwerfen.

Ehe die Falle der »Goldenen Fifties«-Restauration zuschnappt, sollten wir diese Filme, die uns das Deutsche Fernsehen heute wieder zu den besten Sendezeiten serviert, mit wachem und irritiertem Blick betrachten und uns der anderen Melodie des Caterina-Valente-Schlagers aus dem »Einfachen Mädchen« bewußt werden.

»Ich werd' dich nie, nieh, niieh vergessen,
du kommst mir nie, nieh, niieh aus dem Sinn...«

Anmerkungen

1 Bredow, Wilfried von, Filmpropaganda für Wehrbereitschaft. In: Bredow, Wilfried von / Zurek, Klaus (Hrsg.). Filme und Gesellschaft in Deutschland. Hamburg 1975, S. 318. Vgl. Kochenrath, Hans-Peter. Kontinuität im deutschen Film. In: Bredow a.a.O., S. 286ff.
2 Bandmann, Christa / Hembus, Joe. Klassiker des deutschen Tonfilms 1930–1960. München 1980, S. 13f.
3 Ungureit, Heinz. Zit. nach Osterland, Martin. Gesellschaftsbilder in Filmen. Stuttgart 1970, S. 57
4 Meyer, Barbara. Gesellschaftliche Implikationen bundesdeutscher Nachkriegsfilme. Diss. Frankfurt 1964, S. 75
5 zit. nach Bredow, a.a.O., S. 319
6 Freiwilliger Kodex der Deutschen Filmindustrie. In: Bredow, a.a.O., S. 255ff.
7 In den 50er Jahren gibt es, ebenso wie in der NS-Zeit nur ganz wenige Drehbuchautorinnen und so gut wie keine Regisseusen (Ausnahme: Leni Riefenstahl). Produzentinnen sind mir in der Literatur bisher nur eine untergekommen, ebenso wie eine Filmverleiherin.
8 Eine Frau in Berlin. Tagebuchaufzeichnungen. Genf und Frankfurt 1959, S. 53
9 Die Welle der Kriegsfilme möchte ich hier ausnehmen, zumal in dieser Form der Vergangenheitsbewältigung bis auf die Ausnahme »Nacht fiel über Gotenhafen« (1959) Frauen selten große Rollen spielen.
10 Krakauer, Siegfried. Theorie des Films. Frankfurt 1973, S. 217
11 Glogauer, Werner. Vorbilderleben und Leitbildwirkung im Film. Diss. München 1958
12 ebenda
13 ebenda
14 zit. nach Heinzelmeier, Adolf u.a. Die Unsterblichen des Kinos Bd. 2. Frankfurt 1980, S. 116
15 Braun, Michael. Das Verhältnis von Qualität und Verbreitung. Diss. München 1956, S. 79ff.

Illustrierte
Film-Bühne
VEREINIGT MIT Illustr. Film-Kurier
Nr. 4530
Die Landärztin
GLORIA
EIN FARBFILM IN AGFACOLOR

Veronika Ratzenböck

„Steig ein in das Traumboot der Liebe"

Deutsche Schlager der 50er Jahre

I

Wie oft waren es Bilder, durch die ein einziges Gefühl, durch die eine vage Sehnsucht herbeigeführt, aufgerollt und nach dem nächsten Augenaufschlag wieder verwischt wurde! Und all diese Bilder schienen wie für mich bestimmt, aus mir, und ich brauchte sie wohl nur wieder zurückholen, um sie mir zu erklären, ganz allein in mir.

Indessen ist es dennoch auch eine Gravur im Gedächtnis, die von den Bildern markiert ist und an der die Erinnerung in Bewegung gerät. Jedesmal, wenn ich sie höre, diese Lieder von Freddy, Caterina, Conny oder Lys, fühle ich, wie die Spannung eines Zeitverhältnisses hervortritt, in dem mit meiner Erinnerung eine Beziehung zu einer unspezifischen Sehnsucht, einem nie rastenden Verlangen nach Liebe auftaucht.

Obzwar an keinerlei Zeitlichkeit gebunden, dennoch vom Flair, von der Vorstellung eines Lebensgefühls begleitet, das mich in ein Gespräch mit jenen verwickelt, in denen diese Bilder auch gearbeitet haben.

Die Frauen der 50er Jahre hörten sie ja auch, diese Hoffnungsträger. Und nicht zuletzt erscheinen all die Bilder der Schlagertexte jener Zeit nicht nur in den kitschig-verklärten Rückblicken der jetzigen 50er-Nostalgiewelle, sondern begleiten auch manche gar nicht so freudvolle Erinnerung vieler, die damals lebten, als glückvolle Gegenwelt.

Überall konnte man sie hören: Im Radio und in den schicken neuen Espressos mit ihren banal-surrealen und abstrakten Dekors, aus den Musikboxen der Landgasthäuser genauso wie aus den Zimmern der wenigen, die einen der vielbegehrten Plattenspieler besaßen, in den Lichtspieltheatern der Städte und in den Wanderkinovorführungen. Sie – jene Stars des deutschen Schlagers.

Was war es, das uns an ihnen so faszinierte? Wie konnten sie und ihre Lieder in uns so viel Wirksamkeit entfalten? Eine Wirksamkeit, die bis an 90 % der Radiohörer zuhören ließ, wenn Freddy von Heimweh und verlorener Liebe, wenn Caterina von Italien und Lys vom Mond über Hawaii sangen?

War es die unüberwindliche Macht der Symbole oder die Wahrnehmung aus zweiter Hand, die sie uns so geschickt verkauften? Vordergründig drehten sich all die Bilder in diesen Schlagern immer wieder um dieselben Posten: Liebe und Liebesleid, Sehnsucht nach der Ferne und Suche nach zu Haus, Hafenbars und Sternennächte. Aber diese Wiederkehr des Gleichen war nur vorgetäuscht. Im Hintergrund arbeitete ein sublimes Vexierspiel, in dem sich die Bedeutung der Motive – oder besser: das Motiv der Bedeutungen von Fall zu Fall, von Schlager zu Schlager verschob. Kein Zweifel, die Anziehungskraft der Schlagerwelten und ihre Unbedingtheit rührte teilweise auch von ihrer Doppeldeutigkeit und dem Schillern ihrer Auslegungen her.

Gerade deshalb konnte man ja auch diese Texte und Lieder mit Wünschen und Sehnsüchten vollschreiben und sich von ihnen in Tagträumen aus der tristen Alltagswirklichkeit entführen lassen. Sie drängten sich geradezu als Identifikationspunkt auf. All die Geschichten vom wandernden, rastlosen Helden und der wartenden, sehnsüchtigen Geliebten in der fremdschönen Welt des Südens eröffneten

»Komm ein bißchen mit nach Italien« singen Silvio Francesco, Caterina Valente und Peter Alexander

durch die Bilder, die sie vorstellten, Assoziationsfelder, Gegenden des Triebverkehrs, die – beliebig konditionierbar – mit der jeweiligen Lebenssituation der Hörerinnen bedeutungsgemäß aufgefüllt werden konnten.

Darin bestand wohl auch ein Großteil der Faszination, die auszuüben sie imstande waren: das Gemisch von Stimmungen, Farben und Situationen, das diese Schlager als Welt vorführten – möglichst allgemein und so offen, daß jedem, der sich in ihre Geschichten verfing, geradezu nahegelegt wurde, seine eigenen Wünsche von den Melodien und den Stimmen forttragen zu lassen.

»Deine Sehnsucht kann keiner stillen,
wenn die Träume sich auch erfüllen,
wenn du viel hast, willst du noch mehr.
Oh mama mia, ich denk oft an dein Lied,
buona, buona notte, bambino mio,
alles was man will, das kann man nicht haben . . . «

II

Besonders die 50er Jahre in ihrer von Unsicherheit, Instabilität, rigider Moral und dem Trauma der deutschen Teilung markierten Situation scheinen ein besonders geeigneter Boden für die Wirkung einer ganz bestimmten Art Lieder gewesen zu sein: der Heimweh- und Fernwehschlager. Heimweh und Fernweh erscheinen Mitte der 50er Jahre als Projektion der Sehnsucht in eine Bindung, in eine gegen die Wandelbarkeit der Welt gesetzte Geborgenheit. Diese thematischen Motive, welche die Bilderwelten vieler Schlager durchziehen, von Hoffnungen und Wünschen getragen, verstehen es, das Positive und Negative der historischen Gefühlslage koexistieren zu lassen. Heimatlichkeit und Exotik stehen als verschiedene Zeichen ein-und desselben Bindungsbedürfnisses nebeneinander: nämlich des sentimentalen Verständnisses einer Welt, in der alle Dinge verfügbar sind und feste Horizonte fehlen.

Das Heimweh des in der Fremde Lebenden und das Fernweh aus dem durch Mißtrauen und Konkurrenzkampf eng gewordenen Zuhaus möblierte ja auch die Wohnungen. Das Bild des gefallenen Vaters neben der Drahtskulptur des Hulamädchens: Heimat in der Fremde – Fremde in der Heimat.

Der Süden ist die Landschaft, die Metapher; ein Mittel, wie es Nietzsche einmal formuliert hat, »um die verborgene Mächtigkeit der Seele wiederzuentdecken«.

Dieses Motiv, die Geschichte des europäischen Mythos von der Südsee, vom Süden, vom Orient, findet seine letzten trivialisierten Ausläufer in den Schlagern der 50er Jahre.

Wann immer in ihnen ein solcher Ort auftauchte, an dem

die Phantasie und die Emotionen der Hörerinnen sich kristallisieren konnten, setzte über die Musik symbolische Verdichtung ein, von ganz gewissen, beinahe schablonenhaften melodischen Sequenzen getragen. Durch die so entfalteten komplexen Bezüge schafften sie der Erinnerung einen festen Ort. Die Fertigteile der Musik und der Texte, die moduliert und abgewandelt immer wieder zur Verwendung kamen, waren gewissermaßen eine Art »fixe Rolle« und wiedererkennbar, sie ließen sich im Gefühls- und Gedächtnistheater des Publikums als Topoi einer szenenhaften Vorstellungswelt nieder. Die Schlager machten sozusagen das Publikum zu Voyeuren in den verschiedensten Winkeln ihrer ideologiebindenden Semantik. Ganz der Gefahr ausgesetzt, sich in dem von ihm belauschten Netz aus Illusion zu verfangen. Die Qualität »Wärme«, die in der Chiffre »Süden« miteingeschlossen ist, bildet eine Dichotomie zur in Schlagern oft beklagten »kalten Welt«.

Es ist interessant, daß einer der berühmtesten Schlager der 50er Jahre, nämlich die »Caprifischer« von Gerhard Winkler und Ralph Maria Siegel, neben dem Lied »Möwe, du fliegst in die Heimat« bereits 1946 auf den Markt kam, also zu einer Zeit großer materieller und emotionaler Not.[1]

Offenbar sollte durch diesen Schlager, dem unzählige ähnliche folgten, die Konsumentin in ferne Traumwelten entführt werden, denn Capri, Florenz und Hawaii wurden von den Schlagermachern lediglich als imaginäre Ziele, als Reiz(w)orte der Wirklichkeitsflucht verstanden. Wie wenig konkrete Vorstellungen sich für die Hörer mit den genannten Namen verbanden und wie sehr sie nur zur Erzeugung einer wirklichkeitsfremden Atmosphäre – gewissermaßen als Narkotikum – eingesetzt wurden, erhellt eine Äußerung von Kurt Feltz, dem Texter des Erfolgsschlagers »Im Hafen von Adano«: »Adano gibt es gar nicht, aber für die Leute klingt das exotisch.«[2]

Die »Caprifischer« und »Im Hafen von Adano« wurden im Zusammenhang mit der Ausweitung des Massentourismus, dessen bevorzugtes Ziel Italien war, zu Tourismusschlagern.

Obwohl der einsetzende Massentourismus die räumliche Expansion zu einer Totalbewegung auszuweiten begann und die Kommunikationsmittel Tonfilm und Rundfunk scheinbar die Möglichkeit einer »realen« Begegnung mit fremden Ländern und Menschen schufen, büßte der märchenhafte Zauber, von dem diese Orte umgeben schienen, dennoch kaum etwas ein. Es dürfte vielmehr so sein, daß die kurze Berührung mit einer Fremde der geeignete Nährboden für den Wildwuchs des Exotischen war.

Der gerade entstehenden Tourismusindustrie kamen die in verschiedenen Genres des Schlagers produzierten Auslösereize, ihr kam die Sehnsucht nach Süden, Ferne, Wärme, aber auch der Wunsch nach Ablenkung, Begegnung mit eigener und fremder Kultur und Ausweg aus der tristen

Caterina Valente mit Autogrammjägern bei der Premiere ihres Revue-Films »Du bist Musik«

Caprifischer

»Wenn bei Capri die rote Sonne
im Meer versinkt
und vom Himmel die bleiche Sichel
des Mondes blinkt,
zieh'n die Fischer mit ihren Booten
aufs Meer hinaus,
und sie legen im weiten Bogen
die Netze aus.
Nur die Sterne, sie zeigen ihnen
am Firmament
ihren Weg mit den Bildern,
die jeder Fischer kennt.
Und von Boot zu Boot
das alte Lied erklingt,
hör von fern,
wie es singt:

Bella, bella, bella Marie,
bleib mir treu,
ich komm' zurück morgen früh!
Bella, bella, bella, Marie,
vergiß mich nie.«

Cindy, oh Cindy

»Er kam, als du erst achtzehn warst
von großer Fahrt zurück.
Er küßte dich so scheu und zart
und sprach vom großen Glück.
Am Kai, da riefen die Möwen,
als er dich wieder verließ:

Cindy, oh Cindy –
dein Herz muß traurig sein,
der Mann, den du geliebt,
ließ dich allein...«[3]

Alltagswirklichkeit besonders zugute. Viele Schlager besangen die Orte oder Gegenden, die später zu Zentren des Fremdenverkehrs, des Massentourismus wurden. So haben die Lieder und ihre Schöpfer viel für den Tourismus getan. Der Schlagertexter Kurt Feltz erhielt für »Komm ein bißchen mit nach Italien« 1959 sogar von dem damaligen italienischen Staatspräsidenten Gronchi den Verdienstorden der Republik Italien verliehen. Da aber der Süden für die unteren Schichten Projektionsort blieb und Vico Torriani etwa 1955 für diese noch beklagte: »Wie schade, daß Venedig noch so weit ist«, sich aber der Mittelstand durchaus einen Urlaub im Süden leisten konnte, behielten die in den Schlagern angesprochenen Orte ihre Doppelfunktion als Orte der realen Erinnerung und der imaginären Zuflucht.

Aber nicht nur, daß die Männer immer rastlos-suchend waren, weg, entfernt, quasi ungreifbar. Man konnte sich schließlich ja nur nach ihnen sehnen. Nicht wie in den Jungmädchenträumen der entschärften Version des deutschen Rock'n'Roll einer Conny Froboess und eines Peter Kraus – wo die Jungens die Kumpel, die verehrten Halbstarken waren, an denen sich schon ein bißchen Erotik festbinden ließ –, blieben die Schlagerhelden der Welt des Alltags entfernt, keine Gefahr also für die Ehemänner. Denn was konnte es die schon kümmern, wenn man sich nach einem Matrosen in der Südsee oder einem Vagabunden sehnte. Und schließlich waren die Ehemänner selber ja auch fort, in der fremden und kalten Welt des Erwerbes, mußten um ihren sozialen Aufstieg kämpfen – außer Haus.

III

Aber nicht allein die Entführung der Wünsche – in das von Wärme und Sonne durchflutete Italien oder auf die andere Seite des Globus, nach Hawaii, Tahiti und Samoa – aus der kalten und mißtrauischen Wirtschaftswunderwelt war Thema der Fernwehschlager. Ein feines Netz von symbolischen Beziehungen innerhalb der Texte verwies unter der Hand auch auf die offenbar gewünschte Polarisierung von Geschlechtscharakteren. Geschickt vollzog sich in diesen deutschen Schlagern gleichermaßen auf der Ebene der Symbole eine Vermittlung von bürgerlichen Moralvorstellungen. Obschon die Schlager die Erlebniswelten ihrer Hörerinnen zu binden verstanden und direkt auszusprechen schienen, was jene am Herzen drückte, täuschten sie sie auch. Die Schlager vermittelten subtil Dinge, die nicht im Interesse der Hörerinnen lagen, sondern vielmehr im patriarchalischen Interesse von deren Festbindung an einen gesellschaftlich definierbaren Ort bestanden. Der deutsche Schlager erweist sich hier als stabilisierend für das »geordnete« Zusammenleben.

In klarer Rollenfixierung zeigt sich stets der Mann als Werbender und Eroberer, die Frau als Wartende – sie harrt auf das Glück der Liebe, von dem sie träumt. Die Frauen im Schlager müssen daran glauben, daß eines Tages einer kommt, der ihnen das Glück bringt, und das wiederum heißt Zweisamkeit und solide Bürgerlichkeit.

Schweigen und Dulden, immer in Verbindung mit Sehnsucht, das ist die Antithese, die die Schlager den einsamen Frauen als Gegenbild zur irrenden Suche der Helden anbieten. Komplementäre Größe, ideales Anderssein wünschen die Männer sich als Ergänzung ihrer Zerrissenheit.

Die Leidenschaftlichkeit und Sinnlichkeit des Weiblichen ist für die Schlager inexistent. Die Männer fürchten sie. Sie lieben die durch sie bestimmte, gebundene und bejahende Frau, die zwar ihre Geliebte ist, immer aber ihre Mutter sein soll.

Gerade ein geschichtlicher Vergleich einzelner konkreter Formulierungen macht deutlich, daß es weder die musikalischen noch textlichen Produktionsformen allein sind, die sich im Laufe historischer Entwicklungen in der Trivialmusik wesentlich ändern, sondern vielmehr die Verknüpfung von beiden in ihrer Beziehung zur jeweiligen kulturellen und gesellschaftlichen Situation.

Doch gerade deshalb vermischt sich das Triviale im Schlager, wenn auch verschleiert, mit dem Wunschhaushalt der Epoche, den er so offensichtlich berührt – als eine Art Projektionsfläche einer prismatischen Streuung, die die jeweils konkreten Lebenssituationen zugunsten einer melodischen Illusion unerfüllter Wünsche und Träume vernachlässigt.

Indessen sind all die Melodien und Lieder doch durchflochten und verbunden mit einer tristen Unendlichkeit des Begehrens und Sehnens, einem Quantum an nicht erzählbarer Zeit. Sie waren für viele der Frauen der »Perlonzeit« die einzige Fläche, in der eine Allianz von Gefühl und Begehren gegen die Not und Kälte der engen Welt der Familie möglich war. Ihr Wert, den sie durch diese Zuschreibungen in der Erinnerung haben mögen, ist nicht durch den Zynismus zu zerstören, mit dem sie antraten, die Intentionen des Patriarchats zu vollziehen.

Anmerkungen

1 »Caprifischer«: Rudi Schuricke auf Polydor 2371310. Autoren: Winkler/Siegel.
2 Ton-Waren vom Fließband. Schlagerproduzent Kurt Feltz. In: Der Spiegel 48/1955 (23. November 1955). »Im Hafen von Adano«: René Carol auf Polydor 47002. Autoren: Peloso/Feltz.
3 »Cindy, oh Cindy«: Deutscher Text: Kurt Feltz. Musik: Bob Barron / Burt Long. Ralph Maria Siegel, Musikedition München.

Literaturhinweis

Bausinger, Hermann: Volkskultur in der technischen Welt. Stuttgart 1961.
Berghahn, Wilfried: In der Fremde. Sozial-psychologische Notizen zum deutschen Schlager. In: Frankfurter Hefte 17 Jg. 1962 Heft 3, S. 193–202.
Kayser, Dietrich: Schlager – das Lied als Ware. Untersuchungen zu einer Kategorie der Illusionsindustrie. Stuttgart 1975.
Malamud, René: Zur Psychologie des deutschen Schlagers. Eine Untersuchung anhand seiner Texte. Winterthur 1964.
Mezger, Werner: Schlager. Versuch einer Gesamtdarstellung unter besonderer Berücksichtigung des Musikmarktes in der BRD. Tübingen 1975.
Stölting, Elke: Deutsche Schlager und englische Popmusik in Deutschland. Bonn 1975.

Conny Froboess

Angela Delille / Andrea Grohn

Pack die Badehose ein ...

Sobald die Reisebeschränkungen für die Deutschen nach dem Krieg aufgehoben worden waren, wagten sich die ersten ins mittlerweile nicht mehr feindliche Ausland. Die »Gastfreundschaft« der Nachbarländer war noch etwas verhalten, doch bis 1954 hatten immerhin dreizehn europäische Länder ihre Grenzen für die Deutschen geöffnet.

1953 besaßen schon 21 % der bundesdeutschen Bevölkerung einen Reisepaß.[1]

Der Reiselust zu Wohlstand gekommener Bundesbürger schien also kaum noch etwas im Wege zu stehen. Doch bis 1960 wurde noch an sechs Tagen in der Woche gearbeitet, der Samstag war noch normaler Arbeitstag. Die Wochenarbeitszeit verringerte sich erst 1955 von 48 Stunden auf 40 Stunden; 1963 erfolgte die erstmalige Festschreibung der Urlaubsregelung.[2]

Freizeitplanung am Wochenende war also auf den Samstagabend und den freien Sonntag beschränkt. Letzterer bot sich für kleinere Ausflüge in die nähere Umgebung an. Die »Fahrt ins Grüne« hatte die kleinen Seen und Flüsse, kleine Gebirgszüge oder Sehenswürdigkeiten zum Ziel, die mit Bahn und Bus erreichbar waren.

Aber dem Siegeszug des Autos als Wirtschaftswunder-Mobil war nichts entgegenzusetzen. Bereits 1950 fuhren wieder über eine halbe Million PKW auf unseren Straßen, bis 1959 waren es über drei Millionen. Günstiger in der Anschaffung waren aber noch die Motorräder und Roller, die, mit einem Beiwagen versehen, oft ebenso viel Platz boten, wie viele der Kleinwagen der 50er Jahre.[3]

Die Fahrten wurden zu einer immer beliebteren Freizeitgestaltung. Kehrte man nicht in einem der beliebten Ausflugslokale ein, so konnten die Frauen auf den modernen Rastplätzen ihre Talente entfalten, wenn sie die nett und appetitlich angerichteten Proviantpäckchen aus den Plastikcampingkoffern ausbreiteten und hinterher die Plätze wieder hausfraulich ordentlich verließen.

Verfügte man »zu Hause« über ein wenig Grün – sei es im Garten oder auf dem kleinen Neubaubalkon – konnte sich allerdings solch anstrengende Ausflugsfahrten ersparen und den Sonntag harmonisch im Kreise seiner Familie verbringen. Mit einem gemeinsamen sonntäglichen Mittagessen oder dem leckeren Kuchen verschönten die Frauen dann zu Hause die arbeitsfreie Zeit ihrer Ehemänner. Zur Verschönerung und behaglichen Gestaltung wurden grellgeblümte Sonnenschirme, Liegestühle und Klappstühle, -tische und -liegen angeschafft. Clou der Gartenmöbelausstattung waren die moderne Hollywoodschaukel und die Gartenbar, die aber beide noch außerordentlich teuer waren.

Ein Sommerurlaub mit der ganzen Familie war ein kostspieliges Vergnügen, auf das lange gespart werden mußte.

Noch 1958 hatten nur etwas mehr als ein Drittel der Befragten einer Allensbachstudie überhaupt jemals eine Urlaubsreise unternommen (36 %). Von ihnen waren mehr als die Hälfte mit der Bahn, 26 % mit dem Auto, 7 % mit dem Roller oder Motorrad und 2 % mit dem Fahrrad gereist; 12 % wählten eine der begehrten Pauschalreisen mit dem Omnibus.[4] Die 1948 unter dem Namen »Arbeitsgemeinschaft der Gesellschaftsreisen« firmierende Touropa (seit 1951 heißt sie so) war schon in ihrer ersten Saison durch 40000 Reisende bestätigt worden.

Die Omnibusreisen waren nicht nur vergleichsweise billig, sondern erfreuten sich auch deshalb so großer Beliebtheit, weil die meisten Urlaubsreisenden den Sitten und Gebräuchen ebenso wie den Kulturdenkmälern und Sehenswürdigkeiten ihres Ferienlandes noch völlig unbeholfen gegenüberstanden.

Die Italienreise wurde zum Statussymbol, das von immer breiteren Schichten der Bevölkerung angestrebt wurde. Sehr früh war es nicht mehr nur die bildungshungrige Mittelschicht, die von Kirche zu Kirche und von einem Museum ins nächste eilte, sondern auch die sonnenhungrigen Strandtouristen, die nach Italien strebten. Und die Beweisstücke ihrer Reisen thronten in Form von buntbeleuchteten goldverzierten Gondeln oder schiefen Türmen von Pisa

Reisen per Bus oder Motorrad, als Anhalterin oder mit der Bahn...

aus Plastik auf den neuen Fernsehgeräten.

1955 gaben schon 32 % der Befragten an, daß sie am liebsten nach Italien reisen würden, und 1958 waren dann 10 % aller Urlauber in Italien gewesen.[5]

Die Erlebnisse deutscher Urlauberinnen im Süden wurden zum Thema nicht endenwollender Ratgeberreihen und Umfragen.

Nach ihrer ersten Italienfahrt befragt, schrieben 22 % der von der Zeitschrift Constanze befragten Frauen: »Nie wieder gen Süden!« Sie hatten sich von den italienischen Männern belästigt gefühlt und gaben nun Ratschläge weiter, wie nordische Schönheit im temperamentvollen Süden zu tarnen sei. Blonde Frauen sollten ihr Haar unter einem großen Sonnenhut, ihre blauen Augen hinter einer Spiegelreflexsonnenbrille verstecken. Als ein besonders sicheres Mittel galt es, einen Ehering zu tragen. Ein kleiner Sprachführer für Frauen empfiehlt, den buhlenden italienischen Männern ein freundliches »Aspetto il mio marito!« zu entgegnen.[6]

Abends alleine auszugehen oder gar Alkohol zu trinken, schickte sich auch in fremden Ländern nicht für eine Frau.

Manch ein Ferienhotel verdiente gut daran, daß es unverheirateten Paaren und sogar größeren gemischten Gruppen nur die teureren Einzelzimmer vermietete.

. . . oder mit dem eigenen Goggo

Doch der größte Teil aller Reisenden wollte so preisgünstig wie nur eben möglich Urlaub machen.

Aus den billigen Wanderfahrten auf Schusters Rappen mit dem zerbeulten Kochgeschirr am vollgestopften Rucksack entwickelte sich der moderne Campingurlaub.

Diese neue Reisebewegung machte sich vom Auto bis zum regendichten, komfortablen Zelt und dem einen häuslichen Herd fast ersetzenden Campingkocher alle Errungenschaften der Technik zunutze.

Anfangs wagte man sich nur in die nahen Urlaubsgebiete in Deutschland – begehrenswert waren der Bodensee, die Alpen, der Schwarzwald, das Mittelgebirge, die Nord- und Ostsee – die auch mit dem Motorroller noch gut zu erreichen waren. Nur wenige trauten sich mit ihren Kleinwagen über die Alpen. Doch der Eifer der Fernsüchtigen kannte auf die Dauer keine Grenzen. Bald war ein Goggo zu haben mit zu einer Liegefläche ausklappbaren Sitzen, so daß man in ihm sogar übernachten konnte. Mit wachsendem Einkommen leisteten sich die Campingurlauber Zeltanhänger, Faltwohnwagen und zum Ende der 50er Jahre sogar die Neuheit der Internationalen Automobilausstellung in Frankfurt: den ersten kugelförmigen Wohnanhänger. Für diesen mußte man damals 1600,– DM bezahlen. Man benötigte zudem ein Auto mit entsprechender Zugkraft.

Das Gros campte allerdings in den sogenannten Hauszelten, deren Ausstattung von Saison zu Saison verbessert wurde. Das Zubehör erstreckte sich schon lange nicht mehr auf Luftmatratze und Schlafsack: Nun gab es außer dem Campingkocher auch Campinggeschirr, Campinghaushaltswaren, Campingmöbel und Campingbekleidung. Und unermüdlich erfand man neue Geräte, mit denen die Frauen in den Zelten und Wohnwagen kochen, waschen, putzen, bügeln oder ähnliche »angenehme« Dinge tun konnten. Moderne Campingplätze hatten nicht nur gepflegte Sanitäreinrichtungen, sondern auch »Küchen mit elektrischen Herden, Waschmaschinen und Kühlschränke und sogar Aufenthaltsräume mit Fernsehgerät und Zeitschriften und Kioske, damit niemand auf die knusprigen Frühstücksbrötchen oder den geruhsamen Abendschoppen verzichten mußte«.[7]

Die häusliche Ordnung setzte sich auf den Campingplätzen fort, auch wenn sie an den Stränden des Mittelmeeres gelegen waren.

Für die Frauen hatte sich die Hausarbeit von der Wohnung ins Zelt verlagert und erforderte eher noch ein größeres Organisationstalent. Für die Kinder schien das Camping ideal zu sein: sie hatten wesentlich größere Freiräume als in einem Hotel, und mit ein wenig Geschick und mütterlicher Eingebung sorgten die Frauen für das harmonische Gelingen, unterstützt von der Konsumgüterindustrie, die Jahr um Jahr neue Gerätschaften produzierte, die zwar nicht immer tatsächlich brauchbar erschienen, aber dennoch regen Absatz fanden.

Der Urlaub war zum Konsumgut und Prestigeobjekt geworden.

Anmerkungen

1 vgl. Grosser, Alfred: Geschichte Deutschlands seit 1945, Berlin 1974.
2 Grohn, Thomas: Der Prozeß der Landschaftszerstörung in der Bundesrepublik Deutschland am Beispiel von Verkehr und Technik. Diplomarbeit am Institut für Soziologie, FU Berlin 1984.
3 ebd.
4 Jahrbuch der öffentlichen Meinung 1947–1955, hrsg. von Elisabeth Noelle und Erich Neumann, Allensbach am Bodensee.
5 ebd.
6 Constanze, Heft 21, 1959, S. 16–19.
7 Constanze, Heft 14, 1959.

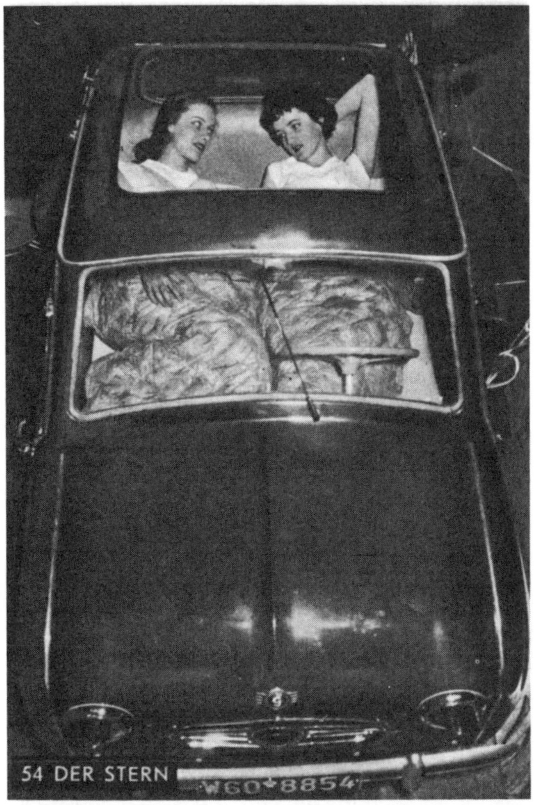

Komfort für Vagabunden

Man „campt" wieder, an der Adria, auf Ischia, im Salzkammergut, an der Nordsee, auf der Heide… Europa hat das Zelt und den Wohnwagen wiederentdeckt und trifft sich, ungeachtet aller Grenzen und Nationalitäten, auf tausenden von Campingplätzen.

Wer im Glashaus sitzt, *sollte nicht mit Steinen werfen, sagt man, aber diese beiden Damen auf ihrer „Veranda" brauchen weder Regen und Wind, noch Steine zu fürchten. Wie eine Gardine können diese glasklaren, unbegrenzt haltbaren Perlonvorhänge vor das Zelt gezogen und mit einem Reißverschluß verschlossen werden*

Sabine Techel
Was uns nicht umbringt

Schick doch ein Bild, sagt er. Das Bild gibt es nicht. Es ist ein unfotografiertes Jahrzehnt und sieht so aus:

Auf einem Tanzparkett drängen sich in Hausschuhen Kinder und Jugendliche zur Musik von Roy Black, Lolita, Conny Froboess und Gerhard Wendland, besonders beliebt ist »Kleine Annabell«. Zwischen das naturnotwendige Schlurfen fährt ab und zu eine ältere Dame, die zwei Köpfe aneinanderhaut, die ihr zu eng zusammengeraten erscheinen, mitten in der Musik trennt sie auch Paare und fügt sie neu und anders zusammen. An den Längswänden stehen Stuhlreihen; zwischen den Tänzen sitzen sich Mädchen und Jungen in zehn Metern Entfernung gegenüber. Wenn es Schuh-Tanz heißt, legen die Mädchen ihren rechten Schuh auf einen Haufen, die Jungen passen gut auf, rennen auf Startzeichen los, um den Schuh ihrer Wahl zu ergattern, wenn sie ausrutschen und hinfallen, müssen sie zusehen, was übrig bleibt. Während schon die ersten Takte des nächsten Tanzes zu hören sind, sehen die übriggebliebenen Mädchen, wie die Jungen auf die Schuhe gucken, auf die Gegenstücke an ihren Füßen, sehen zu, wie ein Schuh wieder hingelegt wird, oder fallen gelassen, wie sie noch zu tauschen und zu handeln versuchen, während längst getanzt wird. Die ältere Dame wird dann wieder dazwischen fahren und sagen: Na, wenn du das nicht willst, dann brauchst du nicht, oder: jetzt stell dich gefälligst nicht so an, das geht doch auch einmal vorbei. Manchmal beschweren die Jungen sich: Ihh, die stinkt ausm Maul, oder: Die olle Fettsau, da krieg ick ja die Arme nich rum.

Es ist Hofpause, aber es regnet. In einem Schulgebäude aus Waschbeton sind in der Mädchentoilette Flugblätter gefunden worden. Am Nachmittag wird in der Stadt eine kostenlose Pillenverteilungsaktion stattfinden. Alle Mädchen in der Schule, die keine Lust mehr haben, sich bevormunden zu lassen, sollen dahin kommen, sich welche abholen.

In einem Waschraum mit zwanzig Becken, die alle nur Kaltwasserhähne haben, steht nach dem allgemeinen Zähneputzen ein Mädchen und wäscht sich allein. Die Schlafanzughose behält sie an. Eine andere kommt dazu und kündigt an, daß sie das der Leiterin petzen werde. Während das Mädchen in der Schlafanzughose noch heult, ist die Leiterin hereingekommen, hört sich die Beschwerde an, sagt, die dürfe das aber, und schlägt vor, die beiden Taillengummis doch etwas tiefer zu ziehen, damit man etwas weiter waschen könne.

Bis heute weiß ich nicht, wo und wie ich die Musik gehört habe, die mit meiner Person verschmolzen ist; sehr viel mehr als beim Wiedererkennen von Geruch und Geschmack schlägt meine ganze Person Alarm, wenn sie etwas hört, was sie nicht oft gehört haben kann.

Es gibt einen Plattenspieler, der von Kindern, also tags-

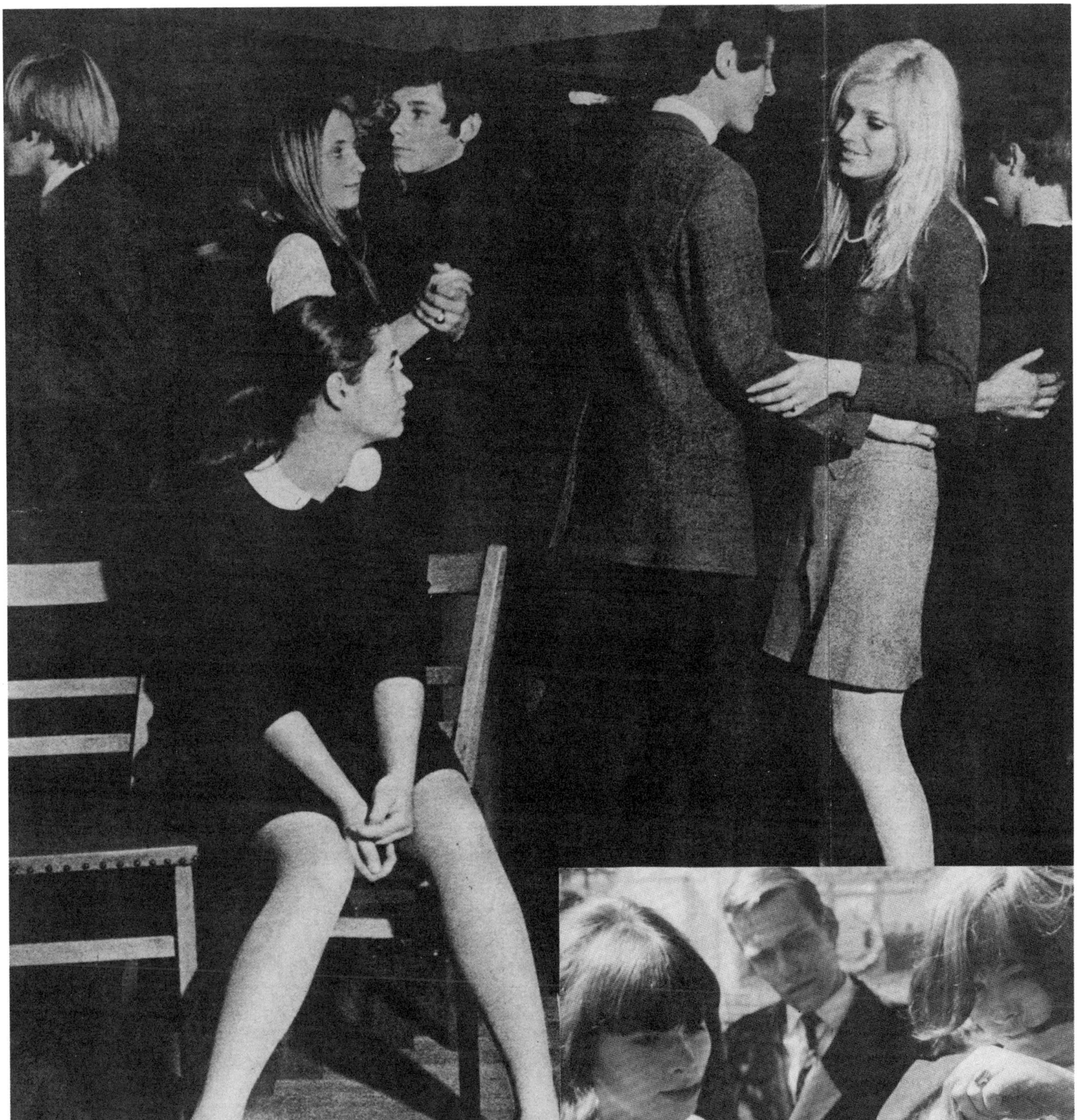

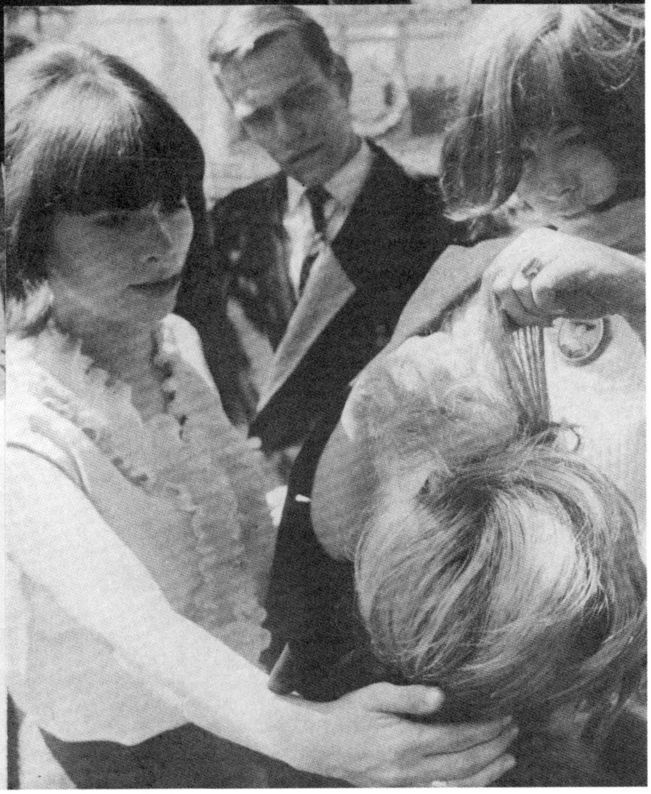

über, nicht benutzt werden darf. Es gibt Nachbarinnen, die dürfen. Es gibt Damen mit geschminkten Lippen, die Platten auflegen und fragen, ob man denn auch weiß, was das heißt: »Ich kann mir keine Liebe kaufen« und »Nicht ein zweites Mal« statt »Keine Sekunde Zeit«. Es gibt Hocker, auf denen man stillsitzen muß, weil sie nur drei Beine haben, und nicht stillsitzen kann, weil ihre langen Haare durch die Unterhose am Po jucken. Es gibt niemanden, der ein Radio besitzt und auch regelmäßig hört.

Vor dem Zimmer der Leiterin sitzen zwanzig Mädchen zwischen zwölf und sechzehn in ihrer Nachtkleidung auf dem

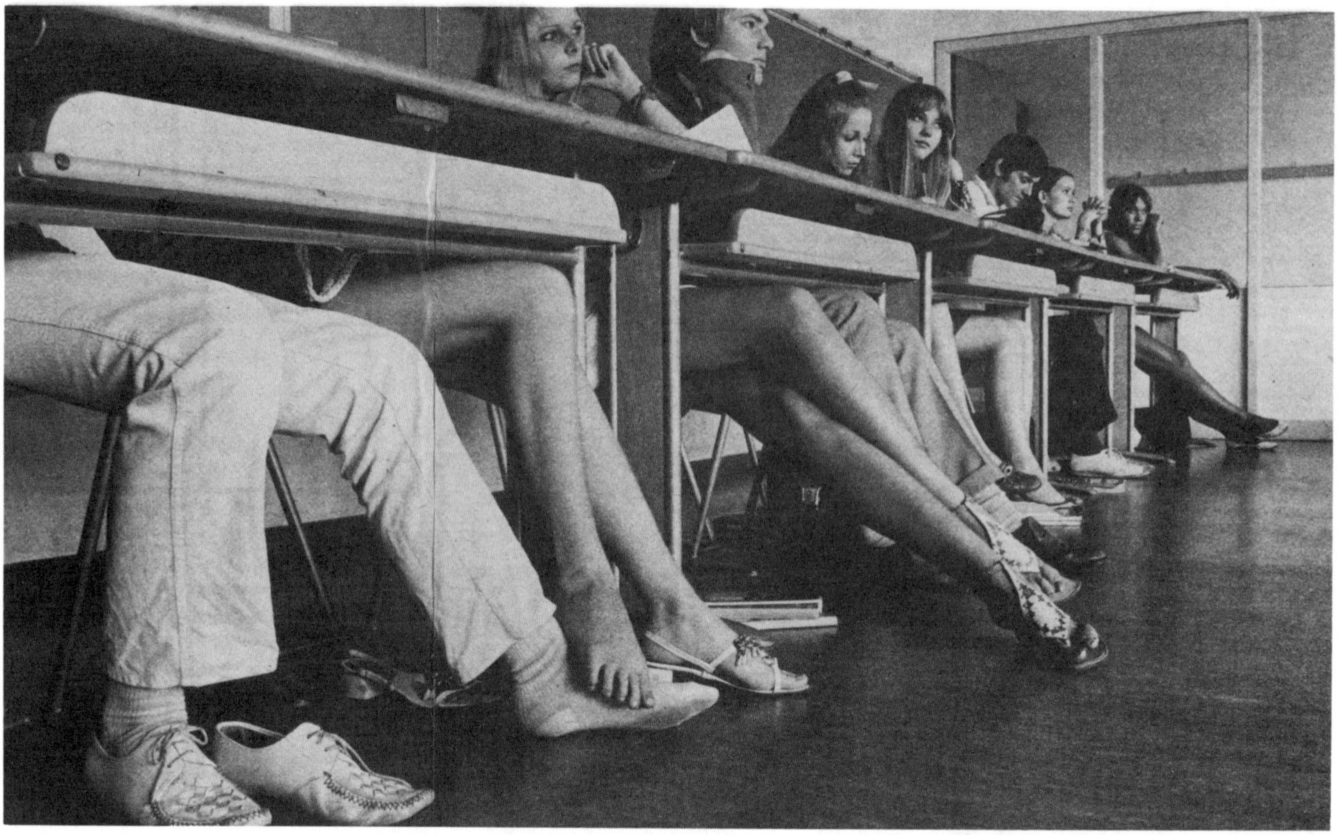

Linoleumboden des Korridors. Einmal in der Woche läuft im Radio eine Schlagerparade, und in dieser Woche spielt auf dem ersten Platz »Du bist nicht allein«. Es gibt keine, die nicht zu weinen versucht.

Im Klassenzimmer, nach den Sommerferien, fängt die erste Stunde nicht wie gewöhnlich an. Nachdem es längst geklingelt hat, stehen die Kinder noch in fremden Reihen und umgekehrt zum Hintermann und sagen Sachen wie »meine Oma« und weinen, oder »Tante traut sich nicht schreiben«. Da entscheidet die Klassenlehrerin, was wichtig und was unwichtig ist, und sagt, daß jetzt jeder mal erzählen darf, wie es in seiner Familie ist. Die Kinder, die nichts zu erzählen haben, schämen sich.

B. kaut auf einem Stück Papier, seine Mundwinkel sind blau. Jedesmal wenn der Lehrer einen neuen Satz zu sagen beginnt, zuckt B.s Kopf in einer Bewegung hinunter und seitwärts nach hinten weg. Die Sätze beginnen: »Nur weil ich weiß, daß dein Vater dich schlägt«, »Ich sage dir zum letzten Mal, du spuckst das jetzt aus«, »Ich gebe dir für jede angefangene Minute eine Rüge«, »Hast du einmal überlegt, was deine Klassenkameraden«. B. schreibt den Zettel ein andermal neu, er schiebt ihn unter dem Tisch P. zu, die ihn, weil ihr Rock keine Tasche hat, innen mit der großen Sicherheitsnadel feststeckt, die den Rock zusammenhält. Darin steht: »Ich will deine T. sehn. Warte nach der 5. auf der Kellertreppe.«

Die Mädchen kriegen ein Lied beigebracht und sollen sich jetzt an den Händen fassen und im Kreis herumgehen, aber nicht so lahm. Sie haben Röcke angezogen, weil sie Röcke, möglichst weite und bunte, anziehen sollten. Die Wiese ist nicht glatt, ab und zu stolpert eine im Schritt und wird von denen, die sie links und rechts halten, wieder aufgefangen. Der Wind weht gelegentlich die Röcke weit über die Schlüpfer hoch, dann machen sie Geräusche, die alle auf »i« enden. Wie sie sich den Bewegungen hingeben. Als es nachmittags auf einzeln stehenden Bänken Malzkaffee und Rosinenbrötchen gibt, haben sie, schlimm und weniger schlimm, alle mit dem Arsch gewackelt.

Eine der Konfirmandinnen will wissen, warum in ihrer Jugend- und Familienbibel das Hohelied nicht drin ist. Die Pastorin entscheidet, was jetzt wichtig und nicht so wichtig ist, und spricht über Bedeutungen von Wörtern. Sie erklärt, was »Erkennen« heißt. Sie erzählt über Rahel, obwohl die noch nicht dran ist. Susi erzählt Janni, daß sie von ihrer Cousine eine Pille abbekommen hat und nächstes Wochenende ausprobieren wird, wie das nun geht. Janni weiß das, glaubt sie, besser, sie sagt grundsätzlich, daß das so nicht geht und daß dann bestimmt etwas passiert. Sie soll jetzt mit dem Schwatzen aufhören, sonst fliegt sie raus, sagt die Pastorin. Sie antwortet, daß das eben wichtig war, aber niemanden angeht. Dann war es auch nicht wichtig, sagt die Pastorin und wirft sie hinaus.

Um sechs fängt die Klassenparty in der Schule an; um drei ist C. bei I., um sich einen Gürtel zu leihen, damit wenigstens etwas von dem, was sie anziehen wird, geschmückt aussieht. C. war am Abend vorher im Theater, hat aber I.s Freund, der auch da gewesen ist und das Stück ein ganz schlechtes Stück findet, nicht gesehen und findet auch das Stück nicht schlecht, weil.

Aber I.'s Freund hat gesagt, daß, und C. widerspricht.

Nachdem nach einer halben Stunde C. sagt, daß I. das Stück gar nicht gesehen hat, will I. sofort den Gürtel zurück haben, und in dem Moment ist die Freundschaft vorbei.

»Wie geht es Ihnen denn jetzt«, fragt der Klassenlehrer der Zehnten. »Nicht gut«, sagt seine Schülerin, »Sie wissen ja, bei den repressiven Elternhäusern, da muß man immer nach Gelegenheiten suchen, bis man mal miteinander schlafen kann. Wenn man seine Sexualität nicht leben kann, wird man halt unkonzentriert.«

»Du mußt das noch ein bißchen da reinstopfen. Siehst du, so hochholen und ein bißchen ziehen. Und dann die Körbchen so ein bißchen hin- und herrutschen. Bis es eben sitzt.«

»Aber das scheuert so.«

»Das ist jetzt eben so. Daran mußt du dich gewöhnen.«

In der Schule sind Kleider gesammelt worden. Die Lehrerin (die Lehrerin, an deren Körper alles flach, aber eben sanft, rund, fest ist, eine kleine Lehrerin, die einen Körper hat, als sollte er immer bei einem sein) sortiert grob vor und gibt die Haufen weiter. Sie hält etwas hoch, was aus zwei kleinen flachen weißen Dreiecken besteht, die zusammen nicht einmal die Größe einer Puderdose hätten. »BH für Anfänger«, sagt sie, »wer sowas trägt, übt noch.« Wie sie das sagt. Und dann wieder normal vor die Klasse tritt.

»Also, wer jetzt lacht, geht raus«, sagt die Klassenlehrerin der Fünften, »jetzt sehen wir nämlich mal, wer erwachsen ist und wer bloß so tut.« Sie sagt dann, daß die Kinder bald einmal, wenn sie aufs Klo gehen, Blut am Po finden werden und daß das völlig normal sei, das sei dann so. Peter II schreit »Ih«, und die Lehrerin tröstet ihn; das ist nur bei den Mädchen so. Die Jungen wollen jetzt versprochen haben, daß es bei ihnen wirklich nicht passiert, und die Lehrerin verspricht es. In der Pause gehen die Mädchen aufs Klo, sehen nach, warten und besprechen, ob sie nun etwas gesehen haben oder nicht.

Wenn man bei den Mädchen die Unterhose sieht, schreien alle. Manche Mädchen tragen immer eine schwarze oder blaue Turnhose unter dem Rock, manche nur alle vier Wochen. In der Pause reden sie davon, wie sie alle vier Wochen eine neu kaufen, weil sie sie nicht mehr sauber kriegen, und daß sie das von ihrem Taschengeld bezahlen müssen, daß die Jungen das nicht brauchen, über Ungerechtigkeit.

In Erdkunde fragt die Nachbarin: »Trägst du etwa 'n BH?«, und die Neue nickt. In Handarbeit kommt die Chinesin – sie kann kein Deutsch und die Neue kein Englisch – und zeigt an ihrem Oberschenkel Handbewegungen, die die Neue nicht versteht. Die Nachbarin sagt, die Chinesin will wissen, ob das Strumpfhosen sind. Oder Strümpfe. Strümpfe mit Strumpfhalter. Die Neue sagt Strümpfe, nickt. Bestätigt die Strumpfhalter. Die Nachbarin dreht sich zur Klasse um, nickt. Die Sechste johlt, prustet. Die Handarbeitslehrerin, Fräulein, Ende sechzig, liebt ihren Beruf, kriegt nicht heraus, was ist, aber auch nicht die Klasse still, schließt die Stunde, läßt sich aber versprechen, daß auf dem Hof Ruhe ist, bis die Busse fahren.

Jemand wohnt zur Untermiete. Jemand ist eigentlich Cousin und riecht nicht gut, jemand besucht ihn und hebt seinen Rock hinten hoch, bevor man sich setzt. Der Cousin fragt nach langer Zeit, es könnte das Kofferradio an gewesen sein oder man sich seine Wiking-Autos angesehen haben, ob man sich auf seinen Schoß setzen will, dabei quietscht, knarrt der Stuhl, dafür gibt es noch die snapcouch, die man gleich ausklappen kann, weil das dann gleich bequemer ist. Als er seine Hand auf ihrer Brust hat, spielt das Radio »Young Girl« von Gary Puckett and The Union Gap, und sie weint, alles könnte so schön sein, da nimmt er die Hand von ihrer Brust wieder weg.

Auf dem Weg zur Turnhalle nicken der Sportlehrer und die Lehrerin einander zu. Als die Schüler sich schon in die beiden Hälften der Turnhalle verteilt haben, werden sie noch einmal in die Umkleideräume zurückgerufen. Sie haben schon gehört, daß es heute die blauen Heftchen geben wird. Zum Lesen haben sie eine Viertelstunde Zeit, dann müssen sie Fragen stellen. Ob denn bei den Jungen, wie bei den Mädchen, will eine wissen, während sie in schlappen Gesten ihr taillenlanges dunkelrotes Haar nach rechts, nach links, zurück über die Schultern wirft. Und daß man es vergleichen könne und auch nicht, sagt die Lehrerin, es käme auch etwas heraus, aber das sei etwas anderes. Was, ist jetzt nicht so wichtig. Das Mädchen hat eine Art, von unten hochzublicken, als nehme sie nichts, vor allem jeweils dies grad nicht, ernst. Die, die Nägel kaut und seit drei Jahren mit ihrem Bruder schläft, fragt die, die bei Bekannten wohnt und nicht mehr mit ihrem Vater schläft, wie man das denn macht, wie das denn geht, daß sie sich das nicht vorstellen kann, und kriegt zur Antwort, das wisse sie auch nicht, aber komisch sei es bestimmt.

Den ersten Begriff von hinreißender Schönheit formt ein Objekt, dessen Gesicht hinter der Handbreite dieser Zwölfjährigen verschwinden könnte, dessen Länge aber dazu zweier dieser Handlängen bedürfte. Seine gesamte Restlänge verhält sich dazu. Er schnipst mit den Fingern gegen den Boden einer angeknautschten Zigarettenpackung, sagt: »Rauchen Sie?« und »Darf ich Du zu Ihnen sagen?« Später sagt er: »Du rauchst nicht Lunge?« Dann tanzt er mit der besten Freundin.

Wenn man mit der sechsten Klasse verreist und eine einzige Schülerin hat, die schon einen BH trägt, ist eigentlich völlig klar, was geschehen ist, wenn vor dem Fenster des Mädchenwaschraums im ersten Stock einer flattert.

Post coitum omnis animal triste

So eine Person, die – wenn man einmal was sagen will, mit Gläsern und Flaschen zu räumen beginnt, sich immer einmal zu ihrer Gesamtlänge auseinanderbewegt und dann schnappmesserartig wieder in Polster fällt, bei anderen wäre es gleichgültig, aber bei ihr ist es völlig ungehörig, daß dies Polster sind, die nicht ihre sind, auf denen sie nur zu Besuch sitzt, auf denen ihr Körper erst einmal nichts zu sagen hat, was jemanden jetzt vordringlich etwas anginge –, die also immer mal wieder sagt, daß sie jetzt aber hören will, was da zu sagen ist: die sagt dann, wenn sie gehört hat, was zu sagen war, daß sie das ja nun nicht kennt, aber daß dies so ist und dies so und was nicht.

In einem vollen Zimmer, zwanzig Jahre danach, sitzen ausschließlich Menschen, die überhaupt keine Probleme »damit« haben, nie gehabt haben, weil das im einen Fall so, im anderen anders war, aber nun Grenzen finden, weil von diesem sei zu häufig die Rede und das sei nun absolut übergewichtet.

Eine Schrille – die bestimmt die letzten zwanzig Jahre sich redlich strebend eben darum bemüht hat und so soll man sie denn nennen als das, was sie aus sich gemacht hat – regt sich überhaupt nicht auf und beschwert sich über die ganzen Sachen, von dem immer nur einen, von dem hier immer die Rede sei, so sei das ja nun nicht gewesen, vielleicht, natürlich, wenn einem selbst das geschehen wäre, dann müßte man sich schon davon freischreiben, aber was sollten die Leute sagen, denen es nicht so gegangen sei, also bei ihr sei das eben völlig anders gewesen, aber sie wolle auch niemandem reinreden, nur halt, daß immer nur von Sex, Sex, Sex die Rede sei, also, das liege ihr eben nicht.

Es ist kein Aufruhr. Es kann kein Aufruhr sein, wenn zwanzig kluge, reife Menschen plötzlich zufällig alle zur gleichen Zeit unruhig werden, zu hantieren beginnen und eben schnell noch über etwas völlig anderes reden müssen. Es ist nur, da müßte man lässig mit den Schultern zucken, völlig ausgestanden, es liegt hinter einem, warum muß man da noch groß drüber reden, nicht wahr?

Der Lehrer würde sich niemals in die Auswahl der Texte einmischen, die den Schülern der Siebten vorgelesen werden, aber er würde doch zusehen, daß die Perspektive der Mädchen nicht allzusehr bevorzugt wird, d.h. vielleicht besser, daß die Jungen nicht völlig ausgeschlossen werden. In dem Alter sei die Verständigung sowieso schwierig und die Mädchen weiter und wie man einer Siebten einen literarischen Text präsentieren könne, werde man erst noch sehen müssen.

Nie wird ein Autor Selbstzensur betreiben und Teile einer Arbeit nicht vortragen, weil er meint, es könnten Anstoß erregende Passagen darin enthalten sein. Natürlich wird ein Autor aus rein praktischen und vielleicht verständnistechnischen Erwägungen für Schüler dieses Alters besonders geeignete Texte auswählen. Auch wird er berücksichtigen, daß es sich hierbei um eine völlig andere Generation handelt; Menschen, für die Verhütungsmittel eine Selbstverständlichkeit sein werden, Menschen, die als Kleinkinder schon in dem Bewußtsein aufgezogen worden sind, mit Selbstverständlichkeit über ihren Körper verfügen zu können, Menschen, die nicht die kneifenden, kratzenden, scheuernden Initiationen zum Erwachsenwerden durchschreiten müssen.

Die Schüler werden mit Texten konfrontiert, auf die sie sich beziehen können. Sie verstehen statt »Pille« »Killer«. Sie kichern – wenn auch an den richtigen Stellen. Ein schöner Alptraum: Es ist alles beim alten.

Doris Engelke
Jetzt verstehe ich, was bittersüßes Glück bedeutet

Freitag 6. Mai 1961

Ich habe jetzt meine Tage und war nicht bei Frau Buscha. Mutti hat geschimpft und ich habe auch etwas imitiert. Ich habe Mutti noch nicht gesagt, daß mein Fahrscheinheft weg ist. Habe mich heute so durchgeschmuggelt und habe ein etwas schlechtes Gewissen. Uta ist in Peter Neumann verliebt und hat Angst, daß er es merkt. Sie ist doch so schüchtern und ich (weil ich doch so gut mit Jungens reden könnte) soll mal „vorfühlen", ob Pe[illegible] sie auch gerne mag. [illegible] sflug, hofft Ut[illegible] rken und lie[illegible] Ende Juli war wol[illegible] Sie ist ganz

6. Mai 1961

Ich habe jetzt meine Tage und war nicht bei Frau Buscha. Mutti hat geschimpft. Uta ist in Peter Neumann verliebt und hat Angst, daß er es merkt. Sie ist doch so schüchtern, und ich (weil ich doch so gut mit Jungens reden könnte) soll mal »vorfühlen«, ob Peter sie auch gerne mag. Auf dem Ausflug, hofft Uta, wird er es merken und lieb zu ihr sein.

Schon seit einem Jahr schwärmt sie für Peter! Ich bin ganz schön in »Verruf«, weil ich mit Peter öfters runter zum Bus gegangen bin. Alle in der Klasse gucken etwas schief.

Habe heute Helmut gesehen, gestern war er so unfreundlich, aber am Sonntag hat er sich so lieb um mich gekümmert, und abends im dunklen Wagen hat er meine Hand ganz fest gehalten. Er ist so ruhig und zuverlässig, daß ich ihn schon darum so gern mag. Wenn ich nur wüßte, was ich jetzt falsch gemacht habe.

Als er am Dienstag morgen mich fragte, ob ich am Nachmittag Zeit habe, war ich ganz durcheinander. Ich habe mir so immer Verliebtheit vorgestellt und nicht so wie bei Bernd, Ulf und Toni, von denen ich Mutti noch immer nichts erzählt habe. Helmut will auf alle Fälle seine persönliche Freiheit bewahren. Ich bin offensichtlich verliebt.

7. Mai

Heute war nichts Besonderes los. Ich hatte gehofft, Helmi zu treffen, um ihn vielleicht zu fragen, ob er mit mir in »Porgy und Bess« geht, aber ich hätte mich wahrscheinlich doch nicht getraut. Heute haben Mutti und Vati ihren siebzehnten Hochzeitstag gehabt und sind in »Porgy und Bess« gegangen. Ich wäre so froh, wenn Helmi mich fragen würde, ob ich mit ihm ins Kino gehen würde. Aber wahrscheinlich tut er es nie.

10. Mai

Wir haben eine Mathearbeit geschrieben. Ich habe wahrscheinlich verhauen und eine 5. War gestern im Micky-Maus-Festival und habe Helmut gesehen. Er war so kühl und höflich und so furchtbar weit weg. Jetzt bin ich mal gespannt, wie Helmut morgen auf der Party ist.

14. Mai

Die Party war himmlisch. Ich habe praktisch nur mit Helmut getanzt und er war so nett zu mir. Ich hörte zufällig, wie Gisy zu Hans (der übrigens in sie verliebt ist) sagte: »Helmi hat es aber ganz schön erwischt.« Ich weiß auf alle Fälle, daß ich Helmut sehr, sehr gerne mag. Ich könnte immer mit ihm

zusammen sein. Er würde mir nicht über. Er sagte mir, daß er manchmal so kühl und zurückhaltend wäre, weil auch er lange nachgedacht hat und zwei Gründe halten ihn ab. 1. Ich bin leider die Tochter seines Chefs. 2. Mein Alter. Ich bin dreizehneinhalb und Helmi ist siebzehn. Er hat außerdem so viel zu tun jetzt durch die Abendschule. Ich wünsche es ihm ja so, daß er die Schule schafft. Ich glaube, ich liebe Helmut. Ich will seiner Liebe wert sein, denn er ist so klug und wirklich wertvoll, auch wenn es noch so dumm klingt. Ich will es wert sein, daß Helmut mich vielleicht mag.

16.5.61

Gestern haben wir die Franzarbeit zurückbekommen. Ich habe eine 3, Gott sei Dank. Gestern habe ich Helmut nicht gesehen. Dafür heute nach der Schule, und heute nachmittag und um 5 will er kommen und seine Platten abholen. Heute morgen war er wieder so kühl. Ob ich mir alles auch nur eingebildet habe auf der Party?

Ich habe gelogen. Ich habe Helmi gestern doch geschen. Als er mit dem Fahrrad unten im Hof war, da hat er gewinkt, ganz lieb hoch gewinkt zu mir. Da soll man nun wissen, was ich mir einbilde und was Wirklichkeit ist.

Schade, daß man so selten wunschlos glücklich ist. Vielleicht schreibe ich heute abend noch, wie Helmut war. Es ist schauderhaft, daß meine Laune so von Helmi abhängt.

Abends.

Ich könnte die ganze Welt umarmen und habe bei Helmi angefangen. Als er heute so lag, den Kopf in meinem Schoß, da wurde ich ganz wild vor Glück. Allerdings, geküßt haben wir uns nicht. Er hat wohl gemerkt, daß ich finde, daß der Kuß eine Krönung der Liebe ist. Man darf ihn nicht entweihen. Ich liebe Helmut. Hier ist Zärtlichkeit nicht um ihrer selbst willen da, sondern als natürliche Folge dessen, was man empfindet. Wir haben uns lange unterhalten, aber mir ist ganz wirr im Kopf.

Ich habe deutlich gesagt, welche Eigenschaften er alle hat und habe festgestellt, daß er ganz anders ist, als ich dachte. Ich liebe ihn so wie er ist. Wir sind übereingekommen, daß Jungsein herrlich ist.

Er hat wieder vergessen, die Platten mitzunehmen.

20.5.61

Den Nachmittag kam Helmut und hat mich dann geküßt. Ich war richtig durcheinander. Montag kommt er, und wir wollen ins Kino gehen.

22.5.61

Das Wetter war heute himmlisch, und wir haben den ganzen Vormittag unten in der Sonne gelegen. Nach dem Essen habe ich eine weiße Bluse und meinen roten Rock gebügelt und ging wieder runter in den Hof. Dann rief mich Gisy hoch, weil Helmi da war. Wir machten aus, wann wir zusammen ins Kino gehen.

Helmut hat für mich bezahlt. Das war nicht richtig. Nächstes Mal bezahle ich für uns beide, das macht das hoffentlich wieder gut.

24.5.

Erst jetzt verstehe ich, was bittersüßes Glück bedeutet. Wenn ich nur genügend Kraft und Liebe zu ihm in den nächsten fünf Jahren aufbringe, in denen wir uns kaum sehen werden. Du wirst wahrscheinlich in zehn Jahren heiraten und dich bis dahin noch sehr verändern. Das sagte Helmi.

28.5.

Einmal fragte Helmi mich, Warum freust du dich denn so? Ich sagte, das könne ich nicht sagen. Dann drücke es doch aus, meinte er. Das traue ich mich hier nicht. Da hat er mich nur ganz lieb angeschaut. Später sprach er davon, daß er die nächsten Monate nicht viel Zeit hätte wegen Schule und Arbeit. Ich müsse vernünftig sein. Er hat genug Vernunft für uns beide.

Helmut sagte in irgendeinem Zusammenhang, »ich habe es selber schwer mit mir!« Wir sind uns doch ähnlich. Wir brauchen beide Selbstbestätigung und sind beide schrecklich unsicher.

2.6.

Es ist an sich auch nichts Besonderes passiert, außer daß Helmi am Mittwoch da war. Er ist ein unbedingtes Genie, was es anbetrifft, Gründe zu finden, um wiederzukommen. Er hat gesagt, daß er meinen Pferdeschwanz ganz süß fände. Ich werde ihn nicht abschneiden. Den Pferdeschwanz natürlich.

3.6.

Wir sind also nach einigem Hin und Her in den »Ami in Paris« gegangen. Es war ganz großartig. Ja, man müßte steppen können wie Gene Kelly. Das ist ganz große Klasse.

Hoffentlich hat keiner gesehen, daß Helmi erst mit reingekommen ist. Ich habe dann von innen zugeschlossen und dachte, Helmi wollte noch mal mit hochkommen, aber dann ging alles durcheinander. Herrje, ich bin jetzt noch ganz verwirrt. So haben wir uns noch nie geküßt. So müßte man sterben. Das wäre gut.

9.7.

Es ist so viel passiert. Helmut und ich haben uns getrennt. Am Abend von Matz' Fete, als Helmut mich zum Bus brachte, erklärte er mir, daß er es nicht mehr aushalte. Ganz gehören dürfen wir uns nicht, dazu sind wir zu jung, er aber hielte es nicht aus, nur mich im Arm zu haben. Er ist ein Junge und liebt anders. Für mich ist dieses Letzte nicht sooo entsetzlich wichtig, für Männer scheinbar doch. Unsere Freundschaft soll aber weiterbestehen, denn wer weiß, vielleicht dürfen wir uns in zehn Jahren so lieben, wie es jetzt nicht geht. Daß ich Helmut liebe, daran besteht für mich kein Zweifel. Ich kann seine Anständigkeit und Festigkeit nur bewundern, vielleicht hat er es nur für mich getan. Um mir, wenn er sich mal nicht beherrschen kann, nicht das ganze Leben zu versauen. Ich auf alle Fälle liebe ihn trotzdem oder deswegen noch mehr. Daran bin ich (denke ich manchmal) älter geworden.

Andrea Griese

Es gibt noch etwas anderes…

Amsterdam, August 1968

Ich bin elf Jahre alt und mache mit meinen Eltern Urlaub, zu dem natürlich die Dampferfahrt durch die Grachten gehört.

Kurz nach uns betritt eine Frau das Boot, von der ich während der ganzen Fahrt nicht mehr die Augen lassen kann. Sie ist etwa achtzehn Jahre alt und für meine kleinbürgerlichen Kinderaugen in ihrer Erscheinung eher unordentlich und unsauber. Ihr Kleid, das aus verschiedenfarbigen Stoffen zusammengesetzt ist, weht um ihren Körper, an den Hand- und Fußgelenken trägt sie Schmuck, der bei jeder Bewegung leicht klingelt. Die langen lockigen blonden Haare, anscheinend schon lange nicht mehr gewaschen und gekämmt, sind locker hochgesteckt, sie läuft barfuß. Meine Blicke werden von ihrer Ausstrahlung magisch angezogen, ihre Bewegungen sind leicht und sanft, tänzerisch, ihre Mimik drückt Ausgeglichenheit und Ruhe aus.

Während der Fahrt tut sie nichts anderes als alle anderen Passagiere, sitzt da, unterhält sich mit den Leuten, mit denen sie gekommen ist, steht auf, läuft herum, ständig beobachtet von mir. Für mich ist sie eine exotische Prinzessin aus einer anderen Welt. Sie läßt in mir das Gefühl entstehen, es gibt noch andere Dinge auf dieser Welt, Dinge, die ich in meiner normalen Umgebung nie kennenlernen werde. Dieses Gefühl hat mich lange Zeit begleitet, ohne daß mir die Hintergründe klar waren.

Diese Prinzessin meiner Kindheit ist für mich zu einem Symbol der 60er Jahre geworden, die Jahre, an die ich sonst so wenig Erinnerungen habe.

Szenenwechsel

Berlin, September 1983

Ich bin 26 Jahre alt und arbeite als Sozialarbeiterin in der Jugendarbeit. Im Rahmen meiner Arbeit bereite ich mit Jugendlichen und Kollegen eine Ausstellung unter dem Titel »Petticoat, Pille, Punks« vor. Jugendbewegungen der 50er, 60er und 70er Jahre sollen in ihren unterschiedlichen Ausdrucksformen in ihrem gesellschaftlichen Umfeld präsentiert werden. In der Vorbereitungsphase führe ich ein Interview mit einer Frau (die ich im weiteren Petra nennen werde), die in den 60er Jahren ein »junges Mädchen« war.

Obwohl mir diese Frau auf Grund ihrer Erscheinung als genau das Gegenteil meiner »Prinzessin« erscheint, spüre ich etwas von dem damaligen Gefühl. Es sind weniger die Worte oder die Form ihres damaligen Lebens, als viel mehr ein gewisser Enthusiasmus beim Erzählen, ausgedrückt durch Mimik und Gestik, der mir aufzwingt, Parallelen zwischen ihr und der Frau aus Amsterdam zu sehen.

Petra (Jahrgang 1946) wächst im Eigenheim der Eltern in einer »mittleren Großstadt« in Westdeutschland auf, der Vater ist Maler, die Mutter Hausfrau. Das Einzelkind aus streng katholischem Elternhaus besucht die katholische Volksschule, »...Jungs und Mädchen waren streng getrennt, hatten getrennte Schulhöfe (und) regelmäßig Kirchenbesuch 2 × in der Woche...« 1963 beginnt sie eine Ausbildung, als Voraussetzung für den Beruf als Krankenschwester. Sie ist in einem Internat untergebracht, das einem katholischen Krankenhaus angeschlossen ist, sie lernt, putzt und betet. Ausgang gibt es nur in Gruppen unter der Obhut zweier Nonnen, eine vorne, eine hinten. Nach 1½ Jahren findet man bei ihr eine Modezeitschrift (Constanze), die auf dem Index steht, also verboten ist. Sie wird geschmissen. Weiterhin hegt sie den Wunsch, einen typischen Frauenberuf zu erlernen, es ist ihr von den Eltern so eingeimpft worden und paßt in die Rolle einer zukünftigen Haus-, Ehefrau und Mutter. Petra findet einen neuen Ausbildungsplatz, für die damalige Zeit nichts außergewöhnliches, diesmal bei der Arbeiterwohlfahrt, wo es sehr viel lockerer zugeht.

Ihre dadurch gewonnene Freizeit verbringt sie hauptsächlich mit der Clique in Jugendclubs oder geht tanzen. »...damals taten sich die ersten Jungs zusammen und hatten ihre ersten Beat-Bands.« Gaststätten stellen diesen Bands Räume für Auftritte zur Verfügung, hier kann dann getanzt werden. Discotheken gab es noch nicht. »Überall, wo sich Jugend damals traf, das ging ruck-zuck, da war das Ding verrufen, also das dauerte keine drei Wochen, da war das Ding so verrufen, daß du von deinen Eltern das Verbot kriegtest, da darfst du nicht mehr hin.« Jugend an sich war verrufen, Erwachsene sahen Jugendliche als Kinder an, die, solange sie die Füße unter den elterlichen Tisch stecken, nichts zu sagen und keinen eigenen Lebensstil zu entwickeln haben. »Mein Vater war sehr, sehr streng, war wahnsinnig streng, er hat immer Angst gehabt, den Mädchen könne was passieren.«

Im Gegensatz dazu entdeckt die Wirtschaft jedoch Jugendliche als neue Konsumentengruppe und bringt Musik, Mode und Kosmetika gewinnbringend an den Jungen und das Mädchen. Petra und ihre Freunde »...waren absolute Beatles-Fans, es war übersteigert damals ... ich hatte Netzstrümpfe mit Beatles-Köpfen an und ein Beatles-Kleid mit allen Beatles drauf im Großformat.« »Mit 14 haben wir hautenge Röcke getragen, ganz lange Pullover, die wir von Freunden, Cousins oder so ausgeliehen haben, mindestens

Idol Mick Jagger in einem Hippiemantel, bedruckt mit Beatle John Lennons Konterfei

Zurück ins Internat

Größe 56, wo der Rock so ein Stück vorguckte, der Rest war Pullover. Dann '64/'65 Jeans und Nickies, ... man trug hautenge Jeans und wahnsinnig lange Nickies, das war die Zeit, in der man zur Kirmes ging und an der Raupe stand.«

Die Probleme mit den Eltern, die den vom ersten selbstverdienten Geld gekauften fliederfarbenen Hosenanzug ihrer Tochter verbieten, wie auch den Parker oder die Jeans, die »Kriegsbemalung« und die toupierten Haare, die der Vater mit der Drahtbürste auskämmt, weiß man zu umgehen. »Die Jeans hab' ich bei der Freundin deponiert und auch den ersten Parker.« Das Schminken, »...man hat sich damals wahnsinnig geschminkt«, wird so gehandhabt, »...man ging runter in den Hausflur, machte das Licht an, holte einen kleinen Spiegel raus und fing an zu tuschen und zu schmieren, ... wenn man dann abends nach Hause kam, im Hausflur zack-zack die Schminke ab.«

Die Freundin diente jedoch nicht nur als Deponie für die verbotene Kleidung, »Freundin, das war damals ganz stark, das Verhältnis zu ihr, eine Freundin, das war ganz wichtig.« Sie ist die Person, mit der man über alles reden kann, der man auch Ängste im Bereich Sexualität preisgibt. Im Elternhaus wird darüber nicht gesprochen, es ist tabu, die Aufklärung übernimmt der Kaplan, der während der sogenannten Exerzitien das beliebte Beispiel mit den Bienen heranzieht und vermittelt, wenn man sich »...mit Jungen küßt, daß das eine Todsünde ist.«

Für die Eltern ist die Freundin der Tochter jedoch kein Garant für die Sicherheit ihres Kindes. Weggehen mit dem festen Freund ja, mit der Freundin nur mit starken zeitlichen Einschränkungen. Der Freund wird »...als Bruder aufgenommen, wie ein weiteres Kind« und darf auch zu Hause übernachten, natürlich nicht im gleichen Zimmer. Die Mutter »...achtete jedoch unheimlich darauf, daß ich regelmäßig meine Regel kriegte.« Wobei sie bei ihr nichts zu befürchten hat, da Petra den festen Glauben hatte, sie müßte als Jungfrau in die Ehe gehen. »Außer Knutschen hat sich da mit dem Freund nichts abgespielt.«

Petra fängt früh an, sich politisch zu interessieren, »als ich in die Arbeiterwohlfahrt kam, da war es ganz klar, daß man politisch engagiert sein mußte«, so geht sie mit siebzehn zu den Falken. Es »...ist für die damalige Zeit eine ausgesprochene Seltenheit, daß man Jugendliche fand, die überhaupt politisch interessiert oder engagiert waren.« Sie ist »...unheimlich auf Antikurs, gegen die Eltern, schon sehr früh, und überhaupt gegen alles.«

Meine eigene Kindheit in den 60er Jahren war durch solche Verhaltensweisen nicht berührt. Erinnern kann ich mich mehr an die Samstag-Nachmittage, an denen meine Eltern mit Hilfe der Fernseh-Tanzschule Twist lernten und daß dieser Unterricht auch meine Tanzkenntnisse erweiterte. Erinnern kann ich mich auch an meine Courrèges-Stiefel, die ich mit großem Stolz getragen habe, an die Fernseh-Serie »Raumpatrouille« und die Frisuren der weiblichen Besatzungsmitglieder der »Orion«, die meine Mutter perfekt imitierte.

Und an das Gefühl, das ich beim Anblick meiner »Prinzessin« hatte.

Dietmar Schönherr und Eva Pflug im Raumschiff »Orion«

Oswalt Kolles »Wunder der Liebe«

Das ist zunächst »Helgas« Rezept: Zwei Professoren und fünf doctores der medizinischen Fakultät bürgen auf dem Plakat für Seriosität, Regisseur und Drehbuchautor Erich F. Bender steuert das Arrangement, für flotte Untermalung sorgen verdiente Musikanten: Roy Etzel, Karl Barthel, Willi Müller und das Symphonie-Orchester Kurt Graunke.

Die Lichter gehen aus. Ein Reporter erscheint auf der Leinwand, der sich bei Straßenpassanten nach dem Stand ihrer Aufgeklärtheit erkundigt. Auf die Frage nach der Pille wird der Interviewer – Achtung, Spielhandlung! – von einer Dame geohrfeigt. Es folgt Kulturfilmisches über die Schönheiten von Mutter Erde. Unberührte Natur signalisiert ewige urweltliche Erhabenheit und gibt dem Kommentator Gelegenheit zur Deklamation des erkenntnisschwangeren Satzes: »Es war ein weiter Weg vom primitiven Leben bis zu der nach Milliarden zählenden Bevölkerung unserer Tage.«

Plötzlich kommen Lebewesen ins Bild, Giraffen, flirtende Hirsche, neckische Äffchen, und der Sprecher orgelt: »Allen Lebewesen eigen ist der Trieb zur Erhaltung der Art.« Aber: »Nur beim Menschen ist die Beziehung vom Mann zur Frau, von der Mutter zum Kind geadelt durch die Fähigkeit persönlichen Liebeserlebens.« Solchermaßen geadelt, nimmt der Zuschauer zwei junge liebende Menschenkinder (bekleidet) zur Kenntnis und lauscht ergriffen den Trompetenweisen Roy Etzels.

Schließlich langt man, nicht gewußt wie, beim Thema Aufklärung an. Es erscheinen Mutter und Kind, beide ihre Texte sicher beherrschend.

Kind: »Mutti, wo kommen die Babys her?«

Mutter: »Sie wachsen bei der Mutti im Bauch, komm, fühl, wie es sich bewegt!«

Kind: »Und wie kommt es da heraus?«

Mutter: »Muttis Scheide öffnet sich ganz weit!«

Kind: »Und wie kommt es da hinein?«

Mutter: »Der Vati hat seinen Samen in die Mutti gelegt, und dann wächst es und wächst und wächst!«

Szenenwechsel, Junge rennt ins Zimmer und ruft stolz: »Mammi, so was, wie ich hab, hast du nicht!«

Mutter, aufgeschlossen: »Ach, du meinst dein kleines Glied? Das haben nur kleine Jungen und große Männer. – So, jetzt wollen wir aber essen!«

So soll es sein.

Nach einem Exkurs über die Wiederentdeckung der Freude am eigenen Körper (Bild: Kraftprotze im Sportdress der Jahrhundertwende) und endlosen erbaulichen Texten tritt Titelheldin Helga in Erscheinung, verheiratet und guter Hoffnung (»Wir wußten es! Wir wollten es so, aber die Gewißheit ist gut!«). Und nun kommen auch die Wissenschaftler zu ihrem Recht: Ärzte und Ärztinnen klären auf, teils sachlich, teils mit fein gekünstelter Unbefangenheit (»Wir wollen eine gesunde Familie, die sich zum Kind bekennt!«).

Sobald Nüchternheit einkehrt, wenn Mikro-Präparate und schematische Darstellungen und am Ende eine veritable Geburt gezeigt werden, hat der Film Informationswert. Auf die Frage: »Warum nicht gleich so?« gibt es allerdings eine einleuchtende Antwort: Das Gemüt käme nicht zu seinem Recht, der Film wäre zu kurz und Flöten, Geigen und Trompeten womöglich überflüssig. Immerhin, zwar wuchern Schmus und Symbolik im Vordergrund, doch Dokumentarisches wird auch geboten.

Darauf hat sich Oswalt Kolle nun wieder gar nicht erst eingelassen. Er will lediglich die Langeweile aus der Ehe vertreiben und zu phantasievollen Liebes- und Leibesübungen anregen. Zu diesem Zweck beginnt er seinen Film mit einer »Diskussion«. Die Professoren Hochheimer und Giese bestätigen dem Autor ausführlich die Wichtigkeit seines Unternehmens. Kolle: »Herr Professor Hochheimer, Sie wollten uns ein Resümee geben...« Hocheimer (liest vom Blatt): »Sexualität ist eine natürliche Quelle der Freude...«

Nach zehn Minuten haben die Experten ihre Schuldigkeit getan, und der gute Onkel Kolle schreitet mit melancholischem Stirnrunzeln zur Verlesung seiner Traktätchen: »Viele tausend Leser haben mir geschrieben...« Dabei erscheint er immer wieder gern im Bild. Lediglich die beiden zentralen Spielszenen verdrängen ihn für länger ins Off: Ein junges und ein etwas älteres Ehepaar leiden unter Frustration; vorwiegend unbekleidet im Bett liegend, wälzen sie Probleme auf blau getönter Leinwand. Sobald Abtastung intensiv stattfindet, fährt die Kamera näher heran, sanft verschwimmen die Konturen ineinander verschlungener Extremitäten, und Männerstimmen singen AA-aa oder Iaa-Iaa, als habe jemand eine Schallplatte der Swingle-Sisters mit der Geschwindigkeit 4,75 laufen lassen.

Plötzlich wechselt der Farbton: Die seit fünf Monaten unbeachtete Gattin schreitet zur Selbsthilfe, und prompt beginnt rhythmisch orangefarbenes Leuchten auf der Leinwand: Regisseur Gottlieb gab sein Bestes. – Alle Probleme lösen sich am Ende, als Kolle bei Verlesung seines Textes an die Stelle kommt, da verständnisvolle Gespräche empfohlen werden. Die auf der Leinwand probieren's, und alsbald kehrt Leidenschaft ein. – Die Versöhnung wird rechtzeitig ausgeblendet, um dem sittlichen Empfinden keinen Tort anzutun. Der Zuschauer weiß ohnehin, was er wissen soll: Schlag nach bei Kolle!

(Klaus Lackschéwitz, in: Konkret 3/1968)

Aus dem verbotenen Kolle-Film »Zum Beispiel: Ehebruch«. In einer Traumszene peitscht die Ehefrau die Geliebte aus

»Wunder der Liebe«, eine erfolgreiche Kolle-Serie in der Revue. Originalton: »Das zärtlich verspielte Bekenntnis ICH LIEBE DICH – aus dem Gleichklang zweier Herzen gesprochen – braucht jede Frau«.

1961 kam die »Pille« in der BRD auf den Markt. Lange Jahre blieb sie ein Geheimtip für aufgeklärte Ehepaare oder wurde unter dem Ladentisch gehandelt wie ein Mittel aus dem Porno-Shop. Erst zu Ende des Jahrzehnts kam, nicht zuletzt befördert durch die allgemeine politische Unruhe vor allem in der Jugend, der Durchbruch im Bewußtsein und im Verhalten der Bundesdeutschen, auch wenn sie umstritten blieb: in konservativen Kreisen wegen ihrer »moralzerrüttenden« Wirkung, später in der Frauenbewegung wegen der Zumutung für Frauen, ihren Körper im Lauf der Jahre in eine chemische Deponie zu verwandeln. Unbestreitbar bleibt die revolutionierende Wirkung der Pille für die sexuelle Selbstbestimmung und die soziale Stellung der Frauen.

Den Katholiken in aller Welt verbot Papst Paul VI. (»Pillenpaul«) 1968 in der Enzyklika »Humanae Vitae« die Pille ebenso wie jede andere Art der Empfängnisverhütung als »ehelichen Akt, der willentlich unfruchtbar gemacht und deshalb vom Wesen her sittlich unerlaubt ist«. Damit war bis auf den heutigen Tag allen Reformansätzen des Zweiten Vatikanischen Konzils ein Riegel vorgeschoben. Selbst in breiten katholischen Kreisen bis hin zu Bischöfen und anderen Amtsträgern wurde diese Entscheidung scharf kritisiert, nicht zuletzt auch wegen der anders scheinbar nicht zu bewältigenden Bevölkerungsexplosion in den Ländern der Dritten Welt.

Der »Stern« brachte Ende 1967 mehrer große Berichte zu der »Superpille aus Schweden«, der »Pille danach«, die als »Abtreibungspille« in der BRD verboten wurde. Immerhin wurde nicht zuletzt durch diese Auseinandersetzung stärker ins Bewußtsein gehoben, was jeder wußte, aber was nach wie vor strengstens strafbar war: daß in der BRD jährlich zwischen ein und zwei Millionen illegaler Abtreibungen unter den entwürdigendsten Bedingungen praktiziert wurden. Aber erst Anfang der siebiger Jahre war die Zeit reif für eine – wenn auch nur halbherzige – Reform des § 218.

Karen Margolis
Die Pille, bitte

Das Schild am Klinikeingang war angenehm neutral. BERATUNGSZENTRUM für junge Leute. Dritter Stock. Bitte hinaufgehen. Schnörkellose, schwarze Schrift auf weißem Untergrund.

Es konnte alles bedeuten – außer für diejenigen, die wußten, worum es ging. Judith warf einen vorsichtigen Blick über den belebten Bürgersteig, um zu sehen, ob irgend jemand, der es vielleicht wußte, sie beobachtete – der sie entdeckte, wie sie die schmuddeligen Stufen erklomm, und der sagen würde: Da fängt schon wieder ein Schulmädchen mit der Pille an. Und der seinen Kopf schütteln und etwas von der tabufreien Gesellschaft vor sich hinmurmeln würde.

Niemand sah her. Der Novembernachmittag war zu kalt zum Bummeln, und die meisten Leute, die eingekauft hatten, waren mit großen Kartons voll Hi-Fi-Geräten beladen oder träumten am hellichten Tage, die Arme voll davon zu haben. In der Straße gab es besonders viele Fachgeschäfte für Stereoanlagen. Das war der Vorteil, wenn man in eine Klinik im Stadtzentrum ging: Es war voller und anonymer, und die Möglichkeit war geringer, daß irgend jemand sie beobachtete, der sie oder ihre Eltern kannte.

Nicht, daß irgend etwas Kriminelles daran war, in die Klinik zu gehen. Tausende von Mädchen ihren Alters taten es. Man könnte sogar sagen, daß es ein reifes, verantwortungsbewußtes Handeln war. Wenn ihre Eltern aufgeklärter wären, müßte sie nicht so auf der Hut sein wie ein Dieb oder ein Spion, der argwöhnt, daß er verfolgt wird.

Ihre Eltern wollten ihre Unschuld bewahren. Aber Unschuld gehörte einer vergangenen Welt an. Nur Ewiggestrige und Moralisten glaubt an sie.

Zum Teufel mit den Moralisten, sagte Judith zu sich selbst; das Fluchen machte sie weniger nervös. Sie lief die Treppen hinauf und vermied dabei, den Blick auf die Glastür des Beleuchtungsgeschäftes zu richten, das einen gemeinsamen Eingang mit der Klinik hatte. Die Leute in dem Laden wußten garantiert, was oben im dritten Stock vor sich ging.

Machte es was, wenn sie es wußten? Sie tat nur, was jede Menge anderer Mädchen taten. Sie hatte immer ihren Stolz darein gesetzt, etwas Besonderes zu sein, aber jetzt gab ihr der Gedanke Mut, nicht einzigartig zu sein, sie war ein Teil ihrer Generation und mit anderen vereint, die an die Freiheit glaubten und moralische Unterdrückung ablehnten.

Einmal in der Klinik, war nicht mehr die Rede von Moral. Die Empfangsdame war ganz geschäftsmäßig. Der Arzt hinter seinem Schreibtisch sah gelangweilt aus.

– Aha, aha – äh. Das Kinn auf der Brust, notierte er sich etwas auf der Karteikarte in dem brandneuen beigefarbenen Hefter mit Judiths Namen außen darauf. Er hielt die Hand vor das, was er schrieb, damit sie nichts sehen konnte. Weil er nur ihre Antworten auf seine Fragen festhielt, verstand sie nicht, was er verbarg, aber sie fühlte sich außerstande zu fragen. Stattdessen fummelte sie an dem Stein an ihrem Ringfinger herum – einem runden, blaugrünen Glasstein von der Größe eines Smarties. Er war zu unglaubwürdig und zu groß, um echt zu sein, aber wenigstens war die Fassung aus Gold. Der Arzt jedoch hatte diesen röntgenartigen Medizinerblick. Konnte er herausfinden, daß der Ring geborgt war?

Sie fühlte die befremdliche Schwere an ihrem Finger und drehte den Ring herum, damit das schuldhafte Gewicht leichter würde. Sie hätte ihn vielleicht nicht tragen sollen. Vielleicht wußte der Arzt, daß sie so tat, als sei sie verlobt, und fand sie albern.

– Und welche Art von Verhütung ziehen Sie vor? Der Arzt legte seinen Füller hin und starrte geradewegs auf den anstößigen Ring.

Ohne Zögern antwortete sie: die Pille.

Es war überhaupt keine Frage. Sex und die Pille gehörten zueinander wie Sperma und Ei – außer daß die eine die natürlichen Folgen des anderen verhinderte. Die moderne Alternative zur Empfängnis war die orale Verhütung. Alle anderen Methoden waren überholt, unbequem und nicht akzeptabel. Sie wußte, sie hatte in der Angelegenheit die Wahl, aber alles außer der Pille schien ein Überbleibsel aus einer früheren Generation zu sein, als die Mädchen zur Toilette stürzten, »um sich fertig zu machen«. Die bloße Vorstellung ließ sie schaudern. Man stelle sich das Peinliche daran vor: mitten im Küssen eine Ausrede zu finden, um sich davonzustehlen. Diese diskreten Plastikschachteln mit dem Diaphragma, die sie bei manchen Leuten im Badezimmerschränkchen gesehen hatte, könnte man ebensogut als Liebestöter bezeichnen. Auf solcherart Wahl konnte man verzichten: Die Freiheit war die Pille.

– Die Pille, wiederholte sie vor dem Arzt. Ohne Kommentar machte er sich eine weitere Notiz, die er mit der Hand abschirmte. Dann fragte er:

– Ihr Verlobter meint das auch?

– Mein...? Oh ja, natürlich.

Der Verlobte war genauso getürkt wie der Ring. In der Lüge war nichts Unmoralisches; sie war notwendig, falls der Arzt um sein Ansehen besorgt war. Eine Freundin hatte ihr versichert, daß die Klinik an Teenager wie Judith gewöhnt war, aber Judith hatte sich nur schwer vorstellen können, daß keine Fragen gestellt würden. Es war schwierig, darauf zu vertrauen, daß ein Arzt, ein berufsmäßiger Wächter der Moral, nicht die Ansicht ihrer Eltern teilen sollte, daß Sex ohne Trauschein unmoralisch und gefährlich sei.

Sie hatte ihm erzählt, daß ihr Freund Rob in Oxford studierte (in Wirklichkeit war er Elektroingenieur) und daß sie beabsichtigten, mit der Heirat zu warten, bis er seinen Abschluß gemacht hätte. Oxford war eine gute Idee: Ein Arzt würde von der Erwähnung Oxfords beeindruckt sein.

Bis hierher war es eine Geschichte, die ihre Eltern in Ordnung gefunden hätten – wenn sie ein paar Jahre älter gewesen wäre. Jetzt kam die Probe aufs Exempel, wie liberal der Arzt war. Bis zur Heirat mit Rob würde es noch zwei Jahre dauern, hatte sie ihm erzählt. Bis dahin – gab es Sex. (Sie sagte Verkehr, aber sowohl sie als auch der Arzt wußten, was sie meinte.)

– Wir haben noch nicht... Ich meine... Verkehr... noch nicht. Aber wir lieben uns... und wir glauben, daß man.. (sie suchte angestrengt nach dem angemessenen Wort) ...verantwortungsbewußt... Ja, es war das richtige Wort; er schrieb es auf.

Ohne etwas dazu zu sagen, schrieb der Arzt alles auf. Sie wußte nicht, ob er es glaubte, aber sie tröstete sich mit dem tintig-schwarzen Gekritzel, das nach und nach die Karteikarte füllte. Dann schraubte er den Verschluß wieder auf den Füller und rieb sich die Hände, als bereite er sich aufs Waschen vor.

– Na, dann wollen wir mal sehen. Nur, ob auch alles in

Ordnung ist. Er stand auf. – Würden Sie eben hinter die weiße Tür gehen und Ihre Sachen ausziehen? fragte er. Ich komme gleich wieder.

Nackt saß Judith auf der harten Bank in dem weißen Kabuff, ihr war kalt, und beinahe hatte sie Angst. Sie wartete. Das war vielleicht die Strafe, die sie halbwegs erwartet hatte: nackt und allein dazusitzen, mit einer vagen Vorstellung von dem, was geschehen würde, aber ohne sicher zu sein und ohne zu wissen, wie lange sie noch so sitzen mußte, bis etwas passierte.

Das ist die Folterkammer von heute. Eine winzige Zelle, die von identischen anderen durch einen verschlissenen grauen Vorhang abgetrennt ist. Die verurteilte Person sitzt da, nackt und ohne sich verteidigen zu können, während der Arzt hinter der weißen Tür sich darauf vorbereitet, das Urteil zu verkünden. Krebs. Noch ein Jahr zu leben. Das muß es sein, was den meisten Leuten gesagt wird, wenn es schlechte Nachrichten sind. Krebs. Daran sterben die Leute heutzutage.

Die Kabine war so voll von den Geistern früherer verurteilter Patientinnen, daß sie fast vergaß, warum sie da war, bis sie sich an die Warnungen von Freundinnen erinnerte, daß das Warten auf die innere Untersuchung das Schlimmste sei. Sie stecken dir ein Metallding in die Möse und dehnen es aus, um hineinzusehen. Es ist ein bißchen unangenehm, aber nichts Geheimnisvolles. Denk an die Biologiestunden.

Welten lagen zwischen der Wandtafel mit den sauberen Zeichnungen aus weißer Kreide und dieser harten weißen Wartebank. Die technischen Bezeichnungen und das weiche Fleisch schienen keinerlei Berührungspunkte miteinander zu haben. Der Arzt würde gleich etwas von ihr sehen, was sie noch nie gesehen hatte. Sie konnte nur hoffen, daß er ihre Nacktheit als Schulbuchzeichnung sah.

Blöd, schüchtern zu sein – er sah doch Hunderte Mädchen wie sie.

Wieder gab ihr der Gedanke an all die Gleichaltrigen Mut.

– Sie können jetzt herauskommen.

Als sie die Tür zwischen dem Kabuff und dem Untersuchungszimmer öffnete, hörte sie das Wasser laufen, mit dem er sich die Hände wusch; dann das Klackern von Metall auf Metall.

Er sah überrascht auf, als sie aus der Tür trat. – Es ist nicht nötig, *alle* Sachen auszuziehen, sagte er streng. Rock, Strumpfhose und Schlüpfer sind genug.

Und als er sie wie angewurzelt und gelähmt und mit Gänsehaut dastehen sah, fügte er scharf hinzu: Würden Sie bitte Ihren Pullover wieder anziehen?

Während Judith seinem Befehl gehorchte, machte sie sich über die Richtlinien Gedanken, die den Ärzten erlauben, die primären Sexualorgane zu untersuchen, und gleichzeitig erfordern, daß die Patientin ihre Brüste bedeckt hält. Nun denn, je weniger er sieht, desto besser, sagte sie zu sich selbst. Es war weniger entwürdigend, nur halbnackt zu sein.

– Also gut, sagte er kurz; sie hatte genug von seiner Zeit vergeudet. Gehen Sie auf die Liege und legen Sie Ihre Beine auf die Bügel, die Knie richtig hinein.

Wegen der Kälte des Metalls zuckte sie zusammen.

– Was gibt es für ein Problem? Das Spekulum in der Hand, hielt er inne, als er sie zittern sah.

– Kalt, sagte sie und zeigte auf die Bügel.

– Nun, was erwarten Sie? Zentralheizung? fragte er, als er das Instrument in sie hineinschob, es durch eine Drehbewegung weiter machte und aufmerksam hineinschaute. Nach einigen Sekunden zog er es wieder heraus und warf es achtlos auf den Sterilisiertisch. Judith machte Anstalten, von der Liege herunterzusteigen.

– Bleiben Sie da, befahl er. Ich bin noch nicht fertig.

Er zog glänzende Plastikhandschuhe über, und während er eine Hand auf ihren Unterleib legte, steckte er zwei Finger der anderen Hand in sie hinein. Unangenehm berührt, verlagerte sie ihr Gewicht. In der Art und Weise, wie er Stellen mit seinen Fingern berührte, die höchst empfindlich waren, lag eine schreckliche Intimität; eine medizinische Untersuchung, die dennoch Empfindungen weckte, die er – so betete sie inständig – nicht entdecken würde.

– Scheint alles in Ordnung zu sein, sagte er, zog seine Handschuhe aus und warf sie in den Abfalleimer unter der Liege. Sie können ihre Sachen wieder anziehen.

Und nun, ihre Akte in der Hand, die sie nicht zu lesen wagte, mußte Judith einen Stock tiefer zur Schwester, die jung, hübsch und geschäftig war.

– Kleinen Moment, sagte sie, lächelte automatisch und verschwand in einem Kabuff mit Vorhängen. Judith brauchte nur ein bißchen die Ohren zu spitzen, und sie konnte alles mithören.

Schwester: Sie haben es immer noch nicht hineinbekommen?

Mädchenstimme (aufgeregt): Nein – als ich das Gel draufgemacht und das Ding zusammengedrückt habe, wie Sie gesagt haben, rutschte es mir wieder aus der Hand. Ich kann es nicht richtig festhalten – das Gel macht es zu glitschig.

Die Schwester seufzte. Ich habe Ihnen doch gesagt, Sie müssen es am Rand festhalten... Ja, so. Jetzt knien Sie sich hin und versuchen Sie noch mal, es hineinzukriegen.

Einen Moment Schweigen. Dann: Fühlt es sich jetzt richtig an?

– Ich weiß nicht, antwortete das Mädchen, als habe sie die Hoffnung verloren. Ich weiß es wirklich nicht.

– Nun, steigen Sie auf die Liege, ich sehe mal nach. Die Schwester klang gelangweilt. Hm, sagte sie, ich weiß nicht, was Sie da gemacht haben, es ist ganz schief. Wissen Sie nicht, wo Ihr Gebärmutterhals ist? Ihr Ton war verächtlich. Ich nehme es wieder heraus, und Sie versuchen es noch einmal, wenn ich draußen bin. Eine andere Patientin wartet.

Sie tauchte wieder auf und führte Judith zu dem Schreibtisch, nahm den Hefter und überflog die Notizen. Judith war erleichtert, weil sie nicht die Strapazen auf sich nehmen mußte, die sie gerade mitgekriegt hatte. Überhaupt keine Frage: Nichts war einfacher als die Pille.

– Gut, die Pille. Die Schwester hörte auf zu lesen und ließ den Hefter zuschnappen. Für den Anfang können Sie eine Dreimonatspackung haben, sagte sie. Aber zuerst müssen wir mit Ihrem Hausarzt Rücksprache halten, ob es in Ordnung ist, Ihnen die Pille zu geben. Name und Adresse?

Sie saß da, den Kugelschreiber gezückt.

– Meinen Hausarzt? würgte Judith hervor. Ihn können Sie nicht fragen! Nicht ihn!

– Wir müssen ihn fragen. Der Ton der Schwester war knapp und überzeugend vernünftig. Die Pille ist eine starke chemische Substanz. In Ihrer Krankengeschichte könnte irgendetwas darauf hinweisen, daß es für Sie schädlich wäre, sie zu nehmen. Das müssen wir wissen.

Noch einmal sagte sie: Wir müssen das wissen. Vorschriften.

Gefangen zwischen dem, was die Schwester wissen mußte, und dem, wovon ihr Hausarzt keinen Schimmer haben durfte, konnte Judith nur leise sagen: Bitte, nicht ihn. Bitte. Er ist ein Freund der Familie. Er wird es meiner Mutter erzählen. Sie ist dauernd in seiner Praxis und holt Valium-Rezepte ab – er wird es ihr mit Sicherheit erzählen.

– Unsinn. Die Schwester sprach wie eine Lehrerin; gänz-

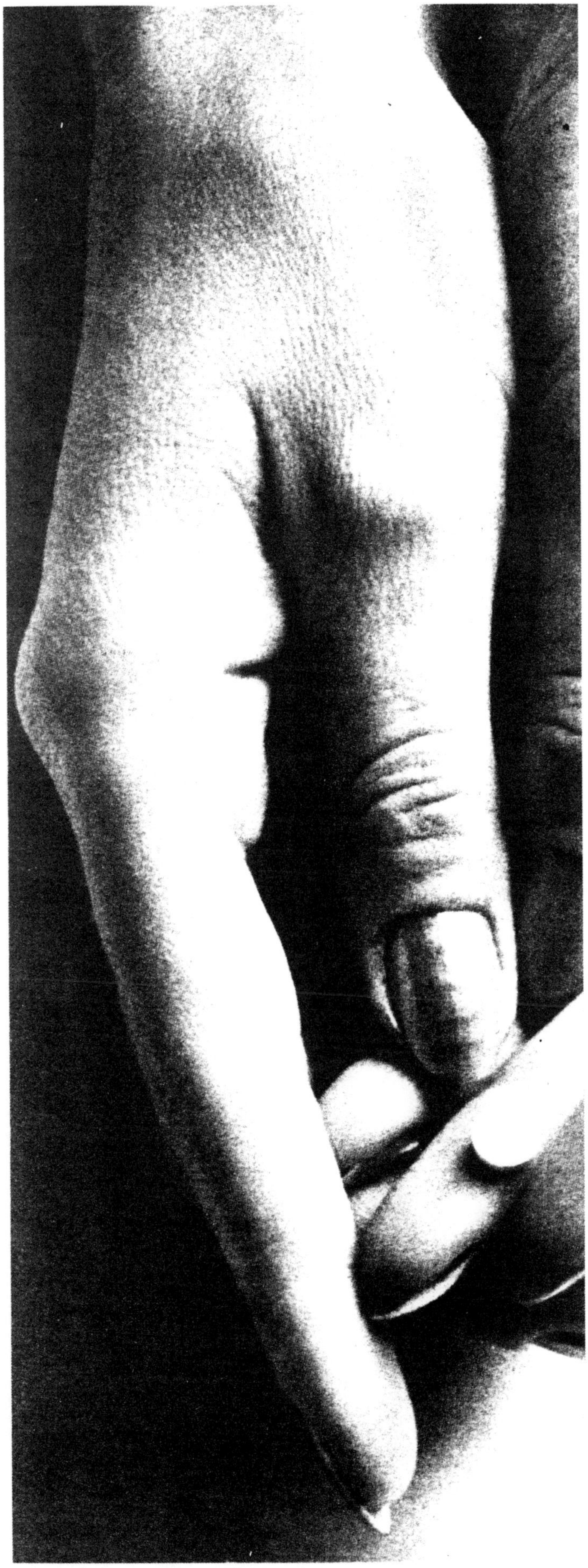

lich anders als eine barmherzige Schwester. Eiskalten Blicks knallte sie Judiths Hefter auf den Tisch.

– Hausärzte sind an die Schweigepflicht gebunden. Kein Hausarzt würde Ihrer Mutter je etwas erzählen.

– Meiner schon, widersprach Judith, mit tödlicher Sicherheit. Sie konnte den Arzt geradezu sehen, wie seine dicklichen Hände über dem Rezeptblock hingen, bereit, eine Monatspackung hübscher bunter, glasierter Kapseln zu verschreiben, die für Mütter hergestellt wurden, die sie brauchten, um mit Töchtern im Teenageralter fertigzuwerden... Und was Ihre Tochter betrifft, würde der Arzt murmeln, ich sollte Ihnen das eigentlich nicht erzählen, aber als Freund der Familie... Sie sollten wissen...

– Nein! Nein! rief Judith. Unmöglich!

Die Schwester zuckte mit den Schultern. – Es liegt bei Ihnen. Sie sprach mit schneidender Schärfe. Gehen Sie jetzt, denken Sie darüber nach und kommen Sie wieder, wenn Sie einen Entschluß gefaßt haben.

Sie preßte die Lippen aufeinander, Thema beendet. Aber zum Schluß drohte sie noch einmal: – Und ich wiederhole: Sie bekommen die Pille nicht ohne Erlaubnis Ihres Hausarztes.

Wenn sie es bloß nicht so laut gesagt hätte. Judith konnte sich vorstellen, wie das Mädchen in dem Kabuff in ihren Bemühungen innehielt, um zu lauschen. Die Schwester machte sich keinerlei Gedanken über Empfindlichkeiten – oder Vertraulichkeit. Sie hangelte sich wieder durch den Vorhang und erkundigte sich munter: Und? Den Gebärmutterhals gefunden?

Entlassen, rundum demoralisiert, schlich Judith die Treppen hinunter an der Klinikapotheke im ersten Stock vorbei, wo eine andere Schwester Pillenpakete für ein Mädchen abzählte, das noch jünger aussah als sie, Judith. Das Mädchen hatte Glück gehabt. Sie hatte alle Hürden übersprungen. Sie bekam die Pille.

So, wie Judith es verstanden hatte, hätte alles ganz einfach sein müssen. Pillen für unverheiratete Mädchen, hatte sie in den Schlagzeilen gelesen. Pillenverteilung an Schulmädchen... umsonst, genau wie Schulmilch. Auf Staatskosten! Staatlich subventionierte Untergrabung der Moral Unschuldiger! Die aufgebrachten Schlagzeilenschreiber ließen es so einfach erscheinen. Sie war Teil der Pillengeneration, wie sie sie nannten...

Warum war es dann so schwierig? Versprochen zu kriegen, was sie wollte, fast eine dieser begehrten Pillenpackungen in der Hand zu haben und sie dann von einer bürokratischen Vorschrift weggeschnappt zu kriegen!

Sie studierte noch einmal das Türschild, als sie auf die Straße hinaustrat. Beratungszentrum... bitte hinaufgehen... Sie hatte es als offene Einladung gelesen. Bitte gehen Sie hinauf, und wir geben Ihnen die Pille. Sie hatte alle Vorsichtsmaßnahmen gegen moralische Einwände getroffen; auf kleinliche medizinische Hindernisse war sie nicht vorbereitet gewesen. Es war noch nicht einmal ein medizinisches Problem – der Arzt hatte gesagt, daß ihr Inneres völlig gesund war. Und Sie sind schon sechzehn – wenn auch ganz knapp, hatte er bemerkt.

Nur ihre Eltern beharrten darauf, ihr das Frausein zu verweigern. Ihre Eltern... und todsicher deren Verbündeter, der Hausarzt.

Bürokratische Hindernisse. Wir müssen die Einwilligung Ihres Hausarztes haben. Als Judith sich durch die Hi-Fi-Konsumentenmassen drängte, um in eine Seitenstraße zu gelangen, wurde sie von einer Welle von Enttäuschung überschwemmt. Ich habe es auf mich genommen, verantwortungsbewußt zu handeln. Ich bin allein in die Klinik gegangen. Jetzt nehmen sie mir mein Recht, über mich zu bestimmen, wieder ab und geben es meinem Hausarzt. Jetzt bin ich von seiner Entscheidung abhängig.

– Er wird es erzählen. Er wird es nicht erzählen. Er wird. Er wird nicht. Frierend saß sie auf einer Parkbank im fahlen Abendsonnenlicht und erinnerte sich an das eiskalte Nein der Schwester. Er wird es erzählen... er wird nicht... Was sollte sie Rob sagen? In zwei Stunden sollte sie ihn treffen. Sie hatte sich danach gesehnt, sagen zu können, ich nehme die Pille, und in seinem Gesicht Zustimmung und Respekt zu lesen.

Aber jetzt konnte sie gar nichts sagen. Es hing alles vom Hausarzt ab. Er wird es erzählen... er wird nicht...

Sie würde wieder Nein sagen müssen. Nein zum Sex. Alle anderen sagten Ja Ja Ja; und sie mußte Nein sagen, nicht, weil sie nicht wollte, sondern weil Ja sagen vorbereitet zu sein bedeutete, die Pille bedeutete... die Genehmigung des Hausarztes.

Und in seiner Überlegenheit von sieben Jahren würde Rob auf sie hinabsehen und von früheren Flammen reden, die »gut im Bett« gewesen waren. Die hatten niemals Probleme mit der Verhütung: Sie nahmen alle die Pille. Natürlich waren sie alle älter als Judith. Die Pille, hatte Rob zu ihr gesagt, hat die Sexualität der Frauen befreit. Jetzt, sagte er, können Frauen im Bett ebenso ihren Spaß haben wie Männer. Vielleicht sogar mehr. Er zitierte amerikanische psychologische Studien darüber, wieviele Orgasmen Frauen haben konnten.

– Was ich an Frauen am liebsten mag, ist sexuelles Selbstvertrauen, sagte Rob immer. Und die Zeiten sind vorbei, pflegte er fortzufahren, wo die Frauen darauf warten, daß die Männer den ersten Schritt tun. Jetzt sind die Geschlechter gleichberechtigt beim Sex – dank der Pille.

Wann würde sie so mutig und unabhängig sein wie die Frauen, die Rob bewunderte? Ihm gefiel eine Frau, die die Dinge leicht machte. Leichter Sex, die Befriedigung wird ohne Umschweife erreicht, für Verhütung ist gesorgt, leg dich hin, werd hingelegt, kein Getue, Mann, laß dein Haar langwachsen und rasier die Schamhaare deiner Dame herzförmig aus.

Mit der Pille wäre alles möglich. Aber nicht, wenn die Klinik dem Hausarzt etwas sagte und der Hausarzt ihrer Mutter, dachte Judith, als sie zu dem unlösbaren Problem zurückkam.

Geh voll aus dir heraus, sagte Rob immer. Weder dem Hausarzt noch Judiths Mutter war zuzutrauen, daß sie mit irgendetwas anderem aus sich herausgingen als mit sauberer Wäsche und sauberen Gedanken, wie sie verheiratete Leute haben – wenn sie überhaupt über Sex nachdachten.

Als Judith am Morgen nach dem Klinikbesuch aufwachte, war sie sich einer zaghaften Regung an einem bis dato brachliegenden Ort in ihr bewußt, die mit den untersuchenden Fingern des Arztes in Zusammenhang stehen mußte. Die Pille, erinnerte sie sich selbst: Sie mußte einen Weg finden, an sie heranzukommen. Jede Menge andere Mädchen mußten einem ähnlichen Dilemma gegenübergestanden haben.

Als sie vor der Schule in der Küche allein war, verfaßte sie einen Brief an den Hausarzt. Obwohl sie allein war, schirmte sie mit der linken Hand ab, was sie schrieb:

Lieber Dr. N.,
die Klinik für unverheiratete Teenager wird an Sie schreiben, um anzufragen, ob es in Ordnung ist, daß ich die Pille nehme. Sie sagen, ich brauche Ihre Erlaubnis, bevor sie sie verschreiben können.

Sie haben mir auch gesagt, daß Hausärzte niemandem etwas davon sagen dürfen (auch Eltern nicht).

Reichte das aus? Hatte sie sich verständlich gemacht? Sie las den Brief noch einmal. Die Worte erschienen ihr ziemlich schwach.

Sie hatte das jähe Gefühl, in einem Schnellkurs zu sein, um etwas – viel – sehr schnell zu lernen. Zu lügen, wenn die Wahrheit nichts bringt. Schneller zu sein als die Leute, die dich aufhalten wollen. Dich auszuziehen und deine Beine für einen Fremden in einem weißen Kittel zu öffnen, falls es nötig ist. Und klarzustellen, daß du kein Nein akzeptierst.

Geschwind fügte sie ein Postscriptum in großen Druckbuchstaben hinzu:

P.S. Wenn Sie es meiner Mutter erzählen, werde ich gezwungen sein, Sie bei der Beschwerdestelle für medizinisch-ärztliche Angelegenheiten anzuzeigen.

Und in kühnen, entschiedenen Zügen setzte sie ihre Unterschrift darunter.

Ein Kapitel aus »Fourteen Fifteen Sixteen«, unveröffentlichter Roman über die sechziger Jahre in London. Aus dem Englischen von Sigrid Ruschmeier

aus: Konkret, Juli 1968

WIE
kommen
Sie
mit der
Pille
zurecht?

Anti-Baby
Pille für
Teenager

Wie
komm ich
an die
Pille
?

Die Pille
weckte
neue Wünsche

Aktion „Pille für jedes Mädchen"

AACHEN – über das Sozialreferat des ASTA Aachen, Tel. 0241/42 21.

BERLIN – über das Sozialreferat der FU Berlin, Tel. 0311/76 90 22 44.

BOCHUM – über das Sozialreferat des ASTA Bochum, Tel. 02321/5 11 85.

BRAUNSCHWEIG – über das Sozialreferat des ASTA der TU Braunschweig, Tel. 0531/2 88 09.

ERLANGEN – über die Sekretärin des ASTA, Frau Hufnagel, Tel. 09131/8 70 71.

ESSEN – über den Leiter des Filmforums der Folkwang-Schule Essen, Manfred Spieß, Tel. 02141/4 99 21.

FRANKFURT – über den SDS Frankfurt, Herrn R. Reiche, Tel. 0611/77 60 68.

GÖTTINGEN – über das Sozialreferat des ASTA Göttingen, Tel. 0551/5 89 01, oder über das Sozialreferat der PH Göttingen, Tel. 0551/4 38 80.

GIESSEN – über das Sozial-

niger als einem halben Jahr erfolgt ist, sogar Rezepte direkt vom ASTA bezogen werden), Tel. 0431/59 31.

KÖLN – über das Sozialreferat des ASTA Köln (nur gegen Vorlage von Studentenausweisen), Tel. 0221/20 24 26 12.

KONSTANZ – über das Sozialreferat des ASTA, Tel. 07531/6 34 51.

KARLSRUHE – über den ASTA der TU (im Rahmen einer Antikonzeptionsberatung), Tel. 0721/69 10 41.

MÜNCHEN – Aktionsgemeinschaft Demokratische Universität (Fr. Julia von Bär), Tel. 0811/29 20 54, oder über die H… München (führt 1968 Sexualerzi… Seminare durch), Tel. 0811/…

MARBURG – über … ASTA Marbur…

Sex Gymnastik nach der Methode des Sportarztes Edward O'Relly

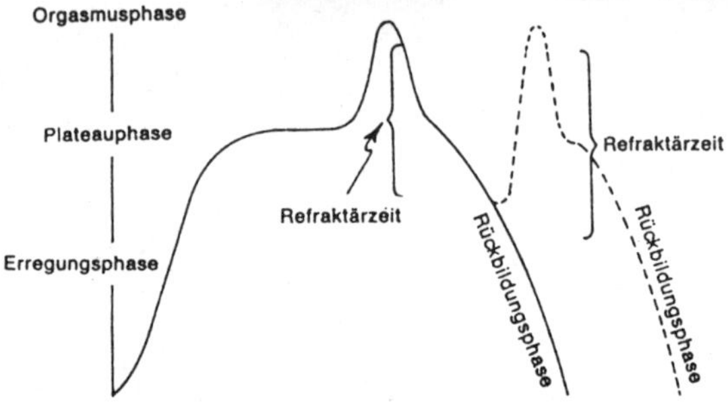

Sexueller Reaktionszyklus des Mannes.

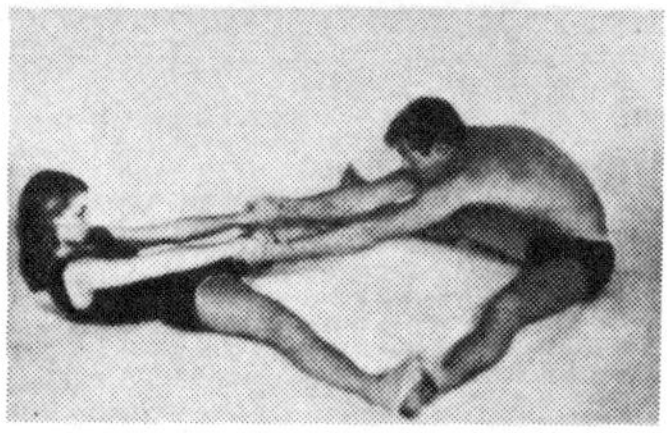

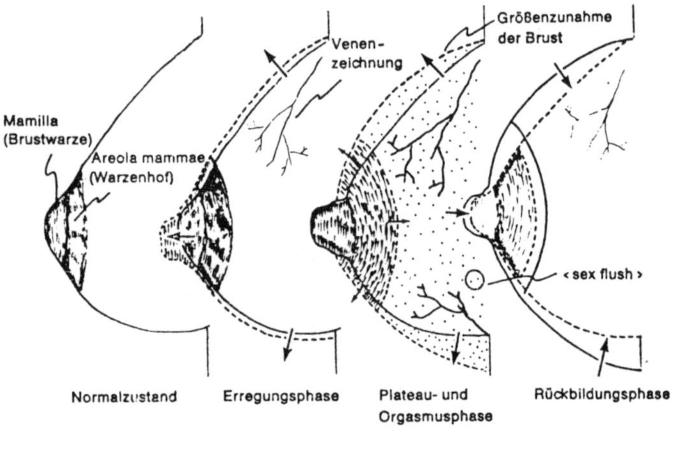

Brüste der Frau im sexuellen Reaktionszyklus.

Aus: Johnson & Masters, Die Sexuelle Reaktion, 1966

Erregungskurven, schematische Darstellung des sexuellen Reaktionszyklus, computergestützte Statistiken über Häufigkeit, Geschwindigkeit und Praktiken des Geschlechtsverkehrs, Anleitungen zur Sex-Therapie und -Gymnastik: die Sexualforschung erlebte in den sechziger Jahren in ihrer wissenschaftlichen und in der weniger seriösen Form einen seit den zwanziger Jahren nicht gekannten Boom. Ständig von der Zensur bedroht, in der öffentlichen Meinung oft mit Pornographie gleichgesetzt, von cleveren Geschäftsleuten wie Beate Uhse profitabel gemacht, beschäftigten sich Untersuchungen wie die von Johnson & Masters und anderen Wissenschaftlern auch ausführlich mit der weiblichen Sexualität unabhängig von der Gebärfunktion – das war ein Novum.

Auch in der Ehevermittlung hielt der Computer Einzug: ob in »Bravo«, »Twen«, »Neue Revue« oder »Stern« – überall wurde in mehrteiligen Berichten und in Anzeigen sein Loblied gesungen.

Revolution der Liebe?

Die Mehrheit der Studenten entfernt sich in ihren Ansichten ganz erheblich von der offiziellen Moral. Die überwiegende Mehrheit der Befragten, nämlich rund neun Zehntel, billigt voreheliche Beziehungen, zumindest unter bestimmten Bedingungen: eine Liebes- oder Freundschaftsbeziehung zu einem »festen« Partner.

Entsprechend der weitgehenden Billigung vorehelicher Sexualität findet sich eine allgemeine Bejahung der Empfängnisverhütung. Über 95 Prozent Antworten zeigen einen außerordentlich großen Konsensus in dieser Frage... Mit Ausnahme von etwa jeweils zehn Prozent der Befragten, die den Männern in den verschiedenen sexuellen Bereichen mehr zugestehen als den Frauen, differenzieren die Studenten ihre Einstellung zu sexuellen Fragen nicht nach dem Geschlecht. Die doppelte Moral ist also zur Position einer Minderheit geworden.

Entsprechend unterscheiden sich auch männliche und weibliche Befragte nicht in ihren Angaben. Weibliche Studenten sind genauso freizügig in ihren sexuellen Auffassungen wie ihre männlichen Kommilitonen.

Die Studenten zeigen nicht nur Verhaltensweisen, die nach der offiziellen Moral als »unsittlich« oder »unzüchtig« gelten, sie bejahen sie auch entschieden. Das gilt insbesondere für die voreheliche Sexualität. Die »Verstöße« gegen die traditionelle Moral erfolgen ohne das Bewußtsein einer Normverletzung...

Man wird fragen, ob dies nun die immer wieder beschworene »sexuelle Revolution« ist. Darauf ist eindeutig zu antworten: Die beschriebene Kluft zwischen den eigenen und den institutionellen Normen spiegelt keine »revolutionäre« Entwicklung wider...

In der Terminologie des Sexualökonomen Leunbach haben die Studenten »bürgerliche Sexualreform«, nicht »sexuelle Revolution« gemacht.

Diese Sexualreform besteht in einer Renaissance »romantischer Liebe«. Damit haben sich auch die Kontrollmechanismen der Sexualität gewandelt. An die Stelle von Furcht, Angst und Schuld tritt die romantische Dramatisierung der Sexualität, die Utopie der einzigen, leidenschaftlichen, lebenslangen Liebe. Das Bekenntnis zur »romantischen Liebe« bedingt die im Grunde erstaunliche »Diszipliniertheit« der Sexualität westdeutscher Studenten: die Treue der Koituserfahrenen ebenso wie die Enthaltsamkeit vieler, die sich Beziehungen durchaus wünschen, aber wegen des »Fehlens eines geeigneten Partners« darauf verzichten. Diese Haltung führt dazu, die Sexualität (zumindest teilweise) aus dem negativen Kontext von Angst, Schuld und Sünde zu befreien und sie zugleich mit positiven Affekten und Romantizismen zu überfrachten. Die Gedanken Marcuses von der »Ablösung des repressiven Leistungsprinzips« und der »Resexualisierung des Körpers« dürften von der Mehrheit der Studenten ebenso abgelehnt werden wie die von der Sexualökonomie postulierten Veränderungen der bürgerlichen Ehe.

Das schlichte und profane Bekenntnis, daß Sexualität auch Spaß macht, kommt den meisten Studenten heute so schwer von den Lippen wie vormals ihren Vätern und Großvätern. Alles, was nur in die Richtung weist, ist so tabuiert wie eh und je.

(Prof. Hans Giese, in: Studenten-Sexualität, Reinbek 1968)

	ledige Studentinnen	verheiratete Studentinnen
nie Orgasmus	16 %	4 %
in weniger als 10 % der Begegnungen	12 %	6 %
in 10–25 %	8 %	6 %
in 25–50 %	13 %	3 %
in 50–75 %	12 %	10 %
in 75–90 %	13 %	25 %
in über 90 %	26 %	45 %

Aus einer Umfrage über »Studenten-Sexualität« 1968

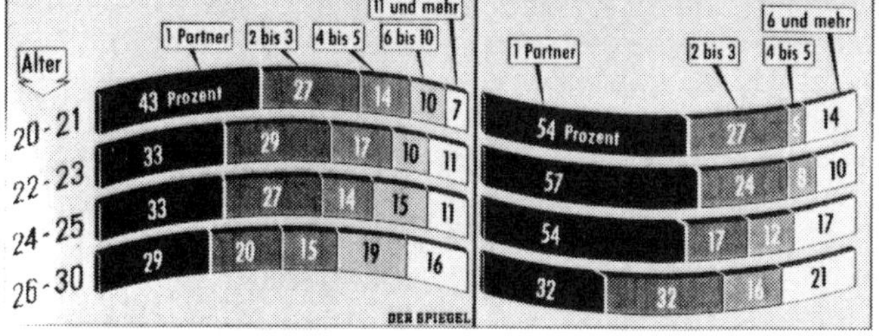

Besucherin einer Sexmesse

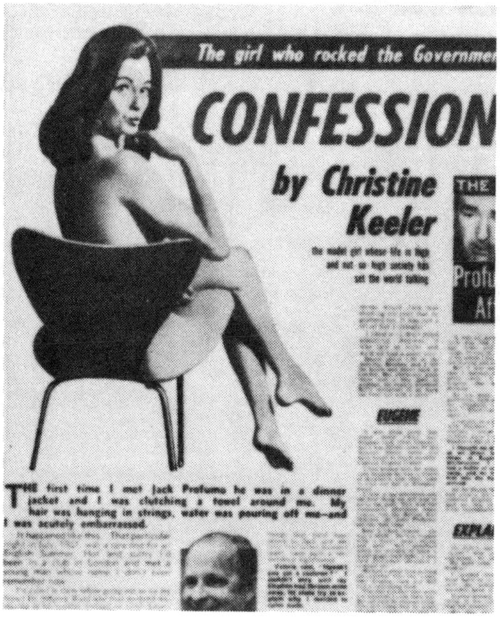

Christine Keeler, 1963

Skandinavisches Porno-Angebot

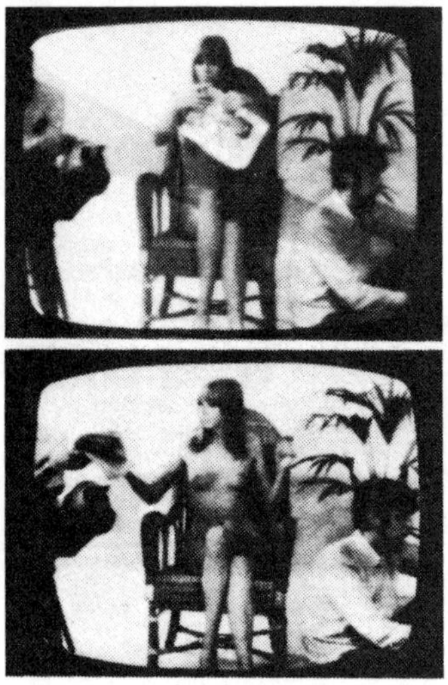

Bürgerschock: Phil Bloom
im holländischen Fernsehen

Konkret-Titel 1968

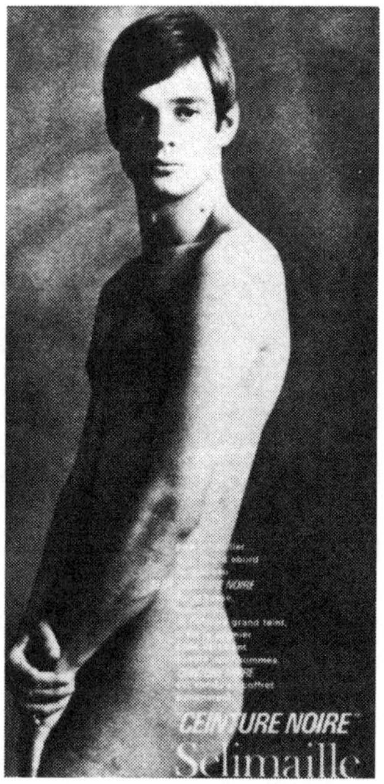

Nackt im Dienst der
Unterhose

Bis in die siebziger Jahre galt das über hundert Jahre alte Sexualstrafrecht, nach dem jede Art von Sexualität außerhalb der Ehe als »Unzucht« in 31 Paragraphen mit 190 Tatbeständen unter Strafe gestellt wurde. Darunter fielen nicht etwa nur der Mißbrauch von Minderjährigen und Abhängigen, sondern auch z.B. die Kuppelei (Ermöglichen des Geschlechtsverkehrs zwischen Nicht-Verheirateten), das Ausstellen, Anpreisen und Ankündigen von Mitteln zur Verhütung von Geschlechtskrankheiten und Empfängnisverhütung, sowie, selbstverständlich, unzüchtige Schriften und Darstellungen. Kein Wunder, daß in dieser Atmosphäre die Auseinandersetzung um die Pornografie und die Sexualität allgemein zu einer Art Glaubenskrieg entbrannte: Ende der sechziger Jahre galt es als aufgeklärt, möglichst viele Nackte (allerdings meist Mädchen) zu zeigen, sexuelle Promiskuität und Gruppensex zu propagieren, Sex-Messen und Pornos zu preisen, Sex-Agentinnen wie Christine Keeler zu verherrlichen. Die Linken erkannten den Zusammenhang von Triebunterdrückung und Herrschaft, und kämpften deshalb für die Aufhebung der sexuellen Einengung – die Geschäftemacher sahen den Profit, der zu maximieren war. Die Mädchen, die als Bilder vermarktet wurde, blieben in der Rolle des Objekts – wie eh und je.

Uschi Nerke
Beat Club

25. September 1965, 15.58 Uhr.
»Achtung, noch zwei Minuten bis Sendebeginn!« Mit hochroten Ohren und zitternden Knien warte ich auf das Rotlicht der Kamera für die erste Beat-Club-Sendung.

In dem total mit Jugendlichen überfüllten großen Garagenschuppen, der als Studio dient, herrscht Totenstille. Ich versuche mich zu konzentrieren, bastel noch an der Formulierung meines ersten Begrüßungssatzes. Plötzlich hinter mir eine Stimme: »Du Uschi, ich muß mal ganz dringend, wo sind hier die Toiletten?«

Ach, du heißgeliebter Beat-Club, was hab' ich bei dir für Schlachten geschlagen!

Ich meine nicht die Polizeiabsperrungen, die jedesmal die Massen von Jugendlichen, die draußen standen, zurückzuhalten versuchten. Ich meine auch nicht die internen Familienkämpfe zwischen Vätern und Kindern am Samstagnachmittag, sprich Sport und Beat-Club.

Während manche Eltern sich nie von ihrer Ansicht, »das ist doch alles Hottentotten- und Urwaldmusik«, kurieren ließen, war der Großteil bald zu gewissen gütlichen Kompromissen bereit. Vater Meier ging eben zu Vater Müller und sah beim gemeinsamen Bierchen Sport, während Kinder Müller bei Kindern Meier hockten und sich genußvoll den Beat-Club reinzogen.

Auf welche Seite sich in diesem Fall allerdings die Frauen und Mütter schlugen, ist mir bis heute noch nicht bekannt.

Auch über die delikate Tatsache, daß dieses damalige sogenannte Studio zwar sicht-, aber keineswegs schallisoliert war, will ich mich nicht weiter auslassen. Noch heute schmunzel ich insgeheim über all die empörten Anrufe der Leute, die nebenan wohnten. Angeblich konnten sie in ihren eigenen Wohnungen ihr eigenes Wort wegen dieses Musikradaus nicht verstehen.

Seltsamerweise hielten sich diese höchst kritischen Nebenanwohner zur Beat-Club-Proben- und Sendezeit selten wirklich in ihren Wohnungen auf, sondern hingen höchst hingebungsvoll am offenen Fenster.

Nerviger für mich war dagegen schon die Tatsache, daß die »Maske«, der einzige Raum im Sendegebäude mit Aussicht auf Ruhe und Entspannung und gleichzeitiger kurzzeitiger Verschönerung abseits vom »Studio« im Hauptgebäude lag.

Um es genauer zu erklären, stelle man sich folgendes vor: Zum abgesprochenen Termin komme ich zur Maskenbildnerin in diese besagte Oase und darf noch gerade zweieinhalb Minuten wirklich ich selbst sein.

Dann beginnt das große Wunder. Die Haare werden aus dem Gesicht gesteckt, die Gesichtshaut mit einer Feuchtigkeitscreme eingerieben. Teintgrundierung wird nach Abdeckschminke aufgetragen, die Nasenflügel, Kinnknochen-Partien etc. dunkler abgedeckt. Nun Augenbrauenstift (Kajal gibt's noch nicht), Lidschatten, und dann das wichtigste, die falschen Wimpern. Wie man heute diese Dinger anklebt, weiß ich nicht. Ich hab' diese Prozedur seit damals nie wieder durchgeführt.

Damals allerdings waren es echte »Nerzwimpern«, die an einem dicken Band aufgereiht waren und sich demnach entsprechend »starr« gegen eine Verarbeitung sträubten. Um diese Dinger der Form des Augenlids anzupassen, mußte man sie mit furchtbar viel Kleber (Mastex) und genausoviel Hartnäckigkeit in gewünschter Weise bearbeiten.

Klebten diese Wunderdinger nun an mir, hatte ich Rouge und Puder im Gesicht, begann der Kampf mit den Haaren, Toupieren war in. Und wie damals toupiert wurde. Ich hatte zwar immer viele Haare, aber was die Maskenbildnerin da mit meiner natürlichen Haarpracht veranstaltete, war sogar für mich faszinierend.

Nach dieser fast einstündigen Bearbeitung tauchte ich in irgendwelche für damalige Zeiten »flippigen« Klamotten und begab mich perfekt geschminkt und frisiert ins »Studio«.

Die Treppen herunter ging es noch. An der Ausgangstür des Hauptgebäudes allerdings kam fast regelmäßig das blanke Entsetzen: Stieß ich die Tür auf, um über den Hof ins Studio zu gelangen, machten der bei uns im Norden übliche stürmische Wind und der dazugehörige Regen in Sekundenschnelle alle stundenlangen Verschönerungsversuche zunichte. Es waren vielleicht jedesmal nur 20 m zu gehen, aber jedesmal waren es bestimmt 25 m zuviel.

Kaum im Studio angekommen, begann der Kampf mit den schon vorher erwähnten Massen von jugendlichen Studiogästen. Von Ansage zu Ansage wurde ich jeweils von einem Assistenten vorne an der Hand gezogen und von einem anderen von hinten geschoben. Tief geduckt versuchte unser Dreier-Team dann jedesmal, durch die dichte Menschenmenge zum nächsten Ansagepunkt durchzutauchen.

War ich zum Sendetermin gesund, war alles kein Problem. War ich allerdings mal ernsthaft krank, wurden wir alle – ganz nach dem Grundsatz »the show must go on« – höchst erfinderisch. Kein Fernsehzuschauer hat bis heute jemals registriert, daß ich mit zerschundenen und total bandagierten Beinen durchs Studio humpelte.

Keiner hat auch jemals in all den vielen Jahren gemerkt, daß ich mehrere Male mit 40 Grad Fieber vor der Kamera stand. Hauptsache, die Fassade stimmte. Wie es bei mir drinnen aussah, ging vor allen Dingen die Fernsehzuschauer nichts an.

Ein ganz anderes Problem war z. B. jedesmal die Frage: Und was ziehst du diesmal wieder an?

Wenn ich zu diesem Thema meinen damaligen Regisseur Mike Leckebusch fragte, sagte er jedesmal: Kurz muß es sein, sexy muß es sein, kein Flimmermuster darf es sein, blau darf schon gar nicht dabei sein – na, du weißt doch selber, was ganz Irres muß es eben sein!

Da saß ich dann jedesmal vor der Sendung allein in meinem Kämmerlein und quälte mich als Ideengeber durch den Playboy. Meistens saß ich noch am Abend vor der Sendung an der Nähmaschine und kreierte aus einem winzigen Fetzen Stoff eine neue ganz »irre« Schöpfung.

Einige Male reichte aber auch beim besten Willen die Zeit nicht zur vollständigen Fertigstellung meines Superminigewandes. Dann saß ich eben am nächsten Tag für die Beat-Club-Ansagen höchst dekorativ auf einem Barhocker, und mein »Irres Etwas« wurde am Rücken mit Wäscheklammern zusammengehalten.

Hatten wir vor der Sendung noch fünf Minuten mehr Zeit, hat mich die Garderobiere einfach sinnig grinsend »hinten« zugenäht. Gegenüber der »Wäscheklammerschließmethode« garantierte diese Art wenigstens Sicherheit über die ganze Sendezeit.

Eine andere Art der Problematik ergab sich aus der Höhe des Rocksaumes. In den ersten Sendungen tat sich diesbezüglich gar nichts. Ich erschien vor der Kamera entweder in Hosen oder in Kleidern, deren Rocksam brav das Knie bedeckte.

Vor der siebten oder achten Sendung jedoch meinte Mike Leckebusch zu mir, ich solle mich doch mal ein bißchen poppiger nach englischem Vorbild zurechtmachen, denn schließlich sei ich doch für die deutschen Jugendlichen so etwas wie ein »modischer Vorreiter« und außer als bei uns könne sich die deutsche Jugend doch nirgendwo anders informieren, was »in« sei. Für die Musikinformation würde er selber sorgen, ich sei für die Mode da!

Gesagt, getan! Wieder saß ich an der Nähmaschine und nähte mir – natürlich wieder nach eigenem Entwurf – ein für damalige Zeiten absolut futuristisches Kleid. Die derzeitige Popmetropole London morste über den Kanal, daß Quadrate und Rhomben das absolute »Non plus ultra« seien. Also applizierte ich in mühevoller Kleinarbeit derartige Figuren auf meinen ärmellosen Hänger und ließ als i-Tüpfelchen in einem Anfall von waghalsigem Übermut den Rocksaum eine ganze Handbreite *über* dem Knie enden. Welch eine Vermessenheit für Anfang des Jahres 1966!

Die endgültige Vollendung der »neuen« Uschi passierte in der Maske. Zum Entsetzen von Bärbel, meiner langjährigen Maskenbildnerin und Freundin, verlangte ich todesmutig: Vergiß meine bisherige Frisur. Alle Haare werden glatt nach unten gekämmt. Der Pony über den Augen gerade abgeschnitten und die Haare unten auch.

Bärbel schnappte nach Luft und dann entschlossen zur Schere. Das Gesamtergebnis aus neuer Frisur und neuem Kleid, kombiniert mit der alten Uschi, war umwerfend!

Als ich zur Generalprobe im Studio vor Mike Leckebusch stand, konnte dieser sonst so äußerst reservierte Mensch sich gerade noch zurückhalten, vor Begeisterung kleine Luftsprünge zu veranstalten.

Auch alle anderen waren begeistert. Alle – außer den katholischen Geistlichen.

Ich weiß nicht, welche kleinen Teufelchen diese Herren ritten, daß sie sich überhaupt unsere Sendung ansahen. Auf jeden Fall war ihre Kritik im katholischen Kirchenblatt bezüglich meines Rocksaumes geradezu vernichtend. In mehreren Spalten ihrer Abhandlung kamen sie zu dem Ergebnis, daß das Zeigen meiner Unterbeine samt der gezwungenermaßen darüber sitzenden Knie äußerst »obszön« gewesen sei!

Die Bildzeitung dagegen empfand diese Kritik als quasi gottgegebenen Aufhänger, brachte ein Ganzbild mit natürlich sichtbaren Knien von mir und fragte darunter dick: *Trägt Uschi zu kurz?* Ich selber grinste nur und schwieg. Die folgenden Jahre gaben die Antwort.

Der Rocksaum kletterte immer höher. Bald sprach man nicht mehr von Röcken, sondern von breiten Gürteln. Das Bücken war nur in äußersten Notfällen erlaubt, und wenn, dann bitte ganz damenhaft.

Auch sitzen konnte man nicht, wie man wollte. Ewig zog und zerrte man an diesem Stückchen Stoff, obwohl man genau wußte, daß es links fehlte, wenn man rechts zog.

Ganz idiotisch allerdings wurde es im Winter. Oder würden Sie sich heute freiwillig bei minus 20 Grad ab Taille abwärts nur mit solch einem breiten Gürtel, einer Perlonstrumpfhose und hochhackigen Pumps bekleidet für einige Stunden an die frische Winterluft begeben?

Wenn ich an diese manchmal abenteuerliche Zeit zurückdenke, kann ich mir ein leises, schmunzelndes Kopfschütteln kaum verkneifen. Über mich selbst genauso wie über meine tapferen Mitstreiterinnen.

Aber wie groß die uns selbst auferlegten »Unmöglichkeiten« auch waren, wir ertrugen alles mit wahrer Wonne!

»Lächeln auf allen Kanälen« – die Ansagerinnen der bundesdeutschen Fernsehanstalten waren in den sechziger Jahren ein beliebtes Illustrierten-Thema. Aber auch die erste Showmasterin Lotti Ohnesorge (rechts) machte als Konkurrentin von Kuhlenkampf, Peter Frankenfeld und Vico Torriani jahrelang von sich reden.

Mathilde Frings
»Hallo! Ich bin Cherry.«

»Es ist wichtiger, wer die Gesänge des Volkes schreibt, als wer seine Gesetze erläßt.«
Andrew Fletcher an den Marquis von Montrose

Manuela

Ich fürchte, er hieß allen Ernstes Heinz-Peter. Es war Spätsommer, und der Rummel sorgte für Abwechslung in unserem etwas faden Dorf. Ich trug ein Kleid mit Blumenmuster – waren es wirklich übergroße Dahlien? Eckiger Ausschnitt, Wespentaille, weiter Rock, dazu flache Ballerinaschuhe. Er war der Sohn des Zahnarztes, und vielleicht hatte ich ihn mir ausgeguckt, weil ich ihn für bewandert in Mundangelegenheiten hielt. Ich hatte mir nämlich vorgenommen, in dieser Kirmeswoche herauszufinden, was denn ein »Kuß mit Zungenschlag« sei.

Nach der Schule überall das gleiche: Nachhause dampfen wie auf Schienen, den Ranzen in die Ecke pfeffern, überzeugend lügen, daß man nichts, nein wirklich gar nichts an Hausaufgaben zu erledigen hat – und dann ab zum Marktplatz auf die »Raupe«. Stunde um Stunde balancierten wir auf dem Geländer, bis uns schier der Arsch abfiel. Ab und an fuhr man auf dem Karussell. Die Jungs blieben vor der Sitzbank stehen und hielten sich nur mit einer Hand fest (krampfhaft!), während das Gesicht locker tat. Wir Mädchen durften uns hinsetzen, die Jungs bewundern und nach Herzenslust kreischen. Zuguterletzt ertönte die lärmige Sirene, und das rotgrüne Verdeck schob sich über die Pärchen. Hinterher kam man raus und lachte verlegen – was immer auch passiert war. Verlegen waren wir immer, und passiert war meistens gar nichts.

Das Wichtigste an der Raupenbahn war neben den Jungs die Musik. Man muß sich das vorstellen: Popmusik meinte damals vor allem deutsche Schlager. Und so war es Manuela, für die wir schwärmten: »Schuld war nur der Bossa Nova«. Wir schrieben 1963.

Die frühen 60er markierten einen Aufbruch in ferne Welten. Hatte man in den 50ern noch Samoa, Hawaii und Maratonga angesteuert und dabei *Lulalula Lu, Tillalilla* und *Aya tschi-ba Ninya Ninya* gebrabbelt, so griff man jetzt buchstäblich nach den Sternen. Männer – und bald auch die erste Frau – wurden in Raketen gesteckt und in den »Himmel der Liebe« geschossen, wie der Schlager das wohl genannt hätte. Unten auf der Erde sehnte sich derweil nicht mehr ein zagendes Frauenherz nach dem Schiff, das da kommen wird und den Einen bringt, sondern die Blondine des Raumfahrtzeitalters sang:

Männer gibt's wie Sand am Meer,
es werden täglich immer mehr,
drum lauf' ich Dir nicht hinterher,
denn Männer gibt's wie Sand am Meer.
(Nora Kova)

Neue Töne waren das, zweifelsohne. Und wie wäre es mit folgendem Häppchen Popfeminismus, das man nicht in den frühen 60ern vermuten würde – und erst recht nicht bei Caterina Valente:

So ist das Leben – Kismet. Du mußt dich selbst befrein.
Dann wird dein eigner Wille auch bald dein Kismet sein.
Was wissen schon die Männer von den Frauen?
Wollen wir sie fragen?
Lassen wir das. Ach, lassen wir das!

Nun waren beileibe nicht alle Texte dieser Zeit so banal-radikal, aber nach den »schön« singenden Margot Eskens', Gitta Linds und Lys Assias – Charme, Anmut, züchtig übereinandergeschlagene Beine in »Kuhnert«-Strumpfhosen mit Nerzschimmer – durfte es jetzt ein wenig frischer zugehen; frisch allerdings eher im Sinne von »Hoffmanns Idealstärke«. Doch jede Nuancenverschiebung im Schlager, jeder neue Ton verweist auf gesellschaftliche Verschiebungen. Dazu Wilfried Berghahn in seinen »Sozialpsychologischen Notizen zum deutschen Schlager«: »Unter der Oberfläche, hinter der scheinbaren Wiederkehr des Gleichen findet ein subtiles Zusammenspiel statt, in dem sich die Bedeutung der Motive von Fall zu Fall verschiebt. Das Mischungsverhältnis der Ingredienzien ist in jedem markanten Exemplar der Gattung Schlager ein anderes. Diese Variation macht die Motive erst interessant. Erst sie ermöglicht es, den Veränderungen nachzugehen und neue Schlagerkonstruktionen als Indiz neuer Publikumsstimmungen zu lesen.«

Berufstätige Mädchen und Frauen wurden zunehmend selbstverständlicher. Sie arbeiteten in der Fabrik, im Frisiersalon, im Schuhgeschäft – im Schlager allerdings eher in einer »Plattenbar«. Und was hörte man dort? Rock 'n' Roll. Der war natürlich über die uns freundschaftlich und wirtschaftlich »verbundenen« Besatzungsmächte ins Land gekommen. Rock 'n' Roll nannte sich die weiße, entschärfte, desodorierte Version des farbigen Rhythm 'n' Blues. In den

Cornelia Froboess

Vivi Bach

Zeiten des beginnenden Wirtschaftsbooms machen die BRD-Erwachsenen Money und die Schlüsselkinder (ein neues Phänomen!) werden für die Abwesenheit der rackernden Eltern mit Taschengeld entschädigt. Eine eigene Teenagerindustrie entsteht. Die Teens und Twens summen in Deutschland wie in den USA zum ersten Mal nicht mehr die Melodien ihrer Eltern, sondern suchen im gesichts- und geschichtslosen Land ihre eigenen Aufregungen.

Kinder, wär das wunderschön,
wenn auf dieser Welt
alle Menschen sich verstehn,
wie's die Jugend hält,
denn wir pfeifen gut und gern auf die Politik,
uns verbindet nah und fern unsere Musik.
(Conny)

Conny – von der »kleinen Cornelia« über »Conny« zu »Cornelia Froboess« gealtert – war der Prototyp der jungen Frau, jetzt nicht mehr »Mädel« (BDM), sondern »Girl« (USA). Ihr Rock 'n' Roll verdient eigentlich kaum diesen Namen, war er doch die gereinigte Fassung einer gereinigten Fassung. Conny war nett, adrett und ganz, ganz natürlich. Man sah sie immer nur lachen und tanzen und grinsen. Selbstverständlich gehörte auch ihr Herz ganz der Liebe und den Männern:

Und hat durch ihn mein ganzes Leben dann erst seinen Wert,
wird er der Erste sein, dem mein Herz gehört.

Doch wie gesagt, schmuggelte sich hier und da ein neuer Ton ins bekannte »Laterne-Kaserne-Mond-wohnt«-Weltbild, so ein kleines, selbstbewußtes »Ich will«:

Man sagt je t'aime nur an der Seine.
Man sagt in Texas nur I love you.
Man sagt te quiero in Andalusien,
doch ich sag: Hey boys, how do you do!
(Conny)

Selbstverständlich wurde darauf geachtet, daß hier nichts über die Ufer trat. Im Berliner Sportpalast hatte man 1958 bei einem Konzert von Bill Haley die Bestuhlung zerlegt, und in Schwabing gab es '62 heftige Jugendkrawalle. Die »Negermusik« sei schuld gewesen, argwöhnten BILD-Zeitung, HÖR ZU & Co., und so spielte Peter Kraus fortan nicht mehr in Jazzlokalen Trompete, sondern mit dem chicen Cabrio seines reichen Vaters. Fräulein Conny hatte ab sofort nicht mehr im Pettycoat, sondern im Cocktailkleid am Lago Maggiore anständigen Jungs hinterherzuschmachten. Wer diese saubere Welle nicht mitmachen konnte oder wollte, landete in der Versenkung und wurde – wenn er Glück hatte – zwanzig Jahre später wieder ausgegraben. Siehe Ted Herold.

»Nett« hieß nun die Parole, verdammt nett, und das neue Idol hieß Manuela. Diese feine, kleine, weiche Stimme, diese Aufklappaugen wie bei einer Käthe-Kruse-Puppe. Ein kecker Mini zwar – gehäkelt! –, aber nett. Englische Brocken zwar – »Hey Boy! Laß doch den Whisky« – ,aber süß. Flotte Rhythmen zwar – Shake, Slop, Twist, Bossa Nova – ,aber anständig. Zu all dem (besser: unter all dem) diese unglaublichen Büstenhalter, spitze Tüten – jetzt mit Lycra verstärkt. Jaja, die mit dem »Zauberkreuz«. Graham Bonney sang vom »Girl mit dem La-la-la«, und wir sangen den Mädchen ein »Girl mit dem Stretch-BH« hinterher.

Manuela war Deutschland, also eine C-Version von Pop.

Wencke Myhre

Peter Kraus und Lill Babs im Twist Rhythmus

Es gab aber auch höchst erfolgreiche Ausländerinnen im westdeutschen Schlagerasyl. Die waren je nach Land für eine ganz fest umrissene Abteilung zuständig. Connie Francis, die erfolgreichste Sängerin aller Zeiten (»Schöner fremder Mann«), deutschte einfach ihre US-Hits ein und spielte ansonsten die junge Dame: jung, weltläufig und doch natürlich geblieben. Sie war dermaßen süßstofflich, daß ich bis heute nicht an ihre wirkliche Existenz glauben kann.

Propere, fröhliche, kecke Girls kamen hingegen aus Skandinavien. Die hießen Dorthe und Gitte und Kirsti und Wenkke Myhre und Anita Lindblom. Ein Dekolleté durften sie haben, übrigens auch eine Erfindung der 60er (»Bella bella donna mit dem tollen Dekolleté in St. Tropez!«, Peppino di Capri). Vivi Bach war der Prototyp der blond-sexy-zwitschernden Schwedin, ansehnlich und doch so lieb und harmlos wie ein Tapetenmuster. (Hinreißend abstrus einer ihrer vielen Billig-Filme, wo sie eine streng italienische Ziegenhirtin spielt, die ihre »Ssiegen« an »Sseen« hütet und »Sstraßen« entlangtreibt.) Aber auch die skandinavischen Sex-Bömbchen hoben die Welt nicht aus den Angeln; trotz manch kecken Tons blieb Frau ganz Frau und träumte sich Mann als ganz MANN:

Wer nie im Tigerkäfig war und auf dem Drahtseil ging,
wer nie bei einer Bergpartie am seidnen Faden hing,
wer immer nur Zuhause bleibt und keinen Weitsprung kann,
der ist für mich, so leid mir's tut, niemals der rechte Mann.
(Anita Lindblom)

Die eigentliche Sensation aber kam aus Italien. Kein Wunder, daß ihre Lieder von Punk und New Wave wieder aufgenommen wurden. Sie war ihrer Zeit um Jahre voraus und so verblüffend neu, daß viele nicht wußten, ob sie sie nun doof oder grandios finden sollten. Rita Pavone hieß sie, hatte einen knallroten Pattenkopp und Sommersprossen, trug nicht das übliche gerüschte Sonntagskleid für die TV-Gala, sondern Schottenrock und Kniestrümpfe. »Wenn ich ein Junge wär« läutete eine neue Ära ein; Mädchen am Steuer einer Vespa wurden modern, fürs erste. Denn allzu selbstbewußt sollten sie denn nun doch nicht werden. So dauerte es nicht lange, bis Rita Pavone (im Schlager natürlich) heiratete und ihren wilden Jahren Ade sagte:

Ich seh heut die Welt so, wie ich sie nie gesehn.
Ich bin heut so froh, tu was mir gefällt,
wer kann dieses Glück verstehn?
Oft hab ich geträumt, schon eine Dame zu sein,
heut ist es soweit, auf einmal bin ich allein
und sag bye, bye Blue Jeans.

Ist ein klitzekleiner Exkurs in den real existierenden Sozialismus erlaubt? Dort entwarf man eigene Beruhigungsstrategien. Die Teenager liebten nämlich per Westradio den Twist, von der offiziellen Musikzeitschrift »Melodie und Rhythmus« als »Nato-Musik« gegeißelt. Was tun? Man versuchte es mit einer Retourkutsche und kreierte ein gesittet-sozialistisches Tänzchen, den »Lipsi«. Lipsi? – von Lipsia, Leipzig. Und Ulbricht selbst trat auf der Leipziger Messe als Go-Go-Boy auf, den Instant-Tanz zu popularisieren. Aber Fehlanzeige, denn nur Twist ist Twist. So sah man sich genötigt, eine offiziöse Twisterlaubnis auszusprechen und einige Titel auf »Amiga« zu produzieren. Petra Böttcher war die erste Ost-Twisterin – und auch für sie stand der Mann an erster Stelle: »Erst kommst du«. Wie man solch einen Sinneswandel verkauft? Peter Czerny, Schlagerexperte der DDR: »Der Twist wird drüben (im Westen) in der Grundtendenz in antihu manistischer Weise mißbraucht, bei uns dagegen wird diese neuartige, interessante Rhythmisierung von diesem Mißbrauch befreit.«

Die Jahre bis '67 waren ein bisserl fad und öde und gewöhnlich. Als sich die erste Generation der »Motorbienen« (Benny Quick) zur Ruhe setzte, hatten ihre Töchter mit »17 noch Träume« (Peggy March), sammelten Pfennige für eine Hochzeit »ganz in Weiß« (Roy Black) und flüsterten sich in funktionalen Jugendzimmern aus Mahagoni-Imitat zu, man müsse nur »mit den Wimpern klimpern« (Renate Kern), um die Jungs auf Touren zu bringen.

Dann – endlich! – kamen die »68er«, und mit ihnen einige Revöltchen im deutschen Liedgut. Was die heutigen Studienrätinnen für Gesellschaftskunde und Geographie damals geträllert haben? »Der Computer Nr. 3 sucht für mich den richtigen Boy« von France Gall. Elektronik als Heiratsvermittlerin war damals ebenso Mode wie die großen computerisierten Berufs- und Liebestests in den Jugendzeitschriften. Je lauter es im gesellschaftlichen Gebälk knisterte, desto mehr sah sich die Unterhaltungsindustrie genötigt, einerseits die Protestbewegung aufzunehmen, andererseits unauffällig-

Connie Francis

Roy Black

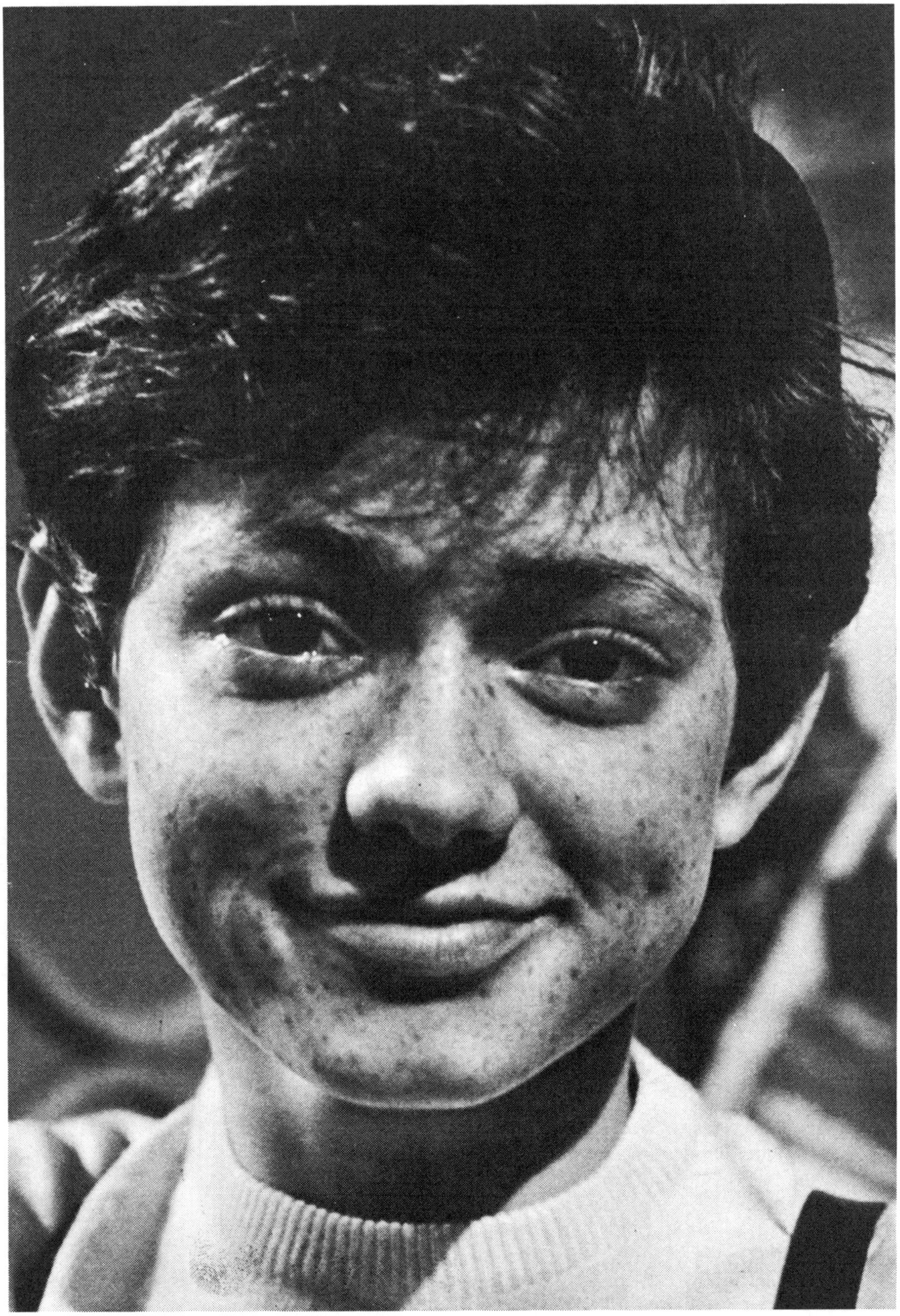

Rita Pavone

heftig gegenzusteuern. Gitte war eine der brav-aufmüpfigen Protagonistinnen. Einer ihrer Erfolgstitel hieß: »Ich mach' Protest«. Aber keine Bange, so schlimm war das alles nicht mit den jungen Frauen. Mochten sie auch im SDS den Aufstand üben, ging es den Schlagerdamen doch ums Altbekannte:

Regenzeit bringt viel Einsamkeit,
und ich sitz' zuhaus und denk' daran, was so geschehn.
Plötzlich sind Muttis Hände da
und ihre Stimme sagt: »Laß ihn gehn!

Ich mach' Protest, ich mach' Protest,
wenn man mir nicht meine Freiheit läßt!
Ich mach' Protest, ich mach' Protest,
was ich tu' steht fest!
(Gitte)

Das alles wurde schreiend vorgetragen (»Da fliegen aber wieder die Mandeln!« pflegt mein Freund Heinz zu sagen) und war mit heftigem Rumpelbeat unterlegt.

Achtundsechzig – heute schon Thema verklärter Rückschauen; Geschichts-Makramee. Achtundsechzig war damals – HEUTE. Remember? Auf der Hitliste der beliebtesten Fernsehsendungen standen »High Chaparal«, »Cobra, übernehmen Sie«, »Die Monkees«, »Bezaubernde Jeannie«, der »Beat Club« und »Musik aus Studio B«. Das Strandgespräch war der »Minikini«, ein minimini Wickelrock aus Vliesstoff (!), nicht geschneidert, sondern geklebt (!!). Achtundsechzig machte ein blondes Wesen in rosa Pullover namens »Cherry« Reklame für »Kraft« im »KRAFT-forum junge Welt«. Und was hatte sie den Flower/Politico-Power-Girls mitzuteilen?: »Hallo! Ich bin Cherry. Und ich möchte gern mit euch diskutieren. Über Beat und Kochen, Mode und Haushalten, Kosmetik und was es sonst noch so gibt. Macht Ihr mit?«

Klar, Cherry, machen wir mit. DAS waren die Mädchen dieser Zeit, nicht diese büstenhalterlosen Politfurien, wo Frau Neumann ihren Pudel darauf verwettet hätte, daß die sich höchstens alle sechs Wochen untenrum waschen.

Neenee, die Mehrzahl der Mädchen war immer noch nett-adrett. Und so fragte denn auch BRAVO in der großen Umfrage »So liebt und lebt die Jugend« die Mädchen: »Nach was sucht Ihr als erstes, um froh und glücklich zu sein? Ist es Erfolg in der Liebe? Schönheit? Luxus?« Und an die Adresse der Jungs: »Ist es die Karriere oder sind es schnelle Autos?« Wie wir sehen, alles beim alten bei der neuen Jugend.

Nun, es war ja sowieso schnell vorbei mit dem Gammeln und Protestieren. Die gesellschaftlichen Fragen wurden auf eine andere, wohlbekannte Ebene verlagert: auf die Mode. Zwischen »Rote-Punkt-Aktion« und »Institutsbesetzung hatte man nämlich weltbewegende Probleme:

Mini oder Maxi reißt uns hin und her,
Kleider machen Leute, doch auch das Leben schwer.
(Gitte)

Ist der Kapitalismus nicht prima?! Denn: Man durfte beides! Politischer Widerstand wurde zu Friede, Freude, Flower-Power verklimpert. Und das engagierte Girl trug dazu sein »Ding-dong-bama-lama-sing-song-teeny-weeny-flower-powerKleid«. So wären wir wieder in den frühen 60ern, denn exakt 1960 sang Caterina Valente vom »Itsy-bitsy-teeny-weeny-Honolulu-Strand-Bikini«. Womit bewiesen ist: Im Schlager geht's immer vorwärts. Im Kreis.

Karen Margolis

Beatles und schwarze Pullover

In unseren schwarzen Rollkragenpullovern sitzen wir, vom Schweiß in die Stühle geklebt, und wir schreien. Und schreien. Und schreien.

Es ist 1965 im Hammersmith Odeon. Ich bin dreizehn, es ist mein erstes Popkonzert, und die Beatles treten auf.

Sie singen: She loves you. Yeah yeah yeah, schreien wir. She loves you, yeah yeah yeah.

Unter Tausenden schwarzer Pullover schlagen Tausende Teenagerherzen im Takt mit Ringos Schlagzeug. Das Mädchen neben mir hat sich Pauls Bild, umrahmt von einem großen Herzen, auf die Brust geheftet. Zwischen mir und meiner Zwillingsschwester sitzt unsere Großmutter; sie bewegt ihren Kopf, klopft mit den Füßen und lacht, als sie auf das Mädchen in der Reihe hinter uns zeigt, das gerade eine Puppe mit Georges Zügen leidenschaftlich küßt.

Wir lieben euch, Beatles. Alle liebten die Beatles. Ihre Pilzköpfe waren vier Steine über den Strom, der die Generationen trennte.

Als unsere Großmutter mit den Eintrittskarten nach Hause kam, tanzten wir in der Küche herum, während unsere Eltern neidisch wurden, weil sie nicht auch hingehen konnten.

Jetzt brauchen wir schwarze Rollkragenpullover, sagten wir. (Niemand konnte in irgendetwas anderem auf einem Beatles-Konzert erscheinen, seitdem die Fabulous Four in solchen Pullovern auf einer Plattenhülle abgebildet waren.) Kein Schwarz, sagte unsere Großmutter. Schwarz trägt man bei Trauer, es ist nichts für junge Mädchen. Ich zahle nicht dafür, daß Ihr Schwarz tragt, fügte unsere Mutter hinzu. Aber alle werden in Schwarz da sein, jammerten wir. Ihr wollt also so sein wie alle anderen?, fragte unser Vater verächtlich, als er seine Brieftasche zückte.

Oh dear, what can I do, Baby's in black and I'm feelin' blue. Kreischen. Das einzige, was wir tun können, ist kreischen.

Die Halle des Odeon füllt sich immer noch, als wir ankommen, aber das Schreien ist schon auf voller Lautstärke. Das Das Warten ist tödlich. Der Ausgang zum Damenklo wird belagert von Mädchen, die sich in die Hose gepinkelt haben.

Als sich endlich der Vorhang hebt, sehen die vier schwarz

gekleideten Figuren auf der Bühne winzig aus – viel kleiner als im Fernsehen; aber wir kennen ihre Gesichter auswendig, wir kennen jeden Ruck ihrer marionettenhaften Bewegungen, und wir kennen jedes Wort und jede Note ihrer Lieder. Weil wir sie so gut kennen, können wir die Augen schließen und uns in ihre Gegenwart versenken. Selbst wenn wir etwas hören wollten, wäre es unmöglich: Große Schreiwellen ertränken die Musik. Wir ergeben uns und schreien mit. Am Ende jeden Liedes erreicht das Schreien einen Höhepunkt und wird dann gerade so schwach, daß man die Eröffnungsakkorde des nächsten Stücks erkennen kann, danach wächst es wieder zu Crescendos schierer Ekstase an.

Es ist die reinste Form von Liebe: Wir wollen nichts von ihnen, sie haben so viel gegeben, daß es unser einziges Verlangen ist, es ihnen mit unserer Freude und Hingabe zu vergelten.

Beatles, wir lieben euch. Eine Dankbarkeitsorgie. Danke, daß ihr der Pubertät die Häßlichkeit nehmt. Danke, daß ihr uns schön macht, eine jede von uns unter den Pickeln und dem Babyspeck. Danke, daß ihr da seid, damit wir euch lieben können.

Beatles, ich liebe euch. Seht mich an, wenn ich laut genug schreie, müßt ihr mich bemerken. Paul, schreie ich, Paul Paul, während meine Zwillingsschwester John stöhnt und später schwört, daß er ihr genau in die Augen gesehen hat, ja, wirklich.

All my loving, I will give to you ooh-ooh. All my loving…

Die Schreie verwandeln sich in Schluchzen, Tausende schwarzer Pullover sind von Schweiß und Tränen durchnäßt, der Vorhang fällt, Stimmen überschlagen sich bei dem Versuch, sie zurückzuholen; da kommen sie wieder, nehmen ihre Gitarren und spielen uns noch ein Stück, dann lassen sie einen Regen von Gummibärchen auf die ersten Reihen niedergehen wie Heilige, die ihre Herde segnen; und einige der Schreienden strengen sich so an, daß sie einen bleibenden Schaden an ihren Stimmbändern riskieren, doch darauf kommt's nicht an, es kommt nur darauf an, sie dazubehalten; aber weg sind sie, und kein Stampfen und in Ohnmacht Fallen und die Bühne Stürmen bringen sie zurück; mit plötzlicher Brutalität schieben uns blauuniformierte Ordner zu den Ausgängen, wir hetzen um die Ecke zum Bühneneingang, aber sie sind schon fort, unter Polizeischutz in Sicherheit gebracht, ohne Knöpfe, die Hemden von grapschenden Mädchenhänden zerrissen; voller Trauer gehen wir zur U-Bahn, leer nach dem Ausbruch der Leidenschaft, feucht unter den schwarzen Pullovern.

Unsere Großmutter, ganz aufgeladen von der Energie der Jungen, ist alt genug, um zu wissen, daß sie Geschichte gesehen hat. Eines Tages, sagt sie stolz, werdet ihr euren Enkelkindern erzählen, wie ich euch zu den Beatles mitgenommen habe. Aber glaubt nicht, fügt sie hinzu, daß ihr euch jetzt angewöhnen könnt, Schwarz zu tragen.

Aus dem Englischen von Sigrid Ruschmeier

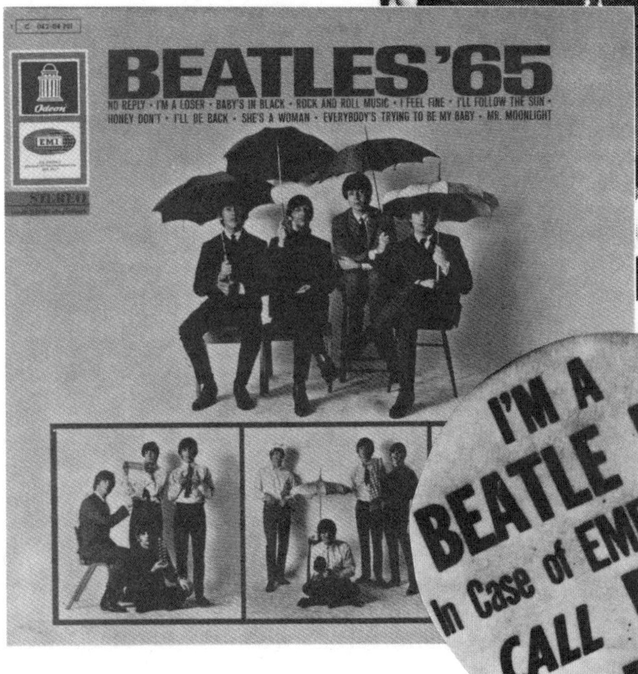

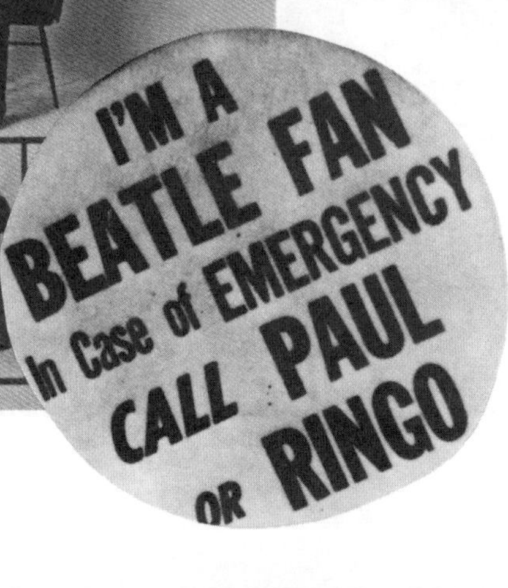

Janis Joplin, der weiße Superstar unter den Blues-Sängerinnen. »Sie singt wie eine Hexe auf dem Trip in die Hölle.« (Twen) 1970 starb sie an Rauschgift

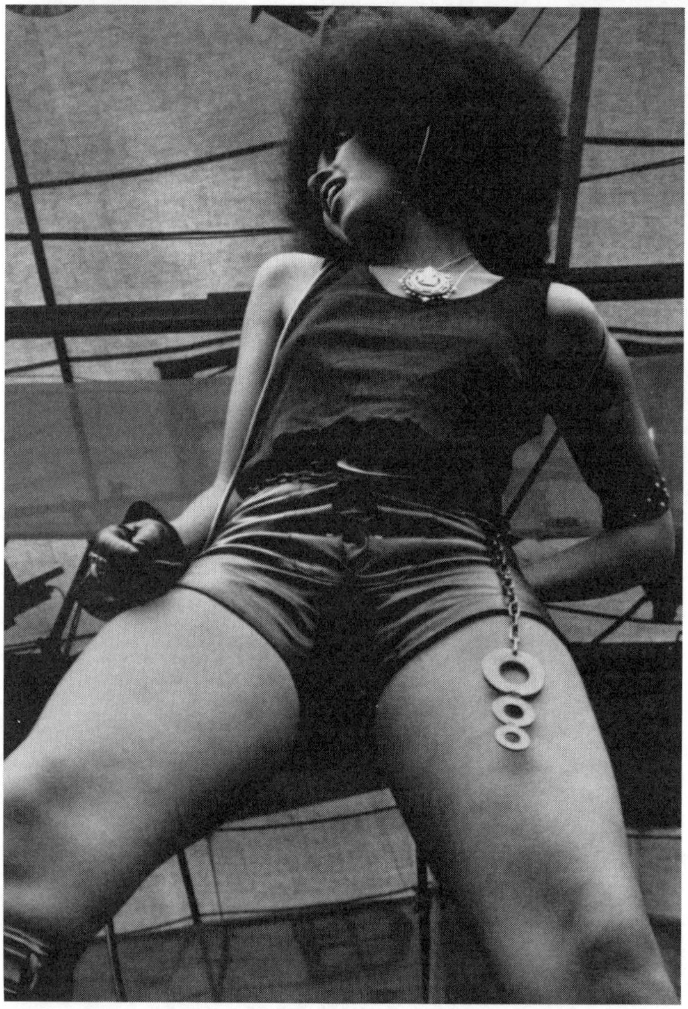

Marsha Hunt 1969 auf dem ersten europäischen Massenfestival à la Woodstock auf der Insel Wight. 200000 Fans, Nackte und Drogen, keine Krawalle; und 72 Stunden Rock, Blues und Folk.

Bettina Schäfer

Kein »richtiges« junges Mädchen

Für Hanneke

Alltagsleben, »große Welt« und Fragen über Fragen...

1963 stellt einen Einschnitt im persönlichen Leben des Schulkindes aus dem kleinen, kleinbürgerlichen Frankfurter Vorort dar: Wechsel von der Volksschule (so hieß es damals noch) zur »höheren« Schule im ehemaligen Frankfurter Nobelviertel Westend. Ein als »fortschrittlich«, »modern« bekanntes Mädchengymnasium, geleitet von einer SPD-nahen Direktorin. Ängste vor den neuen Anforderungen, den neuen Mitschülerinnen auch, der Fremdheit des so anders aussehenden Stadtviertels. Die »höhere« Schule – das ist schon etwas ganz Besonderes, da heißt es noch mehr als bisher »sich anständig benehmen«, auch aufs Äußere achten: saubere Fingernägel, geputzte Schuhe, keine Flecken auf der Kleidung... Und erstmal muß überhaupt neue Kleidung her, etwas »Besseres«, was nach der Schule gegen Einfacheres ausgetauscht wird...

Die wichtigsten Bezugspersonen sind noch immer die beiden Mütter, aus denen die »Familie« besteht: eine strenge und leicht erregbare Großmutter, die Mutterstelle vertritt, und eine »das rationale Prinzip« verkörpernde Mutter, Mittlerin zu einer attraktiven, kaum bekannten Außenwelt im weitesten Sinne. Sie arbeitet bei einer Bank im Zentrum der

Stadt, geht morgens und kommt abends zurück, bringt Neuigkeiten und Geschichten von »draußen« mit. Für die Heranwachsende bedeutet dies »draußen« die »große Welt«. Innerhalb der Familie ist eher die Enge beherrschend: enge Ansichten, kleinliche Maßstäbe, Rigidität und gleichzeitig Unachtsamkeit in den Lebensauffassungen und Moralvorstellungen.

Mit Ordnung und Sauberkeit, persönlichen Tugenden wie Pflichtbewußtsein, Arbeitsamkeit und Strebsamkeit, mit einem Hang zu abstrakt »Höherem« in Form von Dichterverehrung und Lob der Allgemeinbildung versuchen die beiden erwachsenen Frauen, Einschläge und nachhallende Ängste aus der faschistischen Ära wegzudrängen. Die Mutter zitiert gerne Gedichte, auch französische und englische aus ihrer Schulzeit. »Mit einer guten Allgemeinbildung steht euch heute doch die ganze Welt offen...« Und »das Kind« soll es einmal besser haben – und findet dies auch attraktiv. Zunächst heißt das aber, mit neuen häßlichen braunen Halbschuhen, in Schottenrock und Shetlandpullover jeden Tag in einen anderen Stadtteil fahren – vorbei an der Universität, durch die »große« Bockenheimer Landstraße mit ihren Villen, Büros und Geschäften, ein Stück näher an der großen Welt...

Die Schule selbst ist »große Welt«: Hier wird nur hochdeutsch gesprochen, Lehrer wie Schülerinnen tragen gute Kleidung, haben eine etwas andere Ausdrucksweise als die ihr vertraute, auf dem Schulhof die Spiele sind weniger wild, die Mädchen laufen in den Pausen untergehakt und unterhalten sich oder stehen in Grüppchen beisammen. Die Schülerin nimmt alles – den Schulweg, die Plakate und Schlagzeilen an den Zeitungsständen, das Geschäftsleben, die Schule im Unterricht wie in den Pausen – begierig auf.

Sie liest zuhause am liebsten Abenteuerbücher wie »Die schwarze Sieben« von Enid Blyton aus der Gemeindebibliothek und die Klatschpresse der Großmutter: »Das grüne Blatt«, »Revue« oder »Bunte«, »Quick« und ab und zu »Stern«. Hier lebt die glamouröse Welt der Fürstenhäuser und Filmstars. (Den Ausdruck »Jet-Set« gibt es noch nicht.) Mit Vorliebe verfolgt die Heranwachsende hier die Galaabende und Abenteuer schöner Frauen: Gracia Patricia und Fürst Rainier von Monaco, zuerst Soraya, dann Farah Dibah und der Schah von Persien (von ihm wird noch zu sprechen sein!), die Begum und Karim Aga Khan... Sophia Loren, Marilyn Monroe, Gina Lollobridgida, Elke Sommer und das deutsche »Fräuleinwunder«...

Zuhause hält der technische Fortschritt Einzug: Anfang der sechziger Jahre wird eine Waschmaschine angeschafft, Fernsehen ersetzt bald das Radio und die Abende mit Socken-

Farah Dibah und der Schah von Persien

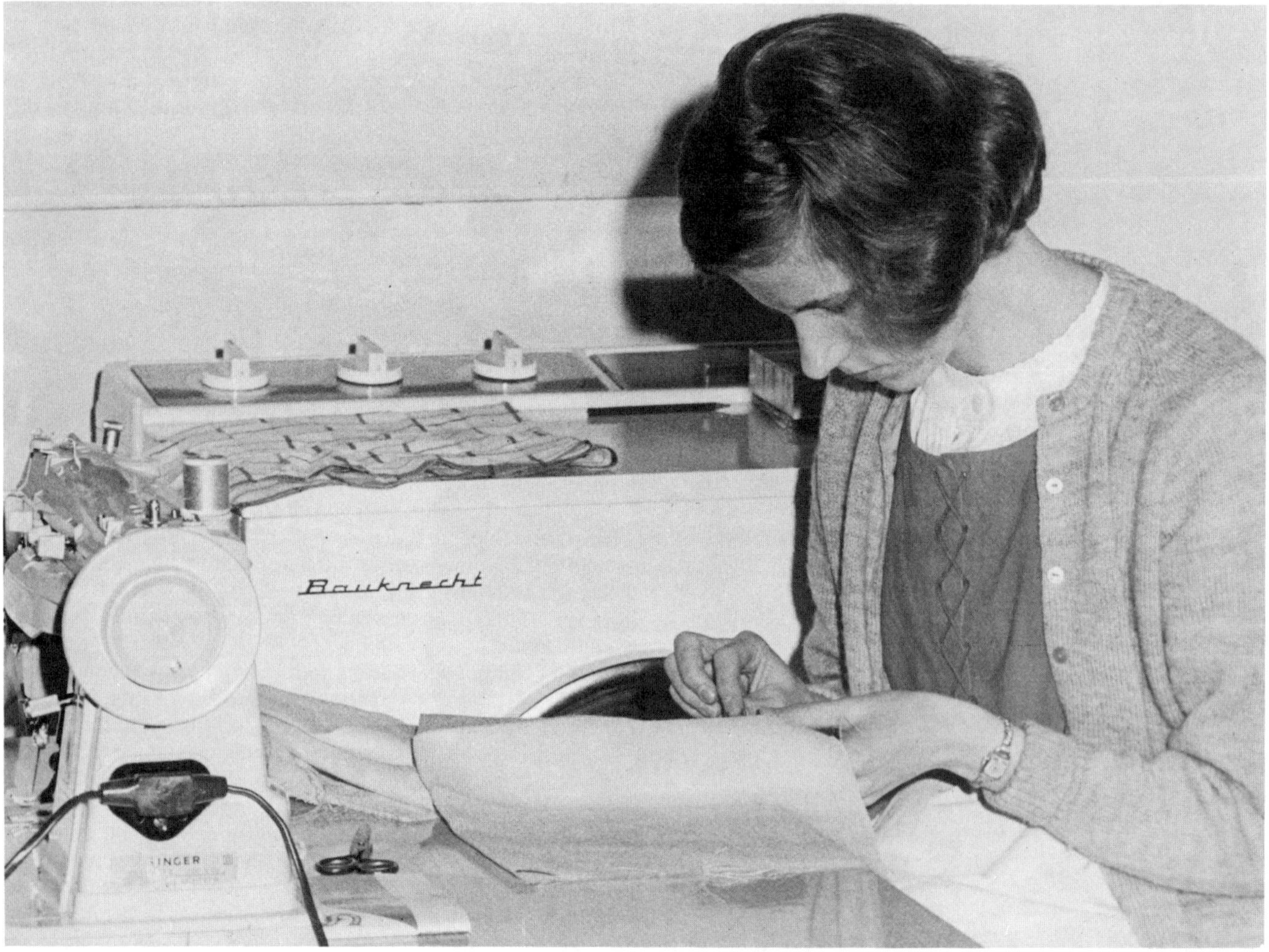

Die neue Waschmaschine...

Schulklassen sehen Erwin Leiser's Film »Mein Kampf«

stopfen, Topflappenhäkeln und den Erzählungen von früher oder von »draußen«, vom Arbeitstag der Mutter... Trotzdem gibt es Gelegenheit zu Gesprächen zwischen Mutter und Tochter, meist bei gemeinsamen Ausflügen in die Stadt oder die Umgebung an Sonntagen, die wie die gemeinsamen Urlaubsfahrten im Sommer etwas komplizenhaftes gegenüber der Großmutter an sich haben. Sie erfährt viel von der Zeit des Kriegs; die Mutter als junges Mädchen von neunzehn Jahren ließ sich zur Schwesternhelferin ausbilden und »kam an die Rußlandfront«, die harten Winter dort, die Improvisation in den Lazaretten nahe der Front, ihre Handverletzung und Rückkehr in »die Heimat«, Königstein, Gießen, Frankfurt; und immer im Lazarett und Verwundete pflegen, dann die Bombennächte, die Lebensmittelkarten, das Schlangestehen und »organisieren«, wie aus alten Armeedecken Mäntel und aus Bettzeug oder Fahnen Röcke angefertigt wurden, »es gab ja nichts«... Das mit dem Krieg kennt sie auch aus den Erzählungen der Verwandten – Männer und Frauen – bei vielen Sonntagsnachmittagsbesuchen. Die Männer erzählen von Schützengräben, Kälte, Dreck und Tod, von knappem Entkommen, unsinnigen Befehlen, Stalinorgeln, Flakgeschützen, verletzten schreienden Kameraden, die liegen blieben, Nachtmärschen, »dem Russen«, »den Lazzaronis« (die Italiener)... Und irgendwie paßt das alles nicht richtig zusammen, die Gefühle von Bedrohlichkeit und Abenteuerlichkeit, von Grausen und wie sie manchmal dazu lachen, alles will kein Bild ergeben, bleibt verwirrend und vor allem beängstigend, erzeugt Angstträume.

Irgendwann, sie mag dreizehn sein, erfährt die Schülerin im Geschichtsunterricht, was im Fernsehen hier und da auch schon auftauchte (Eichmann-Prozeß in Jerusalem), nämlich die ganze Geschichte mit den KZs und der Judenausrottung. Und wenn das in der Schule gesagt wird, MUSS es wahr sein! In den KZs soll auch gefoltert worden sein. Im »Stern« trifft sie auf einen Bericht über so einen Folterer, »Boger« hieß er. Die Fotos, kaum erkennbar, aber zu erahnen: Er ließ Gefangene mit dem Kopf nach unten aufhängen und auspeitschen, nackt. DAS war GRAUSAM. Es ist für die Jugendliche unfaßbar, ekelerregend und höchst beängstigend, daß so etwas überhaupt MÖGLICH WAR! Die vorsichtigen Fragen an die Mutter erbringen zögerliche, kurze Antworten – »Das hat niemand gewußt«. Wie kann das sein? Das Gefühl, nicht nachfragen zu sollen, entsteht und setzt sich als latente Bedrohung irgendwo in »Hinterkopf« oder »Unterbewußtsein« ab.

Dieser ganze Themenbereich Judenverfolgung und Folter und WARUM? wird zu einer Tabuzone –, ähnlich der um »das Kinderkriegen«, um alles, was mit Frau und Mann zu tun hat... Ähnlich ist nämlich die zögernde, ausweichende Antwort der Großmutter auf die Frage, was denn ein »Sexualmord« sei. So etwas taucht schon ab und an in den Schlagzeilen der Boulevardblätter auf, und immer sind es Frauen, die meistens nackt oder halbnackt irgendwo ermordet gefunden worden sind. Es ist nicht faßbar; mit dreizehn Jahren noch nicht richtig »aufgeklärt« – abgesehen von vorsichtigen Andeutungen der Mutter auf bohrende Fragen und den aufgeschnappten Ausdrücken bei Gesprächen Erwachsener –, kann sie sich nicht vorstellen, was ein »Sexual«- oder »Lustmord« eigentlich ist. Vor allem wie »Lust« und »Mord« zusammenhängen können. Es ist abgrundtief bedrohlich, was sie da wahrnimmt, noch ist nicht »dahinterzukommen«...

Twiggy

Die Manie, wenig zu essen, oder eher die notorische Appetitlosigkeit datieren schon von früh: Als sie mit Zuckertüte und »Ranzen« zum ersten Mal den Schulweg antritt, ist der letzte Babyspeck weg. Seither immer lang und schlaksig, noch dazu etwas ungelenk und: »Mach nicht so einen krummen Buckel!« Jetzt, in der beginnenden Pubertät, wird diese Magerkeit wieder Anlaß zur häuslichen Besorgnis. So sieht doch kein richtiges junges Mädchen aus... Die Großmutter versucht mittels Kochkunst und eindringlichem Zureden zum Mehr-Essen zu bewegen – mit wenig Erfolg. Das hinterste »Unbewußte« verweigert beharrlich die existentielle und rituelle Gemeinschaft mit den Erwachsenen – ein Körper, der nicht »blühen« will. Bedrohlich – gleichzeitig lange erwartet, weil es »normal« ist – sind die ersten Anzeichen von Busen. Die Mitschülerinnen sind in ihrer Mehrzahl schon weiter »entwickelt«, trotzdem – sie würde am liebsten diesem Frauwerden irgendwie entkommen. Alles, was mit Frau und Mann und Geschlechtlichkeit zu tun hat, wirkt doch furchtbar abstoßend. Sie will Neutralität und Bewegungsfreiheit vor allem. Anziehend wirken noch am ehesten diese Langhaarigen mit ihrer Musik und ihren Tänzen; die scheinen keinen Wert auf »richtige« junge Mädchen zu legen.

Da taucht auf einmal zwischen Christine-Keeler-Skandal und Schah und Farah Dibah auf den Seiten des »Stern« eine spindeldürre siebzehnjährige Engländerin auf: TWIGGY! Mit völlig verrückt geschminkten Augen schaut sie aus dem Bild heraus, steht genauso da wie die Betrachterin – mit herabhängenden Schultern und leicht nach vorn gebeugt – und ist über Nacht ein Star! Na gottseidank! Die Erleichterung ist groß. Schön sieht sie ja nicht gerade aus, aber ein »richtiges« junges Mädchen ist DIE gewiß auch nicht! Wenigstens ist das also ab jetzt nicht mehr alles so unnormal mit dem Dünnsein, muß sie sich nicht mehr heimlich schämen für krummen Buckel und kleinen Busen ... Bald schmücken noch andere Stars dieser Art den Himmel. Françoise Hardy zum Beispiel. Die trägt außerdem noch Hosen und begleitet ihre Lieder selbst auf der Gitarre.

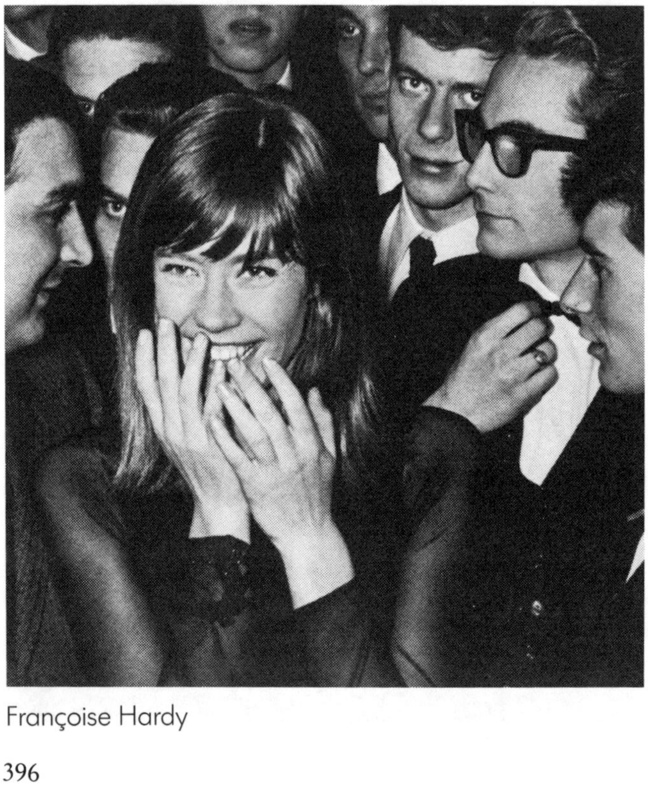

Françoise Hardy

Sex-Fragebogen

»Sex-Fragebogen an Frankfurter Mädchengymnasium«: So etwa lautet eines Tages eine »Bild«-Schlagzeile; der dazugehörige Skandal findet an ihrer Schule, der Bettinaschule statt. Die Mitarbeiterinnen der Schülerzeitung »Bienenkorb-Gazette« machen eine Umfrage unter den Schülerinnen. Um »Aufklärung« geht es inzwischen allenthalben – in den Illustrierten, im Film, und bald findet auch im Biologieunterricht Aufklärung statt.

Ihre Klasse gehört zu den jüngsten Jahrgängen, bei denen in einer ersten kurzen Pause die Bögen ausgeteilt werden. Sie sind etwa dreizehn, vierzehn Jahre alt. Als die Jugendliche den Fragebogen in die Hände bekommt, glaubt sie zuerst, nicht richtig zu sehen, die Vorbemerkungen der austeilenden Mitschülerin hat sie gar nicht richtig wahrgenommen. Da steht: »Wünschst du dir Sexualverkehr?« Oder: »Hast du Sexualverkehr gehabt?« Das schockiert. Das trifft mitten in diese Mischung aus Tabu, Ekel und vagen Vorstellungen, diffusen Sehnsüchten nach Tanz und Bewegungsfreiheit, die irgendwie auch damit zusammenhängen.

Es folgen bei Bekanntwerden der Aktion zahlreiche Elternproteste, Elternversammlungen, Erklärungen, Diskussionen – ein kleiner Lokal-Skandal. Aber die fragenden Schülerinnen »fliegen« nicht von der Schule, sie werden an keinen Pranger gestellt, jedenfalls nicht öffentlich. Zuhause die peinliche Frage, ob sie auch solch einen Fragebogen bekommen hätte, beantwortet sie mit einem kurzen »ja« und auch, daß sie ihn ausgefüllt hätte, soweit sie ihn verstand. Die Antwort der Tochter an die etwas verunsicherte,

Sex mit 17

Die Schülerinnen proben den Aufstand

Sie haben die längsten Beine und die kürzesten Röcke. Ihre Haare tragen sie so lang wie einst Jesus Christus, und ihre Musik ist so laut wie ein startendes Düsenflugzeug. Sie sind die Zeitgenossen von Lyndon B. Johnson, Mao Tse Tung, Mary Quant und Mick Jagger. Doch in ihren Schulstunden lernen die deutschen Oberschüler nur Dinge, die schon ihre Eltern und Großeltern pauken mußten. Während die Wissenschaftler Flugzeit zur Venus berechnen und das Jahr 2000 vorbereiten, fragen deutsche Studienräte ihre Schüler nach dem Todestag Pippins des Kurzen. Während die Antibabypille zum täglichen Konsumgut wird, sind die Schülerinnen allenfalls über die Fortpflanzung der Regenwürmer aufgeklärt. Politik und Sex sind tabu an deutschen Oberschulen. Das soll jetzt anders werden. Deutschlands Schüler proben den Aufstand.

Es war ein Vormittag wie jeder andere. Der 1. März 1967. Die Klasse 8 der Mädchenschule in Altenstadt (Hessen) hatte Handarbeitsunterricht. Die Mädchen häkelten. Da meldete sich die 13jährige Monika S. bei der Handarbeitslehrerin: Ich muß mal einen ...blick 'rausgehen, ich fühl' mich ...

...nde kam Monika ... wie sich die ...wandten der Familie an, der sie verführt hatte.

Art und Umstände dieses hessischen Sündenfalls sind besonders und außergewöhnlich. Gewöhnlich und alltäglich aber sind: die auffallende sexuelle Frühreife der Schüler, Ratlosigkeit und Verantwortungslosigkeit der Erwachsenen.

Die sexuellen Probleme der Jugendlichen in einer Gesellschaft, die gl... ...te Moralanspr... ...rziell... ...

selbst wie eine junge Studentin aussehende Autorin nach der quantitativen (statistischen) und qualitativen (ein... hende Einzelinterviews) Methode vo... Ergebnis war für die itali... ...en und Erzieher verheere...

„Plötzlich sah ... schrak sehr. Ich ...

aus: Konkret, Mai 1967

aber nicht empörte Mutter trägt den Unterton »Ich will nicht darüber sprechen«.

Erst bei einem Sommerurlaub in Italien, zusammen mit der Mutter, trifft sie in dieser Zeit auf ein Buch, das ihr die unangenehmen, suchenden und konfliktuösen Gefühle zu dieser ganzen Frauen- und Männerchose als berechtigt zurückspiegelt: »Zeit des Unbehagens«, ein Roman von Dacia Maraini. Sie findet darin eine »Heldin«, die auf der Suche ist, mit verschiedenen Männern »schläft«, aber sich von keinem festbinden läßt, die nicht zufrieden ist. Sie hat kein »Glück«, aber wenigstens nimmt sie sich Bewegungsfreiheit. Solche Frauen gibt es also! Die Lektüre dieses Romans verhilft ihr zu einem ersten, wenn auch nur inneren Aufatmen. Sie bestärkt gleichzeitig den eigenen Wunsch nach Bewegungsfreiheit und danach, auch von »Jungens« oder Männern ernstgenommen und respektiert zu werden, und nicht ihnen vor allem gefallen zu müssen.

Gleichzeitig will sie gerne auch mal »schön« sein, trägt die neumodischen Miniröcke und mag die grellen »Schockfarben«: knallgrün, knallorange und gelb – und lila! Da näht sie sich mit Hilfe ihrer Tante im Handarbeitsunterricht nach dem obligatorischen Nachthemd sogar einen froschgrünen Cordrock und zieht dazu blaßlila Strümpfe an. So »doof« ist sie ja nun nicht. Aber wirklich Spaß machen ihr die gemeinsamen Unternehmungen mit den Schulfreundinnen: Im Kino sehen sie sich »Doktor Schiwago« an und »Vom Winde verweht«, auch die in Mode gekommenen Musikfilme mit »Herman's Hermits« oder den »Beach Boys«; in die Tanzstunde gehen sie gemeinsam und zum Schlittschuhlaufen, zu »A whiter shade of pale« tanzen sie Blues bei Tanzfesten und Geburtstagen zuhause bei den verschiedenen Freundinnen... Sind sie bis spät abends auf einem Fest, werden sie immer von Eltern abgeholt und nachhause gebracht. Die Mutter einer Freundin ist eines Abends höchst empört, als sie beide Mädchen aus dem »Mackie Messer Keller« an der Uni abholt, wo viele Studenten, auch ausländische, verkehren: »Das ist ja eine Räuberhöhle! Kaum Licht im ganzen Raum! Und ihr steht dann wohl auch in den dunkelsten Ecken und laßt euch abknutschen von diesen Kerlen!« Sie ist kaum zu beruhigen, die Freundin erhält Ausgehverbot für Wochen, sie wird beschimpft bis vor die Haustüre...

Joan Baez beim Ostermarsch in Essen

The beat goes on...

Im Sozialkundeunterricht werden Diktatur und Demokratie behandelt. Die Vorzüge der Demokratie leuchten ein: eine Verfassung als klare Grundlage und Garantie für Menschenrechte, für persönliche Freiheiten. Jeder darf seine Meinung frei äußern, darf nicht wegen seiner Hautfarbe oder Rasse benachteiligt werden. Es gibt Grundrechte, es gibt ein Gesetz und davor sind alle gleich, alle Bundesbürger ab 21 Jahren haben Wahlrecht. Die politischen Parteien, das Parlament...

Sie ist empfänglich für alles, was nach Ausgeglichenheit zwischen Schwachen und Starken aussieht. Gerechtigkeit, Gleichheit sind in ihren Augen wichtige, schöne Grundsätze, die einfach zu befolgen scheinen. Das kann niemandem wehtun, ist von allen zu verlangen. Sie selbst ist es gewohnt, sich an Spielregeln zu halten, und die demokratischen Spielregeln, wovon hier die Rede ist, scheinen ihr wirklich sehr leger, gemessen an den Spielregeln zuhause. Oder eher, gemessen an der familiären Enge, den leichten rationalen Ausbrüchen der Großmutter bei kleinen Versuchen, die Handlungsspielräume und Bewegungsfreiheiten auszudehnen... Das erinnert fast mehr an Diktaturen, die mit allen Ungerechtigkeiten und Nachteilen für die Mehrheit der Bevölkerung eines Landes dargestellt werden. Und trotzdem gibt es immer noch viele Diktaturen auf der Welt. Es gibt kommunistische Diktaturen, monarchistische und Militärdiktatur, vor allem in Südamerika. Es gibt also Ungerechtigkeiten, schlimmer noch, es gibt Unterdrückung und Verfolgung von Minderheiten wie in Nazideutschland, das auch eine Diktatur war, oder Rassendiskriminierung wie in Südafrika. Und dagegen darf man schon etwas haben. Und so etwas wie bei den Nazis, solcher Haß und solche Brutalitäten, die Judenverfolgung und Ausrottung, das müßten gute Demokraten schon bei den ersten Anzeichen aktiv zu verhindern suchen. Aus dieser geschichtlichen Erfahrung müsse gelernt und der Grundsatz der Toleranz für die Meinung und Haltung der anderen geübt und beachtet werden... Sich jederzeit auch aktiv gegen die Diskriminierung oder Benachteiligung von einzelnen oder Gruppen einsetzen...

Sie hört inzwischen von Protesten gegen den Vietnam-Krieg, es finden Demonstrationen statt, und im Fernsehen die Berichterstattung gibt erschreckende, furchtbare Einblikke. In Amerika selbst sollen Protestdemnostrationen gegen diesen Krieg durchgeführt werden, heißt es. Protest gegen Krieg und Unterdrückung auch in der Musik: Sie hört inzwischen Bob Dylan, Joan Baez und Barry McGuires »Eve of Destruction« – zuerst bei ihrer Cousine zuhause, im Radio, bei Freundinnen.

Im Sommer 1967 besucht der Schah von Persien West-Berlin. Am Abend des 2. Juni berichtet das Fernsehen von großen Protestdemonstrationen gegen den Schah. Bilder von Menschenmengen mit Transparenten, Parolen skandierend, Polizisten knüppeln hier und dort dazwischen, manche sind zu Pferd, und dann plötzlich dieser blutüberströmte junge Mann, der am Boden liegt. Eine junge Frau hält seinen Kopf. Er heißt Benno Ohnesorg, und ein Polizeibeamter namens Kurras hat auf ihn geschossen. Es ist nicht zu fassen. Was ist in Persien los, daß die Studenten gegen den Schah, den sie aus den Illustrierten kennt, demonstrieren?

Und was ist hier los, daß ein Polizist einen Demonstranten erschießt? Sie kann sich momentelang gar nicht fassen, weint völlig unvermittelt los. Sogar die beiden Mütter zuhause sind einen Augenblick betroffen und ganz still. Dann: »Aber müssen die denn solchen Krawall machen!« Das läßt ihr keine Ruhe, sie will jetzt wissen, was die Studenten gegen den Schah haben und wer hier im Recht ist. Am nächsten Tag stehen in Bockenheim um die Universität herum viele kleine Menschengruppen und reden mit einander. Die Boulevardblätter melden Steinwürfe auf den Schah. Sie liest in einem Flugblatt, daß Schah Reza Pahlevi politische Gegner in Persien FOLTERN läßt! Und politische Opposition ver-

Demonstration gegen die Notstandsgesetze

boten hat! SO IST DAS ALSO. DA soll ihr noch einmal jemand etwas von Krawall und Gammlern oder Verrückten erzählen. Von der Aussage des Flugblattes ist sie sofort überzeugt. Das Prinzip der glänzenden Fassade und der »Leichen im Keller« ist ja nun wirklich nicht neu. Und bei Hitler hatten sie nichts gesagt damals. Da wird es aber allerhöchste Zeit, daß jemand endlich einmal laut und deutlich etwas sagt. Das ist ja nicht mehr zum Aushalten. Da wird gemordet, gefoltert, sich bekriegt, und wenn Leute dagegen auf den Straßen protestieren, daß ALLE ES SEHEN UND HÖREN können, daß niemand mehr sagen kann »Davon haben wir NICHTS gewußt«, dann sollen SIE die Krawallmacher, Gammler, Verrückten sein?

Ab jetzt zuhause kein Wort mehr davon, ab jetzt wird sie zuallererst hören, was die Studenten sagen...

Selbst zu Demonstrationen zu gehen, von denen es immer häufiger welche gibt, wagt sie noch nicht. Flugblätter liest sie; die immer zahlreicher und bunter werdenden Sprühschriften rund um die Uni kann sie tagtäglich verfolgen: »Habt Mut zu kämpfen, habt Mut zu siegen – der Imperialismus wird unterliegen«, »Lernt vom Vietcong«. Was ist »Imperialismus«? Sie wird auch das erfahren. »Make love – not war«, »Es lebe das Lustprinzip«, »If Amerikkka kills Bobby Seale – the sky is the limit!« So etwa im Jahr 1968...

Und trotz der gleichzeitigen Repressionen gegen Demonstranten und gegen die Proteste überhaupt – von der Verhängung des Ausnahmezustands im Sommer in Spanien, den Schüssen in Demonstrationen in Mexico-City und in Kent/USA, der Besetzung der Tschechoslowakei durch die Sowjets – breitet sich in ihr das sichere Gefühl aus, daß diese weltweite Bewegung für ein gleichberechtigtes, freies Leben der Völker, für die Abschaffung von »arm« und »reich«, von »oben« und »unten« nicht aufzuhalten sein wird.

Rosa Luxemburg Schule

Im Sommer 1968 spätestens sind Demonstrationen weltweit an der Tagesordnung. Ereignisse überschlagen sich. In Paris brennen Barrikaden auf den Straßen und singen Studenten und Arbeiter die Internationale und vieles Unbekannte, von China kommt die Nachricht von der großen Kulturrevolution, und man sieht Mao»bibel« schwingende Rotgardisten.

Im Sommer finden in Frankfurt riesige Kundgebungen und Demonstrationen gegen die im Parlament zur Beschlußfassung gebrachten NOTSTANDSGESETZE statt. In der Bettinaschule werden Schülerversammlungen dazu in der großen Aula gehalten, Umzüge von der Uni zu den verschiedenen Schulen. Schüler und Studenten in den Straßen. Eines Morgens weht auf dem Dach der Schule eine rote Fahne und steht an der Schulmauer gesprüht: Rosa Luxemburg Schule!

Diskussionen über Diskussionen – Notstandsgesetze und Vietnam vor allem. Die Rosa Luxemburg Schule ist etwa zwei, drei Tage lang im Ausnahmezustand. Kein regulärer Unterricht mehr, Versammlungen in der Aula mit Schülern aus der ganzen Stadt und Studenten. Die kleinen Aufkleber mit den Parolen gegen die »NS-Gesetze« kleben an Wänden und Tischen. Einige Mitschülerinnen, die sich für Politik eigentlich gar nicht interessieren, schnappen sich die handlichen Aufkleber und in einem unbewachten Augenblick einen ganzen Stapel »Klassenbücher« aus dem Schulsekretariat, bringen sie hinauf in die Aula und überkleben mit den bunten Zetteln die berüchtigten »Einträge« wegen Disziplinverstößen...

Darüber hinaus wird von dieser so vielfältig sich äußernden Bewegung ein viel direkterer Wunsch nach der eigenen freien Beweglichkeit in der Öffentlichkeit, sowie bis hinein in die engen familiären und künftigen Beziehungen zwischen Freunden wachgerufen und bestärkt. Die Graffiti des Pariser Mai: »Die Phantasie an die Macht!« oder »Es ist verboten, zu verbieten« treffen diesen Nagel auf den Kopf, und daß es plötzlich möglich ist und zur »Mode« wird, sich aufs Pflaster zu setzen, auf Fensterbänke, auf Treppen – kurz, überall da, wo es bisher aus einem unsichtbar wirkenden Tabu heraus nicht möglich war, PLATZ ZU NEHMEN, bedeutet einen ersten konkreten Schritt zu dieser freien Beweglichkeit, zu einem freieren Umgang miteinander.

Sie hält öfter Augen und Ohren offen für die Nachrichten im Fernsehen, aber mehr noch für die, die durch Flugblätter und »Teach-Ins« in der Uni bekannt werden. Sie wagt sich ab und zu dorthin, gestützt auf Alibis der besten Schulfreundin gegenüber ihren beiden Müttern zuhause. Ähnlich wie bei den Versammlungen an der Schule lassen hier die bisher undenkbaren Begegnungen mit so vielen Menschen, mehr noch als die Auseinandersetzung mit den Nachrichten, ein Gefühl von gemeinsamen Zielen und schneller Ausbreitung dieser Bewegung entstehen. Die Meinungsverschiedenheiten in den Versammlungen, das Gerangel um Strategien und Etappen, Nah- und Fernziele sind ihr noch meist unverständlich. Sie empfindet es als ein Stadium des Übergangs, diese scheinbaren Gegensätze und Ausschließlichkeiten würden sich zukünftig und mit Anwachsen der Bewegung auflösen, und dann würde nur noch konkret und praktisch über notwendige Neuorganisation oder Abschaffung von Institutionen, Arbeit und Umstrukturierung in allen Lebensbereichen diskutiert werden müssen. Denn immer wieder scheint es ihr, daß hier letzten Endes alle das gleiche wollen – Freiheit und Gerechtigkeit, Lebenslust und Wohlstand FÜR ALLE...

Angela Davis und Jane Fonda

In den besten Momenten, und die sind häufig in den Jahren '68, '69, ist ihr Lebensgefühl voller Hoffnungen für die nahe und ferne Zukunft: Mag heute noch gestritten werden bei den Versammlungen, mögen »die Bullen« heute noch knüppeln, jagen, verfolgen, Krieg machen, mögen viele noch am Straßenrand dumm und letztlich hilflos brüllen: »Alle ins KZ« oder »Geht doch rüber, haut doch ab in die DDR!«, mag dieser ganze bedrohliche Untergrund aus Abhängigkeit und Vereinnahmung in den Geschlechterbeziehungen, der so schwer faßbar ist, immer noch unangenehm wirksam sein: Die ersten Schritte sind getan, an vielen Stellen ist Unterdrückung faßbar, formulierbar geworden und kann bekämpft werden. Und DIES würde NIE MEHR rückgängig gemacht werden können, DIESER PROZESS von Erkennen und Befreien würde weitergehen...

Und trotz der mulmigen Gefühle bezüglich dieser ganzen sogenannten »sexuellen Emanzipation« gibt es ihr einiges Zutrauen, daß doch auch Frauen sich in dieser Bewegung Gehör verschaffen konnten: Jane Fonda zum Beispiel, die ihr Barbarella-Blond vergißt und lautstark das Ende des Kriegs in Vietnam fordert, umjubelt von Tausenden, und gewiß auch von Männern, die sie kurze Zeit vorher noch als Sex-Pinup nichts als sexy fanden und dafür verachtet hatten. Oder Angela Davis, die für die Befreiung der Schwarzen eintritt und mit der ein für allemal »Black Power« zum Begriff wurde. Auch sie wird ERNSTGENOMMEN. – Solche Frauen gibt es in Deutschland noch nicht, und in dieser Zeit ist es ihr peinlich, wenn von Rudi Dutschkes Frau immer als »Gretchen« gesprochen wird, mag dies auch ihr richtiger Vorname sein. Wie kann eine erwachsene Frau sich das gefallen lassen? So werden vorläufig Angela Davis und Jane Fonda zu persönlichen Heldinnen, und dabei spielt auch eine Rolle, daß sie in ihren Augen ausgesprochen schöne Frauen sind. Sie kommen ihrem unbewußten Ideal von »Frau«, wie es sich inzwischen zum Teil unbemerkt in ihr herausgebildet hat, sehr nahe: Sie sind intelligent, können sich ausdrücken, mutig für ihre Überzeugungen eintreten, ja, sie *haben* eine Überzeugung und können sie spürbar werden lassen bei ihren Reden; sie haben ein Herz, denn der Elan ihrer Reden scheint nicht im geringsten einstudiert und »aufgesetzt«, und schön sind sie auch noch. Da soll mal einer von »roten Zimtzicken« reden, das ist ja nur zum Lachen...

Vieles in den Argumentationen ist ihr noch unverständlich, was meinen denn die Begriffe »autoritäre Erziehung«, »antiautoritäre Revolte«, »Imperialismus«, »Klassengesellschaft«, »formierte Gesellschaft«, »Bourgeoisie« und »Establishment«, »eindimensionaler Mensch«, die im Jargon dieser Bewegung immer wieder auftauchen? Sie will dem folgen, sich einen eigenen Reim daraus machen können. Die ersten jungen »linken« Lehrer/innen ermöglichen es, daß hier *Aufklärung* stattfindet. Von den Kollegen an der Bettinaschule als »roter Kindertisch« belächelt und gefürchtet, wie sie einmal grinsend en passant mitteilen, bieten sie Kurse an, die einer mittleren Revolution des Lehrplans gleichkommen. Sie lesen mit den interessierten Schülerinnen »Die Politik des Kapitals« von Jörg Huffschmidt, Teile aus »Monopolkapital« von Baran/Sweezy, das »Kommunistische Manifest« und Auszüge aus den Studien zu Philosophie und Ökonomie von Karl Marx, und eines Tages hängt das witzige Plakat des SDS an der Wand, das inzwischen sattsam bekannte Marx-Engels-Lenin-Profil ganz in Rot abbildend mit der Furore machenden Bundesbahnslogan: ALLE REDEN VOM WETTER. WIR NICHT. Das gefällt ihr, das hat etwas mit Humor und Spaß zu tun und läßt die Gefühle bei aller Ernsthaftigkeit, die ansonsten für den Umsturz der Gesellschaft angesagt ist, aufleben. Bei aller Kritik, Wißbegierde und Lernerei – sie lacht gerne und will auf Vergnügen nicht verzichten.

Im Deutschunterricht lesen sie Gedichte von Brecht – »Wer erbaute das siebentorige Theben?« ist eine Schlüsselfrage – und von H.M. Enzensberger: »Wut und Geduld sind nötig zu blasen den feinen Sand in die Getriebe der Macht...« und ähnliche Zeilen des Aufruhrs. Im Englischunterricht werden die Bewegung der »Black Panther« und die Lebensbedingungen der Schwarzen in USA zum Thema. Das beleuchtet die so musterhaft demokratische amerikanische Gesellschaft im wahrsten Sinne von ihrer »schwarzen«, totgeschwiegenen Seite her. Im Fach Sozialkunde können kritische Texte zur Meinungsmache der modernen Massenmedien gelesen werden. Auszüge aus Adornotexten zu den Mechanismen der »Manipulation« – auch dies ein Jargonwort – der sogenannten »freien« Meinungsbildung in den modernen kapitalistischen Gesellschaften bringen Licht in vage und unbehaglich Empfundenes, das sie als zunehmend kritische Schülerin auch oft schon im Unterricht bei »unpolitischen« Lehrern gespürt hatte. Ihr gehen überhaupt reihenweise »Lichter auf« über die widersprüchliche, unausgesprochen gewalttätige Gesellschaft, in der auch sie selber lebt – nicht zuletzt anhand der nebenbei geschmökerten »Massenpsychologie des Faschismus« von Wilhelm Reich, der sich auf die deutsche Nazi-Ära konzentrierte...

Begeisternd aber ist für sie immer wieder der Gedanke und eine erste ansatzweise Erfahrung davon, daß alle diese Gewaltverhältnisse nicht notwendig fortbestehen müssen, sondern, da sie von Menschen gemacht sind, auch von Menschen verändert und besser gemacht werden können. Und zu diesem Zeitpunkt scheint ihr diese große Protestbewegung dazu in der Lage zu sein. Denn etwas an Veränderung hat schon angefangen, die vorgefundene Gesellschaft wird so, wie sie ist, nicht mehr hingenommen von zunehmend vielen. Trotzdem erwachen auch Zweifel angesichts einiger Erscheinungen innerhalb der Protestbewegung: angesichts der Dominanz der jungen Männer überall, der oft metallisch kalten Reden und Auseinandersetzungen, der Einigkeit *gegen* das Vorgefundene, aber Streit und Uneinigkeit in den Fragen des »Wofür«. Sie spürt Ansprüche wachsen: Demokratie untereinander, Freiheit und Großzügigkeit und sich gegenseitig zuhören und sich zu respektieren. Um daran und an der beginnenden Umwälzung des Bestehenden mitzuarbeiten, will sie für sich in den kommenden Jahren einen Weg finden...

Gudula Maria Plastrotmann

Zwergschule, Pudding-Abitur und Alma Mater

Mädchen- und Frauenbildung in den sechziger Jahren

»Die Qualität der Ehe wird von der prägenden Kraft der vorehelichen Studien- und Berufszeit beeinflußt.«
Hanna-Renate Laurien, 1967.

Heute sind sie zwischen dreißig und vierzig, die Frauen, die in den sechziger Jahren die Schulbank drückten. Elisabeth L., Ärztin, und Ingrid B., Lehrerin, denken zurück – an ihre Zeit auf dem Mädchengymnasium. Die eine war in Osnabrück, die andere in Essen. Gerade in Nordrhein-Westfalen gab es damals viele Mädchengymnasien. Die meisten waren staatlich anerkannte, konfessionell gebundene Privatschulen. »Unglaublich moralisch wurden wir von den Nonnen unterrichtet«, erzählt Elisabeth. Sie weiß noch genau, was ihre Klassenlehrerin stets zu sagen pflegte: »Schließlich tragt ihr später einmal ein Kind unter eurem Herzen, verhaltet euch auch danach!« Und ein Kind, zumindest als Patentante, konnten die Schülerinnen bereits während der Schulzeit adoptieren. »Auf dem Pult stand eine ›Nickneger-Spardose‹ aus Plastik. Wenn wir 21 Mark reingeworfen hatten, konnte ein Heidenkind von dem Geld getauft werden – mit einem christlichen Namen, den wir uns selbst aussuchen durften.«

1960, zu Beginn ihrer Gymnasialzeit, war noch eine Kleiderordnung vorgeschrieben: Diejenigen, die modebewußt eine lange Hose tragen wollten, mußten auf jeden Fall noch einen Rock drüber ziehen. Und in ihrer Abiturzeit wurde eine »Minirock-Schallgrenze« eingeführt. Die lag 5 cm überm Knie: Manche Lehrerinnen prüften die Einhaltung des Gebotes sogar mit dem Zollstock nach! Deckchen häkeln für Leprakranke, zuhause, in der Freizeit, das war eine weibliche Tugend. Belohnt wurde sie mit Fleißkärtchen oder mit Glanzbildern für das Poesiealbum. Ingrids Schule hatte sogar einen riesigen Garten. In ihm wurde das trainiert, was auch eine erwerbstätige Frau später einmal benötigen würde: das Rüstzeug für die Pflege in Haus und Anlagen!

Schon auf dem Gymnasium konnte Ingrid die Weichen für ihre berufliche Zukunft stellen: »In der Quarta hatten wir die Wahl zwischen dem Latein- oder dem ›Puddingzweig‹.« Das sogenannte Puddingabitur engte allerdings die Perspektive von vornherein ein. Mit diesem Abschluß war nur der Weg zur Pädagogischen Hochschule oder ein Studium der Hauswirtschafts- und Ernährungswissenschaften möglich. Studieren wollten die beiden auf jeden Fall: »Wer bis zum Schluß dabei blieb, wollte auch weitermachen. Das gehörte dazu!«

Stieftöchter des Bildungswesens

Nun, wenn für Elisabeth und Ingrid am Ende der sechziger Jahre der Weg ins Studium eine Selbstverständlichkeit war, blieben die Pforten zur Universität für die meisten Frauen zu Beginn des Jahrzehnts noch verschlossen. Bildungshungrig waren sie zu diesem Zeitpunkt scheinbar nicht, war es doch für viele sogar ein Fortschritt, überhaupt eine Lehre anzutreten! 1963 waren erst 36 Prozent aller Lehrlinge weiblichen Geschlechts. Die Widerstände gegen eine langwierige Ausbildung der Mädchen waren erheblich, zuviele Steine lagen noch im Weg. Erst allmählich gewöhnte sich die Gesellschaft an den zunehmenden Bedarf der Wirtschaft nach Frauenarbeitsplätzen. Erst langsam setzte sich der Gedanke an die Berufstätigkeit der Frau und Mutter durch. Zunächst wurde dies als notwendiges Arrangement, als kurzfristige Anpassung an die ökonomischen Bedürfnisse angesehen. Und der Großteil der Frauen war ohnehin un- oder angelernt beschäftigt. Eine besondere Qualifikation wurde dafür nicht gebraucht. 1960 waren 88 Prozent aller An- und Ungelernten Mädchen!

»Unsere Tochter heiratet sowieso über kurz oder lang«, dachten sich zumindest die Eltern mit schmalem Geldbeutel. Viele Eltern investierten nicht in Bildung, sondern sparten für Aussteuer und Brautschuhe. Bildung war teuer, die Schulbücher mußten aus eigener Tasche bezahlt werden. Wenn überhaupt, dann wurde das dickere Bildungspaket für den Sohn geschnürt. 1963/64 hielten zwar in einer Untersuchung 63 Prozent der Mütter von Söhnen und Töchtern eine Berufsausbildung für das Mädchen für ebenso wichtig wie für den Sohn. Aber: Nur fünfzehn Prozent der Jungen zwischen fünfzehn und achtzehn Jahren hatten keine Ausbildung. Hingegen gingen doppelt soviele Mädchen im gleichen Alter leer aus. Wen wundert's! Mütter und Väter jener Jahre wußten es nicht besser, reproduzierten sie letztendlich das, womit sie tagtäglich konfrontiert wurden: Auch wenn die Frauenarbeit stetig anstieg, hielt sich eisern die Vorstellung vom häuslichen Gehege als dem Reich der Frau.

Ebenso hielten die Bildungskonzepte mit den tatsächlichen Gegebenheiten nicht Schritt: Die Ideologie von der Verschiedenheit der Geschlechter zog sich wie ein roter Faden durch die Lehrpläne, wand sich wie ein Bücherwurm durch die Schullektüren, beeinflußte die Haltung der Pädagogen und Hochschullehrer. Bis weit über die Mitte der sechziger Jahre hinaus wurden die Ausbildungs-Prioritäten noch auf die Vorbereitung zur späteren Hausfrau, Ehefrau und Mutter gesetzt; dann fand eine gewisse Akzentverschiebung statt: »Duale Wissensvermittlung« war jetzt die Parole. Die Drei-Phasen-Theorie Myrdal/Kleins hatte sich etabliert. Bildung sollte den Mädchen jetzt das Rüstzeug für *unterschiedliche Lebenssituationen* vermitteln. Die Vorbereitung auf die *Doppelrolle* hielt Einzug in pädagogische Theorie und Praxis.

Bildungsnotstand

Aber nicht nur die Weiblichkeitsideologie allein machte die Mädchen zu Stieftöchtern des Bildungswesens. Es waren weitaus mehr Barrieren: die soziale Lage, regional-struktu rell bedingte Ungleichheiten, die schulische Organisationsform, ja die mangelnde Durchlässigkeit des Bildungswesens überhaupt! Arbeiterkinder, und besonders die Töchter aus Arbeiterfamilien hatten kaum eine Chance, auf eine höhere Schule, geschweige denn zur Universität zu gehen. Laut Bildungsbericht der Bundesregierung stammten 1965 nur

6,4 Prozent der Oberprimaner aus Arbeiterfamilien, davon wiederum lag der Anteil der Mädchen bei 1,7 Prozent. Die Soziologin Helge Pross brachte dieses Manko 1968 bei der Anhörung der Sachverständigenkommission zur Frauenenquête der Bundesregierung zur Sprache:

»Es gehört zu den, wie ich glaube, durch nichts zu rechtfertigenden Dramen unseres Bildungswesens, daß es uns bisher nicht gelungen ist, Töchter aus Arbeiterfamilien und Landfamilien an die Institutionen der höheren Bildung heranzuführen. Keine soziale Gruppe hat so wenig Aussicht wie sie, eine den Fähigkeiten entsprechende Bildung zu erhalten.«

So geisterte dann auch die katholische Arbeitertochter vom Lande durch alle Debatten der Bildungstheoretiker. Gerade an ihrem Beispiel verdeutlichten sich sämtliche Ungleichheiten des Bildungswesens: die schicht- und geschlechtsspezifischen, konfessionellen und regionalen Hindernisse beim Zugang zu den höheren Bildungsgängen.

Schon Mitte der sechziger Jahre wurde der Bildungsnotstand angeprangert. Georg Picht erregte mit seinem Buch über die deutsche Bildungskatastrophe die Gemüter der Reformer und Politiker. Es mußte was getan werden in der Bildung, damit die Bundesrepublik im internationalen Wettbewerb ökonomisch und technisch mithalten konnte. Erste Schulreformen wurden eingeleitet: Die Zwergschulen auf dem Lande verschwanden, Volksschulen wurden getrennt in Grund- und Hauptschulen, die schottendichte Trennung im Übergang zur Realschule und Gymnasium, die noch in einigen Bundesländern praktiziert wurde, aufgehoben. Das Bildungswesen war durchlässiger geworden, und die Mädchen holten langsam auf. Dennoch zogen Bildungspläne, Schullektüren und Lehrer weiterhin vor der geschlechtsspezifischen Arbeitsteilung den Hut. Das Lenor-Gewissen all jener meldete sich zu Wort, die die Mädchen von den bisherigen Benachteiligungen befreien wollten. Gutgemeinte Ratschläge

und neue Mädchen-Bildungstips sollten aus der pädagogischen Einbahnstraße hinausführen, überschwemmten die Zeitschriften für Schule und Erziehungswesen: »Wir müssen dem jungen Mädchen Möglichkeiten geben, damit sie sich mit den Lebensfragen der modernen häuslich und außerhäuslich tätigen Frau auseinandersetzen kann...« Bildung wird immer solange als ein Schlüssel zur Gleichberechtigung der Frau verstanden, wie sie die gesellschaftlichen Normen und Anforderungen erfüllt.

»Wesensgerechte Unterrichtung«

An allen höheren Bildungsinstitutionen waren Mädchen bis Ende der sechziger Jahre erheblich unterrepräsentiert. Sie bevorzugten die mittleren Ausbildungswege. 1961 stellten sie 52 Prozent aller Realschüler, und 1963 lag der weibliche Anteil an den Berufsfachschulen bei 65, an den Fachschulen bei 57 Prozent. Der Zugang der Mädchen zu den höheren Schulen war so konstant, daß sie dort 1964 mit 40,4 Prozent genauso stark vertreten waren wie 1950. Im gleichen Jahr waren sie unter den Abiturienten mit 37 Prozent dabei. Einige Jahre später, 1968, sah die geschlechtsspezifische Zahlenlandschaft kaum anders aus: 0,5 Prozent mehr Mädchen besuchten die Realschule, 43 Prozent das Gymnasium, die Reifeprüfung absolvierten sie mit einem Anteil von 39 Prozent, woraus folgt, daß auch an den Gymnasien die Abbruchquoten bei Mädchen deutlich höher lagen als bei Jungen.

Anfang der Sechziger kapitulierten acht Prozent der Jungen, jedoch elf Prozent der Gymnasiastinnen vor dem Abitur. Zum gleichen Zeitpunkt lag die Quote an den Universitäten weitaus höher: Nach einer Studie von Hannelore Gerstein gaben 35 Prozent aller Studentinnen ihr Studium vorzeitig auf. Die gesellschaftlich strukturierte Rolle der Frau, die Vorurteile, die ihr in den Institutionen entgegengebracht wurden, standen der Bildungsmotivation und dem Durchhaltevermögen entgegen.

In den Volks- und Realschulen herrschte die konventionelle Geschlechtererziehung teilweise noch bis in die siebziger Jahre hinein vor. Und dies, obwohl der Deutsche Ausschuß für das Erziehungs- und Bildungswesen bereits 1960 mahnend den pädagogischen Zeigefinger erhob und forderte: Mehr Naturwissenschaften und Technik in die Schule, weniger einseitige Mädchenbildung! Der wirtschaftliche und wissenschaftliche Fortschritt, so hieß es im Rahmenplan, erfordere mehr Flexibilität. Und weiter:

»Eine Schule, die ihre Schülerinnen auf die Bewährung in Leben und Beruf vorbereiten will, muß dieser Entwicklung Rechnung tragen. Die zunehmende Berufstätigkeit der Frau und ihre Gleichberechtigung werden die Unterschiede zwischen der Ausbildung der männlichen und weiblichen Jugend verringern. Dieser Tendenz muß man ihr Recht geben, ohne ihr zu verfallen.«

Die Schulpraxis allerdings war dieser Tendenz ganz und gar nicht verfallen. Differenziert nach Bundesländern, hing sie mal mehr, mal weniger dem Idealbild von der Frau an. Von einer gleichberechtigten Erziehung der Geschlechter konnte kaum die Rede sein, das wurde auch in den ministeriellen Grundsatzäußerungen in den Schulverfassungen und Bildungsplänen deutlich. Der Pädagoge Jürgen Zinnecker stellte nach seiner Durchforstung der Bildungspläne von 1955 bis 1967 fest: Kein Plan, in dem sich kein Hinweis auf eine »wesensgerechte« Unterrichtung der Geschlechter finden

Wicklerinnen auf einer »Berufskundlichen Ausstellung« 1964

läßt! In den Richtlinien für die Bildungsarbeit der Realschule (NRW; 1963) wird sogar auf einen besonderen Hang des weiblichen Geschlechts zum Biologieunterricht hingewiesen:

»Das Mädchen fühlt sich im biologischen Unterricht angesprochen in seiner natürlichen Anlage: Dem Leben zu dienen und alles, was Leben birgt, mit Verständnis, Liebe und Ehrfurcht zu hüten. Es soll hier die Verpflichtung erfahren, die in der weiblichen Seele eingesenkten Kräfte reinen Frauen- und Muttertums in seinen späteren Lebensbereichen, vor allem in seiner Familie, die sich in voller Verantwortung unter die Gesetze von Natur und Sittlichkeit gestellt weiß, zu bejahen und zu entfalten.«

An anderer Stelle wird apodiktisch festgestellt: Jungen sind für das Konstruktive, Mädchen hingegen für das Dekorative geeignet! Eine archaische Arbeitsteilung zwischen den Geschlechtern wurde auch dort aufrechterhalten, wo bei den Mädchen regelrecht Stunden gestrichen wurden. So hieß es 1969 für Hamburgs Realschulen: »In Klasse 9 sind für Mädchen vier Stunden Hauswirtschaftsunterricht vorgesehen. Sie erhalten in diesem Jahr keine Fachstunden für Physik und Chemie.«

Das gleiche Bild an den bundesdeutschen Volksschulen. 1967 empfehlen Richtlinien und Stoffpläne (NRW), auf die Eigenart und Lebensaufgabe der Geschlechter genügend Rücksicht zu nehmen. In Baden-Württemberg und Bremen hielt man bis in die siebziger Jahre an der geschlechtsspezifischen Bildung fest. Werkunterricht erhielten nur die Jungen, Hauswirtschaft die Mädchen. Für die Schülerinnen der 8. und 9. Klassen in Bremen war Physik und Chemie nur ein blinder Fleck auf dem Stundenplan. Dennoch behauptete die

Frauenenquête der Bundesregierung, daß »zwischen Jungen und Mädchen im Schulgesetz kein Unterschied gemacht wird«, eine Aussage, die 1970 vom Bundesbildungsministerium wieder zurückgenommen werden mußte.

Die Gymnasien jener Zeit: zur Hälfte gemischt, zur Hälfte nach Geschlechtern getrennt, mehr in privater Hand als unter öffentlicher Kontrolle, in einigen Bundesländern stärker unter dem Zepter der Konfessionen als unter staatlichem Einfluß. Häufiger als die Jungen waren die Mädchen auf private Oberschulen mit konfessionellem Charakter angewiesen. 1966 waren 32 Prozent aller Mädchenoberschulen gegenüber 21 Prozent aller Jungenschulen Hochburgen des Katholizismus. Die besonderen »weiblichen Eigenschaften« für das spätere Daheim und für das Arbeitsleben wurden auf den zahlreichen Gymnasialzweigen nicht nur inhaltlich durch eine separate Mädchenbildung, sondern auch durch die abschluß- und fachgebundenen Weiterbildungsmöglichkeiten gefördert (»Puddingabitur«). *Frauenoberschulen* berechtigten lediglich zum Studium an Musik-, Kunst- und pädagogischen Hochschulen sowie zur Bibliothekarsausbildung. Das *sozialkundliche Gymnasium* führte ebenfalls zur PH und bereitete für das Lehramt (in bestimmten Fächern) an Realschulen vor. Diese Gymnasialform existierte allerdings nur in einigen Bundesländern und war eine Aufbaustufe für die Absolventinnen der Realschule, der Berufsfach- und Berufsaufbauschule. Mit dem Abschluß an den *Gymnasien für Hauswirtschaft* konnte nur ein Studium der Ernährungswissenschaften und Hauswirtschaft in Bonn, Gießen und Aachen sowie an der PH aufgenommen werden. An den *sozialwissenschaftlichen Gymnasien* wurde in Theorie und Praxis auf ein eingeengtes Berufsspektrum vorbereitet: Soziale Einsätze sollten erste Einblicke in die Arbeitswelt vermitteln. Die Mädchen verrichteten Praktika in Krankenhäusern, Altenheimen und Kindergärten, also in den Institutionen des Erziehungs- und Sozialsektors.

Auch an den nicht nach Geschlechtern getrennten Gymnasien wurde geschlechtsspezifisch unterrichtet. Auf die besonderen Charakteristika des »weiblichen Wesens« nahm man z.B. noch 1963 in Baden-Württemberg Rücksicht: Männlein und Weiblein wurden im Abitur unterschiedlich geprüft!

Aufgaben für die Reifeprüfung

1963

I.

Vergleichende Bildbetrachtung:
P. Picasso: Mutter und Kind,
G. Rouault: Mutterschaft.

II.

„Es ist die Aufgabe der marxistischen Revolution, alle Schmerzen in der Welt zu beseitigen." (Lenin)
„Durch Schmerzen sind die Menschen reicher geworden als durch alle Freuden der Welt." (Stifter)
Erläutern Sie die beiden Aussprüche, und nehmen Sie Stellung dazu.

III.

„Vernunft und Wissenschaft sind des Menschen allerhöchste Kraft." (Goethe)
„Die dienende Liebe ist eine große Kraft. Sie ist die allergrößte Kraft, und ihresgleichen gibt es nicht." (Dostojewsky)
Untersuchen Sie die beiden Aussprüche, und nehmen Sie Stellung dazu.

IV.

Geben Sie die Gedanken der nachstehenden Texte (von Nietzsche und Kierkegaard) mit Ihren Worten wieder, und setzen Sie sich mit der Bewertung des Mitleids in diesen Texten auseinander.

Aufsatzthemen für Mädchen (Abitur 1963)

Die allmähliche Öffnung der Hochschulen

Im Sommersemester 1960 waren die deutschen Hochschulen noch wahre Männerdomänen. Gesellschaftliche und schulische Orientierungen zeigten ihre Wirkung: Frauen wählten in erster Linie typisch weibliche Studiengänge. Hoch im Kurs standen das Volksschullehramt, die Fächer an den philosophischen Fakultäten und das Medizinstudium. Die Studentinnen hatten es schwer! »Sie sind keine Forscher. Die Universität ist Männersache«, raunte ein Professor der Theologie und stieß mit seinen Kollegen in dasselbe Horn. Er indes hätte die Frau lieber in der Kirche als im Hörsaal

gesehen: »Wir Theologen leben von den Frauen. Sie gehen in die Kirche: als Gottes schlechteste Geschöpfe.«

In einer von Anger durchgeführten Befragung lehnten 24 Prozent der Professoren das Frauenstudium und 36 Prozent eine weibliche Professur grundsätzlich ab. Ihre Positivurteile: Die Studentin ist heiratswillig und fleißig, gewissenhaft und sorgfältig. Dem gegenüber stand ein breitgefächertes Repertoire von negativen Eigenschaften: Den Frauen fehlten Sachlichkeit, Urteilsvermögen, produktive Impulse, Intellektualität, Zielstrebigkeit etc. »Blaustrümpfe« und das Gerede vom »physiologischen Schwachsinn des Weibes« gehörten längst nicht der Vergangenheit an. Das Bild von der geistigen Inferiorität der Frau lebte fort! Männliche Studenten und ihre Professoren waren sich einig: Die deutsche Universität ist ein großer Heiratsmarkt. Eine damalige Studentin über ihre Erfahrung, wie das weibliche Geschlecht an der Uni gesehen wurde: »Sehr oft belustigt. Es heißt entweder: sie muß studieren, weil sie sowieso keinen Mann kriegt, oder: sie muß studieren, damit sie einen Mann kriegt!«

Noch zu Beginn der sechziger Jahre rangierte die Bundesrepublik von allen Ländern an viertletzter Stelle in bezug auf die Häufigkeit von Dozentinnen; es folgten lediglich Ecuador, Guatemala und Österreich. In den Anregungen des Wissenschaftsrates zur Gestaltung neuer Hochschulen, die im Mai 1962 verabschiedet wurden, wird den Studentinnen kaum Aufmerksamkeit geschenkt. Ein Problem allerdings wird breit erörtert: Das Wohnen in den Kollegienhäusern. Das Gutachten des Wissenschaftsrates plädiert für getrenntes Wohnen, da »das Zusammenleben eine psychologische Belastung mit sich bringen kann, die unnötig und störend ist. Geistige Zucht und Konzentration sind möglicherweise schwerer zu gewinnen und zu erhalten, wenn beide Geschlechter unter einem Dach wohnen.« Auf der anderen Seite weist der Rat daraufhin, »daß die Anwesenheit von Studentinnen sich positiv auf die Atmosphäre auswirkt und oft Verkrampfung entspannt«.

Jahre später, 1967, waren die Vorurteile zumindest auf studentischer Seite zurückgegangen. 72 Prozent der befragten Marburger Studenten bejahten das Frauenstudium, weil es der Gleichberechtigung diene. Eine Studentin kritisierte allerdings: »Die Hochschule ist daran schuld, wenn die Frauen seltener studieren und öfter scheitern als Männer.« Und für 40 Prozent der männlichen und 25 Prozent der weiblichen Studenten war die Uni noch immer ein Heiratsmarkt. Auch lehnten 56,7 Prozent der Männer und sogar 65 Prozent der Frauen eine Berufstätigkeit verheirateter Akademikerinnen mit Kleinkindern vehement ab. Die Antworten spiegeln das gesellschaftliche Bildungsdenken jener Jahre wider: Mehr Bildung auch für das weibliche Geschlecht. Doch hörte das Recht auf Berufstätigkeit und Qualifikation da auf, wo die »spezifisch weiblichen« Aufgaben begannen.

Im Wintersemester 1969/'70 studierten nach Angaben des Statistischen Jahrbuches 30,2 Prozent Frauen an den bundesdeutschen Hochschulen. Das waren nahezu acht Prozent mehr als noch neun Jahre zuvor! Wenn sich auch die Zahlenwerte geändert hatten, so war vieles am Eingang und Ausgang der sechziger Jahre gleich geblieben: Studentinnen bevorzugten – wie schon 1908 – die »frauenspezifischen« Fächer. Die meisten kamen aus Akademiker-, Beamten- und Selbständigenfamilien, die wenigsten aus den unteren Schichten. Und immer hatten sie alle eines gemeinsam: weder Subjekt noch Objekt von Wissenschaft zu sein.

Literatur

Die wichtigsten Aussagen, Vergleiche und Zahlen sind entnommen aus:
Herve, Florence: Studentinnen in der BRD. Eine soziologische Untersuchung. Köln 1973 (hier besonders die Angaben über die gymnasiale Ausbildung).
Pross, H.: Über die Bildungschancen von Mädchen in der Bundesrepublik. Frankfurt 1969.
Gerstein, H.: Studierende Mädchen. München 1965.
Borris, M.: Die Benachteiligung der Mädchen in Schulen der Bundesrepublik und in Westberlin. Frankfurt a.M. 1972.
Peisert, H.: Soziale Lage und Bildungschancen in Deutschland. München 1967.
Berger, I.: Frauenstudium in der Sicht von Studentinnen und Studenten. In: Neue Sammlung. Mai/Juni 1968. Heft 3. S. 270–282.
Laurien, H.-R.: Frauenbildung. Aufgabe und Chance in unserer Gesellschaft. In: Stimmen der Zeit, 179. Bd. 1967. S. 194–204.
Zinnecker, J.: Emanzipation der Frau und Schulausbildung. Weinheim/Basel 1972.
Nitsch, W. u.a.: Hochschule in der Demokratie. Berlin/Neuwied 1965.
Statistische Jahrbücher der Bundesrepublik Deutschland.

Constanze vertraulich

Eine Studentin klagt:

Die Männer lassen uns nicht an den Drücker

Liebe Constanze, Sie treten immer so schön für die Gleichberechtigung ein. In der Ehe, im Beruf, in der Politik, in der Öffentlichkeit, überall soll die Frau die gleichen Rechte und die gleichen Chancen haben wie der Mann. So steht es auch im Grundgesetz. Aber wie ist es in der Praxis?
Ich studiere im fünften Semester Betriebswirtschaft und weiß, wie es an den deutschen Hochschulen zugeht. Ich bin jetzt an der dritten Universität immatrikuliert. Überall das gleiche Bild: die Männer nehmen die studierenden Frauen nicht ernst. Bei den meisten gehört die Frau an den Herd. „Wissenschaftliche Arbeit ist Männersache", sagen sie. Moderne junge Männer haben Ansichten, die hundert Jahre alt sind. Zeigt eine Studentin Leistungen, die über dem Durchschnitt liegen, ist das nicht etwa Verdienst, sondern „Glückssache". Höchstes Lob bedeutet bereits das pomadige „Na ja, für ein Mädchen ganz gut."
Aber auch die Professoren haben sehr oft Vorurteile gegen studierende Mädchen. Mir hat einmal einer gesagt, als ich mich für die Fleißprüfung anmeldete, die man ablegen muß, um ein Honnefer Stipendium zu bekommen: „Warum studieren Sie, wenn Sie kein Geld haben. Werden Sie doch Sekretärin. Das ist ein ehrenwerter Beruf."
Was mich aber besonders traurig macht, ist die Erfahrung mit den Berufsaussichten. Die Männer lassen die Frauen auch im Beruf nicht an den Drücker. Nicht die Leistung entscheidet, sondern das Geschlecht. Ich weiß von fertigen Betriebswirtinnen, wie schwierig es ist, sich im Bankfach als Frau durchzusetzen. Die Aufsichtsratsposten verteilen die Männer unter sich. Dabei gibt es bestimmt genug Begabungen unter den Frauen. Bei uns im Seminar jedenfalls sind die Mädchen nicht unbegabter und erst recht nicht weniger fleißig als die Jungen.
Die Abneigung der Männer gegen die intellektuelle Frau sitzt so tief, daß sie selbst in der Liebe eine wichtige Rolle spielt. Ein Beispiel, das ich typisch finde: Eine junge, gut aussehende Psychologiestudentin ließ sich während eines Praktikums in einer psychiatrischen Klinik darauf ein, zusammen mit den unentwegt flirtenden jungen Ärzten einen Intelligenztest durchzumachen. Überraschend schnitt sie dabei weitaus besser ab als die männlichen Teilnehmer. Das bis dahin sehr umworbene Mädchen war plötzlich alle Bewerber los.
Wenn es nicht zur Überheblichkeit reicht, drücken sich die Männer vor den intelligenten Frauen. Die Männer wollen überlegen sein, darum scheuen sie die Konkurrenz.
Ich habe lange überlegt, ob es unter diesen Umständen viel Sinn hat, das Examen zu machen und die großen finanziellen und zeitlichen Opfer zu bringen, die das Studium fordert.

Liebe Studentin,

jeder vierte Studierende in der Bundesrepublik ist ein Mädchen. Im Sommer 1965 waren es 62 000 Studentinnen, heute sind es bereits einige Tausend mehr. Die Zahl der akademisch ausgebildeten Frauen wächst also von Jahr zu Jahr. Aber – da haben Sie leider recht – sie wächst gegen den Widerstand der Männer. Die intelligente Frau wird bei uns schlecht behandelt. Daran ändern auch einige Ausnahmen nichts, die gerade in letzter Zeit Aufsehen erregten. Wir denken an Frau Professor Becke, die von der Universität Heidelberg zur ersten Rektorin in der Bundesrepublik gewählt wurde, an Frau Clara Klabunde, die Präsidentin des Landesarbeitsgerichts Hamburg, oder an die Senatspräsidentin beim Bundesverwaltungsgericht Lotte Schmitt. Ausnahmen bestätigen die Regel. Und diese Regel hat Dr. Elisabeth Schwarzhaupt, Bundesministerin a. D., in die Worte gefaßt:
„Wir Frauen müssen das Doppelte leisten, um die Hälfte von dem zu erreichen, was die Männer schaffen."
Frau Professor Asta Hampe von der Universität Marburg sagt es deutlicher:
„Nur weil die Männer es allein nicht mehr schaffen, weil sie nicht mehr alle Posten mit hochqualifizierten Kräften besetzen können, holen sie vereinzelt auch Frauen in die Verantwortung. Freiwillig und gern tun sie das nicht."
Daß die Frau mitarbeitet, ist längst selbstverständlich geworden. Unsere Wirtschaft bräche zusammen, wenn plötzlich alle Frauen ihren Arbeitsplatz verließen. Also: Frauen als „Fußvolk" – ja. Aber die Macht, die Entscheidungen wollen sich die Männer nicht aus der Hand nehmen lassen. **„Als Ausnahme wird die erfolgreiche, intelligente Frau von Männern akzeptiert. Als Regel wollen sie sie nicht. Da ist sie ihnen unbequem und unheimlich"** – das ist die Erfahrung von Frau Dr. Lily Joens, der Vorsitzenden der Vereinigung von Unternehmerinnen in Düsseldorf. Daß es genügend tüchtige und für Führungsaufgaben qualifizierte Frauen in der deutschen Wirtschaft gibt, weiß niemand besser als Frau Dr. Joens. Von 9,5 Millionen berufstätiger Frauen in der Bundesrepublik sind mehr als 60 000 selbständige Unternehmerinnen. Sie beweisen, daß es der Frau weder an Intelligenz fehlt noch an Durchstehvermögen oder der Fähigkeit, Menschen zu führen. Wo der Frau ganz allgemein und pauschal diese Fähigkeiten abgesprochen werden, handelt es sich um ein Vorurteil. Da dieses Vorurteil uralt ist und sehr tief sitzt, kann man es nur schwer ausrotten. Wir fragten zum Beispiel leitende Herren der Deutschen Bank in Hamburg, warum es bei ihnen keine Frau auf dem Aufsichtsratsessel gibt. Dr. Walter Lippens meinte dazu: „Frauen haben meist ein sehr enges Verhältnis zum Geld. Und sie wachsen auch in den Banken immer mehr in wichtige Positionen hinein. Aber muß es denn gleich ein Aufsichtsratsessel sein? Welche Frau ist diesen Anforderungen denn gewachsen? Welche Frau hat soviel Autorität, soviel Kraft, sich durchzusetzen?"

aus: Constanze, 6/1967

Louise Saltenberger

Das Modell Twiggy – Ideal und Qual

Twiggy

I

»Hilfe, ich bin zu dick!«

Dieser Satz hing über meinen und meiner Freundinnen Teenager-Jahren. Da gab es das Photo einer spindeldürren, fernen Gestalt namens Twiggy in den Modezeitschriften zu bewundern. Und es galt, sich in die knallengen, wadenlangen Jeans hineinzuzwängen – natürlich erst außer Sichtweite des Elternhauses – und eine einigermaßen passable Figur in den Miniröcken abzugeben, um deren Länge wir millimeterweise mit unseren Müttern stritten. Da gab es nur eins: Bauch einziehen, Luft anhalten oder möglichst – abnehmen! Wann machen wir die nächste Abmagerungskur? Das war die zentrale Frage, die meine beste Freundin und mich über einige Jahre in Atem hielt.

Nicht daß wir tatsächlich dick gewesen wären – wir waren eben pausbäckige Vierzehnjährige mit etwas Babyspeck. Aber irgendwie erschien Dünnsein uns als das erstrebenswerteste Ideal, das Schönheit und Glück verhieß. So ließen wir keinen der auch noch so grotesk anmutenden Diätvorschläge aus: Wir wachten streng über jede einzelne Kalorie der Brigitte-Diät. Wir würgten tapfer die fade schmeckenden Zubereitungen der Mayo-Diät herunter. Bei der Atkins-Diät wurde peinlich genau jedes auch noch so versteckte Kohlehydrat vermieden (wir lernten sogar, Brötchen ohne Mehl zu backen!). Und wir waren uns nicht zu blöd, zwei Wochen lang nur von Bananen und weichgekochten Eiern zu leben. Unsere Mütter wunderten sich nur oder wurden ärgerlich wegen der ständigen »Extrawürste« bei den Mahlzeiten.

Wir schafften es immer – wenigstens ein paar Kilos. Aber ach, meistens schwanden unsere »Pölsterchen« an den falschen Stellen, z. B. die an den Hüften waren äußerst hartnäkkig, während frau am Busen immer zuerst abnahm. Und erst die Beine – die konnten sowieso nie dünn genug sein. Aber was noch schlimmer war: So schnell sie von uns gegangen waren, die feindlichen Pfunde, so schnell schlichen sie sich an den altbekannten Orten wieder ein. Kein Wunder – himmlisch schmeckten einfach die Pommes frites mit viel, viel Mayonnaise auf dem Nachhauseweg von der Schule vor dem Mittagessen oder auch eben mal ein Glas Nutella, besonders wenn man diese Köstlichkeiten so lange entbehren mußte. Es blieb eben nur eins übrig: die nächste Abmagerungskur.

II

Damals wußte ich noch nicht, daß es für solche Menschen, die sich wie wir besonders in den Twiggy-Jahren mit den ständigen Wechselfällen in ihrem Eßverhalten herumschlugen, einen Fachausdruck gibt: die sogenannten »dünnen Dicken«, übersetzt aus der amerikanischen Fachliteratur »thin fat people«, oder auf Medizin-Chinesisch Leute mit »latenter Fettsucht« bzw. »Gewichtsphobie«.

Das gierige Verlangen nach Nahrung und die Angst davor bzw. zwanghafte Abwehr des Essens – das sind die beiden Impulse, die die Grundlage jeder Eßstörung ausmachen. Je nachdem welcher der beiden Gegenspieler die Oberhand gewinnt, ergeben sich die unterschiedlichen Formen der »Dysorexien« mit den beiden Extremen Eßsucht (»Bulimarexie«) und Magersucht (»Anorexie«) an den beiden entgegengesetzten Enden der Skala.

Bei den sogenannten »dünnen Dicken« halten sich beide die Waage bzw. überwiegen starre Sicherheits- und Kontrollsysteme in Form von Diäten etc., die errichtet werden, um möglichst wenig Nahrung zu sich zu nehmen. Obwohl sie dünn aussehen, sind sie in ihrem Erleben den »Dicken« im Grunde ähnlich: Denn auch bei ihnen dreht sich alles Denken und Handeln ständig um Essen und Gewicht. Nahrung wird zur wichtigsten Angelegenheit im Leben – nur mit umgekehrten Vorzeichen.

Wenn die Nahrungsverweigerung extreme Ausmaße annimmt, können sie auch in der Magersucht landen: Zusätzlich spielen dabei meist »Entleerungsrituale« (willkürlich herbeigeführtes Erbrechen, Abführmittelmißbrauch) eine wichtige Rolle; sie sind mitverantwortlich für die extreme Abmagerung, die bis hin zum Tod führen kann.

Auch wenn diese selbstzerstörerischen Mechanismen bei »dünnen Dicken« längst nicht so ausgeprägt sind, haben sie mit den Magersüchtigen doch eines gemeinsam: die »Gewichtsphobie«, d.h. dünn sein wollen um jeden Preis! Glück und Lebensfreude werden sozusagen in Pfunden gemessen.

Paradoxerweise bewirkt dieser Kampf um Gewicht und Figur oft das genaue Gegenteil: Er wird immer mehr zur Zwangsjacke, alle anderen Antriebe und Energien der Be-

Twiggy gibt Schminktips

Fotomodell Penelope Tree

troffenen werden davon absorbiert. Am Ende dient er bestenfalls als Notlösung für ein ungelebtes Leben.

Dieses scheuklappenartige Ausgerichtetsein aufs Essen kann jedoch auch eine stabilisierende Schutzfunktion haben: Man ist der Auseinandersetzung mit der eigenen inneren als auch der alltäglichen äußeren Realität enthoben; Defizite und Erlebnislücken (vor allem im Bereich Sexualität, Aggression etc.) müssen nicht gespürt werden. Man kann sich vorgaukeln, auf nichts und niemanden angewiesen zu sein. Bei Magersüchtigen ist dieses Gefühl der Autarkie und Unabhängigkeit von anderen Menschen und anderen eigenen Bedürfnissen sehr ausgeprägt. In diesem Sinn kann auch die Verweigerung von Essen zur Ersatzbefriedigung werden.

Was zählt, ist dann nur noch, den Körper so zu manipulieren, daß er den vom Twiggy-Ideal oder wem auch immer diktierten Normen entspricht. Es ist, als ob »dünne Dicke« und Magersüchtige ständig vor einem imaginären Spiegel stehen bzw. sich mit den Augen eines Betrachters von außen im Hinblick auf die eine Frage beurteilen: Bin ich dünn genug? Jede Kurve und jedes überzählige Pfund wird feindselig zur Kenntnis genommen und als grotesk fett erfahren. Der eigene Körper kann nicht von innen heraus erlebt werden, er wird sozusagen nicht »bewohnt«.

Das kann bei Magersüchtigen so weit gehen, daß sie ihren Körper als abgespalten von sich, als nicht zu sich gehörig empfinden, bis hin zu dem Gefühl, unter dem Einfluß und der Kontrolle einer äußeren Macht zu stehen. Dieses Erleben ihrer selbst bleibt schließlich nicht mehr nur auf ihre Körperlichkeit beschränkt, sondern bestimmt ihre gesamte Persönlichkeit. Sie haben das klare Empfinden ihrer eigenen Identität verloren; es fällt ihnen schwer, ihre Gefühle und Bedürfnisse wahrzunehmen und danach selbstbestimmt zu handeln bzw. sich von anderen abzugrenzen. Aus dieser existentiellen Unsicherheit heraus kann die Manipulation des Körpers dann als Versuch angesehen werden, sich überhaupt noch irgendwie zu fühlen.

Aus Biographien von Magersüchtigen wird deutlich, daß sie offenbar schon früh gezwungen waren, auf ihre lebendigen Impulse zu verzichten. Bravheit war die dominierende Eigenschaft in ihrer Kindheit, sie waren lieb, leicht zu erziehen, immer zufrieden und vernünftig, das Bild der Lebensfreude. Die Konflikthaftigkeit dieser Rolle des sanftmütigen

Kindes kommt andererseits in kinderneurotischen Symptomen wie Angstträumen, Bettnässen etc. zum Ausdruck. Was dem Kind in seiner Entwicklung offenbar nicht gewährt wurde, war die Erfahrung, als eigenständiges Wesen betrachtet und geliebt und in seinem Selbstausdruck ernst genommen zu werden.

Dabei kommt den frühen Ernährungserfahrungen besondere Bedeutung zu. Grundlage für eine gesunde Entwicklung wäre dabei, daß die Mutter auf die kindlichen Äußerungen wie Hunger, Sättigung etc. angemessen reagiert und ihm damit das Recht auf die Besonderheit seiner Bedürfnisse zuerkennt. Ist die Mutter dazu nicht in der Lage – sei es aus eigener emotionaler Unsicherheit, Aggressionen, Schuldgefühlen etc., sei es, daß sie die Reaktionen ihres Kindes fortwährend falsch interpretiert – so wird das Kind die Wahrnehmung seiner inneren Signale »verlernen« und sich dem unterwerfen, was *die anderen* ihm über *seine* Erfahrungen sagen. Dies betrifft dann nicht nur das Empfinden physiologischer Zustände, sondern darüberhinaus die gesamte Entwicklung sowohl des Körperbewußtseins als auch des kindlichen Selbst in intellektueller, sozialer und emotionaler Hinsicht.

Dieser Lernprozeß ist bei Magersüchtigen (wie auch bei anderen Formen von Eßstörungen) als weitgehend mißlungen zu betrachten. Die elterliche Verachtung für die Gefühle und Bedürfnisse des Kindes, vor allem was den Ausdruck von Unzufriedenheit, Ärger, Zorn, Schmerz, Freude am eigenen Körper etc. anbelangt, spiegelt sich bei den Betroffenen später in der Verachtung und Manipulation des Körpers und dem Verlust der eigenen Lebendigkeit.

Dabei fällt auf, daß die oben geschilderten Entwicklungsbedingungen für die frühkindlichen Erfahrungen der meisten Frauen zutreffend sind. Daraus ließe sich ableiten, daß Magersucht eine geschlechtsspezifische Symptomwahl darstellt. Sicher ist es kein Zufall, daß es kaum magersüchtige Männer gibt. Dies legt die Hypothese nahe, daß die frauenspezifische Sozialisation – nicht nur zu Twiggy-Zeiten – *ein* Aspekt der Bedingungen ist, die Eßstörungen wie Magersucht zur Folge haben können – als Ausdrucksform eines mehr oder weniger unbewußten Kampfes gegen eine aufgezwungene Identität.

Halb verrucht, halb verführerisch schauen die Frauen des Winters 1960 aus hohen Pelzkragen und Samthüten

Keine Hüften — überspielt von Tonnenröcken

Kein Busen — versteckt unter Schlauchkleidern

Keine Taille — eingehüllt von Wickelmänteln

aber schräg drapiert Asymmetrie ist Trumpf

Stark geschminkte Augen und Schmachtlocken und schräge Linie – Mode 1960

Neu Anfang der 60er Jahre: Haarspray

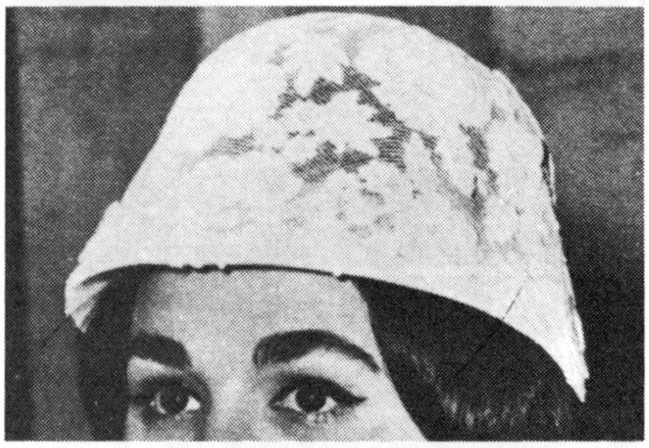

Modevorbild Farah Dibah

Eine Frau wie Jacqueline

John und Jackie — ein glückliches Paar

Der junge Präsident und seine fotogene Gattin führen seit acht Jahren eine Musterehe. Sie wurden zum Leitbild für hundert Millionen Zeitungsleser, die der Hollywood-Skandale überdrüssig sind. Darum lauern täglich Hunderte von Journalisten im Weißen Haus, um Neues über die Kennedy-Familie zu erfahren. Es hat sich herumgesprochen, daß der Präsident den Rummel um Jacqueline nicht gerne sieht: „Das State Department hat sich jede Reklame verbeten, die direkt oder indirekt auf die First Lady Bezug nimmt", erfuhr REVUE von einem Warenhausdirektor. Aber im freien Amerika läßt sich die Wirtschaft nicht so leicht einschüchtern: Jackie wird weiterhin kopiert — bis in Details wie die dreispurige Perlenkette (Bild rechts). Und auch die John-Kennedy-Frisur ist nicht mehr aufzuhalten.

Flotte Puppen für Korvette's Kaufhaus in New York: bei der starken Nachfrage können zur Zeit nur große Warenhäuser mit Jackies Ebenbild beliefert werden, das Abteilungsleiter Jimmy hier ins rechte Licht des Broadway-Schaufensters stellt

Modevorbild Jaqueline Kennedy: Jackie-Haare, Jackie-Hüte, Jackie-Taschen… Die First Lady wird zum Idol für Millionen Frauen in aller Welt

Mitte der sechziger Jahre begann der Minirock, die sensationellste Erfindung der englischen Modeschöpferin Mary Quant, seinen Siegeszug durch die Modewelt

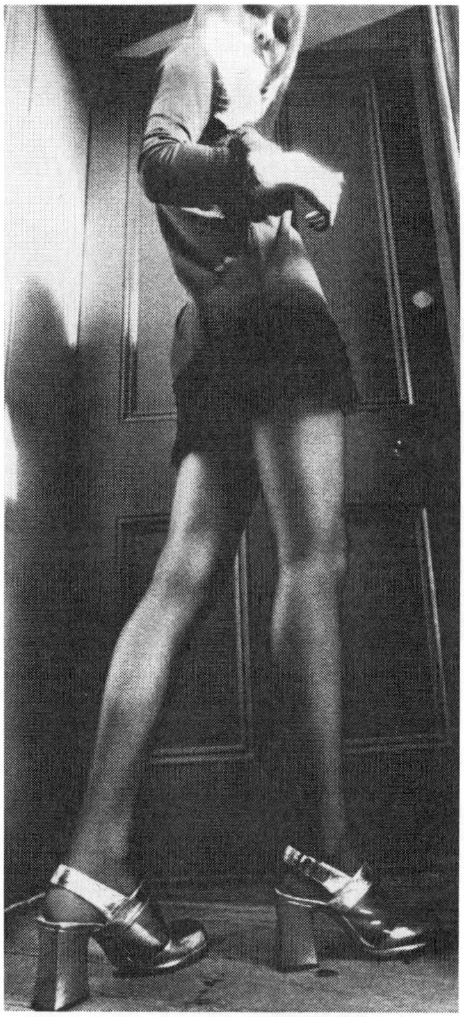

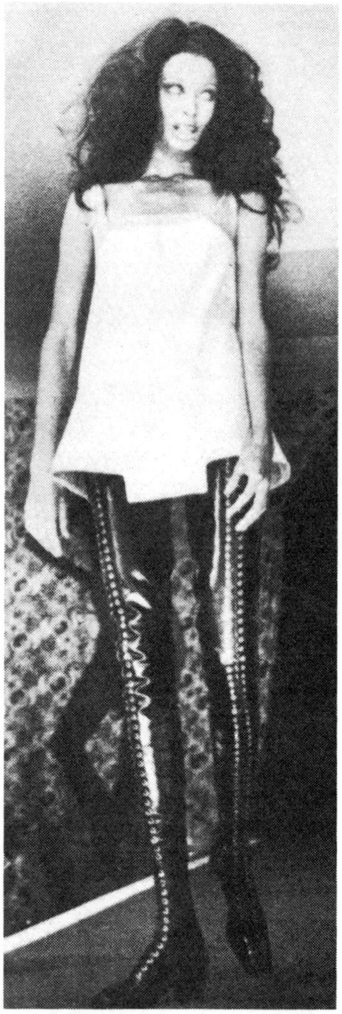

Im Gefolge
des Minirocks:
Klotz am Bein,
Sandalen
bis zum Knie,
Stiefel bis übers Knie

Im Gefolge des Minirocks: die Strumpfhose!

Fotomodell Veruschka

Kunststoffe für Haute Couture und Handtaschen – alles geht

Mini, Midi, Maxi – Ende der 60er Jahre sind alle Längen in

Jutta Röser

Auf der Sonnenseite des Lebens?

Constanze und Brigitte

»Wer CONSTANZE kauft, weiß, daß das Leben schön sein kann.« »Achtung! (...) BRIGITTE ist schnell ausverkauft!« »Die nächste CONSTANZE – ein Programm nach dem Herzen aller Frauen!«

Mit solchen und ähnlichen Sprüchen warben die Frauenzeitschriften der 60er Jahre für sich selbst. Sie buhlten sehr direkt um die Gunst der Leserinnen, denn es galt, die Millionen-Zielmarke zu erreichen.

Zwar bescherten die 60er Jahre der Gruppe der Frauenzeitschriften ungewöhnliche Erfolge – allein zwischen 1959 und 1963 stieg die verkaufte Auflage um 55 Prozent –, Vergleichswerte aus den USA und Großbritannien bewiesen jedoch, daß noch längst nicht alle Reserven ausgeschöpft waren. Dort entfielen 1964 auf je 1000 Einwohnerinnen über 500 verkaufte Exemplare von Frauenzeitschriften, während es in der BRD erst 165 waren. Zudem wuchs die Konkurrenz, seitdem sich auch allgemein-unterhaltende Illustrierte wie STERN, NEUE REVUE oder HÖR ZU sogenannter Frauenthemen annahmen. Springers HÖR ZU, schon damals die auflagenstärkste Illustrierte, erreichte mit 30 Prozent der weiblichen Bevölkerung pro Nummer mehr Frauen als irgendeine Frauenzeitschrift der damaligen Zeit.

Die Suche nach dem richtigen Rezept, um eine Millionen-Leserinnenschaft an sich zu binden, brachte den Frauenzeitschriftenmarkt in Bewegung: Zusammenlegungen, Neugründungen und Konzeptänderungen waren an der Tagesordnung. Einige Beispiele aus dem Bereich der unterhaltenden Frauenmagazine, um die es hier gehen soll, verdeutlichen diese Tendenz.

Konzentrationsprozesse

Begleitet von einer gigantischen Werbekampagne brachte der Constanze-Verlag 1964 »PETRA. Die Frauenzeitschrift ohnegleichen« mit einer Startauflage von 600000 Exemplaren auf den Markt. PETRA widmete sich ausschließlich Konsumthemen wie Mode, Schönheit, Haushalt, Wohnen, Reisen und versuchte damit den Marktführerinnen FÜR SIE und BRIGITTE nachzueifern. Vor allem die FÜR SIE hatte eine steile Aufwärtsentwicklung zu verzeichnen, und ihre verkaufte Auflage durchbrach 1967 als erste die Millionen-Grenze.

Die in den 50er Jahren noch recht erfolgreichen Frauen-Film-Zeitschriften überlebten das folgende Jahrzehnt nicht. Die FILM UND FRAU wurde zunächst umkonzipiert und erschien ab 1966 unter dem allgemeineren Titel DIE MODERNE FRAU. 1969 wurde sie schließlich der PETRA einverleibt. Ähnlich erging es der FILM-REVUE, die 1964 in der FREUNDIN aufging.

Ziel aller Fusionen war es, einen möglichst großen Teil der Leserinnen der eingestellten Zeitschrift auf das jeweils erfolgreichere Produkt desselben Verlags zu orientieren, um so die Auflage und damit auch die Rentabilität und die Anzeigengewinne zu erhöhen. Am Ende der 60er Jahre sollte sich zeigen, daß nur die Frauenzeitschriften überlebten, die Konsum und Beratung in den Mittelpunkt ihres Konzepts stellten.

So scheiterte auch die heute als »Sex-and-Crime-Blatt« bekannte PRALINE, die ihr Schwergewicht auf Unterhaltung gelegt hatte. 1969 wurde sie zu einem Blatt der Regenbogenpresse umgestaltet.

Im Kampf um die Marktanteile blieb auch die »große alte Dame« unter den Frauenzeitschriften, CONSTANZE, auf der Strecke. CONSTANZE war in den 50er Jahren zur erfolgreichsten Frauenzeitschrift avanciert. 1961 erreichte sie mit einer verkauften Auflage von über 600000 Millionen Leserinnen und Leser, so daß die Anzeigenkunden Schlange standen und auf Wartelisten gesetzt werden mußten. Daraufhin stellte der Verlag CONSTANZE auf wöchentliches Erscheinen um, was bei dieser Art Zeitschrift nicht üblich war und sich als Fehler erweisen sollte.

Im Inhaltskonzept änderte sich dadurch nicht viel: CONSTANZE blieb eine bunte Mischung aus Mode und Haushalt, Schicksalsgeschichten und Eheproblemen, Roman und Prominentenklatsch. Und bei allem war sie stets bemüht, keiner und keinem weh zu tun. Dies änderte sich, als im Februar 1967 mit Dr. Isberg ein neuer Chefredakteur das Ruder übernahm. Anlaß war die anhaltende Stagnation in der Auflagenentwicklung seit der Umstellung auf wöchentliches Erscheinen. Isberg sollte CONSTANZE jünger und lebendiger präsentieren, und dazu gehörte 1967 offenbar auch eine etwas kritischere Behandlung der Frauenrolle und der Partnerbeziehungen.

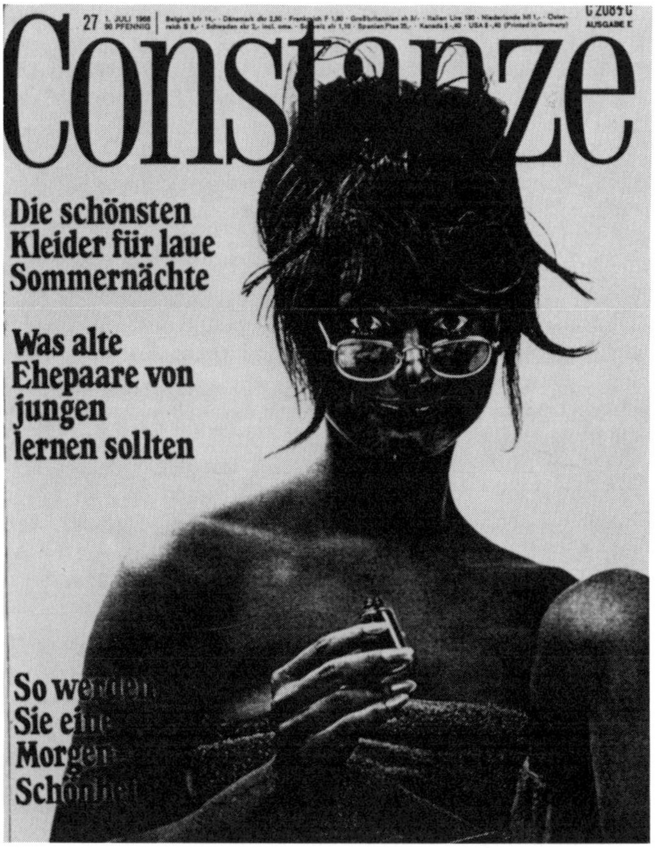

ein Baby im ungeeignetsten Moment zu kriegen. (...) Die Zukunft wird (...) für die Pille sein. Für die Freiheit von der Angst und die Freiheit zur Lust.«

Über Ehe und Scheidung:

»Ein Ehepartner darf nicht das ausschließliche Eigentum des anderen werden – also muß man die Scheidung erleichtern, nicht erschweren. (...) Die deutsche Einstellung zur Ehe ist verkrampft durch Strafe, Zwang und Pathos.«

Über Hausfrauen:

»Die Hausfrau (...) ist vom Mann abhängig, der geizig oder großzügig sein mag. Gleichgültig, ob er sie in einem goldenen Käfig hält oder wie eine Sklavin schuften läßt, sie ist ihm ausgeliefert.«

Jürgen Isberg
Chefredakteur

Gehet hin und mehret Euch!

Liebe Leser,

die Freiheit kostet fünf Mark dreißig. Im Monat.

Ihr Name: Anti-Baby-Pille. Sie ist die Freiheit von der Angst, ein Baby im ungeeignetsten Moment zu kriegen. Als Curt Goetz zur Welt kam, soll sein Vater zu seiner Mutter gesagt haben: „Was wir wirklich gebraucht hätten, wäre eine Kommode fürs Wohnzimmer gewesen."

Aber vom Scherz zur Tragödie ists nur ein kurzer Schritt. Ein Baby, unehelich geboren, ist bei uns ein Anlaß, Himmel und Hölle in Bewegung zu setzen. Wo wäre unser Nationalepos, der Faust von Goethen, wenn Gretchens Tugend nicht gefallen wäre? Nun gut, nicht jedes Mädchen fällt so rein. Aber die Tugend, nach G. B. Shaw die Gewerkschaftsbewegung der Verheirateten, hats mit der Pille noch leichter, unbeschrieen davonzukommen.

Und der Staat, der die Tugend hütet und die Laster bekämpft, kann der Unzucht, wie die Liebe auf Gesetzesdeutsch heißt, gelassener ins Auge sehn. Zwar: Wer keine Laster hat, hat auch keine Tugenden, aber welcher Gesetzgeber weiß das schon? Und so ist es denn wieder eine Lust, ganz Mensch und ohne Angst zu sein, seitdem es die Pille gibt — wenngleich die Moralisten behaupten, zweckentfremdete Lust sei gar nicht mehr so lustig.

Kommodenersatz Goetz frohlockte über sein Dasein, als er sagte, die Lust sei eine Erfindung der Schöpfung zur Erhaltung der Art. Sie gehorche Gesetzen, die oft zu den Gesetzen in Widerspruch stünden. Aber im Ernstfalle siege der Schöpfer.

Und dieser Ernstfall wird Gott sei Dank immer wieder eintreten, wenn auch nicht zur Erhaltung der Art. Denn die Menschheit wird nicht von der Ausrottung bedroht, sondern von einer gigantischen Bevölkerungsexplosion. Nur wenn die Inderinnen heute die Pille bekommen, müssen morgen nicht Millionen indischer Kinder sterben, Hungers sterben. Und selbst die Bundesrepublik stünde vor unlösbaren Aufgaben, wenn nicht in jedem Jahr eine Million Abtreibungen stattfinden würden.

Dennoch verhalten sich Staat und Kirchen der Pille gegenüber neutral bis feindlich. Constanze schickte eine junge Studentin zu einer Familienberatungsstelle. Sie sollte versuchen, ein Rezept für die Pille zu bekommen. Statt dessen bekam sie von einer älteren Dame Ermahnungen zur Enthaltsamkeit und die Zusicherung, in deren Gebet eingeschlossen zu werden — ein fragwürdiges Verhütungsmittel, denke ich. Alte Leute geben eben gern gute Ratschläge, wenn sie nicht mehr in der Lage sind, selber schlechte Beispiele zu geben.

500 000 bundesdeutsche Frauen nehmen die Pille, zehn Millionen sind es in der ganzen Welt, allein in Amerika fünf Millionen. Aber erst wenn es ein paar hundert Millionen Frauen geworden sind, die ohne Angst leben müssen, werden wir vielleicht davonkommen ohne den Hungertod von Millionen oder ohne die Bombe, die dem Übergewimmel ein schreckliches Ende macht. Denn die Formel von der Erhaltung der Art ist beim Menschen ins Gegenteil umgeschlagen; nur wenn er seine Zeugungskraft überlistet, wird er überleben.

Gehet hin und mehret Euch — aber nur bis zu einer vernünftigen Grenze. Sicherlich gibt es auch Argumente gegen die Pille. Sie haben in unserem neuen Constanze-Roman einen Arzt kennengelernt, der grundsätzlich dagegen ist. Und er ist nicht der einzige. Aber die Zukunft wird gegen ihn sein und für die Pille. Für die Freiheit von der Angst und die Freiheit zur Lust.

Mit fünf Mark dreißig sind Sie dabei.

Kommentar des Chefredakteurs Jürgen Isberg (17/1967)

Ein bißchen Gleichberechtigung...

Die partnerschaftliche Ehe wurde zum Vorbild erhoben und der Leserin in einer Serie über Schweden vorgeführt:

»Ehe auf schwedisch, das heißt Partnerschaft. Der Mann soll zwar kein Pantoffelheld sein, aber wenn er bei der Hausarbeit nicht mithilft, dann schiebt die Ehefrau ihn ab.«

Und zum Problem der Doppelbelastung wurde verglichen:

»Jede jüngere schwedische Frau hat einen Beruf gelernt. Das ist für uns nichts Besonderes. Aber die Mehrzahl übt ihn auch aus – trotz Ehe und Kinder. Dieser kompromißlosen Wandlung im Leben der berufstätigen Ehefrau haben sich die Männer voll angepaßt. Dagegen sind in Deutschland die Frauen doppelt eingespannt, weil die Männer ihnen außer dem Beruf ganz einfach noch den Haushalt zumuten. (...) Der deutsche Ehemann hat im Grunde nichts dagegen, daß seine Frau mitverdient. Trotzdem läßt er sich ab fünf Uhr abends wie gewohnt als Pascha bedienen. So ist aber die berufliche Emanzipation nicht zu meistern.«

Im Zuge größerer sexueller Freizügigkeit erschienen auch in CONSTANZE tolerante Beiträge über die Pille, voreheliche Geschlechtsverkehr und sogar über Abtreibung.

Ungewöhnlich deutliche Worte sprach der neue Chefredakteur in einigen seiner Kommentare, die im ersten Jahr regelmäßig neben dem Inhaltsverzeichnis die Hefte einleiteten.

Über die Pille:

»Die Freiheit kostet fünf Mark dreißig. Im Monat. Ihr Name: Anti-Baby-Pille. Sie ist die Freiheit von der Angst,

Doch auch für Isberg endete die Emanzipation bei der Kinderfrage, denn »Kinder zu gebären, zu behüten und aufzuziehen, ist Sache der Frau. Und niemand wird sie ihr abnehmen können.« Damit lagen er und CONSTANZE durchaus im Trend des Jahrzehnts. Den Frauen wurden mehr Partnerschaft und ein Beruf zugestanden, aber die Rollenverteilung blieb die alte und die Zauberformel hieß 3-Phasen-Modell, Teilzeitjob oder Heimarbeit.

Aufgeräumt wurde immerhin mit der Mär vom geistig minderbemittelten weiblichen Geschlecht. »Dumm bleiben, um zu heiraten?« fragte CONSTANZE und fuhr fort:

»Werden Sie auch so oft für dumm verkauft? Gehen Ihnen die Männer aus dem Wege, weil Sie gern diskutieren und mitreden? Hält man Sie für unweiblich, weil Sie Verstand beweisen? Trösten Sie sich: So wie Ihnen geht es den meisten Frauen, die zeigen, daß sie nicht doof sind...«

Und eine Studentin, die in einem Brief von den Diskriminierungen im Studium berichtete, unterstützte CONSTANZE: »Die intelligente Frau wird bei uns schlecht behandelt.« Die Zeitschrift selbst vertrat die Ansicht, daß »jede Begabung, egal ob sie in Hosen oder Röcken herumläuft«, gebraucht würde.

...ein bißchen Mode

Auch wenn die angeführten Beispiele es manchmal nahezulegen scheinen: CONSTANZE wurde unter Isberg bei weitem kein »Emanzen-Blatt«. Die erwähnten Beiträge machten selbst im besten Fall keine 5 Prozent der 100-Seiten-Hefte aus. Geprägt blieb die Zeitschrift weiterhin von den »klassischen Frauenthemen«. Allein Mode, Schönheit und Haushalt beanspruchten über 40 Prozent des redaktionellen Teils. Da mag es teilweise sogar Erstaunen hervorgerufen haben, wenn vorne mit der traditionellen Frauenrolle abgerechnet wurde, um weiter hinten unter der Überschrift »Schenken Sie Ihrem Mann eine neue Frau« die schönsten Perücken vorzustellen.

Isbergs Konzept konnte die Stagnation der Auflage jedenfalls nicht durchbrechen, was im September 1968 zu seiner Ablösung führte. Die Presse wertete den Weggang Isbergs damals vielfach als gescheitertes Experiment einer emanzipatorischen Frauenzeitschrift, was aus heutiger Sicht eher als Fehlinterpretation gesehen werden muß. Erstens war CONSTANZE keine emanzipatorische Frauenzeitschrift. Zum zweiten: Auch wenn die seltenen Verbalradikalitäten einen Teil der Leserinnen vor den Kopf gestoßen haben mögen, so ist hier trotzdem nicht die unmittelbare Ursache für die Auflagenstagnation nachzuweisen. Den Durchbruch der CONSTANZE verhinderten in erster Linie die wöchentliche Erscheinungsweise, die die Kapazitäten der Leserinnen und Anzeigenkunden überstieg, sowie die immer noch nicht ausreichende Beratung zu Mode- und Konsumfragen, die nach der Untersuchung von Ingrid Langer ein wesentliches Erfolgskriterium für Frauenzeitschriften der 60er Jahre darstellte.

Allerdings wurde durch die Tatsache, daß eine Frauenzeitschrift zu diesem Zeitpunkt ein modernisiertes Frauenbild zu präsentieren versuchte, der sich vollziehende gesellschaftliche Wertewandel im Hinblick auf die Frauenrolle zumindest angedeutet.

Dem – inzwischen umbenannten – Gruner und Jahr Verlag können in Anbetracht von Isbergs Nachfolger in dieser Hinsicht allerdings keinerlei Ambitionen nachgesagt werden. Mit Ewald Struwe, den der Verlag für 150000 DM Abstand von der NEUEN REVUE abwarb, wurde eine 180-Grad-Kehrtwendung der CONSTANZE eingeleitet.

Auf der Sonnenseite des Lebens

Struwe hatte die NEUE REVUE mit Oben-ohne-Fotos und Oswald-Kolle-Aufklärung zur Millionen-Auflage gebracht. Sein Konzept für CONSTANZE las sich in der Eigenwerbung der Zeitschrift wie folgt:

CONSTANZE will Ihnen (...) die Sonnenseiten des Lebens ins Haus bringen. In diesem Programm haben Krieg, Tod und Brutalität keinen Platz. Optimistisch sein und Optimismus schenken – das will die neue CONSTANZE.«

CONSTANZE wurde von heute auf morgen zur reißerischen Illustrierten, vergleichbar mit der Machart der NEUEN REVUE von heute. Prominentenklatsch, Skandalgeschichten (»Es gibt nichts über Jackie und Onassis, was Sie nicht in CONSTANZE lesen«) und Sex-Artikel (»So lieben Deutschlands frühreife Töchter«) füllten von nun an die Spalten der traditionsreichen Zeitschrift. Obwohl Struwe selbst behauptet hatte, er könne »jedes Thema auf eine Frau quälen«, und CONSTANZE anfangs der Untertitel »Das aktuelle Frauen-Magazin« beigegeben wurde, trat der spezifische Frauenzeitschriftencharakter weit in den Hintergrund.

Die Schlagzeilen einer Titelseite 1968:

»Nur in Constanze!
Warum die schöne Jana sterben mußte
Kinder des Millionärs enthüllen Mord-Drama von München
Frisuren und Make-up
In 35 Minuten schön fürs Fest
Scheidungs-Affäre in Bremen
Mit Mini-Spion eigene Frau belauscht«

Obwohl 1969 die allzu reißerische Aufmachung zurückgenommen wurde, blieb Struwe der Erfolg versagt, wozu man die (ehemaligen) CONSTANZE-Leserinnen nur beglückwünschen kann. Als 1969 ein Viertel der Auflage unverkauft blieb, war der Tiefpunkt erreicht. Ohne größere Ankündigung ließ der Gruner und Jahr Verlag CONSTANZE im Dezember 1969 in der erfolgreicheren BRIGITTE aufgehen, die dadurch zur führenden Frauenzeitschrift wurde.

BRIGITTE weiß (besser), was Frauen wünschen

BRIGITTE hatte ein Schattendasein als Hausfrauenblatt geführt, bevor sie 1957 vom Constanze-Verlag übernommen und zu einer konsum- und beratungsorientierten Zeitschrift für junge Frauen umgestaltet wurde. Ihr Konzept, das ihr in den 60er Jahren eine stetige Aufwärtsentwicklung sicherte, läßt sich auf einen Nenner bringen: Beratung in allen weiblichen Lebenslagen, als da wären Mode, Kosmetik und Kochen. Die entsprechenden Rubriken sind uns zum Teil bis heute erhalten geblieben: »Machen Sie das beste aus Ihrem Typ«, »Der Diät-Klub«, »Das BRIGITTE-Modell«, »Was koche ich morgen«.

1965 brachte BRIGITTE in drei Monaten (April – Juni) keinen einzigen Beitrag zu politischen und Berufsfragen. Meinungsbildende Beiträge finden sich lediglich unter der Rubrik »BRIGITTE-Stammtisch«, in der jeweils sechs Männer Themen wie »Sind die Frauen zu leicht zu haben?« oder »Bademode – wie Männer sie sehen« diskutierten. Der anschließende BRIGITTE-Kommentar erklärte den Leserinnen, welche Schlußfolgerungen sie für ihr eigenes Verhalten zu ziehen hätten.

Einzige Ausnahme von dieser Abstinenz in gesellschaftspolitischen Fragen war ein Brief einer Hausfrau mit drei Kindern, den BRIGITTE zur Diskussion stellte. Diese wollte mit Hilfe einer Kinderfrau und mit Zustimmung ihres Mannes ein Studium beginnen, hatte aber wegen der Kinder ein schlechtes Gewissen und fragte: »Geht den Kindern etwas ab, wenn ich mich für ein Studium entscheide?«

Ungewöhnlich viele Leserinnen beschäftigten sich laut BRIGITTE mit dieser Frage und – lehnten ab!

»Ich finde, die junge Frau hat zuwenig zu tun. Sie sollte ihre Zugehfrau fortschicken und alle Arbeiten selber tun, dann ist sie abends so befriedigt und innerlich ausgefüllt, daß sie keinen Gedanken mehr an das zukünftige Studium verschwendet. ... ebenso denkt mein Mann.«

Oder:

»Immer wieder stelle ich mit Erstaunen fest, wie vielfältig und abwechslungsreich der Beruf der Hausfrau und Mutter ist. Wo hat man sonst so viel eigene Verantwortung...«

Und eine weitere Zuschrift:

»Ich rate Ihnen ganz eindringlich ab, ein Studium zu beginnen. Für Studium oder Kinder hätten Sie sich entscheiden müssen, als noch keine Kinder da waren, jetzt ist es zu spät.«

Positive Reaktionen stellten damals noch eine absolute Ausnahme dar, so daß die Zeitschrift offenbar nicht ganz grundlos solch umstrittene Themen mied.

Vier Jahre später, 1969, hatte sich das geändert. BRIGITTE hielt weiterhin konsequent an ihrem Beratungskonzept fest. In diesem Rahmen wurden jedoch Themen abgehandelt, die einen gesellschaftlichen Wertewandel abbildeten, der auch in einer traditionellen Frauenzeitschrift Spuren hinterließ. Dies betraf nicht nur Beiträge wie »Die große Krise: Seine Kommune lehnt mich ab« oder »Mein Freund gehört zum SDS«, die einen heute schmunzeln lassen.

Es findet sich eine neue Rubrik, in der regelmäßig Berufe vorgestellt wurden. Darüberhinaus wurde BRIGITTE aber auch selbst initiativ.

»Zurück in den Beruf?«

Sie startete eine Fragebogenaktion »Zurück in den Beruf?«, die ein ungewöhnlich großes Echo fand. Die Zeitschrift fragte die Hausfrauen unter ihren Leserinnen:

»– Welche Möglichkeiten haben Frauen nach längerer Berufspause, wieder berufstätig zu werden?
– Wollen Sie das überhaupt?
– Welche Wünsche haben Sie in bezug auf das Berufsleben?«

Über 7000 Frauen schickten den zwei Seiten langen Fragebogen ausgefüllt zurück, 93 Prozent von ihnen wollten wieder berufstätig werden.

»... weil die drei ›K‹ (Kinder, Küche, Kirche), auf die manche Leute die Frauen auch heute noch am liebsten beschränken, beschränkt machen – und das lasse ich mir nicht gefallen.«

»Der Beruf bringt zwar Mühsal mit sich, aber er schafft auch Anregungen, bietet Entwicklungsmöglichkeiten und gibt das Selbstbewußtsein zurück, das mit dem Staubtuch ausgeschüttelt wurde.«

»Das Leben einer hauptberuflichen ›Gattin und Mutter‹ erwachsener Familienmitglieder ist ein Leben aus zweiter Hand.«

So der Tenor der fast ausschließlich zustimmenden Leserinnenbriefe. Ihre Meinung war damals noch nicht die Mehrheitsmeinung bundesdeutscher Frauen, wie einer von BRIGITTE zitierten Untersuchung zu entnehmen ist. Aber die Anzahl stark berufsinteressierter verheirateter Hausfrauen betrug schon etwa zweieinhalb Millionen. Die Gründe der BRIGITTE-Leserinnen: 70 Prozent wollten mehr unter Menschen kommen, 52 Prozent hatten Freude an ihrem erlernten Beruf, 50 Prozent fühlten sich vom Haushalt nicht ausgefüllt.

Nur: vom Wunsch zur Tat war ein steiniger Weg zurückzulegen. »Wir würden wieder arbeiten, aber wohin mit den Kindern?« So klagten die Leserinnen über fehlende Kindergartenplätze, ganz zu schweigen von Betriebskindergärten und Ganztagsschulen, die zu den Raritäten zählten. Problem Nr. 2 war die Arbeitszeit. Die Hälfte der Frauen suchte Teilzeitarbeitsplätze, die sie zwar als Putzfrau, aber kaum in qualifizierten Berufen bekommen konnten. Probleme mit dem Ehemann oder dem Bekanntenkreis wurden erwähnt, traten aber angesichts dieser Hindernisse in den Hintergrund.

BRIGITTE reagierte ihrem Konzept entsprechend: sie beriet. Nachdem die Redaktion festgestellt hatte, daß es nirgendwo Untersuchungen darüber gab, »was Frauen tun können, die wieder arbeiten möchten«, trug die Zeitschrift die Informationen selbst zusammen und veröffentlichte sie als groß angelegte Serie in Heft 18 bis 22. Weiterbildungsmöglichkeiten durch Arbeitsämter oder Fernstudium, Finanzierungshilfen und »Berufe für Frauen über 30« wurden vorgestellt, und auch Beispiele, wie die Berufstätigkeit mit den Familienpflichten zu vereinbaren sei. Denn die Verantwortung der Mutter für ihre Kinder wurde an keiner Stelle relativiert. Und die Mutter von Kleinkindern sollte natürlich »nach Möglichkeit ganz zu Hause bleiben«.

Ein Ratschlag für jede Lebenslage

Es sticht ins Auge, daß BRIGITTE gesellschaftspolitische Themen, wie hier Probleme der weiblichen Berufstätigkeit, genauso wie Mode-, Schönheits- und Liebesfragen behandelte: Sie lieferte Ratschläge und Verhaltensmaßregeln und suggerierte der Leserin, jedes Problem – egal ob unreine Haut oder Diskriminierung weiblicher Berufstätigkeit – sei durch private Initiative zu lösen. Themen, die auf diese Art nicht zu behandeln sind wie z. B. die Politik, wurden ausgespart – eine Strategie, die bis heute praktiziert wird. Offensichtlich kam BRIGITTE damit weitaus besser an als CONSTANZE mit ihren verbalradikalen Kommentaren, die die Leserin wohl eher ratlos zurückließen.

BRIGITTE erreichte 1969 erstmals eine Auflage von über 1 Million Exemplaren. Nach der Fusion mit CONSTANZE stieg diese noch einmal sprunghaft auf 1,4 Millionen an und machte »BRIGITTE mit Constanze« zur Marktführerin vor FÜR SIE. Nur zwei weitere unterhaltende Frauenzeitschriften hatten den Konzentrationsprozeß der 60er Jahre überlebt: PETRA und FREUNDIN, die beide ein ähnliches Inhaltskonzept wie das hier beschriebene vorwiesen. Von da an sollte es noch einige Jahre dauern, bis auch emanzipatorische Zeitschriften wie EMMA und COURAGE ihr Publikum fanden.

Alle Angaben zur Entwicklung auf dem Frauenzeitschriftenmarkt sind entnommen:
Langer-El Sayed: Frau und Illustrierte im Kapitalismus. Köln 1971.
Lott, Sylvia: Die Frauenzeitschriften von Hans Huffsky und John Jahr. Zur Geschichte der deutschen Frauenzeitschrift zwischen 1933 und 1970. Berlin (West) 1985. S. 533–611.

Ditta Behrens

Pop, Happening und Fluxus

Künstlerinnen in den 60er Jahren

»Künstlerinnen in den 60er Jahren? – Gibt es nicht! Nie gesehen, wo denn?« So oder ähnlich könnte eine Unterhaltung zu dieser Frage ablaufen. Und doch ist der Eindruck, den die Museen heute vermitteln und der bei der Durchsicht von Ausstellungskatalogen aus den 60er Jahren bestätigt scheint, falsch. Frauen arbeiteten in allen Bereichen der bildenden Kunst von der Malerei und Bildhauerei bis zur Happening- und Fluxusbewegung. Aber sie wurden – und das ist der springende Punkt – weder in den großen noch in den kleinen Ausstellungen in angemessener Weise berücksichtigt. So waren auf der documenta 1964 in Kassel in den Bereichen Malerei und Skulptur Werke von 217 männlichen Künstlern, aber nur acht Künstlerinnen zu sehen.[1]

Die Gründe hierfür liegen in der Engstirnigkeit einer Gesellschaft, die die Frau nur als Hausfrau und Mutter sehen wollte, obwohl sie längst in anderen gesellschaftlichen Bereichen – wie auch im Kunstbetrieb – wichtige und gute Arbeit leistete. Interessant ist in diesem Zusammenhang, was die New Yorker Kunstkritikerin Lucy Lippard rückblikkend über ihr eigenes Verhalten in den 60er Jahren schreibt:

»Obwohl ich selbst einmal die Frau eines Künstlers war und als solche genug Erlebnisse hatte, die mich in Rage versetzten, bin ich trotzdem weiterhin in die Ateliers von Künstlern gegangen, um dort die Kaffee servierenden und in einer Ecke des Raumes ihres Mannes oder im Schlafzimmer oder in der Küche arbeitenden Künstlerinnen entweder nicht zu beachten oder herablassend zu behandeln.«[2]

Sie verhielt sich nicht anders als ihre männlichen Kritikerkollegen, was zeigt, wie tief die rollenspezifischen Vorurteile sogar bei den Frauen selbst verankert waren. Lucy Lippard schloß sich 1970 der Frauenbewegung an und wurde eine der wichtigsten feministischen Kunstkritikerinnen in den USA.

Kunst ist auf Öffentlichkeit angewiesen. Wird sie – wie oft bei Künstlerinnen – nicht hergestellt, dann entsteht ein Eindruck von der Kunstszene, der falsch ist, bestehende rollenspezifische Vorurteile aber bestätigt. Diese Vorurteile bewirken wiederum, daß die Werke von Künstlerinnen nicht nur in einem geringeren Maße von Galerien vertreten und von Museen angekauft werden, auch in den Kunstzeitschriften und Feuilletons sind sie wesentlich weniger präsent. Das bedeutet, die finanzielle Lage der Künstlerinnen ist schlechter als die ihrer männlichen Kollegen, ihre Bilder kosten weniger und haben einen geringeren Wertzuwachs, was sie für Sammler uninteressanter macht. Nicht umsonst sind in den USA Anfang der 70er Jahre eine ganze Reihe von feministischen Kunstzeitschriften und Galerien entstanden, um die Lage der Künstlerinnen zu verbessern.

Wichtig ist natürlich auch, wie und was über die Frauen geschrieben wird. »Marisols Kunst ist eine hochgezüchtete, theatralische Volkskunst, in der sich deutlich ihr eigenes schönes Gesicht spiegelt«, schreibt abfällig Lucy Lippard noch 1966, und reduziert so mit einem Seitenhieb auf ihre vermeintliche weibliche Eitelkeit Marisols Arbeit auf gefälliges Kunstgewerbe. Hans Strelow kann es sich in seinem Katalogvorwort zu einer Ausstellung Niki de Saint Phalles nicht verkneifen, diese vertraulich Niki zu nennen (man stelle sich das mal mit Pablo vor!), und auch hier darf der Hinweis auf das Aussehen der Künstlerin nicht fehlen. In locker väterlichem Ton schreibt er: »heute trägt die zarte, schlanke und dadurch größer wirkende niki weite hosenanzüge und lange kostüme von marc bohan bei dior.«[3]

Indem auf diese Weise über die Kunst von Frauen geschrieben und ständig auf das Geschlecht der Künstlerin Bezug genommen wurde, anstatt das Werk zu analysieren, wurde dieses nicht ernstgenommen und marginalisiert.[4] Eine Veränderung tritt erst ein, als sich Künstlerinnen Ende der 60er Jahre in den USA der entstehenden zweiten Frauenbewegung anschließen und für ihre Rechte kämpfen. Dennoch gelten eine Vielzahl der hier gemachten Aussagen auch heute noch.

New York hatte nach dem zweiten Weltkrieg Paris als Zentrum der westlichen Kunstszene abgelöst. Hier entstanden die entscheidenden Innovationen im künstlerischen Bereich, die bis nach Europa überschwappenden Kunstströmungen, und hier lebten die berühmten Künstler, an deren Werk man sich orientierte. Drei Kunstströmungen sind für die 60er Jahre als herausragend zu nennen: die Pop Art, die Happening- und die Fluxusbewegung. Das große Thema dieser Kunstrichtungen war der Wunsch, eine größere Identität von Kunst und Leben herzustellen. Die Pop Artisten versuchten dies, indem sie Gegenstände des Alltags in ihrer Arbeit darstellten oder direkt integrierten. So malte Tom Wesselmann einen VW Käfer und nannte das Bild »Landschaft Nr. 2«, Robert Rauschenberg verwendete 1955 sein Bettzeug als Ersatz für die fehlende Leinwand in dem Bild »bed« und löste damit heftige Kontroversen aus.

Es gibt zwei Künstlerinnen, die man der Pop Art zurechnen könnte, Marisol Escobar, die sich Marisol nennt, und Niki de Saint Phalle.

Marisol

Marisol verwendet als Material für ihre mehrteiligen Skulpturen neben Holz und Polyester Tische, Stühle, Tonnen, Fotos, Handtaschen und vieles mehr. Die Skulpturen bestehen sowohl aus realistisch abgeformten Gegenständen als auch aus nur in ihren Umrissen wiedergegebenen Teilen, wobei letztere oft durch eine realistische Bemalung vervollständigt werden. Die Fundgegenstände akzentuieren und ergänzen in witziger und ironischer Weise die Arbeit, wie z. B. die Schleife auf dem Kopf des kleinen Mädchens oder die Handtasche einer der Frauen in der Gruppe »Frauen mit Hund« von 1964.

Eines ihrer Hauptthemen sind Frauen. Während die männlichen Pop Artisten diese oft in spektakulärer Weise als Sexobjekt darstellten – wie Alan Jones in seinen Möbeln aus leichtbekleideten weiblichen Puppen oder Mel Remos bei seinen in glatter Reklamemanier gemalten Pin Up Girls, die er mit Walrössern, Suppendosen und Ketchupflaschen

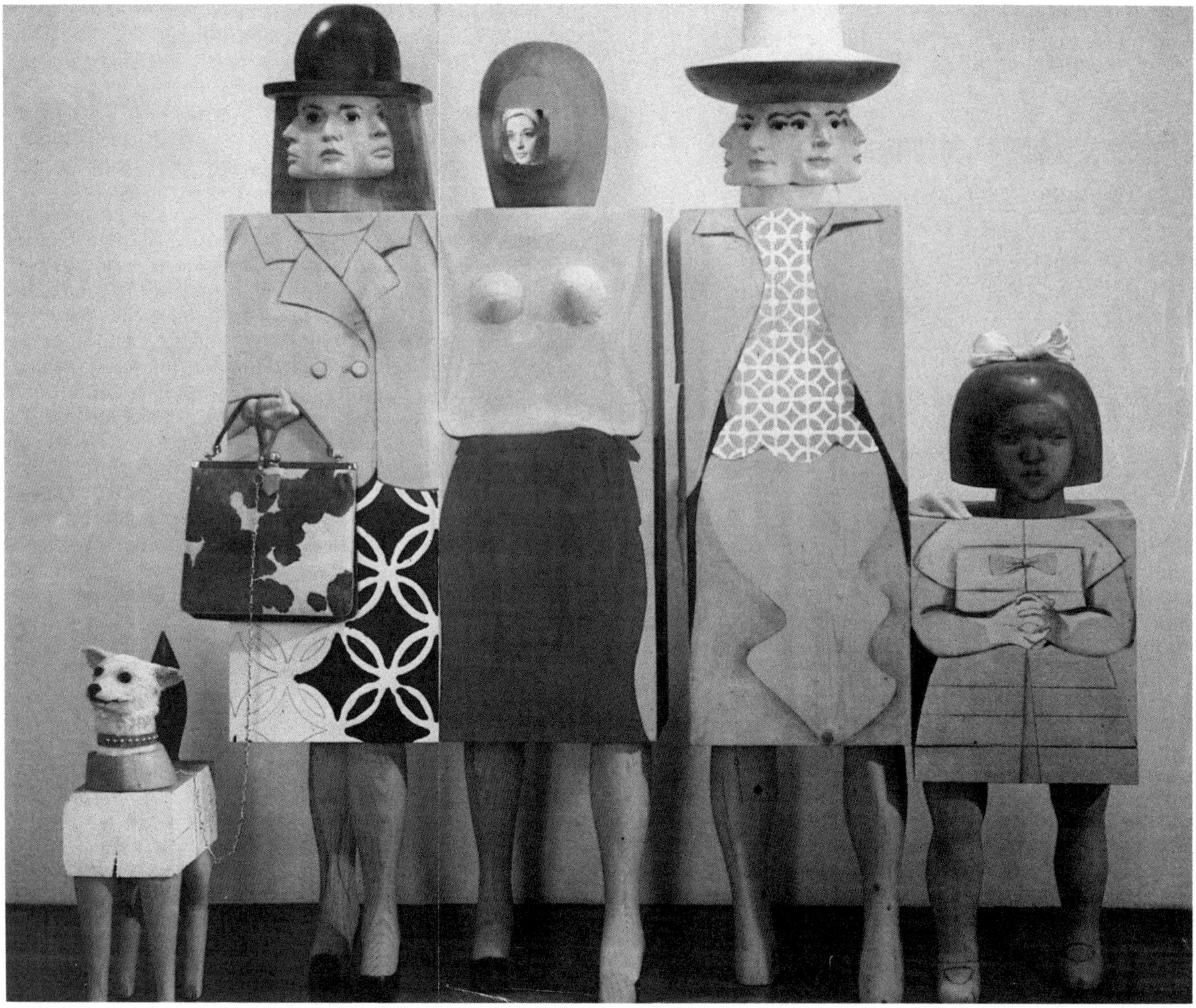

Marisol, »Frauen mit Hund«, Skulpturengruppe, 1964

kombinierte –, stellt sie, nicht ohne Ironie, die normalen Frauen dar, die behütenden Mütter, die schicken modischen und gut zurechtgemachten Frauen, die kleinen Mädchen mit braven Kleidchen und fiesem Blick.

Niki de Saint Phalle

Niki de St. Phalle, das ist übrigens kein Künstlername, gehört zu der Gruppe französischer Pop Künstler, die der Kritiker Pierre Restany »Nouveaux Realistes« getauft hatte. Sie wurde Anfang der 60er Jahre bekannt durch ihre Material- und Gipsbilder, in die sie Farbbeutel eingearbeitet hatte, die sie in spektakulären Aktionen zerschoß oder zerschießen ließ. Die Farbe spritzte und lief wie in tachistischen Bildern – oder wie Blut – über das Bild. Nach eigenen Angaben verarbeitete sie darin ihre Erfahrungen mit einem rigiden Elternhaus und einem dominanten gewalttätigen Vater. Später beschreibt sie sich als zornige junge Frau, zornig auf die Männer und ihre Macht. »Ich war bereit, zu töten. Das Opfer, das ich wählte, waren meine Bilder.«[5]

Heute assoziiert man den Namen Niki de Saint Phalle vor allem mit den »Nanas«: überlebensgroße buntbemalte Frauenfiguren, die mit ihren breiten Hüften und schweren Brüsten an steinzeitliche Muttergottheiten erinnern. Die imposanteste war eine 27 Meter lange »Nana« namens »Hon«, auf schwedisch »Sie«, die Niki de St. Phalle 1966 im Modernen Museum in Stockholm baute. Sie wurde dabei von ihrem Lebensgefährten, dem Schweizer Bildhauer Jean Tinguely,und dem schwedischen Künstler Per Olof Ultvedt unterstützt. In ihrem Innern enthielt diese Skulptur, die – wie geplant – nach Beendigung der Ausstellung zerstört wurde, eine Bar, ein Restaurant, ein Kino, eine Rutschbahn für Kinder, ein Museum mit gefälschter Kunst und einen »Liebesgarten«. Die Figur lag mit gespreizten Beinen auf dem Rücken und wurde durch die Vagina betreten: eine frivole Idee, die großen Erfolg hatte, aber die Rezensionen in den Zeitungen waren voll Empörung über diese »monströse Schweinerei«, die, wie »Der Bund« schreibt, von jedem »anständigen Schweizer beiderlei Geschlechts entrüstet abgelehnt werden muß«.[6]

Bezeichnenderweise wird Niki de Saint Phalle als Urheberin dieser poppig bemalten Skulpturenfrau oft erst an zweiter Stelle nach Tinguely genannt.

»Hon« beruhte auf einer für eine Frau sehr selbstbewußten Idee. Und doch war sie nicht von der emanzipatorischen

Am 8. August 1962 trafen sich im Stedelijk Museum Amsterdam Pontus Hultén, Robert Rauschenberg, Martial Raysse, Willem Sandberg, P.O. Ultvedt, Niki de Saint Phalle und Jean Tinguely

Niki de Saint Phalle, Materialbild, Anfang der 60er Jahre

Radikalität, die hinter der weiblichen Nacktheit in den Werken von Carolee Schneemann und Yoko Ono steckt, auf die ich noch eingehen werde.

Die »Nanas« sind so ambivalent wie die Persönlichkeit der Künstlerin. Sie lassen sich einerseits mit den traditionellen weiblichen Rollenklischees vereinbaren, gleichzeitig hinterfragen sie diese durch ihre Ironisierung. Niki de Saint Phalle provoziert gern – wie »Hon« und ihre Schießaktionen zeigen –, gleichzeitig aber präsentiert sie sich als zierliche, aparte junge Frau mit jungenhaftem Schalk und läßt sich im weißen Spitzenkleid fotografieren, wie sie letzte Hand an ihre Skulpturen legt.

Eindeutiger und provokativer sind da die Arbeiten einiger Happening- und Fluxuskünstlerinnen.

Ende der 50er Jahre entwickelt sich aus dem Action Painting die Happening- und Fluxusbewegung – eine der innovativsten und weitreichendsten Entwicklungen im künstlerischen Bereich. Brachten die Pop Künstler reale Gegenstände in ihre Kunst ein, wird die Realität in den Happening- und Fluxusaktionen selber zur Kunst.[7] Anders als in traditionellen Kunstformen wie dem Tafelbild oder der Skulptur, die als Medium die Ideen des Künstlers an den Betrachter vermitteln, tritt in den Aktionskünsten der Künstler selber in einer an experimentelles Theater erinnernden Form vor die Zuschauer. Die Rezipienten werden mit einer Mischung aus alltäglichen und absurden Situationen konfrontiert, die scheinbar ohne roten Faden neben- und nacheinander ablaufen. Die Provokation und die Einbeziehung des Betrachters in das Geschehen sind dabei intendiert. In nie gekannter Weise wird seine aktive und gedankliche Mitgestaltung an einem Kunstwerk gefordert. Inwieweit sich das wirklich realisiert hat, bleibt dahingestellt. Nicht nur, daß die Zuschauerbänke wie beim ersten Fluxusfestival 1962 in Wiesbaden oft leer blieben und die Zahl der Zuschauer die der Akteure kaum überstieg, oft bestand das Publikum auch aus dem Freundes- und Bekanntenkreis der Darsteller. Das aber entsprach eigensinnigerweise oft der Intention der Künstler.

Zu den wichtigsten Künstlerinnen dieser Richtung gehörten u.a. Yoko Ono, Alison Knowles, Carolee Schneemann und Charlotte Moorman, Simone Forti und Yvonne Rainer.

Alison Knowles und Yoko Ono sind den Fluxuskünstlern zuzurechnen. Fluxus unterscheidet sich vom Happening – wenn die Grenzen auch fließend sind – durch eine stärkere Reduktion der Mittel und der Negation der Kunst, wie sie George Maciunas, der selbsterwählte Führer der Bewegung, propagierte. Die Intention des Fluxus war, mit vollem Ernst und großer Gelassenheit Dinge zu tun, die scheinbar unsinnig sind, um damit sowohl die eigene geistige Haltung wie die des Rezipienten zu verändern. Es ging darum, etwas zu tun, weil man es *tun*, nicht, weil man bestimmte Ideen oder Geschichten darstellen wollte. Dies entspricht einem der Grundgedanken des Zen Buddhismus, der wie bei Ono so auch bei einer Vielzahl der Künstlerinnen und Künstler im New York der 50er und 60er Jahre den ideellen Hintergrund bildete.

Alison Knowles

Alison Knowles war die einzige Frau, die von Anfang an – und zwar gleichberechtigt – an den Fluxusevents teilnahm. Anders als Yoko Ono, die nur eigene Stücke aufführte, war sie auch an einer Vielzahl fremder Aktionen beteiligt. Bezeichnenderweise finden sich in den mir zugänglichen Büchern über Fluxus keine (!) Beschreibungen der von Knowles selber konzipierten Stücke, dafür ist sie auf fast allen Fotos zu sehen, die die Events der männlichen Fluxuskünstler dokumentieren.[8] Knowles machte auch Objekte wie das »Big Book«, ein 280 : 240 : 240cm großes Buch, dessen Seiten aus Siebdrucken, Fotos und Metallgittern bestanden.

Yoko Ono

Yoko Ono, in Japan geboren, wurde weltberühmt, als sie den Beatle John Lennon heiratete. Sie hatte jedoch zu dem Zeitpunkt schon einen Namen in der New Yorker Kunstszene, in die sie Lennon einführte. Ihre künstlerische Auffassung wirkte sich zweifellos auf ihre gemeinsamen Aktionen mit Lennon aus, z.B. die »Bed in«s gegen den Vietnamkrieg.

In ihrem Loft in New York fanden viele der ersten Lesungen und Fluxuskonzerte statt. Sie selber hat eine Reihe von Stücken geschrieben und aufgeführt. Diese waren, für Fluxus typisch, sehr einfach. So lautet die Aktionsanweisung für das Stück »Lighting Peace«: »Light a match and watch til it goes out« (»Zünde ein Streichholz an und beobachte es, bis es erlöscht«).

In ihrem Stück »Cut Piece« von 1966 erscheint ein Element, auf das ich näher eingehen will: ihr nackter weiblicher Körper.

Das Zeigen von nackten Körperteilen, besonders von Hintern, Penissen und Brüsten, gehörte seit den Anfängen der Aktionskünste zu deren Provokationsrepertoire. Auch der Fluxuskomponist und Videokünstler Nam June Paik steckte in einem seiner Events dem Publikum seinen nackten Hintern entgegen. Bei Ono aber hatte die Nacktheit – die Nacktheit einer Frau – eine besondere Bedeutung. In ihrer Aktion »Cut Piece« ließ sie sich vom Publikum mit einer Schere solange Stücke ihrer Kleidung abschneiden, bis sie nackt war: Sie selbst war die Regisseurin einer Handlung, die normalerweise unter der Regie von männlichen Künstlern stand. Ich denke dabei z.B. an das weibliche Aktmodell oder an Yves Klein, der in einer öffentlichen Vorführung zu Beginn der 60er Jahre weibliche Modelle ihren nackten, mit

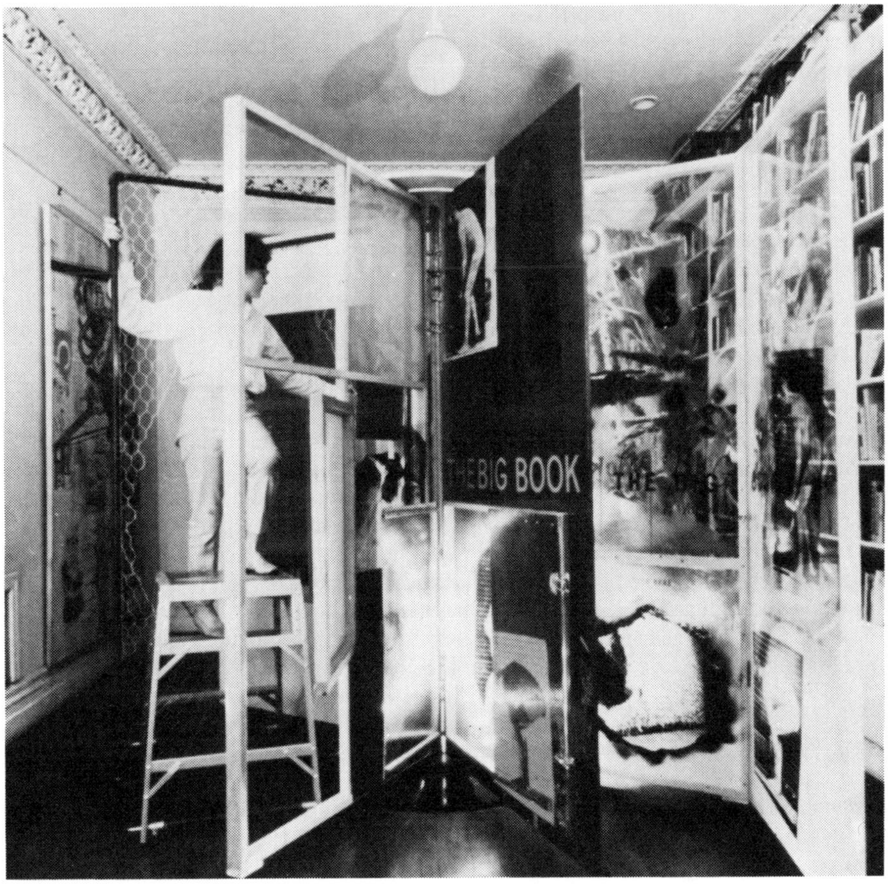

Alison Knowles THE BIG BOOK, 1967

John Lennon und Yoko Ono

blauer Farbe beschmierten Körper auf die Leinwand drükken ließ, um diese dann als sein Werk zu verkaufen. In dieser Arbeit waren die Modelle Objekte, »Pinselersatz« des Künstlers; Ono dagegen ist in ihrer Aktion *Subjekt* der Handlung, die Entkleidung geschieht autonom.

Der nackte weibliche Körper ist in der abendländischen Kunstgeschichte das Produkt männlicher Fantasie. Der männliche Künstler malt das weibliche Modell. Wenn aber in der Body Art und ihren Vorläufern wie bei Ono der nackte weibliche Körper auftaucht, dann ist es der der Künstlerin selber – der Körper einer Frau, aber autonom und der männlichen Absicht nicht verfügbar. Das Faszinierende ist, daß diese Arbeiten bis heute nichts von ihrer Schlagkraft verloren haben.

Carolee Schneemann

Deutlich wird das auch an den Arbeiten von Carolee Schneemann. Sie ist eine der Pionierinnen der Happening- und Body Art. Von Antonin Artaud und Wilhelm Reich beeinflußt, geht es ihr um die Aktivierung des allgemeinen Körperbewußtseins verbunden mit dem Ziel persönlicher und sexueller Freiheit.

In dem Werk »Eye Body« verwendet sie den eigenen Körper – »das Fleisch«, wie sie und viele andere Künstler der Zeit (z.B. auch Andy Warhol) dazu sagen – als Arbeitsmaterial.

1962 hatte sie begonnen, ein Environment aus großen Paneelen zu bauen, bedeckt mit Farbflächen, zerbrochenen Spiegeln und Glas, rotierenden Regenschirmen und anderen motorisierten Teilen. In der fertigen Installation präsentierte sie sich für eine Serie von Fotografien nackt als »integratives Element des Werkzusammenhanges«[9] – Eye Body. Sie schreibt dazu:

»Mit Farbe, Fett, Kreide, Tauen und Plastik bedeckt, machte ich meinen Körper zu einem visuellen Gebiet. Ich bin nicht nur eine Bildermacherin, denn ich entdeckte den bildnerischen Wert von Fleisch als Material, mit dem ich arbeiten wollte. Der Körper mag erotisch, sexuell, begehrend und begehrenswert sein – er ist auch ein Votivbild: markiert und überschrieben mit einem Text von Pinselstrichen und Gesten, die meinem kreativen weiblichen Willen entsprungen sind.«[10]

Nackt und den gewohnten Zeichensystemen und Einordnungen entrissen, wird der weibliche Körper zur Grundlage für ein eigenes Zeichensystem. Mit »Eye Body« entwirft Schneemann das Bild einer archaischen, animalischen und selbstbewußten weiblichen Sexualität und Körperlichkeit. Vergleicht man dieses Werk mit »Hon« von Niki de Saint Phalle, dann tritt der Unterschied deutlich zu Tage: Wo Schneemann mit ihrer eigenen Nacktheit arbeitet, die eigene Erotik frivol zur Schau stellt, ist es bei Saint Phalle nur eine Puppe.

Carolee Schneemann, Eye Body, 1963

Charlotte Moorman

Anders ist die Nacktheit in dem Werk der Cellistin Charlotte Moorman zu interpretieren. Seit 1965 arbeitete sie eng mit Nam June Paik zusammen, mit dem sie im gleichen Jahr das Stück »26'1.1499 for a string player« von John Cage aufführte. Moorman spielte dabei auf einem »Cello«. Der Resonanzkörper war der nackte Rücken Paiks, über den er mit beiden Händen eine Saite spannte. Das Stück verwies auf die sexuellen und sexistischen Metaphern, die auch in den Bereichen der Musik lebendig sind. Interessant ist hierbei, daß der Resonanzkörper eines Streichinstrumentes traditionell mit den Rundungen des *weiblichen* Körpers assoziiert wird. Man Ray z.B. spielte darauf an, als er auf das Foto des nackten Rückentorsos seiner Freundin Kiki die Schallöcher des Instrumentenkörpers malte. Hierzu gehört auch, daß die Orchestermusiker – zumeist Männer – auf den »weiblichen« Instrumenten, d.h. Objekten spielen. In dem oben genannten Stück wird diese Tradition umgekehrt.

In ähnlicher Weise verweist das Stück »Opera Sextronique« von Paik auf diese Metaphern. Bei der Aufführung dieser »Oper« unterbrach Moorman immer wieder ihr Bachspiel und verließ die Bühne, um zunehmend nackter zurückzukehren. Deutlicher als mit ihrer Nacktheit konnte sie auf

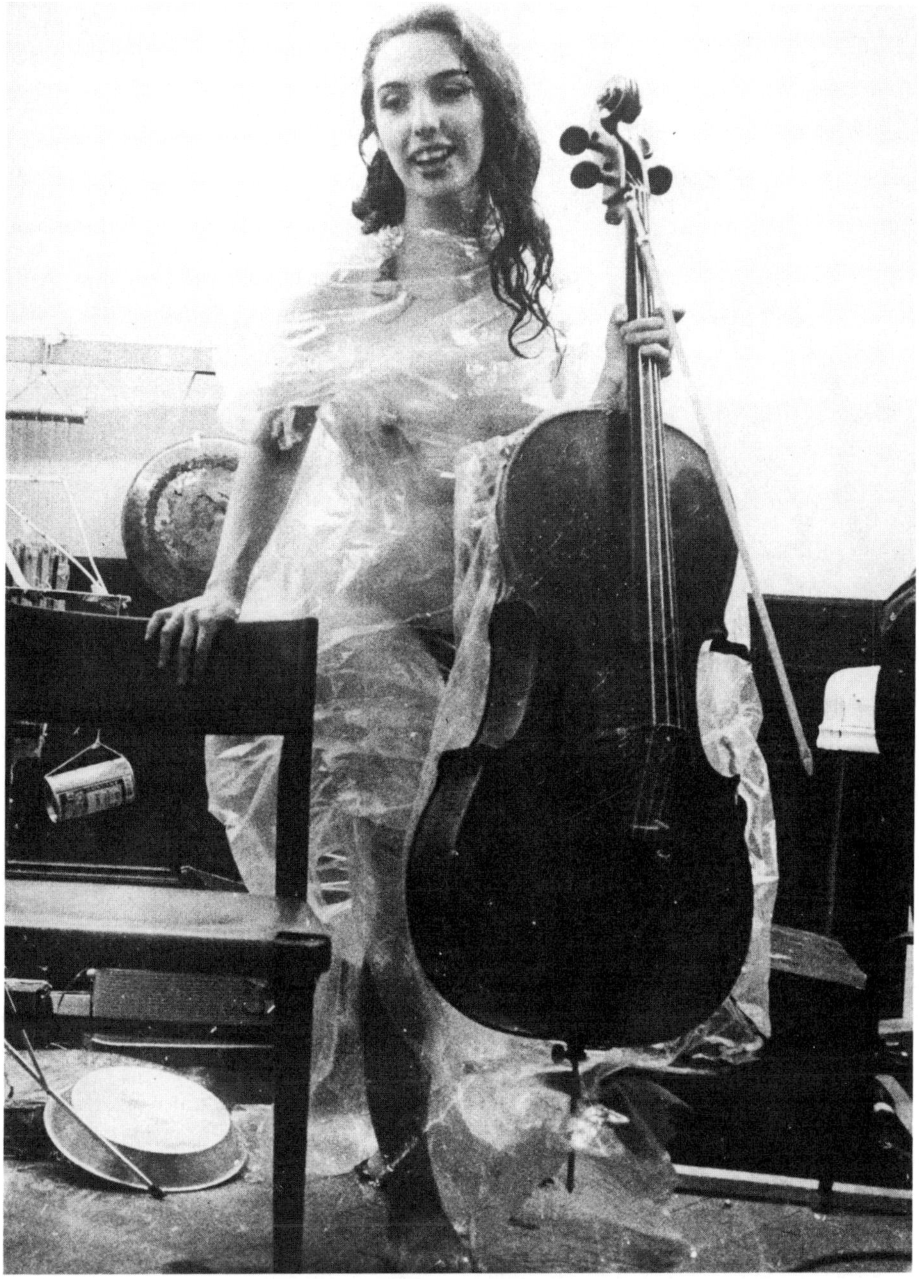

Charlotte Moormann in »Variation on a Theme by Saint Saëns«, Wuppertal 1964

ihre Geschlechtszugehörigkeit nicht hinweisen. Die Uraufführung dieses Stückes 1967 in der New Yorker Carnegie Hall endete mit der Verhaftung von Paik und Moorman, die danach Schwierigkeiten hatte, ein Engagement als Musikerin zu bekommen.

Charlotte Moorman hat keine eigenen Stücke geschrieben, und man könnte daher ihre künstlerische Eigenleistung in Frage stellen. Ich denke aber, daß es ihre Persönlichkeit und ihr Mut waren, die die Stücke zu dem gemacht haben, was sie sind.

Weniger der nackte Körper selbst, als die *Arbeit mit dem Körper* spielt die Hauptrolle bei Yvonne Rainer und Simone Forti. Beide absolvierten in den 50er Jahren eine tänzerische und choreografische Ausbildung bei Ann Halprin, der Pionierin des improvisierenden Tanzes, und arbeiteten Anfang der 60er Jahre mit Robert Dunn und der »Judson Dance Group« zusammen.

Yvonne Rainer

Yvonne Rainer arbeitete später, ab Anfang der 70er Jahre, primär als avantgardistische Filmerin. Ursprünglich hatte sie Malerin werden wollen, entschied sich dann aber für eine tänzerische Ausbildung, weil in diesem Bereich die Konkurrenz einer Frau eher akzeptiert wurde als in der Malerei.[11]

Rainer entwickelte einen Stil im Sinne des »Minimal Dance«. Sie wandte sich gegen eine Form der Darstellung, in der wie beim klassischen Tanz das Können der Ausführenden und der Inhalt des Stückes mit der Zurschaustellung von Charakteren im Vordergrund stand. Die Interpretierbarkeit der Stücke, die Kennerschaft von Zuschauern und Tänzern ging ihr auf die Nerven. Sie wollte im Gegenteil, wie es auch der Intention des Fluxus entsprach, die Handlung um der Handlung willen, ganz einfach und banal: gehen, laufen, etwas tragen, aber auch schreien, lachen, sprechen. Tanz

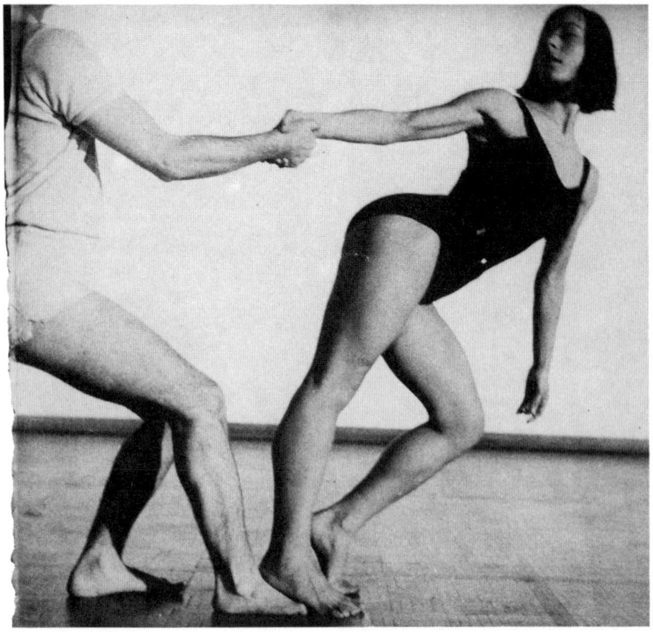

Yvonne Rainer

sollte als Aufgabe, als Arbeit, als Prozeß aufgefaßt werden, nicht als Handlung, mit der sich Tänzer und Publikum identifizierten. Sie steht damit im Rahmen der Entwicklung des »modern dance« durch Tänzer/innen und Choreograph/inn/en wie Merce Cunningham, Trisha Brown und Simone Forti, wobei eine der deutschen Exponentinnen Pina Bausch sein dürfte.

Simone Forti

Simone Forti wurde in Florenz geboren und ging Mitte der 50er Jahre in die USA. Die folgende Beschreibung einer ihrer Improvisationen aus der Mitte der 60er Jahre stammt von dem Fluxuskünstler Jackson Mac Low.[12]

Diese Improvisation basierte auf einem seiner Zufallsgedichte mit dem Titel »Nuclei for Simone Forti«. Diese Gedichte bestanden aus Karten mit diversen Handlungsanweisungen. Simone Forti tanzte zu der Karte mit dem Wort »ärgerlich« und der Anweisung »Giving the nack a knifing or coming to give a parallel meal, beautiful and shocking« (»den Zähnen etwas zu beißen geben, oder ein vergleichbares Mahl, schön und schaurig«). Sie schob während der Aufführung wie verrückt den Konferenztisch im Zentrum der Galerie herum, so daß die Zuschauer manchmal vor ihr zurückweichen mußten, weil sie mit dem wuchtigen Tisch auf sie losging, in dessen Ecken biß und hinter zusammengepreßten Zähnen hervorstieß »Hungry! Angry! Hungry! Angry!«.

Was hier getanzt wurde, waren keine »höheren« Gefühle, sondern die des Alltags wie Hunger, Ärger und Aggressivität, kraftvolle Bewegungen mit lauter Wortuntermalung.

Tanz war von jeher eine Kunstform, die wegen ihrer Körperlichkeit Frauen eher zugestanden wurde als die bildende Kunst. Die Choreographen aber waren traditionell Männer. Das änderte sich erst Ende des 19. und Anfang des 20. Jahrhunderts, als die grundlegenden Neuerungen im Tanz von Choreographinnen wie Isadora Duncan, Mary Wigman und Martha Graham kamen. Der »modern dance« der 50er und 60er Jahre stand in enger Verbindung mit den Aktionskünsten und aktuellen künstlerischen Ideen. So hat der Tänzer und Choreograph Merce Cunningham intensiv mit dem Komponisten John Cage zusammengearbeitet, der von grundlegender Bedeutung für die gesamte Happening- und Fluxusbewegung war. Robert Rauschenberg entwarf für Cunningham die Kostüme, die Bühnenbilder und die Beleuchtung, und er arbeitete ebenso wie der Bildhauer Robert Morris in der »Judson Dance Group« mit.

Die Grenzen werden noch fließender, als der Ausdruck des Körpers in den Aktionskünsten an Bedeutung gewinnt, wie in den Vorläufern der Body Art, und als sich die Choreographien der Tänzerinnen mit ihrer Affinität zu Bewegungen des Alltags Happeningaktionen annähern. Seitdem kann zwischen Aktionskünstlerinnen und Tänzerinnen nicht mehr grundsätzlich getrennt werden. Diese Entwicklung hat sich bis in die 80er Jahre fortgesetzt, beispielsweise in der Ausstellung der künstlerischen Avantgarde von Frauen 1983 in Linz, wo auch Tänzerinnen wie Simone Forti und Trisha Brown beteiligt waren.

Die hier beschriebenen Künstlerinnen haben einen eigenständigen und sehr individuellen Beitrag zu der Kunst ihrer Zeit geleistet, und sie haben sich nicht durch schwierige Umstände davon abbringen lassen, was als besondere Leistung zu verbuchen ist.

Marisol Escobar und Niki de Saint Phalle haben mit ihren liebevollen ironischen Frauendarstellungen Werke geschaffen, die sich von den oft sexistischen Arbeiten ihrer männlichen Kollegen wohltuend abheben. Die Happening- und Fluxuskünstlerinnen schufen Events, in denen sie den weiblichen Körper und seine Nacktheit in ungewohnter, weil selbstbewußt autonomer Weise, präsentierten. Zudem leisteten sie wesentliche Arbeit an der Entwicklung eines Mediums, das für die 70er Jahre – gerade auch für Künstlerinnen – so wichtig werden sollte: der Performance- und Videokunst.

Als sich viele Künstlerinnen Anfang der 70er Jahre in Europa und den USA der Frauenbewegung anschlossen und in Artikeln und Ausstellungen begannen, unter feministischen Gesichtspunkten Kunst von Frauen zu zeigen, gehörten die hier vorgestellten Künstlerinnen fast immer dazu.

1 Dieser geringe Anteil von Künstlerinnen an internationalen Kunstausstellungen trifft für die 50er Jahre ebenso zu wie noch für die 70er und 80er Jahre. In der »Zeitgeist«-Ausstellung 1982 in Berlin wurde unter 43 männlichen Künstlern eine einzige Künstlerin ausgestellt. Der Anteil von Frauen an den Dokumenten hat dagegen leicht zugenommen. Wichtig ist dabei, daß die Ankaufspolitik der Museen in Abhängigkeit zu diesen Ausstellungen steht.

2 *Lucy Lippard*: »Warum separierte Frauenkunst«, in: »Magna, Feminismus Kunst und Kreativität«. Ausstellung Wien 1975.

3 *Lucy Lippard* in: »Pop Art«, München 1968, nach der amerikanischen Originalausgabe von 1966, S. 109. – *Hans Strelow* in: »Niki de Saint Phalle Werke 1962–1968«. Kunstverein Hannover 1969.

4 *Ruth Nobs Greter* verweist in ihrer Dissertation über »Die Künstlerin und ihr Werk in der deutschsprachigen Kunstgeschichtsschreibung«, Zürich 1984, auf die Tatsache, daß die Rezeption der Kunst von Frauen seit Beginn der Kunstgeschichtsschreibung Ende des 18. Jahrhunderts kaum einem Wandel unterlag, ganz im Gegensatz zu der männlichen Künstler. Primäres Beurteilungsmerkmal waren und sind der Begriff von Weiblichkeit, der sich just zu derselben Zeit herausbildete.

5 Niki de Saint Phalle, zitiert nach »Nanas an die Macht«, *Ingrid Strobl* in: Emma 6, 1981.

6 »Der Bund« vom 11.7.1966, abgedruckt in dem Katalog zur Ausstellung »Hon«, Moderna Museet, Stockholm 1967.

7 Zu Happening und Fluxus siehe u.a. *Peter Schilling*: »Aktionskunst«. Frankfurt, Luzern 1978.

8 Dies gilt sowohl für das Werk Schillings wie für den sehr informativen Katalog »1962 Wiesbaden FLUXUS 1982«. Museum Wiesbaden, Nassauischer Kunstverein 1982.

9 Eine Beschreibung ihrer Arbeiten findet sich u.a. bei *Edith Almhofer*: »Performance Art«. Diss. Wien 1983.

10 *Carolee Schneemann*: »More than meat joy«. USA 1979. Die etwas holprige Übersetzung ist von mir.

11 Siehe hierzu: »Ein Interview mit Yvonne Rainer« in: »Frauen in der Kunst«, Bd. 1, *Nabakowski, Sander, Gorsen* Hg,. Frankfurt 1980, S. 89ff.

12 *Jackson Mac Low* in: »1962 Wiesbaden FLUXUS 1982«. A.a.O., S. 114.

Renate Häfner Chotjewitz

»Die große schöne Liebe ersäuft in der kleinen Scheiße«

Als Pflastermalerin in München

Wenn ich heute, aus dem Abstand von 20 Jahren, etwas erzähle über mein Leben und Lieben als junge Frau in den sechziger Jahren, dann habe ich Mühe, mich zu erkennen und wiederzufinden. Wie sehr dieses Jahrzehnt mein Leben umkrempeln und verändern würde, ahnte ich sicher nicht: daß ich für die nächsten 20 Jahre die Weichen stellen, die wichtigsten Entscheidungen treffen würde: heiraten und Mutter werden? Nichts lag mir ferner. Malen wollte ich, zeichnen, Künstlerin werden, die Welt kennenlernen. Vielleicht ein Kind bekommen, später, das ich alleine aufzog, ohne Mann. Ich wollte alles anders machen als Generationen von Frauen vor mir. Vor allem wollte ich mich nie aufopfern, als Frau und Mutter.

Aber es kam anders. 1960, mit süßen 23 Jahren, verlobte ich mich zuerst heimlich und dann offiziel mit einem Mitstudenten, einschließlich Verlobungsanzeige und Ring. Diese Liebe blieb auf der Strecke, als ich die Akademie und den Ort wechselte. Recht sauer schrieb er meiner Mutter im Frühjahr 61, ich hätte mich in eine Richtung entwickelt, die er nicht billigen und in die er mir nicht folgen könne. Entlobung. Ich verliebte mich in den nächsten und in den übernächsten. Nur nicht in die Männer, mit denen ich zusammen wohnte. Und bekam langsam Komplexe. Einerseits hatte ich etwas an mir von meiner Lieblingsheldin Johanna, Maria Falconetti in dem Film von Dreyer oder Ingrid Bergmann; andererseits wollte ich endlich meine Unschuld verlieren. Es passierte dann, während in Berlin die Mauer gebaut wurde: Alle Mauern fielen ein, mußten nicht gestürmt werden, die Burg war erobert, und mein Plan, alleine zu leben, wurde bald über den Haufen geworfen. Schon ein halbes Jahr später packte ich meine Siebensachen in elf Koffer und Kisten.

Liebe und Sexualität bildeten damals, Anfang der sechziger Jahre, für junge Frauen wie mich eine untrennbar verbundene Einheit: Die eine gab es nicht ohne die andere. Ich verlor völlig den Kopf, was noch heute üblich ist. Meinen Körper kannte ich kaum, und als ich die sexuelle Lust zu zweit am eigenen Körper erfuhr, hatte ich noch nie mit einer Frau, geschweige denn einem Mann über Sexualität geredet. Das war nicht nur zuhause, sondern genauso in meinen Schwabinger Gammelkreisen tabu. Dafür hatte mein Geliebter ein ganzes Aufklärungslexikon verschluckt. Manchmal redete er mich in den Schlaf. Er war ganz auf der Höhe der Zeit. Sexualität schien eine Frage der verfeinerten Technik zu sein, zum Beispiel gab es am Körper der Frau Lustknöpfchen. Ich kam mir vor wie ein kleines Maschinchen, das man nur richtig bedienen muß; was ich übersah: Ich liebte ihn ja.

Heute beneide ich jüngere Frauen um ihr neues Bewußtsein, ihr größeres Wissen. Sie verdanken es wohl auch unseren Erfahrungen. Auch der Frauen- und der Psychobuchboom sind damit verknüpft. So ein Buch hätte ich 1960 nicht angerührt. Ich lief durch die Münchner Museen, Galerien und Vernissagen, die Haare schwarz oder blond gefärbt, mal in Amikutte, mal gepunzt mit Großmutters Rüschenbluse, engem Rock und den hochhackigsten Schuhen, im Sommer oft barfuß, schlief auf der Parkbank, jobbte als Bardame, was sehr verrucht war, probierte Mescalin aus, landete auch mal wegen Zechprellerei oder Bettelei beim Pflastermalen zusammen mit dem ersten Hippie im Münchner Polizeipräsidium. Protest gegen Zeitgeist der Ära Erhard und Weiblichkeitsmuster. Aber sie steckten in mir, in meinem Protest. Die ersten Ausstellungen hatten mir Auftrieb gegeben, das Museum Ulm spendierte ein Reisestipendium: Ich finanzierte damit die Hochzeitsreise.

Auch die Hochzeit sah ich als großen Spaß und nicht als Akt der Anpassung. Die Eheschließung schien nur ein formaler Akt, den meine Liebe nicht brauchte. Den Künstlernamen behielt ich. Der Trauschein? Der war für den spießigen Wohnungsvermieter, und mein Liebster wollte für seine Ehefrau als Justizreferendar den Ehefrauenzuschlag. »Dieser äußere Einschnitt greift meinen Urgrund nicht an«, schieb ich ins Tagebuch. »Ich habe großes Vertrauen in die Zukunft, große Träume für mich und ihn.« Das Schmieden von realistischen Zukunftsplänen überließ ich ihm.

Nach der Heirat begann die Phase des Kennenlernens, auf der langen Reise nach Spanien und Frankreich. Wir trampten. Zuvor hatte ich meinem Freund eine Bert-Brecht-Frisur geschnitten, ihn erlöst von seinem Glencheckanzug und seiner Hornbrille (die heute wieder ganz in wäre), ihm die goldene Nickelbrille meiner Großmutter aufgesetzt und die Lederjacke meines Großvaters angezogen. Nun paßte er besser zu mir. Ich vergötterte ihn samt seinen wasserblauen Augen. Er erklärte mir die Welt. Ich hatte nur das Gefühl, daß sein Schatten vor mir gegen die Sonne, sein Kopf neben mir, seine Reden meine Welt filterten und durchlöcherten. Rückblickend sehe ich mich gegenüber Spiegeln, Flaschen, Kellnern, vor fleckigen Servietten, Oliven, Weingläsern, in antiken Trümmern auf le Baux, in Barcelona, Tarragona, Alicante, Murcia, Almeria, in verwanzten Hotelzimmern und am Hafen sitzend, geschlagen, erledigt, zornig: Dauernd versuchte er mich »die hohe Schule des logischen Denkens«

zu lehren. Nach der Reise notierte ich: »Ob es mir gelingt, meine Bilder festzuhalten? Er darf sich nicht einmischen. Malen wird schwierig. Ich muß wieder mehr allein sein.«

Von Stund an waren wir unzertrennlich. Ich packte meine elf Kisten und Koffer aus, zwei Steppdecken, Kaffemaschine, Plattenspieler, Arabiageschirr, der »Zauberstab der Hausfrau« (Verlobungsgeschenk), Familiengeschichte, Kunstgeschichte, Nelly Sachs, Djuna Barnes, Novalis, Kunstpostkarten, Glasperlenketten, Kerzenständer, Tachismus, neue Welle, nouveau roman, dolce vita, alte Fotos, »Das dreißigste Jahr« und mit Sepiatusche geschriebene Gedichte als Wandschmuck. Stellte alles in ein anwachsendes Regal aus schwarzgestrichenen Apfelsinenkisten in anderthalb Zimmer, Hinterhof, Außentoilette, Berlin-Charlottenburg. Schrieb mich an der FU ein, Hauptfach Kunstgeschichte, bekam ein Honnefstipendium, und belegte zusammen mit ihm Publizistik als Nebenfach. Die Seminararbeiten schrieben wir zusammen, das heißt, ich bereitete Material auf, er schrieb. »Das Hörspiel als literarische Gattung«, bei Dr. Annedore Lippe, die ich als klug, aber verträumt und jenseits aller Regeln in Erinnerung habe. Außerdem wollten wir vielleicht eine kleine Galerie gründen, zusammen Bücher verfassen: Er würde schreiben, ich illustrieren. Wir kauften eine uralte Schreibmaschine. Am Klavier sang ich zu seiner Begleitung: »Willst du dein Herz mir schenken, so fang es heimlich an...« Wir tranken den Dornkaat aus Zinnlöffeln, gingen im piekfeinen Hotel Berlin, das Zimmer 17 Mark, bei einem Freund von ihm duschen, fuhren abends in die Kreuzberger Kneipen, um Artisten kennenzulernen, klapperten Galerien ab. Ich nähte ihm Fliegen aus dem Stoff meiner Blusen. Er begann Kunstkritiken zu schreiben. Wir waren unzertrennlich. Auch wenn ich mich über seinen plural majestatis ereiferte.

Schwanger muß ich geworden sein im Spätsommer '62, in den Tagen der Straßenschlachten zwischen Kochstraße und Kottbusser Tor, wo ich zum erstenmal Polizei und Wasserwerfer in Aktion sah. »Kein Schwabing an der Mauer!« lautete die Parole von Brandt und Amrehn. Auf die Schwangerschaft war ich nicht eingestellt. Erst einmal ignorierte ich sie. Auch unter Freundinnen wurde kaum darüber gesprochen. Wir fanden uns komisch mit dicken Bäuchen und stöhnten über die Mütter. »Mit deiner albernen, nonchalanten Art siehst du über die besonderen Forderungen dieser Monate hinweg«, schrieb sie. »Du hast Dich danach zu verhalten, daß Du ein Kind bekommst.« Meine Besorgnis wegen des Thaladomidskandals verschloß ich in mir. Die Schwiegermutter bot mir das Du an. »Machen Sie sich keine Sorgen«, schrieb sie. »Mein Sohn ist sehr kinderlieb und mag Tiere furchtbar gern. Er wird Angst davor haben, daß er nach der Geburt nicht mehr Sologeiger ist.« Sie strickte Jäckchen und Schühchen, in gelb, und nähte Windeln aus einem alten Bettlaken. Mutter erregte sich nach einem Besuch über unsere »Nichtbeachtung elementarster Konventionen... Mein Haus ist keine Stehbierhalle, Dein Zimmer keine Eckkneipe.« Auch der zukünftige Vater war verunsichert, obgleich wir uns kindisch über die Bewegungen in meinem Bauch freuten. Ich wurde in den überbelegten Kreißsaal der Uniklinik geschoben..., als Studentin war ich Patientin dritter Klasse. Das Wochenbett im Achtbettzimmer. Zuhause überwarf er sich mit meiner Mutter, weil er den Fußboden nicht wischen wollte, und fuhr zu einer mehrtägigen Sause nach München, die Geburt des Stammhalters begießen. »Junge, komm bald wieder«, schrieb ich ihm. »Hab Geduld mit deinem launischen Weib.« Aber im Tagebuch notierte ich: »Die große schöne Liebe ersäuft in der kleinen Scheiße. Da steht er, im roten Hemd, und schwitzt quasselnd die größten Banalitäten aus seiner versoffenen Leber... am Telefon bloß Bier, Preludin und Männerwitze, aber weit und breit kein Geliebter.«

Heute, aus dem Abstand von 20 Jahren, erkenne ich, wie ich in den sechziger Jahren in eine Rolle hineinschlitterte, die ich mir nicht ausgesucht hatte: die Mutterrolle. Heute wird der Kinderwunsch für eine Frau zum Problem, weil sie die Freiheit hat, sich für oder gegen ein Kind zu entscheiden, für oder gegen Mutterschaft, Zweierbeziehung, Beruf oder Karriere... doch für mich war Kinderwunsch ein Fremdwort. Nach vier Monaten war ich schon wieder schwanger. Die Uni sollte ich zum letztenmal sehen, als ich im siebten Monat ein Referat hielt über »Leonardos Mitarbeit an plastischen Arbeiten Verrocchios«. Mein Beitrag zur hohen Quote der Studienabbrecherinnen.

Nun waren wir über Nacht eine Kleinfamilie geworden, die nach außen hin freilich provozierend unangepaßt wirkte. In ihrem Inneren herrschten, wie ich mühsam begriff, die alten Strukturen. Die Rollenteilung war vollzogen. Da gab es den Vater und Ernährer. Er ließ den Plan einer Promotion fallen, machte das zweite Staatsexamen, begann einen Roman zu schreiben und ein unabhängiges Leben als Künstler zu führen. Er saß im Dichterzimmer und stöhnte, weil er Geld verdienen wollte, ging spät zu Bett, stand spät auf und ver reiste immer öfter ohne mich. Manchmal leuchteten seine Augen verdächtig, wenn er ein Loblied auf die unabhängigen, selbständigen, unverheirateten Frauen sang. Ich war nun Ehefrau, Mutter, Hausfrau, Geliebte und Muse, erstickte unter den Ansprüchen, alles auf einmal zu sein, kämpfte mich ab, versank jahrelang zwischen Kochtöpfen, Windelnwaschen, Kinderspielplätzen, wurde reizbar, bekam Schlafstörungen, magerte ab. Abends versuchte ich nachzuholen, was ich tags versäumte: Informationen, vor allem über die gärende avantgardistische Musik und Kunstszene, Gespräche. Rauschende Feste. Tags versuchte ich herauszufinden, wo das Geld hängenblieb, versuchte zu lesen, schnitt Meldungen über den Vietnamkrieg aus, aus denen er eine Textcollage machte, hörte mir an, ich hätte weniger geistige Interessen als früher. Auch meine Rolle als Geliebte erfüllte ich mangelhaft. Ich fing an, nicht mehr zu wollen, wenn ich sollte. Wenn ich müde war, erzählte ich lieber stundenlange Geschichten, wie Scheherazade, wich der Pflichterfüllung aus, wenn ich schon nicht mehr dazu kam, selbst die Initiative zu ergreifen. Die Pille befreite mich zwar von der Angst vor einer Schwangerschaft, aber sie hatte den Nachteil, daß ich nicht mehr nein sagen konnte.

In diesen Jahren fühlte ich mich seltsam abgeschnitten. Draußen fand die Revolution statt, und drinnen, bei mir zu Hause, blieb alles beim alten. Die privaten Lebensverhältnisse von Frauen sollten noch jahrelang kein Thema sein, das öffentlich diskutiert wurde. Der Arzt meinte, ich solle die Pille absetzen und vorerst keine Kinder bekommen. Ich solle mich schonen. Sexuelle Emanzipation, Kinderläden, Kommune, Aktionsrat zur Befreiung der Frauen? Diese Bewegung hatte ihre Wurzeln im Umkreis der Universität, entstand vor allem unter den Studentinnen im SDS. Freilich wurde über all dies auch außerhalb der Uni diskutiert, doch sowie es brenzlig wurde, weil männliche Privilegien auf dem Spiel standen, erklärte man die Frauenfrage zum Nebenwiderspruch.

Auch mein Bewußtsein veränderte sich, ich begann die Rollenteilung infrage zu stellen. Aber dank seiner rhetorischen Fähigkeit und der Geschwindigkeit, mit der er das neue Klassenkampfvokabular für unsere häuslichen Streit-

gespräche umfunktionierte, war ich stets die Verliererin. Das Ende von Lied war, ich solle mich mehr um ihn kümmern, statt um Haushalt und Kinder. Dann verwies er auf seine Verantwortung als Ernährer und auf meine Unfähigkeit, ihn zu ernähren. Seine Kenntnis von der Ausweichtaktik der Guerilla wandte er an, um sich vorm Abwasch zu drücken. Wie sollte ich in dieser Familie, diesem Bollwerk der Tradition, meine Kinder antiautoritär erziehen? Weil ich keinerlei Druck ausüben wollte, geriet ich unter vermehrten inneren Leistungsdruck. Meine Söhne durften jede Sauerei machen, ich putzte sie weg, und wenn ich jammerte, sprach der Vater ein Machtwort. Als ich längst die Vergesellschaftung der Hausarbeit forderte, hatte ich zuhause immer noch keine Waschmaschine. Er habe mich geheiratet und nicht diesen entsetzlichen Haushalt, sagte mein Mann. Als ich zum erstenmal von Vera Schmidt hörte, begriff ich erschrokken, daß ich in der Reinlichkeitserziehung als Mutter komplett versagt hatte. Solche Sorgen kümmerten ihn nicht. Sein Beitrag zur antiautoritären Kindererziehung beschränkte sich darauf, die Kinder noch weniger zu beaufsichtigen, ihnen Schimpfworte beizubringen oder den Satz: »Unser Gott heißt Karl Marx«. Ich fühlte mich isoliert und abgeschnitten von den kulturellen Veränderungen draußen, und mir fehlten die Bundesgenossinnen. Die trugen, genau wie ich, ihre Konflikte am heimischen Herd, in den eigenen vier Wänden aus, am ungeeigneten Objekt, an dem Mann, den sie liebten. Oder sie trennten sich.

Wenn ich auf die sechziger Jahre zurückblicke, so scheint mir, nie habe eine größere Lücke geklafft zwischen der sich vollziehenden Bewußtseinsveränderung, unseren theoretischen Ansprüchen auf Veränderung der Gesellschaft, der Welt einerseits und der Realität, in der wir lebten, andererseits, zwischen neuen Einsichten und altem Verhalten. Wie Ausläufer eines Erdbebens wirkt der damalige Aufstand und kulturelle Umbruch, der schließlich auch die »privaten« Beziehungen ergriff, bis heute fort, hat die Werte, Normen, Lebensformen ganzer Generationen verändert und eine Popgruppe auf ihren Namen getauft: »Allgemeine Verunsicherung«.

Gegen Ende des sechsten Jahrzehnts fing ich an, ohne meine eigene Ehe infrage zu stellen, um mehr Freiraum zu kämpfen. Ich fühlte mich eingeengt. Die Ehe empfand ich als einen Schutzraum mit dicken Mauern, die mir zwar Sicherheit gaben, aber gleichzeitig abschirmten vor neuen Erfahrungen, vor Veränderung, vor Kontakt mit der Außenwelt.

Im Herbst 1967 reiste unsere vierköpfige Kleinfamilie dank eines Stipendiums der Stadt Berlin (für den Ernährer) für eine Saison nach Rom, um dort für die nächsten sechs Jahre hängenzubleiben. Eine neue Welt tat sich auf in der Begegnung mit der Kultur Italiens, der Sprache, den sinnlichen Eindrücken, der anderen politischen Tradition: Resistenza. Mein politisches Bewußtsein formte sich. Da saß ich nun, angebunden, voller Wissensdrang und Erlebnishunger. Die sollte ich auf den Sankt Nimmerleinstag verschieben, »wenn die Kinder erst einmal groß sind«. Um dem Alltagstrott zu entwischen, in dem meine Energie täglich versickerte, wie Wasser in einem Sieb, um zum Lebensunterhalt beizutragen, um etwas gegen die Schmach zu tun, »nur noch Hausfrau« zu sein, fing ich an zu übersetzen, zu recherchieren, Ideen zu entwickeln. Und wurde zur »Obermuse« ernannt.

Gleichzeitig fühlte ich mich freier, weniger isoliert. In diesem vergleichsweise luxuriösen deutschen Künstlerghetto in Rom gab es nicht nur einen Park direkt vor der Tür, sondern vor allem Gesellschaft, andere Frauen mit Kindern. Ich hatte erstmals Gelegenheit, Erfahrungen auszutauschen, meine Lebenssituation mit der anderer zu vergleichen. Da gab es zum Beispiel Christa, die als Ehefrau mit einem Kind zu malen anfing. Es gab mir jedes Mal einen Stich, wenn ich sie vor der Staffelei stehen sah. Ob sie es schaffen würde? Vielleicht... Und während manche Partnerschaft um uns herum schwieriger wurde oder sich auflöste, pries man uns allgemein als einziges glückliches Paar. Wie wir uns liebten, sah jeder. Aber ich wollte mich nicht mehr in jeder Hinsicht bevormunden lassen. Mein älterer Sohn sagte bereits: Papa ist der Bestimmer. Eines Tages forderte ich recht naiv und rein theoretisch mein Recht auf sexuelle Selbstbestimmung. Die Folge war, daß meine Beziehungsfalle endgültig zuschnappte.

Die »glückliche Familie«

Theoretisch waren wir ja alle für »Partnerwechsel«, als Künstler sowieso schon immer... die konventionelle Sexualmoral galt als alter Zopf. Hatte eine Frau »Orgasmusschwierigkeiten«, dann war sie von gestern und total verklemmt. Über Sexualität wurde in einer neuen, männlich-kühnen Sprache geredet... man sagte ficken und bumsen, wichsen, oder »halt die Fresse du Votze«. Ich dachte, in Deutschland ist wohl die sexuelle Revolution ausgebrochen, wenn er mit glänzenden Augen in seinen Reiseberichten »wild durcheinandervögelnde Paare« erwähnte... doch zuhause war von »ehelichen Pflichten« die Rede. Vorurteile gehörten in die Mottenkiste der Bourgeoisie... spätestens seit 1964 ein Berliner Staatsanwalt die in der Galerie Werner & Katz von Baselitz ausgestellten Männer mit Pimmel vom Verdacht freigesprochen hatte, Pornographie zu sein, zählten auch die 144 Stellungen in Farbe, die »Geschichte der O« und Josephine Mutzenbacher zur Kunst... am Ende mußte man als linker Schriftsteller einen Porno verfaßt haben, natürlich unter Pseudonym. Jeder ein kleiner Henry Miller.

So blies draußen ein aufregend flotter Zeitgeist den letzten Fünzigerjahremuff aus allen Ritzen, aber ins Haus durfte er nicht. Der häusliche Friede hing weiter von meiner sexuellen Verfügbarkeit ab, von meiner Unterordnung. Diesen Warentausch wollte ich beenden. Kurz gesagt wollte ich mehr Distanz von ihm, um mehr Raum für mich selber zu haben. Nun hatten wir für die kommenden Jahre genug Diskussionsstoff. Am Ende wurde mein Aufstand noch in »Konkret« literarisch vermarktet, nur mein Schlußsatz fehlte: Er hatte ihn weggestrichen. Ich regte mich auf – und strich ihn auch aus meinem Gedächtnis: »Undine geht, und niemals kehrt sie wieder.«

Die Diskussion verlief ungefähr so: Zwar hätte ich den Klassenaspekt bei meiner Frage richtig herausgearbeitet, nämlich a) warum eine deutsche Hausfrau manchmal zu müde zum Lieben sei, und b) warum der proletarische Klassenkämpfer dagegen seine schweren Geschütze auffahren müsse. Allerdings seien meine Argumente sämtlich durch Fakten zu widerlegen und in sich unschlüssig und unlogisch. Es sei kennzeichnend für das Wesen jener kleinsten sozialistischen oder gar kommunistischen Einheit, als die man die Ehe in einer bestimmten Form auch bezeichnen könne, daß jeder Partner an jeder Erfahrung des anderen teilnehmen könne, falls er dies wolle. Insofern habe ich ja, seit wir uns kannten an jeder seiner Erfahrungen partizipiert. Nun wolle ich ihn an meiner Erfahrung nicht teilhaben lassen. Daß ich während seiner Abwesenheit mit einem anderen Mann über meine Probleme geredet habe, stoße bereits im Kern auf ideologische Schwierigkeiten.

Statt ihm vorzuwerfen, er gestatte mir nicht, Beziehungen zu einem anderen Menschen aufzunehmen, solle ich mich lieber fragen, warum ich das wolle. Und weil es für ihn in unserer Beziehung keinen Mangel gäbe, könne er folglich auch nicht die Ursache für einen nicht vorhandenen Mangel sein.

Wenn du das eingesehen hast, sagte er, dann wirst du auch begreifen, warum ich es für einen Akt der Klugheit halte, daß du nicht mehr malst. Seit ein paar Jahren malst du die klügsten Sachen, fuhr er fort, nämlich gar nichts. Deshalb bewundere er mich.

»You and me forever, we shall not be moved! Ich liebe dich!«

Abschließend sagte er, wenn wir als höchste Stufe gesellschaftlicher Entwicklung ansehen, daß alles im Besitz aller ist, so gehört in der Ehe jeder Partner total dem anderen Partner.

Deshalb muß unsere Forderung lauten: Alle Entscheidungen finden unter Teilnahme sämtlicher Betroffener statt! Es lebe die Weltrevolution! Nur gemeinsam können wir persönliche Freiheiten erkämpfen, erreichen und bewahren!

Bei diesem Gerede wurde ich immer kleiner. Leider hatte ich aus Zeitgründen den Grundkurs in Marxismus-Leninismus versäumt. Ich bekam Halsschmerzen. Mit solchen Männern werden wir Frauen uns nie befreien, sagte ich mürrisch. Ahnte schon, daß mir hier ein ganz alter Hut in neuer Façon verkauft wurde. Und hörte doch gerne, wenn er mich »seine kleine Revoluzzerin« nannte. Vorsichtshalber begann er verstärkt Erfahrungen zu machen, an denen ich nicht partizipierte. Auf diese Idee wäre ich nie gekommen.

Aber als am fernen Horizont ein erstes Wetterleuchten die Frauenbewegung ankündigte, fuhr ich darauf ab, wie die erste Rakete zum Mond.

Eva Scheid

Jede Hausfrau ihr eigener Innenarchitekt

»Ein Platz fürs Fernsehen. Die Zeit der goldgerahmten Prachtkästen ist vorbei, Fernsehgeräte sind ein Stück der Wohnungseinrichtung. Mit ihren modern geformten, ansprechenden Gehäusen lassen sie sich mühelos in neuzeitlich eingerichteten Wohnungen unterbringen«, so ein Artikel in »Constanze« von 1963.[1]

Klare Formen, Verzicht auf überflüssigen Zierrat und eine übersichtliche Anordnung der Bedienungsknöpfe zeichneten die neue Linie im Design des Fernsehers aus – und nicht nur dort.

Gegen Mitte der 60er Jahre findet ein genereller Stilwandel statt. Hatte sich die erste Nachkriegsgeneration gerade in den Formen des »neudeutsch-amerikanischen, plastischen Stromlinienstils«[2] eingerichtet, macht sich jetzt eine neue Formtendenz bemerkbar.

Skandinavien im Wohnzimmer

Zum prägenden Stilelement für den Wohnzimmerbereich wird das Wandregal. Die ganze freie Wandfläche wird genutzt. Die aufzubewahrenden Dinge bleiben sichtbar, geschlossene Kästen werden nur noch für die Gläser der Hausbar und für das Schreibzeug hinter der Schreibklappe benötigt. Die skandinavischen Designer übernehmen die Führung.

Die Idee, Möbel in Kartons zu verschicken, kommt auf. Die Programme (zum Beispiel von Behr) reichen vom Einzelmöbel bis zur Schrankwand.

Schrankbausysteme in Form von Kastenmöbeln kommen in Mode. Beim Kastenmöbel sind die aufwendigen Beschläge verschwunden. Scharniere und Bänder so zierlich wie möglich oder ganz unsichtbar angebracht. Statt geflammter und stark gemaserter Hölzer werden schlichte Hölzer verwendet. Das Holz hat bei den Schrankbausystemen seinen festen Platz. Neue Verarbeitungsmethoden machen es in ähnlicher Weise gefügig und von allen Zufällen des Naturstoffes unabhängig wie die Kunststoffolien.

Vom Büro wandert das dünne Möbelbein ins Haus; unter die Tische, Stühle, Sessel, Betten, Sofas, Schränke, Kommoden, Radio- und Fernsehschränke; schwarz, weiß oder metallglänzend; lackiert, eloxiert oder verchromt. Teure Hölzer, Marmor, Glas und hochwertige Kunststoffe ergänzen das Out-Fit. In Adaption benutzt man auch weniger kostspielige Materialien.

Im Grunde werden keine Möbel mehr angefertigt, sondern nur Einzelteile: Bretter. Der Tisch ist eine Platte mit vier angesetzten Füßen, die Höhe wird nach dem Verwendungszweck gewählt. Die Platte bleibt gleich. Beim Schrankmöbel werden alle Teile – also Türen, Seiten, Böden und Rückwände – gleichwertig behandelt. Die Kunststoff- oder holzfurnierten Oberflächen garantieren ein gleichbleibendes Aussehen und lassen ein Ergänzen auch noch nach Jahren zu.

Wichtiges Element sowohl im Eigenheim als auch in der neuerrichteten Mietwohnung ist die eingebaute Durchreichewand. Sie kann in Maßen, Ausstattung und Ausführung individuell nach den Wünschen und Raumverhältnissen geplant werden. Sie verbindet die Küche direkt mit dem Eßtisch.

Strapazierfähige Materialien für Vorhänge, Gardinen, Möbelbezüge und Oberflächen finden ihre Kunden. *Diolen*, *Dralon*, *Indanthren*, *Resopal* sind die neuen Begriffe.

Leuchtende Farben wie blau mit orange, gelb mit violett oder rot mit orange setzen neue Akzente. Als Pendant zu den glatten Möbelflächen kommen groß gemusterte, geometrische Designs, Blumenmotive in klaren Konturen und Farben und Dekors nordischer Art zur Ausführung.

Einkauf bei Neckermann, November 1964

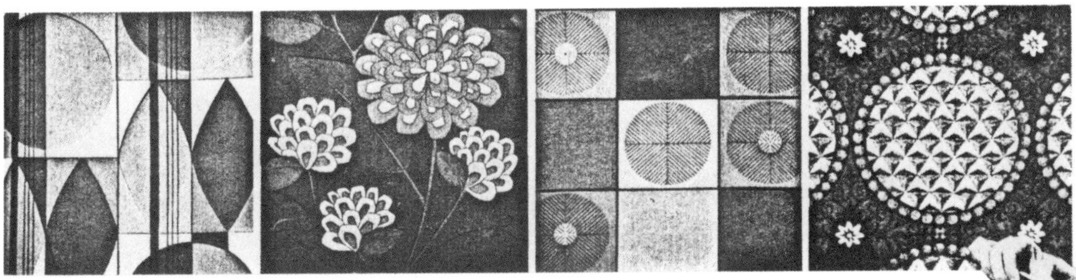

Rationalisierung in der Küche

In der Durchschnittswohnung ist die Wohnküche ebenso im Absterben begriffen wie das einzeln stehende Küchenbüfett. Es überwiegt die reine Arbeitsküche, in der allenfalls noch ein Eßplatz unterzubringen ist. Die Küchengröße variiert zwischen 8 und 12 qm.

Dabei wird der Arbeitsplatz Küche ähnlich wie der Schreibtisch im Büro bereits seit Beginn der 50er Jahre in einer Weise perfektioniert, die beträchtliche Möglichkeiten zur Arbeitsvereinfachung bieten kann, vorausgesetzt der Geldbeutel hält mit.

In minutiösen Studien werden Raum- und Flächenbedarf festgestellt und die günstigsten Arbeitshöhen ermittelt. Untersuchungen über den Arbeitsablauf legen die Zuordnung der einzelnen Küchenschwerpunkte fest, wobei sich als Faustregel die Abfolge von Herd, Arbeitsfläche, Spüle und Speise- bzw. Kühlschrank (von rechts nach links) ergibt. Die Küchenplaner lösen das Küchenbüfett in kleinere, standardisierte Kastenmöbel auf, die – als Unter- oder Oberschränke zu horizontalen Blöcken verbunden – in jede Küche maßgerecht eingebaut werden können. Die Oberschränke hängen frei an der Wand, von daher sind die Abdeckplatten der Unterschränke zu durchgehenden Arbeits- und Abstellschränken zusammengefaßt.

Ein reichhaltiges Angebot an Typen und Ausstattungsvarianten, leicht zu pflegenden Oberflächen, die fast durchweg aus Kunststoffolie oder Schichtstoffplatten bestehen, wird zum Standard.

In die Elementmöbel wird mehr und mehr die technische Ausrüstung integriert: Kühlschränke in bequemer Griffhöhe eingebaut, Herd und Spüle unter einer durchgehenden Platte zum »Küchenblock« vereint und Leuchtstäbe blendfrei hinter Deckleisten montiert. Küchenmaschinen lassen sich platzsparend versenken, über dem Herd saugt ein Wrasenfang die Kochdünste ab.

Anfang 1968 haben 96% aller westdeutschen Haushalte ein elektrisches Bügeleisen, 80% einen Staubsauger, 79% einen Kühlschrank, 61% eine Waschmaschine, in der Mehrzahl Vollautomaten. In 53% aller Haushalte stehen Elektroherde, in 40% elektrische Heizgeräte und 36% haben einen Heißwasserbereiter.

Inzwischen beginnen sich zwei weitere elektrische Großgeräte im Haushalt einzubürgern: das Gefriergerät und der Geschirrspülautomat. Hier ist der Sättigungsgrad im Absatz noch sehr gering: 10% aller Haushalte besitzen ein Gefriergerät, nur 1,5% einen Geschirrspüler.[3]

»Funktionalismus« als Markenzeichen

Vor allem ökonomische Einflußfaktoren haben den produktästhetischen Wandel bedingt: Zum einen drängte eine Umorganisation in der Produktion und die mit der wirtschaftlichen Konzentration verbundene Rationalisierung auf eine Standardisierung, Vereinfachung und auf das Baukastenprinzip: Das Möbeldesign der 50er Jahre hatte jeder rationellen Produktionslogik widersprochen.

Zum anderen mußte die Konkurrenz technologisch gleichwertig ausgestatteter Güter und der erreichte Sättigungsgrad im Absatz auf dem Markt auch zu neuen Anstrengungen in

Quelle-Fertighaus, 1963

der Symbolisierung des Nutzens und der Gebrauchsfunktion der zu verkaufenden Produkte führen. Neben der Entwicklung neuer technischer Raffinessen sollte über das Design das Gebrauchswertversprechen eingelöst werden, d.h. mittels einer Aufwertung »funktionalistischer Codes« zu Kennzeichen der Markenqualität.[4]

Das Prinzip der Reihung, Standardisierung ist auch in der Bauerstellung erkennbar. Insbesondere in den 60er Jahren entstand in der BRD jene Ballungsideologie, die in einem hochgeschossigen Wohnungsbau und in einer Massierung von Punkthochhäusern ihren Ausdruck fand. Kennzeichen hierbei war die Stadtrandbebauung in Großsiedlungen (z.B. Nürnberg-Langwasser).

Zwar hatte sich der Ausstattungsgrad in diesen Wohnungen positiv verändert (1964 wurde beispielsweise jede zweite Wohnung mit Zentralheizung ausgestattet, gegenüber sechs Prozent im Jahre 1953), die neuen Siedlungen zeichneten sich jedoch durch einen Mangel an Urbanität aus, der vor allem das Leben der Frauen in diesen Siedlungen bestimmte. Nicht nur die weite Entfernung zu den Zentren erschwerte das Einkaufen, Arztbesuche und dergleichen, es fehlte vor allem an den gewachsenen Stadtteilstrukturen. Die Häuser selbst vermittelten den Eindruck der Anonymität:

»Wir haben nirgends ein Zentrum, wo wir uns in größeren Mengen zusammenfinden können. Wir hocken alle in den Mauselöchern, wir haben überhaupt keine Nachbarn, im Grunde genommen. Selbst auf dem Flur, wo du mit vier Familien hockst, du kommst da nicht zusammen, weil das so geschachtelt ist – das ist Glückssache, wenn du da jemand triffst; da sind fünf extra Abzweigungen – bedenke da die Ecken mal; das ist wie im Kittchen, Mensch! Lange Flure mit einzelnen Zellen, das isoliert so richtig schön.«[5]

Ferner war es erklärtes Ziel der Bundesregierung, den Erwerb von Eigenheimen für die mittleren und unteren Einkommensgruppen zu fördern. Erreicht werden konnte diese »My home is my castle«– Ideologie nur durch Verbilligung in der Bauerstellung mittels Standardisierung und Uniformität der Größe von Baugrundstücken, Haustypen und vor allem der Grundrißgestaltung. Häuser waren per Katalog zu bestellen. Das »Wohnen im Grünen«, an der Peripherie der Städte der bevorzugte Werbeslogan.

Die Zeit des Hinterfragens aktueller Wohnungsbauprogramme und vorgegebener Einrichtungsstandards war noch nicht gekommen. Vielmehr erreichte zu Mitte der 60er Jahre die »Konsumwelle« auch die mittleren und unteren Einkommensgruppen.

Die Einrichtung eines Haushalts kostete 1966 nach durchschnittlicher Konsum-Norm rund 12000 DM. Ersatz- und Neuanschaffungen von Möbeln und Haushaltsgeräten stellten einen nicht unerheblichen Kostenfaktor im Familienbudget dar.

Das »ökonomische Mithaltenwollen« motivierte viele Hausfrauen zum Erwerb: Die Erwerbstätigkeit der Frau war in diesen Jahren mehr ein Beitrag zur Wohlstandsentwicklung der Familienhaushalte und in sehr geringem Maße ein Zeichen der Emanzipation von der Hausfrauenrolle.

1 Constanze, Jan. 1963, S. 34.
2 *Selle, Gert*: Die Geschichte des Designs in Deutschland von 1870 bis heute. Köln 1978, S. 186.
3 Die moderne Küche, H 5/1968, S. 49.
4 *Selle*, S. 189.
5 Diese Aussage wurde 1975 gemacht, nach langjährigen Erfahrungen in einem solchen Wohnblock. Vgl. Werk und Zeit, H 1/1975, S. 49.

Ingrid Langer

Vor dem Aufbruch

Die soziale Stellung der Frauen in den 60er Jahren

> Ingrid Langer
>
> **Artistry in Rhythm**
>
> Ich spüre wie ich wachse
> bei Stan Kentons Artistry in Rhythm.
>
> Kann ich es mir leisten
> Kenton zu hören?
>
> Ich bekomme Ecken und Kanten,
> das unnachgiebige, weiche Oval
> der vorgeschriebenen Form
> paßt nicht mehr!
>
> Interlude zerrt an mir:
> ich strecke mich,
> verliere den passenden Busen
> – mein angeblich bestes Kapital –
> meine Hüften werden grad,
> zu meiner gängigen Mittelgröße
> kommt eine Menge
> an Länge hinzu.
>
> Ich sollte das Gerät besser abstellen!
>
> Ich denke an Gattenmord und Kindesaussetzung.
> Die neue Form macht mich
> zum langgestreckten Pfeil mit scharfer Spitze:
> bereit zu fliegen –
> und im Fliegen zu verletzen.

Die Hausfrau- und Mutterrolle als Leitbild

»Die soziale Rolle der Frau wurde stets entscheidend bestimmt durch die Vorstellung vom Wesen der Frau, wobei die Mutterschaft im Vordergrund stand. Das Bild der Frau, die ›Familien- und Hausmutter ist‹, hatte gewissermaßen den Rang eines ›Urbildes‹.«

Diese Sätze finden sich im »Bericht der Bundesregierung über die Situation der Frau in Beruf, Familie und Gesellschaft« vom September 1966 zu Beginn des Abschnitts über »Die soziale Stellung und das soziale Ansehen der Hausfrau und Mutter«. Das Imperfekt des oben angeführten Zitates täuscht. Zwar wird in dem Bericht über gewisse Wandlungen des Leitbildes der Frau referiert, doch gipfelt der Abschnitt in dem Bemühen, das durch neuere Vorstellungen von der Berufstätigkeit der Frau bedrohte Sozialprestige der Hausfrau und Mutter wieder aufzuwerten, bzw. zu beweisen, daß von einer Abwertung gar nicht die Rede sein kann:

»Im modernen Haushalt ist die rein manuelle Tätigkeit gegenüber anderen Aufgaben stark zurückgetreten. Im Mittelpunkt stehen vielmehr die ›Hege- und Sorgefunktionen‹, also die Schaffung einer Familienatmosphäre der Ordnung und Geborgenheit, und die ›disponierende Funktion‹ der Hausfrau… Im Zusammenhang mit einem derartigen planvollen Handeln wird auch von einer ›unternehmerischen‹ Leistung der Hausfrau gesprochen. Immer werden hohe Anforderungen an ihre Entscheidungs- und Auswahlkraft gestellt. Aus einem nahezu unübersehbaren Marktangebot an Sachgütern und Diensten hat sie Tag für Tag ihre Wahl zu treffen, um die Bedürfnisse der Familie zu befriedigen und auf eine sinnvolle Gestaltung des Familienlebens hinzuwirken… Um den Anforderungen der modernen Gesundheitspflege und Ernährungslehre zu genügen, bedarf jede Hausfrau bestimmter medizinischer und physiologischer Grundkenntnisse.

Angesichts der Vielfalt geistiger und körperlicher Leistungen, die von der Hausfrau verlangt werden, erscheint es nicht verwunderlich, wenn demoskopische Untersuchungen ergeben haben, daß auch heute noch die Mehrzahl aller Frauen ihre Tätigkeit in Haushalt und Familie als Lebensaufgabe und Berufung verstehen…«[1]

Ein »Gruppengegensatz zwischen Hausfrauen und Berufstätigen« wurde in der Enquête zwar festgestellt, aber durch die Versicherung entschärft, daß die Behauptung, die »Hausfrauen unserer Tage seien zu einer unzufriedenen Klasse geworden«[2], in dieser Allgemeinheit auf die *deutsche* Haus-

AEG-Anzeige 1963

nicht zutreffe. Daraus zog man in ruhiger Gewißheit den Schluß, daß nur die Hebung des bedrohten Ansehens der Nur-Hausfrau einen Ausweg aus diesem Dilemma eröffne. Man befand sich damit in Übereinstimmung mit dem noch bis 1977 geltenden Familienrecht, das im § 1356 (1) BGB die Rangfolge der möglichen Frauenrollen unmißverständlich regelte: »Die Frau führt den Haushalt in eigener Verantwortung. Sie ist berechtigt, erwerbstätig zu sein, *soweit dies mit ihren Pflichten in Ehe und Familie vereinbar ist.*«

Es war im Sinne dieser Grundhaltung nur folgerichtig, wenn das Bundesverfassungsgericht »es als eine der wichtigsten Aufgaben des in Artikel 3 Abs. 2 des Grundgesetzes verankerten Gleichberechtigungsgrundsatzes bezeichnet, der rechtlichen Unterbewertung der Arbeit der Frau in Haushalt und Familie ein Ende zu setzen und dieser Arbeit eine gerechte Berücksichtigung zu sichern«.[3]

Entscheidungen deutscher Gerichte

ERLAUBT
VERBOTEN
STRAFBAR

Die liederliche Hausfrau

Das Urteil: Nachlässige und unordentliche Haushaltsführung ist ein Scheidungsgrund.
Kammergericht Berlin – 10 U 93/69

Der Fall: Dreizehn Jahre war in Berlin ein kriegsbeschädigter Handwerker verheiratet. Dreizehn Jahre lang hatte er sich über die schlampige Haushaltsführung seiner Frau geärgert: über die ständig schmutzige und mit Gerümpel aller Art vollgestellte Wohnung, über die schlecht und oft mit ranzigem Fett zubereiteten Mahlzeiten. Der 45jährige Handwerker ekelte sich, und die Kinder wurden häufig krank. Als die ständigen Auseinandersetzungen zu keiner Besserung führten, suchte er sich schließlich eine Freundin und trennte sich von seiner Frau.

Seine Scheidungsklage wies das Landgericht Berlin jedoch ab. Nach Meinung der Richter hatte er sich durch die inzwischen angeknüpften ehewidrigen Beziehungen selbst so stark ins Unrecht gesetzt, daß eine Scheidung trotz der untragbaren häuslichen Unordnung sittlich nicht zu rechtfertigen sei.

Das Kammergericht Berlin, das über die Berufung des Klägers zu befinden hatte, war anderer Ansicht: Es schied die Ehe des Klägers. Zwar sahen auch die Kammerrichter in den ehewidrigen Beziehungen des Klägers ein erhebliches Verschulden. Sie hielten ihm jedoch zugute, daß ihn erst der „unordentliche und wenig anheimelnde Zustand der Ehewohnung“ darauf gebracht hatte, sein Glück außerhalb der Ehe zu suchen.

Eine Ehefrau habe die Pflicht, erklärten die Richter, die Grundlage für ein glückliches Familienleben durch ein „gemütliches und menschenwürdiges Heim“ zu schaffen. Versage sie hierin in einem Ausmaß wie hier, begehe sie eine schwere Eheverfehlung, die der Ehemann auf die Dauer nicht hinzunehmen brauche.

aus: Stern 39/1967

Hoechst-Anzeige 1963

Die Hausfrauenrolle in der Einschätzung der Frauen

Die oben geschilderten Tendenzen zur Zementierung des Leitbildes der Nur-Hausfrau und Mutter, vertreten von den Entscheidungs- und Repräsentativgremien des Staates fanden trotz Protest von progressiveren Minderheiten ihre Entsprechung in der sogenannten allgemeinen Meinung und im Selbstbild der weitaus meisten Frauen zu Beginn der 60er Jahre.

Dies geht aus *Elisabeth Pfeils* gründlicher Untersuchung zur »Berufstätigkeit von Müttern«[4] von 1961 hervor. Und dies, obwohl in diese Untersuchung nur berufstätige Frauen einbezogen waren, Frauen also, die beide Bereiche, Beruf und Haushalt, aus eigener Anschauung kannten.

> Die Quote der weiblichen Berufstätigkeit beträgt – nach dem Stand vom Mai 1965 – 31,4% der weiblichen Gesamtbevölkerung von 29,8 Millionen und 36,3% aller Erwerbstätigen. Von der Gesamtheit der verheirateten Frauen sind 33% erwerbstätig.
> Nach dem Mikrozensus von 1962 gibt es in der BRD 2,4 Millionen erwerbstätiger *Mütter* mit Kindern unter 14 Jahren, was bedeutet, daß jede vierte berufstätige Frau Kinder unter 14 Jahren zu betreuen hat. Diese Mütter hatten zu 89,2% eine Dauerbeschäftigung, und nur der Rest von 10,8% übte eine Saison- oder Gelegenheitsarbeit aus.[5]

Elisabeth Pfeil unterschied in ihrer Untersuchung zur Kennzeichnung der Bewußtseinslage und Einstellung der berufstätigen Mütter und Hausfrauen bestimmte Typen. Sie fand, daß die familienverbundenen Mütter (»Hausmuttertyp extremer Ausprägung« und »modifizierter Hausmuttertyp«), d.h. die Frauen, die auf die Frage, ob sie ihren Beruf aufgeben würden, wenn jede wirtschaftliche Nötigung wegfiele, mit »ja« antworteten, den weitaus größten Teil ihrer Befragungspersonen stellten (S. 254). Die Grundeinstellung dieses Frauentypus schildert sie wie folgt:

»Der häusliche Kreis wird ganzen Herzens bejaht, auch wenn er klein ist: selbst in der Etagenwohnung mit einem Kind gewährt er Erfüllung. Sie (die Hausfrau) findet genug zu tun, aber sie mißt ihr Dasein auch nicht an der Leistung, sondern an deren Werten. In unreflektierter Weise glaubt die Frau dieses Typus, daß im Grunde keine Frau etwas anderes will, als sich im häuslichen Kreise bewegen: ›Wohl jede Mutter wäre überglücklich, wenn sie ganz bei ihrem Kinde sein könnte.‹ Nur so führt sie ›ein richtiges Familienleben‹. Die Identifikation mit der Rolle der Familienmutter ist vollkommen; diese Frauen haben das Gefühl, ihr eigenstes Wesen darzulegen, wenn sie sich entsprechend der gesellschaftlichen Rollenerwartung verhalten, und für die meisten von ihnen ist es wohl auch ihr eigenstes Wesen. ›Die Frau gehört ins Haus‹ – der Topos bedeutet für sie: ›Die Mutter gehört zu ihren Kindern‹, ›sie hat für ihre Kinder da zu sein‹, ›das Haus braucht die Frau‹. Ohne die Familienmutter ist es kein richtiges Haus, ist es keine richtige Familie: ›Wer lieber arbeiten will, soll nicht heiraten‹…

Ihr Gesellschaftsbild enthält also eine strikte Rollendifferenzierung. Der Mann wirkt als Ernährer draußen, die Frau als Verwalterin im Hause… Ganz konsequent lehnen sie daher für ihre eigenen Töchter die Mitarbeit ab und versuchen alles zu tun, um sie von der Nötigung, ihre Aussteuer als Mutter verdienen zu müssen, zu befreien, und ebenso folgerichtig finden sie, daß häusliche Arbeit sich für Mann und Söhne ›nicht schickt‹.« (S. 256f.)

E. Pfeil diskutiert auch noch die sogenannten Berufsfrauentypen, die sie in »familienzugewandt« und »familienentfremdet« unterscheidet. Beide Typen zusammengenommen stellen jedoch nur ein knappes Sechstel der untersuchten Grundgesamtheit. – Schließlich beschreibt sie noch einen Typus, bei dem das Verhältnis von Hausmutter- und Berufsrolle noch unausgewogen ist.

Interessant ist in diesem Zusammenhang die starke Abhängigkeit der einzelnen Typenausprägungen von den Berufsgruppen. Während die ungelernten und angelernten Arbeiterinnen sowie die niedrigeren Beamtinnen und Angestellten an einem Ende der Skala standen und die höchsten Anteile an den beiden Hausmuttertypen stellten, bildeten die freien Berufe und akademischen Beamtinnen und Angestellten den entgegengesetzten Pol der Skala und rekrutierten sich zu über 50 Prozent (im Falle der freien Berufe sind es sogar fast 80%) aus Berufsfrauentypen. Die mögliche Befriedigung bei der Berufsausübung spielte also offenbar eine entscheidende Rolle bei der Bewertung der Berufsarbeit durch die Frauen selbst.

Insgesamt stellte E. Pfeil Tendenzen zu Veränderungen fest, die darauf hinauszulaufen schienen, daß Frauen aus den Gruppen der Nur-Hausmutter-Typen in andere Gruppen überwechseln würden und daß sich aus der Gruppe der Frauen mit einem unausgewogenen Verhältnis von Berufs- und Hausmutterrolle sogar neue Lösungen dieses vorläufigen Antagonismus herausbilden könnten. Trotzdem hielt

Sommerschlußverkauf 1965

E. Pfeil nach ihren Ergebnissen die Rollenauffassung der familienbezogenen Frauen für sehr fest verankert. Zur Deutung dieses Tatbestandes bemühte sie allerdings auch das vielzitierte »Wesen der Frau«:

»Trotzdem halten wir nicht dafür, daß die familienbezogenen Frauen des F 1- und F 2-Typus (›Hausmuttertyp extremer Ausprägung‹ und ›modifizierter Hausmuttertyp‹) aussterben werden, denn wir sehen in ihrem Vorhandensein nicht nur das Überbleibsel einer überholten Gesellschaftsform, sondern eine in sich berechtigte Lebensform, die viel zu sehr mit dem Wesen der Frau übereinstimmt, als daß sie gänzlich in den Hintergrund treten würde. Wenn die angelsächsischen Länder uns auf dem Weg der Frauenemanzipation und Frauenberufsarbeit ein gutes Stück voran sind, so finden wir doch auf Grund der neuesten Untersuchungen auch bei ihnen diesen Typus noch immer als den am meisten vertretenen. Die kommende Gesellschaft wird eher mehrschichtig sein. Die Schicht der berufsorientierten Frauen wird zwar zunehmen, nicht aber das ganze Feld besetzen.« (S. 270f.)

Mir scheint es auffällig zu sein, daß sich das »Wesen der Frau« so gehäuft in den unteren Rängen der Berufs- und Ausbildungshierarchie manifestiert haben soll.

Der *Ifas-Report* »Frau und Öffentlichkeit« von 1963,[6] eine, was die Merkmale angeht, breiter gelagerte Untersuchung – hier wurden nicht nur berufstätige Mütter, sondern ein Quota-Sample aus der gesamten weiblichen Bevölkerung über 18 Jahren in Köln einbezogen – kommt zu ähnlichen, wenn auch nicht so stringenten Ergebnissen wie die Studie von E. Pfeil, was die Beurteilung der Hausfrauenrolle durch die befragten Frauen angeht. Hier antworteten 53% der befragten *berufstätigen* Frauen, sie zögen, falls sie es sich erlauben könnten, die Hausfrauentätigkeit vor. Von den Nur-Hausfrauen waren 56% mit ihrem Los zufrieden und gaben vor, nicht in den Beruf gehen zu wollen:

»Nimmt man die Wünsche der Berufstätigen und die der Hausfrauen zusammen, so ergibt sich, daß mehr als die Hälfte (55%) am liebsten zu Hause sein möchte und zwei Fünftel am liebsten im Beruf. Letztlich geht also vom Haus immer noch die größere Anziehungskraft aus.« (S. 33)

Doch auch hier differenzieren sich die Urteilsgruppen stark, wenn man Alter und Schulbildung der Befragten miteinbezieht: Schon bei den jungen – 18- bis 34-jährigen Frauen – überwogen die Berufsanhängerinnen die Hausmuttertypen (49% gegen 46%). Legt man die Schulbildung als Unterscheidungsmerkmal zugrunde, wird der Unterschied noch stärker: Von den Volksschulabsolventinnen ohne Lehre zogen 70% das Haus vor, während die Frauen mit besserer Schulbildung zu 50% dem Beruf den Vorzug gaben. Die Einschätzung der Berufstätigkeit der Frauen scheint auch nach dieser Untersuchung also weniger abhängig gewesen zu sein vom mehr oder weniger ausgeprägten »Wesen« der einzelnen Frauen. Vielmehr beeinflußten die tatsächlichen Berufschancen offenbar ihre diesbezügliche Einstellung. Zumindest dann, wenn es um den Entschluß für die eigene Lebensführung ging.

Die allgemeinen Normvorstellungen waren dagegen noch stark an der traditionellen Rollenauffassung orientiert: von den positiv zum Beruf eingestellten Frauen, also von den Frauen, die gern berufstätig waren und bleiben wollten und von den Hausfrauen, die den Beruf ihrem Hausfrauendasein vorgezogen hätten, behaupteten 61%, sie hielten die Berufstätigkeit der Frau »eigentlich für *nicht* normal«. Von den

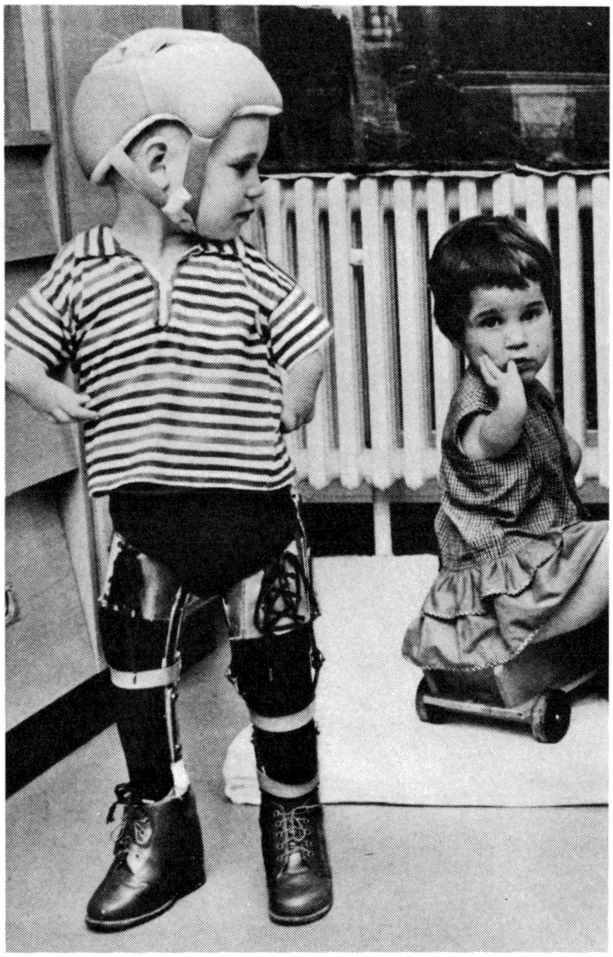

Mehr als 1000 Tote und 5700 bis 6400 mißgebildete Kinder allein in der BRD gehen auf das Konto des rezeptfreien, »völlig unschädlichen« Schlafmittels CONTERGAN (Thalidomid), 1957 von der Chemie Grünenthal auf den Markt gebracht. 1961 benutzen über eine Million Bundesbürger regelmäßig dieses Schlafmittel, das in der Werbung insbesondere Schwangeren empfohlen wird. Ersten Alarmmeldungen über gravierende Nebenwirkungen wie Muskelkrämpfe, Gliederschwäche, Angstzustände, Lähmungen und dauernde Körperbehinderung – alles Anzeichen einer schweren Nervenschädigung (Polyneuritis) – begegnet die Chemie Grünenthal mit vermehrten Werbeanstrengungen. Im August 1961 wird CONTERGAN endlich unter Rezeptpflicht gestellt, am 26.11.61 verboten. Sechs Jahre dauern die Ermittlungen der Staatsanwaltschaft. 1968 beginnt der CONTERGAN-Prozeß, der 1973 mit einem Vergleich endet.

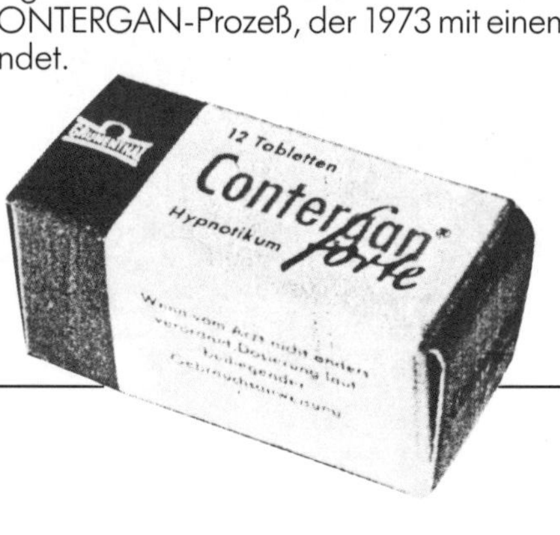

Mütter und Kinder 1962

In der Damenstrumpfabteilung eines Hamburger Kaufhauses versucht das Arbeitsamt, Hausfrauen vom Kochtopf abzuwerben. So knapp sind Arbeitskräfte.

hausorientierten Frauen waren es 73%. Insgesamt entschieden sich damit 68% der befragten Frauen dafür, die Berufstätigkeit der Frau als nicht normal, also *als nicht der Norm entsprechend*, anzusehen (S. 54).

Reinhold Junker fand 1965 bis 1967 bei Erhebungen zu den Motiven und Leitbildern der Mütter in der BRD sehr ähnliche Ergebnisse.[7] Als »Lebensinhalt der Frau« bezeichneten ungefähr acht Zehntel der Befragungspersonen (Mütter verschiedenen Alters aus Städten verschiedener Größe) in »erster Linie das ›Heiraten und für Mann und Kinder sorgen‹«. Interessanterweise fand Junker die Einstellung der jungen Mütter sogar noch häufiger von dieser Auffassung geprägt als die der älteren. Erst unter den 60–65jährigen »Stadtmüttern« fanden 25% der Befragten, daß der Lebensinhalt darin bestehen sollte, »sich sein Leben möglichst so einzurichten, daß man von niemandem abhängig ist« (Teil I, 2. Hb., S. 243). Auch für die Zukunft der Töchter zogen acht Zehntel der befragten Mütter das »Leben für Mann und Kinder« einer »erfolgreichen beruflichen Entwicklung« vor (S. 244f.).

Es mag dahingestellt bleiben, in welchem Maß diese Ergebnisse als Ausfluß der damals herrschenden Geschlechterrollenideologie angesehen werden müssen und inwieweit sie von erlebten oder erwarteten Frustrationen im Berufsleben bestimmt waren. Doch auch diese waren letztlich begründet in dem engen Geflecht aus Ideologie und Interessen (der Arbeitgeber, der männlichen Konkurrenten), dem die Frauen im Erwerbsleben begegneten, und können nicht losgelöst von diesem Hintergrund gesehen werden.

Junker weist – in Verteidigung der Nur-Hausfrauenrolle – darauf hin, daß die Argumentation für die »Doppelrolle der Frau« ideologische Züge anzunehmen drohte, daß ihre Verfechter daher dazu neigten, die Schwierigkeiten und die mangelnde Befriedigung zu übersehen, die sie oft mit sich brachte. Sicher hatte Junker recht mit diesem Hinweis. Doch übersah er selbst dabei, daß die gerügte Ideologisierung der »Doppelrolle der Frau« letztlich Ausfluß eben der traditionellen Geschlechterrollenideologie war und der von ihr bestimmten sozialen Arbeitsteilung. Daher stellte weder die Vorstellung von der »Doppelrolle« noch das berühmte »Dreiphasenmodell« eine echte Lösung des Problems dar: beide setzten nämlich die als »natürlich« angesehene Einteilung voraus, nach der die Frau *allein* oder zumindest *hauptverantwortlich* die Last der Haushaltsführung und der Kinderpflege, -versorgung und -erziehung zu übernehmen habe. Kraß ausgedrückt wurde ein zwingender Zusammenhang postuliert zwischen der Fähigkeit, Kinder zu gebären und der Fähigkeit, Staub zu saugen und Geschirr zu spülen, der nicht anders als ideologisch zu begründen ist. Junker sagt:

»Will die verheiratete Mutter im Erwerbsleben ihren Status gewinnen, so wird sie im Normalfall ›unterprivilegiert‹ sein, denn sie muß hinter ihren Möglichkeiten zurückbleiben, weil sie (bei sinkendem Heiratsalter) durch Schwangerschaft, Geburt und Betreuung der Kinder gerade die wichtigsten beruflichen Entwicklungsjahre verliert. Gehobene Tätigkeiten setzen kontinuierliche Berufserfahrung voraus, bei einfachen Arbeiten, die manuelles Geschick und Schnelligkeit verlangen, kommt man in späteren Jahren oft nicht mehr mit. Die verheiratete Frau, die Kinder zu haben wünscht, muß sich für die Familie und gegen den Beruf oder für den Beruf und gegen die Familie entscheiden...« (S. 187).

Junker konnte bei der Berufung auf dieses Leitbild auf einen weitgehenden Konsens in unserer Gesellschaft hinweisen. Bei einer Erhebung, die in den Jahren 1962 bis 1965 stattfand[8] und die sehr verschiedenen repräsentativen Gruppen allgemeine Redensarten zu diesem Komplex vorlegte, um Zustimmung oder Ablehnung zu prüfen, stellte sich wie er sagt »eine ›nivellierte‹ Gesellschaft dar«. Allgemeine Zustimmung fanden die folgenden Sätze (die Zahlen in Klammern geben die Spanne der Prozentwerte der addierten *Zustimmungs*abstufungen – stark, mittel, schwach – bei den befragten Gruppen wieder):

»Das Reich der Frau ist der Haushalt, alles andere ist Sache des Mannes« (54% – 69%).

»Der Beruf der Hausfrau ist der schönste und vielseitigste Beruf der Frau« (63% – 84%).

»Die Mutterschaft ist die wichtigste Lebensaufgabe der Frau« (78% – 93%).

Den niedrigsten Prozentsatz der Zustimmung stellten übrigens in allen drei Fällen die alleinstehenden West-Berliner Mütter. Nimmt man noch den Satz hinzu:

»Herr im Haus ist der Mann, danach sollte die Frau sich richten« (24% – 65%), der außer bei den alleinstehenden Müttern, die ihm nur mit 24% zustimmten, in den anderen Gruppen mehr als 50% Zustimmung erfuhr, so scheint der Schluß auf ein von der traditionellen Geschlechterrollenideologie getragenes Leitbild der Frau kaum zu umgehen.

Junker hielt dies für eine einseitige Interpretation[9] und verwies auf die Zustimmung, die auch die beiden folgenden Sätze fanden:

»Die Frau sollte nicht nur für Haus (Hof) und Familie leben, sondern auch noch andere Interessen haben« (89% – 92%).

»Mann und Frau sollten gleiche Rechte und Pflichten haben« (86% – 92%).

Abgesehen davon, daß die beiden letzten Sätze Forderungen darstellten (Die Frau *sollte*... Mann und Frau *sollten*...) – die obigen vier dagegen waren einfache Feststellungen (Das Reich der Frau *ist*... Die Mutterschaft *ist*... usf.) –, scheint es mir eher auffällig zu sein, daß der Widerspruch zwischen diesen beiden Aussagegruppen nicht bemerkt wurde. Dieser Widerspruch konnte eigentlich Nur von der konventionellen Vorstellung von der Frau her nicht bemerkt werden: nur wenn man sich auf den Standpunkt stellte, es sei das *Wesen* der Frau, Hausfrau und Mutter zu sein, und es

entspreche diesem *Wesen*, sich dem Mann unterzuordnen, konnte man in den Forderungen, den Mann als Oberhaupt anzuerkennen und keiner dem Haushalt ernsthaft konkurrierenden Beschäftigung nachzugehen, *keine* Beeinträchtigung ihrer Entfaltungsmöglichkeiten und Rechte sehen, die man doch – theoretisch – bejahte.

Die Verinnerlichung des Leitbildes in den Schulen: Das Frauenbild in Lesebüchern

Das Frauenbild, das diesen Normvorstellungen entsprach, wurde den Kindern schon in der Schule geliefert. Die 1967 veröffentlichten Ergebnisse der Untersuchungen von Lesebuchreihen für Volksschulen in Baden-Württemberg und Hessen zu dem in ihnen vertretenen Mädchen- und Frauenbild können nur als deprimierend bezeichnet werden.[10] In den Lesebüchern für die Volksschule – hierzu wurden rd. 4000 Geschichten ausgewertet – erschien die Frau fast ausschließlich als Mutter. Vorwiegend wurden zwei Typen gezeichnet:

» 1. Die Mütter der Vergangenheit: Sie stammen fast alle aus den allerärmsten Schichten und leben vorwiegend in ländlichen Bezirken. Darstellungen aus dem Industrieproletariat sind selten. Alle sind abgearbeitet und verhärmt, wahre Jammerbilder, aber von schier unerschöpflicher Opferbereitschaft und Edelmut...

2. Die Mutter unserer Zeit: Sie erscheint hauptsächlich als rastlose Hausfrau. Da moderne Hilfsmittel wie Wasch- oder Küchenmaschinen nirgends erwähnt werden, ist sie unentwegt tätig. In den meisten Fällen gerät sie abseits von der Hausarbeit etwas schemenhaft und ist oft nur Randfigur... Erziehungseinflüsse sind nur noch bei Tischsitten und Anstandsregeln erkennbar. Ausblicke auf das Leben vermittelt der Vater den Kindern, die Mutter ist eindeutig auf das Haus beschränkt und kennt keine außerhäuslichen Aktivitäten.

Berufstätige Mütter kommen nur wenig vor und sind als Ausnahmesituation dargestellt. Sie arbeiten nur, weil kein Vater mehr als Ernährer da ist, und leiden unter der Notsituation. Mütter, die aus Freude am Beruf oder wegen individueller Ansprüche arbeiten, sind nicht bekannt.

Alle diese Mütter haben keinen anderen Lebensanspruch als den Dienst an der Familie. Sie sind bescheiden, pflichtbewußt, aufopferungsfreudig, tüchtig und beschränkt.«

Unter den wenigen geschilderten berufstätigen Frauen standen die Frauen mit »dienenden« Berufen weit im Vordergrund.

Die Lesebücher für Realschulen vermittelten ein kaum abweichendes Bild:

»Unter den Frauengestalten nehmen die Mütter *(allgemeiner gesagt die mütterlichen Frauen) den breitesten Raum ein. Das Loblied auf die duldende und dienende, sich plagende und für die Ihren aufopfernde Mutter wird in vielen Variationen angestimmt. Die meisten Muttergeschichten sind Denkmäler der Dankbarkeit, doch scheint der Dank das Nachdenken zu ersetzen, ob Armut, Leiden und Not wirklich gottgewollte Voraussetzungen für die Entfaltung spezifischer Mutterqualitäten und dadurch fast schon wieder ein Wert in sich sind...«*
In bezug auf die durch die Lesebücher noch immer vermittelten Leitbilder für die jungen Mädchen stellt die Untersuchung fest: *»Bei den fiktiven Leitbildern spielen Verstand und Bildung der Mädchen und Frauen und die Schulung ihrer geistigen Kräfte kaum eine Rolle.«*

Ebenso wie in den Volksschullesebüchern wurden berufstätige Mütter in der Mehrzahl so dargestellt, daß sie die Doppelrolle nur aus finanzieller Not übernommen hätten.

Nach diesen 1967 veröffentlichten Untersuchungsberichten wurden neue Volksschullesebücher auf den Markt gebracht. Von ihnen wurde behauptet, sie bemühten sich »um eine wirklichkeitsnahe, ... unsentimentale und altersgemäß geschriebene Darstellung der Frau und Mutter...«[11] Leider bestätigten die Ergebnisse einer weiteren Überprüfung 1970 nicht den Erfolg der angekündigten Bemühungen. Zwar stellte die Autorin eine allgemeine Verbesserung der Texte fest – sie waren wirklichkeitsnäher und sachbezogener als bisher –, doch traf diese Veränderung für das Frauenbild nur bedingt zu,

»da die Bücher, je besser und sachgerechter sie sind, sich desto weniger mit Frauen beschäftigen... Nach wie vor«, so ergab die Analyse, »sind also die Frauen unterrepräsentiert. In manchen Bänden tritt keine einzige Frau auf, in anderen nur als Märchengestalt... Die alte Vorstellung der Hüterin von Heim und Herd diktiert weiter die gesellschaftliche Rolle der Frau. Überall, wo sie an den häuslichen Kreis gebunden ist, liegt ihr Anteil noch verhältnismäßig günstig. Aus der Arbeitswelt, der Kunst oder der Technik bleibt sie aber so gut wie ausgeschlossen.« (S. 6/7)

Als wesentliche Veränderung blieb nur festzustellen, daß diese Mütter »ein freundliches Gesicht« zeigten: Es waren nicht mehr die Jammer- und Leidensgestalten, sondern heitere Menschen. Doch lauerte

»hinter den liebenswürdigen Mutterbildern die Weiblichkeitsideologie nur versteckter als bisher. Die Darstellung der Mutter ist heute besser der Wirklichkeit angepaßt, aber es ist auch bei bloßer Anpassung geblieben. Vorwärtsweisende Denkmodelle, die sich mit der veränderten Stellung der Frau und den daraus resultierenden Forderungen befassen, bietet das Lesebuch nicht an.. Der gewollt muntere Ton und die verkrampfte Infantilität der Familiengeschichten verschleiern nur, daß die Lebensverhältnisse der Frau im Lesebuch nach wie vor die einer unterprivilegierten Schicht sind.« (S. 7/8)[12]

Das Mutterbild in Film und Fernsehen

Auch eine 1967 in der Abteilung Massenkommunikation des Forschungsinstituts für Soziologie der Universität Köln erarbeitete Studie zum Bild der Mutter in vier deutschen Nachkriegsfilmen (die Filme stammten aus den Jahren 1953 bis 1963) bewies die feste Verankerung des Mutterklischees. Die Mütter, die in diesen Filmen jeweils eine zentrale Rolle spielten, blieben in ihrer persönlichen Entfaltung auf Familie, Küche und Kinder beschränkt. Keine der im Alter von etwa vierzig Jahren dargestellten Frauen war berufstätig. Sie waren nicht sehr individuell gezeichnet:

»Immer wieder begegnen uns Attribute, die zum stereotypen Bild der Frau zu gehören scheinen: unterwürfig, bescheiden, schüchtern, unerfahren, sparsam, kleinlich, konservativ, tüchtig, gastfreundlich, opferbereit, angepaßt.«[13]

Für ihre Töchter erstrebten diese Filmmütter das gleiche Schicksal und sie erzogen sie nach den dafür passenden Verhaltensmustern. Die in den Filmen außerdem auftauchenden »Berufsfrauen« waren im Gegensatz zu den Müttern modisch, tüchtig, selbständig, erotisch anziehend – und sie hatten keine Kinder. Sie brachten das von der Gesellschaft verlangte Opfer für ihre Selbständigkeit. Natürlich wurden die Mütter im Film höher bewertet.

Es soll hier gern eingeräumt werden, daß die Lesebuch- und Filmmütter nicht als der Wirklichkeit der 60er Jahre entsprechend angesehen werden können. Darum geht es auch gar nicht. Interessant und bezeichnend für das ideologische Klima in diesen Fragen war, daß sie offenbar trotzdem eine positive Identifikationsbasis für die Frauen selbst darstellten. Man denke nur an die damals beliebten Fernsehserien »Familie Hesselbach«, »Familie Schölermann« und »Der Forellenhof« und die darin dargestellten Mütter und Hausfrauen. Auch sie wichen keinen Zoll breit vom Klischee. Keine dieser Mütter war berufstätig oder dachte auch nur daran, das zu wünschen oder anzustreben. Diese Frage stellte sich für sie gar nicht, denn ihr Leben war randvoll angefüllt mit der Fürsorge für die liebe Familie. Darüber hinausgehende Interessen gab es für sie nicht. Auch ihre Aufmerksamkeit für »öffentliche Dinge« wurde nur dann geweckt, wenn sie ein Familienmitglied besonders betraf. Die erwiesene Beliebtheit dieser Sendungen kann nur dahin gedeutet werden, daß es in ihnen zuging wie bei jedermann oder wie es bei jedermann zugehen sollte. Sie zeigten eine »heile Welt«.

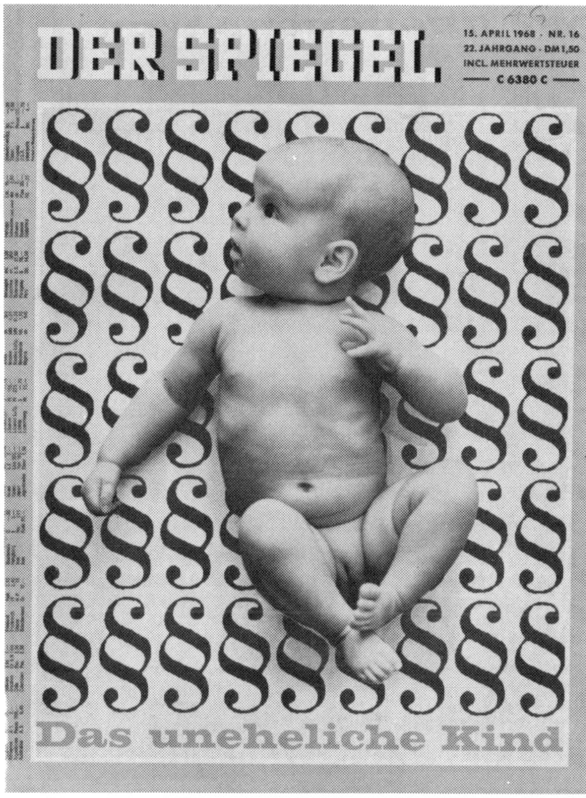

Das *Grundgesetz* von 1949 sah vor, uneheliche Kinder den ehelichen gleichzustellen. In der Realität galt aber bis zur Reform des Unehelichenrechts 1968 das *Bürgerliche Gesetzbuch* von 1896 (BGB), das eine massive Benachteiligung der unehelichen Kinder ebenso wie der ledigen Mütter beinhaltete. Die Reform dieses Rechts wurde insbesondere von der Kirche bekämpft.

- Das uneheliche Kind galt mit dem Vater juristisch als *nicht verwandt*. Unterhaltsansprüche waren nicht familienrechtlich sondern nur schuldrechtlich einklagbar, und auch dies nur bis zum vollendeten 18. Lebensjahr des Kindes. Die Alimente betrug im Durchschnitt 65,– im Monat.
- Die Mutter erhielt nicht das volle *Sorgerecht*, jedes uneheliche Kind wurde der Obhut des Jugendamtes unterstellt.
- Obwohl die ganzen siebziger Jahre hindurch uneheliche Kinder ein Dauerbrenner waren, nahm ihre Zahl interessanterweise stetig ab: 1967 wurden in der BRD nur noch 5% aller Kinder unehelich geboren, 40% davon wurden nachträglich »legitimiert« (um die Jahrhundertwende betrug der Anteil der unehelichen Kinder noch ca. 9%, unmittelbar nach dem 2. Weltkrieg (1946) sogar über 19%).
- Mit der Abnahme der unehelichen Geburten ging die *Zunahme der Frühehen* Hand in Hand: 1950 hatten rund 73000 Frauen unter 21 Jahren geheiratet – 1965 waren es bereits über 135000 (Männer 1950 knapp über 16000 gegenüber 21600 im Jahr 1965).
  Weit über 80% aller erstgeborenen Kinder verheirateter Mütter unter 21 Jahren waren 1963 vor der Ehe gezeugt.

…igen.
Arbeitsgericht Bielefeld – 1 Ca 64/69

Scheidungsgrund

Bricht eine Frau ihr vor der Heirat gegebenes Versprechen, ihren Beruf aufzugeben und sich künftig ganz dem Mann zu widmen, so kann darin ein Scheidungsgrund liegen.
Bundesgerichtshof – IV ZR 579/68

Betriebsrat

aus: Stern 42/1969

Das »Dilemma« in der Diskussion

Sicher kann man auf Risse in dieser Welt hinweisen. Die Zahlen zur Berufstätigkeit der verheirateten Frauen und Mütter kann man auch so lesen, daß ein beträchtlicher Prozentsatz der verheirateten Hausfrauen und Mütter aus dem klein gewordenen »Reich der Hausfrau« hinausstrebte. Die von Junker so sehr hervorgehobene Begründung ihrer Berufstätigkeit allein durch finanzielle Nötigungen und Zwänge stellt sich in anderen Untersuchungen nicht so eindeutig dar. Außerdem muß man bei dieser Begründung einen gewissen Prozentsatz an sekundären Rationalisierungen annehmen, angesichts einer Gesellschaft, die so schnell geneigt war, »pflichtvergessenen« Hausfrauen und Müttern die allgemeine Achtung zu entziehen.

Es war *Betty Friedan*, eine amerikanische Hausfrau und Mutter, die zu Beginn der 60er Jahre mit ihrem »vehementen Protest gegen das Wunschbild von der Frau«[14] einem tiefen Unbehagen amerikanischer suburb-wives Ausdruck verlieh – dem Unbehagen der »grünen Witwen«, die in ihrem rasenumfriedeten Häuschen, mit einer erklecklichen Kinderzahl und allen Segnungen des modern way of life versehen, ihre »Identität verloren« hatten und die auch vom Psychoanalytiker nicht mehr zu retten waren. Auch hierzulande wurde die Diskussion um »Frauenfragen«, die immer weitere Kreise zu ziehen begann, von diesem Unbehagen gespeist, das allerdings von den verschiedenen Autoren je nach Einstellung verschieden lokalisiert wurde. Die »Unglücklichen Hausfrauen«[15] wurden zum Thema von Artikeln und Umfragen. Man gestand ihnen Frustrationen zu, die aus ihrem geschrumpften Wirkungsbereich erklärt wurden.

Eine Anfang 1968 abgeschlossene Frauenbefragung zum Thema Beruf und Haushalt – das Büro für staatsbürgerliche Frauenarbeit in Wiesbaden befragte etwa dreitausend Frauen, allerdings befanden sich kaum Arbeiterinnen in der Auswahl – fand, daß etwa ein Drittel der befragten Nur-Hausfrauen bis zu 60 Jahren neben dem Haushalt noch beruflich tätig sein wollten. »Die Arbeit im Haushalt ist zu eintönig, ich fühle mich nicht ausgefüllt«, war die häufige Begründung. Nur elf Prozent vertraten die Ansicht, die Frau gehöre ins Haus und an den Kochtopf. Auch die Motive für die Berufsarbeit verheirateter Frauen stellten sich nach dieser Untersuchung anders dar als in den anderen zitierten Untersuchungen: Die verheirateten Frauen unter 35 Jahren gaben öfter die Freude am Beruf als die finanzielle Notwendigkeit als Grund für ihre Erwerbstätigkeit an. Und dieses Motiv gewann mit den Jahren noch mehr an Bedeutung.[16]

Die Antwort auf diese Problematik bestand im allgemeinen darin, sie zu verharmlosen. Bestenfalls wurde versucht, das Hausfrauendasein attraktiver zu machen, indem man es mit mehr Sozialprestige ausstattete. Der Käfig wurde vergoldet. Hierhin gehörten die Bemühungen der Frauenenquête der Bundesregierung, die Hausfrauenarbeit zum »Beruf« aufzuwerten, bzw. der Gerichte, sie rechtlich dazu zu erklären. Ein sinnloser Versuch, da der Hausfrauenarbeit alle sozialen Merkmale eines Berufes fehlen: Hausfrauenarbeit spielt sich ausschließlich in einer Primärgruppe ab, ist also »privat« und verlangt demgemäß »primärgruppenorientiertes« Verhalten; sie erfordert keinerlei Ausbildung; der Zugang zu ihr wird nicht durch Lizenzvergabe geregelt; sie führt in der Regel nicht zum Erwerb eines eigenen Einkommens; es wird durch sie kein eigenes Sozialprestige erworben. Im Gegensatz zu der oft geäußerten Behauptung, Hausfrauenarbeit werde immer differenzierter und erfordere daher eine eigene Ausbildung, werden nach wie vor immer mehr früher familiale Positionen und Funktionen »verberuflicht«, d.h. aus der Familie herausgenommen.

Diesen offenbaren Tatsachen zum Trotz wurden z.B. in der Frauenenquête dem Thema »Vorbereitung der Frau auf Aufgaben in Familie und Haushalt« dreieinhalb Seiten gewidmet, während die Vorbereitung der Frau auf staatsbürgerliche Aufgaben auf einer halben Seite abgehandelt wurde: Die Frau war eben eigentlich ein »privates« Wesen! Das gehörte nun mal zu ihrem Leitbild, und die Gesellschaftsstruktur erforderte offenbar, daß sie es blieb.

So waren die Hilfen, die man unzufriedenen Hausfrauen bot, auch meist privater Art. Das Müttergenesungswerk z.B. wollte Müttern, »deren Trauma aus der Isolierung rühre«, bildende Erholungsaufenthalte vermitteln, unter dem Motto »Wir entdecken Deutschland« oder »Wir entdekken Frankreich«. Das war bestenfalls Ablenkung von der »sozialen Isolierung«, aber nicht deren Veränderung!

Gleichzeitig wurde eine bessere Berufsausbildung für Frauen gefordert. Sie war sehr notwendig. Doch sollte diese bessere Ausbildung, wie alle einschlägigen Untersuchungen beweisen, noch die Unzufriedenheit vermehren, wenn nach dem »Dreiphasenmodell« (dem damals modernsten Vorschlag zur Lösung der Probleme der Berufstätigkeit der Frau bei gleichzeitiger Inanspruchnahme durch Haushalts- und Familienpflichten) in der sogenannten »Zweiten Phase« für Jahre auf Hausmutter umgeschaltet werden mußte. Wie überhaupt sowohl das Phasenmodell als auch die Teilzeitarbeit in der Berufswelt, die an kontinuierlichen und ganztägigen Arbeitskräften vor allem interessiert ist, für gehobenere Tätigkeit bis heute auf große Schwierigkeiten stößt. Bestenfalls erhalten die Frauen im Vergleich zu Männern mit gleicher Berufsausbildung nur sehr verminderte Berufschancen.[17]

Sowohl die ideologischen als auch die wirtschaftlichen und sozialen Voraussetzungen unserer Gesellschaft bedingen bis heute die *zentrale Position* der Hausfrau- und Mutterrolle unter allen anderen Frauenrollen. Damit wird diese Rolle zum primären Bewertungsmaßstab für alle anderen Aktivitäten und beeinflußt auch die Ausprägung der weiteren möglichen Rollen der Frau in unserer Gesellschaft. Das »Dilemma der Frau« (Schelsky), wie es in den 60er Jahren unübersehbar zu Tage trat, lag in dem Rollenkonflikt, der sich aus den nach der Struktur unserer Gesellschaft unvereinbarlichen Erwartungen ergab, die an die Hausfrau und Mutter einerseits und an die erwerbstätige Frau andererseits gestellt wurden.

Ehefrau und Partnerin des Mannes

a) Die sexuelle Emanzipation der Frau

Die *sexuelle* Emanzipation der Frau war demgegenüber – zumal, da sie die alte Institution der Ehe unangefochten ließ – weit weniger umstritten. Zwar erschwerte die moderne personale Glückserwartung, die sich an die Ehe knüpfte, sicherlich ihr Funktionieren. Die bis 1965 (im Vergleich zu 1900) aufs Vierfache gestiegene Scheidungsquote[18] bewies jedoch nur, daß die Korrekturmöglichkeit genützt, die die Scheidung bot, nicht aber, daß die Ehe als solche abgelehnt wurde; dagegen sprechen schon die hohen Wiederverheiratungsquoten.

Wenn hier von »sexueller Emanzipation der Frau« die Rede ist, so wird damit der Tatbestand bezeichnet, daß sich seit der Jahrhundertwende neben einer gewissen Abwendung von der bürgerlichen Moral überhaupt, die Meinung durchgesetzt hatte, auch die Frauen hätten ein Anrecht auf sie *befriedigende* sexuelle Beziehungen. Während es im vorigen Jahrhundert vielfach für tugendhafte Frauen auch in der Ehe als unanständig galt, zum Orgasmus zu kommen (teilweise hielt man dies sogar für physiologisch unmöglich), verfolgte etwa seit den zwanziger Jahren eine Fülle von Büchern über Liebestechnik hauptsächlich den Zweck, die Männer zu lehren, wie sie ihren Partnerinnen zu größerem Liebesgenuß verhelfen können. Schelsky wertete gerade diese, die Frauen betreffende Veränderung als deutlichstes Indiz für eine veränderte Sexualauffassung, die aus einem »naturwissenschaftlich entnormisierenden und entmoralisierenden Zugang zum Verständnis des Geschlechts und der Liebe herrühre« und ihrerseits »sexuelle Potenz und Orgasmus zum konventionellen Normalanspruch« erhebe:

»Am deutlichsten ist diese Veränderung wohl in dem von der Gesellschaft heute als normal bewerteten sexuellen Verhalten der Frau zu bemerken: Daß auch für sie die Sexualität primär der eigenen Lustsuche zu dienen hat und auch ihre Veranlagung nur als ›normal‹ anzusehen ist, wenn sie die Fähigkeit besitzt, eine Klimax im Geschlechtsverkehr zu erreichen, ist eine Vorstellung durchaus neueren Datums.«[19]

Ludwig v. Friedeburg fand in seiner schon 1949 durchgeführten »Umfrage in der Intimsphäre« diese neuen Normen in der Einstellung zum vorehelichen Geschlechtsverkehr bestätigt, der von 71% der Befragten gebilligt wurde. 89% der

Gesine Strempel

Meine »Karriere«

Der Anfang ist typisch und wie aus einer anderen Zeit, jedenfalls unvorstellbar, daß seitdem erst zwanzig Jahre vergangen sind. Ich wollte immer Journalistin werden, weil ich gute Schulaufsätze schrieb. Und weil meine Mutter, Sekretärin und Kriegerwitwe, darauf bestand, daß ihre Töchter Berufe erlernen. Insgeheim allerdings hatte ich andere Gedanken im Kopf. Ich wollte unbedingt heiraten, spätestens mit dreißig, allerspätestens, und Kinder haben. An einen Beruf, bis ins Rentenalter, dachte ich nicht im Traum. Aber ich beendete mein Studium und fing beim SFB als Reporterin an, nach Volontariaten beim Deutschlandfunk in Köln und Berlin während des Studiums. Ich bekam den professionellen Tip, mir die Sommersprossen zu überschminken.

Einen Oswalt-Kolle-Film hatte ich nie gesehen, aber mir schwante, daß attraktive Frauen sexy sein mußten, um erfolgreich zu sein, und die Arbeit mit links zu erledigen war. Als SFBeat geplant wurde, kam die Chance, die ich gar nicht wollte. Ich wurde Redaktionsassistentin. Vor der Einstellung das Bewerbungsgespräch. Ich im Mary-Quant-Mini und Stiefelchen à la Courrèges, mit Haarteil, Schleife und falschen Wimpern. Es dauert zu lange, zu erklären, warum, aber im zarten Alter von 26 stand ich stundenlang vor dem Spiegel. Die Sehnsucht. Wonach? Erste Frage beim Einstellungsgespräch: Beabsichtigen Sie, in naher Zukunft zu heiraten? Sind Sie schwanger? Wollen Sie Kinder kriegen? Mitten ins Schwarze, diese Fragen, aber cool verneint, obwohl, siehe oben.

Meine Karriere begann unaufhaltsam – im Sender wäre damals alles möglich gewesen, inhaltlich, davon bin ich überzeugt. Der Muff der fünfziger Jahre war überfällig. Aber in meinem Kopf war absolut nichts möglich außer dieser unbeirrten Suche nach Liebe. Es ist mir heute ein Rätsel. Aber es war so.

Wenn ich Bilder von damals sehe, dann fallen mir viele Peinlichkeiten ein, und mich wundert überhaupt nicht, daß meine Kollegen die Karriere machten. Als mein Vertrag mit Ablauf des Jahres 1967 nicht verlängert wurde – nur einer konnte gewinnen – erreichte ich das Ziel. Ich heiratete.

Daß aus mir doch noch etwas geworden ist, ist eine andere Geschichte.

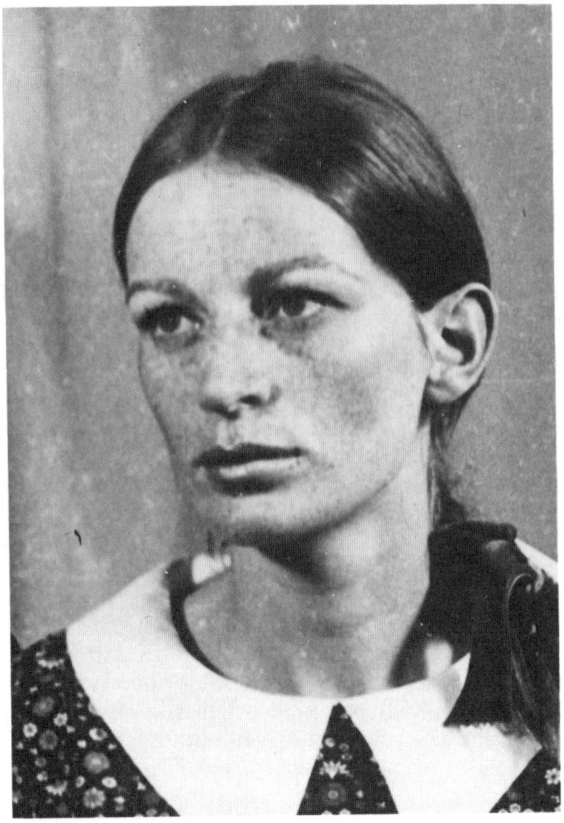

Männer und 70% der Frauen gaben an, vor der Ehe intime Beziehungen gehabt zu haben. Von der Gruppe, die intime Beziehungen auch zwischen unverheirateten Menschen für richtig hielt, gestanden 91% diese Möglichkeit auch den Frauen zu.[20] Eine 1963 durchgeführte Umfrage zu diesem Thema wies allerdings aus, daß der Prozentsatz der Menschen, die voreheliche intime Beziehungen billigten, merklich zurückgegangen war: danach hielten nur noch 57% den vorehelichen Geschlechtsverkehr für zulässig. Hier hatte hauptsächlich die Gruppe der Unentschiedenen in dieser Frage zugenommen (von 13% 1949 auf 23% 1963) und nicht so stark die Gruppe der strikt Ablehnenden (von 16% auf 20%).[21] Zahlen, die besonders das Verhalten der Frauen betreffen, liegen hierzu leider nicht vor.

Daß die sexuelle Emanzipation der Frau ganz entscheidend durch die modernen Möglichkeiten der Empfängnisverhütung unterstützt wurde, ist offenkundig.

Auffallend scheint mir zu sein, daß immer wieder in regelrechten Pressekampagnen vor den gesundheitlichen Gefahren gewarnt wurde, die die hormonalen Ovulationshemmer angeblich mit sich brachten. Der »Pille« wurde eine krebserregende oder sonstwie ernsthaft schädliche Nebenwirkung nachgesagt. Meist wurden diese Gefahrenmeldungen auf dem nächsten Gynäkologenkongreß als empirisch nicht belegt und bei genauer Prüfung als nicht haltbar bezeichnet. In diesen bereitwillig verbreiteten Schreckensmeldungen manifestierte sich die Angst vor der neuen Möglichkeit der Frau, ihr sexuelles Schicksal selbst zu bestimmen, und vor den Folgen, die sich daraus ergeben könnten. So war Dr. Martin Loeb, Soziologe an der Universität von Wisconsin der Ansicht, die »Antibabypille« gefährde »die führende Rolle des Mannes in der Familie«. Die Frau gewinne dadurch eine »bisher dem Mann vorbehaltene Planung der eigenen Zukunft«. Es gehe nicht an, daß die Frau die Möglichkeit erhalte, die Familienplanung allein zu bestimmen. Zumal der Verlust der führenden Stellung als Familienoberhaupt beim Mann zu sexueller Impotenz führen könne.[22]

Was auch immer sich innerhalb der Ehen abgespielt haben mag, die registrierte Zufriedenheit der Verheirateten mit ihren Ehen war jedenfalls sehr hoch: Die schon erwähnte Erhebung von v. Friedeburg ergab 1949, daß 85% der befragten Verheirateten mit ihrer Ehe zufrieden waren, mehr als die Hälfte dieser Gruppe war sogar sehr zufrieden. 89% der Befragten hielten die Einrichtung der Ehe für grundsätzlich notwendig. 7% waren unentschieden und nur 4% hielten die Institution der Ehe für überlebt. Das Bild blieb konstant: 1957[23] beurteilten 83% der Befragten (82% der Frauen und 84% der Männer) ihre Ehe als sehr glücklich bis glücklich und 1964[24] gaben 56% der Befragten ihrer Ehe das Prädikat »sehr stabil«, 32% das Prädikat »gut, wenn auch durch Spannungen etwas beeinträchtigt«, (also wieder 38% positive Beurteilungen), und nur 9% nennen große Spannungen und Schwierigkeiten, die ihre Ehe gefährden.

Um die Mitte der sechziger Jahre zeichnet sich eine *Abnahme der Eheschließungen* und eine *Zunahme der Ehescheidungen* ab:

- 1960 gab es insgesamt 521445 Eheschließungen, das sind 9,4 je 1000 Einwohner), 1966 nur noch 492128 (8,3 je 1000).
- Eine Zunahme der Eheschließungen war insbesondere bei *Studenten* zu verzeichnen: 1952 waren 8% der Studenten und 3,1% der Studentinnen verheiratet, 1966 bereits 10,7% der Studenten und 6,5% der Studentinnen.
- Auffallend ist auch die Abnahme der *ledigen Frauen* überhaupt von 1961 (31,4% aller Frauen zwischen 20 und 35 Jahren) bis 1966 (26,2%), während der Anteil der ledigen Männer in dieser Altersgruppe sich kaum veränderte (1961: 45,7%, 1966: 44,9%).
- Die Zahl der Ehescheidungen stieg von 48878 im Jahre 1960 auf 58718 (1965).
- Besonders betroffen von Scheidungen waren Frühehen, kinderlose Ehen, Ehen zwischen altersungleichen Partnern und von Selbständigen (am stabilsten waren die Ehen der Landwirte). Einen der Gründe für die Zunahme der Ehescheidungen sah die Bundesregierung in der Zunahme der Frauenemanzipation.

Quelle: Bericht der Bundesregierung über die Lage der Familien in der Bundesrepublik Deutschland vom 25.1.1968)

b) Die gewandelten Gattenbeziehungen

Alle familiensoziologischen Untersuchungen seit Ende der 50er Jahre verzeichneten einen Wandel vom patriarchalischen Leitbild der Gattenbeziehungen zu dem Leitbild der Partnerschaft und damit gleichzeitig einen Autoritätszuwachs der Frau, vor allem im Binnenraum der Familie. *Schelsky*[25] schildert diese Entwicklung 1960 als begünstigt und beschleunigt durch die Kriegseinwirkungen und die notwendige Führungsposition, die viele Frauen in ihren Familien in der Abwesenheit der Männer einnehmen mußten.

Friedhelm Neidhardt[26] sprach 1966 von »etwa 20% der Fälle, in denen in der BRD eine deutliche Dominanz des Ehemannes vorliegt« und bezog sich dabei auf Lupri, Wurzbacher und Baumert. Die Untersuchung *Wurzbacher* und *Kipps* »Ehe und Elternschaft 1964« wies 23% der befragten verheirateten Männer und 21% der Ehefrauen aus, die sich zu der Rangordnung bekannten: »In einer idealen Ehe soll der Mann bestimmen.«[27]

Die Ausbildung der Strukturtypen der Gattenbeziehungen ist abhängig von der sozialen Schicht und der Berufsausbildung. Interessant dabei ist, daß außer den Bauern und der Landbevölkerung, die noch am stärksten der patriarchalischen Autoritätsstruktur in der Familie zuneigen, das Patriarchat vor allem in den höheren Schichten und in Akademikerkreisen verbreitet ist. Dabei spielen die *tatsächlichen* Macht- und Autoritätsverhältnisse in Familien der höheren Schichten, die ihren sowohl materiellen als auch immateriellen Status dem Vater verdanken, die entscheidende Rolle. Es ist gerade in diesen Fällen nicht so sehr ausschlaggebend, wenn die Ehegatten oder insbesondere der Ehemann sich zu einer partnerschaftlichen Haltung *bekennen*. Das wirtschaftliche und geltungsmäßige Übergewicht des Mannes zieht *de facto* eine ihn begünstigende Autoritätsstruktur nach sich.

Die *Familienenquête* räumte zwar für das partnerschaftliche Verhältnis der Ehegatten ein, der Mann besitze »häufiger... ein (personales) Übergewicht«, wies aber gleichzeitig darauf hin, daß sich Tendenzen »einer partiellen... innerfamilialen Dominanz der Frau« zeigten. Diese würden verstärkt »durch die gestiegenen Freizeit- und Konsummöglichkeiten, wie durch die wachsenden Aufgaben der Erziehung und schuli-

Geburtstagsfeier im Betrieb, kurz vor Feierabend

An der neuen Olivetti

Vorbereitung auf den typischen Frauenberuf?

schen Betreuung der Kinder als Betätigungsfeld der Frau«. Die Untersuchung »Ehe und Elternschaft 1964« fand z.B. im Bereich der Kindererziehung einen wesentlich stärkeren Einfluß der Mutter als des Vaters.[28]

Es ist nun natürlich möglich, eine solche »Aufgabenteilung« als partnerschaftliches Verhältnis zu interpretieren, wie dies etwa *Junker* vertrat. Er fand zwar bei Untersuchungen der Meinungsführung in der Ehe, daß sich bei fast allen untersuchten Themen die Frauen stärker an ihren Ehegatten um Rat wandten, als diese sich Rat bei ihren Ehefrauen holten. Besonders eklatant war dieser Unterschied in den Bereichen »Beruf« und »Politik«, er war aber auch deutlich ausgeprägt bei Themen wie Hobbies, Bücher, Filme, Konzerte, Kunst u.a. Nur in Fragen, die »Ehe« und »Haushalt« betreffen, wandten sich die Ehepartner etwa gleich oft aneinander (Teil I, 2. Hb., S. 128). Junker erklärte diesen Sachverhalt mit »größeren Zuständigkeitsbereichen« für die Meinungsführerschaft zu einzelnen Themen und leitete aus der Respektierung dieser Zuständigkeitsbereiche den partnerschaftlichen Charakter der Gemeinschaft ab. Aber selbst bei dieser Interpretation mußte er einräumen, daß die Mütter »weniger ein weibliches Selbstbewußtsein verkörpern als die Väter ein männliches«, und er forderte: »Die Mütter sollten in Zukunft mehr Befähigung und mehr Zeit besitzen, ›starke Interessen‹ als Ausdruck weiblichen Selbstbewußtseins zu entwickeln und zu pflegen.«[29]

Der schon erwähnte *Ifas-Report* »Frau und Öffentlichkeit« fand allerdings nicht einmal eine stärkere *innerfamiliäre* Entscheidungsvollmacht der Frauen als der Ehemänner. Diese Erhebungen ergaben, daß nur ein Drittel der befragten Ehefrauen, und dann hauptsächlich »bei größeren Einkäufen«, den Ton angaben. Bei allen weiteren erfragten Gebieten – Erziehung, Urlaub, Stimmabgabe, Zeitungsabonnement – stellten sich ihre Entscheidungsmöglichkeiten noch geringer dar. Der Ifas-Report behauptete ausdrücklich, die damals viel beschworene Form eines innerfamiliären »Matriarchats« *nicht* gefunden zu haben: Es stellte sich hier sogar heraus, daß »die Mütter durch ihre Berufstätigkeit für die untersuchten Bereiche innerhalb der Familie keine weiterreichenden autonomen Entscheidungsbefugnisse erhalten«.

Eine Auswertung von 100 Klassenaufsätzen Münchner Volksschüler der Oberklassen[30] zum Thema »Wie stelle ich mir meinen Mann/meine Frau vor?« hatte u.a. folgende Ergebnisse: »70% der Mädchen legten den Hauptwert auf vier Eigenschaften: Er muß kinderlieb sein und ein guter Vater, überlegen, treu... Die meisten haben ein patriarchalisches Vorbild... ›Er sollte das Wort in der Familie führen...‹«, war eine der Begründungen. Dem entsprach das Wunschbild der Buben, die sich ihre Partnerin »hübsch, kinderlieb und mütterlich, häuslich, intelligent und sportlich« (in dieser Reihenfolge) vorstellten. Zwar wollten 40% der Buben mit ihrer zukünftigen Frau auch »Gespräche führen können« und lehnten daher das »Heimchen am Herd« ab, aber nur 10% waren der Ansicht: »Sie müßte einen Beruf haben«. Dies mit der Begründung »damit, falls im Laufe der Ehe mir etwas zustoßen sollte, sie nicht mit den Kindern arbeitslos dasteht«.

Das Bild, das sich aus Vorhergehendem darstellt, scheint mir nicht so sehr abzuweichen von der ideologischen Einbettung, auf die wir bei der Erörterung der Hausfrauen- und Mutterrolle gestoßen sind. Versucht man, die einander zum Teil widersprechenden Daten und Aussagen zusammenzufassen, so kann man m.E. sagen: Bestenfalls wurde in den 60er Jahren ein »partnerschaftliches Verhältnis der Ehegatten« und damit eine gewandelte Stellung der Frau in dem ihr streng zugewiesenen Bereich von Haus und Familie gefunden. Und auch diese angeblich gewandelte Stellung war nicht unumstritten: Auf keinen Fall kann von einer damals oft behaupteten »führenden Rolle der Frau« gesprochen werden. Wohingegen der Ehemann nach wie vor nach außen führte (wegen der »größeren Kompetenz«) und im innerfamiliären Bereich mindestens gleiche Entscheidungsvollmachten genoß wie die Frau – wenn nicht sogar hier im Konfliktfall letztlich auch durch ihn entschieden wurde. Denkt man daran, daß das sogenannte Letztentscheidungsrecht des Ehemannes (der § 1354 BGB des alten Familienrechts) in dem durch das Gleichberechtigungsgesetz veränderten neuen Familienrecht Ende der 50er Jahre ersatzlos gestrichen worden war, so erkennt man, wie sehr die Realität noch hinter den proklamierten und sogar gesetzlich verankerten Normen einer angeblich egalitären Gesellschaft herhinkte.

Anmerkungen

Die vorstehende Bestandsaufnahme basiert im wesentlichen auf einem Kapitel aus: Ingrid Langer-El Sayed: Frau und Illustrierte im Kapitalismus; die Inhaltsstruktur von illustrierten Frauenzeitschriften und ihr Bezug zur gesellschaftlichen Wirklichkeit; Köln 1971.

1 Bundestagsdrucksache V/909, S. 9f.

2 *Alva Myrdal, Viola Klein:* Die Doppelrolle der Frau in Familie und Beruf, Köln/Berlin 1962, S. 28.

3 Urteil vom 24.7.1963, zitiert nach Bericht der Bundesregierung über die Situation der Frau..., S. 11.
Inzwischen ist vom Amtsgericht Augsburg entschieden worden (Aktenzeichen UR III, 19/66), daß »Hausfrau« eine Berufsbezeichnung sei. Die Tätigkeit im Haushalt und die Haushaltsführung müsse als selbst geleisteter und verantwortlicher Beitrag zum Unterhalt der Familie und damit als Beruf angesehen werden, heißt es in der Urteilsbegründung.

4 *Elisabeth Pfeil*: Die Berufstätigkeit von Müttern, Tübingen 1961.

5 Die Zahlen sind dem Bericht der Bundesregierung über die Lage der Familien in der Bundesrepublik Deutschland entnommen, der im Januar 1968 vorgelegt wurde. Bundestagsdrucksache V/2532. – Die jüngsten Ergebnisse der amtlichen Statistik – dem Statistischen Jahrbuch 1985 (Erhebungszeitpunkt Juni 1984) entnommen – belegen die konstante Hinwendung der Frauen zur Erwerbstätigkeit: 31,8% aller Frauen sind erwerbstätig, das entspricht einem Anteil von 38,2% an den Erwerbstätigen insgesamt; 2,8 Mill. erwerbstätige Mütter betreuen Kinder unter 15 Jahren, das sind 27% aller erwerbstätigen Frauen. Vgl. dazu *Langer, Ingrid*: Familie als Erziehungsträger. Neue Anforderungen aufgrund gesellschaftlicher Veränderungen. Gemeinsame Fachtagung der Arbeitsgemeinschaft für Jugendhilfe (AGJ) und des Deutschen Vereins für öffentliche und private Fürsorge (DV). Dokumente und Materialien. S. 9–32. Bonn 1986.

6 Hrsg. vom Institut für angewandte Sozialwissenschaft, Bad Godesberg. Die Befragung erfolgte im November 1963.

7 *Reinhold Junker*: Die Lage der Mütter in der Bundesrepublik Deutschland, Köln 1965, 1966, 1967.

8 In die Erhebung waren einbezogen: Stadtmütter, Stadtväter, Landmütter, Landväter, Unterfränkische Stadtmütter, Unterfränkische Landmütter, Verheiratete West-Berliner Mütter, Alleinstehende West-Berliner Mütter. Siehe auch die Tabellen a.a.O., S. 234ff.

9 A.a.O., S. 249: »Sollten die Menschen dieser Gesellschaft, deren Mündigkeit eine demokratische Verfassung voraussetzt, wirklich in ihrer Mehrheit in ›patriarchalischen‹ Leitbildern befangen sein, wie man... – einseitig interpretierend – annehmen kann? Oder denken sich die Menschen dieser Gesellschaft *mehr*, wenn auch nicht immer in theoretischer Klarheit: Könnte es nicht sein, daß der gesunde Menschenverstand des realen Alltags [?] manchen Theoretikern voraus ist? Könnte es nicht sein, daß die Gruppenurteile vieler Daseinsverbände zuweilen oder häufig die theoretischen Spekulationen von einzelnen übertreffen...«

10 *Inge Sollwedel*: Das Mädchen- und Frauenbild in den Lesebüchern der Volksschulen. Ergebnisse einer Untersuchung in Baden-Württemberg, in: INFORMATIONEN FÜR DIE FRAU, 17. Jg., Nr. 3, S. 12ff.; *Inge Sollwedel*: Das Bild des Mädchens und der Frau in Lesebüchern für Volksschulen in Hessen, in: INFORMATIONEN FÜR DIE FRAU, 16. Jg., Nr. 11/12, S. 10; *Hanna Schlette* und *Mechthild Pfälb*: Das Mädchen- und Frauenbild in Lesebüchern für Realschulen in Hessen, in: INFORMATIONEN FÜR DIE FRAU, 16. Jg., Nr. 11/12, S. 12ff.

11 *Inge Sollwedel*: Das neue Frauenbild in den Lesebüchern. Untersuchung der derzeitigen Lesebücher für den Deutschunterricht in Grund-, Haupt- und Volksschulen Hessens, in: INFORMATIONEN FÜR DIE FRAU, 19. Jg., Nr. 6, Juni 1970, S. 6/7.

12 In einem forschungsorientierten Seminar von mir im WS 80/81 haben Studentinnen die Darstellung berufstätiger Frauen in Schullesebüchern aus den 70er Jahren untersucht, die 1980 noch in Gebrauch waren. Sie fanden eine Zunahme der Darstellung von berufstätigen Frauen; doch ist das Spektrum der Berufe sehr frauenspezifisch und eng, außerdem rangiert Kindererziehung bei der Darstellung von Frauen noch immer vor der Berufstätigkeit. Männer dominieren überhaupt sehr stark in den Darstellungen: ungefähr 80% Nennungen stehen nur 20% Nennungen von Frauen gegenüber, ein Verhältnis, das sich bei Berufsnennungen noch weiter zuspitzt. Vgl. dazu: *Christel Herber* und *Barbara Zerr*, Untersuchung über die Darstellung der berufstätigen Frau in Schullesebüchern, Philipps-Universität, Institut für Politikwissenschaft, unveröffentlichte Seminararbeit, Marburg 1981.

13 Das Bild der Mutter im deutschen Nachkriegsfilm, in: INFORMATIONEN FÜR DIE FRAU, 16. Jg., Nr. 11/12, S. 7.

14 *Betty Friedan*: Der Weiblichkeitswahn, Hamburg, 1966; amerikanische Originalausgabe 1963.

15 Als Hausfrau unglücklich, in: DIE ZEIT vom 9. September 1966.

16 Nach einem Bericht des DARMSTÄDTER ECHO vom 12. Januar 1968.

17 Vgl. dazu *Langer, Ingrid*: Die neu entdeckten Frauen – zwischen Arbeitslosigkeit und Wendepolitik. In: WSI-Mitteilungen. Monatszeitschrift des Wirtschafts- und Sozialwissenschaftlichen Instituts des Deutschen Gewerkschaftsbundes. 1986, Heft 2, S. 103–111.

18 Nach dem Bericht der Bundesregierung über die Lage der Familien in der BRD, vom 25. Jan. 1968 (Bundestagsdrucksache V 2532, S. 54) kamen 1965 auf 10000 bestehende Ehen 39,2 Scheidungen; 1900 dagegen nur 9,3. Insgesamt werden von 100 geschlossenen Ehen 30 durch den Tod der Frau, 60 durch den Tod des Mannes und 10 durch Scheidung gelöst. – Nach den Zahlen des Statistischen Jahrbuchs 1985 (Erhebungszeitpunkt 1983) kamen auf 10000 Ehen 80,6 Scheidungen; insgesamt wurden 1983 121317 Ehen geschieden, 72338 davon auf Antrag der Frau. Vgl. dazu: *Langer, Ingrid*: Familie als Erziehungsträger. Neue Anforderungen aufgrund gesellschaftlicher Veränderungen. A.a.O.

19 *Helmut Schelsky*: Soziologie der Sexualität, Hamburg 1967, S. 106, S. 112.

20 *Ludwig v. Friedeburg*: »Die Umfrage in der Intimsphäre«, Beiträge zur Sexualforschung, Heft 4, 1953.

21 *Elisabeth Noelle* und *E. P. Neumann*, Jahrbuch der Öffentlichen Meinung, 1958–1964, Allensbach 1965, S. 589. Anmerkenswert in diesem Zusammenhang scheint mir zu sein, daß sich nach den von E.Noelle und E.P.Neumann mitgeteilten Umfrageergebnissen zur »Intimsphäre«(S. 587–590) insgesamt gegenüber 1949 im Jahr 1963 eine neuerliche Verfestigung der Auffassung von der Ehe im Sinne der konventionellen Normen darstellt: So werden außereheliche intime Beziehungen 1963 stärker verurteilt als 1949 (1949 von 62% und 1963 von 76% der Befragten), 1963 wird häufiger die Erschwerung der Scheidungsgesetze gefordert (1949 fordern dies nur 13,5%, während 1963 24% die Scheidungsmöglichkeit erschwert sehen möchten), und sogar die Billigung der Scheidungsmöglichkeit überhaupt ist zurückgegangen (1949: 78,5%; 1963: 66,5%).

22 DIE ZEIT, Nr. 51/1968.

23 *E. Noelle* und *E. P. Neumann*: a.a.O., S. 60.

24 *G. Wurzbacher* und *H. Kipp*: Ehe und Elternschaft 1964, zitiert nach dem Bericht der Bundesregierung über die Lage der Familien... S. 54.

25 *H. Schelsky*: Wandlungen in der deutschen Familie der Gegenwart, Stuttgart, [4]1960, S. 290.

26 *Friedhelm Neidhardt*: Die Familie in Deutschland, Opladen 1966, S. 49.

27 Zitiert nach dem Bericht der Bundesregierung über die Lage der Familien in der Bundesrepublik, S. 49.

28 Bericht der Bundesregierung zur Lage der Familien... S. 51.

29 Ebd., S. 129/130. Eine Aufschlüsselung der kleinen Gruppe von 7% der Mütter, die sich auf keinem Interessengebiet an den Ehemann um Rat oder Auskunft wenden, zeigt einige charakteristische unterscheidende Merkmale zur Gesamtauswahl: In dieser Gruppe gibt es mehr Erwerbstätige; sie billigen zu einem höheren Prozentsatz als die gesamte Stichprobe die Erwerbstätigkeit der Frau in »bestimmten Lebensphasen«, sind insgesamt besser gebildet und billigen zu einem kleineren Prozentsatz den Satz »Herr im Haus ist der Mann, danach sollte die Frau sich richten«, als die Gesamtheit (S. 131). Welche Gründe man nun auch zur Erklärung dieses Verhaltens heranzieht, jedenfalls scheint mir hier ein größeres »weibliches Selbstbewußtsein« anzutreffen zu sein.

30 SÜDDEUTSCHE ZEITUNG, Nr. 108, 1967. Die Zahlen sind sicherlich nicht repräsentativ. Doch schienen mir gerade diese von keiner Erfahrung getrübten Wunschbilder symptomatisch für den ideologischen Hintergrund zu sein.

Erika Runge

Ein Riß ging durch das Jahr

Als das Jahr 1968 zu Ende ging, hatte ich nicht das Gefühl, etwas Besonderes zu erleben oder gar: etwas Besonderes zu sein. Nach wie vor wußte ich nicht, wie ich leben soll, suchte Vorbilder, suchte Orientierung – und fühlte mich von meinen Problemen überfordert. Ich beneidete die Dutschkes und Enzensbergers um ihre Radikalität, um ihre Eindeutigkeit und merkte nicht, daß ich auf meine Weise genauso radikal und eindeutig war. Für mich geht ein Riß durch dieses Jahr: der Riß, der durch mich selbst ging. Alles, was ich tat, war der Versuch, mit den Widersprüchen in unserer Gesellschaft auch meine Widersprüche zu bewältigen.

Die Frauenbewegung der Bundesrepublik befand sich noch in den Anfängen, für eine Frau war ich zu der Zeit erfolgreich: Mit meinen Protokollen aus Bottrop, dem kleinen Ort im Ruhrgebiet, dessen Zeche stillgelegt wurde, hatte ich geholfen, die Klassengesellschaft wiederzuentdekken. Die vergessenen Arbeiter kamen zu Wort, kamen überhaupt wieder vor. Ein Bestseller. Und ich kam in den PEN-Club. Mit meinem Film »Warum ist Frau B. glücklich?« kam zum erstenmal eine Arbeiterin ins Fernsehen, eine Putzfrau, Witwe eines Bergmanns und Mutter von vier Kindern. Die Kraft ihrer Geschichte wurde mit Preisen überhäuft. Und ich kam in die Akademie der darstellenden Künste. War ich glücklich? Ich muß mit NEIN antworten.

1968 klagte ich, wenn auch im geheimen, weil aus meinem ersten großen Spielfilm, zu dem ich die Interviews in Bottrop gesammelt hatte, nichts geworden war. Ich weinte sogar, weil der kleine, preisgekrönte Film über Frau B. mir nicht die ersehnte Anerkennung durch meine Mutter oder ihre zeitlebens vermißte Liebe einbrachte.

Während ich über die Strukturen unserer Gesellschaft nachdachte, um mit dem Kapitalismus die Bedingungen zu verstehen, die mich geprägt hatten und unter denen ich mich behaupten mußte, dachte ich gleichzeitig über meine Mutter nach, um zu begreifen, woher – trotz all meiner Erkenntnisse und Erfolge – meine Unsicherheit stammt.

Meine Mutter kommt aus einer großbürgerlichen Familie. Eigentlich sollte sie ein Junge werden, ein »Stammhalter«. Ihre Eltern hatten sich nicht mal einen Mädchennamen überlegt. Der Wohlstand, in dem sie aufwuchs, bot keine Garantie für Glück. Immerhin durfte sie einen Beruf lernen: Lehrerin. Doch als sie schließlich meinen Vater heiratete, einen Aufsteiger, den der erste Weltkrieg zum Invaliden gemacht hatte, war's damit vorbei. In einer bürgerlichen Ehe schickte es sich für die Frau nicht, berufstätig zu sein. Die Hausarbeit allerdings erledigte das Dienstmädchen, und für die Kleinen gab's ein Kindermädchen. Am Beruf meines Vaters konnte meine Mutter keinen Anteil nehmen: Er war Beamter und verriet ihr nicht mal, was er verdiente. Waren meine Eltern wenigstens sexuell glücklich miteinander? Ich weiß nicht. Freundliche Berührungen, Küsse gar habe ich nie beobachtet, habe sie als Kind auch nicht kennengelernt. Meine Mutter muß sehr unsicher gewesen sein, sie wirkte unstet und nervös und wurde schließlich wütend auf die, von denen sie sich Bestätigung und rückhaltlose Liebe erhofft hatte: ihre Kinder. Die Verzweiflung hinter ihren Prügeln sah ich erst Jahrzehnte später. Noch 1968 konnte meine Mutter mich in Depressionen stürzen.

In jeder größeren Stadt der Bundesrepublik wurden damals »Republikanische Clubs« gegründet. In München taten sich 150 Frauen zum »Arbeitskreis Emanzipation« im RC zusammen. Sie stammten hauptsächlich aus dem Mittelstand, waren Hausfrauen, die ihre Ausbildung nicht nutzen konnten, weil sie für die Kinder da sein mußten, waren Studentinnen, die begreifen wollten, was ihre Rolle ist, welche Chancen sie haben. Ich gehörte zu den wenigen, die eigenes Geld verdienten. Doch wie ich kamen alle, weil sie Hilfe brauchten. Und auf der Suche nach Vorbildern sollte ich plötzlich selber Vorbild sein! Oder strebte ich diese Rolle nur an, um möglichst viele hinter mich zu bringen, damit *meine* Probleme gelöst wurden? Klar war, daß wir eine Massenbewegung entwickeln mußten. Die ersehnten Arbeiterinnen, auf deren Hilfe wir dabei angewiesen waren, blieben allerdings aus; sie gingen im Zweifelsfall zur Gewerkschaft.

Ich forderte die Befreiung der Frauen, damit sie bessere Mütter werden können – als meine eine war. Die gesellschaftlichen Bedingungen sollten geändert werden, unter denen sich Neurosen zu Katastrophen steigern. Letztlich trat ich für *alle* Unterdrückten ein: Kinder, Frauen, Arbeiter, Schwarze – um Möglichkeiten zu schaffen, unter denen meine eigene Kindheit glücklicher hätte sein können.

Aber was ist Befreiung – genauer? Was sind gesellschaftliche Bedingungen im einzelnen? Wir begannen, Realität zusammenzutragen: Die Erziehung der Mädchen in den Familien. Was wird in Schulbüchern angeboten? Das Frauenbild in der Reklame. Die Billiglöhne in der Industrie. Keine Aufstiegschancen für Frauen, weil sie Kinder bekommen können. Es fehlen also Kindergartenplätze, Horte, Ganztagsschulen! Die Schuldgefühle der Mütter. Der Mann – ein Unterdrücker? Ein Kampfgefährte? Und: Soll's nun auch den Frauen um Karriere, um Leistung, Konkurrenz, Profit gehen? Sollen sie »ihren Mann stehen«? Aber: mit wessen Hilfe? Oder: auf wessen Kosten? Eine persönliche Entwick-

lung, die auf der Unterdrückung anderer aufbaut, ist nicht menschenwürdig, das war klar. Nur: *Wie* kann eine Frau sich allseitig entwickeln, ohne daß Kinder, Beruf, Ehe oder irgendeine andere Frau – sei's ein Dienstmädchen, sei's eine gute Oma – darunter leiden müssen? In unserem Arbeitskreis zeigte sich, daß eine Frau zu sein nicht unbedingt heißt, die gleichen Interessen wie eine andere Frau zu haben. Die Studentinnen fanden das Kinderladenprojekt unwichtig, die Frauen, die unter ihrer Zweierbeziehung litten, wollten nicht im Elternbeirat der Schule mitarbeiten, sondern Gruppentherapie machen. Jede Gruppe verlangte aber von der anderen Hilfe, Unterstützung. Es gab Ärger, Krisen, Resignation. Ich schlug vor, einen Film zu drehen, um die Frauenarbeit im »Republikanischen Club« zu beleben. Der Film kam nicht zustande. Wie mühsam Fortschritt ist. Ich hatte es über, für alles verantwortlich zu sein, wollte mich nicht mehr für die Neurosen anderer aufopfern. Doch sobald ich mich gegen Überforderung wehrte, hielt ich mich für egoistisch. Nach wie vor litt ich an meiner Noch-nicht-Identität.

Ich brauchte Vorbilder. Meine Mutter hatte mir keins sein können; so wie sie wollte ich nicht leben. Also machte ich mich auf die Suche, um Beispiele gelungener Emanzipation aufzuspüren. Ich wollte mir und anderen Mut machen. Um durchzuhalten, um trotzdem meinen Lebensunterhalt zu haben, sollte daraus ein Buch werden. Protokolle. Ich interviewte Frauen, ließ mir ihr Leben erzählen: von der vierundachtzigjährigen ehemaligen Lehrerin bis zur Vierzehnjährigen, die in die Ganztagsschule geht; ich sprach mit Frauen aller Altersgruppen, Frauen der verschiedensten Berufe. Was ist Emanzipation? Wie kann man Emanzipation *leben*? Einen Beruf ergreifen, der bis dahin Männern vorbehalten war? Sexuelle Freiheiten in Anspruch nehmen, die Frauen nicht zugestanden wurden? Oder: sich von einem Mann trennen, um überlieferten Unterdrückungsmechanismen zu entkommen? Vielleicht auch: sich über seine individuelle und historische Situation klarwerden, sich mit anderen zusammenschließen und versuchen, sie zu ändern? Voller Hoffnung fing ich an. Die Vierundachtzigjährige: Für ihre Zeit war es außergewöhnlich, als Frau zu studieren, als Lehrerin zu arbeiten. Ich wollte wissen, ob sie gern geheiratet hätte; die Frage fand sie zu intim. Dann stellte sich heraus: Von Demokratie hält sie überhaupt nichts. Eine Monarchie sei besser, denn ein Ministerpräsident muß bezahlt werden, ein Kaiser hingegen kann von seinem Vermögen leben...! Zwei Vierzehnjährige stellte ich dagegen, fand beide in einer modernen Ganztagsschule mit guten, progressiven Pädagogen. Die eine erledigte den Haushaltskram für Vater und Brüder, wenn die vorm Fernseher saßen oder zum Fußball gingen, sie fügte sich, genau wie ihre Mutter. Die andere wich bereits in Sexualität aus, sah darin so etwas wie Emanzipationsmöglichkeit. Wieviel also hatte sich in den siebzig Jahren verändert, seit die Vierundachtzigjährige Kind gewesen war? Noch immer lebten die Mädchen nach, was ihre Eltern ihnen vormachten: ohne Bewußtsein, ohne Einsicht. Sie litten unter ihrer Situation, wünschten sich anderes und schafften nicht den Ansatz einer Selbstbestimmung. Vielleicht würde es bei Intellektuellen anders aussehen als in solchen Arbeiterfamilien? Ich interviewte eine Studentin, ihr Mann, Mediziner, verbrachte zwölf Stunden des Tages im Labor, um in der Forschung konkurrenzfähig sein zu können. Sonst, das war klar, wäre der Kampf um seine Karriere verloren. Und: Er konnte ihr nicht im Haushalt und beim Kind helfen; deshalb mußte sie das Studium vernachlässigen, aufgeben. Eine Frau fand ich allerdings, für die es keinen Konflikt zwischen Beruf und Kindern gab, eine Unternehmerin: Sie konnte sich alles leisten! Sie zahlte eben ein Dienstmädchen, eine Köchin, die Schularbeitenhilfe! Das, was sonst der Mann seiner Ehefrau aufbürdet, gab sie an andere Frauen weiter. Nebenbei erzählte sie: Ihr Vater war Nazi, er hatte die Lebensmittelabteilung im Reichswirtschaftsministerium unter sich. Nach dem Krieg wurde er interniert, aber als er aus dem Lager kam, hatte er keine Schwierigkeiten, ein gutgehendes Großunternehmen aufzubauen. Mit seinem Namen und bei seinen Beziehungen! Damit schuf er – wenn auch ebenfalls auf Kosten anderer – seiner Tochter die Grundlage zu ihrer »allseitigen Entwicklung«. Keine Frau aus unserem Arbeitskreis hätte so leben wollen! Ich suchte weiter, sprach eine alte Kommunistin. Sie war im KZ, scheute sich jedoch, darüber zu berichten. Es muß grauenvoll gewesen sein. Schließlich meinte sie, sie sei viel zu persönlich geworden, habe viel zuviel von sich erzählt. Aber sogar als es um die allererste Erinnerung ihres Lebens ging, sprach sie von den Kämpfen der Arbeiter im Ruhrgebiet; sie selbst kam darin nicht vor. Ihr Vater starb bei einem Grubenunglück, nachdem er mit der Gewerkschaft lange und vergeblich bessere Sicherheitsbedingungen gefordert hatte. Zu der Zeit war sie dreizehn; sie fing an, das System von Ausbeutung und Unsicherheit zu bekämpfen, das ihr den Vater genommen hatte.

Angeregt durch die große Protestbewegung der Lehrlinge, die eine neue Ausbildungsordnung forderten, um in der Zukunft Beruf und Arbeitsplatz zu sichern, wollte ich einen Film drehen, der über die Möglichkeiten der Gegenwart hinausgeht, der Lust auf Zukunft macht, der zum Phantasieren und zur Utopie anregt! Ich fing an, Sechzehn- bis Zwanzigjährige zu befragen – und entdeckte Unbildung, Vorurteile und nur ganz kleine Wünsche. An der Arbeit hatten sie keinen Spaß, und für den Feierabend reichte ein Bier. Am Wochenende sollte es Fußball geben und in der Zukunft

Im Republikanischen Club, Berlin 1968

eine Frau, damit man weiß, wo man hingehört und damit alles seine Ordnung hat. Mehr Geld, ja, dann würden sie sich ein Haus bauen oder auch: aufhören zu arbeiten! Doch wer soweit war, das sah ich, wer Rente bekam und Geld genug hatte, der alterte schnell und starb oft von innen her ab. Waren sie nur ein Produkt der Verhältnisse? Opfer? Oder auch: Täter?

Zu dieser Zeit besuchte der amerikanische Präsident Richard Nixon Deutschland. Ich hörte im Radio die Reportage über seine Ankunft in West-Berlin, es klang, als würden sie »Sieg-Heil« schreien. Nixon lobte die Siemens-Arbeiter für ihren Kampf gegen den Kommunismus; sie jubelten. Bei seinem pflichtschuldigen Satz über ihren Kampf gegen den Faschismus kam nicht mal Beifall. Seit 1956 war die Kommunistische Partei in Westdeutschland verboten, ihre Opfer im Kampf gegen Faschismus und Krieg waren aus den Schulbüchern getilgt. Mit dem Wirtschaftswunder schienen sie unwichtig geworden. Doch nun, Ende der sechziger Jahre, begann es zu kriseln. Die Rezession 1966/1967 hatte Denkanstöße gegeben, einem Teil der Arbeiter wurde die »soziale Marktwirtschaft« bereits fragwürdig. Auch sie gingen auf die Straße: für höhere Löhne, für die Sicherung ihrer Arbeitsplätze und – wie bei den Ostermärschen – für Frieden, für Abrüstung und Entspannung. Weil ich mich zu den Vorbereitungen des Lehrlingsfilms in Dortmund aufhielt, schloß ich mich dem Ostermarsch in Essen an. Siebentausend waren wir, weniger als in anderen Städten. Der Redner, ein linker, sozialdemokratischer Betriebsratsvorsitzender, wurde von den Antiautoritären und Maoisten als »Arbeiterverräter« beschimpft. »Aufhören!« brüllten sie, dann schmissen sie Scheiben ein und prügelten Kommunisten.

Erst ein Treffen politischer Filmemacher trieb mich wieder aus dem Haus, ich ging wieder auf Reisen. Noch immer depressiv kam ich an, aber als ich bei der Podiumsdiskussion das Filmhilfegesetz attackieren, Aggressionen auch gegen Zensur und Notstandsgesetze mobilisieren und gegen den Einfluß und die Macht der Monopole wettern konnte, ging es mir besser. Ich mußte das Treffen leiten, das machte mir keine Schwierigkeiten. Wie eine Mutter – eine gute Mutter –, die ihre Kinderschar bändigt und für Gerechtigkeit, für die Entwicklung jedes einzelnen und für Spaß sorgt, ging ich mit den andern um, duzte auch alle und redete sie mit »Genosse« an, obgleich es mir immer noch schwerfiel. Aber das gehörte zu den Riten, mit denen wir uns das Gefühl einer verschworenen Gemeinschaft und von Kraft zu geben versuchten. Das Presseecho bestätigte uns. Und jeder wußte: Auch wenn der einzelne Schwächen hat, zusammen sind wir unaufhaltsam!

Machte in der Pause einer Diskussionsveranstaltung ein Mann Andeutungen, er wolle mir die Kleider vom Leibe reißen, so sexy sei ich, seine Hose spanne, dann lachte ich und dachte: Wenn der mich richtig wahrnehmen würde, könnte er mich nicht so toll finden. Dieses Ausmaß von Spontaneität bereitete mir Unbehagen, schnell wertete ich ihn ab: ästhetisierender Spinner! Der kommt sowieso nicht in Frage. Oder sollte mein Zögern an sexuellen Schwierigkeiten liegen, von denen neuerdings soviel die Rede war? Er meinte: Sex sei, als ob man eine Tasse Kaffee miteinander trinkt. Ich aber fürchtete, nicht mehr von ihm loszukommen, wenn ich mich meinen Trieben ausliefere, also dadurch von ihm abhängig werde. Dann blieb ich doch lieber bei meiner gewohnten, unbefriedigenden Beziehung, bei meinem

Ostermarsch

Freund, von dem ich wußte: Er geht nicht fremd. Außerdem trat er für Emanzipation ein, theoretisch jedenfalls, im Alltag machte er nicht mal den Abwasch. Möglicherweise verband er mit »Emanzipation der Frau« die Vorstellung, daß ein Mann nicht mehr aktiv zu sein braucht, daß er sich nicht mehr beweisen muß, weil er eine Art Muttterersatz gefunden hat. Dabei wollte *ich* doch, daß *er* mich wie eine Mutter liebt – und überforderte ihn damit. Wir quälten uns, konnten die Ursachen unserer Verhaltensweisen nicht erkennen, konnten nicht darüber sprechen. Verlassen konnte ich ihn allerdings auch nicht, denn mit dem Ende einer Beziehung verließ mich jeder Lebensmut.

Befriedigende Ergebnisse brachte nur die Politik, die Kulturpolitik jedenfalls. Aus Frankfurt meldete sich Karlheinz Braun, bis dahin Theaterlektor bei Suhrkamp: Laßt uns einen Verlag gründen, der den Autoren gehört. Schaffen wir den Kapitalisten ab, der von unserer Arbeit profitiert. Bestimmen wir selbst unser Programm. Wählen wir Delegierte, die zwischen den Versammlungen die Geschäfte führen und unsere Angelegenheiten vertreten. Walter Boehlich, Peter Handke, Martin Sperr, Peter Iden und Bazon Brock gehörten mit mir zu den Gründern. Wir waren dabei, Utopien zu verwirklichen, und staunten zugleich darüber, daß es uns gelang.

Eine Tagung der Gruppe 61, eines Zusammenschlusses schreibender Arbeiter. Ich war eingeladen und als Autorin der »Bottroper Protokolle« wie jemand Besonderes begrüßt worden. Dieser Ruhm war mir unbehaglich, isolierte er mich doch, aber ich nutzte aus, was zur Verfügung stand, um die Probleme der Lohnabhängigen bewußt zu machen und politische Prozesse in Gang zu setzen. »Weg mit der ästhetisierenden Literatur!« forderten wir, die Intellektuellen, und machten uns daran, die Tagung umzufunktionieren. »Zur Politisierung brauchen wir Fakten! Laßt uns eine Kampagne starten, die Arbeiter und Angestellte dazu bringt, ihre soziale Lage zu beschreiben!« Ich war als Diskussionsleiterin gewählt worden. Die Versammlung beschloß einen Wettbewerb, wir wandten uns an die Gewerkschaften, damit sie den Aufruf in ihren Zeitungen veröffentlichten. Der Erfolg überraschte uns. Ich gehörte zur Jury. Aus einem Teil der Einsendungen entstand der Band: »Ein Baukran stürzt um.« Der Anfang der »Werkkreise Literatur der Arbeitswelt« war gemacht.

Als Diskussionsleiterin hatte ich inzwischen einen Namen. Ein Redakteur des Bayerischen Fernsehens fragte, ob ich die Diskussion zu »Der neue Klassenkampf – die Frau in der Männergesellschaft« leiten wolle. »Ja«, antwortete ich. Und: »Da haben Sie sich jemand Guten ausgesucht.« Gleichzeitig wunderte ich mich über mein Selbstbewußtsein, denn ich war nicht in der Lage, meinen Freunden, meinen Geschwistern oder gar meiner Mutter von dieser Sendung zu erzählen. Die Diskussion sollte live gebracht werden, lief überregional, und allein der Gedanke, daß meine Mutter zugucken könnte, verunsicherte mich. Als ob jedes Streitgespräch gleichzeitig ein Kampf gegen sie sei, ein Versuch, ihr zu widersprechen – und dann würde sie mich niederschreien, prügeln oder gar vernichten. Noch immer bekam ich Angst, wenn jemand heftig wurde. Ich mußte eine Diskussion *leiten*, um die Angst zu überwinden, mußte herausgehoben sein, um mich unangreifbar fühlen zu können – oder eben allein bleiben, am Schreibtisch hocken, um auf dem Papier Alternativen zu entwerfen.

Nun, an dem Abend gab es keine Probleme, jedenfalls keine psychischen. »Sind die Frauen die neue Klasse?« wurde gefragt. »Ist der Mann der Unterdrücker, also ihr Hauptfeind? Oder müssen Klasse, Unterdrückung und Ausbeutung zunächst ökonomisch, im Sinne von Marx definiert werden, so daß der Arbeiter an ihrer Seite ein Verbündeter der Frau wäre?« Ist die Zerstörung der Ehe eine Voraussetzung von Emanzipation? Oder haben die Jugendlichen recht, von denen 70 Prozent in einer Befragung äußerten, zu ihren erstrebenswerten Lebenszielen gehöre, verheiratet zu sein und ein gutes Familienleben zu führen?« 96 Prozent der Männer beurteilten damals ihre Ehe als durchaus glücklich. Gleichzeitig waren 81 Prozent der Frauen mit ihrer Ehe nicht zufrieden! »Wie steht es mit der Unterbezahlung der Frauen, ihrer Doppelbelastung, der ökonomischen Abhängigkeit vom Ehemann?«

»Sind Einfühlungsvermögen, Mitmenschlichkeit, Aufopferungsbereitschaft der Frauen Zeichen ihrer Machtlosigkeit und damit hinderlich für ihre Entwicklung, oder sind es vergessene, von den Männern nur abgewertete Qualitäten für alle?« »Was ist Sexismus?« Die Diskussion war ein Erfolg. Die Telefone glühten. Für den Redakteur zählten die Sehbeteiligung, die Menge der Anrufe und Briefe. Es war wieder etwas in Bewegung geraten, allerdings war das die letzte Livediskussion im Bayerischen Fernsehen, denn die Frauen aus dem Publikum hatten mit meiner Duldung – ehrlich gesagt, durch mich aufgefordert und bestärkt – schließlich die Mikrofone gestürmt und die Beiträge der Prominenten hinterfragt und ergänzt.

Aber auf welche Weise zeigt man sich als »Linke«, als Frau mit Emanzipationsanspruch? Ich hatte mein billiges Kaufhauskleid vor dem Auftritt gebügelt, war zum Frisör gegangen, hatte mich geschminkt und trug Ohrringe. Ulrike Meinhof hingegen kam gammelig und grau in Rollkragenpullover

Ulrike Meinhof

und ausgebeulter Hose. Ich lächelte, um keine Angriffsflächen zu bieten. Sie war vor Wut traurig. Sie war intelligenter, aber ich kam besser an. »Ad-hoc-Visualisierung der Argumente« nannte ein Medienwissenschaftler das; durch unser jeweiliges Erscheinungsbild würden die Argumente scheinbar veranschaulicht, das trage zu Akzeptierung oder Ablehnung bei. Unabhängig davon hatte jede von uns ihre Anhänger und ihre

Protestbewegung im Kulturbetrieb: Schauspieler-Aktion im Staatstheater Stuttgart

Feinde: Ulrike Meinhof sei gewiß von den Männern enttäuscht und deshalb so verbiestert – Ulrike sei prima, herzlichen Glückwunsch und gutes Weihnachtsfest. Meine Diskussionsleitung sei souverän gewesen – ich hätte Kastrationskomplexe ausgelöst. Eine Frau lobte mich als geistreich und tüchtig – und beschimpfte Ulrike Meinhof als radikalisiertes Langhaarschaf, mit ihren Parolen solle sie in den Osten gehen. Ein Mann beschimpft *mich* als Kommunistin, *ich* solle in den Osten gehen. Die Diskussion hätte länger dauern sollen – sie war eine Halbstarkenrunde! Ein Filmproduzent telegrafierte: »Glückwunsch zum ersten Erika-Runge-Abend im deutschen Fernsehen!« Doch mich überfielen wieder die alten Ängste, die bekannten und immer wieder neuen Depressionen.

Den Tag darauf verbrachte ich im Bett, fand's falsch, daß ich mich auf die Angelegenheit eingelassen hatte, wollte allein sein, nie mehr arbeiten, für nichts mehr verantwortlich sein. Viel später erst wurde mir bewußt, daß Depressionen auch eine Sprache sind, um Trost, um Zuwendung und Ermutigung herauszufordern, selbst wenn es unmöglich ist, sie zu akzeptieren. Die Ehrungen, die Preise, die Mitgliedschaften in renommierten Vereinigungen hatten mir nicht zum Gleichgewicht verholfen. Ich hoffte nur, daß ich auf diese Weise mehr von meiner Wut mobilisieren könnte, um das Unglück, das meine bürgerlichen Eltern – das Bürgertum! – mir eingebracht hatten, aufzusprengen. 1968 begann ich jedoch zu begreifen, daß meine Mutter, die ich mein Leben lang für übermächtig gehalten hatte, selber Opfer, daß sie schwach und hilflos war. Ihre Egozentrik, ihre Wut und ihre Erpressungsversuche, selbst ihre unerträgliche Nörgelei waren nichts anderes als ein Versuch, Liebe zu erzwingen. Noch schaffte ich nicht, die Verletzungen zu vergessen, die sie mir zugefügt hatte. Erst als ich lernte, mit dem unglücklichen, kleinen Kind in meiner Mutter umzugehen, änderte sich unsere Beziehung.

Wenn mich Vertreter des Bürgertums damals umdienerten, staunte ich noch und war irritiert. Sollten sie mich für korrumpierbar halten? Brauchten sie ein linkes Feigenblatt? Einem konservativen, konventionellen Intendanten gegenüber glaubte ich, um mein Stück über die Klassenkämpfe in Bottrop kämpfen zu müssen. Aber er akzeptierte alles: vom Antifaschismus bis zum Klassenkampf. Für ihn war's ein Erfolg, daß ein Stück seines Theaters zum Jungen Forum der Ruhrfestspiele und anschließend ins Fernsehen kommen sollte. Links war »in«, und Erfolg war wertfrei. Ich bekam Aufträge über Aufträge, mehr, als ich schaffen konnte. Eine Fernsehserie über »Deutsche« lehnte ich ab, weil ein Offizier hätte dabeisein sollen, schlug statt dessen das Porträt eines kommunistischen Betriebsratsvorsitzenden vor. Vom Sender wurde es akzeptiert. Doch die Unternehmer ließen mich nicht mehr in die Betriebe hinein. Das Jahr 1968 ging zu Ende, und die Verhältnisse begannen, sich zu ändern.

Annette Wilmes

Blumen für die Kanzler-Ohrfeige

»Das ist eine unbefriedigte junge Frau. Dabei sähe sie sogar ganz hübsch aus, wenn sie nicht so blaß wäre.« – So sah Ernst Lemmer, damals 70, Berlin-Beauftragter des Bundeskanzlers, Beate Klarsfeld, die gerade Kurt-Georg Kiesinger geohrfeigt hatte. Am 7. November 1968 hatte sie sich mit dem Presseausweis ihres französischen Ehemannes Serge Klarsfeld Eintritt in die Berliner Kongreßhalle verschafft. Hier, auf dem CDU-Parteitag, traf sie auf ihr »Opfer«: Kurt-Georg Kiesinger stand ahnungslos am Vorstandstisch und diskutierte mit ein paar Leuten. Dabei hätte er eigentlich nicht ganz ahnungslos sein dürfen. Denn Beate Klarsfeld hatte schon oft gegen ihn gewettert, einmal von der Zuschauer-Tribüne im Bundestag in Bonn: »Nazi Kiesinger abtreten!« Sie wollte nicht, daß ein ehemaliges NSDAP-Mitglied Kanzler der Bundesrepublik Deutschland ist. Über ihre Aktion auf dem CDU-Parteitag sagte sie später in einem Interview mit der Zeitschrift »Konkret«: »Einige Minuten drückte ich mich zwischen den Journalisten rum, bis die letzte Person, die mit Kiesinger sprach, gegangen war. Ich bat dann den Ordner, der die Aufgänge zur Vorstandstribüne bewachte, mich durchzulassen. Zuerst wollte er nicht, als ich ihn jedoch nett darum bat, machte er Platz.« Beate Klarsfeld ging hinten herum an den Vorstandsmitgliedern vorbei, blieb hinter Kiesinger stehen und verabreichte ihm die Ohrfeige.

Dann ging alles ganz schnell. Beate Klarsfeld wurde festgenommen, in eine Zelle auf dem Polizeirevier in die Gothaer Straße gebracht, und schon knapp neun Stunden nach der Ohrfeige war sie von einem Schnellgericht verurteilt: ein Jahr Freiheitsstrafe ohne Bewährung. Eine harte Strafe, aber Beate Klarsfeld hatte scheinbar erreicht, was beabsichtigt war: Öffentlichkeit. Leider jedoch redete man nicht, wie Beate Klarsfeld gewollt hatte, über die Nazi-Vergangenheit des Bundeskanzlers. Man redete vielmehr über sie und ihre freche Aktion. Sebastian Haffner schrieb damals im »Stern«:

»Früher einmal wurde eine Ohrfeige als Aufforderung zum Duell verstanden, und in sehr altmodischen Kreisen ist sie das wohl auch heute noch. Vielleicht schwebte Frau Klarsfeld so etwas wie diese Art von vergilbtem Ehrenkodex vor. Aber er galt oder gilt nur unter Männern: Daran hat auch die Emanzipation nichts geändert. Eine Frau kann man nicht zum Duell fordern. Deswegen durfte oder darf, unter dem alten Ehrenkodex, eine Frau einen Mann nur in einer einzigen Situation ohrfeigen, nämlich um eine sexuelle Belästigung abzuwehren.«

Beate Klarsfeld aber fühlte sich nicht sexuell, sondern auf andere Weise belästigt: Sie konnte und wollte nicht ertragen, daß ein ehemaliger Nazi Bundeskanzler ist. Sie ist mit einem Franzosen verheiratet, dessen Vater als Jude von den Deutschen vergast worden war. Sie erwartet, daß der gewählte Kanzler der Deutschen eine moralisch integre Persönlichkeit ist, frei vom Makel einer NS-Belastung, eben nicht wie Kurt-Georg Kiesinger, der nach ihrer Auffassung nicht nur ein einfaches Parteimitglied war. Beate Klarsfeld in der Zeitschrift »Konkret«:

»Als ich hörte, daß einer der ehemals führenden Nazis, der für die Auslandspropaganda im Radio verantwortlich war, Kanzler werden sollte, habe ich mich dagegen aufgelehnt – aus moralischen Gründen. Selbst wenn Kiesinger heute einer der fortschrittlichsten Männer in der Regierung wäre, würde ich gegen ihn kämpfen. Es ist für mich nicht akzeptabel, daß jemand, der einem verbrecherischen Regime gedient hat,

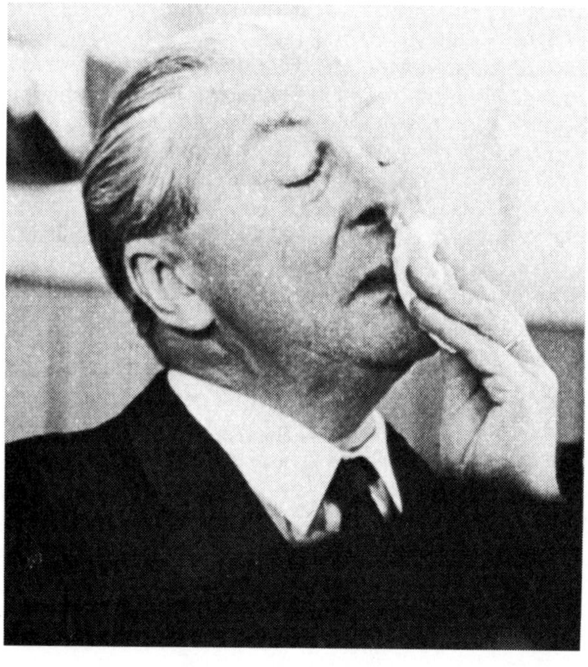

Geohrfeigter Kiesinger, Angreiferin Beate Klarsfeld

heute das deutsche Volk vertritt. Dieser Mann war einer der prominentesten Nazis, einer der Schlimmsten, einer der Verantwortlichsten, einer, der den psychologischen Krieg geführt hat.«

Über Kiesinger also wurde auch nach der Ohrfeige wenig gesprochen. Im Schnellverfahren ging das Gericht nur kurz auf die Motive der Angeklagten ein. Es sei unerheblich, hieß es in der Urteilsbegründung, »ob der Geschädigte in seiner Eigenschaft als Bundeskanzler innerhalb der menschlichen Gemeinschaft einen guten Ruf hat oder ob seine Wertgeltung nach außen gering ist.« Die Beweisanträge, die Beate Klarsfelds Rechtsanwalt Horst Mahler stellte, wurden abgelehnt, zum Beispiel der, Kiesinger selbst vor Gericht zu hören.

Beate Klarsfeld ging in Berufung und jetzt, vor einer Kleinen Strafkammer am Landgericht, erhoffte sie sich den politischen Prozeß, der die gewünschte Öffentlichkeit herstellen sollte. Auch hier wurde der Beweisantrag, Kiesinger zu hören, letztlich abgelehnt. »Klein, schmal, gepflegt, blaß, ein zahnstarkes Lächeln, gemäßigtes Minikleid, was an ihr sichtbar ist, ist ›vornehm-flott‹.« – Das schrieb Marie-Luise Scherer in der »Zeit« über die Angeklagte. Wieder stand nicht der Bundeskanzler, sondern Beate Klarsfeld im Mittelpunkt des Prozesses. Wieder wurde sie verurteilt: Wegen Körperverletzung in Tateinheit mit Beleidigung zu einer Freiheitsstrafe von vier Monaten Gefängnis auf Bewährung. Die Strafe fiel also erheblich milder aus als noch bei der ersten Verurteilung durch den Schnellrichter. Zur Begründung hieß es, daß die Angeklagte als Ehefrau eines Mannes, dessen Vater unter dem NS-Regime wegen seiner Rassenzugehörigkeit ermordet worden sei, die Tat aus politischer Überzeugung begangen und geglaubt habe, Kiesinger sei ein maßgeblicher Nationalsozialist gewesen. Da es sich um einen einmaligen Fall handele, habe das Gericht keine Bedenken, die Vollstreckung der Strafe zur Bewährung auszusetzen. Eine Geldstrafe könne dem Unrechtgehalt der Tat nicht gerecht werden. Beate Klarsfeld legte Revision gegen das Urteil ein, aber zu einer dritten Prozeß-Runde im Moabiter Kriminalgericht kam es nicht mehr. Die Kanzler-Ohrfeige nämlich fiel unter das Amnestie-Gesetz vom 10. Mai 1970.

Mit dem Ende der sechziger Jahre und der Kiesinger-Backpfeife fing das Engagement von Beate Klarsfeld erst richtig an. Sie veröffentlichte ein Buch über Kiesinger mit dem Titel: »K. oder der subtile Faschismus«. Sie kettete sich auf einem öffentlichen Platz in Warschau an einen Baum und verteilte Flugblätter gegen die Verfolgung der Juden in Polen. Sie versuchte – vergeblich – den früheren Pariser Gestapo-Chef Kurt Lischka nach Frankreich zu entführen, denn hier war der Nazi in Abwesenheit wegen seiner Beteiligung an Massendeportationen von Juden zu lebenslanger Haft verurteilt worden. Diese Aktion trug wesentlich mit dazu bei, daß das deutsch-französische Zusatzabkommen über die Strafverfolgung von Naziverbrechern Ende Januar 1975 endlich ratifiziert wurde.

Beate Klarsfeld identifizierte den deutsch-bolivianischen Geschäftsmann Klaus Altmann als Klaus Barbie, den früheren Gestapo-Chef von Lyon. In Buenos Aires protestierte sie gegen die Verletzung der Menschenrechte in einigen südamerikanischen Staaten. Sie warf dem paraguayischen Diktator Stroessner vor, den ehemaligen KZ-Arzt Mengele zu beschützen.

Beate Klarsfeld – eine »unbefriedigte, junge Frau«, die, nur von Emanzipationseifer getrieben, alte Geschichten wieder aufwärmen wollte, als sie Kiesinger ins Gesicht schlug? Es gibt einen, der das schon damals, im Jahre 1968, ganz anders sah: Heinrich Böll. Er schickte Beate Klarsfeld Blumen.

Wer die Wahlen gewinnen will, braucht die Stimmen der Frauen

Frauenherzen schlagen rechts

Dreieinhalb Millionen mehr Frauen als Männer dürfen am 28. September wählen. Sie entscheiden, wer der nächste Kanzler wird. Die SPD hatte bisher bei ihnen keine Chance

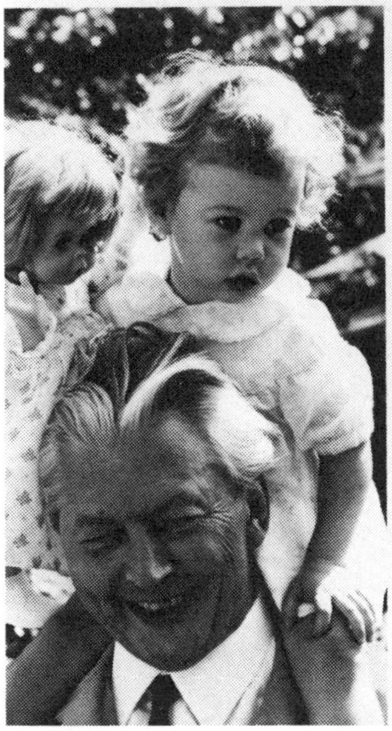

Wählen Sie fleißig, meine Damen, die Bundesrepublik braucht von Ihnen jede Stimme", rief Konrad Adenauer alle Jahre wieder den deutschen Frauen zu – und gewann damit gleich viermal die Wahlen.

„Unsere Frauen sichern unsere Zukunft", tönte Ludwig Erhard – und zog danach ins Kanzleramt.

Und auch der Dritte im Bunde braucht Deutschlands Frauen für seinen Sieg. Kurt Georg Kiesinger wirft viele Millionen Mark für Zeitungsanzeigen („Um der Zukunft willen schwören wir für alle Zeiten auf den Frieden") aus, um Ehefrauen, Mütter und Töchter auch diesmal für die CDU zu ködern.

Aber zum erstenmal nach fünf Wahlkämpfen ist auch die Konkurrenz auf den Trichter gekommen. Die Sozialdemokraten wissen: daß sie die Stimmen der Frauen gewinnen müssen, wenn sie an der liebgewonnenen Macht bleiben wollen. Doch weil die gängigen Parolen („Keine Experimente") seit 20 Jahren von der CDU gepachtet sind, spannt die SPD jetzt Wahlhelfer ein, die auch Frauenherzen höher schlagen lassen: Kirchenfürsten und Fernsehstars, Professoren und Generale, Industrielle und Kabarettisten.

Denn: Die Frauen entscheiden auch diesmal die Wahl.

Neben 17,5 Millionen Männern sind 21 Millionen Frauen am 28. September wahlberechtigt. Doch maßgeblich sind nicht nur die dreieinhalb Millionen mehr Stimmen: Die Frauen entscheiden sich auch eindeutiger als die Männer.

Bei Deutschlands Männern liegen die beiden großen Parteien, CDU und SPD, seit mindestens acht Jahren Kopf an Kopf. 1961 erhielt jede von ihnen rund 40 Prozent der männlichen Stimmen. Und 1965 brachte es die SPD bei ihnen sogar zu einem kleinen Vorsprung. Aber der nützte ihr nichts.

Die Frauen nämlich wählten mit absoluter Mehrheit (51,7 Prozent) CDU. Und das entschied die Wahl. Nicht Willy Brandt wurde Bundeskanzler, sondern Ludwig Erhard.

Sein Vorgänger Konrad Adenauer sorgte sich vor allem um eins: Daß die Frauen am Wahltag auch wirklich zur Urne gingen. Denn die Wahlbeteiligung der Frauen ist im Schnitt um fünf bis zehn Prozent geringer als die der Männer. Daß die Frauen CDU, daß sie „rechts" wählen würden, darum sorgte sich der „Alte" nicht. Das taten sie seit jeher, und nicht nur in der Bundesrepublik.

„Frauen wählen Sicherheit", stellt Martin Gruberg, Professor an der Universität Wisconsin, fest: „Schwangere Frauen gehen nicht auf die Barrika-

Der Großvater Kurt Georg Kiesinger strahlt, wenn er seine Enkelin ›Fröschle‹ auf den Schultern trägt. Der Parteichef Kiesinger macht sich Sorgen, ob er noch einmal wie seine Vorgänger mit den Stimmen der Frauen den Sieg für die CDU erringen kann

aus: Stern 36/1969

- Der Anteil der weiblichen *Bundestagsabgeordneten* sank während der sechziger Jahre stetig: 1957 hatte er noch 9,2% betragen (absolut 48 Frauen), 1961 waren es 8,2% (absolut 43), 1965 6,9% (absolut 36), 1969 war mit 6,6% (absolut 33) ein Tiefststand erreicht. Auch in den Länder- und den Kommunalvertretungen nahm der Frauenanteil weiter ab.
- Gleichzeitig sank auch der prozentuale Anteil der Frauen in den beiden großen *Parteien:* in der SPD von 18,9% im Jahre 1960 auf 17,4% im Jahre 1966; allerdings stieg hier die absolute Zahl der weiblichen Mitglieder leicht, das prozentuale Absinken erfolgte aufgrund des verstärkten Zustroms von Männern. In der CDU sank der prozentuale Anteil der Frauen von rund 15% (1961) auf 13,3% (1964). Für beide Parteien wird in der zweiten Hälfte der sechziger Jahre wieder ein Ansteigen des Frauenanteils angegeben (SPD 1986 mit 18,2%, CDU 13,9%). Vor allem jüngere Frauen begannen Ende der sechziger Jahre der SPD zuzuneigen.

- 3,5 Mill. mehr Frauen als Männer waren in den sechziger Jahren wahlberechtigt, davon gingen durchschnittlich 86% zur Wahl, zwei Drittel gaben an, politisch uninteressiert zu sein. Bei den Männern betrug die durchschnittliche Wahlbeteiligung 89%, ein Drittel nannte sich selbst politisch uninteressiert.
- Bis zur Bundestagswahl 1969 wählten prozentual mehr Frauen als Männer konservativ. Erst in der Bundestagswahl 1972 kehrte sich das Verhältnis um.

…n Sie darauf, daß ab sofort dort oben die Rechnung auf die CDU geht. Das fehlte noch, daß wir der den Kaffee bezahlen."

Aenne Brauksiepe, 56, Bundesfamilien-Minister, winkte am Tage ihrer Vereidigung auf die Frage von CDU-Abgeordneten, ob sie lieber Frau Minister oder Frau Ministerin genannt werden möchte, großzügig ab: „Ist mir ganz egal, ich bleibe die Bundes-Aenne." Von ihren Mitarbeitern wünschte die frühere Gehilfin eines schottischen Professors jedoch von Anfang an, mit Frau Minister angeredet zu werden.

»Unsere Frauen sichern unsere Zukunft«, tönte Kanzler Ludwig Erhard 1965 in seinen Wahlreden und lud Rentnerinnen an seinen reich gedeckten Tisch.

Drei weibliche Bundesminister gab es in den sechziger Jahren: Elisabeth Schwarzhaupt (CDU) – 1961-66 Gesundheit – Käthe Strobel (SPD) – 1966-69 Gesundheit – und Aenne Brauksiepe (CDU) – 1968/69 Jugend und Familie.

Internationaler Frauenkongreß des Deutschen Hausfrauenbundes 1967: Hausfrauenpräsidentin Lotte Ückermann, Annemarie Renger und Frau Albertz.

Reingard Jäkl

Eine kleine radikale Minderheit

Münchner Polizei im Einsatz gegen Studenten, 1968

Im Jahr 1960, nach dem Abitur, ging ich nach München an die Universität, die damals noch ungebrochene Ordinarienuniversität war mit streng hierarchisch organisiertem Wissenschaftsbetrieb. Die Studenten, voneinander völlig isoliert, sprachen miteinander als »Kommilitonen« und siezten sich! Das gesellschaftliche Leben der Studenten war noch fast unangefochten von den traditionell-reaktionären Verbindungen geprägt, in denen Frauen allenfalls begleitende Corps-Damen sein durften. Es war alles sehr steif, konventionell, ordentlich und ruhig. Erst in dem Maß, wie Ruhe und Ordnung in Frage gestellt wurden, kamen sich auch die Studenten näher.

Auf der Suche nach Vereinigungen, denen ich mich als weibliche Person anschließen konnte, entdeckte ich die kleinen politischen Zirkel: den »Gewerkschaftlichen Arbeitskreis der Studenten« (GASt), den noch traditionell-marxistisch orientierten »Sozialistischen Deutschen Studentenbund« (SDS), den »Sozialdemokratischen Hochschulbund« (SHB), den »Liberalen Studentenbund Deutschlands« (LSD), deren Mitglieder sich vor allem aus Stipendiaten der verschiedenen Parteien, bzw. des DGB zusammensetzten, die in Studentenheimen wohnten und die ich darum sehr beneidete, denn ich wohnte möbliert bei einer Wirtin.

Ich hatte schon an der Schule – einer Klosterschule in einer niederbayerischen Kleinstadt – politisch-soziale Interessen entwickelt, mit der Anti-Atombewegung der 50er Jahre sympathisiert und die pazifistische Zeitung »Die Kultur« gelesen. In Übereinstimmung mit meiner sozialen Herkunft wandte ich mich an die gewerkschaftliche Studentengruppe.

Aber es dauerte noch eine Weile, bis ich zu den ersten Veranstaltungen ging. Auslösender Anlaß waren die »Schwabinger Krawalle«, als die berittene Polizei mit martialischem Aufgebot gegen ein paar Gitarre-spielende Gammler« mit ungeheurer Brutalität vorging. Das hat mich aus dem Schlaf gerüttelt und stärker beeinflußt, als ich es damals wahrhaben konnte.

Aber sehr weit nach links wagte ich mich zunächst nicht. Ich traute mich z.B. nicht zur »Subversiven Aktion«, einer sehr attraktiven Gruppe, die mir zu konspirativ und elitär erschien.

Die politischen Gruppen, zu denen ich erste Kontakte hatte, waren sehr kleine Zirkel, die sich in Hinterzimmern von Kneipen trafen, typische Vereinsstruktur hatten mit Mitgliedschaft, Aufnahmeritualen, Satzung und Geschäftsordnung, Vorsitzenden und Versammlungsleitern, Tagesordnung usw., sehr bürokratisch geordnet. Irgendjemand hielt einen Vortrag über die Geschichte der Arbeiterbewegung oder aktuelle politische Probleme. Hektographierte Texte kursierten, denn es existierte wenig gedruckte politisch linke Literatur.

Manchmal wurden alte antifaschistische Kämpfer eingeladen. Ich erinnere mich an Alexander Souchy, dessen Anarchismus uns damals schon sehr ansprach, oder, aus einer anderen linken Tradition kommend, Rosa Meyer-Leviné, die uns von der bayerischen Rätezeit erzählte. Das waren Menschen, von denen ich sicher sein konnte, daß sie keine Nazis gewesen waren, die ich als positive Autoritäten zu meiner Orientierung suchte, die ich brauchte und von denen ich lernen wollte und konnte – ethisch-moralische, integre Vorbilder.

»Willkommen in der Partei Rosa Luxemburgs!«

Der antiautoritäre Protest richtete sich zunächst nicht gegen Autorität schlechthin, sondern gegen die antidemokratischen Leitbilder, die konservativ-bürgerliche Autorität, auf die sich dieser bundesrepublikanische Staat stützte, die CDU Adenauers und die verbürgerlichte, angepaßte SPD.

Aber trotz starker Vorbehalte trat ich in die SPD ein, in die Sektion Schwabing-West, die von Peter Glotz geleitet wurde. Er begrüßte mich mit den Worten: »Willkommen in der Partei Rosa Luxemburgs!« Ich war sehr beeindruckt.

In die SPD haben ich und viele andere noch lange Zeit Hoffnungen gesetzt. Noch in der zweiten Hälfte der 60er Jahre zog eine Delegation Studenten zum damaligen Oberbürgermeister Hans-Joachim Vogel, einem Meister der Beschwichtigungsstrategie. Er schlug uns allen Ernstes vor, innerhalb seiner Partei zu arbeiten und unsere Vorstellungen da einzubringen. Diesen Versuch hatten die meisten von uns aber bereits hinter sich. Das war kurz vor der Großen Koalition. Wer bis dahin noch insgeheim an die SPD geglaubt hatte, verlor diesen Glauben spätestens zu diesem Zeitpunkt. Der Protest gegen die »Formierte Gesellschaft« konnte sich nur außerhalb der Parlamente ansiedeln.

Ich entdeckte in dieser Zeit nicht nur die Realität der gesellschaftlichen Zustände, sondern auch eine andere nationale Geschichte – die deutsche Arbeiterbewegung und die Widerstandsbewegung gegen den Nationalsozialismus, auf die ich mich beziehen, auf die ich stolz sein konnte. Das war sehr befreiend, sehr wohltuend.

Neben dem historischen Aspekt war später aber von einschlägiger Bedeutung der unmittelbare Ansatz am wissenschaftlichen Arbeitsplatz/Studienplatz: die Fachschaftsarbeit

SHB-Bundesdelegiertenversammlung 1967 in Bochum: mit der SPD leben. Auf dem Foto: 31 Männer und 2 Frauen, darunter (3. von links, mittlerer Tisch) Autorin Reingard Jäkl

in Richtung Hochschul- und Studienreform, die Abschaffung der Ordinarienuniversität, die Forderung nach der paritätischen Mitbestimmung. Daß dabei dieses staatlich beeinflußte bürokratische Monster entstehen würde, hat sich niemand von uns vorgestellt. Unsere Zukunftserwartungen waren in den 60er Jahren noch ungebrochen optimistisch.

All das wurde aber überstrahlt durch das einsetzende internationale Engagement. Diese Öffnung, Ausweitung, die wir da erfuhren. Das hatte schon mit dem Interesse für die russische Revolution, vor allem aber für den spanischen Bürgerkrieg und die chinesische Revolution begonnen und setzte sich fort mit dem Algerienkrieg, dem Kolonialismus überhaupt und ganz aktuell in diesen Jahren: Kuba, Vietnam, Persien, Chile, die Black-Panther-Bewegung in den USA, das Militärregime in Griechenland usw. Was uns in dieser Zeit so stark machte, das war das kollektive Zugehörigkeitsgefühl zu allen Befreiungsbewegungen auf der ganzen Welt.

Lotta continua...

Für mich war es auch ein emotionales Erlebnis. Die rational-analytische Diskussion hat mich zwar beeindruckt, aber nicht begeistert. Da mußte ein sinnliches Moment dazukommen, z.B. die Lieder.

Es begann damit, daß wir die Lieder aus dem Spanischen Bürgerkrieg hörten und nachsangen (»Spaniens Himmel breitet seine Sterne...« oder »Vor Madrid im Schützengraben...«), die Lieder der Résistance und die alten deutschen Arbeiterlieder; letztere schon mit mehr Vorbehalten.

Dann kamen die Lieder aus Kuba (»Cuba si, Yankee no!«, »Commandante Che Guevara«), und gegen Ende der 60er Jahre begeisterte uns in München das kämpferische Pathos der »Lotta Continua«. Wir zogen einmal am 1. Mai ausschließlich mit den Liedern und Parolen der Lotta Continua durch die Stadt. Das klingt mir noch heute im Ohr.

Mit den chinesischen und vietnamesischen Liedern war es schon schwieriger. Popularität erzielte lediglich die chinesische Hymne: »Der Osten ist rot, China ist jung. Die Rote Garde grüßt Mao Tse Tung!« (So oder ähnlich lautete die deutsche Übersetzung.)

Lieder und Parolen (»Ho-Ho-Ho Chi Minh«; »Wir sind eine/kleine/radikale Minderheit«) wirkten wie eine Droge. Das ließ mich die Grenzen meines Bewußtseins überschreiten, versetzte mich in euphorische und ekstatische Zustände; nicht Haschisch und LSD, das machte mich eher trantütig.

Dieses Pathos, diese Gefühle zugelassen zu haben, dazu stehe ich noch heute, auch wenn es jetzt manchmal belächelt wird.

Bis in die Mitte der 60er Jahre gab es sehr wenig politische Literatur. Marx wurde unter dem Ladentisch gehandelt. Das können wir uns heute gar nicht mehr vorstellen. Es gab kaum linke Buchläden und Verlage. Im Gewerkschaftshaus war eine Buchhandlung, das war so ziemlich alles.

Mit der Gründung der linken Verlage und Buchhandlungen veränderte sich die Medienlandschaft schlagartig. Wir lasen Unmengen von Büchern und Zeitschriften mit dem Gefühl, das ist uns bisher alles vorenthalten worden.

Flugblätter und Plakate waren neue attraktive Nachrichtenträger. Die Informationen erreichten uns in einer Fülle und mit einer Schnelligkeit, die uns in Atem hielt.

Die ganze Welt schien in Bewegung, und ich sah mich als Teil davon. Diese Erkenntnis erzeugte ein Sicherheitsgefühl, zu wissen, wo's lang geht und wie sich die Probleme lösen lassen. Alles war klar und logisch erklärbar; es wird nur eine Weile dauern, bis alle kapiert haben. Das Gefühl einer noch nie erlebten weltweiten Solidarität, Ausweitung, Öffnung, mit der festen Überzeugung, auf dem richtigen Weg zu sein, der zu einer gerechten Gesellschaftsordnung führt.

Unruhe und Gerechtigkeit, das sind für mich die charakterisierenden Begriffe für diese Zeit. Wir waren bestimmt vom aufrichtigen Willen, moralisch-ethisch von einem sozialen Gewissen geleitet, handeln zu wollen, nicht stillschweigend den Ungerechtigkeiten zuzusehen, wie wir das unseren Eltern zum Vorwurf machten.

Rote-Frauen-Front

Zur Frauenbewegung kam ich erst 1975 darüber, daß ich mich in eine Frau verliebte.

Helke Sanders Tomaten-Wurf auf der Frankfurter SDS-Konferenz habe ich als eher peinlich empfunden. (Heute finde ich es peinlich, daß mir das damals peinlich war.) Ich habe mich in den politischen Gruppen gleichberechtigt und als Frau anerkannt gesehen. Das lag natürlich auch an meinem Vergleichsmaßstab. Gegenüber den traditionellen Studentenverbindungen boten die politischen Gruppen immerhin einer Frau die gleichberechtigte Mitgliedschaft an.

Die ersten Zweifel kamen mir im Verlauf der sogenannten »Sex-Revolte«, als ich die Aufforderung eines x-beliebigen Genossen, mit ihm ins Bett zu gehen, ablehnte und zur Antwort erhielt: »Du bist ja frustriert!« Das klang so wie »Du bist ja frigide!«. Da war ich stocksauer.

Vielen Frauen ist es ähnlich ergangen, und wir standen dann in den Kneipen oft zusammen und haben darüber angefangen zu reden. Schon allein das hat viele Männer provoziert. Auf diese ersten autonomen Bestrebungen haben die Genossen ungeheuer aggressiv reagiert. Sei es, daß eine Frau allein in der Stamm-Kneipe sitzen wollte oder mit anderen Frauen zusammen, immer gab's einen, der sich reinmischen mußte, auch handgreiflich wurde.

Die sexuelle Revolte war (und ist) für die Männerwelt ein gefundenes Fressen, auf das sie sich gierig stürzte, weil sie große Vorteile daraus zog. Für viele Frauen war es ein bitteres Erwachen, sich nach dem befreienden Aufatmen in einer neuen Zwangslage zu sehen: nicht »nein« sagen zu dürfen, ohne in konterrevolutionären Verdacht zu geraten. Emanzipiert und anerkannt galt die Frau, die sowohl politisch als auch im Bett aktiv war.

Was das Monopol der Heterosexualität betraf, lagen die meisten Genossen mit der CDU auf einer Linie. Diese Struktur hat dann wirklich erst die Frauenbewegung angeknackt.

Irgendwann, Ende der 60er Jahre gründete sich in München eine »Rote-Frauen-Front« (RFF), in der auch Männer willkommen waren, sofern sie ein glaubhaftes Motiv nennen konnten. Es kamen nicht viele, und einer gab mal als Motiv an, er wolle lernen, seine Freundin besser zu verstehen; es hätte ihm schließlich auch sehr genützt, daß er gelernt hat zu verstehen, wie der Motor seines Autos funktioniert. Ich weiß nicht, was wir ihm geantwortet haben, aber er kam kein zweites Mal.

Obwohl ich noch keinen Gedanken an eine autonome Frauenbewegung hatte zu dieser Zeit, fühlte ich mich von Frauengruppen angesprochen. Und weil ich einmal als Schwesternhelferin gearbeitet hatte, schloß ich mich einer Krankenschwestern-Gruppe an. Aber auf dem Hintergrund des engen marxistischen Arbeitsbegriffs und ohne Patriarchats-Kritik ist diese Gruppe bald im Sande verlaufen, bzw. in eine pseudo-gewerkschaftliche Richtung.

Ich brauchte noch Jahre, um mich aus den politischen Männerbünden zu lösen, was nicht hieß, daß ich mich nicht für Frauenaktivitäten begeistert hätte, vor allem, wenn sie im Ausland stattfanden.

Am Ende des Jahrzehnts war ich völlig einig mit dem Lied, das Luise Francia sang:

Protestdemonstration gegen den Krieg in Vietnam

Wir sind Frauen und wir kämpfen
ohne Angst für die Revolution.
Wir sind Frauen und wir kämpfen
mit allen Genossen für den Kommunismus.
Gemeinsam im Kampf sind wir stark!

Wir schuften wie die Sklaven
am Fließband und im Akkord.
Zuhause geht's dann weiter.
Ruhe kennen wir nicht.
Unser Arbeitstag hat 16 Stunden.
Wir machen mit den Männern Wechselschicht.
Die Kinder warten am Fabriktor.
Den ganzen Tag seh'n wir sie nicht.

Wir sind Frauen und wir kämpfen…

Für die fetten Unternehmerschweine
sind wir billige Arbeitsmaschinen.
Alles rein in die Fabrik,
wer nicht durchhält, der fliegt.
Die ersten sind immer wir Frauen.
Erst wenn alle Arbeiter frei sind,
sind auch wir Frauen frei.
Deshalb müssen wir gemeinsam
gegen die Ausbeuter kämpfen.

Wir sind Frauen und wir kämpfen…

Der niedrige Lohn, den wir bekommen,
wird uns draußen gleich wieder abgenommen.
Alle Preise gehen rauf. Sie erhöhen uns die Mieten.
Wir lassen uns das nicht mehr länger bieten.
Wir bestreiken die Miete. Wir besetzen die Tram.
Wir nehmen uns, was uns gehört.
Die Straßenbahnen, Häuser und Fabriken,
wir nehmen uns, was uns gehört.

Wir sind Frauen und wir kämpfen…

Der vorstehende Artikel basiert auf einem Gespräch mit Inge Donau.

Am 16. März 1968 ermordeten amerikanische Soldaten in dem südvietnamesichen Dorf My Lai mehrere hundert Frauen und Kinder. Die Nachricht von dem Massaker konnte bis Ende 1969, als die Proteste gegen den Vietnamkrieg bereits zu einer weltweiten Bewegung angewachsen waren, vom US-Verteidigungsministerium erfolgreich unterdrückt werden. Der verantwortliche Oberleutnant William Calley wurde 1971 zu lebenslanger Haft verurteilt und 1974 begnadigt.

Unten: Das Plakat der »Art Workers' Coalition« von 1970 zitiert zu einem Pressefoto das Vernehmungsprotokoll: »Frage: Auch Babies? Antwort: Auch Babies.«

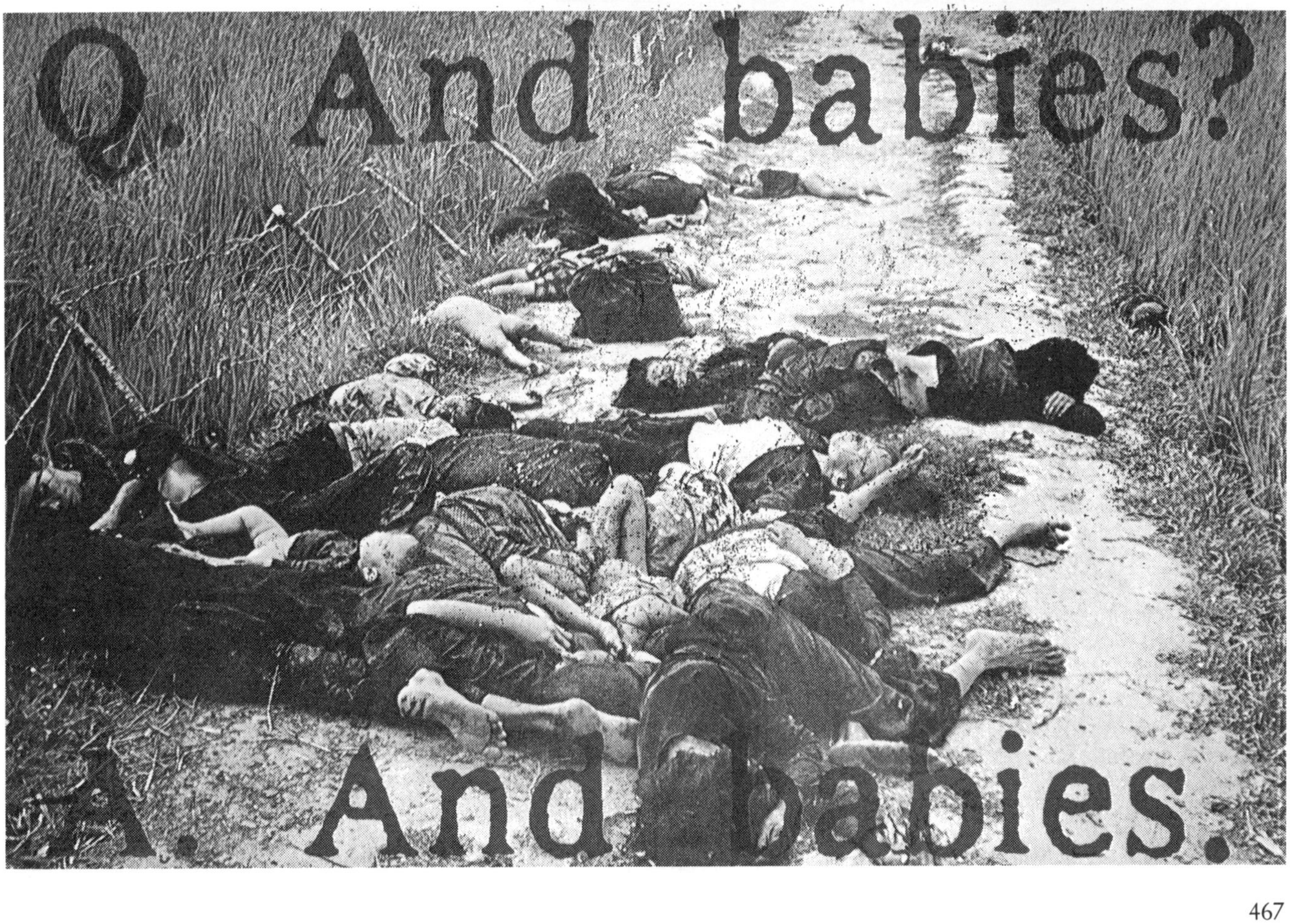

Angela Davis

Ein Bombenanschlag in Birmingham, Alabama

Biarritz, Frankreich, 16. September 1963
Nach dem Unterricht bat ich drei oder vier Studentinnen, mit denen ich spazierenging, einen Augenblick zu warten, weil ich eine *Herald Tribune* kaufen wollte. Während meine Aufmerksamkeit zwischen dem Gehen und Zuhören geteilt war, überflog ich die Zeitung und sah eine Überschrift, die von vier Mädchen und einem Bombenanschlag auf eine Kirche berichtete. Zuerst drangen die Worte nur verschwommen in mein Bewußtsein. Dann schlug es ein! Es brach über mich herein. Birmingham. Die Baptistenkirche in der 16th Street. Die Namen. Ich schloß die Augen, kniff die Lider zusammen, als könne ich das, was ich gelesen hatte, aus meinem Kopf herausquetschen. Als ich meine Augen öffnete, waren die Worte noch da, die Namen in dickem schwarzem Druck gezeichnet.

»Carole«, sagte ich. »Cynthia. Sie haben sie getötet.«

Meine Begleiterinnen sahen mich verwundert an. Unfähig, noch mehr zu sagen, deutete ich auf den Artikel und gab die Zeitung in eine ausgestreckte Hand.

»Ich kenne sie. Sie sind meine Freunde ...« Ich stotterte.

Als wiederholte sie Sprüche, die sie einstudiert hatte, sagte eine von ihnen: »Das tut mir leid. Es ist schlimm, daß das passieren mußte.«

Bevor sie sprach, wollte ich alle Gefühle von mir sprudeln lassen, die durch die Nachricht von der Bombe und den vier Schwarzen Mädchen in meiner Heimatstadt, die davon zerrissen worden waren, in mir aufschossen. Aber die Gesichter um mich waren verschlossen. Sie wußten nichts vom Rassismus, und sie fanden kein anderes Mittel, sich mir mitzuteilen, als mich zu trösten, wie wenn Freunde bei einem Flugzeugunglück umgekommen wären.

»Das ist ja schrecklich«, sagte eine von ihnen. Ich ließ sie abrupt stehen, weil ich nicht wollte, daß sie mit meinem Schmerz etwas zu tun hatten.

Ich starrte immer wieder auf die Namen. Carole Robertson. Cynthia Wesley. Addie Mae Collins. Denise McNair. Carole – ihre und meine Familie waren miteinander befreundet, solange ich denken konnte. Carole, dicklich, mit langen welligen Zöpfen und einem reizenden Gesicht, war eine der besten Freundinnen meiner Schwester. Sie und Fania waren etwa gleichaltrig. Sie hatten zusammen gespielt, waren zusammen zur Tanzstunde gegangen, hatten zusammen kleine Gesellschaften besucht. Caroles ältere Schwester und ich hatten mit unseren jüngeren Schwestern immer Auseinandersetzungen, weil sie mitkommen wollten, wenn wir mit unseren Freundinnen ausgingen. Mutter hat mir später erzählt, daß Mrs. Robertson, als sie von dem Bombenanschlag auf die Kirche hörte, sie angerufen und gebeten hätte, sie in die Stadt zu fahren, um Carole abzuholen. Was wirklich geschehen war, wußte sie erst, als sie die herumliegenden Körperfetzen sah.

Die Wesleys gehörten zu den Schwarzen, die auf die Westseite der Center Street gezogen waren. Unser Haus lag am Eleventh Court, das ihre an der Eleventh Avenue. Von unserer Haustür bis zu ihrer Hintertür waren es etwa nur hundert Meter über eine kiesbestreute Autoeinfahrt, die den Block in zwei Hälften teilte. Die Wesleys hatten keine Kinder, aber wie sie mit uns spielten, zeigte, daß sie Kinder liebten. Ich erinnere mich, wie Cynthia im Alter von ein paar Jahren zuerst zu den Wesleys zog. Cynthias eigene Familie war groß und furchtbar arm. Cynthia blieb eine Zeitlang bei den Wesleys und kehrte dann zu ihrer Familie zurück – und das ging so weiter, bis die Zeiten, die sie bei den Wesleys verbrachte, immer länger, und die zu Hause immer kürzer wurden. Schließlich haben die Wesleys sie, mit der Zustimmung von Cynthias Familie, offiziell adoptiert. Sie war immer wie aus dem Ei gepellt, ihr Gesicht sah frisch gewaschen aus, ihre Kleider waren stets gestärkt, und ihre kleine Handtasche paßte zu den frisch geputzten Schuhen. Wenn meine Schwester schmutzig und verstrubbelt ins Haus kam, fragte meine Mutter sie oft, warum sie sich nicht so sauber halten könne wie Cynthia. Sie war ein zartes, sehr empfindsames Kind, und obwohl ich fünf Jahre älter war, hielt ich ihr Verständnis von manchen Dingen für viel reifer als das meine. Wenn sie zu uns ins Haus kam, schien sie sich lieber mit meiner Mutter zu unterhalten, als mit Fania zu spielen.

Denise McNair. Addie Mae Collins. Meine Mutter hatte Denise unterrichtet, als sie in die erste Klasse ging, und Addie Mae Collins hätte, obwohl wir sie nicht persönlich kannten, jedes Schwarze Mädchen in meiner Nachbarschaft sein können.

Als das Leben dieser vier Mädchen so brutal ausgelöscht wurde, empfand ich einen ganz persönlichen tiefen Schmerz. Aber als der erste Stich und die erste Wut sich genügend gelegt hatten, um mich nachdenken zu lassen, war ich von der objektiven Bedeutsamkeit dieser Methode betroffen.

Die Tat war keine Verirrung. Es war nicht etwas, was von einigen wahnsinnig gewordenen Extremisten angezettelt worden war. Im Gegenteil, sie war logisch, unvermeidlich. Die Menschen, die die Bombe in die Mädchentoilette der Baptistenkirche in der 16th Street gelegt hatten, waren nicht pathologisch, sie waren durchaus normale Produkte ihres Milieus. Und dieses aufsehenerregende gewaltsame Ereignis, die wüste Zerstückelung von vier kleinen Mädchen, war aus der täglichen, manchmal schon öden Routine der Rassenunterdrückung hervorgebrochen.

Aber wie sehr ich auch reden mochte, die Menschen um mich her konnten mich einfach nicht verstehen. Sie konnten nicht verstehen, warum die ganze Gesellschaft dieses Mordes schuldig war – warum ihr geliebter Kennedy auch verantwortlich war, warum die ganze herrschende Schicht ihres Landes, die am Rassismus schuld war, auch an diesem Mord schuldig war.

Die bombenwerfenden Rassisten planten natürlich nicht den Tod gerade von Carole, Cynthia, Addie Mae und Denise. Vielleicht hatten sie nicht einmal bewußt damit gerechnet, daß jemand umkommen würde. Sie wollten die Schwarze Bevölkerung Birminghams terrorisieren, die sich aus ihrem Schlaf zur aktiven Mitarbeit am Kampf für die Befreiung der Schwarzen aufgerappelt hatte. Sie wollten diese Bewegung vernichten, bevor sie sich zu tief in unseren Köpfen und in unserem Leben eingewurzelt hatte. Das war es, was sie tun wollten, und es war ihnen egal, ob dabei jemand getötet wurde. So oder so – es kümmerte sie nicht. Die zerschmetterten Körper von Cynthia, Carole, Addie Mae und Denise waren neben der Hauptsache nebensächlich – und gerade darum waren die Morde abscheulicher, als wenn sie sie vorsätzlich geplant hätten.

(aus: Angela Davis, Mein Herz wollte Freiheit. Eine Autobiographie, München 1975)

Zu Beginn der sechziger Jahre erfährt die von Weißen und Schwarzen getragene Bürgerrechtsbewegung gegen die Rassentrennung in den USA einen neuen Aufschwung. Als im Sommer 1963 in Birmingham im Südstaat Alabama vier kleine Mädchen bei einem Bombenattentat weißer Rassenfanatiker ums Leben kommen, beginnt die Jahre fortdauernde Serie der »heißen Sommer«. Ab 1966 bilden sich gegen den zunehmenden weißen Terror Selbstverteidigungsgruppen der Schwarzen, darunter die Black Panther, die von Polizei, Justiz und Ku-Klux-Klan mit den brutalsten und rechtswidrigsten Mitteln bekämpft werden. Mehr als 30 ihrer Anführer werden auf der Straße überfallen, im Bett ermordet, im Gefängnis umgebracht. 1968 wird Martin Luther King, der Führer der gewaltlosen Bürgerrechtsbewegung ermordet. Die schwarzen politischen Gruppen radikalisieren sich immer mehr, die weltweite Solidaritätsbewegung wird immer breiter. Als Angela Davis wegen angeblicher Beihilfe zum Mord an einem kalifornischen Richter 1970 verhaftet wird und zum Tode verurteilt werden soll, wird sie zur Symbolfigur des schwarzen Widerstands. Nach 20 Monaten Haft wird sie 1972 freigesprochen.

Rassenunruhen im Süden der USA

Kuba, die sozialistische Insel »im Hinterhof der USA« wird in den sechziger Jahren mehr und mehr zum Projektionsziel der verschiedensten Befreiungsbewegungen in aller Welt – für die jungen afrikanischen Staaten, für die Black Panther in den USA, für die europäischen Guerilla-Träumer und Che-Verehrer – und ein wenig auch für die beginnende Frauenbewegung. Der Anteil der kubanischen Frauen an der Revolution ist unverkennbar. Rechts: Bei einer Rede Fidel Castros

Frauen in den afrikanischen Freiheitsbewegungen

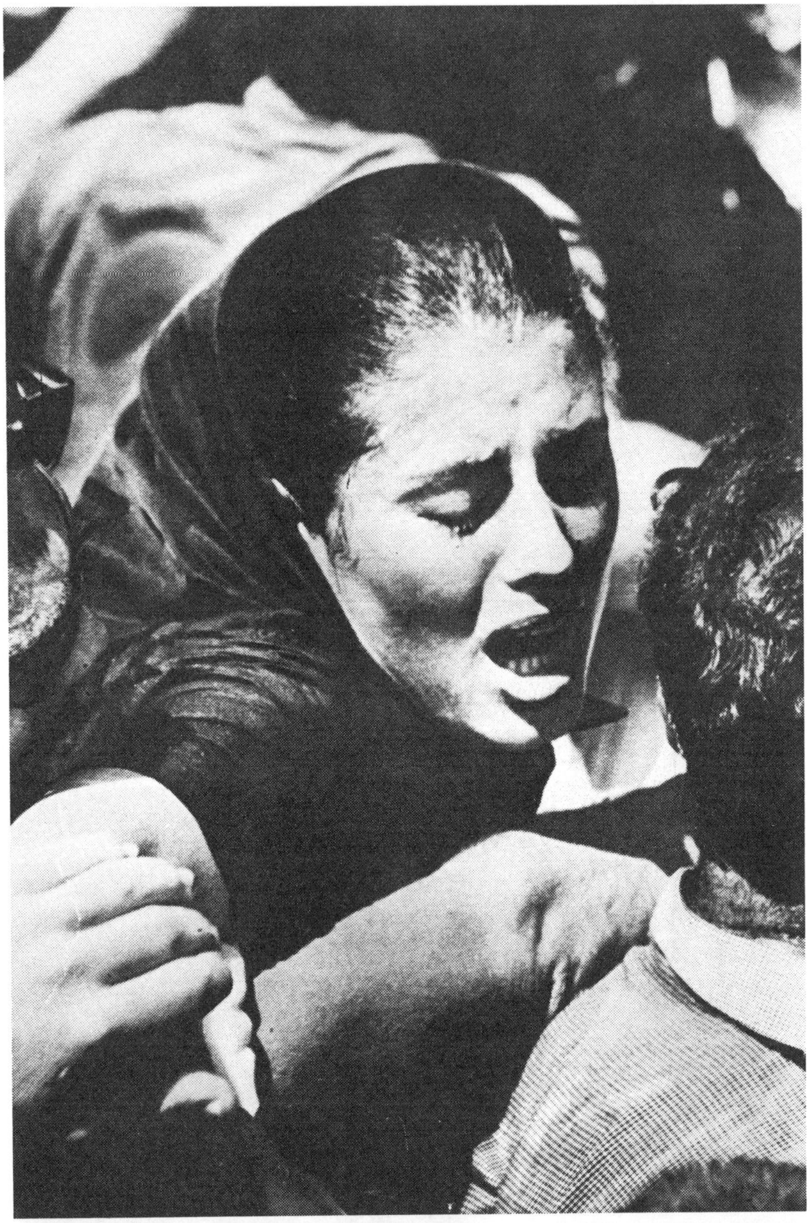

Am 21. April 1967 putschen in Griechenland die Militärs, um einen Wahlausgang zugunsten der Sozialisten zu verhindern. Die Schauspielerin Melina Mercouri gehört zu den Frauen und Männern, die innerhalb und außerhalb des Landes gegen die Diktatur kämpfen. Ihr Eigentum wird beschlagnahmt, die Staatsbürgerschaft wird ihr aberkannt, sie darf nicht nach Griechenland zurückkehren. Tausende andere werden auf der KZ-Insel Jaros eingekerkert (rechts).

FRAUEN IN DER POLITIK
Die Ehefrauen:

Oben links die thailändische *Königin Sirikit*, neben Jackie Kennedy und Farah Dibah die Lieblings-Ehefrau der Regenbogenpresse, 1964 auf Staatsbesuch in der Bundesrepublik. »Mit ihrem Lächeln bezauberte sie alle Herzen.«

Rechts daneben die niederländische Kronprinzessin *Beatrix*, die 1966 den deutschen Diplomaten Claus von Amsberg heiratet. Die Hochzeit des Paares wird durch Demonstrationen und Mißfallenskundgebungen im ganzen Land gestört, die an die deutschen Verbrechen in Holland im Zweiten Weltkrieg erinnern.

Unten: *Nina Chruschtschowa*, Dr. der Sozialwissenschaften, 1964 im Kreis französischer Mannequins.

FRAUEN IN DER POLITIK
Politikerinnen:

Golda Meir, seit 1956 israelische Außenministerin, 1965–1974 Ministerpräsidentin, 1969 bei israelischen Soldaten auf den im »Sechs-Tage-Krieg« besetzten Westbanks.

Unten: *Indira Gandhi* 1959 mit ihrem Vater Pandit Nehru nach ihrer Wahl zur Präsidentin der regierenden Kongreßpartei; 1967 bis zu ihrem Tod war sie Premierministerin von Indien.

Die Anfänge der Neuen Frauenbewegung International

NOW-Plakat

USA

Die Anfänge der Neuen Frauenbewegung in USA – »Women's Liberation Movement«, abgekürzt »Women's Lib« genannt – sind unlösbar verknüpft mit der Bürgerrechtsbewegung, in der seit 1960 Tausende Schwarze und Weiße in den verschiedensten Organisationen und mit unterschiedlichsten Aktionen gewaltlos für die Gleichstellung der Schwarzen kämpften. Ab Mitte der sechziger Jahre, als die gewaltlosen Aktionen scheinbar nichts anderes als eine Zunahme des Polizeiterrors und der Überfälle weißer Rassisten für die Schwarzen gebracht zu haben schienen, radikalisierten sich viele insbesondere junge Schwarze und gingen mehr und mehr dazu über, rein schwarze Organisationen und Selbstverteidigungsgruppen zu bilden. Der Begriff »Black Power« verbreitete sich in Windeseile und trat neben die »Black Studies« und »Black Culture«-Maßnahmen, mit denen die Schwarzen ihre historische Identität und ihr Selbstbewußtsein wiederzuerlangen suchten.

In diese Zeit fallen die ersten vereinzelten Versuche, innerhalb der Bürgerrechtsgruppen auch die Frauenfrage aufzuwerfen. Sie stießen auf wütende Ablehnung der männlichen Mitkämpfer, was bis in die siebziger Jahre bei vielen Frauen, insbesondere den »Radikalen« ein unausrottbares Mißtrauen gegen die Zusammenarbeit mit Männern entstehen ließ.[1]

1964 legte Ruby Doris Smith Robinson, eine der aktivsten schwarzen Frauen im SNCC (»Students' Non-Violent Coordinating Committee«), auf einer Distrikt-Versammlung in Mississippi eine Resolution »Über die Lage der Frauen im SNCC« vor. Der Text der Resolution ist verlorengegangen, überliefert ist lediglich die Antwort des Schwarzen-Führers Stokeley Carmichael darauf: »Die einzige Lage der Frauen im SNCC ist die horizontale.« Die Empörung war groß, unmittelbare Folgen blieben jedoch aus. Erst im November 1965 verfaßten zwei weitere schwarze Aktivistinnen, Casey Hayden und Mary King, »Eine Art Memorandum: Geschlecht und Kaste«, das sie trotz massivster Widerstände in den linken Organisationen zirkulieren ließen. Einen Monat später brachten Frauen auf der Nationalen Konferenz des SDS (»Students for a Democratic Society«), der größten linken Studentenorganisation der USA, das Memorandum ein: sie wurden wütend ausgepfiffen, mit Tomaten beworfen und auf die unflätigste Weise beschimpft (»She just needs a good srew«, »castrating female« u.ä.).

1967 schloß der SNCC alle weißen Mitglieder aus – sie waren plötzlich scheinbar ohne Aufgabe und begannen, sich um ihre eigenen Angelegenheiten zu kümmern, so insbesondere die Frauen; ebenfalls 1967 fand in Chicago ein »Kongreß für Neue Politik« statt, aus dem erste Frauengruppen in Chicago [»Women's Radical Action Project« (WRAP)] und New York [»New York Radical Women« (NYRW)] hervorgingen. Im selben Jahr erschien die erste Frauenzeitung »Voice of the Women's Liberation«, herausgegeben von Joreen Freeman in Chicago.

Nachdem noch auf der SDS-Konferenz im Juni 1968 ein Antrag auf Aufnahme der Women's Liberation in die Nationale Grundsatzerklärung abgelehnt worden war – begleitet von Pfiffen und Beleidigungen für die weiblichen Delegierten, die ihn eingebracht hatten –, verabschiedete der SDS schließlich im Dezember 1968 eine »Resolution zur Frauenfrage«, die endlich die Notwendigkeit des Kampfes gegen die Unterdrückung der Frauen anerkannte.

»Die Frauen im SDS müssen die Vorstellung bekämpfen, daß der Kampf um ihre Befreiung nicht wichtig ist... Der SDS muß die Vorstellung bekämpfen, daß der Kampf um Gleichberechtigung nur eine Angelegenheit der Frauen selber ist und daß nur die Frauen das Recht und die Pflicht haben, gegen männliche Herrschaft aufzutreten.«[2]

Diese Resolution führte nicht zuletzt zu einer lang andauernden Auseinandersetzung um Für und Wider der Zusammenarbeit von Frauen mit Männern überhaupt. Nach und nach kristallisierten sich als spezifische Forderungen der radikalfeministischen Frauengruppen nicht nur andere inhaltliche Schwerpunkte (Familie, Sexualität, Kinder), sondern auch andere Organisations- und Umgangsformen heraus. Es entstand ein Netz von Tausenden kleiner Gruppen und Publikationen, die sich aus konkreten Anlässen bildeten und wieder auflösten, in denen sich alle gleichberechtigt und gleich ernst genommen fühlten, egal, was ihre Probleme sein mochten. Konsequenterweise wurde »Consciousness-Raising«, die Entwicklung von Selbstbewußtsein, in sogenannten Selbsterfahrungsgruppen zum wichtigsten Merkmal dieser Gruppen, die sich im großen und ganzen aus Weißen in drei Bereichen zusammensetzten: Studentinnen, berufstätige Mittelstandsfrauen und Hausfrauen.

Von der »Black-Power-Bewegung« übernahmen die radikalfeministischen Frauen Elemente des kulturellen schwarzen Nationalismus, die sie geschlechtsspezifisch umformulierten. Diese sind u.a.

- Man muß sich auf die eigene Gruppe / Rasse / *Geschlecht* konzentrieren und sich damit solidarisieren.
- Man muß sich aus der Abhängigkeit von Weißen / *Männern* lösen.
- Man muß ein eigenes Bewußtsein, eine eigene Identität entwickeln.
- Eine kulturelle Revolution muß der politischen Revolution vorausgehen, d.h., man muß erst jenes schwarze / *weibliche* Bewußtsein hergestellt haben, um dann an die Bewältigung der im engeren Sinne politischen Aufgaben gehen zu können.
- Zur Verwirklichung einer schwarzen / *weiblichen* Kulturrevolution werden u.a. auch solche Maßnahmen ergriffen, wie sie die Black-Power-Bewegung getroffen hat, nämlich spiegelbildlich zu Black-Studies / *Women-Studies*, zu Black Liberation Schools / *Woman's Liberation Schools*.

Als äußeres Symbol ihres Kampfes übernahmen die Frauen von den sich auflehnenden Minderheiten die geballte Faust. Sie setzten sie in das Weiblichkeitszeichen, um damit das Spezifikum ihrer Bewegung deutlich zu machen.[3]

Unabhängig und früher als die radikalfeministische Bewegung entstand 1966 die »National Organisation of Women« (NOW) als eine neue Organisation weißer Mittelstandsfrauen mit und ohne Beruf. NOW wurde auf Initiative von Betty Friedan gegründet und setzte sich zum Ziel, die Gleichberechtigung für Frauen durch massiven Druck auf allen Ebenen durchzusetzen. Die Forderungen, die NOW aufstellte, knüpften an die der »alten« Bewegung an: Ein Gleichberechtigungsgesetz (»Equal Rights Amendment« = ERA) forderte bereits die amerikanische Frauenpartei, die unter der energischen Führung ihrer Gründerin Alice Paul seit 1923 in jede Legislaturperiode den Gesetzesentwurf einbrachte. Mit NOWs Aktionsplan kam es endlich in die öffentliche Diskussion. Für gleiche Berufs- und Bildungschancen und soziale Absicherung für Frauen, sowie für Mutterschutz am Arbeitsplatz, für die Einrichtung von Kinderbetreuungsstätten für alle Kinder, für das Verfügungsrecht der Frau über ihren eigenen Körper, dafür kämpften Frauen in offener oder verhüllter Form seit dem 19. Jahrhundert. Zukunftsweisend war der neu entflammte Elan und die Zielstrebigkeit, mit der NOW durch ihr Aktionsprogramm und über gesetzliche Maßnahmen die Frauenforderungen zu verwirklichen suchte.

NOWs konsequenter und kontinuierlicher Einsatz für das ERA und für die Entkriminalisierung der Abtreibung waren eher radikale Forderungen für diese als gemäßigt geltende Organisation. Ihre Gründungsmitglieder brachten eine langjährige Berufserfahrung auf dem Medien-, Bildungs-, Regierungs- und Industriesektor mit, waren praxisorientiert und

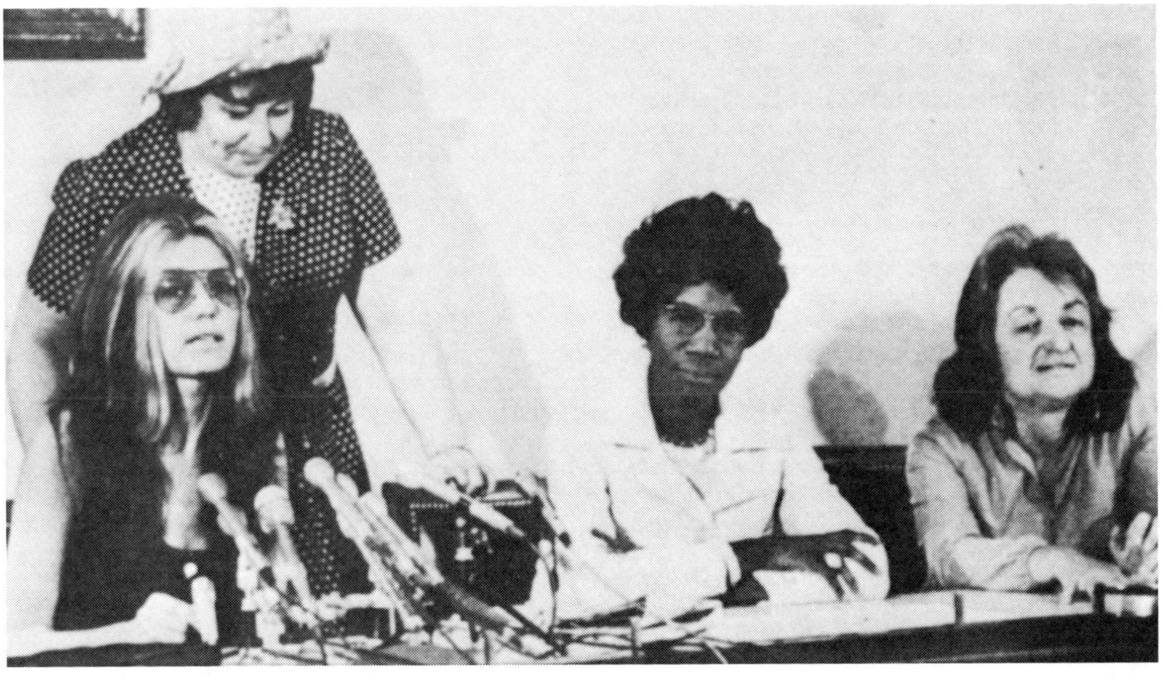

von links nach rechts: Gloria Steinem (Mitbegründerin von Ms. Magazine), Bella Abzug und Shirley Chisholm (Politikerinnen), Betty Friedan (Mitbegründerin von NOW) auf der Pressekonferenz anläßlich der Gründung der »National Women's Political Caucus« (ein Zusammenschluß von Frauen aus verschiedenen politischen Lagern mit dem Ziel, die amerikanische Frauenbewegung politisch effektiver zu machen).

strebten eine Verbesserung der Frauensituation mit den der amerikanischen Gesellschaft und Politik zur Verfügung stehenden Mitteln an.

In NOW waren auch Männer zugelassen (rund zehn Prozent der Mitglieder), die Organisationsstruktur war straff und schlagkräftig. Innerhalb kurzer Zeit hatte NOW Hunderttausende Mitglieder in allen Bundesstaaten, sodaß sie es wagen konnte, 1970 für die Durchsetzung der Gleichberechtigung zum Streik aufzurufen, der von zahlreichen anderen Frauengruppen aktiv mitgetragen wurde.

England

Ende 1966 erschien in der »New Left Review« in London eine ausführliche Abhandlung der Dozentin für englische Literatur, Juliet Mitchell, unter dem Titel »Frauen: die längste Revolution«, die kurz darauf in verschiedenen Sonderdrucken unter linken Frauen zu kursieren begann. Auch in USA spielte diese Abhandlung, ebenso wie in der bundesdeutschen Studentenbewegung, eine bedeutende Rolle. Zwar war Juliet Mitchells Ansatz nicht unumstritten, insbesondere wegen ihrer abstrakten Einteilung der weiblichen Erfahrungswelt in vier getrennte Bereiche (Produktion, Reproduktion, Sozialisation und Sexualität), allgemeine Anerkennung fanden jedoch ihr im ganzen auf der sozialistischen Theorie basierendes Herangehen und die Betonung der ökonomischen Faktoren.

Juliet Mitchell schreibt 1971 über die Anfänge der Neuen Frauenbewegung in England:

»Die ersten zaghaften Ansätze einer Frauenbewegung in England kamen Ende 1967; im darauffolgenden Jahr hatte die Bewegung einen Namen und eine Organisation. Die ersten Ansätze stammten aus drei verschiedenen Quellen: die radikale Politik in Amerika, gesellschaftspolitisch engagierte Gruppen mit psychologischem Ansatz und 1968 die Arbeiterbewegung. Genauer gesagt, waren dies im einzelnen die amerikanischen Frauen in London, die gegen den Vietnamkrieg und für amerikanische Deserteure (z. B. das »Stoppit-Komitee«) arbeiteten, die Basisgruppenpolitik (»grassroots«) von Agitprop und die Psychopolitik des ›Dialectics of Liberation Congress‹ und die ›Anti-University‹ und dann der Streik der Arbeiterinnen bei Ford für gleichen Lohn. Später kamen zu diesen Gruppen Frauen hinzu, die mit ihrer Rolle in der RSSF (Revolutionärer Sozialistischer Studentenbund) unzufrieden waren; es wurden erste Fraktionen und anschließend autonome Gruppen innerhalb der traditionellen Linken gebildet. Viele bereits bestehende Bürgerrechtsorganisationen identifizierten sich rasch oder boten gleichzeitige Mitgliedschaft an, z. B. die ›Open Door International‹ und ›Mothers in Action‹. Ende 1969 gab es in den meisten größeren Städten Frauengruppen; und in den Großstädten, insbesondere in London waren bereits mehrere verschiedene Organisationen aktiv. Das grundlegende Organisationsprinzip war die kleine Gruppe. Im März 1970 fand die erste nationale Konferenz statt. Ursprünglich war ein kleinerer Arbeitskreis geplant worden von einer Gruppe von Geschichtswissenschaftlerinnen, aber dann wurde dieser Workshop in eine Wochenendkonferenz mit über 600 Teilnehmern umgewandelt, und zwar auf Drängen der völlig unterschiedlichen Gruppen von einzelnen Frauen. Die gegenwärtige Organisation der Frauenbewegung in England resultiert aus den Resolutionen, die auf dieser Konferenz verabschiedet wurden.«[4]

Es wurde allgemein empfunden, daß die Bewegung schon genügend gewachsen war und eine nationale Überstruktur brauchte, um die zunehmend mannigfaltigen Tätigkeiten im ganzen Land zu koordinieren. Das nationale Frauen-Koordinations-Komitee formulierte vier Forderungen, die von der Frauenbewegung angenommen wurden: gleiche Bezahlung, gleiche Bildungs- und Berufsmöglichkeiten, freie Geburtenkontrolle und Abtreibung auf Verlangen, und 24-stündige Kindergärten für alle Kinder unter fünf.

Am mobilisierendsten war, wie in den meisten anderen Ländern, der Kampf gegen das Abtreibungsverbot: In England war das einschlägige Gesetz 1967 liberalisiert worden (etwa im Sinn der heute in der BRD gültigen Regelung), so daß in medizinisch oder sozial begründeten Fällen aufgrund eines ärztlichen Gutachtens die Abtreibung im Rahmen der kostenlosen Nationalen Gesundheitsfürsorge vorgenommen werden konnte; die Zahl der legalen Abtreibungen stieg von 9700 (1967) auf 54000 (1969), die der Todesfälle nach illegaler Abtreibung sank von 62 (1960) auf 8 (1975). Trotzdem waren die Frauen- und die Arbeiterbewegung mit diesem kleinen Fortschritt nicht zufrieden und kämpften auch nach 1967 für weitere Verbesserungen, für die sie ohne weiteres Demonstrationen mit bis zu 60000 Teilnehmern organisieren konnten.

Pariser Mai 1968

In Paris war 1949 ein Standardwerk zur Situation der Frauen erschienen, das detailliert und gnadenlos mit den Benachteiligungen, Mystifikationen und der Unterdrückung abrechnete, denen Frauen seit Jahrhunderten ausgesetzt sind: Simone de Beauvoirs »Das andere Geschlecht«. Tausenden von Frauen hat dieses Buch die Augen geöffnet und Mut zur Selbstbestimmung gegeben – eine unmittelbare organisatorische oder politische Folge, wie sie Betty Friedans 1963 erschienenes Buch »Der Weiblichkeitswahn« in der Gründung der »National Organisation of Woman« in den USA hatte, gab es in Frankreich nicht. Wahrscheinlich lag der Grund nicht zuletzt darin, daß in Frankreich – im Gegensatz zur USA – eine starke, traditionsreiche Arbeiterbewegung existierte, in der Frauen stets aktiv mitgearbeitet hatten, ohne ihre eigenen Probleme und Forderungen allerdings zu thematisieren.

1967 bildeten sich einige marxistisch-feministische Gruppen, z.B. die Gruppe »Feminisme, Marxisme, Action« im 15. Bezirk von Paris, die mehr oder weniger im Verborgenen agierten und die 1968 meist in der revolutionären Bewegung aufgingen, die zuerst Paris und dann das ganze Land ergriff. Frauen waren selbstverständlicher Bestandteil dieser Bewegung, aber wieder, ohne eigene Forderungen zu stellen. Ähnlich wie in Deutschland entwickelte sich dann im Nachklang zum »Pariser Mai« von 1968 eine meist an konkreten Problemen in Ehe und Familie, im Wohngebiet und im Betrieb orientierte unorganisierte Frauenbewegung, die in den siebziger Jahren das ganze Land überzog. Ein erstes organisiertes Auftreten des »Movement pour la Libération des Femmes« gab es erst 1970 in Zusammenhang mit der Kampagne gegen die Abtreibung, an der Simone de Beauvoir aktiv beteiligt war.

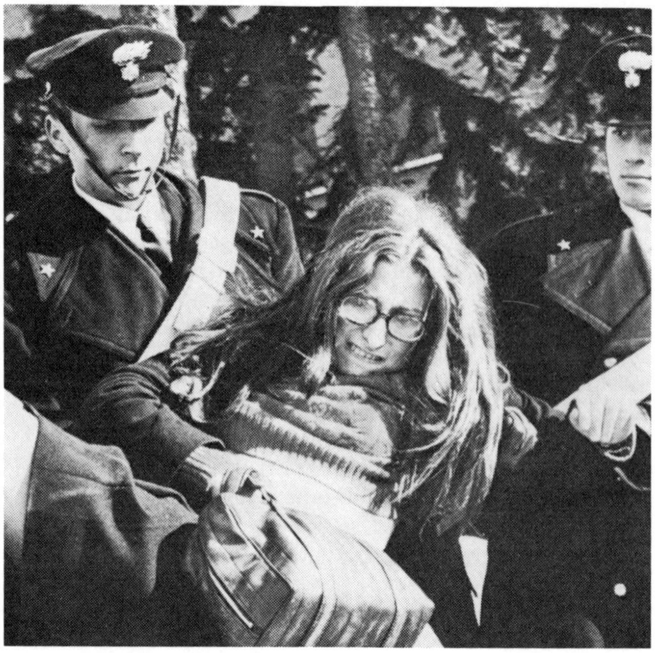

Gewaltsam räumten Polizisten die römische Universität, die Hunderte von Studenten drei Wochen lang besetzt gehalten hatten.

Die neue italienische Frauenbewegung entwickelte sich – wie in anderen Ländern auch – aus dem Kontext der Studentenbewegung. Für die Frauen war die Teilnahme an der Studentenbewegung ein erster Schritt zur Überwindung ihrer traditionellen weiblichen Rollen. Doch sie mußten bald feststellen, daß ihre untergeordnete Stellung in den Beziehungen zwischen Mann und Frau, innerhalb der Universität und in der Bewegung unverändert blieb. Die Kluft zwischen Politik und Alltagsleben provozierte die Reaktion der Frauen. Ihr Unbehagen konnte bereits auf einen ersten Ansatz feministischer Kritik zurückgreifen: die 1967 entstandene Gruppe DEMAU (Demistificazione autoritaria).

Die Gruppe DEMAU entstand aus der Krise der traditionellen Frauenorganisation innerhalb der Parteien der Arbeiterbewegung, die die Emanzipation der Frau durch deren Integration in die gesellschaftliche Arbeit vertreten. DEMAU war die erste Frauengruppe in Italien, die eine neue Analyse der Situation der Frau forderte, die sich – anders als die traditionale marxistische Analyse – auf die Ausbeutung der Frau durch die geschlechtliche Arbeitsteilung in der Familie konzentrierte und auf die historische Bedeutung des Patriarchats für die sexuelle, psychische, ökonomische und kulturelle Unterdrückung der Frau. Neu war auch der Gedanke der notwendigen Unabhängigkeit der Frauen von den Männern, die Verwerfung autoritärer Unterdrückungsmodelle. Anti-Institutionalismus, Anti-Autoritarismus und Ablehnung der »Delegation« im Konzept der Gruppe nahmen wesentliche Momente der Studentenbewegung und der späteren Frauenbewegung vorweg. DEMAU ist die erste autonome Frauengruppe Italiens; ihr antiinstitutioneller und antiautoritärer Ansatz ging zunächst in die Studentenbewegung ein und gewann erst mit der beginnenden Revolte der Frauen Bedeutung.

1969 zirkulierten an der Universität Rom Flugblätter, in denen eine reale Beteiligung der Frauen am »revolutionären Prozeß« gefordert wurde und die »Kampfgenossen« kritisiert wurden, die »dem Einfluß der Ideologie, die sie bekämpfen, selber erliegen«. »Il Personale e politico« (»Das Persönliche ist politisch«): mit diesem Schlachtruf verließen die ersten Feministinnen die Studentenbewegung. Angeregt von der amerikanischen Frauenbewegung, organisierte man sich in »kleinen Gruppen«. Die Methode der »neuen Politik« war die Selbsterfahrung. Hier öffnete sich den Frauen – wie sonst nirgendwo in der Gesellschaft – die Möglichkeit, individuell erlittene Unterdrückung zu sozialisieren und zu analysieren: an die Stelle der »männlichen« Werte der Macht, Konkurrenz und Herrschaft sollten neue, qualitativ andere, egalitäre Werte treten. Zwangsläufig reproduzierten sich jedoch in der »kleinen Gruppe« die allgemeinen gesellschaftlichen Zwänge; es entstanden Konflikte und Unvereinbarkeiten. Deshalb auch befanden sich die »kleinen Gruppen« und feministischen Kollektive in einem ständigen Prozeß der Umbildung und Auflösung, der die Bewegung insgesamt verwirrend, unübersichtlich und eine genaue Topographie nahezu unmöglich machte.

Neben diesen feministischen Gruppierungen gab es in Italien weiterhin die »Unione Donne Italiane« (UDI), die traditionsreiche linke Frauenorganisation, die programmatisch für Gleichberechtigung und insbesondere gegen die diskriminierende Familien- und Ehegesetzgebung eintrat, ohne zunächst durch besondere Aktivitäten hervorzutreten. Erst im Zusammenhang mit dem Kampf um das Recht auf Scheidung und gegen das Abtreibungsverbot Anfang der siebziger Jahre kam es wieder zu einem Zusammenwirken dieser beiden Strömungen der italienischen Frauenbewegung.

In den Niederlanden entstanden in den späten sechziger Jahren zwei Gruppierungen, die sich gegen die Frauendiskriminierung einsetzten. In beiden waren Männer zugelassen. Die erste war 1968 in Amsterdam die »Man-Vrouw-Maatschapij« (Mann-Frau-Gesellschaft), gegründet auf Initiative zweier Journalistinnen und eines in den Medien bewanderten Soziologieprofessors. Diese Organisation entsprach im wesentlichen der amerikanischen NOW, auch, was ihre Ziele betrifft: Durchsetzung des Gleichberechtigungsgebots, gleicher Lohn, gleiche Bildungschancen, Freigabe der Abtreibung, Antidiskriminierungsmaßnahmen in den Medien und in der Werbung. Die Organisation hatte Anfang der siebziger Jahre bereits rund 2500 Mitglieder, die zu einem Großteil in Amsterdam lebten.

Die andere Gruppe waren die »Dollen Minas«, benannt nach Wilhelmina Drucker, einer militanten Führerin in der proletarischen Frauenbewegung zu Anfang des Jahrhunderts, die wegen ihres streitbaren Einsatzes für die Belange der Frauen den Spitznamen »Dolle Mina« erhalten hatte. Die »Dollen Minas« standen in der Tradition der Provos, die in der zweiten Hälfte der sechziger Jahre sogar politische Funktionen im Amsterdamer Stadtrat innehatten und mittels spektakulärer, medienwirksamer Aktionen die Staatsgewalt provozierten und lächerlich machten. Daran knüpften die »Dollen Minas« zu Ende des Jahrzehnts an:

Ihre Aktionen waren spielerisch und offensiv, und damit illustrierten sie die hinter der »normalen« Behandlung der Frauen liegende Beleidigung und Erniedrigung: sie pfiffen auf der Straße, zwickten Männer in den Hintern, banden rosa Bändchen um Urinbecken und verwirrten so den seriösen holländischen Bürger. Viele Frauen kamen in die Frauenbewegung, weil sie mit ihrer »weiblichen« Rolle in Studentenorganisationen und anderen radikalen Gruppen nicht mehr einverstanden waren. Obwohl es viele Marxistinnen unter den Dollen Minas gab, war ihre Zielsetzung interessanterweise vor allem kultureller Art.

Der Zulauf zu den »Dollen Minas« war enorm: schon Ende 1969 hatten sie rund 8000 Mitglieder, die sich aktiv und phantasievoll für die Verwirklichung der Ziele von »Dolle Mina« einsetzten: gleicher Lohn, Kampf gegen das Abtreibungsverbot und gegen sexuelle Diskriminierung in Bildung und Medien, Unterstützung für uneheliche Mütter, Kinderläden.

Anmerkungen

1 Vgl. für die folgende Darstellung *Roberta Salper*, »The Development of the American Women's Libartion Movement«, in: *Edith Hoshino Altbach*, »From Feminism to Liebartion« revised edition, Cambridge, Mass., 1980, S. 71–89
2 Zit. ebd., S. 76ff.
3 Vgl. *Ursula Linnhoff*, »Die Neue Frauenbewegung«, Köln 1974, S. 17–21
4 *Juliet Mitchell*, »Frauenbewegung – Frauenbefreiung«, Münster 1978, S. 37ff
5 Vgl. für die folgende Darstellung »Politik der Subjektivität. Texte der italienischen Frauenbewegung«, hrsg. von *Michaela Wunderle*, Frankfurt/Main 1977

Aktion der »Dollen Minas« zum Muttertag 1970.

Links: Pillen-Umzug in Amsterdam

Die erste große Abtreibungsdemonstration der »Dollen Minas«

Barbara Herkommer

Vom »Aktionsrat zur Befreiung der Frauen« zum »Sozialistischen Frauenbund Westberlin«

Viele der alten Papers, Sitzungsprotokolle und Flugblätter des Frauenbundes habe ich aufbewahrt. Als ich jetzt darin blätterte, amüsierten mich manche unserer Äußerungen und Formulierungen von damals. Kann ich das heute noch ernstnehmen? Durften wir uns damals so ernstnehmen? Es ist schwer, sich zurückzuversetzen in eine so weit zurückliegende Aufbruchstimmung mit ihren großen Hoffnungen und überzogenen Erwartungen. Soviel steht für mich fest: Hätten wir in den siebziger Jahren nicht noch soviel hinzugelernt, und uns mit »gewerkschaftlicher Orientierung« nicht doch noch in die wirkliche emanzipatorische Bewegung einbringen können, so dürften wir getrost vergessen, was uns einmal bewegt hat.

Auf dem Höhepunkt der Studentenbewegung Ende der sechziger Jahre, im Januar 1968, bildete eine Handvoll Frauen aus dem Umfeld der SDS einen Arbeitskreis, zu dem Männer nicht zugelassen waren. In einem Flugblatt riefen sie Frauen dazu auf, gemeinsam nach einer Lösung für das Problem der Kinderbetreuung zu suchen, damit auch Frauen mit Kindern aktiv an politischen Aktionen teilnehmen könnten. Eine der ersten Aktivitäten dieser Gruppe bestand darin, einen improvisierten Kindergarten für die Dauer des großen Vietnam-Kongresses im Februar 1968 einzurichten. Aus dieser Initiative entstand einerseits die Kinderladen-Bewegung, andererseits eine Emanzipationsgruppe, die sich im Mai '68 den Namen »Aktionsrat zur Befreiung der Frauen« gab.

Beteiligt waren damals rund 40 Frauen – Hausfrauen, Studentinnen, Lehrerinnen, Krankenschwestern, zum Teil Frauen oder Freundinnen von SDSlern oder sonstigen aktiven Linken, einige wenige waren auch selber SDS-Mitglied. Die Treffen fanden mittwochabends im Republikanischen Club in der Wielandstraße statt, regelmäßige Teilnahme wurde nicht erwartet. Im Mittelpunkt des Abends standen jeweils Erfahrungsberichte von einzelnen Frauen über ihre persönliche Situation, Trennungsgeschichten, Beziehungskrisen. Viel Leid und wenig Lust kamen da zum Vorschein. Die Frauen entdeckten viel Gemeinsames in diesen Schilderungen und fühlten sich einander sehr verbunden. Über die Aufarbeitung von Lebensgeschichte und »Eigenbewußtwerdung« führte dieser Ansatz aber nicht hinaus. »Irgendwie« hing die ganze Misere mit dem Kapitalismus zusammen, für dessen Ursprung, in lässiger Verkehrung von Basis und Überbau, die Familie gehalten wurde. Auch ohne theoretische Knochenarbeit und Reflexion ihrer Situation im historischen und politischen Kontext wußten alle ganz genau, was sie wollten: den Sozialismus natürlich, und zwar sofort. Nicht so rudimentär und mit den Malen der alten Gesellschaft behaftet wie in den sozialistischen Ländern, sondern das ganz Andere.

Abrechnung mit den Chauvis

Wenn aber die Gesellschaft insgesamt sich nicht verändern ließ, dann sollten wenigstens innerhalb der linken Bewegung neue Verhältnisse durchgesetzt werden: Einige Frauen im Aktionsrat wollten ein Kinderhaus gründen und mit Zwangsabgaben aller Genossen – also nicht nur der Väter – finanzieren. Zunächst einmal könnten verdienende Genossen Wohnungen für Frauen mit Kindern anmieten. Sie forderten auch, daß linke Frauen dem Kleiderkonsum abschwören und nicht länger ihren »Liebeswert« in Konkurrenz zu anderen Frauen zu steigern suchen sollten. Um die »ungleiche Finanzsituation« innerhalb der Linken aufzuheben, gab diese Gruppe aus dem Aktionsrat die Parole aus: »Jeder gebe nach seinen Fähigkeiten, jeder bekomme nach seinen Bedürfnissen.«

Wie im Weiberrat in Frankfurt, der 1968 nach denm berühmt gewordenen Tomaten auf die SDS-Großkopfeten entstand, war auch im Aktionsrat die Wut vieler Frauen über die Genossen groß, die jahrelang die Zuarbeit und Hilfsdienste ihrer Freundinnen und Frauen in Anspruch genommen hatten, während sie selbst auf den Podien der Diskussionsveranstaltungen und an der Spitze der Demonstrationszüge im Rampenlicht der Öffentlichkeit standen. Für einen Teil der Frauen im Aktionsrat mußte der erste Schritt aus dieser Unterordnung die aggressive Abrechnung mit den »Chauvies« unter den Genossen sein, statt Auseinandersetzung waren Strafaktionen auf offener Straße nach Art der holländischen »Dollen Minas« geplant.

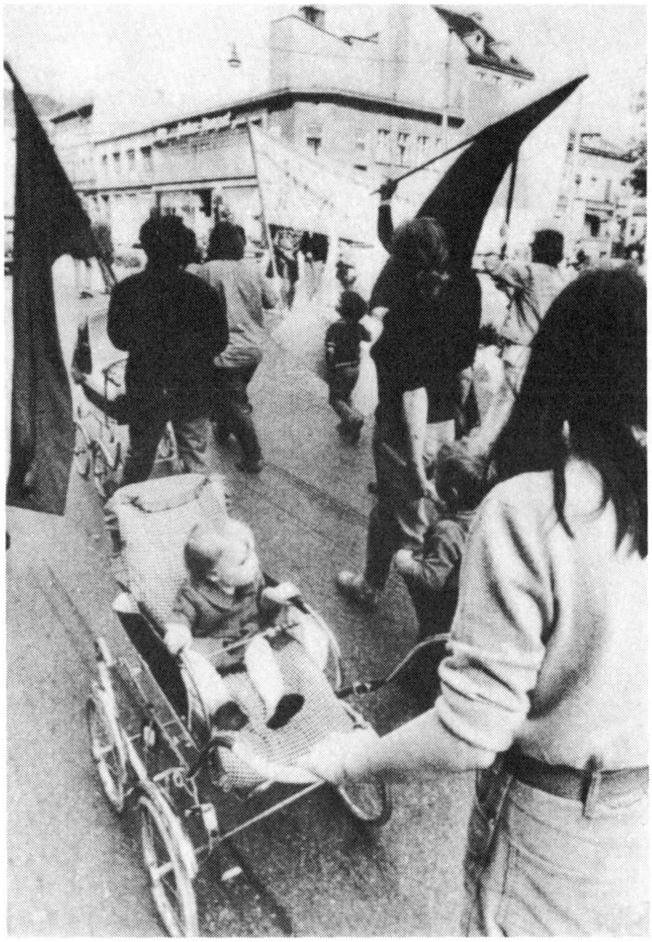

Das Kinderproblem war so einfach nicht zu lösen. Aus dem Bedürfnis, sich zunächst mal Freiräume zur persönlichen Entfaltung in ihren häuslichen Verhältnissen zu schaffen und die familiäre Arbeitsteilung und Rollenzuweisung zu ändern, entwickelten sich die widersprüchlichsten Wunschvorstellungen, darunter nicht zuletzt die, Kinder zu kriegen und zu behalten und sie gleichzeitig – je nach Bedarf – auch los zu sein. Die Kinderladen-Bewegung war inzwischen auf ihrem Höhepunkt – auch mit ihren endlosen Debatten um Erziehungsziele, -stile und -methoden, ob überhaupt und wenn ja wieviel Erziehung und Autorität zulässig sei, und es gab zermürbende Auseinandersetzungen über die Verbindlichkeit der Elternmitarbeit, die Verteilung der Kosten, den politischen Anspruch...

Durch die starke Fluktuation im Aktionsrat drehten sich alle Anstrengungen, diese Probleme zu lösen, mehr und mehr im Kreise. Die Frauen blieben auf Frauenfragen beschränkt, zu eigentlich politischer Arbeit kamen sie nicht. Es war klar, daß es so nichts werden konnte mit der Emanzipation!

Spaltung

Im Herbst 1969 spaltete sich der Aktionsrat zur Befreiung der Frauen. Einige Genossinnen, zu denen ich auch gehörte, legten ein Flugblatt vor, in dem sie die Arbeitsweise, das politische Selbstverständnis und die Theorielosigkeit des Aktionsrates scharf kritisierten. In der Aussprache über dieses Papier entzweite sich die Gruppe, was vielleicht vermeidbar gewesen wäre, wenn wir nicht so arrogant aufgetreten wären. Heute denke ich etwas beschämt und mit Bedauern daran zurück. Damals ging uns die larmoyante Haltung auf die

Angeklagte Ursula Seppel vor Gericht

Studentinnen-Striptease im Gerichtssaal

Angeklagte, Polizei

„Und wir zeigen unsere Brüste für jeden"

sangen sechs Studentinnen des SDS-„Arbeitskreises Emanzipation" am letzten Donnerstag im Hamburger Amtsgericht und zogen Pullover und Blusen aus. Das Stichwort für den Solidaritäts-Striptease hatte ungewollt das Gericht gegeben, vor dem sich die Studentin Ursula Seppel wegen Hausfriedensbruchs verantworten mußte, weil sie bei einem früheren Studenten-Prozeß der Aufforderung der Polizei, das Gerichtsgebäude zu verlassen, nicht nachgekommen sei. Obwohl Ursula Seppel in durchsichtiger Bluse ohne Dessous erschienen war, hatte Richter Wolfgang Schneider, 41, die Verhandlung unbefangen eröffnet, weil er den schwarzverschleierten Busen für einen modischen Gag gehalten hatte. Doch als er – wie die Mädchen erwartet hatten – verkündete, der gegen ihn vorgebrachte Befangenheitsantrag der Angeklagten werde zurückgewiesen, formierten sich die vorsorglich ohne Büstenhalter gekommenen Zuhörerinnen zum Oben-ohne-Sextett. Auch Ursula Seppel entblößte ihren Busen, sprang über die Barriere und sang die frei nach Brecht gedichtete „Ballade von den asexuellen Richtern" mit. Richter Schneider („Diese Art von Befangenheit möchte ich mir gern erhalten; ich möchte nämlich auch weiterhin bei Oben-ohne etwas empfinden") rief Polizei und ließ die Mädchen abführen. Die Utensilien, die sie in Erwartung einer Haftstrafe vorsorglich mitgebracht hatten, benötigten sie nicht, denn – entgegen ihrer Sing-Prophezeiung „für uns gibt's Knast" – verhängte Schneider keine Ordnungsstrafe. Auch Ursula Seppel durfte nach Hause gehen. Sie wurde – in Abwesenheit – freigesprochen.

Abtransport einer Studentin aus dem Gerichtssaal

Striptease auf der Anklagebank (aus dem »Spiegel«)

Das Männer-Podium

SDS-Kongreß in Frankfurt 1968

Nerven, die viele Frauen ihrer doch in mancher Hinsicht privilegierten Situation gegenüber einnahmen, und auch die Bequemlichkeit, die viele dazu verführte, auch ohne zwingende Gründe auf Erwerbstätigkeit zur Sicherung des eigenen Lebensunterhalts zu verzichten. Etwas geringschätzig nannten wir es bloßen Vorwand, »anderthalb Kinder« betreuen zu müssen: Schließlich hatten wir selber Kinder, die wir oft genug (und mit schlechtem Gewissen!) im Stich lassen mußten. Unser unbedingtes Eintreten für die Berufstätigkeit aller Frauen in jedem Lebensabschnitt war eine der Streitfragen, die uns noch auf Jahre in der Frauenbewegung isolieren sollten.

R E S O L U T I O N FÜR DIE 23.O.DK DES SDS

VORGELEGT VOM AKTIONSRAT ZUR BEFREIUNG DER FRAUEN BERLIN

1. Die Reproduktion der bürgerlichen Trennung von Privatleben und gesellschaftlichem Leben im SDS hat lange genug seine politische Arbeit gelähmt.

2. Der SDS definiert politische Aktivität einseitig, indem er die Reflexion auf Probleme der persönlichen Entfaltung (die nicht identisch sind mit der bürgerlichen Vorstellung davon) tabuisiert.

3. Kampagnen des SDS können den Frauen zwar rational vermittelt werden, es fehlen ihnen aber die Voraussetzungen, die subjektiven Bedürfnisse der Frauen anzusprechen, deren Unterdrückung in der vom politischen Kampf ausgenommenen "Privatsphäre" unmittelbar und am stärksten erlebt wird. Doppelt frustriert sind die Frauen im SDS, wenn sie versuchen, dort politisch aktiv zu werden, das heißt, wenn sie über die Beteiligung an Demonstrationen hinauswollen, wenn sie Referate, Reden halten, Diskussionsbeiträge liefern. Das Erfolgserlebnis ist ihnen versagt, weil auf ihre Beiträge niemals Bezug genommen wird.

4. Diese Initiativen der Frauen werden als Grenzübertritte verstanden und müssen von ihnen bezahlt werden mit der Anerkennung der Regeln einer Leistungsgesellschaft, die darauf eingerichtet ist, männliche Traumata zu kompensieren. Von Reden halten über Stammtischgespräche bis hin zum belehrenden Bettgeflüster reicht die Pervertierung gesellschaftlicher Kompensationsmöglichkeiten der Männer.

5. Die klassenmäßige Aufteilung der Familie mit dem Mann als Bourgeois und der Frau als Prolet - Herr und Knecht - impliziert die objektive Funktion der Männer als Klassenfeind. Die Verleugnung des Führerprinzips im SDS ist blanker Hohn, weil jeder verheiratete oder im festen Verhältnis lebende SDSler Führer und damit gleichzeitig Ausbeuter einer Familie oder familienähnlichen Gruppe ist. Die Begriffe Klasse, Klassenfeind, Ausbeuter sind Hilfskonstruktionen, die den Frauen dazu dienen, sich auf den Begriff zu bringen, das heißt ein Maß an geschlechtsspezifischer Solidarisierung zu erreichen und erlaubt, die sinnliche Erfahrung dieser patriarchalischen Gesellschaft im politischen Kampf gegen diese zu wenden.

6. Dies impliziert nicht die "Politisierung" dies Privatlebens, sondern die Aufhebung der bürgerlichen Trennung von Privatleben und gesellschaftlichem Leben: es gilt, die Unterdrückung im Privatleben nicht als private zu begreifen, sondern als politisch-ökonomisch bedingte. Es gilt, Privatleben qualitativ zu verändern und diese Veränderung als politische Aktion zu verstehen. Dieser kulturrevolutionäre Akt ist ein Teil des Klassenkampfes.

7. Daraus ergibt sich, daß die Revolution als Ziel des Klassenkampfes weniger eine Frage der Machtübernahme ist, als eine Frage der Verwirklichung dessen, was sich in der bestehenden schlechten Gesellschaft antizipatorisch als Gegengesellschaft abzeichnet. Dies beinhaltet, daß der Anspruch auf Glück - jetzt abgetrennt in die Privatsphäre, aber noch nicht einmal dort befriedigt - in gesellschaftlicher Aktion eingelöst werden muß.

8. Persönliche Entfaltung muß also identisch werden mit einer Praxis, die jetzt schon mögliche Momente einer zukünftigen Gesellschaft vorwegnimmt, dxaxxaxxkixxilexLakaxxark einer Gesellschaft, die sowohl alle Lebensverhältnisse erotisiert, als auch Aggressionen produktiv macht.

9. Dieser Anspruch des SDS widerspricht seiner individuellen und offiziellen Praxis.

10. Mit diesem Anspruch kann man nur ernst machen, wenn man ihn organisatorisch wendet.

11. Für alle Frauen im SDS kommt es darauf an, diese Thesen nicht nur anzuerkennen, sondern sie auch in verbindlicher Aktivität einzulösen. Nur die Frauen sind "interessiert" genug, nur sie bieten die Gewähr, daß sich im Verband etwas ändert, daß wenigstens hier das autoritäre Vernunftprinzip der patriarchalischen Gesellschaft durchbrochen wird. Dafür ist vorläufige Isolation nötig. Das ist keine Isolation, die mit der Illusion verbunden ist, man könne sich auch unabhängig von den Männern emanzipieren, sondern der notwendige erste Schritt, seine eigenen Bedürfnisse zu artikulieren. Gegen Widerstände unkritische Widerst, auf Verdrängung beruhende Widerstände werden wir Kampfmaßnahmen ergreifen. Wir lassen uns die Methoden des Kampfes nicht vorschreiben.

Resolution vom 14.9.68

Ulrike Marie Meinhof

Die Frauen im SDS

oder

In eigener Sache

Daß Tomaten und Eier sehr gut geeignet sind, Öffentlichkeit herzustellen, wo andernfalls die Sache totgeschwiegen worden wäre, ist seit dem Schahbesuch sattsam bekannt. Als Verstärker von Argumenten haben sie sich schon mehrfach als nützlich erwiesen. Aber die Studenten, die da den Schah besudelten, handelten doch nicht in eigener Sache, eher stellvertretend für die persischen Bauern, die sich zur Zeit nicht wehren können, und die Tomaten konnten nur Symbole sein für bessere Wurfgeschosse. Ob man das für gut hielt, war eine Frage des mühsam erworbenen Wissens, der eigenen Entscheidung, der selbstgewählten Identifikation. Die Welt von CIA und Schah wird mit Tomaten nicht verändert, worüber diese Leute noch nachdenken könnten, darüber haben sie schon nachgedacht.

Die Tomaten, die auf der Frankfurter Delegiertenkonferenz des SDS geflogen sind, hatten keinen Symbolcharakter. Die Männer, deren Anzüge (die Frauen wieder reinigen werden) bekleckert wurden, sollten gezwungen werden, über Sachen nachzudenken, über die sie noch nicht nachgedacht hatten. Nicht ein Spektakel für eine alles verschweigende Presse sollte veranstaltet werden, sondern die waren gemeint, die sie an den Kopf gekriegt haben. Und die Frau, die die Tomaten warf, und die, die dazu die Begründung geliefert hatten, die redeten nicht aufgrund entlehnter, mühsam vermittelter Erfahrung, die sprachen und handelten, indem sie für unzählige Frauen sprachen, für sich selbst. Und es scherte sie einen Käse, ob das, was sie zu sagen hatten, das ganz große theoretische Niveau hatte, das sonst im SDS anzutreffen ist, und ob das alles haargenau hinhaut und ob auch der *Spiegel* ihnen zustimmen würde, wären sie doch erstickt, wenn sie nicht geplatzt wären. Ersticken doch täglich Millionen von Frauen an dem, was sie alles hinunterschlucken, und essen Pillen dagegen – Contergan, wenn sie Pech haben – oder schlagen ihre Kinder, werfen mit Kochlöffeln nach ihren Ehemännern, motzen und machen vorher die Fenster, wenn sie einigermaßen gut erzogen sind, zu, damit keiner hört, was alle wissen: daß es so, wie es geht, nicht geht.

Der Konflikt, der in Frankfurt nach, ich weiß nicht wie vielen, Jahrzehnten wieder öffentlich geworden ist – wenn er es so dezidiert überhaupt schon jemals war –, ist kein erfundener, keiner, zu dem man sich so oder so verhalten kann, kein angelesener; den kennt, wer Familie hat, auswendig, nur das hier erstmalig klargestellt wurde, daß diese Privatsache keine Privatsache ist.

Der *Stern* Redakteur, der die Sache griffig abgefieselt hat – seit Jahren schwele im SDS die Auseinandersetzung über die Unterdrükkung der weiblichen Mitglieder –, hat nur noch nicht gemerkt, daß gar nicht nur von der Unterdrückung der Frauen im SDS die Rede war, sondern sehr wohl von der Unterdrückung seiner eigenen Frau in seiner eigenen Familie durch ihn selbst. Der *konkret*-Redakteur, der die Sache mit den Tomaten als einen Zwischenfall unter anderen auf der DK erlebte, und diese Frauen, die ausdrücklich den autoritären Ruf nach dem Gesetzgeber ablehnen, als »Frauenrechtlerinnen« apostrophierte; auch der, wenngleich gemeint, hat sich noch nicht getroffen gefühlt, wohl weil er nicht getroffen wurde. Und Reimut Reiches Vorschlag für die Frauen, doch einfach den Geschlechtsverkehr zu verweigern, bestätigte Helke Sanders Vorwurf, daß die Männer den Konflikt noch ganz verdrängen, wollte auch er ihn doch in jene Privatspähre zurückverweisen, aus der er eben erst durch Referat mit Tomaten ausgebrochen war.

Diese Frauen aus Berlin in Frankfurt wollen nicht mehr mitspielen, da ihnen die ganze Last der Erziehung der Kinder zufällt, sie aber keinen Einfluß darauf haben, woher, wohin, wozu die Kinder erzogen werden. Sie wollen sich nicht mehr dafür kränken lassen, daß sie um der Kindererziehung willen eine schlechte, gar keine oder eine abgebrochene Ausbildung haben oder ihren Beruf nicht ausüben können, was alles seine Spuren hinterläßt, für die sie in der Regel selbst wieder verantwortlich gemacht werden. Sie haben klargestellt, daß die Unvereinbarkeit von Kinderaufzucht und außerhäuslicher Arbeit nicht ihr persönliches Versagen ist, sondern die Sache der Gesellschaft, die diese Unvereinbarkeit gestiftet hat. Sie haben allerhand klargestellt. Als die Männer darauf nicht eingehen wollten, kriegten sie Tomaten an den Kopf. Sie haben nicht rumgejammert und sich nicht als Opfer dargestellt, die Mitleid beantragen und Verständnis und eine Geschirrspülmaschine und Gleichberechtigung und Papperlapapp. – Sie haben angefangen, die Privatsphäre, in der sie hauptsächlich leben, deren Lasten ihre Lasten sind, zu analysieren; sie kamen darauf, daß die Männer in dieser Privatsphäre objektiv die Funktionäre der kapitalistischen Gesellschaft zur Unterdrückung der Frau sind, auch dann, wenn sie es subjektiv nicht sein wollen. Als die Männer darauf nicht eingehen konnten, kriegten sie Tomaten an den Kopf.

Nicht dem permanenten Ehekrach soll das Wort geredet werden, sondern der Öffentlichkeit des Krachs, da, wo Kommunikation und Verständigung herstellbar sind, zwischen denen, die im Affekt nach Wurfgeschossen greifen, damit Argumente mal zum Zuge kommen und nicht nur die Überlegenheit des Mannes aufgrund seiner gesellschaftlich überlegenen Stellung.

Wenn Frankfurt für die Frauen ein Erfolg war,dann eben deshalb, weil schon ein paar Sachen richtig beim Namen genannt wurden, weil das ziemlich ohne Ressentiment und Jämmerlichkeit gelang, weil die paar Frauen, die das in Frankfurt gemacht haben, organisatorisch schon etwas hinter sich haben und ein paar Monate (nicht Jahre, wie Bissinger meint) Frauenarbeit dazu, Erfahrungen mit Möglichkeiten und Schwierigkeiten.

Es kann jetzt nicht das Interesse der Frauen sein, daß der SDS sich die Frauenfrage zu eigen macht. Wenn er die Frauen unterstützt, gut, aber keine Bevormundung. Die Reaktion der Männer auf der DK und die auch der immer noch wohlwollenden Berichterstatter zeigt, daß noch erst ganze Güterzüge von Tomaten verfeuert werden müssen, bis da etwas dämmert. Die Konsequenz aus Frankfurt kann nur sein, daß mehr Frauen über ihre Probleme nachdenken, sich organisieren, ihre Sachen aufarbeiten und formulieren lernen und dabei von ihren Männern erstmal nichts anderes verlangen, als daß sie sie in dieser Sache in Ruhe lassen und ihre tomatenverkleckerten Hemden mal alleine waschen, vielleicht weil sie gerade Aktionsratssitzung zur Befreiung der Frau hat. Und er soll die blöden Bemerkungen über den komischen Namen des Vereins sein lassen, denn wozu der Verein gut ist, wird sich an der Arbeit herausstellen, der er zu leisten imstande ist. Daß ihm Berge von notwendiger und schwieriger Arbeit bevorstehen, daran besteht seit Frankfurt überhaupt kein Zweifel mehr.

Sigrid Fronius, 1968 Asta-Vorsitzende der West-Berliner FU, wird nach der Besetzung des FU-Rektorats vorübergehend festgenommen

Die entscheidenden Differenzen zwischen den beiden Gruppierungen des Aktionsrats lagen jedoch auf dem Gebiet des politischen Selbstverständnisses. Die einen, die bald darauf unter dem Namen »Brot und Rosen« eine neue Frauengruppe gründeten, verstanden sich als Feministinnen, wollten durch Selbsterfahrung Bewußtseinsbildung fördern und sich Arbeitsentlastung durch Selbsthilfe-Einrichtungen verschaffen. Sie konnten mit Recht davon ausgehen, daß die Beispielhaftigkeit solcher Selbsthilfe viele andere Frauen zu ähnlichen Aktivitäten ermutigen und anregen würde. Durch spektakuläre Aktionen in der Öffentlichkeit versuchten sie, Sensibilität für die Diskriminierung von Frauen zu schaffen. Sie haben ganz zweifellos wesentlich zur Entstehung einer autonomen Frauenbewegung in unserem Land beigetragen. Daß sie die Beteiligung an den »Institutionen der Männergesellschaft« konsequent ablehnten – ob es sich um die Gewerkschaften, politische Parteien oder sogar das Wahlrecht im parlamentarischen System handelte –, das machte einen gemeinsamen Weg mit uns, die wir uns als Teil der Arbeiterbewegung verstanden, unmöglich.

Lernen für den Klassenkampf

Wir sahen unsere Aufgabe als Frauenorganisation darin, uns selber und andere Frauen zu befähigen, aktiv an den Klassenauseinandersetzungen in unserer Gesellschaft teilzunehmen. Wir lebten damals alle mehr oder weniger in der Erwartung eines unmittelbar bevorstehenden Aufbruchs der Massen in Richtung Sozialismus, und wir Frauen wollten dabei die Frauenfrage als vorwärtstreibendes Moment einbringen. Wir hatten schon begriffen, daß die Emanzipation aller Teile der Gesellschaft Voraussetzung der Möglichkeit der Emanzipation der Individuen war. Nicht gegen die Männer, sondern gegen das Kapital wollten wir kämpfen!

Die individuelle Emanzipation jeder einzelnen mußte nach unserer Vorstellung mit dem Kopf beginnen. Lernen! lautete die Parole, Bildung und Ausbildung für Frauen, Wissen ist Macht, Kompetenz ist Selbständigkeit, ein ausgeübter Beruf Grundlage für Selbstbewußtsein und Unabhängigkeit, Glück ist die Selbstverwirklichung durch die Entwicklung aller Fähigkeiten. Politisch führte diese Einstellung dazu, daß »Schulung« unserer Mitglieder in zahlreichen Schulungsgruppen auf Jahre unsere Hauptaktivität war und daß diejenigen von uns, die noch kein Reifezeugnis hatten, in Scharen das Begabtenabitur machten und ein Studium aufnahmen.

Die Fehler und Irrtümer, die wir in jener Phase begingen, waren die Fehler der gesamten Neuen Linken und gehörten zu ihren Kinderkrankheiten. Wir wollten in erster Linie etwas für andere tun, vor allem wollten wir für die anderen denken. Und zwar nicht so sehr für diejenigen, die sich in ähnlichen Lebensverhältnissen befanden wie wir, sondern ausgerechnet für die, die uns weite Bereiche von Erfahrungen und Kämpfen voraus hatten: für Arbeiterinnen wollten wir die Organisationsfrage lösen, für sie wollten wir ihre Forderungen artikulieren, ihnen wollten wir beibringen, wo es gewerkschaftlich und politisch langgeht.

Heftig bewegte uns die Frage, ob wir eine Kadergruppe oder eine Massenorganisation seien. Wir entschieden uns für »Massenorganisation mit sozialistischer Zielsetzung« und sahen uns in der Funktion eines Durchlauferhitzers, als ein Auffangbecken für Frauen in der Phase ihrer Politisierung und Aktivierung. Durch unsere Schulungsarbeit würden wir

dann in der Lage sein, in einer künftig entstehenden »antirevisionistischen« kommunistischen Partei mitzuarbeiten.

Dieses Selbstverständnis schlug sich natürlich auch in einer neuen Organisationsstruktur nieder. Es gab jetzt eine verbindliche Mitgliedschaft mit Rechten und Pflichten, es gab Schulungsgruppen mit einem Programm, das jedes Mitglied absolvieren mußte, das monatliche Plenum aller Mitglieder, ein zwei- bis dreiköpfiges Sekretariat und einen Delegiertenrat, bestehend aus den Leiterinnen aller Untergruppen.

In das Schulungsprogramm nahmen wir vor allem Texte der Klassiker des wissenschaftlichen Sozialismus auf (Marx, Engels und Lenin – u.a. das »Kommunistische Manifest«, »Lohn, Preis, Profit«, »Staat und Revolution«) und auch zwei Texte (von insgesamt vierzehn!) zur Frauenfrage. Da wir den Anspruch hatten, unsere politischen Optionen aus einer Analyse der historischen Entwicklung der ökonomischen Verhältnisse abzuleiten, richteten wir später auch »Untersuchungsgruppen« und »Kapital«-Arbeitskreise ein. Wir nahmen Kontakt zu anderen linken Organisationen auf, schickten Vertreterinnen in das Vietnam-Komitee, ins Mai-Komitee. Damit handelten wir uns ein, daß auch in unserer Frauengruppe der »Kampf zweier Linien« ausgetragen werden mußte, mit dem Ergebnis, daß sich die »gewerkschaftlich orientierten« Frauen schließlich durchsetzten und die »Antiimperialisten« uns verließen – aber das zog sich noch über die nächsten ein, zwei Jahre hin.

Im Dezember 1970 fand die Umorganisation und Umstrukturierung einen Abschluß mit der Umbenennung des Aktionsrats in »Sozialistischer Frauenbund Westberlin«. Wir gaben uns ein Statut, das schon erste Spuren des Lernprozesses trägt, auf den wir uns eingelassen hatten.

In den sechziger Jahren noch sehr ungewöhnlich: Frauen gegen §218

Sabine Porn
Kollektiv-Beischlaf und Steinwurf-Terror
Die Frauen der ersten Kommunen

Kommune I im Eßzimmer: Kunzelmann, Gebbert, Langhans, Enzensberger, Gertrud Hemmer

Lang, lang ist's her: man schreibt das Jahr 1966. Am Kochelsee in Bayern treffen sich im Juni neun Männer, fünf Frauen und zwei Kinder. Die Gruppe, zu der Rudi Dutschke, Dieter Kunzelmann und Bernd Rabehl gehören, diskutiert eine Woche lang über Bedingungen und Möglichkeiten revolutionärer Politik in West-Europa. Herbert Marcuses »Eindimensionaler Mensch« ist gerade veröffentlicht, und die politische Avantgarde jener Tage interessiert besonders die Frage, wie sich bürgerliche Existenz und politischer Anspruch verbinden lassen. Vielleicht durch Wohnkollektive? Wohnkollektive, die helfen könnten, den Widerspruch zwischen Privatheit und Öffentlichkeit zu überwinden – so nannte man das damals und meinte: raus aus der Enge der Kleinfamilie.

Doch die Genossen können sich nicht einigen. Für Dutschke und Rabehl haben »kollektive Lebensgemeinschaften« keine Priorität. Kunzelmann, Langhans und Teufel hingegen können sich für »Fuck for peace«-Aktionen mehr erwärmen als für revolutionäre Bewegungen der Dritten Welt. Sie nennen sich fortan Kommune-Gruppe und machen in Berlin von sich reden: mit Mao-Plaketten geschmückt, stürmen sie universitäre Diskussionsveranstaltungen, provozieren durch »Fachidiotische Flugblätter«, gehen bei Demonstrationen ihre eigenen Wege, um die »scheindemokratischen Spielregeln« zu durchbrechen, oder liefern sich wüste Prügeleien mit der Polizei.

Aber noch immer wohnen sie allein. Erst am Silvester-Abend 1966 ist es soweit: Zwölf SDS-Mitglieder beschließen, in einer großen Wohnung zusammenzuleben. Am nächsten Morgen stehen zwar nur noch sieben zu ihrem Wort. Aber die machen es wirklich wahr: Am 1. Januar 1967 ist die Kommune keine Fiktion mehr. Die Kommune lebt!

Und wie sie lebt, dafür interessieren sich fortan bundesdeutsche Gazetten – jedweder Couleur. Ob Stern oder Spiegel, Bunte oder Bild, die pittoreske Liebes- und Lebensgemeinschaft »junger Maoisten« beschäftigt die Blätter.

Vor allem aber sind es die kollektiven Bettsitten, die die Spalten füllen. Denn die »Sex-Chose« wird von den Kommunarden zum Programm des revolutionären Alltags erklärt. Und Dieter Kunzelmann läßt in einem *Spiegel*-Interview die Republik wissen: »Ich habe Orgasmus-Schwierigkeiten, und ich will, daß dies der Öffentlichkeit vermittelt werde.«

Der Gute hat ja auch allen Grund, derartiges in die Welt zu krakeelen, denn das numerische Verhältnis zwischen seinesgleichen und dem weiblichen Geschlecht ist in der K 1 alles andere als rosig. In den schlechtesten Zeiten kommt auf vier Genossen eine Genossin. Und so mögen die Experimente in freier Liebe und uneingeschränkter Körperlichkeit zwar als Programm im Kopf oder am schwarzen Kommune-Brett stehen – in den Betten geht es schon mangels Masse weit weniger frivol zu, als die Kommune-Männer glauben machen wollen. Die Promiskuität steht eher in der Zeitung, als daß sie gelebt wird.

...wie die Jungfrau zum Kinde

Im März 1967 kommt Dagmar von Doetinchem nach Berlin. Neunzehn Jahre jung, gerade fertig mit der Schule, will sie hier studieren. Ihren älteren Bruder, der schon länger in der Stadt lebt, trifft sie selten. Der hatte ihr schnell und deutlich zu verstehen gegeben, daß er wenig Lust habe, auf seine kleine Schwester aufzupassen.

Sie wohnt möbliert zur Untermiete, verkehrt in Literatenkneipen und begeistert sich für Dichterlesungen.

Eines Abends, es muß Anfang April sein, hat sie eine Verabredung. Zusammen mit ihrem Bekannten fährt Dagmar die Bundesallee lang, die merkwürdig belagert ist. Polizei und Blaulicht – so weit die Blicke reichen. »Der Vizepräsident der Vereinigten Staaten ist zu Besuch«, erfahren die beiden von Ordnungshütern. Anstatt gepflegt auszugehen, fahren Dagmar und ihr Freund zum Schloß Charlottenburg, wo Hubert Humphrey erwartet wird. Fein säuberlich voneinander getrennt, stehen auf der einen Straßenseite die Jubel-Berliner, auf der anderen die Demonstrierer. Von schwarzen Limousinen fehlt jede Spur, aber es werden Extra-Blätter verteilt: »Attentat auf Humphrey von Kripo vereitelt« – »Kommune 1 verhaftet« – »Maos Botschaft in Ost-Berlin lieferte Sprengstoff«. Grübelnd geht Dagmar an diesem Abend nach Hause.

Am nächsten Tag stellt sich heraus, daß die »explosiven Gegenstände« der Kommunarden aus Puddingpulver und Mehl, Plastikbeuteln und Farbstoff bestanden. In der Freien Universität findet ein Teach-In statt, und Dagmar erlebt zum ersten Mal die Männer der berühmt-berüchtigten Kommune 1: Ulrich Enzensberger, Dieter Kunzelmann, Fritze Teufel und Horst Mahler, die den neugierig lauschenden Studenten erzählen, wie's im Knast war, wie sie behandelt wurden und wie aufgeregt die Polizisten waren. Dagmar findet das alles sehr witzig.

Als sie wieder einmal ihren älteren Bruder besucht, will sie von ihm wissen, wer eigentlich hinter diesen vielen Aktionen steckt, wer die Flugblätter schreibt, wer das alles organisiert. Der SDS – lautet die brüderliche Antwort, und Dagmar beschließt: Da tret' ich ein. Im Büro am Kurfürstendamm wird sie mit ihrer Unterschrift Mitglied und zum nächsten Jour-Fix geladen.

»Ich bin dann da auch hingegangen und habe null verstanden, was die anderen geredet haben«, erzählt sie heute lachend. Aber irgendwie findet sie es ganz nett bei den Genossen. Irgendwie. Denn es war 1967 gar nicht so unüblich, *zufällig* in irgendwelche Zusammenhänge zu geraten: in den SDS, auf eine Demonstration oder eben auch in die K 1, glaubt Dagmar heute.

Und in die K 1 ist sie ja wirklich gekommen wie die Jungfrau zum Kinde. Ein Text von Peter Schneider ist Schuld.

Am Stuttgarter Platz, in der Kommune-Wohnung, wird ein Teach-In über Persien vorbereitet. Peter Schneider hat dazu ein paar Gedanken aufs Papier gebracht, die auch Dagmar gelesen hat und die diskutiert werden sollen. Sie geht hin und findet es gräßlich dort. »Die hatten so'n Sammelsurium von Möbeln aus den 50er Jahren – schrecklich.« Ganz und gar nicht schrecklich ist aber wohl einer der Kommunarden: Ulrich Enzensberger. Und während die Genossen über Persien streiten, reden Dagmar und Ulrich über Gott und die Welt – zu zweit. Am nächsten Tag besucht sie ihn wieder. Ein Techtelmechtel beginnt. »So landete ich in der K 1.«

Kommune I-Wohnsitz
im dritten Stock

Dagmar von Doetinchem

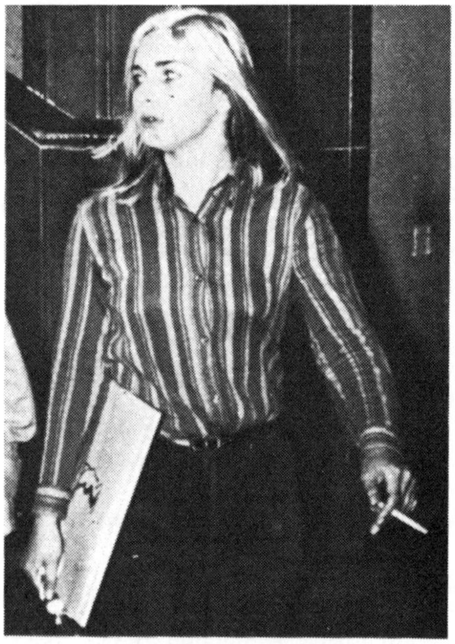

Berufsrevolutionärin anno '68

Berlin 1968

Heike, heute Ende dreißig, hat damals die Kommune ganz bewußt ins Leben gerufen. »Wir wollten eine neue Lebensform entwickeln, von der wir meinten, daß wir uns politisch mehr einmischen und die bürgerliche Familie aufheben könnten.«

Diese großen Ziele hatte Heike mit 21, als sie gerade dem Elternhaus entkommen war und unter Kommune Unabhängigkeit, Selbstbestimmung und Freiheit verstand – »so blöde das auch klingen mag«, sagt sie heute.

Heike stammt aus einer gut-großbürgerlichen Familie. Der Vater, von Beruf Richter, ist eine autoritäre Persönlichkeit und daran gewöhnt, immer das letzte Wort zu haben. Der pubertäre Streit mit den Eltern fängt beim Rauchen oder Zu-spät-nach-Hause-Kommen an und gipfelt in Heikes bohrenden Fragen, warum in Deutschland Faschismus möglich war, warum auch ihre Eltern zugelassen haben, daß so Entsetzliches passieren konnte.

»Ich wollte eine gerechte Welt«, erinnert sie sich nachdenklich und weiß noch, daß sie die bundesrepublikanische Gesellschaft für einen Rechtsstaat hielt. »Das hab' ich geglaubt.«

Als sie 1966 das Medizinstudium beginnt, findet sie die Formen der studentischen Proteste gegen Studienzeitverkürzungen etwas übertrieben. Aber sie geht hin zu den sit-ins,

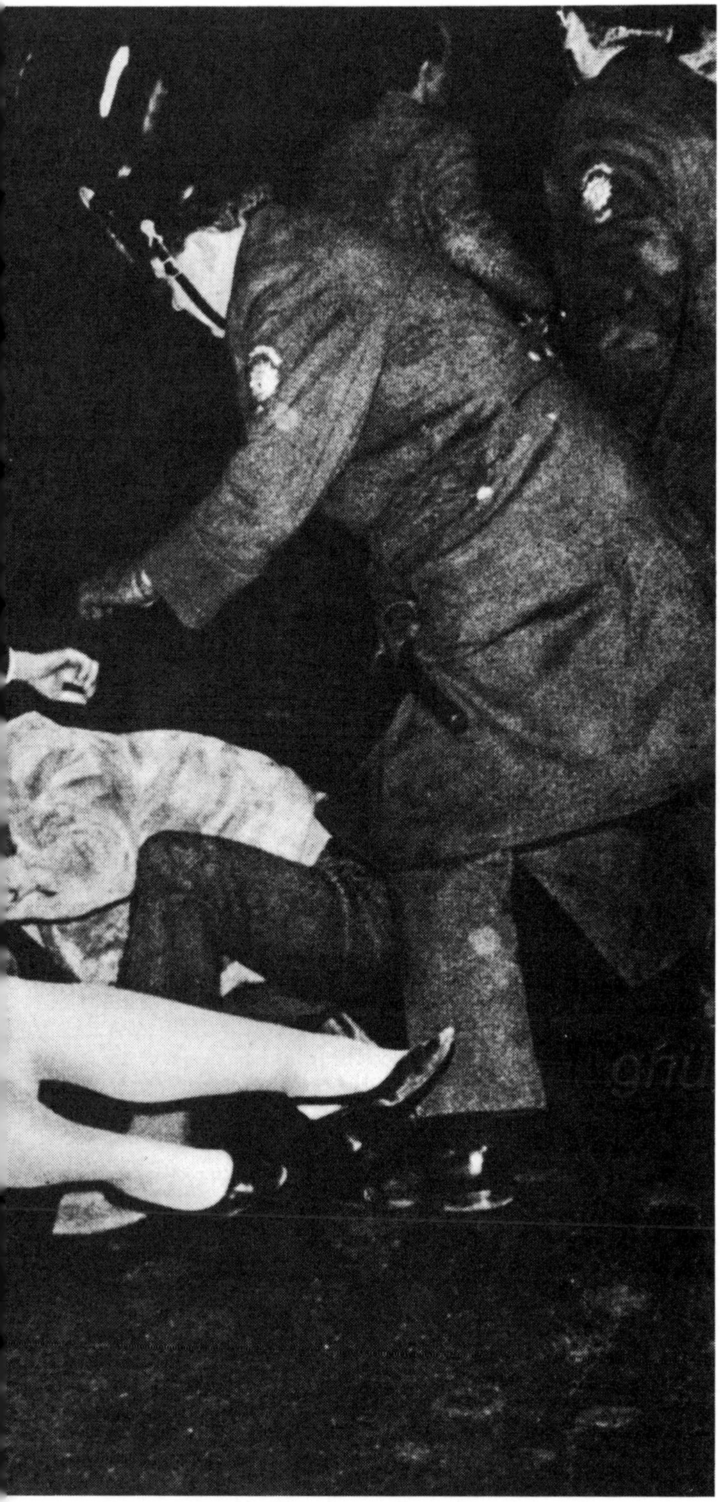

diskutiert und informiert sich und macht schließlich mit. Dennoch wäre Heike vielleicht eine gute Ärztin geworden, wenn es den 2. Juni 1967 nicht gegeben hätte.

Schon am Vorabend des Schah-Besuchs findet im überfüllten Audi-Max der FU eine Veranstaltung statt, auf der vor allem iranische Studenten über Folter, Unterdrückung und Verfolgung in ihrem Land berichten. Tags darauf, am 2. Juni, wird Persiens Herrscher offiziell in Berlin empfangen. Es wird getafelt und parliert – aber auch demonstriert. Heike rennt an diesem Tag zwischen einem Ärzte-Kongreß und der Demonstration hin und her. »Ja, und dann hab' ich die Prügel-Perser erlebt; habe vor meiner Nase gesehen, wie zwei Polizisten auf einen jungen Mann eingeschlagen haben. Dieses Bild war für mich das Ende des Rechtsstaates. Da war Schluß.«

Heike kapiert schmerzlich, daß die Vorstellung von einer gerechten Welt gar nicht stimmt. »Ich habe einfach gesehen, daß es ungerecht war, was da passierte. Es sind keine Steine geflogen. Ich war mitten drin. Es sind Eier und Tomaten geflogen – meine Güte. Ich habe einfach gesehen, wie wir mit unseren hilflosen Mitteln voller Gewalt zusammen- und niedergeknüppelt wurden.«

Heike vollzieht für sich den totalen Bruch mit der Gesellschaft – auch äußerlich: Gammelklamotten sind angesagt, um bewußt zu provozieren. Mit diesem Staat will sie nichts mehr zu tun haben, weil immer deutlicher wird, je genauer sie hinguckt, wo noch überall die alten Nazis hocken, wo die Strukturen noch immer gleich sind. Sie bricht ihr Medizinstudium ab, weil sie ganz andere Fragen im Kopf hat. Sie will Soziologie studieren, um die Zusammenhänge zu verstehen, und fliegt zu Hause raus. Heike wohnt mal hier, mal dort zur Untermiete und ist ganz schön einsam. »Ich hatte so etwas wie Heimweh. Nicht nach meinem Zuhause. Da wollte ich nicht mehr hin. Aber Heimweh nach Geborgenheit, nach feed-back, nach Auseinandersetzungen. Ich wollte nicht alleine wohnen.«

Schließlich lernt Heike eine Frau kennen, von der sie fasziniert ist: eine Frau mit zwei kleinen Kindern, die der Ehe Adieu gesagt hat und genau wie Heike mit sich und der Welt Neues ausprobieren will.

Die ersten Kommunen gibt es schon. »Aber die waren ja alle viel älter und kleine Berühmtheiten. An die kam man als einfache Studentin nicht so ohne weiteres ran.« Außerdem findet sie es blöd, irgendwo mitzumachen. Sie will selber machen – und auf keinen Fall »K 3« werden. Wie langweilig.

Sie nennen sich K 99, »das andere Ende vom Ganzen«, sind am Anfang drei Erwachsene, zwei Kinder und leben in zwei Zimmern nebst Kammer.

Lust an der Provokation, Lust, alles auf den Kopf zu stellen, rumzuspinnen und Spaß am Fabulieren, das ist es, wofür Heike und die anderen Kommunarden in diesen Tagen leben. Freie Liebe? Gruppensex? Davon kann gar keine Rede sein. »So weit war ich noch gar nicht.« Nee, nee! Abwegige Gedanken machen sie glücklich, z.B. daran zu denken, man liege in den Betten, bis das Gras unter den Fußsohlen wächst.

Und wenn's mal nicht das Gras, sondern der Geschirrberg ist, der bis unter die Decke reicht, dann macht die Kommune eine Aktion draus: Alle spülen ab, Dienste gibt es nicht. »Wir waren gegen Planwirtschaft, wir verstanden uns als Anarchisten«, erzählt Heike und fragt sich noch heute manchmal, wie sie's damals geregelt haben: denn Geld hatte keiner von ihnen. Oft gibt es eine Woche lang nur Kartoffeln und Zwiebeln. Aber wenn Bares im Hause ist, fahren die Kommunarden auch schon mal mit dem Taxi nach Kreuzberg in die Kneipe. »Wir waren einfach flippig drauf und haben ins Blaue gelebt«, erklärt sie mit ein wenig glänzenden Augen und fährt fast feierlich fort: »Wir hatten schließlich das Gefühl, es wird so etwas wie eine Revolution geben.«

Und sie, sie sind die Berufsrevolutionäre – immer aktiv und damit beschäftigt, Flugblätter zu schreiben, zu drucken, zu verteilen, auf Treffen zu gehen, Initiativen zu organisieren, im Republikanischen Club zu palavern. »Es gab reichlich zu tun 1968.«

Und außerdem ist es aufregend, den üblichen Tagesrhythmus und andere Konventionen einfach zu verlassen, um in der Nacht zu diskutieren, wenn's hell ist, einzuschlafen, oder mit Klamotten ins Bett zu gehen. »Das ist vielleicht albern,

aber das war für mich ein Stück Freiheit. Auch mich zu waschen, wenn ich Lust hatte, und nicht, weil es morgens oder abends ist. Das waren Kleinigkeiten, die mich faszinierten.«

Aber es gibt natürlich nicht nur Sonnenseiten im Kommune-Leben. An bestimmte Diskussionen, an bestimmte Situationen erinnert sich Heike gar nicht gerne. So gehört zum Kommune-Alltag anno '68, daß sie sich gegenseitig beschimpfen, wie revolutionäre Rohrspatzen. Die übelste Bezeichnung, um jemanden so richtig niederzumachen, heißt: BÜRGER. »Wenn's hart auf hart kam, kriegte ich meine bürgerliche Herkunft aufs Brot geschmiert, aber heftig.« Und die beliebte Mülleimer-Diskussion: Warum stinkt es und keiner fühlt sich verantwortlich?, bringen Heike und die anderen Kommunarden schnell auf die politisch-gesellschaftliche Ebene der Einordnung und Ableitung. So waren die Zeiten. »Es wurde alles ziemlich überhöht.«

Die, die ausgezogen waren, andere Lebens- und Umgangsformen zu erproben, verlieren durch die vielen, großen, politischen Ziele manchmal die kleinen Wege etwas aus den Augen. Sensibilität ist ein Fremdwort; mal jemanden einfach in den Arm nehmen? Gibt's nicht. Aber dafür wird der Diskurs gepflegt über Reichs »Funktion des Orgasmus«. Heikes heutiger Kommentar zur damaligen Gruppendiskussion: »Übel! Wie wir da miteinander umgegangen sind, da wird mir heut noch schlecht.«

Zum Beispiel das Gespräch über einen Kommunarden, der allem Anschein nach keine Freundin hat und damit auch keine gelebte Sexualität. »Das haben wir dem zum Vorwurf gemacht. Denn Sexualität wurde betrachtet wie eine Energie-Haushalts-Debatte: Man braucht sie, um ausgeglichen und psychisch glatt zu sein, sagten wir uns. Man braucht also auch regelmäßig einen Orgasmus, sonst staut sich was an, und du bist als Persönlichkeit nicht brauchbar, bist politisch nicht brauchbar.«

Und obwohl in jener Zeit Sexualität weniger tabuisiert werden soll, finden Diskussionen um das Rollenverhalten von Männern und Frauen so gut wie gar nicht statt. Sicherlich – es gibt mal eine Zeit, da haben Heike und ihre Freundin die Nase voll von den männlichen Kommunarden und leben alleine, als »Weiberkommune«. Das ist 'ne tolle Zeit und sehr unüblich, daß zwei Frauen mit mehreren Kindern zusammen leben. Aber ansonsten wird über die Geschlechter nicht so viel nachgedacht. »Wir haben auch nicht um gleiche Rechte gekämpft; wir hatten sie in unseren Augen«, sagt Heike und ist in diesem Punkt mit Dagmar durchaus einer Meinung.

»Wir hatten nicht so ein Konfliktbewußtsein über Männer und Frauen«, sagt Dagmar aus der K 1 heute. »Das kam viel später.« Nach einem knappen halben Jahr verläßt Dagmar die Kommune am Stuttgarter Platz aus dem Grund, aus dem sie auch eingezogen war, und der heißt: Ulrich. Die Beziehung ist beendet und Dagmar ziemlich unglücklich und einsam.

Sie hatte unterdessen die Leute aus der Kommune 2 kennengelernt, die allerdings gar nicht begeistert sind von Dagmars Idee, dort einziehen zu wollen. Die K 2 leidet in diesen Tagen unter dem Gefühl, die »abgelegten Frauen der K 1 aufpäppeln zu sollen«. Nach einigem Hin und Her darf Dagmar jedoch bleiben und macht in der Giesebrechtstraße eine völlig neue Kommune-Erfahrung. In der K 2 sind Psycho-Diskussionen angesagt. Wenn es einem schlecht

geht, wird darüber geredet, stundenlang, manchmal von morgens bis nachts, mit Tonband und Protokoll. Man läßt auch schon mal ein Jour-Fix für so eine Session sausen, auch mal eine Demo.

»Ich fand das toll. Ganz prima. Diese Gespräche hatten so was intensives. Jemand hatte ein Problem, und der gesamte Alltag trat zurück, war unwichtig. Es mußte nicht eingekauft werden, stattdessen setzte man sich am hellichten Tag hin und nahm sich die Zeit zu reden. Toll.«

Überhaupt geht es in der Kommune 2 viel ernsthafter, weniger clownesk und vor allem viel häuslicher zu als in der K 1. Und da fällt dann auch schon mal das unterschiedliche Engagement von Männern und Frauen bei der Hausarbeit auf.

Wenn zum Beispiel ein Kommunarde die Wäsche aufhängt, dann wird das betont, nach dem Motto: Guck mal, ich tu was. »Den Frauen fiel es gar nicht ein, auf ihre Arbeit hinzuweisen«, erinnert sich Dagmar. Aber auch über so ein Thema wird nicht stundenlang geredet. Es gibt einen Arbeitsplan, der von allen mehr oder weniger nicht eingehalten wird – geschlechtsunabhängig! »Mir ist das sowieso ziemlich schwer gefallen, eine Unterteilung zwischen Männern und Frauen zu machen. Auch später im Weiberrat.«

Als 1968 auf der Delegiertenkonferenz in Frankfurt Tomaten gegen die Polit-Macker fliegen und Helke Sander ihre Rede über die Hilflosigkeit und Arroganz der linken Männer hält, die die Benachteiligung und Unterdrückung der Frauen festige, fühlt sich Dagmar nicht unbedingt angesprochen. Sie hat vielmehr eine ganz eigene Sicht der Dinge: »Ich dachte, ich kann mich deshalb nicht argumentativ gegen die Männer durchsetzen, weil ich gar nicht so viel weiß wie sie.« Und so hat Dagmar auch überhaupt keine Probleme, was Dummes zu fragen. Sie fühlt sich jung und unerfahren genug und wird auch nicht belächelt von den Genossen. »Vielleicht hab' ich es einfach nicht gemerkt. Aber das ist ja auch schnuppe. Die haben mir geantwortet. Das war okay.« In ihrem Kopf reift die Vorstellung, »wenn ich genauso schlau bin wie die, dann werd' ich auch genausoviel sagen«.

Die übrigen Frauen können mit Dagmars »point of view« nun gar nichts anfangen. Sie finden es arrogant und werfen ihr die Beziehung zu so einer Autorität wie Ulrich Enzensberger vor, mit dem sie sich ja wohl ganz und gar identifiziere.

Für Dagmar heißt es: Weiberrat adieu. Sie macht einen eigenen Frauenzirkel auf, in dem sie das »Kapital« lesen und einen eigenständigen, politischen Beitrag diskutieren. Ihr Ansatzpunkt ist allerdings nicht die »weibliche Seite«, »das fand ich wenig attraktiv. Bauchredner wollten wir nicht sein.«

Mit Selbsterfahrungsgruppen hat sie's auch nicht, das entfernt sich zu sehr von der Politik. Themen wie Vietnam gehen ihr nahe, aber nicht die eigene Nabelschau. »Von den Frauen, die sich damals engagierten, sind die wenigsten wieder in der Politik gelandet. Die drehen sich doch nur um sich selbst, wenn sie sagen: das ist alles Männerpolitik – das interessiert uns nicht.« Dagmar fügt ein langgezogenes »Nee« hinzu und schüttelt den Kopf. Sie konnte damals mit feministischer Larmoyanz nichts anfangen und heute auch nicht.

... die Moral (?) von der Geschicht?

Der radikale Bruch mit der Vergangenheit war vielleicht die wesentlichste, die entscheidendste Erfahrung der Kommune-Zeit. »Wenn ich damals in dem möblierten Zimmer geblieben wäre, hätte es diesen Bruch so nicht gegeben«, sinniert Dagmar.

Die Ideale der Eltern waren für viele der Nachkriegsgeneration äußerst suspekt. Der Faschismus lauerte noch überall. Und die Väter und Mütter taten das Ihrige, um die Kinder zu verlieren: Sie stellten sich den Diskussionen nicht, sie ignorierten die Fragen nach der eigenen Verantwortung oder gaben stereotype Antworten: Wir haben doch von nichts gewußt. Wie oft habe ich diesen Satz hören müssen?

Die Teenies und Twens der 60er Jahre riskierten erstmalig den Disput mit der Familie öffentlich – als politischen Akt der Befreiung. Nicht beim Weihnachtsessen im trauten Kreise, sondern in Zeitungen und Flugblättern des SDS wurde mit den Alten abgerechnet, wurden Anklagen erhoben oder Briefe veröffentlicht: »Lieber Sohn / liebe Tochter / hiermit breche ich den Kontakt zu Dir ab...«

Und wovon träumten die Kommunarden der ersten Stunde? »Vielleicht von einer besseren Familie« – heißt es ganz ehrlich in einem Buch der Kommune 2. »Vielleicht – aber von einer, die den einzelnen als das nimmt, was er ist, und ihn und seine Bedürfnisse respektiert.«

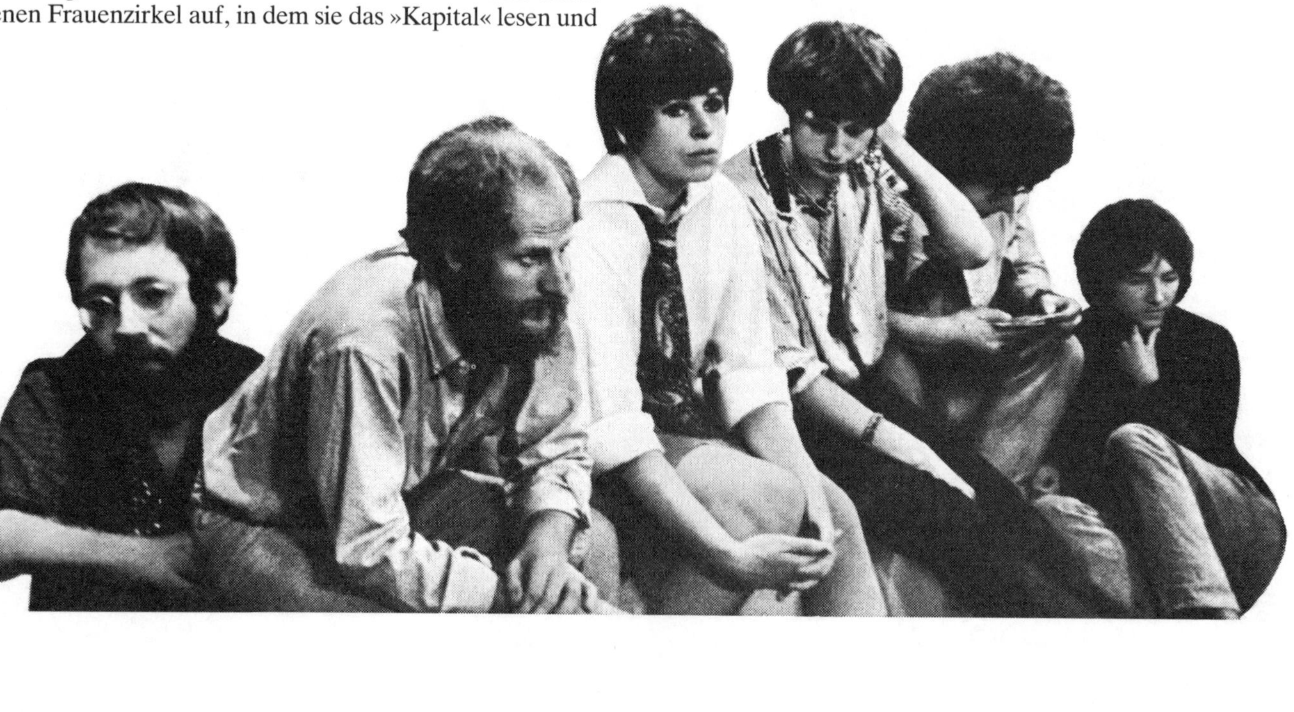

Autorinnen

Ditta Behrens, *1958. In den 60er Jahren Volksschülerin mit dem Berufsziel Touristin. Damals noch kein Interesse an Kunst.

Dagmar Birkelbach, *1955 in Bergen/Zelle. Erstes Staatsexamen in Geschichte und Deutsch (1983). Arbeitete als Büroangestellte, war Abgeordnete der Alternativen Liste (1985-1987). Lebt in Berlin.

Gisela Bock, Professorin für Geschichte an der Universität Bielefeld und am Europäischen Hochschulinstitut in Florenz.

Angela Davis, *1944 in Birmingham, Alabama (USA), Philosophie in Berkley, Frankreich und Frankfurt/M., Promotion 1968 bei Herbert Marcuse. Stellvertretende Vorsitzende der KP in den USA.

Angela Delille, *1957 in Braunschweig, Soziologin. Veröffentlichte zusammen mit Andrea Grohn »Blick zurück aufs Glück – Frauenleben und Familienpolitik in den 50er Jahren«, ELEFANTEN PRESS 1985. Hielt sich in den 50er Jahren hauptsächlich im Kinderwagen auf.

Gabriele Dietz, *1956 in Burg bei Magdeburg. Lektorin, Mitherausgeberin von »Fin de siècle«, ELEFANTEN PRESS 1987 u.v.a.

Astrid Eichstedt, *1955. Studium der Germanistik; arbeitet als freie Publizistin. Veröffentlichung: Eichstedt/Polster: »Wie die Wilden. Tänze auf der Höhe ihrer Zeit« (1985).

Doris Engelke, *1947 in Göttingen. Lebt nach Berlin seit 1972 in Frankfurt/M.. Wollte abwechselnd Tänzerin, Lehrerin und Revolutionärin werden. 1979-1983 Mitarbeiterin beim »Pflasterstrand« und Übersetzerin. Wurde schließlich Lektorin bei Eichborn.

Ute Frevert, *1954 in Schötmar. Dr. Phil.; Studium der Geschichte und Sozialwissenschaften in Münster, London und Bielefeld. Wissenschaftliche Mitarbeiterin am »Zentrum für Interdisziplinäre Forschung« der Universität Bielefeld.

Mathilde Frings,d.i. Matthias Frings, *1953, Studium der Germanistik und Anglistik. Arbeitet für das Kulturmagazin »Aspekte«, war an mehreren Schauspielprojekten freier Gruppen inBerlin beteiligt.

Birgit Gatermann, *1961 in Elmshorn. Studium der Kunstgeschichte. Doktorarbeit über Künstlerinnen in der Weimarer Republik.

Andrea Griese, *1957 in Balve/Sauerland. Soziologin. Mutter einer Tochter. Mitarbeit an der Ausstellung zur Jugendkultur der 50er, 60er und 70er Jahre (»Petticoats, Pille, Punks«) 1983.

Andrea Grohn, *1958 in Isenbüttel bei Gifhorn, Soziologin. Veröffentlichte zusammen mit Angela Delille »Blick zurück aufs Glück – Frauenleben und Familienpolitik in den 50er Jahren«, ELEFANTEN PRESS 1985. War in den 50er Jahren ganz klein.

Renate Häfner Chotjewitz, *1937 in Halberstadt, lebt in Frankfurt/M. und Osthessen. Seit Ende der 60er Jahre Nebenerwerbsautorin, Feature, Hörspiele, Übersetzerin von Dario Fo/Franca Rame. »Juden in Osthessen«, seit 1983 auch Prosa und Gedichte.

Daniela Hartmann, *1953 in Wuppertal, Rundfunkredakteurin. Liebt immer noch schwarze Klamotten, inzwischen aber auch rote Lippen.

Barbara Herkommer, *1937 in Schwelm/Westfalen. Soziologin. 1968-78 Aktionsrat/Sozialistischer Frauenbund West-Berlin. 1965/66 Mitarbeit am ersten Persien-Besuch von Bahman Nirumand, 1968-71 Argument-Verlag, 1972-78 Bildungsarbeit ÖTV, 1976-83 Lehrtätigkeit an FHW und FU, zuletzt Senatsverwaltung für Jugend und Familie.

Gabriele Huster, *1953 in Essen. Kunsthistorikerin. 1989 Preis der Landesfrauenbeauftragten Berlin für museumspädagogische Arbeit. Untersuchungen zur Alltagskultur.

Reingard Jäkl, *1939 in Mähr.-Schönberg, ČSSR. Studium der Politikwissenschaft und Geschichte in München. Lebt seit 1975 in Berlin, Mitarbeit im lesbischen Aktionszentrum (LAZ), bei der Frauenzeitung Courage und in verschiedenen Frauengruppen. Dozentin an der VHS Schöneberg für Frauenkurse. Arbeit bei der Theatergruppe »Karawane«, Erzählerin und Kulturarbeiterin.

Veronika Kämpfer, *1958 in Gifhorn, technische Zeichnerin. Lebt in Berlin.

Christiane Koch, *1957 in Frankfurt. Dr. phil.; Studium der Europäischen Ethnologie, Germanistik, Religionswissenschaften und Philosophie. Arbeit in der Frauenforschung und Frauenbildungsforschung.

Ilse Kokula, *1944. Erziehungswissenschaftlerin. Promotion an der Universität Bremen (1982). Erste Inhaberin des »Belle van-Zuylen-Wechsellehrstuhls« an der Reichsuniversität Utrecht mit der Professur »Sozialisation und soziale Geschichte lesbischer Frauen« (1985-86).

Ingrid Langer (vorher Langer-El Sayed), Prof. Dr. phil., Politikwissenschaftlerin an der Universität Marburg. Arbeitsgebiete: Frauenfrage, Familien- und Sozialpolitik, Medienwissenschaft.

Karen Margolis, *1952 in Salisbury/Zimbabwe (Rhodesien). Schriftstellerin. Aufgewachsen in Südafrika und London, erlebte als Teenager »Sixties London«.

Ulrike Marie Meinhof, *1934 in Oldenburg, Studium der Philosophie, Pädagogik und Germanistik in Marburg, Münster, Hamburg. Von 1959 bis 1969 Mitarbeiterin von »Konkret«, von 1962 bis 1964 als Chefredakteurin. Ab 1968 freie Journalistin und Lehrbeauftragte an der FU Berlin, nach der Befreiung des Kaufhausbrandstifters Andreas Baader im Untergrund. † Mai 1976 im Gefängnis Stuttgart-Stammheim.

Sibylle Meyer, * in Lichtenfels, Soziologin. Veröffentlichte zusammen mit Eva Schulze »Wie wir das alles geschafft haben – Alleinstehende Frauen berichten über ihr Leben nach 1945«, C.H. Beck Verlag, München 1985, und »Von Liebe sprach damals keiner – Familienalltag in der Nachkriegszeit«, C.H. Beck Verlag, München 1985

Hedwig Müller, *1953 in Bitburg. Wissenschaftliche Mitarbeiterin am »Institut für Theater-, Film- und Fernsehwissenschaften« der Universität Köln. Veröffentlichungen: Mary Wigman« (1986); verschiedene Buchbeiträge zum zeitgenössischen Tanztheater und zum historischen Tanz.

Uschi Nerke, nach sieben Jahren »Beat-Club« und weiteren sieben Jahren »Musikladen« bei Radio Bremen folgten noch etwa fünf Jahre vollgepackt mit Fernsehwerbung und vielen Radiosendungen in Kiel, Hamburg, Bremen, Köln,... etc. Besonders die Rundfunkarbeit hat viel Spaß gemacht. Lebt geruhsam (?!) mit ihrem Lebensgefährten, dem Sohn aus geschiedener Ehe, einer Tibetterrierhündin, mit Kater, Graupapagei und zwei zugeflogenen Wellensittichen bei Hamburg und moderiert dann und wann mal eine Modenschau o.Ä.

Peggy Parnass, Schriftstellerin, lebt in Hamburg.

Gudula Maria Plastrotmann, *1959, Staatsexamen in Germanistik und Sozialwissenschaften, Studium der Publizistik, Politikwissenschaften und Soziologie. Dissertation über Frauen und Gewerkschaften.

Sabine Porn, *1953 in Berlin, lebt dort z.Zt. als freie Autorin.

Ulla Ralfs, *1951 in Heide/Dithmarschen. Wissenschaftliche Mitarbeiterin an der Hochschule für Wirtschaft und Politik in Hamburg. Seit 1975 aktiv in der gewerkschaftlichen Bildungsarbeit der IG Metall und der ÖTV.

Veronika Ratzenböck, *1956 in Natternbach in Oberösterreich, Historikerin und Germanistin. Veröffentlichte u.a. Beiträge in »Die ›wilden‹ fünfziger Jahre«, hrsg. von Gerhard Jagschitz und Klaus-Dieter Mulley, Wien und St. Pölten 1985, und in »Die ungeschriebene Geschichte. Historische Frauenforschung«, hrsg. von Wiener Historikerinnen, Wien o.J.

Jutta Röser, *1959 in Köln. Kommunikationswissenschaftlerin. Lebt in Münster. Durfte 1969 mit dem ersten Mädchenjahrgang auf ein bis dahin für Jungen vorgesehenes Gymnasium und freute sich, weil es dort keinen Handarbeitsunterricht gab.

Sylvia Rogge, Soziologin, lebt in Berlin.

Alice Rühle-Gerstel, *1896 in Prag als Tochter eines jüdischen Kaufmanns. Studierte Philosophie und Literaturgeschichte an verschiedenen Universitäten. In München wurde sie durch Leonhard Seif mit der Individualpsychologie Alfred Adlers bekannt; zusammen mit ihrem Mann Otto Rühle gründete sie Anfang der 20er Jahre den Verlag »Am anderen Ufer« in Buchholz-Friedewalde bei Dresden. † 1943 im mexikanischen Exil.

Erika Runge, *1939 in Halle. Lebt in Berlin. Zahlreiche Filme und Veröffentlichungen.

Louise Saltenberger, *1957 im »Kohlenpott«. Ärztin. Arbeitet z. Zt. als Therapeutin im Bereich körperorientierter Psychotherapie. In den 60er Jahren noch »Ulli« mit Meckihaarschnitt, später bestand ihr größtes Glück darin, die Haare lang wachsen zu lassen und sich ordentlich Make-Up ins Gesicht zu klatschen.

Helma Sanders-Brahms, *1940 in Emden. Filmautorin. Veröffentlichte »Deutschland, bleiche Mutter« (rororo) und »Heinrich« (Panta Rhei Filmverlag).

Bettina Schäfer, *1952 in Frankfurt/M., seit 1981 in Berlin. Studierte Romanistik, Germanistik, Politikwissenschaften. Seit Mitte der 70er Jahre abwechselnd mehr oder weniger aktiv in der Frauen- und Lesbenbewegung, Übersetzungen, »Frauenstadtbuch Berlin«, Verlagsarbeit.

Eva Scheid, *1956 in Zelle/Mosel, lebt in Frankfurt/M. Arbeitet als Volkskundlerin an der Neukonzeption für das Museum Gelnhausen. Veröffentlichungen zur Technisierung des Haushalts. Die 60er Jahre verwandelten sie vom Schulkind zum »aufmüpfigen« Fräulein, unterstützt durch die Ereignisse um 1968.

Margot Schmidt, *1949 in Kassel. Sozialhistorikerin. Veröffentlichte diverse Beiträge über Faschismus und Nachkriegserfahrungen von Frauen im Ruhrgebiet in: »Lebensgeschichte und Sozialkultur im Ruhrgebiet 1930–1960«, hrsg. von L. Niethammer, 2 Bde., Dietz Verlag, Bonn 1983.

Maruta Schmidt, *1944 in Liberec, unterwegs aus Lettland, Kunstwissenschaftlerin. Lektorin und Herausgeberin zahlreicher Frauenbücher von ELEFANTEN PRESS.

Ingrid Schmidt-Harzbach, *1941 in Insterburg/Ostpreußen. Dipl. Pol., war Assistentin für Politologie an der FU Berlin, Initiatorin von Frauenseminaren und der »Ersten Sommeruniversität für Frauen«; Dozentin für Frauenkurse an der VHS Schöneberg.

Ingrid Schöll, *1956 in Koblenz. Doktorandin. Arbeitete mit an der Dokumentation des 6. Historikerinnentreffens in Bonn 1983.

Eva Schulze, * in Nordhausen. Soziologin. Veröffentlichte zusammen mit Sibylle Meyer »Wie wir das alles geschafft haben – Alleinstehende Frauen berichten über ihr Leben nach 1945«, C. H. Beck Verlag, München 1985, und »Von Liebe sprach damals keiner – Familienalltag in der Nachkriegszeit«, C. H. Beck Verlag, München 1985.

Renate Seydel, *1935 in Schenkendorf/Niederlausitz. Dipl. Germanistin, arbeitet seit 1960 im Henschel-Verlag, Berlin, DDR. Veröffentlichte Anthologien über Schauspieler, Bibliographien über Asta Nielsen, Marlene Dietrich und Romy Schneider, die als »Schönste Bücher der DDR« ausgezeichnet wurden.

Kristine von Soden, *1949 in Hamburg. Dr. phil., arbeitet als Hörfunkautorin und Herausgeberin. Veröffentlichungen zur Frauenfrage, zum § 218 und zur Sexualwissenschaft, u. a. »Die Sexualberatungsstellen der Weimarer Republik 1919–1933« (1988).

Gesine Strempel, 1966–67 Sender Freies Berlin, 1970 ein Kind, danach das späte Erwachen und Politisierung durch die Frauenbewegung. Übersetzerin feministischer Literatur aus den USA: Firestone, French, Godwin u. a. Immer noch subjektiv, parteiisch, lohnabhängig. Marathonläuferin auch in echt.

Carmen Tatschmurat, *1950. Dr. rer. pol.; Assistentin am »Institut für Soziologie« der Universität München. Arbeitsschwerpunkte Industrie- und Arbeitssoziologie. Veröffentlichungen zu Gesundheits- und Bankberufen sowie zur Frauenarbeit und geschlechtlichen Arbeitsteilung.

Sabine Techel, *1956, lebt als freie Journalistin in Berlin. Ist meist für den Rundfunk, manchmal für Bücher, seltener für Zeitungen unterwegs.

Annemarie Tröger, Soziologin, lebt in Berlin.

Ingeborg Weber-Kellermann, *1918 in Berlin. Universitätsprofessorin für Europäische Ethnologie und Kulturgeschichte. Veröffentlichte u. a. »Die deutsche Familie«, Suhrkamp Taschenbuch 185, Frankfurt/M. 1974 (8. Auflage 1984) und »Frauenleben im 19. Jahrhundert«, C. H. Beck Verlag, München 1983. Sammelt altes Spielzeug.

Sabine Weißler, *1958 in Groß-Umstadt/Odenwald. Dipl. pol. Redaktion von »Die Zwanziger Jahre des Deutschen Werkbunds« 1982 und Mitherausgeberin von »Plastikwelten«, ELEFANTEN PRESS 1985. Wurde unmittelbar hinter der Fabrik der H. Römmler GmbH geboren, der Hersteller-Firma des in den 50er Jahren so beliebten Resopals.

Kerstin Wilhelms, *1957 in Hagen/Westfalen. Literaturwissenschaftlerin. Veröffentlichung: »Die Memoiren der Lola Montez (Gräfin von Landsfeld, 1851)«, herausgegeben und mit einem Nachwort versehen von Kerstin Wilhelms (1986).

Annette Wilmes, *1955 in Plettenberg/Sauerland. Studierte in Köln und Berlin Publizistik, Erziehungswissenschaften und Soziologie, lebt seit 1975 in Berlin. Kennt sich aus in Berliner Knästen und Gerichten. Seit 1980 freie Rundfunkjournalistin, bearbeitet hauptsächlich justizpolitische Themen. Autorin des 1986 erschienenen Buches »Recht geschieht ihnen« – Gerichtsreportagen.

Christa Wolf, *1929 in Landsberg a. d. Warthe. Arbeitet als Redakteurin, Lektorin, Herausgeberin, seit 1962 freischaffende Schriftstellerin. Ab 1976 wohnhaft in Berlin/DDR. Zahlreiche nationale und internationale Auszeichnungen.

Renate Wurms, *1941 in Wallau/Lahn. Soziologin, VHS-Dozentin, freie Journalistin. Buch- und Zeitschriftenveröffentlichungen zur Geschichte der Frauenbewegung und aktuellen Frauenfragen, u. a.: »Internationaler Frauentag. Wir wollen Freiheit, Frieden, Recht. Zur Geschichte des 8. März« (1983); Hervé/Steinmann/Wurms: »Kleines Weiberlexikon« (1985).

Namensregister

Ortsregister